suhrkamp taschenbuch
wissenschaft 1001

Absicht dieses Buches ist es, zwei verschiedene Theoriebereiche zu verknüpfen, und entsprechend kann man es von zwei verschiedenen Ausgangspunkten her lesen. Einmal handelt es sich um einen Beitrag zur Gesellschaftstheorie. Die Gesellschaft modernen Zuschnitts wird als funktional differenziertes Sozialsystem aufgefaßt und Wissenschaft folglich als eines der Teilsysteme dieses umfassenden Sozialsystems. Mit Hilfe des Konzepts der Systemdifferenzierung kann man etwas über die Gesellschaft lernen, die solche Differenzierung aushält, ja fördert und sich seit langem auf eine Autonomie ihrer Funktionssysteme eingestellt hat. Im gleichen Zuge erfährt man aber auch etwas über die Funktionssysteme, hier die Wissenschaft, die zu Selbstorganisation, ja zur eigenen Produktion ihrer eigenen Elemente freigestellt sind.

Der andere Ausgangspunkt liegt in Diskussionen, die seit der Mitte des vorigen Jahrhunderts unter Bezeichnungen wie Erkenntnistheorie oder Epistemologie geführt werden. Hier zeichnen sich heute Trends zu »konstruktivistischen« Konzepten ab, die auf idealistische oder transzendentale (und in diesem Sinne subjektive) Begründung verzichten und statt dessen durchaus reale Systeme voraussetzen, die eigene Beobachtungen an eigenen Konstruktionen orientieren und orientieren müssen, weil sie keinen eigenen Zugang zur Umwelt haben.

Niklas Luhmann
Die Wissenschaft
der Gesellschaft

Suhrkamp

9. Auflage 2024

Erste Auflage 1992
suhrkamp taschenbuch wissenschaft 1001
© Suhrkamp Verlag Frankfurt am Main 1990
Suhrkamp Taschenbuch Verlag
Alle Rechte vorbehalten, insbesondere das der Übersetzung,
des öffentlichen Vortrags sowie der Übertragung
durch Rundfunk und Fernsehen, auch einzelner Teile.
Kein Teil des Werkes darf in irgendeiner Form
(durch Fotografie, Mikrofilm oder andere Verfahren)
ohne schriftliche Genehmigung des Verlages reproduziert
oder unter Verwendung elektronischer Systeme
verarbeitet, vervielfältigt oder verbreitet werden.
Umschlag nach Entwürfen von
Willy Fleckhaus und Rolf Staudt
Druck und Bindung: C. H. Beck, Nördlingen
Printed in Germany
ISBN 978-3-518-28601-2

www.suhrkamp.de

Suhrkamp Verlag AG
Torstraße 44, 10119 Berlin
info@suhrkamp.de

Inhalt

Vorwort 7

1 Bewußtsein und Kommunikation 11
2 Beobachten 68
3 Wissen 122
4 Wahrheit 167
5 Wissenschaft als System 271
6 Richtige Reduktionen 362
7 Reflexion 469
8 Evolution 549
9 Wissenschaft und Gesellschaft 616
10 Die Modernität der Wissenschaft 702

Register 721

Vorwort

Die Wissenschaft der Gesellschaft – der Titel zeigt an, daß die Wissenschaft nicht als freischwebender Weltbeobachter behandelt wird, sondern als wissenförderndes Unternehmen der Gesellschaft und genauer: als Funktionssystem der Gesellschaft. In diesem Sinne liegen wir also auf einer Ebene mit Untersuchungen über die Wirtschaft der Gesellschaft, die Politik der Gesellschaft, das Recht der Gesellschaft usw. Im Bereich Wissenschaft stoßen wir jedoch auf eine traditionsbestimmte Vorrangbehauptung – und nicht, wie im Falle der Politik, für eine Position in der Gesellschaft, sondern für eine Position über der Gesellschaft. Denn wenn man die Gesellschaft erkennen will, so heißt es, muß man doch zuerst die Bedingungen der Möglichkeit von Erkenntnis erkennen, bevor man sich diesem Gegenstand oder anderen Gegenständen zuwendet. Aber wo soll diese Position außerhalb der Gesellschaft zu finden sein? Und wer sollte sie, wenn es sie gäbe, beobachten können?
Die analytische Philosophie hat unter dem Einfluß von linguistischen Analysen wichtige Schritte getan, um soziale Bedingungen in die Erkenntnistheorie einzubauen, vor allem durch Zentrierung auf »sentence« und »public discourse« als Formen der Wahrheitsfindung. Aber dies geschah ohne zureichende Theorie der Kommunikation, allein auf Grund einer Orientierung an Sprache. Erst recht wurde der Kontakt mit den philosophisch naiv verfahrenden Sozialwissenschaften vermieden. Die radikaleren Formen eines wissenssoziologischen Konstruktivismus und des in Edinburgh ausgearbeiteten »strong programme« wissenschaftssoziologischer Forschung waren hier nicht anschlußfähig, und die Kluft führte zu unergiebigen, mißverständnisreichen Kontroversen. Wir unterlaufen diesen Diskussionsstand mit der These, daß eine adäquate Erkenntnistheorie zu einer funktional differenzierten Gesellschaft passen, also der Tatsache der Ausdifferenzierung eines Funktionssystems Wissenschaft Rechnung tragen, ja diese Bedingung ihrer Möglichkeit reflektieren muß.
Es mag sein, daß die Philosophie ihr Mitspracherecht nur da-

durch begründen kann, daß sie erkenntnistheoretische Fragen als Vorfragen behandelt, die geklärt sein müssen, bevor man mit wissenschaftlichen Untersuchungen beginnt; oder auch als Fragen, die nicht ihrerseits durch empirische Untersuchungen geklärt werden können. Sie muß deshalb Unterscheidungen vorschlagen, in denen sie sich selbst placieren kann. Analytisch/synthetisch, von Kant geweiht, ist das bisher erfolgreichste Angebot. Die heute dominierenden Wissenschaften der Kognition (cognitive sciences) gehen jedoch anders vor. Sie setzen dabei freilich oft erkenntnistheoretisch unreflektiert an, indem sie voraussetzen, daß es eine Realität gibt, auf die man mit empirisch erforschbaren Erkenntnisapparaten zugreifen kann – und sei es auf sehr verschiedene, systemabhängige Weise. Diese Kognitionswissenschaften entwickeln eine Art Konstruktivismus, der sein Realitätsproblem »pluralistisch« auflöst. Er schließt mit Lorenz und anderen von Lebensdienlichkeit auf Außenweltbezug. Aber damit ist das Problem der Erkenntnis nicht befriedigend gelöst (und hier muß man die Ansprüche der Philosophie als berechtigt anerkennen), sondern nur pluralistisch abgelegt.

Seitdem man die Gesetze der Thermodynamik (Boltzmann) aufgestellt hat, ohne sie auf der molekularen Ebene der Materie verifizieren zu können, hat man ein weiteres Problem, nämlich das Problem der Realität der Wahrscheinlichkeit der Ordnungsauflösung. Wahrscheinlichkeit ist ein Begriff, der einen Beobachter voraussetzt. Beobachtet der Beobachter seinen eigenen thermodynamischen Zerfall? Beobachtet er sich als seinen eigenen Gegenstand? Oder ist er, wer immer er ist, durch seine Beobachtungen zum Rückschluß auf die Bedingungen der Möglichkeit eben dieser Beobachtungen – hier also: Negentropie – genötigt? Jede Genetik stellt heute vor dieselbe Frage: Wer oder was diskriminiert eigentlich den Aufbau der Ordnung? Doch nicht die »Information«! Müssen wir hier einen Beobachter vermuten, oder gar, wie Ranulph Glanville annimmt, Selbstbeobachtung als konstitutive Diskrimination der »Objekte«?

Fast alle Disziplinen sind heute an solchen epistemologischen Problemen interessiert – von der Physik über die Biologie, die Neurophysiologie, die Psychologie und die Linguistik bis hin zur Soziologie. Das »wissenssoziologische« Problem der Wahrheit ist zum Problem aller Disziplinen geworden. Man kann nach den physikalischen, biologischen, neurophysiologischen, psychologischen, linguistischen, soziologischen Bedingungen von Erkenntnis fragen. Immer muß man dabei »autologisch« forschen, das heißt: Rückschlüsse auf das eigene Tun beachten. Ein solcher Zirkel ist keineswegs »vitiös«. Man muß nur die Rückverwandlung von Forschungsresultaten in Forschungsbedingungen im Auge behalten und sich dafür Zeit nehmen. Und die empirische Theorie muß komplex genug sein (mit Fragen an das Ausreichen einer zweiwertigen Logik), um den autologischen Schluß vollziehen zu können. Verglichen mit den Fortschritten, die hier inzwischen erzielt sind, machen Erkenntnistheorien, die selbstreferenzaversiv gebaut sind oder die hierfür ersonnenen Figuren weiterverwenden, einen eher zweitrangigen Eindruck. Sie bleiben, wie man an Popper sehen kann, in methodologischen Ratschlägen stecken, die man natürlich immer wieder gern zur Kenntnis nimmt und zur Beachtung empfiehlt.

Eine allgemeine Lizenz zu autologischem Forschen enthält freilich noch wenig Instruktion; sie erklärt noch nicht, wie es zu machen ist. Hier müssen die Disziplinen ihren eigenen, entsprechend revidierten Theorieapparat beisteuern, und im Folgenden geht es um Soziologie. Im Kontext einer allgemeinen Theorie autopoietischer Sozialsysteme beschreiben wir die Wissenschaft als ein Funktionssystem der (modernen) Gesellschaft, das sich unter historisch vorliegenden gesellschaftlichen Rahmenbedingungen zu eigener operativer Geschlossenheit ausdifferenziert hat, also selbst diskriminiert, was wahr und was unwahr ist. Die Selbstbeobachtung der Welt durch Physiker muß nicht nur physisch und lebensmäßig, sie muß auch sozial ermöglicht werden. Das erfordert die Ausdifferenzierung eines Sozialsystems Wissenschaft. Hierfür müssen mannigfaltige Vorbedingungen erfüllt, müssen zahlreiche strukturelle Kopplungen von System und Umwelt eingerichtet sein; und zwar in einer Weise eingerichtet sein, die die operative Geschlossenheit, die Selbstorganisation, das laufende rekursive Arbeiten mit der Unterscheidung von Selbstreferenz und Fremdreferenz des Systems nicht verhindern, sondern ermöglichen. Daß dies möglich ist, ist uns auf der Ebene der alltäglichen Phänomene geläufig. Wie es möglich ist, ist das

Thema der nachstehenden Untersuchungen. Und daß die Frage als »Wie«-Frage gestellt wird, realisiert zugleich den autologischen Schluß vom Ergebnis auf die Forschung.

Einfacher gesagt: Wir versuchen, die Theorie der funktionalen Differenzierung mit dem heute unausweichlichen Radikalismus erkenntnistheoretischer Fragestellungen zusammenzuschließen, aus dem einen Konzept auf das andere zu schließen und wieder zurück. Primär handelt es sich um einen Beitrag zur Theorie der modernen Gesellschaft. Aber es soll dabei zugleich deutlich werden, welche erkenntnistheoretischen Konzepte diese Gesellschaft auf Grund der Form ihrer Differenzierung erzeugt und im Nebenertrag: wie unzureichend es ist, es bei Begriffen wie Relativismus, Pluralismus oder Postmoderne zu belassen.

Dem ungeduldigen Leser wird ein erhebliches Maß an Redundanzen und Wiederholungen auffallen – teils im Verhältnis zu anderen Publikationen von mir, teils innerhalb dieses Buches. Aber auch eine zu konzentrierte Schreibweise ist oft moniert worden. Ich hoffe, daß das hier gesuchte Kompromiß eine vertretbare Lösung darstellt. Im übrigen liegt ein Grund für Wiederholungen in der Schwierigkeit, den Text »auf die Reihe zu bringen«. Der Gedankengang ist zu komplex für eine lineare Präsentation, wie die Schrift sie verlangt. Wiederholungen sowie rekursive Rück- und Vorgriffe ermöglichen es, einer nichtlinearen Theoriearchitektur Rechnung zu tragen.[1]

Die Grundideen dieses Buches sind auf Grund eines vorläufigen Manuskriptes im Wintersemester 1987/88 in einem Kolloquium an der Universität Bielefeld diskutiert worden. Dieser Resonanztest hat zu einer gründlichen Überarbeitung des Manuskriptes geführt. Ich danke den Teilnehmern, vor allem den Mitgliedern des Universitätsschwerpunktes Wissenschaftsforschung, für ihre Teilnahme und für zahlreiche kritische Hinweise. Es bleibt nur noch, wie üblich, zu sagen, daß verbleibende Fehler zu meinen Lasten gehen – mit Ausnahme von Fehlern in diesem Satz, versteht sich!

Bielefeld, im März 1990 Niklas Luhmann

---

[1] Zum selben Problem George J. Klir, Architecture of Systems Problem Solving, New York 1985, S. VIIIf.

Kapitel 1

Bewußtsein und Kommunikation

I

Von Wissen und Wissenschaft spricht man üblicherweise in einer subjektbezogenen Begrifflichkeit. Das Subjekt des Wissens ist demnach der Mensch; oder jedenfalls das Bewußtsein des Menschen; oder eventuell der Kollektivsingular des transzendentalen Bewußtseins der Menschen. Ganz ohne einen solchen Träger kann man sich Wissen schwer vorstellen. Irgendwo in der Welt muß es ja vorhanden sein, zugerechnet werden, überprüft und verbessert werden können. Und selbst wenn man, philosophisch inspiriert, das Subjekt extramundan denkt, macht es doch keine Schwierigkeiten, es an der nächsten Straßenecke aufzutreiben und zu befragen. Auch Wissen über Kriterien und Kontrollen des Wissens wird letztlich über die Vorstellung des Menschen in die Welt eingeführt; und wenn man es nicht direkt am Menschen wahrnimmt, sondern zum Beispiel in Büchern liest, haben die Bücher angeblich einen Autor, Kant zum Beispiel.[1]

Die folgenden Untersuchungen sind darauf angewiesen, daß wir uns von dieser Zurechnungskonvention lösen. Oder sie machen jedenfalls den Versuch, so zu verfahren, als ob dies möglich sei. Damit dies gelingt, müssen wir in einem ersten Kapitel zunächst einmal diese Konvention charakterisieren, sie in ihren Folgen skizzieren und uns auf eine theoretische Alternative einlassen. Die Zurechnung von Wissen auf etwas, was man in der Kommunikation als Mensch, Subjekt, Bewußtsein, Individuum kennzeichnet, hat enorme Konsequenzen gehabt. Schon in der griechischen Philosophie wurden die Kontroversen innerhalb dieser alltagsplausiblen Konvention geführt. Wenn es zum Beispiel im Theaetet darum ging, ob der Mensch das Maß aller

---

[1] Mittelalterliche Textgepflogenheiten, die das Buch selbst wie einen Autor sprechen lassen, haben den Buchdruck nicht überlebt. Es wäre nicht ganz abwegig, sie wiederaufzugreifen, denn schließlich stammt, jedenfalls wo es »wissenschaftlich« zugeht, nur sehr weniges, was in einem Buch zu lesen ist, von dem Autor selbst.

Dinge sei, so stand die Zurechnung des Wissens auf den Menschen nicht in Frage, sondern bestritten wurde im Namen des lógos nur, daß jeder auf seine Weise Kriterium des Urteils wahr bzw. unwahr sei. In der Tat liegt es ja auch nahe, Wissen bei dem zu vermuten, den man fragen kann, und dann nur noch die subjektive Beliebigkeit des Urteils zu bestreiten und an diesem Problem weiterzuarbeiten. Ebensowenig wurde die Lokalisierung am Menschen in den späteren Kontroversen über Realismus und Nominalismus in Zweifel gezogen. Im Zuge solcher Kontroversen wurde der Mensch dann mehr und mehr Instanz seines Wissens. Er hatte gewissermaßen das Privileg, sich irren zu können (die Welt irrt sich nicht über sich selbst), und war damit auch für die Korrektur seiner Irrtümer verantwortlich. Und je mehr deutlich wurde, daß die Negativität in der Welt selbst keinen Ort hat, da nichts negativ *sein* kann, desto mehr war man gezwungen, das auf Irrtumsüberwindung beruhende Wissen zwar im Menschen, aber zugleich transmundan zu verorten. Je mehr das empirische Beobachten als Wissenserwerbs- und -kontrollinstrument erkannt wurde, desto mehr wurde der Beobachter darauf verwiesen, etwas Nichtempirisches in sich selbst zu vermuten. Je mehr dies auch für die Logik selbst anzunehmen war, desto mehr mußte die Welt auf ein alogisches Etwas reduziert werden. Selbst den Axiomen der Logik, etwa dem Postulat der Widerspruchsfreiheit, fehlt dann ein Realitätskorrelat; denn wenn man beweisen wollte, daß die Welt selbst widerspruchsvoll bzw. widerspruchsfrei existiert, müßte die Beweisführung eben dieses Axiom bereits verwenden.[2]

Daß der Mensch schließlich als »Subjekt« seines Wissens angesehen wurde, kann man als eine Residualisierung der Trägerschaft begreifen, als eine Art transitorische Semantik, die trotz zunehmenden Bewußtseins der Völkervielfalt, der Sitten- und Glaubensunterschiede und der Individualität der Menschen noch an der Zurechnung auf den Menschen festhalten will, aber eben diese Zurechnung nicht mehr empirisch, sondern nur noch in sich selbst verorten kann. Angesichts der immensen Komplexität, Detailliertheit und raschen Variabilität wissenschaftlichen Wissens wird dieses Subjekt jedoch zur Chimäre – oder,

[2] Vgl. etwa Henri Atlan, A tort et à raison: Intercritique de la science et du mythe, Paris 1986, insb. S. 141 ff.

wie bei Husserl, zum Rebell, der erklären läßt, seine konkret-lebensweltlichen Erfahrungen, seine originäre Sinnstiftung würden von der Wissenschaft nicht hinreichend berücksichtigt. Wenn dann noch das Subjekt die wissenschaftliche Empirie ablehnt (weil sie nur in Begriffen möglich ist), liegt es nahe, auf die Unterscheidung von empirisch und transzendental ganz zu verzichten.[3]

Ungeachtet aller spezifischen Theorieannahmen (Bewußtsein, Vernunft, Subjektivität betreffend) kann man eine Theorie als transzendental charakterisieren, wenn sie nicht zuläßt, daß die Bedingungen der Erkenntnis durch die Ergebnisse der Erkenntnis in Frage gestellt werden. Transzendentale Theorien blockieren den autologischen Rückschluß auf sich selber. Als empirisch oder als naturalistisch kann man dagegen Erkenntnistheorien bezeichnen, wenn sie für sich selbst im Bereich der wissenswerten Gegenstände keinen Ausnahmezustand beanspruchen, sondern sich durch empirische Forschungen betreffen und in der Reichweite der für Erkenntnis offenen Optionen einschränken lassen.[4] Wir legen Wert auf diese Belehrung und verzichten deshalb auf die Unterscheidung empirisch/transzendental, die nur von transzendental angesetzten Erkenntnistheorien benötigt wird.

Die Ansicht, Erkenntnis sei immer Erkenntnis eines Subjekts und ein Subjekt sei immer individuelles Bewußtsein, hat den Zusammenbruch der Unterscheidung von empirisch und transzendental überstanden. Sie kann noch heute als herrschende Auffassung gelten, besonders bei Philosophen[5] und im Alltagsleben. Man gelangt zwar bis zur Annahme eines konstitutiv irreflexiven, operativ nicht auf Selbsterkenntnis angewiesenen, Ereignisse der aktuellen Bewußtheit prozessierenden Bewußtseins, also bis an die Schwelle dessen, was wir im folgenden

---

3 Wenn man mit Jean-François Lyotard, Le différend, Paris 1983, S. 51, diese Unterscheidung beibehält, sie aber als einen Zirkel konstruiert, läuft das auf dasselbe hinaus. Die Unterscheidung hatte ihren Sinn ja als Asymmetrie. Resymmetrisiert hebt sie sich selbst auf.

4 Natürlich ist bekannt, daß genau diese Option für Einschränkbarkeit von Optionen es dem Transzendentalisten ermöglicht, »tu quoque« zu argumentieren. Lassen wir ihm das Vergnügen, sofern er sich darauf beschränkt.

5 Siehe als Überblick über die aktuelle Diskussion Manfred Frank, Die Unhintergehbarkeit von Individualität, Frankfurt 1986.

Autopoiesis nennen werden – aber nicht darüber hinaus; und man hält vor allem an der These fest, daß das bewußte Subjekt der einzige Fall dieser Art sei.

Die analytische Philosophie schließlich hat eine entsprechende Unterscheidung der Form nach beibehalten, sie aber vom Subjekt auf die Sprache verlagert. Bei Sprache geht es ihr jedoch nicht um Kommunikation, sondern um Regeln, die gleichwohl, mit einer theorienotwendigen Unschärfe, eine »naturalisierte Epistemologie« begründen sollen. Aber die dies leitende Unterscheidung von analytisch und synthetisch läßt sich nicht sprachlich begründen. Sie setzt einen nichtempirischen Zugang zu Wissensvoraussetzungen voraus. Und die Linguistik behilft sich dann nach dem Muster der Logik mit einer ebenfalls nichtempirischen Unterscheidung von Sprache und Metasprache.[6] Diese Voraussetzungen werden gesprengt, wenn man, mit Hilfe der Soziologie, von Sprache auf Kommunikation umstellt und unter Kommunikation eine stets faktisch stattfindende, empirisch beobachtbare Operation versteht.

Denn die Wissenschaften, die direkt mit der Komplexität empirischer Verhältnisse konfrontiert sind, machen hier schon seit langem nicht mehr mit. Als Resultat einer langen, aber in der Zurechnung des Wissens auf den Menschen eindeutigen Tradition kann eine gewisse Idealisierung des Beobachters als eines Komplexes von Messungen und Berechnungen festgestellt werden. Das gilt in besonders eindeutiger Weise für die moderne Physik, die mehr die Effekte ihrer Instrumente als die Effekte des Menschen, der sie jeweils handhabt, reflektiert. Fast könnte man daher auf die Subjektfassung »der Beobachter« verzichten[7] und nur von »Beobachten« bzw. »Beobachtungen« sprechen. Solche Kautelen bringen jedoch nicht viel, wenn man nach wie vor nur eine einzige Möglichkeit hat, den Beobachter zu identifizieren, nämlich als Menschen. Man mag ihn dann wie immer abstrakt beschreiben und damit dem Umstand Rechnung tragen, daß der Mensch noch mehr tut, als nur zu beobachten; aber

---

[6] Vgl. dazu Louise M. Antony, Naturalized Epistemology and the Study of Language, in: Abner Shimony/Debra Nails (Hrsg.), Naturalistic Epistemology: A Symposium of Two Decades, Dordrecht 1987, S. 235-257.

[7] Niemand sagt bisher »der/die Beobachter/in«. Aber das wird kommen, wenn man sich nicht rasch eines Besseren besinnt!

im Effekt unterstellt man für das, was man als Beobachten (und folglich: als Wissen) bezeichnet, nach wie vor nur eine einzige Systemreferenz: den Menschen.[8] Aber warum muß man das, was als Beobachter in den Prozeß der Produktion und Reproduktion von Wissen eingeht, durch die Systemreferenz Mensch konkretisieren, wenn man doch weiß, daß damit zu viel (und vielleicht auch zu wenig) bezeichnet ist?

Zugleich erzwingt die moderne Gesellschaft mit ihrem weit ausgedehnten historischen und kulturell-vergleichenden Wissen sich selbst zur Anerkennung der Relativität aller Weltanschauungen und damit allen Wissens. Das gilt heute sogar für Vorstellungen von Zeit, Raum, Farbe usw., also für Gestaltwahrnehmungen jeder Art. Dabei scheinen zunächst Relativierung und Subjektivierung einander zu stützen, einander Argumente zu liefern. Das hat die historische (oder »geisteswissenschaftliche«) Hermeneutik der Lebensphilosophie eines Dilthey ausgearbeitet. Mit der Zurechnung auf den Menschen, die im Subjektbegriff impliziert ist, wird jedoch die Unterstellung tradiert, als ob Weltanschauungen, weil relativ und weil subjektiv, gewählt werden könnten. Man könne sich, so scheint es, für die eine oder andere Zeit- oder Raum- oder Ding- oder Symbolvorstellung entscheiden.[9] Das ist jedoch nicht der Fall. Geht man vom Einzelmenschen als Subjekt aus, sind seine Vorstellungen durch Teilnahme an gesellschaftlichen Kommunikationszusammenhängen dermaßen sozialisiert, daß nur die Entscheidungsfreiheiten bestehen, die gesellschaftlich verständlich gemacht werden können. Im zu akzeptierenden Relativismus steckt keinerlei Beliebigkeit, sondern nur die Nachfrage nach den Konditionierungen, die das »Wie« der Unterscheidungen bestimmen. Und das läuft auf eine empirische Frage, eine Frage an den Beobachter von Beobachtern hinaus.

Es liegt in der Konsequenz einer derart »naturalisierten« (= de-

---

8 Siehe die wohl unbemerkt paradoxe Beschreibung bei Atlan, a. a. O., S. 228 f.: »Car l'observateur physique *n'est pas un homme* mais un système idéal constitué par un appareil de mesure et un physicien idéal, *c'est-à-dire un homme* idéalisé capable de détecter de façon objective les indications de l'appareil de mesure et de les interpréter dans le cadre de la connaissance physique«. (Hervorhebungen durch mich, N. L.).

9 Siehe zur Kritik dieser Prämisse auch Steve Fuller, Social Epistemology, Bloomington Ind. 1988, S. 124 ff.

transzendentalisierten) Epistemologie, daß sie höhere Anforderungen an die Selbstreferenz stellt, daß sie eine genauere Beschreibung der empirischen Kognitionsprozesse erfordert und daß sie schließlich über die Bezugseinheit »Mensch« hinausgehen muß. Quine hatte mit diesem Programm sicher nur sagen wollen, daß man Erkenntnis als menschliches Verhalten in Betracht ziehen müsse.[10] Aber dabei kann man nicht stehenbleiben, wenn man die sozialen Bedingungen auch des wissenschaftlichen Forschens in Betracht zieht.[11] Damit wird dann aber die Grundproblematik des Verhältnisses von Individuum und Gesellschaft epistemologisch (und damit zirkulär auch für das Begreifen eben dieser Grundproblematik) relevant.

Schneiden wir diesen Zirkel zunächst mit einer wohl unbestreitbaren Überlegung an. Schon einfaches Nachdenken kann zeigen, daß nicht der ganze Mensch erkennt. Erkennen kommt nur aufgrund der Möglichkeit des Sich-Irrens zustande. Das Leben, und selbst das Gehirn, kann sich aber nicht irren. Es ist ja entscheidend an der Produktion wahrer und unwahrer Vorstellungen beteiligt und produziert beides auf gleiche Weise, mit gleichen Operationen, mit gleichen Apparaturen. Wir müssen also Erkenntnis, wenn überhaupt auf den Menschen, auf sein Bewußtsein zurechnen und dem Leben allenfalls eine notwendige Beteiligung bei der Ermöglichung diskriminierender Beobachtungen und insbesondere bei der Ermöglichung von Irrtümern zuerkennen.[12] Zurechnung auf »den Menschen« ist mithin ein Artefakt, eine Konstruktion. Und die Frage ist dann, wie und wofür wird sie angefertigt und gebraucht? Zugestanden,

---

10 Siehe Willard van O. Quine, Epistemology Naturalized, in ders., Ontological Relativity and Other Essays, New York 1969, S. 69-90. Zur umfangreichen anschließenden Diskussion siehe Hilary Kornblith (Hrsg.), Naturalizing Epistemology, Cambridge Mass. 1985, und den bereits zitierten Band von Shimony und Nails 1987.
11 Dies betont bei allem Festhalten am Desiderat rationaler Kriterien Mary Hesse, Socializzare l'epistemologia, Rassegna Italiana di Sociologia 28 (1987), S. 331-356. Siehe auch Karin Knorr Cetina, Das naturwissenschaftliche Labor als Ort der »Verdichtung« von Gesellschaft, Zeitschrift für Soziologie 17 (1988), S. 85-101.
12 Zu beachten ist, daß Humberto Maturana terminologisch umgekehrt operiert, nämlich den Begriff der Kognition bereits auf der Ebene des Lebens ansetzt und von Beobachten nur in bezug auf Systeme spricht, die über Sprache verfügen. Siehe die Aufsatzsammlung Erkennen: Die Organisation und Verkörperung von Wirklichkeit, Braunschweig 1982.

daß eine entsprechende Konvention für die Kommunikation über Wissen unentbehrlich ist. Aber wenn das zugestanden wird, ist dann nicht eigentlich die Kommunikation selbst das Beobachten, das sich des Menschen nur bedient, was immer sie damit meint, um sich selbst fortzusetzen?

Auf die gleiche Frage kommt man, wenn man überlegt, wie es überhaupt zur Wahrnehmung eines Unterschiedes von Menschen und Dingen oder Subjekten und Objekten kommt. Zumeist wird dieser Unterschied einfach vorausgesetzt und dann auch in der Introspektion nachgewiesen. Um diese Unterscheidung machen zu können, muß man aber weder die andere (und erst recht nicht: die eigene) Person noch das Objekt kennen. Schon das Wahrnehmen des Wahrnehmens eines anderen schließt ja gar nicht dessen bewußtseinsmäßige, geschweige denn dessen neurophysiologische Prozesse ein. Man nimmt gar nicht wahr, *wie* ein anderer wahrnimmt, sondern nur, *daß* ein anderer wahrnimmt, und zwar mit Hilfe der Unterscheidung von Subjekt und Objekt. Dafür genügt ein »black box«-Konzept vollauf. Die Unterscheidung selbst ist die primäre Differenz, und das, was dann anhand des eingeführten Unterschiedes jeweils als Subjekt oder als Objekt erkannt und behandelt wird, ist nur ihre Folge. Erst diese Unterscheidung läßt das kondensieren, was man über Menschen bzw. Dinge konkret wissen muß, um die Kommunikation fortsetzen zu können. Die Unterscheidung ist notwendig, damit man Anschlüsse für Kommunikation lokalisieren kann (oder genauer: damit die Kommunikation Anschlüsse für Kommunikation lokalisieren kann). Man redet nicht mit dem Objekt über das Subjekt, sondern mit dem Subjekt über das Objekt. Was und wieviel man dabei über das andere Subjekt bzw. über das Objekt wissen muß, hängt ganz von der Kommunikation und ihren jeweiligen Themen und Umständen ab. Das gilt in geradezu spektakulärer Weise für wissenschaftliche Kommunikation. Die Kommunikation ist auf diese Differenz angewiesen, sie entwickelt sich erst in der gesellschaftlichen Evolution; und danach richtet sich, was die Menschen voneinander halten.

Empirisch gesehen läßt diese These vom genetischen Primat der Kommunikation sich durch Untersuchungen über Interaktion mit Babies überprüfen und, soweit man sehen kann, belegen.

Schon im zweiten Monat nach der Geburt sind Verhaltensweisen möglich, die als Kommunikation verstanden und erwidert werden, also vor jedem Spracherwerb und fast gleichzeitig mit der Entwicklung von wahrnehmungsmäßigem Unterscheidungsvermögen.[13] Dabei spielt die hierzu notwendige zeitliche Sequenzierung mit selektiver Bindung von Aufmerksamkeit – zum Beispiel: das Wiederholen, das turn taking – eine wichtige Rolle. Man wird diese Befunde kaum als eine organisch angelegte, »angeborene« Kommunikationsbereitschaft interpretieren können,[14] wohl aber als Beleg für das rekursive Ingangkommen von Kommunikation, die als Beitrag zur Kommunikation verwenden kann, was noch nicht so »gemeint« war, und dann als Resultat das Vermögen zur Unterscheidung von Subjekt und Objekt aufbaut.

Diese Überlegungen führen zu einem folgenreichen Umbau der üblichen Annahmen über die Konstitution des »alter Ego« oder über die Erzeugung der »Du-Subjektivität«. Die übliche Version lautet: daß ein Subjekt mit kognitivem Umweltkontakt irgendwann einmal die Erfahrung macht, daß andere Menschen anders sind als Dinge, und dann mit dieser Erfahrung zu rechnen beginnt. Der radikale Konstruktivismus ist bisher über diese Version nicht hinausgekommen, muß also, gegen sein eigenes Theorieprogramm, eine Art Ich-Analogie unterstellen – zumindest als je eigene Konstruktion. Es bleibt dann doch merkwürdig, daß diese Konstruktion des alter Ego ohne jede Realitätsentsprechung immer wieder eingerichtet wird. Der Erkenntnisvorteil liegt zwar auf der Hand, er liegt in einer Art Doppelprüfung der Kognition aus eigener und aus selbstkon-

---

13 Vgl. Stein Bråten, Dialogic Mind: The Infant and the Adult in Protoconversation, in: Marc E. Carvallo (Hrsg.), Nature, Cognition and System Bd. 1, Dordrecht 1988, S. 187-205.
14 So aber Colwyn Trevarthen, The Foundations of Intersubjectivity: Development of Interpersonal and Cooperative Understanding in Infants, in: David R. Olson (Hrsg.), The Social Foundations of Language and Thought: Essays in Honor of Jerome S. Bruner, New York 1980, S. 316-342, ders., The Primary Motives for Cooperative Understanding, in: George Butterworth/Paul Light (Hrsg.), Social Cognition: Studies of the Development of Understanding, London 1982, S. 77-109; ders., Development of Intersubjective Motor Control in Infants, in: M. G. Wade/H. T. A. Whiting (Hrsg.), Motor Development, Dordrecht 1986, S. 209-261. Ich beziehe mich auch auf eine mündliche Diskussion mit Trevarthen.

struierter fremder Sicht.[15] Aber die ständige Repetition genau dieser und keiner anderen Problemlösung gibt doch zu denken; ganz zu schweigen von der Schwierigkeit, die Genese eines solchen Analogieerlebens überhaupt nachzuweisen. Wir gehen statt dessen davon aus, daß es die Teilnahme an Kommunikation ist, die es nach ausreichender Einübungszeit sinnvoll macht, ein alter Ego zu unterstellen, um Erfahrungen kondensieren zu können. Die Primärerfahrung liegt nicht in einer wie immer rudimentär sich anbietenden Analogie von eigenem und fremdem Erleben,[16] also auch nicht in einer Art Menschenkenntnis; sie liegt in der Notwendigkeit, im Umgang mit Kommunikation zwischen Mitteilung und Information zu unterscheiden und die Differenz dann mit Sinngehalten anzureichern. Daher ist Kommunikation denn auch Bedingung für so etwas wie »Intersubjektivität« (wenn man den Ausdruck überhaupt beibehalten will) und nicht Intersubjektivität Bedingung für Kommunikation. Es ist dieser Vorgang des Sicheinlassens auf Situationen, die als Kommunikation interpretiert werden, der Anlaß gibt zur Entstehung von »doppelter Kontingenz«, mit der dann die Autopoiesis sozialer Systeme anläuft.[17]

Das Bewußtsein hat seine für die Kommunikation unerreichbare Eigenart in der Wahrnehmung bzw. in der anschaulichen Imagination. Am besten läßt diese Eigenart sich begreifen, wenn man das Bewußtsein zunächst vom (zentralisierten) Nervensystem unterscheidet. Das Nervensystem ist eine Einrichtung zur Selbstbeobachtung des Organismus. Es kann nur körpereigene Zustände diskriminieren und operiert deshalb ohne Bezug auf die Umwelt. Das Bewußtsein kompensiert diese Beschränkung, es externalisiert, obwohl strukturell an das Nervensystem gekoppelt, das, was ihm als Eigenzustand des Körpers suggeriert

---

15 So z. B. Ernst von Glasersfeld, Konstruktion der Wirklichkeit und des Begriffs der Objektivität, in: Heinz Gumin/Armin Mohler (Hrsg.), Einführung in den Konstruktivismus, München 1985, S. 1-26 (22 ff.).
16 So z. B. Peter M. Hejl, Konstruktion der sozialen Konstruktion: Grundlinien einer konstruktivistischen Sozialtheorie, in: Gumin/ Mohler, a.a.O., S. 85-115 (97 ff.), der eine »Parallelisierung« des sich selbst erlebenden Lebens (aber wie ist das biologisch zu konstruieren?) mit anderen Lebewesen außerhalb als Voraussetzung ansieht für das Entstehen von Kommunikation und Sprache.
17 Vgl. anschließend Niklas Luhmann, Soziale Systeme: Grundriß einer allgemeinen Theorie, Frankfurt 1984, S. 148 ff.

wird; es kehrt sozusagen das Innen des Körpers nach außen, und selbst der eigene Leib wird vom Bewußtsein als bewußtseinsextern, als Gegenstand des Bewußtseins erlebt. Das Bewußtsein konstruiert auf der Grundlage der laufenden, geräuschlosen, unbemerkten Aktivität des Nervensystems eine Welt, in der es dann die Differenz des eigenen Körpers und der Welt im übrigen beobachten und auf diese Weise sich selbst beobachten kann. Die semantische Figur des »Subjekts« (der Weltträgerschaft des Bewußtseins) hat diesen Sachverhalt nur interpretiert, ohne ihn zu analysieren; und sie hat deshalb weder die eigentümliche Umkehrleistung noch die strukturelle Kopplung von Nervensystem und Bewußtsein begriffen.

Dieser auch schon an Tieren beobachtbare Sachverhalt hat zunächst mit Kommunikation nichts zu tun. Eben deshalb konnten wir sagen, daß das Bewußtsein im Wahrnehmen bzw. in der anschaulichen Imagination eine für Kommunikation unerreichbare Eigenart besitzt. Die Wahrnehmung selbst ist nicht kommunizierbar,[18] denn nur Kommunikation ist kommunizierbar. Sicher kann sich Kommunikation wie auf alles so auch auf Wahrnehmungen beziehen; aber dies nur, weil diese Möglichkeit durch vorherige Kommunikation schon entwickelt worden ist, also nur im rekursiven Netz der durch Kommunikation ermöglichten Kommunikation.

In der Wahrnehmung (über die wir jetzt, wenn es gelingt, kommunizieren) wird Unterschiedenes, obwohl unterschieden, als Einheit erfaßt. Die Distinktheit geht in das Wesen der Sache ein. Man sieht den Baum nur als Form, nur als begrenztes Objekt mit dem Anderssein des anderen drum herum, aber der Blick gerät nicht ins Oszillieren, er erfaßt nicht die Unterscheidung, sondern den Baum dank seines Unterschiedenseins. In diesem von Referenz auf »Sinnlichkeit« ganz abstrahierenden Sinne kann man akzeptieren, was Merleau-Ponty schreibt: »La perception est la pensée de percevoir quand elle est pleine et actuelle«.[19] Dagegen ist und bleibt Kommunikation immer das Prozessieren einer Unterscheidung als Unter-

---

18 Wer das bezweifelt, sollte sich in die Situation eines Menschen versetzen, der eine noch nie gesehene Farbe gesehen hat und anderen darüber berichten möchte.

19 Maurice Merleau-Ponty, Le visible et l'invisible, Paris 1964, S. 50.

scheidung – und zwar der Unterscheidung von Information und Mitteilung. Die Teilnahme an Kommunikation setzt zwar auch Wahrnehmung und damit Bewußtsein voraus, führt jedoch zugleich über das bloße Wahrnehmen hinaus. Man kann dies am besten am Irrtumskriterium erkennen: Wer die Uhr falsch abliest, hat selber schuld. Wer durch die Zeitansage eine falsche Information bekommt (die er doch selber hören, also wahrnehmen muß), wird der Zeitansage die Schuld geben. Vielleicht ist diese Problematik der Auslagerung von Verantwortung für Irrtum, Täuschung, Symbolmißbrauch überhaupt der erste Grund für die Ausbildung eines über das bloße Wahrnehmen und über das Wahrnehmbare hinausgehenden Interesses am Alter als alter Ego. Jedenfalls bringt Kommunikation durch die ihr eigentümliche Unterscheidung von Information und Mitteilung ein neuartiges Interesse am anderen in Gang, das dann rückwirkend auch das Interesse an sich selbst verändern wird.

In den bisherigen Wissenskonstruktionen, die auf den Menschen verweisen und sich darauf beschränken, dessen »Natur« bzw. Seelensubstanz aufzulösen, bleibt das Phänomen der Kommunikation unterbelichtet. Es wird erst sekundär eingeführt als ein Verständigungsmittel unter Menschen. Dem entspricht, daß man die Wahrheitsproblematik als ein Problem der »Inter«-Subjektivität behandelt.[20] Wenn man diesen Ausgangspunkt in Frage stellt, gerät man auf ungesicherten Grund. Es spricht aber eine gewisse Anfangsplausibilität, wir haben das angedeutet, dafür, daß man zahlreiche Probleme der traditionellen Erkenntnistheorie anders beleuchten kann, wenn man die Systemreferenz von Mensch oder Bewußtsein auf Gesellschaft oder Kommunikation umstellt.

Schon eine einfache Überlegung kann dies zeigen:[21] Ein Individuum kann sein Wissen relativ leicht »auswerten«, zum Beispiel logische Schlüsse ziehen oder mit einer Art Kurzschaltung kreativ denken. Bei gesellschaftlich verteiltem Wissen hängt dagegen alle Auswertung von Kommunikation ab und wird daher durch

---

20 Hierzu ausführlicher Niklas Luhmann, Intersubjektivität oder Kommunikation: Unterschiedliche Ausgangspunkte soziologischer Theoriebildung, Archivio di Filosofia 54 (1986), S. 41-60.
21 Anregend hierzu: Barry Barnes, About Science, Oxford 1985, S. 82f.

Eigentümlichkeiten der Kommunikationsmedien gefiltert. Das sieht zunächst wie ein Nachteil aus. Logisches und kreatives Denken bleibt jedoch gänzlich ohne Effekt, wenn es nicht kommuniziert wird. So ist denn auch das Wissen, über das ein Einzelbewußtsein als über »eigenes« zu verfügen meint, im wesentlichen Resultat von Kommunikation; und hinzu kommt eigentlich nur ein gewisses Maß an Idiosynkrasien und Zufallskonstellationen der je individuellen Biographie. Kein individuell bewußtes Wissen läßt sich isolieren, wie immer überzeugend dem Einzelnen »sein« Wissen erscheinen mag. Weder die Inhalte noch die Gewißheitsquellen des Wissens können daher auf die Ressourcen des individuellen Bewußtseins zurückgeführt werden, und zwar auch dann nicht, wenn man Individuen ihrerseits als autopoietisch geschlossene und dadurch komplexe Systeme begreift.[22] Erst wenn man dies einsieht, kann man zutreffend erfassen, wie unentbehrlich Bewußtsein für Kommunikation ist.

Auch wenn man die Eigendynamik der Kommunikation betont, besteht kein Zweifel, daß dadurch biologisch und psychologisch begreifbare Individuen betroffen sind. Man muß und kann auch nicht in Frage stellen, daß die Kommunikation deren Verhalten koordiniert. Nur ist dies nicht die Funktion der Kommunikation,[23] sondern ein Erfordernis der Absicherung ihrer Fortsetzbarkeit mit einer realen, von Individuen bevölkerten Umwelt. So ist denn auch nicht zu erwarten, daß durch Kommunikation die Integration von Individuen oder ihre wechselseitige Transparenz oder auch nur die Koordination ihres Verhaltens verbessert werden könnte. Die wenigen Jahrtausende, die wir überblicken können, haben zwar zu einer immensen Steigerung der Reichweite, des Tempos, der Themenbreite,

---

22 In diesem Punkte anderer Meinung Gebhard Rusch, Erkenntnis, Wissenschaft, Geschichte: Von einem konstruktivistischen Standpunkt, Frankfurt 1987. Eine Testfrage könnte sein, wie eine sich auf biologische und psychische Systemreferenz beschränkende konstruktivistische Theorie das Tempo der soziokulturellen Evolution erklären könnte; oder auch: wie sie erklären könnte, daß heute 5 Milliarden *gleichzeitig* erlebende Individuen nach Maßgabe einer sozialen Ordnung zu leben vermögen.

23 Vgl. insbesondere Terry Winograd/Fernando Flores, Understanding Computers and Cognition: A New Foundation for Design, Reading Mass. 1986; dt. Übers. Berlin 1989.

kurz: der Komplexität von Kommunikation geführt, ohne daß aber dadurch die Integration von Lebens- und Bewußtseinszuständen der Individuen verbessert worden wäre. Im Gegenteil: es ist nicht mehr unwahrscheinlich, daß durch Auswirkungen von Kommunikation Leben und Bewußtsein von Menschen gänzlich ausgelöscht wird. Unter solchen Umständen ist es ebenso verständlich wie hoffnungslos, Idealbedingungen eines Konsenses aller wohlmeinenden Individuen zu normieren. Sich so weit von Realbedingungen zu entfernen, kann nicht gut als rational postuliert werden. Und erst recht ist damit ausgeschlossen, daß Konsens von Individuen als Selektionsfaktor in der gesellschaftlichen Evolution wirken könnte.[24]

Wir stellen aus diesen Gründen die Zurechnung von Wissen um von Bewußtsein auf Kommunikation, also von psychischer auf soziale Systemreferenz.[25] Die folgenden Überlegungen dieses Kapitels sollen zunächst einige systemtheoretische Voraussetzungen dieses Wendemanövers klären.

II

Kommunikation setzt immer eine Mehrheit psychischer Systeme voraus. Das ist zunächst trivial, wird aber zu einer folgenreichen Feststellung, wenn man hinzufügt, daß die psychischen Systeme selbstreferentiell-geschlossen operieren und füreinander unzugänglich sind. Kein Bewußtsein kann die eigenen Operationen an die eines anderen anschließen, kein Bewußtsein kann sich selbst im anderen fortsetzen. Schon die neurophysiologische Fundierung des Bewußtseins schließt das aus, was immer man von den Beziehungen zwischen Gehirn

---

24 Daß die soziale Evolution Konfliktbehandlungsmechanismen benötigt, die innerhalb des Kommunikationssystems auftretende Konflikte (Widersprüche) prozessieren, ist damit nicht bestritten. Siehe zu diesem Punkte auch Michael Schmid, Collective Action and the Selection of Rules: Some Notes on the Evolutionary Paradigm in Social Theory, in: Michael Schmid/Franz M. Wuketits (Hrsg.), Evolutionary Theory in Social Sciences, Dordrecht 1987, S. 79-100 (94f.).
25 Vgl. auch Lyotard, a. a. O., S. 188: »Les phrases qui arrivent sont ›attendue‹, non pas par des ›subjets‹ conscients ou inconscients qui les anticiperaient, mais parce qu'elles comportent avec elles leur ›mode d'emploi‹, pour parle comme les linguistes ...«.

und Bewußtsein halten mag. Es gibt daher auch keine Sondersphäre des »Dazwischen«, der Relation oder des »Inter ...« – es sei denn als Konstruktion eines wiederum geschlossen operierenden Beobachters. Es gibt daher auch, wie die Informationstheorie seit ihren Anfängen sagt, keine Übertragung von Bedeutung von Bewußtsein zu Bewußtsein. Es gibt nur eine konvergierende Konzentration von Aufmerksamkeit, zum Beispiel auf Signale. Das Problem der Kommunikation liegt in der selbstreferentiellen *Geschlossenheit* lebender und psychischer Systeme.

Dieser Sachverhalt erst gibt der Kommunikation ihre Bedeutung und zugleich ihre Eigenständigkeit als operativ selbständiges System. Alle Begriffe, mit denen Kommunikation beschrieben wird, müssen daher aus jeder psychischen Systemreferenz herausgelöst und lediglich auf den selbstreferentiellen Prozeß der Erzeugung von Kommunikation durch Kommunikation bezogen werden.

Machen wir uns das an einigen Beispielen klar. Jede Kommunikation differenziert und synthetisiert eigene Komponenten, nämlich Information, Mitteilung und Verstehen. Das geschieht jenseits dessen, was in den psychischen Systemen jeweils bewußt wird (woran sie gerade denken), durch den Kommunikationsprozeß selbst. Die Differenz von Mitteilung und Information wird dadurch hergestellt, daß die Mitteilung als Zeichen für eine Information genommen wird (und in diesem begrenzten Sinne ist auch die semiologische Interpretation der Sprache berechtigt). Aber sowohl die Zeichenhaftigkeit der Mitteilung als auch die Information selbst sind kommunikationssysteminterne Konstrukte. Sie werden in der Kommunikation aufgebaut und abgebaut, aktualisiert, eventuell aufgezeichnet, eventuell erneut thematisiert. Sie kommen nicht als Bewußtseinsoperation in das System, nicht als Wissen eines psychischen Systems, das vorher da ist und dann in die Kommunikation eingegeben wird.[26] Ein solches Überschreiten von Systemgrenzen durch systemeigene Operationen ist strikt empirisch unmöglich, und gerade auf dieser Unmöglichkeit beruht, wie wir noch ausführ-

---

26 Als treffende Kritik dieser Vorstellung vgl. Benny Shanon, Metaphors for Language and Communication, Revue internationale de systémique 3 (1989), S. 43-59.

lich sehen werden, die Leistungsfähigkeit autopoietischer Systeme. Also ist sowohl die Informativität der Information als auch die Differenz von Information und Mitteilung als auch die sie überbrückende Zeichenhaftigkeit der Mitteilung eine Eigenleistung des Kommunikationssystems, und insbesondere seiner Sprache. Es ist nicht notwendig, daß ein an Kommunikation beteiligtes Bewußtsein jeweils denkt, das Wort Apfel sei ein Zeichen für einen Apfel; und es wäre äußerst hinderlich und würde die Kommunikation dem Stillstand annähern, wenn dies jeweils bewußt gedacht werden müßte. Nötig ist nur, daß die Autopoiesis der Kommunikation das Wort als Wort und als Zeichen für eine Information zu behandeln vermag und dadurch den Eigenbereich abgrenzt gegen das, was, wie man dann meint, als Apfel real existiert.

Ebensowenig ist das für Kommunikation notwendige Verstehen psychologisch zu verstehen. In einem sehr allgemeinen Sinne ist Verstehen auch als einseitige oder wechselseitige Wahrnehmung psychischer Systeme möglich, also auch ohne Kommunikation. Man sieht jemanden vor seiner Haustür stehen und in seiner Hosentasche kramen und versteht: er sucht seinen Schlüssel. Durch Verstehen stellt man einen Bezug her auf die Selbstreferenz des beobachteten Systems.[27] Die Hintergrundwahrnehmung der Selbstreferenz zwingt zur Beobachtung als Selektion, und der Reiz des Verstehens besteht gerade darin, daß das verstandene System intransparent und unzugänglich bleibt. Man versteht trotzdem.

Dies ist deshalb möglich, weil der Verstehende in der Lage ist, Redundanzen zu organisieren und in das verstandene System hineinzuvermuten. Verstehen ist insofern der laufende Aufbau und Abbau von Redundanzen als Bedingung für rekursive Operationen, das Wegarbeiten von Beliebigkeiten, die Verringerung von Informationslasten und das Einschränken von Anschlußmöglichkeiten – und all das vor dem Hintergrund des Zugeständnisses von Selbstreferenz, also in dem Wissen, daß alles auch anders möglich wäre. Das Raffinement des Verstehens besteht in der Auflösung der Paradoxie der Transparenz des

---

27 Vgl. auch Niklas Luhmann, Systeme verstehen Systeme, in: Niklas Luhmann/Karl Eberhard Schorr (Hrsg.), Zwischen Intransparenz und Verstehen: Fragen an die Pädagogik, Frankfurt 1986, S. 72-117.

Intransparenten. Man versteht nur, weil man nicht durchschauen kann. Es geht also nicht um Vorhersage und nicht um Erklärung psychischer Zustände; und es geht erst recht nicht um eine Vollerfassung selbstreferentieller Systeme durch einzelne externe oder interne Operationen. Aber zum Problem wird Verstehen nur dadurch, daß selbstreferentielle Systeme rekursive Operationen durchführen und sich eine dafür ausreichende Übersicht schaffen müssen.

Weil psychische Systeme verstehen können, ohne ihre Intransparenz für sich selbst und für andere aufgeben zu müssen, ist Kommunikation möglich. Es mag ein punktuelles Aufblenden und Abblenden des Verstehens geben, ohne daß Kommunikation in Gang kommt. Wenn Kommunikation in Gang kommt, bildet sie ein eigenes autopoietisches System mit eigenen rekursiv vernetzten Operationen, das sich auf die Fähigkeit des Bewußtseins zur Transparenz auf der Grundlage von Intransparenz verlassen kann. Diese Fähigkeit wird benutzt, sie wird aber in der Kommunikation keineswegs in Richtung auf mehr Transparenz entfaltet. Im Gegenteil: angesichts der selbstreferentiellen Komplexität psychischer Systeme wäre es für Kommunikation eine endlose Aufgabe, hätte sie festzustellen, ob die beteiligten psychischen Systeme eine mitgeteilte Information verstanden haben oder nicht – um so mehr, als dazu gehören würde, daß man mitversteht, was durch die entsprechenden Selektionen ausgeschlossen worden ist. Dem Verstehen psychischer Systeme (das natürlich zum Thema der Kommunikation werden kann) fehlt die für den Kommunikationsprozeß notwendige Diskretheit. Psychisch gibt es hier kein entweder/oder. Genau das braucht aber der Kommunikationsprozeß, um seine eigene Autopoiesis fortsetzen zu können. Was als Verstehen erreicht ist, wird daher im Kommunikationsprozeß souverän entschieden und als Bedingung fürs Weitermachen bzw. für klärende Zwischenkommunikation markiert. Wenn Verstehen problematisiert wird, geschieht das mit Bezug auf die Selbstreferenz, das heißt mit Bezug auf die »innere Unendlichkeit« psychischer Systeme. Aber gerade das heißt dann, daß der Kommunikationsprozeß selbst der weiteren Exploration ein Ende setzen, also das Thema wechseln, die Exploration abbrechen muß.

Also ist das, was man traditionell als das Wesen der Kommunikation ansieht, nämlich die »Übertragung« von Information (Nachrichten, Bedeutungen etc.), nur ein Nebeneffekt, den sie in ihrer psychischen Umwelt auslöst und den sie selbst mangels Zugang zu dieser Umwelt nicht kontrollieren kann. Der Übertragungseffekt koordiniert System und Umwelt von Moment zu Moment; aber wie weit das psychisch gehen muß, bleibt dabei eine offene Frage und wird dabei normalerweise weder zum Bewußtseinsinhalt noch zum Mitteilungsinhalt der Kommunikation. Es ist unmöglich, bei aller Kommunikation immer noch mitzukommunizieren, daß dies eine Übertragung ist und was dies bedeutet; und ebensowenig sind bewußte Gedanken immer belastet mit der Überlegung, was andere an entsprechendem Gedankengut aktualisieren. So etwas mag, gleichsam in Krisenfällen, vorkommen; aber dann wiederholt sich das gleiche Unvermögen an dieser Überlegung bzw. Kommunikation. Psychische Systeme, die an Kommunikation teilnehmen, prozessieren in sich selbst denn auch sehr viel mehr Information, als sie in die Kommunikation eingeben.[28] Und umgekehrt gibt der Gebrauch von sprachlich fixiertem Sinn der Kommunikation immense Überschüsse an semantischen Selektionsmöglichkeiten, die zu Informationen verarbeitet werden können, die psychisch erst erlebbar werden in dem Moment, in dem dies geschieht.

Man kann sich diesen Sachverhalt auch am Verhältnis von Kommunikation und Welt verdeutlichen. Keine Kommunikation teilt jemals die Welt mit. Die Kommunikation teilt die Welt nicht mit, sie teilt sie ein in das, was sie mitteilt, und das, was sie nicht mitteilt. Und soweit die Kommunikation Anschlußfähigkeit organisiert, also Autopoiesis treibt, kann das sich Anschließende nur an das schon Gesagte anschließen. Die Welt, die vorausgesetzt war, wird dadurch reorganisiert als Einheit einer

---

28 »What keeps communication possible is the fact that others behave as if they do not see what they see, as if they do not hear what they hear. In other words, the fundamental principle that governs conversation is not a principle of cooperation a la Grice but rather a gentlemanly trust to ignore. Thus, it is not the case that participants in conversations make an effort to convey as much information as possible using the minimum of resources. Rather, each participant trusts the other will ignore all information available to him except that within the constrained focal context of the situation.« (Shanon a. a. O. S. 47).

Differenz. Sie kann dann in der Kommunikation (aber das gleiche gälte, mutatis mutandis, auch für die Operationen des Bewußtseins) nur als Paradoxie beobachtet werden.

Sofern man überhaupt systemtheoretisch forscht, also die Differenz von System und Umwelt zugrunde legt, dürften diese Einsichten sich zwingend ergeben. Sie folgen aus der einfachen These, daß kein System außerhalb seiner eigenen Grenzen operieren kann. Je strenger man Begriffe wie Leben, Bewußtsein und Kommunikation an die feststellbare Reichweite der damit bezeichneten Operationen bindet und sich damit von einer konsequent biologischen Theorie des Erkennens trennt,[29] desto deutlicher kommen unüberschreitbare Grenzen in den Blick. Keine Operation dieses Typs kann das System, das sie ermöglicht, verlassen,[30] keine Operation dieses Typs kann daher ihr System mit seiner Umwelt verbinden. In systemtheoretischer Sicht sind lebende Systeme, Bewußtseinssysteme und Kommunikationssysteme deshalb verschiedenartige, getrennt operierende selbstreferentielle Systeme.[31] Jedes dieser Systeme reproduziert sich selbst autopoietisch nach Maßgabe der eigenen

---

29 Auch von derjenigen Maturanas, denn Maturana legt gerade auf Kontinuität in dieser Hinsicht wert. »Es besteht keine Diskontinuität zwischen dem Sozialen und dem Menschlichen, sowie deren biologischen Wurzeln«, heißt es in: Humberto R. Maturana/Francisco J. Varela, Der Baum der Erkenntnis: Über biologische Wurzeln des Erkennens, München 1987, S. 31. In gleichem Sinne wirken Metaphern wie »Wurzeln« und »Baum«. Gleichwohl sollte man diese Differenz zu Maturana nicht überschätzen; denn gerade seine biologische Theorie der Sprache gibt viel Spielraum für die Entfaltung von neuen Spielräumen der Kognition.

30 Für Kommunikation gilt das nur für den Fall des umfassenden, alle Kommunikationen ermöglichenden Systems der Gesellschaft. Innerhalb der Gesellschaft sind natürlich aufgrund der Vorgabe von Gesellschaft Kommunikationen zwischen sozialen Systemen möglich, soweit diese als Akteure begriffen werden können.

31 Die für die folgenden Ausführungen wichtige Literatur sei hier nochmals angegeben: Humberto Maturana, Erkennen: Die Organisation und Verkörperung von Wirklichkeit: Ausgewählte Arbeiten zur biologischen Epistemologie, Braunschweig 1982; Humberto Maturana/Francisco Varela, Der Baum der Erkenntnis: Die biologischen Wurzeln des menschlichen Erkennens, München 1987; Niklas Luhmann, Soziale Systeme: Grundriß einer allgemeinen Theorie, Frankfurt 1984; ders., Die Autopoiesis des Bewußtseins, in: Alois Hahn/Volker Kapp (Hrsg.), Selbstthematisierung und Selbstzeugnis: Bekenntnis und Geständnis, Frankfurt 1987, S. 25-94. Als Brücke zur Literatur vgl. auch Alois Hahn, Das andere Ich: Selbstthematisierung bei Proust, in: Volker Kapp (Hrsg.), Marcel Proust: Geschmack und Neigung, Tübingen 1989, S. 127-141.

Struktur. Die autopoietische Reproduktion erzeugt die Einheit des Systems und dessen Grenzen. Alles, was für ein solches System als Einheit fungiert, ist jeweils durch das System Einheit, und dasselbe gilt erst recht für Differenz. Es gibt weder Importe noch Exporte von Einheit und von Differenz in das System bzw. aus dem System. Natürlich existiert das System in einer Umwelt, anders könnte es seine eigene Einheit durch die Sequenz der eigenen Operationen nicht produzieren. Das heißt nicht zuletzt, daß es Kausalbeziehungen zwischen System und Umwelt gibt, die ein Beobachter beobachten und beschreiben kann. Ungeachtet dessen stehen die eigenen Operationen nur dem System selbst zur Disposition. Sie können nur im System benutzt werden; oder anders gesagt: das System kann nicht außerhalb seiner eigenen Grenzen operieren. Es kann die eigenen Operationen daher auch nicht benutzen, um sich selbst an die Umwelt zu koppeln oder diese Kopplung zu variieren. Es kann sich nicht anpassen. Es ist immer schon an die Umwelt gekoppelt als Folge der Sequenz eigener Operationen, es ist immer schon angepaßt. »The recursive organization is such that properties, once found fit with respect to a particular surrounding, are maintained fit – by maintaining the surrounding as a constructed surrounding«.[32] Und wenn die Angepaßtheit, aus welchen Gründen auch immer, nicht mehr gegeben ist, hört das System auf zu operieren. Auf diese Weise ist zum Beispiel das Bewußtsein an die neurophysiologischen Prozesse »seines« Organismus gekoppelt, ohne sich diesen Prozessen anpassen zu können. Es kann sie nicht einmal wahrnehmen und sie nur auf die eigene Weise in hochselektiver Auswahl (zum Beispiel als Schmerz) erfassen. Auf diese Weise ist auch das Kommunikationssystem Gesellschaft an die Bewußtseinsprozesse von Individuen gekoppelt; und auch diese durchgängige Kopplung entzieht sich der kommunikativen Thematisierung – es sei denn in der Ausnahmeform, daß die Kommunikation die Bewußt-

---

32 Und weiter »This maintainance work may require further properties, recursively developed at higher levels such that essentially only the momentary top level is exposed to actual test by natural selection«. (so Lars Löfgren, Towards System: From Computation to the Phenomenon of Language, in: Marc E. Carvallo (Hrsg.), Nature, Cognition and System I: Current Systems-Scientific Research on Natural and Cognitive Systems, Dordrecht 1988, S. 129-155 (147).

seinsprozesse eines der Beteiligten explizit thematisiert und kommunikativ prozessiert unter Verzicht auf andere Themen.

Um schon jetzt Mißverständnissen vorzubeugen, sei betont, daß der Begriff »Auto*poiesis*« mit Bedacht gewählt und genau gemeint ist. Es geht keineswegs um Aut*hypostasis*.[33] Autopoiesis besagt nicht, daß das System allein aus sich heraus, aus eigener Kraft, ohne jeden Beitrag aus der Umwelt existiert. Vielmehr geht es nur darum, daß die Einheit des Systems und mit ihr alle Elemente, aus denen das System besteht, durch das System selbst produziert werden. Selbstverständlich ist dies nur auf der Basis eines Materialitätskontinuums möglich, das mit der physisch konstituierten Realität gegeben ist. Selbstverständlich braucht ein solcher Prozeß Zeit, also auch Indifferenzen gegen temporale Strukturen seiner Umwelt, und auch der Begriff der strukturellen Kopplung wird uns daran erinnern, daß das System laufend Irritationen aus der Umwelt registriert und zum Anlaß nimmt, die eigenen Strukturen zu respezifizieren. Das alles muß im Begriff der Autopoiesis mitgedacht werden.

Da Bewußtseinssysteme ebenso wie Kommunikationssysteme nur unter diesen Bedingungen ihrer eigenen Autopoiesis operieren können, gibt es keinerlei Überschneidung ihrer Operationen. Die Einheit eines Einzelereignisses, eines einzelnen Gedankens oder einer einzelnen Kommunikation, kann immer nur im System unter rekursiver Vernetzung mit anderen Elementen desselben Systems erzeugt werden. Für jede Produktion von für das System unauflösbaren Letztelementen, aus denen das System besteht, ist die Verweisung auf andere systemeigene Elemente und die Regulierung der Auswahl dieser Verweisung durch systemeigene Strukturen unerläßlich. Das gilt nicht nur für lebende Systeme, die ihre eigenen Elemente durch (annähernd genaue) *Replikation* reproduzieren, sondern auch für Sinnsysteme, die für jedes Elementarereignis *andere* Folgeereignisse (Gedanken, Kommunikationen) konstituieren müssen, um ihre Autopoiesis fortsetzen zu können. Es gibt also keine »bewußten Kommunikationen«, so wenig wie es »kommunika-

---

[33] Der Begriff authypostaton findet sich bei Nikolaus von Kues, De principio, zit. nach Philosophisch-theologische Schriften Bd. II, Wien 1966, S. 211-265, z. B. S. 212 als griechische Fassung von »per se subsistens«.

tives Denken« (Empfinden, Wahrnehmen) gibt. Oder anders gesagt: Der Mensch kann nicht kommunizieren; nur die Kommunikation kann kommunizieren. Für den Fortgang der Operationen eines aktuellen Bewußtseinssystems ist daher immer nur der jeweilige Zustand eben dieses Bewußtseins mit dessen Strukturen bestimmend (und »Gedächtnis« ist denn auch nichts anderes als die Konsistenzprüfung in der jeweils aktuellen Operation, also Aktualisierung ihres jeweils nutzbaren Verweisungszusammenhanges). Dasselbe gilt, mutatis mutandis, für den Fortgang der Kommunikation. Gedankenarbeit ist Gedankenarbeit in jeweils einem Bewußtsein, und Kommunikation ist Kommunikation im sozialen System der Gesellschaft. Beide Operationen mögen gleichzeitig verlaufen und von einem Beobachter als Einheit gesehen werden. Wir kommen darauf zurück. Aber auch dann bleiben die Systeme vollständig getrennt, denn die jeweils *anderen* eigenen Operationen, deren Netzwerk die Einheit solcher Elementarereignisse erst ermöglicht, sind zwangsläufig von System zu System verschieden. Selbst der strukturelle Operationszusammenhang von Bewußtsein und Kommunikation ist nur eine von Moment zu Moment variable Kopplung, die die Freiheit der Systeme zur Eigenbewegung mit dem Ablauf jedes Einzelereignisses immer wieder erneuert.[34] Es kommt nie zu einer Verschmelzung, auch nicht zu einer Dauersynchronisation, einem Aneinanderklebenbleiben der einmal integrierten Systeme. Jede Integration steht unter der Notwendigkeit, sich wieder auflösen zu müssen. Jeder Gedanke erzeugt von Moment zu Moment einen eigenen Nachfolgegedanken (oder das Bewußtsein hört auf zu operieren). Jede Kommunikation erzeugt von Moment zu Moment, sofern es überhaupt weitergeht,

---

34 Maturana a. a. O., S. 143 ff., 150 ff., 243 f., 251 f., nennt dies strukturelle Kopplung (einen Ausdruck, den wir übernehmen werden) und betont die Kompatibilität dieser Bedingung mit der operativen Geschlossenheit autopoietischer Systeme. Es ist wichtig, hier auf größtmögliche Genauigkeit zu achten. Strukturelle Kopplung führt nicht zu einer gemeinsamen Benutzung von Elementen durch verschiedene Systeme, nicht zu einem »sharing of elements by different organizations«, nicht also zu einem Sachverhalt, den Gotthard Günther als »intersection« bezeichnen würde. (Siehe z. B., bezogen auf logische Werte bzw. Seiten einer Unterscheidung, Life as Poly-Contexturality, in: Gotthard Günther, Beiträge zur Grundlegung einer operationsfähigen Dialektik Bd. II, Hamburg 1979, S. 283-306).

eine eigene Nachfolgekommunikation.³⁵ Bei allen Koinzidenzen von Bewußtsein und Kommunikation kann diese Nachfolge nie identisch sein; sie ist allenfalls eine gleichermaßen prekäre Kopplung wie im vorhergehenden Moment. Und daher sind auch die elementaren Operationen, die den Wechsel der Aktualisierungen von Moment zu Moment vollziehen und sich in diesem Vollzug als elementare Einheiten eines Systems definieren, nie identisch. Sie profitieren nur von (mehr oder weniger) übereinstimmend erfaßtem Sinn. Bewußtseinssysteme und Kommunikationssysteme existieren getrennt.

Damit ist nicht ausgeschlossen, daß ein Beobachter eine bewußte kommunikative Aktivität – sei es Mitteilen, sei es Zuhören, sei es Verstehen – als ein einziges Ereignis identifizieren kann. Auch innerhalb des Kommunikationssystems Gesellschaft sind ja Mehrsystemzugehörigkeiten von Ereignissen (zum Beispiel eine Zahlung als Änderung eines Rechtszustandes) zu beobachten. Solche Mehrsystemereignisse haben jedoch nicht nur eine Geschichte, sondern mehrere Geschichten und je nach System verschiedene. Sie können also nicht »geschichtlich erklärt« werden – es sei denn durch Beschreibung des Beobachters, der sie als Einheiten identifiziert. Man wird vielleicht einwenden, daß das Bewußtsein sprachförmig denken könne. Gewiß! Aber solches Denken ist keine Kommunikation. Und wenn es für sich alleine läuft, sieht das Ergebnis ungefähr so aus wie das, was Samuel Beckett unter dem Titel »Comment c'est« aufgeschrieben hat. Fast nimmt die Eigenproduktion von Worten und Satzstücken dann die Form von Wahrnehmungen, von fluktuierenden Wortwahrnehmungen an – befreit von jeder Rücksicht auf Verständlichkeit. Operativ gesehen besetzen und reproduzieren Wort- und Satzfetzen dann das Bewußtsein mit der Evidenz ihrer Aktualität, aber nur für den Moment.³⁶

Nicht zuletzt eröffnet die These operativer Geschlossenheit und

---

35 Daß im sozialen System der Gesellschaft durch Systemdifferenzierung ein sehr hohes Maß an Diskontinuierungen (bei trotzdem weiterlaufender Kommunikation) ermöglicht wird, wird uns im folgenden viel beschäftigen. Im Moment sei nur darauf hingewiesen, daß es dafür im Bewußtsein keine Äquivalente zu geben scheint. Es muß statt dessen hin und wieder schlafen.

36 In der Literaturwissenschaft wird dies Thema seit längerem im Anschluß an William James unter dem Titel »stream of consciousness« abgehandelt. Ich verdanke diesen Hinweis Cornelia Bohn-Müller.

entsprechend radikaler Unterschiedenheit psychischer und sozialer Systeme wichtige Einblicke in Probleme des Gleichlaufs ihrer Operationen. Einerseits sieht man, daß die Festlegung von Erwartungen in der laufenden Kommunikation (einschließlich des Abrufens von institutionalisierten Erwartungen) den Bewußtseinssystemen die Chance der Vorbereitung, ja einer Art Selbstdisziplinierung vermittelt.[37] Sozial bedingte größere Erwartungsunsicherheit kann somit zugleich die Erwartungen an die Vorprüfung der individuellen Beiträge steigern – so geradezu modellhaft in den Oberschichten der auslaufenden Ständegesellschaft, die Elias so überzeugend analysiert hat. Andererseits stellt der Kommunikationsprozeß dafür oft nicht genug Zeit zur Verfügung, und erst recht keine Chance zu hinreichend langfristiger Vorbereitung.[38] Bourdieu löst dieses Problem durch den Begriff des unbewußt handhabbaren »Habitus«. Vielleicht ist es aber sinnvoller, es einfach als Problem zu bezeichnen, das von Überforderung bis zur Routinierung sehr unterschiedliche Halblösungen zuläßt.

Daß Bewußtsein und Kommunikationssysteme vollständig getrennt und überschneidungsfrei operieren, schließt natürlich nicht aus, daß man sich in der Kommunikation auf psychische Systeme bezieht. Die Einheiten, die die Kommunikation für diese Zwecke konstruiert, kann man in Fortführung einer alten Tradition als *Personen* bezeichnen.[39] Personen sind demnach Strukturen der Autopoiesis sozialer Systeme, nicht aber ihrerseits psychische Systeme oder gar komplette Menschen. Personen müssen daher von den Einheiten unterschieden werden, die im Vollzug der Autopoiesis des Lebens oder der Gedanken eines Menschen erzeugt werden. Die Funktion der Personalisierung

---

37 Ralph H. Turner, Role-Taking: Process Versus Conformity, in: Arnold M. Rose (Hrsg.), Human Behavior and Social Processes: An Interactionist Approach, Boston 1962, S. 20-40 (33 f.) schlägt geradezu vor, im Kontext komplementären Rollenhandelns den Begriff der Erwartung durch den Begriff des Vorbereitetseins zu ersetzen.
38 Vgl. zum unvermeidlichen Scheitern einer ambitiös angelegten Unterrichtsvorbereitung im Unterricht Jürgen Oelkers, Unterrichtsvorbereitung als pädagogisches Problem, Zeitschrift für Pädagogik + Theologie 40 (1988), S. 516-531.
39 Vgl. Hans Rheinfelder, Das Wort »persona«: Geschichte seiner Bedeutungen mit besonderer Berücksichtigung des französischen und italienischen Mittelalters, Halle 1928.

liegt ausschließlich im sozialen System der Kommunikation. Nur das macht semantische Traditionen verständlich, die Menschen (zum Beispiel Sklaven) die Personalität absprachen, ohne damit ihre körperlich-mentale Existenz zu bestreiten. Wer oder was als Person zählt, ist jeweils abhängig von dem kohärenten Fungieren entsprechender Bezeichnungen im System der Gesellschaft und insbesondere von der Art und Weise, mit der die Gesellschaft Inklusionsprobleme löst.

Personen können Adressen für Kommunikation sein. Sie können als Aufzeichnungsstellen für komplexe sequentielle Kommunikationsverläufe vorausgesetzt werden, in dieser Hinsicht funktional äquivalent zu Schrift. Sie können als Zurechnungspunkte für Kausalannahmen und insbesondere für Verantwortungen dienen. All das bleibt jedoch ausschließlich kommunikative Realität ohne jede determinierende Auswirkung auf Bewußtseinsprozesse. Es mag psychisch irritierend sein, wenn man in der Kommunikation als verantwortlich behandelt wird oder wenn einem Erinnerungen (Aufzeichnungen) zugemutet werden, die man beim besten Willen bewußtseinsmäßig nicht re-aktivieren kann – so wenn jemand behauptet, man kenne sich aufgrund früherer Begegnungen, und man so tun muß, als ob man dies erinnerte. Aber was aus solchen Anlässen im Bewußtsein abläuft und wie das Bewußtsein sich dabei selber gegen Kommunikation abschirmt, bleibt eine Eigenleistung des Bewußtseins und wird nie zur Komponente der Kommunikation.

Die Sonderkonstruktion der Personalität ist mithin voll kompatibel mit der hier vertretenen These einer radikalen Trennung der Systeme. Ja sie wird erst einsichtig, wenn man diese Prämisse akzeptiert; denn sonst hätte man keinen theoretischen Grund, zwischen Menschen, Individuen, Subjekten, Personen zu unterscheiden.

III

Vergleicht man vor diesem Theoriehintergrund verschiedene Möglichkeiten, autopoietische Geschlossenheit, Selbstbeobachtung und Umweltverhältnis zu realisieren, kommen gewichtige Unterschiede in den Blick je nach dem, ob es sich um einen lebenden Organismus, um Bewußtsein oder um ein Kommunikationssystem handelt. Die genannten Vergleichsmerkmale (autopoietische Geschlossenheit, Selbstbeobachtung, Umweltverhältnis) werden in allen Fällen realisiert. Das rechtfertigt den Vergleich. Aber das Resultat fällt wegen der Unterschiede des vorauszusetzenden Realitätskontinuums sehr verschieden aus.

Organismen können, soweit ihre Lebensfähigkeit in einer Umwelt gesichert ist, mit Hilfe eines Nervensystems eine Selbstbeobachtung organisieren. Die Beobachtung bezieht sich ausschließlich auf den Eigenzustand des Organismus. Das gilt auch für Gehirne jeder Art. Bewußtsein entwickelt sich, wie immer parasitär, auf dieser Realitätsbasis, aber mit der umgekehrten Tendenz, primär das zu beobachten, was es als Außenwelt sehen kann. Bewußtsein ist mit erheblichen Anteilen seiner Aufmerksamkeit wahrnehmendes Bewußtsein und würde ohne Wahrnehmungsmöglichkeiten rasch verkümmern. Das hat Konsequenzen für Selbstbeobachtung und Umweltverhältnis. Zwar ist auch das Bewußtsein ein autopoietisches, operativ geschlossenes System und kann deshalb nicht mit eigenen Operationen in die Umwelt ausgreifen. Aber es weist sich selbst ständig auf die fehlende Selbstkontrolle über den Inhalt seiner Wahrnehmungen hin. Es kann sich die Welt nicht nach eigenen Wünschen wahrnehmbar machen, nicht unwillkommene Wahrnehmungen einfach auslöschen, Geräusche weghören, sichtbare Dinge wegsehen. Das gilt selbst für durchschaute Wahrnehmungstäuschungen. Man kann sie wahrnehmungsmäßig nicht verhindern, obwohl man weiß, daß sie dem nicht entsprechen, was das Gesamtbewußtsein für Realität halten muß. Das Bewußtsein muß deshalb, um Änderungen zu erzeugen, den eigenen Organismus dirigieren. Nur in sehr begrenztem Umfange läßt sich dieser Mangel an Selbstkontrolle durch Denken kompensieren (und vielleicht darf man vermuten, daß ein denkerisches Operieren für diese Funktion entwickelt worden ist). Zwar hat die Bewußtseinsphilosophie dieses Defizit erkannt, hat es zugleich als Realitätsindex begriffen und seine »Aufhebung« in Vernunft verlangt. Dieser Theorievorschlag blieb jedoch im Denken stecken.

Die Wirklichkeit hatte längst anders entschieden. Was man sich von Vernunft versprochen hatte, ist nicht im Bewußtsein erreichbar. Es wird auf einer anderen Realitätsebene, in einem anderen System realisiert, nämlich durch Kommunikation. Das heißt natürlich nicht, daß die Kommunikation die Ideale der Bewußtseinsphilosophie einlösen oder doch approximativ verwirklichen könne, also ihrerseits vernünftig werden könne. Aber die Kommunikation, die selber nicht wahrnehmen kann, also auf diese Form der Imaginierung eines Außenverhältnisses auch nicht angewiesen ist, ist deshalb auch nicht an diese Form des intern realisierten Selbstkontrolldefizits gebunden. Sie setzt sich mit Hilfe der Sprache und vor allem mit Hilfe der sprachlich möglichen Negation darüber hinweg. Sie kann ihre operativen Symbole mit sehr viel größeren Freiheiten einsetzen als das Bewußtsein. Sie kann täuschen, sich irren, Symbole mißbrauchen, lügen und erreicht damit Freiheiten des Umgangs mit der Außenwelt, von der die Vernunft nur träumen kann. Dann muß die Kommunikation aber lernen, mit den daraus folgenden eigenen Problemen umzugehen. Sie muß lernen, Falschmeldungen zu kontrollieren. Sie erfindet Einrichtungen zur Kontrolle dieser Kontrollen; und erst unter diesem Gesichtspunkt wird Wahrheit zum Thema der Kommunikation.

Diese Unterschiede von Realitätsebenen sind nur erreichbar, wenn die entsprechenden Systeme auch gegeneinander geschlossen werden. Sonst wäre eine ständige wechselseitige Blokkierung durch unterschiedliche Anforderungen der Selbstbeobachtung unvermeidlich. Operative Schließung heißt nicht, daß es zu kausalen Unabhängigkeiten, zur wechselseitigen Isolierung kommt. Erreichbar ist nur, aber das genügt, daß diese drei Systeme durch strukturelle Kopplungen verknüpft werden und sich in einer Form beeinflußen, die mit voller Autonomie im Bereich der jeweils eigenen Operationen kompatibel ist. Die wechselseitige Abhängigkeit wird herabgesetzt auf die Form wechselseitiger Irritation, die nur im jeweils irritierten System bemerkt und bearbeitet wird.

Die These einer radikalen, unüberbrückbaren Trennung von Bewußtseinssystemen und Kommunikationssystemen (psychischen Systemen und sozialen Systemen) beruht auf einer unerläßlichen Voraussetzung, auf der radikalen Verzeitlichung dieser Systeme. Wir hatten von Operationen gesprochen. Operationen sind *Ereignisse*, die mit ihrem Vorkommen schon wieder verschwinden und nicht wiederholt werden können. Operationen sind zeitpunktmarkierte (datierte) Ereignisse, denen nur *andere* Ereignisse folgen können. Das heißt nicht zuletzt, daß Ereignisse *nur als Differenz beobachtet werden können*, also nur im System eines Vorher und Nachher, durch das sie produziert und identifiziert werden. Sie gewinnen keinen Bestand, sie zerrinnen sofort, aber die Erinnerung an sie kann die ursprüngliche Differenz vergessen und das Ereignis mit anderen nichttemporalen Unterscheidungen memorieren als ein Ereignis bestimmter Art, das sich von ähnlichen und von anderen unterscheidet. Will man Ereignisse wiederholen (was im vollen zeitgebundenen Sinne unmöglich ist), muß man ihren Sinn generalisieren, von Zeit abstrahieren, muß sie reproduzieren, was durch rekurrente Zeitbestimmungen (Stunden, Tage, Wochen, Monate, Jahre im Unterschied zu Einmaldatierungen) erleichtert wird. Aber nur die Einmaligkeit kann konkret sein. Also existieren diese Systeme nur im Moment. Alles andere kann nur beobachtet werden, und auch dies nur operativ, das heißt ebenfalls nur im jeweiligen Moment der Operation Beobachtung.

Es wird also nicht behauptet (um das Gegenkonzept zu nennen und auszuschließen), die Systeme des Bewußtseins und der Kommunikation existierten substantiell getrennt. Ihre Getrenntheit ist auch nicht zu vergleichen mit dem Nebeneinanderbestehen der Dinge im Raum (was einen Beobachter der Raumdinge voraussetzt). Ihre Trennung beruht vielmehr allein darauf, daß die rekursiven Netzwerke, mit deren Hilfe die Operationen, aus denen diese Systeme bestehen, reproduziert und identifiziert werden, verschieden sind und nicht überlappen. Selbst wenn daher Systeme Ereignisse teilen, zum Beispiel eine sprachliche Kommunikation immer auch Ereignis in einer Mehrheit von teilnehmenden Bewußtseinen ist, ändert das nichts an einer vollständigen Trennung der Systeme, weil das Ereignis von den jeweiligen Systemen im Hinblick auf jeweils andere eigene Ereignisse anders identifiziert wird. Jedes System hat, auch wenn ein Beobachter Ereignisse quer durch die Systeme identifizieren kann (zum Beispiel sehen kann, daß mehrere Teilnehmer ein Plakat lesen, ein Wort hören, durch ein und denselben Knall erschreckt werden), ein eigenes Gedächtnis und organisiert eigene Vorgriffe auf eigene anschlußfähige Operationen. Ohne diese Eigenheit käme kein das System reproduzierendes Ereignis zustande. Und nur durch diese ereignisförmige Selbstfundierung wird die Trennung der Systeme ermöglicht – und zugleich erzwungen.[40]

Erst wenn man diesen Sachverhalt hinreichend erfaßt und beschrieben hat, kann man erkennen, wie Bewußtsein und Kommunikation dann doch einen notwendigen Zusammenhang (aber eben nicht: ein einheitliches System) bilden. Der Schlüssel dafür liegt im Begriff der *strukturellen Kopplung*.

Denn es gilt gleichwohl: Ohne Bewußtsein keine Kommunikation und ohne Kommunikation kein Bewußtsein. Sicherlich wird bezweifelt werden, daß dies zutrifft angesichts von Phänomenen, die man als »unbewußte Kommunikation« bezeichnen könnte. Wir nennen aber nicht jede wechselseitige Verhaltensabstimmung Kommunikation, sondern nur eine solche, die über eine Unterscheidung von Mitteilung (kommunikativem Handeln) und Information (Thema, Inhalt der Mitteilung) vermittelt wird. Wo diese Unterscheidung nicht gemacht wird, liegt nur ein wechselseitiges Wahrnehmen vor, nicht aber Kommunikation im Sinne unseres Begriffs; *denn für die Autopoiesis, für die Weiterbewegung der Kommunikation, ist es erforderlich, daß sie die Mitteilung als Handlung zurechnen und, in der Unterscheidung von ihrem Inhalt, zur Anknüpfung weiterer Kommunikationen verwenden kann*. Für die Unterscheidung von Mitteilung und Information ist jedoch die Kooperation von Bewußtsein unerläßlich, und in diesem Sinne gilt dann: keine Kommunikation ohne Bewußtsein, aber auch: keine Evolution von Bewußtsein ohne Kommunikation.[41] Man könnte geradezu sagen, daß das gesamte kommunikative Geschehen durch eine Beschreibung der beteiligten Mentalzustände beschrieben wer-

40 Dasselbe Argument dürfte sich verwenden lassen, um den sogenannten Reduktionismusstreit in Bezug auf Bewußtsein und Gehirn aufzulösen, wenn man akzeptiert, daß auch das Gehirn aus Ereignissen besteht und nicht etwa aus Zellen.

41 Wir müssen an dieser Stelle auf »Evolution« abstellen, weil das Bewußtsein eigene Operationen natürlich ohne aktuelle Teilnahme an Kommunikation durchführen kann, während das Umgekehrte nicht gilt.

den könnte – mit der einzigen Ausnahme der Autopoiesis der Kommunikation selber. Wenn es auf eine Beschreibung momentaner Zustände ankommt, wäre also ein »psychischer Reduktionismus« oder auch ein »methodologischer Individualismus« möglich; nicht aber, wenn die autopoietische Dynamik des Kommunikationssystems miterfaßt und miterklärt werden soll.[42] Eine reduktive Beschreibung müßte die Zeit unberücksichtigt lassen, und damit auch die Identität der Elemente.

Der Begriff der strukturellen Kopplung bezeichnet ein Verhältnis der Gleichzeitigkeit, also kein Kausalverhältnis. Ein Beobachter kann natürlich Kausalitäten konstruieren, also etwa beobachten, daß ein bestimmter Gedanke Ursache für eine entsprechende Kommunikation ist oder umgekehrt. Festzuhalten ist nur, daß mit solchen Kausalkonstruktionen der durchgehende Zusammenhang von Bewußtsein und Kommunikation nicht zureichend ausgeleuchtet wird. Ein Bewußtsein, das ein als Ursache identifizierbares Ereignis setzt, muß auch danach noch präsent sein, soll die Kommunikation funktionieren. Außerdem setzt Kommunikation mindestens ein weiteres Bewußtsein voraus, das zuhört und versteht, aber normalerweise nicht als Ursache der Kommunikation angesehen wird. Die Kausalkonstruktion, wie sie typisch einem Handlungsverständnis von Kommunikation zugrundeliegt, vereinfacht also beträchtlich. In der hier vertretenen Theorieversion ist das Bewußtsein nicht weniger, sondern mehr an Kommunikation beteiligt – allerdings nicht im Sinne eines Ursachen setzenden Subjekts. Von struktureller Kopplung spricht man, um die Bedingungen der Ausdifferenzierung von Systemen auf der Basis eines fortbestehenden Materialitätskontinuums zu beschreiben, nicht: um eine Kausalerklärung zu geben. Und eben deshalb läßt der Begriff noch ganz offen, wie ein soziales System über die Verantwortlichkeit für Kommunikationen, über Zurechnung, Verdienst, Schuld usw. disponiert.

Strukturelle Kopplungen übersetzen *analoge* Verhältnisse in *digitale*. System und Umwelt existieren kontinuierlich-gleichzeitig, wie die Zeit »fließt«, und operieren insofern analog. Daraus ergibt sich für das System aber die Bifurkation von (unbemerk-

---

42 Dem aufmerksamen Leser wird nicht entgehen, daß wir hier die übliche »holistische« Fragestellung in die Zeitdimension verlagern.

ter) Ermöglichung und Irritation. Das System ist dank struktureller Kopplungen immer schon angepaßt, sonst könnte es nicht real operieren. Kommunikation kann sich insofern auf das Vorhandensein von Bewußtsein verlassen. Aber das schließt gelegentliche bis häufige, überraschende bis reguläre Irritationen nicht aus, sondern ein. Und Irritationen erscheinen im System fallweise, also digital.

Irritation ist, wie auch Überraschung, Störung, Enttäuschung usw., immer ein systemeigener Zustand, *für den es in der Umwelt des Systems keine Entsprechung gibt*. Die Umwelt muß, anders gesagt, nicht selber irritiert sein, um als Quelle von Irritationen des Systems zu dienen. Nur unter der Bedingung von strukturierenden Erwartungen stellen sich Irritationen ein; und sie sind Irritationen nur insofern, als sie ein Problem bilden für die Fortsetzung der Autopoiesis des Systems.[43] Daher können auch minimale Umweltveränderungen erhebliche Irritationen auslösen und, wenn man diese Formulierung akzeptiert, »dissipative Strukturen« bilden bzw. auflösen. Voraussetzung für Irritierbarkeit ist jedoch eine strukturelle Kopplung von System und Umwelt im Sinne einer Form, deren Innenseite Irritationen erleichtert und deren Außenseite sie ausschließt.

Solche Kopplungen zwischen einem System und Ausschnitten seiner Umwelt sind kompatibel mit der selbstreferentiellen Geschlossenheit des Systems. Sie sind deshalb kompatibel, weil die strukturelle Kopplung die Ereignisse, die sie erfaßt, nicht spezifiziert, sondern dies den Systemen überläßt. Es geht nur darum, die Systeme für ihre eigene Autopoiesis mit regulären Irritationen zu versorgen, hier also die Kommunikation mit Störungen, die darauf beruhen, daß das Bewußtsein eigensinnig denkt. Das setzt auf der Seite der Umwelt Diskontinuitäten voraus, die ihrerseits auf autopoietischen Systembildungen beruhen können, aber auch anders, zum Beispiel physikalisch, fundiert sein können. Und es führt in den Systemen zu verdichteten Lernchancen und damit zu Lernbeschleunigungen. Je nach dem, an welche Umweltausschnitte ein System langfristig

---

[43] Ähnliches drückt Piaget mit dem Begriffspaar assimilation/accommodation aus. Zum Zusammenhang dieser Begriffe mit der Annahme operativer Geschlossenheit vgl. auch Jean-Claude Tabary, Interface et assimilation, état stationnaire et accomodation, Revue internationale de systémique 3 (1989), S. 273-293.

gekoppelt ist, entwickeln sich im System andere Strukturen – einfach deshalb, weil das System seine Strukturen aus Anlaß von spezifischen Irritationen aufbaut und ändert.[44] So ist es denn auch extrem unwahrscheinlich, daß ein Kommunikationssystem sich ohne jeden Bezug auf das entwickelt, was im Bewußtsein als Wahrnehmung konstruiert wird. Eine solche Unternehmung würde an laufendem Nichtverstehen scheitern und in Richtung auf Kommunikation über Wahrnehmbares umdirigiert werden (was nicht ausschließt, daß die Kommunikation und speziell die Sprache mitbeeinflussen, was und wie wahrgenommen wird).

Theoretisch ist der Begriff der strukturellen Kopplung vor allem deshalb notwendig und bemerkenswert, weil er einen *einschränkbaren Sachverhalt* bezeichnet. Er steht nicht für jede beliebige Kausalbeziehung zwischen System und Umwelt, sondern für ausgewählte System-zu-System Beziehungen, in unserem Falle für die Beziehung zwischen Bewußtseinssystemen und Kommunikationssystemen. Einschränkbarkeit verweist auf Selektion durch Evolution. Die Evolution muß strukturelle Kopplungen einrichten, entsprechende Arrangements etablieren können, wenn es gelingen soll, autopoietische Systeme auszudifferenzieren. Über spezifische strukturelle Kopplungen erreicht sie ein höheres Kombinationsniveau von Unabhängigkeit und Abhängigkeit, kann sie Independenzen und Interdependenzen aneinander steigern, kann sie die wechselseitigen Irritationen in Formen bringen, die gesteigerte Sensibilität bzw. Betreffbarkeit durch Umweltausschnitte erzeugen bei hoher Indifferenz gegen alles andere. So sieht das Auge und hört das Ohr nur in einer schmalen Bandbreite der physikalischen Möglichkeiten, und das ist Bedingung für den Aufbau eines komplexen neurophysiologischen Systems. Und so läßt sich die Kommunikation nur durch Bewußtseinssysteme und nicht direkt durch alle möglichen physischen, chemischen oder organischen Prozesse der Welt irritieren, was Bedingung dafür ist, daß die Kommunikation thematisieren kann, was sie will.

Die begriffliche Unterscheidung von autopoietischer Operation und struktureller Kopplung läßt sich an die Stelle setzen, an der

---

[44] Auf Seiten des Bewußtseins erklärt dies Sozialisation, die aber ungeachtet aller sozialen und kulturellen Bedingtheiten Selbstsozialisation bleibt.

Michael Polanyi zwischen explizitem und implizitem Wissen unterschieden hatte,[45] allerdings mit einer Verdoppelung der Referenz. Das, was für Polanyi am Menschen formulierbar ist, erfordert in der hier vorgestellten Begrifflichkeit eine weitere Unterscheidung, je nachdem, ob es sich um (psychisches) Bewußtsein oder um (soziale) Kommunikation handelt. Abgesehen davon scheint der Substitutionsvorschlag jedoch zu funktionieren.

Explizit ist diejenige Komponente des Wissens, die im Prozeß der Autopoiesis reproduziert wird. Sie allein ist für das wissende System Wissen. Ein Beobachter kann das System jedoch mit Hilfe der Unterscheidung explizit/implizit beobachten und beschreiben. Er kann in das, was als Wissen geschieht, zusätzlich die strukturellen Kopplungen hineinsehen, die von dem beobachteten System nicht thematisiert werden. Er sieht die faktisch immer mitwirkenden Voraussetzungen von korrespondierenden (synchronen und *deshalb* nicht miterfaßbaren) Umweltereignissen mit in das Wissen hinein. Das, was er als Beobachter als Wissen bezeichnet, ist in dem System, das Wissen benutzt und damit reproduziert, immer nur partiell präsent, immer nur partiell benutzbar. Das beobachtete System weiß zwar immer nur das, was es weiß; aber der Beobachter, der es beobachtet, weiß, daß es mehr weiß, als es weiß. Und nur ein ontologisches Vorurteil könnte dazu führen, daß man darin eine Paradoxie im Wissen selbst sieht – eben jene Paradoxie, die durch die Unterscheidung von explizitem und implizitem Wissen dann aufgelöst wird.

Wenn man diese Unterscheidung durch die begrifflich genauere Unterscheidung von autopoietischer Reproduktion und struktureller Kopplung ersetzt, muß man die Objektreferenz »Mensch« ersetzen und verschiedene Systeme unterscheiden. Damit gewinnen dann zugleich die temporalen Bezüge des Problems der Einheit dieser Differenz (also des Begriffs von Wissen) an Klarheit. Derselbe Theorieapparat läßt sich dann auf zwei verschiedene Systeme anwenden, nämlich Bewußtsein und Kommunikation, und entsprechend sieht man verschiedene Formen von struktureller Kopplung (während für Polanyi die

---

[45] Siehe das erste Kapitel in: Michael Polanyi, Implizites Wissen, dt. Übers., Frankfurt 1985.

Aussage lautet »daß wir mehr wissen, als wir zu sagen wissen«[46] und *diese* Aussage am Verhältnis von Körper und Bewußtsein belegt wird).

Das Bewußtsein kann, wer wollte das bestreiten, nur in ständiger struktureller Kopplung mit den zahlreichen lebenden Systemen arbeiten, die seinen Organismus ausmachen und von einem Beobachter (der nicht sehen kann, was »drinnen« vor sich geht) als Körper beschrieben werden. Das Bewußtsein prozessiert die ihm verfügbare Gedankenaktualität in einer bestimmten Sequenz, während gleichzeitig zahlreiche Körperprozesse ablaufen, vor allem solche des Gehirns, die Bewußtsein ermöglichen, ohne Bewußtsein zu sein. Insofern kann das Bewußtsein im Fortschreiten von Gedanken zu Gedanken sich auf bestimmtes Können verlassen (was zum Beispiel das Wiedererkennen komplexer Konfigurationen betrifft), ohne darüber bewußt entscheiden zu müssen – oder auch nur zu können. Man könnte gerade sagen: das Bewußtsein arbeitet im wesentlichen auf der Basis seines in sich eingeschlossenen Organismus und fügt dem nur eine Externalisierung seiner Sensomotorik hinzu. Es setzt den Körper gleichsam unter die Illusion, etwas über die Umwelt zu wissen. Nur unter diesen Voraussetzungen ist ein ständiges Überleiten der Aufmerksamkeit von einem zum anderen möglich in der Sicherheit einer Kontinuität, die durch noch so abrupte Vorstellungsänderungen nicht unterbrochen wird. Das Bewußtsein interpretiert Körpervorgänge als Welt.

Ganz ähnlich funktioniert Kommunikation. Auch hier gibt es zum einen die operative Sequenz dessen, was gesagt wird, und dessen, was vom selben Sprecher oder einem anderen im Anschluß daran gesagt wird, und zum anderen die strukturelle Kopplung dieser sequentiellen Ereignisse mit Bewußtseinszuständen, die nicht mitkommuniziert werden. Die Autopoiesis der Kommunikation produziert Kommunikation aus Kommunikation – nie aus Bewußtseinszuständen; aber diese Produktion setzt als gleichzeitig gegebenes Medium Bewußtsein voraus. Wie schon im Verhältnis von Bewußtsein und Leben ist also auch hier die strukturelle Kopplung ein Verhältnis der *Gleichzeitigkeit*. Das heißt wie bereits gesagt: sie kann nicht als kausale

---

46 A. a. O., S. 14.

Sequenz von Ursache und Wirkung begriffen werden. Und wahrscheinlich ist diese Synchronizität (Akausalität) der Grund dafür, daß ein Beobachter dazu tendiert, nur einen Tatbestand zu sehen, nämlich implizites *und* explizites Wissen.

Die im Begriff des impliziten Wissens zusammengefaßten (recht heterogenen) Phänomene sind mithin ein notwendiges Korrelat der Reduktion der Elemente, aus denen gewisse Systeme bestehen, auf die Kurzdauer von Ereignissen, die laufend durch andere Ereignisse ersetzt werden müssen. Das verkürzt auch das, was als gleichzeitig in Anspruch genommen werden muß, auf den Moment und schließt zugleich den Einbau dieser Inanspruchnahme in den Reproduktionsverlauf des Systems aus. Das, was über strukturelle Kopplungen vorausgesetzt wird (der Körper für das Bewußtsein, das Bewußtsein für die Kommunikation) erscheint dann zwar dem System, das jeweils selbstproduzierte Ereignisse prozessiert, als beständig; aber dieser Schein ist lediglich ein Korrelat der Ereignishaftigkeit des Systems und verdeckt, daß in Wirklichkeit auch die Systeme, auf die sich diese Kopplungen beziehen, autopoietische Systeme sind, und zwar typisch solche mit größerer, uneinholbarer Reproduktionsgeschwindigkeit, die vom anderen System aus nicht gesehen, nicht in Ereignisse zerlegt, nicht als Dynamik, sondern nur als relative Statik beobachtet werden kann.

IV

Bewußtsein ist nach all dem, ohne daß ein übergreifendes »Ökosystem« gebildet werden könnte, notwendige Umwelt für Kommunikation, so wie Kommunikation notwendige Umwelt für Bewußtsein.[47] In der Sprache Maturanas könnte man auch formulieren: Das Bewußtsein ist der »Raum« oder der »Phänomenbereich«, in dem die Autopoiesis von Kommunikation möglich ist. Diese Einsicht führt vor allem dazu, daß ein Aus-

---

47 An dieser Stelle können wir den Begriff »Geist« gleich mitverabschieden. Er ist nur sinnvoll, wenn man Gründe zu haben glaubt, die Entscheidung zwischen psychischer und sozialer Systemreferenz vermeiden zu sollen. Das »Geistige« besetzt dann den Platz, den der von Bewußtsein und Kommunikation gemeinsam benutzte Sinn einnimmt, ohne ein umfassendes System zu bilden.

schließungseffekt beachtet werden muß. Kommunikation ist *nur* durch Bewußtsein mit ihrer Systemumwelt verbunden. Es gibt keine *direkten* Einwirkungen physischer, chemischer oder biologischer Tatsachen auf kommunikative Systeme. Gewiß kann die Kommunikation auf physische und chemische Weise oder durch Vernichtung des Lebens beendet werden. Sie kann auf diese Weise aber nicht irritiert, gestört, gereizt, stimuliert, beeinflußt werden. Zur Aufnahme von Einflüssen der Umwelt unter Erhaltung der Autopoiesis des Kommunikationssystems ist die Vorfilterung durch Bewußtsein erforderlich. Eine strukturelle Kopplung ist nur im Verhältnis zu Bewußtseinssystemen möglich. Das Kommunikationssystem ist also, ganz ähnlich übrigens wie das Gehirn oder das Bewußtsein selber, nur durch einen sehr schmalen Ausschnitt der Wirklichkeit mit der Außenwelt verbunden, eben nur durch das Bewußtsein. Diese extreme Reduktion des Außenkontaktes ist zur Abwehr von Reizüberflutung erforderlich. Sie verringert außerdem das Selektionsrisiko der Kommunikation. Sie steigert innerhalb der möglichen Kontaktzone aber die Betreffbarkeit des Systems, sorgt also für eine dauernde Perturbation der Kommunikation und bildet damit den Anlaß für die Kommunikation, Abwehrkomplexität zu entwickeln. Nur auf diese Weise kann das System durch komplizierte Eigenberechnungen relativ ungestört eigene Komplexität aufbauen, die es ihm dann ermöglicht, eine Konstruktion der Umwelt anzufertigen, an der es die eigene Autopoiesis orientieren kann.

Um so mehr drängt sich die Frage auf, wie eine solche nichtsystemische Koordination überhaupt möglich ist. In evolutionstheoretischer Perspektive wird man mit dem Begriff der Co-Evolution von Kommunikation und Bewußtsein arbeiten können, aber das gibt auf die Sachfrage noch keine hinreichende Antwort, sondern formuliert sie nur um in die Frage, wie die Co-Evolution eines so unwahrscheinlichen Arrangements möglich war und zu Resultaten geführt hat, die sich reproduzieren können. Um es nochmals pointiert vorzustellen: Bewußtseinssysteme sind operativ geschlossene, eigendynamische, also unruhige, quirlige Systeme der Reproduktion eigener Gedanken durch eigene Gedanken. Dasselbe gilt, mutatis mutandis, für Kommunikationssysteme. Von Bewußtseinssystemen gibt es inzwischen mehrere Milliarden Exemplare. Es bildet sich aber kein übergreifendes Ökosystem, das durch eigene Grenzen und strukturelle Beschränkungen eine laufende Koordination sicherstellen oder doch hinreichend wahrscheinlich machen könnte. Es gibt nur, und zwar als Resultat dieser Co-Evolution, weltoffenen Sinn, der mit Einschluß von Negation alles zuläßt. Wie ist dann trotzdem jene strukturelle Kopplung möglich, von der alles abhängt?

Geht man vom Sozialsystem der Kommunikation aus, stößt man auf die gleiche Frage. In den Miniturbulenzen seiner Bewußtseinsumwelt kann ein Kommunikationssystem nur in Gang kommen und sich von Moment zu Moment fortzeugen, wenn es an sich selbst hinreichende Führung findet, wenn es sich also an die in der Kommunikation zum Ausdruck gekommenen Erwartungen hält und nicht an das, was in den schädeldachgedeckten Gehirnen oder im jeweils aktuellen Bewußtseinsverlauf einer Mehrzahl von Beteiligten wirklich vor sich geht. Gewiß, die Kommunikation kann auch erratene Gedanken aufgreifen, wenn ein beteiligtes Bewußtsein zu wissen meint, was ein anderes meint; und sie kann, obwohl selbst nicht wahrnehmungsfähig, Mitteilungen über Wahrnehmungen prozessieren. Aber solch eine kommunikative Behandlung ist doch nur als Kommunikation, nur im Kommunikationssystem vollziehbar; sie muß also in der Kommunikation thematisiert werden, oder die Wahrnehmung bleibt in dem Bewußtsein, das sie aktualisiert, verschlossen und hat keine Folgen für das Kommunikationssystem. Um zu wiederholen: ein Kommunikationssystem ist ein an Bewußtsein gekoppeltes, durch Bewußtsein irritierbares System, das aber die eigenen Operationen nur durch die eigenen Strukturen und die eigenen Strukturen nur durch die eigenen Operationen determinieren kann. Nur so kann das System stabiler sein als seine Umwelt.[48] Auch das führt auf die Frage zurück, wie denn das Dabeisein und Dabeibleiben von hinreichend vielen eigendynamischen Bewußtseinssyste-

---

[48] Eine Errungenschaft, die Talcott Parsons für das Handlungssystem, das Bewußtsein *einschließt*, bekanntlich durch das Vier-Funktionen-Schema (AGIL) erklärt. Siehe besonders: Some Problems of General Theory in Sociology, in: Talcott Parsons, Social Systems and the Evolution of Action Theory, New York 1977, S. 219-269.

men erreicht und auf verläßliche Dauer gestellt werden kann.

Zur Antwort auf diese Frage verhilft uns der Hinweis auf *Sprache*. Am allgemeinen Begriff der strukturellen Kopplung hatten wir die Einschränkbarkeit, die selektive Spezifikation hervorgehoben sowie das damit erreichte Kombinationsniveau von Unabhängigkeiten und Abhängigkeiten. Dies wird am Fall Sprache besonders augenfällig. Erst Sprache ermöglicht, indem sie von Teilnahme an Kommunikationssystemen *abhängig* macht, eine hohe *Unabhängigkeit* des Bewußtseins von bestimmten sozialen Konditionierungen, da ihm für alles, was verstanden wird, nun eine Ja-Version und eine Nein-Version zur Verfügung steht. Und ebenso kann die sprachliche Kommunikation das teilnehmende Bewußtsein derart fesseln, daß die Kommunikation sich frei bewegen kann, ohne sich ständig thematisch zu vergewissern, ob die Leute noch aufpassen und sich merken, was gesagt wird. Über Sprache wird Bewußtseinsbildung und Gesellschaftsbildung überhaupt erst möglich; oder wenn man nicht so weit gehen will: in einem uns normal erscheinenden Sinne möglich. Denn nur über diese strukturelle Kopplung ist das dafür erforderliche Kombinationsniveau von Unabhängigkeiten und Abhängigkeiten zu gewährleisten.

Wir lassen alle strukturellen Eigentümlichkeiten der Sprache im Augenblick beiseite und konzentrieren uns auf das, was ihre Funktion an dieser Nahtstelle ermöglicht. Sprache ist einerseits eine Struktur, die die Autopoiesis der Kommunikation unter immer komplexeren Systembedingungen immer noch ermöglicht. Sie hat dafür die Eigentümlichkeit, eine Unterscheidung von Mitteilung und Information praktisch zu erzwingen, denn wenn man Sprache benutzt, kann man (anders als bei bloß wahrnehmbarem Verhalten) eine kommunikative Absicht nicht gut leugnen; und zugleich kann es Gegenstand weiterer Kommunikation werden, worüber man gesprochen hat. Das Kommunikationssystem verdankt der Sprache hohe Unterscheidungsfähigkeit bei gezielter Anschlußfähigkeit, und das ermöglicht den Komplexitätsaufbau im Kommunikationssystem.

Andererseits fasziniert die Sprache mit demselben Instrumentarium zugleich das Bewußtsein. Sie stellt sehr auffällige Wahrnehmungsgegenstände bereit, und zwar gerade durch die

Artifizialität, den laufenden Wechsel und die Rhythmik ihrer Formen, die der Eigenrhythmik des Bewußtseins genau angepaßt ist (oder im Falle des Lesens: genau angepaßt werden kann). Dazu müssen die Sprachformen, nämlich die Worte, besondere Bedingungen erfüllen. Sie dürfen keinerlei Ähnlichkeit mit sonst wahrnehmbaren Gegenständen (Geräuschen, Bildern etc.) aufweisen; denn das würde bewirken, daß sie ständig in die Wahrnehmungswelt wieder einsickern und verloren gehen. Sie müssen wiederverwendbar sein, und sie müssen ständig in Bewegung bleiben (also auffallen) bzw., wie beim Schreiben und Lesen, nur in Bewegung benutzt werden können. Wenn diese Bedingungen erfüllt sind, zieht sprachliche Kommunikation Bewußtsein an. Das Bewußtsein kann sich deshalb einer laufenden Kommunikation kaum entziehen. Es kann sie allenfalls beim Zuhören mit einigen Extravaganzen umspielen oder mit eigenen Beiträgen zu reizen versuchen. Es findet sich auf jeden Fall bei jeder Eigenbeschäftigung durch eine nebenherlaufende Kommunikation gestört. Jeder, der in Konferenzen zu arbeiten versucht, wird das erfahren haben. Diese Faszination findet auf der Ebene des Wahrnehmens statt, ist also keinerlei Indiz dafür, daß das Bewußtsein selbst kommunizieren könnte. Sie zieht das Bewußtsein an, und sei es nur, um es zu reizen, die Kommunikation zu reizen. Sie präokkupiert das Bewußtsein nicht vollständig, aber in einem für die Fortsetzung der Kommunikation ausreichenden Umfange. Wer sich überhaupt beteiligt, kann gleichzeitig nicht viel anderes tun. Wer überhaupt liest, ist dadurch praktisch blockiert und muß, wenn er müde wird, eben aufhören zu lesen. Beim Reden wie beim Zuhören, beim Schreiben wie beim Lesen ist das eigene Denken weitgehend ausgeschaltet, sonst verliert man den Faden. Demgegenüber ist die imaginative Verwendung von Worten und Sätzen, das »innere Sprechen« ein sekundäres Phänomen. Man kann seine Gedanken sprachförmig ordnen, möglicherweise aber in größerem Umfange erst, seitdem es Schrift gibt.[49] Über Sprache »interpenetriert« soziale Komplexität zwar in das Bewußtsein, aber dies geschieht nur anhand eines Nachvollzugs der Wahrnehmungs-

---

49 Man denke hier an den Entstehungszusammenhang des Alphabets und der antiken Theorien über die Steigerung von (artifiziellen) Gedächtnisleistungen, die mit *räumlichen* Hilfskonstruktionen arbeiten.

distinktheit der akustischen bzw. optischen, für mündlichen bzw. schriftlichen Gebrauch entwickelten Formen der Sprache, und nicht in der Art einer »internen Kommunikation«, deren eigenständiger Adressat man selber wäre.

Damit das funktionieren kann, muß eine zweite Voraussetzung erfüllt sein. Die wahrnehmbaren Sprachartefakte müssen nicht nur faszinieren, sie müssen auch auf eine noch kontrollierbare Weise Imagination anregen können. Hierfür gibt es sicher neurophysiologische Bedingungen, die im einzelnen aber noch wenig geklärt sind.[50] Das, was als Sprache wahrnehmbar wird, muß Imagination freigeben (so daß nicht bei jedem Wort, das man hört oder liest, nur genau ein Bild erzeugt wird); aber sie müssen dies auf eine hinreichend kontrollierte, Konsistenzprüfungen ausgesetzte, gedächtnisfähige Weise tun. Wie leicht zu erkennen, handelt es sich um die allgemeine evolutionäre Form der »Überschußerzeugung-und-Selektion«, die das Entstehen komplexer Systeme begünstigt und zu ihrer Schließung nach außen führt. Es ist klar, daß dies nur Eigenarbeit des Gehirns und, darauf sich stützend, des Bewußtseins sein kann, und in keiner Weise eine rekursive Operation des sozialen Systems der Kommunikation. Gerade die vollständige Trennung dieser beiden Seiten ist Voraussetzung dafür, daß sie sich gegenseitig kontinuierlich irritieren und überraschen können und sich dadurch gegenseitig in Betrieb halten.

Sprache nimmt auf diese Weise das Gedächtnis psychischer Systeme in Anspruch; und sie benutzt es nicht nur, sie baut es aus, indem sie mit jedem Wort eine spezifizierte Imagination zur Verfügung stellt, die durch Lancierung der Worte abgerufen werden kann. Lesen Sie bitte: frische Brötchen – und ich bin sicher, daß Sie nicht etwas völlig anderes im Sinn haben als ich. Insofern dient Sprechen in allen älteren Gesellschaften, die in einer weitgehend unbekannten und gefährlichen Umwelt leben, auch, wenn nicht primär, dem Solidaritätstest.[51] Die gewaltige

---

50 Vgl. Harry J. Jerison, Evolution of the Brain and Intelligence, New York 1973, S. 426f.

51 Vgl. z. B. Lorna Marshall, Sharing, Talking, and Giving: Relief of Social Tensions Among !Kung Bushmen, Africa 31 (1961), S. 231-249. Noch heute gilt dies übrigens für die weitgehend orale Kultur der politischen Sprache, die auf Informationen fast völlig verzichtet und nicht viel anderes mitzuteilen sucht als: »ich bin einer von Euch, Ihr seid für mich«.

Ausdehnung der Wahrnehmungsmöglichkeiten und die entsprechende Freigabe von Selektionen werden durch laufende Kommunikation gebunden. Noch die Erfindung von Schrift wird weitgehend auf Registrierfunktionen zurückzuführen sein für Fälle, in denen das psychische Gedächtnis möglicherweise versagt oder zu divergieren tendiert. Das soziale Prozessieren von Selektivität kann sich erst entwickeln, wenn diese Basis gesichert ist; und das heißt auch, daß die Ausdifferenzierung eines Gesellschaftssystems nur sehr allmählich für dieses System zum Gegenstand von Kommunikation werden kann (und zuerst wohl ganz unvermeidlich nur durch Verortung im wahrnehmbaren Raum und am Bestand sichtbarer Menschen).

Sprache kann Bewußtsein und Kommunikation gleichzeitig bedienen nur deshalb, weil auch das Sprechen auf extrem kurze Ereignisse eingestellt ist, also nur momenthafte Aktualität gewinnt. Wie bei allen strukturellen Kopplungen werden dabei Diskontinuitäten im System und in der Umwelt vorausgesetzt. (Eine entropische Umwelt würde keine strukturellen Kopplungen ermöglichen.) Dieser Bedingung entspricht die Sprache dadurch, daß sie Sätze und Satzfolgen bildet, also einen ständigen Übergang zu anderem Sinn erzwingt. Eben deshalb kann, ausgehend von einem momenthaft aktualisierten Wort- oder Satzsinn, das Bewußtsein völlig andere Prozesse anschließen als die Kommunikation. Wenn gleichzeitiges Prozessieren fortgesetzt werden soll, muß also die Sprache über gewisse Zeitstrecken hinweg Bewußtsein und Kommunikation synchronisieren. Und auch das kann sie, weil sie ihre Sequenzen hochredundant ordnet.

Sprache leistet mithin das, was Maturana als »conservation of adaptation« bezeichnen würde.[52] Sie stellt sicher, daß die Kommunikation das Bewußtsein hinreichend fasziniert, so daß man sie fortsetzen kann, ohne diese Bedingung in der Kommunikation jeweils thematisieren und damit dem Widerspruch aussetzen zu müssen. Daß dies *auch* geschehen kann, steht außer Frage. Entscheidend ist, daß dies nicht in jeder kommunikativen Operation für alles vorausgesetzte Bewußtsein geschehen *muß*.

---

52 Vgl. für den biologischen Bereich: Humberto R. Maturana, Evolution: Phylogenetic Drift Through the Conservation of Adaptation, Ms. 1986, oder Maturana/Varela, a.a.O. (1987), S. 113f. u.ö.

Und gerade dadurch, daß Bewußtseinsbeteiligung quasi automatisch und geräuschlos geschieht, wenn und solange kommuniziert wird, gewinnt das Kommunikationssystem die Freiheit, eigene Anliegen zu besorgen. Die Sprache *distanziert* Bewußtsein und Kommunikation gerade dadurch, daß sie deren strukturelle Kopplung automatisiert. Die Attraktion von Bewußtsein ist nicht der Zweck, nicht der Sinn, nicht die Funktion von Kommunikation; nur: wenn sie nicht gelingt, hört die Kommunikation auf.

Während Sprachphilosophen oft meinen, Sprache sei ein System (wenn nicht gar: das einzige System für die Koordination von Lebenszusammenhängen), ist für die hier vorgestellte Analyse entscheidend, Sprache als Nichtsystem anzusehen, das Systembildungen im Bereich von Bewußtsein und Kommunikation erst ermöglicht, indem es die strukturelle Kopplung der beiden Systemarten ermöglicht. Das heißt auch: daß man von Sprache auf Kommunikation als Grundbegriff umstellen muß. Entscheidend für die Einheit von Sprache ist ihre Doppelfunktion (gleich der double helix der Biologie?) für Kommunikationssysteme und für Bewußtseinssysteme, nicht dagegen ihre eigene Systematizität. Es gibt, anders gesagt, keine spracheigenen Operationen, die eigene Grenzen definieren könnten. Das Eingrenzen und Ausgrenzen geschieht nur, und dies auf je verschiedene Weise, durch Kommunikationssysteme und durch Bewußtseinssysteme; aber Sprache ist nötig, damit eine laufende strukturelle Kopplung dieser Systeme erreicht werden kann. Es gibt in der Welt daher nicht eine einheitliche Grenze zwischen Sprache und Nichtsprache, sondern eine Vielheit von Systemgrenzen je nachdem, was kommunikativ und bewußtseinsmäßig gelingt. Nur so läßt sich auch erklären, daß die Sprache ihrerseits die Unterscheidung von Mitteilung und Information so stark einspielt, daß dann wieder nichtsprachliche (aber eben: sprachabhängige) Formen der Kommunikation, zum Beispiel durch Gesten oder durch sonstiges Ausdruckshandeln, entstehen können, die ebenfalls keinen Zweifel daran lassen, daß eine Information gegeben werden soll.

Ebensowenig folgen wir der semiotischen Sprachtheorie. Sprache ist kein System von Zeichen für außersprachliche Sachverhalte.⁵³ Von Semiotik (oder Semiologie) kann man nach Saussure nur noch in bezug auf innersprachliche (linguistische) Differenzen sprechen und sollte das vielleicht besser lassen. Gewiß: sprachliche Ausdrucksweisen, Worte und Sätze, können als Zeichen verwendet werden – so wie andere Gegenstände auch. Aber eine solche Verwendung ist sekundär und für sprachliche Kommunikation keineswegs konstitutiv. Sie setzt, bei gelegentlichem Gebrauch, funktionierende Sprache bereits voraus, wobei funktionierende Sprache heißt: sprachliche Kommunikation, die weitere Kommunikation ermöglicht. Jede andere Auffassung würde eine Hypertrophie bezeichneter Realitäten, negativer Gegenstände, abstrakter Gegenstände usw. annehmen müssen. Es genügt vollauf, zu sagen, daß die Sprache in ihrer Benutzung als Sprache und sodann in der Beobachtung von Sprache durch einen Beobachter konkret existiert. Sprache ist ein Moment der Autopoiesis von Kommunikation und, mehr beiläufig, auch ein Moment der Autopoiesis von Bewußtsein. Sie ermöglicht die Konstruktion einer Welt, die aber als Konstruktion ihre Realitätsbasis nur in den Operationen selber hat. Ihre eigene Realität besteht nicht darin und ist nicht abhängig davon, daß sie als Zeichen für etwas anderes, wirklich Reales dient. Ihre eigene Realität besteht darin, daß ihr Gebrauch beobachtet werden kann.

Diese Überlegung läßt im übrigen, gleichsam als Nebeneffekt, erkennen, was die Funktion älterer Darstellungen von Erkenntnis als Abbild gewesen war, sei sie nun bezogen auf den Menschen wie bei Platon und Aristoteles, sei sie bezogen auf Bewußtsein oder Kommunikation oder Sprache. Mit dem Begriff des Abbildes wird die Bezeichnung des Bezeichneten ihrer Willkür entledigt. An die Stelle der willkürlichen Zuordnung tritt eine Ähnlichkeitsbeziehung. Erkenntnis wird als assimilatio verstanden. Insoweit interessiert dann nicht mehr, wer diese Zuordnung vorgenommen, wer sie »konstruiert« hat, sondern nur noch das in der Ähnlichkeit zum Ausdruck kommende

---

53 Auch die sog. Laborstudien kommen zu diesem Ergebnis. Im Labor werden »Zeichen« im Sinne von intern konstruierten Unterschieden prozessiert, für die eine externe Referenz (Bedeutung) erst noch gesucht werden muß. Vgl. Karin Knorr Cetina, Das naturwissenschaftliche Labor als Ort der »Verdichtung« von Gesellschaft, Zeitschrift für Soziologie 17 (1988), S. 85-101.

Gemeinsame, der in der Ähnlichkeit zum Ausdruck kommende Weltsachverhalt. Die Abbildtheorie instruiert uns, den Essenzenkosmos zu beobachten, also das, was Erkenntnis und Gegenstand als eine Art Rationalitätskontinuum zusammenhält. Die Ablehnung der Abbildtheorie zwingt uns dagegen, den Beobachter zu beobachten, und die Frage »was« abhängig zu machen von der Frage »wie«.

V

Mit all dem ist noch nicht geklärt, wie die Sprache in der Lage ist, die Funktion der strukturellen Kopplung von Kommunikationsereignissen und Bewußtseinsereignissen zu erfüllen. Eine Antwort auf diese Frage kann mit Hilfe der Unterscheidung von Medium und Form vorbereitet werden. Diese Unterscheidung hat Fritz Heider einer Theorie der menschlichen Wahrnehmung zu Grunde gelegt.[54] Wir geben ihr eine allgemeinere, weit darüber hinausreichende Bedeutung.

Medium in diesem Sinne ist jeder lose gekoppelte Zusammenhang von Elementen, der für Formung verfügbar ist, und Form ist die rigide Kopplung eben dieser Elemente, die sich durchsetzt, weil das Medium keinen Widerstand leistet. Die Unterscheidung setzt im Bereich des Mediums identifizierbare Elemente (insofern also wiederum Form) voraus und unterscheidet sich dadurch vom alteuropäischen Begriff der (von sich her gänzlich unbestimmten) Materie. Das Medium muß (digital) eine gewisse Körnigkeit und (analog) eine gewisse Viskosität aufweisen. Es muß außerdem in der Bindung durch Form als Medium erhalten bleiben, wenngleich es durch die Form gewissermaßen »deformiert« wird. Heider nennt als Wahrnehmungsmedien Luft und Licht, die akustische bzw. optische Sonderkonstellationen vermitteln. Sprache erfüllt dieselben Bedingungen, ist also ebenfalls ein Medium für die Aufnahme von Formen. Das gilt in einem akustischen bzw., bei Schrift, optischen Sinne für die strenge Kopplung zu einzelnen Worten (wo schon leichte Mißbildungen das Wort unerkennbar werden las-

---

[54] Vgl. Fritz Heider, Ding und Medium, Symposion 1 (1926), S. 109-157.

sen) und auf einer zweiten Ebene für die Formung von Worten zu Sätzen, für die dasselbe gilt. Jede operative Nutzung von Sprache im Kommunizieren oder Denken besteht also in einer laufenden Kopplung des lose gekoppelten Medienbestandes, der damit nicht verbraucht wird (so wenig wie Luft und Licht in der Wahrnehmung), sondern für weitere Kopplungen zur Verfügung steht. Voraussetzung ist nur, daß die strenge Kopplung vom Medium unterscheidbar ist und ferner: daß eben durch diesen Zusammenhang von Medium und Form Operationen des Sprachgebrauchs ausdifferenziert werden, die sich dann von anderen Phänomenen (etwa einfachem Körperverhalten) unterscheiden lassen.

Ebenso wie im Falle der Wahrnehmungsmedien wird auch im Falle der Sprache (auf der Grundlage von Wahrnehmungsmedien und der in ihnen möglichen Formen) das Medium von den Systemen, die es benutzen, erst erzeugt. Zwar gibt es immer ein materielles Substrat – für Licht und Luft ebenso wie für Sprache. Aber die Physik, die den Phänomenen Licht und Luft zu Grunde liegt, wird heute nicht in dieser auf Wahrnehmung bezogenen Terminologie erfaßt, und Entsprechendes gilt für Sprache. Die Sprache besteht als ein Medium weder in der physischen Eigenschaft ihrer Zeichen noch in den Bewußtseinszuständen der Hörer und Sprecher oder Leser und Schreiber. Das Kommunikationssystem nutzt nicht ein schon vorhandenes Medium, sondern es produziert und reproduziert es in der eigenen Autopoiesis. Die dabei vorausgesetzte Realität, die in der Kommunikation als lose Kopplung massenhafter Elemente behandelt, also als Medium konstituiert werden kann, besteht demnach nicht in der operativen Kopplung, die in den Bewußtseinssystemen deren eigendeterminierte Autopoiesis ermöglicht. Sie hat ihre Grundlage vielmehr darin, daß eine Vielzahl von strukturdeterminierten Bewußtseinssystemen jeweils operativ geschlossen und daher im Verhältnis zueinander nur akzidentell, nur okkasionell, nur lose gekoppelt operiert. Die operativ notwendige Trennung bei möglicher Kongruenz, vor allem des Wahrnehmens, bietet die Möglichkeit, Sprache als Medium zu konstituieren und in diesem Medium dann selbstgenerierte Formen, nämlich Sätze, zu bilden. Wenn das in der Umwelt der Bewußtseinssysteme durch die eigene Autopoiesis sozialer Systeme geschieht, kann davon ein Bindungseffekt auch für psychisches Bewußtsein ausgehen – zumindest in dem (sehr weitreichenden) Sinne, daß man die Realität des gesprochenen, geschriebenen, gedruckten Wortes als wahrnehmbares Faktum nicht so leicht leugnen wird. Ob das aber, was den Sinn betrifft, zu Zustimmung oder Ablehnung, zu unentschiedenem Schwanken, Verdrängen oder Vergessen führt und welche Erinnerungen und welche weiteren Bewußtseinsoperationen dadurch provoziert werden, bleibt wieder ausschließlich Sache des Einzelbewußtseins. Wir werden noch sehen, daß dieser Sachverhalt sich bei den auf Sprache beruhenden weiteren Medienbildungen wie Wahrheit, Geld, Macht usw. mutatis mutandis wiederholt.

Auf Grund der damit geschaffenen Möglichkeiten kann das sprachlich strukturierte Kommunikationssystem die eigenen Operationen in ein Medium einsetzen, das laufend in Form zu bringen ist, indem auf Grund von Kommunikation über Kommunikation entschieden wird; und es kann auch den Zusammenhang der dazu nötigen Bewußtseinssysteme als ein Medium behandeln, nämlich als eine durch ihre Eigenart limitierte Möglichkeit, Form anzunehmen. Um so tätig zu sein, braucht das Kommunikationssystem weder sich selbst noch die involvierten Bewußtseinssysteme *als Medium* (im Unterschied zu Form) *zu beobachten*. Der Vollzug der strengen Kopplung (Formbildung) durch operative Kopplung im System genügt. Erst recht wird nicht vorausgesetzt, daß Formen, die sich im Medium einprägen, eine besondere Rationalität oder Perfektion oder auch nur eine Tendenz in diese Richtung aufweisen. Sie sind einfach nur stärker als das Medium und setzen sich durch, weil sie eine hochselektive und damit starre und auffallende Form aufweisen, wie flüchtig immer in der Kommunikation diese Form erzeugt und wiederaufgelöst wird.

Diese komplizierten Vorüberlegungen machen verständlich, was in erkenntnistheoretischen (oder sonstigen) Zusammenhängen mit »Konsens« gemeint sein könnte. Sicher nicht der empirische Zustand bestimmter (oder gar aller) psychischer Systeme. Sicher nicht ihre zu einem bestimmten Zeitpunkt aktuell ablaufenden Operationen. Mit der Bezeichnung »Konsens«

kann nur die Bewußtseinslage der Umwelt des Gesellschaftssystems gemeint sein, soweit sie als Medium für Formen fungiert, über die durch Kommunikation entschieden wird.[55] Man muß dann freilich auch »Dissens« hinzunehmen, denn auch das ist eine Form, ist die komplementäre Form, die Bewußtsein bindet. Die Bezeichnung Konsens/Dissens symbolisiert, mit anderen Worten, ein Medium, das sich mit Operationen des Kommunikationssystems Gesellschaft koppeln und entkoppeln läßt. Und dies Medium läßt sich umweltangepaßt reproduzieren, solange die Bewußtseinssysteme mitmachen und nicht verhindern, daß sie auf diese digitale, binäre Weise klassifiziert werden.
Ich belasse es bei diesen Andeutungen, die weiter ausgearbeitet werden müßten. Sie sollen im hier behandelten Zusammenhang nur zeigen, daß und wie eine evolutionäre Eigendynamik von Kommunikationssystemen entstehen kann, ohne auf eine laufende Prüfung der Übereinstimmung mit der Umwelt angewiesen zu sein.

VI

Wir hatten zur Beschreibung des Verhältnisses von Bewußtsein und Kommunikation zunächst eine systemtheoretische Formulierung gewählt, nämlich notiert, daß beide Systeme wechselseitig füreinander Umwelt sind. Weitere Analysen lassen sich in Gang bringen, wenn man Zeit mit in Betracht zieht. Kommunikation und Bewußtsein können nur synchron operieren, so wie auch das System stets gleichzeitig mit seiner Umwelt besteht und nicht etwa früher oder später als die Umwelt. Es ist wichtig, sich die Tragweite dieser Einsichten vor Augen zu führen, denn sie liegen allen Zeitverhältnissen zugrunde. Über Grenzen hinweg erfahrene Gleichzeitigkeit ist der Ausgangspunkt für die Erfahrung von Anwesenheit, von Aktualität, von Gegenwart. Die strukturelle Kopplung definiert daher für Bewußtseinssysteme und für Kommunikationssysteme (aber möglicherweise für beide Systeme mit unterschiedlichem Effekt) die Extension

---

[55] Es mag sein, daß wir hier etwas von dem berühren, was Habermas mit dem Begriff »Lebenswelt« meint.

dessen, was »gleichzeitig« hinzunehmen ist.[56] Alles, was an Zeitstrukturen darüber hinausgeht, unterliegt bereits historisch-kultureller Formung – so insbesondere die Vorstellung der Zeit als Maß einer Bewegung im Hinblick auf ein Vorher und Nachher, also die Benutzung zeitlicher Dimensionierung zur Identifikation von sich bewegenden Objekten, und erst recht die Bestimmung der Zeit mit Hilfe der Unterscheidung von Vergangenheit und Zukunft, die sich in der Zeit als Unterscheidung auf einer chronometrisch festliegenden Skala »bewegt«. Welche Zeitsemantik immer eine Gesellschaft favorisiert und benutzt: die Gleichzeitigkeit von System und Umwelt ist der unvermeidliche Ausgangspunkt. Alle Orientierung an Zeit hat hier ihr Realfundament. Alle Vergangenheit und alle Zukunft wird von hier aus gesehen, ist also zunächst immer gegenwärtige Vergangenheit und gegenwärtige Zukunft. In einem aufgespannten Zeitschema kann dann erfaßt werden, daß die Sequenzen der Operationen in System und Umwelt verschiedene Wege gehen, daß die Operationen sich ständig integrieren und desintegrieren und daß folglich auch Kommunikation und Bewußtsein, momentan aufeinander angewiesen, sich ständig entkoppeln, nur um in dem Moment, der dann Gegenwart wird, sich auf eine neue Kopplung einzulassen. Von der Gegenwart aus gesehen unterscheiden sich die rekursiven Vernetzungen der Autopoiesen von Bewußtsein und Kommunikation als unterschiedliche Vergangenheiten und Zukünfte. Es besteht keinerlei Zwang, sie immer in diesem Schema zu beobachten, so wenig wie Gleichzeitigkeit notwendig als Zeitbedingung erfahren werden muß. Die hier vorgestellte Theorie erlaubt es aber zu fragen, wann eine solche Temporalisierung des Erlebens wahrscheinlicher wird und unter welchen Umständen der Zeitdruck zunimmt, der von differierenden Vergangenheiten und Zukünften auf die Gegenwart als den Ort aktuellen Entscheidens ausgeübt wird.

Wir können die damit angedeuteten Untersuchungslinien hier nicht weiter verfolgen. Wir halten nur nochmals fest, daß es wenig Sinn macht, Gleichzeitigkeit als ein Kausalverhältnis zu

---

56 Über Gleichzeitigkeit als Hinnehmenmüssen ließen sich weitere Untersuchungen anstellen, die rasch in den Bereich der religiös inspirierten Zeitsemantik hinüberführen würden.

deuten.⁵⁷ Deshalb ist auch strukturelle Kopplung keine kausale Verknüpfung von Umwelt und System. Sobald man mit Hilfe des Kausalschemas beobachtet, postuliert man mindestens implizit eine Zeitdifferenz von (vorhergehender) Ursache und (darauffolgender) Wirkung. Das Interesse an Kausalitäten kann dazu führen, den Bereich des Gleichzeitigen zu minimieren.⁵⁸ Wie weit immer solche Feinzurechnungen getrieben werden mögen: der Fundamentalzusammenhang von Bewußtsein und Kommunikation läßt sich so nie vollständig erfassen; denn auch wenn man einen Gedanken als Ursache einer Kommunikation ausweisen will, muß das Bewußtsein (und natürlich noch mindestens ein weiteres Bewußtsein) im Zeitpunkt der Wirkung noch immer (oder schon wieder) dabeisein. Es sollte klar sein, daß sich dies nicht ändert, wenn man anstelle von einfacher Kausalität »Wechselwirkung« annimmt.

Sofern man Zeitdifferenzen beobachten kann, kann man also durchaus formulieren: Ein Kommunikationssystem »beeindruckt« ein Bewußtseinssystem. Das heißt aber nur, daß im jeweils anderen System ein Ereignis co-produziert wird, das als Ereignis nicht bleiben kann, sondern sofort wieder verschwindet. Was das beeindruckte System mit dem Eindruck anfängt, wie es ihn eingrenzt und wie es ihn gegebenenfalls zur Strukturbildung (Erwartungsbildung) verwendet, entscheidet sich im beeindruckten System und erfordert dort die Verwendung von Zeit.

Auch der Begriff der Irritation hat eine zeitliche Komponente. Strukturelle Kopplungen, hatten wir gesagt, führen zu wechselseitigen Irritationen, nicht zur wechselseitigen Spezifikation von Systemzuständen. Auf Irritationen reagieren die gekoppelten Systeme *unterschiedlich schnell*. Das Tempo der Umformung von Irritationen in Strukturen (oder in der Terminologie Piagets: von Assimilation in Akkommodation) hängt aber von Systemstrukturen und damit von der jeweiligen Systemge-

---

57 Alfred North Whitehead, Process and Reality: An Essay in Cosmology, New York 1929, bekannt für sehr tief gelegte Zeitanalysen, definiert Gleichzeitigkeit geradezu als kausale Unabhängigkeit (S. 95).
58 Für Kant führt bereits das in den Bereich des »zugleich«. Vgl. Kritik der reinen Vernunft B 248. Dann kann freilich auch Wechselwirkung als gleichzeitig begriffen werden. Dem liegt jedoch kein präziser Begriff von Gleichzeitigkeit zugrunde.

schichte ab – bei psychischen Systemen also von Sozialisation. Daher ist es normal, daß gekoppelte Systeme – hier Bewußtseinssysteme und Kommunikationssysteme – auf Irritationen in unterschiedlichen Resonanzwellen reagieren, was zur Überlagerung mit weiteren Irritationen führt, soweit nicht normale Indifferenzen dies abschirmen. Wir werden noch sehen,[59] daß unter diesen Bedingungen Sondersozialisationen von Wissenschaftlern für eine Beschleunigung der Evolution von Wissenschaft unerläßlich sind.

Solche Überlegungen geben einen Vorbegriff von Grenzen der Kausalerklärung und warnen davor, Wissenschaft auf dieses Erklärungsschema zu reduzieren. In jedem Falle ist Kausalität kein beobachterunabhängiges Phänomen, sondern ein Schema der Beobachtung neben anderen. Und daher muß auch die Autopoiesis des beobachtenden Systems und mit ihr ein Verhältnis der Gleichzeitigkeit zur Umwelt immer schon gesichert sein, wenn eine Kausalattribution durchgeführt werden soll.

Auch aus diesem Grunde kann das Verhältnis von Bewußtsein und Kommunikation nicht asymmetrisch begriffen werden, wie die übliche Vorstellung es will. Das Bewußtsein ist weder Ursache noch Urheber, weder Substanz noch Subjekt der Kommunikation. Kommunikation wird nicht so zustandegebracht, daß erst das Subjekt den Entschluß faßt, zu kommunizieren, dann diesen Entschluß ausführt und schließlich, als weiterer Effekt dieser Kausalkette, jemand hört oder liest, was gesagt oder geschrieben worden ist. Eine solche Darstellung unterschlägt die Simultaneität der Beziehungen zwischen System und Umwelt, ohne die gar nichts läuft. Sie unterschlägt die Rekursivität des Vorgriffs und Rückgriffs in allen autopoietischen Operationen. Sie unterschlägt, mit anderen Worten, das Gedächtnis. Und sie verkürzt den Begriff der Kommunikation auf eine seiner Komponenten: auf das Mitteilungshandeln.

---

59 Vgl. Kap. 8. II.

VII

Immerhin: ein Beobachter kann, soweit und so lange seine eigene Autopoiesis gesichert ist, mit Hilfe derartiger Verkürzungen beobachten. Er kann die Beobachtung von zwei Ereignissen, die ein theoriegeleiteter Beobachter unterscheiden könnte, in einer Operation durchführen, wenn hinreichende Simultaneität vorliegt.[60] Die Operationen selbst, auch die des Bewußtseins und auch die der Kommunikation und auch dann, wenn diese Operationen dem Beobachten dienen, verlaufen blind. Sie können ihren eigenen Vollzug nicht beobachten. Sie müßten, wollten sie sich selbst beobachten, die operativ notwendige Gleichzeitigkeit von Operation und Welt auflösen und sich zu sich selbst in ein vorher/nachher-Verhältnis setzen. Die Beobachtung, die natürlich ihrerseits Operation sein muß oder nicht sein kann, was sie ist, ist als Beobachtung freier gestellt, sofern sie eine dazu notwendige Bedingung erfüllt, nämlich das in der Beobachtung Bezeichnete einer Unterscheidung zuzuordnen.[61] Sie benutzt dann den Einsatz des Unterscheidens und Bezeichnens blind (oder wie man auch sagt: als ihren blinden Fleck), aber sie kann mit genau dieser Beschränkung ihres Operierens Freiheiten gewinnen, etwas als etwas zu identifizieren, sofern dies nur in Unterscheidung von etwas anderem geschieht. Die Selbstbeobachtung ist nichts weiter als ein besonderer Anwendungsfall einer so konditionierten Operation – und zwar ein Anwendungsfall, der in bezug auf sich selber unter anderem die vorher/nachher-Unterscheidung anwenden muß.[62]

Ein Beobachter kann, nochmals knapp formuliert, durch blinden (unbeobachteten) Einsatz einer Unterscheidung die Freiheit gewinnen, auf eine pauschalierende Weise etwas zu identifizieren. Uns interessiert im vorliegenden Zusammenhang nur, daß er auf diese Weise Kommunikation »intentionalisieren«, sie

60 Er braucht dazu nicht, wie sprachanalytisch orientierte Philosophen meinen, Sätze zu formulieren. Vgl. hierzu Donald Davidson, Zur Individuation von Ereignissen, in ders., Handlung und Ereignis, Frankfurt 1985, S. 233-258. Diese Analyse liegt denn auch schon auf der Ebene einer Beobachtung von Beobachtungen, auf der es um besonders feine Unterschiede geht.
61 Wir kommen darauf im nächsten Kapitel ausführlicher zurück.
62 Ein von diesen Beschränkungen freies Beobachten könnte *Intuition* heißen, ist aber bekanntlich Engeln vorbehalten.

als ein Ereignis erfassen kann, das eine bewußte Intention ausführt. Auf diese Weise werden operativ getrennte, bewußte und kommunikative Elemente zur Einheit verschmolzen. Intention ist, so gesehen, aber nicht ein natürlich fundierter, letztlich neurophysiologischer Sachverhalt,[63] sondern eine über Kausalattribution laufende Kompaktidentifikation der Ursache einer Handlung, die dann dazu führt, daß schließlich auch Kommunikation als Handlung aufgefaßt und darauf reduziert wird.

Nicht anders kommt die Normalillusion zustande, von der wir ausgegangen sind: daß Wissen Besitz oder Potential eines »Subjekts« sei. An dieser Illusion des Subjektivismus hängen zahlreiche Fehlsteuerungen der klassischen Epistemologie oder auch vermeintliche Fallen, die man vermeiden zu müssen meinte, die aber gar keine Fallen sind. Zum Beispiel das Solipsismus-Problem des älteren Idealismus. Dessen Voraussetzung war, daß ein Beobachter, der alles beobachten wolle, außerhalb der Welt lokalisiert sein müsse und daher keine Sicherheit über die Existenz der Welt gewinnen könne. Aber die Beobachtung selbst ist ja eine empirische Operation, belegt dadurch, daß sie selbst beobachtbar ist. Jede Art von Konstruktivismus muß auf einer solchen Empirie aufruhen, und dem Subjekt kann nur die Möglichkeit offengehalten werden, im Unbeobachtbaren zu verschwinden, à Dieu! Auch die Unterscheidung von Bewußtsein und Kommunikation, sei sie nun eine bewußt praktizierte oder eine kommunikativ praktizierte Unterscheidung, widerspricht im übrigen dem Solipsismus. Und wie sollte man ohne diese oder eine andere Unterscheidung überhaupt anfangen zu beobachten?

Und trotzdem: Auch die Zurechnung auf ein Subjekt hat im Vollzug dieser Operation ihre eigene Realität. Jeder Beobachter ist frei, Wissen derart punktuell (als Wissen von jemand) zu identifizieren, sofern ihm dies operativ gelingt. Er muß dann allerdings die Bücher ignorieren oder zwischen totem und lebendem Wissen unterscheiden. Durch hinreichendes Unterscheidungsgeschick läßt sich viel erreichen. Es fehlt nicht an

---

63 So z. B. John Searle in neueren Entwicklungen seiner Theorie der speech acts. Siehe: Intentionality: An Essay in the Philosophy of Mind, Cambridge, Engl. 1983.

Versuchen, auf diesen Grundlagen zu einer anthropologisch argumentierenden Erkenntnistheorie oder gar zu einer Wissenschaftstheorie zu kommen.[64] Hier verstecken sich dann aber wichtige theoretische Grundlagen in einer Art Blumenbergschen »Unbegrifflichkeit«, und das Auflösevermögen dieses Ansatzes bleibt gering.

Um darüber hinauszukommen, wird man den Begriff des Wissens radikal entanthropologisieren und die Zurechnung auf den Menschen (also auf eine Einheit, wie immer kollektivsingularisiert) ersetzen müssen durch Unterscheidungen wie Bewußtsein/Kommunikation oder Operation/Beobachtung. Selbstverständlich wird damit nicht bestritten, daß das Gehirn des Menschen laufend Konsistenzprüfungen durchführt, die einem Beobachter pauschal als Gedächtnis erscheinen mögen. Auch das Bewußtsein kann selbstverständlich Erinnerungen aktualisieren und sie sich als eigenes Wissen präsentieren. Weder im Gehirn noch im Bewußtsein gibt es jedoch etwas, was man sinnvoll als »gespeichertes«, irgendwie inaktuelles, aber doch »vorhandenes« Wissen bezeichnen könnte.[65] Begriffe wie Intention oder Gedächtnis verweisen immer schon auf in der Beobachtung für die Beobachtung angefertigte Konstrukte. Und überhaupt: alles, was als Einheit fungiert, fungiert durch einen Beobachter für einen Beobachter als Einheit. Sogar Operationen sind Einheiten nur für einen Beobachter, allerdings in der paradoxen Weise, daß der Beobachter sie als beobachtungsunabhängige Gegebenheit sehen muß, weil er anders sich selbst, seine eigene Operation, nicht unter diesen Begriff bringen kann.

Nochmals: alles, was als Einheit fungiert, fungiert durch einen Beobachter für einen Beobachter als Einheit. Wenn immer man denkt oder sagt: es »gibt« eine Sache, es »gibt« eine Welt, und damit mehr meint als nur, es gibt etwas, das ist, wie es ist, dann ist ein Beobachter involviert. Für einen Beobachter des Beob-

---

[64] Siehe nur Yehuda Elkana, Anthropologie der Erkenntnis: Die Entwicklung des Wissens als episches Theater einer listigen Vernunft, Frankfurt 1986; Walter L. Bühl, Die Ordnung des Wissens, Berlin 1984, und ders., Für eine Revision der Wissenssoziologie, Annali di Sociologia 2, II (1986), S. 119-138.
[65] Für eine sorgfältige Diskussion von Schwierigkeiten, die aus solchen Annahmen entstanden sind, vgl. Norman Malcolm, Memory and Mind, Ithaca 1977.

achters, für uns also, ist die Frage dann nicht: *was* gibt es? – sondern: *wie* konstruiert ein Beobachter, was er konstruiert, um weitere Beobachtungen anschließen zu können.

Wenn man im nächsten Schritt dann fragt, wer oder was die Beobachtung operativ durchführt, stößt man wieder auf die Notwendigkeit einer Unterscheidung als Leitkontext des Beobachtens. Philosophen argumentieren oft so, als ob die maßgebliche Unterscheidung jetzt wäre: Platon oder Aristoteles, Kant oder Hegel. Sie unterscheiden Texte. Eine stärker empirisch ausgerichtete Forschung zwingt zur Abstraktion. Das führt zurück auf die hier vorgeschlagene Unterscheidung von Bewußtseinssystemen (psychischen Systemen) und kommunikativen Systemen (sozialen Systemen). Angesichts dieser Unterscheidung steht man vor der Wahl der Systemreferenz für die weiteren Untersuchungen. Würde man für ein psychisches System optieren, stünde man vor der Wahl: welches von den etwa fünf Milliarden? Und die Entscheidung könnte dann praktisch nur lauten: ich selber.[66] Eine psychologische Erkenntnistheorie, die dieses Problem ignoriert, müßte sich zutrauen, psychische Erkenntnisvorgänge ohne jede Rücksicht auf individuelle Unterschiede erfassen zu können.[67] Eine sinnvolle Alternative ist dann aber, das jeweils umfassendste Kommunikationssystem, das Gesellschaftssystem, zugrundezulegen und Wissenschaft als ein Teilsystem dieses Gesellschaftssystems mit entsprechenden historischen und strukturellen Beschränkungen aufzufassen. So werden wir im folgenden vorgehen.

Man könnte einwenden, daß Wissenschaft auf empirisches Wahrnehmen angewiesen sei und daß ein Kommunikationssystem nicht wahrnehmen könne. Richtig! Aber die entscheidende Frage bleibt doch, welche Wahrnehmungen in welchen Zusammenhängen Wissensgewinn oder Wissenskritik ermöglichen, und die Auswahl dieser Wahrnehmungen erfolgt durch Kommunikation. Sie ist im übrigen in so hohem Maße selektiv,

---

[66] Auch hier sieht man im übrigen, daß Philosophen, die an einer Subjektreferenz festhalten möchten, gezwungen sind, entweder unter Namen wie Platon, Aristoteles, Kant, Hegel, Heidegger, Wittgenstein Texte zu interpretieren oder selber zu denken.

[67] Siehe hierzu einen der Vorläufer der second order cybernetics: Arne Ness (Naess), Erkenntnis und wissenschaftliches Verhalten, Oslo 1936.

daß der für Erklärung ausschlaggebende Faktor wiederum nicht in der Wahrnehmung selbst liegt, sondern in der Selektion ihrer Kommunikation.[68]

Die Malaise ist dann freilich, daß Begriffe wie Beobachten, Beschreiben, Erwarten, Erleben usw., die im normalen Sprachgebrauch eine psychische Systemreferenz implizieren, mit sozialer Systemreferenz, also mit Bezug auf ein nur kommunikatives Operieren benutzt werden müssen. Diese Ungewöhnlichkeit wird man sich im folgenden immer wieder vor Augen führen müssen. Aber diese Denkbelastung sollte man tragen können, wenn gezeigt werden kann, daß es sich im Ergebnis lohnt.

VIII

Im Verhältnis von Leben, Bewußtsein und sozialen Ordnungen wird vielfach ein »Reduktionismus« praktiziert. Manche Forscher kaprizieren sich darauf, Soziales auf Psychisches, Psychisches auf Biologisches, Biologisches auf Chemisches, Chemisches auf Physisches zu »reduzieren« als Bedingung für ernst zu nehmende Wissenschaftlichkeit. Dagegen haben sich die bekannten »holistischen« Widerstände organisiert, die auf emergente Phänomene »höherer« Ordnung hinweisen. Die vorstehenden Überlegungen nehmen uns einen Teil dieser Problematik ab, nicht aber das ganze Problem des Reduktionismus/Holismus.

Unser Ausgangspunkt ist: daß man verschiedene Systemreferenzen unterscheiden muß. Dabei geht es um die Frage, wie ein Beobachter die Welt mit Hilfe des Schemas System/Umwelt beobachtet (wenn er denn dieses Schema anwendet). Das heißt: um die Frage, von welchem System aus er was als Umwelt sieht. Irgendwie muß jede Beobachtung die Welt als Differenz nehmen und nicht als Einheit. Wenn man die Unterscheidung System/Umwelt anwenden will, ist man in ihr zu entsprechenden Optionen gezwungen. Die übliche Form, das Problem des Reduktionismus zu stellen, also in langen Ketten von Reduk-

---

68 Ein ähnliches Argument bei David Bloor, Knowledge and Social Imagery, London 1976, S. 12 f., 20 ff. mit Hinweis auf den vor allem theoretischen Charakter wissenschaftlichen Wissens.

tionen alles letztlich auf physische Elemente zu reduzieren (wie
immer erfinderisch dann die Namengebung) oder irgendwo
willkürlich abzubrechen, sieht die Welt als Einheit, und zwar als
Kompositum aus Letztelementen einer Art. Sie argumentiert
von Einheit (totum) zu Einheit (Element). Im hier vorgeschlagenen Theorieduktus wird dagegen die unvermittelte Beobachtung von Einheit ausgeschlossen, also auch die Erklärung von
Einheit durch Einheit. Alles muß über Unterscheidungen ab-
gewickelt werden, und eine Erklärung argumentiert von Differenz zu Differenz. Wendet man die Unterscheidung Sy-
stem/Umwelt an, befaßt die Weiterarbeit sich mit einer Klärung
der Frage, was das ins Auge gefaßte System ist, von dem aus
anderes als Umwelt behandelt werden kann. Diese Frage kann
nicht, wie Analytizisten zuweilen sagen, beliebig beantwortet
werden. Das Belieben des Beobachters liegt in der Wahl des
Systems, von dem er ausgeht, nicht aber in der Frage, was er als
System behandeln kann.[69]

Die Beantwortung dieser Frage muß mit Hilfe einer weiteren
Unterscheidung erarbeitet werden, nämlich mit Hilfe der Un-
terscheidung von System und Element. Erst bei Anwendung
dieser Unterscheidung taucht das Reduktionismusproblem auf.
Es handelt sich also nicht um ein Weltproblem, sondern um ein
Problem, das erst akut wird, wenn man sich entschieden hat, ein
System und nicht dessen Umwelt zu beobachten. Das heißt: die
Unterscheidung System/Element ist eine nachgeschaltete Un-
terscheidung, und dies deshalb, weil sie in ihrer Komponente
»System« immer schon eine andere Unterscheidung, nämlich
die von System und Umwelt, voraussetzt; und nur mit dieser
Unterscheidung kann man zur Welt, das heißt zur Realität kom-
men.

Nur wenn man die Unterscheidung System/Element zugrunde
legt, gerät man in das Problem Holismus/ Reduktionismus.
Denn wenn man diese Unterscheidung als Unterscheidung
handhabt, ist damit ausgeschlossen, daß man beide Seiten zugleich als Anschlußstellen für weitere Beobachtungen bezeich-

---

[69] Nichts anderes war gemeint mit meiner Formulierung: »Es gibt selbstreferentielle Systeme« (Soziale Systeme, a. a. O., S. 31). Das heißt nur, man kann mit Hilfe
dieser Unterscheidung/Bezeichnung die Welt beobachten, in der auch die Operation des Beobachtens eigene Realität hat.

net. Man muß entweder vom Element oder vom System ausgehen, also entweder reduktionistisch oder holistisch argumentieren. Beide Möglichkeiten bleiben aber Möglichkeiten *einer* Unterscheidung, also *eines* Beobachters. Sie sind insofern komplementär, als sie eine wechselseitige Spezifikation erfordern.[70] Umständlicher gesagt: Wenn man klären will, was für eine bestimmte Art von System ein für dieses System nicht weiter auflösbares Letztelement ist, muß man in bezug auf diese Art von System Zwischenentscheidungen treffen. Und umgekehrt, wenn man klären will, welche Art von System man beobachtet (um entscheiden zu können, was für dieses System Umwelt ist), muß man wissen, was für dieses System Element ist. Dennoch lassen sich Element und System, wenn dies denn eine Unterscheidung sein soll, nicht auf eine Gesamtformel bringen. Oder anders gesagt: Die Forschung bleibt ein nie in einer Einheitsaussage zum Ende kommender zeitlicher Prozeß. Wer das leugnen will, muß darauf gefaßt sein, eine Paradoxie zu erblicken, muß sagen, die Unterscheidung sei die Nichtunterschiedenheit des Unterschiedenen.

Aber dies hat, um es nochmals herauszustellen, mit der Unterscheidung von Leben, Bewußtsein und sozialer Kommunikation nichts zu tun. Bei dieser Unterscheidung geht es zunächst nur um Systemreferenzen, um Komplexbegriffe, die je für sich mit Hilfe der Unterscheidung System/Element weiterbearbeitet werden müssen. Das erfordert für die drei genannten Systemreferenzen (wie für alle anderen) jeweils verschiedene Entscheidungen. Über diese Entscheidungen konstituieren sich dann Disziplinen wie Biologie, Psychologie und Soziologie.

Die folgenden Untersuchungen optieren für die Systemreferenz Sozialsystem und, näher bestimmt, Gesellschaft. Wie an anderer Stelle dargelegt,[71] ist die dem entsprechende elementare Operation Kommunikation. Der reduktionistische Zweig dieses Ansatzes wäre folglich als Kommunikationstheorie auszuarbeiten, zum Beispiel mit Hilfe der Unterscheidung von (Kommunika-

---

70 Siehe dazu auch Joseph A. Goguen/Francisco J. Varela, Systems and Distinctions: Duality and Complementarity, International Journal of General Systems 5 (1979), S. 31-43 als Versuch einer formalen (mathematischen) Klärung des Begriffs der Komplementarität.
71 Soziale Systeme, a.a.O.

tion als) Operation und (Kommunikation als) Beobachtung, der holistische dagegen als Gesellschaftstheorie, zum Beispiel mit Hilfe der Unterscheidung von Differenzierungsformen des Gesellschaftssystems.

Kapitel 2

Beobachten

I

Die Entscheidung, wissenschaftstheoretische und sogar erkenntnistheoretische Untersuchungen exklusiv vom Sozialsystem Gesellschaft aus zu führen, bringt uns fachlich in den Bereich der Soziologie und macht die gesamte Epistemologie von Theorieentscheidungen dieses Fachs abhängig, so wie diese natürlich ihrerseits auf erkenntnistheoretische Grundlagen zurückgreifen mögen. Dies trifft die Soziologie nicht unvorbereitet. Die Frage ist nur, ob die hier schon entwickelten Problemstellungen, Begriffe und Theorien ausreichen, wenn man von sozialen Bedingungen nicht mehr nur Einflüsse auf das »Glaubenssystem Wissen« erwartet (für das nach wie vor der Mensch oder das Subjekt als Träger einsteht), sondern viel radikaler das Wissen selbst für eine soziale Tatsache hält, die sich in und nur in der sozialen Kommunikation aktualisiert und Bewußtsein allenfalls über strukturelle Kopplungen als unentbehrliche Umweltbedingung in Anspruch nimmt.

Seit langem befaßt die Soziologie sich unter anderem mit dem Thema der gesellschaftlichen Bedingungen des Wissens. Neben Handeln ist Wissen einer ihrer Grundbegriffe, jedenfalls einer der Ansatzpunkte zu universalistischer, das Gesamtfeld des Sozialen einbeziehender Theoriebildung. Neben Weber figuriert Mannheim als einer der soziologischen Klassiker. Die spätaufklärerischen Neigungen und ebenso die Marxsche Provokation haben diesen Anfängen der Soziologie jedoch bestimmte Bedingungen aufgeprägt, die heute allmählich zurücktreten. Um eine prägnante Differenzbestimmung von Berger und Luckmann aufzunehmen: die ältere Wissenssoziologie hat sich für Irrtümer interessiert und nicht für Wahrheiten, und das gilt es zu korrigieren.[1]

---

[1] So Peter L. Berger/Thomas Luckmann, The Social Construction of Reality: A Treatise in the Sociology of Knowledge, Garden City, N. Y. 1966, S. 11. Vgl. auch Barry Barnes, Scientific Knowledge and Sociological Theory, London 1974; David Bloor, Knowledge and Social Imagery, London 1976, Karin Knorr Cetina, Das

Daß die Aufdeckung psychologischer und soziologischer Zusammenhänge die Wahrheit des entsprechenden Wissens berühren könne, konnte Simmel noch als »törichte und verworrene Gesinnung« zurückweisen.[2] Mehr und mehr haben dann aber gerade die Erfolge der Wissenssoziologie dies in Frage gestellt. Solange man sich mit der Aufklärung von Irrtümern und der sozialen Rekonstruktion von Fehlurteilen oder Ideologien (im Sinne von »falschem Bewußtsein«) befaßte, stand das gesichert wahre Wissen außer Frage. Es blieb soziologisch uninteressant. Entsprechend gab es, und gibt es bis heute, kaum eine Soziologie der Naturwissenschaft, eine Soziologie der Mathematik, eine Soziologie der Logik.[3] Von dieser Beschränkung wird sich die Soziologie nur mit Mühe befreien können. Wie denn soll die Soziologie in Fragen noch diskriminieren können, bei denen die Antworten von allen für wahr gehalten werden? Als Ausweg bieten sich historische Analysen an. Im Rückblick kann man erkennen, daß das, was heute für wahr gehalten wird, nicht immer für wahr gehalten oder auch nur gesehen wurde, und die Soziologie mag sich dann damit befassen, zu erklären, warum man wußte, was man wußte, als man noch nicht wußte, was man heute weiß. Das sind sinnvolle Forschungsaufgaben. Sie laufen aber fast zwangsläufig darauf hinaus, die heutige Wissenschaft mit dem, was man heute für wahr hält, aus dem Bereich des soziologisch Erklärbaren zu entlassen.

Die soziologische Wende zu einer historischen Wissenschaftsforschung findet, vor allem seit Thomas Kuhn, auch in der

---

naturwissenschaftliche Labor als Ort der »Verdichtung« von Gesellschaft, Zeitschrift für Soziologie 17 (1988), S. 85-101.

2 Zur Soziologie der Religion, Neue Deutsche Rundschau 9 (1898), S. 111-123 (122 f.).

3 Siehe aber David Bloor, Wittgenstein and Mannheim on the Sociology of Mathematics, Studies in the History and Philosophy of Science 4 (1973), S. 173-191; ders., a.a.O. (1976), S. 74 ff.; ders., Wittgenstein: A Social Theory of Knowledge, London 1983, S. 83 ff.; W. Baldamus, Zur Soziologie der formalen Logik, in: Nico Stehr/Volker Meja (Hrsg.), Wissenssoziologie, Sonderheft 22/1980 der Kölner Zeitschrift für Soziologie und Sozialpsychologie, Opladen 1981, S. 464-477; Furio Di Paola, Gli impliciti culturali nell'adozione dei paradigmi matematici, Rassegna Italiana di Sociologia 27 (1986), S. 287-300. Einer wissenssoziologischen Analyse dieser Beiträge zur Wissenssoziologie wird auffallen, daß kaum soziologische Literatur zitiert ist, was auf eine geringe Konsolidierung innerhalb soziologischer Fachtraditionen und auf Außenseiterbeiträge hindeutet.

Wissenschaftswissenschaft Parallelen.[4] Geschichte bzw. Evolution dienen hier als Schema, mit dem man die Kontingenz allen Wissens (und nicht nur: der Irrtümer) erfassen kann. Man wendet sich hier ebenso wie in der soziologischen Wissensforschung dem wahren Wissen zu – nur um in der Zuwendung den Wahrheitsgehalt in Kontingenz aufzulösen. Das führt zu der Frage, wie man etwas aus dem Bereich möglichen Wissens ausschließen könne. Auf erkenntnistheoretischer Ebene müßte nun der Transzendentalismus umgepolt werden: An die Stelle der Frage nach den transzendentalen Bedingungen der Möglichkeit von Erkenntnis hätte die Frage nach den transzendentalen Bedingungen der Unmöglichkeit von Erkenntnis zu treten. Aber das würde ja nur heißen, daß alles Wissen empirisches Wissen ist, alle Erkenntnisgewinnung eine empirische Operation und alle Wahrheit ein in solchen Operationen zu ihrer Verknüpfung benutztes Symbol.

Unbestreitbar gibt es seit gut 20 Jahren mehr Aufmerksamkeit für Wissenschaftssoziologie innerhalb des allgemeinen Kontextes von Wissenssoziologie (und nicht nur: innerhalb von Forschungen über Organisationen oder über Professionen).[5] Ferner gelten konventionalistische oder konstruktivistische Wissenschaftskonzepte in der Wissenschaftssoziologie heute als akzeptiert[6] mit der Folge, daß die Frage nach den erkenntnisverzer-

---

4 Vgl. etwa Werner Diederich (Hrsg.), Theorien der Wissenschaftsgeschichte: Beiträge zur diachronen Wissenschaftstheorie, Frankfurt 1974; Gernot Böhme/Wolfgang van den Daele/Wolfgang Krohn, Experimentelle Philosophie: Ursprünge autonomer Wissenschaftsentwicklung, Frankfurt 1977.
5 Deutlich dokumentiert findet man dies in dem Sammelband von Nico Stehr und Volker Meja, a.a.O. (1981). Vgl. speziell hierzu auch Roger G. Krohn, Wissenssoziologie und Wissenschaftssoziologie, in: Nico Stehr/René König (Hrsg.), Wissenschaftssoziologie: Studien und Materialien, Sonderheft 18 der Kölner Zeitschrift für Soziologie und Sozialpsychologie, Opladen 1975, S. 79-99. Ferner Michael Mulkay, Science and the Sociology of Knowledge, London 1979; Barry Barnes/David Edge (Hrsg.), Science in Context: Readings in the Sociology of Science, Cambridge, Mass. 1982.
6 Siehe nur Barnes/Edge, a.a.O., S. 4 f. Die Frage bleibt natürlich, wie weit diese Akzeptanz reicht. Weithin wird einem »radikalen Konstruktivismus« noch widersprochen, allerdings oft mit falschen Vorstellungen. Mary Hesse beispielsweise unterstellt ihm einen nichtempirischen Begriff von Kognition: »Il construttivismo è la particolare epistemologia sociale della conoscenza che cerca di assimilare totalmente quest'ultima al non-empirico ed al sociale«, heißt es in Mary Hesse, Socializzare l'epistemologia, Rassegna Italiana di Sociologia 28 (1987), S. 331-356

renden Interessen (die vorausgesetzt hatten, daß es eine unbefleckte Empfängnis der Wahrheit gibt) ersetzt wird durch die Frage nach der historischen Vorherrschaft bestimmter Paradigmata, Konventionen, Konstruktionen, Systematisierungen des Wissens. Auch in der Sache macht der epistemologische Konstruktivismus den Weg frei für eine soziologische Erklärung selbst des wissenschaftlich wahren Wissens. Aber diese Wende hat bisher nicht dazu geführt, auch die Erkenntnistheorie selbst zu soziologisieren. Insofern gibt es in der Soziologie (noch) keine Parallele zu dem, was in der Biologie seit längerem versucht wird.[7] Damit fehlt es in Zentralfragen wie der nach dem Verhältnis von Erkenntnis und Gegenstand oder nach der Referenz des Ausdrucks Wahrheit, ja selbst in der Frage nach dem Verhältnis von alltäglichem Wissen und wissenschaftlichem Wissen (also nach der Qualitätssteigerung(?) durch Wissenschaft) an theoriegeleiteten Vorstellungen.[8] Dies Defizit hängt nicht zuletzt damit zusammen, daß jeder, der solche Fragen aufgreift, selbstimplikativ verfahren muß, wenn er den Anspruch erhebt, sie innerhalb der Wissenschaft aufzugreifen. Das hat man bisher als unerlaubte Handlung angesehen. Der Nachweis eines Zirkelschlusses galt als tödlich.[9] Vor allem dürfen Begriffe und Theorien in ihrem eigenen Objektbereich nicht

(346). Dann hat man natürlich leichtes Spiel. Genau das Gegenteil ist jedoch das, was den radikalen Konstruktivismus auszeichnet. Eine andere Art von Kritik bemüht den nichtkonventionellen, transkontextuellen Charakter des Widerspruchsverbots – so Margaret S. Archer, Resisting the Revival of Relativism, International Sociology 2 (1987), S. 235-250. Aber das führt nur auf die Frage: wer denn diese Regel benutzt und wer ihren Gebrauch kontrolliert.

7 Siehe nur: Rupert Riedl, Biologie der Erkenntnis: Die stammesgeschichtlichen Grundlagen der Vernunft, 3. Aufl., Berlin 1981; Humberto R. Maturana/Francisco G. Varela, El árbol del conocimiento: Las bases biológicas del Entendimiento humano, Santiago Chile 1984, dt. Übers., München 1987. Daß auch hier keine empirische Theorie der Reflexion von Erkenntnis zustandegebracht ist, sei aber doch angemerkt.

8 Hierzu jetzt Jürgen Klüver, Die Konstruktion der sozialen Realität Wissenschaft. Alltag und System, Braunschweig 1988.

9 Nicht selten halten denn auch Kritiker meiner Theorievorstellungen ihre Analyse mit der Feststellung eines Zirkels oder eines Widerspruchs für abgeschlossen. Vgl. z. B. H. Esser/K. Klenovits/H. Zehnpfennig, Wissenschaftstheorie, Bd. 2, Stuttgart 1977, S. 53 ff. Vorsichtiger und mit der berechtigten Forderung nach begrifflichen Klarstellungen Danilo Zolo, Autopoiesis: Un paradigma conservatore, MicroMega 1 (1986), S. 129-173.

wiedervorkommen.¹⁰ Will man die gegenwärtige Stagnation an dieser Stelle überwinden, muß man dieses Urteil modifizieren; oder man kann es gleich lassen.

Die Folgerung ist: daß man ein Verbot in einen methodischen Engpaß umformulieren muß. An die Stelle der Regel, Zirkelschlüsse und verwandte Fehler zu vermeiden, hat die Regel zu treten, Theorien zuzulassen, die sich Selbstreferenz leisten können. Wie man rasch sehen wird, ist das keine Aufforderung zur Beliebigkeit, denn gerade der Umgang mit diesem Problem der Selbstreferenz stellt erhebliche Anforderungen an Umsicht und Genauigkeit. Es handelt sich um ein Bezugsproblem für funktionale Analysen, das keineswegs jedes beliebige statement als Lösung akzeptiert. Zugleich ist jedoch zu beachten, daß die Absicht, auf Selbstreferenz zu gründen, nicht in der Form einer axiomatisch-deduktiven Theorie realisiert werden kann. Ein Zirkel eignet sich nicht als Prämisse für logische Schlüsse. Aber er bildet ein Problem, in bezug auf das man nach Möglichkeiten suchen kann, trotzdem »Anschlußfähigkeit« zu organisieren. Jedes »Diktat« einer Antwort wäre Willkür und müßte sich deshalb (transzendental oder wie immer) rechtfertigen. Wir werden statt dessen das gesellschaftliche Wissen und die Wissenschaft selbst beobachten und fragen: wie wird das gemacht?

II

Die Wissenssoziologie, aber auch die Wissenschaftssoziologie benutzt einen nicht weiter bearbeiteten Begriff des Sozialen und kommt dann leicht auf Interessen, die zu der einen oder der anderen Meinung verführen. Etwas abstrakter konnte sie nach Konditionierungen fragen, die das Für-Wahr-Halten begünstigen und diese Frage individualpsychologisch, historisch (Zeitgeist) oder gesellschaftlich-ökonomisch (Klasseninteresse) weiterbearbeiten. Mit Konditionierung war unreflektiert eine wissenschaftsexterne Referenz gemeint. Die Systemtheorie

10 So für den Systembegriff Klaus Kornwachs/Walter von Lucadou, Komplexe Systeme, in: Klaus Kornwachs (Hrsg.), Offenheit – Zeitlichkeit - Komplexität: Zur Theorie der Offenen Systeme, Frankfurt 1984, S. 110-165 (115).

weiß heute jedoch, daß alle Systeme ihre eigene Autonomie über Konditionierungen realisieren, die sie als eigene Operationen selbst durchführen.[11] Daraus ergibt sich eine neuartige Ausgangslage, die Theorieentscheidungen erfordert, die eher in der allgemeinen Systemtheorie als in den thematisch schon auf Soziales eingeschränkten Wissenschaften getroffen werden müssen.

Auf der Suche nach einer Alternative zu einer bloßen Historisierung und Standpunktrelativierung allen Wissens, in die man dann, mit etwas Mühe, auch Logik und Mathematik einschließen kann, wählen wir deshalb einen anderen Weg, der uns zugleich in Distanz bringt zur üblichen Akzeptanz von »Pluralismus«. Unser Ausgangspunkt liegt bei einem extrem formalen Begriff des Beobachtens, definiert als Operation des Unterscheidens und Bezeichnens. Wie Spencer Brown[12] gezeigt hat, lassen sich mit einem darauf aufgebauten Kalkül Arithmetik und Algebra der üblichen Form konstruieren. Aber schon Unterscheidungen wie die von Erkenntnis und Gegenstand, von signifiant und signifié, von Erkennen und Handeln, sind ja Unterscheidungen, also Operationen eines Beobachters. Die Theorie des operativen Aufbaus von Formen muß also *vor* allen diesen Unterscheidungen ansetzen. Die erste Unterscheidung ist die Beobachtung selbst, unterschieden durch eine andere Beobachtung, die wiederum selbst, für eine andere Beobachtung, die erste Unterscheidung ist. Hieraus ergibt sich ein Kalkül, also eine Sequenz von Anweisungen, die, wenn befolgt, bestimmte Resultate ergeben, die für jeden Beobachter des Beobachters, wenn er denselben Anweisungen folgt, dieselben Resultate sein werden. Das ist aber bereits eine begrenzte (aber

---

11 Zunächst hat man genau daraus noch einen Einwand gegen das Theorem der Selbstorganisation hergeleitet. Siehe W. Ross Ashby, Principles of the Self-Organizing System, in: Heinz von Foerster/George W. Zopf (Hrsg.), Principles of Self-Organization, New York 1962, S. 255-278, neu gedruckt in: Walter Buckley (Hrsg.), Modern Systems Research for the Behavioral Scientist: A Sourcebook, Chicago 1968, S. 108-118.

12 Siehe George Spencer Brown, Laws of Form, Neudruck New York 1979. Vgl. ferner Fritz B. Simon, Unterschiede, die Unterschiede machen: Klinische Epistemologie: Grundlage einer systemischen Psychiatrie und Psychosomatik, Berlin 1988, S. 27ff; Jacques Miermont, Les conditions formelles de l'état autonome, Revue internationale de systémique 3 (1989), S. 295-314.

eben: selbstreferentiell miterfaßte) Form, also bereits eine der möglichen Unterscheidungen. Der Beobachter wird, wenn er diese Formwahl trifft (wenn er mit Intention auf sie unterscheidet), zum Mathematiker. Ein Beobachter hat aber auch andere Möglichkeiten des sequentiellen Operierens; er kann andere Werte verfolgen, andere Gegenstände, andere Erkenntnisweisen bevorzugen. Die Mathematik ist nur eine Form des Beobachtens, die wir im folgenden weitestgehend außer acht lassen werden. Wichtig bleibt aber, an einem davorliegenden Begriff des Beobachtens (Unterscheidens, Bezeichnens) und an einigen anderen Einsichten der Laws of Form festzuhalten. Entscheidend ist, daß die Beobachtung selbst als die erste Unterscheidung zu gelten hat, die aber nur durch eine andere Beobachtung (eines anderen Beobachters, aber auch desselben Beobachters zu einem späteren Zeitpunkt) unterschieden und im Moment ihrer Benutzung durch den Benutzer nur ungesehen praktiziert werden kann. Mit Hilfe einer zeitlichen und sozialen Vernetzung (und nur so) lösen sich sowohl die Probleme des Anfangs als auch die Probleme der Paradoxie der Form, die sich selbst bezeichnen und nichtbezeichnen kann. Die Form tritt in ihren eigenen Bereich wieder ein (Spencer Brown: re-entry). Was ausgeschlossen sein muß, ist nur die sich selbst voll zugängliche Einheit – das, was für eine besondere Form der Beobachtung dann Gott heißen würde.

Ganz allgemein soll diese Gleichung von Beobachten und Unterscheiden verdeutlichen, daß schon mit der Wahl einer Unterscheidung Festlegungen verbunden sind.[13] So legt die alte Tradition, den Menschen vom Tier und damit auch das Tier vom Menschen zu unterscheiden, sowohl die Humanistik als auch die Zoologie auf bestimmte Orientierungen an Perfektionsbedingungen, an Defiziten, an Positionen in der Schöpfungsordnung usw. fest.[14] So ist die Präferenz für Unterscheidungen, in denen der Beobachter sich selbst auf der besseren Seite placieren kann, ein besonders deutliches Beispiel für ein schwer zu ent-

---

13 Wir vermeiden hier bewußt die derzeit modische, weitergehende Formulierung, die besagen würde: Macht ausgeübt wird!
14 Für den Fall der antiken Zoologie siehe dazu G. E. R. Lloyd, Science, Folklore and Ideology: Studies in the Life Science in Ancient Greece, Cambridge Engl. 1983, S. 7 ff.

larvendes Vorurteil.[15] Insofern ist die Wahl einer Leitunterscheidung einerseits ein Indikator für die kognitive Kapazität des Beobachters, andererseits aber oft auch eine Versuchung zu Selbstaussagen. In jedem Falle also keine harmlose Angelegenheit.

Trotz des Abstraktionsgrades des Begriffs »Beobachten« ist das, was er bezeichnet, als eine empirische, also als eine ihrerseits beobachtbare Operation gemeint. Das hat die wichtige Konsequenz, die quer steht zu wichtigen Annahmen der Tradition: daß das Beobachten die Welt, in der beobachtet wird, verändert. Es gibt, anders gesagt, keine zwar beobachtbare, aber beobachtungsinvariante Welt. Oder mit einer nochmals anderen Formulierung: die Welt kann nicht von außen beobachtet werden, sondern nur in ihr selbst, das heißt: nur nach Maßgabe von (zum Beispiel physischen, organischen, psychischen, sozialen) Bedingungen, die sie selbst bereitstellt.

Der Abstraktionsgrad dieses Ansatzes erlaubt es schließlich, und vor allem deshalb greifen wir auf Spencer Brown zurück, zu erkennen, daß auch Logik und Mathematik Kondensate und Regulative sozialer Operationen sind – sofern es nur gelingt, den Beobachter als zeitbeständiges selbstreferentielles System zu etablieren. Und genau das soll in den folgenden Untersuchungen am Fall Wissenschaft verdeutlicht werden.

III

Was immer Wissenschaft sonst noch ist und wie immer sie sich vor anderen Aktivitäten auszeichnet: ihre Operationen sind auf alle Fälle ein Beobachten und, wenn Texte angefertigt werden,

---

15 Bekanntlich hat sich Pierre Bourdieu (in: Ce que parler veut dire, Paris 1982) eingehend mit diesem Fall befaßt, allerdings nur mit einem engen Ausschnitt einer linear-hierarchischen Unterscheidung, die auf soziale Rangordnungen projiziert werden kann. Selbst die Sprachanalyse folgt diesem Vorurteil, das heißt: der Unterscheidung dieser Unterscheidung von anderen, ebenfalls möglichen. Gute Möglichkeiten der Selbstplazierung des Unterscheiders liefert aber auch das Moralschema gut/schlecht bzw. das Schema gesichert/ungesichert; und selbst, wie die Wissenschaftsforschung entdeckt hat, das Schema wahr/unwahr, indem es die Möglichkeit bietet, die Resultate eigener Forschungen eher für wahr, die Resultate anderer Forscher dagegen eher für unwahr zu halten.

ein Beschreiben. Wissen kommt, im allgemeinen Vollzug von Gesellschaft und ebenso auch in der Wissenschaft, nur als Resultat von Beobachtungen zustande. Beobachter ist dabei immer die Wissenschaft selbst, und die Form der Operation, die die Beobachtung durchführt, ist deshalb immer Kommunikation. Wir müssen in einem ersten Schritt deshalb zu klären versuchen, wie ein solches Beobachten möglich ist.

Im Unterschied zu transzendentaltheoretischen Annahmen soll dieser Begriff immer eine empirisch beobachtbare Operation bezeichnen. Die *Referenz* (das, was eine Beobachtung bezeichnet), muß zwar von der Operation, die *referiert*, unterschieden werden. Aber diese Unterscheidung ist rein funktional und nicht ontologisch zu verstehen; sie bezieht sich nicht auf ontisch getrennte Welten (Sein bzw. Denken), sondern charakterisiert nur die jeweilige Beobachtungsoperation. Diese muß immer in der Welt vollzogen werden und setzt sich damit ihrerseits der Beobachtung aus. Das heißt auch: es geht immer um eine empirisch konditionierte Operation.[16] Im Gegensatz zum Transzendentalismus wird bestritten, daß es Unbedingtes überhaupt geben kann. Und an die Stelle, an welcher der Transzendentaltheoretiker im Reich der Freiheit nach unbedingt gewissen Grundlagen aller empirisch abhängigen Erkenntnis suchen würde, tritt in der Kybernetik der Beobachtungsverhältnisse die Anweisung: beobachte den Beobachter.[17]

Grundlage aller folgenden Überlegungen ist somit der Verzicht auf die Unterscheidung empirisch/transzendental und die Gegenbehauptung, daß alles Beobachten durch einen Beobachter, also als System durchgeführt werden muß und deshalb beobachtbar ist. Wir können zunächst offenlassen, wie wir die Faktizität des Beobachtens explizieren – ob im Hinblick auf biologische, psychologische oder soziologische Systemreferen-

---

16 Die Systemtheorie wird hier dann hinzusetzen: um eine als System-in-einer-Umwelt konditionierte Operation. Vgl. hierzu W. Ross Ashby, a.a.O. (1962/1968).

17 Eine ganz ähnliche Kritik der Möglichkeit subjektiver Unbedingtheit oder »willkürlicher« Zuordnung von Zeichen und Bezeichnetem führt Bourdieu zu einer ganz anderen Direktive: *Beobachte den Habitus!* Damit ist man dann genötigt, diesen Begriff zu explizieren und das in ihn eingebaute Realitätsvertrauen zu rechtfertigen. Vgl. Pierre Bourdieu, Sozialer Sinn: Kritik der theoretischen Vernunft, dt. Übers. Frankfurt 1987, insb. S. 97 ff.

zen. Der Ausgangspunkt liegt in der empirischen Faktizität des Beobachtens.

Komplexe soziale Systeme kommen ohne beobachtende Operationen nicht aus, ihre Autopoiesis ist darauf angewiesen. Schon Kommunikation ist eine sich selber beobachtende Operation, weil sie eine Unterscheidung (von Information und Mitteilung) prozessieren und den Mitteilenden als Adressaten und Anknüpfungspunkt für weitere Kommunikation ausfindig machen, also unterscheiden muß. Erst recht gilt das für alles kommunikative Prozessieren von Wissen. Im Interesse begrifflicher Klarheit müssen wir jedoch zwischen Operation und Beobachtung unterscheiden. Zwischen beiden Phänomenen besteht (für den, der sie beobachtet) ein Verhältnis der Komplementarität, und man könnte überlegen, ob der hier eingesetzte Begriff dem von Niels Bohr entspricht. Weder lassen sich beide Phänomene trennen, noch besteht ein Verhältnis der Kausalität in dem Sinne, daß die Operation Ursache und die Beobachtung deren Wirkung ist. Nur aus Gründen der Beobachtung muß der Sachverhalt entsprechend dekomponiert werden. Für die Beobachtung einer *Operation* (auch: der des Beobachtens) genügt nämlich ein einfaches Beobachten dessen, was geschieht (etwa im Sinne der artificial intelligence Forschung: das Beobachten der Veränderung von Symbolen oder Zeichen physikalischer Art). Für die Beobachtung der Operation *als Beobachtung* muß man dagegen eine Ebene zweiter Ordnung bemühen, und das heißt nach einer für die Linguistik heute geläufigen Einsicht: eine Ebene mit selbstreferentiellen Komponenten.[18] Würde man auf diese Ebenendifferenzierung (oder funktional äquivalente Techniken der Auflösung einer fundamentalen Paradoxie)[19] verzichten, käme nur noch ein »unscharfes« oder »unbestimmtes« Objekt in den Blick, etwa ein Markieren, das keinen beobachtbaren Unterschied macht.

Die begriffliche Unterscheidung und das komplementäre

---

18 Siehe etwa Lars Löfgren, Towards System: From Computation to the Phenomenon of Language, in: Marc E. Carvallo (Hrsg.), Nature, Cognition and System I: Current Systems-Scientific Research on Natural and Cognitive Systems, Dordrecht 1988, S. 129-155.

19 Wir werden diese Paradoxie weiter unten als Beobachtung des Unbeobachtbaren identifizieren können.

Verständnis von Operation und Beobachtung haben einen wichtigen Vorteil, der die Distanz zur klassischen Epistemologie verdeutlicht. Sie ermöglichen es, zwischen Realität und Objektivität des Beobachtens zu unterscheiden. Die Realität ist mit dem Vollzug der Operation gegeben, und insofern sind alle beobachtenden Systeme reale Systeme mit entsprechenden Realabhängigkeiten. Aus der Realität des operativen Vollzugs von Beobachtungen kann man jedoch nicht auf deren Objektivität schließen. Die Realität des Beobachtens ergibt sich, mit anderen Worten, nicht aus dem Ausgriff in eine Welt, die unabhängig von dem Beobachter existiert und von allen Beobachtern, wenn sie sich nicht irren, gleichsinnig erfaßt wird, *weil* sie unabhängig von ihnen existiert. Deshalb erlaubt auch die Konvergenz von Beobachtungen keinen Rückschluß auf die Realität ihres Gegenstandes,[20] sondern allenfalls einen Rückschluß darauf, daß Kommunikation stattgefunden hat. Jede Referenz, sei es auf das System selbst, sei es auf dessen Umwelt, ist ein Konstrukt des Beobachtens. Die Unterscheidung objektiv/subjektiv (im Sinne des neuzeitlichen Sprachgebrauchs) kollabiert also und wird durch die Unterscheidung Selbstreferenz/Fremdreferenz ersetzt, die in jedem Falle und in beiden Richtungen ein Strukturmoment des Beobachtens selber ist. Das heißt auch, daß die Frage, ob der Beobachter sich täuscht oder nicht, nichts mit dem Realvollzug seiner Beobachtungen zu tun hat, sondern ein weiteres Beobachtungsschema, ein (eigenes oder fremdes) Beobachten seiner Beobachtungen voraussetzt. Wenn er sich täuscht, täuscht er sich eben real.

In anderen Worten: Nichts – es sei denn eine strikt zweiwertige Logik – zwingt uns dazu, Realität im Schema von Subjekt und Objekt zu begreifen. Der Beobachter ist denn auch kein »Subjekt«, wenn man diese Bezeichnung aus dem Unterschied zum Objekt gewinnt. Aber er ist die Realität seiner eigenen Operationen, was aber nur durch eine weitere Beobachtung festgestellt werden kann, die ihn als System in einer Umwelt auffaßt. An die Stelle der in sich zirkulären, paradoxiehaltigen Unterscheidung von Subjekt und Objekt tritt die ebenfalls zirkuläre, paradoxiehaltige Unterscheidung von Operation und Struktur,

---

20 Zu Einwänden gegen diese Argumentation vgl. Larry Laudan, A Confutation of Convergent Realism, Philosophy of Science 48 (1981), S. 19-49.

die wir wegen ihres Zeitbezugs bevorzugen. Die Struktur (Wissen) leitet die Operation (Erkennen), die die Struktur bestätigt oder modifiziert. Zur Auflösung des Zirkels dient dann nicht ein metaphysisch vorausgesetzter Wesensunterschied, sondern das Nacheinander in der Zeit.

Der Beobachter muß, wenn Kontinuität des Beobachtens gesichert sein soll, ein *strukturiertes System* sein, das sich selbst aus seiner Umwelt ausdifferenziert. Das System braucht eine Grenze, über die hinweg es etwas beobachten kann, und alle Selbstbeobachtung setzt die Einrichtung entsprechender interner Differenzen voraus. (Ein undifferenziertes System kann sich nicht selbst beobachten.) Das heißt auch, daß der Beobachter stets ein *einzigartiges System* sein muß, denn kein anderes System kann ihn aus dem ausdifferenzieren, was danach seine Umwelt ist, und kein anderes System kann die Schnittlinie zwischen sich selbst und der Umwelt ebenso ziehen. Beobachter sind stets nur mit sich selbst identisch, weil sie über eine jeweils selbstgezogene Grenze beobachten, und andere Systeme können allenfalls Beobachter beobachten, wie sie beobachten, aber nicht an ihrer Beobachtung teilnehmen.

Verglichen mit anderen Vorkommnissen hat das Beobachten eine besondere Struktur. Es verwendet eine Unterscheidung, um etwas durch sie Unterschiedenes zu bezeichnen.[21] Diese Operation ist viel komplexer, als auf den ersten Blick erkennbar ist. Die Einheit der Operation (und des sie unterscheidenden und bezeichnenden (!) Wortes) »Unterscheiden« verdeckt eine Formtypik, die genauerer Analyse bedarf.

Zunächst: Die Unterscheidung selbst ist die Markierung einer Grenze mit der Folge, daß in der *einen* Form *zwei* Seiten entstehen mit der weiteren Folge, daß man nicht mehr von der einen Seite zur anderen gelangen kann, ohne die Grenze zu überschreiten. Das Überschreiten kann konditioniert werden. Die Form der Unterscheidung ist mithin die Einheit einer (binnenregulierten) Zweiheit. Sobald man die Einheit einer solchen Form (in Unterscheidung von den durch sie unterschiedenen

---

21 Spencer Brown a.a.O. verdanken wir die Einsicht in die Einheit dieser zweiteiligen Operation: »We take as given the idea of distinction and the idea of indication, and that we cannot make an indication without drawing a distinction« (a.a.O. S. 1).

zwei Seiten) beobachten, also unterscheiden will, gelangt man vor die Frage, warum gerade diese (und keine andere) Unterscheidung gewählt wird, also: warum diese und keine andere Grenze, deren Überschreiten konditioniert werden kann?

Eine erste Unterscheidung kann nur operativ eingeführt, nicht ihrerseits beobachtet (unterschieden) werden. Alles Unterscheiden von Unterscheidungen setzt diese ja voraus, kann nur nachher erfolgen, erfordert also Zeit bzw., in anderen Worten, ein in Operation befindliches autopoietisches System. Und alle Rationalisierung ist deshalb Postrationalisierung.[22]

Unterscheidungen implizieren, daß man nicht auf beiden Seiten zugleich sein, nicht an beide Seiten zugleich anschließen kann. Dazu ist ein Überschreiten (Spencer Brown: crossing) der Grenze erforderlich, und das kostet Zeit. Zeit ist so gewissermaßen ein Schema, mit dem die Unterscheidung (der Beobachter) ihre eigene Paradoxie entparadoxieren kann: erst links, dann rechts. Dies gilt auch für die grundlegende Unterscheidung von Selbstreferenz und Fremdreferenz, führt also zu einer unvermeidlichen Verzeitlichung des Beobachtens im Verhältnis zur Außenwelt.[23]

Weiter ist bemerkenswert, daß diese »Zwei-Seiten-Form« nur verwendbar, nur anschlußfähig ist, wenn sie mit einer Bezeichnung gekoppelt ist, die festlegt, von welcher Seite man auszugehen hat, von welcher Seite her also auch das Überschreiten der Grenze ein Überschreiten ist. Das Überschreiten der Grenze erfordert Zeit. Insofern orientiert die Operation sich an einer *Differenz von vorher und nachher*. Andererseits sind ihr die beiden Seiten der Unterscheidung *gleichzeitig* gegeben. Die Operation befindet sich nie an zwei Zeitstellen zugleich, sie ist keine göttliche Aktualität, aber sie setzt die Gleichzeitigkeit der beiden Seiten der Unterscheidung und damit die Gleichzeitigkeit der Welt voraus, um sich in einer vorher/nachher-Differenz

---

22 Ranulph Glanville, Distinguished and Exact Lies, in: Robert Trappl (Hrsg.), Cybernetics and Systems Research Bd. II, New York 1984, S. 655-662; dt. Übers. in ders., Objekte, Berlin 1988.
23 Ranulph Glanville, Objekte, a. a. O., S. 24 f. u. ö. behauptet sogar, daß dies auch für die Unterscheidung von Selbstbeobachten und Selbstbeobachtetwerden gilt und daß dies »Oszillieren« beobachtbare Objekte konstituiert. Hier hätte ich allerdings Schwierigkeiten zu folgen.

bewegen zu können. Sie aktualisiert gleichzeitig Gleichzeitigkeit und Ungleichzeitigkeit.

Die Operation des Beobachtens ist immer (und das muß, wer immer sie beobachtet, von den zwei Seiten ihrer Unterscheidung unterscheiden) die Einheit der zwei Komponenten Unterscheiden und Bezeichnen. Dies »Unterscheiden-und-Bezeichnen« ist ein Anwendungsfall eines sehr viel allgemeineren Mechanismus, den man als »Überschußproduktion-und-Selektion« bezeichnen könnte.[24] Das Unterscheiden postuliert mehr Möglichkeiten als nur die, die dann bezeichnet wird. Immer wenn ein solches Verfahren angewandt wird, differenziert sich ein entsprechendes System aus seiner Umwelt aus, da es weder für die intern produzierten Überschüsse noch für die intern konditionierten (zum Beispiel an »Gedächtnis« orientierten) Selektionen Umweltkorrelate gibt. Wir identifizieren mithin, um das zu wiederholen, das »Unterscheiden-und-Bezeichnen« eines Beobachters als Anwendungsfall einer viel allgemeineren Form, die der Evolution komplexer selbstorganisierender Systeme zugrunde liegt. Schon dieser allgemeine Mechanismus von »Überschußproduktion-und-Selektion« führt zur Abschließung des Systems, das ihn praktiziert, da die auf dieser Grundlage möglichen eigenen Operationen nicht in die Umwelt hinein verlängert werden können. Auch ist bereits an dieser allgemeinen Form erkennbar, daß der Mechanismus nur als Einheit praktiziert werden kann – das heißt nur als Vollzug der Selektion aus einem Möglichkeitsüberschuß bzw. nur als Vollzug der Bezeichnung im Kontext einer Unterscheidung. Das wiederum zeigt, daß es sich in allen Fällen um ein empirisch operierendes System handelt, und es gibt keinen Beobachter, für den dies nicht gälte (und wenn er dies trotzdem meint, ist eben dies Meinen die Selektion bzw. Bezeichnung, die ihm im Mo-

---

24 Statt »Überschußproduktion« findet man in der Literatur oft auch Formulierungen wie »Destabilisierung«, statt »Selektion« etwa wie »Inhibition« oder »Repression«. Ich sehe keinen nennenswerten Unterschied, solange die oben im Text skizzierte Theoriefigur zugrunde gelegt wird. Vgl. z. B. Alfred Gierer, Generation of Biological Patterns and Form: Some Physical, Mathematical and Logical Aspects, Progress in Biophysics and Molecular Biology 37 (1981), S. 1-47; ders., Socio-Economic Inequalities: Effects of Self-Enhancement, Depletion and Redistribution, Jahrbuch für Nationalökonomie und Statistik 196 (1981), S. 309-331.

ment als empirische Operation dient). Jedes System, das sich mit einem solchen Verfahren ausdifferenziert, ist mithin ein operational geschlossenes empirisches System. Die Sonderform des »Unterscheidens-und-Bezeichnens« (die auch wir als Beobachter verwenden müssen, um diese Theorie zu konstruieren) wollen wir Beobachten nennen – und lassen damit offen, wie weit man auch labile Großmoleküle oder Amöben, Immunsysteme oder Gehirne, Zellen oder tierische oder menschliche Organismen als Beobachter bezeichnen kann. Der Begriff des Beobachtens impliziert also keinen Zugang zu einer außerhalb liegenden Realität. An dessen Stelle tritt das Unterscheiden und Bezeichnen selbst. Der reale Vollzug dieser Operation des Unterscheidens und Bezeichnens erzeugt eine Form, nämlich das, was geschieht, im Unterschied zu dem, was nicht geschieht. Er benutzt diese Differenz zu sich selbst, um etwas zu beobachten, was nicht die Operation selber ist. Bei rekursiver Fortsetzung des Operierens entwickelt sich daraus eine Systemgrenze, die einschränkt, was in diesem System beobachtet wird. Es entsteht das, was wir dann »der Beobachter« nennen können. Dies autopoietische Resultat bleibt abhängig von den Unterscheidungen, die der Beobachter verwendet, ist aber unabhängig davon, welche Seite der Unterscheidung er in der jeweiligen Operation bezeichnet, ob zum Beispiel Wahrheit oder Unwahrheit.

Alles, was beobachtet wird, ist mithin abhängig von der Unterscheidung, die der Beobachter verwendet. Das Eine zum Beispiel ist nur dann eine Zahl, wenn es als Eins von der Zwei (und anderen Zahlen) unterschieden wird, und Rechnen ist folglich nicht der einzig-mögliche Umgang mit dem Einen. Dieser Unterscheidungsrelativismus gilt vor allem Systemrelativismus, der seinerseits davon abhängt, daß dem Beobachten die Unterscheidung System/Umwelt zu Grunde gelegt wird. Und erst recht ist diese Relativität des unterscheidend-bezeichnenden Beobachtens nicht schon gleich eine Wertrelativität, die sich nur dann ergibt, wenn jemand im Schema Wert/Unwert beobachtet und sich damit selbst zur Option für den Wert und gegen den Unwert zwingt – sich zum Beispiel als Umweltschützer und nicht als Umweltzerstörer vorstellt und von anderen eine entsprechende Option verlangt.

So wie die unmittelbare Beobachtung sich nicht selber beobachtet (weil sie dazu eine weitere Unterscheidung verwenden, also eine andere Beobachtung werden müßte), so ist auch die Differenz, die das beobachtende Operieren erzeugt, nicht Gegenstand der Beobachtung. Wenn man einen Gegenstand (im Unterschied zu anderen) beobachtet, beobachtet man nicht die Differenz von Beobachtung und Gegenstand, die durch diese Operation entsteht; und auch nicht die Differenz dieses Zugriffs auf den Gegenstand im Unterschied zu anderen, die ebenfalls möglich gewesen wären. Wenn aber durch rekursive Vernetzung vieler Beobachtungen ein System entsteht, können in diesem System Beobachtungen ermöglicht werden, die sich auf die Differenz von System und Umwelt richten. Diese Differenz tritt dann als Unterscheidung, an der sich das System orientiert (aber stets nur: mit bestimmten seiner Operationen orientiert), in das System ein. Es kommt zu einem Eintritt der Form in die Form. Implikate des Operierens gewinnen Orientierungswert, das heißt: interne Anschlußfähigkeit. Sie werden in das rekursive Netzwerk, mit dem das System seine eigenen Beobachtungen erzeugt, aufgenommen. Sie werden durch dieses Netzwerk erzeugt, indem sie an diesem Netzwerk mitwirken. Sie arbeiten mit an der Autopoiesis des Beobachters.

Besonders an dieser Stelle ist es wichtig, auf Genauigkeit in der Beobachtung und Beschreibung solcher Beobachtungsverhältnisse zu achten. Jede einzelne Beobachtung macht einen Unterschied, indem sie eine Unterscheidung wählt. Eben deshalb ist es möglich, daß eine Operation eine andere beobachtet und die durch diese erzeugte Differenz thematisiert, was die beobachtete Beobachtung nicht kann. Das kann (muß aber nicht) in ein und demselben System geschehen. Auf diese Weise ist in einem System das möglich, was wir Selbstbeobachtung nennen werden. Außerdem entsteht durch diese rekursive Vernetzung der Operationen ein System, das sich durch eben diese Rekursivität gegen eine Umwelt abschließt. Das macht es möglich, die Unterscheidung von System und Umwelt, zunächst eine operativ entstandene Differenz, in das System einzuführen. Das werden wir im Anschluß an George Spencer Brown »re-entry« nennen. Und wenn diese Möglichkeit erreicht ist, kann das System auch sich selbst als Einheit (im Unterschied zur Umwelt) bezeichnen. Das ist eine besondere Art von Selbstbeobachtung. Wir werden sie Reflexion nennen.

Diese Überlegungen schließen, wie schon angedeutet, an die von George Spencer Brown entwickelte operative Logik an. Sie setzen nicht deren Kalkül voraus,[25] wohl aber dessen operative Autonomie. Die Unterscheidung ist der Grund der Beobachtung (denn mit einer anderen Unterscheidung würde man etwas anderes beobachten). Die Unterscheidung kann aber nur selbstimplikativ eingeführt werden, und das wird zum Paradox, wenn man mit dem Unterscheiden beginnt. Denn die Unterscheidung ist eine Form, die ihrerseits eine Innenseite (das Unterschiedene) und eine Außenseite (das Sonstige) unterscheidet. Also kann man mit dem Unterscheiden nicht anfangen, ohne schon unterschieden zu haben.[26] Der Kalkül Spencer Browns schiebt dieses Problem vor sich her (er läßt sich dadurch nicht blockieren), bis er komplex genug ist, um es mit der Figur des »re-entry«, dem Eintritt der Unterscheidung in das Unterschiedene, zu behandeln. Zunächst wird die Einfachheit der Startoperation des Beobachtens akzeptiert und mit der selbstimplikativen Unterscheidung von Unterscheidung und Bezeichnung weiterbehandelt. Beobachten ist demnach das Bezeichnen der einen (und nicht der anderen) Seite einer Unterscheidung. Ohne Unterscheidung, aber auch ohne Bezeichnung, kommt es nicht zustande. Es kann sich um extrem Verschiedenes handeln, solange nur die Form einer Unterscheidung zugrundegelegt wird – etwa um: »dies und nichts anderes«, »mein Freund, und niemand sonst«, »nah und nicht fern«, »warm und nicht kalt«, »siebenundzwanzig und keine andere Zahl«, »konservativ und nicht progressiv«. Das Beobachten ist der operative Vollzug einer Unterscheidung durch Bezeichnung der einen (und nicht der anderen) Seite. Es ist nichts weiter als dieser operative Vollzug.[27]

---

25 Folglich sind wir auch nicht darauf angewiesen, zu untersuchen, ob dieser Kalkül rein logisch etwas Neues bringt – vgl. hierzu Paul Cull/William Frank, Flaws of Form, International Journal of General Systems 5 (1979), S. 201-211. Nur die erkenntnistheoretische Kontextierung ist für uns von Interesse.
26 Vgl. hierzu Ranulph Glanville/Francisco Varela, »Your Inside is Out and Your Outside is In« (Beatles 1968), in: George E. Lasker (Hrsg.), Applied Systems and Cybernetics, Bd. II, New York 1981, S. 638-641.

Das heißt unter anderem: *daß die Beobachtung selbst nicht in der Lage ist, in ihrem Vollzug wahr und unwahr zu unterscheiden.* Sie tut, was sie tut. Das schließt es nicht aus, auch die Unterscheidung wahr/unwahr (wie immer konditioniert) als Unterscheidung zu verwenden. Wie jede Unterscheidung eignet sich auch diese dazu, eine Beobachtung zu strukturieren, mit der dann etwas als wahr (und nicht als unwahr) bezeichnet wird oder umgekehrt. Aber auch dann gilt, daß die Operation des Beobachtens sich in ihrem Vollzug nicht selbst als wahr bzw. unwahr bezeichnen kann, sondern daß dies voraussetzt, daß nun diese Beobachtung ihrerseits beobachtet wird. Es scheint, daß diese Unterscheidung wahr/unwahr in ihrem neuzeitlichen Gebrauch auf ein Beobachten von auf Erkenntnis spezialisierten Beobachtungen eingeschränkt worden ist. Das ist sicherlich ein besonderer Fall des Beobachtens, aber er bildet gerade deshalb keine Ausnahme von der allgemeinen Beschränkung, daß die Beobachtung mit der von ihr gewählten Unterscheidung operiert und sich eben deshalb nicht selbst mit einer anderen Unterscheidung unterscheiden kann. Wir können auch formulieren: das Beobachten benutzt die eigene Unterscheidung als seinen blinden Fleck. Es kann nur sehen, was es mit dieser Unterscheidung sehen kann. Es kann nicht sehen, was es nicht sehen kann.

Um dies festzuhalten, kann man auch sagen, daß alles Beobachten, auch das Beobachten von Beobachtungen, auf der *operativen* Ebene *naiv* verfährt; oder mit nochmals anderen Worten: daß es in Bezug auf die *eigene Referenz unkritisch* vorgeht. Auch ein Beobachten von Beobachtungen von Beobachtungen ist davon nicht befreit. Insofern gibt es keine Reflexivitätshierarchien, mit denen sich das Beobachten von seinem Gegenstand entfernt und sein Verhältnis zur Realität mediatisiert. Solche Vorstellungen können allenfalls in subjekttheoretischen Episte-

---

27 Bei höheren Ansprüchen an Genauigkeit könnte man das (wiederholt anwendbare) *Schema* von der aktuell vollzogenen *Operation* und dann noch von dem beobachtenden *System* (Beobachter) unterscheiden. Wir werden diese Unterscheidungen jedoch häufig vernachlässigen, um den zu formulierenden Text nicht allzu sehr zu belasten. »Wer« beobachtet, mag dann offenbleiben – so wie es offen bleibt, wer beobachtet bzw. beobachten könnte, wenn man (etwa im Rahmen der speziellen Relativitätstheorie) sagt, der Saturn beobachte die vorbeifliegenden Sonden.

mologien gepflegt werden.[28] Systemtheoretisch kann es nur um die Frage gehen, ob der Beobachter im unmittelbaren Realitätsbezug ein Ding (Begriff, Symbol etc.) vor Augen hat oder einen Beobachter, der seinerseits über eine Grenze hinweg das beobachtet, was für ihn Umwelt ist. *Operativ* bleibt es in allen Fällen ein rekursiv vernetztes Kommunizieren von Beobachtern, und nur in den *Unterscheidungsverhältnissen* lassen sich komplexere Architekturen entwickeln, die jedoch niemals die Einheit der Welt, der Gesellschaft, des Wissenschaftssystems usw. in Frage stellen können.

Trotz, und gerade wegen dieser Beschränkungen durch blinden Fleck und operative Naivität gilt: daß man einen Beobachter beobachten kann, *wenn und nur wenn man darauf achtet, welche Unterscheidungen er verwendet.* »Distinctions reveal the cognitive capacities of the distinctor«.[29] Diese Beobachtung zweiter Ordnung setzt voraus, daß man den beobachteten Beobachter unterscheidet, also eine andere Unterscheidung verwendet als er selbst. Andererseits ist ein solches Beobachten von Beobachtungen nur möglich, wenn die zu beobachtenden Beobachtungen tatsächlich stattfinden. Der Beobachter zweiter Ordnung muß an Beobachtungen erster Ordnung anschließen können. Insofern ist und bleibt er selbst, bei allen Unterschieden der Unterscheidungen, die er verwendet, und bei allem Interesse an Widerlegung oder Korrektur, an Entlarvung, Aufklärung, Ideologiekritik, Moment desselben Systems rekursiven Beobachtens von Beobachtungen. Wer immer beobachtet, nimmt daran teil – oder er beobachtet nicht. Es gibt keine exemten Positionen, so wenig wie es andererseits Beobachtungen gibt, die nichts unterscheiden, also auch nichts über den Beob-

---

28 Zur Kritik und für ein »horizontales« Verhältnis aller (wie immer reflexiven) Beschreibungsweisen Bruno Latour, The Politics of Explanation, in: Steve Woolgar (Hrsg.), Knowledge and Reflexivity: New Frontiers in the Sociology of Knowledge, London 1988, S. 155-176, insbe. 168 f. Es würde allerdings zu weit gehen, wenn man deshalb jeden Unterschied von Beobachtung erster und Beobachtung zweiter Ordnung leugnen würde. Die Verhältnisse lassen sich aber nur klären, wenn man die Unterscheidungen Operation/Beobachtung und System/Umwelt einsetzt.

29 So Joseph A. Goguen/Francisco J. Varela, Systems and Distinctions: Duality and Complementarity, International Journal of General Systems 5 (1979), S. 31-43.

achter erkennen lassen. Das Beobachten des Beobachtens ist ein rekursiv-geschlossenes System.

Diese Einsicht, daß es im Vollzug des Unterscheidens und Bezeichnens, das wir Beobachten nennen, unmöglich ist, dieses Beobachten selbst als wahr bzw. unwahr zu bezeichnen, trifft sich mit der wahrnehmungsphysiologischen bzw. wahrnehmungspsychologischen Einsicht, daß es im Vollzug des Wahrnehmens nicht möglich ist, zwischen Realitätsbezug und Illusion zu unterscheiden.[30] Man kann (als Folge früherer Erkenntniserwerbe) wissen, daß man sich täuscht, aber man täuscht sich trotzdem, wenn man überhaupt in einer illusionsträchtigen Weise wahrnimmt. Ebenso sind auch kommunikative Operationen, mit denen etwas beobachtet (also unterscheidend bezeichnet) wird, in aller aktuellen Evidenz vollziehbar, also nicht schon dadurch unmöglich, daß eine andere Beobachtung sie als unwahr bezeichnen kann, aber bei diesem Bezeichnen dann ihrerseits nicht ausmachen kann, ob nun diese Beobachtung zweiter Ordnung wahr oder unwahr ist.

Auf der Ebene der Beobachtung zweiter Ordnung, auf der man Beobachter beobachtet, bezieht man keine hierarchisch höhere Position. Auch im Beobachtungsschema wahr/unwahr liegt keine Geste der Überlegenheit und kein Anspruch auf Beherrschung und Kontrolle, sondern nur ein spezifisches Interesse an einer spezifischen Unterscheidung. Freilich ist diese Unterscheidung weltuniversell gemeint. Sie schließt nichts aus. Mit der Frage des Beobachters zweiter Ordnung: wer sieht das? wer sagt das?, wird kein Weltsachverhalt ausgeschlossen. Die Welt wird als eine sich beobachtende Welt zum Thema. Das kann geschehen, das muß nicht immer und nicht überall geschehen. Aber die moderne Gesellschaft ist nur adäquat zu begreifen, wenn man in Rechnung stellt, daß sie diese Möglichkeit einschließt.

---

30 Vgl. hierzu und zur erkenntnistheoretischen Tragweite dieser Einsicht Humberto Maturana – des öfteren z. B. in: Erkennen. Die Organisation und Verkörperung von Wirklichkeit: Ausgewählte Arbeiten zur biologischen Epistemologie, Braunschweig 1982, S. 255.

IV

Die klassische akademische Epistemologie hatte dem Erkennen die Aufgabe gestellt, die Realität so zu erkennen, wie sie ist, und nicht so, wie sie nicht ist. Ihr lag damit die Sein/Nichtsein-Unterscheidung der Ontologie zu Grunde. Nur in der Theologie konnte diese Unterscheidung mit Hilfe des Gottesbegriffs noch unterlaufen werden, indem man Gott dachte als jenseits aller Distinktionen, einschließlich der von Sein und Nichtsein, ja einschließlich der von Unterschiedensein und Nichtunterschiedensein.[31] Die ontologisch beobachtenden Beobachter und die sie ontologisch beobachtende Erkenntnistheorie setzen eine allen vorgegebene Realität voraus, die man richtig bezeichnen könne (deshalb, wie Heidegger notiert,[32] keine Unterscheidung von Wahrheit und Richtigkeit). Da es viele Menschen gibt, also viele Beobachter, hatte man das Problem der Übereinstimmung und brauchte mithin ein weiteres Zeichen für unrichtige Erkenntnis, mit dem diese Beobachter einander wechselseitig auf Irrtümer hinweisen können. Der ontologischen Realitätssicht entsprach, das hat Gotthard Günther immer wieder betont, eine zweiwertige Logik. Selbst als man mit Descartes das Einzelbewußtsein, das ab da »Subjekt« heißt, als Erkennenden herausstellte, wurden die ontologisch-logischen Prämissen nicht aufgegeben; und man verstieg sich sogar in die Idee, ein Einzelbewußtsein könne sich irren – nur um die vorausgesetzte Realität zu retten.

Erst eine genauere Analyse der Unterscheidungslogik des Beobachtens distanziert uns von dieser Tradition. Eine besondere Leistung der Beobachtung besteht vor allem darin, *Ereignisse mit Mehrsystemzugehörigkeit als Einheiten identifizieren zu können*. Man muß sich klar machen, was dies bedeutet in einer Welt, in der Ereignisse durch operativ geschlossene Systeme

---

31 Vgl. etwa Nikolaus von Kues, De venatione sapientiae, zit. nach Philosophisch-theologische Schriften (Hrsg. Leo Gabriel), Wien 1964, Bd. 1, S. 56 f. Vgl. auch das »distinctio est indistinctio« in: De docta ignorantia I, XIX a. a. O. S. 260. Solche Formulierungen haben in der Theologie ihrerseits Tradition. Wenn die Kybernetik zweiter Ordnung eine Vorläuferforschung betreiben wollte, müßte sie mithin eher in der Theologie als in der Erkenntnistheorie suchen.

32 Vgl. Martin Heidegger, Platons Lehre von der Wahrheit, 2. Aufl. Bern 1954.

reproduziert werden und in der alle lebenden Systeme (Zellen, Immunsysteme, Gehirne etc.) nur ihre eigenen Zustände erkennen können. Wir hatten schon gesagt: Ein Beobachter kann eine »bewußte Kommunikation« identifizieren. Er kann eine politisch induzierte Rechtsänderung als Einheit sehen, eine Zahlung als Erfüllung einer Rechtspflicht begreifen, aber auch Körperverhalten als Ausdruck von Bewußtseinszuständen interpretieren. Solche Mehrsystemereignisse sind zwar artifizielle Konstruktionen. Sie haben keine einheitliche Vergangenheit und keine einheitliche Zukunft. Sie führen Geschichte zusammen und wieder auseinander. Sie integrieren und desintegrieren die unterschiedlichsten Systeme, aber alles nur für den Moment, in dem die Operation Beobachtung sich aktualisiert. Die Beobachtung konstruiert also eine temporale Realität, eine zeitdurchwirkte Wirklichkeit, in der sie selbst Eigenzeit braucht, um sich orientieren zu können. Wenn die Welt die Möglichkeit einschließt, sich zu beobachten, entsteht damit eine Realität, die mit operativer Geschlossenheit kompatibel ist, ja dieses Strukturgesetz auch in der Operation Beobachtung wieder voraussetzt, aber davon abhebt und sich ihr mit eigenen Reduktionen überlagert. Und schließlich ist diese Eigenleistung des Beobachters *selbstanwendungsfähig: Der Beobachter kann seine Beobachtung mit dem beobachteten Ereignis identifizieren, kann also Mehrsystemzugehörigkeiten produzieren* – aber auch dies nur als faktische Operation, nur von Moment zu Moment, nur als autopoietisches System.

Die klassisch-ontologische Disposition der Erkenntnistheorie konnte solche Sachverhalte nicht beschreiben. Sie blieb eindimensional, nämlich sachlich orientiert und konnte Zeit daher nur am »Sach«verhalt Bewegung erfassen. Dasselbe gilt für ihre Unfähigkeit, der Sozialdimension gerecht zu werden. So wird verständlich, daß die akademische Erkenntnistheorie die aufregendste Entdeckung der neuzeitlichen Wissensforschung nicht verarbeiten konnte, sondern marginalisieren mußte, nämlich die Entdeckung von *Latenz*. Der Begriff bezeichnet die Möglichkeit, zu beobachten und zu beschreiben, was andere *nicht* beobachten können. In der klassischen Epistemologie kam diese Möglichkeit nicht vor (es sei denn in der Verkleidung als Irrtum oder als Irrtumsquelle). Im logisch-ontologischen Beobachtungsschema war sie nicht unterzubringen. Die Unfähigkeit zur Erfassung von Latenz blieb selber latent, war der blinde Fleck, war die Bedingung der Möglichkeit des Beobachtens mit diesem Schema. Heute kann jedoch auch dies, und gerade dies, beobachtet werden.

Im Entwickeln und Etablieren von Weisen der Beobachtung, die sich darauf kaprizieren, zu beobachten, was andere *nicht* beobachten können, hat offenbar die Kunst eine Vorreiterfunktion wahrgenommen. Der erste deutliche (anders nicht mögliche) Fall scheint die Entdeckung der Zentralperspektive und ihre Umsetzung in Konstruktionsanweisungen gewesen zu sein – Italien seit dem 14. Jahrhundert. Die Perspektive funktioniert unbemerkt, gleichsam durchsichtig, und auch im späteren metaphorischen Gebrauch des Begriffs wird diese Unbemerktheit festgehalten.[33] Die Perspektivenbeobachtung verstärkt zunächst aber nur die Vorstellung der Welt als Illusion, als trompe l'oeil. Sie wird in Richtung auf Subjektivität generalisiert und blendet damit die Frage aus, wer beobachtet, was ein anderer nicht beobachten kann, und warum.

Erst seit gut zweihundert Jahren findet das Problem der Latenz mehr und mehr Aufmerksamkeit, aber man hat den Eindruck einer illegitimen Geburt. Es ist das natürliche Kind der Epistemologie, dem aber nicht erlaubt wird, in die Familie einzutreten und sie fortzusetzen. Die Möglichkeit, zu beobachten, was andere nicht (und zwar: konstitutiv nicht) beobachten können, ist als ein uneheliches Kind von Wissenschaft und Literatur auf die Welt gekommen, nämlich mit dem Roman des 18. Jahrhunderts. Sie ist also dem Buchdruck zu verdanken. Der Leser gewinnt Einblicke in die Motivstruktur der Helden, die diesen selbst verschlossen sind. Man denke an Richardsons »Pamela«. In der Romantik expandiert diese Möglichkeit. Der Autor wählt Inszenierungen (sei es historisierender, sei es skurriler, sei es legendärer Art), von denen er voraussetzt, daß der Leser deren Irrealität durchschaut. Das, was als gemeinsame Welt vorausge-

---

33 »Perspectives are diaphanous and one tends not to see them as such«, heißt es bei Nicholas Rescher, The Strife of Systems: An Essay on the Grounds and Implications of Philosophical Diversity, Pittsburgh 1985, S. 187. Überwiegend wird der Begriff dagegen eingesetzt, um die Subjektivität und Relativität aller Sichtweisen zu bezeichnen, was eher unergiebig bleibt.

setzt bleibt, muß erraten werden, entzieht sich der direkten (Ablehnung ermöglichenden, ja provozierenden) Kommunikation. Marx macht dann die latente Funktion der »politischen Ökonomie« seiner Zeit transparent. Freud wiederholt dasselbe Verfahren für das Bewußtsein und dessen Sublimationen. Die Wissenssoziologie schließlich interessiert sich generell für soziale (aber nichtmitgewußte) Bedingungen der Produktion von Wissen, und dies reicht von Schichtabhängigkeit bis zu Wissensproduktionsbedingungen im Labor.

Von all dem nimmt die akademische Erkenntnistheorie keine Kenntnis – es sei denn in der Form, daß sie auf Zirkelschlüsse und Paradoxien aufmerksam macht.[34] Erst die Theorie beobachtender Systeme ermöglicht es, das Latenzproblem in die Erkenntnistheorie aufzunehmen. Man sieht dann auch sofort, was sich gegenüber der Tradition geändert hat. Es geht jetzt nicht mehr einfach um das Wissen des Nichtwissens, um Einsicht in die Grenzen aller Erkenntnisbemühungen, und es geht nicht mehr nur, in ethischer Auslegung, um modestas oder, in theologischer Auslegung, um Erhaltung der Differenz von Wissen und Glauben. Vielmehr wird Latenz zum Zentralproblem der sozialen Produktion von Wissen, also auch zum Zentralproblem all dessen, was die Gesellschaft als Wissenschaft veranstaltet.

Alles Beobachten ist Benutzen einer Unterscheidung zur Bezeichnung der einen (und nicht der anderen) Seite. Die Unterscheidung selbst fungiert dabei unbeobachtet; denn sonst müßte sie, um bezeichnet werden zu können, ihrerseits Komponente einer Unterscheidung sein, die dann ihrerseits unbeobachtet eingesetzt werden müßte. Jede Beobachtung ist in ihrer Unterscheidungsabhängigkeit sich selber latent. Genau das kann aber mit Hilfe einer anderen Unterscheidung beobachtet werden. Was nicht beobachtet werden kann, kann beobachtet werden – wenngleich nur mit Hilfe eines Schemawechsels, also mit Hilfe von Zeit. Schon wenn man nicht nur Beobachtungen praktiziert, sondern nach dem Beobachter fragt, also nach dem System fragt, das Beobachtungen sequenzieren und sich dadurch ausdifferenzieren kann, vollzieht man einen solchen

---

34 Vgl. den Rückblick auf eine gelaufene Diskussion bei Volker Meja/Nico Stehr (Hrsg.), Der Streit um die Wissenssoziologie, 2 Bde., Frankfurt 1982.

Schemawechsel. Man verwendet dann (zum Beispiel) die Unterscheidung von System und Umwelt. Das kann geschehen zur Beobachtung fremder wie zur Beobachtung eigener Beobachtungen, wofür zusätzlich die Unterscheidung dieser Systemreferenzen erforderlich ist. All diese Weiterungen ändern aber nichts an dem Ausgangspunkt der Latenz, der beobachtbaren Unbeobachtbarkeit.

Eine Erkenntnistheorie, die dazu ansetzt, dies Paradox der beobachtbaren Unbeobachtbarkeiten aufzulösen, wird vermutlich ganz andere Formen annehmen müssen als eine Erkenntnistheorie klassischen Stils, die ihr Ausgangsproblem in der Unterscheidung von Erkenntnis und Gegenstand gehabt hatte und deshalb auf die Frage zu antworten hatte, wie denn die Einheit dieser Differenz und wie Erkenntnis in diesem Sinne überhaupt möglich sei. Wir werden weiter unten (Kapitel 7, VII) zu prüfen haben, wie weit die Variante von Erkenntnistheorie, die gegenwärtig sich selbst als »radikalen Konstruktivismus« bezeichnet, diesen Ansprüchen bereits genügt.

Wenn wir nun nochmals in klassischer Weise nach dem »Realitätsbezug« des Beobachtens fragen und wenn wir eine Nachfolgetheorie für den uralten epistemologischen Realismus suchen, hilft es wenig, mit manchen »Konstruktivisten« auf die Gegenposition des »Idealismus« zu setzen bzw. den Realitätsbezug aus der epistemologischen Problemstellung einfach zu streichen. Die genaue Beschreibung des Begriffs der Beobachtung hat uns bereits über diese unnütze Kontroverse hinausgeführt. Alles Beobachten findet *real* in der *Realität* statt und produziert diesen Unterschied, indem es unterscheidet.[35] Wir müssen uns jetzt nur noch genauer klarmachen, daß die Unterscheidung sowie das operative Dual von Unterscheiden/Bezeichnen in der Beobachtung als *Einheit fungieren*, aber nicht als Einheit *bezeichnet* (beobachtet) werden können, weil dies eine weitere Beobachtung erfordern würde, die eine andere Unterscheidung heranführt. Der Realitätsbezug des Beobachtens liegt in dieser *Einheit der Unterscheidung*[36], und er liegt eben

---

[35] »A la limite«, kommentiert Yves Barel, Le paradoxe et le système: Essai sur le fantastique social, 2. Aufl. Grenoble 1989, S. 313 Anm. 26, »on peut dire que la relation n'est pas entre le réel et sa représentation, mais est une relation du réel à lui-même, une pratique quasi autoréférentielle«.

damit in der *Rekursivität des Beobachtens von Beobachtungen*, die allein gewährleisten kann, daß alle Unterscheidungen ihrerseits unterschieden werden können. Man könnte auch sagen: er liegt darin, daß jede Bezeichnung immer noch etwas anderes außer sich voraussetzt, von dem sie unterschieden wird; und zusätzlich darin, daß die gleiche Operation des unterscheidend-bezeichnenden Beobachtens auf jede Unterscheidung als Einheit wiederangewandt werden kann. Es muß vorausgesetzt werden, daß die Welt (was immer das ist) das Unterscheiden toleriert und daß sie je nachdem, durch welche Unterscheidung sie verletzt wird, die dadurch angeleiteten Beobachtungen und Beschreibungen auf verschiedene Weise irritiert. Alle Störung des Beobachtens ist daher immer schon relativ auf das Unterscheiden, das dem Beobachten zugrunde gelegt wird. Die Welt erscheint so gleichsam als involvierte Unsichtbarkeit; oder auch als Hinweis auf eine nur rekursiv mögliche Erschließung. Die Welt ist – was immer sie als »unmarked state« vor aller Beobachtung sein mag – für den Beobachter (und wer sonst fragt danach?) ein temporalisierbares Paradox. Sie kann also nur mit einer nicht stationären, nicht »Gegenstände« fixierenden Logik erfaßt werden. Und genau dies ist die epistemologische Aussage der operativen Logik von George Spencer Brown.

Es ist vielleicht nicht zuviel gesagt, wenn man in Paradoxien dieser Art das Thema des 20. Jahrhunderts sieht und, in wissenssoziologischer Perspektive, darin die Reaktion auf die Selbsterkenntnis der modernen Gesellschaft vermutet. Dank der Arbeiten von Jacques Derrida[37] kann man wissen, daß jede Unterscheidung (und damit: der Kontext jeder Bezeichnung) dekonstruierbar ist. Man kann wissen, daß jede Unterscheidung ein Implikationsverhältnis im Unterschiedenen postulieren –

---

36 also im Unbeobachtbaren, also im aller Beobachtung unzugänglichen »unmarked state« der Welt. Zwischen der im Beobachten erarbeiteten »Wahrheit« und der Realität kann es daher nur Zufallsbeziehungen geben. Wie auch Paul Valéry notiert, »que la vérité et la réalité n'ont jamais que des rapports superficiels entre elles. La vérité est une expression; elle a un commencement qui est doute, et un fin qui est vérification. Mais la réalité est ce qu'elle est, c'est-à-dire qu'elle se refuse ou se dérobe à toute expression; on ne sait ni où elle commence ni où elle finit« (Acem; Histoires brisées, zit. nach Œuvres de Paul Valéry, éd. de la Pléiade Bd. II, Paris 1960, S. 453).

37 Seit: La voix et le phénomène, Paris 1967, dt. Übers., Frankfurt 1979.

und dies zugleich negieren muß, wenn sie von der Unterscheidung zur Placierung einer Bezeichnung Gebrauch macht. Man weiß auch, welche Sorte Text möglich bleibt, wenn man diese Einsicht ernst nimmt (was nicht jedermanns Sache ist). Man muß dann im Stile Nietzsche/Heidegger/Derrida mit der Paradoxie von sich selbst negierenden Unterscheidungen arbeiten und die expressiven Möglichkeiten des Vertextens nutzen, um genau dies mitzuteilen.[38] Eine andere Variante, nämlich die, in bezug auf jede Unterscheidung einen Rejektionswert aufzunehmen, das heißt: eine Meta-Unterscheidung einzuführen, die in bezug auf alle Unterscheidungen die Frage der Annahme oder Ablehnung zur Disposition stellt, führt bei Selbstanwendung auf nun diese Unterscheidung ebenfalls zur Paradoxie.[39] Die wohl einfachste und eleganteste Behandlung scheint derzeit in der bereits genannten operativen Logik von Spencer Brown vorzuliegen. Sie faßt, wie gesagt, das Unterscheiden und Bezeichnen zu einer Operation zusammen, die ihr Paradox gleichsam vor sich herschiebt, bis der Kalkül komplex genug ist, daß er die Form eines »re-entry«, eines Wiedereintritts der Unterscheidung in das durch sie Unterschiedene (oder: einer Form in die Form), annehmen kann.

Machen wir uns das implizierte Paradox noch einmal klar.[40] Das Unterscheiden-und-Bezeichnen ist als Beobachten eine einzige

---

38 Vgl. dazu Hilary Lawson, Reflexivity: The Post-Modern Predicament, London 1985. Beispiele für eine entsprechende Suche nach »new literary forms« auch in: Steve Woolgar (Hrsg.), Knowledge and Reality: New Frontiers in the Sociology of Knowledge, London 1988.

39 In dieser Richtung hat vor allem Gotthard Günther Lösungen gesucht. Vgl. Beiträge zur Grundlegung einer operationsfähigen Dialektik, 3 Bde, Hamburg 1976-1980. Siehe z. B. Bd I, S. 228 ff., 350 f. Günther fragt nach einer mehrwertigen Logik, die mehr als nur zwei logische Werte berücksichtigen kann und trotzdem auf binär schematisierte Operationen nicht verzichtet.

40 Das kann im übrigen auf verschiedene Weisen geschehen. Vgl. für einen anderen Weg, der auf Grenzfälle wie Anfangen und Aufhören bzw. universelles und elementares Unterscheiden abstellt, also auf ein Unterscheiden, das behauptet, keines zu sein, Glanville/Varela, a.a.O. (1981); Ranulph Glanville, Distinguished and Exact Lies, in: Robert Trappl (Hrsg.), Cybernetics and Systems Research 2, Amsterdam 1984, S. 655-662, beides übersetzt in Glanville, Objekte, Berlin 1988. Außerdem ist natürlich ältere einschlägige Literatur mit genau diesem Problem befaßt gewesen und neu zu lesen, etwa die Theologie des Nikolaus von Kues oder die Logik Hegels.

Operation; denn es hätte keinen Sinn, etwas zu bezeichnen, was man nicht unterscheiden kann, so wie umgekehrt das bloße Unterscheiden unbestimmt bliebe und operativ nicht verwendet werden würde, wenn es nicht dazu käme, die eine Seite (das Gemeinte) und nicht die andere (das Nichtgemeinte) zu bezeichnen. Beobachten ist also eine paradoxe Operation. Sie aktualisiert eine Zweiheit als Einheit, in einem Zuge sozusagen. Und sie beruht auf der Unterscheidung von Unterscheidung und Bezeichnung, aktualisiert also eine Unterscheidung, die in sich selbst wiedervorkommt.[41]

Wenn man Beobachten beobachtet, erscheint mithin alles Beobachten, auch das im Alltagsleben der Gesellschaft, als paradox konstituiert. Beobachten ist natürlich trotzdem möglich. Daran besteht kein Zweifel. Ein Beobachter konzentriert sich auf das, *was* er beobachtet. Er vernachlässigt dabei zumeist das, wovon er das Beobachtete unterscheidet oder setzt dies gänzlich unbestimmt als »alles andere« voraus. Er sieht das nicht, was er nicht sieht (und warum sollte er auch?). Wenn man aber das Beobachten beobachtet (heute oft Neokybernetik oder Kybernetik zweiter Ordnung genannt),[42] kommt man nicht umhin, die Paradoxie zu beobachten. Als Operation kann das Beobachten vollzogen und als empirischer Vollzug beobachtet werden. Als Beobachtung ist es paradox. Auf der Ebene der Kybernetik zweiter Ordnung, auf der Ebene des Beobachtens von Beobachtungen, wird man daher beobachten müssen, *wie* der beobachtete Beobachter beobachtet. Die Was-Fragen verwandeln sich in Wie-Fragen. Das schließt definitive Darstellungen aus und läßt nur die Möglichkeit zu, daß sich im rekursiven Prozeß des Beobachtens von Beobachtungen stabile Eigenzustände (etwa sprachliche Formen) ergeben, auf die man jederzeit zurückgreifen kann.

Vielleicht ist es nützlich, zum Vergleich einen Seitenblick auf die traditionelle Behandlung dieses Themas zu werfen, um den Abstraktionsgewinn der Kybernetik zu verdeutlichen. In der alt-

---

[41] Ein Fall der Paradoxieauflösung durch »re-entry« im Sinne von Spencer Brown, a.a.O., S. 69ff.
[42] Vgl. insb. Heinz von Foerster, Observing Systems, Seaside, Cal. 1981, dt. Übersetzung Sicht und Einsicht: Versuche zu einer operativen Erkenntnistheorie, Braunschweig 1985.

europäischen Tradition findet man entsprechende Analysen in der Litertur über *Ratgeben* und *Ratgeber*.[43] Der Ratgeber ist weder eine Lebensnotwendigkeit (im Sinne des animal sociale) noch eine bloße Annehmlichkeit (wie Freunde nach Meinung nicht der antiken, aber der frühmodernen Literatur); er ist eine Notwendigkeit der Selbsterkenntnis, speziell bei politischem (gesellschaftlichem) Handeln. Ein Zitat mag genügen. Es stammt aus dem Aristippe von Guez de Balzac. »Il faut qu'il y ait une distance proportionnée entre les objets et les facultez qui en jugent; et comme les yeux les plus aigus ne se peuvent voir eux-mesme, aussi les jugemens les plus vifs manquent de clarté en leur propre interest«.[44] Man sieht: das Problem wird auf Personen bezogen und infolgedessen behandelt als Angelegenheit der besseren Selbsterkenntnis, insbesondere der Erkenntnis eigener Interessen, mit Hilfe fremder Augen. Auch spielt die Frage des emotionalen Widerstandes gegen unangenehmen fremden Rat (also ein später von der Psychoanalyse wieder aufgegriffenes Thema) eine Rolle und wird in taktische Verhaltensregeln für den Ratgeber übersetzt. Es fehlt jedoch das, was wir mit Hilfe der Kybernetik zweiter Ordnung anstreben: eine Abstraktion des Beobachtungsbegriffs und eine Theorie rekursiver Beobachtungsverhältnisse, also eine Theorie (Beobachtung) der Beobachtung des Beobachtens.

Eine genau entsprechende Bedeutung hatte die Metapher des *Spiegels*. Hierbei war nicht bloß die Reflektierung wichtig. Vielmehr zeigt der Spiegel etwas, was man *ohne ihn nicht sehen kann*, nämlich den Beobachter selbst.[45] Er ermöglicht es daraufhin, sich zu verändern, sich ästhetisch (und dann auch

---

43 Soweit ich sehe, fehlt ein zusammenfassender Überblick über diese Literatur, während ihr Ausgangstopos, daß die Augen ihr Sehen nicht sehen können, immer wieder zitiert wird.

44 Jean-Louis de Guez de Balzac, Aristippe ou de la Cour (1658), zit. nach Œuvres, Bd. 2, Paris 1854, S. 157-277 (167).

45 Vgl. ausführlich Herbert Grabes, Speculum, Mirror und Looking-Glass: Kontinuität und Originalität der Spiegelmetapher in den Buchtiteln des Mittelalters und der englischen Literatur des 13. bis 17. Jahrhunderts, Tübingen 1973. Für unser Thema interessant auch die (historisch noch weitgehend ungeklärten) Zusammenhänge zwischem dem Gebrauch von Spiegeln und der Rekonstruktion perspektivischen Sehens. Vgl. dazu David C. Lindberg, Auge und Licht im Mittelalter: Die Entwicklung der Optik von Alkindi bis Kepler, dt. Übers. Frankfurt 1987, insb. 262ff.

moralisch) zu schmücken. Insofern zeigt er bereits mehr als ein bloßes Duplikat der Realität. Außerdem hat der Spiegel eine (in der Tradition allerdings selten explizit hervorgehobene) Eigenart: Er führt dazu, daß man im Spiegel sich selbst *und anderes*, sich selbst *im Kontext* sieht.[46] Immer vorausgesetzt natürlich, daß man weiß (konstruiert!), daß es ein Spiegel ist, gewinnt man eine Position, in der man sich selbst als System in einer Umwelt beobachten kann und dadurch nicht mehr so direkt an der Umwelt klebt, die man unmittelbar sieht.

Diese relativ erfahrungsnah formulierten Einsichten verstehen sich eingebettet in einen bereits fraglos zugrunde gelegten Weltzusammenhang. Das Beobachten des Beobachtens verbessert nur das Beobachten, es bringt mehr in den Blick; unter anderem, wenn es prudentia heißt, auch mehr Vergangenheit und mehr Zukunft. Was die Kybernetik des Beobachtens neu anbietet, ist die zirkuläre Geschlossenheit des Beobachtens von Beobachtungen. Wenn ein System sich auf dieser Ebene konstituiert und eine Zeitlang in Betrieb ist, kann man schließlich nicht mehr unterscheiden(!), wer der »wirkliche« Beobachter ist und wer sich nur anhängt. Alle Beobachter gewinnen Realitätskontakt nur dadurch, daß sie Beobachter beobachten. Es gibt keinen privilegierten Standpunkt mit einem nur von hier aus möglichen Blick nach draußen. Das System konstruiert die Welt durch die Operation des Beobachtens von Beobachtungen und findet die Validierung seiner Kognitionen darin, daß dies auch bei zunehmender Künstlichkeit, Unwahrscheinlichkeit, Komplexität der eigenen Annahmen immer noch geht.

Selbstverständlich bleibt auch das Beobachten von Beobachtungen ein Beobachten; auch es bleibt eine empirische (also ihrerseits beobachtbare) Operation im physikalischen, biologischen, psychologischen, soziologischen Sinne; auch das Beobachten zweiter Ordnung kommt daher nicht umhin, festzulegen, *was* es beobachtet, nämlich ein anderes Beobachten. Auch das Beobachten von Beobachtungen sucht und findet

---

46 Vgl. z. B. Guillaume de la Perriere, Le miroir politique, contenant diverses manieres de governer & policer les Republiques, qui sont, & ont esté par cy devant, Paris 1567, Preface fol. A III: »Comme dans un miroir, celuy qui se mire et regarde n'y voit pas tant seulement sa face, ains il y voit par ligne reflexe la plus grand partie de la salle ou chambre en laquelle il sera, …«.

keine Letztantwort auf erkenntnistheoretische Fragen, sondern setzt sich seinerseits der rekursiven Beobachtung von Beobachtungen aus. Gewonnen wird jedoch zusätzlich der Wie-Aspekt. Wenn der Beobachter zweiter Ordnung wissen will, wie der Beobachter erster Ordnung (und das kann er selber sein) beobachtet, muß er beobachten, wie der beobachtete Beobachter mit seiner Paradoxie umgeht; wie er diese Paradoxie auflöst; wie er die Paradoxie des Beobachtens entparadoxiert. Die dafür relevante Unterscheidung ist mithin die von Paradoxie und Entparadoxierung, und sie ermöglicht es dem Beobachter zweiter Ordnung, sowohl die Paradoxie als auch die Entparadoxierung zu bezeichnen, wenn auch nicht beides zugleich. Jeder solche Versuch, es zugleich zu tun, würde wiederum paradox sein. Ein weiterer Beobachter (und das sind wir in diesem Moment) könnte daher sehen, daß der Beobachter zweiter Ordnung die Unterscheidung von Paradoxie/Entparadoxierung verwendet, um seine eigene Paradoxie aufzulösen, nämlich in diesem Falle: sie zu temporalisieren in ein Nacheinander von Problem (Paradoxie) und Problemlösung (Entparadoxierung).

Die Transformation von Wie-Fragen (die aber überhaupt nur auf der Ebene der Beobachtung zweiter Ordnung gestellt werden können) in Was-Fragen ist der wichtigste Mechanismus der Entparadoxierung des Beobachtens. Zugleich ist dies ein Vorgang, der die Paradoxie invisibilisiert – oder so jedenfalls wird es dem Beobachter zweiter Ordnung erscheinen. Der Was-Beobachter, der Beobachter erster Ordnung, hat dieses Problem gar nicht, sondern sieht von vornherein nur, was er sieht (und nicht: wie er sieht). Jetzt können wir auch, im historischen Rückblick, feststellen, daß das Was-Beobachten, das Stellen und Beantworten von Was ist...-Fragen und damit die gesamte vorkantische Epistemologie sich immer schon auf eine Weise der Entparadoxierung der Welt eingelassen hatte und deshalb auch mit der Logik keine (oder nur technische) Probleme hatte. Die kantische Revolution, am besten vielleicht greifbar in der Vorrede zu den *Prolegomena zu einer jeden künftigen Metaphysik*, besteht in der Umstellung von Was-Fragen auf Wie-Fragen, und dies unabhängig davon, ob man die Art akzeptiert, in der Kant selbst sich dann den Problemen der Selbstreferenz und der Paradoxie durch die Unterscheidung von empirisch und transzendental entzieht.

Beachtet man diese Unterscheidung von Beobachtungsebenen (für die als Unterscheidung genau das ebenfalls gilt, was für Unterscheidungen sowieso gilt), dann (und nur dann) stellt sich ein Problem der Identität. Die Logik hatte Identität nur postuliert, und das bleibt auf der Ebene der Beobachtung erster Ordnung auch richtig; sie hatte Identität einfach als einfach unterstellt und sich in die auf Einfaches hin auflösbaren Probleme der unitas multiplex verwickelt. Auf der Ebene der Beobachtung zweiter Ordnung erfordert die Feststellung von Identität dagegen ein Unterscheiden von Unterscheidungen, nämlich des Identischen von anderem *und* des identifizierenden Beobachters von anderen Beobachtern. Alles, was als Einheit identifiziert wird, muß dann beobachtet werden anhand der Frage, *wer* mit Hilfe *welcher* Unterscheidung beobachtet. Sozialdimension und Sachdimension des zu identifizierenden Sinnes treten auseinander, und infolgedessen muß letztlich immer auch die Zeitdimension (Sequenzierung, Rekursivität) zur Entparadoxierung eingesetzt werden. An die Stelle von letzten Einheiten (Prinzipien, Gründen) tritt ein Prozessieren von Differenzen, und die Aprioristik der Vernunft muß ersetzt werden durch die Frage, ob und welche Eigenzustände eines Systems entstehen und relativ stabil gehalten werden, wenn dies System auf der Ebene des Beobachtens von Beobachtungen rekursiv operiert.

Hiermit gerät man zwangsläufig auf das Terrain, das unter Begriffen wie Historismus oder Relativismus zu weitläufigen Diskussionen Anlaß gegeben hat. In der Tat: Unterscheidungen werden immer willkürlich eingeführt und benutzt. Sie bleiben kontingent. Das gilt auch dann, wenn man Unterscheidungen von anderen Unterscheidungen unterscheidet und dadurch Kontexte schafft, in denen die Unterscheidungen selbst bezeichnet werden können. Mindestens seit den Vorlesungen von Ferdinand de Saussure ist dieses Problem in dieser Form präsent, bezogen auf die Unterscheidung von Zeichen und Bezeichnetem, bezogen also auf Semiologie (oder, wie die Amerikaner sagen, semiotics). Was für diesen Fall gilt, gilt jedoch für Unterscheidungen schlechthin.

Aber was heißt: willkürlich? Für keinen Beobachter ist es ein Problem, daß er die Unterscheidung, die er gerade benutzt, willkürlich benutzt; denn sie wird ja benutzt. Nur ein Beobachter des Beobachters mag damit seine Probleme haben. Für ihn heißt »willkürlich« aber nichts weiter als: daß die Unterscheidung sich nicht aus der Sache selbst ergibt, sondern nur beobachtet werden kann, wenn man den Beobachter beobachtet, der sie verwendet.[47] Willkür heißt: nach individuellem Gutdünken handeln. Aber solches Gutdünken entsteht und verfährt ja keineswegs beliebig. Also bezeichnet auch der Begriff der Willkür nichts, was als Zufall oder als Beliebigkeit aufgefaßt werden könnte; er dirigiert nur das Beobachten in Richtung auf ein Beobachten von Beobachtern. Der Beobachter der Beobachtungen bewegt sich damit auf der Ebene, auf der man die Welt nur noch als Konstruktion sehen kann, die sich aus dem laufenden Beobachten von Beobachtungen ergibt. Es sollte klar sein, daß er, als ein empirisch operierendes System, dadurch weder zu einem solipsistischen, noch zu einem idealistischen, noch zu einem subjektivistischen Erkenntnisbegriff verpflichtet wird. Dies waren vielmehr, gerade entgegengesetzt, die letzten Versuche, noch an der Was-Frage nach dem Einheitsgrund der Erkenntnis festzuhalten und doch schon auf der Ebene des Beobachtens von Beobachtungen zu operieren. Die Befürchtung, die man häufig antrifft: daß eine relativistische Erkenntnistheorie schließlich zwischen wahr und unwahr nicht mehr unterscheiden könne und alles zulassen müsse, da sich für eine neue Meinung einfach nur ein neuer Vertreter dieser Meinung konstituieren müsse, ist ein offensichtlicher Fehlschluß. Sie ergibt sich vermutlich aus dem impliziten Individualismus der klassischen Epistemologie, nämlich aus der Vorstellung, das »subjektive« Korrelat der Erkenntnis sei ein Individuum (oder eventuell: eine Mehrzahl von isoliert existierenden Individuen). Jedenfalls verschwindet der Fehlschluß, wenn man die sozialen und zeitlichen (historischen) Abhängigkeiten im Erkenntnisprozeß mit in Betracht zieht.

Beobachtet man Beobachter, dann ist es ganz normal, daß man deren Interessen mit in Betracht zieht; wenn es zum Beispiel darum geht, zu erklären und gegebenenfalls vorauszusagen, *was*

47 Vgl. erneut Glanville, a.a.O. (1984).

sie beobachten und welche Unterscheidungen sie ihrem Beobachten explizit oder implizit zugrundelegen. Die Ausklammerung der Interessen aus dem Erkenntnisbegriff muß mithin rückgängig gemacht werden.[48] Andererseits ist die Vorstellung, die der Ausschließung von Interessen zugrundelag, nicht schlicht ein Irrtum gewesen. Interessen können das Beobachten und Beschreiben, das Gewinnen von Wissen spezifizieren und dadurch verzerren; sie können vor allem Anwendungsbereich und Anschlußfähigkeit (also das, was mit »Wahrheit« symbolisiert wird) zu stark einschränken. Es bleibt also eine berechtigte Frage, *wie* der Erkenntnisprozeß kontrollieren könne, ob dies der Fall ist im Vergleich zu an sich realisierbaren Standarderwartungen. Wir kommen auf diese Frage unter dem Stichwort »Reduktion auf Erleben« (unter Kap. 3, III.) zurück. Auch dies Problem kann man paradox formulieren und damit auf den Punkt bringen: Es geht um die Einschließung der Ausschließung von Interessen in die Erkenntnistheorie.

Was für Beobachten im allgemeinen gilt, gilt auch für wissenschaftliches Beobachten. Gewiß, man kann die Unterschiede zwischen alltäglicher Kommunikation und wissenschaftlicher Kommunikation scharf herausarbeiten. Das wird uns im folgenden beschäftigen. Zuvor muß aber geklärt werden, worin die Grundlage des Vergleichs besteht; und genau dazu dient uns die Theorie (die wissenschaftliche Theorie!) der Beobachtung zweiter Ordnung.[49]

---

48 Vgl. hierzu Barry Barnes, Interests and the Growth of Knowledge, London 1977. Man kann hier natürlich auch mit feineren Unterscheidungen arbeiten und den Interessenansatz von diskursanalytischen Ansätzen oder von »Laborstudien« unterscheiden. Vgl. Karin Knorr Cetina/Michael Mulkay, Science Observed: Perspectives on the Social Study of Science, London 1983. Jedenfalls geht es um Beobachtung von nicht durch den Gegenstand diktierten Selektionen. Siehe auch neuere Tendenzen zu einer stärkeren Beachtung von Situationen in der kognitiven Psychologie, etwa Ragnar Rommetveit, Meaning, Context, and Control: Convergent Trends and Controversial Issues on Current Social-scientific Research on Human Cognition and Communication, Inquiry 30 (1987), S. 77-99 als Überblick über die neuere Forschung.

49 Wir verzichten damit also auf die Fortsetzung einer Traditionslinie, die Husserl begonnen und Schütz fortgesetzt hat, nämlich Lebenswelt und Wissenschaft zu unterscheiden, wobei Lebenswelt aus einem transzendentaltheoretischen Korrelat mehr und mehr zu einem Austauschbegriff für Alltagswelt oder für funktional nicht spezifiziertes Erleben und Handeln geworden ist. Wir setzen diese Tradi-

Wenn wissenschaftliche Kommunikation überhaupt beobachtende (unterscheidende und bezeichnende) Kommunikation ist, dann hat das zur Konsequenz, daß das Beobachten ihres Beobachtens auf eine Paradoxie aufmerksam wird. Damit erscheint Wissenschaft in der Beobachtung zweiter Ordnung (die auch durch die Wissenschaft selbst durchgeführt werden kann; siehe hier) als im Prinzip logikunfähig. Damit ist ferner klar, daß die Wissenschaft an einer Weltkonstruktion arbeitet, die durch ihre Unterscheidungen, aber nicht durch die Welt an sich, gedeckt ist. Damit steht weiter fest, daß die Wissenschaft nicht die Autorität in Anspruch nehmen kann, die sich ergäbe, wenn sie den einzig richtigen Zugang zur wirklichen Welt entdeckt hätte, besetzt hielte und anderen davon Mitteilung machen könnte.[50]
Der Beobachter zweiter Ordnung kann verschiedene Beobachtungen, er kann vor allem wissenschaftliche und alltägliche Beobachtungen unter dem Gesichtspunkt der Entparadoxierung ihrer Paradoxie vergleichen. Wir werden deshalb vor allem zu prüfen haben, ob die Wissenschaft sich vor der Alltagskommunikation etwa durch einen anderen (was nicht heißen muß: besseren) Umgang mit diesem Problem auszeichnet.

Eine letzte Bemerkung schließlich betrifft, im Vorgriff auf später Auszuführendes, Systembildung. Sobald das Beobachten sich durch rekursive Anwendung auf sich selbst zu Systemen verfestigt, sobald also Beobachter entstehen, die Beobachter be-

---

tionslinie nicht fort, weil ihr gerade das fehlt, was wir suchen, nämlich eine elaborierte Begrifflichkeit für die Einheit der Differenz. Ähnliche Probleme habe ich mit der Neigung von Jürgen Habermas, instrumentelles Wissen und praktisches Wissen oder Technik und Interaktion oder später System und Lebenswelt zu unterscheiden und dann nur noch für die eine Seite zu optieren, der anderen ihre Notwendigkeit zugestehend. Siehe vor allem Erkenntnis und Interesse, Frankfurt 1968. In all diesen Fällen wird nicht zureichend reflektiert, daß man beobachten kann, von welcher Unterscheidung ein Beobachter ausgeht.

50 Hier liegt durchaus ein Ansatz für das Nachzeichnen einer Wissenschaftskritik im Sinne von Husserl, Schütz oder Habermas. Nur arbeitet die im Text oben angedeutete Kritik nicht mit Gegenbegriffen zu Technik oder instrumenteller bzw. strategischer Kommunikation; ganz zu schweigen vom Topos der Herrschaftsfreiheit. Sie zielt viel tiefer, den ganzen Habermas einbeziehend, auf eine Kritik von Positionen, die in Anspruch nehmen, daß sie das Wahre, Vernünftige, Richtige sehen oder wenigstens Wege und Verhaltensweisen aufzeigen können, die dahin führen. (Ich halte dies aufrecht auch nach Kenntnisnahme der Aufsätze in: Jürgen Habermas, Nachmetaphysisches Denken, Frankfurt 1988).

obachten, entsteht auch die Differenz von Selbstreferenz und Fremdreferenz. Das wiederum trägt dem Beobachten eine neue Qualität ein, nämlich Unsicherheit. Der Beobachter verfügt dann über zwei Quellen für Unsicherheit, zwischen denen er nicht entscheiden kann, die beobachteten Verhältnisse und sein Beobachten.[51] In jeder Zurechnung und jeder Reduktion von Unsicherheit ist die jeweils andere Seite der Unterscheidung von Selbstreferenz und Fremdreferenz involviert. Der Beobachter ist, mit anderen Worten, konstitutiv unsicher – oder er ist kein Beobachter. Durch Emergenz von Beobachten/Beobachtern wird mithin zusätzlich zu allem, was ein Beobachter als Unordnung, Zufall, Unvorhersehbarkeit etc. beschreiben könnte, ein weiteres Moment der Unordnung in die Welt eingeführt, und zwar durchaus: empirisch eingeführt, nämlich Unsicherheit. Wissenschaft hat es, vor allem anderen, mit *selbsterzeugter Unsicherheit* zu tun. Dies Moment läßt sich immer wieder anders und vielleicht besser ausnutzen, es kann im Beobachten von Beobachtern in Zirkulation versetzt werden. Es läßt sich nicht eliminieren. Und alle Wissenschaft baut darauf auf.

V

Eine Erkenntnistheorie, die sich in dieser Weise auf den Begriff des Beobachtens stützt, hat tiefreichende Konsequenzen für das Verständnis von Zeit. Wir hatten bereits kurz angedeutet, daß die Operation des unterscheidenden Bezeichnens die Gleichzeitigkeit des Vorher und Nachher der Operation des Beobachtens voraussetzt, also die Gleichzeitigkeit des Ungleichzeitigen in Operation setzt. Bevor wir weitergehen, muß daher wenigstens kurz angedeutet werden, wo hier die Probleme liegen. Nur so wird verständlich, wie schwierig es dann wird, zu einem »zeitfesten« Wissen oder gar zu einer onto-logischen Weltkonstruktion zurückzufinden.

---

51 Vgl. hierzu Edgar Morin, The Fourth Vision: On the Place of the Observer, in: Paisley Livingston, Disorder and Order: Proceedings of the Stanford International Symposium (14.-16. Sept. 1981), Saratoga, Cal. 1984, S. 98-107 (103). Morin führt das darauf zurück, daß ein Beobachten erst aufgrund einer Unterscheidung von Ordnung und Unordnung möglich wird.

Zunächst: Beobachten ist immer eine aktuelle Operation eines Systems, das nur aus jeweils aktuellen Operationen, also nur aus Ereignissen besteht, die mit ihrem Entstehen schon wieder verschwinden.[52] Das wiederum kann nur ein Beobachter beschreiben, der aber den gleichen Bedingungen unterliegt. Auf der operativen Ebene des Beobachtens geschieht, was geschieht, aber immer nur im Moment; und was keine Aktualität gewinnt, also nicht am Entstehen und Vergehen als Ereignis teilnimmt, geschieht nicht. Und wieder: das sieht und sagt ein Beobachter, für den das Gleiche gilt. Für Systeme dieser Art schrumpft dann auch das, was für sie *gleichzeitig* ist, auf den Moment ihrer *jeweils aktuellen Operation*. Das Gleichzeitige ist jedoch immer das, was sich kausal nicht beeinflussen läßt. Dieser Zusammenhang von Gleichzeitigkeit und Unbeeinflußbarkeit macht erkennbar, welcher Vorteil darin liegt, die Aktualität und damit die Gleichzeitigkeit auf die Kürze eines Ereignisses zusammenzuziehen. Das negiert nämlich in einer sehr prinzipiellen Weise die Unbeeinflußbarkeit der Welt, freilich nur unter der Zusatzbedingung, daß Zeit entsteht als ein Schema, mit dem das System sich selbst und anderes beobachten kann. Zeit in dem uns vertrauten Sinne (und kulturhistorische Modifikationen können wir im Moment außer acht lassen) entsteht mithin zur Kompensation jener Verkürzung der Aktualität, mit der das Gleichzeitige limitiert und die Unbeeinflußbarkeit der Welt negiert wird. Die Limitierung des Aktuell-Gleichzeitigen zieht, mit anderen Worten, um sich herum Grenzen, auf deren anderer Seite etwas im Augenblick Inaktuelles vorgesehen werden kann. Die aktuelle Operation unterscheidet sich selbst und wird dadurch, in zeitlicher Selbstbeobachtung, zur *Gegenwart*. So viel, nämlich eine Unterscheidung von aktuell/nicht aktuell oder Gegenwart/Nichtgegenwart ist zur Entstehung eines als Zeit schematisierten Beobachtens unerläßlich. Ob und wie weit das Inaktuelle dann seinerseits nach Zukunft und Vergangenheit unterschieden wird und unter welchen semantischen Formen

---

52 Wir beschränken das, was wir über Beobachter sagen, auf solche temporalisierten Systeme. Das soll nicht ausschließen, daß es auch Beobachter geben könnte, die aus nicht temporalisierten, nicht ereignishaften Elementen bestehen. Dies hätte man natürlich für Gott anzunehmen, wenn man sagen will, daß er mit allen Zeiten gleichzeitig die Welt beobachtet.

diese Differenz vorgestellt wird, scheint bereits in hohem Maße kulturhistorisch, also auch gesellschaftsstrukturell zu variieren. Der Anstoß zur semantischen Ausarbeitung von Zeit liegt jedenfalls in der Limitierung der Aktualität, also in der Beobachtung von Systemen, die sich auf der Basis von selbstproduzierten Ereignissen über von Moment zu Moment verschiedene Operationen reproduzieren.

Folglich gibt es in der Welt solcher Systeme keine ereignisunabhängige Beständigkeit, sondern allenfalls Beobachtungen von Beobachtungen mit gegeneinander versetzten und dadurch vernetzten Unterscheidungen. Alle Objektpermanenz muß auf der Basis von Zeitunterschieden konstruiert werden, und dies kann operativ immer nur in jeweils aktuellen Beobachtungen geschehen, die im Entstehen schon wieder verschwinden. Selbst, daß es sich so verhält und daß jedes Ereignis demnach in ein inaktuelles Vorher und ein inaktuelles Nachher eingebettet ist und nur als Übergang aktualisiert wird, selbst das kann nur auf eben diese Weise beobachtet werden. Wie soll dann aber »Wissen« begriffen werden, wenn nicht nur dessen Gegenstand aufgelöst wird in eine Konstruktion ohne Referenz, sondern auch dessen operative Basis aufgelöst wird in ein von Moment zu Moment sich änderndes Erleben, das unter eben diesen Bedingungen nur seinerseits beobachtet, also unterschieden werden kann?

Gemessen an den Vorurteilen unserer ontologisch-metaphysischen Tradition wird damit eine entsetzliche, und vor allem: eine ganz unglaubwürdige Unruhe in die Welt hineingetragen – in eine Welt, die wir doch immer unter der doppelten Form des Gleichzeitigen und des Konstanten erleben. Eben diese Doppelform läßt sich aber angesichts der Zeitlichkeit aller Operationen nicht begründen, oder genauer: nur als Konstruktion eines Beobachters begründen, der anderes Beobachten beobachtet. Im primären Beobachten ist das Gleichzeitige ja nur gleichzeitig, während das Beobachten läuft; und nur wenn dieses Beobachten beobachtet wird (was auch im selben System geschehen kann), kann seine Aktualität als eine solche der Zeit, das heißt als eine mit Zukunft und mit Vergangenheit unterschieden und bezeichnet werden.

Nimmt man die operative Zeitlichkeit der beobachtenden Systeme als Beobachtung ernst, gewinnt man damit einen Einblick in eine evolutionäre Errungenschaft, die man als Desimultaneisierung der Welt bezeichnen könnte. Durch Verzicht auf die Annahme, daß alles was ist, gleichzeitig ist und also so ist, wie es ist, gewinnt man die Möglichkeit, sich im Hinblick auf zeitlich Inaktuelles andere Möglichkeiten vorzustellen. Vergangenes und Künftiges ist zwar gleichzeitig mit der Beobachtung, die es als solches unterscheidet, aktuell; denn wie anders könnte es aktuell sein? Aber es ist auch inaktuell, eben vergangen oder künftig. Es ist Vergangenheit bzw. Zukunft *der Gegenwart*. Und es ist genau diese Paradoxie des aktuellen Inaktuellen, die durch die Unterscheidung von Vergangenheit und Zukunft »entfaltet« und damit invisibilisiert wird. Die Unterscheidung Vergangenheit/Zukunft, die dies leistet, wird ganz spezifisch an der Frage angesetzt, ob das System, das so beobachtet, etwas beeinflussen und ändern kann oder nicht. Die Konstitution von Zeit unter diesem Schema hat als Weltdimension eine hohe pragmatische Spezifizität. Und nur deshalb kann Wissen, sofern es Zeitkonstanzen konstruiert, evolutionärer Selektion ausgesetzt sein und sich darin bewähren.

Es gibt dann immer noch einen großen Spielraum in der Frage, wie Zeit erscheint, wie sie semantisch dargestellt, wie sie gemessen und je nach System auf unterschiedliche Weise problematisch wird. Offenbar ist dabei in den Frühphasen der gesellschaftlichen Evolution der Hintergrund der Weltkonstanz und damit das Schema konstant/variabel wichtiger gewesen als die Unterscheidung Zukunft/Vergangenheit. Selbst der Bezugspunkt Gegenwart in Differenz zu etwas, was man dann Dauer oder Ewigkeit nennen konnte, ist nicht von universeller Gültigkeit. Erst recht muß das nahezu rückstandslose Umstellen der Temporalstrukturen auf die Differenz von Vergangenheit und Zukunft als eine spezifisch neuzeitliche Variante angesehen werden, die zugleich die Gegenwart zu einem bloßen Differential (Novalis) reduziert und damit den Standort verzeitlicht, von dem aus die Gesellschaft sich selbst beobachtet. Wenn dies nun aber akzeptierte Sicht auf Welt und Zeit geworden ist, müssen auch erkenntnistheoretisch die Konsequenzen gezogen werden.

Wissen ist, nimmt man dies ernst, immer aktuelles Wissen und immer nur im Beobachten von Beobachtern gegeben. Es ist eben deshalb aber immer auch synchronisiertes Wissen, nämlich synchronisiert mit der Gleichzeitigkeit dessen, was je aktuelle Gegenwart ist. Eben deshalb kann es nur eine Zeit, nur eine Weltzeit geben, wenn anders man zugestehen müßte, daß es für Wissen unzugängliches Wissen gibt. Symbole für Dauer und Beständigkeit stehen demnach für diese Synchronizität. Sie fungieren praktisch als Kürzel. Sie erleichtern die Autopoiesis von Moment zu Moment mit Hilfe von Konstanzunterstellungen. Aber sie haben weder in einem objektiven, noch in einem subjektiven Sinne eine Referenz, die mehr beinhalten könnte als die Rekursivität des Beobachtens von Beobachtungen.

Folgt man dieser Vorstellung einer radikalen Verzeitlichung dessen, was Beobachten ist und tut, dann müssen nicht nur alle Objektkonstanzen und alle Aufzeichnungen daraufhin relativiert werden, dann verliert auch Wissen die Eigenschaft von etwas, das man »haben« und »behalten« kann, und an die Stelle solcher Bestandsvorstellungen tritt die Frage, wer was wann und unter welchen Bedingungen aktualisiert. Und damit tritt an die Stelle der Frage »was ist?« die Frage »wie wird seligiert?«.

Was beobachtet wird, wird natürlich fast vollständig sofort wieder vergessen. Nur weniges wird aufgezeichnet, und zwar im wesentlichen das, was man als *wiederholbar* konstruieren kann. Für die Rekonstruktion der Operationen, die zur Konstruktion von Objektpermanenzen führen, und damit auch für die Konstruktion eines Begriffs von Wissen ist deshalb die Wiederholbarkeit eine wichtige, eine unerläßliche Komponente. Wiederholbar ist nicht etwa der Gegenstand, der die Wiederholbarkeit gleichsam erklärt. Wiederholbar ist nur die Operation selbst, und dies nur dank einer rekursiven Vernetzung mit anderen Operationen. Daß dem eine Objektpermanenz im operierenden System als Leitfaden zugrunde liegt, kann nicht direkt ermittelt, sondern nur erschlossen werden.

Nichts anderes ist gemeint, wenn wir gelegentlich von *Semantik* sprechen. Wir geben an diesem Begriff (zugegeben: wortsinnwidrig) alle semiologischen Konnotationen auf und stellen nur auf die Auszeichnung ab, die Beobachtungen erfahren, wenn sie als Beschreibungen fixiert, also als bewahrenswert anerkannt und für Wiederholung bereitgehalten werden. Gemeint ist also nicht ein Zeichen für etwas anderes (obwohl es natürlich eine Zeichensemantik geben kann), sondern eine Struktur der Autopoiesis von Kommunikation.

Wichtig an aller Wiederholung ist, daß sie an zeitverschiedenen Stellen, also unter jeweils etwas anderen Umständen erfolgen muß. Das erzeugt einen Doppeleffekt, den wir mit den Begriffen *Kondensierung* und generalisierende *Konfirmierung* bezeichnen wollen.[53] Mit Kondensierung ist die Reduktion auf Identisches gemeint, die erst nötig wird, wenn man aus der Fülle des gleichzeitig Aktuellen etwas Bestimmtes zur wiederholten Bezeichnung herauszieht. Die Bedingungen der Wiederholbarkeit müssen als Bedingungen der Selbigkeit, als Bedingungen der Wiedererkennbarkeit und Wiederverwendbarkeit Desselben spezifiziert werden. Das geschieht bereits auf sehr einfachen Stufen des Lebens und natürlich erst recht auf der Ebene des bewußten Wahrnehmens. Im Falle von Kommunikationssystemen erfordert es Worte, also Sprache. Solche Identifikationsmittel können dann ihrerseits vertraut werden und in hohem Maße unbedacht bzw. unexpliziert funktionieren.

Genau diese Reduktion auf Identisches hat jedoch die andere Seite: daß sie in einer anderen Situation erfolgen und deren Andersheit einarbeiten muß.[54] Das geschieht durch generalisierende Konformierung. Das Identische nimmt im Vollzug der Wiederholung und dadurch, daß es in der Wiederholung konfirmiert wird, neue Sinnbezüge auf. Es bewährt sich auch in anderen Situationen. Weil es auf Selbigkeit reduziert ist, kann es Bedeutungsfülle gewinnen. Dabei ist, wohl gemerkt, die wiederholte Bezeichnung nicht einfach ein weiterer Fall der ersten

[53] Wir folgen hier einem Terminologievorschlag von Spencer Brown a.a.O. S. 10. Vgl. auch die sehr viel ausführlicheren Analysen von Jürgen Markowitz, Die soziale Situation: Entwurf eines Modells zur Analyse des Verhältnisses zwischen personalen Systemen und ihrer Umwelt, Frankfurt 1979; ders., Verhalten im Systemkontext: Zum Begriff des sozialen Epigramms, diskutiert am Beispiel des Schulunterrichts, Frankfurt 1986.

[54] Daß es sich auch hier um zwei Seiten einer Form handelt, macht Spencer Brown durch die Technik seiner Notation deutlich. Die Einheitsformel

 wird aufgelöst in

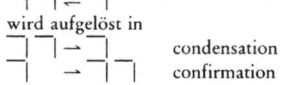

je nach dem, in welcher Richtung ein Beobachter sie liest.

Bezeichnung, sondern sie tritt mit Erinnerung auf, als nochmalige Bezeichnung, als Zusammenfassung der ersten und der zweiten Anwendung. Der Effekt der Zeit wird, mit anderen Worten, nicht ignoriert, sondern mitberücksichtigt.

Im Ergebnis entsteht durch diesen doppelseitigen Prozeß des Kondensierens und Konfirmierens eine Art konkrete Vertrautheit mit Welt, die sich dem genau definierenden Zugriff entzieht, sich aber gleichwohl von unvertrautem Sinn unterscheiden läßt.[55] Das semantische »Material« des rekursiven, wiederholend-konfirmierenden Prozesses wird unscharf, füllt sich mit Verweisungen auf anderes, zwingt alles weitere Operieren zur Selektivität – aber garantiert auf genau diese Weise auch, daß es weitergeht. Das gilt für bewußte Vorstellungen ebenso wie für die Themen und Beiträge eines Kommunikationsprozesses. Es genügt, daß der jeweils traktierte Sinn hinreichend vertraut ist und daß Fehler in der Verwendung an Mißverständnissen erkennbar sind – oder nicht weiter stören. Dasselbe wiederholt sich, wenn man bei spezifisch wissenschaftlicher Kommunikation (aber auch zum Beispiel im Rechtssystem) an Worte begriffliche Ansprüche stellt, die die Konsistenz ihrer Verwendung zu regulieren trachten. Auch hier müssen Kondensierung und generalisierende Konfirmierung zusammenwirken. Auch hier kommt es also unter höher geschraubten Ansprüchen an Klarheit und Unterscheidungsfähigkeit erneut zu dieser doppelseitigen Wiederholung, deren letzter Grund darin liegt, daß alle Operationen als kurzzeitige Ereignisse vollzogen werden müssen in einer Welt, in der alles, was geschieht, gleichzeitig geschieht.

Im Rückgang auf die zeitlich nur ereignishafte Aktualität des Beobachtens klären sich somit generative Bedingungen der Konstitution von Sinn. Dies ergänzt eine rein phänomenologische Beschreibung des Resultats als eines jeweils momentan aktuellen Sinnkerns im Horizont anderer Möglichkeiten.[56] Die

---

55 Vgl. hierzu Niklas Luhmann, Die Lebenswelt – nach Rücksprache mit Phänomenologen. Archiv für Rechts- und Sozialphilosophie 72 (1986), S. 176-194; ders., Familiarity, Confidence, Trust: Problems and Alternatives, in: Diego Gambetta (Hrsg.), Trust: Making and Breaking Cooperative Relations, Oxford 1988, S. 94-107.

56 Siehe hierzu Niklas Luhmann, Sinn als Grundbegriff der Soziologie, in: Jürgen Habermas/Niklas Luhmann, Theorie der Gesellschaft oder Sozialtechnologie: Was

Zwei-Seiten-Form von Kondensierung und Konfirmierung gerinnt gleichsam in der Form von Sinn: in der Form eines jeweils aktuellen Ausschnittes, der die Simultaneität der Welt im Moment garantiert und sie als immensen Horizont weiterer Möglichkeiten vorstellt, die man nur selektiv als die eine oder die andere aktualisieren kann. Ohne die zeitverkürzte Operation des Beobachtens käme es nicht zur Sinnbildung. Aber natürlich gilt auch das Umgekehrte: daß Sinn dasjenige Medium ist, an dem Beobachten seine Form gewinnt.

Dies alles gilt für Beobachtungen jeder Art, auch für das Beobachten von Beobachtungen und für jeden weiteren Regreß, der aber nichts mehr erbringt. Die soziale Konstruktion der Realität erfolgt im Beobachten von Beobachtungen – und auch das ist hier nicht psychisch gemeint, sondern kommunikativ. Entscheidend ist, daß man auch im Beobachten von Beobachtungen die kennzeichnenden Merkmale des Beobachtens nicht verliert und nicht in Richtung auf »Höheres« hinter sich lassen kann. Die Beobachtung zweiter Ordnung gibt als Rekursivität des Beobachtens noch keine bessere Übersicht, geschweige denn besser begründetes oder sicheres Wissen. Sie erfolgt zwar für einen Logiker, der dies beobachtet, auf einer anderen Ebene, aber nicht auf einer hierarchisch übergeordneten Position. Es geht immer um ein unterscheidendes Bezeichnen, und es geht immer um eine nur momenthaft aktuelle Operation. Es geht immer um einen strikt empirischen und immer um einen durch ein System konditionierten (strukturdeterminierten) Sachverhalt; also auch nie um etwas, das nicht seinerseits beobachtet werden könnte. Alle Konsequenzen dieses Ausgangspunktes

leistet die Systemforschung? Frankfurt 1971, S. 25-100; ders., Soziale Systeme, a.a.O., S. 92ff. Jürgen Habermas hat demgegenüber mit Recht darauf hingewiesen, daß eine nur phänomenologische Einführung der Sinnkategorie, gemessen an den Ansprüchen der Systemtheorie, unbefriedigend bleibt (teils in mündlichen Diskussionen, aber auch in: Theorie der Gesellschaft oder Sozialtechnologie? im angeführten Diskussionsband S. 142-290, insb. S. 202 f.). Der Einwand hat mich seither beschäftigt. Methodisch kann ich nach wie vor an dieser Stelle auf eine bloße Beschreibung der Form, in der Sinn erscheint, nicht verzichten. Aber wenn man den Ausführungen des Textes folgt, lassen sich auch Gründe dafür angeben, daß ein zeitlich auf Ereignisse verkürztes Beobachten die Welt de-simultaneisiert und dann, wenn es sich trotzdem anschlußfähig fortsetzen will, jene Differenz von aktueller Wirklichkeit und weiteren Möglichkeiten erzeugt, die in der Form von Sinn erscheint.

wiederholen sich im Beobachten von Beobachtungen. Nur die Vorteile der Rekursivität des Beobachtens kommen hinzu. Man kann eine andere Unterscheidung verwenden als der beobachtete Beobachter. Man kann dessen Unterscheiden beobachten. Man kann sich mit ihm aus anderer Perspektive demselben Weltsachverhalt zuwenden. Man kann aber auch quer zu ihm das beobachten, was er, sei es im Moment, sei es aus Gründen strukturell erzwungener Selektivität, nicht beobachten kann. Und man kann vor allem zu einem anderen Zeitpunkt beobachten, sofern in diesem Zeitpunkt noch rekonstruierbar ist, was der beobachtete Beobachter seinerzeit beobachtet hatte. Ein rekursives Beobachten ermöglicht mithin ein zeitversetztes Beobachten, sofern der Beobachter zweiter Ordnung über ein Zeitschema verfügt. Es ermöglicht nie ein Beobachten, das zu keinem Zeitpunkt stattfindet; also auch nie ein Beobachten, das dauert. Auch die Theorie rekursiver Beobachtung zweiter Ordnung hat es, was ihren Realitätsbezug angeht, nur mit Ereignissen zu tun. Und man muß sagen: zum Glück. Denn sonst müßte sie, wie mit göttlichem Blick, alles als gleichzeitig erfassen.

VI

Neben der Zeitdimension bedarf auch die Sozialdimension allen sinnhaften Prozessierens einer Neubestimmung, die mit der Position des Beobachters zweiter Ordnung abgestimmt ist. Wir nehmen dabei eine Theorielinie auf, die sich unter der Bezeichnung der »Dekonstruktion« aller Subjektreferenz einen Namen gemacht hat. Allerdings ist die Basis einer solchen Dekonstruktion nicht zutreffend erfaßt, wenn man nur an das materielle Prozessieren der Zeichen im Sinne des artificial intelligence denkt. Wir wählen statt dessen die Position eines Beobachters zweiter Ordnung, der es sich zur Gewohnheit gemacht hat, jeweils zu fragen: wer sieht das?, wer sagt das?
An dieser Frage zerschellen gewisse Selbstverständlichkeiten des traditionellen Humanismus und seiner neuhumanistischen Reformulierungen bis hin zu den jüngsten Versionen der Handlungstheorie oder des Interaktionismus, bis hin zum Marionettentheater der rational choice Theorie oder vergleichbarer

Positionen, die mit trotzigem Besserwissen behaupten: nur der Mensch könne handeln. Wer sagt das?[57] Man kann Begriffe wie Handeln (oder: Erleben, Beobachten, Beschreiben, Kommunizieren etc.) so definieren, daß als Urheber ein Mensch mitgemeint sein muß oder andernfalls der Begriff falsch verwendet wird. Aber dann wird der Beobachter wieder fragen: wer definiert so? Und er wird vielleicht zu dem Ergebnis kommen, daß diese Definition für Alltagszwecke tauglich ist, aber in der Wissenschaft wichtige Einsichten und vor allem den Zugang zu strukturreicheren Theorien blockiert. (Und natürlich muß dies Argument die »autologische« Konsequenz einrechnen, die dazu führt, daß man fragen kann: wer fragt das?) Unter der Ägide der klassischen, logisch zweiwertigen Erkenntnistheorie sind eine Reihe von Schritten in diese Richtung getan worden. Zunächst hat man Wille und Verstand/Vernunft unterschieden, um die Zurechnung des Verhaltens auf den Menschen beibehalten zu können, sie aber nicht im Kontext des gemeinsamen Weltbeobachtens explizieren zu müssen. Die semantische Figur des Willens konzediert Handlungsfreiheit in einer Welt, die logisch-ontologisch nur gemeinsam richtig beobachtet werden kann. Wille ist, anders gesagt, kein Beobachtungsfehler.[58] Diese Unterscheidung von Wille und Verstand/Vernunft ist jedoch (wie jede Unterscheidung) willkürlich eingeführt und kann, wenn man sie nicht mehr braucht, eingespart werden. Wir ersetzen sie durch den Begriff des Beobachters. Der Begriff Beobachten umfaßt also Erkennen und Handeln.

Eigentlich erst mit Fichte, jedenfalls erst gegen Ende des 18. Jahrhunderts, hat man diese Fähigkeiten zum Wollen und Denken im Begriff des Subjekts integriert (und damit gewissermaßen privatisiert). Das konnte nur zu einer Dethematisierung des Sozialen führen mit der Folge von nicht ganz zureichenden

---

57 Nur ein Beispiel aus dem Zusammenhang einer Kritik des »autopoietischen« Konzepts der Wirtschaft. »Es sind aber nicht Zahlungen, die Zahlungen hervorbringen, sondern es sind Menschen, die zahlen oder eben nicht«, sagt Josef Wieland, Die Wirtschaft als autopoietisches System – Einige eher kritische Überlegungen, Delfin X (1988), S. 18-29 (27).

58 Man sieht die Künstlichkeit dieser Figur, wenn man die aristotelisch-thomistische Lehre bedenkt, daß böser Wille schlicht auf Irrtum beruhe, was, wie man weiß, nur um so mehr Anlaß gab, auf voluntaristischen Handlungstheorien zu bestehen.

Rethematisierungen – zunächst in der Figur von Kollektivsubjekten wie Staat, Geist, Gesellschaft und heute im Formalbegriff der Intersubjektivität. Nachdem der letzte strenge Konstruktionsversuch in den Cartesianischen Meditationen Husserls gescheitert ist, kann man nur das Subjekt seinerseits »dekonstruieren«. Dann aber bleibt der Begriff der Intersubjektivität sozusagen ohne Seitenhalt zurück und sinkt in sich zusammen.

Gegenüber dieser Großgeschichte der Auflösung semantischer Figuren, die sich den Folgeproblemen logischer Zweiwertigkeit und ontologischer Realitätsinterpretation verdanken, wirken die jüngsten Rettungsversuche eher blaß. Sie knüpfen bereits an operative Begriffe, nämlich an ein Verständnis von Sprache und Kommunikation an, unterstellen dieser Operation aber eine handlungsnotwendige Intentionalität (Searle) oder eine normative Selbstkonditionierung in Richtung auf soziale Verständigung (Habermas). Die eine Interpretation führt auf das Subjekt zurück, wenngleich jetzt unter Einschluß der Neurophysiologie des Gehirns; die andere führt auf das Postulat einer Sozialität sui generis (Durkheim) oder eines Sozialapriori (Adler) zurück, wenngleich jetzt auf ein normatives Konzept von Rationalitätszielen der Kommunikation beschränkt.

Das Konzept des Beobachter beobachtenden Beobachters ist unabhängig von all diesen alt- oder neueuropäischen Traditionen entstanden und formuliert das Problem der Sozialität auf ganz andere Weise. Zunächst geht es um ein operatives Beobachten von Beobachtungen, also um ein Unterscheiden, das unterscheidet, was und wie andere unterscheiden. Substratbegriffe, die auf die Frage »wer« antworten, werden über Systemtheorie eingeführt und genetisch als Kondensat von Beobachtungen erklärt. Man kann dann davon ausgehen, daß ein derart rekursives, Beobachtungen an Beobachtungen anschließendes Operieren »Eigenwerte«[59] erzeugt oder, wenn es keine finden

---

59 Zu diesem aus der mathematischen Logik übernommenen, hier generalisiert eingesetzten Begriff vgl. Heinz von Foerster, Objects: Token for (Eigen)behaviors, in ders., Observing Systems a.a.O. S. 273-285; ferner Simon a.a.O. (1988) passim. Ich bleibe terminologisch bei »Eigenwerte«, obwohl man »Eigenwerte«, »Eigenstrukturen«, »Eigenverhalten« unterscheiden müßte. Im Seitenblick auf Spencer Brown könnte es sich im übrigen empfehlen, von »Eigenformen« zu sprechen.

kann, aufhört zu operieren und begonnene Systembildungen zerfallen läßt. Das heißt: es entstehen (oder entstehen nicht) Sinnmarken (oft sagt man ungenau Zeichen, besser »tokens«), die Anhaltspunkte für ein weiteres Beobachten fixieren, die stabil sind, auch wenn (und gerade weil) sie aus unterschiedlichen Perspektiven benutzt werden und dies durchschaut wird. Die Sprache, von der jedermann weiß, daß sie nicht mit den bezeichneten Sachverhalten verwechselt werden darf, ist das eklatanteste Beispiel. Spielregeln jeder Art haben dieselbe Funktion.

Alle semantischen Beschreibungen der Sozialdimension über Formen wie Ego/Alter oder Konsens/Dissens sind dann bereits Konstruktionen eines solchen Systems des Beobachtens von Beobachtungen. Sie externalisieren und beschreiben die Probleme der Sozialdimension, indem sie das, was zunächst ein Problem der Anschlußfähigkeit und Autopoiesis der Kommunikation ist, auf Personen zurechnen und so darstellen, als ob es um psychisch verankerte Meinungsunterschiede gehe.[60] Mit dieser Art self-doping entlastet sich die Kommunikation und steuert zugleich ihre eigenen weiteren Bemühungen. Aber selbst wenn man das einsieht, funktioniert es trotzdem und erhält damit die Eigenwerte des Systems; genau so wie ein Bewußtsein, das darüber informiert wird, daß alles, was es sieht, im eigenen Gehirn erzeugt wird, es trotzdem »draußen« sieht, weil es den Realkonnex der eigenen Operationen und die damit erzeugten Illusionen nicht unterscheiden kann.

VII

Das wohl schwierigste Problem einer Theorie dieses Typus steht uns noch bevor. Ich habe es aufgeschoben, um zunächst einige der dafür wichtigen Begriffe wie Unterscheiden, Bezeichnen,

---

60 Selbst Philosophen, die die Differenz von Konsens und Dissens explizit als Differenz thematisieren, bleiben auf der Ebene dieser Konstrukte und untersuchen nur die quasi hierarchischen Bedingungen, die den hochwahrscheinlichen Dissens in Konsens verwandeln. Siehe Larry Laudan, Science and Values: The Aims of Science and Their Role in Scientific Debate, Berkeley 1984. Dies liegt nicht zuletzt wohl auch an der Begrenztheit des Lektürepensums einer akademischen Disziplin »Philosophie«.

Beobachten, Kondensieren, Konfirmieren durch wiederholte Verwendung kondensieren zu lassen. Aber damit ist eines noch nicht geklärt: Wie das Beobachten als Operation begriffen werden kann und warum man überhaupt zwischen Operation und Beobachtung unterscheiden muß, also eine Operation braucht, die das Operieren und Beobachten mit Hilfe der Unterscheidung von Operation und Beobachtung beobachtet.[61]

Die Notwendigkeit dieser Unterscheidung geht letztlich darauf zurück, daß das Beobachten die eigene Unterscheidung wie einen blinden Fleck verwenden muß, sie also selbst nicht unterscheiden kann. Sie muß deshalb Operation sein. Sie muß deshalb die Unterscheidung, die sie verwendet, verwenden und nicht unterscheiden. Und sie müßte, wollte sie sich selbst unterscheiden, eine andere Beobachtung in Operation setzen, also Zeit benutzen, sich als ein anderes Ereignis aktualisieren, also nicht mehr das sein, was sie von anderem durch eine neue Operation unterscheidet. Das Problem liegt also in der Zeit, und auch die Lösung liegt in der Zeit. Als Operation kann die Beobachtung sich nur momenthaft aktualisieren. Sie muß etwas bezeichnen, sich auf etwas zentrieren. Das erzwingt den Verzicht auf Selbstbeobachtung auf der Ebene der Einzeloperation. Das schließt jedoch nicht aus, daß andere Operationen, sei es gleichzeitig, sei es vorher oder nachher, das Beobachten beobachten, die benutzten Unterscheidungen unterscheiden – sofern nur ein Netzwerk rekursiven Beobachtens, also ein System hergestellt werden kann.

Vielleicht ist Kommunikation deshalb die epistemologische Grundoperation, weil dieses Problem hier in einer besonders komplexen Form auftritt. Kommunikation ist nämlich eine Operation, die selbst nur aufgrund einer ganz spezifischen Unterscheidung möglich ist, und zwar aufgrund der Unterscheidung von Information, Mitteilung und Verstehen.[62] Diese

---

61 Diese Schwierigkeit wird verdeckt, wenn Maturana plakativ formuliert: Jedes Tun ist Erkennen, und jedes Erkennen ist Tun – so Humberto R. Maturana/Francisco Varela, Der Baum der Erkenntnis: Die biologischen Wurzeln des Erkennens, München 1987, S. 31. Man hat dann, obwohl Maturana selbst das Unterscheiden für ein unerläßliches Moment des Erkennens hält, den Eindruck, als ob das Erkennen in einer Einheit fundiert sei, und nicht in einer Differenz.

62 Ich muß erneut auf detailliertere Ausführungen in Soziale Systeme, a.a.O., S. 191 ff. verweisen.

Unterscheidung ist operative Bedingung des Zustandekommens von Kommunikation, eines Zustandekommens, das seinerseits immer nur im autopoietischen Kontext der Reproduktion von Kommunikation durch Kommunikation möglich ist. Wenn nicht auf diese Weise unterschieden wird, findet keine Kommunikation statt; die Anwesenden nehmen einander nur wahr. Die Emergenz von Kommunikation in Situationen, in denen bewußt Beteiligte vieles andere sonst noch wahrnehmen, grenzt eine hochspezifische Art von Operation gegen anderes ab, und zwar dadurch, daß verstanden wird, wie Information und Mitteilung aufeinander bezogen sind. Aber das heißt zunächst nicht, daß diese Unterscheidung zur Beobachtung benutzt, das heißt: zur Bezeichnung der Information (aber nicht der Mitteilung) oder der Mitteilung (aber nicht der Information) benutzt wird. Dies kann der Fall sein, wenn Anschlußprobleme auftreten und den Kommunikationsprozeß zur Selbstbeobachtung führen. Dazu ist dann aber eine andere Kommunikation, etwa eine Frage nötig. Zunächst läuft die Mitteilung von Informationen nur als solche ab und dient dazu, das, worüber informiert wird (und das kann durchaus auch der Zustand des Mitteilenden selber sein) zu unterscheiden und zu bezeichnen. Nur als Operation (aber gerade nicht: als Selbstbeobachtung) ist die Kommunikation eine Beobachtung; denn nur so kann sie etwas im Unterschied zu anderem bezeichnen.

Im Normalverlauf beobachtet die Kommunikation mithin das, wovon sie handelt; das, was sie thematisiert; das, worüber sie informiert. Hier muß, sonst käme gar keine Information zustande, vorausgesetzt werden, daß etwas sich von etwas anderem unterscheidet. Man entschuldigt sich: »Ich komme leider zu spät« – kann das aber doch nur, weil die Kommunikation unterscheiden kann zwischen dem, der zu spät kommt, und anderen sowie zwischen dem erwarteten und dem tatsächlichen Zeitpunkt des Ankommens. Beteiligte können, verschlossen in ihrem Bewußtsein, dann immer noch der Meinung sein, dies reiche als Entschuldigung nicht aus. Aber sie müssen eine erhebliche Hemmschwelle überwinden (was für sie auch seine Reize haben kann), wenn sie die Entschuldigungskommunikation selbst zum Thema machen wollen, also wenn sie die weitere Kommunikation veranlassen wollen, zu beobachten, wie sich jemand entschuldigt und womit. Kein Bewußtsein käme, mit sich allein gelassen, zu so präzisen Beobachtungen, zu so folgenreichen Sequenzfestlegungen, zu derart unterscheidungsreichem Informationsgehalt.

Ebenso wichtig ist, daß die Kommunikation schon aus akustischen Gründen gezwungen ist, ihre Elementaroperationen zu sequentialisieren. Zu viel Reden auf einmal – und man würde nur noch Lärm erzeugen, nur noch ein Geräusch wahrnehmen können; und selbst wenn man beim Reden mehrerer noch verstände, was gesagt wird, ginge die Anschlußfähigkeit verloren. Man kann hier zunächst eine sehr scharfe Beschränkung des akustisch Zuträglichen erkennen, aber gerade diese Beschränkung zwingt dazu, Zeit zu benutzen und die Komplexität dessen, was behandelt werden soll, ins Nacheinander zu verlegen. Für das Schreiben und Lesen gilt dasselbe, weil diese Operationen ihrerseits nur technische Verlängerungen der Kommunikation sind. Das Angewiesensein auf successive Abfolgen ändert aber nichts daran, daß die Einzeloperationen Ereignisse sind, die, wenn sie aktuell werden, auch schon wieder verblassen. Nur ist die Zeit als Sequenz so deutlich involviert, daß ein ständiges Wechseln distinkter Thematisierungen, eine thematische Organisation von Einzelkomplexen, ein turn taking etc. zu den Erfordernissen der Autopoiesis von Kommunikation gehört; vermutlich sogar zu den bereits vorsprachlich ausgebildeten Erfordernissen.

Diese Organisation von Zeit als Sequenz ist keineswegs das, was die Kommunikation beobachtet; obwohl natürlich auch darüber (wie es hier soeben geschieht) kommuniziert werden kann. Auch daran sieht man, daß selbst bei einem so voraussetzungsreichen Spätprodukt der Evolution, wie es sinnhafte Kommunikation ist, eine Differenz von Operation und Beobachtung unvermeidlich ist. Alles in allem: operativ geschieht immer nur das, was geschieht. Kommuniziert wird nur das, was kommuniziert wird. Darüber, daß dies so ist, kann dann wieder kommuniziert werden. Damit beginnt dann eine Beobachtung der Kommunikation. Und nur wenn dies geschieht (aber auch dies geschieht nur, wenn es geschieht), kann die Kommunikation beobachten, daß auch anders und über anderes hätte kommuniziert werden können.

VIII

Erst nachdem der Beobachter vorgestellt ist, können wir uns mit seiner Genealogie beschäftigen. Seine Absichten und Eigenschaften lassen gewisse Verwandtschaften mit seit langem bekannten Wesen erkennen. Er stammt, wenn man so sagen darf, aus dem Hause Teufel. Sein nächster und unmittelbarer Vorfahre trägt jedenfalls diesen Namen, obwohl auch andere Namen (Luzifer, Satan, Iblis) bekannt geworden sind.

Unter diesen Namen ist ein deutlich erkennbares Problem überliefert worden. Es betrifft den Versuch, die Einheit, an der man selbst teilhat, wie von außen zu beobachten. Diese Einheit wird in der Tradition als eine nicht überbietbare Vollkommenheit behauptet, zugleich aber über Personalisierung unter dem Namen Gott als (im Prinzip) beobachtbar dargestellt. Will man diese Einheit beobachten, muß man eine Grenze ziehen, eine Differenz einrichten, zumindest die Differenz zum Beobachter. Dieser muß, will er beobachten können, sich abgrenzen, sich ausgrenzen, sich in der Einheit, die er beobachten will, eingrenzen. Wenn er aber annehmen muß, daß das Eine das Gute (der Eine der Gute) ist und als Perfektion kein Außerhalb duldet, wird er im Versuch der Abgrenzung zum Gegenteil, zum Bösen. Einerseits kann die umfassende Einheit ihre eigene Beobachtbarkeit nicht ausschließen, denn sie wäre sonst weder umfassend noch perfekt; andererseits muß sie sie ausschließen, weil anders die beobachtungsnotwendige Grenze nicht eingerichtet werden kann. Was entsteht, ist der Teufel als Inkarnation dieser Paradoxie. Er erscheint als Ausbund an Klugheit und Torheit zugleich.

Noch deutlicher wird dieser Sachverhalt im islamischen Iblis-Mythos expliziert.[63] Gott gibt an jemanden, der sich Iblis nennt, die Weisung, den Menschen (Adam) zu verehren. Iblis weigert sich. Er weiß, daß nur Gott selbst ein zu verehrendes Wesen ist, und kann daher sein Verhältnis zu Gott nicht mit einer Befolgung der Weisung Gottes in Einklang bringen. Er muß entweder Gott verraten oder dessen Weisung mißachten. Er ist durch eine

---

63 Vgl. Giovanna Calasso, Intervento d'Iblis nella creazione dell'uomo, Rivista degli studi orientali 45 (1970), S. 71-90; Peter J. Awn, Satan's Tradegy and Redemption: Iblis in Sufi Psychology, Leiden 1983.

paradoxe Weisung in eine Entscheidungssituation versetzt und entscheidet sich für Gott gegen Gott. Aber er findet sich in dieser Situation nur als Beobachter einer Weisung, deren Sinn für ihn nicht zu entschlüsseln, für ihn paradox ist. Würde er nicht beobachten (aber wie kann das verlangt sein), würde er auch nicht auf diese Paradoxie stoßen; es gäbe sie nicht. Die Paradoxie macht frei – oder wie man heute zu sagen bevorzugt: schizophren; in jedem Falle: autonom.[64]

Die hier in mythischer Form explizierte Thematik ist seit langem ihrerseits Gegenstand von Beobachtungen, so etwa Mephistopheles durch Faust, Faust durch Goethe, Goethe durch unzählige Gymnasialklassen und dies dann wieder durch Paul Valéry. Die Perspektive der Beobachtung zweiter Ordnung, der Beobachtung von Beobachtern, führt aber vermutlich auf andere Resultate. Wir gehen methodisch (aus Gründen, die erst später behandelt werden können) von der Unterscheidung von Problem und Problemlösung aus. Das klassische Problem der Erzeugung und Beobachtung des Teufels war die Entstehung und die kosmisch-religiöse Rechtfertigung des Bösen. Wir abstrahieren dieses Problem, um die Möglichkeit zu gewinnen, den Teufel mit anderen Beobachtern vergleichen zu können. Es geht nun um die Möglichkeit, aus einer Einheit heraus diese Einheit zu beobachten, oder anders gesagt um die Frage: wie kann die Welt sich selber beobachten? Ein externer Standpunkt ist nicht erreichbar – nicht von der Welt aus, aber auch nicht von der Gesellschaft aus. Man kann nicht austreten.

Dieses Problem war in Übereinstimmung mit der jeweiligen Gesellschaft und in älteren Gesellschaften mit den akzeptierten Formen religiöser Semantik stilisiert worden. Im monotheistischen Kontext kann (und muß) es auf das Problem der Beobachtung Gottes reduziert werden.[65] Die Unterscheidung Gott/Welt ermöglicht es, in der Form Gott das Ganze als un-

---

64 Zu Schizophrenie unter genau diesem Gesichtspunkt vgl. Jacques Miermont, Schizophrénies, Dictionnaire des Thérapies Familiales, Paris 1987.
65 Polytheistische Ordnungen vermeiden diese Zuspitzung, aber damit nicht das Problem. In der griechischen Mythologie übernehmen z. B. die Gorgonen den Part und lassen den erstarren, der sie in der Wildnis aufsucht und anblickt. Auch damit wird signalisiert, daß es für Beobachter etwas gibt, was sie vermeiden müssen. Siehe zu diesem Vergleich auch Niklas Luhmann, Sthenographie, Delfin X (1988), S. 4-12.

eingeschränkt gut, in der Form Welt dagegen das Ganze als moralisch ambivalent und als korrumpiert zu beschreiben. Damit wird der Grund der Paradoxie in den unerkennbaren Willen Gottes verlagert, der zugleich will, daß er beobachtet und daß er nicht beobachtet wird. Der Teufel wird zum Opfer, das sich aber in einer durch die Paradoxie gestifteten Freiheit selbst dazu macht, was dann ebenso gilt für alle, die ihm folgen. Als Beobachter einer Paradoxie *kann er seinen eigenen Platz* (sich selbst als Beobachter) *nicht erkennen*. Seine Entscheidung wird daraufhin beobachtet als Verhalten jemandes, *der seinen Platz in der Ordnung nicht akzeptiert*. Und dieses Nichtakzeptieren des Platzes wird seinerseits wiederum (in einem selbstreferentiellen Zirkel) zur Ursache der Unterscheidung von gut und böse. Von hinten her gelesen: man will offenbar die Inklusion in die Gesellschaft und die Verteilung der Plätze (die längst stattgefunden hat) durch Moral ordnen und stößt von da aus in der Suche nach einem Grund dafür bis zur Paradoxie des Beobachters vor.

Im semantischen Kontext einer Welt, die als Schöpfung Gottes zu begreifen ist, ist die Beobachtung der Welt in gewissem Umfange freigegeben. Aber es gibt unauflösbare Geheimnisse, weil deren Entzifferung auf die Beobachtung des Schöpfergottes hinauslaufen müßte. Das heißt nicht, daß der Naturforschung fühlbare Grenzen gezogen werden müßten; alle Teile des Unendlichen sind ja ihrerseits unendlich. Nur der Punkt, an dem die Weltbeobachtung in Gottesbeobachtung umschlagen müßte, muß dem Beobachten (immer: dem unterscheidenden Beobachten) entzogen werden. Er bleibt der docta ignorantia, dem ehrfürchtigen Staunen vorbehalten. Wer aber darauf aus ist, die Einheit der Welt (= die Gutheit, die Wahrheit der Welt) und damit Gott zu beobachten, wird zum Teufel. Den Entschluß dazu kann man nicht aus der Schöpfung erklären, er beruht auf der Inanspruchnahme ursacheloser Freiheit.[66]

Das ist ein merkwürdiger Begriff, der noch weiterer Plausibilisierung bedarf. Außerdem müssen ja mehrere Beobachter Gottes unterschieden werden. Auch die Theologen bemühen sich, ohne daß sie bereit wären, ihre Theologie auf teuflische Gelüste

---

66 So Anselm von Canterbury, De casu diaboli, zit. nach Opera Omnia, Seckau – Rom – Edinburgh 1938 ff., Nachdruck Stuttgart-Bad Cannstatt 1968 Bd. 1, S. 233-276.

zurückzuführen. Und den Auserwählten steht, wie Schriftzeugnisse belegen, die visio Dei in Aussicht – und dies im Himmel und nicht etwa von der Hölle aus. Also muß eine zusätzliche Unterscheidung ins Spiel gebracht werden, die zugleich den Begriff der ursachelosen Freiheit expliziert. Sie liegt, in Anbetracht der stratifizierten Gesellschaftsordnung und für sie plausibel, in der Differenz von Rebellion (Stolz, Selbstzentrierung) und Ehrfurcht. Dasselbe ist nicht Dasselbe, je nach dem, wie man es macht.

Der Beobachter als Teufel – das ist mithin ein Moment der Selbstbeschreibung traditionaler Gesellschaften. In der modernen Gesellschaft kann diese Lösung mitsamt ihren mythologischen Derivaten nicht mehr überzeugen. Die Vollentdeckung des Erdballs und seine Beschreibung durch die modernen Wissenschaften wie Physik oder Geologie lassen keinen Platz für die Hölle. Man kann sie nur noch als eine sinnreiche Erfindung begreifen, die anschaulich macht, welche Schmerzen ein Sünder empfinden wird, wenn ihn die Reue packt.[67] Entsprechend wird der Teufel auf eine symbolische Existenz reduziert. Die Position des Beobachters der Welt in der Welt, die Position des Kritikers der Schöpfung wird damit freigegeben – aber vorerst nicht neu besetzt. Aber das heißt nicht, daß damit auch das Problem der Verletzung der Welt durch den unterscheidenden und damit Grenzen ziehenden Beobachter als Problem erledigt sei.[68] Und selbst wenn die Kybernetik zweiter Ordnung nur noch den Beobachter als Beobachter der Beobachter in Rechnung stellt, hat sie immer noch das Problem eines Beobachters, der sich, wenn er Universalität seines Unterscheidens erreichen will, selbst in das Beobachtete einschließen muß, es also sein und nicht sein muß.

---

67 So gegen Ende des 18. Jahrhunderts William Paley, Sermon XXXI: The Terrors of the Lord, in: The Works, London – Edinburgh 1897, S. 700-702. Bemerkenswert an dem Argument ist (1) die Zeitstruktur: Man kann in der *Gegenwart* künftige Schmerzen nicht wirklich vorwegnehmen; und (2) die Beobachtung zweiter Ordnung, die genau dies wissen und sagen kann.
68 So wenig wie es heißt, daß dies nur ein Problem der »Postmoderne« und ihres Verzichts auf einen Gesamtbericht wäre – etwa in der Form, die Jean-François Lyotard diesem Problem gegeben hat.

Kapitel 3

Wissen

I

Je deutlicher sich die Konturen einer Epistemologie abzeichnen, die soziale Bedingungen des Wissens mit in Betracht zieht oder gar, wie hier, exklusiv von der Systemreferenz Gesellschaft ausgeht, desto deutlicher wird auch erkennbar, daß dies eine Neudefinition der Begriffe Erkenntnis (als Ereignis bzw. als Ereignissequenz) und Wissen (als aufgezeichneten Bestand) erfordert.[1] Das Bezugsfeld des Begriffs »Wissen« gehört zu den konstitutiven Merkmalen des Gesellschaftssystems, denn sprachliche Kommunikation setzt gemeinsames Wissen immer schon voraus und käme mit ihrer Autopoiesis zum Stillstand, würde diese Voraussetzung scheitern.[2] Ohne unterstellbares Wissen keine Kommunikation. Wir können deshalb vermuten, daß Wissen als Resonanz auf strukturelle Kopplungen des Gesellschaftssystems entsteht.[3] Dabei handelt es sich allerdings nicht um einen feststellbaren Zustand der beteiligten psychischen Systeme (und wenn dies so gesehen wird, ist das schon eine Interpretation), sondern um eine Implikation des Kommunikationsvorgangs selbst, um eine mittransportierte Unterstellung, um ein Merkmal der sozialen Autopoiesis. Wissen muß, wie Sprachstrukturen, als Voraussetzung mitlaufen und kann thematisch nie voll in der Kommunikation expliziert werden. Alle Prüfvorgänge, Vergewisserungen, Begründungen, Wider-

---

[1] So fragt auch Mary Hesse, Socializzare l'epistemologia, Rassegna Italiana di Sociologia 28 (1987), S. 331-356 (342): »Se tutti i sistemi cognitivi devono essere trattati simmetricamente (d. h.: zirkulär, N. L.), quali sono i segni distintivi di un sistema specificamente *cognitivo* come instituzione sociale?«
[2] Jürgen Habermas bezeichnet diesen Zusammenhang von vorausgesetztem Wissen und vorausgesetzter Sprachkompetenz als »Lebenswelt« und nimmt für die Klärung dieses Themas eine Spezialkompetenz der »Philosophie« in Anspruch. Siehe: Nachmetaphysisches Denken: Philosophische Aufsätze, Frankfurt 1988, S. 57ff. Aber auch für Wissenschaft und speziell für die Soziologie ist ein Thema dieser Art zugänglich, sofern sie nur mit Konzepten arbeitet, die auf selbstreferentielle Verhältnisse achten. Was immer die Philosophie als Eigenleistung erbringen mag: hier liegt sie nicht.
[3] Wir kommen darauf unter VIII zurück.

legungen müssen daher Ausschnitte mit vagen Konturen bilden, müssen spezifiziert werden; und das hierzu eingeübte Verfahren ist das der Beobachtung zweiter Ordnung, orientiert an der Frage, ob das vorliegende Wissen wirklich gewußt wird oder ob es auf Täuschung beruht.[4] Lange hatte man geglaubt, dies sei nur in einer Betrachtung von außen, sei nur durch einen unabhängigen Beobachter möglich; aber die Kommunikation auf der Ebene zweiter Ordnung ist genauso soziale Kommunikation wie jede andere Kommunikation auch und bleibt daher ebenfalls eingebunden in ein Netzwerk impliziten Wissens. Die Werturteile »wahr« bzw. »unwahr« können nur im Kontext der gesellschaftlichen Autopoiesis kommuniziert werden.
Wenn, mit anderen Worten, auch noch die Verwendung der Wahrheitswerte »wahr« bzw. »unwahr« sozial konditioniert ist,[5] wie kann man dann den Anwendungsbereich dieser Symbole spezifizieren? Oder nochmals anders: was genau ist das, wovon man sagen kann, es sei wahr bzw. unwahr – gegeben die Einsicht, daß diese Symbole unter wechselnden historischen und sozialen Bedingungen auch anders zugeordnet werden können? Im Übergang zu einer soziologisch fundierten Epistemologie kann der klassische Begriff von Wissen nicht mitgeführt, jedenfalls nicht konstant gehalten werden. Er muß ersetzt werden. Aber wie?
Die Begriffsreihe Unterscheiden/Bezeichnen, Beobachten, Beschreiben hat uns schon bis an den Punkt geführt, an dem man von Kondensierung sprechen muß. Damit wird Zeitbindung erzeugt. Das ermöglicht es uns, Wissen als Kondensierung von Beobachtungen zu bezeichnen. Dieser Begriff bezieht auch und vor allem alltägliches Verhalten ein, das nicht im Hinblick auf Wissenschaftlichkeit, ja nicht einmal im Hinblick auf wahr und unwahr beobachtet wird. Um Beobachten und Beschreiben handelt es sich auch dann, wenn es darum geht, ob es der Geist des Großvaters war, der das verdorbene Fleisch in die Suppe

---

4 Zu den griechischen Ursprüngen dieser Prüfungsweise ausführlich G. E. R. Lloyd, Magic, Reason and Experience: Studies in the Origin and Development of Greek Science, Cambridge Engl. 1979.
5 Die Protagonisten dieser Betrachtungsweise bezeichnen sie als »strong programme« oder auch als »Symmetrie«-Prämisse. Siehe David Bloor, Knowledge and Social Imagery, London 1976.

getan hat, oder ob es das Glatteis war (so eine Zeitungsmeldung vom 5. Januar 1987), das gräßliche Unfälle verursacht hat. Solche Beobachtungen und Beschreibungen mögen sehr wohl Resultate haben, die als Wissen behandelt werden. Alle Wissenschaft hängt zusätzlich von Begriffen ab, die bestimmen, was man wovon unterscheiden, bezeichnen, beobachten, beschreiben und eventuell erklären kann. Das heißt keineswegs, daß die gesamte Sprache der Wissenschaft ausschließlich aus Begriffen bestehe; wohl aber, daß die Wissenschaft nur, wenn und soweit sie Begriffe verwendet und die Begriffsverwendungen eigensinnig (theoretisch) koordiniert, sich aus der gesellschaftlichen Alltagskommunikation ausdifferenziert. Nur an Begriffen kann ein Beobachter Wissenschaft von sonstiger Kommunikation unterscheiden.
Objekte sind dadurch gegeben, daß man sie von »allem anderen« unverwechselbar unterscheiden kann. Begriffe fordern dagegen eine Explikation auch der anderen Seite der Unterscheidung, eine Einschränkung dessen, wovon sie unterschieden werden, also zum Beispiel Sein von Schein, Natur von Technik, Zentrum von Peripherie. Dies allein reicht zwar zur Bestimmung der Funktion spezifisch wissenschaftlicher Begrifflichkeit noch nicht aus, aber es klärt, wodurch und wie Begriffsbildung von der Objektwelt (zu der immer auch der Beobachter selbst gehört) abhebt: Sie macht Unterscheidungen unterscheidbar. Durch die Spezifik der jeweils begriffsbestimmten Unterscheidung beschränkt, reicht kein Begriff aus, um ein Objekt zu charakterisieren; aber gerade deshalb kann und muß dies einer Mehrheit von Begriffen überlassen bleiben mit dem Effekt, daß dadurch reichere, komplexere Beschreibungen zustande kommen. Ein Objektwissen ist schon Wissen. Man weiß, wo man ist, wenn man in Bielefeld ist. Auch gibt es vorwissenschaftliche Begriffe, die im wesentlichen Objektklassifikationen leisten, zum Beispiel »Frauen« (im Unterschied zu Männern) oder »Gärten« (im Unterschied zu nicht eingezäunten und weniger intensiv oder gar nicht bearbeiteten Flächen). Um Wissenschaft handelt es sich erst, wenn Begriffsbildung eingesetzt wird, um feststellen zu können, ob bestimmte Aussagen wahr (und nicht unwahr) sind, wenn also der Code des Wissenschaftssystems die Wahl der Unterscheidungen dirigiert, mit

denen die Welt beobachtet wird. Selbstverständlich wird dadurch das Objektwissen in vorbegrifflicher Form nicht entbehrlich. Wie sollte man sonst den Weg ins Labor finden oder auch nur ein Buch in der Bibliothek. Aber erst durch ihre elaborierte Begrifflichkeit unterscheidet Wissenschaft sich von normalen, sozusagen touristischen Wissenserwerben.

Dies Erfordernis der Begrifflichkeit gilt auch und erst recht dann, wenn die Wissenschaft sich selbst beobachten und beschreiben will. Daß die Wissenschaft über sich selbst forschen kann, kann angesichts der Tatsache, daß dies geschieht, nicht gut in Zweifel gezogen werden. Es handelt sich um eine selbstreferentielle Operation, nun gut. Aber schließlich kann man auch Texte lesen, in denen beschrieben wird, wie die Augen sich bewegen, wenn man Texte liest, ohne daß daraus eine Irreleitung oder gar eine Blockierung des Lesens folgen würde. Man muß nur Text und Operation in hinreichender Distanz halten und davon absehen, die Erkenntnisse des Textes auf die Operation des Lesens des Textes sogleich anzuwenden. Das ist möglich, wenn man das Objekt Text vom Begriff Text unterscheidet und damit auch die Frage, was man liest, von der Frage, wie man liest. In Selbstreferenzverhältnissen stecken sehr spezifische Probleme, die man normalerweise ausklammern kann, indem man davon absieht, sie begrifflich zu explizieren. Wir stellen die genaueren Analysen bis zum Kapitel 7 zurück.

Zunächst nehmen wir uns nur die Aufgabe vor, genauer zu bestimmen, wie es um die Empirie des Beobachtens steht und wie auf dieser Basis die Besonderheit von wissenschaftlichen Wissenserwerben einsichtig gemacht werden kann. Es ist wenig sinnvoll, dieses Problem durch die Unterscheidung von Alltag (Lebenswelt) und System zu artikulieren. Wenn die Beobachtung des Wissenschaftlerverhaltens irgendetwas lehrt, so dies, daß auch dort der Alltag vorherrscht und die Vertrautheit mit den Arbeitsbedingungen Kurzverständigungen ermöglicht. Man kann, mit anderen Worten, die Unterscheidung von System und Umwelt und alltäglich/unalltäglich nicht zu einer einzigen Unterscheidung zusammenziehen.[6] Das Problem

---

6 Siehe auch die ausführliche Behandlung dieses Problems durch Jürgen Klüver, Die Konstruktion der sozialen Realität Wissenschaft: Alltag und System, Braunschweig 1988.

liegt in der Ausdifferenzierung von alltagstauglichen Sonderbedingungen der Kommunikation, die, wie könnte es anders sein, immer zugleich Gesellschaft und Wissenschaft vollzieht.

Die Frage, die sich damit stellt, war bis vor kurzem relativ einfach zu beantworten. Man ging, und hier müssen wir nochmals auf die Erörterungen des ersten Kapitels zurückgreifen, davon aus, daß es sich um einen von »Menschen« veranstalteten Vorgang und folglich um das Wissen von Menschen handele.[7] Die Ausdifferenzierung von Wissenschaft wurde damit als eine Art professionelle und organisatorische Differenzierung menschlichen Handelns aufgefaßt. Selbst Husserl beschreibt die Sonderanstrengung der transzendental analysierenden Phänomenologen als eine Art Berufstätigkeit.[8] Somit ging es bei wissenschaftlichem Wissen nur um vergleichsweise besseres Wissen, um Wissenserweiterung. Letztlich blieb nur das Problem zu klären, ob das Wissen zutrifft oder nicht; ob es sich also um wirkliches oder um vermeintliches Wissen handelt. Die Wissenschaftstheorie hatte dann nur noch eine kritische Funktion in bezug auf diese Unterscheidung.

Mit Descartes und Locke setzt, parallel zur Ausdifferenzierung der modernen Wissenschaft, erstmals eine deutliche Individualisierung des Wissensbegriffs ein. Wissen muß danach, um als solches qualifiziert werden zu können, individuell einsichtig angeboten werden – einsichtig aufgrund von methodischer Reflexion oder aufgrund von wiederholbarer empirischer Wahrnehmung. Das zwingt zur methodischen Rekonstruktion der Sozialität allen Wissens als intersubjektiv zwingende Gewißheit (Individuen allein können zwar Enthusiasten, Fanatiker und was immer sein, aber nicht Wissende). Zunächst vollzieht der Wissensbegriff hier also nur mit, was in der gesellschaftlichen Evolution ohnehin abläuft: die Ausdifferenzierung der Einzelmenschen als Individuen und die Problematisierung ihrer In-

---

7 Selbst bei Anwendung von relativ fortgeschrittenen Theoriemitteln herrscht diese Auffassung auch heute noch vor. Siehe nur Edgar Morin, La Méthode, Bd. 3/1: La Connaissance de la Connaissance, Paris 1986; Michael A. Arbib/Mary B. Hesse, The Construction of Reality, Cambridge Engl. 1986.

8 Siehe Edmund Husserl, Die Krisis der europäischen Wissenschaften und die transzendentale Phänomenologie, Husserliana, Bd. VI, Den Haag 1954, insb. § 35 (S. 138 ff.).

klusion in die Funktionssysteme. Für die neue Wissenschaft heißt dies: Mathematisierung und Empirisierung des Wissens als Bedingung der Inklusion eines jeden Individuums in die soziale Gemeinschaft der Erkennenden.[9] Damit ist aber nur angepaßt, was als Trägerbegriff des Wissens fungiert. Etwas wissen kann, so meint man nach wie vor, nur der Mensch.

Auch die transzendentaltheoretische Erkenntnistheorie hat über diesen Stand der Dinge nicht wesentlich hinausgeführt. Sie hat die bisher aufgelaufenen Probleme mit der Unterscheidung empirisch/transzendental reformuliert und den Begriff des empirischen Menschen durch den Begriff des transzendentalen Subjekts ersetzt. Dabei mußte sie – wir verzeihen das, denn es ist unvermeidlich – die dafür zuständige Paradoxie invisibilisieren und die Frage unterlassen, ob diese Unterscheidung selbst eine transzendentale oder eine empirische sei. Der Fortschritt der Theorie lag in der Fragetechnik, in der Frage nach den »Bedingungen der Möglichkeit« von etwas, was für jedermann offensichtlich möglich ist. Die Frage lautete entsprechend, *wie* (nicht: *ob*) Erkenntnis möglich sei, und die Antwort wurde in der Form einer Selbstanalyse des Bewußtseins gesucht, das in dieser Theorieplacierung »Subjekt« genannt wurde. Das Subjekt mußte dann etwas anderes sein als nur das empirisch vorfindliche Bewußtsein, und eben dazu brauchte man die Unterscheidung empirisch/transzendental.

Ob diese Kurzcharakterisierung den Bemühungen von Kant und Fichte voll gerecht wird, mag hier offen bleiben. Wir halten nur fest, daß damit eine Formulierung für die Unwahrscheinlichkeit des Wahrscheinlichen, nämlich für die Fraglichkeit des immer schon gewußten Wissens gefunden war. Auch wenn diese Formulierung nicht befriedigt, dürfen wir das Problem nicht aus den Augen lassen – das Problem, wie Wissen überhaupt möglich ist. Dies ist um so wichtiger, als sich die Problemstellung inzwischen verschoben hat durch einen Vorgang,

---

9 Die Unwahrscheinlichkeit dieses Programms läßt sich unter anderem daran ablesen, daß man ihm allein dann doch nicht traut und daß daneben unter Bezeichnungen wie »moral certitude« oder »common sense« ein Wissensbegründungsprogramm mit geringeren Anforderungen mitgeführt wird – gleichsam zur Kompensierung der Extravaganzen des neuen Wissensanspruchs. Man denke an Daniel Huet, an Claude Buffier, an Shaftesbury, an Thomas Reid.

den man vordergründig Re-Empirisierung der Erkenntnistheorie nennen könnte.

Weder mit der Unterscheidung empirisch/transzendental noch gar mit der Unterscheidung Materie/Geist (also im Sinne einer wieder »materialistischen« Erkenntnistheorie) ist diese Tendenz jedoch zureichend zu erfassen. Man kann, glaube ich, bereits sehen, daß sie *Unterscheidungen eines andersartigen* Typs erfordern wird, die nicht mehr auf die unklar gewordenen Unterscheidungen der philosophischen Tradition Bezug nehmen. Es geht nicht um eine Re-orientierung innerhalb dieser Unterscheidungen, nicht um eine durch sie ermöglichte Option, sondern es geht um andersartige Unterscheidungen. Statt zwischen Materie und Geist oder zwischen empirischen Sachverhalten und Subjekten zu wählen, sollte man nach der *Systemreferenz* fragen, die ein Beobachter dem zugrunde legt, was wir mit aller Vorläufigkeit als »Wissen« bezeichnen wollen. Es ist diese Frage, in der durch die neuere Wissenschaftsentwicklung mehrere Optionen freigesetzt worden sind, und es ist diese erkenntnistheoriegeschichtliche Situation, in die wir die Überlegungen der beiden vorangegangenen Kapitel einbringen. Mindestens drei verschiedene Systemreferenzen lassen sich unterscheiden. Man kann von *Leben* ausgehen oder von *Bewußtsein* oder von *Kommunikation*, kann mit Bezug auf die fachliche Herkunft also unterscheiden zwischen biologischen, psychologischen (und hier: extranszendentaltheoretischen) und soziologischen Kognitionsbegriffen. Wenn man diese Unterscheidung im Rahmen einer (heute sich abzeichnenden) allgemeinen Theorie selbstreferentieller Systeme formuliert, betrifft sie lebende Systeme, psychische Systeme und soziale Systeme. Gemeint sind jeweils autopoietische Systeme, die die Elemente, aus denen sie bestehen, durch die Elemente, aus denen sie bestehen, selbst produzieren; also auch (und nur so) jeweils selektive Informationsverarbeitung betreiben; also auch (und nur so) eine eigene Art von »Kognitionen« herstellen, mit denen sie ihre Selbstreproduktion strukturieren.

Die wohl wichtigste Konsequenz dieses operationellen Ansatzes liegt in der Verlagerung des Hauptproblems, das mit Wissen oder Erkenntnis oder Wahrheit bezeichnet sein soll, aus der Sachdimension und der Sozialdimension in die Zeitdimension.

Das heißt nicht: daß Sachfragen und Konsensfragen keine Rolle mehr spielen; aber die Faszination durch die hier liegenden Schwierigkeiten, sachlich richtig und konsensfähig zu erkennen, darf nicht verdecken, daß das Hauptproblem in der Zeitdimension liegt. Wissen (und folglich dann auch: Wahrheit) betrifft stets eine aktuelle Operation, die, indem sie abläuft, schon wieder verschwindet. Man sieht ein, daß ..., geht aus von ..., nimmt an, daß... – aber stets nur im Moment. Es gibt keine zeitfreie Erkenntnis. Auch das Gedächtnis operiert nur aktuell, besteht in einer momentanen Konsistenzprüfung, und nicht etwa in einem Zugriff auf längst Vergangenes.[10] Wissen erscheint verobjektiviert, um als dauerhaft erscheinen zu können; aber so weit es gewußt werden soll, muß es immer wieder neu vollzogen werden. Das Gedächtnis erleichtert sich zwar sein laufendes Geschäft dadurch, daß es die Sinnmomente, die es prüft, zeitlich (oder auch räumlich) auseinanderzieht und dadurch ordnet. Es operiert zum Beispiel unter der Regel, daß Widersprechendes nicht gleichzeitig und am gleichen Ort der Fall gewesen sein kann. Aber es operiert nur, wenn es operiert, und nur mit dem Sinngehalt, den es jeweils aufgreift. Daher kann Wissen nicht nach der Art eines zeitbeständigen Vorrates begriffen werden, sondern nur nach der Art einer komplexen Prüfoperation. Man spricht dann auch von »Erfahrung«, wenn man sagen will, daß man in aktuellen Lagen Wissen über Vergangenes und Zukünftiges mobilisieren kann.[11]

Unter solchen Voraussetzungen muß der Begriff der Struktur (als Voraussetzung für den Begriff des Wissens) neu gefaßt werden. Auch Strukturen haben eine eigene Aktualität nur in dem

---

10 Hierzu sehr deutlich: Heinz von Foerster, What is Memory that it May Have Hindsight and Foresight as well? in: Samuel Bogoch (Hrsg.), The Future of the Brain Sciences, New York 1969, S. 19-64. Vgl. außerdem Terry Winograd/Fernando Flores, Understanding Computers and Cognition: A New Foundation for Design, Reading Mass. 1986.

11 Während dieser Zeitaspekt von Erfahrung in der Tradition durchaus bewußt war und Erfahrung vor allem durch Erinnerung und Geübtsein bestimmt wurde (vgl. die Artikel zu empeiria und Erfahrung im Historischen Wörterbuch der Philosophie, Bd. 2, Basel 1972, Sp. 453 f. und 609 ff.), so als ob Erfahrung ein gewisses Gegengewicht zur Schrift zu bieten hätte, ist in der neueren Sprechweise von »empirisch« nicht einmal eine Reminiszenz daran erhalten, weil der Begriff nun auf die ausdifferenzierte Wissenschaft bezogen wird und methodische Anforderungen bezeichnet.

Moment, in dem sie benutzt werden, und sie dienen der Autopoiesis dazu, sich von Ereignis zu Ereignis zu schwingen. Sie reduzieren die Beliebigkeit dessen, was als nächstes drankommt, sie ermöglichen, sagt man auch, Redundanz, und damit auch ein hohes Tempo im Aktualisieren nächster Ereignisse, die sich eignen, die Autopoiesis des Systems fortzusetzen. *Operativ* fungiert als Struktur daher nur das, was jeweils in der momentanen Operation benutzt wird, um eine weitere Operation anzuschließen. So gewinnt ein System denn auch den wichtigen Vorteil des Nichtmehrbenutzens, des Vergessens, ohne daß es nötig wäre, bisher benutzte Strukturen formell zu verabschieden, außer Kraft zu setzen und damit die Vergangenheit zu desavouieren.

Alle Zeitbeständigkeit von Strukturen, also auch alle Zeitbeständigkeit von Wissens»beständen« ist mithin Leistung eines *Beobachters*, für dessen Operation des Beobachtens wieder dasselbe gilt wie für alles Operieren. Der Beobachter kann (muß nicht) ein Zeitschema benutzen und damit Beständigkeit konstruieren. Er kann feststellen (aber immer nur in je seinem Moment), daß das Wissen schon früher gewußt worden ist und vermutlich weiterhin gewußt werden wird. Und er kann mit eben diesem Beobachtungsschema Kontrollen einrichten und mit der Intention auf Prüfung der Zeitbeständigkeit seines Wissens seine eigene Autopoiesis fortsetzen. Der normale Wissensbenutzer benötigt kein solches Zeitschema. Er stellt fest, daß die Tür abgeschlossen ist und sucht den Schlüssel, weil er weiß, daß man die Tür damit öffnen kann. Und er weiß dies nicht, wenn er sich mit anderen Dingen beschäftigt. Nur wenn er (oder ein anderer) wissen will, was er weiß und über welches Wissen er dauerhaft verfügen kann, verlagert er die Struktur in die Zeit. Als Daueranstrengung wäre dies jedoch zu viel verlangt; es muß nur möglich sein und bei Bedarf aktualisiert werden können, zum Beispiel in der Schule.

Damit ist, aus einem spezifischen Blickwinkel, ein Unwahrscheinlichkeitstheorem formuliert. Zunächst ist davon auszugehen, daß alles, was erkannt wird, und damit alle Integration mit der Umwelt und mit anderen eigenen Zuständen, sofort wieder verschwindet. Das gilt im übrigen schon für die Neurophysiologie der Wahrnehmung, die dafür sorgt, daß das meiste von dem, was sie reizt, in Bruchteilen von Sekunden wieder gelöscht wird. Wäre das nicht der Fall, wäre das System in Minutenschnelle mit kumulierten Rücksichten überlastet. Wie kommt es dann aber, daß es trotzdem nicht beliebig ist, was aufeinander folgt, und sogar ein hohes Maß an Fernsynchronisation, wenn auch nur: im Moment, erreicht werden kann?

Eine Verdeutlichung dieser neuartigen Lage und ihrer Möglichkeiten ist vor allem der biologischen Erkenntnistheorie von Humberto Maturana zu danken (wenngleich sie bei Maturana nicht diese Zuspitzung auf ein Zeitproblem erfährt).[12] Maturana definiert Leben als autopoietische Organisation in einem molekularen Raum (also durch ein Zusammenziehen zweier in sich komplexer Begriffe, die beide nicht spezifisch biologisch definiert sind). Das hat weitreichende Konsequenzen. Einerseits bleibt dadurch offen, ob und welche anderen autopoietischen Systeme (in anderen Räumen) es geben kann. Andererseits wird das, was damit als Definitionsmerkmal von Leben ausgewiesen wird, so eng und so präzise gefaßt, daß viele damit »offensichtlich« verbundene Sachverhalte nur als Unterscheidungen behandelt werden können, die ein Beobachter macht, wenn er lebende Systeme beobachtet. Das gilt für die Differenz von System und Umwelt, ja sogar für den Zeitverbrauch der autopoietischen Operation, die unbestreitbar nicht beliebig verzögert bzw. beschleunigt werden kann. Sowohl die System/Umwelt-Differenz als auch die Vorher/Nachher-Differenz sind Schemata eines Beobachters, der aber seinerseits leben muß, um beobachten zu können. Man kann verallgemeinern: alles, was Unterscheidungen verwendet, ist immer schon Beobachtung. Beobachtung als solche ist aber eine autopoietische Operation. Jede Erklärung von Kognition setzt damit eine Erklärung des Beobachtens, jede Erklärung des Beobachtens eine Erklärung des Lebens voraus – und dies als Beobachtung eines Biologen, der diese Begriffe, indem er mit ihrer Hilfe beobachtet, unterscheidet. Das Ergebnis lautet dann: »Kognition ist ein biologisches Phänomen und kann nur als solches verstanden wer-

---

12 Vgl. Humberto R. Maturana, Erkennen: Die Organisation und Verkörperung von Wirklichkeit: Ausgewählte Arbeiten zur biologischen Epistemologie, Braunschweig 1982.

den.«[13] Der Begriff der Kognition wird auf Interaktion mit einer Umgebung erweitert[14] und zugleich auf Vollzug der Autopoiesis des Lebens eingeschränkt, die ihrerseits nichts anderes ist als die zirkuläre Organisation der Produktion der Elemente des Systems durch das Netzwerk eben dieser Elemente.

Gerade diese Radikalisierung bietet es aber an, nach Möglichkeiten Ausschau zu halten, über die biologische Systemreferenz hinauszugehen. Die Begrifflichkeit läßt es zu, nach autopoietischen Systemen in anderen Räumen oder mit einer anderen Art einer rekursiven Reproduktion ihrer Elemente zu suchen; und wenn meine Überlegungen hierzu haltbar sind, kann man sowohl Bewußtsein (psychische Systeme) als auch Kommunikation (soziale Systeme) entsprechend begreifen.[15]

Wenn es aber diese verschiedenen Arten von Autopoiesis gibt, ist es nicht mehr unerläßlich, von der Systemreferenz Leben auszugehen. Diese behält ihr Eigenrecht; aber die Frage bleibt, wie viel von dem, was wir als Wissenschaft kennen, in dieser Systemreferenz erklärt werden kann; oder anders gesagt: wie viel Unterschiede in dem, was wir als Wissenschaft kennen, auf Unterschiede in der Autopoiesis des Lebens zurückgeführt werden können. Newton hat sicher anders (das heißt: in anderen Strukturen) kommuniziert als Einstein. Aber hat er auch anders (und wieder: mit anderen Strukturen der Autopoiesis des Lebens) gelebt?

---

13 A. a. O., S. 33.
14 Eine Kritik dieses ausgeweiteten Begriffs der Kognition von biologischer Seite findet man bei Gerhard Roth, Autopoiese und Kognition: Die Theorie H. R. Maturanas und die Notwendigkeit ihrer Weiterentwicklung, in: Siegfried J. Schmidt (Hrsg.), Der Diskurs des Radikalen Konstruktivismus, Frankfurt 1987, S. 256-286.
15 Im Unterschied zu Maturana suche ich dabei allerdings kein begriffliches Äquivalent für »molecular space«, sondern gehe von einer Charakterisierung der Besonderheit der jeweiligen Elemente aus. Siehe Niklas Luhmann, Soziale Systeme: Grundriß einer allgemeinen Theorie, Frankfurt 1984, insb. S. 191 ff.; ders., Die Autopoiesis des Bewußtseins, in: Alois Hahn/Volker Kapp (Hrsg.), Selbstthematisierung und Selbstzeugnis: Bekenntnis und Geständnis, Frankfurt 1987, S. 25-94. Maturana vermeidet genau dies, um nicht in den Zirkel zu geraten, Leben durch die Produktion lebender Einheiten zu definieren. Diese Schwierigkeit ließe sich aber m. E. überwinden; denn in jedem Falle ist die Autopoiesis hochselektiv (und das kann man genauer fassen) in bezug auf das, was sie als Element des jeweiligen Systems ermöglicht.

Hiermit ist zugleich die Unterscheidung vorgestellt, in deren Rahmen wir unseren Ausgangspunkt bezeichnen wollen. Wir behandeln Wissen, und damit auch Wissenschaft, in der Systemreferenz eines sozialen Systems, und zwar der Gesellschaft. Die basale Operation, um die es sich handeln wird, ist also allemal Kommunikation – und weder Leben, noch Bewußtsein. Damit gewinnen wir die Möglichkeit, vorwissenschaftliches und spezifisch wissenschaftliches Wissen durch unterschiedliche Konditionierungen der Kommunikation (statt nur durch Rollen, Professionalisierung, Organisation) zu unterscheiden. Damit werden die üblichen Abgrenzungsmerkmale (Rollendifferenzierung, Professionalisierung, Organisation usw.) nicht aufgegeben, sondern in das allgemeinere Konzept der Ausdifferenzierung eines besonders konditionierten Funktionssystems überführt. Mit der Wahl dieser Systemreferenz bezeichnen wir zugleich den blinden Fleck, den wir nicht weiter aufhellen können, ohne unsere Beobachtungsmöglichkeiten damit zu annullieren. Wir können auf diese Weise zwar noch sehen, daß wir auf diese Weise nicht sehen können, was wir auf diese Weise nicht sehen können; denn wir wissen, daß wir im Rahmen der Unterscheidung von Systemreferenzen eine bestimmte gewählt und andere damit in die Umwelt unseres Systems versetzt haben. Auch besagt diese Festlegung nicht (was Sprachphilosophen gelegentlich vermuten), daß wir über das, was wir auf diese Weise ausklammern, nicht mehr sprechen könnten; denn wir wählen ja gerade Kommunikation als Operation und als Systemreferenz unserer Beobachtung. Aber wir schließen es aus, vom Leben oder vom Bewußtsein auszugehen und damit die Gesellschaft in die Umwelt des Systems zu versetzen, von dem wir ausgehen. Wir schließen, und das ist vor allem wichtig, es damit aus, einen Standpunkt einzunehmen, *von dem aus man die Gesellschaft* (und also: die Wissenschaft als soziales System) *von außen beobachten könnte*. Wir akzeptieren, um einen Filmtitel zu zitieren, den »Kuß der Spinnenfrau«. Und alles, was im folgenden kommuniziert wird, ist Kommunikation in dem System, über das kommuniziert wird. Wir operieren also in dem Netzwerk, das gesponnen wird, indem wir in ihm operieren. Und genau das ist der Grund für die Wahl eben dieser

Systemreferenz. Sie ermöglicht den Mitvollzug ihrer Selbstreferenz.

II

Für die kommunikative Erzeugung von Wissen ist kennzeichnend, daß die Wahrheit des Wissens »unmarkiert« mitkommuniziert wird.[16] Das heißt: man kann davon ausgehen, daß Wissen wahres Wissen ist. Man rechnet nicht mit Zweifeln. Würde man die Wahrheit des Wissens betonen, würde gerade das Zweifel zum Ausdruck bringen, würde die Kommunikation vom Inhalt auf den Wahrheitswert ablenken und ihr die Möglichkeit geben, zur Wahrheitsfrage mit Ja oder Nein Stellung zu nehmen. Das kann nur ausnahmsweise geschehen (und nicht einmal die Wissenschaft kann in ihrer kommunikativen Praxis die Ausnahme zur Regel werden lassen). Wissen wird im Schutze der Unmarkiertheit des Wahrheitswertes, also ohne explizite Verwendung des wahr/unwahr-Schemas erzeugt. Wissen*schaft* kann dann immer nur der *Korrektur* des so erzeugten Wissens dienen.[17]

Man muß dies »Unmarkiertlassen« als kommunikationspraktische Notwendigkeit begreifen, dann sieht man auch, daß dadurch die Unwahrscheinlichkeit des Wissens verdeckt wird – die Unwahrscheinlichkeit, die darin besteht, daß es keinerlei operativen Zugriff des Kommunikationssystems Gesellschaft auf seine Umwelt gibt. Das Gesellschaftssystem »übersetzt« gewissermaßen die Unmöglichkeit eines Außenweltkontaktes in die Schwierigkeit des internen operativen Anschlusses, also in das formale Problem der Aufrechterhaltung der eigenen Autopoiesis in den dadurch gezogenen Grenzen. In diesem Sinne ist Wissen, was immer der korrespondierende Bewußtseinszustand sein mag, eine Struktur, die zur Ermöglichung der Autopoiesis von Kommunikation beiträgt. Ganz allgemein regeln

---

16 Zur Unterscheidung »markedness/unmarkedness« siehe John Lyons, Semantics Bd. 1, Cambridge, England 1977, S. 305ff.
17 Zur Evolution von »distortion corrections« vgl. Donald T. Campbell, Neurological Embodiments of Belief and the Gaps in the Fit of Phenomena to Noumena, in: Abner Shimony/Debra Nails (Hrsg.), Naturalistic Epistemology: A Symposium of Two Decades, Dordrecht 1987, S. 165-192 (179ff.).

solche Strukturen, wie man aus einer Kommunikation eine andere produziert. Sie schränken die Beliebigkeit der Anschlußmöglichkeiten ein. Dies ist jedoch nur auf selektive, immer auch anders mögliche Weise möglich. Autopoietische Systeme ermöglichen und erzwingen eine stets selektive Informationsverarbeitung. Man kann ein bestimmtes oder ein anderes Wissen aktualisieren, etwa darüber sprechen, ob Rahmsauce für Rehbraten unerläßlich ist oder ob die Maschine von Frankfurt nach Wien auch samstags fliegt. Man kann die eine Frage nicht mit einer Antwort auf die andere weiterbehandeln. Jede Themenwahl spezifiziert die dazu passende Kommunikation und dirigiert damit die Autopoiesis der Kommunikation in eine bestimmte Richtung, die anderes ausschließt.

Anscheinend hat die Nichtselbstverständlichkeit des Wissens es also mit dem operativen Fortgang von Moment zu Moment und mit dem dadurch ausgelösten Zwang zur selektiven Informationsverarbeitung zu tun.[18] Von Situation zu Situation muß jeweils anderes Wissen aktualisiert werden, und die Selektion des jeweils relevanten Wissens wird durch den Lauf der Kommunikation und, in größeren Brocken, durch den Zugang zu Kommunikationssystemen gesteuert. Ähnlich wie die Vielfalt der Arten von Lebewesen ist auch die Vielfalt kommunikativer Kontexte ein Resultat der Evolution, und zwar ein zwangsläufiges Resultat. Denn obzwar (und weil!) die autopoietische Grundoperation in beiden Fällen einem bestimmtem Typus folgt und sich insofern wiederholt, wird mit der rekursiven Anwendung von solchen Operationen auf die Resultate solcher Operationen Komplexität aufgebaut, die nur dank einer strukturellen Limitierung des jeweils Nächstmöglichen das System in Gang halten kann. Maturana unterscheidet deshalb zwischen der Organisation des autopoietischen Prozesses schlechthin und seiner Struktur, die ihm eine Sondertypik verleiht, neben der es andere Arten geben kann.[19] Der Komplexitätsaufbau ist

---

18 Wir vereinfachen uns die Ausarbeitung an dieser Stelle. Mit ausführlicheren Analysen könnte man denselben Sachverhalt zwangsläufig selektiver Informationsverarbeitung auch an der Phänomenologie des Sinnerlebens und am Begriff der Komplexität aufdecken. Vgl. Niklas Luhmann, Complexity and Meaning, in: ders., Essays on Self-Reference, New York 1990, S. 80-85.
19 Vgl. a.a.O., S. 240 f.

zunächst also durchaus endogen induziert durch die Eigenselektivität des rekurrenten Anschließens von Operation an Operation. Er ist *nicht* das Resultat der *Anpassung* an eine immer schon komplexe Umwelt, also auch *nicht* (was für das Folgende wichtig sein wird) eine zunehmend adäquatere *Repräsentation* der Umweltkomplexität im System.[20]

Strukturen, die in dieser Weise Kommunikation aus Kommunikation hervorgehen lassen, müssen temporale Projektionen enthalten. Sie müssen (wenn man diesen Begriff entpsychologisiert gebrauchen darf) aus *Erwartungen* bestehen, die die Variationsmöglichkeiten weiterer Kommunikationen einschränken. Erwartungen erzeugen, gerade weil sie auf Enttäuschungen gefaßt sein müssen, eine ausreichende Kontinuität der Welt. Sie schließen, niemand ist allwissend, Enttäuschungen nicht wirksam aus; aber sie sorgen im voraus dafür, daß sie behandelt werden können und daß der Schaden relativ gering bleibt. Die Welt geht nicht unter, wenn das Licht ausgeht; man muß dann nur im Dunkeln nach Kerzen und Zündhölzern suchen. Die Differenz zwischen System und Umwelt wird sozusagen in ein Enttäuschungsproblem umgerechnet. Man braucht nicht zu wissen, wie die Welt wirklich ist. Man muß nur die Möglichkeit haben, eigene Erfahrungen zu registrieren und (wie immer selektiv und vergeßlich) zu erinnern. Dann kann die Kommunikation mit sprachlich fixierbaren Unterstellungen arbeiten, die an möglichen Enttäuschungen geeicht sind und als vertraut gehandhabt werden können, weil man weiß oder doch gegebenenfalls rasch feststellen kann, wie man Reparaturen ansetzen und wie man weiterhin verständlich kommunizieren kann. Die Sonne mag sich verfinstern; aber es wird nicht gebibbert, sondern gebetet, und heute nicht einmal mehr das, weil man weiß, daß es Leute gibt, die wissen, wie so ein Naturschauspiel zustande kommt.

Sofern nur Erwartungen *bestimmt* sind, kann man *unbestimmt*

---

[20] Zum Zusammenhang von »Adaptionism« und »Representationalism«, also zum heimlichen Zusammenspiel von Evolutionstheorie und Epistemologie und zu einer Alternative dazu vgl. auch Francisco J. Varela, Living Ways of Sense-Making: A Middle Path for Neuro-Science, in: Paisley Livingston (Hrsg.), Disorder and Order: Proceedings of the Stanford International Symposium (Sept. 14-16, 1981), Saratoga, Cal. 1984, S. 208-224.

lassen, ob sie im Einzelfalle bestätigt oder enttäuscht werden. Solange die Bestimmtheit des Erwartens Bezug nimmt auf konkrete Kontexte der Kommunikation, ist es zugleich hochwahrscheinlich, jedenfalls nicht weithin offen, daß sie sich erfüllen werden. In dem Maße aber, als es wissenschaftliche Begrifflichkeit ermöglicht, hypothetische Erwartungen relativ kontextfrei zu formulieren, kann dieser Bedingungszusammenhang von Bestimmtheit und Unbestimmtheit ausgereizt werden. Ähnlich wie in der Wirtschaft die Bestimmtheit der Preise es ermöglicht, es unbestimmt zu lassen, ob zu diesen Preisen gekauft wird oder nicht, und die Preise nur auf Grund von Erfahrungen nachjustiert werden müssen, sind auch die theoretisch fixierten Hypothesen von einer Bestimmtheit, die es ermöglicht, Erfüllung oder Enttäuschung auszuprobieren, weil der theoretische Kontext es ermöglicht, aus beiden Erfahrungen die Konsequenzen in Bezug auf wahr bzw. unwahr zu ziehen. Insofern forciert die Ausdifferenzierung von Wissenschaft nur einen Zusammenhang, der schon im Alltagsleben beobachtet werden kann und der Bestimmtheit *und* Unbestimmtheit kombiniert, um damit ein laufendes Justieren von Wissen zu ermöglichen.

Erst diese Hintergrundanalyse, die das Problem der Enttäuschung einbezieht, macht es möglich, diejenige Unterscheidung einzuführen, die uns helfen soll, den Begriff des Wissens zu präzisieren. Angesichts von Erwartungsenttäuschungen gibt es zwei entgegengesetzte Verhaltensmöglichkeiten. Man kann die Erwartung trotz der Enttäuschung kontrafaktisch festhalten oder sie aufgeben. Dies ist zwar keineswegs ein klares Entweder/Oder. Zumeist genügt eine leichte, nur auf die Situation bezogene Modifikation, eine Art Rückwärtskorrektur der gerade laufenden Erwartungen. Man brauchte ein Fachwort, hielt es für geläufig, sieht am Zögern des Gegenüber eine Verständnislücke und schiebt eine Erläuterung nach. Rückwärtskorrekturen sind der Normalbehelf aller Kommunikationsprozesse (einschließlich Lesen!) bei unerwarteten Wendungen.[21] Damit wird jeweils situationsweise über die Erwartungen disponiert.

---

21 Übrigens werden gerade solche Korrekturen in weitem Umfange *unbewußt* vollzogen – ein Argument mehr für unsere These, daß es falsch wäre, das Funktionieren der Autopoiesis von Kommunikation auf die Subjektivität der beteiligten Bewußtseinssysteme zurückzuführen.

Man braucht im Normalgang der Kommunikation also gar nicht zu entscheiden, ob man die zunächst benutzte Erwartung, die sich dann nicht bewährt, aufgeben oder weiterverwenden will. Die Situation hilft sich selbst, und es werden gar keine überschießenden Struktureffekte abgezogen. Es kann aber auch sein, daß dies nicht ausreicht oder daß, aus welchen Zufallsgründen immer, der Kommunikationsprozeß disponiert ist, eine Lehre zu ziehen. In diesem Falle muß die Kommunikation die strukturellen Konsequenzen irgendwie zum Ausdruck bringen. Sie wählt dann einen *normativen* Erwartungsstil, wenn sie meint, daß die Erwartungen auch im Enttäuschungsfalle durchgehalten werden sollen, weil sie »berechtigt« sind; und sie wählt einen *kognitiven* Erwartungsstil, wenn sie zum Ausdruck bringen will, daß die Erwartungen im Enttäuschungsfalle korrigiert werden müssen.

Mit Hilfe dieser Unterscheidung soll Wissen definiert werden als *kognitiv stilisierter Sinn*, während wir *normativ stilisierten Sinn* als Recht bezeichnen wollen. Obwohl keineswegs alle Erwartungen in dieser Weise vorklassifiziert werden, läßt sich die Tragweite dieser Unterscheidung für prekäre Erwartungen kaum überschätzen. Wir greifen, um das zu verdeutlichen, auf eine allgemeinere Theorieebene zurück.

Alle autopoietischen Systeme sind selbstregulative Systeme. Sie sind, wie Heinz von Foerster sagt, laufend mit dem Errechnen von Regelmäßigkeiten beschäftigt.[22] Das kann nur aus Anlaß von Irritationen geschehen, die sich an bereits regulierten Erwartungen als Störung, Enttäuschung usw. abzeichnen. Ohne Störung also keine Ordnung. Dabei kommt es nicht auf die (für einen Beobachter »objektiven«) Diskrepanzen zwischen System und Umwelt an, sondern nur auf das, was im System registriert und in die Form einer Irritation gebracht werden kann. Die Bewährtheit dieses strukturbildenden Modus der Selbstregulation beruht nun nicht zuletzt darauf, daß es für den Umgang mit Irritationen nicht nur eine, sondern zwei Metaregeln gibt. Die eine lautet: ändere die Struktur, so daß die Irritation als strukturkonform erscheinen kann. Die andere

---

22 Vgl. Sicht und Einsicht: Versuche zu einer operativen Erkenntnistheorie, dt. Übers. Braunschweig 1985, insb. S. 67ff. Ältere Versionen derselben Einsicht hatten Bezeichnungen wie Homöostase oder Rückkopplung (feedback).

lautet: halte die Struktur fest und externalisiere deine Enttäuschung; rechne sie einem System der Umwelt zu, das sich anders verhalten sollte. Im ersten Fall wird die Erwartung kognitiv modalisiert, im zweiten Fall normativ. Insgesamt panzert sich das System auf diese Weise gegen Änderungsdruck und stellt intern nochmals zur Wahl, wie es auf Irritationen reagieren will. Auf diese Weise wird bei zunehmender Komplexität und bei damit zunehmender Irritationssensibilität immer noch ermöglicht, daß das System Regelmäßigkeiten errechnen kann.

Was die eine dieser Metaregeln sedimentieren läßt, nimmt die Form von Wissen an. Wissen ist mithin das Sediment einer Unzahl von Kommunikationen, die kognitive Erwartungen benutzt und markiert hatten und mit ihren Resultaten reaktualisierbar sind. Da die Unterscheidung zentrales Definitionsmerkmal ist, führt dieser Ausgangspunkt uns zu der Aussage, daß es Wissen nur gibt, wenn es Recht gibt, und umgekehrt; und daß beides auf einem in dieser Hinsicht undifferenzierten Sinnfundament aufruht, bei dem es nicht nötig oder nur situationsweise nötig oder nur unerinnerbar nötig gewesen ist, die Unterscheidung zu markieren, ob man im Enttäuschungsfalle die Erwartung ändern, also lernen will oder nicht.

Die Differenzierung von kognitiven und normativen Erwartungen, also von Wissenschaft und Recht, ist in der europäischen Tradition in der Tat am unwahrscheinlichen Falle, und zwar am Konfliktfalle vollzogen worden. Sie setzt ein Abheben gewisser Kommunikationsprozesse vom Normalfunktionieren voraus. Dennoch hat das Problem in der griechischen Philosophie und speziell bei Platon eine sehr eigenartige Fassung erhalten, mit der die dafür angebotene Semantik auf ein bereits ausdifferenziertes rechtlich/politisches Stadtregiment und auf die darauf eingestellte Sophistik reagiert. Die Unterscheidung, die die Differenzierung einleitet, ist nicht die von Festhalten oder Ändern (Nichtlernen/Lernen),[23] sondern hat unterschiedliche Wege zur Gewinnung von Ergebnissen vor Augen. Bei allen rechtlich

---

23 Man beobachte die Umkehrung des Negationsbezugs und die darin sich andeutende Umkehrung der Präferenzen von Festhalten zu Nichtändern und von Ändern zu Lernen. Der Nichtvollzug dieser Umkehrung dürfte der Grund sein für die im Text angedeutete Wegentscheidung der Philosophie.

oder politisch zu entscheidenden Konflikten geht es darum, den/die Dritten für den eigenen Standpunkt zu gewinnen. Die Stadtgemeinschaft oder die Ämterstruktur ist der Zielpunkt der Bemühung, und die Technik ist rhetorisch. Im dagegengesetzten Wahrheitsinteresse geht es statt dessen darum, den Gegner selbst zur Zustimmung zu zwingen, und die dafür entwickelte Technik heißt Dialektik. *Beides* ist schon nicht mehr Anrufung der Götter oder Ausgriff in eine externe Welt. *Beides* ist und bleibt Kommunikation. *Beides* sind schon explizit soziale Prozesse,[24] die die Autopoiesis von Gesellschaft vollziehen und *darin* nach fremdreferentieller Bestätigung suchen. Aber die Art, wie diese Bestätigung gesucht wird, setzt noch keine kosmische Autonomie des Gesellschaftssystems voraus, sondern formuliert das Recht ebenso wie das Wissen als in seinen besten Möglichkeiten Natur.

III

Nicht deckungsgleich mit dieser Unterscheidung von kognitiv (lernbereit) und normativ (nichtlernbereit) ist eine weitere Unterscheidung, die ebenfalls zur Charakterisierung von Wissen herangezogen werden soll: die von Erleben und Handeln. Es werden sich starke Überschneidungen ergeben, weil man beim Erwarten von Handlungen eher Anlaß findet, sich normativ zu orientieren, als beim Erwarten von Erleben. Aber das betrifft jeweils das Handeln und Erleben der anderen, und auch hier, wenn man nur geschichtlich und ethnographisch weit genug blickt, nicht zwingend. Auf sich selbst bezogen kann man sehr wohl normativ orientiert erleben ebenso wie unter dem Primat kognitiver Interessen handeln – zum Beispiel Wissen suchen oder experimentieren.

Die Unterscheidung von Erleben und Handeln orientiert sich am Problem der Kausalzurechnung.[25] Von *Erleben* soll immer

---

24 Zum Unterschied von Parmenides und Gorgias in *dieser* Hinsicht vgl. Jean-François Lyotard, Le différend, Paris 1983, S. 31ff., 38ff.
25 Ausführlicher Niklas Luhmann, Erleben und Handeln, in ders., Soziologische Aufklärung, Bd. 3, Opladen 1981, S. 67-80. Vgl. auch Harold H. Kelley, Attribution Theory in Social Psychology, Nebraska Symposium on Motivation,

dann die Rede sein, wenn die Zustandsänderung eines Systems (=Verhalten) dessen Umwelt zugerechnet wird. Von *Handeln* soll die Rede sein, wenn die Zustandsänderung eines Systems diesem selbst zugerechnet wird. Zurechnungen sind immer Beobachtungen eines Beobachters. Sie können von Beobachter zu Beobachter variieren. Das heißt: ein Beobachter kann als Erleben zurechnen, was ein anderer als Handlung sieht, und umgekehrt. Auch Selbstbeobachtung ist möglich, so daß auch das sich verhaltende System sein Verhalten primär der Umwelt oder primär sich selbst zurechnen und damit eher als Erleben oder eher als Handlung qualifizieren kann – und auch dies nicht selten in Diskrepanz zu den Beobachtungen und Zurechnungen anderer Beobachter. In solchen Fällen mögen für die Wahl der Zurechnungsrichtung normative Erwartungen ausschlaggebend sein – insbesondere Probleme der Verantwortlichkeit und der Schuld. Oder die Einsicht in Interessenlagen legt die Vermutung nahe, daß der andere gar nicht auf Erleben reagiert, sondern handeln will.[26]

Eine so komplexe und unsichere Begriffsanlage mag auf den ersten Blick als unnötig erscheinen. Wir sind Einfacheres gewohnt. Die Tradition hatte eine ähnliche Unterscheidung an Fähigkeiten des Menschen (oder später: des Subjekts) festgemacht. Sie hatte Denken und Wollen bzw. Verstand und Wille unterschieden. Das führt jedoch nur zu Aggregatausdrücken für im einzelnen ungeklärte Sachverhalte. Gerade operativ lassen sich Erleben und Handeln ja kaum unterscheiden, weil die Generierung von Verhalten immer eine sensomotorische Kooperation erfordert. Es geht also immer nur um eine artifizielle Klassifikation, eine simplifizierende Bestimmung, die einen Beobachter und Zurechnungsentscheidungen des Beobachters

---

Lincoln, Neb. 1967, S. 192-238 zum Problem der Identifikation von Alters Verhalten als Erleben.

26 Vgl. z. B. Elaine Walster/Elliot Aronson/Darcy Abrahams, On Increasing the Persuasiveness of a Low Prestige Communicator, Journal of Experimental Social Psychology 2 (1966), S. 325-342. Historisch mag hierfür (und zugleich für die Ausbildung strengerer Anforderungen an wahres Wissen) die Beobachtung eine Rolle gespielt haben, daß Poeten seit Simonides für Geld auftreten. Marcel Détienne, Les maîtres de vérité dans la Grèce archaïque, Paris 1967, 3. Aufl. 1979, S. 105, spricht in bezug hierauf von einem »procès de démonétisation d'Aletheia«.

voraussetzt, aber dann, wenn sie selbst als Operation vollzogen wird, Konsequenzen hat.[27]

Diese Vorüberlegungen führen jedoch nicht ohne weiteres dazu, Wissen mit Zurechnung als Erleben zu identifizieren. Ähnlich wie die Unterscheidung kognitiv/normativ ist auch die Unterscheidung Erleben/ Handeln Schema einer Beobachtung, also artifiziell, also nicht immer gefragt. Schließlich wird gerade auch Wissen dem Wissenden zugerechnet, und Wissen ist auch möglich in bezug auf eigene Zustände, eigene Handlungsbereitschaften, eigene Wünsche und Absichten; oder jedenfalls ist das so, wenn man den Begriff normal und alltagssprachlich verwendet. Ähnlich wie die kognitive Komponente (im Unterschied zur normativen) muß auch die Erlebniskomponente (im Unterschied zur Handlungskomponente) erst herauspräpariert werden, wenn Wissen in der modernen Form wissenschaftlichen Wissens entstehen soll. Wissenschaftliches Wissen muß besonderen Ansprüchen genügen, muß besondere Schwellen der Unwahrscheinlichkeit überwinden. Das erfordert ein Abstreifen normativer und handlungsmäßiger Implikate, eine Spezialisierung auf kognitive Strukturen und auf Umweltzurechnung, die man weder in einfachen Gesellschaften noch in unserem Alltag voraussetzen kann. Die im Wissen immer schon angelegten Möglichkeiten werden durch Wissenschaft selektiv entwickelt, und auf dieser Selektivität beruht der Erfolg der Wissenschaften. Wir müssen uns an dieser Stelle mit dieser Feststellung begnügen und kommen später unter dem Gesichtspunkt des Sonderproblems des Kommunikationsmediums Wahrheit (Kapitel 4) und der inhärenten Unwahrscheinlichkeit des Wissenschaftssystems (Kapitel 5) darauf zurück.

Wir hatten bereits ausgeschlossen, das Wissen auf Menschen oder auch nur auf ihr Bewußtsein zuzurechnen. Von Erleben ist deshalb auch nicht im Sinne von faktischen (und als solche verifizierbaren) psychischen Zuständen die Rede. Vielmehr geht es einzig und allein um eine *in der Kommunikation praktizierte*

---

27 Dies ist im übrigen ein Beispiel, an dem man das größere Auflösevermögen der modernen Wissenschaft (hier: der Attributionsforschung) im Vergleich zu Altbegriffen demonstrieren und zugleich zeigen kann, daß und wie die Wissenschaftstheorie ihre Grundlagen dem Stande der Wissenschaften selbst verdankt. Vgl. auch hierzu Kap. 7.

*Zurechnungskonvention.*²⁸ Diejenige basale Operation, die Wissen über Zurechnung als Erleben produziert, ist daher immer Kommunikation – und nicht die psychische Aktivität selber. Auf ihre Funktion hin betrachtet, dient die Zurechnung als Erleben (mitsamt den Symbolen, die sie operationalisieren) der *Anonymisierung der Teilnehmer*. Wo Handeln interferiert, muß man wissen, wer handelt und welche Interessen und Motive er einbringt. Das gilt auch, wenn es sich um Handeln zum Zwecke des Wissensgewinns handelt. Das Wissen selbst hat seine Geltung dagegen in einer anonym konstituierten Welt. Es kann als Wissen nur überzeugen, wenn man es für prinzipiell gleichgültig hält, wer es erkennt (was im praktischen Leben natürlich nicht ausschließt, Wissensvorsprünge oder Irrtümer bzw. Unkenntnisse auszunutzen). Konsens trotz unterschiedlicher Interessenlage hat dann den Wert eines Indikators dafür, daß es sich tatsächlich um ein jedermann zugängliches Erleben handelt; während man umgekehrt bei Zurechnung auf Handeln Gegensätze von Interessen und Motiven aufstöbern würde. Die Reduktion auf die Form des extern zurechenbaren Erlebens ist der Idee nach ein Wahrheitsselektor, faktisch legt sie jedoch zunächst einmal die *Form von Sozialität* fest, aufgrund derer Wissen erscheinen kann. Hier findet man denn auch den Grund dafür, daß Wissen der sozialen Evolution ausgesetzt ist und schließlich zur Sache von Wissenschaft werden kann.

Die inzwischen klassische, strukturfunktionalistische Wissenschaftssoziologie hatte das Forcieren solcher Einstellungen als Merkmal der modernen Wissenschaft behandelt und von der Anerkennung der entsprechenden Normen in einer scientific community abhängig gedacht. Damit sollte gewährleistet sein, daß idiosynkratische, subjektive Verzerrungen auf ein Minimum reduziert würden. Daß solche Normen feststellbar sind und daß sie die moderne Wisenschaft auszeichnen (während es im Alltagsleben eher um Normen der Wahrhaftigkeit geht), soll nicht bestritten werden. Dennoch sind diese Normen wohl eher

---

28 Hier liegt denn auch der Grund, um dies noch klarzustellen, weshalb wir den Begriff attributionstheoretisch reformulieren müssen. Es geht um eine im Kommunikationsprozeß vorausgesetzte oder ausgehandelte, mit Worten der Wissenssemantik (auch: Erkennen, Tatsache etc.) signalisierte Neutralisierung des Eigenbeitrags psychischer Systeme.

ein Reflex als die Ursache entsprechenden Verhaltens.²⁹ Sie bringen nur in anderer Weise zum Ausdruck, daß die spezifische Ausrichtung auf Wissenserwerb und Wissenskontrolle verhaltensmäßige Konsequenzen hat. Nicht Normen, sondern Formen sind entscheidend, und zwar, wie hier behauptet wird, Formen, die Zurechnungen konditionieren.

Auch an den Operationen kognitiver Systeme kann man nämlich ablesen, wie sie, obwohl systemeigene, als fremdveranlaßt und damit als Erleben stilisiert werden. Im Alltagsverkehr geschieht dies dadurch, daß das Bewußtsein Körperprozesse (insbesondere Gehirnprozesse) externalisiert und daß dies im sozialen Wahrnehmen des Wahrnehmens anderer nachvollzogen werden kann. Im modernen Forschungsbetrieb der Wissenschaft kann man sich auf diesen noch quasi natürlichen, jedenfalls unreflektiert funktionierenden Mechanismus nicht mehr verlassen. Die Theorie- und Apparateabhängigkeit der Forschung und ihr zunehmendes Auflösevermögen im Hinblick auf die wahrnehmbare Welt rücken die Eigentätigkeit in den Vordergrund, und die kritische Diskussion der Ergebnisse empirischer Forschung trägt das Ihre dazu bei, die Eigentätigkeit immer wieder zu thematisieren. Es werden eben deshalb besondere Anstrengungen unternommen, Beobachtungen der sogenannten empirischen Art zu externalisieren,³⁰ Untersuchungen und ihren Resultaten einen externen Referenten zu geben, um für die Darstellung des Resultats die Form des Erlebens wiederzugewinnen.

Der gleiche Sachverhalt läßt sich erkennen, wenn man auf den Sanktionsmodus abstellt. Wahrheitsfähiges Wissen kann nur durch Herstellung von Erleben, nicht durch Sanktionen bewirkt werden, die zu bestimmten Handlungen motivieren sollen. In Grenzfällen gibt es zwar auch denen gegenüber Sanktionen, die nicht wissen wollen oder nicht wissen können. Aber

---

29 Siehe auch die Kritik bei Michael Mulkay, Science and the Sociology of Knowledge, London 1979, S. 63 ff., die allerdings mit der bloßen Umstellung von sozialen Normen auf soziale Interessen nur auf ein anderes konstruktives Artefakt und in jedem Falle nicht weit genug führt.

30 So formuliert Trevor Pinch, Towards an Analysis of Scientific Observation: The Externality and Evidential Significance of Observational Reports in Physics, Social Studies of Science 15 (1985), S. 3-36. Siehe auch ders., Confronting Nature: The Sociology of Solar-Neutrino Detection, Dordrecht 1986, S. 22 ff.

solche Personen werden in mehr oder weniger weitreichender Weise aus der relevanten Kommunikation ausgeschlossen. Sie werden für unvernünftig oder für verrückt erklärt. Sie werden als jemand behandelt, der eventuell sich selbst, nicht aber andere schädigen kann, oder als jemand, der sich durch die Rücksicht auf die Welt, wie sie nun einmal ist, nicht motivieren läßt. Und auch in dieser Hinsicht unterliegt das Wissen mitsamt seinen Zusatzinstitutionen der Evolution.[31]

Die Reduktion auf Erleben und die Anonymisierung der Erlebenden ist Grundlage für die Prätention, Wissen sei *universales* Wissen, das heißt: für *jeden* Beobachter erreichbar. In der religiös grundierten Kosmologie traditionaler Gesellschaften wurde diese Prätention noch durch die Annahme von »geheimem« (aber wissbarem) Wissen in Schranken gehalten. Als Folge des Buchdrucks mußte man auf diese Differenz von geheimem und offenbarem Wissen verzichten. Ob aber in jenen Schranken oder nicht: Universalismus besagt, daß man die partikularen Beobachtungsweisen anderer Beobachter außer acht lassen kann. Universalismus ermöglicht Lernen von dem, was andere wissen, und ermöglicht zugleich Kritik in der Form des Hinweises auf Irrtümer. Das Beobachten der Beobachter bleibt auf diese beiden Funktionen beschränkt. Mit dem Einbau solcher Operationen des Lernens und Kritisierens wird der Universalismus nicht aufgegeben, sondern es wird nur zur Geltung gebracht, daß es sich beim Wissen um unverzerrtes, der Sache hingegebenes Erleben handeln müsse. Die Letztfigur dieser Erwartungsstruktur war und bleibt das »Subjekt« als diejenige Essenz des Beobachtens, die in allen Beobachtern gleich ist und sich über das Faktum ihres Operierens nicht irren kann, weil sie sich cartesisch an sich selbst kontrolliert. In Kurzfassung gebracht, kann man daher sagen: das Subjekt ist die Intersubjektivität – freilich immer unter der Voraussetzung, daß die Reduktion auf Erleben gelingt.

Wissen ist demnach in einem extrem allgemeinen (und nicht kulturspezifischen) Sinne kondensiertes Beobachten und in einem spezielleren Sinne, der evoluiertes Unterscheidungsver-

---

31 Vgl. aus sehr anderer, aber vergleichbarer Perspektive zur Modernität des Diskurses über Geisteskrankheit Michel Foucault, Histoire de la folie à l'âge classique, Paris 1961; ders., Naissance de la clinique, Paris 1963.

mögen voraussetzt, eine als kognitives Erleben stilisierte Erwartungshaltung. Immer geht es dabei aber um systemeigene Operationen. Daß nur Erleben zählt und daß zur Begründung von Wissen über Erleben kommuniziert werden muß, heißt also keineswegs, daß das System nur passiv auf die Außenwelt reagiere oder ihr die Entscheidung von Zweifelsfragen überlasse. Gemeint ist nur, daß die an der Kommunikation beteiligten Personen, wenn und soweit es um Wissen gehen soll, bestimmten Beschränkungen unterworfen werden. Die Semantik der Normen und Regeln, die hier ankristallisiert, organisiert die Fremdreferenz der Operationen, die in der Gesellschaft und speziell in der Wissenschaft die Qualität Wissen vermitteln; aber es handelt sich um Referenz und nicht um eine von außen nach innen wirkende Kausalität.[32]

Im Rückgriff auf die oben (Kapitel 2) skizzierte Theorie des Beobachtens können wir diese quasi definitorisch eingeführte Begriffsbestimmung weiter präzisieren. Es geht, und nichts anderes soll hier mit »Stilisierung« gesagt sein, um ein Beobachten von Unterscheidungen, die ein Beobachter benutzt. Oder anders gesagt: Durch Markierung in der Kommunikation von Erwartungen als kognitiv (und nicht normativ) und als Resultat von Erlebnissen (statt von Handlungen) wird Beobachten dirigiert. Die Kommunikation signalisiert durch Verwendung geeigneter Symbole, wie ihre Beobachtungen beobachtet werden sollen. Was immer die beteiligten psychischen Systeme davon halten und ob sie sich diesen laufend aktualisierten Direktiven fügen oder nicht: in der Kommunikation läuft der Rückgriff auf vorherige Kommunikation unter diesen Prämissen. Etwas war als »Wissen« mitgeteilt – das heißt: es soll(!) so beobachtet werden, als ob die Beobachtung unter diesen Prämissen stattgefun-

---

[32] Die sogenannten »Laborstudien« (en vogue seit Bruno Latour/Steve Woolgar, Laboratory Life, Beverly Hills 1979) bestätigen diese Sicht. Sie richten sich so gut wie ausschließlich auf das kommunikative Handeln der in Labors Forschenden und polemisieren damit gegen die Tradition der analytischen Wissenschaftstheorie und zugleich gegen die strukturell-funktionale Theorie der Linie Parsons/ Merton. Sie werden damit der impliziten Zurechnung auf Erleben zunächst nicht gerecht, kommen aber schließlich selbst zu dem Resultat, daß für die im Labor prozessierten Zeichen eine externe Referenz gesucht und gefunden (»konstruiert«) werden muß, auf die man sich einigen kann. Karriereprobleme sind zwar Themen, aber nicht Argumente der Kommunikation.

den hätte. Das schließt es faktisch nie aus, die Normativität dieser Zumutung in die Kommunikation einzubringen; aber es kann sehr unhöflich sein, wenn man es tut, weil im Kontext einer wissenszentrierten Kommunikation oft die Norm gilt, die normativen Prämissen eben dieser Stilwahl nicht in Frage zu stellen. Dasselbe gilt, mutatis mutandis, für (immer natürlich verhaltensbasiertes) Erleben.

Die Stabilität einer auf Wissen bezogenen Kommunikation liegt, wenn sie überhaupt erreicht wird, immer schon auf der Ebene des Beobachtens von Beobachtungen. Daß es dabei immer um Beobachtungen geht, das heißt um unterscheidende Bezeichnungen, wird nicht in Frage gestellt. Damit wird auch immer vorausgesetzt, daß entsprechende Operationen in der Welt stattfinden, daß den Unterscheidungen (beginnend mit: ob man eine Erwartungsenttäuschung antezipiert oder nicht; ob man kausal zurechnet oder nicht) etwas zugrunde liegt, was nicht faßbar ist – es sei denn durch andere Unterscheidungen. Der Realitätsbezug des Wissens liegt somit in seiner eigenen Operativität – und nicht in ermittelbaren Garantien für einen Realitätsbezug der Thematik des Wissens.

IV

Geht man von einem ganz allgemeinen Sinn von Wissen aus, fällt es zunächst schwer, System und Struktur der modernen Wissenschaft zu begreifen. Wir schalten daher einen Zwischenabschnitt ein, der die vormoderne Auffassung von Wissen und Wissenschaft rekonstruiert.

Es ist davon auszugehen, daß Wissen heute wie früher eine frei flottierende Erwartungsqualität ist, die sich weder ausdifferenzieren noch einem besonderen System zur ausschließlichen Herstellung und Nutzung zuweisen läßt. Wissen gibt es überall – und mehr, als man wissen kann. Jede einzelne Aktivität setzt Wissen voraus. Für alles Handeln und erst recht für alle Kommunikation ist Wissen unentbehrlich. Daran kann und will auch Wissenschaft, auch eine noch so raffinierte, komplexe, schwer zugängliche und eigendynamische Wissenschaft nichts ändern. Wissen ist immer schon in Gebrauch, und zwar in allen Bereichen gesellschaftlicher Kommunikation: bei der Abschätzung von Situationen im Straßenverkehr und bei der Krankenbehandlung, beim Umgang mit Uhren und Kalendern und bei Weihnachtseinkäufen, bei der Benutzung von Werkzeugen und Maschinen und bei der geselligen Unterhaltung, beim Lesen der Zeitung und beim Erkennen der Absichten anderer. Die vormoderne Wissenschaft setzt bei diesem tagtäglichen Bedarf für Wissen an und stellt sich die Aufgabe, das Wissen zu verbessern und vor allem – solange der Buchdruck noch fehlt – es zu erhalten und zu tradieren.

Wichtige Aspekte der Bemühung um Wissen ergeben sich aus dieser Ausgangslage. Das gilt zunächst für leitende Unterscheidungen – etwa die von geheimem Wissen und öffentlichem Wissen oder die von strengem Wissen (epistéme) und bloßem Meinungswissen (dóxa). Mit solchen Unterscheidungen wird schon differenziert – aber nur nach Maßgabe der Qualität des Wissens. Damit hängt zusammen, daß die Aufgabe der Erkenntnis begriffen wird als Transformation von Unbekanntem in Bekanntes. Darauf baut auf, was als Methodologie sichtbar wird. Sie zielt neben der dominanten Aufgabe des Pflegens und Bewahrens auf Entdeckung. Entsprechend ist es eine Leitfrage, wie Irrtümer zu vermeiden sind, und die Methodenforschung zielt auf die Entdeckung der Ursachen von Irrtümern.[33]

Diese Auffassung wird durch die klassische zweiwertige Logik gedeckt, bestätigt und fast unausweichlich fixiert (was nicht heißen soll, daß wir nur weiterkommen, wenn wir zu einer »mehrwertigen« Logik übergehen). Wenn man mit Hilfe dieser Logik beobachtet, hat man nur zwei Werte zur Verfügung. Der eine muß freigehalten werden zur Bezeichnung des eigenen Irrtums, sonst könnte man über Irrtum nicht kommunizieren. Der andere bezeichnet das richtig erfaßte Sein. Für die Bezeichnung des Seins steht also nur ein Wert zur Verfügung. Das Sein muß

---

33 Kompliziert wird es, wenn man einsieht, daß irrendes Erkennen immer auch ein Quäntchen Wahrheit mit sich führt. Bei der Schatzsuche gräbt man den Boden um und macht ihn fruchtbar – so Edward Reynoldes, A Treatise of the Passions and Faculties of the Soule of Man, London 1640, Neudruck Gainesville, Fl. 1971, S. 483 ff. Für den Übergang zu einem Code-Begriff (den wir erst im folgenden Kapitel entwickeln werden) siehe auch die Formulierung a. a. O.: »It is speedier to come to a Positive Conclusion by a Negative Knowledge, than by Naked Ignorance«.

als einwertig postuliert werden. Es ist, was es ist. Und zwar für jeden! In sozialer Hinsicht folgt daraus, daß derjenige, der weiß, was der Fall ist, dies auch für die anderen weiß. Jeder mag zwar in seiner Lebenssituation andere Erfahrungen machen und andere Erkenntnisse sammeln – aber jeweils für die anderen mit. Es gibt keine Mehrheit von füreinander wechselseitig unzugänglichen Zugängen zum Sein. Wer Wissen hat, hat Autorität. Er kann die anderen belehren. Wer Autorität in Anspruch nimmt, muß diese folglich auf Wissen gründen. Wissensfunktion und politische Funktion lassen sich letztlich nicht trennen, und noch die politische Theorie der Renaissance wird ihren Schwerpunkt im Gut-beraten-Sein des Fürsten suchen (womit sein eigenes Wissen und die Auswahl seiner Ratgeber mitgemeint war).

Diese Sichtweise faßt sich zusammen in einer Art Oberwissen – im Wissen des Wissens und des Nichtwissens (sophrosýne).[34] Universell gesetzt, müßte das heißen, daß der Weise alles Wissen und alles Nichtwissen wissen muß. Da dies unerreichbar ist (selbst wenn man alles kennt, was irgend jemand weiß), braucht man Entlastungsbegriffe. Manches Wissen ist seiner Natur nach geheim. Diese Vorstellung dient einer Pauschalierung des Nichtwissens und zugleich einer Limitierung des gleichwohl unbegrenzten Wissensstrebens. Wer es trotzdem versucht, verstößt mit seiner curiositas gegen die Ordnung. Er handelt nicht nur sündig, sondern auch ungeschickt (wenn man hier sophia mit Geschicklichkeit in Wissensangelegenheiten übersetzen darf). Er gewinnt bestenfalls triviale Formeln, nur einen Anschein von Erkenntnis, der das Wesen der Sache nicht preisgibt.

Soziologisch gesehen ist diese Architektur bedingt durch die Eigentümlichkeiten einer sozialstrukturell stratifizierten und in ihrer Semantik kosmologisch orientierten Gesellschaft. Wissen wird mitstratifiziert.[35] Es gehört mit in den legitimatorischen Aufbau der Gesamtgesellschaft. Durch die horizontale Diszi-

---

34 Platon, Charmides 166 E.
35 Zur Ablösung der noch hierarchischen Wissenschaftsvorstellungen am Ausgang des 18. Jahrhunderts vgl. Rudolf Stichweh, Zur Entstehung des modernen Systems wissenschaftlicher Disziplinen: Physik in Deutschland 1740-1790, Frankfurt 1984.

plinendifferenzierung und durch die zunehmende Komplexität der Forschungstheorien und Forschungsresultate hat sich dies zwangsläufig geändert. Aber die Prämisse: eine Realität – ein Zugang – hält uns immer noch in einer Welt fest, die durch strukturelle Transformationen des Gesellschaftssystems erschüttert ist. Wir glauben immer noch an »Natur«-Wissenschaften, an sie sogar in erster Linie. Wir sprechen immer noch von »Entdeckung«. Aber eigentlich ist alles Konstruktion eines Beobachters für andere Beobachter.

V

Wenn wir von Kognition als Lernbereitschaft ausgehen und Lernbereitschaft als Fähigkeit zur Strukturänderung begreifen, lenkt das alle weiteren Überlegungen unaufhaltsam in die Richtung einer zugleich »konstruktivistischen« und »evolutionistischen« Theorie des Wissens und der Wissenschaft. Wir sollten daher etwas Zeit darauf verwenden, diese Theorieanlage zu klären und ihre Kritiker zum rechtzeitigen Abspringen auffordern.
Festzuhalten ist vor allem, daß eine in Hinsicht auf normativ/kognitiv undifferenzierte Normallage der Kommunikation vorausgesetzt ist. Kommunikation kann mithin weder als laufende Anwendung von Normen noch als laufende Anwendung von Wissen begriffen werden. Recht und Wissen sind vielmehr das Resultat eines typischen Differenzierungsprozesses. Sie können eine vorausgegangene, in dieser Hinsicht undifferenzierte Kommunikationspraxis nur gemeinsam ersetzen; und sie können sie nie vollständig ersetzen, denn die Masse der Kommunikationen läuft, was normative und kognitive Prämissen angeht, immer noch undifferenziert, obwohl dies heute zweifelsfrei in einer Gesellschaft geschieht, in der vorausgesetzt werden kann, daß man weiß, daß es Recht und Wissen gibt.
Nur besonders avancierte, eher unwahrscheinliche Erwartungen werden als normativ bzw. kognitiv etikettiert; und erst recht bedarf es besonderer Kommunikationstechniken (vor allem Schrift), wenn solche Etikettierung in Erinnerung gehalten

und zur Kanalisierung von Strukturgewinn benutzt werden soll. All das sind wenig selbstverständliche, ja hochgradig unwahrscheinliche Voraussetzungen für die dann geradezu explosionsartige Vermehrung des Normenbestandes und des Wissens in hochkulturellen Gesellschaften und vor allem in der Neuzeit. Die Hilflosigkeit der Gesellschaft gegenüber diesen »Katastrophen« und die damit einhergehenden Kontroll- und Stabilisierungsprobleme werden uns noch beschäftigen. Zunächst kommt es nur darauf an, den Blick auf die Unwahrscheinlichkeit dieses Vorgangs und auf die Begründung dafür zu lenken.

Eine zweite Anschlußüberlegung wird die Möglichkeiten der Wissensgewinnung erheblich einschränken und gerade aus dieser Einschränkung Verständnis für die gewaltige Wissensvermehrung in den späteren Phasen der gesellschaftlichen Evolution gewinnen. Dabei ist nicht gemeint, daß es Wissen geben könnte, das seiner Natur nach dem menschlichen Blick verborgen bleibe oder dem Menschen nur allmählich offenbart werde; und auch nicht, daß der Zugang zu bestimmten Wissensbereichen besonders schwierig sei. Dies sind mehr oder minder plausible semantische Interpretationen. Unser Ausgangspunkt lehrt zunächst nur, daß Wissen sich nur bilden kann, wenn festgelegt werden kann, wie (und gegebenenfalls was) im Enttäuschungsfalle zu lernen ist. Man kann wichtige Erwartungen nur aufgeben, wenn sie ersetzt werden können; wenn also feststellbar ist, was *statt dessen* der Fall ist. Man lernt zum Beispiel nicht, daß der Regenzauber nicht funktioniert, weil die Kausalannahme nicht stimmt; denn man kann nicht wissen, wie man statt dessen zu Regen kommt, und dies ist das Problem. Zwar liegt auch dem Regenzauber eine Art Wissen zugrunde; aber dies ist ein kognitiv/normativ noch undifferenziertes Wissen, es hängt mit Verstößen, Fehlern, Verletzungen, Verschmutzungen usw. zusammen. Die Manipulation des Regenzaubers dient daher zugleich, und primär, der Sühne eines Normverstoßes oder der Reinigung, und das dazugehörige Wissen bestätigt nur, daß dafür ein Anlaß gegeben ist.

Wissensentwicklung ist mithin auf rasch bereitzustellende Lernmöglichkeiten angewiesen. Das erfordert unter anderem, daß nicht zu viel auf einmal in Frage steht. Die Störungen müssen als isolierbare Phänomene, als Einzelereignisse erscheinen. Der Zusammenhang induziert den Eindruck der Normalität, das Sonderereignis muß eine rasche Deutung nahelegen, die zugleich das Kontextwissen salviert. Deshalb sagt eine alte Lehre, daß die Wahrheiten (wie die Tugenden) einander wechselseitig stützen, während die Irrtümer (wie die Laster) nicht nur mit der Wahrheit, sondern sogar untereinander im Streit liegen.

Soll eine Entwicklung von mehr und erfolgreicherem Wissen in Gang kommen, muß also zunächst einmal eine Problemisolation gesichert sein. Dafür gibt es verschiedene Ausgangspunkte, zum Beispiel die Werkzeugtechnik mit den Verbesserungsmöglichkeiten, die sich im Verhältnis von Werkzeug und Werk auftun; aber auch die genaue Beobachtung von Rekurrenzen in der Natur, an denen sich bestimmte Sequenzen und Wiederholungen von anderen scheiden. Wie immer – der Anlaß erklärt auch hier nicht den Erfolg. Hierzu müssen Deutungsalternativen limitiert werden auf ein »Wenn nicht so, dann so«. Zweckorientierung, Funktionsorientierung, Problemorientierung liefern dafür hilfreiche Abstraktionen. Sie haben nur Sinn, wenn der Bereich der Mittel, der funktionalen Äquivalente, der Problemlösungen nicht sehr groß ist und zumindest teilweise rasch überblickt werden kann.

Enttäuschungsüberwindungswissen und Wissensgewinne, die mit der Erwartung des »es besser Könnens« (téchne) zusammenhängen, liefern daher zunächst alles andere als systematisches Wissen. Theoretische Synthesen sind Spätprodukte, und der Vorstellung eines »wissenschaftlichen Systems« haftet noch im 18. Jahrhundert die Konnotation eines bloßen Entwurfs, einer Buchidee, eines subjektiven Konzepts an. Die Welt tritt auf als ein Stützzusammenhang aller Einzelheiten, als eine Ordnung der richtigen Plätze und der richtigen Zeiten. Aber die Welt kann nicht gewußt werden, sie bleibt hinter den wißbaren Einzelheiten geheim. Oder um es mit Heidegger zu formulieren: Nach dem Sein des Seienden kann nicht geforscht und nur in einer Weise gefragt werden, die zugleich negiert, daß es auf die Frage eine Antwort geben kann.

Und trotzdem bildet die Wissenschaft Großtheorien aus, die Zusammenhänge von recht heterogenen Erscheinungen zu erklären vermögen. In diesem Sinne hat die mathematische Physik eines Galilei und eines Newton beeindruckt. Aber es handelt sich nicht um validiertes Weltwissen, sondern um eine Re-Systematisierung, die eigenen Aufbauprinzipien folgt. Husserl hat dies, etwas voreilig, als Sinnverzicht kritisiert.[36] In der hier vorgelegten Analyse erscheint die Mathematisierung der Physik dagegen als eine Technik, die Reduktion von Komplexität zum Neugewinn von Komplexität ausnutzt und die Isolierung der wissensfähigen Sachverhalte re-systematisiert.

Am schwierigsten, weil am unwahrscheinlichsten, wird es gewesen sein, Wissen normfrei zu etablieren. Gewußtes Wissen wird ja geschätzt. Wie sollte man dann motiviert sein, die darauf gestützten Erwartungen im Enttäuschungsfalle preiszugeben? Allein schon die Tatsache, daß die Welt nicht gewußt werden kann, wird dem Wissen einen normativen Hintergrund gegeben haben, zunächst vor allem in der Form einer religiösen Legitimation, die zur Legitimation der Religion mitbenutzt wird. Der kosmologische Kontext, in den dies Wissen eingeordnet wird, hält viel Wissen auch gegen Enttäuschungen fest und liefert für Enttäuschungen wissensunabhängige Erklärungen (etwa mit Vorstellungen wie Stéresis, Imperfektion, Korruption, Sündenfall). Er unterbindet vor allem auch die sehr moderne Technik, am pathologischen Fall das Normale zu studieren. Man denke an Freuds Psychoanalyse, an Durkheims Selbstmordstudie oder an Garfinkels Ethnomethodologie – und man hat Beispiele für den späten sozialen Kontext, in dem eine solche Vorgehensweise Anerkennung finden konnte.

All dies führt auf die Frage nach den sozialstrukturellen Korrelaten für diesen so unwahrscheinlichen Gewinn unwahrscheinlichen Wissens. Je unwahrscheinlicher die Annahmen der Wissenschaft (zum Beispiel der Physik und der Chemie des Unsichtbaren) werden, desto zwingender ist die Rejektion der normalen Erfahrungswelt und ihres Gebrauchswissens auf *soziale Bedingungen* angewiesen; und desto stärker muß sich schließlich auch die Wissenschaftstheorie selbst an Soziologie orientieren. Wir werden zu zeigen versuchen, daß eine Theorie sozialer Systeme in der Lage ist, diese Frage aufzugreifen. Un-

---

36 Siehe Edmund Husserl, Die Krisis der europäischen Wissenschaften und die transzendentale Phänomenologie, Husserliana, Bd. VI, Den Haag 1954.

wahrscheinliches Wissen mag zufällig anfallen; aber es läßt sich nur ausbauen und systematisieren, wenn für diese Funktion besondere Sozialsysteme bereitgestellt werden. Insofern hängt die rasante, ins immer Voraussetzungsvollere getriebene Vermehrung des Wissens in den letzten zwei, drei Jahrhunderten mit funktionaler Gesellschaftsdifferenzierung zusammen. Andererseits hätte diese Differenzierungsform nicht diesen Effekt und könnte auch gar nicht Wissensvermehrung einbeziehen, wenn es nicht schon lange vorher als Wissen qualifizierte Sinnbestände gegeben hätte. Insofern ist und bleibt Wissen Voraussetzung für Wissenschaft, und nicht umgekehrt.

VI

Selbst wenn jemand auf Erden alles wissen könnte, könnte er nicht alles zugleich wissen. Auch Kommunikation kann niemals alles Wissen gleichzeitig reaktualisieren. Wissen ist Komponente einer stets aktuell möglichen autopoietischen Operation, ist Ausgriff auf Strukturen und damit auch eine (wie immer minimale) Transformation von Strukturen, mit denen man sich von Moment zu Moment schwingt. Nur in einem metaphorischen Sinne läßt Wissen sich »speichern«, und man muß genau zusehen, will man begreifen, was geschieht, wenn dies geschieht.

Mehr als wir heute erinnern, hat eine lange Tradition sich mit dem Problem des richtigen Wissens zum richtigen Zeitpunkt beschäftigt; und erst der Buchdruck hat dieses Problem zwar nicht gelöst, aber gelöscht. In die Zeit vor dem Gebrauch von Schrift zurückreichend und besonders in der Erfahrung von Poeten und Sängern aktuell, hatte dieses Problem den Namen Gedächtnis (mnemosýne, memoria) erhalten.[37] Die Verfügung

---

[37] Die Forschung liegt vorwiegend in den Händen von Theologen und Philologen und betrifft hauptsächlich die vorderasiatische und hebräische Tradition. Vgl. z B. P. A. H. de Boer, Gedenken und Gedächtnis in der Welt des Alten Testaments, Stuttgart 1962 (mit Betonung des Gegenwartsbezugs, S. 63) – B. S. Childs, Memory and Tradition in Israel, London 1962 – Willy Schottroff, ›Gedenken‹ im alten Orient und im alten Testament, Neukirchen-Vluyn 1964. Für Griechenland vgl. James A. Notopoulos, Mnemosyne in Oral Literature, Transactions of the American Philological Association 69 (1938), S. 465-493 – J.-P. Vernant, Mythe et

über die im Moment passende Erinnerung wurde als Gabe der Musen, als göttliche Gabe erfahren.[38] Die alphabetische Schrift ist vermutlich zunächst nicht als Kommunikationsmittel eingeführt worden (denn wer hätte lesen können?), sondern als mnemotechnischer Trick;[39] und zugleich entstand eine elaborierte Technik der Stärkung des Gedächtnisses, vor allem durch räumlich-bildhafte Fixierung dessen, was man bei Gelegenheit erinnern wollte. Die Tradition führt beide Erfindungen auf den Sänger Simonides zurück, der wohl nicht zufällig seine Protektion nicht so sehr bei den Musen suchte, sondern bei den göttlichen Zwillingen (Duplikationsgehilfen?) Castor und Pollux. Die anschließende topisch-rhetorische Tradition, die bereits auf eine Schriftkultur und die daraus resultierenden Überlegenheitsprobleme reagiert, hatte nach wie vor mündliche Rede, also momentane Bereitschaft des Wissens als Problem vor Augen. Das zeigt sich an der Akzentuierung des »Findens« (inventio) der an den »Orten« (loci) gespeicherten Wissenselemente, Bilder, Floskeln und Argumente. In einer Stadtkultur, die schon über Schrift verfügt, kam es nun erst recht auf die momentane Bereitschaft, das momentane Überzeugungs- und Durchsetzungsvermögen an. Und die Adelserziehung hat über zwei Jahrtausende darin ihre Aufgabe gesehen.

Auch nach Erfindung und Verfeinerung der Schrift bleibt das Wissen und seine Übermittlung von Generation zu Generation in wesentlichen Hinsichten an Mündlichkeit gebunden.[40] Noch im Hochmittelalter wird die schriftliche Fixierung als »ars dictaminis« gelehrt, das heißt unter der Voraussetzung, daß der Wissende nicht selbst die Mühe oder auch die Kunst des gut lesbaren Schreibens auf sich zu nehmen hat. Zwar teilt sich die Bevölkerung jetzt in Schriftkundige, die sich in den überlieferten Texten auskennen, und die breite Menge (oft: einschließlich

---

pensée chez les Grecs, Paris 1965, S. 51 ff. Zur alteuropäischen Tradition der Mnemotechnik siehe ferner Frances A. Yates, The Art of Memory, Chicago 1966.

38 Und zwar *aller* Musen. Mnemosýne ist nicht eine von ihnen, sondern ihre Mutter (Hesiod).

39 Vgl. z. B. Eric A. Havelock, The Literate Revolution in Greece and its Cultural Consequences, Princeton 1982, insb. S. 179 f.

40 Vgl. hierzu und zum Folgenden Ananda E. Wood, Knowledge Before Printing and After: The Indian Tradition in Changing Kerala, Delhi 1985.

großer Teile des Adels), für die das nicht gilt. Aber innerhalb der Gruppe derjenigen, die lesen und schreiben können und damit Zugang zu dem vertexteten Wissen haben, stehen dem einzelnen doch nur wenige Bücher zur Verfügung (und zum Beispiel keine Lexika oder Wörterbücher für das Lernen von Latein, Griechisch, Sanskrit). Der Lernprozeß verläuft weitgehend über mündliche Lehre. Seine Basis ist das Auswendiglernen, die gedächtnismäßige Aneignung der Tradition. Die Form des so übermittelten Wissens muß daher auf Lernbarkeit abgestellt sein, zum Beispiel Spruchweisheit bieten, Erzählform annehmen oder sogar rhythmisch fixiert werden. Die Kapazität für prägnantes Detail bleibt gering, und entsprechend groß ist der Bedarf für Interpretieren- und Verstehenkönnen. Das Verstehenkönnen ist gleichsam später Lohn für Auswendiglernen; und entsprechend werden die gelehrten Meister, die schon verstehen und mit den Texten souverän umgehen können, verehrt. Ziel des Studierens ist, diesen Stand zu erreichen (während heute schon im Lernprozeß abgelehnt wird, was man nicht sofort verstehen kann).

Es liegt auf der Hand, daß dieser Sozialisations- und Erziehungsprozeß Innovationen erschwert und sie fast nur wie ein allmähliches Abweichen der Überlieferung und ihrer Kommentierungen vorkommen läßt. Das Wiedererreichen des Vorbildlichen ist das Hauptziel, und innovatives Denken kann sich leicht dem Verdacht aussetzen, dieses Ziel verfehlt zu haben. Soweit das schulmäßige Lernen über die Reproduktion von Gelehrsamkeit hinauswirkt und Adelserziehung anstrebt, wird Eloquenz hervorgehoben – nämlich als Fähigkeit, in der mündlichen Rede auf dem Niveau des vertexteten Wissens zu sein und damit suggestiv und »amplifizierend« zu wirken. Erst der Buchdruck hat dieser topisch-rhetorischen Tradition ein allmähliches Ende bereitet, so wie diese ihrerseits die Anrufung der Musen durch eine erlernbare Technik ersetzt oder doch ergänzt hatte. Heute kommt die Findigkeit der Computer hinzu. Aber was genau hat sich geändert, wenn sich an der Zeitgebundenheit der Autopoiesis des Systems und an der nur momenthaft möglichen Aktualität des Wissens nichts ändern kann?

Geändert hat sich offensichtlich die Struktur des Gedächtnisses, das heißt die Struktur der immer mitlaufenden Konsistenzprü-

fung und des Erinnerns bzw. Vergessens. Nach wie vor ist ein Wissenszuwachs nur durch Kommunikation erreichbar, also nur durch Ereignisse, die Kommunikation aktuell realisieren. Aber produziert wird, seit es Buchdruck gibt, zunächst für den Druck und in der vagen Annahme, daß der gedruckte Text Kommunikation vermittelt – für welche Adressaten und zu welchen Zeitpunkten auch immer. Wer für den Druck schreibt, gibt damit die Situationskontrolle auf. Der so produzierte, vertextete Sinnbestand muß zunächst einmal möglicher Text sein, das heißt: nicht allzu sehr auf nichtmitvertextete Verständnisvoraussetzungen angewiesen sein. Er wird, wenn man so sagen darf, für das Gedächtnis des Systems produziert und für Abruf bereitgehalten. Das Gedächtnis wird als gedruckter Text hergestellt, bevor der Kommunikationsvorgang abgeschlossen ist. Damit verlagert sich der Selektionsengpaß. Die Problemlage kehrt sich um. Nicht das Gedächtnis seligiert, sondern das Gelingen der Kommunikation selbst. Die Sinnflut der Druckpresse macht es unmöglich, das Gewußte wirklich zu wissen, das heißt: in laufende Kommunikation umzusetzen. Was sich daraufhin als Kommunikation realisiert, kann schwer vorausgesehen werden. Man ist auf Hilfsannahmen angewiesen und kann dabei auf Standardisierungen (etwa: den typischen wissenschaftlichen Aufsatz) und auf Signale der Aktualität in der Themenwahl und der Neuheit der Resultate zurückgreifen. Soll der Text Wissen werden, soll er also die noch nicht durchgeführte Kommunikation vollenden, muß er einen Leser finden. Aber wie? Die Publikation sichert nicht, daß das Buch gelesen wird; schon gar nicht, wenn vor allem Bibliotheken es kaufen. Das Zusenden von Büchern an »Multiplikatoren« ist ebenfalls kein wirksames Mittel, Lektüre zu erreichen. Es erreicht Bücherschränke. Angesichts dieser Schwierigkeit setzen Auswege umgekehrt an: sie gehen vom Such- und Entscheidungsprozeß des Lesers aus und unterstützen ihn mit Hilfe von fachlicher und thematischer Differenzierung, Kurzzusammenfassungen und Stichwortregistern, heute zunehmend mit Hilfe automatischer Datenverarbeitung.
Außerdem ergeben sich aus den Inkonsistenzen des gleichzeitig sichtbaren Materials neue inhaltliche Ordnungsnotwendigkeiten, die, wenn einmal eingerichtet, das Aufnehmen und Verar-

beiten komplexerer Informationsmengen ermöglichen. Auch hierbei handelt es sich um Konstruktionen, nicht um Entdeckungen. Die vielleicht wichtigste Errungenschaft dieser Art ist die Verzeitlichung der Geschichte, die sich als Folge des Buchdrucks im 18. Jahrhundert durchsetzt. Die Geschichte selbst wird historisiert und in sich reflexiv. Sie verliert das Exemplarische, das Modellhafte, das moralisch Belehrende und gewinnt eine temporale Dimensionalität, in der sie selbst in den Möglichkeiten des Rückblicks und des Vorblicks variieren kann – eine Konstruktion mit enormem Reichtum an Aufnahmemöglichkeiten. Denn nun kann man alles, was gleichzeitig lesbar ist, historisch auseinanderziehen und auf Zeitgeiste hin relativieren. Man widerspricht sich dann nicht, wenn man feststellen muß, daß man früher so und heute anders gedacht hat; man muß Geltungen nur mit einem Zeitindex versehen, und schon sind sie miteinander kompatibel – zwar nicht in der Sache, aber in der Zeit. Daraus folgt dann, daß man zu erklären (oder mindestens: sich zu vergewissern) hat, daß es trotzdem nicht beliebig zugeht. Die Konstruktion einer zeitdimensionalen Geschichte erfordert die Rekonstruktion einer Ordnung in der Zeit, mit der sich Philosophen, Historiker und »Geisteswissenschaftler« seitdem beschäftigen.[41]

Mit all dem wird die Struktur des Systemgedächtnisses wichtiger. Eine riesige Zulieferungsindustrie ist allein damit beschäftigt, Texte so aufzubereiten, daß sie im rechten Moment als Wissen fungieren können. Zugleich damit wächst die Zufallskomponente in der Wissensreproduktion, und Innovation wird in einem noch kaum erkannten Maße davon abhängig, daß der Leser zufällig etwas liest, was er in dem Moment, wo er liest, gedanklich verarbeiten kann. Eine immense Arbeit geht in das Sichvorbereiten auf Gelegenheiten, die nie eintreten. Und selbst wenn Lektüre das Bewußtsein des Lesenden zündet und ihm Einfälle einträgt: das Umsetzen in Kommunikation ist eine andere Geschichte und im übrigen wiederum gebunden an die

---

41 Entsprechend müßte man auf die Frage umstellen (und hat dies weitgehend getan): *wie konstruiert* man in der Geschichte die Geschichte? Das ist nicht nur, wie zumeist angenommen, ein Methodenproblem. Aber auch der Mut, die Frage zu stellen, »was ist eigentlich Geschichte«, ist nicht völlig abhanden gekommen. Siehe nur Friedrich Tenbruck, Geschichte und Gesellschaft (1962), Berlin 1986.

Notwendigkeit, zunächst für das Gedächtnis und nicht für die Kommunikation zu produzieren.
Wohlgemerkt: die Texte selbst sind noch gar nicht das operative, das aktuell fungierende Gedächtnis. Sie sind nur Artefakte, nur Möglichkeiten der memoriellen Konsistenzprüfung. Ob und wie weit sie in Funktion treten, ist und bleibt abhängig von der Autopoiesis des Systems. Die Textproduktion wird zum Sekundärziel der Bemühungen um die Vermehrung des Wissens. Dabei hilft die Fiktion, daß der Text selbst schon Wissen sei. Das Sichbefassen mit Texten wird dann, in Kommunikation gesetzt, wie ein Sichbefassen mit Wissen behandelt. Was einst Philosophie war, verkommt so zu bloßer Expertise in der Behandlung philosophischer Texte, und Philosophen werden zu Philosophieexperten. Auch in den Wissenschaften ist Reproduktion von Wissen mit Neuheitsgewinn in hohem Maße gebunden an das Umwälzen von Textmengen. Hier kann man sich aber mit einer Präferenz für neue Texte helfen und Texte für nicht mehr beachtlich halten, wenn sie ein gewisses Alter erreicht haben (und dabei kann es sich um wenige Jahre, in den Naturwissenschaften an der aktuellen Forschungsfront oft um wenige Monate handeln). Das wiederum eröffnet dem Sport der Kritiker die Chance, herauszufinden, daß nur die Texte, nicht ihre Inhalte neu sind. Dagegen wiederum kann man sich, vordergründig zumindest, durch Austausch von Terminologien absichern, so daß ein neues Wort einen neuen Begriff und ein neuer Begriff ein neues Wissen suggeriert – im allgemeinen weder ganz berechtigt noch ganz unberechtigt. Siehe: Autopoiesis!
Eine so operierende Wissensindustrie kann sehr gut als ein *evoluierendes System* begriffen werden. Sie produziert Texte, so wie der genetische Code der Autopoiesis des Lebens Organismen -mit immensen Überschüssen und mit Offenheit für Selektion. Manche Texte werden gelesen, einige im rechten Moment. Mit einem hohen Anteil an Zufälligkeit ergeben sich daraus neue Texte, für die dasselbe gilt. Wie bei der organischen Evolution kann man beobachten, daß die Komplexität des Gesamtbestandes wächst bei hinreichender Sicherung operativer Kontinuität. Und ohne Zweifel nimmt auch das Wissen selbst zu – in Abhängigkeit von den Formen, die unter diesen Bedingungen reproduzierbar sind.

VII

Wie immer man den Begriff des Wissens zu klären, zu präzisieren, zu beschränken versucht: das Resultat ist die Einsicht, daß Wissen nicht die einzige Beschränkung gesellschaftlicher Kommunikation sein kann.[42] Je stärker und voraussetzungsreicher Bedingungen der Anerkennung von Wissen ausgearbeitet sind, desto weniger kann man damit rechnen, daß die gesellschaftliche Kommunikation sich dadurch führen läßt. Gesellschaft realisiert sich niemals als »Anwendung von Wissen«. Sie realisiert sich als sich selbst strukturierende Autopoiesis von Kommunikation, als Herstellung von Kommunikation durch Kommunikation anhand von *sich dabei ergebenden* Beschränkungen.

Wir widersprechen damit klassischen Vorstellungen über Aufklärung im Sinne einer Vernunftsteuerung der Gesellschaft.[43] Aber auch die Kennzeichnung der modernen Gesellschaft als »postindustriell« in der Nebenbedeutung von: in besonderer Weise wissenschaftsbestimmt, widerspricht den Realitäten, von denen wir ausgehen. Es kann sich bei solchen Kennzeichnungen um stark verkürzende Selbstbeschreibungen des Gesellschaftssystems handeln, und als solche mögen sie sich auf Sachverhalte beziehen, die man tatsächlich beobachten kann. Das läßt aber die Feststellung unberührt, daß die Autopoiesis von Kommunikation, also die Art und Weise, wie man von Kommunikation zu Kommunikation kommt, und die Beschränkungen, die dabei eine Rolle spielen, nicht gut auf die Gesamtformel »Wissen« gebracht werden können.

Ferner geht es nicht an, das Problem, das sich hier auftut, in die Unterscheidung von rational und irrational einzuspannen. Weder ist ausgemacht, in welchem Sinne man Wissen als rational bezeichnen kann (wenn dieser Begriff nicht mehr einfach den

---

42 »We repudiate«, schreiben dazu Talcott Parsons und Gerald Platt, The American University, Cambridge, Mass. 1973, S. 89, »the view that *only* the cognitive conditions impose constraints and that everything else manifests self actualization. In this respect, *all* of the essential ingredients of the human condition are on the same footing«.

43 Es sei denn, daß man den Begriff der Aufklärung bereits diesen Analysen anpaßt und sie als Beauftragung von Wissenschaft mit der Überprüfung von Wahrheitsansprüchen begreift. Etwa so Hermann Lübbe.

Bezug auf ein den Menschen auszeichnendes Vermögen meint); noch kann man strukturelle Beschränkungen, die sich nicht als Wissen ausweisen, schlechthin als irrational bezeichnen. Noch um 1900 hätte man wahrscheinlich diese Unterscheidung benutzt, um unser Problem zu formulieren. Inzwischen hat eine sehr tiefreichende Krise der Rationalitätsbegrifflichkeit diese Möglichkeit aufgelöst.

Was bleibt? Die vielleicht wichtigste terminologische Neuerung, die hier weiterhelfen könnte, liegt im Begriff der *Lebenswelt*. Er wird höchst verschieden (und vor allem: im Kontext von sehr verschiedenen Unterscheidungen) bestimmt.[44] Ein wichtiges Moment ist jedoch immer: daß es sich um eine Welt handelt, also um eine Gesamtheit von nicht aktuell, nicht auf einmal thematisierten Voraussetzungen. Man kann dann sagen: Jede Thematisierung von Beschränkungen, sei es als Wissen, sei es als Recht, vollzieht sich immer im lebensweltlichen Horizont von nichtthematisierten Beschränkungen. Das Problem liegt damit in den evolutionären Veränderungen der Beziehungen zwischen dieser Lebenswelt (die unter anderem unthematisch vorausgesetztes Wissen einschließt) und dem aktuell benutzten Wissen. In dieser Hinsicht macht das Entstehen von Wissenschaft einen einschneidenden Unterschied.

In »vorwissenschaftlichen« Gesellschaften gibt es keine scharfe Grenze zwischen dem vorhandenen und dem aktuell benutzten Wissen. Was man braucht, richtet sich nach den Situationen und Gelegenheiten. Wissen, das dem Zugriff im Wechsel der Situationen entzogen sein soll, muß künstlich verschlüsselt, sakralisiert, als geheimes Wissen ausgewiesen werden. Das geschieht immer dort, wo die Grenze der Lebenswelt, die Schranke zwischen bekannt und unbekannt, vertraut und unvertraut, in der Lebenswelt selbst zum Thema wird, also im Falle von Religion. Religiöses Sonderwissen, geheimes Wissen, nur Eingeweihten zugängliches Wissen hat mithin ein reflexives Verhältnis zur Lebenswelt. Es betreut die Differenz von Wissen und Nichtwissen und hantiert mit dieser Differenz in der bekannten Welt, zunächst als Wissen der Priester, dann auch als »Philosophie«.

---

44 Meine eigenen Vorschläge finden sich in: Niklas Luhmann, Die Lebenswelt – nach Rücksprache mit Phänomenologen, Archiv für Rechts- und Sozialphilosophie 72 (1986), S. 176-194.

Dies ändert sich im Laufe der Zeit, teils durch Veränderungen in der Religion selbst, teils durch Ausdifferenzierung von Wissenschaft.[45] In der Religion kommt es zu einem semantischen Konzentrationsprozeß, zum Monotheismus, der es schließlich ermöglicht, das »Geheimnis« auf Gott selber zu konzentrieren[46] und das religiöse Wissen, soweit es reicht (das heißt nun: soweit es offenbart ist), über Schrift und Buchdruck dem »Glauben« freizugeben. Parallel dazu wird die Wissensbemühung selber exoterisch. Sie kann auf den Schutz durch ein nur für Eingeweihte durchschaubares »Geheimnis« verzichten und auch die Qualifikation als »Weisheit« abstreifen; denn sie wird zunehmend komplex und abstrakt, so daß ohnehin nur wenige sachkundig daran teilnehmen können. An die Stelle der letztlich religiös zu betreuenden Differenz von vertraut/unvertraut treten die Grenzen der wissenschaftlichen Kommunikation, die Grenzen des Funktionssystems Wissenschaft.

Damit spielen sich neue Formen der lebensweltlichen Benutzung von »unverstandenem« Wissen ein – vor allem in der Benutzung technischer Artefakte und, in geringerem Umfange, statistischer Daten.[47] Das benötigte Wissen entsteht nicht mehr nur dort, wo es gebraucht wird, sondern woanders, und das Suchen und Finden wird zum Problem.[48] Die Angewiesenheit auf Texte nimmt zu. Andererseits wird nur ein Minimum an möglichem Wissen von Moment zu Moment aktualisiert; und erst recht gilt dies, wenn man die Gesamtheit der Beschränkungen dieses Aktualisierungsprozesses bedenkt. Es geschieht zwar sehr viel Verschiedenes gleichzeitig; aber auch wenn man dies in Betracht zieht, bleibt die entscheidende Frage nicht, was wir wissen, sondern wie wir Wissen und andere Beschränkungen im

---

45 Wie vieles andere nennt man auch dies: Säkularisation. So z. B. Hermann Lübbe, Religion nach der Aufklärung, Graz 1986.
46 Vgl. etwa Eberhard Jüngel, Gott als Geheimnis der Welt: Zur Begründung der Theologie des Gekreuzigten im Streit zwischen Theismus und Atheismus, Tübingen 1977.
47 Hier liegt denn auch der Punkt, an dem Husserl, freilich von einer transzendentaltheoretischen Gegenbegrifflichkeit aus, seinen Begriff der Lebenswelt einsetzt. So bekanntlich in: Edmund Husserl, Die Krisis der europäischen Wissenschaften und die transzendentale Phänomenologie, Husserliana, Bd. VI, Den Haag 1954.
48 Unter Stichworten wie Erfahrungsverlust etc. häufig behandelt. Siehe nur Helmut Schelsky, Ortsbestimmung der deutschen Soziologie, Düsseldorf 1959.

Moment aktualisieren. Mit Augustin kann man daher sagen: ex aliquo procedit occulto ... et in aliquod recedit occultum.[49] Erst in Prozessen der Reflexion, der Beobachtung und Beschreibung (für die dann aber das Gleiche gilt), wird diese Selektivität des Aktualisierens sichtbar. Erst in der Sicht des Beobachters, der die Wissenschaft selber sein kann, wird Wissen zu einem jederzeit benutzbaren »Bestand«. Und erst in dieser Beschreibung wird es dann sinnvoll, Wissen und andere Beschränkungen als zeitfest durchgehaltene Sachverhalte zu unterscheiden.

VIII

Wissen ist, so können wir zusammenfassen, das Gesamtresultat struktureller Kopplungen des Gesellschaftssystems. Im einzelnen besagt dies:
(1) Strukturelle Kopplungen des Systems sind für das System *operativ unzugänglich*, im Falle der Gesellschaft also inkommunikabel. Das heißt nicht, daß es unmöglich wäre, einen entsprechenden Begriff zu bilden und darüber zu reden. Nur setzt diese Aktivität ihrerseits strukturelle Kopplungen voraus; anders könnte sie als Moment der autopoietischen Reproduktion nicht vollzogen werden. Der Begriff kondensiert also nur, was als komplexes Verhältnis vorausgesetzt werden muß. Er tritt an die Stelle der These vom impliziten Wissen bzw. von der Kontextabhängigkeit aller Aussagen.
(2) Strukturelle Kopplungen sind Formen, die *etwas einschließen dadurch, daß sie etwas anderes ausschließen*. Sie transportieren also keineswegs die Außenwelt als Welt in das System. Sie ermöglichen keine Weltkenntnis. Sie dekomponieren zunächst den »unmarked state« (Spencer Brown) der Welt in ein »Innen« und ein »Außen« der Form, und sie ersetzen durch Produktion dieser Differenz das, was als Hintergrund aller Gegenstände von Wissen vorgegeben ist. Erst Differenz produziert Erkennbarkeit; aber genau dieser Ersetzungsvorgang liegt außerhalb dessen, was man wissen kann. Man kann ihn zwar, wir tun es soeben, beschreiben;

49 Confessiones XI, 17, zit. nach der Ausgabe München 1955, S. 636.

aber dies nur mit Hilfe einer Unterscheidung, deren andere Seite der »unmarked state« selber ist; das heißt: nur mit Hilfe einer Unterscheidung, *deren Grenze man nicht überschreiten kann.*

(3) Strukturelle Kopplungen funktionieren stets im Zeitverhältnis der *Gleichzeitigkeit*. Das heißt: sie müssen während der Operation als kausal unbeeinflußbar vorausgesetzt werden. Dies gilt unabhängig davon, ob dem Wissen ein Zeitindex zugeordnet wird oder nicht. Es gilt also auch für »geschichtliches Wissen« von nicht mehr aktuellen Sachverhalten bis zurück zum »Urknall«. Denn auch dieses Wissen ist aktuell gegenwärtig, ist jetzt (als Wissen, nicht als strukturelle Kopplung!) Gegenstand von Kommunikationen. In diesem elementaren Sinne operiert jedes System gleichzeitig mit seiner Umwelt und muß deshalb voraussetzen, daß in der Umwelt etwas geschieht, auf das man erst im nächsten Schritt wird reagieren, das man erst in der Zukunft wird beeinflussen können. Die Zeit der strukturellen Kopplung ist mithin analog geordnet, während alles Wissen digital anfällt und entsprechend alle kausale Sequenzierung – auf die Umwelt oder auch das System selbst bezogen – eine Umformung von Analogizität in Digitalität erfordert. Deshalb wissen wir nicht, was Zeit »eigentlich ist«, sondern können nur zeitbezogene Unterscheidungen (etwa: vorher/nachher) benutzen, wenn es sinnvoll ist, die Welt als in zeitlicher Hinsicht geordnet vorzustellen.

(4) Strukturelle Kopplungen des Kommunikationssystems Gesellschaft beziehen sich, wir hatten das im ersten Kapitel herausgearbeitet, unmittelbar nur auf das Bewußtsein der Menschen, nicht auf andere Materialitäten. Deshalb behilft sich die Kommunikation mit der Illusion, Wissen sei Wissen der Menschen (obwohl sie, gerade weil es sich um strukturelle Kopplungen handelt, als Kommunikation gar nicht wissen kann, was die Menschen in ihrem Bewußtsein wissen). Infolgedessen muß in der Form von Wissen ein mehrfaches Unzugänglichkeits- und Gleichzeitigkeitsverhältnis gebucht werden: das zwischen Kommunikation und Bewußtsein und das zwischen Bewußtsein und Gehirnen sowie das zwischen Gehirnen und deren Außenwelt, die erst

im Gehirn in die Form gebracht wird, die ein Bewußtsein als »Wahrnehmung« überdenken kann. Was als »Wissen« kommunizierbar wird – und alles, was mit dieser Formgebung vorausgesetzt wird, ist auch möglicher Gegenstand von Kommunikation – verdankt sich also einer »Eigenleistung« des Gesellschaftssystems, das die Resultate dieser mehrstufigen strukturellen Kopplungen damit in eine Form bringt, die im System anschlußfähig ist. Die übliche Zurechnung von Wissen auf Menschen, die wir gleich am Anfang unserer Untersuchungen ausgeklammert hatten, reformuliert mithin die Mehrstufigkeit der strukturellen Kopplungen und hat darin ihre Funktion. Auch wenn wir sagen können, daß es sich um eine Illusion handelt, können wir sie nicht vermeiden, sondern – ähnlich wie bei Wahrnehmungsillusionen – nur durchschauen und uns in der Theorieentwicklung davon unabhängig machen.

(5) Strukturelle Kopplungen produzieren in den Systemen, die sie koppeln, Irritationen – wir können auch sagen: Überraschungen, Enttäuschungen, Störungen. Das sind »Zwischenformen«, die noch nicht eigentlich Wissen sind, sondern nur Anlaß geben, Wissen zu fixieren, also das System im Sinne von Piaget zu »akkommodieren«. Wissen entsteht erst dadurch, daß das System auf Irritationen reagiert, indem es die vorhandenen Ressourcen rekursiv aktiviert, um dem Problem die Form »Wissen« zu geben. Überraschungen lösen Zurechnungsprozesse aus, und nicht umgekehrt (wie es in der wissenschaftlichen Methodologie erscheinen mag) Zurechnungen Überraschungen.[50] Langfristig gesehen wirkt sich dann die strukturelle Kopplung sehr wohl auf die Strukturentwicklung des Systems aus. Wissen entsteht keineswegs auf Grund einer rein intern erzeugten Imagination. Strukturelle Kopplungen kanalisieren das, was auf dem Bildschirm des Systems als Irritation (oder dann im speziell wissenschaftlichen Sinne: als Problem) erscheint. Das macht es wahrscheinlich, daß das System auf Grund von vorsortierten Irritationen Eigenkomplexität aufbaut. Das heißt aber keineswegs, daß das System sich dadurch im

---

50 Siehe Wulf-Uwe Meyer, Die Rolle von Überraschungen im Attributionsprozeß, Psychologische Rundschau 39 (1988), S. 136-147.

Laufe der Zeit immer besser seiner Umwelt anpaßt. Im Gegenteil: unser etwas komplizierter Theorieapparat erklärt gerade, daß dies nicht zu erwarten ist. Weil strukturelle Kopplungen inkommunikabel bleiben, weil bereits sie kanalisieren, was sie einschließen und was sie ausschließen, weil sie intern nur Irritationen produzieren, die nur an Hand systemeigener Strukturen bemerkbar sind, und schließlich: weil das System selbst die angemessene Form des Umgangs mit solchen Irritationen finden muß, weicht der Aufbau von Eigenkomplexität zwangsläufig von dem ab, was in der Außenwelt vor sich geht. Wissen ist kein physikalischer Sachverhalt.

(6) Wissen ist demnach nur gesellschaftsintern verwendbar, ist nur eine Globalbezeichnung für das, was als Resultat direkter und indirekter struktureller Kopplungen im Gesellschaftssystem anfällt und in rekursiven Prozessen der Kondensierung und Konfirmierung von Wissen an Wissen gegen Dauerirritation konstant gehalten oder lernend fortentwickelt wird. Das wird nicht anders, wenn die Gesellschaft das Wissen auf Wahrheit hin prüft; und es wird auch nicht anders, wenn für Wissenspflege und -innovation ein Funktionssystem Wissenschaft ausdifferenziert wird. Damit werden die sozialen Konditionierungen der Kategorisierung und Anerkennung als »Wissen« geändert. Das wissenschaftliche Wissen gewinnt damit eine hohe Unabhängigkeit vom menschlichen Wahrnehmungsapparat, und entsprechend stimuliert die Kritik der Zuverlässigkeit von Wahrnehmungen die frühmoderne Wissenschaftsbewegung. Aber weder kann die Wissenschaft außerhalb der Gesellschaft operieren, noch kann sie eine andere Typik struktureller Kopplungen des Gesellschaftssystems und seiner Umwelt einrichten. Sie kann nur das, was als Irritation anfällt, stärker selbst erzeugen und damit auch die Sensibilität für Überraschungen verfeinern und diversifizieren. Das Resultat zeigt sich in der rasch zunehmenden Eigenkomplexität verfügbaren Wissens, nicht aber in einer anderen Form von Realität.

Kapitel 4

Wahrheit

I

Wenn von Wissen die Rede ist, versteht man darunter normalerweise wahres Wissen. Oder für wahr gehaltenes Wissen? Oder auch unwahres Wissen?

In einfachen gesellschaftlichen Verhältnissen und auch im heutigen Alltagsleben findet man keine Unterscheidung von Wissen und Wahrheit. Was man weiß, ist damit eo ipso wahres Wissen; andernfalls ist es eben kein Wissen. Was man als Wissen behauptet, soll als wahres Wissen behauptet sein (denn sonst würde man täuschen und betrügen). Die Ununterscheidbarkeit von Wissen und Wahrheit wird durch die Norm der Wahrhaftigkeit abgesichert. Die Möglichkeit, zwischen Wissen und Wahrheit zu unterscheiden, ist ein Spätprodukt der Evolution. Mit Wahrheit wird rekursiv (unter Rückgriff auf vorherige Operationen) ein Geprüftsein des Wissens symbolisiert, das anerkannten Anforderungen genügt und die Einstellung der »Wahrhaftigkeit« ersetzt. Die Entwicklung dieser Symbolik setzt vermutlich Schrift voraus und wird andererseits durch die Erfindung und den weiten Gebrauch von Schrift nahegelegt. Sie ermöglicht es, sich zu Texten, die Wissen präsentieren, in ein nochmals distanziertes Verhältnis zu setzen und das Geprüftsein zu prüfen.

Wissen und Wahrheit unterscheiden zu wollen, hat nur Sinn, wenn man einen Beobachter zweiter Ordnung voraussetzt: einen Beobachter, der Beobachter beobachtet.[1] Man muß sich zunächst das Revolutionäre dieser Transformation verdeutlichen, und zwar im Vergleich zu dem, was vorher als anspruchsvolles Wissen, als »Weisheit« gegolten hatte. In allen Hochkulturen hatte sich zunächst eine Praxis der Lebensberatung in der Form von »Divination« entwickelt. Diese Praxis war teils Anlaß zur Entwicklung von Schrift gewesen, so in China, teils hatte sie die für Haushalts- und ähnliche Aufzeichnungszwecke bereits

---

[1] So auch George Spencer Brown, Probability and Scientific Inference, London 1957, S. 26ff.

entwickelte Schrift universalisiert, so in Mesopotamien.[2] Als Resultat lag ein hochgradig rationalisiertes, komplexes Expertenwissen vor, das in der Lage war, günstige und ungünstige Situationen zu differenzieren und politische sowohl wie private Beratungsaufgaben zu übernehmen. Immer ging es dabei darum, im Sichtbaren Zeichen für das Unsichtbare zu finden – zum Teil, aber nur zum Teil, um Prognose der Zukunft und nur in relativ geringem Maße um Kenntnis des arbiträren Willens der Gottheiten. Die Struktur dieses Wissens und seiner Praxis beruhte auf der Methode, durch Einschränkung (Reduktion von Komplexität) zu einer Ausweitung des Wissens zu kommen: durch Einschränkung auf die Interpretation ausgewählter Zeichen zur Weissagung für alle Lebenslagen. Der Form nach ging es deshalb immer, und darin war die Praxis der Schrift verwandt, ja auf Schrift angewiesen, um Zugang zu Objekten mit Hilfe anderer Objekte, oder, um Jean Bottéro zu zitieren: »elle voit des choses à travers d'autres choses«.[3] Wie die Ödipus-Geschichte lehrt, waren raffinierte Formen der Selbstsicherung in der Art von self-fulfilling prophecies eingebaut: Gerade die Einstellung auf die Weissagung trägt zu ihrer Erfüllung bei.[4] Und vor allem harmonierte diese Art wahres Wissen mit dem dominanten Modus des Unterscheidens nach nah/fern, vertraut/unvertraut, offenkundig/geheim als Form der Einteilung der Welt in eine bekannte Innenseite und eine unbekannte Außenseite eben dieser Form.

Erst vor dem Hintergrund dieser stabilen Wissensordnung fällt der Bruch auf, der mit der Umstellung auf eine Beobachtung zweiter Ordnung eingetreten ist. Im Prinzip bleibt es bei der Methode der Reduktion von Komplexität zum Aufbau von Komplexität. Aber jetzt geht es nicht mehr um ausgezeichnete Objekte, sondern um ausgezeichnete Subjekte, nicht mehr um Spezialisierung auf das Lesen von Zeichen, sondern um Spezia-

---

2 Vgl. hierzu Jean-Pierre Vernant et al., Divination et Rationalité, Paris 1974, besonders die Beiträge von Léon Vandermeersch für China und von Jean Bottéro für Mesopotamien.
3 Symptômes, signes, écritures, in: Vernant et al. a.a.O. S. 70-197 (157).
4 Für ein Beispiel aus China, in dem Unglauben die vorausgesagte Katastrophe auslöst, siehe Jacques Gernet, Petits écarts et grands écarts, in: Vernant et al. a.a.O. S. 52-69.

lisierung auf das, was auch andere beobachten bzw. nicht beobachten können.[5]

Historisch gesehen lag der Anlaß für die Einrichtung einer Ebene der Beobachtung zweiter Ordnung in Zweifeln an der Zuverlässigkeit von Sinneswahrnehmungen[6], und seit den Griechen hat dieses Thema das Philosophieren über Wahrheit und Wissen nicht losgelassen. Für den unmittelbaren Beobachter ist Wissen immer wahres Wissen, oder anderenfalls kein Wissen. Er kennt nur eine Art von Wissen.[7] Für ihn (und nur für ihn) sind die Aussagen »x ist« und »Es ist wahr, daß x ist« logisch äquivalent, das heißt redundant.[8] Will man prüfen, ob dieses Wissen wahres Wissen ist, muß man es aus Distanz beobachten, und zwar mit Hilfe der Unterscheidung wahr/unwahr.[9] Für diesen Beobachter zweiter Ordnung gibt es dann wahres und

---

[5] Wie weit dafür die relativ geringe und politisch gut kontrollierbare Rolle des Orakels in der griechischen Stadtkultur sowie die alphabetische Schrift von Bedeutung gewesen sind, müßte eingehender untersucht werden. Zum Thema siehe Jean-Pierre Vernant, Parole et signes muets, in: Vernant et al. a.a.O. S. 9-25.

[6] Siehe hierzu G.E.R. Lloyd, Magic, Reason and Experience: Studies in the Origin and Development of Greek Science, Cambridge, England, 1979, insb. S. 126ff. Daß mit dieser »Erklärung« das Problem der Erklärung nur verschoben ist, liegt auf der Hand und ist auch Lloyd bewußt. Die Frage bleibt, welche Eigenarten der griechischen Gesellschaft und Kultur es erklären, daß diese Zweifel diskutiert werden konnten: Alphabet, politische Offenheit, Privatisierung von Religion, kontroverse Schulbildungen in Medizin, Philosophie etc.?

[7] Die klassische Unterscheidung epistéme/dóxa besetzt diesen Platz, nimmt aber zusätzliche Komponenten auf, nämlich die Unterscheidung von strengem Wissen und bloßem Meinungswissen nach Maßgabe unterschiedlicher Themen oder Gegenstände des Wissens. Gleichzeitig wird aber Meinungswissen auch als ein Wissen behandelt, das sich zwischen wahr und unwahr in der Schwebe hält und insofern widerspruchsvolles Wissen ist. Vgl. hierzu Marcel Détienne, Les maîtres de vérité dans la Grèce Archaïque, Paris 1967, 3. Aufl. 1979, S. 111ff.

[8] Die Kontroverse über dieses Problem leidet daran, daß nicht zureichend zwischen Beobachtung erster und Beobachtung zweiter Ordnung unterschieden wird. Siehe z. B. Michael Williams, Do we (epistemologists) need a theory of truth, Philosophical Topics 14 (1986), S. 223-242, für die eine und Gerald Vision, Modern Anti-Realism and Manufactured Truth, London 1988, S. 9, 12ff., 36ff., 112ff. für die andere Seite.

[9] Siehe zur geschichtlichen Entstehung dieser Differenz und zu den Anfängen einer wissenschaftlichen Methodologie Yehuda Elkana, Die Entstehung des Denkens zweiter Ordnung im klassischen Griechenland, in: ders., Anthropologie der Erkenntnis, Frankfurt 1986, S. 344-374; ders., Das Experiment als Begriff zweiter Ordnung, Rechtshistorisches Journal 7 (1988), S. 244-271.

unwahres Wissen - beides unterschieden vom Nichtwissen, das auch dem Beobachter erster Ordnung geläufig sein kann. (Er weiß zum Beispiel, daß er nicht weiß, wielange die Fahrt vom Hotel zum Flugplatz dauert.) Dem Beobachter erster Ordnung fehlt eine Möglichkeit, unwahres Wissen zu bezeichnen. Er hilft sich mit einem besonderen Begriff, etwa dem des Irrtums, der aber nicht dazu dient, wahres Wissen in unwahres Wissen zu verwandeln, sondern zunächst nur Wissen schlechthin annulliert. Aber erkannte Unwahrheiten haben ja eine Funktion im System, sie konturieren weitere Forschungen. Deshalb muß man dafür eine Bezeichnung bereithalten. Erst auf der Ebene der Beobachtung zweiter Ordnung kann, mit anderen Worten, der Differenzcode wahr/unwahr voll zum Zuge kommen; erst auf dieser Ebene kann, wie wir noch ausführlich sehen werden, Wissenschaft als System ausdifferenziert werden. Dieses System führt dann all seine Operationen auf die Unterscheidung wahr/unwahr zurück, also auf ein Schema der Beobachtung zweiter Ordnung.

Der schlicht Wissende kann etwas wissen, ohne zu wissen, daß er es weiß. Als Beobachter erster Ordnung interagiert er unmittelbar mit seiner »Nische«.[10] Er praktiziert sein Wissen, indem er in seiner Objektwelt Unterscheidungen trifft. Sobald er auf die Ebene zweiter Ordnung überwechselt, muß er dagegen ein Moment der Selbstreferenz beachten und in seine Operationsweise aufnehmen; denn sobald er *sich* als Wissenden weiß, weiß er sich als *Wissenden*.[11] Diese Zweistufigkeit macht es möglich, sich auch zu den Erfordernissen des Wissenser-

---

10 So formuliert Humberto R. Maturana, Erkennen: Die Organisation und Verkörperung von Wirklichkeit: Ausgewählte Arbeiten zur biologischen Epistemologie, Braunschweig 1982, S. 36f.
11 Dies »autologische« Moment tritt ganz allgemein beim Beobachten zweiter Ordnung auf – ein Phämomen, das vor allem der Linguistik beim Sprechen über Sprache aufgefallen ist. Für eine allgemeine Darstellung siehe z.B. Lars Löfgren, Towards System: From Computation to the Phenomenon of Language, in: Marc E. Carvallo (Hrsg.), Nature, Cognition and System: Current Systems-Scientific Research on Natural and Cognitive Systems, Dordrecht 1988, S. 129-155. Zu beachten ist im übrigen, daß die Rede von »erster« und »zweiter« Ordnung oder die Unterscheidung entsprechender »Ebenen« ihrerseits nur ein technisches Hilfsmittel eines weiteren Beobachters ist, der seine eigenen Beobachtungen auf diese Weise enttautologisiert, das heißt: die auch ihn einbeziehenden Selbstreferenzen »entfaltet«.

werbs und der Wissenskontrolle noch kognitiv zu verhalten. Nicht nur das Weltwissen in einem allgemeinen Sinne, sondern auch das speziell darauf gerichtete Verhalten wird Gegenstand lernender Beobachtung. Von Anfang an ist in dem, was sehr spät dann Erkenntnistheorie heißen wird, ein instrumentalistischer Zug angelegt, eine Reflexion von Zweck und Mittel, sei es natural, sei es transzendental. Auf dieser Reflexionsebene lassen sich aber kognitives und normatives Erwarten nicht vollständig trennen. Die Instrumente können zwar weitgehend normativ neutralisiert werden. Statt dessen hält man sich an ihren Zweck. Aber es bedarf dann immer noch einer Begründung dafür, weshalb man sich um Erkenntnis bemühen soll; und diese Frage gewinnt an Schärfe in dem Maße, als die Reflexionstheorien der Neuzeit nicht mehr an entsprechende natürliche Neigungen und Energien glauben können.

Wird das Beobachten von dieser Ebene aus zum methodischen (in der Tradition zunächst: zum »philosophischen«) Postulat, kann der Beobachter sich durch einen entsprechenden Schematismus zwingen, diese Ebene einzuhalten. Er unterscheidet dann sein Wissen und sein Nichtwissen und schließlich, im Zuge der Ausdifferenzierung einer wissenschaftlichen Methodologie, wahre Sätze und unwahre Sätze. Dabei versteht sich von selbst, daß es ein Beobachten zweiter Ordnung nur geben kann, wenn es ein Beobachten erster Ordnung gibt; und die Wissenschaftsbewegung bringt dies nicht zuletzt dadurch zum Ausdruck, daß sie auf »empirische« Forschung Wert legt.

Rein sprachlich bereiten uns solche Unterscheidungen auch heute noch Mühe, besonders wenn wir unwahres Wissen von Nichtwissen zu unterscheiden haben. Diese Sprachschwierigkeiten zeigen aber nur an, daß unsere Sprache durch eine Gesellschaft geformt worden ist, die nicht mehr die unsere ist. Wissen war für sie implizit wahres Wissen und Irrtum kein gleichrangiges Phänomen. Auch den Grund dafür kennen wir bereits. Irrtümer treten nur wie Fehler, nur wie Unglücke, nur wie abweichende Privatmeinungen, nur fallweise auf, während der für alle Vernünftigen sichtbare Weltzusammenhang an sich in Ordnung ist. Nur in dieser Vorstellungswelt konnte auch das Streben nach moralisch schlechten Gütern wie ein Irrtum behandelt werden (Aristoteles, Thomas von Aquino). Auch hier konnten natürlich Menschen einander beobachten, aber dies angesichts einer gemeinsamen Welt, für die es keinen Unterschied ausmacht, wer beobachtet und mit welcher Unterscheidung beobachtet wird.

Allein schon die Absicht, die Unterscheidungen Wissen/Nichtwissen und wahr/unwahr zu unterscheiden, sprengt, weil sie Selbstreferenz impliziert, die (Gotthard Günther würde sagen) zweiwertige Denkform. Wir distanzieren uns deshalb von jedem vorwissenschaftlichen Wahrheitsverständnis mitsamt seiner als Ontologie ausgewiesenen Zweiwertigkeit und verlagern die Analyse auf die Ebene der Beobachtung zweiter Ordnung; denn diese gilt uns als Bedingung der Möglichkeit der Ausdifferenzierung von Wissenschaft. Die (autopoietisch reproduzierte) Einheit dieses Systems liegt in der Differenz von wahr und unwahr (nicht im Wissen schlechthin). Wir nennen die *Einheit* dieser *Unterscheidung*, um herauszustellen, daß dies auf eine Paradoxie hinausläuft, *Wahrheit*, so daß es nach dieser Sprachregelung wahre Wahrheit und unwahre Wahrheit gibt. Damit ist ein zunächst nur verbaler (und sprachlich an sich vermeidbarer) Hinweis gegeben, daß wir uns in der Nähe einer prinzipiell paradoxen Fundierung allen Wissens aufhalten. Wir kommen darauf zurück. Zunächst ist es jedoch zweckmäßig, die damit angesprochene Begründungsproblematik zurückzustellen und sich um das zu bemühen, was Logiker eine »Entfaltung« der Paradoxie durch Festlegung paradoxiefreier Identifikationen nennen würden.

Es ist ebenso einfach wie unfruchtbar, dies mit Hilfe einer Unterscheidung von logischen Typen oder von mehreren Sprachebenen zu tun – unfruchtbar deshalb, weil diese auf Russell zurückgehenden Vorschläge zu direkt am Problem operieren und zu viel sinnvolle Aussagemöglichkeiten ausschließen.[12] Wir halten uns statt dessen an eine Theorie *symbolisch generalisierter Kommunikationsmedien*, die mit Anspruch auf empirische Va-

---

12 Vgl. die Einwendungen gegen eine solche ad hoc Exklusion von Paradoxien bei J. L. MacKie, Truth, Probability and Paradox: Studies in Philosophical Logic, Oxford 1973 (zur Typentheorie insb. S. 247 ff.). Siehe auch Yves Barel, Le Paradoxe et le système: Essai sur le fantastique social, 2. Aufl. Grenoble 1989, insb. S. 280f. im Anschluß an Douglas Hofstadter.

lidität auftritt und beschreibt, daß und wie wichtige Kommunikationsbereiche der Gesellschaft sich an *binären Codes* orientieren und sich durch die Besonderheit ihrer Codierungen voneinander unterscheiden. Wahrheit ist demnach keine *Eigenschaft* von irgendwelchen Objekten oder von Sätzen oder von Kognitionen (über die man dann gegebenenfalls im Irrtum sein könnte), sondern der Begriff bezeichnet ein *Medium* der Emergenz unwahrscheinlicher Kommunikation; oder man könnte auch sagen: einen Bereich von unwahrscheinlichen Möglichkeiten, in dem Kommunikation unter Sonderbedingungen sich autopoietisch organisieren kann.[13] Wahrheit ist daher auch nicht eo ipso rational (was immer das heißen soll) und vor allem nicht durch Hinweis auf eine Quelle (etwa: Vernunft) validierbar. Sie ist ein beobachtbar funktionierendes Symbol, das Unwahrscheinliches möglich macht – wenn es gelingt.

Andere Fälle, für die dasselbe gilt, sind zum Beispiel Macht/Recht oder Eigentum/Geld oder Liebe.[14] Der Vorteil dieser Vorgehensweise besteht in den empirisch-historischen Vergleichsmöglichkeiten, die damit gewonnen werden. Wir wissen zwar: jede binäre Codierung führt bei der Anwendung des Code auf sich selbst zu Paradoxien. Wir können aber zunächst vermuten: Dies Problem wird bei allen Kommunikationsmedien auftreten, nicht nur im Falle von Wahrheit, sondern zum Beispiel auch im Falle von rechtlich codierter politischer Macht.[15] Wir können untersuchen, wie die Kommunikation, wie die Gesellschaft in verschiedenen Phasen ihrer Geschichte dieses Problem, wenn es auftritt, behandelt; oder wie sie es gar nicht erst auftreten läßt. Wir untersuchen Phäno-

---

13 Hiermit überschreiten wir zugleich die Grenzen der traditionellen Definition der Wahrheit als adaequatio, die in ihren *beiden* Anwendungsmöglichkeiten (adaequatio intellectus ad rem und adaequatio rei ad intellectum) auf *beiden* Seiten etwas vorausgesetzt hatte, was der Attribuierung von Eigenschaften standhalten konnte. Wir müssen statt dessen nach dem Verfahren der Attribuierung selber fragen.

14 Vgl. für diese Parallelen Niklas Luhmann, Macht, Stuttgart 1975; ders., Liebe als Passion: Zur Codierung von Intimität, Frankfurt 1982; ders., Die Wirtschaft der Gesellschaft, Frankfurt 1988.

15 Siehe hierzu als Fallstudie Niklas Luhmann, Die Theorie der Ordnung und die natürlichen Rechte, Rechtshistorisches Journal 3 (1984), S. 133-149; ferner ders., The Third Question: The Creative Use of Paradoxes in Law and Legal History, Journal of Law and Society 15 (1988), S. 153-165.

mene wie »Invisibilisierung«[16] der Paradoxie oder Entparadoxierung also zunächst einmal in der sozialen Wirklichkeit – so als ob wir es von außen tun könnten! Wenn diese Untersuchung zu Ergebnissen führt, können wir diese Ergebnisse auch auf die Untersuchung anwenden, der sie sich verdanken, und fragen, ob unsere Vorgehensweise nach ihren eigenen Resultaten als wissenschaftlich qualifiziert werden kann.

Daß dies keine »einwandfreie« Methode ist, liegt auf der Hand. Daß sie uns als »blinder Fleck« dient, der seine eigene Paradoxie dadurch entparadoxiert, daß er sie im Objekt vermutet, sei ebenfalls zugestanden. Wir wissen nur keinen besseren Rat. Man kann es anders machen, aber, wie Gödel zu lehren scheint, nicht besser. Immerhin bleibt dann noch die Möglichkeit, die Invisibilisierung der Paradoxie so durchsichtig wie möglich zu vollziehen und wenigstens deutlich zu machen, welchen blinden Fleck man benutzt.

Um in einer Zwischenbilanz zusammenzufassen: Die Tradition hatte Wahrheit als *Aufhebung einer Differenz* begriffen. Es konnte sich dabei um die Differenz von vermutetem Wissen und Irrtum, um die Differenz von Sein und Schein, um die Differenz von Gegenstand und Erkenntis handeln. Auf dieser Grundlage konnte man selbst den Verzicht auf die Endgültigkeit dieser Aufhebung, selbst die formale Hypothetik aller Wahrheitsfeststellungen noch akzeptieren. Wir gehen *statt dessen* davon aus, daß es in der Wahrheitsfrage um die *Vorordnung einer anderen Differenz* geht, nämlich um die Vorordnung der zugleich universalistischen und spezifischen Unterscheidung von Wahrheit und Unwahrheit. Immer wenn mit Hilfe eines solchen binären Codes Beobachten beobachtet wird, ordnet die entsprechende Operation sich dem durch sie erzeugten System Wissenschaft zu. Die Hypothetik aller Wahrheitsfeststellungen ist nichts anderes als ein Ausdruck dieser Letztorientierung an einem Code, der zwei entgegengesetzte Wertungen offenhält. Sie ist nichts anderes als ein Ausdruck der Autopoiesis eines nicht-teleologischen Systems, das keinen Abschluß kennt, sondern mit jeder Operation auch die Option von Annehmen oder Ablehnen re-

---

16 So Yves Barel, De la fermeture à l'ouverture en passant par l'autonomie? in: Paul Dumouchel/Jean-Pierre Dupuy (Hrsg.), L'Auto-organisation: De la physique au politique, Paris 1983, S. 466-475.

produziert. Und als Argument dient uns im wesentlichen die Feststellung, daß die Einheit einer solchen Unterscheidung nicht, oder nur als Paradoxie, beobachtet werden kann.

II

Im Alltagsverständnis, und das heißt: in der normalen gesellschaftlichen Kommunikation, geht man davon aus, daß Kommunikationen erkenntnisbezogenen Zuschnitts deshalb angenommen werden, weil sie wahr sind. Insofern ist Wahrheit ein Mittel der erfolgreichen Expedition von Information. Das ist nicht falsch, aber einseitig gesehen. Beobachtet man die Kommunikation, die das Symbol Wahrheit benutzt, begibt man sich auf die Ebene der Beobachtung von Beobachtern. Hier kann man die Annahme von Kommunikationen nicht mehr damit erklären, daß sie wahr sind;[17] denn wie sollte man unabhängig vom beobachteten Beobachter feststellen, ob etwas wahr ist oder nicht. Für den Beobachter zweiter Ordnung ist mithin das Symbol »wahr« ein Symbol der Selbstbestätigung des beobachteten Kommunikationsprozesses und nichts, was über unabhängige Bedingungen validiert werden könnte. Es ist ein Symbol für die im Kommunikationsprozeß selbst ermittelte Anschlußfähigkeit der Kommunikation.

Wahrheit ist also eine in der Kommunikation für Zwecke der Kommunikation entwickelte *Bezeichnung*, ein »institutionalized label«.[18] Mit Bezeichnung (label) ist ein Moment der Willkür festgehalten. Das ist für das Verständnis der folgenden Ausführungen wichtig, heißt aber natürlich nicht, daß diese Bezeichnung beliebig und von Moment zu Moment anders gehandhabt werden kann. Der Begriff Willkür dient uns vielmehr als Anweisung für Beobachtungen und Beschreibungen. Wir müssen uns auf die Ebene der Beobachtung zweiter Ordnung

---

[17] Deshalb reicht es für die Wissenssoziologie auch nicht aus, sich mit falschen Meinungen oder Irrtümern zu befassen und diese zu erklären, so als ob die Erklärung der wahren Meinungen sich von selbst, nämlich aus ihrer Wahrheit heraus ergebe.

[18] Diese Formulierung bei Barry Barnes, Scientific Knowledge and Sociological Theory, London 1974, S. 22.

begeben und fragen, für wen (für welchen Beobachter) diese Bezeichnung etwas bezeichnet. Die zu beobachtenden Beobachter sind in diesem Falle das Kommunikationssystem Gesellschaft und das in die Gesellschaft eingeschlossene Funktionssystem Wissenschaft.[19] Dabei fällt zunächst einmal auf, daß von »Wahrheit« im Wissenschaftsbetrieb selbst wenig die Rede ist. Im praktischen Betrieb wird eine betriebs-bezogene Sprache benutzt. Man spricht etwa von Hypothesen, Experimenten, Forschungsergebnissen etc. Das darf jedoch nicht zu dem Schluß verführen, daß der Wissenschaftler sich nicht für Wahrheit bzw. Unwahrheit interessiert. Nur ist diese Unterscheidung an ein Beobachten zweiter Ordnung gebunden, und erst auf dieser Ebene kann das Wissenschaftssystem sich selbst beobachten (was es natürlich nicht immerzu tun, nicht immerzu kommunizieren muß). Was immer mit der Bezeichnung »Wahrheit« gemeint sein mag und wie immer die prinzipielle Willkür des Unterscheidens und Bezeichnens durch selbstregulative Systemprozesse eingeschränkt sein mag: eine Auskunft darüber erhalten wir nur durch Beobachtung des Beobachters zweiter Ordnung, soweit dieser sein Beobachten am Schema wahr/unwahr orientiert. Alle diese Beobachtungsebenen können und müssen bei entsprechenden Gelegenheiten im Wissenschaftssystem selbst aktualisiert werden (was auch für den hier vorgelegten Text gilt). Und es geht auf all diesen Ebenen um empirische Prozesse des Beobachtens mit jeweils eigenen Unterscheidungen, also auch in der Beschreibung dieser Prozesse um eine empirische Theorie, die freilich hohen theoretischen Ansprüchen an die Berücksichtigung selbstreferentieller Verhältnisse genügen und ihre eigenen Operationen auf zweiten oder gar dritten Beobachtungsebenen durchführen muß.

Damit ist auch gesagt, daß die Wahrheit ein kommunikatives Symbol ist, das entweder erfolgreich verwendet oder nicht verwendet wird, das entweder mit Kommunikationen assoziiert und übernommen, also in weitere Kommunikationen hineingetragen wird oder nicht. Die Wahrheit selbst ist also als Moment von Operationen vorhanden oder sie ist nicht vorhanden. *Die Wahrheit selbst ist nicht »relativ«*. Wir behaupten, daß sie ex-

---

19 Die klassische Erkenntnistheorie hätte an dieser Stelle auf den Menschen bzw. das sein Erkennen reflektierende »Subjekt« verwiesen.

klusiv selbstreferentiell verwendet wird und verwendet werden muß. Sie enthält keinerlei Fremdreferenz, denn es gibt keine Wahrheit außerhalb der Wahrheit. Entgegen einer verbreiteten Auffassung führt jedoch das Kappen der Fremdreferenz und der Verzicht auf jede Art Adäquations- oder Korrespondenztheorie der Wahrheit keineswegs zum Relativismus oder gar zum »anything goes«. Das Gegenteil trifft zu. Wahrheit funktioniert als ein in empirisch beobachtbaren Prozessen verwendetes Symbol. Es geht nur das, was geht. Ein Beobachter kann sich dann zwar fragen, warum es so geht, wie es geht. Er kann unter von ihm gewählten Gesichtspunkten sich vorstellen, es könnte anders gehen. Er kann die Wahrheit als kontingent sehen. *Aber auch dies muß er tun, sonst geschieht es nicht.* Der Beobachter kann auch das beobachtete System selbst sein, und im Falle der eigenkomplex werdenden Wissenschaft ist kaum sonst jemand in der Lage, adäquat zu beobachten. Die Selbstbeobachtung kann dann ihrerseits als Wahrheit bezeichnet werden. Aber auch dies muß faktisch geschehen – oder es geschieht nicht. Und immer, wenn man fragen und wissen will, warum es geschieht, muß man wieder eine Beobachtung des Beobachtens betätigen.

Was immer geschieht, um diese Abkopplung von der Umwelt zu kompensieren, muß, das werden wir im nächsten Kapitel ausführen, im System geschehen, und es muß operativ durch Modifikationen der Verwendung des Symbols Wahrheit ausgeführt werden. Der dieses Symbol verwendende Operationszusammenhang (und schließlich: das Funktionssystem Wissenschaft) bringt sich zur Selbstbeobachtung und im Vollzug dieser Selbstbeobachtung dann zur Hinzufügung eines Negativsymbols »Unwahrheit« und zu Möglichkeiten der kommunikativen Behandlung von Unentschiedenheiten in bezug auf Wahrheit und Unwahrheit, schließlich sogar zum Entwurf von Wahrheitsermittlungsprojekten. Das alles ändert aber nichts an der Ausgangssituation. Im Gegenteil, auf diese Weise kommt es *nun erst recht nicht* zu einer Herstellung einer Korrespondenz mit der Umwelt; denn in der Umwelt gibt es natürlich nichts Negatives und nichts Unentschiedenes. Das System beobachtet mit Hilfe dieser Symbole wiederum nur eigene Zustände.

Dies alles wird rudimentär schon in einfachen Gesellschaften angelegt sein, sofern man überhaupt über Sprache und damit über Möglichkeiten der Selbstbeobachtung (der Kommunikation über Kommunikation) verfügt. Erst mit der Ausbreitung schriftlicher Kommunikation entsteht aber ein Bedarf für symbolisch generalisierte Kommunikationsmedien. Erst mit dem Alphabet entstehen kunstvolle terminologische Innovationen, die darauf hindeuten, daß man für neuartige Probleme neuartige Lösungen sucht. Dabei fällt am griechischen Fall zugleich auf, daß Semantiken für Politik und Recht, für Freundschaft und solidarische Verbundenheit, für Ökonomie und für Wissen auseinandertreten. Man versucht zwar, sie in einer politischen Ethik und Pädagogik zu verknüpfen; aber die verfügbaren Texte lassen erkennen, daß es nicht mehr eine gemeinsame Religion ist, die dem Zumutbaren Grenzen zieht. Was ist geschehen?

Der Auslösevorgang scheint in den Veränderungen zu liegen, die durch die Einführung von Schrift im System gesellschaftlicher Kommunikation bewirkt werden.[20] Schrift selbst ist mit Bezug auf gesellschaftliche Kommunikation schlechthin ein formenproduzierender Vorgang der Auflösung und selektiven Rekombination. Aufgelöst, oder besser: aufgeteilt, wird das zeiteinheitliche Ereignis der mündlichen Kommunikation mit gleichzeitigem Verstehen und unmittelbarem Zwang zur Entscheidung zwischen Annahme oder offenem Widerspruch. Daraufhin kann die Rekombination des Getrennten durch neue Formen konditioniert werden. Anders als in der mündlichen Kommunikation können bei schriftlicher Kommunikation Mitteilung, Verstehen und Akzeptanz weit auseinanderfallen. Texte werden mit Rücksicht auf situationsunabhängige Verständlichkeit produziert. Damit entfallen aber auch diejenigen Verführungen, die zu einer sofortigen Annahme des Verstandenen verleiten. Verstehen und Akzeptieren/Ablehnen treten auseinander. Man hat Zeit zur Überlegung, denn der Text verschwindet nicht wie das gesprochene Wort. Er beansprucht die

20 So die nicht unkritisch aufgenommenen Thesen von Eric A. Havelock, Preface to Plato, Cambridge, Mass. 1963. Siehe ferner Jack Goody/Ian Watt, The Consequences of Literacy, Comparative Studies in Society and History 5 (1963), S. 304-345; Jack Goody, Evolution and Communication, The British Journal of Sociology 24 (1973), S. 1-12; ders., Literacy, Criticism, and the Growth of Knowledge, in: Joseph Ben-David/Terry N. Clark (Hrsg.), Culture and Its Creators: Essays in Honor of Edward Shils, Chicago 1977, S. 226-243.

Aufmerksamkeit auch nicht so »vollständig« wie das Wort. Er stimuliert geradezu zweite Gedanken und Kritik. Er legt ein Beobachten zweiter Ordnung nahe. Durch ihre Ablösung von der Mitteilung werden auch Verstehen und Annehmen oder Ablehnung des angebotenen Inhalts zwei Entscheidungen – und desto mehr so, je schwieriger die Texte werden. Der Verdacht, einem Irrtum zum Opfer zu fallen oder rundweg getäuscht zu werden, findet Zeit, sich zu entfalten. Und er steht nicht unter dem Druck der Interaktion unter Anwesenden, die dazu zwingt, ihn sofort zu äußern oder Überzeugungskraft für Gegenmeinungen zu verlieren.

Der kulturgeschichtliche Effekt dieser Distanz, die sich auftut zwischen Mitteilung, Verstehen und Annehmen/Ablehnen, läßt sich kaum überschätzen. Im Verstehen vermehren sich die Wahlmöglichkeiten, es kommt zu einer gewaltigen Ausdehnung von Möglichkeiten, die nicht sofort engagieren. Das Annehmen/Ablehnen reduziert dagegen diese Komplexität auf eine Wahl unter zwei Möglichkeiten, die dann aber den, der entscheidet, binden. Es muß zunächst unwahrscheinlich gewesen sein, daß man sich überhaupt zur Annahme einer Kommunikation als Prämisse weiteren Verhaltens entschließt, wenn die Situation nicht dazu verführt. Und muß diese Hemmschwelle gesteigerter Ablehnungswahrscheinlichkeit nicht rasch dazu führen, daß die Kommunikation überhaupt unterbleibt?

Es scheint dieses Folgeproblem der Schrift gewesen zu sein, das durch neue evolutionäre Errungenschaften, eben die symbolisch generalisierten Kommunikationsmedien, wenn nicht gelöst, so doch re-normalisiert wird. Die Medien sorgen für Annahmemotivation dort, wo die Annahme eher unwahrscheinlich geworden ist. Mitteilen, Verstehen und Annehmen/Ablehnen werden unter übergreifende Konditionierungen gestellt, deren Abstraktion dazu verhilft, die immense Erweiterung der Möglichkeiten und die Distanz zwischen Verstehen und Annehmen/Ablehnen so zu überbrücken, daß es nicht als aussichtslos erscheint, eine Kommunikation zu versuchen.

Im Bereich des »philosophisch« gepflegten Wissens fällt auf, daß eine »Ontologie« entsteht – ein Interesse für das, was »ist« und was mit Hilfe der ebenfalls neuen »Logik« geprüft werden kann. Die hierfür neu entwickelte Terminologie verrät einen sozialen Ursprung der Aufgabenstellung,[21] aber das Interessse an zweiwertigen Schematisierungen, das dem Annehmen/Ablehnen-Können Rechnung trägt, wird ins Sein projiziert und damit objektiviert.[22] Parallel dazu entsteht ein für die Tradition außerordentlich folgenreicher kognitiver Individualismus, der das richtige/falsche Vorstellen dem Seelenvermögen zuordnet – und nicht der Kommunikation. Es scheint darauf anzukommen, das Erkennen jetzt dem leicht konditionierbaren Bewußtsein zuzurechnen – und nicht der allzu persuasiv vorgehenden Kommunikation. Seitdem wird die Sozialität des Wissens unterschätzt; und diese Unterschätzung kann sich um so eher halten, als das hierfür entwickelte Medium auf Koordination des Erlebens, nicht auf Koordination des Handelns spezialisiert ist.

Die ontologischen Korrelate des Kommunikationsmediums Wahrheit haben die Problemstellung in die Frage verlagert, was objektiv vorliegt. Die Institutionalisierung des Mediums hatte aber ein ganz anderes Problem zu lösen. Sie hatte es mit einem Folgeproblem der Erfindung und Verbreitung von Schrift zu tun. Sie mußte Kommunikation trotz höherer Unwahrscheinlichkeit ermöglichen und zugleich eine Ausnutzung des Komplexitätsgewinns in die Wege leiten. Nur scheinbar ging es darum, mit der Welt, wie sie ist, zurechtzukommen. In Wirklichkeit waren, so jedenfalls beschreibt es die hier vorgestellte Theorie, neuartige Kommunikationsprobleme aufgetreten. In dem durch Schrift erweiterten Kommunikationsbereich mußten die strukturellen Grundlagen für die Autopoiesis gesellschaftlicher Kommunikation nachentwickelt werden. Die Einrichtungen, die dies schließlich leisten konnten, nennen wir symbolisch generalisierte Kommunikationsmedien, und Wahrheit ist einer der wichtigsten Fälle.

---

21 Siehe Ernst Kapp, Der Ursprung der Logik bei den Griechen, Göttingen 1965, für den Übergang zu einer Fundierung auf ein Seelenvermögen – statt auf die Rede. Vgl. auch Joachim Klowski, Zum Entstehen der logischen Argumentation, Rheinisches Museum für Philologie N. F. 113 (1970), S. 111-141.
22 Wie leicht zu sehen, ist damit ein Prozeß eingeleitet, der mit Hegel seinen Abschluß findet – mit der De-Sozialisierung auch der Dialektik zu einem bloßen Verfahren der Bestimmung des Unbestimmten.

III

Was ist ein Medium? Was ist ein Kommunikationsmedium? Was ist ein symbolisch generalisiertes Kommunikationsmedium? Wenn wir Wahrheit als symbolisch generalisiertes Kommunikationsmedium behandeln wollen, müssen zunächst einmal diese Begriffe geklärt werden.

Vorab muß klargestellt werden, daß nicht von den sogenannten »Massenmedien«, von Zeitungen, Fernsehen usw. die Rede ist. Auch meinen wir nicht übertragungstechnische Einrichtungen irgendwelcher Art, zum Beispiel Drähte oder Funkwellen. Bereits den Begriff der Kommunikation haben wir von der Vorstellung einer Nachrichtenübertragung gelöst. Kommunikation erzeugt Form in einem Medium, zunächst im Medium der Sprache, und erzeugt allenfalls durch die Form etwas, was die speech act Theorie »commitments« oder Maturana »mutual orientation« lebender bzw. psychischer Systeme nennen würde.[23] Daher sind Medien auch nicht etwa besondere Dinge, sie sind also auch nicht beobachtbar (man kann Wahrheit nicht beobachten), sondern sie lassen sich nur durch die Beobachtung von Formen erschließen. Das heißt schließlich, daß Medien als solche, gleichsam pur, nicht erkennbar sind – es sei denn, man beobachte ihre Komponenten (Luftpartikel, Worte etc.) als Formen, was aber ein weiteres Medium voraussetzt. Schon am Anfang dieses Kapitels hatten wir festgelegt, daß der Begriff der Wahrheit Komponente einer Unterscheidung ist, die auf der Ebene der Beobachtung zweiter Ordnung praktiziert werden muß. Wenn man also wissen will, was Wahrheit ist, muß man nicht nach einem besonderen Ding suchen (etwa nach Eigenschaften bestimmter Sätze), sondern muß diesen Beobachter beobachten, um herauszufinden, wie er mit der Unterscheidung wahr/unwahr umgeht, um weitere Unterscheidungen (Formen) zu erzeugen.

Die folgenden Überlegungen schließen an zwei verschiedene, bisher unverbundene theoretische Ausgangspunkte an: die

---

23 Vgl. mit besonderer Betonung dieses (für uns sekundären) Aspekts Terry Winograd/Fernando Flores, Understanding Computers and Cognition: A New Foundation for Design, Reading Mass. 1986, insb. S. 76f. (dt. Übers. Berlin 1989).

Theorie der Wahrnehmungsmedien von Fritz Heider[24] und die Theorie der symbolisch generalisierten Tauschmedien von Talcott Parsons.[25] Für beide Ausgangspunkte ist am Begriff des Mediums die Funktion der Bindung unter Voraussetzung einer Unterscheidung entscheidend. Heider versteht unter Medium (seine Beispiele: Licht oder Luft) eine große Menge von lose gekoppelten Elementen, die sich durch rigide gekoppelte Strukturen formen lassen. In diesem Sinne kann man zum Beispiel Sprache als ein Medium ansehen, das eine Riesenmenge von möglichen Aussagen ermöglicht, aber als Medium noch nicht festlegt, welche Sätze wirklich gesprochen und im Medium registriert und erinnert werden.

Heider selbst geht noch von der klassischen Subjekt/Objekt-Differenz aus, die durch Wahrnehmung überbrückt wird. So gesehen tritt sein Medienbegriff (oder genauer: die Differenz von Medium und Form) an die Stelle eines Riesenaufwandes an transzendental-theoretischen oder dialektischen Bemühungen um die Lösung des Problems der Übereinstimmung von Erkenntnis und Gegenstand. Sein Medienkonzept zeigt empirisch, wie es geschieht, daß sich aus Anlaß von Umweltkontakten Gegenstandsvorstellungen formen – gewissermaßen dadurch, daß Licht und Luft über die Unebenheiten der Umwelt hinwegstreichen, sich ihnen anpassen und die entsprechenden Eindrücke einer sehr schmalen Bandbreite von Aufnahmefähigkeit des Organismus vermitteln.

Aus diesen Analysen kann die sehr viel allgemeinere Unterscheidung von Medium und Form abgezogen werden. Die Unterscheidung von Medium und Form besagt nicht, daß lose und strikt gekoppelte Elemente nebeneinander und unabhängig voneinander existieren müssen. Luft ist zwar Luft, aber ein Medium nur, soweit sie Geräusche transportiert. Auch Licht ist ein Medium nur für Wahrnehmung, die Formen nur im Licht, als gebundenes Licht gleichsam, wahrnehmen kann.[26] Sprache ist

24 Siehe Ding und Medium, Symposium 1 (1926), S. 109-157.
25 Vgl. in deutscher Übersetzung: Stefan Jensen (Hrsg.), Talcott Parsons, Zur Theorie der sozialen Interaktionsmedien, Opladen 1980; ferner: Jan J. Loubser et al. (Hrsg.), Explorations in General Theory in Social Science: Essays in Honor of Talcott Parsons, New York 1976. Part IV (Bd. II, S. 448ff.).
26 Um die Form zu beobachten, die das Licht selbst ermöglicht, bedarf es deshalb der Physik. Die Physik spricht von Strahlungen. Aber was ist dann das Medium

ein Medium nur, soweit sie benutzt wird, um etwas (mehr oder weniger Bestimmtes) zu sagen. Und entsprechend kann uns Wahrheit als Medium nur gelten, sofern sie Anlaß gibt, Theorien zu formulieren und Sätze als wahr bzw. unwahr zu bezeichnen. Bei Sprache versteht sich das Bereithalten einer Vielzahl von ungekoppelten Möglichkeiten durch den Wortschatz und durch Verfügung über beschränkende Verknüpfungsregeln von selbst. Auch werden die gesprochenen Worte nicht durch das Sprechen verbraucht. Das Medium existiert in Festlegungen, aber nicht durch sie. Im Falle von theoretisch, weltbildhaft oder auch alltagspraktisch bereits festgelegten Wahrheiten gibt es, jedenfalls für Wissenschaft, immer auch eine Restliquidität von Möglichkeiten der Überprüfung und Variation. Wir werden dieses Thema wiederaufgreifen, wenn wir Theorie und Methode zu unterscheiden haben. Entscheidend für die Begriffsbildung ist mithin die Unterscheidung von Medium und Form im Sinne von Schwäche und Stärke, von loser und strikter Kopplung und die daraus folgende Annahme einer Asymmetrie: Die rigidere Form setzt sich gegenüber dem weicheren Medium durch, prägt sich ein, bestimmt das Unbestimmte – und dies unabhängig davon, ob und nach welchen Kriterien ein Beobachter das Resultat für gut, für richtig, für rational halten mag.[27]

Unterscheidet man in dieser Weise Medium und Form, so verflüchtigt sich gewissermaßen das klassische Problem der Referenz. Es wird als Problem ersetzt. An die Stelle der Frage, was (wenn überhaupt etwas) Gedanken intendieren oder Sätze bezeichnen, tritt die Frage, durch welche Formen sich etwas als Medium der Realisierung von Form konstituieren läßt. Die semiologisch bzw. semiotisch konzipierte Fragestellung muß in einer konstruktivistisch ansetzenden Erkenntnistheorie aufgegeben werden. Das damit entstehende Vakuum füllt die Unterscheidung von Medium und Form. Erkenntnis funktioniert

der Strahlung? Der leere Raum? Irgendwo muß jedenfalls die Unterscheidung Medium/Form als Unterscheidung kollabieren, denn letztlich muß die Unterscheidung selbst zur Form werden, für die es kein Außen, kein Medium mehr gibt. Der Begriff der Welt wird dann paradox, und die Physik behilft sich mit Metaphern (wie zum Beispiel »Quelle«), die auf eine unbeobachtbare Allopoiesis hindeuten.

27 Vgl. hierzu auch Niklas Luhmann, Kunst als Medium, Delfin VII (1986), S. 6-15.

nicht dann, wenn das, was sie bezeichnet, so existiert, wie sie es bezeichnet (oder wenigstens annähernd so). Erkenntnis funktioniert dadurch, daß sie im zirkulären Verhältnis von Medium und Form Bindungen erzeugt. Lose Gekoppeltes wird rigide gekoppelt. Vorgegebenes wird bestimmt. Dabei wird das thematische Auflöseververmögen, das sich dem Wissen selbst verdankt, immer weiter getrieben bis ins Unsichtbare, bis ins Subatomare hinein. Chemie, Physik, Biogenetik, Linguistik formulieren die Welt als einen Bereich für Rekombinationsmöglichkeiten und sehen entsprechend Evolution als Formproduzent, der ausprobiert, was geht. Die Wiederentdeckung des Mediums in den Dingen stellt das Medium in Differenz zur Form wieder her und eröffnet neue Möglichkeiten, Formen einzuprägen, und mit Wahrheit wird das diesen Bedingungen genügende Gelingen bezeichnet. Nur so wird auch der gewaltige Effekt der modernen Technik verständlich. Es handelt sich nicht um die Folgen der Entdeckung von bisher unbekannten Naturgesetzen, sondern einen konstruktiven Aufbau immer neuer Relationen von Medium und Form.

Das führt auf die Frage, wie denn im Medium der Wahrheit Formen gekoppelt und entkoppelt werden. Dies erklärt der Begriff der Codierung. Wir kommen darauf ausführlicher zurück[28] und beschränken uns hier auf das Grundsätzliche. Wie jede Form ist auch der Code eine Zwei-Seiten-Form mit einer Innenseite (Wahrheit) und einer Außenseite (Unwahrheit). Die Einheit dieser Form vermittelt zwischen Medium und Form. Sie definiert (begrenzt) das Medium nach außen. Man muß diese Form wählen, um im Medium der Wahrheit zu operieren und nicht irgendetwas anderes zu tun. Zugleich ist aber diese Form offene Form, sie legt noch nicht fest, was wie gekoppelt wird; sie unterscheidet nur mögliche Zuordnungen der Werte wahr bzw. unwahr. Der Code muß daher als Unterscheidung in einer weiteren Hinsicht unterschieden werden, nämlich von den Programmen des Systems, die spezifizieren, unter welchen Bedingungen es richtig oder unrichtig ist, etwas als wahr bzw. als unwahr zu bezeichnen. Und erst diese Unterscheidung von Code und Programm gibt dem Medium die Form, die diejenigen Operationen anweist, die das Medium im laufenden Betrieb

28 Vgl. unten Abschnitt V.

zu wahrheitsfähigen Sätzen koppeln und entkoppeln. Der Bereich, in dem dies geschieht, der Bereich möglichen Wissens, ist daher nicht unabhängig von Codierung zu denken. Er existiert nicht unabhängig, bevor die Wahrheitsproduktion beginnt. Er wird korrelativ zur Bildung der Formen für Formproduktion (eben: Code und Programme) erzeugt, und das fassen wir zusammen in der Aussage: Wahrheit ist ein codiertes Medium.

Das mediale Substrat der Wahrheit ist also nichts anderes als das erfolgreich in Form gebrachte Auflösevermögen der Wissenschaft, die eine Welt entwirft, die auch andere Kombinationen zuläßt, zum Beispiel eine mathematische Welt. Rekombination ist dann Beschäftigung mit Eigenleistungen, und Theorie ist die jeweils für aktualisierbar gehaltene Form eines Programms, die über Evolution und Technik der Welt eingeprägt ist und sich dank ihrer Rigidität (und aus keinem anderen Grund!) im Medium realisiert. Dabei wird mitreflektiert, daß die Unterscheidung von Medium und Form ihrerseits nur eine Unterscheidung ist, also selbst nur ein Beobachtungsinstrument ist, das sich, *wenn* man es *faktisch* verwendet, einem »unmarked state« als Form oktroyiert.[29]

Ein so instrumentiertes wissenschaftstheoretisches Beobachten läßt sich dann seinerseits mit anderen Unterscheidungen beobachten – zum Beispiel mit Hilfe der Unterscheidung von System und Umwelt, also mit der Frage: welches System in welcher Umwelt beobachtet gerade so und nicht anders, benutzt gerade diese und keine anderen Paradoxien? Vor allem muß jedoch darauf bestanden werden, daß ein Medium nur im Kontext der Unterscheidung von Form beobachtet werden kann und nie pur (denn das würde auf den traditionellen Begriff der Materie zurückführen). Und so, wie die Luft sich als akustisches Medium nur eignet, wenn sie selbst keine Geräusche macht bzw. sich als Form nur eignet, wenn sie Geräusche macht und dann zum

---

29 Zu den darin liegenden, aber zunächst übergangenen Paradoxien des Universalismus und des Elementarismus und des Anfangs und Endes vgl. im Anschluß an George Spencer Brown Ranulph Glanville/Francisco Varela, »Your Inside is Out and Your Outside is In« (Beatles 1968), in: George E. Lasker (Hrsg.), Applied Systems and Cybernetics, Bd. II, New York 1981, S. 638-641; dt. Übers. in Glanville, Objekte, Berlin 1988.

Beispiel Wind heißt, so ist auch die Wahrheit nur ein Medium, wenn sie unbemerkt bleibt und nicht selbst störende Geräusche macht – etwa in der Form als religiös offenbarte Wahrheit. Dennoch kann man in bestimmten Fällen so wie die Luft auch die Wahrheit beobachten, wenn dafür rigide gekoppelte Formen, etwa Wahrheitstheorien, entwickelt werden, die dann freilich ihr eigenes Medium voraussetzen müssen, um selbst Form sein zu können.

Parsons hat an wenig beachteter Stelle einen ähnlichen Gedanken formuliert. Die Eigenart eines Mediums sei es, Verschiedenartiges durch Generalisierung zu verbinden und damit die Möglichkeit zu schaffen, es als eine symbolische Einheit zu behandeln.[30] Im Unterschied zu Heider denkt Parsons allerdings in entgegengesetzter Richtung, gleichsam in kantischer Richtung von der gegebenen Mannigfaltigkeit zur Einheit. Eben deshalb aber erscheint es fruchtbar, beide Theorien zu kombinieren. Die Unterscheidungen lose/strikt und Verschiedenheit/Einheit stehen quer zueinander. Kreuzt man sie, dann erzeugt man eine allgemeine Theorie.

Die rigide Kopplung kann in der Tat auf Parsonssche Weise als Erzeugung allgemeiner Einheiten verstanden werden, die in der Lage sind, ihre Einheit unter verschiedenen Umständen durchzuhalten, während das lose gekoppelte Substrat jeder beliebigen Prägung zum Opfer fällt. Heiders Konzept macht darauf aufmerksam, daß zunächst einmal überhaupt ein mediales Substrat vorliegen muß wie Licht oder Sprache oder Geld. Parsons' Konzept zeigt, daß die Rigidisierung nicht einfach nur Konkretisierung sein muß, wie Spuren im Sand, sondern ihrerseits zur Emergenz von Allgemeinheit beitragen kann, die als Einheit

---

30 Um den Text im Detail zu präsentieren, sei er hier zitiert: »The concept of medium to us implies that it establishes relations between or among diverse and variant phenomena, tendencies, and so on. If this is the case, media must be able to relate to these entities beyond simply dissolving into their diversity. This property of a medium, namely, its capacity to transcend and thereby to relate, diverse things, may be called its *generality*, which varies by levels of generalization. Logical generalization is one primary mode of this ... Hence, it can be said that a medium is general and can serve to facilitate interchanges. Indeed, interchanges are in a sense the mechanisms, by which a medium can perform its integrative functions«. (A Paradigm of the Human Condition, in: Talcott Parsons, Action Theory and the Human Condition, New York 1978, S. 352-433 (395).

festgehalten und gerade deshalb hohe Invarianz aufweisen kann.

Durch Kombination beider Ansätze gewinnen wir einen Sinn für die hohe Nichtbeliebigkeit (Unwahrscheinlichkeit) evolutionärer Selektion. Wie entsteht überhaupt jene lose gekoppelte prägsame Menge gleichartiger Elemente und wie entdeckt Form die Möglichkeit, sich hierin zu aktualisieren? Wie entsteht Luft in einer Art und Weise, die es möglich macht, Geräusche zu hören und zu unterscheiden? Wie entstehen aufgrund eines medialen Substrats Parasiten, in diesem Falle Ohren und Gehirn, die es zu nutzen verstehen? Und wie können unter wohl exzeptionellen Bedingungen Formgewinne dann wieder so generalisiert werden, daß sie ihrerseits wieder als mediale Substrate für die Aufnahme weiterer Formen dienen können – also etwa als Geld, um den paradigmatischen Fall der Parsons'schen Analyse zu nennen.[31] Auf »Wie«-Fragen dieser Art wird eine Theorie der Evolution antworten müssen; aber diese setzt ihrerseits ein hinreichend komplexes Verständnis von Medien und Systemen voraus.

Die Konvergenz der Heiderschen und der Parsonsschen Begrifflichkeit läßt sich besonders gut am Fall der *Sprache* aufzeigen, der zugleich für die folgenden Analysen grundlegende Bedeutung haben wird. Sprache ist offensichtlich ein Medium im Sinne Heiders, nämlich ein lose gekoppelter Bestand von Worten und Verwendungsregeln, mit dem nicht festgelegt ist, welche Aussagen Sinn geben und dadurch erinnerungsfähig werden. Die Sprache ist ein mediales Substrat. Sie gewinnt erst durch das Sprechen bestimmten Sinn. Sie besteht aber selbst schon aus hochrigiden Elementen – man darf die Worte nicht einmal minimal variieren, wenn man im Rahmen der Verständlichkeiten bleiben will. Auch Parsons hat, im Anschluß an Anregungen durch Victor Lidz,[32] Sprache als Paradigma für die Theorie der symbolisch generalisierten Medien angesehen. Für

---

31 Siehe auch den kühnen Vergleich von Wasser und Geld bei Parsons, a.a.O. (1978), S. 400f., im Anschluß an Lawrence J. Henderson, The Fitness of the Environment: An Inquiry into the Biological Significance of Properties of Matter, New York 1913.

32 Siehe Victor M. Lidz, Introduction (Part II), in Loubser et al., a.a.O., Bd. I, S. 124, 150. Dt. Übers. in: Jan J. Loubser et al. (Hrsg.), Allgemeine Handlungstheorie, Frankfurt 1981, S. 7-79.

Parsons ergibt sich die Bedeutung des Mediums Sprache daraus, daß ohne sie symbolische (also nicht durch Naturkorrelate bestimmte) Generalisierungen nicht möglich sind und ohne symbolische Generalisierung die sinnhafte Konstitution von Handlung, das heißt die Integration ihrer verschiedenen Komponenten, nicht möglich ist.

Wir wollen uns nicht in die Details der damit angedeuteten Theoriearchitektur verlieren,[33] sondern nur festhalten, welche Voraussetzungen in den Begriff des Mediums eingehen. Entscheidend für die Begrifflichkeit ist nicht ein einheitlicher Gegenstand, sondern eine Differenz: die Besetzbarkeit eines medialen Substrats durch eine Form. Das Medium »vermittelt« diese Differenz und es kann damit generalisierte Invarianzen ermöglichen, die ihrerseits als mediales Substrat dienen können. Die Theorie setzt voraus, daß sich rigidere Kopplungen ihrem medialen Substrat gegenüber durchsetzen und daß darin keineswegs eo ipso ein Rationalitätsvorteil liegt. Und eben deshalb scheint die Evolution auf Möglichkeiten zu verfallen, Formen wieder als Medien zu verwenden.

Entsprechend ist Wahrheit in ihrem medialen Substrat unfestgelegte gesellschaftliche Kommunikation. Sie kommt außerhalb der Gesellschaft nicht vor – was nicht ausschließt, daß Bewußtsein per Interpenetration an ihr teilnimmt. Es handelt sich also nicht um ein Übereinstimmungsverhältnis zwischen Denken und Sein oder System und Umwelt, sondern um eine Selbstprägung, eine Selbststrukturierung des Systems. Erkenntnisse, die das Wahrheitsetikett tragen und damit zur Weiterverwendung legitimiert sind, sind das Resultat einer Morphogenese, die im System selbst wiederum neue mediale Substrate schaffen muß (etwa Methodologien, die auf noch unbekannte Fälle anwend-

---

33 Das würde u. a. in die wenig ergiebige Diskussion führen, ob Parsons Sprache oder Geld als Paradigma für die allgemeine Medientheorie verwendet und ob das eine mit dem anderen kompatibel ist oder nicht. Siehe hierzu zuletzt Jan Künzler, Talcott Parsons' Theorie der symbolisch generalisierten Medien in ihrem Verhältnis zu Sprache und Kommunikation, Zeitschrift für Soziologie 15 (1986), S. 422-437; ders., Medien und Gesellschaft, Stuttgart 1989. Ein Widerspruch dieser beiden Paradigmata liegt auf der Hand, wenn man über die spärlichen Äußerungen Parsons' zur Theorie der Sprache hinausgeht und nichtparsonianisches Gedankengut einführt. Im Text versuchen wir, statt dessen zunächst einmal den Begriff des Mediums zu klären.

bar sind), wenn der Erkenntnisgewinn fortschreiten soll. Und auch hierfür wird dann, wenngleich unter stärkeren Voraussetzungen und mit höherer Unwahrscheinlichkeit, wieder gelten, daß das mediale Substrat mit der es prägenden Form vermittelt werden muß. In diesem Sinne ist Wahrheit, wie jedes andere generalisierte Kommunikationsmedium auch, unausweichlich »symbolisch«.

IV

»Symbole sind Mystifikationen«.[34] Mystifikationen sind Invisibilisierungen. Invisibilisierungen verschleiern Paradoxien. Wenn wir von *symbolisch* generalisierten Kommunikationsmedien sprechen, ist darin also noch ein Hinweis enthalten auf eine paradoxe Fundierung des Wissens, aber der Hinweis ist so gefaßt, daß das Kommunikationssystem der Gesellschaft ihn aufnehmen und verarbeiten kann, ohne durch die Paradoxie ins Oszillieren gebracht und blockiert zu werden.

Der Begriff des Symbols sollte nicht mit dem des Zeichens verwechselt werden – es sei denn man meine: Zeichen einer Paradoxie. Er (der Begriff!) bezeichnet, seiner Herkunft nach, die Einheit einer Unterscheidung, die Zusammengehörigkeit von Getrennten (zunächst: von Gastgeber und Gast).[35] In der alten Welt wird denn häufig auch die Unterscheidung selbst als Symbol für das Ganze gebraucht: als Hendiadyoin. Wie erklärt man aber den Bedarf für besondere Ausdrucksmittel, die auf diese Funktion spezialisiert sind?

Anknüpfend an die Herkunft des Begriffs kann man sagen: das Symbol macht den Wiedereintritt einer Unterscheidung in das durch sie Unterschiedene faßbar. Es dient als Zeichen der Gastfreundschaft *in der Hand des Gastes*. Es dient als Zeichen des Zusammenhanges von Vertrautem und Unvertrautem im Vertrauten.[36] Den Begriff des Wiedereintritts (re-entry) – auch eine

---

34 Novalis, Fragment 1954, zit. nach der Edition Ewald Wasmuth, Fragmente, Bd. II, Heidelberg 1957, S. 65.
35 Vgl. Walter Müri, Symbolon: Wort- und sachgeschichtliche Studie, Bern 1931.
36 Vgl. Niklas Luhmann, Die Lebenswelt – nach Rücksprache mit Phänomenologen, Archiv für Rechts- und Sozialphilosophie 72 (1986), S. 176-194.

Art Paradoxieverschleierung – entnehmen wir der Logik von George Spencer Brown.[37] Er setzt das nicht Identische identisch, indem er die ursprüngliche Unterscheidung als diejenige behandelt, die im Unterschiedenen wiederauftaucht.[38] Übernimmt man diesen Gedanken in die Systemtheorie, dann kann man von einem Wiedereintritt der Unterscheidung von System und Umwelt in das System sprechen oder auch von einer selbstreferentiellen Handhabung der Unterscheidung von Selbstreferenz und Fremdreferenz. In all diesen Fällen läßt sich der Paradoxieauflösungsvorgang als solcher (und damit: mit noch erkennbarem Paradoxiebezug) beschreiben. Soll er operativ anschlußfähig und verwendbar werden, bedarf er der »Mystifizierung« – der Symbolisisierung.

Symbolisch bezeichnet die Kommunikation sich selbst in der Einheit des Verschiedenen. Das bedarf im Normalfalle keiner Formulierung. Im Forschungsbetrieb werden denn auch die Sätze, die man formuliert, nicht noch besonders als »wahr« bezeichnet – so wenig, wie der Künstler seinen Werken die Mitteilung mitgibt, sie seien »schön«.[39] Formulierungen haben ja die Funktion, ein Verstehen zu erreichen, aufgrund dessen man das Sinnangebot der Mitteilung annehmen oder ablehnen kann. Genau diese Differenz soll jedoch durch die Symbolisierung überbrückt werden. Gerade die Nichtbezeichnung der Wahrheit im Forschungsbetrieb belegt daher die Funktion als symbolisch generalisiertes Medium. Aber es muß »statt dessen« der Kontext klar sein, in dem eine Kommunikation einem bestimmten symbolisch generalisierten Medium zugeordnet wird.[40]

---

37 Laws of Form, Neudruck New York 1979.
38 Die Ähnlichkeit mit Derridas Begriff der »différance« wird dem Kenner auffallen.
39 Das hat zu Diskussionen geführt, ob zwischen Sätzen wie »A ist« und »Es ist wahr, daß A ist« überhaupt ein Unterschied bestehe. Es besteht sehr wohl ein Unterschied – aber nur für einen Beobachter, der den Satz im Hinblick auf den Unterschied wahr/unwahr thematisieren will. Vgl. dazu Jürgen Habermas, Wahrheitstheorien, in: Vorstudien und Ergänzungen zur Theorie des kommunikativen Handelns, Frankfurt 1984, S. 127-183 (129ff.).
40 Sehr schön zeigt dies, indem sie dieser Invisibilisierung des Mediums Macht auf »geisteswissenschaftliche« Weise selbst zum Opfer fällt, die berühmte »Integrationslehre« von Rudolf Smend. Siehe Verfasssung und Verfassungsrecht (1928), zit.

Was im System zirkuliert, ist mithin die explizite oder implizite Referenz auf besondere Erfolgsbedingungen der Kommunikation. Sie kann sowohl in der Behauptung von Wahrheit als auch in der Behauptung von Unwahrheit oder in semantischen Äquivalenten oder schließlich im bloßen Voraussetzen liegen. Sie kann in Vorgriffen, aber auch in Rückgriffen liegen. Etwas, was gar nicht als Wahrheitsbehauptung gemeint war, kann es dadurch werden, daß eine folgende Kommunikation sich darauf rückbezieht, etwa die Wahrheit bestreitet oder bestätigt. Wie in allem Denken und allem Kommunizieren bewegt sich ein sich selbst organisierendes Ausgreifen auf anderes in der Zeit, und gerade die Symbolik des Mediums ermöglicht diese relative Unabhängigkeit von der puren Sukzession der faktischen Operationen.

Diese allgemeine Erläuterung klärt den Begriff des symbolisch generalisierten Kommunikationsmediums. Sieht man sich nach Fällen um, in denen dieser Medientyp realisiert ist, fällt ein weiteres Merkmal auf. Wo immer es zur Ausbildung von Medien dieses kommunikationsförderlichen Typs gekommen ist, findet man sie binär codiert, das heißt: ausgestattet mit zwei gegensätzlichen Werten unter Ausschluß von dritten. Warum?

Die Erklärung dürfte im Zusammenhang dieser Zweiwertigkeit mit den Erfordernissen der Autopoiesis komplexer Funktionssysteme liegen. Diese Systeme stellen ihre Tätigkeit nicht ein, wenn sie ihre Ziele erreicht haben oder deren Unerreichbarkeit feststeht. Sie sind keine »teleologischen«, auf ein Ende hin programmierten Systeme. Die strikte Zweiwertigkeit ist demgegenüber so angelegt, daß das System auch mit Unwerten weiterläuft. Unwerte sind zwar nicht anschlußfähig, man kann mit Unwahrheiten (mit Unrecht, mit Machtlosigkeit, mit Nichthaben etc.) im System nichts anfangen; aber die Spezifikation der Tatbestände, die den Unwert erfüllen, dirigiert zugleich das, was trotzdem (oder gerade deshalb) möglich ist. Die Zweiwertigkeit garantiert, mit anderen Worten, gegenüber jedem möglichen Fall die Autopoiesis des Systems. Sie kann natürlich letale Außeneinwirkungen nicht verhindern, aber sie verhindert, daß

nach Staatsrechtliche Abhandlungen und andere Aufsätze, Berlin 1955, S. 119-276.

das System mit der Spezifikation der eigenen Operation zugleich sein eigenes Ende projektiert.

In unserem Falle der Wissenschaft operiert das Medium Wahrheit unter dem Code wahr/unwahr. Bei der Selbstanwendung dieses Code entstehen die bekannten Paradoxien. Mit Paradoxien muß gewissermaßen bezahlt werden, daß das System seine eigene Autopoiesis selbst zu sichern versucht. Stößt man auf eine Paradoxie, geht es in der Tat nicht weiter, das System gerät ins Oszillieren, pendelt zwischen den beiden Werten und beschäftigt sich damit, bis es daran gehindert wird. Man hat versucht, das Paradoxieproblem durch Verbot bestimmter Sätze (wie zum Beispiel: »dieser Satz ist unwahr«) zu kurieren. Dabei übersieht man jedoch, daß der gesamte Operationsbereich des Mediums durch die Paradoxie infiziert ist. Dem kann man durch die Technik des »Wiedereintritts« begegnen.[41] Als Wahrheit werden dann nur Sätze akzeptiert, deren Unwahrheit ausgeschlossen ist, und als Unwahrheit nur Sätze, deren Wahrheit ausgeschlossen ist. Damit wird das Problem, wenn nicht logisch gelöst, so doch operativ entschärft. Man kann weiter machen und nach den Bedingungen suchen, unter denen »wahr« bzw. »unwahr« der Fall ist.[42]

Damit wird verständlich, weshalb Parsons so großen Wert darauf legt, daß Medien »liquide« sein müssen und von Hand zu Hand weitergereicht werden (»circulation«).[43] Die Analogie mit dem Geld ist, wie oft eingewandt, dafür keine ausreichende Begründung. Auch der Hinweis auf die Notwendigkeit von »interchanges« in differenzierten Handlungssystemen genügt

---

41 Wir kommen darauf in Kap. 4, VI und Kap. 5, II zurück.

42 Sprachphilosophen (unter ihnen Jürgen Habermas, vgl. Nachmetaphysisches Denken: Philosophische Aufsätze, Frankfurt 1988) meinen oft, daß das Verstehen einer Kommunikation darin liegt, daß die Bedingungen bekannt sind, unter denen sie wahr bzw. unwahr ist (oder bei Habermas auch: auf wahrheitsanaloge Weise gilt bzw. nicht gilt). Daraus schließt man dann auf einen engen Zusammenhang von Bedeutungsfragen und Geltungsfragen (Habermas a.a.O. S. 142, 147ff.). Unsere Analyse zeigt, daß dies ein sehr spezifischer Sonderfall ist und keineswegs typisch ist für das Verstehen sprachlicher Kommunikation schlechthin. Er setzt eine binär codierte Beobachtung zweiter Ordnung voraus.

43 So bis in die abstraktesten Theorielagen hinauf. Siehe z.B. A Paradigm of the Human Condition, a.a.O., S. 395; Social Structure and the Symbolic Media of Interchange, in: Talcott Parsons, Social Systems and the Evolution of Action Theory, New York 1977, S. 204-228 (206).

uns nicht. Man kann das Problem auf eine noch grundsätzlichere Ebene verlagern und in der »handfesten« Symbolisierung ein Erfordernis der Autopoiesis kommunizierender Systeme sehen. Das Symbol muß rekursive Anschlußfähigkeit weiterer Operationen gewährleisten können – weiterer Kommunikationen, seien sie bejahend, seien sie verneinend. Es muß bezugsfähig sein. Es muß gedächtnisfähig sein, muß also Erinnerbarkeit gewährleisten können, so daß spätere Operationen prüfen können, ob sie mit einer früheren Verwendung des Symbols konsistent verfahren oder nicht. Es muß, in der Terminologie von Korzybski, Zeit binden können.[44] Bliebe es bei der Paradoxie, wäre jeweils nur das genaue Gegenteil anschlußfähig und das System geriete ins Oszillieren. Die Symbolik ermöglicht dagegen den Anschluß weiterführender, nicht nur (aber auch) genau entgegengesetzter Kommunikationen. Sie »entfaltet« die Paradoxie und ermöglicht die Entwicklung eines Systems.

Hieraus folgt bereits ein sehr weitreichender Schluß: daß das symbolisch generalisierte Medium nicht auf ein Prinzip oder auf ein Kriterium der Wahrheit reduziert werden kann. Es ist auf Ausprägung in Theorieform angewiesen. Es kann ohne Theorie nicht funktionieren. Es kann, wie bereits gesagt, ohne Theorie nicht beobachtet werden. Man kann dann immer noch in einem bereits eingerichteten System nach dessen Einheit fragen, Reflexion treiben, entsprechende Theorien vorschlagen und in diesem Zusammenhang Wahrheitskriterien formulieren; aber das ist dann immer nur sekundäre Bemühung, die die Autopoiesis des Systems als »going concern« voraussetzt. Wir kommen darauf zurück.

Ferner haben wir die nichteliminierbare Möglichkeit der Negation zu beachten. An einer Unterscheidung läßt sich das Miteinander und das Auseinander betonen. Entsprechend trennen und verbinden sich *symbolische* und *diabolische Generalisierungen*. Jeder Versuch, die Einheit der Unterschiedenheit als das Ganze zu symbolisieren, setzt sich der diabolischen Beobachtung aus – so wie nach einer alten Geschichte der Versuch, Gott zu beobachten als das, was sich größer, besser, mächtiger usw. nicht denken läßt, am Differenzproblem auflief und im Böse-

---

44 Siehe Alfred Korzybski, Science and Sanity: An Introduction non-Aristotelian Systems and General Semantics (1933), 4. Aufl. Lakeville, Conn. 1958.

werden des Beobachters endete: ihm blieb keine andere Möglichkeit als: sich selbst zu unterscheiden.

Wenn man Einheit beobachten will, erscheint Differenz. Wer Ziele verfolgt, erzeugt Nebenfolgen. Ein symbolisch generalisiertes Kommunikationsmedium, das die Emergenz von Wahrheit erreichen will, fungiert daher immer auch als diabolisch generalisiertes Kommunikationsmedium und hinterläßt immer wachsende Bestände an Unwahrheiten. Mit dem, was man weiß, vermehrt sich überproportional das, was man nicht weiß oder noch nicht weiß. Es kommt dabei nicht auf ein quantitatives Verhältnis oder gar auf ein Gleichgewicht an, sondern nur auf ein logisches Korrelat des Unterscheidens. Die Korrelativität von symbolischer und diabolischer Generalisierung soll uns nur als Merkzeichen dienen, auf das wir gefaßt sein müssen, wenn wir zu einheitsorientiert argumentieren. Jede Problemorientierung und erst recht jede Theoriefassung wird dies zu beachten haben. Wenn wir Gott und Teufel pensionieren und statt dessen mit Struktur gewordenen (und damit: wahrscheinlich gewordenen) Unwahrscheinlichkeiten zu tun haben, müssen wir deshalb mit dem Wiedererscheinen des Unwahrscheinlichen im Wahrscheinlichen rechnen – zum Beispiel mit »normal accidents«.

V

Die Form, in der dieses Problem operationsleitende Differenz wird (und damit zugleich die paradoxale Konstitution verdeckt), nennen wir Code. Codes sind Unterscheidungen, mit denen ein System seine eigenen Operationen beobachtet, sie im Falle der Wissenschaft zum Beispiel nach wahr und unwahr unterscheidet.[45] Außerdem ist zu beachten, daß binäre Codes immer die Selbstbeobachtung und Selbstbeschreibung eines Sy-

---

45 Siehe zum Vergleich für das Rechtssystem Niklas Luhmann, Die Codierung des Rechtssystems, Rechtstheorie 17 (1986), S. 171-203; für das Erziehungssystem: Niklas Luhmann, Codierung und Programmierung: Bildung und Selektion im Erziehungssystem, in: Heinz-Elmar Tenorth (Hrsg.), Allgemeine Bildung: Analysen zu ihrer Wirklichkeit, Versuche über ihre Zukunft, München 1986, S. 154-182.

stems strukturieren, also nicht etwa irgendwelche Unterscheidungen sind, die durch einen externen Beobachter herangetragen werden. Ein externer Beobachter kann mithin ein solches System nur angemessen verstehen, wenn er berücksichtigt, daß es die eigenen Beobachtungen binär codiert und damit *sich selbst* dazu zwingt, sich selbst von der *Ebene zweiter Ordnung* aus zu beobachten. Oder verkürzt gesagt: Über binäre Codierung zwingt ein System sich zum Prozessieren von Selbstreferenz, und ein externer Beobachter, der dies nicht sieht, versteht das System nicht.

Das ist nur dann ergiebig, wenn mit der Beschränkung auf nur zwei Werte ein Ausschließungseffekt verbunden ist. Der Wert der Binarität besteht im ausgeschlossenen Dritten. Dies zeigt sich bei einem Vergleich mit Dualen, denen dieser Ausschließungseffekt fehlt, etwa mit natürlichen Unterscheidungen wie der von männlich/weiblich. Hier hat es keinen Sinn, nach etwas ausgeschlossenem Dritten zu fragen, und deshalb bleibt es bei einer bloßen Klassifikation. Die Klassifikation mag benutzt werden, um Anschlüsse unterschiedlich zu bestimmen und Asymmetrien zu legitimieren. Erst eine artifizielle Binarisierung erzwingt jedoch Ausschließung und, dadurch bedingt, Abstraktion; und nur auf diese Weise läßt sich ein Mediencode bilden, der den Operationsbereich dieses Mediums spezifiziert.

Im übrigen gilt, was für alle Unterscheidungen, für alle Zwei-Seiten-Formen gilt: daß die Unterscheidung eine Grenze markiert, die man überschreiten muß, will man von der einen Seite zur anderen gelangen – in unserem Falle also von Wahrheit zu Unwahrheit oder umgekehrt. Das Überschreiten braucht Zeit, da man nicht gleichzeitig auf beiden Seiten sein kann.[46] Also bringt die binäre Codierung ein *sequentielles Operieren* und als dessen Effekt: Systembildung in Gang. Ferner kann das Überschreiten der Grenze konditioniert werden, eine Möglichkeit, die genutzt wird, um im Laufe der Zeit mit den Operationen des Systems selbst komplexe Programme aufzubauen. Codes ebenso wie Programme fungieren ohne jede Entsprechung in der Umwelt des Systems. Die Realitätsgewißheit, die ein System

---

46 Die Gleichzeitigkeit bzw. die extreme Zeitverkürzung des Oszillierens kennen wir bereits unter den Namen »Paradoxie«.

für sich selbst produziert, kann daher auch nicht aus solchen Entsprechungen stammen, sondern nur aus der faktischen Vollziehbarkeit der eigenen Operationen. In der unmittelbar operativen Kommunikation tauchen die Code-Symbole daher auch kaum auf; sie sind aber wichtig, wenn und soweit die Operationen darauf achten müssen, wie sie beobachtet werden. Es handelt sich mithin nicht um Normen, wohl aber um Formen des Sicheinstellens auf Beobachtetwerden im selben System.

Mit binärer Codierung hat die Evolution eine besondere Form gefunden, die Medien besonderer Art erzeugt. Die Begriffe Code und Medium werden also nicht unabhängig voneinander eingeführt. Daß Wahrheit (wie auch Eigentum, Geld, Macht usw.) ein symbolisch generalisiertes Kommunikationsmedium ist, verdankt sie ihrer binären Codierung. Die binäre Codierung löst nämlich Seinsvoreingenommenheiten dadurch auf, daß sie die Referenzen auf Werte verdoppelt, hier: einen Wahrheitswert und einen Unwahrheitswert für Dasselbe zur Verfügung hält. Dadurch werden Annahmen über die Welt, in der man immer schon kommuniziert hat, entkoppelt. Alles kann wahr oder unwahr sein, und man muß jetzt nach Formen suchen, die zufällige Zuordnungen ausschließen, also gegen allzu große Überraschungen schützen, kurz: striktere Kopplungen formieren können. Es ist leicht zu sehen: diese Formbedingungen für Entkopplung und Wiederverknüpfung, also für Medienbildung und Formbildung auf neuen Niveaus, sind hochspezifisch. *Und daraus folgt, daß sie nur in eigens dafür ausdifferenzierten Systemen praktiziert werden können.*

Symbolisch generalisierte Medien sind also binär codierte Medien. Sie ermöglichen besondere Kommunikationserfolge unter der Voraussetzung, daß ein System seine Operationen einer solchen Codierung zuordnet. Die Orientierung am Code, in unserem Falle also an der Unterscheidung wahr/unwahr, verstellt aber den Blick auf die Differenz von symbolischer und diabolischer Generalisierung. Der Code überführt die Paradoxie (indem er sie invisibilisiert) in eine besser handhabbare Unterscheidung, die ein eindeutiges und umkehrbares Exklusionsverhältnis postuliert. Die Hölle mag eine Enklave im Himmel sein oder jedenfalls eine himmlische Institution, der Teufel ist ein gefallener Engel, aber Wahres ist nicht unwahr, und Unwahres ist nicht wahr. Gewonnen wird mit dieser Reformulierung eine technische Erleichterung des Übergangs zum Gegenteil, des »crossing« im Sinne von Spencer Brown. Die Technisierung kann so weit getrieben werden, daß der Code eine streng logische Beziehung bezeichnet. Dann und nur dann entstehen, gleichsam zur Strafe, logische Paradoxien. Anderenfalls hat man es mit einem bloßen Gegensatz zu tun, und Paradoxien haben nur rhetorische Qualität. Ob aber nun logisch oder rhetorisch – in beiden Fällen irritiert ein Problem den Beobachter, und in beiden Fällen führt die Konstruktion des Problems und seiner Lösung zum Aufbau von Ordnung.

Technik, technisch, Technisierung soll in diesem Zusammenhang heißen, daß der Vollzug ohne allzu viel Reflexion, vor allem aber ohne Rückfrage beim Subjekt oder beim Beobachter möglich ist. In diesem Sinne bezeichnet der Technikbegriff einen Entlastungsvorgang. Er ermöglicht anstelle des Rückgangs auf die Selbstreferenz und die Paradoxie des Systems eine präzise Konditionierung, die aufgrund dieser Reduktion sehr komplex werden und schwierige Aufgaben stellen kann. Die Konditionierungen lassen sich dann fassen und für Kommunikation zur Verfügung stellen in der Form von Regeln, die die richtige Zuteilung des positiven bzw. negativen Codewertes bezeichnen und damit auch definieren, was eventuell falsch ist. Daraus ergibt sich in der Wissenschaftstradition eine verwirrende Doppelterminologie von wahr/unwahr und richtig/falsch. Wir wollen diese Unterscheidungen unterscheiden und beziehen die Unterscheidung wahr/unwahr auf den Code des Systems, die Unterscheidung richtig/falsch dagegen auf die Regel der Verfügung über die Codewerte positiv/negativ.[47] Wir nennen diese Regeln *Programme* (was zum Beispiel auch Unternehmensinvestitionen, Rechtsgesetze, politische Programme einschließt) und nennen Programme des Wissenschaftssystems (Forschungsprogramme) *Theorien* bzw. *Methoden*. Darüber später mehr.

---

47 Die Alternative ist bekanntlich: Wahrheit (Unwahrheit) auf die Realität zu beziehen, Richtigkeit (Falschheit) dagegen auf das Vorstellen bzw. Herstellen durch ein Subjekt. In systemtheoretischer Sicht sind dagegen *beide* Unterscheidungen system*interne* Unterscheidungen.

Anders als im Sprachgebrauch der Semiotik und der Linguistik sehen wir mithin in den Werten des Code keine Regeln für irgendwelche Operationen.[48] Die Wahrheit selbst kann nicht »richtig« sein. Die Code-Werte öffnen nur einen Kontingenzraum und stellen sicher, daß alle Operationen des Systems auch der entgegengesetzten Wertung unterliegen könnten; aber sie geben nicht an, wie zu entscheiden ist. Sie stellen nur die Ausdifferenzierung des Systems und seine Unabhängigkeit von »naturalen« Prämissen sicher; aber steuern das System nicht im Sinne des Dirigierens und Festlegens richtiger Operationen.

Hiermit verlieren, und auch darin bestehen Parallelen zu anderen symbolisch generalisierten Medien, alle »intrinsic persuaders« (Parsons) ihre Bedeutung. Es gibt keine von sich her privilegierten Wahrheitspositionen – weder bestimmte in sich wahre Gegenstände (wie Objekte eines Wahrheitskults), noch Einzelsätze mit evidenter Wahrheitsqualität, noch begründungshaltige Begriffe, noch schließlich Erkenntnisquellen, denen man in besonderer Weise das Generieren von Wahrheit zutrauen kann. Anders gesagt: Ein codiertes System hat keine Möglichkeit, per Input Wahrheit von außen zu beziehen,[49] um sie dann nur noch einer »auswertenden« Informationsverarbeitung zu unterziehen. Was immer als Wahrheit zählt, ist im System selbst konstituiert, und wenn etwas als Wahrheit zählt, ist daran zu erkennen, daß es sich um eine systeminterne Wertbestimmung, um eine Verwendung des symbolisch generalisierten Mediums Wahrheit handelt.

Der binäre Code funktioniert als Einheit einer Differenz. Aber

---

48 Umberto Eco beispielsweise nennt den Code ein »System von Regeln« und behandelt binäre Codierung folglich als Grenzfall. Siehe: Einführung in die Semiotik, dt. Übers., München 1972, insb. S. 57ff., 129f. Wir verwenden nicht den linguistischen, sondern den kybernetischen Code-Begriff. Siehe z.B. George Klaus/Heinz Liebscher, Wörterbuch der Kybernetik. 4. Aufl. Berlin 1976 s.v. Kode.

49 Auf entsprechende erkenntnistheoretische Konsequenzen hat auch die evolutionäre Epistemologie aufmerksam gemacht. Siehe Donald T. Campbell, Natural Selection as an Epistemological Model, in: Raoul Naroll/Ronald Cohen (Hrsg.), A Handbook of Method in Cultural Anthropology, Garden City, N. Y. 1970, S. 51-85: Verzicht auf Punkt-für-Punkt Übereinstimmungen, Verzicht auf privilegierte Einzelerkenntnisse, insb. auf Einsichten a priori, Indirektheit allen Erkenntnisgewinns.

er lenkt den Blick nicht auf die Einheit dieser Differenz zurück, sondern läßt ihn zwischen beiden Seiten oszillieren. Jeder Wert vertritt insofern, als er er selbst *und* nicht der Gegenwert ist, mit Hilfe dieser eingebauten Negation das Ganze. Wer auf Wahrheit verweist, schließt damit Unwahrheit aus und behandelt so implizit alle Möglichkeiten des Systems. Im normalen Operieren kann man es sich deshalb ersparen, die Einheit des Systems zu bezeichnen. Die Operationen führen die Selbstreferenz des Systems immer mit, indem sie ihre Resultate als Wahrheiten bzw. Unwahrheiten bezeichnen. Das genügt für die Autopoiesis des Systems, für die *Erzeugung* der Einheit des Systems. Und erst sehr spät entsteht zusätzlich das Bedürfnis, im so operierenden System nochmals auf die Einheit des Systems zu *reflektieren* und eine Theorie des Systems in das System einzubauen.

Durch die Unterscheidung eines positiven und eines negativen Wertes innerhalb eines bestimmten Codes und durch Ausschluß dritter Werte wird der Übergang vom einen zum anderen erleichtert; es handelt sich »nur« um den Übergang zum Gegenteil und nicht um den Fortgang zu etwas qualitativ anderem. Eben wegen dieser Erleichterung bedarf der Übergang der Regulierung. Er ist zu leicht, um dann auch noch dem Belieben überlassen zu werden. Wir werden sehen, daß es im Bereich des Mediums Wahrheit eben deshalb einer Methodologie bedarf.[50]

Solange man Logik für gegeben hielt, nämlich für ein für allemal richtig erkannt, und Wahrheit für das menschlich vernünftige Realitätsverhältnis, waren in bezug auf die Unterscheidung von wahr und unwahr keine weiteren Fragen nötig. Das ändert sich durch die Abstraktion eines Code-Begriffs, der auch im Falle anderer Kommunikationsmedien Anwendung finden soll. Dann muß der Sinn der Asymmetrie von positiven und negativen Werten geklärt werden. Was wird durch diesen Unterschied repräsentiert und wie ist infolgedessen die Funktion einer Asymmetrie zu verstehen? Und vor allem: Gibt es eigentlich eine Präferenz für den positiven und gegen den negativen Wert, für Wahrheit und gegen Unwahrheit, wenn zugleich akzeptiert werden muß, daß es falsch sein kann, etwas als wahr zu be-

---

50 Vgl. Kap. 5, III.

zeichnen, und richtig sein kann, etwas als unwahr zu bezeichnen?

Mit Hilfe der Notation von George Spencer Brown könnte man die Innenseite und die Außenseite einer Form unterscheiden: Wahrheit| Unwahrheit. Die für die folgenden Überlegungen bevorzugte Antwort lautet: der positive Wert repräsentiert die *Anschlußfähigkeit* der Operationen des Systems. Der negative Wert dient als *Reflexionswert*.[51] Diese Differenz ist so angelegt, daß sie den Übergang vom einen zum anderen Wert nicht erschwert, sondern erleichtert, aber trotzdem asymmetrisch bleibt. Das zeigt im übrigen auch die psychologische Forschung: Das Akzeptieren von Unwahrheiten fällt leichter als das Akzeptieren von Wahrheiten, weil es weniger bindet, und eben deshalb ist das bloße Negieren von Unwahrheiten psychologisch auch nicht äquivalent zum Akzeptieren von Wahrheiten.[52]

Anschlußfähigkeit heißt nicht nur: daß die Kommunikation, also die Autopoiesis des Systems weitergeht, denn das kann auch durch Kommunikation über Unwahrheiten geschehen.[53] Sie besagt zusätzlich: daß von einer Feststellung aus sehr viele andere zugänglich sind und daß Reformulierungen des Wissens (»Erklärungen«) bevorzugt werden, die den Bereich des möglichen Anschlußwissens vergrößern und daraufhin einschrän-

---

[51] In der Terminologie von Gotthard Günther könnte man auch formulieren: Eine Logik braucht mindestens einen designationsfreien Wert. Eine zweiwertige Logik hat daher nur einen Wert zur Verfügung, um das zu bezeichnen, was ist (und muß das Sein folglich als einwertig auffassen). Vgl. Beiträge zur Grundlegung einer operationsfähigen Dialektik, 3 Bde., Hamburg 1976-1980, insb. Bd. II, S. 149 ff. und Bd. III, S. 141 ff.

[52] Forschungen dieser Art geben zugleich den Blick frei auf die Unwahrscheinlichkeit strikt binärer Codierungen, die das Verhältnis von Wahrheit und Unwahrheit *technisieren* und die Umkehrung dadurch gegenüber dem psychologisch Wahrscheinlichen *erleichtern* (auch wenn es dann immer noch unbefriedigend bleibt, wenn ein Wissenschaftler einem unstillbaren Bedürfnis nach Irrtum zu sehr nachgibt und sich nur für die Unwahrheiten in den Theorien anderer interessiert). Zur psychologischen Forschung vgl. etwa David E. Kanouse, Language, Labeling, and Attribution, in: Edward E. Jones et al., Attribution: Perceiving the Causes of Behavior, Morristown, N. J. 1971, S. 121-135.

[53] Die sog. »kritische Theorie« hat sogar eine deutliche Präferenz für diesen Weg, wenngleich sie den Grund der Kritik ursprünglich nicht in den Fehlmeinungen anderer, sondern in einer selbst widerspruchsvollen Realität finden zu können meinte.

ken. In einer etwas anderen Terminologie kann man auch von informationeller Redundanz sprechen und damit sagen, daß eine anschlußfähige Information weitere Informationen wahrscheinlicher macht, also deren Überraschungswert verringert. Man sieht: es geht um eine Präferenz für Vergleichbarkeit, für Systematik und für das Erhalten oder Wiedergewinnen dieser Vorteile bei steigender Komplexität.

Das dahinterstehende Problem wird verständlich, wenn man auf den oben (Kap. 3) vorgestellten operationalen, also zeitpunktabhängigen Begriff des Wissens zurückgeht. Wissen ist stets nur aktuelles Wissen. Es steht immer nur im Moment zur Verfügung. Denn wenn nichts geschieht, geschieht nichts. Eben deshalb kommt alles darauf an, im jeweils aktuellen Moment Anschlußfähigkeit sicherzustellen und, auf wie immer brüchigen Grundlagen, zu symbolisieren. Das Medium Wahrheit symbolisiert mit seinem positiven Wert die Anschlußfähigkeit des je aktuell unterstellten Wissens. Es präsentiert eine vermeintlich geglückte Fernsynchronisation, und es läßt im Anschluß daran dann Konditionierungen (Programme, also Theorien und Methoden) der Verwendung dieses Symbols zu.

Daß Wahrheit nichts anderes ist als symbolisierte, also aktuell verfügbare Anschlußfähigkeit läßt sich besonders gut am Paradefall der modernen Wissenschaften zeigen: am Beispiel der Mathematik. Mathematik ist ja nicht eine Repräsentation der außerhalb existierenden Objekte; wenn irgendwo, so ist das hier deutlich.[54] Was Mathematik erreicht und was durch Mathematisierung anderen Wissenschaften vermittelt wird, ist ein sehr hohes Maß an Anschlußfähigkeit für Operationen, und zwar in einer eigentümlichen Kombination von Bestimmtheit und Unbestimmtheit (Bestimmtheit der Form und Unbestimmtheit der Verwendung), die an Geld erinnert. Mathematik ist also, gerade weil sie auf Übereinstimmung mit der Außenwelt und auch auf entsprechende Illusionen verzichtet, in der Lage, Anschlußfähigkeit zu organisieren.[55] Sie ist nicht nur analytisch wahr, und

---

54 Wer die Theorie der Wahrheit als Adäquation halten will, muß denn auch hier auf den seltsamen Ausweg verfallen, die Existenz »idealer« mathematischer Objekte außerhalb der Mathematik zu postulieren.

55 So sieht es auch Barry Barnes, Interests and the Growth of Knowledge, London 1977, S. 10: »As for mathematical knowledge, we have here a developed set of

schon gar nicht aufgrund logischer Deduktion aus gesicherten Axiomen; sie ist deshalb wahr, weil sie die beste interne Operationalisierung des Symbols der Wahrheit erreicht – eine Funktion, die durch Kalkülisierung dann nochmals erweitert werden kann.

Der Reflexionswert Unwahrheit leistet nicht etwa dasselbe für eine ähnliche, aber negative Welt. Er behauptet keine positive Beziehung zu negativen Fakten. Er bezeichnet nur die Negation der Relation, also nur ein Internum des erkennenden Systems selbst.[56] Der unmittelbare Sinn der Bestimmung als Unwahrheit liegt in der *Bezeichnung eines Irrtums*, also in der Aufhebung eines Irrtums, denn ein erkannter Irrtum ist keiner mehr.[57] »Das Gesetz des Irrtums ist eben, daß er sich aufhebt, sobald er als solcher erkannt wird«.[58] Sich aufhebt? Es werden weitere Forschungen blockiert, die die irrige Annahme als Prämisse benötigen würde. Andererseits ist die Blockierung selbst von Wert. Ein Irrtum, der seinerseits erklärt werden kann, läßt nicht nur vermeintliches Wissen entfallen. Er dient darüber hinaus der rückwirkenden Begradigung der Erkenntnis. Er bestätigt und modifiziert eine Realitätskonstruktion, die gewährleistet, daß das, was zunächst als unterschiedlich und/oder als variabel erschien, doch noch auf einheitliche und konstante Erklärungsgrundlagen zurückgeführt werden kann. Also vereinfachen Irrtümer die Welt, und die Ausweisung als Irrtum ist ihrerseits anschlußfähig, da sie unter der Voraussetzung von Limitationalität die Wahrheitswahrscheinlichkeit anderer Annahmen erhöhen kann. Vor allem wird jedoch auch eine als Irrtum entlarvte Erkenntnismöglichkeit als *mögliche* Erkenntnis aufgehoben und erinnert. Sie wird, um einen Begriff von Yves Barel zu verwenden, »potentialisiert«[59] und bleibt so in einer Form er-

generally utilisable procedures and representations to which no reality can even be said to correspond. It is precisely their extraordinary versality in furthering a vast range of objectives, which results in their widespread use and sustains their credibility as knowledge«.

56 Insoweit heute wohl anerkannt. Vgl. z.B. Karl R. Popper, Objective Knowledge: An Evolutionary Approach, Oxford 1972, S. 46.

57 Vgl. etwa Gaston Bachelard, La Philosophie du non: Essai d'une Philosophie du nouvel esprit scientifique, Paris 1940, 3. Aufl., 1962, S. 135 ff.

58 So Nicolai Hartmann, Zur Grundlegung der Ontologie, 3. Aufl., Meisenheim am Glan 1948, S. 5.

halten, auf die künftig zurückgegriffen werden kann. So zeigt sich die Einheit des Mediums in der Möglichkeit, dem negativen Wert etwas Positives abzugewinnen, und eben deshalb nennen wir ihn »Reflexionswert«: Er bringt an der Unwahrheit die Einheit der Differenz von wahr und unwahr also die Paradoxie des Codes zur Reflexion und leitet die Operationen ins Anschlußfähige zurück.

Üblicherweise wird das für einen adaequatio-Begriff von Wahrheit ausgemacht. Es ändert sich aber nicht, wenn man statt dessen den positiven Wert als Symbolisierung von Anschlußfähigkeit auffaßt. Dann stellt der negative Wert, der Reflexionswert, eben sicher, daß die Anschlußfähigkeit nicht an ungeeigneter Stelle vermutet wird und daß sie sich nicht von selbst versteht, sondern im System erarbeitet werden muß; also auch im System geändert werden kann, wenn neue Ereignisse oder neue Forschungen dazu Anlaß geben. Der Reflexionswert bewirkt, daß etwas nur als wahr bezeichnet werden kann, wenn die Möglichkeit, unwahr zu sein, geprüft und verworfen worden ist; und ebenso umgekehrt.

Man kann daher auch sagen: auf der negativen Seite des Code (und nur hier) erscheint die Unterscheidung in der Unterscheidung. Nur hier gibt es den re-entry im Sinne von Spencer Brown. Die Wahrheit bezeichnet das, was der Fall ist. An der Unwahrheit kommt zur Reflexion, ob das zutrifft oder nicht. Somit beruht die Asymmetrie der Unterscheidung letztlich darauf, daß nur auf einer ihrer beiden Seiten ein re-entry stattfinden kann; und zugleich beruht die eigentümliche Ausbalanciertheit des Code darauf, daß dies nicht die Seite ist, auf der die Anschlußfähigkeit organisiert, also die eigentliche Funktion erfüllt wird. Vermutlich ist dies eine Form der Lösung des Paradoxieproblems, die sich auch in anderen Funktionssystemen nachweisen läßt – etwa auf der Seite des Nichteigentums bzw. der Nichtzahlung in Wirtschaftssystemen, auf der Seite der Oppo-

---

59 Siehe Yves Barel, Le paradoxe et le système: essai sur le fantastique social, 2. Aufl. Grenoble 1989, S. 71 f., 302 f. Der Kontext des Begriffs ist die Theorie einer paradoxen »stratégie double«, mit der eine Entscheidung zugleich getroffen und nicht getroffen wird; in unserem Fall also: etwas als wahr bezeichnet wird, zugleich aber die Bezeichnung so konditioniert wird, daß die Möglichkeit einer anderen Entscheidung ebenfalls konfirmiert wird.

sition im politischen System, auf der Seite des Unrechts im Rechtssystem. Ließe sich das zeigen, dann hätte man in dieser eigentümlichen Form der Codierung ein hochsignifikantes Merkmal vor Augen, mit dem sich die moderne Gesellschaft beschreiben läßt.

Wenn unter diesen Bedingungen Wahrheit überhaupt nur noch als die eine Seite einer Unterscheidung, also als »geprüfte Wahrheit« in Betracht kommt und soweit dies (im Unterschied zur alltäglichen Verwendung des Wortes) der Fall ist, ist auch die Wahrheit selbst indirekt reflexiv konstituiert. Sie fungiert in diesem Sinne als codiertes Medium der Kommunikation. Diese Reflexion setzt jedoch noch keine Systemreflexion voraus. Die Bindung des Mediums an die Einheit des Systems stellt zusätzliche Anforderungen. Sie postuliert, daß es *nur eine* Wahrheit geben kann, und das führt zur Bemühung um Kohärenz des Wissens, zur Generalisierung von Theorien und schließlich zum rekursiven Beobachten des Beobachtens und damit zur Zirkulation der Wahrheit im System.

Während in älteren Gesellschaften schon die bloße Wiederholbarkeit als Wahrheitsindikator fungiert (was das Problem des Erinnerns, des Nichtvergessens einschließt),[60] limitiert die binäre Codierung die Wahrheitsmöglichkeiten und bietet mit dieser Form dann die Grundlage für eine immense Ausdehnung dank Abkopplung vom common sense. Vor diesem Hintergrund haben sich seit dem 17. Jahrhundert Wahrheitsersatzterminologien wie certitudo, Sicherheit, Gewißheit entwickelt. Dabei geht es nicht um die unleugbare Aktualität der Impressionen, nicht um die Tatsache, daß man im Moment des Erlebens zwischen Realitätserfahrung und Sinnestäuschung nicht unterscheiden kann;[61] sondern die Gewißheit wird nur dadurch gewonnen, daß die Möglichkeit der Zuteilung des Gegenwertes geprüft und verworfen werden wird. (Daß man auch hierbei

---

60 Ernst von Glasersfeld, Wissen, Sprache und Wirklichkeit: Arbeiten zum radikalen Konstruktivismus, Braunschweig 1987, S. 231, nennt das »die Pseudo-Wahrheit der Wiederholung«.

61 Auf diese Grundlage stellt Humberto Maturana seine biologische Theorie des Erkennens mit ihrem Primat der »praxis of living«, der nur auf dem Umweg über Beobachtung und Einsatz von Unterscheidungen aufgebrochen werden kann.

irren oder seine Meinung später ändern kann, versteht sich von selbst. Gewißheit in *diesem* Sinne garantiert noch keine Zeitkonstanz der Erkenntnisse).

So wie man von Unterlassungen nur sprechen kann, wenn Handeln erwartet wird, ist auch der Reflexionswert nur unter bestimmten Bedingungen der Spezifikation praktizierbar. In dieser Hinsicht ist der Code programmabhängig, im Falle der Wissenschaft theorieabhängig. Man formuliert nicht aufs Geratewohl Sätze, um dann sich um die Feststellung ihrer Unwahrheit zu bemühen. Die festzustellende Unwahrheit muß »interessant« sein, muß also im Falle ihrer Wahrheit eine sinnvolle Theorie ergeben. Anderenfalls wäre alles möglich und das System hätte an seiner Struktur nicht genügend Führung; es könnte nicht als strukturdeterminiertes System operieren, sondern wäre in dem, was es tut, auf externe Spezifikation angewiesen.

Wenn der Code für positive Designation nur einen Wert zur Verfügung hat, heißt dies zugleich, daß er für nur eine Welt gilt und alles Wissen in diesen einen Weltzusammenhang eingebracht werden muß. Am Wahrheitswert »kondensieren« dann Erkenntnisse insofern, als sie einem Weltzusammenhang eingeordnet werden müssen, der sie dann seinerseits bestärkt und ihren Widerruf erschwert bzw. mit Ersatzwünschen belastet. Die Wahrheit bleibt dieselbe: von Einsicht zu Einsicht, von Fall zu Fall, von Satz zu Satz. Man kann sie in dieser Hinsicht als Kondensationswert bezeichnen. Für die Unwahrheit gilt das nicht. In ihrem Bereich kann nichts kondensieren. Sie hat nur den Sinn des Auslöschens einer Wahrheitshypothese. Anders gesagt: Man hat es nicht mit einer Antiwelt, einer negativen Welt zu tun, die genau so dicht gewebt wäre wie die Welt der Realitäten.

Mit einem systemtheoretischen Begriff kann man den Effekt eines einmal eingesetzten Codes auch als Bifurkation bezeichnen. Der weitere Erkenntniserwerb nimmt den Weg der Wahrheit, nicht der Unwahrheit. Wie immer die Entscheidung zustandegekommen ist: in ihrer Konsequenz entstehen Wissenssammlungen und Theoriegestalten, die historischen Charakter haben und dann selbst die Regeln für ihre eigene Änderung fixieren.[62] Wissen kann zwar immer noch geändert

---

62 Dieser Zusammenhang von Bifurkation und Geschichtlichkeit der Systeme wird auch in den Naturwissenschaften betont. Siehe vor allem Ilya Prigogine/Isa-

werden, aber man muß dann jeweils feststellen können, woran ein bisher akzeptiertes oder ein zur Prüfung gestelltes Wissen scheitert. Das heißt auch, daß das Wissen nahezu zwangsläufig diversifiziert, weil es im Vollzug strukturellen Lernens auf sich selbst angewiesen ist und Außenanregungen nur aufnehmen kann, wenn sie sich mit dem vorhandenen Wissen bearbeiten lassen.

Prinzipiell muß der Code gleichwohl, und obwohl er Operationen »dieser Welt« anleitet, die Zuteilung der Werte im Unentschiedenen belassen. In dieser Unentschiedenheit besteht seine Einheit, das heißt auch, daß die Beziehung von Wahrheit und Unwahrheit wie ein Katalysator funktioniert, der ständig dazu anregt, Informationen auf wahr oder unwahr hin zu prüfen, ohne selbst in dieser Prüfung verbraucht zu werden. Man könnte auch sagen: ein codiertes System ist endogen unruhig, irritierbar, aufmerksam und reagiert deshalb auf Anstöße, die es selbst weder produziert noch voraussehen kann. Der Umfang der Sensibilität hängt freilich noch von Theorien ab, die es überhaupt erst ermöglichen, Informationen als relevant zu erkennen und zu bearbeiten. Jedenfalls würde ohne Codierung eine Morphogenese spezifisch wissenschaftlicher Wahrheitsgestalten gar nicht in Gang kommen können, wenngleich die Reflexion auf diesen Sachverhalt und die Formulierung entsprechender Wahrheitstheorien (einschließlich der unsrigen) natürlich voraussetzt, daß Wissenschaft längst in Gang gekommen ist und das Bedürfnis kommuniziert, sich über sich selbst Klarheit zu verschaffen.

Wenn es vom Code her zunächst als beliebig, jedenfalls als unbestimmt erscheinen mag, ob etwas wahr oder unwahr ist, so ist diese Beliebigkeit (Entropie) auf ihren eigenen Abbau (Negentropie) angelegt. Wahrheit und Unwahrheit müssen im Code zunächst als strikt gleichwahrscheinlich behandelt werden, will man mit Hilfe dieses Codes eine Welt gewinnen, in der das Unwahrscheinliche wahrscheinlich, nämlich Ordnung möglich und sogar erwartbar sein soll. Die Codierung dient also, auf ihre

belle Stengers, Dialog mit der Natur: Neue Wege naturwissenschaftlichen Denkens, München 1981, insb. S. 165 ff. Vgl. zur Übertragung auf sozialwissenschaftliche Forschungen auch Peter M. Allen, Vers une science nouvelle des systèmes complexes, in: Science et pratique de la complexité, Paris 1986, S. 307-340.

Funktion hin betrachtet, dem Aufbrechen ihrer eigenen Entropieannahme und, im Anschluß daran, der Ermöglichung von Information und der Morphogenese struktureller Konditionierungen. Wie immer es »draußen« aussehen mag: das codierte System generiert eine Eigenwelt, in der es Ordnung und Anschlußentwicklungen gibt. Diese Eigenwelt muß nicht »isomorph« gedacht werden zu einer anderen Welt, die ein überlegener Beobachter (aber wer denn?) sehen und für real halten könnte. Aber sie muß funktionieren insofern, als sie eine Fortsetzung der Systemkommunikation und eine Fortschreibung seiner Strukturen (sei es verändert, sei es unverändert) nicht verhindern darf. »Isomorphie« ist also als (systeminterne) »Redundanz« zu verstehen, und ausreichende Redundanzen sind unerläßliche Bedingungen der Autopoiesis des Systems.

Zu allem, was vorkommt, kann das System mithin A oder non-A sagen. Darin liegt noch kein Widerspruch. Für die traditionelle Wissenskonzeption ergab sich der Widerspruch aus der Annahme eines von den Aussagen unabhängigen Gegenstandes, dem nicht zugleich A und non-A zugeschrieben werden konnten.[63] Läßt man diese »ontologische« Voraussetzung fallen, muß der Code selbst diese Frage regulieren. Er erlaubt es nicht, Aussagen, die eine Systemoperation identifiziert, gleichzeitig als wahr und als unwahr zu bezeichnen. Taucht ein solcher Fall auf, und das kommt laufend vor, bedarf das Thema einer weiteren Analyse; aber es ist nicht möglich, den »Gegenstand« um eine Entscheidung zu bitten. Vielmehr wirkt sich ein solcher Widerspruch eventuell als Anstoß für ein Wachstum des Systems aus.

Ein Logiker wird immer Möglichkeiten finden, in denen Aussagen, die den Code auf sich selbst anwenden, als paradox erscheinen – sei es, daß sie zu Antinomien, sei es, daß sie zu Unentscheidbarkeiten führen. Paradoxien sind unvermeidbare und deshalb attraktive Figuren der Reflexion der Einheit des codierten Systems in eben diesem System. Dabei ist jedoch zu bedenken, daß binäre Codierungen sich auf autopoietische Systeme beziehen[64] und daß diese Systeme rekursiv operieren, also Operationen immer und nur durch Rückgriff auf andere Ope-

---

63 Aristoteles, Metaphysik 1005 b 16ff.
64 Wir müssen hier vorgreifen. Siehe Kap. 5.

rationen desselben Systems konstituieren können. Das gilt ausnahmslos, also auch für Allsätze, die sich auf alle Operationen unter einem Code beziehen, und auch für selbstreferentielle Sätze dieser Art nach klassisch-kretischem Muster.[65] Jede Operation produziert die Möglichkeit einer weiteren Operation, jede Beobachtung die Möglichkeit einer weiteren Beobachtung, jeder Satz die Möglichkeit eines weiteren Satzes. Jeder codeorientierte Satz enthält daher ein Moment der Unbestimmtheit (oder eine Leerstelle) als Verweis auf andere Sätze desselben Systems, und dies gilt auch dann, wenn eindeutig und vollständig determiniert zu gelten scheint, was rein logisch aus dem Satz folgt.[66] Ein Logiker, der dies ignoriert, findet sich, zur Strafe gleichsam, mit Paradoxien geschlagen. Ein Systemtheoretiker kann darin den Hinweis finden, daß man am Fall von Paradoxien die Einheit des Systems reflektieren kann.

Zusammenfassend und überleitend können wir die binäre Codierung auch als *indifferente Codierung* bezeichnen.[67] In der Logik heißt dies: Prinzip des ausgeschlossenen Dritten (Wertes). Für die Systemtheorie ist die dadurch erreichte Indifferenz Voraussetzung für den Aufbau eines operational geschlossenen rekursiven Systems. Erkenntnistheoretisch führt dies zu einer strikt »konstruktivistischen« (aber keineswegs »solipsistischen«) Wissenschaftsauffassung. Die Welt ist für die Wissenschaft ein Code-Korrelat und im weiteren dann ein Theorie-

---

[65] Auch Logiker gehen hiervon aus. Siehe z.B. A.N. Prior, On a Family of Paradoxes, Notre Dame Journal of Formal Logic 2 (1961), S. 16-32: »This one Cretan statement cannot even be made unless some other Cretan statement is made (can be made? N. L.) also« (16).

[66] Eine geläufige Form für diesen Sachverhalt ist die des *infiniten Regresses*. Freilich darf dieser infinite Regress nicht als Argument für ein nicht-geschlossenes System angesehen werden. Er ist nichts anderes als ein Hinweis auf die operational notwendige Leerstelle, auf die für alles Sprechen notwendige Stille, auf die Weißheit des Papiers, auf das man schreibt – kurz: ein Hinweis auf einen *zugleich* operationsnotwendigen Faktor und nicht auf etwas, was sich erst einstellt, wenn man sich lange und andauernd bemüht hat.

[67] Siehe dazu den Begriff der »undifferenzierten« (=reizunspezifischen) Codierung des Nervensystems bei Heinz von Foerster, Entdecken oder Erfinden: Wie läßt sich Verstehen verstehen? in: Heinz Gumin/Armin Mohler (Hrsg.), Einführung in den Konstruktivismus, München 1985, S. 27-68 (41). Von Foerster zeigt, daß hinreichende Unsensibilität in bezug auf Unterschiede der Umwelt Voraussetzung ist für den Aufbau eines rekursiven Systems.

Korrelat. Nie stellt sich der Wissenschaft die Frage, ob es die Welt gibt oder nicht. Nötig ist allenfalls eine Reflexion auf das Beobachten der Welt und damit auf die Bedingungen des eigenen Operierens, wobei der Vollzug der gerade aktuellen Operation unbestreitbar bleibt (oder: unterbleibt). Der Code erlaubt eine Rekonstruktion der Selbstreferenz des Systems in einer Weise, die fortan allen Operationen des Systems anhaftet. Operationen, die nicht zwischen wahr und unwahr wählen, bleiben durchaus möglich, aber gehören nicht zum System Wissenschaft.

Diese Überlegungen lassen schon ahnen, daß und weshalb das symbolisch generalisierte Kommunikationsmedium der Wissenschaft kommunikativen Erfolg hat, nämlich über die Unwahrscheinlichkeit der Annahme einer Kommunikation hinweghilft. Was unwahrscheinlich bleibt, kann ja immer noch als unwahr bezeichnet und damit ins System aufgenommen werden. Die codierte Kommunikation zwingt sich, wenn man so sagen darf, zur Abarbeitung des Unwahrscheinlichen. Damit allein sind jedoch die Bedingungen erfolgreicher Kommunikation noch nicht ausreichend begriffen. Der Code ist nur eines der strukturellen Erfordernisse symbolisch generalisierter Kommunikation.

VI

Im vorigen Abschnitt ist eine Theorieentscheidung von erheblicher Tragweite gefallen. Wir haben die Einheit derjenigen Operationen, die über Wahrheit kommunizieren, durch eine Differenz bestimmt: durch die Unterscheidung von wahr und unwahr. Daß dies mit funktionaler Spezifikation zusammengeht, hebt diese differenztheoretische Ausgangsannahme nicht auf, sondern ergänzt sie nur durch ein anderes Differenzprinzip: durch die Frage nach funktionalen Äquivalenten. Um die Tragweite dieses Ansetzens nicht bei Einheit, sondern bei Differenz zu verdeutlichen, soll ein kurzer Vergleich mit den Perfektionsvorstellungen des traditionellen Wahrheitsstrebens eingeschoben werden.

Wir gehen zunächst davon aus, daß Weltvorstellungen traditioneller Hochkulturen kosmologische Formen annehmen, also eine Beschreibung des Ganzen im Ganzen erfordern, die als Sinngebung auftritt und fast ausnahmslos religiös verstanden wird. Für die Religionen Indiens ist zum Beispiel »Brahman« der genau dies bezeichnende Begriff. Die Orientierung an einem systemeigenen Code ermöglicht ein allmähliches Sichablösen von dieser Sinngebungsform. Es hat eine kaum zu überschätzende Tragweite, daß dies zunächst in der Religion geschieht, und zwar in der hebräisch-christlichen Orientierung an einem transzendenten Gott, der sich in der Welt nicht repräsentieren läßt (wie immer Tempelpriester dazu stehen). Die Ausdifferenzierung der Religion wird durch eine Eigencodierung mit Hilfe der Unterscheidung von Transzendenz und Immanenz in Gang gebracht, und die Unwahrscheinlichkeit einer solchen Errungenschaft läßt sich an immer wieder einsetzenden Re-Kosmologisierungen, Re-Moralisierungen, Re-Magifizierungen der Religion ablesen.[68] Man kann die Eigencodierung der Religion gleichwohl als eine Art Vorgriff (preadaptive advance) auf eine funktional differenzierte Gesellschaftsordnung begreifen.

Auch im Falle der Codierung von Wahrheit scheint sich diese semantische Eigengesetzlichkeit zu bestätigen. Auch hier wird ein System durch Orientierung am eigenen Code allmählich unabhängig von der Sinngewinnung durch Repräsentation des Ganzen im Ganzen, der Welt in der Welt, der Gesellschaft in der Gesellschaft. Und auch hier gilt, daß diese Unabhängigkeit nicht sogleich realisiert werden kann, daß sie zunächst implausibel ist und daß sie erst in der funktional differenzierten Gesellschaft auch formuliert werden kann. Es genügt dann für wissenschaftliche Wahrheit, daß sie in der Auseinandersetzung mit der Möglichkeit, keine Wahrheit, sondern Unwahrheit zu sein, gewonnen wird; aber man weiß immer auch, daß dies vielleicht den »geometrischen« Geist, nicht aber das Herz befriedigt.

In dem Maße, als die Wissenschaft ihren Code faktisch benutzt und ihre Argumentation entsprechend logifiziert, wird eine solche Umstellung unvermeidlich. Die Überzeugungskraft von Wissen hängt dann nicht länger davon ab, daß es in einem umfassenden Ganzen, im klassisch-griechischen periéchon aufge-

---

68 Vgl. ausführlicher: Niklas Luhmann, Die Ausdifferenzierung der Religion, in ders., Gesellschaftsstruktur und Semantik Bd. 3, Frankfurt 1989, S. 259-357.

hoben und dadurch begrenzt und bestimmt ist. Und an dessen Stelle tritt die operative Bewährung in einem binär codierten System, dessen Umwelt kein periéchon ist, also keinen Halt gibt, sich andererseits aber auch nicht alles gefallen läßt.
Die Logifizierung der Wahrheit, wie sie sich im Anschluß an die Phonetisierung der Schrift durch das Alphabet durchgesetzt hat, hat freilich zunächst mit dem kosmologischen Kontext der Wahrheitssemantik nicht gebrochen.[69] Die Schrift wurde in gewisser Weise selbst zur Repräsentation, und die Wahrheitssuche ging ihrerseits auf die Suche nach der Vollendung, die sie in der Übereinstimmung mit dem Sein zu finden hoffte. Wahrheit im klassischen Sinne war deshalb als perfekte Wahrheit gedacht.
Mit Perfektion ist zunächst nur gesagt, daß das Ziel der Wahrheitssuche erreicht, daß sie an ihr Ende gelangt und damit zur Ruhe gekommen ist. Nur wenn man Steigerungsskalen unterstellt, ist Perfektion zugleich der nicht mehr überbietbare Superlativ, in dem auch noch das Streben nach Besserem zur Ruhe kommt. Auch entfaltet als schön, bunt, raffiniert zusammengesetzt und genießbar, auch als Cocktailbegriff hatte Perfektion aber etwas Endgültiges gemeint. Solches Denken in Perfizierbarkeiten mußte gewisse Weltannahmen voraussetzen, vor allem hinreichende Wesenskonstanzen, die in der Tat geeignet waren, das Erkennen zur Ruhe zu bringen; und außerdem eine hinreichende Übereinstimmung von Weltrationalität und Denkrationalität, also ein Sein und Denken verbindendes Rationalitätskontinuum, das gewährleisten konnte, daß das Denken sich mit der erreichten Wahrheit zufrieden gab. Mit solchen Annahmen waren weder Unendlichkeiten noch Unerkennbarkeiten ausgeschlossen. Man konnte sie über Grenzbegriffe einbauen, die ihrerseits eine Art Perfektion der Erkenntnis ermöglichen. Erkenntnis hatte sich mit dem Erkennen des Erreichens der Grenze zu begnügen und damit das ihr Zugemessene vollbracht. (Erst die neuzeitliche Wissenschaft wird einen Begriff für »absolute Grenzen« bilden – Beispiel: Lichtgeschwindigkeit – jenseits derer das physikalisch Unmögliche beginnt).
Ein Perfektionsbegriff der Wahrheit mußte Unwahrheit als De-

---

69 Vgl. dazu und zur weiteren, dann ausschlaggebenden Entwicklungsschwelle des Buchdrucks ausführlicher unten Kap. 8.

fekt behandeln – und nicht etwa als ein technisches Erkenntnismittel oder als einen Reflexionswert. Eine deutliche Differenzierung von Unwahrheit und Irrtum war (vor Descartes) nicht vorgesehen. Der Feststellung von Unwahrheit wurde kein eigener Befriedigungseffekt zugestanden. Kritik war nicht um ihrer selbst willen praktizierbar. Solange es darum ging, das Erkenntnisstreben im Erreichen der Wahrheit zur Ruhe zu bringen, konnte Unwahrheit nur signalisieren, daß dieses Ziel nicht erreicht war.

Nachdem von hier aus die moderne Wissenschaft schon lange nicht mehr zu begreifen war, hat man um 1800 nochmals versucht, den Wahrheitswert wenigstens als approximativ erreichbare Idee festzuhalten. Die Perfektion wird gleichsam in unendliche Ferne gerückt, aber sie bleibt noch idée directrice. Erst die harsche Unterscheidung von Sein und Geltung (Lotze) hat dem ein Ende bereitet. Sie führt dann freilich ihrerseits auf einen problematischen Weg, der mit einer Trennung von Natur- und Geisteswissenschaften endet – statt mit einer Neureflexion der Bedingungen wissenschaftlicher Erkenntnis auf veränderten Grundlagen weiterzuführen.

Wahrheit als Moment eines Codes aufzufassen, heißt mithin: von idée directrice auf distinction directrice umzustellen. Das hat zur Konsequenz, daß man das Weltkorrelat der Erkenntnis jetzt nicht mehr in der Gesamtheit der als wahr erkannten (oder noch zu erkennenden) Sachverhalte sehen kann, sondern es als Korrelat der Einheit der Differenz von wahr und unwahr auffassen muß. Die Welt ist für die Wissenschaft dann nichts anderes als das, was sie voraussetzen muß, um zwischen wahr und unwahr unterscheiden zu können. Die Welt ist, und dies gilt für jedes System, das mit einer Leitdifferenz operiert, die Einheit dieser Differenz. Sie ist, anders gesagt, das Korrelat der Paradoxie, die sich ergibt, wenn man einen Code auf sich selbst anwendet und zu entscheiden hätte, ob das Anwenden dieses Code seinerseits positiv oder negativ zu bewerten ist. Die Welt ist, nochmals anders formuliert, das Korrelat der Tatsache, daß ein mit Hilfe einer Unterscheidung beobachtendes System sich selbst von dieser Unterscheidung nicht unterscheiden kann – es sei denn im Auflaufen auf ein Paradox, das dann die weiteren Beobachtungen blockiert. Die Welt ist der blinde Fleck des eigenen Beobachtens – das, was man nicht beobachten kann, wenn man sich entschieden hat, mit Hilfe einer bestimmten Unterscheidung zu beobachten. Die Welt ist der »unmarked state« Spencer Browns.

Wenn es jetzt noch einen Sinn hätte zu sagen, daß die Erkenntnisse in einer Endvorstellung zur Ruhe kommen, dann wäre diese Endvorstellung die Paradoxie, die keine Weiterbewegung mehr erlaubt, es sei denn mit Hilfe eines logischen Sprungs, einer Entparadoxierung. Das Problem ist keineswegs neu, es ist ebenso alt wie die erkenntnistheoretische Reflexion. Es wird in verschiedenen Versionen, zum Beispiel unter dem Namen des Kreters Epimenides, überliefert. Solange aber Perfektionsvorstellungen gelten, muß das Paradox aus der Welt ausgegliedert und wie eine Variante von Irrtum behandelt werden. Dieses Vorurteil hat sich sogar länger gehalten als die Perfektionsvorstellung selbst. Wenn man aber das, was ein Medium oder ein System als Einheit ausmacht, durch eine Differenz definiert, kommt man nicht mehr umhin, nach dem Fundierungsparadox der Erkenntnis zu fragen; und die Reflexionstheorien des Wissenschaftssystems müssen dann daran gemessen werden, ob sie dies können oder nicht.

VII

Nur dank der indifferenten, nicht auf Umwelt referierenden Codierung kann das Medium zirkulieren. Nur so kann es die Autopoiesis eines ausdifferenzierten Systems betreuen und jede Kommunikation, die sich des Mediums bedient, symbolisch markieren. Das wäre nicht möglich, wenn die Mediensymbole sich erst aus den Inhalten der Kommunikation ergäben, also in der Referenz auf Weltsachverhalte bestünden. Dann wäre der Code nicht binarisierbar, denn es gibt keine negativen Welttatsachen; und er wäre auch nicht universalisierbar, denn es könnte dann zwischen Wissen/Nichtwissen und Wahrheit/Unwahrheit nicht unterschieden werden. In der Sprache von Parsons heißt das: die Mediensymbole dürfen nicht zugleich als »intrinsic persuaders« in Anspruch genommen werden. Sie dienen als abstrakte Symbole der Anschlußfähigkeit, der Bindung der Kommunikation als Moment der Produktion weiterer Kommunikationen. Diejenige Kommunikation, die ihre Sinnreferenz als wahr bzw. unwahr bezeichnet, bindet sich in ihrem Beitrag zur Autopoiesis des Systems; aber sie fixiert damit (zum Glück, kann man sagen) nicht die Welt, über die kommuniziert wird. Dieser Bindungseffekt kann auch als Zeitersparnis aufgefaßt werden, nämlich als Einsparen der Zeit, die man aufwenden müßte, wenn man den Informationsverarbeitungsprozeß wiederholen wollte, der zur Applikation des Mediensymbols geführt hat. So gesehen ist Bindung denn auch nicht ohne weiteres schon ein normatives Engagement, geschweige denn eine Ablehnung weiteren Lernens. Sie fixiert aber das, was geschehen müßte, falls in der weiteren Kommunikation die Bindung wieder aufgelöst werden sollte.

Diese Funktionseindeutigkeit der Codesymbole besagt nicht, daß sie in jedem Satz sprachlich zum Ausdruck gebracht werden müssen. Ja, es ist nicht einmal notwendig, daß die Wahrheitsfrage bei allen Kommunikationen als bereits entschieden dargestellt wird. Jede Kommunikation zieht Wahrheiten heran bzw. geht von Unwahrheiten als bereits feststehend aus, kann dann aber sich selbst als nur vorbereitend gerieren. Sie kann ihre Eigenleistung im Medium des »wenn« oder des »noch nicht« darstellen, kann Probleme formulieren und reformulieren, kann Untersuchungsvorschläge ausarbeiten oder sonstwie alle Zeichen der Vorläufigkeit mitführen. Sie operiert im Bereich des Mediums Wahrheit aber nur dann, wenn sie von Wahrheiten/Unwahrheiten ausgeht und auf Festlegung dieser Symbole abzielt. Das Medium betreut rekursive Operationszusammenhänge. Es bezeichnet nicht eine für sich bestehende Qualität einzelner Gegenstände oder einzelner Sätze.

Diese Verwendungsbedingungen ändern nichts daran, daß die Zuteilung der Symbole, wenn sie erfolgt, eindeutig erfolgt. Die Codierung toleriert keine Ambiguitäten, so wenig wie die Autopoiesis des Systems halb stattfinden, halb nicht stattfinden kann. Alle Ambiguität muß daher in die Semantik verlagert werden, auf deren Sinngehalte sich die Symbole beziehen; und in diesem Bereich wird dann gerade an der Härte der Codesymbole oft deutlich, daß noch gar nicht hinreichend geklärt ist, was eigentlich damit bezeichnet werden soll. Die Differenz von

Code und Semantik ist, wie hier zu sehen, einer der Faktoren, die zum Weitertreiben des Auflöse- und Rekombinationsvermögens führen. Um Wahrheitsfragen zu klären und auf eine Entscheidung zuzutreiben, muß man nicht am Sinn von Wahrheit basteln, sondern am Sinn der Begriffe, Theorien, Sätze, die als wahr bzw. unwahr bezeichnet werden sollen.[70]

Härte also einerseits und Ambiguität andererseits: zwei verschiedene Formen, mit einer ausgeschlossenen Außenwelt »konstruktiv« umzugehen. Durch semantische Ambiguität wird die Willkür in der Schließung des Systems und in der Ausschließung aller weiteren Werte aus dem Code des Systems berücksichtigt. Ambiguität ist gleichsam das kommunikationsinterne Korrelat für das, was im Beobachten und Beschreiben »zwischen« die Pole der Unterscheidungen, besonders zwischen »wahr« und »unwahr« fällt. Die Ambiguität entspricht der Stille, die nicht mitspricht, wenn man spricht, oder auch der Weiße des Papiers, auf das man schreibt, und sie vertritt im System all das, was an Stelle dieser Leere eigentlich der Fall ist. Der Widerspruch von Eindeutigkeit und Mehrdeutigkeit kann auf diese Weise durch Differenzierung aufgelöst werden, und dann kann man es auch vermeiden, Wahrheiten mal hart und dogmatisch, mal weich und nachgiebig zu vertreten.

VIII

Bis jetzt ist wenig von den Besonderheiten des Kommunikationsmediums Wahrheit die Rede gewesen. Wir haben Wahrheit im Rahmen allgemeiner Überlegungen über Medien, Symbole und Codes als Beispiel benutzt, um zu zeigen, daß Wahrheit ein Fall einer allgemeineren Theorie ist (die dann ihrerseits beanspruchen muß, wahr zu sein). Symbolisch generalisierte Kommunikationsmedien entstehen jedoch nur, wenn in der allgemeinen gesellschaftlichen Kommunikation Sonderprobleme

---

70 Dies wird im übrigen verschleiert, wenn man beim in der Linguistik üblichen Codebegriff bleibt, der die Semantik einbezieht und deren binäre Schematisierung als Grenzfall semantischer Codierung behandelt. Auch Parsons hat diesen Begriff übernommen und benutzt deshalb die für unsere Zwecke viel zu einfache Unterscheidung von code und message.

auftauchen, die sich nur durch besondere Mittel lösen lassen. Was ist dann aber das Sonderproblem, das zur Ausdifferenzierung eines spezifischen Mediums für Wahrheit führt?
Die dahin führenden Überlegungen setzen einige Vorbereitungen und eine Rückkehr zum Begriff des Wissens voraus.
Ausgehend von weniger differenzierten Ansprüchen an Wissen hatten wir zunächst die Unterscheidungsschemata kognitiv/normativ und Erleben/Handeln überprüft. Wissen tendiert danach auf die eine Seite jeder dieser Unterscheidungen, kann gleichwohl aber nicht als exklusiv kognitiv charakterisiert werden und auch nicht exklusiv als Resultat von Erleben begriffen werden. Dies hängt sicher mit dem Vorherrschen des Wissensschemas bekannt/unbekannt zusammen, das auch Normen und Handlungen einbezieht. Man kann wissen, welche Normen gelten, und man kann wissen, wie man handeln möchte oder handeln sollte. Dies scheint sich jedoch in dem Maße zu ändern, als ein besonderes symbolisch generalisiertes Kommunikationsmedium für Wahrheit ausdifferenziert wird. Aber warum?
Die Antwort wird leicht fallen, sobald wir das Sonderproblem gefunden haben, das die Ausdifferenzierung dieses besonderen Kommunikationsmediums auslöst. Es handelt sich um das *Gewinnen neuen, unvertrauten, überraschenden Wissens*, also um die Überwindung einer Schwelle der Unwahrscheinlichkeit. Die Erfahrung von »Neuheit« setzt einen Beobachter voraus, der eine Abweichung von Erwartungen feststellen kann. Solange aber der Beobachter seine Erwartung nicht spezifisch kognitiv auffaßt, sondern die Frage dieser Modalisierung im Unbestimmten läßt oder gar normativ erwartet, wird die Abweichung ihn stören, und er wird einen Weg zurück in normale Verhältnisse suchen. Kommt es zu einer kognitiven Spezifikation des Erwartens oder gar zu neugierigem Erwarten, wird das Neue in spezifischer Weise interessant; und das gilt nochmals verstärkt, wenn die Neuheit nicht einfach als sachliche Abweichung erfahren, sondern temporal als Differenz zu früheren Zuständen oder Erfahrungen thematisiert wird. Dann ist die Neuheit des Befundes ein Anlaß zur Suche nach einer Erklärung, dann stimuliert der Neuheitseindruck die Suche nach neuem Wissen; und Neues wird geradezu gesucht, um ein Anlaß zu sein, Neues zu suchen. Das Aufregende an Kopernikus

war denn auch nicht so sehr die bloße Dezentrierung der Erde und damit des Menschen, sondern viel mehr noch der Vorschlag von *neuem* Wissen als *besserem* Wissen; und seitdem zielt das Streben der Wissenschaft nicht mehr nur auf Entdeckung neuer Tatsachen, sondern auf Innovation des Wissens selber. Diese Wende wird dadurch erleichtert, daß das Moment der sachlichen Abweichung zurücktritt und Neuheit als ein primär zeitliches Verhältnis begriffen wird. Im 17. Jahrhundert stellt sich dann auch die Terminologie novus/novitas etc. von einem sachlichen auf ein zeitliches Verständnis um. Und »Originalität« verweist jetzt nicht mehr auf die Nähe zum Ursprung (origo), sondern genau umgekehrt auf die Abweichung.

In dem Maße, als dieses kognitiv-temporale Interesse am Neuen sich spezifiziert, verliert auch die Grenze, die man früher in sachlich unzugänglichen »Geheimnissen« angenommen hatte, ihren Sinn. Der Wissensgewinn wird zum historischen Fortschritt. Mehr und mehr liegt das Problem nun nicht nur im Bekanntmachen des Unbekannten, woran jedermann interessiert sein müßte, und auch nicht mehr im Wiedererkennen (a-létheia!) des an sich bekannten Wissens, sondern in der *Änderung vorhandener Wissensstrukturen*. Die Welt ist ja immer schon vertraut und im näheren Umkreis bekannt. Wenn neues Wissen gewonnen werden soll, muß also altes aufgegeben werden. Das Kosmos ist, mit anderen Worten, als Welt immer schon komplett. Was nicht hineinpaßt, wird abgelehnt oder als Irregularität abgetan. Das vorhandene Wissen verteidigt sich damit, daß es Wissen ist. Das Problem liegt in seiner Bewahrung und in seiner Erweiterung auf etwas, was in den vorhandenen Wissensstrukturen als unbekannt gilt (zum Beispiel: ferne Länder). Es ist deshalb sehr unwahrscheinlich, daß in dieser Ordnung gegen diese Ordnung ein Lerninteresse revoltiert. Eben deshalb bildet sich, wenn (aus welchen Zufällen immer) so etwas vorkommt, ein besonderes Medium für Wahrheitskommunikation, das die schockierende Kommunikation gleichwohl trägt oder sie jedenfalls nicht vorab entmutigt und erstickt. Der Philosoph sagt: alles fließt! Wie das? Auch der Himmel, auch die Berge, auch der Philosoph selber?

Zunächst formiert sich auch die Wahrheit unter dem Ziel, das

Wissen dem Verborgenen oder Vergessenen zu entreißen: als a-létheia.[71] Die spezifischen Strukturen wissenschaftlicher Wahrheit entstehen jedoch erst, wenn ein Absicherungsbedarf bemerkt und ihm systematisch abgeholfen wird. Es scheint dieser Prozeß zu sein, der allmählich Präzisierungen in den Unterscheidungen kognitiv/normativ und Erleben/Handeln erzwingt und damit unter anderem die Wissenschaft gegen das Recht differenziert. Kognitiver und normativer Erwartungsstil müssen nun deutlicher und bis in die Grundlagen des Wissens hinein unterschieden werden, obwohl niemand die Interdependenz im gesamtgesellschaftlichen Zusammenhang leugnen wird. Und das Gleiche gilt für Erleben und Handeln.

Ferner erfordert die funktionale Spezifikation auf Zugewinn von Erkenntnissen methodische Vorkehrungen gegen das Interferieren von Handlungen und Interessen. In Angelegenheiten, bei denen es um Wahrheit gehen soll, geht es dann nur noch um Erleben – unter Einschluß natürlich des Erlebens von Handlungen. Dies ist deshalb nötig, weil nur so (und nicht einfach mit einem: ich wünsche es, ich will es) der Neuheitsschock überwunden werden kann. Die Wissenschaft sucht und produziert das Neue und Überraschende ja nicht um seiner selbst willen, sondern um es zu unterdrücken und in Erwartbares zu transformieren. Mit dem Symbol Wahrheit wird kommuniziert, daß dies gelungen ist. Man präsentiert Überraschungen mit dem Zusatzsymbol: für alle gültig. Die Entdeckung wird sogleich auf die Welt zugerechnet. Das erfordert eine entsprechende Stilisierung der persönlichen Beteiligung, der Inklusion des Forschers. Er wird nicht als Hersteller gefeiert, sondern als Entdecker und Erfinder. Das Genie macht sich (übrigens auch im Bereich von Literatur und schöner Kunst) gerade an der Kombination von Neuheit und Akzeptierenmüssen kenntlich[72] – so als ob gerade

---

71 Die Auffälligkeit einer privativen Definition der Wahrheit in der griechischen Sprache verdient festgehalten zu werden. Sie ist oft als Abweichung vom Üblichen bemerkt worden, aber, so scheint es, bisher nicht ausreichend erklärt.

72 Dabei wird in der lexikalischen Behandlung des Geniebegriffs »Neuheit« und »Ungewöhnlichkeit« herausgestellt (z. B. Real-Encyclopädie oder Conversations-Lexicon, 5. Ausgabe, Leipzig, Brockhaus, 1820, Bd. 4, S. 130; Encyclopédie des Gens du Monde, Bd. XII, Paris 1839, S. 183), und es wird offenbar für selbstverständlich gehalten, daß nicht jeder Unsinn geniefähig ist, sondern sachliche Kriterien erfüllt sein müssen.

diese Kombination so selten, so schwierig ist, daß der Zugang zu ihr besonders rühmenswerte »geniale« Qualitäten ausweist, denen ein Moment der Irrationalität anhaftet, solange die Rationalität gerade dieser Form von Inklusion und Arbeit noch nicht begriffen ist.[73] So kommt es zu einer eigentümlich zirkulären Stabilisierung der Zurechnung. Einerseits muß gerade neues Wissen als Wissen überzeugen unter strengeren Anforderungen als bisher (so wie neue Kunstwerke als Kunstwerke unter strengeren Anforderungen als bisher),[74] und andererseits kann gerade an der überraschenden Neuheit die persönliche Leistung erscheinen; und, nochmals andererseits, ist das, was man einem Autor persönlich zurechnen kann, *infolgedessen neu*.

Alles, was als neu erscheint, muß sich von etwa Vorhandenem unterscheiden können. Eine Wahrnehmung des Neuen kann sich daher erst spät und erst auf Grund vorausgehender Strukturentwicklungen einstellen. Sie ist ein evolutionäres Spätprodukt. Das gilt um so mehr, wenn man außerdem in der Wissenschaft noch in der Lage sein will, *Neuheit* und *Irrtum*, oder in der Kunst, *Neuheit* und *Fehler* zu unterscheiden. Ohne *diese* Unterscheidungen zu machen, kann man Neuheit nicht positiv werten. Daß Neues überhaupt *als neu* geschätzt werden kann, ist mithin erst unter sehr spezifischen historischen und sozialstrukturellen Voraussetzungen möglich. Noch im 17. Jahrhundert findet man den Begriff der Neuheiten (nouveautés) pejorativ gebraucht – natürlich in der Religion, aber auch in der

---

73 Es handelt sich beim Geniekult keineswegs um eine spezifisch bürgerliche Wertung, wohl aber um eine neuartige Einschätzung der alten ars inveniendi, die sich querstellt zur Stratifikation, von ständischer Herkunft zu abstrahieren gezwungen ist und eben deshalb einstweilen, um Inklusion zu rechtfertigen, auf irrationale Momente rekurriert. Denn rational wäre immer noch das, was im Kontext vorherrschender Formen gesellschaftlicher Differenzierung zur Inklusion beiträgt. Der Überleitungscharakter des Geniebegriffs zeigt sich im übrigen auch daran, daß er seit dem 16. Jahrhundert nicht mehr eine spezifische Potenz bezeichnet, sondern einen Menschen im ganzen; daß aber andererseits eben deshalb auf Geburt als Genie Wert gelegt und geleugnet wird, daß man die entsprechende Qualität »bürgerlich« durch Arbeit und Ausbildung erwerben könne.
74 Speziell hierzu Niklas Luhmann, Das Kunstwerk und die Selbstreproduktion der Kunst, in: Hans Ulrich Gumbrecht/K. Ludwig Pfeiffer (Hrsg.), Stil: Geschichten und Funktionen eines kulturwissenschaftlichen Diskurselements, Frankfurt 1986, S. 620-672.

Politik.⁷⁵ Die Bedingungen für eine Positivwertung sind: ausreichende strukturelle Komplexität, Beschleunigung des Prozesses struktureller Änderungen, der das Neue normalisiert, und funktionale Differenzierung der Gesellschaft mit entsprechenden Interdependenzunterbrechungen, die verhindern, daß Neuerungen ungeprüft aus einem Funktionskontext in einen anderen überspringen.

Wenn Neues als neu interessiert und geschätzt wird, läuft das nicht einfach auf einen »Wertewandel« hinaus, so als ob früher das Alte und jetzt das Neue bevorzugt würde. Vielmehr gewinnt, und darin liegt der Wandel, die *Unterscheidung von alt und neu* an Bedeutung. Sie wird temporalisiert, das heißt von einer Vorstellung des sachlich Konformen bzw. Abweichenden in die Vorstellung einer zeitlichen Abfolge transformiert. Das heißt also keineswegs, daß auf altes Wissen nicht mehr zurückgegriffen würde. Ein Blick in die Medizinforschung des 16. und 17. Jahrhunderts kann vom Gegenteil überzeugen. Der Witz der Temporalisierung der Unterscheidung von alt und neu liegt darin, daß sie eine rekursive, zurückgreifende und vorausgreifende Organisation des Forschungsprozesses ermöglicht und ihn mehr oder weniger abkoppelt von der sachlichen Verbindlichkeit überlieferter Denkmuster. Jetzt erst wird die Überlieferung im *Unterschied* zum neuen Wissen altes Wissen.⁷⁶ Aber zum Gewinn neuen Wissens ist immer auch eine Reproduktion alten Wissens erforderlich.⁷⁷ Man hat vom »Stand« der Forschung auszugehen, und Neues steht unter der harten Zulassungsbedingung, daß es nur akzeptabel ist, wenn es das Alte ersetzen kann.

Erst aufgrund einer beschränkenden Präzisierung der kogniti-

75 »A novitatibus abstinere«, rät Laelius Zechius, Politicorum sive de principatus administratione, Köln 1607, S. 151, dem Fürsten. Vgl. auch Émeric Crucé, Le nouveau Cynée ou discours d'estat (1623), zit. nach der Ausgabe von Thomas W. Balch, Philadelphia 1909, S. 151.

76 Die Unterscheidung antiqui/moderni hat zwar eine sehr viel ältere, ins Altertum zurückreichende Herkunft. Aber sie wurde bis in die Frühmoderne hinein primär rhetorisch gebraucht, das heißt: zum Arrangieren der Verteilung von Lob und Tadel und nicht zur Analyse des Zeitgeistes.

77 »All acquired knowledge, all learning«, heißt es noch heute, »consists of the modification (possibly the rejection) of some form of knowledge, or disposition, which was there previously«. (Karl R. Popper, Objective Knowledge: An Evolutionary Approach, Oxford 1972, S. 71).

ven Neuheit und der Reduktion auf Erleben, erst aufgrund einer Generalausschaltung gesellschaftlich verbindlicher Normen im Operationsbereich Wissenserwerb können sich Spezialnormen bilden, die genau diese Operationen regeln.[78] Die Generalausschaltung gilt selbstverständlich nur für Operationen, nicht für Personen. Von Wissenschaftlern wird nach wie vor die Beachtung des Rechts erwartet, und rechtliche Regulierungen können ihr Verhalten einschränken. Auch Wissenschaftler werden auf Tischmanieren achten müssen, solange in der Gesellschaft darauf noch geachtet wird. Der Punkt ist: daß davon nicht abhängt, ob Erkenntnisse in der weiteren Kommunikation als wahr bzw. als unwahr behandelt werden. Man mag gentechnologische Forschungen noch so sehr verbieten: wenn sie trotzdem zustandekommen, hat der Rechtsbruch keinen Einfluß auf die Wahrheit bzw. Unwahrheit ihrer Feststellungen. Das ist uns im übrigen so geläufig, daß die These der Generalausschaltung von Normen nahezu zwangsläufig mißverstanden wird als Behauptung eines moralischen bzw. rechtlichen Freiraums. Aber auch die moralische bzw. die rechtliche Codierung ist universell applikabel, ist auf alles Verhalten anwendbar nach Maßgabe eigener Programme. Nur die Codes werden wegen des engen Zusammenhangs von Wert und Gegenwert und wegen der Notwendigkeit, dritte Werte auszuschließen, strikt differenziert, und das führt dazu, daß die Programme des einen Codes für die anderen nicht gelten und umgekehrt.

Entsprechendes gilt, aus anderen Gründen, für die Unterscheidung von Erleben und Handeln. Auch sie wird verschärft. Wenn man nämlich neues, ungewöhnliches, nicht leicht einsichtiges Wissen als wahr vorschlagen will, muß man das eigene Handeln hintanstellen. Man kann schließlich nicht sagen: es ist wahr, weil ich es so will oder weil ich es vorschlage. Dies hängt zusammen mit dem Verlust der Autorität, die auf einem einzig möglichen Weltzugang basierte,[79] und mit dem Verzicht darauf, Wissen aus

---

[78] Und dies wiederum, wie man mehrfach untersucht hat, bis in das Laborverhalten und in die Kooperation bei der Anfertigung von Wissen hinein. Siehe z. B. Bruno Latour/Steve Woolgar, Laboratory Life: The Social Construction of Scientific Facts, Beverly Hills 1979; Karin Knorr-Cetina, Die Fabrikation von Erkenntnis: Zur Anthropologie der Naturwissenschaft, Frankfurt 1984.

[79] Vgl. oben Kap. 2, VI.

seiner Quelle, aus dem Status des Verkünders oder aus dem Anfang (arché, Grund) zu begründen. Unbestritten bleibt, daß Handlungen erforderlich sind, um Wissen zu gewinnen, zu dokumentieren, zu verbreiten. Unbestritten bleibt auch, daß die *Themenwahl* eine *Handlung* ist und daß hier Einflüsse, aber auch normative Regulierungen (»Freiheit der Wissenschaft«) ansetzen können. Insofern nimmt mit der Komplexität des Wißbaren auch die Bedeutung des Handelns zu. Aber eben deshalb gibt es auch keine »wahre« Themenwahl, sondern nur eine interessante, dringliche, gesellschaftspolitisch relevante oder eine esoterische, skurrile, private etc. Zum Vorführen neuen Wissens gehört zumeist auch eine detaillierte Darstellung seiner »Biographie«, nämlich der Geschichte des Handelns, das zu der Erkenntnis geführt hat. Keineswegs wird das Handeln kausal für irrelevant gehalten. Aber das Wissen selbst darf nicht auf die Handlungen des Wissenserwerbs zugerechnet werden.[80] Zwar sind *immer beide* Zurechnungsweisen möglich; aber nur durch Wahl der Zurechnungsform Erleben kann sichergestellt werden, daß die Kommunikation unter der Prämisse läuft, daß die Phänomenbereiche der Beobachter sich hinreichend überschneiden, wenn nicht zur Deckung kommen.[81]

Dies Erfordernis der Zurechnung auf Erleben wird, weil es sich nicht von selbst versteht, sich nicht aus der Natur der Sache oder der Natur des Beobachtens von selbst ergibt, durch eine Beobachtungs*norm* abgesichert. Was immer der Einzelne bei sich selbst denkt: wenn wissenschaftliche Kommunikation wissenschaftliche Kommunikation beobachtet, hat sie auf Erleben, nicht auf Handeln, also auf die Gegenstände, nicht auf die Be-

---

80 Dies geschieht freilich *auch*. Aber dann wird die Zurechnung nicht benutzt, um Wahrheit/Unwahrheit zu erzeugen. Dann dient sie dem Gewinn und der Reproduktion von *Reputation*. Dazu unter Abschnitt XIII.

81 In der Sozialpsychologie wird dies unter Kennworten wie ABX-Modell (Newcomb) oder Triangulation (Campbell) behandelt. Vgl. Theodore M. Newcomb, An Approach to the Study of Communicative Acts, Psychological Review 60 (1953), S. 393-404; ders., The Study of Consensus, in: Robert K. Merton et al. (Hrsg.), Sociology Today, New York 1959, S. 272-292; Donald T. Campbell, Natural Selection as an Epistemological Model, in: Raoul Naroll/Ronald Cohen (Hrsg.), A Handbook of Method in Cultural Anthropology, Garden City, N. Y. 1970, S. 51-85; ders., Ostensive Instances and Entativity in Language Learning, in: William Gray/Nicholas D. Rizzo (Hrsg.), Unity Through Diversity: A Festschrift for Ludwig von Bertalanffy, New York 1973, Bd. II, S. 1043-1057.

obachter zuzurechnen, und hat Handlungszurechnung, wenn sie sich aufdrängt, als Methodenkritik zu stilisieren.[82] Wissen muß mithin als erlebbar dargestellt werden, weil nur so, weil nur durch Umweltzurechnung dokumentiert werden kann, daß es Wissen für jedermann ist, und jeder, der sich nicht mit eigenem Handeln querstellt, sich überzeugen lassen muß. Dies wird unter anderem durch die Unterscheidung des (wie immer zufälligen, biographischen, handlungsabhängigen) Entdeckungskontextes vom Geltungskontext des Wissens zum Ausdruck gebracht.

Wissen in diesem speziellen, ausdifferenzierten Sinne ist demnach Resultat einer Regulierung, die die Kommunikation darauf spezialisiert, über Erlebbares zu berichten. Sie darf, mit anderen Worten, keine Machtansprüche transportieren und unterscheidet sich dadurch von Politik. Unter dieser Voraussetzung kann dann aber sowohl über Erleben als auch über Handeln kommuniziert werden. Wissenschaften, die Handlungen thematisieren, sind also weder ausgeschlossen noch disprivilegiert. Nur müssen Handlungen unter dem Gesichtspunkt des Erlebbaren aufgefaßt werden als etwas, was in der Welt vorkommt und für jedermann sichtbar ist. Mit Hilfe der Logik von George Spencer Brown[83] kann man das hier notwendige Verfahren als »re-entry« bezeichnen, als Wiedereintritt der Unterscheidung von Erleben und Handeln in das durch sie Unterschiedene, in das Erleben. Und dann sieht man auch, daß es sich um die Auflösung einer Paradoxie handelt.

Mit solchen Vorkehrungen gewinnt das Medium Wahrheit besondere Konturen, durch die es sich zugleich von anderen Medien unterscheidet, die auf andere Probleme gerichtet sind. Der Code wahr/unwahr wird zu einer funktionsspezifischen Differenz. Die Wissenschaftsprogramme sind als solche nur erkennbar und ausführbar, wenn sie genau diesem Code zuge-

---

82 Ein berühmtes Schlupfloch für Sozialwissenschaftler ist die »Ideologiekritik«. Hier können sie Erleben kritisieren und Handeln meinen. Bemerkenswert ist aber gerade darum, daß man auch hier, nach dem Vorbild von Marx, auf interessenbedingte Verzerrungen des Erlebens, also nicht auf die Zwecke des Handelns abstellen muß und sich nur so als Wissenschaft ausgeben kann. Typisch wird die Spannung dann dadurch aufgelöst, daß man die Zwecke bzw. Wirkungen des Handelns für sowieso verwerflich hält und dies als Konsens unterstellt.
83 Laws of Form, Neudruck New York 1979.

ordnet werden, und im Effekt führen die so angesetzten Operationen dann, ob man das will oder nicht, zur Ausdifferenzierung eines besonderen Funktionssystems. Aber das heißt, um dies zu wiederholen, nicht, daß konkrete Sachverhalte, Handlungen, Kommunikationen entstehen, die nach ihrer Natur oder nach ihrer Systemzugehörigkeit keine rechtliche, keine politische, keine wirtschaftliche, keine religiöse, keine pädagogische Bedeutung haben könnten. Nur: andere Funktionssysteme regulieren mit anderen Codes und anderen Programmen ihre eigenen Operationen und können deshalb zwar über sich selbst, nicht aber über Wahrheit und Unwahrheit disponieren.

IX

In klassischer Darstellung wird der Realitätskontakt der Wissenschaft durch Wahrnehmung hergestellt. Wahrnehmung entnehme der Welt Wahres, entnehme der Welt zumindest Information, und diese *Herkunft* garantiere zugleich, daß über die Welt, wie sie ist, informiert wird. Dann freilich bleibt immer noch das Problem der Täuschung. Die Wahrnehmung kann – wie menschlich! – täuschen. Dies Problem ist aber schon so weit spezifiziert, daß man darin ein Sonderproblem sehen und nach den spezifischen Irrtumsquellen forschen kann. Erst seit Descartes wird es zum erkenntnistheoretischen Problem par excellence hochgetrieben und kann dann nicht mehr durch Rückgriff auf Wahrnehmung, sondern nur noch durch Rückgriff auf die Selbstreferenz des Erkenntnisprozesses gelöst werden.
Eigentlich ist schon dadurch – wenn nicht auf der Ebene der Methodologie, so doch auf der Ebene der Erkenntnistheorie – eine Unterscheidung überholt, die gleichwohl bis heute tradiert wird. Neben den rein formalen oder analytischen Konstruktionen gibt es danach eine besondere Art von Wissen, nämlich empirisches Wissen. Was aber wird aus dieser Unterscheidung und was wird aus der Frage des Realitätskontaktes der Wissenschaft, wenn Wahrheit schlechthin als ein Medium für Konstruktionen, als ein Medium für Entwicklung und Änderung von Formen aufgefaßt wird?

Niemand wird heute bestreiten, daß zumindest in der Wissenschaft Wahrnehmung nur im Kontext von Theorien relevant wird und daß man nur beobachten kann, was man durch Begriffe bezeichnen kann. Dies Zugeständnis sei gerne akzeptiert, es hilft aber in der entscheidenden Frage nicht weiter. Denn die Frage ist, ob man Wahrnehmung überhaupt als Transport von Informationen von draußen nach drinnen begreifen kann; also ob und wie man sich vorzustellen hat, daß die Wissenschaft sich durch eigene Operationen mit ihrer Umwelt verbinden kann.[84] Unser Ziel ist: dies zu leugnen. Selbstverständlich läuft der Konstruktivismus nicht auf eine Leugnung der Realität hinaus, denn, wie man weiß, hieße das: Leugnung der Möglichkeit eigener Operationen. Wir behalten auch die Vorstellung bei bis hin zu ihrem Namen: daß *Wahrnehmung* ein Mechanismus ist, der dem Wahrheit suchenden System Außenkontakt vermittelt. Wir müssen aber die Perspektive verändern, in der dieses Problem behandelt wird.

Wahrheit ist und bleibt auch in dieser Perspektive ein Kommunikationsmedium. Sie vermittelt Kommunikation und nichts anderes als das. Für Wahrnehmung ist dagegen kennzeichnend, daß sie *keine Kommunikation* ist. Sie ist ein Bewußtseinsereignis.[85] Schon dies führt auf eine wichtige Folgerung: *Der Außenkontakt wird einem kommunikativen System nicht auf der Ebene seiner eigenen Operationen vermittelt.* Oder anders gesagt: Das System operiert als ein operativ geschlossenes (autopoietisches) System. Es kann nur kommunizieren, kann nur Kommunikation durch Kommunikation erzeugen. Es kann natürlich über Wahrnehmungen kommunizieren; aber auch das sind dann Kommunikationen, nicht Wahrnehmungen. Ein Kommunikationssystem (soziales System) bleibt also auf Bewußtsein angewiesen – auf Bewußtsein als Transformator von Wahrnehmung in Kommunikation. Damit wird das Bewußtsein

---

84 So auch ältere systemtheoretische Darstellungen, und zwar mit Hilfe des Input/Output Modells. Vgl. z. B. Charles Ackerman/ Talcott Parsons, The Concept of »Social System« as a Theoretical Device, in: Gordon J. DiRenzo (Hrsg.), Concepts, Theory, and Explanation in the Behavioral Sciences, New York 1966, S. 19-40; Nicholas Rescher, Methodological Pragmatism: A System-Theoretical Approach to the Theory of Knowledge, Oxford 1977, S. 189 f.

85 Daß auch dies auf den Operationszusammenhang eines autopoietisch geschlossenen Systems zurückgeht, haben wir in Kap. 1 ausgeführt.

nicht zum Subjekt der Kommunikation. Es liegt der Kommunikation nicht zugrunde. Es kann sie weder durchschauen noch kontrollieren, weil es über keinen kommunikationsunabhängigen Zugang zum Bewußtsein der anderen verfügt.[86] Aber es ist eine sowohl motorisch als auch sensorisch unerläßliche Bedingung für die Fortsetzung von Kommunikation. Wer über Bewußtsein verfügt, kann sich entschließen, seine Wahrnehmungen zu kommunizieren. Das gelingt natürlich nur nach den Eigenregeln der Kommunikation. Die Wahrnehmung wird nicht in ihrer Impressionsfülle, wird nicht als Wahrnehmung transportiert. Sie ist außerdem nur ein sehr kurzes Ereignis, geht also mit ihrem Vorkommen unwiederbringlich selbst verloren und kann bestenfalls im Bewußtsein erinnert und erneut zum Gegenstand von Kommunikation gemacht werden. Wahrnehmungen können daher Veränderungen im Wissensbestand allenfalls auslösen, nicht aber bewirken. Oder anders gesagt: Es gibt in der Wissenschaft keine »*in*struktiven« Wahrnehmungen, sondern nur »*kon*struktive« Kommunikation.

Diese Einsicht ist so wichtig, daß wir sie nochmals mit einer etwas anderen Beschreibung vorstellen wollen. Kommunikation, auch Kommunikation über Wahrnehmungen, ist immer eine wahrnehmungs*un*spezifische Operation.[87] Keine Kommunikation kann adäquat und Punkt-für-Punkt auf Wahrnehmungen reagieren. Man kann dieses Problem dadurch verringern, daß das Kommunikationssystem Wissenschaft zur Konstruktion von Meßgeräten anleitet und die Rückmeldung von Meßdaten prozessiert. Aber derart präparierte Wahrnehmungen verlieren im gleichen Zuge die Eignung, etwas über die Welt, wie sie in der Wahrnehmung erscheint, auszusagen. Gerade auf dieser Abkopplung beruht die eigentümliche Leistungsfähigkeit wissenschaftlicher Kommunikation. Man kann sogar sagen: Wissenschaft ist nur möglich, *weil* Kommunikationsprozesse wahr-

---

86 Wohl zu deren Körper – aber das ist eine andere Frage. Vgl. auch Niklas Luhmann, Die Wahrnehmung und Kommunikation sexueller Interessen, in: Rolf Gindorf/Erwin J. Haeberle (Hrsg.), Sexualitäten in unserer Gesellschaft, Berlin 1989, S. 127-138.
87 Analoges gilt im übrigen bereits für die neurophysiologische Grundlage des bewußten Wahrnehmens. Auch das Gehirn arbeitet mit reiz*un*spezifischen Operationen, wie heute wohl unbestritten ist; und gerade auf dieser Abkopplung beruht seine Leistungsfähigkeit.

nehmungs*un*spezifisch ablaufen *müssen* (was keineswegs ausschließt, daß die Verweisung auf Wahrnehmungen in der wissenschaftlichen Kommunikation eine besondere Rolle spielt).
Dies bestätigt nur die heute ohnehin allgemein akzeptierte Einsicht, daß wissenschaftliche Theorien gegen eine Variation von Wahrnehmungen und Wahrnehmungsberichten außerordentlich resistent sind.[88] Das heißt natürlich nicht, daß sie jede Wahrnehmung überstehen könnten; wohl aber, daß darüber in der theoriegesteuerten Kommunikation entschieden wird und nur hier entschieden werden kann. Wir kommen auf diese Frage im Kapitel über Evolution zurück.
Der Umgang mit Wahrnehmungen muß aus Anlaß von Kommunikation über Wahrnehmungen daher im Kommunikationssystem geregelt werden. In hohem Maße bleibt die Wissenschaft dabei von Vertrauen abhängig, nämlich von Vertrauen, daß berichtete Wahrnehmungen tatsächlich wahrgenommen worden sind.[89] Ferner ermöglicht sie Kommunikation über Wahrnehmungen; man kann nach Wahrnehmungen fragen oder zu Wahrnehmungen auffordern. In diesem Sinne kann das Kommunikationssystem zwar nicht selbst wahrnehmen, wohl aber Wahrnehmungsprozesse steuern.
Außerdem ist zu bedenken, daß Wahrnehmungen nur Ereignisse sind, die mit ihrem Vorkommen sofort wieder verschwinden. Der neurophysiologische Apparat (wieder ein anderes autopoietisches System) ermöglicht es durch seine Konsistenzprüfungen dem Bewußtsein, Wahrnehmungen zu erinnern, daß heißt sie mit dem Indikator »vergangen« zu reaktualisieren. Das heißt aber nicht: daß sie als Wahrnehmungen nochmals vor-

---

[88] Vgl. nur einen berühmten Text: Willard van O. Quine, The Two Dogmas of Empiricism, in ders., From a Logical Point of View, 2. Aufl., Cambridge Mass. 1961, S. 20-46. Wissenschaftliche Erkenntnis, heißt es zusammenfassend, sei »man-made fabric which impinges on experience only at the fringes« (42).
[89] Das erklärt nicht zuletzt die symbolische Tragweite von Fälschungsskandalen, wie sie aus wirtschaftlichen oder reputationsstrategischen Gründen gelegentlich vorkommen. Vgl. William Broad/Nicholas Wade, Betrayers of the Truth, New York 1982 (dt. Übers. Basel 1984); Daryl E. Chubin, Misconduct in Research: An Issue of Science Policy and Practice, Minerva 23 (1985), S. 179-202; Bernard Barber, Trust in Science, Minerva 25 (1987), S. 123-134; Allan Mazur, Allegations of Dishonesty in Research and Their Treatment by American Universities, Minerva 27 (1989), S. 177-194.

kommen könnten. Man kann nur neu wahrnehmen, und auch dies nur insoweit, als das Bewußtsein zeitübergreifend identifizieren kann. Gerade diese Ereignishaftigkeit sichert dem Bewußtsein die Synchronisation mit der Umwelt und zugleich die laufende Entkoppelung, durch die gewährleistet ist, daß das Bewußtsein nicht an dem einmal gewonnenen Eindruck kleben bleibt und fürderhin nur noch das erleben kann, was es gerade erlebt hat. Schon auf der Ebene des Bewußtseins ist mithin die Kopplung System/Umwelt nur noch ereignishaft aktualisierbar, die Unbezweifelbarkeit der Realität des Moments mit Erinnerungen und Projektionen verbindend. Und nur weil dies so ist, kann das Bewußtsein sich an Kommunikation über Wahrnehmungen beteiligen, ja sogar wahrnehmen, daß es aufgefordert wird wahrzunehmen.

Wenn in der Kommunikation auf Wahrnehmung Bezug genommen wird, wird mithin ein hochkomplexer Tatbestand sozusagen in einem Wort in die Kommunikation eingeführt – eine enorme Simplifikation, die aber nur so zur Bedingung weiterer Kommunikation werden kann. Verglichen mit dem kompakten Wahrnehmungseindruck (der aber rasch wieder verschwindet) bleibt der kommunikative Ausdruck zwangsläufig unscharf. Er verwendet Worte, in der Wissenschaft Begriffe, die im Moment nur hochgradig unbestimmt verwendet werden können und implizit auf vorher Gesagtes, auf bekannte Texte oder auf später zu Erläuterndes verweisen. Sehr viel mehr als die Wahrnehmung inkarniert der Diskurs daher Zeit. Seine momentane Unterbestimmtheit ist als Vorbehalt von Erläuterung zu verstehen und wird so gleichsam auf Kredit akzeptiert.

In diesem Sinne kann ein Bericht über Wahrgenommenes oder Wahrnehmbares als Andeutung von Erläuterungsmöglichkeiten, als Kürzel für weitere Kommunikation eingesetzt werden. Die Kommunikationssignale des Wahrnehmungsbezugs fungieren als Realitätsindikatoren, ohne die Wahrnehmung selbst vermitteln zu können. Die Kommunikation gewinnt damit, wenn man so sagen darf, einen zweiten Zugang zur Realität. Sie ist nicht nur in ihrem eigenen Vollzug realitätsgewiß insofern, als sie sich selbst nicht bestreiten kann, sondern kann auch noch thematisch Unbestreitbarkeiten herstellen durch Verweis auf die laufende Synchronisation des wahrnehmenden Bewußtseins mit seiner Umwelt.

Sieht man genauer zu, dann liegt diese Art Absicherung der Kommunikation darin, daß es in der Interaktion unter Anwesenden bei gemeinsamer körperlicher Präsenz ein Wahrnehmen des Wahrnehmens anderer gibt, das keiner Kommunikation bedarf, sondern in das alle Kommunikation eingebettet ist. Jeder hört, was er selbst sagt, und sieht, daß die anderen gehört haben, was er gesagt hat. Beim gemeinsamen Hinsehen (etwa auf eine Uhr) sieht man zumindest, daß die anderen sehen (wenn auch nicht immer präzise: was die anderen sehen). Daraus ergeben sich in jeder Situation kommunikative Unbestreitbarkeiten, die dann der Kommunikation als Sicherheitsquelle dienen können. Man kann in der Situation von etwas immer schon Akzeptiertem ausgehen. Und wenn das so ist, kann man auch über fernliegende Situationen kommunizieren unter der Prämisse, daß sich synchronisierte Aktualität herstellen ließe: Wenn Du nach San Francisco fahren würdest, könntest auch Du die Golden Gate Bridge sehen, wie ich sie sehen würde, wenn ich ebenfalls dort wäre.

Diese Art Vorwegkoordination durch gemeinsames Wahrnehmen und dessen Unterstellung ist in der klassisch-soziologischen Handlungstheorie nicht zureichend beachtet worden.[90] Stellt man die Theorie von Handlung auf Kommunikation um, kann man zumindest berücksichtigen, daß und wie die explizite Referenz auf gemeinsam Wahrnehmbares in der Kommunikation als Sicherheitsquelle fungiert. Man kann zwar Wahrnehmungsmöglichkeiten bestreiten, kann aber nicht bestreiten, daß es möglich ist, diese Frage durch Herstellung entsprechender Situationen mit synchronisiertem Wahrnehmen zur Entscheidung zu bringen. Daß dies den Streit nicht endgültig entscheiden muß wie ein crucial experiment, sondern der Streit über die Bedeutung der Wahrnehmung weitergehen kann, ist nur allzu bekannt. Aber es geht im hier diskutierten Kontext ja nicht um Theorieentscheidungen, sondern um die ihnen vorausliegende Frage, wie ein Kommunikationssystem sich überhaupt auf das einstellt, was es als Außenwelt annimmt.

90 Vgl. hierzu auch Mark Abrahamson, Interpersonal Accommodation, Princeton 1966.

Die Symbole, die in der Kommunikation eingesetzt werden, um die Kommunikation durch Bezug auf die Anwesenheit von Körpern abzusichern, wollen wir *symbiotische Mechanismen* nennen.[91] Die funktionale Spezifikation von Medien und Codes erfordert eine verschiedenartige Absicherung des Realitätsbezugs – im Falle der Macht z. B. über Kontrolle der physischen Gewalt,[92] im Falle der Liebe über Kontrolle der Sexualität.[93] Für Wahrheit liegt das funktionale Äquivalent in der Kontrolle von Wahrnehmungen. Gerade weil Wahrnehmungen der Außenwelt zugerechnet werden, kann ihr »Rauschen« im System nicht ignoriert werden. Zwar definiert das System selbst, welche Wahrnehmungen für welche Fragen relevant sind und wehrt dadurch fast alles ab. Durch genau diese Spezifikation konstituiert es aber auch eine gesteigerte Empfindlichkeit und einen fast unausweichlichen Zwang, auf die Mitteilung von Wahrnehmungen zu reagieren, wenn sie relevant sind.

So erklärt sich auch die eigentümliche semantische Karriere der »sinnlichen« Wahrnehmung parallel zur Ausdifferenzierung und Entwicklung von Wissenschaft. Zunächst gesehen als ein Zugang zur Umwelt, der Wahrheit gibt, sofern man sich nicht täuscht, aber nur auf niederen Ebenen des hierarchischen Aufbaus der Realität, wird Wahrnehmung durch die Entwicklung der Wissenschaft zugleich aufgewertet und abgewertet: Ihre hierarchische Placierung auf untergeordneten Ebenen, die der Mensch mit dem Tier teilt, entfällt, und Wahrnehmung wird zur funktional unerläßlichen Komponente des Erwerbs und der Validierung von Wissen überhaupt. Aber zugleich damit verliert sie ihre alte Nähe zum Wissen. Sie wird zunehmend nur noch als indirekt relevant angesehen, als nötig nur noch für theoretisch vorseligerte Entscheidungen und als apparativ und interpretatorisch manipulierbar. Sie wird ineins mit der Konstruktion der externen Referenten des Systems oft im Forschungsprozeß erst hergestellt.[94] Entsprechend vollzieht sich der Wissenszuwachs

---

[91] Vgl. Niklas Luhmann, Soziale Systeme, a. a. O., S. 337 ff.
[92] Vgl. Niklas Luhmann, Macht, Stuttgart 1975, S. 60 ff.
[93] Vgl. Niklas Luhmann, Liebe als Passion: Zur Codierung von Intimität, Frankfurt 1982, S. 31 f. und passim.
[94] Vgl. Michael Lynch, Discipline and the Material Form of Images: An Analysis of Scientific Visibility, Social Studies of Science 15 (1985), S. 37-66.

weniger und weniger im unmittelbaren Ausprobieren (trial and error) im direkten Umgang mit wahrnehmbaren Sachverhalten, sondern dies Verfahren wird ersetzt durch Anfertigung und Verbesserung von Konstruktionen, etwa durch die Formulierung von Naturgesetzen, die dann in ihren Konsequenzen empirisch verifiziert werden. Wir setzen diese Marginalisierung der Wahrnehmung fort und bringen sie ans Ende mit der These, daß das System überhaupt nicht wahrnehmen kann, sondern sich allenfalls gereizt sieht, über Wahrnehmungen zu berichten, wenn dies im je anstehenden Kommunikationskontext Sinn macht.

X

Im Anschluß an diese Lokalisierung des Wahrnehmens in einem Bereich, der dem Wissenschaftssystem operativ unzugänglich ist, aber im System (eben deshalb!) als Realität behandelt wird, sind nun weitere Klärungen möglich. Sie betreffen das Verhältnis des Wahrheitsmediums zur Zeit und die inhärente Geschichtlichkeit all dessen, was mit Hilfe dieses Mediums produziert und reproduziert wird. Der locus classicus dieser Frage ist das Schematismus-Kapitel in Kants Kritik der reinen Vernunft. Im Unterschied zu Kant gehen wir aber von einer rein zeitlichen Unterscheidung aus: von der Unterscheidung von Gleichzeitigkeit und Sequenz (und nicht: Sinnlichkeit und Verstand).

Wahrnehmung hat, wie gezeigt, die Eigenart der Gleichzeitigkeit mit dem, was sie wahrnimmt. Sie leistet eine ereignishafte Synchronisation von System und Umwelt – aber nur für das Bewußtsein und (in anderer Weise) für den lebenden Organismus. Dank dieser Gleichzeitigkeit gibt es im Moment keine Unterscheidung von Realität und Täuschung (obwohl man nachher sehen oder auch kraft Belehrung im voraus schon wissen kann, daß man einer Illusion zum Opfer gefallen ist oder fallen wird). Gleichwohl: Man sieht, was man sieht, auch wenn man seinen Augen nicht traut.

Jede Bearbeitung von Wahrnehmungseindrücken im denkenden Bewußtsein und erst recht alle Kommunikation über Wahrnehmungen ist dagegen an eine zeitliche Sequenzierung gebunden. Sie hat als Operation natürlich auch ihre eigene Gleichzeitigkeit, etwa die Fast-Gleichzeitigkeit von Mitteilung und Verstehen. Aber das Sequenzieren, das Auflösen von Kompaktsinn in ein Nacheinander, folgt einer eigenen Ordnung. Man muß hier in einer hinreichend genauen Weise unterscheiden und bezeichnen können, um Anschlüsse herstellen zu können.[95] Daher braucht das Sprechen über Wahrnehmungen Zeit, ja viel Zeit, und kann seinen Gegenstand doch nie erschöpfen, weil die Wahrnehmungen unfesthaltbar auch dem Bewußtsein entschwinden. »La perception est la pensée de percevoir quand elle est pleine ou actuelle«[96] – und genau das läßt sich weder perpetuieren noch sequenzieren. Die Sicherheit des momentanen Gesamteindrucks wird in eine Verzögerung der Beurteilung umgewandelt[97] und kann nach dieser Transformation nie wieder zurückgeholt werden.[98] Auf dem eingeschlagenen Wege der diskursiven Sequenzierung kann man zwar mit jeweils neuen Operationen auf die Sequenz oder auf den Diskurs als Einheit reflektieren; man kann die Kommunikation rekursiv handhaben und sie auf sich selbst oder auf ihre eigenen Resultate anwenden, und so verfahren noch die neuesten Techniken operativer Kybernetik.[99] Damit erzeugt man in dem System, das so

95 Ein viel beachteter, einflußreicher Gedanke der Sprachtheorie von Saussure. Siehe Ferdinand de Saussure, Cours de Linguistique Générale, zit. nach der Ausgabe Paris 1973, insb. S. 162.
96 Maurice Merleau-Ponty, Le visible et l'invisible, Paris 1964, S. 50. Auf diese in vielen Hinsichten für unser Problem einschlägige Untersuchung sei mit diesem Zitat nur hingewiesen.
97 Vgl. auch Donald M. MacKay, Communication and Meaning: A Functional Approach, in: F.S.C. Northrop/Helen H. Livingston (Hrsg.), Cross Cultural Understanding: Epistemology in Anthropology, New York 1964, S. 162-179 (177) zu solchen internal delays und daraus folgenden Instabilitäten.
98 Auch nicht durch »Philosophie«, wie Merleau-Ponty klarstellt: »Elle est retour sur soi et sur toutes choses, mais non pas retour à un immédiat, qui s'éloigne à mesure qu'elle veut l'approcher et s'y fondre« (a.a.O., S. 164). Die Bemerkung richtet sich nicht zuletzt gegen die fatale Überschätzung der an der Wahrnehmung abgelesenen »Evidenz« in der Phänomenologie Husserls, die dann auf die problematische Bahn einer phänomenologischen Wissenschaftskritik geführt hat. Sie richtet sich erst recht gegen die Versuche des Deutschen Idealismus, die Wahrheit im Unendlichen zu suchen und ihr mit einer Sprache des Andeutens, des Symbolischen, des Allegorischen näher zu kommen.
99 Siehe nur Heinz von Foerster, Observing Systems, Seaside, Cal. 1981; dt.

operiert, Realitätsäquivalente – aber man erreicht nie eine Repräsentation dessen, was als Kompakteindruck auf einmal wahrnehmbar ist.

Obwohl die wissenschaftliche Argumentation als Sequenz ablaufen muß, wird sie gleichwohl in ihrer Abfolge nicht rigide vorgeschrieben – wie dies bei Musikkonzerten, Paraden, Hochzeiten, Begräbnissen und anderen Zeremonien der Fall ist. Die Herstellung einer derart rigiden Sequenz würde normative Regulierungen erfordern und nicht ohne normative Vorbestimmung der Inhalte möglich sein. Daher bewahrt der wissenschaftliche Diskurs einen gewissen Überraschungswert, zumindest im Arrangement, auch dann, wenn er eigentlich nichts Neues zu sagen hat, und regt damit zu Einfällen an, die bei stärkerer Ritualisierung als Fehler erscheinen würden.

Zu den Eigentümlichkeiten des auf Gleichzeitigkeit angewiesenen Wahrnehmens gehört, daß Unterscheidungen nur benutzt werden können, wenn und soweit das Unterschiedene in seinen *beiden* Momenten, also zum Beispiel als Großes *und* Kleines, beobachtet werden kann. Die Wahrnehmung erfordert, daß die Unterscheidung als *Kontrast* auftritt. Das Unterschiedene muß simultan oder in unmittelbarem Nacheinander eines specious present präsent sein, sonst verliert die Unterscheidung ihre Wahrnehmbarkeit. Darum kümmert sich in besonderer Weise die Kunst. Sie kann Kontraste künstlich simultaneisieren und damit Kompakteindrücke intensivieren oder auch, wie im Falle der Musik, den Zeitraum der Gleichzeitigkeit so vergrößern, daß auch erheblich später kommende Töne oder Phrasen noch einen Kontrast bilden können. In der Naturwahrnehmung widerfährt es einem denn auch nicht, daß vorherrschende Graus und Grüns als vermißtes Rot wahrnehmbar werden (und Corot mußte folglich, wenn er diesen Effekt erzielen, das heißt: mitwahrnehmbar machen wollte, irgendwo ein minimisiertes Rot mitsichtbar machen).

Im Unterschied dazu nutzt die Kommunikation Unterscheidungen zur *Bifurkation*, das heißt zur Bezeichnung der Ausgangspunkte für weitere Kommunikation.[100] Man spricht über

---

Übersetzungen in: Sicht und Einsicht: Versuche zu einer operativen Erkenntnistheorie, Braunschweig 1985.

100 Dazu bereits oben Abschnitt V.

kranke Bäume (im Unterschied zu gesunden) und leitet damit eine abzweigende Kommunikation ein, die eine Geschichte kondensieren, ein Thema bilden und damit weitere Kommunikation stimulieren kann. Zugleich wird auf diese Weise alles (einschließlich Kommunikation über Wahrgenommenes) dem möglichen Zweifel ausgesetzt. Der Zweifel kontrolliert die Kohärenz der Sequenz operativer Informationsverarbeitung, und nicht etwa, wie eine lange Tradition gemeint hatte, ihre Realitätsentsprechung, über die er weder positiv noch negativ Auskunft geben könnte. Er greift auch das soeben als wahrgenommen Erlebte und Mitgeteilte an, läßt sich methodisieren und universalisieren und repräsentiert dann nichts anderes als die Möglichkeit des Kommunikationssystems, die Kommunikation unter allen Umständen fortsetzen zu können, wenn sie nicht als Kommunikation verhindert wird.

Was dabei verloren geht (oder jedenfalls: nicht mitgenommen werden kann), ist nicht so sehr die »Fülle des Seins«.[101] Was verloren geht, ist die Simultaneität des Wahrnehmungseindrucks. Geopfert wird nicht ein Sachwert, sondern ein Zeitwert. Oder genauer gesagt: die Kommunikation ist gar nicht erst in der Lage, Kompakteindrücke zu simultaneisieren. Sie leistet statt dessen: Temporalisierung von Komplexität im Nacheinander des Verschiedenen.

Daß die Komplexität der Welt temporalisiert wird, hat beträchtliche Vorteile – zum Beispiel im Hinblick auf das Verzweigungsvermögen von Anschlußoperationen und im Hinblick auf die Genauigkeit distinkter Verständigungen. Auf diese Weise lassen sich Meinungsverschiedenheiten präzisieren und beschränken. Die Aufmerksamkeit wird verfeinert, die Aktualität wird dirigiert durch den Prozeß, der sie reproduziert. Andererseits haben diese Gewinne ihren Preis. Die Evidenz des Zusammenhangs wird herabgesetzt. Das, was in der Einheit der Wahrneh-

---

101 Dieser Ausdruck repräsentiert seinerseits die Erfahrung des Scheiterns einer Erwartung der Repräsentation – aber in einem Denken, das noch von der Unterscheidung tempus/aeternitas ausgeht und in der Zeit, das heißt im nur momenthaft Gegebenen, nach einer Repräsentation der Ewigkeit sucht. Zu dieser Vorstellung und ihrer Verzeitlichung im 18. Jahrhundert vgl. Arthur O. Lovejoy, The Great Chain of Being: A Study of the History of an Idea, Cambridge, Mass. 1936 (dt. Übers., Die große Kette der Wesen, Frankfurt 1985).

mung als zusammengehörig einleuchtet, wird in der Sequenzierung auseinandergezogen. Und nicht zuletzt liegt in der Inanspruchnahme von Zeit die Möglichkeit der Unterbrechung, die Wahrscheinlichkeit, daß etwas dazwischenkommt, die Unsicherheit der Fortsetzbarkeit in der Zukunft und die Wahrscheinlichkeit der Entdeckung von Fehlern.[102] In all diesen Hinsichten entstehen durch Sequenzierung zugleich Komplexitätsvorteile und neuartige Probleme, die auf neuartige Lösungen warten. Die zunächst wichtigsten Errungenschaften, die als Festhalten von Erreichtem und als Schutz gegen Unterbrechungen fungieren, also fast wie ein Wahrnehmungsäquivalent wirken, sind zweifellos Schrift und Buchdruck.

Wie mit dem Begriff der Bifurkation bereits angezeigt, führt ein Kommunizieren unter diesen Bedingungen zum Aufbau einer geschichtlichen Realität, also zu einer Morphogenese, die nur in Abhängigkeit von ihrer eigenen Geschichte zu begreifen ist.[103] Das gilt für den Versuch einer Beobachtung von außen, aber auch für die Selbstbeobachtung solcher Systeme, so daß es nicht zu verwundern braucht, daß nach einer längeren Entwicklung im Aufbau von Komplexität solche Systeme sich selbst, wenn überhaupt, nur noch unter Einbeziehung ihrer Geschichte beschreiben können. Die Gesellschaft Europas hat diese Phase gegen Ende des 18. Jahrhunderts erreicht[104], und die wissenschaftstheoretische Selbstbeschreibung der Wissenschaft scheint mit Kuhn und anderen eben jetzt hier anzukommen.

---

102 In ihren Rationalitätsimplikationen sind diese Einsichten vor allem von Herbert A. Simon ausgearbeitet worden. Siehe insb.: The Architecture of Complexity, Proceedings of the American Philosophical Society 106 (1962), S. 467-482 (oft nachgedruckt) oder ders., The Logic of Heuristic Decision Making, in: Nicholas Rescher (Hrsg.), The Logic of Decision and Action, Pittsburgh 1967, S. 1-20.
103 Hinweise oben Anm. 62.
104 Anders als Joachim Ritter, Die Aufgabe der Geisteswissenschaften in der modernen Gesellschaft (1962), zit. nach ders., Subjektivität: Sechs Aufsätze, Frankfurt 1974, S. 105-140, und Schüler von ihm sehen wir hier keinen Vorgang der Kompensation eines Verlustes, sondern ein Neuarrangieren von Komplexität mit der Folge, daß Tradition nicht mehr zur Fortsetzung verpflichtet und gerade deshalb aus einem Differenzbewußtsein heraus eine besondere Art von Zuwendung erfährt. Nur so läßt sich auch erklären, daß, solange die Moderne keine angemessenen Selbstbeschreibungen produziert, die historische Differenz ausreichen muß.

Die vorausgegangenen Überlegungen ermöglichen eine etwas genauere Darstellung dieses Sachverhalts. Wenn für alles sequentielle Prozessieren von Kommunikationen hinreichend deutliche Unterscheidungen und Bezeichnungen erforderlich sind, entwickelt sich die weitere Kommunikation (sofern es nicht zu Unterbrechungen, Diskontinuierungen und Neuanfängen kommt) *in Abhängigkeit von den Ausgangsunterscheidungen*. Je radikaler diese angesetzt sind, desto schwieriger werden die Rückkehr zum Punkt der Bifurkation und der Neubeginn; man probiere das mit Unterscheidungen wie Sein und Denken oder Objekt und Subjekt. In Begriffen der Psychologie des Beurteilens und Entscheidens kann man hier von einem »anchoring effect« sprechen:[105] Die Erstfestlegung schränkt die Unbefangenheit der weiteren Urteilsbildung ein. Dagegen zu revoltieren, ist schwierig, denn mit einer nur verbalen Ablehnung ist es nicht getan, wenn das Verstehen der Kommunikation immer wieder auf die alte Unterscheidung zurückspringt.

Damit hängt zusammen, daß Unterscheidungen oft nahezu unbemerkt geändert werden, indem man die bezeichnete Seite, an der das Anschlußwissen hängt, festhält, aber ihren Gegenbegriff austauscht. So kam man (ohne zureichende Kontrolle dieses Substitutionsvorgangs) von der alten Unterscheidung Natur und Gnade im 18. Jahrhundert zu Natur und Zivilisation und im 19. Jahrhundert zu Natur und Geist – ein Austausch, der im übrigen signalisiert, daß sich das Naturverständnis verändert, wenn nicht auflöst, ganz unabhängig von der Kontinuität theoriegeleiteter Forschungen in den sogenannten Naturwissenschaften. Auch über Theorieentwicklungen informiert man sich am besten durch die Frage, welche Unterscheidungen einen Begriff bestimmen. So bezeichnete der Gesellschaftsbegriff in der Unterscheidung von Staat etwas anderes als in der Unterscheidung von Gemeinschaft, und davor lag eine Tradition, die sich mit der Unterscheidung von häuslichen und politischen Gesellschaften begnügte. Oder: man spricht nicht über dasselbe, wenn man die Unterscheidung von System und Umwelt durch die

105 Varianten sind: »framing effect«, »topical account«, »comprehensive account«, »schemes«. Siehe z. B. Daniel Kahneman/Amos Tversky, Choices, Values, and Frames, American Psychologist 39 (1984), S. 341-350.

Unterscheidung von System und Lebenswelt ersetzt und dann auf dieser Basis gegen die Ansprüche »der« Systemtheorie polemisiert.

Man kann diese Unterscheidungsabhängigkeit von Bezeichnungen rein logisch auffassen und dabei von Geschichte absehen.[106] Sie bietet aber auch die Möglichkeit, die bifurkativ erzeugte Wissenschaftsgeschichte zu begreifen. Ein Medium wie Wahrheit, das sequentielles Operieren ermöglicht, kann über Unterscheidungen und Bezeichnungen nur zu einem davon abhängigen Erkenntnisstand führen. Wissenschaft ist infolgedessen geschichtlich. Sie kann sich selbst im Eingeständnis dieses Sachverhalts begreifen und damit ihre eigene Kontingenz einsehen. Sie kann dies aber nur mit Hilfe einer Selbstbeschreibung, die die Annahme aufgibt, es handele sich um eine fortschreitende Transformation von unbekannten in bekannte Sachverhalte.

XI

Alle symbolisch generalisierten Kommunikationsmedien beruhen auf *Kredit*, das heißt auf der Erwartung, daß auch unwahrscheinliche Erwartungen in der Kommunikation einlösbar sein werden.[107] »Einlösbar sein« soll heißen: daß sie verstanden und befolgt werden, auch wenn sie auf Widerstand stoßen, zum Beispiel mit Interessen oder Erfahrungen kollidieren. Dies ist nur dann möglich, wenn die erwarteten Erwartungen ein Medium in Form bringen, sich also zusätzlich darauf stützen können, daß ein Medium für organisierende Kopplungen zur

---

106 So bekanntlich George Spencer Brown, Laws of Form, 2. Aufl., London 1971.

107 Das Phänomen wurde erstmals um 1700 am Fall des englischen »public credit« und vor allem am Beispiel der Staatsschuld diskutiert, obwohl der Begriff Kredit damals noch einen breiteren Sinn hatte. Vgl. Peter G. M. Dickson, The Financial Revolution in England: A Study in the Development of Public Credit 1688-1756, London 1970. In der noch nicht zureichend erforschten Vorgeschichte des Begriffs scheint es im wesentlichen um den Einfluß auf die Einflußmöglichkeiten anderer und dabei vor allem um den taktischen Gebrauch von sozialer Hierarchie gegangen zu sein. Aber auch die Amtsübertragung (also das Verhältnis der Gesamtheit zum Einzelnen) wird im Mittelalter mit »creditur« bezeichnet. Immer geht es jedenfalls um einen sozialen Mechanismus, der etwas ermöglicht, was ohne ihn nicht möglich wäre.

Verfügung steht. Es geht also nicht so sehr darum, was der Einzelne bei sich selbst denkt, und auch nicht darum, wie er selbst seine Erwartungen validiert. Kredit ist ein sozialer Mechanismus des Erwartens von Erwartungen anderer in einem Medium, das Kopplungen und Entkopplungen und damit Zirkulation ermöglicht, und Vertrauen in das Medium ist deshalb unerläßlich, wenn es darum geht, den Erwartungen anderer Kredit zu geben. Als Kredit wird die Rekursivität des Vor- und Zurückgreifens der Kommunikation in den Kommunikationsprozeß selbst wiedereingeführt. Oder in der Formulierung von Parsons: »A generalized medium is a structured expectation as well as a symbolic mode of communication to others and to the actor himself«.[108]

Hierbei ist ein basaler Tatbestand, der mit jedem Medium auftritt und dessen Steigerungsleistung begründet, von Übertreibungen und Untertreibungen zu unterscheiden. Eine Übertreibung nennen wir *Inflation*, eine Untertreibung *Deflation*.[109] Es kann sein, daß Kreditmöglichkeiten überzogen und damit hochgradig störanfällig werden. Plötzliche Zusammenbrüche ganzer Vertrauensbereiche können dann anzeigen, daß dies der Fall gewesen ist. Andererseits kann es auch vorkommen, daß die Möglichkeiten eines Mediums zur Generalisierung nicht ausgenutzt werden; daß verfügbarer Kredit nicht in Anspruch genommen wird; daß ein Machthaber die ihm zur Verfügung stehende Macht in kritischen Situationen nicht nutzt und damit verspielt; oder daß Theorieansätze nicht weitreichend genug genutzt werden, daß sie zum Beispiel zu dicht an den »Daten« formuliert oder in ihren interdisziplinären Anwendungsmöglichkeiten nicht erkannt werden. Will man von Inflation bzw. Deflation sprechen, muß es sich aber um eine Über- bzw. Unterbeanspruchung des gesamten Mediums handeln und nicht

---

108 Talcott Parsons/Gerald M. Platt, The American University, Cambridge, Mass. 1973, S. 312.
109 Die Verallgemeinerung dieser Begriffe und ihre Übertragung auf eine allgemeine Theorie symbolisch generalisierter Medien ist das Verdienst von Talcott Parsons. Bei der Verwendung im hiesigen Theoriekontext sind natürlich die Unterschiede der Theorieansätze zu beachten. Vgl. insb. Parsons/Platt a.a.O., S. 304ff.; Rainer C. Baum, On Societal Media Dynamics, in: Jan J. Loubser et al. (Hrsg.), Explorations in General Theory in Social Science: Essays in Honor of Talcott Parsons, New York 1976, Bd. 2, S. 579-608.

nur um die Extravaganz bzw. Furchtsamkeit einer einzelnen Theorie.[110]

Sowohl Inflation als auch Deflation erzeugen Zeitdruck. Sie verkürzen die Zeitspanne, die zwischen den mediengesteuerten Selektionen liegen kann: im Falle der Inflation wegen der hohen Störanfälligkeit (man muß sehr rasch Überzeugungsmittel nachfüllen) und im Falle der Deflation deshalb, weil man sofort beweisen oder die Hypothese fallen lassen, sofort die Polizei schicken oder das Unternehmen aufgeben muß. Deshalb kann man auch sagen: Inflationen und Deflationen werden in dem Maße unschädlicher (und »normaler«), als die Zeit ohnehin schnell läuft.

Wie Rainer Baum[111] gezeigt hat, hängt das Problem von Inflation/Deflation auch mit dem Auseinanderziehen von Identifikationsebenen in sozialen Systemen zusammen. Wir unterscheiden Identifikation von Erwartungen nach Personen, Rollen, Programmen und Werten (Baum: values, norms, roles, means). Wenn in der Gesellschaft diese Unterschiede institutionalisiert sind und Erwartungen nicht ohne weiteres von der einen Ebene auf die andere überspringen,[112] ist sowohl ein zu starkes Auseinanderziehen dieser Ebenen (Inflation) als auch ein zu starkes Komprimieren (Deflation) möglich. Im einen Falle verselbständigt sich dann zum Beispiel eine Theoriediskussion oder ein Investieren in Unternehmen ohne Rücksicht auf gesellschaftlich akzeptierbare Werte oder auf das, was Personen zugemutet werden kann, und dies liegt sehr nahe, wenn medienspezifische Codes ausdifferenziert sind. Im anderen Falle findet man im Wertbezug oder im Personbezug Argumente gegen die Programme oder die Rollen der medienspezifischen Kommunikation. Bei starker Ausdifferenzierung wird ein Medium daher eher zu Inflation, bei Anmahnung seiner »gesellschaftlichen Relevanz« eher zu Deflation tendieren. Das

---

110 Meine Anwendung dieser Begriffe auf die Kantische Philosophie der 90er Jahre des 18. Jahrhunderts ist nur durch die ungewöhnliche Breitenwirkung dieser Philosophie und eine Art der Anwendung gerechtfertigt, die heute als »interdisziplinär« erscheinen würde. Vgl. Niklas Luhmann, Theoriesubstitution in der Erziehungswissenschaft: Von der Philanthropie zum Neuhumanismus, in ders. Gesellschaftsstruktur und Semantik, Bd. 2, Frankfurt 1981, S. 105-194.
111 A. a. O. (1976).
112 Vgl. Niklas Luhmann, Soziale Systeme, a.a.O., S. 426ff.

Auseinanderziehen erlaubt eine bessere Nutzung medienspezifischer Möglichkeiten bis hin zur Überspannung der Überzeugungsmöglichkeiten. Bei der Gegenbewegung des Komprimierens kann es schließlich zu Mißtrauen und zu externen (»ethischen«, rechtlichen) Eingriffen kommen, auf die das Medium sich nur durch Deflationierung einstellen kann.

Die Anwendung dieses Konzepts auf den besonderen Fall der Wahrheit hängt vor allem davon ab, ob es gelingt, Theorieschicksale von Inflationierungen bzw. Deflationierungen des Gesamtmediums hinreichend zu unterscheiden (so wie die Wirtschaft generelle Preissteigerungen von marktspezifischen Preissteigerungen unterscheiden kann). Im Falle der Wahrheit fehlt ein genaues funktionales Äquivalent zur quantitativen Struktur von Preisen. Andererseits werden auch hier die Werte des Codes von der Richtigkeit oder Unrichtigkeit von Programmen unterschieden. Relativ leicht kann man beobachten, daß das Schicksal von Globaltheorien als inflationierendes bzw. deflationierendes Signal aufgenommen wird. So hat die Parsonssche Theorie die Soziologie mit hohen Erwartungen beflügelt – und dann so enttäuscht, daß ein immer durchgehaltener Datenpositivismus wieder die Oberhand gewann.[113] Solche Einschätzungsänderungen lassen sich nicht theoriespezifisch erklären. Die Parsonssche Theorie ist selten angemessen begriffen und nie angemessen widerlegt worden. Sie hat nur als Symbol für inflationistische bzw. deflationistische Trends in der Soziologie gedient. Damit sind jedoch nur disziplinspezifische Inflationen bzw. Deflationen aufgezeigt. Gesamtwissenschaftliche Erscheinungen dieser Art sind schwer nachweisbar, vielleicht deshalb, weil eine hinreichende Aufmerksamkeit für interdisziplinäre Theorieentwicklungen fehlt, an denen Überschätzungen bzw. Unterschätzungen des Mediums kristallisieren könnten. Zu erkennen ist eine Abhängigkeit dieser Frage von den Bereichen der Gesellschaft, die für die Wissenschaft Umwelt sind – etwa von den heute viel diskutierten Fragen der letztlich politischen Meinungsbildung wissenschaftlicher »Experten«.[114] Vielleicht

---

113 Vgl. Neil J. Smelser, Die Beharrlichkeit des Positivismus in der amerikanischen Soziologie, Kölner Zeitschrift für Soziologie und Sozialpsychologie 38 (1986), S. 133-150.

114 Siehe nur Peter Weingart, Verwissenschaftlichung der Gesellschaft – Politi-

läßt das hohe Risiko wissenschaftlicher Forschung keine andere Möglichkeit als gesamtgesellschaftliche Kreditgewähr bzw. Kreditentzug zu. Da aber diese Frage bisher wenig Aufmerksamkeit gefunden hat, kann sie hier nicht abschließend beantwortet werden.

XII

Alle bisher diskutierten Aspekte des symbolisch generalisierten Kommunikationsmediums Wahrheit haben eine wichtige sozialstrukturelle Voraussetzung, die wir nunmehr explizit in Betracht ziehen müssen. Es handelt sich um eine *hinreichende Differenzierung von Gesellschaftssystem und Interaktionssystemen*, also um die Differenzierung der Gesamtheit möglicher Kommunikationen und der Kommunikation unter Anwesenden. Auf die Bedeutung von Schrift als Auslöser der Entwicklung symbolisch generalisierter Kommunikationsmedien hatten wir schon hingewiesen.[115] Hier geht es um eine Fortsetzung dieses Arguments. Schriftliche Kommunikation ist bereits von der Notwendigkeit, auf die Anwesenheit und die Sofortreaktionen des anderen Rücksicht zu nehmen, weitgehend entlastet. Erst wenn man mit solchen Reaktionen nicht mehr rechnen muß, lassen sich die Dispositionsfreiheiten eines binär codierten Mediums ausnutzen.

Dabei ist nicht an eine einseitige Abhängigkeit zu denken, vielmehr an eine wechselseitige Voraussetzung. Symbolisch generalisierte Medien erfordern eine Sonderbehandlung von Interaktionen mit Ausmerzung oder Herabstufung interaktionstypischer Merkmale. Sie produzieren andererseits diese Voraussetzung selbst; denn entsprechende Formen »unnatürlicher« Interaktionen können sich nur entwickeln, wenn Medien Möglichkeiten der Kommunikation bereitstellen, auf die man sich

---

sierung der Wissenschaft, Zeitschrift für Soziologie 12 (1983), S. 225-241; Steven L. Del Sesto, Uses of Knowledge and Values in Technical Controversies: The Case of Nuclear Reactor Safety in the US, Social Studies of Science 13 (1983), S. 395-416; Sheila S. Jasanoff, Contested Boundaries in Policy-Relevant Science, Social Studies of Science 17 (1987), S. 195-230.
115 Siehe oben unter II.

statt dessen stützen kann. – Im 17. Jahrhundert wird zunehmend deutlich, daß Wissenschaftler für gesellige Interaktion, insbesondere am Hofe, nicht taugen. Sie erweisen sich als zu sehr in ihr Wissen engagiert; und da dieses Wissen kettenförmig gegeben sei und das eine das andere nach sich ziehe, fehle ihnen, meint zum Beispiel Jacques de Caillière, die nötige Aufmerksamkeit und Sensibilität für Geselligkeit.[116] Damit scheidet die Wissenschaft aus den Reservaten aus, in denen die Stratifikation noch besonders gepflegt wird – und kann sich um so mehr ihren eigenen Angelegenheiten widmen.

Auf der anderen Seite stellt die wissenschaftliche Sozialisation eigene Anforderungen spezifischer Art. Für Kommunikation wissenschaftlicher Wahrheiten/Unwahrheiten ist es vor allem wichtig, daß die persönliche Empfindlichkeit des Autors reduziert wird. Das gilt für schriftliche Polemik ebenso wie für mündliche Diskussion. Zunächst liegt es ja auf der Hand, daß man eine Bestätigung der eigenen Meinung lieber sieht als ihre Widerlegung. Die Aufdeckung eines Irrtums verletzt. Die Bezeichnung als Unwahrheit macht zwar den Irrtum unschädlich, nicht aber die Verletzung. Ganz üblich ist es daher, daß eine Meinungsäußerung auch Bereitschaft zur Erläuterung, zur Verteidigung, ja zum Streit anzeigt und so wahrgenommen wird. Der Nachweis eines Irrtums wird als Nachweis einer Leichtfertigkeit genommen. Und da das Medium Wahrheit in hohem Maße auf Kredit und Vertrauen basiert sein muß, sind Fehlernachweise für den, der davon betroffen ist, schwer zu verkraften. Sie können auf eine Ausschaltung der Glaubwürdigkeit für weitere Äußerungen hinauslaufen.

Für die Entwicklung von wissenschaftlicher Wahrheitskommunikation ist es deshalb wichtig, das, was normal ist, außer Kraft zu setzen und eine zunächst paradoxe Entwicklung einzuleiten, nämlich: die Konfliktbereitschaft zu erhöhen und die Diskreditierungseffekte des Konflikts abzuschwächen. Dies geschieht einerseits durch Disziplinierung der Interaktion, wovon der Gründungsbericht der Royal Society ein klassisches Zeugnis ablegt, und andererseits durch weitgehende Verschriftlichung

---

116 La fortune des gens de qualité et des gentilhommes particuliers, 1658, zit. nach der Auflage Paris 1664, S. 212 ff.

der Kommunikation. In beiden Fällen müssen Auswirkungen auf andere Interaktionskontexte der Beteiligten unterbunden werden, so daß wissenschaftliche Kritik sich nicht unmittelbar auf das Einkommen oder die Ehe, auf das öffentliche Ansehen oder die Freundschaften des Betroffenen auswirkt. Sie führt auch nicht zum Verlust der Wahlberechtigung oder des Führerscheins und bleibt den meisten Interaktionspartnern des Betroffenen unbekannt. Daß diese Abdichtung nicht völlig gelingt und daß insbesondere die Karriereabhängigkeit des Nachwuchses für Übertragungseffekte sorgt, bleibt eines der ungelösten Probleme im heutigen Wissenschaftsbetrieb;[117] aber doch ein Problem von kleinerem Format, wenn man bedenkt, was der Fall wäre, wenn Widerlegung wissenschaftlicher Äußerungen auf einen »Gesichtsverlust« in allen Lebensbeziehungen hinauslaufen würde. Von einer überdurchschnittlich hohen Selbstmordquote unter Wissenschaftlern ist jedenfalls nichts bekannt.

Eine kritische, konfliktreiche Diskussion innerhalb der Wissenschaft kann deshalb auf Hemmschwellen verzichten, wie sie bei allzu weitgehenden Rückwirkungen auf andere Lebenslagen unvermeidbar wären. Die Orientierung an den anderen Rollen der Betroffenen und der Zwang, sie in Rechnung zu stellen, treten zurück. Das ist eine Bedingung freier wissenschaftlicher Diskussion.[118] Darüber hinaus sind aber auch die Abstraktionen einer binären Codierung des Kommunikationsmediums Wahrheit nur unter dieser Bedingung praktizierbar. Nur so können, wie unter der Bedingung sozialer Entropie, die Werte wahr und unwahr als gleichverteilt angesetzt und alle Ungleichgewichte auf die Eigenleistung des Wissenschaftssystems zurückgeführt werden. Nur so kann derjenige, der eine Änderung akzeptierter Wahrheiten vorschlagen will, es vermeiden, schlicht als Lügner

---

[117] Ein treffendes Beispiel: die ausführliche Polemik des (akademisch noch ungesicherten) Georg Simmel gegen Dilthey erfolgt ohne Nennung des Namens.

[118] Man kann das kontrollieren an der nicht fernliegenden Erfahrung, die sich einstellt, wenn es notwendig wird, die politischen Beziehungen anderer in Rechnung zu stellen. Ein Zensursystem politischer Provenienz könnte immer noch überschwemmt werden. Die Vorwegkalkulation politischer Konsequenzen der Bejahung oder Ablehnung von Meinungen hat einen sehr viel weiterreichenden Erstickungseffekt.

behandelt zu werden.[119] Nur so können die Unterscheidungen wahr/unwahr und Konsens/Dissens so entkoppelt und getrennt werden, daß alle vier Kombinationen sozial(!) möglich und kommunizierbar sind. Und nur so kann die wissenschaftliche Kommunikation durch laufende Beobachtung des Beobachtens im Medium Wahrheit sich selbst disziplinieren, so daß leichtfertige Kritik ebenso mißbilligt wird wie leichtfertiges Behaupten von Wahrheiten.

XIII

Zu den allgemeinen Eigenschaften symbolisch generalisierter Kommunikationsmedien gehört, daß sie nicht als *Ursache* der entsprechenden Kommunikation bzw. Kommunikationserfolge angesehen werden können. Mit gleichem oder besserem Recht könnte man sie auch als Effekte erfolgreicher Kommunikation ansehen.[120] Medien entstehen mit den Formen, die eine strengere Kopplung von Sinnmomenten ausprobieren, sie entstehen also im kommunikativen Gebrauch. Daher muß alle medienspezifische Kommunikation sich immer auf andere Kommunikationen im selben Medium beziehen, um das Medium selbst zu etablieren. Die Differenz Medium/Form wird dadurch erzeugt, daß man sie voraussetzt und rekursiv von ihr Gebrauch macht.

Für alle codierten Medien scheint zu gelten, daß sie sich einer religiös-kosmologischen Rückfrage nach dem »Ursprung« versagen. Zumindest seit dem späten 18. Jahrhundert, seitdem die Frage nach dem Ursprung zur Frage nach der Geschichte geworden ist, ist die Unergiebigkeit eines Anfangsmythos offensichtlich. Weder Macht noch Wahrheit lassen sich als veranlaßt durch eine externe Stiftung symbolisieren. Jedenfalls wird die Rückfrage nach immer ferner liegenden Bedingungen von

---

119 So wie derjenige, der eine Gesetzesänderung vorschlägt, ja auch nicht (was in Athen noch ein Problem war!) als Rechtsbrecher behandelt wird, weil er sich selbst ins Unrecht versetzt.
120 Diese Umkehrung schlägt Bruno Latour, The Powers of Association, in: John Law (Hrsg.), Power, Action and Belief: A New Sociology of Knowledge?, London 1986, S. 264-280, für den Fall Macht vor.

Bedingungen rasch unergiebig. Andererseits kommt man ohne eine Ersatzkonstruktion, ohne Kausalzurechnungen nicht aus. Sie müssen nur in jeweils systemeigener Währung spezifiziert werden. Die Macht wird bekanntlich den Machthabern zugerechnet und gewissermaßen von dort erwartet. Geld kann nur zahlen, wer Geld hat. Wahrheit schließlich wird in der kommunikativen Praxis dieses Mediums so behandelt, als ob sie ihren Entdeckern, Erfindern, Konstrukteuren zu verdanken sei. Daß diese Urheber ihrerseits von strukturierenden Vorgaben abhängen, daß in ihren Biographien Zufall die entscheidende Rolle spielt, daß sie einschätzen können, was an neuen Einsichten zumutbar und akzeptierbar ist, wird zwar nicht bestritten, gilt aber nicht als die eigentliche Leistung. Die Zurechnung auf Personen wählt aus, pointiert eine im Netz der Bedingungen faßbare, benennbare Stelle, wertet eine Einzelursache auf und führt auf diese Weise Kausalität in ein prinzipiell zirkuläres Geschehen ein.

Man mag sich fragen: wozu? Daß man wissen muß, wer die Macht hat und wo das Geld ist, leuchtet auch ohne Theorie ein. Aber wozu muß man wissen, wer die Wahrheit ans Licht gebracht hat, wenn man sich doch direkt an die Wahrheit halten und ihren Urheber ohne Schaden vergessen kann?

Bei genauerem Zusehen zeigt sich indes, daß in aller medienvermittelter Kommunikation ein ähnliches Problem auftritt und zu lösen ist, nämlich das Problem der Überforderung des Beobachters. Medien bilden dynamische Systeme. Die Ereignisse haben Neuigkeitswert. Man hat wenig Zeit, sich auf das einzustellen, was gerade aktuell ist und Chancen oder Gefahren in sich birgt. Man muß sich deshalb an Symbole halten, die eine verkürzte Orientierung erlauben. Reputation zum Beispiel gewährt Kredit. Wer darüber verfügt, kann seinen Namen als Leihgabe zur Verfügung stellen, muß aber auch entsprechende Empfindlichkeiten für dessen Verwendung pflegen. Er kann mit seiner Unterschrift Effekte erzielen, muß aber auch mit einem entsprechenden Ansturm von Nachfragen rechnen. Kurz: er wird selbst zu einem Antriebsmoment der Inflationierung des Wahrheitsmediums.

Reputation erfordert ein Konzentrieren von Aufmerksamkeit und eine Auswahl dessen, was mit hoher Wahrscheinlichkeit mehr Beachtung verdient als anderes. Dies gilt jedenfalls immer dann, wenn man Kausalitäten einrichten und die Bedingungen für spezifische Effekte (zum Beispiel für eine Publikation oder für eine wissenschaftliche Karriere) ausfindig machen will. Das System muß daher Vorgaben zur Verfügung stellen, um die Beliebigkeit der Themenauswahl, der Lektüre, des Zitierens und Formulierens einzuschränken, und eben das geschieht in der Wissenschaft durch Etablieren von Reputation.[121]

Reputation wird an Eigennamen verliehen, also an semantische Artefakte mit eindeutiger, rigider Referenz. Die Namen selbst haben, eben wegen dieser Rigidität, keine eigene wissenschaftliche Bedeutung. Von ihnen geht daher (solange sie nicht komisch sind oder unaussprechbar) kein semantisches Rauschen aus, das die Reputation beeinflussen könnte. Sie stehen gleichsam orthogonal zur Skala wissenschaftlicher Relevanz. Vom Namen her besteht Chancengleichheit. Über Namen kann man, soweit notwendig, auch Adressen ermitteln und mit dem Träger der Reputation direkt kommunizieren. Reputation hat dank dieser Namhaftigkeit daher weite Offenheit für wissenschaftsspezifische Konditionierungen, und darauf beruht ihre Eignung als Code.

Bei aller taktischen Rationalität des Strebens nach Reputation und des Förderns bzw. Blockierens: die Plausibilität von Reputation hängt davon ab, daß die »Hand« unsichtbar bleibt, die sie verteilt. Würde die Verteilung von zuständigen Instanzen kontrolliert werden nach der Art einer Verleihung von Preisen oder Orden[122], liefe alles auf Politik hinaus. Wenn solche Entscheidungen vorkommen, werden sie als Erkennen und Anerkennen einer bereits verdienten Reputation stilisiert. Die Effektivität des Reputationsmechanismus ist mithin auf Nachfrage, auf ein Interesse an Reputation angewiesen; die Zurechnung auf Entscheidungen erfolgt allenfalls sekundär und vor allem durch die, die über Benachteiligung zu klagen haben.

---

121 Für einen Rückblick auf eine gut zwanzigjährige Forschung siehe Barry Barnes, About Science, Oxford 1985, S. 44ff., 49ff.
122 Richard Whitley, The Intellectual and Social Organization of the Sciences, Oxford 1984, erweckt, ohne das Problem direkt zu behandeln, den Eindruck, als ob es solche Zuteilungsentscheidungen gebe. Das liegt in der Vagheit des englischen Wortes »control«.

Mit der Anerkennung von Reputation wird der Bedarf an Kausalzurechnung in die Form eines *Nebencodes* des Wahrheitsmediums und damit des Wissenschaftssystems gebracht. Man kann auch hier von Codierung (im Unterschied zu Programmierung) sprechen, weil das ganze Medium (und nicht nur ein Teilbereich der Forschung) dadurch strukturiert wird und weil der Reputationswert zwar deutlicher als das Signum Wahrheit erstrebenswert erscheint oder jedenfalls so vorgestellt wird, aber in sich keine Bedingung der Richtigkeit angibt. Ob Reputation richtig zugewiesen oder richtig versagt wird, richtet sich nach den »wissenschaftlichen Leistungen«.

Der Reputationscode bringt mithin Verdienste zum Ausdruck, die speziell in der Wissenschaft (also nicht etwa: durch finanzielle Förderung oder durch politische Unterstützung) um die Wissenschaft erworben werden. Er bezeichnet auf der positiven Seite die Leistung der Erstkommunikation neuen Wissens und auf der negativen Seite das Ausbleiben einer solchen Leistung. Die positive Seite wird besonders markiert, die negative Seite bleibt unmarkiert und wird nur in besonderen Zirkeln und vor allem aus Anlaß der Enttäuschung von Erwartungen diskutiert. Der Reputationscode ist ein Analogcode, kein Digitalcode. Er stützt sich auf ein »mehr oder weniger« an Reputation mit fließenden Übergängen, nicht auf ein künstlich-klares »entweder/oder«. Er ist trotzdem ein eindeutig binärer Code mit nur zwei Wertungsrichtungen. Nicht zuletzt ist es diese Zweiwertigkeit, die zu denjenigen Übertreibungen (bzw. Untertreibungen) führt, die dann als Orientierungshilfe dienen. Wer oder was Reputation hat, hat mehr Reputation als er, sie oder es verdienen.

Zahlreiche Einrichtungen des Wissenschaftssystems dienen nahezu exklusiv dem Prozessieren von Reputation. Das ist rasch zu erkennen, wenn man auf die Bedeutung von »Namen« achtet. Publikationen werden mit Namen versehen, Zitieren anderer gehört zu einer inoffiziellen Teilnahmepflicht, und Bücher enthalten neben Sachverzeichnissen sehr oft Namensverzeichnisse, so daß jeder rasch finden kann, was über ihn oder über andere gesagt ist, ohne das Buch lesen zu müssen. Auch Einladungen und Ehrungen der verschiedensten Art sind an Namen gebunden und werden auf Grund von Reputation zu deren

Verstärkung, also zur Devianzamplifikation praktiziert. Zugleich dient dieser Mechanismus auch dazu, das, was die Wissenschaft leistet, nach außen sichtbar zu machen und mit einer Offensichtlichkeit auszustatten, die das Übergangene verdeckt. So weiß denn auch niemand, wieviel Lamentationen auf eine einzige Laudatio entfallen.

Wie künstlich dieses Interesse an Autoren aufgezogen wird, läßt sich auch an einem historischen Vergleich zeigen. Vor der Einführung des Buchdrucks gibt es dergleichen kaum. Man war an bewahrungswürdigen Texten interessiert, nicht aber an deren Verfassern. Angesichts einer unentwirrbaren, oft mehr als tausendjährigen Kette von ineinandergeflochtenen mündlichen und handschriftlichen Überlieferungen konnte man ja auch gar nicht wissen, ob und mit welchen Inhalten die Kette eines Galen, eines Theophrast, eines Platon, eines Aristoteles wirklich von den so bezeichneten Personen stammte. Erst die massenhafte Reproduktion immer größerer Textmengen hat es erforderlich (und zugleich realistisch) werden lassen, Texte auf identifizierbare Personen zu beziehen.[123] Auch vorher wurden die Heroen der Tradition natürlich verehrt, aber dies eher im Sinne eines Klassifikationsbehelfs oder vielleicht auch im Sinne einer quasi-allegorischen Benennung der Schriften. Und Lebende hatten dann kaum eine Chance mitzuhalten. Erst mit der Druckpresse entsteht ein Bedarf für Festlegung und Standardisierung der Autorschaft, und erst viele hundert Jahre später kann sich, wenn dies zur Gewohnheit geworden ist und wenn die Beschleunigung des Wissensumsatzes auch den lebenden, ja gerade den lebenden Autoren zugute kommt, ein Reputationscode entwickeln.

Die Hervorhebung von Personen durch Reputation wird oft als Anomalie, als Dysfunktion, mindestens als Wertwiderspruch im System angesehen. Sie hat aber eben damit auch eine positive Funktion. Sie stellt sicher, daß niemand den Wahrheitscode und den Reputationscode verwechseln kann. Sie sind zu deutlich verschieden und, obwohl durch die Gründe für die Verleihung von Reputation strukturell gekoppelt, nicht auf ein einziges

---

123 Vgl. hierzu Michael Giesecke, Der Buchdruck in der frühen Neuzeit, Habilitationsschrift Bielefeld 1988, Ms. S. 233 ff.

binäres Schema zu reduzieren. Im übrigen wird die Belastung der Systemkommunikation durch diese doppelte Codierung dank einer Reihe von Einrichtungen gering gehalten – etwa durch die Unabgeschlossenheit der Liste der Themen, mit denen man Reputationserfolge erzielen kann, durch das Fehlen jeder Summenkonstanz in der Reputationsmenge, wenngleich Reputation aus funktionalen Gründen knapp bleiben muß, durch die Möglichkeit des Abstufens und der Unentscheidbarkeit im Vergleich von naheliegenden Einzelfällen und nicht zuletzt: durch das Fehlen einer zentralen Entscheidungsinstanz, die Reputation verleihen bzw. entziehen könnte.

Obwohl der Reputationscode auf einer Kausalzurechnung beruht und diese über Kontrolle von Publikationen kontrolliert, liegt seine Aufgabe nicht nur in der Feststellung, »wer es gewesen ist«.[124] Die Funktion dieses Codes liegt vielmehr in der Vereinfachung der Orientierung, insbesondere in der Selektion dessen, was man zur Kenntnis nehmen muß. Dies kann zwar auch durch immer engere Spezialisierung erfolgen, aber die Kosten eines solchen Enghorizontes sind bekanntlich hoch. Reputation wirkt als ein funktionales Äquivalent und wird entsprechend vor allem dort eingesetzt, wo das Interesse geweckt werden kann, über die fachlichen und thematischen Grenzen der eigenen Forschungen hinauszublicken. So gesehen ist es

---

124 Streitigkeiten darüber sind denn auch ein eher unwillkommener Nebeneffekt. Siehe die berühmten Untersuchungen zu Prioritätsstreitigkeiten, etwa Robert K. Merton, Priorities in Scientific Discovery: A Chapter in the Sociology of Science, American Sociological Review 22 (1957), S. 635-659 (dt. Übers. in ders., Entwicklung und Wandlung von Forschungsinteressen: Aufsätze zur Wissenschaftssoziologie, Frankfurt 1985, S. 258-30); ders., Singletons and Multiples in Scientific Discovery: A Chapter in the Sociology of Science, Proceedings of the American Philosophical Society 105 (1961), S. 470-486; ders., Resistance to the Systematic Study of Multiple Discoveries in Science, European Journal of Sociology 4 (1963), S. 237-282. Im Anschluß daran diskutiert man inzwischen die Frage, wie es überhaupt zu erklären ist, daß es zu anscheinend unabhängigen Mehrfachentdeckungen kommt. Vgl. Dean Keith Simonton, Multiple Discovery and Invention: Zeitgeist, Genius, or Chance, Journal of Personality and Social Psychology 37 (1979), S. 1603-1616, und dazu Augustine Brannigan/Richard A. Wanner, Historical Distribution of Multiple Discoveries and Theories of Scientific Change, Social Studies of Science 13 (1983), S. 417-435. Wie immer, keine Erklärung darf unberücksichtigt lassen, daß in der Wissenschaft Kommunikation stattfindet.

denn auch kein Zufall, daß Reputation vor allem für Theorieleistungen und nicht zuletzt auch für interdisziplinäre Aufmerksamkeitserfolge zuerkannt wird.
Achtet man nicht nur auf die Orientierungsfunktion, also nicht so sehr auf die passive, sondern vielmehr auf die aktive Seite des Reputationserwerbs, ergeben sich teilweise andere Perspektiven. Hier mag sich gerade Spezialisierung empfehlen, denn sie schaltet Konkurrenz aus.[125] Im Grenzfall mag man dann Reputation gewinnen als Fachmann für eine Frage, für die es nur einen Fachmann gibt. Gegenläufig fällt jedoch ins Gewicht, daß Reputation vor allem für solche Leistungen verliehen wird, die anderen die Chance geben, an sie anknüpfend ebenfalls Reputation zu erwerben. Neuheiten werden als Bedingungen für weitere Neuerungen geschätzt und daraufhin mit Reputation belohnt.[126] Es ist, bei aller Rücksicht auf Qualität, also nicht so sehr das Endprodukt Wahrheit, das mit Reputation belohnt wird, sondern eher Theorieleistungen oder auch messtechnische Innovationen oder Phänomenentdeckungen (zum Beispiel Röntgenstrahlen, Laser), die zahllose weitere Forscher mit Reputationserwerbschancen versorgen.
Reputation wird in erster Linie an Autoren verliehen, also an Personen. Aber auch Organisationen (Universitäten, Institute usw.), Zeitschriften, Verlage, ja selbst wissenschaftliche Konferenzen können davon profitieren – profitieren gleichsam im Mondlicht der Reputation, die zunächst ihren Autoren, Teilnehmern usw. zukommt.[127] Die Reputation von Verlagen und Zeitschriften ermöglicht es potentiellen Autoren, ihre Manuskripte in hierarchischer Stufung dort einzureichen, wo ein

125 Vgl. G. Nigel Gilbert, Competition, Differentiation and Careers in Science. Social Science Information 16 (1977), S. 103-123. Zu den damit zusammenhängenden arbeitsorganisatorischen Problemen weitläufig Richard Whitley, The Intellectual and Social Organization of the Sciences, Oxford 1984.
126 So auch Whitley a.a.O. S. 12.
127 Deutlich zu erkennen ist dies an einer bekannten Konferenzorganisationstechnik, die darin besteht, Leute mit bekannten Namen auf die Einladungs- oder sogar auf die Teilnehmerliste zu setzen, damit andere deretwegen kommen, obwohl die Reputationsträger selbst dann doch nicht kommen, weil sie entweder gar nicht zugesagt hatten oder wieder absagen. Hierbei wird im übrigen auch auf Kommunikationssperren spekuliert, denn alle Teilnehmer müssen unter der Fiktion operieren, sie seien an wahrem Wissen interessiert; und niemand wird so leicht zugeben, daß es ihm nur um Reputationsosmose geht.

Höchstmaß an Reputation mit gerade noch erreichbarer Annahme kombiniert werden kann.[128] Kein Reputationssystem könnte sich halten, wenn die Reputation willkürlich oder in vielen Fällen gänzlich unverdient erworben werden könnte. Andererseits besteht sie in einem Übertreibungseffekt, in der Annahme »einmal gut, immer gut«. Auch dieser Übertreibungseffekt entsteht jedoch nicht ohne sachliche Grundlage, da erworbene Reputation besseren Zugang zu Mitteln, bessere Positionen, bessere Publikationsmöglichkeiten erschließt.[129] Es handelt sich, mit anderen Worten, um einen selbstreferentiellen Vorgang der Kondensierung von Aufmerksamkeit, der sich durch Engpässe im Zeitbudget und in den Publikationsmöglichkeiten aufbaut und verstärkt. In ganz seltenen Fällen wird Reputation dann schließlich enttemporalisiert – sei es in der Figur des (zunächst verkannten) Genies, das die Reputation schon vor ihrem Eintreffen verdient hätte, sei es in der Figur des Klassikers, dessen Werke auch dann noch wie gegenwärtiges Wissen zu behandeln sind, wenn sie ihre aktuelle Bedeutung für die Forschung längst verloren haben.

Als Nebencode kann der Reputationscode wichtige Orientierungsfunktionen übernehmen, Motive wecken oder ersticken, Personalselektion und Publikationsauswahl steuern und mit all dem die Orientierung an wahr/unwahr mehr oder weniger verdecken. Es handelt sich jedoch, anders als im Code des Sports,[130] nie um den Primärcode des Systems. Die Kommunikation über Reputation muß denn auch – es sei denn im unmittelbaren Zusammenhang von Selektionsentscheidungen oder bei soziologischen Interviews – mit gewissen Legitimationsschwierigkeiten rechnen und kann nur mehr oder weniger verklausuliert erfolgen.

---

128 Zu entsprechend sequentiellem Verhalten siehe Michael D. Gordon, How Authors Select Journals: A Test of the Reward Maximization Model of Submission Behavior, Social Studies of Science 14 (1984), S. 27-43.
129 Vgl. Robert K. Merton, The Matthew Effect in Science, Science 199 (1968), S. 55-63 (dt. Übers. in Merton a.a.O. 1985, S. 147-171).
130 Zu »Gewinnen/Verlieren« als Code des Sportsystems vgl. Uwe Schimank, Die Entwicklung des Sports zum gesellschaftlichen Teilsystem, in: Renate Mayntz et al., Differenzierung und Verselbständigung: Zur Entwicklung gesellschaftlicher Teilsysteme, Frankfurt 1988, S. 181-232.

XIV

Das Medium Wahrheit dient dem Blindflug der Gesellschaft. Da die Gesellschaft nur aus Kommunikationen besteht und nur das beobachtet, was sie kommuniziert,[131] gibt es auf der Ebene ihrer eigenen Operationen keinen Umweltkontakt. Dies läßt sich durch Wissenschaft natürlich nicht ändern, denn die Wissenschaft ist ein Teilsystem der Gesellschaft und an deren Autopoiesis, an die Fortsetzung von Kommunikation durch Kommunikation gebunden. Auch die Wissenschaft kann daher nur etwas ausrichten dadurch, daß sie Kommunikation strukturiert.

Damit ist freilich nicht festgelegt, worüber kommuniziert wird. Auf thematischer Ebene kann die Gesellschaft, sofern sie nur kommuniziert, über sich selbst und über ihre Umwelt kommunizieren. Mit Hilfe des Wahrheitsmediums sichert sie solche Kommunikationen in spezifischer Weise ab. Vor allem die Reduktion auf die Zurechnungsform des Erlebens garantiert, daß die Kommunikation gleichsam von sich selbst abgelenkt wird und ihr Auftreten als Handlung neutralisieren kann. Sie wird davon abgehalten, das, was sie sagt, zugleich bewirken zu wollen. Mit Hilfe des symbiotischen Mechanismus der Wahrnehmung kann die Wahrheit ihre eigene Irritierbarkeit sichern und steigern. Die Diversifikation ihrer Programmstrukturen (Theorien) diversifiziert und erhöht damit die Tragweite spezifischer Wahrnehmungsberichte, indem sie zugleich ausschaltet, daß andere Berichte interferieren. Das alles ändert nichts daran, daß nur kommuniziert wird, was kommuniziert wird.[132] Es erhöht aber die Empfindlichkeit (Irritierbarkeit) in bezug auf das, was in der gesellschaftlichen Kommunikation als Umwelt (und sei es: als gesellschaftsinterne Umwelt) behandelt wird.

Die Entwicklung eines solchen Mediums kann auch als *Transformation von Gefahren in Risiken* begriffen werden. Beide Begriffe bezeichnen die Möglichkeit künftiger Schäden. Bei Gefahren denkt man jedoch an Schäden, die ohne eigenes Zutun

---

131 Vgl. hierzu auch Niklas Luhmann: Ökologische Kommunikation: Kann die moderne Gesellschaft sich auf ökologische Gefährdungen einstellen? Opladen 1986.

132 Maturana würde hier von »structural drift« sprechen.

eintreten oder nicht eintreten werden, bei Risiken dagegen an Schäden, die als Folge eigenen Handelns oder Unterlassens eintreten oder nicht eintreten werden. In allen Bereichen, die die Gesellschaft durch Entwicklung symbolisch generalisierter Kommunikationsmedien zu kontrollieren sucht, kommt es zur Steigerung von Risiken (im Unterschied zu Gefahren), weil mehr und mehr künftige Ereignisse auf eigene Entscheidungen zurückgeführt werden oder dies zumindest erwartet werden kann.[133]

Eine solche Transformation erfordert Spezifikation der Risiken, damit sie sichtbar und zurechenbar werden. Im Bereich des Mediums Geld zum Beispiel handelt es sich um Fehlinvestitionen, die den aufgewendeten Geldbetrag nicht wieder hereinbringen oder gar Verluste erwirtschaften. Dazu gehört in einer voll ausgebauten Geldwirtschaft auch das Risiko, Eigentum zu lange zu behalten und es nicht rechtzeitig (solange es noch einen guten Gegenwert in Geld erbringt) abzustoßen. Die spezifischen Risiken des Geldleihens und die Risiken des internationalen Finanzsystems kommen hinzu. All das hat keinen direkten Bezug zu dem, was als »Gefahr« in der Umwelt des Systems lokalisiert wird. Und dennoch dient das laufende Risikomanagement der Geldwirtschaft zugleich dazu, auf Gefahren jeder Art durch Vorsorge für die Zukunft eingerichtet zu sein.

Im Bereich des Mediums Wahrheit gilt Entsprechendes. Hier besteht das Risiko darin, einer Theorie zu trauen und in der durch sie angegebenen Richtung zu forschen, obwohl sie sich möglicherweise nachher als falsch herausstellen könnte. Das Wissenschaftssystem hilft sich damit, auch widerlegte Theorien als Erkenntnisgewinn zu behandeln: man weiß dann wenigstens, daß es so nicht geht. Aber da die Zahl der möglichen Theorien nicht begrenzt ist, ist das eine fragwürdige Auskunft. Eher trifft es die Sache, wenn man annimmt, daß die generalisierte Bereitschaft, sich auf solche Risiken einzulassen, die

---

[133] So gesehen, ist es denn wohl auch kein Zufall, daß das neue Wort »Risiko« in die europäischen Sprachen eindringt in dem Maße, als sich die an Medien orientierten Funktionssysteme ausdifferenzieren. Für einen Beweis dieses Zusammenhanges wären allerdings noch eingehende begriffsgeschichtliche Untersuchungen erforderlich.

Gefahr mindert, in wichtigen Fällen ohne geprüftes Wissen dazustehen. Es gibt mithin nur eine sehr allgemeine Verschiebung zwischen dem, was als Gefahr wahrgenommen, und dem, was als Risiko behandelt wird. Aber aufs Ganze gesehen nimmt in einer Gesellschaft, die wichtige Kommunikationen über Medien steuert, die Thematisierung von Gefahren ab und die Thematisierung von Risiken zu – mit der leicht zu beobachtenden Folge, daß die Gesellschaft mehr und mehr Angst vor sich selbst erzeugt.

Das Eigenrisiko ist jedoch nur ein geringer Teil derjenigen Risiken, die unter Mitwirkung der Wissenschaft zustandekommen. Die gesamten technologischen Risiken gehören dazu, teils weil die Wissenschaft an der Entwicklung von Technologien mitwirkt, vor allem aber, weil sie Möglichkeiten schafft, deren Folgen zu beobachten, zu messen und vor Auswirkungen zu warnen. Auch die Selbstbeobachtung des Wirtschaftssystems – und Wirtschaft ist neben Technologie der weitaus wichtigste risikoerzeugende Faktor der modernen Gesellschaft – ist heute ohne Wissenschaft kaum denkbar; sie ist jedenfalls nicht beschränkt auf die Aggregation von Daten, die Firmen oder Konsumenten für ihre eigenen Entscheidungen benötigen, sondern orientiert sich an Angaben über Inflation, Zahlungs- und Leistungsbilanzdefiziten, Vergrösserung oder Verringerung des Bruttosozialprodukts, Arbeitslosigkeit oder Unterausnutzung von Produktionskapazitäten. Das, was als künftige »Schäden« jetzt schon wahrgenommen wird und Berücksichtigung verlangt, nimmt also auf Grund von wissenschaftlichen Forschungen beträchtlich zu. Auch in diesem Sinne transformiert die Wissenschaft Gefahren in Risiken und belastet damit andere Entscheider, nicht nur sich selbst.

Das Eigenrisiko wissenschaftlicher Kommunikationen wird vor allem mit dem Begriff der *Hypothese* bezeichnet. Mit diesem Begriff reagiert die Wissenschaft zunächst auf den Umstand, daß sie mit Erwerb neuen Wissens befaßt ist und nicht nur mit der Erinnerung an das, was man schon weiß.[134] Das Problem liegt aber darin, daß sich deshalb die Entscheidungen nur im Unsicheren vollziehen lassen und deshalb sich an ihren eigenen

---

134 Vgl. Nicholas Rescher, Methodological Pragmatism: A System-Theoretic Approach to the Theory of Knowledge, Oxford 1977, S. 114ff.

Ergebnissen als verfehlt erweisen können. Genau dies wird mit dem Begriff der Hypothese erfaßt und abgedeckt – um nicht zu sagen: zugedeckt. Man kann nur im Unsicheren forschen, also kann dies nicht verkehrt sein, sondern der Tadel kann sich allenfalls an allzu aussichtslose Unternehmungen heften (wobei mitzugestanden werden muß, daß gerade die nach allgemeiner Ansicht aussichtslosen Unternehmungen gelegentlich zu unwahrscheinlichen Entdeckungen geführt haben).

Die Grundnorm nur hypothetischer Geltung aller Wahrheiten erfordert die *Konstitution systemeigener Zeithorizonte*. Das Auswechseln von Theorien und Wahrheiten wird nicht durch den Lauf der Welt bestimmt, sondern durch den Gang der Forschung. Es mag sein, daß Theorien allein schon wegen ihres Alters in Verdacht geraten, überholt zu sein, und es mag sein, daß eine Zukunft schon absehbar ist, in der man besseres Wissen haben wird. Aber dies kann nicht an den laufenden Veränderungen der Umwelt abgelesen werden, etwa an Klimaveränderungen oder Geldwertschwankungen. Das soll natürlich nicht heißen, daß Veränderungen im Gegenstandsbereich der Wissenschaft irrelevant seien oder nicht herangezogen werden könnten, wenn es um Prüfung von Hypothesen geht; aber die Geltungsdauer von Wahrheiten ist nicht synchron geschaltet zu Abläufen in der Umwelt der Wissenschaft. Ob und wieweit die Wissenschaft sich mit ihrer Umwelt synchronisieren kann, hängt von ihrer Eigenzeit ab; und nur deshalb ist es wissenschaftlich erträglich, Wahrheiten »nur hypothetisch« gelten zu lassen.

Hypothetik aller Wahrheits- bzw. Unwahrheitsfeststellungen heißt nicht zuletzt: daß die Aussicht, daß künftig einmal das Gegenteil gelten werde, der Feststellung keinen Abbruch tut. Denn man weiß, daß eine entgegengesetzte Verfügung über die Werte des Mediums nur unter geregelten Bedingungen stattfinden kann; oder anders gesagt: daß sie nur im System stattfinden kann. Eben deshalb werden Unwahrheiten als erkannte Irrtümer »potentialisiert«.[135] Schlimm wäre nur die Aussicht, daß einstmals wieder die Religion oder sogar die Politik über Wahrheit und Unwahrheit befinden werde, und zwar besser als die Wissenschaft selber. Solange man aber mit systemintern gere-

135 Siehe oben S. 202f.

gelter Nachfolge rechnen kann, ist zugleich auch ein Berücksichtigtwerden des gegenwärtigen Erkenntnisstandes garantiert. Eine derzeit als aussichtsreich akzeptierte Hypothese mag an neuen Erkenntnissen scheitern; aber es muß *sie* sein, die scheitert; und damit ist zugleich vorstrukturiert, *woran* sie eventuell scheitern kann und *woran nicht*. Keine Religion könnte diesen Stil des Akzeptierens von Wahrheit akzeptieren. Der Mangel an Entschiedenheit, mit der man gegenwärtig die Wahrheit der Wahrheit beteuert, wird kompensiert durch Aussicht auf eine unabsehbare, aber nicht beliebige Änderbarkeit in der Zukunft. Die Ausdifferenzierung des Mediums ermöglicht es, die Emphase der Symbolik aus der Sozialdimension in die Zeitdimension zu verlagern.

Wenn alles, was getan wird, und alles, was erreicht werden kann, hypothetisch bleibt, ist dies Zugeständnis zugleich eine Bezeichnung für die gesellschaftliche Ausdifferenzierung und die evolutionäre Unwahrscheinlichkeit des Mediums Wahrheit. Ähnlich wie Recht nur noch als positives Recht anerkannt wird, obwohl das Rechtsgefühl sich damit schwerlich abfindet, ist auch alles wissenschaftliche Wissen kontingent und abhängig von den Bedingungen, die die Formulierungen und Reformulierungen einschränken. Das besagt nicht, daß pures Belieben herrscht; wohl aber, daß die Domestikation des Unwahrscheinlichen von systemeigenen Bedingungen abhängt, die ihrerseits nur durch systemeigene Operationen geändert werden können und nur, wenn dies Erklärungen (Reformulierungen) mit größerer Reichweite und Anschlußfähigkeit ermöglicht. Entsprechend ist Wahrheit eine wissenschaftspezifische Markierung, die als Moment eines Code nur in diesem System anschlußfähig ist.

In der gesellschaftlichen Umwelt übernimmt man die so markierte Kommunikation als Wissen. Man überschätzt die Sicherheit dieses Wissens und vor allem die Verläßlichkeit als Handlungsgrundlage. Wir werden darauf noch zurückkommen.[136] Man kann Technologien darauf gründen, hat aber mit der Wahrheitsgarantie des Wissens noch keine Erfolgsgarantie für die Verwendung von Technologien in der Hand. Die Wissenschaft deckt nur sehr spezifische Momente des technologi-

136 Vgl. unten S. 640ff.

schen Funktionierens ab, nämlich nur das, was den geprüften Theorien entspricht und ihnen analog (isomorph) konstruiert wird.[137] Aber die durch sie markierte Wahrheit ist nicht mehr das Ganze (sondern das Unwahrscheinliche). Sie gibt keinen Segen mit auf den Weg, ja sie läßt es als eher unwahrscheinlich erscheinen, daß es gut geht.[138]

Je wahrscheinlicher die Technik funktioniert, desto unwahrscheinlicher wird es, daß sich ihre Folgeprobleme lösen lassen – es sei denn, daß auch hier wieder soziale Errungenschaften einspringen, die Unwahrscheinliches in Wahrscheinliches transformieren. Einerseits verlieren Wahrheitsfragen an Erregungsqualität, wenn es zugestandenermaßen nur noch um Konstruktionen geht in bezug auf etwas, was ohnehin ist, wie es ist, und als solches unerkennbar bleibt. Wo sollte die Religion etwa einen Grund finden, hier zu widersprechen?[139] Andererseits gibt die Riskanz der Forschung und die Riskanz ihrer Resultate, nämlich theorie-isomorph eingerichteter und theorie-isomorph funktionierender Technologien, neuen Grund zur Aufregung. Denn wenn wir nun wissen, daß es sich bei der Wissenschaft wie bei der ihr nachgebildeten Technik um Konstrukte handelt, die zwar, wie geprüft, funktionieren, aber dies noch keinen Rückschluß auf Weltadäquität zuläßt – wäre dann nicht erst recht ein Grund gegeben, die Wissenschaft zu »enttrivialisieren«[140] und

---

137 Man könnte in Anspielung auf eine große Tradition von analogia machinae sprechen.

138 Den militärischen Bereich nehmen wir natürlich aus; er bestätigt nur, daß destruktive Technologien leichter zu entwickeln sind als solche, die in der Nettobilanz positiv zu bewerten sind.

139 Diese Lösung des Konflikts zeichnete sich übrigens schon im 16. und 17. Jahrhundert ab angesichts der Theorievorstellungen eines Kopernikus und eines Galilei. Ihr wurde damals aber gerade von Seiten der Wissenschaft vehement widersprochen. Vgl. dazu Benjamin Nelson, Der Ursprung der Moderne: Vergleichende Studien zum Zivilisationsprozeß, Frankfurt 1977, insb. S. 165 ff.; ders., Copernicus and the Quest for Certitude: »East« and »West«, in: Arthur Beer/K. A. Strand (Hrsg.), Copernicus Yesterday and Today, New York 1975, S. 39-46; ders., The Quest for Certitude and the Books of Scripture, Nature, and Conscience, in: Owen Gingerich (Hrsg.), The Nature of Scientific Discovery, Washington 1975, S. 355-372.

140 Mit Bezug auf Friedrich H. Tenbruck, Wissenschaft als Trivialisierungsprozeß, in: Nico Stehr/René König (Hrsg.), Wissenschaftssoziologie: Studien und Materialien, Sonderheft 18 der Kölner Zeitschrift für Soziologie und Sozialpsychologie, Opladen 1975, S. 19-47.

sie wieder mit Besorgnis in bezug auf ihre gesellschaftliche Relevanz zu betrachten?

Diese Überlegungen führen schließlich an den Punkt, an dem die Unzulänglichkeiten einer funktionssysteminternen Risikokontrolle erkennbar werden, und zwar Unzulänglichkeiten in gesamtgesellschaftlicher Perspektive. Fehlinvestitionen bei Geldanlagen oder bei theoriegeleiteter Wahrheitssuche zu vermeiden, ist eine Sache; die Folgen der Erfolge zu kontrollieren eine andere. Solche Folgen können sich in der gesellschaftsinternen, vor allem aber auch in der gesellschaftsexternen Umwelt bemerkbar machen. Gerade mit Wahrheiten, die man im wissenschaftlichen Betrieb früher oder später und wenn nicht im Inland dann im Ausland sowieso entdecken wird, kann man Unheil anrichten; zumal dann, wenn das politische System im Bereich der Kriegstechnik und das Wirtschaftssystem unter dem Druck der Konkurrenz so gut wie gezwungen sind, solche Erkenntnisse auszuwerten. Es ist hier nicht der Platz, auf die damit aufgeworfenen Fragen einzugehen. Wir kommen darauf im Kapitel 9 zurück. Zunächst sieht es nicht so aus, als ob irgendein Funktionssystem in der Lage wäre, diesen gesamtgesellschaftlichen Risikoaspekt rational zu kalkulieren, geschweige denn: die entsprechenden Risiken zu vermeiden. Hands off ist die gegenwärtig favorisierte Parole. Aber das ist eine Position, von der aus man die binären Codes der Funktionssysteme nicht steuern und wohl auch nicht wirksam blockieren kann. Es geht, auf Wissenschaft bezogen, dann schlicht um ein Nichtwissenwollen, um eine Rejektion der Unterscheidung von wahr und unwahr. Nach den Logikanalysen von Gotthard Günther müßte solche Rejektion im Kontext der Unterscheidung von Rejektion und Akzeptation operationalisiert werden. Und selbst wenn es dafür einen gesellschaftlichen Standort gäbe, gehört nicht viel dazu, vorauszusehen, daß auch hier riskante Entscheidungen getroffen werden müssen.

XV

Jede konstruktivistisch ansetzende Erkenntnistheorie mag, angefangen von der Ununterscheidbarkeit von Erkenntnis und Illusion in der aktuellen Operation bis hin zu kompliziert gebauten Reflexionstheorien, noch so viele gute Argumente haben: sie muß mit einem gewichtigen Einwand rechnen. Wir nennen ihn den Einwand der funktionierenden Technik. Daß die Technik überhaupt funktioniert, ist erstaunlich, und das Erstaunen wird nicht geringer, sondern größer, wenn man weiß, *wie* sie funktioniert.[141] Je weitläufiger die Voraussetzungen, desto größer die Unwahrscheinlichkeit, die sich noch in Wahrscheinlichkeit umsetzen läßt. Dasselbe gilt für eine rein operative Wahrheitstheorie, die die Wahrheit als Kommunikationsmedium behandelt, mit dem man das recht unwahrscheinliche Annehmen einer Kommunikation gleichwohl erreichen kann. Auch hier muß man damit rechnen, daß der Einwand kommt: wie läßt sich aus einer bloßen Akzeptanz erklären, daß die Technik tatsächlich funktioniert?

Nach einer von Bacon über Hobbes, Locke und Vico tradierten Lehre ist diesem Einwand vorab dadurch begegnet, daß der Mensch überhaupt nur erkennen kann, was er selbst herstellen kann – und sei dies im symbolischen Bereich von Religion und Kultur. Diese Lehre wird theologisch parallelgeführt zum Dogma der Schöpfung, das Gott, weil Schöpfer von allem, entsprechend die Möglichkeit zubilligt, alles zu wissen. Eine bloße Parallelstellung von Vorstellen und Herstellen läßt aber noch nicht erkennen, weshalb diese Bindung ans Herstellbare als Erkenntnisbedingung angesehen und später, wenn man so sagen darf, auf dem deutschen Sonderweg durch die Transzendentalphilosophie abgelöst wird. Wir vermuten den Grund der Bindung an Herstellbarkeit in der Offenheit der Zukunft, denn unter der Voraussetzung, daß die Zukunft durch die Vergangenheit nicht zureichend determiniert ist, kann man sie zum Testen der Möglichkeit von Variationen benutzen. Wenn die Zukunft die Konstruktion bestätigt, wenn sie auf offene Fragen eine bestimmte Antwort gibt, ist die Wahrscheinlichkeit groß,

---

141 So Henri Atlan, A tort et à raison: Intercritique de la science et du mythe, Paris 1986, S. 51.

daß man sich nicht geirrt hat; denn es hätte anders ausgehen können. Dem fügt sich die heute einzig nennenswerte Erkenntnistheorie ein, die des Pragmatismus. Sie löst die zirkuläre Selbstreferenz der Erkenntnis auf durch die sich bestätigende Erwartung eines Nutzens.[142]

Ginge es nur darum, daß man sich darüber zu verständigen hat, wie man Vorhandenes sieht, wären reziproke Illusionierungen immerhin denkbar. Wenn aber zusätzlich Zeit ins Spiel kommt, ändert sich die Sachlage. Man bildet eine Erwartung, die erfüllt oder enttäuscht werden könnte. Man projektiert Kontingenz. Wenn dann die Erwartung erfüllt und nicht enttäuscht wird, kann dies nicht gut an der Erwartung selbst liegen. Man hat die »Natur« herausgefordert – und sie hat geantwortet. Auch technische Apparate können in diesem Sinne funktionieren oder nicht funktionieren. Es ist nicht das Konstruieren allein, das die Funktionsfähigkeit begründet. Sonst wären wir gut dran. Irgendetwas in der Außenwelt muß doch, so scheint es, mit der Konstruktion übereinstimmen, und selbst Autoren, die dem Konstruktivismus nahestehen, schließen an dieser Stelle auf eine Art »Ähnlichkeit« von Wirklichkeit und Konstruktion.[143] Wie aber erklärt man den Unterschied, ob es funktioniert oder nicht funktioniert, wenn man auf jede Adäquation der Erkenntnis und der Realität verzichtet? Und wie erklärt man das Moment der Überraschung, das bei unerwarteten Ergebnissen empirischer Forschungen auftritt?[144]

Ein wenig Überlegung zeigt rasch, daß dieses Argument nicht für eine realistische Erkenntnistheorie spricht. Im Gegenteil: die Erwartung provoziert eine Antwort, mit der man nichts

---

142 Repräsentativ: Nicholas Rescher, Methodological Pragmatism: A System-Theoretic Approach to the Theory of Knowledge, Oxford 1977.

143 So z. B. Barry Barnes, Interests and the Growth of Knowledge, London 1977, S. 22; ferner unter der Bezeichnung »pragmatic criterion of predictive success«, Mary B. Hesse, Revolutions and Reconstructions in the Philosophy of Science. Brighton, Sussex, 1980; Michael A. Arbib/Mary B. Hesse, The Construction of Reality, Cambridge, England, 1986, S. 7 u. ö.

144 Diese Frage von Karl Pribram an Heinz von Foerster, der seinerseits dem Wissenschaftler bescheinigt, daß er auch noch seine Überraschungen erfinden kann. Siehe die Diskussion in: Paisley Livingston (Hrsg.), Disorder and Order: Proceedings of the Stanford International Symposium (Sept. 14-15, 1981), Saratoga, Cal. 1984, S. 188f.

weiter erfährt, als daß die Erwartung erfüllt bzw. nichterfüllt wird. Das System kann sich dadurch bestätigen lassen, was es ohnehin weiß: daß es in einer Umwelt operiert. Es kann wiederum nur selbst beobachten, ob die Erwartung erfüllt oder nichterfüllt wird, denn es handelt sich auch dabei um eine selbst konstruierte Unterscheidung. Über die Umwelt erfährt es damit nichts – außer eben, daß sie die systemeigenen Erwartungen honoriert oder nicht honoriert. Das System testet immer nur die eigenen Erwartungen, den selbstprojizierten Sinn. Was es als Umwelt beobachtet und beschreibt, bleibt dabei eigene Konstruktion. Und man hat ja auch die Erfahrung, daß bewährte Erwartungen aufgelöst und rekonstruiert werden müssen, wenn man sie in veränderten Kontexten, zum Beispiel mit größerer Tiefenschärfe, als Realitätstests verwenden will, oder wenn man im Interesse technischer Innovationen Substitutionen vornehmen will.

Theoretisch ausgesuchte Erwartungen sind mithin Abtastinstrumente für etwas, was unbekannt bleibt. Ob die Erwartungen erfüllt oder enttäuscht werden, muß daher im System als Zufall behandelt werden, das heißt: als nicht vordisponiert. Deshalb hat es auch keinen Sinn, zu beten, Gott möge die Experimente gelingen lassen. Immerhin tritt an die Stelle des Wartens auf zufällige Belehrung die wohlpräparierte Provokation; und die systematische Kohärenz der Theorien stellt zusätzlich sicher, daß Zufälle leicht in Strukturgewinne transformiert werden können.

Entsprechend sind denn auch technische Geräte jeder Art keineswegs Abbilder der Natur, sondern auf Grund von Wissen gebaute Konstrukte. Speziell unter modernen Bedingungen handelt es sich mehr und mehr um nachgebaute Wissenschaft. Ihr Einbau in die Welt, wie sie ist, kann sich gerade nicht auf eine über Erkenntnis garantierte Stimmigkeit stützen. Es handelt sich nur um externalisierte Kommunikation. Das war schon, am Ursprung des Gedankens und des Wortes téchne, mit dem Prometheus-Mythos formuliert. Je mehr uns aber das Problem der »Technik-Folgen« einholt, desto weniger überzeugt ein Wahrheitsbegriff, der Wahrheit als eine richtige Abbildung der Realität behandelt. Geleistet wird eine zunehmend unwahrscheinliche Herausforderung dessen, was unbekannt ist und unbekannt bleibt. Oder genauer gesagt: Bei aller Zunahme von Erkenntnis und von entsprechenden technischen Realisationen kennen wir nur, was wir kennen, und nicht, was wir nicht kennen. Dabei können die spezifischen Probleme der technischen Realisation vor allem, aber keineswegs nur, bei den technischen Apparaturen der Forschung selbst die Wissenschaft ihrerseits wieder provozieren. Auch kann ein solcher Realisationsversuch zu Überraschungen und zur Entdeckung neuer Forschungsthemen führen. Dennoch bleibt die Entwicklung des Wissens, auch und gerade unter Aspekten der Wahrheit, ein rekursiver, von den eigenen Resultaten ausgehender und auf sie vorgreifender Prozeß. Daß Erwartungstests benutzt werden, zeigt die innovative Funktion dieses Prozesses an. Es geht um Gewinn und Vermehrung des für ihn verfügbaren Wissens. Es geht nicht darum, der Welt näher zu kommen. Ginge es darum, wäre gerade diese Form des Experimentierens verfehlt, weil sie zwei Möglichkeiten projiziert, wo nur eine gegeben sein kann. Die Welt bleibt immer der »unmarked state«.

Schließlich kann kein erkenntnistheoretisches Argument ausschließen, daß eine Technologie auf Grund einer falschen Theorie konstruiert wird und trotzdem funktioniert.[145] Man hat dann zwar einen Kausalzusammenhang realisiert, aber die Erklärung für sein Funktionieren, wie sich später erweisen kann, irrig beschrieben. Tatsächlich geht die Möglichkeit der Konstruktion technischer Geräte denn auch nicht auf eine immer bessere Kenntnis der Natur und auf die »Anwendung« ihrer »Gesetze« zurück, sondern auf das steigende Auflöse- und Rekombinationsvermögen der Wissenschaft selber. Technologiefortschritte sind in sehr vielen Fällen ohne vorheriges wissenschaftliches Wissen und kaum je als einfache Deduktion aus Theorien erzielt worden. Bei Auflösung fester Vorgaben werden eben Möglichkeiten der Neukombination von »Elementen« sichtbar (womit aber nur die jeweils noch nicht auflösbaren oder nicht auflöse-

---

[145] Siehe Trevor J. Pinch/Wiebe J. Bijker, The Social Construction of Facts and Artefacts: or How the Sociology of Science and the Sociology of Technology Might Benefit Each Other, Social Studies of Science 14 (1984), S. 399-441 (407). Zur Herkunft dieses Arguments siehe auch Michael Mulkay, Knowledge and Utility: Implications for the Sociology of Knowledge, Social Studies of Science 9 (1979), S. 63-80 (74ff.), und Mario Bunge, Technology as Applied Science, Technology and Culture 7 (1966), S. 329-347 (334ff.).

bedürftigen Einheiten gemeint sind, die als Einheiten wieder Konstruktionen des Beobachters sind). Es geht bei Technik, anders gesagt, um das Ausprobieren von Kombinationsspielräumen, um kombinatorische Gewinne. Daß es funktioniert, wenn es funktioniert, ist auch hier der einzige Anhaltspunkt dafür, daß die Realität so etwas toleriert. Wir kehren, mit anderen Worten, die übliche Annahme um: Nicht die Technik wird isomorph zur Natur konstruiert, sondern die Natur in dem jeweils relevanten Kombinationsraum isomorph zu dem, was man technisch ausprobieren kann.[146]

Die Methodologie solcher Erwartungstests steht in genauer Beziehung zur binären Struktur des Codes. Sie läßt zu, daß die Erwartung erfüllt oder enttäuscht wird. Gerade diese Offenheit repräsentiert den Code in der Operation. Und hier liegt denn auch der Grund, weshalb im Zuge der Ausdifferenzierung von Wissenschaft das Experiment eine so zentrale Bedeutung erhalten hat. Davon wird später ausführlicher die Rede sein.

Diese Überlegungen belegen einen sehr engen Zusammenhang von Wissenschaft und Technologie.[147] Technologie ist eine Art der Beobachtung, die etwas unter dem Gesichtspunkt betrachtet, daß es kaputt gehen kann. Die Leitunterscheidung ist hier heil/kaputt oder, wenn man weniger auf Reparieren und mehr auf Lernen abstellt, fehlerfrei/fehlerhaft. Es handelt sich also nicht, wie oft angenommen wurde, um die Wissenschaft von einer besonderen Art von Kausalität (mechanische Kausalität), sondern um einen Beobachtungskontext, der besondere Interessen an der Aufrechterhaltung regelmäßiger Verläufe auch bei Störfällen zum Ausdruck bringt. Das Problem ist dabei die Identifikation von Störquellen oder Fehlern, und diese Identifikation setzt eine hohe Technisierung (Vereinfachung) der Verläufe mit verlaufsunabhängigen, gegen Rückwirkungen immunisierten Konditionierungen voraus. Es kann, wie man weiß, gelingen, so etwas einzurichten, ohne daß die Unterscheidung

---

146 Vgl. z. B. Peter Janich, Physics – Natural Science or Technology, in: Wolfgang Krohn/Edwin T. Layton/Peter Weingart (Hrsg.), The Dynamics of Science and Technology, Dordrecht 1978, S. 2-27.
147 Ein Thema, das derzeit viel Aufmerksamkeit findet. Siehe nur Wolfgang Krohn et al., a. a. O.; Rolf Kreibich, Die Wissenschaftsgesellschaft: Von Galilei zur High-Tech-Revolution, Frankfurt 1986.

wahr/unwahr mit der von heil/kaputt identifiziert werden müßte oder auch nur identifiziert werden könnte.

Es liegt auf der Hand und wird wohl kaum bestritten werden, daß die Technologie in zunehmendem Maße wissenschaftsabhängig geworden ist, so wie andererseits die Forschung selbst technologieabhängig. Solche Interdependenzen ergeben sich gerade aus der Unterschiedlichkeit der Codierungen. Es ist jedoch wenig sinnvoll, diese beiden Bereiche nach Maßgabe der Unterscheidung von »Theorie« und »Praxis« zu trennen, denn der Zusammenhang ist fundamentaler Art und entsteht nicht erst auf der Ebene von Theoriebildung (die dann auf technologische Interessen mehr oder weniger Rücksicht nehmen könnte). Aufgrund zahlreicher empirischer Fallanalysen kann heute auch die Vorstellung, Technologie sei »angewandte Wissenschaft«, als widerlegt gelten.[148] Andererseits kann Technologieentwicklung aber auch nicht als eine Art Ablenkung der Wissenschaft von ihren eigenen Interessen, als eine Einschränkung ihrer Autonomie begriffen werden. Ob Technologien gesamtgesellschaftlich und politisch akzeptabel und wirtschaftlich eingesetzt werden können, ist eine zweite Frage, die außerhalb der Wissenschaft zu entscheiden ist. Die Abgabe brauchbarer Technologien ist eine Leistung der Wissenschaft, nicht ihre Funktion. Es mag sein, daß Wissenschaft wegen dieser Leistung geschätzt und finanziert oder auch kritisiert wird. Davon unberührt bleibt die wissenschaftsinterne Relevanz von technologischen Erwartungstests in einer Umweltlage des Systems, die keinen direkten Umweltkontakt zuläßt. Und auch diese Relevanz ist, das wird an dieser Stelle unserer Überlegungen nicht mehr überraschen, gesellschaftliche Relevanz; denn die Gesellschaft selbst ist ein System, das ohne direkten Umweltkontakt operieren muß. Wie immer die Tätigkeitsbedingungen geordnet sein werden: von einer »Abkopplung der Wissenschaft und des

---

148 Vgl. Rudolf Stichweh, Technologie, Naturwissenschaft und die Struktur wissenschaftlicher Gemeinschaften, Kölner Zeitschrift für Soziologie und Sozialpsychologie 40 (1988), S. 684-705. Siehe ferner den Teil 3 über The Interaction of Science and Technology, in: Barry Barnes/David Edge (Hrsg.), Science in Context: Readings in the Sociology of Science, Cambridge, Mass. 1982, insb. die Einleitung. Es bringt allerdings noch nicht viel Gewinn, wenn man das Verhältnis von Wissenschaft und Technologie daraufhin nicht mehr asymmetrisch, sondern symmetrisch darstellt.

Wissenschaftlers von der Gesellschaft«[149] kann keine Rede sein.

Während man bei Technologien zunächst an eine Art Nebenprodukt der Wissenschaft denkt und allenfalls noch an ihre eigenen Meß- und Beobachtungsinstrumente, ist inzwischen auch die Erkenntnistheorie in einer Weise wie nie zuvor an technologieabhängige Forschungen gebunden. Das gilt in rasch zunehmendem Maße seit der Erfindung datenverarbeitender Maschinen. Von der Logik und ihren maschinengestützten Beweisführungen über Molekularbiologie bis zur Neurophysiologie, zur Gehirnforschung und natürlich zur Theorie der Automaten selber – alles, was heute in Nachfolge der Kybernetik und des Forschungsbereichs »artificial intelligence« zu den sogenannten »cognitive sciences« beiträgt und damit in die Bereiche klassischer Erkenntnistheorien bzw. Wissenschaftstheorien eindringt, wäre ohne datenverarbeitende Maschinen nicht möglich.[150] Man muß sich daher nicht wundern, wenn von da her zunehmend auch die Konzepte beeinflußt werden, die in diesen cognitive sciences das klassische Problem des Verhältnisses von Denken und Sein ersetzen. Daß dies keineswegs auf ein reduktionistisches Konzept hinausläuft, mit dem man die Leistungen von Gehirnen durch Maschinen zu ersetzen denkt, ist gerade aufgrund der neueren Gehirnforschung wohl unbestritten.

Mit all dem spielt »Konstruktion« und genaue Analyse des »Wie« der erkennenden Operationen eine viel größere Rolle als früher und ersetzt mehr und mehr die Frage nach dem »Was« der Erkenntnis. Die Steigerungslinien, die sich gegenwärtig abzeichnen und die Wissenschaft und Technologie immer enger zusammenschließen, entsprechen genau diesem Muster. Sie folgen einer Logik der Evolution, nicht einer Logik der immer besseren Anpassung des Systems an seine Umwelt. Sie widersprechen keineswegs einer Ausdifferenzierung des Wissenschaftssystems und auch nicht der selbstreferentiell-geschlossenen Operationsweise dieses Systems. Sie schließen nur

---

149 So Kreibich, a.a.O., S. 332, gegen eine vermeintlich dies empfehlende Meinung.
150 Vgl. für einen Überblick Francisco J. Varela, The Science and Technology of Cognition: Emerging Trends, vervielfältigt, Paris 1986.

Funktion und Leistung enger zusammen und nehmen, unübersehbar, Organisation in Anspruch, um Themenselektion und Arbeitsprioritäten zu steuern.[151] Daraus kann jedoch nicht auf »Entdifferenzierung« geschlossen werden; es ist, im Gegenteil, gerade die Differenz der Codes, auf der diese Steigerungsleistung beruht. Und es ist die Schließung des Systems, auf der Ebene der Gesellschaft wie auf der Ebene des Funktionssystems für Wissenschaft, die eine solche, heute ins Riskante ausgreifende Steigerung des Auflöse- und Rekombinationsvermögens ermöglicht.

Diese Überlegungen wirken sich auch auf den Begriff der Technik aus. Traditionell war dieser Begriff auf Handlungsmöglichkeiten bezogen. Damit wurden Wahlfreiheit und Nutzenkalkulation betont. Das soll nicht in Frage gestellt werden. Wir lenken die Aufmerksamkeit nur auf einen anderen Aspekt. Wenn Technik nicht nur Mittel zum Zweck ist, sondern vor allem artifizielle (aber ausprobierte und bewährte) Simplifikation, spielen nicht nur die dispräferierten und deshalb *nicht* realisierten Möglichkeiten eine Rolle wie bei normalem Handeln (Man heiratet nicht und ist dann eben nicht verheiratet); sondern als Vorbedingung für Instrumentalisierung liegt in der Simplifikation vor allem die *Ausschaltung der Beachtung* größerer Komplexität, die *trotzdem real bleibt und auf ihre Weise trotzdem wirkt*. Dies Problem ist unter Begriffen wie Heterogonie der Zwecke (Wundt) oder nichtantezipierte Nebenfolgen (Merton) wohlbekannt. Man muß aber zusätzlich beachten, daß das, was vom Standpunkt des Handelnden als Nebensache erscheint, vom Standpunkt des Systems zur Hauptsache wird – besonders bei längerfristiger Betrachtung. Daher sieht sich die moderne Gesellschaft, vor allem in ökologischen Kontexten, nicht nur der Frage konfrontiert, ob mit Technik bessere Nettobilanzeffekte zu erzielen sind als ohne Technik, sondern zunehmend mehr auch der Frage, wieviel funktionierende Simplifikation man sich

---

[151] Das dürfte es auch nahelegen, die organisatorische Trennung von reiner Wissenschaft und Technologie, die im 19. Jahrhundert für sinnvoll angesehen wurde, allmählich aufzugeben. Die Universität von Tokyo scheint im übrigen die erste gewesen zu sein, die unter Einschluß einer technologischen Fakultät gegründet wurde.

leisten kann, wenn damit zu rechnen ist, daß die Welt trotzdem fortbesteht.

Im Moment steht eine theoretische Neukonzipierung des Verhältnisses von Wissenschaft und Technologie noch aus, und die einschlägige Forschung orientiert sich zu stark an den historisch eingebürgerten Bezeichnungen, vor allem an dem angelsächsischen Sprachgebrauch. Eine aussichtsreiche Perspektive könnte es sein, das Verständnis von Technologie mit dem konstruktivistischen Wissenschaftskonzept zu verbinden. Technologie wäre dann all das, was man im Gegebenem mit erkennbaren Fehlern oder Störungen oder Ersatznotwendigkeiten funktionieren lassen kann auch dann, wenn die Welt, in der dies geschieht, »an sich« unbekannt bleibt. Technologien wären diejenige Auswahl aus praktisch unendlichen kombinatorischen Möglichkeiten, die man durch Steigerung des Auflösevermögens der Wissenschaft gewonnen hat und von denen aus man dann Vermutungen über die Welt, wie sie ist, konstruiert. So neu ist dieser Gedanke nicht. Er radikalisiert nur, was sich bei Bacon, Locke, Vico und anderen bereits findet.

So kann es denn nicht wunder nehmen, daß eine Gesellschaft, die sich Wissenschaft leistet, besondere Schwierigkeiten hat, die Bedingungen zu verstehen, unter denen sie als Gesellschaft möglich ist und in Zukunft möglich sein wird. Ineins damit nehmen die Unsicherheiten und die Meinungsverschiedenheiten unter Experten zu, wo es darum geht, in gesellschaftlich folgenreichen Fragen ein Urteil abzugeben – bei bleibend hoher Wissenschaftsabhängigkeit eben dieser Folgen. Von einer immer besseren Kenntnis des bisher Unbekannten kann keine Rede sein. Je mehr in dieser Hinsicht auf fortschreitende Wissenschaft vertraut wird, desto mehr wird auf Unprognostizierbares vertraut und desto weniger läßt sich eine weltabgestimmte ökologische Harmonie erwarten. Aber gerade dies, daß es sich so verhält, ist dann doch in der Wissenschaft und damit in der Gesellschaft zur Reflexion zu bringen.

XVI

Mit all den vorangegangenen Überlegungen ist nicht bestritten, daß Wahrheit etwas mit Welt und Welt etwas mit Realität zu tun hat. Vom Medium aus gesehen ist die Welt die Einheit der Leitdifferenz des Code. Vom System aus gesehen ist die Welt die Einheit der Differenz von System und Umwelt. Beide Sichtweisen konvergieren, denn in beiden Hinsichten geht es um die Schließung eines Kommunikationszusammenhanges als Einschließung in das, was dadurch ausgeschlossen wird. In jedem Falle geht es um ein diskontinuierendes Kommunizieren, aber nicht, wie in der Subjekttheorie, um das, was den Erscheinungen zugrundeliegt. Die Welt ist kein Subjekt, aber auch der Beobachter ist nicht das Subjekt der Welt. Beobachten ist, wir wiederholen es immer wieder, Erzeugen einer Differenz mit Hilfe einer Unterscheidung, die das damit nicht Unterscheidbare außer sich läßt. Im Medium Wahrheit konstituiert das Kommunikationssystem Gesellschaft die Welt als eine Gesamtheit, die alles einschließt, was beobachtet werden kann, und sogar sich selber. In der Welt wird zu diesem Zwecke ein sich selbst beobachtendes Beobachtungssystem eingerichtet, das über den Reflexionswert Unwahrheit verfügt (und zwar durchaus beobachtbar, empirisch, faktisch verfügt) und auf diese Weise etwas bezeichnen kann, dessen Korrelat nicht der Welt zugerechnet werden kann. Das Raffinement gerade dieser Unterscheidung wahr/unwahr ist: daß sie *operativ* brauchbar ist, also *in der Welt* empirisch (sprachlich) funktioniert, zugleich aber als Unterscheidung nicht *auf die Welt* projiziert wird. Die Unterscheidung setzt kein Weltkorrelat für Unwahrheit voraus. Die Welt schließt Unwahrheit ein und aus, und dies gilt auch bei Anwendung des Code auf sich selbst, bei Forschung über Wahrheit, also bei Beobachtung der eigenen Paradoxie.

Denn Beobachten ist nichts anderes als ein unterscheidendes Bezeichnen. Das spricht zunächst gegen die Beobachtung einer nichts ausschließenden und selbst das Beobachten einschließenden Einheit. Man hat denn auch die nicht übertreffbare Einheit, die sich deshalb der Beobachtung entzieht, Gott genannt, und daraus gefolgert, daß derjenige Engel, der einen Beobachtungsversuch unternahm, nur den Standpunkt des Bösen einnehmen

konnte. Das Unternehmen benötigte eine nicht zulässige Differenz, es wurde zum *diá*bolon und der Versucher zum Teufel.
Aber warum sollte die Differenz nicht zulässig sein – und warum der Teufel böse? Vielleicht geht es nicht anders, wenn die Gesellschaft im ganzen involviert ist. Aber die Wissenschaft versucht, durch Ausdifferenzierung eines eigenen Systems, das autonom über Wahrheit und Unwahrheit befindet, dem moralischen Urteil zu entkommen. Schon die Gesellschaft bildet Grenzen, um die Welt beobachten zu können. Die Wissenschaft wiederholt diesen Prozeß in der Gesellschaft. Es geht also um wiederholte, um gestaffelte Reflexion, aber um das gleiche Prinzip: »that the parts of the Universe have a higher reflective power than the whole of it.«[152] Und nur in dem Maße, als sich katastrophale Folgen dieses Versuchs abzuzeichnen beginnen, wird eine wiederum moralische Beurteilung der wissenschaftlichen Beobachtungen wahrscheinlich.
Ungeachtet dessen muß man das Erstaunliche registrieren: daß es überhaupt möglich ist, mit Hilfe einer binären Codierung eine Einheit zu beobachten, die nichts (und nicht einmal das Beobachten) ausschließt. So hat man denn auch lange gebraucht, um das Ungewöhnliche dieses Sachverhalts zu erfassen. Sowohl die Weltbegriffe der Tradition (universitas rerum etc.) als auch ihre Wahrheitsbegriffe (adaequatio) werden dem Problem nicht gerecht – nicht zuletzt deshalb nicht, weil sie gehalten waren, auf einen transzendenten (weltexternen) Gott als Beobachter Rücksicht zu nehmen und deshalb ihrem Wissen an der Nichtbeobachtbarkeit dieses Beobachters Grenzen ziehen mußten. Entsprechend wurde Skepsis als Wissen des Nichtwissens vorgetragen. Diese Lösung wird erst durch die Ausdifferenzierung der neuzeitlichen Wissenschaft infrage gestellt (was nicht heißen muß: Religion in Frage zu stellen).[153] Seit dem 18. Jahrhundert kann man die neue, ausdifferenzierte Wissenschaft ihrerseits

---

[152] In der Formulierung von Gotthard Günther, Cybernetic Ontology and Transjunctional Operations, in ders., Beiträge zur Grundlegung einer operationsfähigen Dialektik, Bd. 1, Hamburg 1976, S. 249-328 (319).
[153] Vgl. dazu Hermann Lübbe, Religion nach der Aufklärung, Graz 1986. Auch Niklas Luhmann, Society, Meaning, Religion – Based on Self-Reference, Sociological Analysis 46 (1985), S. 5-20.

beobachten, und die alte Skepsis wird folglich ersetzt durch die Frage, ob die Wissenschaft überhaupt weiß, was Erkenntnis ist und wie sie möglich ist.[154] Daraufhin läßt sich die alteuropäische Vorstellung von Welt und Erkenntnis ersetzen – aber nur, wenn man lernt, mit einem Doppelparadox umzugehen: mit dem Paradox der alles und sich selbst einschließenden Welt und mit dem Paradox des auf sich selbst anwendbaren, sich selbst und die eigene Unwahrheit bezeichnenden Wahrheitscode. Das Problem verlagert sich in das Beobachten von Beobachtungen und in die Frage, wie ein beobachteter Beobachter mit den Paradoxien umgeht, die für den, der ihn beobachtet, offen zutage treten.

---

154 Hierzu Richard H. Popkin, The History of Scepticism from Erasmus to Descartes, 2. Aufl., New York 1964, S. 153 unter Hinweis auf Condorcet, Condillac, Hartley, Henry Home (Lord Kames).

Kapitel 5

Wissenschaft als System

I

Systeme werden oft mit Hilfe des Begriffs der *Relation* beschrieben. Das macht die Beschreibung abhängig von einem Beobachter, der entscheidet, welche Relationen er zur Systembeschreibung verwenden will. Man spricht dann zumeist (aber terminologisch irreführend) von einer »analytischen« Systemtheorie. Wir benutzen statt dessen den Begriff der *Operation*. Auch das ist, wie jeder Begriff, ein Beobachtungsinstrument, aber ein solches, das eine beobachterunabhängige Realität bezeichnen will. Daß nur ein Beobachter Beobachterunabhängigkeit beobachten kann, müssen wir akzeptieren, denn selbstverständlich ist auch die Unterscheidung »abhängig/unabhängig von der Operation des Beobachtens« eine Unterscheidung eines Beobachters und nichts, was in der Außenwelt selbst als eine solche Unterscheidung vorliegt.

Wenn Operationen aneinander anschließen, entsteht ein System. Der Anschluß kann nur selektiv erfolgen, denn nicht alles paßt zu jedem. Und er kann nur rekursiv erfolgen, indem die folgende Operation berücksichtigt und dann voraussetzt, was gewesen ist.

Dieser sehr allgemeine Sachverhalt ist auch dann zu beobachten, wenn die Operationen unter sehr spezifischen Codierungen ablaufen. Binäre Codes sind, so gesehen, geradezu darauf spezialisiert, Systeme zu bilden, denn sie bezeichnen mit dem einen ihrer Werte, der positiv ausgewiesen wird, die Anschlußfähigkeit der jeweiligen Operation. Bei genauerem Hinsehen wirken aber beide Wertangaben selektiv. Wenn eine bestimmte Kommunikation ihre Information als wahr bezeichnet, ist eine Einschränkung der Beliebigkeit möglicher Welten gesetzt. Aber auch wenn eine bestimmte Kommunikation eine Erwartung durchkreuzt und ihre Information als unwahr bezeichnet, ist ein Anstoß gegeben; denn man hat dann die durchkreuzte Erwartung zu transformieren und zu fragen, was statt dessen wahr sei.

Mit diesen Überlegungen ist keineswegs behauptet, der Anstoß bewirke, daß die Kommunikation nun ohne Widerstand und ein für allemal weiterlaufe. Nur: wenn sie weiterläuft, läuft sie im System weiter. Sie kann sich (sonst könnte man überhaupt keinen Zusammenhang erkennen) nur unter der Doppelbedingung von Selektivität und Rekursivität fortsetzen und unterscheidet sich dadurch von einer Umwelt, in der anderes möglich ist und möglich bleibt.

Man darf annehmen, daß der Anfang, der zur Systembildung führt, wenn er eine Fortsetzung auslöst, eine Art »anchoring effect« hat, oder, wie man auch sagt, einen »frame« vorgibt.[1] Die Einschränkung der Beliebigkeit ist ihrerseits nicht beliebig. Sie mag zufällig zustandekommen oder durch ein anderes System ausgelöst worden sein. Sie mag als Anfang oder als Ursprung alsbald vergessen werden; aber sie schränkt das ein, was im Anschluß an sie und im Anschluß an den Anschluß geschehen kann. Dieser anchoring effect macht es hochwahrscheinlich, daß eine so angelaufene Kommunikation irgendwann einmal erschöpft ist und nicht fortgesetzt wird.

Wenn dem so ist: wie kann die Fortsetzung der Kommunikation gegen die Wahrscheinlichkeit eines baldigen Endes, gegen die Erschöpfung des Themas oder der Teilnehmer gesichert werden? Wir vermuten: durch Abstraktion des frame und durch Anschluß an eine gesellschaftliche Funktion, die ein wichtiges Problem ungelöst ließe, wenn die Kommunikation aufhören würde.

Eine solche Lösung findet sich in der binären Codierung und in der Zuordnung bestimmter Codes zu bestimmten gesellschaftlichen Funktionen. Selbstverständlich handelt es sich hierbei um ein Produkt allmählicher gesellschaftlicher Evolution, also um eine Errungenschaft, die von vornherein nur in der Gesellschaft möglich und nur dann möglich ist, wenn auch andere Probleme (des Rechts, der Politik, der Wirtschaft, der Erziehung, der Religion usw.) adäquat gelöst werden können. Man entschließt sich nicht irgendwann, fürderhin unter dem Code wahr/unwahr zu kommunizieren und damit Wissenschaft zu lancieren. Die

---

[1] Diese Ausdrücke sind der psychologischen Entscheidungstheorie entnommen. Vgl. z. B. Daniel Kahneman/Amos Tversky, Choices, Values, and Frames, American Psychologist 39 (1984), S. 341-350.

Abstraktion des Code wird vielmehr allmählich historisch erreicht unter Eliminierung von Konnotationen (vor allem religiöser und politischer Konnotationen, »precluding matters of Theology and State Affairs«, wie es im Gründungsbericht der Royal Academy heißt), die durch andere Funktionssysteme versorgt werden müssen. Das ändert aber nichts daran, daß es einen empirisch feststellbaren Zusammenhang gibt zwischen gesellschaftlicher Funktion, Abstraktion des Code und Regularität der Fortsetzung von Forschung als Angelegenheit eines besonderen Systems Wissenschaft. Nur wird man zusätzlich in historischer Perspektive fragen müssen, welche besonderen gesellschaftlichen Bedingungen dazu geführt haben, daß diese Errungenschaft erreicht wurde.

In diesem Sinne ist das symbolisch generalisierte Kommunikationsmedium Wahrheit Bedingung der, ja Katalysator für die Ausdifferenzierung von Wissenschaft als System. Kein Wunder also, daß die Wissenschaft Wahrheit als eine ihr vorgegebene Idee begreift und verehrt. In Wirklichkeit kann man jedoch nur zirkuläre Zusammenhänge feststellen. Die Abstraktion des Code zu einer Leitdifferenz, die durch den Wechsel der Theorien nicht berührt wird, wird nur durch Wissenschaft, nur durch erfolgreiche Forschung und vor allem nur durch laufende Theorieänderung möglich. Sie ist ein Resultat von Wissenschaft, mit dem die Wissenschaft selbst dann ihre eigene Fortsetzbarkeit trotz aller Theoriezusammenbrüche und paradigmatischer Revolutionen garantiert. Auch insofern herrscht also das Prinzip der Rekursivität: Bis in ihre letzten Grundlagen hinein ist die Wissenschaft das Resultat ihrer eigenen Operationen, und sie hat heute mit der Abstraktion ihres Code diejenige Sicherheit erreicht, die sie nicht verletzen kann, ohne sich selbst in Frage zu stellen. Alles, was sie kommuniziert, ist entweder wahr oder unwahr, was immer sich im System bewegt.

Das mag auf den ersten Blick als trivial erscheinen und als nicht besonders förderlich. Auf den zweiten Blick, den soziologischen Blick, sieht man jedoch, daß die Wissenschaft sich damit selbst von anderen Funktionssystemen unterscheidet. Es geht ihr weder um die Differenz von Recht und Unrecht noch um die Differenz von Regierung und Opposition; auch nicht um die Differenz von immanenten und transzendenten Orientierungen oder um die Differenz besserer oder schlechterer Abschlüsse im Ausbildungssystem der Schulen und Hochschulen. Ihr »frame« ist ihr eigener Code, aller »anchoring effect« wird, wie immer es einstmals wirklich angefangen haben mag, auf die Unterscheidung von wahr und unwahr bezogen. Mit dieser Unterscheidung kann man sich, aus jeder Lage heraus, auf das Ganze beziehen und die Systemgeschichte reaktualisieren. Gerade daß die Wissenschaft durch ihren Code auf keine spezifischen Ansichten festgelegt ist, macht ihre evolutionäre Unwahrscheinlichkeit aus. Gerade die Weltoffenheit des Prinzips, das sich gleichwohl von anderen Codierungen markant unterscheidet, zeichnet ihre Identität aus. Der Wissenschafts*theorie* mag dies als trivial erscheinen, da es für die *Wissenschaft selbst* nichts ausschließt, also auch noch keine Theorie bietet. Die Wissenschafts*theorie* mag sich daher um mehr Instruktivität bemühen (und soweit die hier im Moment angestellten Überlegungen sich als Wissenschafts*theorie* anbieten, geschieht dies durch die Theorie der Codierung). Aber wie wir noch ausführlicher sehen werden, kann dies nur durch Operationen in dem System geschehen, also nur durch Fortsetzung eines immer schon vorausgesetzten going concern, also nur durch *Re*flexion. Für einen Beobachter liegt der entscheidende Gewinn dieser abstrakten Codierung in der Abgrenzungsleistung, in der impliziten Rejektion anderer Werte und anderer Codes sowie darin, daß dies ohne Festlegung der Operationen des Systems geschehen kann.

Mit all dem wird nicht bezweifelt, daß von »Wahrheit« auch außerhalb des Wissenschaftssystems die Rede ist. In der alltäglichen Kommunikation beteuert man auf diese Weise die Ehrlichkeit und Wahrhaftigkeit der eigenen Aussage – Wahrheit im Unterschied zur Lüge. Politiker oder auch Künstler sprechen von Wahrheit, um Achtung und Beachtung zu gewinnen. Wahrheit dient als Verstärkersymbol. Aber nur in der Wissenschaft geht es um codierte Wahrheit, nur hier geht es um Beobachtung zweiter Ordnung, nur hier um die Aussage, daß wahre Aussagen eine vorausgehende Prüfung und Verwerfung ihrer etwaigen Unwahrheit implizieren. Und nur hier hat, da diese Prüfung nie abgeschlossen werden kann, das Wahrheitssymbol einen stets hypothetischen Sinn.

II

Die Wissenschaft ist, das wird wohl niemand bezweifeln, ein *rekursiv operierendes System*.[2] Damit ist ein sehr einfacher, aber folgenreicher Sachverhalt bezeichnet. Rekursivität heißt im allgemeinen (zum Beispiel in der Mathematik) wiederholte Anwendung der Operation auf das Resultat der gleichen vorherigen Operation. Die Mathematik der rekursiven Relationen würde hier *ausschließliche* Bestimmung durch eben diese Relation verlangen.[3] Das läßt sich freilich in keinem Realitätszusammenhang einlösen.[4] Es muß genügen, wenn man sagt, daß rekursiv geschlossene Systeme ihre Elemente nur auf Grund einer Vernetzung eben dieser Elemente erzeugen können. Damit ist ausgeschlossen, daß man nicht vom System erzeugte Einheiten als »Elemente« des Systems behandelt.[5] Unbestritten

---

2 Im Sinne von Heinz von Foerster: eine nichttriviale Maschine. Vgl. z. B. Heinz von Foerster, Entdecken oder Erfinden: Wie läßt sich Verstehen verstehen?, in: Heinz Gumin/Armin Mohler (Hrsg.), Einführung in den Konstruktivismus, München 1985, S. 27-68 (44 ff.).
3 Darauf weist Jürgen Klüver hin in: Auf der Suche nach dem Kaninchen von Fibonacci oder: Wie geschlossen ist das Wissenschaftssystem?, in: Wolfgang Krohn/Günter Küppers (Hrsg.), Selbstorganisation, Braunschweig 1990, S. 201-229.
4 Das gilt im übrigen für logische und mathematische Begriffe ganz allgemein, also auch für unsere Verwendung von Begriffen aus der Logik von Spencer Brown (distinction, indication, condensation, re-entry), für Begriffe wie Eigenwert, Bifurcation, Katastrophe, dissipative Strukturen. Niemals erschöpft sich die Realität in dem, was diese Begriffe bezeichnen. Siehe zu diesem begrenzten Erklärungswert mathematischer Begriffe auch Alfred Gierer, Die Physik, das Leben und die Seele, München 1985, S. 379 f.
5 Wer hier anders optiert – und das gilt im Anschluß an Maturana für das Wissenschaftssystem zum Beispiel für Wolfgang Krohn/Günter Küppers, Die Selbstorganisation der Wissenschaft, Frankfurt 1989 – handelt sich gravierende (und m. E. untragbare) Erklärungslasten ein. Wenn man in alter Weise den Einzelmenschen als »Element« des sozialen Systems Wissenschaft ansieht, fehlt jede Basis für die Behandlung von »Beziehungen« oder »Interaktionen«; denn weder Beziehungen noch Interaktionen sind Menschen. Man muß also Referenzen einschmuggeln und mit Begriffen operieren, die auf der Ebene der Elemente des Systems nicht abgesichert sind; denn, um es nochmals mit anderen Worten zu sagen, kein Mensch enthält Beziehungen zu anderen als Teil seiner selbst und er kann auch nicht in der Form von Interaktionen teilweise außerhalb seiner selbst existieren. Und zweitens fehlt jede Erklärung für das hohe Maß an Selektivität (man muß von minimalsten Bruchteilen ausgehen), mit dem das, was physisch, chemisch, biologisch und psy-

bleibt natürlich, daß die rekursive Schließung eines Zusammenhangs selbsterzeugter Elemente zahlreiche strukturelle Kopplungen mit anderen Bereichen der Realität, darunter Menschen, voraussetzen muß. Die Auflösung der internen rekursiven Vernetzung, und das ist der unterscheidende Gesichtspunkt, würde nicht durch Strukturänderungen abgefangen werden können, sondern würde das System beenden (was zugleich impliziert, daß diese Destruktion nur von außen und gerade nicht autopoietisch durchgeführt werden kann).

Mit der These operativer Geschlossenheit durch rekursive Vernetzung der Operationen wird also nicht bestritten, daß es eine Umwelt gibt. Im Gegenteil: es handelt sich um eine Aussage über das Verhältnis von System und Umwelt, um eine Aussage über den (nur im System möglichen) Prozeß der Grenzziehung. Wir kollidieren auch nicht mit dem Nachweis Gödels, daß kein System allein aus sich heraus logische Widerspruchsfreiheit garantieren kann. Im Gegenteil: wir generalisieren und vereinfachen diesen Nachweis mit der These, daß der Begriff System ein Formbegriff ist, dessen eine Seite, das System, eine andere voraussetzt, nämlich die Umwelt. Auch der Nachweis Ashbys, daß absolute, nicht auf Umwelt rekurrierende Selbstorganisation unmöglich ist, trifft uns nicht.[6] Das Problem liegt in der genauen Bestimmung der Art von Operationen, mit denen das System sich schließt, indem diese Operationen nur im System und nur auf Grund einer rekursiven Vernetzung mit anderen Operationen desselben Systems produziert werden können.

Rekursivität dient dazu, das System auf operativer Ebene zu schließen, nicht aber dazu, kausale Beziehungen zwischen Sy-

chisch im Einzelmenschen abläuft, für soziale Systeme in Anspruch genommen wird. Diese Selektivität ist jedenfalls nichts, was der Selbstorganisation des Einzelmenschen, etwa seinen Intentionen, zugerechnet werden könnte. Verkennt man diese Konsequenzen des Formprinzips der Differenz von System und Umwelt, lädt man sich vermeidbare Ambivalenzen und Widersprüche auf. Krohn/Küppers a.a.O. S. 44 meinen zum Beispiel, jeder Forscher handele ständig »in die Umwelt«. Und sie betonen einerseits, der Forscher sei Basiselement des Wissenschaftssystems (S. 31), um dann andererseits (S. 45) zu sagen, er müsse (als Element des Systems?) »unabhängig vom System« eingeführt werden.

6 Siehe W. Ross Ashby, Principles of the Self-Organizing System, in: Heinz von Foerster/George W. Zopf (Hrsg.), Principles of Self-Organization, New York 1962, S. 255-278; neu gedruckt in: Walter Buckley (Hrsg.), Modern Systems Research for the Behavioral Scientist: A Sourcebook, Chicago 1968, S. 108-118.

stem und Umwelt zu verhindern. Schließung heißt: daß das System nur eigene Operationen als Anlässe für die Änderung eigener Zustände anerkennen kann; und das heißt auch, daß es Annahmen über die Umwelt nur an eigenen Operationen ablesen, nur mit eigenen Operationen ändern kann.[7] Operativ geschlossene Systeme befinden sich folglich in einer jeweils historischen Ausgangslage; und zwar nicht nur in historisch veränderlichen Situationen, weil ihre Umwelt sich ändert, sondern in einem eigenen Zustand, der jeweils durch vorhergehende eigene Operationen mitbestimmt ist. Das heißt vor allem: daß sie nicht auf immer gleiche Weise Ursachen in Wirkungen (Inputs in Outputs) transformieren und mithin bei Kenntnis der Transformationsfunktion (des »Gesetzes«) berechenbar operieren. Vielmehr ist jede Operation mitbedingt durch den Zustand, in den sich das System selbst durch seine eigenen Operationen gerade versetzt hat und also mitbedingt durch die Strukturen, die jeweils erzeugt worden sind. Rekursive Systeme sind daher unprognostizierbar bzw. nur prognostizierbar, wenn man sie konkret und im Detail kennen würde. Für einen Beobachter funktionieren sie vergangenheitsabhängig, gleichwohl aber (wenn er nur wüßte: wie!) streng determiniert. Es braucht keinen Geist in der Maschine, kein Lebensprinzip, keine irrationale Spontaneität. Es genügt, sich vor Augen zu führen, daß rekursive Systeme schon bei ganz wenigen Möglichkeiten unterschiedlicher Inputs und Outputs eine immense Komplexität aufweisen, die kein externes System berechnen könnte, weil dessen Komplexität, ja sogar die Zeit seit der Entstehung der Welt dazu nicht ausreichen würden.[8] Damit wird das Problem

---

[7] Das gilt schon auf biologischer Ebene: »Le fonctionnement naît de l'organisme et précède la rencontre avec le environnement. Ainsi, le système immunitaire fonctionne sur lui-même, en réseaux cyclique, bien avant de rencontrer un agent externe«, konstatiert Jean-Claude Tabary, Interface et assimilation, état stationnaire et accomodation, Revue internationale de systémique 3 (1989), S. 273-293 (290). Im Vergleich dazu haben sinnhaft operierende Systeme nur reichere Möglichkeiten, sich laufend an der Differenz von internen und externen Referenzen zu orientieren. Aber »orientieren« heißt auch hier zwangsläufig, eine eigene Operation zur Änderung eines eigenen Zustandes durchführen.

[8] Nach einer Berechnung, die Heinz von Foerster, a.a.O., S. 47 vorführt, enthält eine nicht-triviale Maschine mit nur jeweils vier Inputs und Outputs 102466 Transformationsmöglichkeiten. Hier liegen im übrigen, theoriegeschichtlich gesehen, die Ausgangspunkte für die Entwicklung einer Kybernetik zweiter Ordnung.

der Komplexität zum Ausgangsproblem jeder Beobachtung – auch und erst recht natürlich jeder Beobachtung der Art und Weise, wie die Wissenschaft als System die Welt beobachtet und beschreibt.[9]

Das Ausmaß eingebauter Rekursivität kann natürlich variieren. So funktionieren viele Maschinen einigermaßen berechenbar, weil die Störung der Rekursivität sich auf Energieverbrauch und Materialverschleiß beschränkt. Bewußte Systeme und Kommunikationssysteme gehören jedoch nicht diesem Maschinentypus an. Sie determinieren alle eigenen Strukturen durch das Ergebnis eigener Operationen, und zwar so, daß sie nicht nur die Erzeugung der verfügbaren Strukturen, sondern auch deren Auswahl von Moment zu Moment zur Erzeugung der jeweils aktualisierten Operationen abhängig machen von dem Resultat der gerade zuvor aktualisierten Operationen. Das ändert jedoch nicht das geringste daran, daß es sich um determinierte Systeme handelt und um Systeme, die jeweils nur das tun, was sie tun; also um Systeme, die alternativenlos operieren; allerdings auch um Systeme, die ein Beobachter (der sich angesichts der immensen Komplexität nicht anders zu helfen weiß) so beschreiben kann, als ob sie die Möglichkeit hätten, ihre eigene Komplexität durch vorgeschaltete Selektion zu reduzieren. Dieser Beobachter kann im übrigen auch das System selber sein, so daß das System selbst mit Hilfe einer Beschreibung operiert, die Begriffe wie Möglichkeit, Selektion, Kontingenz usw. zur Reduktion selbsterzeugter Komplexität verwendet. Wie immer aber das Beobachten und Beschreiben als eine ebenfalls strukturdeterminierte Operation in das System eingebaut ist: das charakteristische Merkmal eines rekursiv operierenden Systems ist die Sensitivität für den Effekt der eigenen Operation und nicht nur, ja faktisch immer nur in extrem geringem Ausmaß, die Sensitivität für Ereignisse der Umwelt.

Rekursive Systeme operieren also aufgrund ihrer Rekursivität in

Siehe hierzu Paolo Garbolino, A proposito di osservatori osserviati, in: Rino Genovese et al., Modi di attribuzione: Filosofia e teoria dei sistemi, Napoli 1989, S. 185-236.

9 Wie Soziologen erinnern werden, hatte Parsons aus sehr ähnlichen Gründen eine strukturfunktionale Beschreibung sozialer Systeme für unerläßlich gehalten, später dann aber mehr und mehr der Richtigkeit seines eigenen Theorieentwurfs vertraut.

einer faktisch unprognostizierbaren, aber gleichwohl strukturdeterminierten Weise. Auch die rekursive Wissenschaft ist, wie jedes System, ein *strukturdeterminiertes System*. Sie befindet sich jeweils in dem Zustand (und in keinem anderen), den sie durch ihre eigenen Operationen erreicht. Die Transformation von Zustand in Zustand setzt Strukturen voraus, die bestimmen, welcher Zustand erreicht werden kann, ohne daß das System sich auflöst (im Verhältnis zu seiner Umwelt desintegriert). Der Begriff »determiniert« besagt also nicht, daß alle Ursachen für Veränderungen durch das System selbst ausgewählt und bestimmt werden können; er besagt nur, daß die *Abfolge* der Benutzung und Veränderung von Strukturen auf eben diese Strukturen angewiesen ist, also mit dem Verfahren der Überschußproduktion und Selektion arbeiten muß, das im System selbst angelegt ist. Die Serie der Transformationen kann daher mit Maturana auch als »structural drift« beschrieben werden. Entscheidend ist, daß die Transformation, was immer ihre Dynamik und wie komplex immer das System, als einwertige Transformation begriffen werden muß. »A single-valued transformation is simply one which ... converts each operand to only one transfer«.[10] Es kann viele solche Veränderungen gleichzeitig geben, sie können einander wechselseitig zweiwertig (das heißt: mit Irrtumsvorbehalt) beobachten, sie können einander widersprechen; aber ungeachtet all dessen ist jede einzelne Operation (auch die des Beobachtens) Vollzug des strukturdeterminierten Systems und tut nur das, was sie tut (und nichts anderes). Man kann dies auch mit der Formulierung festhalten, daß der Mechanismus »Überschußproduktion und Selektion« nur als Einheit (also nur: als faktisch vollzogene Selektion) einsetzbar ist.

Daß dies so ist, wird hier nicht als eine ontologische Aussage über die wirkliche Welt eingeführt, sondern (zirkulär) als Erfordernis wissenschaftlicher Erklärung.[11] Die Wissenschaft hat

10 So W. Ross Ashby, An Introduction to Cybernetics, zit. nach der Ausgabe New York 1963, S. 14.
11 Eine solche Korrespondenz von Gegenstandskonzept und Erkenntnistheorie ist keineswegs ungewöhnlich und neu. Siehe für die griechische Klassik und für das 17. Jahrhundert Stephen Toulmin, Kritik der kollektiven Vernunft, dt. Übers., Frankfurt 1978, S. 15 ff. Neu allerdings ist die Darstellung dieses Zusammenhangs nicht als Sachverhalt, sondern als Zirkel.

es ihrerseits mit strukturdeterminierten Systemen zu tun. Ihre Gegenstände sind strukturdeterminierte Systeme. Aufgrund dieser Unterscheidung kann die Wissenschaft Gegenstände unterscheiden je nach den strukturellen Spezifikationen, die ein System determinieren. Die Unterstellung der Einwertigkeit der Transformation ist dabei nichts anderes als das Korrelat der Zweiwertigkeit der Beobachtung der Transformation. Denn wenn die Wissenschaft sich den Zweitwert zur Bezeichnung eines Irrtums reservieren will, kann sie die Realität, die sie beschreibt, nur als einwertig charakterisieren. Es macht keinen Sinn zu sagen, die Realität »an sich« *sei* einwertig (ontisch), denn ein solches »an sich« hätte keinen Beobachter, also keine Referenz.

Diese post-ontologische Option stellt zugleich klar, daß für die Wissenschaft selbst nichts anderes gelten kann. Für sie gilt, was strukturelle Determination und Einwertigkeit der operativen Transformationen angeht, dasselbe wie für ihre Gegenstände. Sie ist in der Tat für sich selbst nur einer ihrer Gegenstände. All dies trifft auch dann zu, wenn man Zweiwertigkeit (oder eventuell: Mehrwertigkeit) des Beobachtens mit in Betracht zieht; denn auch die Beobachtung (inclusive Selbstbeobachtung) ist nur möglich als Operation der Transformation eines strukturdeterminierten Systems. Sie hat keine freischwebende Position (etwa die eines »Subjekts«) außerhalb jeder Realität. Maturana hat dies an der Voraussetzung des Lebens klargemacht, ohne damit einem biologischen Reduktionismus zu huldigen.[12] Aber es gilt auch dann, wenn man nicht von Lebensvollzug ausgeht, sondern (wie in den hier vorgelegten Untersuchungen) von Kommunikation.

Der Sinn des Begriffs des strukturdeterminierten Systems liegt in dieser erkenntnistheoretischen Zirkularität, mit der die Wissenschaft sich selbst ihrer Gegenstandskonzeption unterstellt. Er besagt nichts für Kausalzurechnungen. Wissenschaftliche Erklärung ist daher auch nicht (oder nur im Sonderfall) als Kausalzurechnung konzipiert, sondern als Beschreibung der Transformationsdynamik strukturell determinierter Systeme. Das

---

12 Vgl. insb. The Biological Foundations of Self Consciousness and the Physical Domain of Existence, in: Niklas Luhmann et al., Beobachter: Konvergenz der Erkenntnistheorien?, München, 1990, S. 47-117.

heißt vor allem, daß kein Vorurteil zugunsten endogener gegenüber exogenen Ursachen eingebaut ist, geschweige denn eine solipsistische Position. Es wäre schlicht Unsinn, zu behaupten, strukturdeterminierte Systeme könnten ohne Umwelt existieren, und wenn dies generell gilt, gilt es auch für den Fall von Wissenschaft. Die Strukturdetermination vollzieht sich in laufender Kopplung mit Bedingungen der Umwelt (im Falle wissenschaftlicher Kommunikation zum Beispiel mit Mentalzuständen der beteiligten Menschen), aber das ändert nichts daran, daß das System nur Zustände annehmen kann, die seiner Struktur entsprechen, und Strukturen nur durch eigene Operationen transformieren kann. Ein Beobachter (für den dasselbe gilt) mag dann entscheiden, ob er die Transformation dem System oder der Umwelt zurechnet. Aber das ist dann nur eine Operation der Bestimmung seines eigenen Zustandes. Ungeachtet dessen gilt, daß ein strukturdeterminiertes System seine Strukturen nur selbst spezifizieren kann. Und ungeachtet dessen gilt, daß jede Transformation von Strukturen immer der Umwelt angepaßt ist, in der sie vollzogen wird, weil sie andernfalls nicht vollzogen werden könnte.

Zu den wichtigsten Konsequenzen dieser Auffassung der Wissenschaft als strukturdeterminiertes System gehört: daß sie zugleich bestimmt, an welche Bedingungen die Existenz eines solchen System gekoppelt ist und welchen externen Einflüssen das System folglich unterliegt. Der Bereich, in dem Wissenschaft (so wie gesellschaftliche Kommunikation schlechthin) ausdifferenziert ist, kann als bewußt aktualisierter Sinn beschrieben werden. Wissenschaft ist deshalb strukturell an Bewußtsein gekoppelt und kann in den eigenen Strukturen nur durch Bewußtsein irritiert, gestört oder mit Variationsanlässen bedrängt werden.[13] Kommunikation ist zwar auch ein physikalischer Sachverhalt im Medium von Luft und Licht. Kommunikation kann daher auch physikalisch gestört oder gar unterbunden werden. Aber als strukturdeterminiertes System kann ein Kommunikationssystem auf dieser Ebene nicht reagieren. Es kann seine Strukturen nur selbst respezifizieren, und dies nicht aus Anlaß von physikalischen Störungen, sondern nur aus

[13] Vgl. oben Kap. 1. Wir werden diese Einsicht wiederaufgreifen im Zusammenhang mit Fragen evolutionärer Variation. Vgl. unten Kapitel 7.

Anlaß von Interventionen des Bewußtseins. Das »structural coupling« (Maturana) verbindet dieses System also mit hochselektiven Bedingungen und keineswegs mit allem, was als Umwelt beobachtet werden kann. Darin liegt eine unerläßliche Bedingung der Spezifikation von Operationen.

Wechselt man die Systemreferenz der Beschreibung, kann man auch sagen, das Bewußtsein habe privilegierten Zugang zur Kommunikation, da die Kommunikation sich nur durch Bewußtsein beeinflussen läßt. Das heißt jedoch nicht, daß das Bewußtsein das eigentliche Agens der Kommunikation, ihr Träger, ihr Subjekt sei. Die Riesenmenge isolierter Mentalsysteme bildet nur das Medium, freilich ein unentbehrliches Medium, in das die Kommunikation sporadisch rigide Stukturen einzeichnet, um sich selbst fortsetzen zu können. Kein Einzelbewußtsein (und es gibt Bewußtsein nur als Einzelbewußtsein) kann kommunikatives Geschehen beherrschen, kontrollieren oder auch nur einigermaßen durchschauen; es kann das, was im Kommunikationssystem geschieht, nur auslösen oder auch blockieren, einschränken, stören, verwirren, und auch dies nur auf sehr punktueller, lokaler Basis. Das gilt selbst für Interaktionssysteme einfachster Art, selbst für Dyaden, wenngleich strukturelle Kopplungen hier intensiver und vor allem schneller wirken und stärker stören können. Wer hierüber anders denkt, müßte nachweisen können, welches von den mehreren Milliarden Bewußtseinssystemen in welchem Moment mehr Kompetenz hat, und zwar aufgrund von Eigenleistungen und nicht aufgrund einer Position, die ihm nur durch das Kommunikationssystem Gesellschaft verliehen ist.

Wissenschaft ist demnach ein strukturdeterminiertes System eines besonderen Typs. Aber ist sie darüber hinaus auch ein autopoietisches System, das heißt: ein System, das die Elemente, aus denen es besteht, durch das Netzwerk der Elemente, aus denen es besteht, selbst produziert?

Man kann diese Frage bejahen, wenn man als Element die wissenschaftliche Kommunikation ansieht, die Wahrheit unter Ausschluß von Unwahrheit (bzw. umgekehrt Unwahrheit unter Ausschluß von Wahrheit) behauptet. Sobald die Symbolik des Mediums Wahrheit innerhalb der allgemeinen gesellschaftlichen Kommunikation eine besondere Qualität generiert, die nur in rekursivem Anschluß an frühere und an in Aussicht stehende weitere Kommunikationen desselben Systems gewonnen werden kann, entsteht ein autopoietisches System, das eben diese Elemente durch eben diese Elemente erzeugt und sich dadurch von einer Umwelt anderer Kommunikationen abgrenzt. Es steht dem nicht entgegen, daß die Menge der möglichen Kommunikationen unabsehbar und nach der Zukunft hin offen ist,[14] sofern nur garantiert ist, daß in jedem künftigen Falle diese Voraussetzungen wieder erfüllt sein werden – oder ein Beobachter feststellen könnte, daß das System aufgehört hat zu existieren.

Die Wissenschaft hat ihre eigene Autopoiesis bemerkt – wenngleich nicht begrüßt. Sie hat ihr in einem bis heute anhaltenden Reflexionsschub für interne Zwecke die Form eines unlösbaren Problems gegeben. So gelten seit Hume Induktionsschlüsse als unbegründbar, Allsätze als unbeweisbar, Universalgesetze als überformuliert. In dieser Fassung erscheint das Problem als ein Defekt. Der Defekt liegt aber nur in der Formulierung des Problems. Auch hier verlagert die ausdifferenzierte Wissenschaft das Problem zunächst aus der Sozialdimension in die Zeitdimension: Epagogé (inductio) hieß ja ursprünglich, einen anderen an Hand von Einzelerfahrungen zum Allgemeinen zu führen. Bei Hume geht es darum, daß die Aufmerksamkeitsspanne des einzelnen nicht ausreicht, um alle in einer prinzipiell unendlichen Zeit möglichen Fälle zu erfassen. Übersetzt man dies in die Sprache der Theorie autopoietischer Systeme, besagt es nichts weiter als die Unabgeschlossenheit der Autopoiesis. Jedes Element wird nur als Ausgangspunkt für die Produktion weiterer Elemente produziert, jedes Ende ist ein Anfang. Alle Ereignisse, die als zugehörig erkannt werden können, dienen der Produktion von Information durch Information im System. »Scientific knowledge is inherently inconclusive«, konstatiert Mulkay.[15] Oder mit Heinz von Foerster: die Wissenschaft ist eine historische Maschine, die mit jeder ihrer Zustandsänderun-

---

14 Maturana würde, wie ich aus Gesprächen weiß, im Falle eines solchen »cone« Bedenken haben, den Begriff der Autopoiesis anzuwenden. Ich sehe hier, wie der Text ergibt, kein durch den Begriff gegebenes Hindernis, sondern nur eine unnötige Einschränkung seiner Reichweite.
15 Michael Mulkay, Science and the Sociology of Knowledge, London 1979.

gen eine andere Maschine wird. Man kann dies an Gegenbegrifflichkeiten ablesen – das Induktionsproblem ist eine dieser Möglichkeiten, die Vorstellung eines Endzwecks im Sinne der klassischen Teleologie eine andere. Das sollte aber nicht länger dazu führen, in dem, was nicht der Fall sein kann, ein (wenn auch unerreichbares, aber doch approximativ anzustrebendes) Ideal zu sehen.

Sieht man die Wahrheitskommunikation als elementare Einheit des autopoietischen Systems Wissenschaft an, so hat das weittragende Folgen für die Diskussion über »Wahrheitstheorien«. Wir hatten schon erwähnt,[16] daß dadurch die Zeitdimension wichtiger wird als die Sachdimension; denn eine Kommunikation ist nur ein Ereignis, und die Frage ist dann primär: ob überhaupt und wie es weitergeht. Daß man Themen findet, die als wahr oder als unwahr behandelt werden können, ist ein weniger dringliches Problem, wenngleich die Reichhaltigkeit des Themenschatzes ihrerseits eine Art Garantie für die Fortsetzbarkeit der Autopoiesis darstellt. Eine ähnliche Beziehung besteht zur Sozialdimension. Kommunikation ist ein immer schon soziales Ereignis und anders gar nicht möglich. Sie involviert mehr als nur ein Bewußtsein und mehr als nur eine solitäre Handlung. Insofern ist Wahrheit immer schon sozial konstituiert, und es ist eine zweite Frage, ob Konsens oder Dissens besteht. Zwar hat das Kommunikationsmedium Wahrheit die spezifische Funktion, auch im unwahrscheinlichen Falle noch Konsens zu erreichen. Aber auch wenn Dissens besteht, hört die Wahrheitskommunikation nicht allein deswegen schon auf; sie kann, im Gegenteil, gerade dadurch in Gang gehalten werden. Man bemüht sich dann vielleicht um so mehr, den Sachverhalt zu klären und herauszufinden, ob und wie weit nicht doch Konsens besteht und was geschehen müßte, um Dissens in Konsens zu überführen. Die Autopoiesis des Systems beruht in der (gesellschaftlich ermöglichten) Sozialität der Kommunikation, ihrer Mitteilbarkeit und Verstehbarkeit. Sie beruht nicht auf Übereinstimmung der Sache mit der Außenwelt und auch nicht auf Konsens. Sie wäre nicht möglich, wenn das System nicht strukturell mit seiner sachlichen und seiner psychischen Umwelt gekoppelt wäre; aber sie würde ebenfalls aufhören, wenn

16 Vgl. oben Kap. 2, III.

diese Kopplungen keinen Anreiz zur Kommunikation, keine Irritationen, keine »perturbations« mehr böten. Jedenfalls ist »Konsens/Dissens« immer das Konstrukt eines darauf abstellenden Beobachters; und es spricht viel dafür, auch diese Konstruktion zu temporalisieren. Sie bringt dann nichts anderes zum Ausdruck als Erwartungen über Kohärenz/Inkohärenz der weiteren Kommunikation.[17]

Die Autopoiesis des Systems erfordert nichts anderes als die Fortsetzung der Kommunikation über Wahrheit und Unwahrheit, also die Fortsetzung der Kommunikation in diesem symbolisch generalisierten Medium. Dazu müssen entsprechende Erwartungen gebildet werden können. Solche Erwartungen dienen, von Moment zu Moment, als Struktur des Systems. Auf der Ebene dieser Strukturen kann das System auf psychische Irritationen reagieren, und in seinen Operationen bleibt es gekoppelt an das, was in dem physisch/chemisch/ biotisch/psychischen Materialitätskontinuum, auf dem es beruht, gleichzeitig geschieht. Genies können sterben, Bibliotheken verbrennen, Computer ihre Daten löschen. Das alles kann, soweit es um die Autopoiesis des Systems geht, aber nur bewirken, daß es weitergeht oder nicht weitergeht. Der Begriff der Autopoiesis gibt also keine allein ausreichende Erklärung von Wissenschaft, geschweige denn eine Begründung des Wahrheitsgehalts wissenschaftlicher Theorien. Aber die Erhaltung der autopoietischen Rekursivität des Operierens ist die Mindestbedingung der Ausdifferenzierung von Wissenschaft mit all dem, was daraus folgt. Das zwingt zur Aufgabe von Wahrheitstheorien, die einen willkommenen (wenn nicht: perfekten) Endzustand bezeichneten und daraus eine Teleologie des Systems ableiteten – sei es immer bessere adaequatio, sei es immer mehr Konsens. Autopoiesis ist ein ateleologisches Prinzip, und die Wissenschaft kann Wahrheiten und Unwahrheiten nur generieren, wenn sie zumindest fortfährt, sich als autopoietisches System in der Gesellschaft zu halten und reproduzieren.

---

17 »The value of an agreement between participants, A and B, who agree or disagree in a conversation, is a coherence value«, meint auch Gordon Pask, Development in Conversation Theory: Actual and Potential Applications, in: George E. Lasker (Hrsg.), Applied Systems and Cybernetics III, New York 1981, S. 1326-1338 (1331).

Die These, daß das Wissenschaftssystem durch binäre Codierung als ein eigenes autopoietisches System ausdifferenziert wird, erklärt auch, weshalb dies System nicht (oder nur unter Absehen von der Wahrheitsfrage) durch ein Input/Output-Modell angemessen beschrieben werden kann. Auch das Input/Output-Modell postuliert eine Binarisierung des Systems, aber eine Binarisierung anderen Typs. Hier wird postuliert, daß das System nur zwei Grenzen hat, eine für (variablen) Input und eine für (variablen) Output; oder handlungstheoretisch formuliert: eine für Mittel und eine für Zwecke. Der Primat einer solchen Beschreibung ist inkompatibel mit dem Primat binärer Codierung; oder anders formuliert: nur mit der einen oder der anderen Unterscheidung kann man eine Beschreibung anfangen.[18] Das erklärt nicht zuletzt, weshalb klassische rationalitätstheoretische, aber auch neo-utilitaristische oder finalisierungskritische Beschreibungen von Wissenschaft mit deren Wahrheit ihre Probleme haben.

Außerdem unterscheidet die Theorie autopoietischer Systeme sich deutlich von einer strukturell-funktional angelegten Systemtheorie und daher auch, in der Anwendung auf das Wissenschaftssystem, von den viel beachteten wissenssoziologischen Analysen Robert K. Mertons.[19] Die strukturell-funktionale Analyse lenkt die Aufmerksamkeit vorzugsweise auf die Strukturprobleme des Wissenschaftssystems und hier, wiederum einschränkend, auf Wertkonflikte und deren Folgen, die am Verhalten der Wissenschaftler sichtbar werden. Das ist ein

---

18 Die Formulierung des Textes läßt zugleich erkennen, daß auch die Beschreibung des Anfangens eine Unterscheidung erfordert: womit anfangen und womit nicht anfangen; mit einer input/output type description oder mit einer closure type description, um die Formulierung von Francisco Varela, Two Principles for Self-Organization, in Hans Ulrich/Gilbert J. B. Probst (Hrsg.), Self-Organization and Management of Social Systems. Insights, Promises, Doubts, and Questions, Berlin 1984, S. 25-32 aufzunehmen. Diese Überlegung zeigt zugleich, daß wir das Unterscheiden als Grundoperation verwenden. Nicht einmal Anfangen und Aufhören kann man beobachten, ohne genau dies als Unterscheidung zu vollziehen. Siehe dazu auch Ranulph Glanville. Distinguished and Exact Lies, in: Robert Trappl (Hrsg.), Cybernetics and Systems Research 2, New York 1984, S. 655-662; dt. Übers. in ders., Objekte, Berlin 1988.

19 Siehe als deutsche Ausgabe wichtiger Beiträge Robert K. Merton, Entwicklung und Wandel von Forschungsinteressen: Aufsätze zur Wissenschaftssoziologie, Frankfurt 1985.

sehr berechtigtes Forschungsinteresse, erfaßt aber nur einen Ausschnitt möglicher Themen. Vor allem bietet dieser Ansatz keinen Zugang zu der Konventionalität (oder heute: »Postkonventionalität?«) wissenschaftlichen Wissens und daher auch keinen Zugang zu den Thesen, mit denen sich die Reflexionsanstrengungen des Wissenschaftssystems selbst (Erkenntnistheorie, Wissenschaftstheorie) befassen. Die strukturell-funktionale Analyse isoliert sich unnötig gegen den heute sehr breiten Trend zu einer empirischen (sei es biologischen, sei es psychologischen, sei es soziologischen) Analyse des Erkenntnisvorgangs auf elementaren, operativen Ebenen. Die weiträumigere Theorie selbstreferentieller, autopoietischer Systeme schließt strukturell-funktionale Analysen nicht aus, sondern ein; denn sicherlich bleiben Strukturen ein unerläßliches Erfordernis der Autopoiesis sozialer Systeme. Aber wenn eine Theorie es ermöglicht, auch noch diese Funktion von Strukturen zu berücksichtigen, kann sie Normalität und Widersprüchlichkeit, Bestand und Wandel nochmals theoretisch umfassen und kann den Standpunkt des Beobachtens von Beobachtungen einnehmen, von dem aus alle Operationen des Systems unter Einschluß der Selbstbeobachtung und der Selbstbeschreibung des Systems erkennbar werden als rekursiv bedingt durch das Netzwerk der Elemente, mit denen das System die Reproduktion seiner Elemente durchführt.

Ausdifferenzierung von Wissenschaft heißt durchaus nicht, daß dieses System nunmehr nur für einen Teil des Vorhandenen, für einen Ausschnitt der Welt zuständig wäre. Die gesellschaftliche Differenzierung folgt ihrer Eigenlogik und nicht einer ihr vorgegebenen Ordnung der Dinge, die sie dann nur besser erfassen und bewirtschaften könnte. Gewiß, Wahrheit und Wissenschaft gründen auf eine Reduktion, aber diese Reduktion hat einzig die Funktion, den Aufbau systemeigener Komplexität zu ermöglichen, durch die dann auf spezifische Weise die Beobachtung und Beschreibung der Welt neu konstituiert wird. Es geht um die Herstellung von Offenheit durch die Geschlossenheit des Systems.

Die vielleicht wichtigste Folgerung ist: daß *alles,* was für ein autopoietisches System Einheit und Unterschiedenheit ist, auf die Operationen des Systems selbst zurückzuführen ist. Dies heißt nicht, Umwelt zu leugnen, aber die Form, mit der sich das System zur Umwelt in Beziehung setzt, und dies sehr radikal begriffen als Einheit und Unterschiedenheit, ist eine Eigenleistung des Systems. Diese Einsicht löst den klassischen Naturbegriff auf, der mitzugarantieren versuchte, daß erkennende Systeme an der *Einheit* der (als extern begriffenen) Natur den *Zusammenhang* ihrer Erkenntnisse ablesen und gewährleistet finden konnten und von dieser *Einheit* auf die *Gesetzmäßigkeit* der Abläufe schließen konnten.[20] Die Geräusche kommen von draußen, aber was an ihnen clare et distincte begriffen werden kann, wie ihnen Informationen abgewonnen werden können und welche Erwartungen sie, so präpariert, bestätigen oder enttäuschen, das ist Eigenleistung des Systems.

Diese Einsicht wird, wenngleich nur punktuell, registriert im Begriff der Tatsache (fact). Was für Ludwik Fleck zu den Zeiten des Logischen Positivismus noch eine Entdeckung war,[21] wird heute allgemein akzeptiert. »Facts may be microtheories no longer controversial within the scientific community«.[22] In einer etwas elaborierteren Begriffssprache könnte man daher auch sagen, daß Tatsachen die Außenwelt, gesehen von innen, repräsentieren; daß sie die Ergebnisse der Irritationen des Systems fixieren, die auf Grund einer strukturellen Kopplung des Systems mit seiner Umwelt anfallen; oder auch: daß der Begriff Tatsache die strukturelle Kopplung des Wissenschaftssystems mit seiner Umwelt im System repräsentiert, so daß das System mit Hilfe dieses Begriffs für Zwecke interner Kommunikation davon ausgehen kann, daß es sich nach den Gegebenheiten seiner Umwelt richte, und dabei vergessen kann, daß dies nur dank

---

20 Die Kritik der epistemologischen Vorschrift, nach Naturgesetzen (oder ähnlichem) Ausschau zu halten, findet inzwischen auch in der Soziologie Resonanz. Vgl. nur Raymond Boudon, La place de désordre: Critique des théories du changement social, Paris 1984.
21 Siehe Ludwik Fleck, Entstehung und Entwicklung einer wissenschaftlichen Tatsache: Einführung in die Lehre vom Denkstil und Denkkollektiv (1935), Neudruck Frankfurt 1980. Siehe auch ders., Erfahrung und Tatsache: Gesammelte Aufsätze, Frankfurt 1983.
22 So Donald T. Campbell, Science's Social System of Validity-Enhancing Collective Belief Change and the Problems of the Social Sciences, in: Donald W. Fiske/Richard A. Shweder (Hrsg.), Metatheory in Social Sciences: Pluralism and Subjectivities, Chicago 1986, S. 108-135.

der selbstreferentiellen Geschlossenheit des Netzwerkes der eigenen Operationen möglich ist. Und es kann dies vergessen, weil dies ohnehin nicht zu ändern ist.

III

Ein System, das aufgrund von selbstreferentieller Geschlossenheit operiert, operiert *autonom*.[23] Autonomie ist, diesem Begriff zufolge, nichts anderes als die Herstellung der eigenen Einheit durch die eigenen Operationen des Systems.[24] Ebenso gut kann man sagen, daß die Grenzen eines Systems nur durch das System selbst und nicht durch die Umwelt (die ja nicht als Einheit operieren kann) gezogen werden können.[25] Aus der Umwelt heraus können andere Systeme (und wieder: nicht die Umwelt selbst) beobachten, was zum System gehört und was nicht; und sie können durch Mitsehen der Umwelt des Systems unter Umständen mehr sehen als das System selbst. Das ändert aber nichts daran, daß das System seine eigene Einheit und seine Grenzen selbst definiert und daß das System folglich nur im Hinblick auf diese Eigenleistungen beobachtbar ist.[26] Damit ist nicht gesagt, daß ein System anderes nur unter diesem Gesichtspunkt beobachten kann. Jedes System kann in den Schranken, die seine eigene Autopoiesis und seine eigene Struktur ziehen, Unterscheidungen treffen, Einheiten bezeichnen, Formen, Dinge, Prozesse usw. beobachten; aber die Beobachtung eines Objekts

---

23 Zu diesem Begriff von Autonomie siehe Francisco J. Varela, Principles of Biological Autonomy, New York 1979. Vgl. auch Edgar Morin, La Méthode, Bd. 2, Paris 1980.
24 »The assertion of the system's identity through its internal functioning and selfregulation«, heißt es bei Francisco J. Varela, On Being Autonomous, in: George J. Klir (Hrsg.), Applied General Systems Research: Recent Developments and Trends, New York 1978, S. 77-84 (77).
25 Siehe Gordon Pask, Development in Conversation Theory: Actual and Potential Applications, in: George E. Lasker (Hrsg.), Applied Systems and Cybernetics III, New York 1981, S. 1326-1338 (1327): »Computing systems own their autonomy to computing their own boundaries«.
26 Hierzu Ranulph Glanville, The Same is Different, in: Milan Zeleny (Hrsg.), Autopoiesis: A Theory of Living Organisation, New York 1981, S. 252-262; dt. Übers. in ders., Objekte, Berlin 1988.

als System setzt voraus, daß von der Selbstreferenz dieses Systems ausgegangen wird.[27]

Für ein System, das zwischen Selbstreferenz und Fremdreferenz unterscheiden kann, für ein Wissenschaftssystem also, das zwischen Begriffen und Tatsachen unterscheiden kann, fällt Autonomie nicht mit Selbstreferenz zusammen; denn auch die Unterscheidung von Selbstreferenz und Fremdreferenz muß noch mit systemeigenen Operationen vollzogen bzw. an systemeigenen Operationen beobachtet werden. Die Einheit der Unterscheidung von Selbstreferenz und Fremdreferenz erfordert deshalb eine *Metareferenz*, in der zugleich die Unterscheidung von Unterscheidung und Nichtunterscheidung bzw. die Unterscheidung von »marked state« und »unmarked state« (Spencer Brown) kollabiert.[28] (Wir bewegen uns hier in semantischen Bereichen, die Nikolaus von Kues dem Gottesbegriff vorbehalten hatte). Dies ist nur eine andere Fassung für die Unmöglichkeit, die Einheit des Systems in das System wiedereinzuführen; oder auch ein Grund dafür, daß Epimenides ein Kreter sein oder jedenfalls sein Paradox »lokalisiert« sein muß, damit es noch etwas anderes, unter anderem den Beobachter des Paradoxes, geben kann. Oder in nochmals anderen Begriffen: Autonomie ist ein Zustand der sich selbst implizierenden Imagination, ein dritter logischer Wert, eine Operation des »self-indication«.[29]

Der Begriff des autopoietischen Systems zwingt zu dieser Tieferlegung des Begriffs der Autonomie. Er schließt damit den unklaren Begriff der »relativen« Autonomie aus[30] ebenso wie die Behandlung von Autonomie als einer Variable, die alles abdeckt, was zwischen vollständiger Abhängigkeit (also Ununterscheidbarkeit) des Systems von der Umwelt und vollständiger

---

27 Zu einer entsprechenden Auffassung von »Verstehen« siehe Niklas Luhmann, Systeme verstehen Systeme, in: Niklas Luhmann/Karl Eberhard Schorr (Hrsg.), Zwischen Intransparenz und Verstehen: Fragen an die Pädagogik, Frankfurt 1986, S. 72-117. Vgl. auch Volker Kraft, Systemtheorie des Verstehens, Frankfurt 1989.

28 Vgl. dazu Jacques Miermont, Les conditions formelles de l'état autonome, Revue internationale de systémique 3 (1989), S. 295-314.

29 So Francisco J. Varela, A Calculus for Self-reference, International Journal of General Systems 2 (1975), S. 5-24.

30 Ich habe früher selbst diesen Begriff gebraucht und muß das aufgeben.

Isolation liegt.[31] Der Begriff der (autopoietischen) Autonomie, der solche Vorstellungen ablöst, ermöglicht zugleich eine Auflösung der Paradoxie, die in der Behauptung eines wissenschaftlichen Wissens von der Autonomie des wissenschaftlichen Wissens vermutet wurde.[32] Im Unterschied zu älteren Vorstellungen, die von Autonomie nur mit Bezug auf die Ebene der Strukturbildung (also im Wortsinne: von Selbstgesetzgebung) sprachen, wird damit auch die Produktion der Elemente des Systems durch das Netzwerk der Elemente des Systems einbezogen. Dann wird es zu einer bloßen Konsequenz von Autonomie, daß auch die Strukturen des Systems nur durch die eigenen Operationen des Systems gebildet und variiert werden können. Autopoietische Systeme sind strukturdeterminierte Systeme, die sich selbst über ihre Struktur in ihrem Verlauf festlegen.

Durch Autonomie ist ein Kausalzusammenhang zwischen System und Umwelt nicht ausgeschlossen und auch nichts gesagt über die Komplexität und Intensität (Unwiderstehlichkeit) solcher Kausalbeziehungen.[33] Autopoiesis ist in jedem Falle »Pro-

[31] Einen bemerkenswerten Begriff von relativer Autonomie bildet Walter L. Bühl, Einführung in die Wissenssoziologie, München 1974, S. 30ff. und passim. Der Begriff bildet hier sozusagen einen Kompromiß zwischen zwei Systemreferenzen: Gesellschaft (äußeres System) und Wissenschaft (inneres System), die sich wechselseitig überschneiden. Bei aller Bedeutung, die man der Wahl von Systemreferenzen beilegen muß, würde ich es jedoch vorziehen, diese Frage nicht mit der der Autonomie zu verquicken; denn dieser Begriff setzt die Wahl einer Systemreferenz voraus. Man muß deshalb in bezug auf Gesellschaft von Autonomie (dieses Systems) sprechen oder in bezug auf Wissenschaft von Autonomie (dieses Systems), aber nicht beides mit (dann unklarer) Systemreferenz im Begriff der relativen Autonomie zusammenziehen. Außerdem wäre auch an die Marx-Gramsci-Tradition zu denken, die, systemtheoretisch interpretiert, mit relativer Autonomie meint, daß Systeme zwar im Verhältnis zueinander autonom sein können, nicht aber im Verhältnis zur (als kapitalistisch interpretierten) Gesellschaft.

[32] Zu dieser Form von Paradoxie und zu ihrer »konstruktivistischen« Auflösung vgl. Jean-Louis Le Moigne, Science de l'autonomie et autonomie de la science, in: Paul Dumouchel/Jean-Pierre Dupuy (Hrsg.), L'auto-organisation: De la physique au politique, Paris 1983, S. 521-536.

[33] Auch damit distanzieren wir uns von üblichen Vorstellungen, die ein System dann als (relativ) autonom bezeichnen, wenn es mehr durch sich selbst als durch die Umwelt beeinflußt wird. Autonomie muß dann für Zwecke der empirischen Forschung als Variable behandelt werden, die mehr in Richtung Autonomie oder mehr in Richtung Heteronomie realisiert sein kann. Die Bezeichnung als Autonomie ist dann falsch gewählt (einseitig). Diese Begriffsbildung kollidiert außer-

duktion« (das heißt abhängig von internen *und* externen, verfügbaren *und* nichtverfügbaren Ursachen) und nicht Selbstkreation aus dem Nichts. Dabei kann ein Beobachter (und auch das System selbst als Selbstbeobachter) mehr auf die internen oder mehr auf die externen Ursachen achten. Für diese Art von (am Kausalschema orientierter) Beobachtung heißt dann Autonomie: daß das System seine eigenen Operationen nur fortsetzen kann, wenn es die Möglichkeit hat, rekursiv auf eigene Operationen als Ursachen zurückzugreifen – wie immer die Umwelt im Moment gegeben ist. Es ist klar, daß dies nicht in beliebigen Umwelten möglich ist; aber wenn und soweit es nicht möglich ist, kann das System nur aufhören zu existieren.

Ein Beobachter kann, wenn er darauf achtet, Autonomie und Heteronomie zugleich sehen und Steigerungsbedingungen formulieren.[34] Ich würde es terminologisch bevorzugen, dann nicht von Autonomie/Heteronomie, sondern von Unabhängigkeit/Abhängigkeit zu sprechen und auf die Aussage zusteuern, daß die Steigerung der Unabhängigkeit zur Steigerung von Abhängigkeit führen kann – unter noch zu spezifizierenden Voraussetzungen.

Wenn sich aufgrund des Kommunikationsmediums Wahrheit und in Orientierung an dessen Code wahr/ unwahr ein Wissenschaftssystem in diesem Sinne ausdifferenziert, entsteht es als autonomes System. Die Werte wahr/unwahr können dann, wie immer die Umwelt aussieht, nur in diesem System vergeben werden (was natürlich nicht ausschließt, daß in der Umwelt, zum Beispiel in der Kunst oder in der Religion, in einem anderen, nicht codierten Sinne von »wahr« gesprochen wird).

dem mit den (ebenfalls empirischen) Resultaten der Attributionsforschung, die ergeben haben, daß es vom Beobachter abhängt, wie weit er internal oder external zurechnet. Für *beide* Zurechnungen gibt es im unendlichen Horizont der Kausalität jeweils genug Ursachen, so daß man auswählen kann (und muß).

34 So z. B. Arnold Cornelis, Epistemological Indicators of Scientific Identity, in: Robert Trappl (Hrsg.), Cybernetics and Systems Research 2, Amsterdam 1984, S. 683-690; zum Beispiel S. 684: »The more a learning system undertakes, starting from the autonomy of its identity, the more heteronomy it will meet«. Und an derselben Stelle: »Our modern societies meet many problems that have not appeared before in the preceding ages. This is a direct consequence of the growth of autonomy of social steering processes which lead to the discovery of new heteronomy that could not be understood before«.

Ist von Wahrheit die Rede, so braucht man nur zu fragen, unter welchen Bedingungen die betreffende Aussage unwahr sein würde – und schon findet die Kommunikation im Wissenschaftssystem statt. Kommunikationen, die als wahr bzw. unwahr markiert sind und dadurch in ihrer Weiterverwendungsfähigkeit vorbestimmt sind, sind Operationen dieses Wissenschaftssystems. Die Finanzierung des Systems mag von außen gelenkt, die Meinungsfreiheit mag politisch reglementiert, die Operationen des Systems können effektiv eingeschränkt oder im Grenzfalle ganz unterbunden werden. Die mitwirkenden Personen mögen eigene Interessen einbringen, zum Beispiel Interesse an Karriere oder an Reputation. Die Organisationen mögen die verfügbare Zeit von Forschung auf Lehre verschieben oder umgekehrt. Die »öffentliche Meinung« und, in ihrem Hintergrund, die Massenmedien mögen bestimmte Themen favorisieren und anderen die öffentliche Resonanz entziehen. Das alles mag für den Erfolg der Wissenschaft (wie immer gemessen) wichtig sein, ändert aber nichts daran, daß die Wissenschaft, wenn sie als System operiert, autonom operiert; denn nirgendwo sonst kann mit der für Wissenschaft spezifischen Sicherheit ausgemacht werden, was wahr und was unwahr ist. Andere Funktionssysteme greifen in die Wissenschaft zwar ein, wenn sie in Erfüllung ihrer eigenen Funktionen operieren und ihren eigenen Codes folgen. Aber sie können, jedenfalls unter den Bedingungen der modernen Gesellschaft, nicht selbst festlegen, was wahr und was unwahr ist (es sei denn mit einer Usurpation dieser Terminologie für eigene Zwecke und mit dem wahrscheinlichen Resultat eigener Blamage). Jede außerwissenschaftliche Festlegung dessen, was nicht wahr oder nicht unwahr sein dürfe, macht sich, heute jedenfalls, lächerlich;[35] und extern motivierte Wissenschaftskritik muß sich folglich als »Ethik« ausweisen.[36] Man kann nicht herbeireden, daß

35 Nach Lübbe ein Effekt der Aufklärung. Siehe Hermann Lübbe, Religion nach der Aufklärung, Graz 1986.
36 Nicht zufällig korreliert also die heutige Akzentuierung von »Wissenschaftsethik« mit der funktionalen Autonomie des Wissenschaftssystems – was für sich allein natürlich noch nicht bewirkt, daß die Ethik für Fragen dieser Art wirklich kompetent ist. Vgl. anstelle des üblichen, vorsichtig-optimistischen Wunschdenkens Werner Becker, Moral als Notration: die trügerische Konjunktur der Ethik, Frankfurter Allgemeine Zeitung, Nr. 270 vom 20. November 1986.

Sonnenenergie in wirtschaftlich ausreichendem Umfange in Strom verwandelt werden kann, daß Aids nur bestimmte Gruppen betreffen könne, daß die Änderung der genetischen Strukturen des Menschen unmöglich sei oder daß der Mensch im Prozeß der Schöpfung der Welt und nicht à la Darwin entstanden sei – wie immer man solche Ansichten für wünschenswert halten mag. Man kann Finanzströme in diese oder andere Richtungen lenken; aber wenn die Wissenschaft nicht co-operiert, ist auf diese Weise nichts auszurichten; und wenn ihr nicht-selbst-gewählte Forschungsprogramme zugemutet werden, ist die Wahrscheinlichkeit um so größer, daß sie bei autonomem Operieren, also: beim Operieren als Wissenschaft, zu dem Ergebnis kommt, daß bestimmte Ansichten unwahr sind.

Externe Einflüsse dieser Art betreffen nicht die Autonomie des Systems, sondern den Grad der Ausdifferenzierung, also die erreichbare Komplexität des Systems. Wenn Forschungen verboten oder nicht finanziert werden, kann das Folgen für die Theorieentwicklung haben. Bestimmte Theoriefragen werden dann unentscheidbar bleiben. Ein Verbot des Experimentierens mit lebenden Tieren mag dazu führen, daß die Wirkungen bestimmter Medikamente nicht geprüft werden können und daß infolgedessen Kommunikationen nicht als wahr oder als unwahr markiert werden können, sondern nur als »noch unentschieden«. Aber auch das bleibt dann eine autonome Kommunikation des Wissenschaftssystems selber (die durch Hinweis auf doch erfolgte Forschungen rasch entkräftet werden kann), und nicht eine politische, rechtliche oder wirtschaftliche Kommunikation. Die Feststellung unentschieden/unentscheidbar ebenso wie die Einschätzung des Forschungsaufwandes und der erfolgversprechenden Methoden, die zu einer Entscheidung führen könnten, bleiben eine Angelegenheit des Wissenschaftssystems, sofern es bei solchen Feststellungen darauf ankommt, ob sie ihrerseits wahr oder unwahr sind.

Was Methoden und Thematiken angeht, heißt Autonomie: daß keine Vorgaben anerkannt werden, die nicht im System selbst erarbeitet sind. *Erkenntnisse können daher nur zirkulär begründet werden.* Es gibt, anders gesagt, keine fundierenden Asymmetrien. Weder spielt der soziale Rang des Sprechers oder

Entdeckers eine Rolle[37] noch die Nähe eines Themas zu außerwissenschaftlichen Wertschätzungen, etwa die Kostbarkeit des Materials oder der augenblickliche Erregungszustand der öffentlichen Meinung, die Angst vor Gewittern, vor Radioaktivität usw. oder die Stützfunktion für religiösen Glauben.[38] Wohlgemerkt: solche Ausgrenzungen heben die soziale Struktur der Wissenschaft nicht auf. Sie besagen nicht, daß wissenschaftliche Bewertungen keine soziale Bewertungen seien und daß ihre Rhetorik auf soziale Wirkungen verzichten könne.[39] Es geht nur um Abgrenzung derjenigen Gesichtspunkte, die herangezogen werden können, und diese müssen im Wissenschaftssystem selbst konstituiert und ausweisbar sein. Sie erhalten heute üblicherweise eine »pragmatische« oder »instrumentelle« Begründung.

Auch nachdem Außenanlehnungen aufgegeben werden mußten, hat man lange versucht, Begründungsasymmetrien wenigstens systemintern zu retten, etwa in der Form eines Restbestandes an unbezweifelbaren Wahrheiten oder an transzendentalen Geltungssicherheiten. Jede Behauptung dieser Art setzt sich aber ihrerseits der Beobachtung und der Kritik aus, kann also wiederum zum Gegenstand von Operationen werden, die nach dem Systemcode über zwei Werte, nämlich wahr und unwahr, disponieren können. Akzeptiert man die These, daß das System durch seinen Code, seine Leitdifferenz, definiert ist und daß nur so eine eigene Autopoiesis in Gang kommt, muß man zugleich die Zirkularität als Form der Herstellung systeminterner Zusammenhänge akzeptieren. Dies einmal angenommen, kann man sehr wohl von historischen Abhängigkeiten und von

37 Zur Ungewöhnlichkeit dieser »western tradition« vgl. z. B. Ithiel de Sola Pool, The Mass Media and Politics in the Modernization Process, in: Lucian W. Pye (Hrsg.), Communications and Political Development, Princeton, N. J. 1963, S. 234-253 (243 f.); und wir werden weiter unten sehen, daß selbst in der modernen Wissenschaft der Reputationsmechanismus viel von dem wieder preisgibt, was an »Unabhängigkeit von der Quelle« erreicht ist; allerdings unter der Bedingung, daß es sich um wissenschaftsinterne Reputation handeln muß.

38 Zur Bedeutung solcher »obstacles épistémologiques« in der Wissenschaftsgeschichte vgl. Gaston Bachelard, La formation de l'esprit scientifique: Contribution à une Psychanalyse de la conscience objective, Paris 1938, Neudruck 1947, z. B. S. 23 ff., 133 ff.

39 Hierzu etwa Chaim Perelman, Le statut social de jugements de vérité, Revue de l'Institut de Sociologie 13 (1933), S. 17-23.

internen Symmetrieunterbrechungen sprechen; aber man muß mitsehen, daß solche Unterbrechungen Re-symmetrisierungen nie endgültig, sondern allenfalls vorläufig blockieren können.

Erst auf Grund dieser selbstreferentiellen und dadurch autonomen Geschlossenheit kann das Wissensinteresse transformiert und auf Interesse an *neuem* Wissen konzentriert werden; und erst dadurch erhält die Wissenschaft die für sie spezifische Funktion. Man muß sich die Unwahrscheinlichkeit dieser Suche nach neuem Wissen vor Augen führen. Zunächst spricht ja alles dagegen: das Interesse an der Zuverlässigkeit des Wissens und vor allem auch die schriftliche Fixierung, die gerade dazu dient, Wissen festzuhalten. Und wie soll man von Wissen ausgehen können, wenn das Ziel ist, den Ausgangspunkt zu variieren? Gerade diese evolutionäre Unwahrscheinlichkeit erklärt jedoch, daß, will man darüber hinausgelangen, besondere Vorkehrungen erforderlich sind. Zu ihnen gehören Überschußproduktion und Selektion und zur Organisation dieser Differenz: Systembildung.

Um Überproduktion von Wissen zu ermöglichen und im Volumen des Angebots dann altes und neues Wissen unterscheiden zu können, ist die Druckpresse eine unerläßliche Voraussetzung. Vor dem Buchdruck hätte man gar nicht wissen können, welches Wissen überhaupt neu ist. Man kann ja nicht ausschließen, daß es irgendwo schon vorhanden ist. Erst die Publikation im Druck und in ihrem Gefolge: die darauf basierte Ausdifferenzierung wissenschaftlicher Kommunikation stellen ein eindeutiges Kriterium bereit. Als neu zählt, was erstmals publiziert ist – gleichgültig ob jemand und wer es vorher schon gewußt hat. Innerhalb der publizierten Texte kann dann das Zitieren und das Diskutieren anderer Publikationen dem laufenden Nachziehen der Trennlinie von alt und neu dienen. Die Schließung des Systems ist mithin zugleich ein Zeitschema, das »Herkunft« uninteressant werden läßt und »Kreativität« belohnt – immer unter der Voraussetzung, daß die Druckpresse (oder heute auch: hektographierte Verteilung oder Computerspeicherung) als Grenzwertgeber funktioniert.

Die Semantik des »neuen« Wissens scheint eine hilfreiche Unterstützung geboten zu haben für die Ausdifferenzierung und

Schließung eines auf Forschung spezialisierten Funktionssystems Wissenschaft. Man kann zwar auch über altes Wissen noch reden – aber wozu? Zur Darstellung des mühsam errungenen eigenen Wissens oder auch zu Lehrzwecken.[40] Auch dient die Kommunikation über gemeinsames Wissen auf fast tribale Weise der Vergewisserung von Solidarität. Demgegenüber liegt im Neuheitsanspruch eine Provokation und, wenn der »Markt« groß genug ist, ein Anlaß zur kommunikativen Umarbeitung des neuen in altes, des unvertrauten in vertrautes Wissen. Selbstverständlich ist auch die Charakterisierung als »neu« im Unterschied zu »alt« eine soziale Konstruktion. Auf der Ebene der Beobachtung zweiter Ordnung hat man dann nicht mehr das Problem, um das sich Wissenschaftler streiten mögen, nämlich ob etwas neu »ist« oder nicht. Vielmehr geht es um die Frage, wie es möglich ist und was daraus folgt, daß der Wissenschaftsbetrieb sich selbst mit Hilfe dieser temporalen Konstruktion beobachtet. Möglich ist dies auf Grund der selbstreferentiellen Geschlossenheit des Systems. Ein Wissensangebot wird nicht mehr nur sachlich, sondern auch zeitlich evaluiert. Und in dem Maße, als der Konstruktivismus erkenntnistheoretisch akzeptiert wird, tritt die Annahme einer Sachabhängigkeit zurück und die Eigenleistung der Innovativität in den Vordergrund. Außerdem führt die neu/alt-Konstruktion zu Attributionsproblemen. Während weder die Kontinuität noch die Außenweltabhängigkeit des Wissens Zurechnungsprobleme aufwirft (die Wissenschaft sieht die Welt gleichsam mit einem Auge), kommt es bei Innovationen zu Problemen der Begründung und der Zurechnung. Wer schlägt es vor und warum? Das heißt: im Sog der neu/alt-Konstruktion verschärfen sich Begründungszwänge, verstärken sich Abstraktions- und Differenzierungstendenzen und bilden sich personale Zurechnungen mit Reputationsfolgen.[41] Das Innenleben der Wissenschaft transformiert sich infolge dieses neuen (!) Beobachtungssche-

---

40 In gewissem Umfange setzt sich diese Funktion in der neuzeitlichen Manie der »kritischen« Auseinandersetzung mit vorhandenem Wissen fort. Es kostet keine Mühe, vorhandenes Wissen auf Fehler hin abzusuchen oder von anderen Standpunkten aus zu kritisieren. Die eigentliche Funktion dieser Darstellungsform liegt denn auch nicht in der Verbesserung des Wissens, sondern in der Darstellung eigener Lektüreleistungen und eigener Überlegenheit.
41 Siehe oben S. 245 ff.

mas neu/alt. Die Leistungen der modernen Wissenschaft mögen auf der Ebene ihres direkten Objektverhältnisses und ihres Funktionsverständnisses als Herstellung neuen Wissens gesehen werden. Aber auf der Ebene der Beobachtung zweiter Ordnung, auf der man dies gar nicht bestreiten wird, kommt noch hinzu, daß viele Strukturen des Wissenschaftssystems sich dadurch erklären lassen – und zwar nicht nur als Mittel des Gewinnens neuer Erkenntnisse, sondern auch als Folgen der Verwendung der entsprechenden Unterscheidung.

Die Funktion der Wissenschaft, neues Wissen zu produzieren, ist mit allen strukturellen Konsequenzen an ihre Existenzweise als autopoietisches System gebunden. Sie kann nicht auf ein anthropologisches Faktum gegründet oder aus dem Nutzen zusätzlichen Wissens erklärt werden. Sie ist ein historisches Artefakt – freilich eines, das durchaus an gesellschaftliche Verwertungsinteressen angeschlossen werden kann. Sie ist erst möglich, wenn Neuheit erkennbar, motivierbar, belohnbar ist, und dies ganz unabhängig von persönlicher Neugier oder von gesellschaftlicher Nützlichkeit oder Schädlichkeit des Neuen.

Daß auf diese Weise so hart von der Autonomie eines Funktionssystems gesprochen werden kann, liegt an der Struktur der modernen Gesellschaft, ist also eine historische Tatsache, die in älteren Gesellschaftssystemen keine Entsprechung findet. Funktionssystemautonomien sind ein Korrelat der funktionalen Differenzierung des Gesellschaftssystems, und sie sind folglich in unserer Gesellschaft genau so unbestreitbar wie in älteren Gesellschaftsformationen die »Qualitäten« (im Unterschied zum moralischen Verhalten) des Adels. Eine funktional differenzierte Gesellschaft sieht keine Möglichkeit vor, die Autonomie der codierten Operationen ihrer Funktionssysteme einzuschränken oder zu relativieren; denn sie bildet diese Systeme als autopoietische Systeme unter dem Primat einer jeweils spezifischen Funktion und mit darauf abgestimmten Codierungen. Möglich und ebenso häufig wie charakteristisch ist ein wechselseitiges Interferieren. Deshalb gibt es durchaus Unterschiede in dem Ausmaß, in dem Operationen als politische, rechtliche, wirtschaftliche, erzieherische, religiöse, wissenschaftliche ermöglicht werden. Insofern sind und bleiben die Funktionssysteme voneinander unabhängig und abhängig zugleich. Funktionale Differenzierung ermöglicht genau dies: Unabhängigkeiten und Abhängigkeiten aneinander zu steigern; denn selbstverständlich kostet Forschung Geld, selbstverständlich sind Rechtsschranken für sie bindend, und selbstverständlich kann sie Folgen haben (man denke an die Atombombe), die politisch nicht zu ignorieren sind. Wegen solcher Interferenzen kann die erreichbare (ausdifferenzierbare) Komplexität der Systeme fluktuieren mit oft weitreichendem Einfluß auf Innovationskraft und Theorielage. Auch regional machen sich in dieser Hinsicht erhebliche Unterschiede bemerkbar, weil politische Interessen, Rechtslage und Finanzkraft auch in einer Weltgesellschaft in hohem Maße, und viel stärker als die Wissenschaft selbst, von regionalen Bedingungen abhängig sind. Die Bedeutung dieser Fragen sei in keiner Weise unterschätzt. Sie kann durch keine Begriffsdisposition geleugnet oder herabgesetzt werden. Aber sie betrifft nicht die Autonomie des Systems, sondern setzt diese gerade voraus als Eigenart des Systems, das man in seinem Volumen, in seiner Komplexität, aber nicht in der Eigenart der nur hier möglichen Operationen von außen beeinflussen kann.

IV

Akzeptiert man diese systemtheoretischen Ausgangspunkte und beschreibt man die Wissenschaft folglich als ein operational geschlossenes, binär codiertes und dadurch autonomes autopoietisches System, so gerät eine alte Frage in ein neues Licht, nämlich die Frage nach den Grenzen wissenschaftlicher Erkenntnis und nach der Endlichkeit bzw. Unendlichkeit ihrer Themen. Eine durch Kant begründete Lehre hatte hier unterschieden zwischen (unüberwindlichen) *Schranken* und *Grenzen*, auf deren anderer Seite etwas prinzipiell Erreichbares liegt. Die Schranken schließen definitiv aus. Die Grenzen terminieren Operationen innerhalb des umgrenzten Bereichs. »In der Mathematik und Naturwissenschaft erkennt die menschliche Vernunft zwar Schranken, aber keine Grenzen, das heißt zwar, daß etwas außer ihr liege, wohin sie niemals gelangen kann, aber nicht, daß sie selbst in ihrem inneren Fortgange irgendwo vollendet sein werde«.[42] In diesem Sinne operiert die Wissenschaft zwar innerhalb von Schranken dessen, was sie unter den Bedingungen menschlicher Erfahrung überhaupt erfassen kann, aber ohne Grenzen in der Perspektive eines unendlichen Fortschreitens ihrer Operationen. Sie ist, wenn man so reformulieren darf, an die Selbstkonditionierung gebunden, die die Bedingungen ihrer eigenen Möglichkeit einrichtet; und diese schließen etwas aus.[43] Aber sie kann trotzdem immer weiter fortschreiten und kann nicht damit rechnen, in Abarbeitung eines riesigen, aber doch begrenzten Schatzes an möglichen Themen schließlich ans Ende zu kommen. Es geht eben nicht mehr um die Umformung von etwas noch Unbekanntem in etwas Bekanntes.

Mit diesen Einsichten reagiert die Transzendentalphilosophie auf das gesellschaftliche Faktum der Ausdifferenzierung eines Funktionssystems für Wissenschaft. Die *Spezifikation* der Strukturen des Systems als Bedingung der *unendlichen Fortsetzbarkeit* eigener Operationen braucht nur noch de-anthropologisiert und vom menschlichen Subjekt auf das Sozialsystem Wissenschaft übertragen zu werden. Aber was geschieht, wenn die Theorie diesen Umbau vollzieht, mit den »Schranken«? Oder mit anderen Worten: was ist jetzt notwendig ausgeschlossen?

Ausgeschlossen ist jetzt zugleich weniger und mehr. Es wird weniger ausgeschlossen, weil sich das Ding an sich verflüchtigt zu etwas schlechthin Unkonstruierbarem, das überhaupt nicht unterschieden und nicht bezeichnet werden kann, also auch nicht den Namen eines »Ding an sich« verdient. Ausgeschlossen bleibt das, was, wenn es eingeschlossen würde, sich nur als Verdoppelung der Erkenntnisse mit Seinsindex erweisen würde. Zugleich wird aber auch mehr ausgeschlossen, nämlich all das, was in die binären Codes der anderen Funktionssysteme fällt. Die Wissenschaft kann nicht Recht sprechen. Sie kann nicht im Kontext von Regierung und Opposition operieren. Sie kann

---

42 Immanuel Kant, Prolegomena zu einer jeden künftigen Metaphysik (1783) § 57, zit. nach der Ausgabe von J. H. von Kirchmann, Leipzig 1893, S. 115.
43 Und zwar für Kant: die Gleichsetzung der Erkenntnis nach Maßgabe der Bedingungen möglicher Erfahrung mit dem Zugang zu den Dingen an sich – so als ob wir »Prinzipien der Möglichkeit der Erfahrung für allgemeine Bedingungen der Dinge an sich selbst wollten gehalten wissen« (a. a. O., S. 113).

nicht zwischen zahlen und nicht zahlen entscheiden. Sie kann nicht der Immanenz eine Transzendenz gegenüberstellen, also auch nicht von Gott sprechen. Sie kann natürlich beschreiben mit dem Anspruch, dies mit wahren Aussagen zu tun, daß es solche Codierungen gibt und daß sie in der Gesellschaft von anderen Funktionssystemen benutzt werden. Aber sie kann, eben weil sie gehalten ist, diese Codes anderen Funktionssystemen zuzurechnen, die entsprechenden Symbolisierungen nicht selbst in Anspruch nehmen, die entsprechenden Operationen nicht selbst vollziehen. Sie kann nicht in die Autopoiesis eines anderen Systems eintreten. Sie kann keine Regierung absetzen.[44]

Die Form des Umgangs mit anderen Codierungen, die in der Welt der Wissenschaft sehr wohl vorkommen, ist gebunden an die *Rejektion* dieser Codes als systemeigene Leitdifferenz des Wissenschaftssystems.[45] Rejiziert werden natürlich nicht die Werte selbst – wie sollte es eine Welt ohne Eigentum und Nichteigentum, ohne Schönes und Häßliches, ohne gut und böse etc. geben? –, sondern rejiziert wird nur die Zumutung, die *eigenen* Operationen durch die Unterscheidung dieser Werte zu codieren.[46] Der Ausschließungseffekt ist mithin das genaue Gegenstück zur Ausdifferenzierung der Sonderautopoiesis codespezifischer Operationen und, soziologisch gesehen, ein Implikat der funktionalen Differenzierung des Gesellschaftssystems.

Im Anschluß an die Terminologie der »pattern variables«, im Anschluß an Talcott Parsons also, kann man dies auch als Besonderheit der Kombination von *Spezifikation* und *Universalismus* beschreiben.[47] Während ein Beobachter erster Ordnung

---

[44] Die Absetzung des Kultusministers Schlüter durch die Universität Göttingen im Jahre 1954 ist dann doch im politischen System selbst erfolgt; vielleicht als Ergebnis von Nachforschungen, nicht aber von Forschungen.

[45] Siehe dazu die Bedeutung der Unterscheidung von Rejektion und Akzeptation binärer Codierung im Kontext der polykontexturalen »mehrwertigen« Logik Gotthard Günthers. Vgl.: Beiträge zur Grundlegung einer operationsfähigen Dialektik, insb. Bd. I, Hamburg 1976, S. 286 ff.

[46] »Where there is a choice of values offered by »p« and »q«, *the very choice is rejected*« formuliert (mit Bezug auf Konjunktion und Disjunktion als logische Operation) Gotthard Günther, a.a.O., S. 287.

[47] Vgl. für einen Überblick: Talcott Parsons, Pattern Variables Revisited, Ameri-

sich für universell ständig halten mag und nichts ausschließen möchte, kann ein Beobachter zweiter Ordnung, *ohne dies zu bestreiten*, die Spezifizität der Bedingungen solcher Universalismen beobachten. Die Einheit von Universalismus und Spezifizität ist also erst auf der Ebene der Beobachtung zweiter Ordnung einsichtig zu machen. Es ist nur eine andere Formulierung dieses Sachverhaltes, wenn man sagt: die Spezifikation auf Operationen mit Allzuständigkeit eines bestimmten Typs sei nur über entsprechende Rejektionen erreichbar. Und das sind dann, kantisch gesprochen, Schranken der eigenen Operationsweise, nicht aber terminierende, Vollendung definierende Grenzen.

V

Wir hatten Autonomie durch selbstreferentielle Geschlossenheit der Operationen definiert und müssen uns jetzt der Erläuterung dieses Begriffs zuwenden. Die Gegentheorie, um das vorauszuschicken, behauptet eine Spezifikation der Systemzustände durch Inputs in das System und/oder durch Vorausblick auf Outputs (Zielbestimmtheit, Teleologie).[48] Von Geschlossen-

---

can Sociological Review 25 (1960), S. 467-483; neu gedruckt in ders., Sociological Theory and Modern Society, New York 1967, S. 192-219. An der exklusiven Zuordnung von Modernität zu spezifischen Kombinationen von pattern variables ist zwar viel Kritik geübt worden; dennoch bringt der Gedanke treffend zum Ausdruck, welche Strukturen zwar nicht der Faktizität des gesamten Alltagshandelns, wohl aber den für die moderne Gesellschaft kennzeichnenden Unwahrscheinlichkeiten zugrunde liegen.

48 Siehe zur Unterscheidung dieser beiden Beschreibungsweisen Francisco Varela, L'auto-organisation: de l'apparence au mécanisme, in: Paul Dumouchel/Jean-Pierre Dupuy (Hrsg.), L'auto-organisation: De la physique au politique, Paris 1983, S. 147-164; ders., Two Principles for Self-Organization, in: Hans Ulrich/Gilbert J. B. Probst (Hrsg.), Self-Organization and the Management of Social Systems: Insights, Promises, Doubts, and Questions, Berlin 1984, S. 25-32. Auch Stein Bråten, Simulation and Self-organization of Mind, Contemporary Philosophy 2 (1982), S. 189-218 (200ff.) berichtet über dieses Problem und die damit verbundene Schwierigkeit, »organizational closure« und »perturbations« aus der Umwelt begrifflich (und empirisch!) klar zu unterscheiden. Varelas Vorschlag, einfach zwei verschiedene Möglichkeiten der Beobachtung und Beschreibung zu unterstellen, ist nur dann hilfreich, wenn man klare Anweisungen erhält, welche Möglichkeit jeweils zu wählen ist. Das Problem kann vermutlich nur systemrelativ

heit (closure, nicht closedness!) spricht man dagegen dann, wenn man bestreiten will, daß von außen kommende Inputs die Strukturen des Systems spezifizieren oder seine Operationen determinieren können. In dieser Hinsicht unterscheidet sich die Annahme eines selbstreferentiell-geschlossenen Systems von älteren Spielarten des wissenschaftlichen »Positivismus«, insbesondere derjenigen des Wiener Kreises, die immer vorausgesetzt hatten, daß die Wissenschaft von etwas urteilsfrei Gegebenem ausgehen und dieser Vorgabe in Elementarsätzen (Wittgenstein) oder Protokollsätzen (Carnap) nur noch eine Form geben müsse, die wissenschaftlich behandelbar sei.

Gegen naheliegende Mißverständnisse muß immer wieder darauf hingewiesen werden, daß die Geschlossenheit des Systems seine Offenheit keineswegs ausschließt, sondern gerade Bedingung dafür ist, daß das System zu einer komplexen und distanzierten Umwelt in Kontakt treten kann.[49] Ebenso unbestreitbar ist, daß in einer völlig entropischen Welt ohne Diskontinuitäten keine Wissenschaft, ja überhaupt kein Beobachten sich entwickeln könnte.[50] Nur in einer schon diskontinuierten Welt ist ein distanznehmendes Unterscheiden als Operation möglich. (Daß auch dies nur eine *Beschreibung* mit Hilfe des *Begriffs* der Diskontinuität ist, darf natürlich nicht aus dem Auge verloren werden). Anders gesagt: Wollte ein Universum sich selbst beobachten, müßte es in sich ein geschlossenes System ausdifferenzieren, das auf Distanz gehen und etwas als etwas bezeichnen kann. Ein bloßes Kontinuum ist selbstbeobachtungsunfähig. Oder um mit Spencer Brown zu formulieren: die Welt muß durch eine Unterscheidung zerteilt werden, woraufhin man es mit der Trinität von Diesseits, Jenseits und Grenze zu tun hat. Wenn aber eine Schließung erreicht ist, ist es nur noch eine Frage

weiterbehandelt werden, nämlich dadurch, daß geklärt wird, was jeweils für eine bestimmte Art von Systemen die nur intern vorkommende elementare Operation ist.

49 Zu den Autoren, die dies immer wieder betonen, gehört Edgar Morin. Siehe zuletzt: La Méthode, Bd. 3,1., Paris 1986, S. 206 f.

50 Das Argument wird häufig auf zeitliche Konstanzen bezogen (so in Kants »Widerlegung des Idealismus«, Kritik der reinen Vernunft B 274 ff.: »Alle Zeitbestimmung setzt etwas Beharrliches in der Wahrnehmung voraus«). Vorrangig ist aber die sachliche Diskontinuität, ohne die man zeitliche Kontinuitäten (im Unterschied zu gleichzeitig Diskontinuierendem) gar nicht wahrnehmen könnte.

der internen Komplexität, wie komplex dank interner Rekonstruktionen relativ weniger Umweltkontakte die Erkenntnis werden, wie offen also das System werden kann. Jede »Reizüberflutung« würde das Gegenteil bewirken.

Wie der Begriff der Autopoiesis so bezieht sich auch der Begriff der Geschlossenheit auf die faktisch ablaufenden Operationen eines Systems. Er leugnet nicht, daß die Umwelt kausal auf das System einwirken kann; oder genauer: daß ein Beobachter sehen kann, daß die Umwelt auf das System einwirkt. Vielmehr wird nur behauptet, daß das System seine eigenen Operationen mit Hilfe seiner eigenen Operationen fortsetzt, ohne dabei darauf abzustellen, ob die Operationen intern oder extern verursacht sind. Es wird also nicht die Realität der Umwelt geleugnet, sondern nur gesagt, daß die Unterscheidung von System und Umwelt ebenso wie die Unterscheidung von Ursache und Wirkung (und *beides* sind Unterscheidungen, die in *zwei* jeweils *unendliche* Horizonte verweisen) nicht als unerläßliche Operationsgrundlage dienen, sondern im Gegenteil als Unterscheidungen nur praktiziert werden können, indem (und: dadurch daß) das System seine eigenen Operationen mit Hilfe seiner eigenen Operationen fortsetzt. Es muß, mit anderen Worten, überhaupt faktisch gelebt, bewußt gedacht, kommuniziert werden, wenn (durch einen Beobachter, für den das Gleiche gilt) die Frage aufgebracht werden soll, was zum System und was zur Umwelt gehört und ob bestimmte Ursachen bestimmte Wirkungen haben. Dies ist allein schon deshalb eine, scheint mir, unerläßliche Einsicht, weil jede Verwendung der System/Umwelt Unterscheidung eine Bestimmung der Systemreferenz voraussetzt, die als Ausgangspunkt dient, und jede Verwendung des Kausalschemas eine Selektion der für maßgeblich gehaltenen Ursachen bzw. Wirkungen voraussetzt und man folglich immer auf die Frage zurückgeworfen wird, wer denn diese Selektion vollzieht.

Für die Fortsetzung von Operationen sind jeweils Strukturen erforderlich, für die Fortsetzung von Kommunikationen also Erwartungen in bezug darauf, wie die Kommunikation aufgenommen und weiterbearbeitet werden kann. Das System operiert als strukturdeterminiertes System insofern, als es in jedem Moment nur aufgrund eigener Strukturen weiterarbeiten kann, deren Ausbildung und Aktualisierung jeweils systemeigene Operationen voraussetzt. Damit ist keineswegs ausgeschlossen, daß ein Beobachter feststellen kann, daß die Umwelt auf das System auf struktureller Ebene einwirkt. Das System ist operational geschlossen und operiert strukturdeterminiert, aber auf der Ebene seiner Strukturen keineswegs unabhängig von der Umwelt. Geschlossenheit besagt also nichts weiter, als daß die Fortsetzung der eigenen Operationen, so oder so, die Bedingung der weiteren Fortsetzung der eigenen Operationen ist und daß dies Strukturen erfordert, die nur unter eben dieser Bedingung aufgebaut und aktualisiert werden können. Dabei ist jede Operation zugleich ereignishaft an eine »Nische« (für einen Beobachter: an die Umwelt des Systems) gebunden in dem Sinne, daß sie nur gleichzeitig mit anderen Ereignissen möglich ist, die das System nicht sich selbst zurechnen könnte – zum Bespiel mündliche Kommunikation nur gleichzeitig mit entsprechenden Bewußtseinsvorgängen, neurophysiologischen Vorgängen, Schallwellen etc. –, wobei das System sich dadurch laufend mit der Umwelt integriert, aber auch sofort wieder desintegriert, da in der Umwelt andere Ereignissequenzen folgen werden als im System.

Es ist wichtig, diesen komplexen Sachverhalt begrifflich genau zu beschreiben, wenn man verstehen will, was am erkenntnistheoretischen »Konstruktivismus« neu ist im Vergleich zu klassischen »idealistischen«, transzendentaltheoretischen bzw. subjekttheoretischen Erkenntnistheorien.[51] In ihrer Funktionsweise ebenso wie in ihrem Umweltkontakt ist Wissenschaft ein reales System (wobei diese Beschreibung wiederum nur Beschreibung eines Beobachters sein kann, der auch die Wissenschaft selbst sein kann). Die Theorie setzt keinerlei Möglichkeit einer »idealen« (im Gegensatz zu realen) oder außerweltlichen Position voraus. Sie kann daher auch nicht in Solipsismusverdacht geraten. Sie behandelt vielmehr derartige Theorieannahmen als Symptome für (noch unzureichende) Bemühungen um Reflexion des Systems im System – und setzt sich selbst in genau dieser Funktion an diese Stelle. Wir kommen darauf zurück.

Alles Unterscheiden und Bezeichnen ist also zunächst: fakti-

51 Wir kommen darauf in Kap. 7 zurück.

sches Operieren. Wenn es nicht Operation sein kann, kommt es nicht vor. Diese Feststellung unterläuft alle spezifischen Sinnbestimmungen, da sie für sie alle ebenfalls gilt. Sinn ist ein Operationsmodus spezifischer Systeme, nämlich des Bewußtseins und des Gesellschaftssystems, und kommt außerhalb dieser Systeme (soweit sie nicht wechselseitig füreinander Umwelt sind) nicht vor. Da aber operativ an Sinn gebundene und auf dieser Basis geschlossene Systeme die Vorstellung einer sinnfreien Umwelt nicht finden können – sie müßten dies ja selbst tun können –, können sie nur intern, also nur im Medium Sinn, auf ihre Umwelt Bezug nehmen. Das gilt für jedes sinnhafte Prozessieren, auch für die Verwendung der Sinnformen des nur Möglichen, des Negativen, der Alternative, der Unsicherheit usw. Und nichts anderes gilt für binär codierte Kommunikationen und überhaupt für die Verwendung symbolisch generalisierter Kommunikationsmedien, mit denen man in der Kommunikation selbst antezipierte Unwahrscheinlichkeitsschwellen zu überwinden trachtet. Das Vorkommen solcher Operationen ist aber nicht einfach ein pures Faktum, das man nicht leugnen kann, wenn man die Welt nicht leugnen will, weil das Leugnen selbst es schon verifiziert; es ist vielmehr ein genauer analysierbares Resultat der Autopoiesis bestimmter Systeme, nämlich abhängig von Bedingungen, die durch ständig erneuerte rekursive Anschlüsse ein solches Vorkommen erst ermöglichen.

Um es immer wieder zu sagen: damit wird die Umwelt nicht geleugnet (was ja wiederum nur als interne Operation möglich wäre). Es wird nur bestritten, daß die Umwelt (soweit sie nicht ihrerseits sinnhaft operierende Systeme enthält) etwas enthält, was der Negativität, der Möglichkeit, dem Unterscheiden und Bezeichnen, der Wahrscheinlichkeit, Unsicherheit, Selektivität, also den Sinnmodifikationen entspricht, die systemintern zur Erweiterung der Anschlußfähigkeit von Operationen und zum Aufbau systemeigener Komplexität benutzt werden. »Die Umwelt enthält keine Information. Die Umwelt ist wie sie ist«.[52] Man kann daher auch formulieren: Ausschließung ist Einschlie-

---

[52] Heinz von Foerster, Sicht und Einsicht: Versuche zu einer operativen Erkenntnistheorie, Braunschweig 1985, S. 93.

ßung.⁵³ Ohne diese Doppelseitigkeit ist schon der Begriff der Grenze nicht konzipierbar. Und der Hinweis auf den Begriff heißt, wie nur immer wieder betont werden kann, Hinweis auf ein Beobachten des Beobachtens.

Hier liegt denn auch der Grund, weshalb Begriffe wie Rauschen (noise), Störung (perturbation), Irritation usw. in den neueren cognitive sciences eine wichtige Rolle spielen. Sie fixieren gleichsam das Problem. Das System ist Einwirkungen seiner Umwelt ausgesetzt, aber es kann sie nur aufnehmen und in eigene Prozesse einschleusen, wenn es sie an den eigenen Operationen unterscheiden, nämlich als Störung der Autopoiesis, als Schwierigkeit der Fortsetzung wahrnehmen kann. Störungen sind mithin momentane interne Konstruktionen von Umwelteinwirkungen, die noch nicht als Informationen bearbeitet werden können. Der Begriff bezeichnet mithin, stets systemrelativ, eine Restkategorie und ein Zeitverhältnis, alles, was erfahren wird, aber noch nicht spezifizierbar ist.

Akzeptiert man einmal die Konsequenzen dieses erkenntnistheoretischen Ansatzes, dann erscheint das Verhältnis der Erkenntnis zur Außenwelt im Vergleich zu bisher üblichen Vorstellungen wie in einem Umkehrspiegel (und wenn irgendwo, zeigt sich hieran, daß es sich in der Tat um einen revolutionären Wechsel des Paradigmas handelt). Bisher hatte man angenommen, daß der Mensch, wie immer eigenständig operierend, jedenfalls über seine Fähigkeit zur Erkenntnis und vor allem über seine Sinnesorgane Kontakt zur Außenwelt gewinne. Es blieb dann nur noch die Frage, ob und wieweit er dabei Irrtümern oder Täuschungen unterliege. Jetzt muß man das Umgekehrte einzusehen lernen: Die Menschen, oder nun besser: lebende, bewußte und kommunikative Systeme existieren wirklich in einer wirklichen Welt; aber diese ist ihnen *gerade kognitiv unzugänglich*.⁵⁴ Erkennen ist nun nicht das Instrument

---

53 Siehe auch die zusammenhängenden Postulate der Selbständigkeit und der Einbezogenheit bei Heinz von Foerster, Entdecken oder Erfinden: Wie läßt sich Verstehen verstehen?, in: Heinz Gumin/Armin Mohler (Hrsg.), Einführung in den Konstruktivismus, München 1985, S. 27-68 (28f.).

54 Maturanas Ansatz von Autopoiesis und Kognition auf ein und derselben Ebene der Systembildung behindert diese Einsicht eher, als daß er sie förderte. Andererseits betont Maturana ausdrücklich, daß Autopoiesis und Kognition füreinander unzugänglich seien, unter anderem mit der Formulierung, daß sie zueinander

des Herstellens von Kontakten zur Welt. Diese sind immer schon gegeben. Erkenntnis beruht auf der Ausschließung von Kontakten für ihren Eigenbereich, soweit dies mit der Fortsetzung von autopoietischer Selbstproduktion kompatibel ist. Erkennen ist auch nicht das Instrument der Vorbereitung von Handlungen (oder Verhalten, oder sonstiger Körperbewegungen), sondern Handlungen entstehen als Zurechnungsprozeß in der geschlossen-kognitiven Welt des Erkennenden – was immer ihre komplexe, für ihn unzugängliche Wirklichkeit sein mag, sofern sie die Autopoiesis der Kognitionen nur toleriert.

Diese allgemeinen Überlegungen zur Geschlossenheit von sinnhaft-prozessierenden Systemen können nicht umstandlos auf die Wissenschaft übertragen werden, wenn man darunter nicht allgemein den kognitiven Aspekt des Prozessierens von Sinn versteht, sondern ein besonderes Funktionssystem der Gesellschaft, das unter einem eigenen Code ausdifferenziert ist. Hier ergibt sich die Geschlossenheit nicht einfach aus dem Operationsmodus des Systems wie im Falle des einzelnen Bewußtseins oder der Gesellschaft im ganzen. Das Bewußtsein kann nicht aus sich herausdenken, die Gesellschaft nicht aus sich herauskommunizieren, weil die damit aktivierte Art der Operation zwangsläufig eine interne Operation ist und bleibt. Aber die Wissenschaft kann, soweit sie über Organisationen verfügt, mit ihrer gesellschaftlichen Umwelt (wenngleich nicht: mit der außermenschlichen »Natur«, und auch nicht: mit einem individuellen Bewußtsein) kommunizieren, weil dies als eine gesellschaftliche Operation möglich ist. Wenn aber das möglich ist:

in einem »orthogonalen« Verhältnis stehen. Jedenfalls schließt dieser Ansatz es aus, »kognitive Systeme« (Geist?) als eigene autopoietische Systeme anzusehen. Alle Kognition benötigt etwas anderes als autopoietisches Substrat. Dies andere kann aber außer Leben auch Bewußtsein oder Kommunikation sein mit einem jeweils sehr anderen Verhältnis zu den eigenen Kognitionen. Vgl. hierzu auch die Kritik von Gerhard Roth, Autopoiesis und Kognition: Die Theorie H. R. Maturanas und die Notwendigkeit ihrer Weiterentwicklung, in: Siegfried J. Schmidt (Hrsg.), Der Diskurs des Radikalen Konstruktivismus, Frankfurt 1987, S. 256-286 – eine Kritik, die aber ihrerseits den Weg zu einer Analyse von Bewußtseinssystemen und Kommunikationssystemen mit jeweils eigenen Arten von Autopoiesen verbaut, schon dadurch, daß sie zwischen Gehirn und Bewußtsein nicht zureichend unterscheidet, dem Gehirn ohne Umstände »semantische« Selbstreferenz zubilligend.

worin besteht dann die Geschlossenheit des Wissenschaftssystems?

Die Bedingung für die Schließung eines besonderen Systems für Wahrheitskommunikation kann man nur im Bezug jeder einzelnen Operation auf den Code des Systems sehen. Das heißt nicht, daß in jedem Satz das Wort »wahr« oder das Wort »unwahr« vorkommen muß; die wissenschaftliche Kommunikation besteht ja keineswegs nur aus vorläufig endgültigen Feststellungen dieser Art. Gemeint ist, daß der Wahrheits/Unwahrheitsbezug die rekursive Beziehung der Kommunikationen aufeinander ermöglicht und dadurch von Operation zu Operation festgeschrieben wird. In genau diesem Sinne ist der Code Kernstück eines Mediums. Rückgriffe und Vorgriffe sind möglich, wenn dies dem Verteilen von Forschungsergebnissen auf die Werte wahr und unwahr dient. Dabei steht jeweils der Code mit seinen *beiden* Werten, also die Einheit dieser Unterscheidung im Blick. Das System operiert mit Kommunikationen, die zwar den Wert wahr oder und den Wert unwahr negieren können, aber nicht die Relevanz dieser Differenz. Geht es statt dessen um die Differenz von gut und böse oder von nützlich und schädlich, läuft die Kommunikation nicht im Wissenschaftssystem ab – und dies gilt selbstverständlich auch dann, wenn Wissenschaftler sich an ihr beteiligen. Das System reproduziert sich durch Zuordnung von Kommunikationen zu diesem Code. Alle Operationen und nur Operationen, für die dies gilt, sind interne Operationen des Systems, und in diesem Sinne gilt dann auch hier, daß es nichts Entsprechendes in der Umwelt des Systems gibt.

Eine solche Geschlossenheit läßt sich nur über binäre (und dadurch vollständige, universelle, weltadäquate) Codierung erreichen. Wollte man die Schließung von thematischer Konsistenz oder von einem theoretischen Zusammenhang oder von Zugehörigkeit zu einer Liste von Disziplinen abhängig machen, müßte man auf Universalität verzichten und inkonsistente Kommunikationen abweisen. Dann käme es aber im Zusammenhang des Systems laufend zu Inkonsistenz- oder Unzuständigkeitserfahrungen, für die keine Möglichkeit kommunikativer Behandlung bestünde, also zu nichtanschlußfähigen, verstümmelten Kommunikationen. Insofern ist es kein Zufall, daß, historisch gesehen, die Ausdifferenzierung eines Wissenschaftssystems, das keiner hierarchischen (ständischen, religiösen, politischen) Kontrolle unterliegt, sondern seine Themen und Kommunikationen selbst wählt, die metatheoretische Abstraktion eines binären Code erfordert, von dem man zugleich behaupten kann, daß er nirgendwo sonst in der Welt angewandt wird.

Anders gesagt: die Einheit des Code ist ein Weltkorrelat, kein Gegenstandskorrelat. Sie erfordert die Vorstellung eines medialen »Substrats«, einer die Differenz überwindenden Einheit. Dieses »Substrat« steht dem neuzeitlichen Denken aber nicht mehr als das Sein des Seienden, also nicht mehr in ontologischer Begrifflichkeit zur Verfügung, da dies den Beobachter ausschließt; sondern nur in einem Begriff von Welt, der jeweils diejenige Einheit meint, die noch hinzugedacht werden muß, wenn man Differenz denkt; also einen Begriff von Welt, der je nach Differenzschema verschieden ausfällt und doch immer dieselbe Funktion hat, nämlich die Funktion eines letzten, differenzlosen Begriffs.

So gesehen copiert die Geschlossenheit eines codierten Systems gewissermaßen die Geschlossenheit der in ihren Horizonten unüberschreitbaren Welt. Aber mit gleichem Recht gilt umgekehrt: daß ein binär codiertes und dadurch geschlossenes System sich eine Welt projiziert, die nichts ausschließt, was mit Hilfe der eigenen Leitunterscheidung bezeichnet werden könnte. Insofern definiert der Code eine Welt und zugleich die Operationen, die ein System definieren, das sich in der Welt ausgrenzt, um die Welt beobachten zu können.

VI

Die vorstehenden Überlegungen haben weittragende Konsequenzen für das Verhältnis von System und Umwelt und damit für das »Gegenstandsverhältnis« der Wissenschaft – also für klassische logische und erkenntnistheoretische Themen.

Rekapitulieren wir: Das System zieht durch das bloße Operieren aufgrund eines besonders codierten Mediums eine Grenze zur Umwelt. Es produziert seine eigene Einheit und damit, ob reflektiert oder nicht, eine Differenz zu all dem, was nicht dazugehört. Das, was diese Operation ermöglicht und trägt, ist zunächst nur die Kopplung des Systems mit Bedingungen, die ihrerseits nicht in den Vorgang der autopoietischen Reproduktion eingehen, also nicht rekursiv mitverwendet werden, wenn die weiteren Operationen ermöglicht werden. Nur ein Beobachter kann all das, was damit ausgegrenzt ist, als *Umwelt* des Systems auffassen; denn eine Anwendung der Unterscheidung von System und Umwelt zur Bezeichnung, sei es des Systems, sei es seiner Umwelt, ist immer schon Beobachtung. Das System produziert also eine Differenz, aber es gehört nicht zu den operativen Notwendigkeiten, daß es diese Differenz als Unterscheidung in das System übernimmt. Die Autopoiesis erfordert nur weiteres Operieren im Anschluß an Resultate vorheriger Operationen. Die Unterscheidung von System und Umwelt ist stets eine zusätzliche Leistung eines Beobachters, der natürlich seinerseits ein autopoietisches System sein muß.

Selbstreferentielle Geschlossenheit ist nun eine unabdingbare Voraussetzung dafür, daß die Wissenschaft eigene Identitäten, also eigene Gegenstände, erzeugen kann. Erst diese Überlegung gibt der Systemtheorie jene logische und erkenntnistheoretische Bedeutung, die sich querstellt zu den Prämissen der klassischen Logik.

Während die klassische Logik vom Satz der Identität ausging, weil er im Axiomengerüst dieser Logik unentbehrlich zu sein schien, kann man heute fragen: wie wird Identität produziert (oder mit Heinz von Foerster: errechnet)?[55] Offenbar kommt es zu Identifikationen nur unter zwei Voraussetzungen. Die eine besteht im Weglassen von Unterschieden, etwa solchen der räumlichen oder zeitlichen Lokalisierung. Ohne Abstraktion (und zwar nicht: Abstraktion von anderen Objekten, sondern Abstraktion von Unterschieden!) gibt es keine Identität. Die zweite Voraussetzung liegt im Gelingen einer rekursiven Produktion von »Eigenwerten«. Identität muß, mit anderen Worten, am schon Identifizierten identifiziert werden. Die Wiederholung der Operation des Identifizierens (trotz eines immer kühneren Weglassens von Unterschieden) muß gelingen, muß

---

[55] Siehe auch Niklas Luhmann, Identität: was oder wie?, in ders., Soziologische Aufklärung, Bd. 5, Opladen 1990, S. 14-30.

das für identisch Gehaltene *kondensieren* können. Und anders als in der Mathematik muß dies rekursive Testen mit *anderen* Operationen in *veränderten* Konstellationen aber *im selben* System erfolgen, sie muß also trotz Kontextvariationen *konfirmiert* werden können. Auf diese Weise errechnet das System seine »Eigenwerte« und identifiziert Identität als Zeichen für solche Eigenwerte,[56] und über Eigenwerte kann es dann Eigenverhalten organisieren.

Hinter jeder Identität, also auch jedem Gegenstand, kann man also systemspezifische Leistungen und ferner eine systemspezifische Geschichte des rekursiven Testens von Weglassungen entdecken. Anders als in der klassischen Logik kann man also nicht davon ausgehen, daß die Identität für verschiedene Beobachter die Selbigkeit der Referenz ihrer Beobachtungen garantiert, gleichsam von sich aus garantiert. Damit ist nicht bestritten, daß es gleichsinnige Beobachtungen geben kann; aber dann muß man fragen, durch welche rekursiven Netzwerke, vermutlich: Kommunikation, die Beobachtungsverhältnisse auf Identität hin egalisiert werden.

Ein Beobachter, der diese operativen Bedingungen der Konstitution und der Variation von Identität bezeichnen will, stößt freilich letztlich auf eine Paradoxie. Das, was als Einheit behandelt wird, ist für ihn sichtbar als Unterscheidung, denn das als identisch behandelte Objekt ist nichts anderes als eine bestimmte Form des Unterscheidens von Unterscheidungen (nämlich solche, die identitätswichtig sind und solche, die weggelassen werden müssen). Wer einen Identifizierer beobachtet (so wie wir im Moment die Wissenschaft), beobachtet also das Unsichtbarmachen und Entfalten (Auflösen) einer fundamentalen Paradoxie.[57] Für den Identifizierer selbst, der fragt, *was* der Fall ist, kommt es nicht zu dieser Paradoxie. Sie erscheint nur

---

56 Siehe hierzu Heinz von Foerster, Objects: Tokens for (Eigen)behaviors, in ders., Observing Systems, Seaside Cal. 1981, S. 273-285 (dt. Übers. in ders., Sicht und Einsicht: Versuche zu einer operativen Erkenntnistheorie, Braunschweig 1985, S. 207-216.

57 Etwas anders formuliert Heinz von Foerster, Notes on an Epistemology for Living Things, in Observing Systems a.a.O. S. 258-271 (260): »The logical properties of ›invariance‹ and ›change‹ are those of representations. If this is ignored, paradoxes arise« (Dt. Übers. a.a.O. S. 83). Aber dies klingt zu sehr nach einem vermeidbaren Irrtum.

beim Beobachten seiner Beobachtung und nur, wenn man fragt, *wie* er Identitäten errechnet. Aber wenn man so beobachtet, sieht man mehr, als auf der Ebene der primären Beobachtung zugänglich ist.

Erst auf der Ebene der Beobachtung zweiter Ordnung, die aber auch im Wissenschaftssystem selbst aktualisiert werden kann, läßt sich nach all dem erkennen, wie das Wissenschaftssystem zur Identifikation seiner Gegenstände kommt. Zugleich erklärt unsere Analyse, daß dem eine rekursive Sequenz von Operationen, also ein geschichtlicher Prozeß zu Grunde liegt. Und sie erklärt weiter, daß im Vollzug dieses Prozesses ein immer kühneres Konstruieren von Identitäten mit Weglassen und Neuhinzufügen von Unterscheidungen, eine immer weitergehende Abweichungsverstärkung möglich wird, sofern die dafür notwendige Ausdifferenzierung und selbstreferentielle Schließung eines besonderen Wissenschaftssystems gesichert und erhalten werden kann. Um aber dies erkennen zu können, muß man den ontologischen Identitätsbegriff aufgeben und die Analyse von »was«-Fragen auf »wie«-Fragen umstellen.

Bezieht man diese Überlegungen auf das Sozialsystem Wissenschaft, lassen sich viele bereits geläufige Forschungen zusammenfassen, auf die wir an verschiedenen Stellen dieser Arbeit ausführlicher eingehen. Erwähnt seien nur: die mit der Ausdifferenzierung des Systems steigende Auflöse- und Rekombinationsfähigkeit mit entsprechender Abstraktion von Gegenständen; die Externalisierung der Referenzen im Prozeß der Forschung, die mehr und mehr explizit vollzogen werden muß in dem Maße, als die Forschung von Methoden und Instrumenten abhängig wird; die Abstraktionsvorgänge (das »deletion of modalities«) beim Übergang von unmittelbarer Beobachtung zur Vorbereitung einer Publikation; das Stabilisieren evolutionärer Innovationen durch Einarbeitung in einen umfassenderen Kontext mit dem Grenzfall der paradigmatischen »Revolution«. Das alles ist Arbeit am Kondensieren und Konfirmieren von Identität und damit Arbeit an Voraussetzungen für weitere Arbeit am Kondensieren und Konfirmieren von Identität und läuft im Ergebnis auf Abweichungsverstärkung hinaus, bezogen auf alltagsweltliche (normalgesellschaftliche) und wissenschaftliche Identifikationen.

Diese zugleich logischen, erkenntnistheoretischen und soziologischen Analysen bekommen eine besondere Note dadurch, daß sie *im Wissenschaftssystem selbst* vollzogen werden müssen. Es gibt keine andere Möglichkeit, denn es ist leicht zu sehen, daß es für den Fall eines ausdifferenzierten Wissenschaftssystems (wie natürlich erst recht für den Fall des Gesellschaftssystems) *keinen kompetenten externen Beobachter gibt*. Gewiß: externe Beobachtung »der Wissenschaft« durch die Politik, die Presse, die Kirchen etc. ist keineswegs ausgeschlossen. Von kompetenter Beobachtung kann man aber nur sprechen, wenn mitberücksichtigt wird, daß es sich um ein hochkomplexes System mit einer für es komplexen Umwelt handelt. Wir kommen darauf in Kapitel 6, I zurück. Von außen ist daher nicht einsichtig zu machen, wie die Wissenschaft sich zu ihrer Umwelt in ein Verhältnis setzt – es sei denn, daß der externe Beobachter in der Lage wäre, die Selbstbeobachtung des Systems und das, was *für es* Umwelt ist, mit in Betracht zu ziehen. Somit ist, selbst wenn ein externer Beobachter sich anhängen könnte, zunächst davon auszugehen, daß nur die Wissenschaft selbst sich selbst mit Hilfe der Unterscheidung von System und Umwelt kompetent beobachten kann.

Was für die Wissenschaft Umwelt ist, ist also Resultat eines »re-entry« einer Unterscheidung in das durch sie Unterschiedene. Der Beobachter sieht die Produktion einer Differenz von System und Umwelt (wenn er mit Hilfe der Unterscheidung von System und Umwelt beobachtet) und sieht zusätzlich, daß das System selbst die Unterscheidung von System und Umwelt in das System einführt, um sich selbst mit Hilfe dieser Unterscheidung beobachten und sowohl die Umwelt als auch das eigene System bezeichnen zu können. Die Beobachtung eines solchen re-entry ist aber nichts anderes als die Beobachtung einer Paradoxie und ihrer Auflösung. Der Beobachter sieht die Unterscheidung von System und Umwelt zweimal und zugleich als dieselbe und als nichtdieselbe. Er sieht, daß das System sich an dieser Unterscheidung orientiert – und andernfalls nicht das System wäre, das seine Operationen an dieser Unterscheidung orientiert und sich dadurch zur Umwelt in Differenz setzt. Er sieht aber auch, daß nicht notwendigerweise alles, was für ihn System bzw. Umwelt ist, auch für das System System und Umwelt ist. Und wieder: der Beobachter, der auf diese Weise eine Paradoxie und ihre Auflösung beobachtet, kann auch das System selber sein.

Man kann die hier mitspielenden Systemreferenzen auseinanderhalten – und so haben wir soeben den Sachverhalt klarzustellen versucht. Man darf aber dabei nicht übersehen, daß dieses Auseinanderhalten wiederum eine Operation des Wissenschaftssystems selbst ist, die dessen Autopoiesis fortsetzt und daher die Differenz benutzt, um sich selbst als Einheit zu reproduzieren. Auch die Beobachtung unter dem Blickpunkt von Paradoxie und Paradoxieauflösung ist noch eine Selbstbeobachtung im Wissenschaftssystem – und es ist schwer vorstellbar, wer sonst daran ein Interesse hätte.

Diese Analysen klären das, was mit einem »Gegenstand« der Wissenschaft gemeint sein kann. Der Begriff bezeichnet auf der operativen Ebene Themen wissenschaftlicher Kommunikation. Diese Themen wissenschaftlicher Kommunikation erhalten einen Realitätsindex, wenn sie auf die Umwelt des Systems bzw. auf die Faktizität seiner eigenen Operationen bezogen sind. Das ermöglicht, wie wir wissen, kein operatives Hinausgreifen des Systems in einen Bereich auf der anderen Seite seiner Grenzen. Alle »Tatsachen« sind und bleiben Aussagen im System.[58] Nur so kann die Einheit von was auch immer produziert und reproduziert werden. Zugleich gilt aber für die Verwendung dieser Begriffe eine systeminterne strukturelle Beschränkung. Sie werden mit dem systemeigenen Schema von Selbstreferenz und Fremdreferenz, von System und Umwelt erfaßt. Und das garantiert zugleich, daß das System, auch wenn es nie einen operativen Kontakt zu seiner Umwelt gewinnen kann, sich nicht so leicht verführen wird, Tatsachen und Begriffe oder Aussagen über die Umwelt mit Aussagen über sich selbst zu verwechseln. »Realität« indiziert mithin den Weltbezug des Systems, und Welt ist für das System alles, was aufgrund der Unterscheidung von System und Umwelt beobachtet wird. Die Gegenstände symbolisieren im System die Offenheit des Systems im Unterschied zur Geschlossenheit des Systems.

Dieser Ansatz des Weltbegriffs widerspricht nicht demjenigen der Medientheorie, er ergänzt und erweitert ihn. Für die Theo-

---

58 Wir kommen darauf unter VIII zurück. Siehe auch oben S. 288.

rie der binär codierten, symbolisch generalisierten Kommunikationsmedien ist die Welt jeweils die Einheit der Differenz ihrer Codewerte, in unserem Falle also die Einheit der Differenz von wahr und unwahr.[59] In der Systemtheorie erscheint die Welt als die Einheit der Differenz von System und Umwelt. Je nachdem, mit welcher Unterscheidung man beobachtet, hat man mithin einen anderen Zugang zur Welt, die als solche, als Korrelat eines differenzlosen Begriffs, unbeobachtbar bleibt. Die Integration der Weltbegriffe kann also nur über die Integration der Unterscheidungen hergestellt werden, mit deren Hilfe die Welt indirekt beobachtet wird. Und in dem hier interessierenden Beobachtungsbereich wird diese Integration dadurch hergestellt, daß wir sagen: das Wissenschaftssystem erzeugt mit Hilfe des binären Codes wahr/unwahr die Differenz von System und Umwelt, an der es sich orientiert, wenn es sich selbst beobachtet.

Was in der Wissenschaftssprache »Gegenstand« heißt, ist also durchaus weltbezogen zu denken, aber nur im Kontext von Unterscheidungen, die den Weltbezug erst vermitteln. Somit müssen wir die Vorstellung aufgeben, die Welt sei die Gesamtheit der Gegenstände (universitas rerum), die man nach und nach erforschen und aus dem Status des Unbekannten in den Status des Bekannten überführen könnte. Unsere Überlegungen legen es außerdem nahe, auf den Begriff der »Repräsentation« in der Darstellung von Wahrheits- und Wissenschaftstheorien zu verzichten. Von Repräsentation kann nur die Rede sein, wenn irgendeine Art von struktureller Isomorphie von Außenweltfakten und wissenschaftlichen Erkenntnissen angenommen wird. Eine solche Isomorphie wäre aber nirgendwo auf eine Weise feststellbar, die den wissenschaftlichen Erkenntnissen gerecht würde. Wenn man, mit Edgar Morin zum Beispiel, am Begriff der Repräsentation festhält und eine Art von »Analogie«, eine Art »vision objective des choses réelles« für möglich hält, endet man, schon bei Berücksichtigung der neurophysiologischen Erkenntnisse, bei einer Paradoxie: »Tout se passe comme si la réalité que nous connaissons était à la fois nôtre et étrangère, totalement familière et totalement inconnue«, und zwar deshalb, weil die Repräsentation der einzige Zugang zur

[59] Vgl. oben Kap. 4, I.

Außenwelt ist und alle anderen Zugänge blockiert. »Car cette ›image‹, projetée sur le monde exterieur, prend toute la place du monde extérieur, elle s'identifie totalement à ce monde, c'est-à-dire identifie totalement ce monde à elle«.[60]
Mit dem Begriff der Repräsentation fällt die Vorstellung, daß das System Merkmale seiner Umwelt copiert. Auch von Simulation wird man nicht sinnvoll sprechen können, denn auch das setzt eine Analogie voraus. An die Stelle solcher Erkenntnisbegriffe muß die Vorstellung treten, daß das System eigensinnig Komplexität aufbaut und dadurch in immer stärkerem Maße unwahrscheinlich, irritierbar, störbar, enttäuschbar wird. Aber wenn es gelingt, die Autopoiesis unter solchen Bedingungen struktureller Komplexität trotzdem fortzusetzen, hat das System darin einen internen Anhaltspunkt dafür, daß es »richtig liegt«, obwohl es nicht wissen kann, wo und wie, da es niemals unabhängig von dem eigenen Umweltentwurf (Fremdreferenz) wird feststellen können, was in der Umwelt »an sich« der Fall ist.
Nach all dem muß auch das Problem des Realitätsbezugs der Erkenntnis, das als Folge der alteuropäischen Unterscheidung von Sein und Denken und ihrer Verschärfung zur Unterscheidung von Objekt und Subjekt aufgetaucht war, neu formuliert werden. Die Realität läßt sich innerhalb solcher Unterscheidungen nicht auf der einen oder der anderen Seite verorten. Wenn nur das Objekt real wäre, wäre das Subjekt irreal, könnte also auch nicht erkennen. Im umgekehrten Fall wäre die Erkenntnis, obwohl real, ebenfalls keine Erkenntnis, sondern eine bloße Illusion, weil es gar keine erkennbare Realität gibt. In beiden Fällen wäre das erkennende Subjekt, ob real oder nicht, ein Nichts.[61] Aber nicht nur mit dem Subjekt ist es nichts, auch die Physik selbst hat die Vorstellung einer gegenüberstehenden Realität aufgelöst, von der Kant aufgrund der Newtonschen Physik noch ausgegangen war. Die Frage nach der Realität kann also auch nicht als Frage nach der Außenwelt gestellt werden, zu der man einen »empirischen« oder, nach anderer Meinung, gar keinen Zugang hat. In jedem Falle würde der Begriff nur ein

---

60 So Edgar Morin, La Méthode, Bd. 3,1, Paris 1986, Zitate, S. 107, 109.
61 Vgl. dazu Sartre-Analysen in: Maurice Merleau-Ponty, Le visible et l'invisible, Paris 1964.

halbiertes Problem bezeichnen. Der Ausweg ist klar: man kann als Realität nur das bezeichnen, was auf eben diese Differenz Bezug hat. In systemtheoretischer Terminologie heißt dies: Realität ist die Differenz von System und Umwelt, also Umwelt in Differenz zum System und System in Differenz zur Umwelt. Was immer man im Kontext dieser Unterscheidung bezeichnet, es hat den Charakter von Realität nur im Kontext dieser Unterscheidung, das heißt: nur in der Gegenbegrifflichkeit und nicht aus sich heraus. Der Begriff der Realität bezeichnet, mit anderen Worten, im Kontext der Systemtheorie das Korrelat einer Beobachtung von Beobachtungen, die sich der Unterscheidung von System und Umwelt bedient. Schon die Frage nach der Realität nimmt auf diese Ebene des Beobachtens von Beobachtungen Bezug. Aber mit dieser Bestimmung des Begriffs der Realität trennen wir uns von der alteuropäischen Tradition, die von Realität im Kontext einer natürlichen bzw. übernatürlichen Dinghaftigkeit (res) gesprochen hatte. Diese Tradition hat sich mit dem Denken des Denkens am Ende selbst gesprengt.

Hieraus folgt nicht zuletzt, daß die Wissenschaft unter dem Gesetz einer Unterscheidung von Selbstreferenz und Fremdreferenz operiert und im Laufe der Zeit lernt, eine Verwechslung von Begriffen und Tatsachen zu vermeiden – auch wenn und obwohl die Erkenntnistheorie sie darüber belehrt, daß es sich in beiden Fällen um eigenes Gedankengut handelt. In diesem Sinne steigert die Ausdifferenzierung eines selbstreferentiell-geschlossenen Systems Offenheit und Geschlossenheit, Abhängigkeit und Unabhängigkeit in bezug auf das, wovon das System sich selbst unterscheidet. Auf lange Frist kann man erwarten, daß damit auch das Auflöse- und Rekombinationsvermögen der Wissenschaft zunimmt und damit ihre Fähigkeit zu technischen Konstruktionen, die nicht auf einer Copie der »Natur« beruhen.

VII

Innerhalb eines selbstreferentiell-geschlossenen Systems kann es keine Beobachtung geben, die sich selbst der Beobachtung entzieht. Wenn schon die primäre Operation ein Beobachten ist, das heißt: ein unterscheidendes Bezeichnen, dann ist in der Abfolge solcher Operationen ein Beobachten des Beobachtens impliziert. Schon vor aller erkenntnistheoretischen Reflexion operiert das System mithin auf der Ebene der Beobachtung zweiter Ordnung, auf der Ebene des Beobachtens von Beobachtungen, und dadurch unterscheidet es sich von Systemen, die sich damit begnügen, gewußtes Wissen autoritativ mitzuteilen. Nicht Belehrung, sondern Beobachtung ist der Modus der laufenden Kommunikation, und wenn Anerkennung erreicht wird, dann deshalb, weil ein Beobachter meint, beim Beobachten eines anderen Beobachters dasselbe zu beobachten wie dieser.

Mit starken Übertreibungen kann man dies als Gemeinschaft der Forschenden, als herrschaftsfreie Kommunikation oder als praktizierte Gleichheit bezeichnen. Sucht man ein Kriterium der Zugehörigkeit, so orientiert man sich am besten an den Adressaten der Publikationen. Im allgemeinen wird für alle erreichbaren Adressaten publiziert, und der Resonanzbereich heißt dann »Öffentlichkeit«. Für die Wissenschaft gilt ein viel engeres, stark einschränkendes Kriterium. Man denkt an Leser, die auch als Autoren in Betracht kommen und sich gegebenenfalls mit kompetenter Kritik oder Zustimmung zu Wort melden werden. Daraus ergibt sich eine faktisch eingespielte Rollendifferenzierung: Der Autor bemüht sich, die Wahrheit, Neuheit und vor allem die Sicherheit seiner Erkenntnisse herauszustellen.[62] Der Leser bemüht sich um Kritik, er versucht, die Leichen im Keller zu finden oder den Erkenntnisgewinn zu relativieren.[63] Wenn aber auch der Leser publizieren muß, um im Medium der Wissenschaft zu Wort zu kommen, wiederholt sich das Spiel mit umgekehrten Rollen. Insofern gilt die Grundregel aller Autopoiesis auch hier: Jedes Ende ist zugleich ein Anfang.

Das wird als Gleichheit der Forschenden (gewissermaßen atemporalisiert) zur Norm erklärt. Wir werden aber noch sehen, daß Reputationseffekte und Nachfolgebereitschaften keineswegs

---

62 Wir kommen darauf in Kapitel 6, X zurück.
63 Siehe unter dem Gesichtspunkt Sicherheit/Unsicherheit hierzu Trevor J. Pinch, The Sun-Set: The Presentation of Certainty in Scientific Life, Social Science Studies 11 (1981), S. 131-158.

ausgeschlossen sind. Mehr als solche, der Politik oder der Organisation entgegengesetzte Kennzeichnungen sind denn auch andere Eigenarten des Beobachtens zweiter Ordnung hervorzuheben. Das System beruht auf der Rekursivität des Beobachtens und gewinnt dadurch eine Struktur, die ohne privilegierte Positionen, ohne uneinsichtige Quellen, ohne fundierende Asymmetrien, ohne letztgewisse Gründe und ohne organisierende Zentren auskommt. All das wird durch Rekursivität ersetzt mit der Folge, daß das System als ein selbsttragendes Netzwerk der Reproduktion seiner Elemente durch seine Elemente fungieren kann.[64] Es benötigt nichts weiter als das, was es zur Fortsetzung seiner Autopoiesis unter der Bedingung hoher struktureller Komplexität und unkontrollierbarer Außenunterstützung benötigt. Und es verträgt gerade deshalb keine Hierarchie, weil es nicht riskieren kann, über seine Spitze mit der Umwelt in Kontakt zu treten und dadurch gleichsam konzentrierte Ja/ Nein-Effekte auszulösen. Es ist als »Heterarchie« in einem viel intensiveren Sinne System, als dies über eine hierarchische Ordnung jemals erreicht werden könnte.[65]

Man beachte den hoch selektiven Effekt von Rekursivität. Eine Operation beobachtet etwas, sie bezeichnet etwas als x und nicht y. Wenn eine andere Operation dies beobachtet, kann sie nur zustimmen oder ablehnen, eventuell modifizieren, aber nicht einfach irgendetwas tun. Sie kann die Bezeichnung der Erstbeobachtung wiederholen, das heißt kondensieren. Sie kann die Unterscheidung auswechseln, aber die Bezeichnung festzuhalten versuchen (x, aber nicht a). Sie kann die Bezeichnung auslöschen (y und nicht x). Aber sie kann nicht etwas Beliebiges tun, ohne den Anschluß aufzugeben. Wenn es gelingt, ein rekursiv operierendes System in Operation zu halten, sind mithin nichtbeliebige Resultate zu erwarten: Kondensate von Wissen, die sich bisher im Beobachten des Beobachtens bewährt haben. Das System festigt »Eigenzustände« und gewinnt damit eine dynamische Stabilität, die, weil sie funktio-

---

[64] Vgl. hierzu Nicholas Rescher, Cognitive Systematization, Oxford 1979.
[65] So auch Joseph A. Goguen/Francisco J. Varela, Systems and Distinctions: Duality and Complementarity, International Journal of General Systems 5 (1979), S. 31-43 mit der etwas problematischen Formulierung: »hierarchy (sei) less whole than heterarchy« (41).

niert, offenbar angepaßt funktioniert, die aber nicht darauf beruht, daß die Umwelt sie im Hinblick auf diese Angepaßtheit bevorzugt auswählt.

Rekursivität heißt: das Ergebnis von Operationen als Ausgangspunkt nehmen für den Anschluß weiterer Operationen desselben Typs. Wenn das ermöglicht wird, bildet sich ein System, das in einer Art offenem, nicht zielgerichtetem Verfahren stabile Eigenzustände sucht. Kognitionen sind danach: ziellose selbstreferentielle Errechnungen von.[66] Es sind keine mit der Umwelt vorweg abgestimmten Erfolgsbedingungen eingebaut. Wer dies beobachtet, kann nicht von einem Rationalitätskontinuum ausgehen, das Sein und Denken aus gemeinsamem Ursprung immer schon verbindet. Er muß nur unterstellen, daß das System aufhören müßte zu operieren, wenn die Umwelt verhindern würde, daß es operiert. Die dabei verwendete Sprache kann zwar den Sinn haben, etwas Nichtsprachliches zu bezeichnen. Aber ihr operativer Sinn ist nur konnotativ, nicht denotativ, und die haltbaren Denotationen ergeben sich nicht aus »der Sache selbst«, sondern aus der Fortsetzbarkeit rekursiver Verwendung. Und Information ist kein Input, sondern nur Differenzierung von Anschlußmöglichkeiten.

Operationen, die nicht rekursiv durchgeführt werden, (also: isolierte Ereignisse) sind in einem solchen System nicht möglich; sie würden nicht als zugehörig erkannt, nicht eingearbeitet werden können. Das heißt aber auch, daß keine Beobachtung der Beobachtung entzogen werden kann. Ist das System, wie selbstverständlich die Wissenschaft, außerdem durch den Ja/Nein-Code der Sprache strukturiert, ist Negation auf der gesamten Breite möglicher Operationen eine mögliche Operation. Es gibt, weil die Autopoiesis der Kommunikation immer auch über Negation laufen kann, keine unnegierbaren Positionen. Nur die Sinnhaftigkeit als solche, die Positivität und Negativität übergreift, ist eine unnegierbare Kategorie; was nichts anderes heißt, als daß eine sinnhafte Autopoiesis nur fortgesetzt werden kann oder aufhören muß.

Die Einrichtung des Systems auf der Ebene des rekursiven Be-

---

66 Vgl. hierzu Heinz von Foerster, Sicht und Einsicht: Versuche zu einer operativen Erkenntnistheorie, Braunschweig 1985, S. 31, 69. Im englischen Original heißt es »computation«.

obachtens von Beobachtungen ist schließlich der Grund dafür, daß in der Beobachtung eines solchen Systems (Beobachtung dritter Ordnung) zwischen Wissensaussagen und Wahrheitsaussagen unterschieden werden muß. Die Aussagen: »A ist«, »Ich weiß (beobachte), daß A ist« und »Es ist wahr, daß A ist«, gewinnen dann einen verschiedenen Sinn.[67] Die erste liegt auf der Ebene eines unmittelbaren Prozessierens dessen, was das System für Realität hält. Die zweite reflektiert die Beobachtung erster Ordnung, sieht also Realität als relativ auf das Beobachten. Nur die dritte bezieht die Rekursivität des Systems ein und verwendet mit der Bezeichnung »wahr« dasjenige Symbol, das für das System als Operator der Anschlußfähigkeit bei rekursivem Beobachten des Beobachtens fungiert.

Es ist dieser Kontext des Beobachtens in einem schon operierenden autopoietischen System, der Anlaß gibt, normative Erwartungen auszubilden, um das Beobachten gegen Enttäuschungen abzusichern. Die normative Struktur gewisser grundlegender Postulate, etwa der Intersubjektivität oder des Universalismus wissenschaftlicher Geltungsansprüche, begründet zwar nicht die Existenz und die Einheit des Systems; aber sie erweitert und stabilisiert den Bereich der ihm zugänglichen Operationen. Das System wird dadurch ultrastabil im Sinne von Ashby, nämlich kompatibel mit einer gewissen Differenz von faktischem Verhalten und Normierungen. Die Erwartungen brauchen dann nicht allein deshalb schon geändert zu werden, weil das faktische Verhalten abweicht – sofern nicht gewisse Grenzwerte überschritten werden, die die Normen als überholt, als unrealistisch, als bloße Sonntagsnormen erscheinen lassen. Oder anders gesagt: Neuerungen und Umstrukturierungen können als Devianzen ausprobiert werden, bis sie genug Sinn und Erfolg kondensiert haben, um selbst als Normen auftreten zu können. Die Differenz konform/abweichend ermöglicht es auch, eine Zeitlang mit dieser Differenz zu leben, mit ihrer Hilfe

---

[67] Wohlgemerkt und um dies zu unterstreichen: die Verschiedenheit ergibt sich für ein Beobachten dritter Ordnung. Es mag daher durchaus sinnhafte Operationen geben, in denen man sie getrost weglassen und die genannten Aussagen als sinngleich behandeln kann. Ein zu weit gehendes Argument in dieser Richtung bei Arthur N. Prior, On Spurious Egocentricity, in ders., Papers on Time and Tense, Oxford 1968, S. 15-25.

zu beobachten und gegebenenfalls zu korrigieren. Und Ultrastabilität heißt eben, daß das System in seinen Zentralnormen so gut abgefedert ist, daß nicht jeder einsichtige Normverstoß sofort den Sinn des Gesamtzusammenhangs in Frage stellt. Wir berühren uns an dieser Stelle mit Interessenschwerpunkten der strukturfunktionalistischen Wissenschaftssoziologie – einer Theorie, die sich auf die Erforschung der normativen Reformulierungen funktionaler Erfordernisse konzentriert hatte;[68] nur halten wir normative Strukturierung nicht für ein primäres, sondern für ein sekundäres Moment der Ausdifferenzierung und »Integrität« von Wissenschaft, denn Wissenschaft muß schon autopoietisch operieren, wenn sie den eigens auf sie bezogenen Normen Plausibilität verleihen soll. Dies einmal vorausgesetzt, kann die Funktion des Normierens von Ausdifferenzierungsbedingungen, Zentralstrukturen und, wiederum sekundär, von Formen des Umgangs mit solchen Normen nur unterstrichen werden. Das Gerüst solcher Normen repräsentiert nicht etwa die Einheit des Systems im System. Man kann auch schwerlich von axiologisch eingefärbten Wesensaussagen sprechen. Es handelt sich vielmehr auch hier um vom Ursprung schon weit entfernte Reformulierungen der konstitutiven Paradoxie des Systems, also der Bedingungen, unter denen man, ohne die Außenwelt zu kennen, sagen kann, man kenne sie. Eben deshalb

---

68 Vgl. richtunggebend Robert K. Merton, Science and the Social Order (1938) und ders., Science and Democratic Social Structure (1942), beides wiederabgedruckt in ders., Social Theory and Social Structure, 2. Aufl., Glencoe, Ill. 1957, S. 537-549, 550-561. (Der zweite Beitrag übersetzt in ders., Entwicklung und Wandel von Forschungsinteressen, Frankfurt 1985, S. 86-99). Bezeichnend für diese Forschungsrichtung ist vor allem, daß der Theorieplatz, den wir mit dem Begriff der »Ausdifferenzierung« besetzen würden, dort durch den Begriff der »Institutionalisierung legitimer Erwartungen« belegt ist. Siehe z. B. den Abschnitt über »The Institutionalization of Scientific Investigation« im Kontext von: Talcott Parsons, The Social System, Glencoe, Ill. 1951, S. 335-345. Die Kritik daran ist zumeist im Stile der üblichen Kritik funktionalistischer Theorien gearbeitet. Siehe z. B. Michael Mulkay, Some Aspects of Cultural Growth in the Natural Sciences, Social Research 36 (1969), S. 22-52; ders., Science and the Sociology of Knowledge, London 1979, S. 69ff.; oder S. B. Barnes/R. G. A. Dolby, The Scientific Ethos, Europäisches Archiv für Soziologie 11 (1979), S. 3-25. Zur Diskussion ferner: Nico Stehr, The Ethos of Sciences Revisited, in: Jerry Gaston (Hrsg.), The Sociology of Science: Problems, Approaches, and Research, San Francisco 1978, S. 172-196.

ist ein solches Normengerüst in sich widerspruchsvoll bis hin zu Normen, die das Ignorieren oder Tolerieren von Abweichungen normieren.

Auch verlängert sich das Normgerüst bis hinein in Trivialitäten, etwa solche, die im Interesse der Fiktion der Gleichheit der Forscher zu beachten sind und zum Beispiel regeln, in welchem Alter eine »Festschrift« angemessen und wann es dafür zu früh ist. Anhand solcher Sekundärnormen kann das Wissenschaftssystem dann Nachwuchs auswählen und der Sozialisation aussetzen. So können sich Professionalisierungstendenzen entwickeln, und es wird möglich, bei Unsicherheiten des Qualitätsurteils die wissenschaftskonforme Aufmachung von Personen und Publikationen zu bewerten mit der Folge einer Konzentration des Systems auf durchschnittliche Qualitäten und einer Marginalisierung von Extravaganzen.

Im Spiegel der Normen kann man erkennen, worauf es ankommt, und dies ohne Rücksicht auf empirische Kausalitäten. Man erblickt sich selbst, aber auch die Kollegen daneben. Man kann so ausfindig machen, wie Kommunikationen stilisiert sein müssen, damit sie akzeptiert werden können. Man lernt Beobachten und Beobachtetwerden. Die Darstellung des Tätigseins gehört dazu ebenso wie die Vermeidung der Darstellung des Durchschauens. Die Präsentation der psychischen Dekonditionierung (»Desinteresse«) ist ebenso normiert wie die Unzulässigkeit, dies in der Kritik in Frage zu stellen. Bei einer oberflächlichen Analyse mag all dies aussehen wie eine tribale Absonderlichkeit, an der man Einheimische erkennt. Eine sorgfältigere Analyse zeigt jedoch rasch, daß damit Bedingungen der prekären Ausdifferenzierung des Wissenschaftssystems markiert und geschützt werden, ohne daß man sie benennen und damit dem Infragestellen aussetzen müßte. Auf diese Weise entlasten die Normen dann auch die Reflexionstheorien des Systems, die sich ihrerseits damit befassen müssen, den Normen einen höheren Sinn zu geben.

VIII

Wenn und soweit Autonomie und rekursive Geschlossenheit der Operationen des Wissenschaftssystems gesichert sind, verändert das die Art des Wissens, das in einem solchen System produziert werden kann, und damit schließlich die Art der kognitiven Einrichtungen, mit denen dieses Wissen geprüft und verändert wird. Da Autonomie und Geschlossenheit keine Variablen sind, muß in historischer (evolutionärer) Blickrichtung gefragt werden, ob und wie weit auf dieser Grundlage Systemkomplexität aufgebaut wird. Es geht also nicht um Zunahme von Autonomie und Geschlossenheit, sondern um Zunahme der Binnenkomplexität, die möglich wird, wenn die Gesellschaft einmal Inseln autonomer Wissensbearbeitung gebildet hat.

In der Perspektive einer seit der Antike wichtigen Unterscheidung von sicherem Wissen (epistéme) und Meinungswissen (dóxa) könnte man zunächst vermuten, wissenschaftliches Wissen unterscheide sich vom Alltagswissen durch einen höheren Grad an Gewißheit. Dies lag denn auch in der Intention der frühneuzeitlichen Wissenschaftsbewegung mit ihrer Doppelgegnerschaft gegen Dogmatizismus und Skeptizismus. Aber das Gegenteil trifft zu. Das wissenschaftliche Wissen ist weniger sicher als das Alltagswissen. In der Interpretation von Wahrnehmungen des Alltags entstehen normalerweise keine Zweifel. Eine Rose, die man sieht, ist eine Rose, oder jedenfalls doch eine Blume. Ganz anders die Interpretation der Ergebnisse von Experimenten oder sonstigen wissenschaftlichen »Daten«.[69] Durch Wissenschaft wird nicht Sicherheit, sondern gerade Unsicherheit gesteigert – in gerade noch tolerierbaren Grenzen. Die Wissenschaft versucht, mit anderen Worten, den mit Komplexitätszunahme einhergehenden Zuwachs an Unsicherheit noch unter Kontrolle zu halten. Ihre Methoden dienen der Kompensation ihrer eigenen Effekte. Deshalb kann sie Alltagsrelevanz gar nicht riskieren – oder allenfalls: in homöopathischen Dosierungen, etwa in der Form geprüfter Technologien. Und deshalb muß die Wissenschaft, mit lauteren oder mit un-

---

69 Heute wohl unbestritten. Siehe etwa Mulkay a.a.O. S. 42 ff. im Anschluß an Duhem.

lauteren Mitteln, System bleiben, weil sie nur so ihre eigenen Grenzen kontrollieren und sich darauf beschränken kann, zu sich selbst zu sprechen.

In dem Maße, als Wissenschaft in diesem Sinne sich bildet und eigene Komplexität aufbaut, muß die Informationsbeschaffung und -verarbeitung von Hörigkeit auf Selbstdisziplin umgestellt werden. Das System kann nur operieren, wenn es als strukturdeterminiertes System operiert. Was bearbeitet wird, hängt davon ab, welche Unterscheidungen das System für seine eigenen Operationen zur Verfügung stellt; und welche Unterscheidungen zur Verfügung stehen, hängt von den Resultaten vorheriger Operationen ab. Schon diese Überlegung zeigt, daß das System Zeit braucht, um Komplexität aufzubauen, und daß es jederzeit als ein Resultat seiner eigenen Geschichte operiert. Aber um es immer wieder zu betonen: dies besagt nicht, daß ein solcher Prozeß unabhängig von der Umwelt des Systems möglich wäre; und es bedeutet erst recht nicht, daß er unabhängig von den Strukturen des Gesellschaftssystems möglich wäre, die eine Ausdifferenzierung und deren Effekte tolerieren oder auch bremsen können.

Im Ergebnis wird das Resultat einer solchen Evolution (und damit auch ihre Richtung) als *Steigerung des Auflöse- und Rekombinationsvermögens* sichtbar.[70] Die Anfänge treten bereits in der Antike klar zutage. Man weiß, mindestens seit Platon, daß ein Operieren mit einem zweiwertigen Frageschema unter Ausschluß dritter Möglichkeiten zur Dekomposition und zu weiteren Unterscheidungen zwingt.[71] Die Frage nach dem Sein hat, wenn unter der Voraussetzung eines logischen Verfahrens gestellt, den gleichen Effekt. Die Dekomposition des Seins heißt seit Aristoteles bekanntlich »Kategorien«. Nur ist hier der Auflöseeffekt noch nicht freigegeben, sondern wird limitiert – sei es durch Normen des rechten Maßes und der Mitte, sei es durch

---

[70] Auch in dieser Hinsicht liegen Vergleiche mit anderen Funktionssystemen auf der Hand. Sowohl die rechtliche Codierung politischer Macht als auch die Geldwirtschaft führen zu einer Rekonstruktion der Lebensverhältnisse in nicht »naturwüchsigen« Terminologien, und auch die darauf bezogenen Klagen über Technisierung, Kommerzialisierung, Warenfetischismus, Verrechtlichung etc. lassen sich vergleichen.

[71] Platon, Sophistes 249 E ff.

die Annahme einer Vorwegübereinstimmung des Erkenntnisvermögens mit der Sache selbst.

Die Philosophie simuliert gleichsam unter gesellschaftlichen Bedingungen, die noch keine Vollausdifferenzierung von universell zuständiger Wissenschaft zulassen, deren Möglichkeiten. Erst die neuzeitliche Wissenschaft wird aufgrund der Umstellung auf funktionale Differenzierung des Gesellschaftssystems andere Bedingungen schaffen. Sie ermöglicht die Erfindung und Nutzung von Teleskop und Mikroskop gegen alle Bedenken, die sich aus den wissenbewahrenden Texten ergeben. Sie »defiguriert die Fakten«.[72] Sie läßt sich nicht vom Eigensinn der Dinge verführen.[73] Sie entwickelt sich zu einer »science des corps qui n'existent pas«.[74] In einer anderen, der Wärmelehre und dem Entropiegesetz entnommenen Formulierung hat man auch gesagt, daß der Aufbau eigener Komplexität und deren Stabilisierung Herstellung von Unordnung in der Umwelt voraussetze.[75] Das darf man nicht wörtlich nehmen; aber es erfaßt den Zusammenhang zwischen Auflösung (externer Vorgaben) und Rekombination (als intern kontrollierter Rekonstruktion). Die letzte Bastion der ontologischen Weltbeschreibung hatte in unserem Jahrhundert noch der sogenannte logische Positivismus gehalten, der in den immer weiter aufgelösten Realitätselementen gleichwohl noch eine Sicherheitsbasis für die Rekonstruktion des Wissens zu finden hoffte – etwa in Atomen oder subatomaren Einheiten oder in der Aktivierung einzelner Muskeln oder Gehirnzellen. »Quest for punctiform certainty«, hatte Donald Campbell das genannt[76] – zugleich mit der bereits allgemein zugänglichen Einsicht, daß solche Sicherheitselemente überhaupt nur in Kontexten zu identifizieren seien. Das aber

72 »Défigure le fait« – eine Formulierung aus dem Rêve de d'Alembert von Diderot, zit. nach Œuvres (éd. de la Pléiade), Paris 1951, S. 961.
73 »Sich Der Meinung Des Lebens Verschließen«, hatte der Mathematiker Ulrich das genannt. (Robert Musil, Der Mann ohne Eigenschaften, Hamburg 1952, S. 1244).
74 Auguste Laurent, Méthode de la chimie, 1854, S. X, zit. nach Gaston Bachelard, Le Matérialisme rationnel, Paris 1953, 3. Aufl., 1972, S. 22.
75 François Jacob, Die Logik des Lebendigen: Von der Urerzeugung zum genetischen Code, dt. Übers., Frankfurt 1972, S. 270ff.
76 Siehe: Pattern Matching as an Essential in Distal Knowing, in: Kenneth R. Hammond (Hrsg.), The Psychology of Egon Brunswik, New York 1966, S. 81-106 (82).

heißt: die Wissenschaft kann Wahrheit nicht in Elementaroperationen (Protokollsätzen oder dergleichen) fixieren, sondern nur über eine rekursive Vernetzung ihrer eigenen Operationen sicherstellen. Auflösung und Rekombination müssen mithin als zwei Seiten einer Form, als zwei Seiten einer Unterscheidung gesehen werden, so daß man die Auflösung nur so weit treiben kann, wie Rekombinationsmöglichkeiten in Sicht sind und umgekehrt. Die Form selbst dieser Unterscheidung benötigt keine weitere Realitätsbasis – außer eben in den Operationen des Wissenschaftssystems.

Die Funktion der Wissenschaft beruht mithin auf einer möglichen Reorganisation des Möglichen, auf einer Kombinatorik neuen Stils – und nicht auf einer Abbildung des Vorhandenen, auf einer bloßen Verdoppelung der Gegenstände in der Erkenntnis. Das, was die Wissenschaft als Einheit feststellt (zum Beispiel als Ding, als System, als Atom, als Prozeß), verdankt seinen Charakter als Einheit dann der Wissenschaft, also dem Begriff, und nicht sich selber; was nicht ausschließt (und hier kommen unsere eigenen Untersuchungen in den Blick), daß gerade die Wissenschaft Wert darauf legt, bestimmte Phänomene (nämlich autopoietische Systeme) nur unter der Voraussetzung als Einheit zu behandeln, daß man feststellen kann, daß, und wie, sie sich selber als Einheiten produzieren.

Wird die Wissenschaft in diesen ihren Effekten beobachtet (und das kann auch Selbstbeobachtung sein), erscheint ihr Vorgehen als Reduktion sekundärer auf primäre Qualitäten oder, wenn nicht in dieser inzwischen klassischen Sprache, jedenfalls als Destruktion primärer Evidenzen. Da die Gesellschaft aber fortfährt, ihre Kommunikationen an primären Evidenzen zu orientieren und diese Orientierung nicht missen kann, bildet die Wissenschaft in der Gesellschaft eine auflösestärkere Eigenwelt, die als nicht alltagstauglich behandelt werden muß. Der kommunikative Vollzug wissenschaftlicher Operationen, vom physikalischen Experiment bis zum Schreiben von Manuskripten oder zum Lesen von Büchern, unterliegt zwar noch diesen Bedingungen der Alltagstauglichkeit und ist auf dieser Ebene von zahllosen Faktoren abhängig, die nicht wahrheitsgeprüft in die Konstruktion eingehen können. Die Prüfung, ob die Reagenzgläser hinreichend sauber sind, und der Ärger darüber, daß

Bücher in der Bibliothek ausgeliehen oder aus anderen Gründen nicht aufzutreiben sind, gehören mit zum Wissenschaftsalltag, nicht aber zur Autopoiesis des Systems (so wie es in der Zelle Moleküle gibt, die nicht zum autopoietischen Reproduktionszusammenhang des Lebens gehören und nicht durch ihn reproduziert werden). Das widerlegt jedoch die These nicht, daß es sich um ein auf der Ebene autopoietischer Operationen geschlossenes System handelt; und es widerlegt auch die These nicht, daß die Steigerung des Auflöse- und Rekombinationsvermögens auf die Autopoiesis des Systems zurückzuführen ist und nicht auf die Alltagshandlungen des Wissenschaftlers. Soweit das Alltagshandeln dazu dient, Wahrheiten zu prozessieren, wird es durch diese dominante Sinnrichtung »versklavt«, und die Frage, ob die Reagenzgläser hinreichend sauber sind, entscheidet sich letztlich danach, was man damit vorhat.

Empirisch läßt sich dieser Zusammenhang von Ausdifferenzierung und Steigerung des Auflöse- und Rekombinationsvermögens an zahllosen Beispielen nachweisen. Bereits in der Wissenschaftsbewegung der zweiten Hälfte des 17. Jahrhunderts kommt es parallel zur Ausdifferenzierung der Wissenschaft zur Symbolisierung ihres Auflösevermögens und zur Sorge um die daraus folgenden Probleme. Die »Corpuscular-Hypothese« ersetzt den philosophisch tradierten Begriff des Substrats durch die Annahme von (zur Zeit noch) nicht wahrnehmbaren Partikeln – nur um es dann zum Problem werden zu lassen, wie man beobachten und erklären könnte, wie ein Körper überhaupt zusammenhält.[77] Die weitgetriebene Auflösung der Vorstellung des Atoms durch die moderne Physik ist ein prominentes Beispiel, die Biochemie der genetischen Strukturen des Lebens ein anderes. Die Linguistik hat ihre nicht mehr schulklassenfähige Eigensprache entwickelt, an die man sich nicht halten kann, wenn man überlegt, wie man sprechen und was man sagen möchte. Auch in der Soziologie lassen sich entsprechende Entwicklungen leicht nachweisen – vor allem in der Auflösung und Rekombination des Handlungsbegriffs durch die allgemeine Theorie des Handlungssystems von Talcott Parsons.

---

77 Vgl. speziell zu Boyle und Locke in dieser Frage John W. Yolton, Locke and the Compass of Human Understanding: A Selective Commentary on the »Essay«, Cambridge 1970, S. 44 ff.

Mit dem Auflösevermögen variieren dann die Ansprüche, die an Begriffe gestellt werden, denen man Rekombinationsleistungen zutraut. Vermutlich hat das moderne Interesse an Wahrscheinlichkeitsaussagen hier seine Wurzeln. Ein anderes Beispiel wäre die Überarbeitung und Generalisierung, die die Kategorie des Prozesses gegen Ende des 18. Jahrhunderts erfahren hat.[78] In beiden Fällen geht es darum, Zusammenhänge identifizieren zu können, die sich alltagsweltlich nicht ohne weiteres aufdrängen, um übergreifende Identifikationen also, die standhalten, auch wenn die Momente, die sie zusammenfassen, aus »nichts« bestehen.

Mehr und mehr wird auf diese Weise das, was Wissenschaft tut, von internen Konsistenzprüfungen abhängig, also von Gedächtnis-in-Operation. Seit dem 18. Jahrhundert wird diese Veränderung in Reflexionstheorien registriert. Es geht dann nicht länger um die Frage, ob der Realitätsbezug der Wissenschaft dogmatisch gesetzt oder skeptisch bestritten werden müsse. An die Stelle dieser Diskussion tritt die Frage nach den Bedingungen der Möglichkeit von Erkenntnis, die wir aus einem zunächst transzendentaltheoretischen in einen konstruktivistischen, aus einem bewußtseinstheoretischen in einen gesellschaftstheoretischen Kontext überführen. Am Ende einer an Erfolgserfahrungen entlanggeführten Entwicklung zeigt sich heute eine Typik von Wissenschaft, die den Zusammenhang von Auflösung und Rekombination sich selbst zuspricht und darin ihre Technik der Erkenntnisgewinnung sieht, mit der sie ihre Funktion erfüllt.

Sobald dies deutlich wird, kann die Wissenschaft sich nicht mehr als Naturwissenschaft verstehen. Auch die Unterscheidung von Geisteswissenschaft (die voraussetzen muß, daß der Geist woanders sei) und empirischer Wissenschaft (die voraussetzen muß, daß die Wirklichkeit woanders sei) wird dadurch obsolet – was nicht ausschließt, daß man über Disziplinendifferenzierung ähnliche Unterscheidungen wiedergewinnt. An die Stelle solcher Wissenschaftsprämissen, die immer noch einen externen (bzw. externalisierten) Beobachter voraussetzen, scheint mehr und mehr eine Art Spiegelungsverhältnis zu treten,

78 Speziell hierzu Kurt Röttgers, Der Ursprung der Prozeßidee aus dem Geiste der Chemie, Archiv für Begriffsgeschichte 27 (1983), S. 93-157.

in dem das Wissenschaftssystem die eigene evolutionäre Unwahrscheinlichkeit als Unwahrscheinlichkeit der Welt erfährt. An die Stelle von Naturannahmen, die bei aller Dekomposition immer noch halten konnten, was sie zu erkennen gaben, tritt die Paradoxie der Unwahrscheinlichkeit des Wahrscheinlichen. Aber was heißt das? Die Unwahrscheinlichkeit, daß er, als Auswahl aus zahllosen anderen Möglichkeiten, tatsächlich gesprochen wird, haftet jedem Satz an; aber eben jedem Satz als ein ganz normales und, statistisch gesehen, uninteressantes Merkmal. Mit dem Unwahrscheinlichkeitstheorem wird also nicht für ständiges Überraschtsein plädiert, so wenig wie einst mit dem Theorem der creatio continua. Es wird damit nicht geleugnet, daß die Welt ist, wie sie ist. Aber über die Frage, wie es möglich ist, daß sie ist, wie sie ist, kommt man auf kombinatorische Unwahrscheinlichkeiten und, zum Beispiel, auf evolutionäre Erklärungen. Diese Paradoxie schließt das Erkennen selbst ein. Auch Erkennen erscheint sich selbst dann als wahrscheinlich gewordene Unwahrscheinlichkeit. Und wenn das in dieser Form akzeptiert werden muß, weil man anders kein Gegenstandsverhältnis, das der Auflösung widerstände, gewinnen kann, spricht nichts mehr dagegen, der Wissenschaft die Autonomie eines selbstreferentiellen, operativ geschlossenen Systems zuzusprechen.

Besser noch läßt sich dieses Resultat mit Hilfe des Begriffs der Wahrheit als eines symbolisch generalisierten Kommunikationsmediums formulieren. Für die voll ausdifferenzierte Wissenschaft wird die Welt zum lose gekoppelten medialen Substrat, das durch Kommunikationen hypothetisch, also wiederauflösebereit, gebunden werden kann. Die Welt gilt insoweit als das immer weiter auflösbare Gesamt aller Elemente, die je nach Systemreferenz als für das System undekomponierbar behandelt werden müssen. Als mediales Substrat bleibt sie lose gekoppelt, sofern das Substrat die Kontingenz aller Bindungen anzeigt. Das Substrat wird verbraucht, indem die Theorien es vorläufig festlegen, und zugleich wiederfreigegeben (»potentialisiert«), indem alle Theorieformen als nur hypothetisch geltend vorgestellt werden. Die Kommunikation von Wahrheit benutzt diese Differenz von loser und strikter Kopplung, um in der Welt über die Welt (und das schließt ein: über sich selber) zu sprechen. Auf diese Weise wird die Paradoxie der Unwahrscheinlichkeit des Wahrscheinlichen hergestellt und unformuliert in alltägliche Operationen übersetzt.

Das Gesamtgeschehen von Ausdifferenzierung, operativer Schließung, medialer Vermittlung der Kommunikation und Steigerung des Auflöse- und Rekombinationsvermögens erzwingt die Auffassung von Gegenständen der Wissenschaft als *kontingent*. Einerseits bezweifelt niemand, daß das, was ist, so ist, wie es ist. Angesichts der unerkennbaren Faktizität verlieren alle Modalisierungen, selbst die Bezeichnung als »notwendig«, ihren Sinn. Mit einem quasi-theologischen Begriff könnte man allenfalls von supramodaler Notwendigkeit sprechen.[79] Andererseits setzt jede Informationsverarbeitung, jede Beobachtung dieser Realität Unterscheidungen voraus, die es überhaupt erst ermöglichen, etwas als etwas zu bezeichnen. Diese Unterscheidungen sind stets selbstgemacht, also systeminternes Konstrukt. Alles, was im Anschluß daran als Information behandelt und als so-und-nicht-anders aufgefaßt und in irgendeinem Kontext als Einheit akzeptiert wird, verdankt die damit gewonnene Auszeichnung der Beobachtung.[80] Alles, was *für* ein autopoietisches System Einheit ist, ist *durch* das autopoietische System Einheit. In der Gegenstandsauffassung ist also immer schon impliziert, daß es auch anders möglich sei; und alle Notwendigkeit muß entsprechend als negierte Kontingenz bewiesen werden.

Die Voraussetzung einer prinzipiell kontingenten Welt ist zwar durch die Theologie anplausibiliert worden. Sie ist für die Theologie ein Derivat der Annahme einer Schöpfung der Welt durch Gott. Sie kann gleichwohl nicht als bloße »Säkularisation« religiösen Gedankenguts erklärt werden. Es mag für die Evolution von Wissenschaft eine Erleichterung gewesen sein, daß die Theologie hier bereits vorgearbeitet hatte (obwohl die frühmoderne Vorstellung einer natürlich-gewissen Naturer-

---

79 Im Anschluß an Henry Deku, Possibile Logicum, Philosophisches Jahrbuch der Görres-Gesellschaft 64 (1956), S. 1-21.
80 Zu den wichtigsten Vorarbeiten für diese Einsicht gehört sicher die Entscheidung Kants, nach den Syntheseleistungen des Bewußtseins zu fragen und sowohl Raum als auch Zeit im Rahmen einer »transzendentalen Ästhetik« als Formen anzusehen, die der Anschauung a priori zugrunde liegen.

kenntnis gerade hiergegen opponiert); oder zumindest war mit Widerstand von Seiten der Theologie nicht zu rechnen, soweit diese sich ihrerseits auf Seinskontingenzen festgelegt hatte. Die Gründe dafür, daß der Wissenschaft die Welt als kontingent erscheint, sind aber letztlich struktureller Art. Die Kontingenz aller innerweltlich faßbaren Gegebenheiten ist ein Korrelat der Autopoiesis von Wissenschaft, oder genauer: ein Korrelat der systeminternen Differenzierung von Operation und Referenz. Eine voll ausdifferenzierte Wissenschaft wird deshalb, selbst wenn sie Gesellschaft, selbst wenn sie sich selber analysiert, die Kontingenzthese nicht vermeiden können, sondern allenfalls, unter Übernahme der Beweislast, hypothetisch behaupten können, daß bestimmte Zusammenhänge unter gegebenen Bedingungen notwendig so sind, wie sie sind, weil andere Möglichkeiten (die denknotwendig mitgedacht werden müssen) ausgeschlossen werden können.

IX

Wissensgewinnung ist immer schon rekursiv angelegt und nur so möglich. Solange ein ausdifferenziertes Wissenschaftssystem nicht zu erkennen ist, bleibt diese Rekursivität gebunden an die alltägliche Wissensverwendung und damit an die allgemeine Autopoiesis der Gesellschaft. Das Wissen bildet sich und bildet sich um im normalen Prozeß der Kommunikation durch Inanspruchnahme in Situationen. Es kann dabei in verschiedenen Situationen wiederholt und dabei abgeschliffen werden, indem es in der Verwendung Konsistenzprüfungen der verschiedensten Art unterworfen wird. Es bewährt sich, man weiß nicht wie. Die Bewährung wird folglich der Welt zugerechnet, und man findet keinen Anlaß, zwischen Wissen und wahrem Wissen zu unterscheiden.

Von dieser *Rekursivität* wollen wir *Reflexivität* unterscheiden. Während mit Rekursivität nur die basale Selbstreferenz des autopoietischen Prozesses bezeichnet ist, zielt der Begriff der Reflexivität auf eine Unterscheidung höherer Ordnung. Als reflexiv wollen wir einen Prozeß bezeichnen, der auf sich selbst oder auf einen Prozeß gleicher Art angewandt wird[81]. Rekursivität ist schon dann gewährleistet, wenn der Prozeß von eigenen Ergebnissen profitiert, Reflexivität nur dann, wenn er sich selbst zum Gegenstand eigener Operationen machen, also sich selbst von anderen Prozessen unterscheiden kann. Das, was autopoietisch als Einheit entsteht und reproduziert wird, kann dann auch über das laufend Erforderliche hinaus als eine aggregierte Einheit beobachtet werden. Kommunikation im Anschluß an Kommunikation wird durch Kommunikation über Kommunikation ergänzt, überformt, gesteuert.

Reflexivität entsteht zusammen mit funktionaler Differenzierung. Das eine bedingt das andere. Um Anfangsbedingungen brauchen wir uns nicht zu kümmern, sie liegen, wie immer bei evolutionären Errungenschaften und zirkulären Kausalitäten, im Dunkeln. Jedenfalls setzt ausgebaute Forschung über Forschung die funktionale Ausdifferenzierung eines Wissenschaftssystems voraus. Ein reflexiver Mechanismus dieser Art ist seinerseits wieder Forschung, also Autopoiesis des Systems. Er orientiert sich am selben Code und benutzt die gleiche Prozeßtypik. Nur deshalb kann man von Reflexivität sprechen. Forschung über Forschung unterscheidet sich also von Finanzierung der Forschung oder von Presseberichten über Forschung, von Organisation der Forschung und von Motivation zur Forschung dadurch, daß sie im selben Medium bleibt. Daß es sich um eine Variante der Autopoiesis des Systems handelt, besagt auch, daß die Forschung über Forschung keine teleologische Struktur hat. Sie ist kein zielgerichteter Prozeß (obwohl ein Beobachter nicht unrecht hat, wenn er sagt, sie habe den »Zweck«, die Forschung zu verbessern). Sie geschieht – oder geschieht nicht. Sie stellt ihrerseits Wahrheiten und Unwahrheiten fest. Wenn wir sagen, sie »steuere« das System, ist also nicht gemeint, daß sie Endzustände projektiere und herbeiführe. Sie schränkt nur, soweit sie interne Anschlußfähigkeit erreicht, das Repertoire derjenigen Operationen ein, die das System durchführen kann. Steuerung ist Beschränkung der internen An-

---

81 Vgl. Niklas Luhmann, Reflexive Mechanismen, in: Soziologische Aufklärung, Bd. 1, Opladen 1970, S. 92-112; ders., Soziale Systeme, a.a.O., insb. S. 610ff.

schlußfähigkeiten durch eigens dafür ausdifferenzierte (ihrerseits anschlußfähige) Operationen.
Der wohl wichtigste Zugewinn reflexiver Steuerungsweise ist, daß der laufende Prozeß für sich selbst nun auch in negativer Hinsicht zugänglich wird. Das heißt, um dies zu wiederholen, nicht, daß man sich entscheiden kann, nicht zu forschen, oder daß man sich entscheiden kann, Forschungen nicht zu finanzieren. Das versteht sich bei der Kopplung verschiedenartiger Prozesse von selbst. Sondern reflexive Forschung über Forschung ermöglicht es, die Wahrheitschancen vorweg positiv bzw. negativ zu beurteilen. Forschung selbst wird dann als empirisches Verhalten und Kommunizieren einer bestimmten Art unter Wahrheitsgesichtspunkten beurteilt. Und es kann sein, daß man daraufhin erkennt, daß bestimmte Vorgehensweisen für bestimmte Vorhaben geeignet oder ungeeignet sind, ohne daß man sie zunächst durchführen müßte; ohne daß man also auf trial and error angewiesen wäre. Darin liegt nicht zuletzt eine Ökonomie und eine Beschleunigung der im System insgesamt betriebenen Forschungen.
Durch Einschaltung reflexiver Zwischenprozesse kann der Forschungsprozeß also sein eigenes Nichtstattfinden kontrollieren bzw. die Annahmen überprüfen, unter denen er stattzufinden tendiert. Ob Forschungsprozesse faktisch reflexiv ablaufen oder nicht, ist natürlich eine empirische Frage. Das müßte man wiederum von Fall zu Fall untersuchen. Zugleich ließe sich auf diese Weise testen, ob und wie weit Themen, die im Kontext von Wissenschaft behandelt werden, wirklich an die ausdifferenzierte, rekursiv geschlossene Autopoiesis angeschlossen sind. Wenn zum Beispiel angenommen wird, daß Frauenforschung am besten von Frauen durchgeführt wird oder Militärforschung am besten von Militärs, diese Frage aber nicht ihrerseits zur Überprüfung in reflexiver Forschung über Forschung freigegeben wird, kann insoweit von ausdifferenzierter Wissenschaft nicht die Rede sein. Ein Beobachter eines sich so behandelnden Systems wird Interessen vermuten können. Und das läßt sich nicht dadurch ändern, daß man in den Fußnoten der dann publizierten Texte wissenschaftlich qualifizierte Literatur zitiert findet.
Kurz: ein autonomes, operativ geschlossenes, selbstreferentiel-

les System für Wissenschaft schließt alles, was in dem System verwendet wird, prinzipiell in die Überprüfung durch das System ein und ersetzt damit soziale Kontrolle durch Selbstkontrolle. Daß dies, logisch und semantisch gesehen, nicht auf ein Vollständigkeitsaxiom hinausläuft, wissen wir spätestens seit Gödel und Tarski. Gleichwohl verraten aber Themen, die der reflexiven Kontrolle ausgesetzt werden könnten, aber dagegen geschützt sind, Empfindlichkeiten, die nicht auf ein Unvermögen, das heißt nicht auf eine andernfalls eintretende Paradoxie zurückzuführen sind, sondern auf einen Versuch externer Systeme, das Wissenschaftssystem zu kontrollieren und die Reichweite seines autonomen Forschens einzuschränken. Und dafür ist der reflexive Mechanismus des Systems, also die Forschung über Forschung, derjenige Ansatzpunkt, der sofort weitreichende Wirkungen verspricht und, geschickt benutzt, es ermöglicht, das System zu knacken.

X

Allgemein kann man feststellen, daß bei zunehmender Systemkomplexität die Tendenz zunimmt, Komplexität zu temporalisieren, das heißt: als Nacheinander des Verschiedenen zu ordnen.[82] Durch Kommunikation wird diese Möglichkeit nahegelegt, denn Kommunikation ist, im Unterschied zu Wahrnehmung, ein notwendig sequentiell geordnetes Operieren. Aber erst komplexere Gesellschaften sehen sich genötigt, mehr und mehr von raumlimitierten zu zeitlimitierten Ordnungen überzugehen. Diese Präferenz für zeitlimitierte Ordnungen wiederholt sich innerhalb der Funktionssysteme – teils in der Form eines bestimmten Anfangs mit offenem Ende (so die Gesetze des Rechtssystems, die Preisfixierungen des Wirtschaftssystems), teils in der Form, daß durch Bestimmung von Anfang und Ende Perioden gebildet werden (etwa mit der Schulstunden-Ordnung des Erziehungssystems oder mit den Wahlperioden des politischen Systems). In jedem Falle setzen solche zeitlimitierten

---

82 Hierzu unter historischer Perspektive Niklas Luhmann, Temporalisierung von Komplexität: Zur Semantik neuzeitlicher Zeitbegriffe, in ders., Gesellschaftsstruktur und Semantik Bd. 1, Frankfurt 1980, S. 235-300.

Ordnungen einen Beobachter voraus, der sie überdauert und Anfang und Ende beobachten kann (denn in der zeitlimitierten Ordnung selbst gibt es, auch wenn sie als Interaktion ausdifferenziert ist, keine Möglichkeit, den eigenen Anfang zu beobachten [oder auch nur: zu erinnern] und das eigene Ende als Beobachter zu überleben). Nur in sehr ungewissem Sinne kann man sich hier auf die schon vor dem Anfang und noch nach dem Ende operierenden Bewußtseinssysteme verlassen. Im allgemeinen setzt der Ausbau und die zunehmende Abhängigkeit von zeitlimitierten Ordnungen Organisationssysteme voraus, die Anfang und Ende beobachten, registrieren, ja veranlassen können. Das gilt heute selbst für das scheinbar so leichtfüßige Phänomen der Mode.

In dem Maße, als ein System die eigene Autopoiesis von zeitlimitierten Ordnungen abhängig macht, wird ja das Problem akut, wie man von einem Ende zu einem Anfang kommt und damit das System über die eingebauten Zeitlimitierungen hinaus in Betrieb hält. Es könnte sein, darf aber nicht sein, daß mit dem Ende einer Periode alles aufhört – daß der Unterricht nicht wieder anfängt, weil sich niemand daran erinnern kann, wie man das macht, oder daß nach dem Ablauf einer Wahlperiode keine Neuwahl stattfindet, weil niemand dazu den Anstoß gibt. Um sicherzustellen, daß das nicht passiert, werden Organisationen gebildet, etwa Schulen oder politische Parteien oder staatliche Verwaltungen, Modeindustrien usw. Wenn aber solche Organisationen existieren, sorgt deren eigene Autopoiesis dafür, daß der Zeitwechsel in Betrieb bleibt und überwacht wird. Tendenziell wird dann das Gesamtgeschehen auf zeitlimitierte Ordnungen umgestellt. Erziehender Unterricht erfolgt nur noch stundenweise, weil er sich nur so in Organisation abbilden läßt. Wenn Organisation als Notbehelf zur Einrichtung von offenen oder geschlossenen Perioden erfunden war, wird sie nun zum Mittel der Extension dieses Ordnungstyps. Und in dem Maße, als alles in zeitlimitierten Ordnungen geschieht, kann nichts mehr ohne Organisation geschehen. Das heißt keineswegs, daß die Funktionssysteme selbst als Einheit organisiert werden oder werden könnten. Es heißt nur, daß sich Organisation als Komplement der Zeitordnung, gleichsam als zeitloser Beobachter, unentbehrlich macht.

Auch im Wissenschaftssystem finden sich diese Strukturentwicklungen, und auch hier als Folge der autopoietisch zunehmenden Eigenkomplexität. Die zeitlimitierten Ordnungen heißen hier »Projekte«.[83] Was wir allgemein über zeitlimitierte Ordnungen ausgemacht haben, gilt in besonderem Maße auch für Projekte. Die Zeitform des Projekts durchdringt alle Forschungsbereiche, alle Disziplinen des Wissenschaftssystems. Sie macht die wissenschaftliche Forschung in nie zuvor gekanntem Maße von Organisation abhängig. Es sieht dann im Ergebnis so aus, als ob es von Organisation abhänge, daß die Wissenschaft autopoietisch in Gang bleibe, weil nur so beobachtet, sichergestellt und überwacht werden kann, daß Projekt auf Projekt folgt. Rein quantitativ gesehen dominiert diese Projektförmigkeit, so daß Organisationen, die wissenschaftliche Tätigkeiten erfassen und für Zwecke der Datenverarbeitung und Auskunftserteilung speichern, schon gar nichts anderes mehr wahrnehmen können. Die Fragebogen, die sie verteilen, zielen auf die Einheit »Projekt« und enthalten Fragen nach Anfang und Ende. Und nur die darauf noch nicht ganz eingestellten Universitäten bieten dagegen einen gewissen Schutz, da sie es immer noch ermöglichen, Finanzierungen über Lehre zu rechtfertigen und Forschung nur mitzufinanzieren.

Wissenschaftler, die ein Projekt nach dem anderen bearbeiten, werden thematisch flexibel und kompetenzbewußt eingestellt sein. Man darf vermuten, daß der pragmatische Opportunismus, den Karin Knorr diagnostiziert hat[84], damit zusammenhängt. Entsprechend wird der in solchen Kontexten sozialisierte Wissenschaftler seine Kompetenz abstrahieren und sie als eine Art »symbolisches Kapital« (Bourdieu) darstellen, das ihm den Übergang von Projekt zu Projekt ermöglicht. Auch ist anzunehmen, daß diese Ordnungsform zeitlimitierter Projekte ihrerseits selektiv wirkt und all das aussortiert, was nicht (oder nur mit Kunstgriffen) zwischen Anfang und Ende eingerichtet wer-

83 Vgl. Rudolf Stichweh, Differenzierung des Wissenschaftssystems, in: Renate Mayntz et al., Differenzierung und Verselbständigung: Zur Entwicklung gesellschaftlicher Teilsysteme, Frankfurt 1988, S. 45-115 (75 ff.). Kritisch zu den damit gegebenen Limitationen auch Joachim Matthes, Projekte – nein, danke? Zeitschrift für Soziologie 17 (1988), S. 465-473.
84 Siehe Karin Knorr-Cetina, Die Fabrikation von Erkenntnis: Zur Anthropologie der Naturwissenschaft, Frankfurt 1984, S. 63 ff.

den kann. Das könnte zum Beispiel das Fehlen jeder Bemühung um Gesellschaftstheorie in der amerikanischen Soziologie erklären; denn Gesellschaftstheorie ist nun beim besten Willen kein Projekt, sondern das Anliegen der Disziplin schlechthin. Es würde sich mithin lohnen, ein Projekt zur Erforschung der Selektivität von Projektforschung zu beantragen.

Das ist bisher meines Wissens noch nicht geschehen. In anderer Weise hat sich jedoch die Reflexivität der Projektförmigkeit, die Anwendung auf sich selbst, schon durchgesetzt. Es gibt heute viele Fälle von ihrerseits zeitlimitierten Projektbündelungen – etwa »Sonderforschungsbereiche« mit bevorzugtem Zugang zu Finanzmitteln, aber auch zeitlich begrenzte Schwerpunktbildungen anderer Art.[85] Man kann damit die thematischen Engführungen von Einzelprojekten ausweiten, kann auch gleichzeitig laufende Forschungen zu ähnlichen Themen koordinieren und muß bei all dem doch nicht darauf verzichten, daß auch dies ein vorgesehenes Ende hat.

Die Projektform ist auch deshalb attraktiv, weil sie es ermöglicht, das Wissenschaftssystem mit wirtschaftlichen Bedingungen organisatorisch zu koordinieren. Für die Wissenschaft, die an den Code wahr/unwahr gebunden ist und mit Erfolgen wie mit Mißerfolgen rechnen muß, liegt es ohnehin nahe, Zeitbindungen als beendbar anzusehen für den Fall, daß Forschungen sich als unergiebig erweisen, Hypothesen widerlegt sind oder sich attraktivere Themen ergeben. Die Wirtschaft wird zusätzliche Mittel leichter zur Verfügung stellen, wenn sichergestellt ist, daß dies nur für eine begrenzte Zeit, also nur mit einem im voraus bestimmten Betrag geschieht. Eine auf Zeitlimitierung abgestellte Koordination ist also für beide Seiten attraktiv, und sie hat den Vorteil, daß sie nicht zu einer Vermischung der Medien und der Systeme führt. Sie verlagert die Koordination auf organisierte Entscheidungsprozesse, und für die Organisation ist es kein Problem, wenn sie zugleich im Wirtschaftssystem und im Wissenschaftssystem operiert, zugleich zahlt (oder nicht zahlt) und Forschungen anregt, begutachtet, evaluiert, ruiniert;

---

[85] Vgl. etwa den Bericht von Renate Mayntz, Sozialforschung im Verbund – Ein Beispiel erfolgreicher Forschungsorganisation, in: Christoph Schneider (Hrsg.), Forschung in der Bundesrepublik Deutschland: Beispiele, Kritik, Vorschläge, Weinheim 1983, S. 161-165, aber auch andere Beiträge in diesem Band.

denn die Autopoiesis der Organisation ist unabhängig davon auf der Ebene der Entscheidung über Entscheidungen abgesichert.[86]

XI

Die Ausdifferenzierung von Wissenschaft als autonomes, operativ geschlossenes System binär codierter Operationen ist nicht nur ein Geschehen der »Selbstverwirklichung« von Wissenschaft. Gewiß, es kann in der Perspektive wissenschaftlichen Fortschritts so beschrieben werden. Der Gewinn an Auflöse- und Rekombinationsvermögen ist evident. Man kann ihn erkenntnisgeschichtlich leicht nachvollziehen, und niemandem wird einfallen, dies zu bestreiten. Damit sind jedoch die Aspekte, die man dem Thema der Ausdifferenzierung von Wissenschaft abgewinnen kann, bei weitem noch nicht erschöpft. Die Ausdifferenzierung verändert auch das System der Gesellschaft, in dem sie stattfindet, und auch dies kann wiederum Thema der Wissenschaft werden.

Das allerdings ist nur möglich, wenn man ein entsprechend komplexes systemtheoretisches Arrangement zugrundelegt. Es bleibt dabei: die Wissenschaft kommuniziert nur das, was sie kommuniziert; sie beobachtet nur das, was sie beobachtet, und nur so, wie sie es beobachtet. Das gilt auch, wenn sie Fragen des sie umfassenden Gesellschaftssystems behandelt. Behandelt sie die Gesellschaft als differenziertes System, kann sie aber zugleich sich selbst behandeln – sich selbst als ein Subsystem dieses Systems. Sie kann sich, mit diesen ihren eigenen Vorgaben, so betrachten, als ob es von außen wäre, und sich auf diese Weise mit anderen Subsystemen des Gesellschaftssystems vergleichen.

Im gesellschaftsgeschichtlichen Vergleich fällt bei dieser Betrachtungsweise die Besonderheit der modernen Gesellschaft auf. Sie bildet Subsysteme auf der Basis von Funktionen des Gesellschaftssystems, und zwar so, daß die Ausdifferenzierung

---

[86] Hierzu Niklas Luhmann, Organisation, in: Willi Küpper/Günther Ortmann (Hrsg.), Mikropolitik: Rationalität, Macht und Spiele in Organisationen, Opladen 1988, S. 165-185.

der primären gesellschaftlichen Subsysteme an jeweils einer Funktion orientiert wird. Bevor dieser Zustand erreicht war, konnte die Funktion nur im multifunktionalen Kontext von Lebensgemeinschaften (vor allem: Wohngemeinschaften) erfüllt werden. Rückblickend gesehen heißt das: Unterausnutzung von Möglichkeiten. Die Gesellschaft selbst übte als Lebensführungsgemeinschaft eine soziale Kontrolle aus, vor allem in der Form einer moralischen Regulierung von Achtung und Mißachtung der Beteiligten. Erkenntnismäßige Innovationen waren unter diesen Bedingungen nur sehr begrenzt möglich und gerieten leicht in den Verdacht, der nur privaten Neugier, der Idiotie zu dienen. Die Freigabe von Forschung setzt die Ausdifferenzierung eines Funktionssystems für Erkenntnisgewinn voraus, das sich an seiner Funktion legitimieren kann. Die Wissenschaft entzieht sich allmählich der sozialen Kontrolle, wenngleich zunächst mit Vorbehalten in bezug auf Religion und Moral. »Curiositas« zum Beispiel bleibt im Übergang vom Mittelalter zur Neuzeit ein Vorwurfbegriff; aber angelastet wird nicht mehr das grenzenlose Streben nach besserer Erkenntnis, sondern nur noch das Eindringen in Bereiche, die nach Gottes Willen ihrer Natur nach geheim bleiben müssen und deshalb gar nicht gewußt werden können.[87] Das Risiko der Ausdifferenzierung eines besonderen Funktionssystems Wissenschaft liegt aber nicht im Abwerfen der Zügelung durch soziale Kontrolle, und es liegt auch nicht in der Gefahr von Verstößen gegen die Moral.[88] Es liegt in der funktionalen Spezifikation selber. Im Kontext einer funktional differenzierten Gesellschaft bedeutet funktionale Spezifikation *Redundanzverzicht*.[89] Die Funktio-

---

87 In diesem Sinne wird curiositas schließlich eine Variante von Irrtum, ein Trieb zur Bildung falscher Vorstellungen. Siehe z. B. Thomas Wright, The Passions of the Minde in Generall, London 1604, erw. Ausg. London 1630, Nachdruck Urbana, Ill. 1971, S. 312 ff. (hier noch: Wissen sei nur in begrenztem Maße notwendig und lebensdienlich) und Edward Reynoldes, A Treatise of the Passions and Faculties of the Soule of Man, London 1640, Neudruck Gainesville, Fla. 1971, S. 497 ff.
88 Umgekehrt gesehen heißt dies: daß gar keine Moral (oder jedenfalls: keine rational überlegte Ethik) zur Verfügung steht, die das Verhalten unter Risiko zu beurteilen vermöchte. Hierzu Niklas Luhmann, Die Moral des Risikos und das Risiko der Moral, Ms. 1986.
89 Vgl. Niklas Luhmann, Ökologische Kommunikation: Kann die moderne Gesellschaft sich auf ökologische Gefährdungen einstellen? Opladen 1986, S. 208 ff.

nen werden, wenn ausdifferenziert, nur einmal abgesichert. Sie können nur in dem dafür eingerichteten System und nirgendwo sonst erfüllt werden. Man kann nicht, wo die Wissenschaft versagt, statt dessen auf Politik oder auf Religion oder auf Familienleben oder Erziehung ausweichen, denn auch diese Systeme sind funktional ausdifferenziert und nur für ihre eigene Funktion kompetent. So bleibt die Gesellschaft der Eigendynamik ihrer Funktionssysteme ausgeliefert und findet nirgendwo in sich selbst einen Gegenhalt oder einen Ausgleichsmechanismus. So wird die Wissensgewinnung aus allen anderen Bereichen gesellschaftlicher Kommunikation, aus dem Alltag ebenso wie aus anderen Funktionssystemen abgezogen, dort nur ein Wissen zurücklassend, das sich nur als selbstverständliches Immer-schon-Vertrautsein im rechten Umgang mit Dingen und Ereignissen qualifizieren kann.

Wissenschaft ist unter diesen Bedingungen, so kann man das auch ausdrücken, eine *selbstsubstitutive Ordnung*. Das ermöglicht es, die Substitutionsbedingungen im System selbst zu präzisieren. Für Wahrheiten können nur noch Wahrheiten substituiert werden, und zum Beispiel nicht, wenn sie bedroht sind, Loyalitätsanforderungen oder Sympathiebekundungen, Schuldisziplin, Parteidisziplin, Familienzusammenhalt. Das birgt, als eine Folge des Redundanzverzichts, das Risiko in sich, daß eine fragwürdig gewordene Wahrheit einstweilen oder sogar auf lange Sicht überhaupt nicht ersetzt werden kann. So hinterließ der Zusammenbruch der Astrologie ein Vakuum, das die Astronomie nicht auffüllen konnte, und der Zusammenbruch des Marxismus läßt weitgehend offen, welche Gesellschaftstheorie denn anstelle dessen überzeugen und Motive bewegen könnte.[90]

Redundanzverzicht und Angewiesensein auf Selbstsubstitution schließen natürlich nicht aus, daß andere Funktionssysteme eingreifen, also Forschung zum Beispiel rechtlich reguliert oder

---

90 Insofern können wir, was das Erfordernis der Selbstsubstitution betrifft, zwar Kuhn folgen, nicht aber seiner Annahme, daß immer ein Substitut zur Hand sein müsse, oder andernfalls ein Paradigma nicht abgelehnt werden könne. (»To reject one paradigm without simultaneously substituting another is to reject science itself«, heißt es in: Thomas Kuhn, The Structure of Scientific Revolutions, Chicago 1962, S. 79).

verstärkt finanziert wird. Darüber haben wir bei Gelegenheit gesprochen. Aber die Eigenfunktion der Wissenschaft, die Entscheidung zwischen wahr und unwahr bei neu vorgeschlagenem Wissen, ist davon nicht betroffen. Sie fällt oder fällt nicht im Wissenschaftssystem selber unter der Bedingung von Strukturdeterminiertheit, Autonomie und operativer Geschlossenheit. Oder anders gesagt: wenn solche Operationen stattfinden, finden sie als Wissenschaft statt; sie werden, wenn sie stattfinden (wer immer sie durchführt) als Wissenschaft beobachtet und an den Kriterien und Theorieprogrammen des Wissenschaftssystems gemessen. Das gilt für Universitätsforschung, für Amateurforschung, für Industrieforschung, für alles, was sich als Forschung ausweist. Und wenn der Gewinn von Erkenntnissen nicht wissenschaftlich erreicht werden kann, dann eben überhaupt nicht.
Hierdurch gewinnen Forschungsentscheidungen eine beträchtliche Bedeutung. Da man das Ergebnis noch nicht kennen kann, denn sonst müßte man nicht forschen, müssen sie unter Unsicherheit getroffen werden. Ein Risiko entsteht, wenn – sei es aus finanziellen, sei es aus theorieimmanenten Gründen – ein Forschungsplan andere ausschließt. Es kann dann sein, daß der erfolgversprechende Weg zunächst nicht beschritten, sondern ein anderer bevorzugt wird. Das verzögert zumindest die Feststellung von Wahrheiten und macht Anschlußirrtümer wahrscheinlicher. Hierzu gehört auch, daß Forschung oft unter zeitlichen oder finanziellen Beschränkungen ablaufen muß, die es verhindern, teure Geräte anzuschaffen oder zeitraubende Methoden anzuwenden. Interviews zum Beispiel stehen typisch unter zeitlichen Beschränkungen. Dann weiß man sogar im voraus, daß man nicht das herausbekommt, was man vielleicht herausbekommen könnte; aber man kann nicht vorweg wissen, ob dieser Unterschied für welche Ergebnisse relevant sein würde.
Die Problematik dieser Folgen funktionaler Differenzierung wird erst verständlich, wenn man sieht, daß auch die Gesellschaft selbst ein operational geschlossenes autopoietisches System ist, das nur produziert, was es produziert, nämlich Kommunikationen, und das seine Operationen fortsetzt, solange es geht. Anders als die ältere Evolutionstheorie erwarten

ließ, ist ein solches System nicht durch Umweltanpassung ausgelesen und dadurch vorweg immer schon durch seine Umwelt bestimmt. Oder anders gesagt: es kann nicht mehr oder weniger gut angepaßt sein und nach Maßgabe dessen überleben. Die Umwelt scheint zwar die Systemoperationen zu tolerieren, sonst würden sie gar nicht vorkommen; aber das bedeutet weder, daß das System sich um eine immer bessere Anpassung an seine Umwelt bemüht; noch daß die Umwelt präferentiell die bestangepaßten Systeme auswählt.[91] Dies ändert sich nicht, wenn die Gesellschaft sich verstärkt um Wahrheit bemüht und schließlich dafür ein Funktionssystem ausdifferenziert. Es kommt, mit anderen Worten, im Laufe der Evolution nicht zu einer »besseren« Anpassung der Gesellschaft an ihre Umwelt, sondern die Anpassung wird nur bewahrt trotz Änderung der Strukturen; und es kommt auch nicht dank Wissenschaft zu einer besseren Repräsentation der Umwelt in der Gesellschaft, ja es kommt überhaupt nicht zu einer solchen Repräsentation. Ein Beobachter mag sich dies so vorstellen, und auch die Selbstbeobachtung der Wissenschaft durch Wissenschaftstheorie mag sich dies so vorstellen, aber diese Vorstellung bleibt selbst wiederum interne Operation, denn kein System ist in der Lage, außerhalb seiner Grenzen in seiner Umwelt zu operieren. In Wirklichkeit gibt es also keinen externen Standpunkt, der eine solche Beobachtung von außen tragen könnte und es rechtfertigen könnte, zu sagen, daß die Gesellschaft sich dem, was ein Beobachter unabhängig von ihr als Umwelt sieht, besser und besser (oder eventuell: schlechter und schlechter) anpaßt. Auf der Ebene seiner eigenen Operationen bleibt die Umwelt dem System unzugänglich; und nur deshalb kann das System, relativ ungestört und aufgrund seiner selbstproduzierten Sensibilität, hochkomplexe Annahmen über die Umwelt produzieren.

Auch »ökologische Kommunikation« ist mithin systeminterne Kommunikation und kann gar nichts anderes sein.[92] Das macht es durchaus möglich, Probleme zu registrieren und Ursachen

---

[91] Hierzu Humberto R. Maturana, Biologie der Sozialität, Delfin V (1985), S. 6-14 (8 f.), allerdings bezogen auf zusammenlebende Lebewesen, nicht nur auf Kommunikationen. Ferner ders., Evolution: Phylogenic Drift Through the Conservation of Adaptation, Ms. 1986.
[92] Dazu ausführlich Niklas Luhmann, Ökologische Kommunikation, a.a.O.

dafür zu identifizieren. Die Gesellschaft kann durchaus registrieren, in welchen Hinsichten ihre gewohnte Funktionsfähigkeit bedroht ist und ihre Zukunftserwartungen sich negativ färben. Sie kann messen und schätzen. Sie kann sich selbst alarmieren. Sie kann all dies aber nur als strukturdeterminiertes System, und das schließt heute, ob man will oder nicht, Akzeptanz der Funktionssysteme ein – auch und gerade dann, wenn die Ursachen für die Umweltprobleme diesen Systemen selbst zugerechnet werden.

Es kann nicht ausbleiben, daß unter diesen Bedingungen eine Kritik der Wissenschaft Nahrung findet, die nicht von den wissenschaftsintern definierten Bedingungen möglichen Wissens ausgeht, sondern das zugrundelegt, was man für wahr halten möchte. Teils hält solche Kritik an metawissenschaftlichen Kriterien fest – etwa solchen des vernünftigen Konsenses. Teils weist sie auf künftig zu erwartende Folgen hin, die nicht verantwortet werden können, obwohl sie mit Wahrheit erreicht werden. Teils reserviert sie sich ein moralisches Urteil im Anschluß an die alte, schon im Paradies geltende Regel, daß man nicht alles dürfe, was man könne.[93] Auf diese Weise kann man versuchen, Widerstand gegen Wissenschaft zu organisieren und schließlich sogar terroristischen Aktivitäten bis hin zur Sprengung wissenschaftlicher Forschungseinrichtungen den Anschein der Wahrnehmung eines berechtigten Interesses zu geben. Solche Erscheinungen sind ein Resultat wachsenden Risikobewußtseins, nicht jedoch Formen des Umgangs mit dem Risiko. Sie sind ausgelöst durch die einmalige Unwahrscheinlichkeit der Struktur moderner Gesellschaft mit ausdifferenzierter Wissenschaft, sind jedoch keine Operationen, mit denen die Lage in bezug auf dieses Problem verbessert werden könnte. Proteste gegen Wissenschaft ändern nichts daran, daß nur Wissenschaft Wissenschaft treiben kann; und wenn das Risiko dieser Festlegung hoch erscheint und wenn sie Folgen haben kann, die unter Kontrolle gebracht werden müssen, dann kann

---

93 »Que no todo lo que se puede se debe hacer ni proponerse, sino lo fácil, honesto y provechoso«, heißt es z. B. bei Lorenzo Ramírez de Prado, Consejo y Consejero de Principe, Madrid 1617, Neuausg. Madrid 1958, S. 5. Wie immer bei Prinzipien der Moral ist die Moral selbst dabei vorausgesetzt und mit den Zeitläufen auswechselbar.

in dieser Gesellschaft – und wir leben in keiner anderen – dafür nur wiederum jedes Funktionssystem im Rahmen seiner eigenen Funktion aktiviert werden.

XII

Die Ausdifferenzierung eines besonderen, operativ geschlossenen Systems für die Bearbeitung von Wahrheitsfragen ändert die Teilnahmebedingungen des Menschen, und zwar nicht nur für die Teilnahme an der Wissenschaft selbst, sondern auch, und mit Folgen für jeden, für die Inklusion in das gesamtgesellschaftliche System.

Solange es einfach um Wissen ging und um damit verbundene Erfahrung, konnte es für jeden Einzelnen mehr oder weniger Wissen geben. Seine Beteiligung an der Welt war gewiß gebrochen durch seine menschliche Endlichkeit schlechthin und sodann durch die Position, von der aus er als gesellschaftliches Wesen die Welt zu sehen bekam. Wissen korrelierte, im Idealfalle, mit Schichtung und, am obersten Punkte, mit Tugendwissen und mit Kenntnis des rechten Verhaltens zu heiligen Dingen. Für soziale Angelegenheiten ergab sich dadurch Autorität, die aus dem besseren Zugang der Wissenden zur gemeinsamen Welt resultierte; und solche Autorität konnte nicht ohne Koordination mit dem System gesellschaftlicher Differenzierung, mit der Stratifikation gesellschaftlicher Schichten gehandhabt werden. Jeder partizipierte nach der Maßgabe seiner Position, das heißt: nach der Maßgabe des Teils, *der er ist*.

In einer Gesellschaft mit funktional ausdifferenzierter Wissenschaft ist die Inklusion völlig anders geregelt. Sie wird jetzt, was Wissenschaft betrifft, durch die Eigenlogik und die strukturelle Dynamik der Wissenschaft selbst konditioniert – und Entsprechendes gilt für alle anderen Funktionssysteme. Inklusion erreicht, wer kommunizieren kann, was man kommunizieren kann, und Autorität wie Reputation hängen von systeminternen Erfolgsbedingungen ab. Das heißt nicht zuletzt, daß die Inklusion sich stärker individualisiert und nicht mehr zu einer Art Erbgut verfestigt werden kann, das man in Familien tradiert.

Nie hat man jemals von Kindern Galileis, Newtons oder Einsteins gehört.

In diesem allgemeinen Rahmen funktionsspezifischer Inklusion findet man in der Wissenschaft sehr spezifische Bedingungen.[94] Viele andere Funktionssysteme differenzieren ihren Inklusionsmodus mit Hilfe von Rollenasymmetrien aus. So gibt es in der Wirtschaft die Differenz von Produzent und Konsument. Im politischen System gewinnt im Übergang zum Barock die Differenz von Regierenden und Regierten an Bedeutung. Dieselben Asymmetrien finden sich in allen Funktionssystemen, die auf professionelle Praxis angewiesen sind, etwa Recht und Medizin. Differenziert werden in solchen Fällen Rollen und Gegenrollen, Leistungsrollen und Publikumsrollen bzw. Klientenrollen, und sie werden, darin liegt das Neue und Auffallende, differenziert gegen die eigenen anderen Rollen der Beteiligten, also zum Beispiel gegen die konfessionellen und ständischen Zugehörigkeiten.

Im Falle der Wissenschaft geht es primär um Ordnung des Erlebens, nicht des Handelns. Daher können Rollenasymmetrien nur schwach ausgebildet werden und stehen unter dem Vorbehalt jederzeitiger Umkehrbarkeit.[95] Vorherrschendes Inklusionsmodell ist das der kollegialen Gleichheit, der »scientific community«. Innerhalb dieses Modells ist zwar vorgesehen, daß der eine Wahrheiten anbietet und der andere sie kritisiert. Eine Festlegung von Wahrheit auf bestimmte Aussagen wird vorgeschlagen und daraufhin im Hinblick auf ihre Rückführung in den Zustand loser Kopplung von Wahrheitsmöglichkeiten beobachtet.[96] Das Medium Wahrheit wird dadurch gleichzeitig in rigider und in wiederauflösbarer Façon präsentiert. Dabei ist der Idee nach, in der Realität sieht das anders aus, die Kompetenz zur Kritik gebunden an die Fähigkeit, selbst Wahrheiten vorzuschlagen.[97] So kann man auch erwarten, daß der Wahr-

---

94 Vgl. Stichweh, Differenzierung des Wissenschaftssystems a.a.O. (1988), S. 94ff.
95 Hierzu auch Rudolf Stichweh, Zur Entstehung des modernen Systems wissenschaftlicher Disziplinen: Physik in Deutschland 1740-1890, Frankfurt 1984, S. 84ff.
96 Wir schließen hier, wie ersichtlich, an die Unterscheidung von medialem Substrat und Form an. Vgl. oben Kap. 4, III.
97 Zugespitzt hat sich eine entsprechende Diskussion vor allem im Bereich der Kunst, wo Künstler und Kunsttheoretiker vergeblich versucht haben, Kritiker-

heitsvorschlag eine Phase der Selbstkritik durchläuft, bevor er geäußert wird; oder anders gesagt: daß die Kommunikation sich an Rezeptionserwartungen kontrolliert.

Die Ausdifferenzierung entkoppelt spezifisch wissenschaftliche Bemühungen und andere soziale Werte, Normen, Vorurteile und Interessen. Sie diszipliniert auch die Art, in der der einzelne seine eigene Person an der Forschung teilnehmen läßt. Bei den Mitgliedern der Royal Society bereits meinte Thomas Sprat beobachten zu können: »They have escaped the prejudices that use to arise from Authority, from unequality of persons, from insinuations, from friendships. But above all, they have guarded themselves against themselves, lest the strength of their own thought should lead them into Error«.[98] Realistisch gesehen heißt dies natürlich nicht, daß derartige Faktoren keinen Einfluß hätten auf Themenwahl oder Meinungsbildung. Sie wirken wie Störungen und Irritierungen auf die Transformation der Strukturen des Systems. Aber die Forschung selbst führt dazu, daß solche Einflüsse abgeschwächt und wieder eliminiert werden, wenn sie nicht dazu dienen, Strukturen zu festigen, die die weitere Autopoiesis des Systems leiten. In der Selbstbeschreibung des Systems findet dieses Problem eine normative Lösung. Das heißt natürlich: es kommen auch Abweichungen vor. In der Beobachtung von außen sieht man vor allem die Unwahrscheinlichkeit der Anforderungen und das Ausmaß, in dem sie durch Ausdifferenzierung trotzdem erfüllt werden können.

Entsprechend hoch liegen die Mitmachanforderungen, und entsprechend schwierig ist die Inklusion. Sie wird zwar für jedermann offen gehalten, aber der Amateur, der noch im 19. Jahrhundert, zumindest in England[99], geschätzt wurde, hat

kompetenz zu binden an die Fähigkeit, selbst Kunstwerke der entsprechenden Art anzufertigen.

98 The History of the Royal-Society of London, For the Improving of Natural Knowledge, London 1667, Nachdruck St. Louis-London 1966, S. 92. Vgl. auch S. 102f. Im Rückblick lassen sich freilich sehr wohl Tendenzen der Selektion nach Herkunft erkennen, die vor allem Kaufleute und Händler unberücksichtigt lassen. Vgl. Michael Hunter, Reconstructing Restoration Science: Problems and Pitfalls in Institutional History, Social Studies of Science 12 (1982), S. 451-466.

99 Dafür gibt es heute viele Belege. Siehe nur: John Lankford, Amateurs and Astrophysics: A Neglected Aspect in the Development of a Scientific Specialty, Social Studies of Science 11 (1981), S. 275-303; Jack Morrell/Arnold Thackray (Hrsg.), Gentlemen of Science: Early Correspondence of the British Association

kaum noch eine Chance. Im wesentlichen richtet das Wissenschaftssystem über Publikationen und Publikationsprüfungen einen eigenen Inklusionsweg ein, an dem im Prinzip alle, faktisch aber nur wenige teilnehmen können. Dieses Inklusionsdefizit wird zunächst durch technische Erfolge und das daraus gewonnene Ansehen der Wissenschaft kompensiert. Jeder kann sich einbezogen fühlen, sofern er an diesen Erfolgen teilnimmt, Medizinen mit Heilwirkung konsumiert, Elektrizität benutzt, fliegt oder sich auf Kunststoffe verläßt. Aber solche Teilnahme bleibt passiv und kann sehr rasch in Wissenschaftsaversion – auch eine Form der Inklusion, wenn man weiterhin an die Wahrheit der Resultate glaubt! – umschlagen, wenn das Vertrauen in den Segen der Technik erodiert.

Diese Ordnung der Inklusion ist für zwei, drei Jahrhunderte durch die Symbolik des Subjekts und durch die Darstellung der Wahrheit als intersubjektiv zwingender Gewißheit überspielt worden. Vor der transzendentaltheoretischen Wende hatte man dieses Subjekt empirisch zu denken. Dabei ging man jedoch, um die Inklusion aller behaupten zu können, von der nichtempirischen Prämisse der gleichen Teilhabe am Vernunftvermögen aus. Das, was die Subjekte zur Übereinstimmung bringt, war ihre anthropologische Ausstattung und nicht zuletzt das, was die Übereinstimmung ihrer Erkenntnis mit den Dingen garantiert: ihr »common sense«.[100] Das konnte dann, mit einer wie

for the Advancement of Science, London 1984; Martin J. S. Rudwick, The Great Devonian Controversy: The Shaping of Scientific Knowledge among Gentlemanly Specialists, Chicago 1985; Philippa Levine, The Amateur and the Professional: Antiquarians, Historians and Archaeologists in Victorian England 1838-1886, Cambridge Engl. 1986.

100 Daß die Ausdifferenzierung der Wissenschaft einen erhöhten Sicherheitsbedarf oder »Limitationalitätsbedarf« erzeugt, läßt sich gerade an den Neuakzentuierungen des »common sense« in der Philosophie des 18. Jahrhunderts in Frankreich und Schottland ablesen. Siehe insb. Claude Buffier, Traité des premières vérités et de la source de nos jugemens, Paris 1724; Thomas Reid, An Inquiry into the Human Mind, Neuausg. Chicago 1970; ders., Essays on the Intellectual Powers of Man, in: Philosophical Works, Bd. 1, 8. Aufl. Edinburgh 1895, S. 213-508; William Hamilton, Of the Philosophy of Common Sense, ebenda Bd. II, S. 742-803; beides im Nachdruck Hildesheim 1967; S. A. Grave, The Scottish Philosophy of Common Sense, Oxford 1960, Nachdruck Westport, Conn. 1973; Louise Marcil-Lacoste, Claude Buffier and Thomas Reid: Two Common-Sense Philosophers, Kingston-Montreal 1982. Für die Breite der Thematik (allerdings unter Ausklammerung ihres französischen Zweiges) siehe auch Helga Albersmey-

immer flüchtigen Reverenz, immer noch als eine von Gott geschaffene Garantie der Übereinstimmung von Vernunft und Wirklichkeit interpretiert werden.[101] Die transzendentaltheoretische Wende macht sich davon unabhängig und setzt statt dessen auf die bewußte Reflexion der Bedingungen der Möglichkeit von Erkenntnis.[102] Aber selbst dies enthält noch ein Regulativ der Inklusion, markiert aber auch den Punkt, an dem nichts anderes als die Bedingungen der Möglichkeit von Erkenntnis die Inklusion bzw. Exklusion, also die Teilnahme am Erkenntnisstreben regulieren. Und von da ab ist jede Reflexionstheorie des Wissenschaftssystems zugleich Teilnahmeregulativ.

Der Begriff des Subjekts schließt niemanden aus und eignet sich dadurch als Symbol für eine nicht mehr ständisch differenzierte Inklusion. Jeder ist Subjekt, jeder also kann sich selbst zu der Einsicht befähigen, die ihn mit anderen Subjekten in derselben Gegenstandsauffassung verbindet. Auch die dümmsten und uninteressiertesten Zeitgenossen würden, kognitiv und motivational entsprechend präpariert, übereinstimmend beobachten; und wenn man daran Zweifel hat, hat man zugleich Zweifel an der Wahrheit der eigenen Kommunikation. Der Begriff des Subjekts schließt, anders gesagt, Exklusion aus der Inklusion aus.

Zugleich ist in der selbstreferentiellen Struktur dieses Begriffs jedoch eingeschlossen, daß es zur Selbstexklusion kommen kann. Durch seine Subjektivität ist der Einzelne unter anderem befähigt, Privatmann zu sein und zu bleiben und sich für Wissenschaft nicht zu interessieren. Insofern leistet der Begriff zugleich die Inklusion der Exklusion in die Inklusion. Mit dem

---

er-Bingen, Common Sense: Ein Beitrag zur Wissenssoziologie, Berlin 1986. Was in der spezifisch erkenntnistheoretischen Diskussion hier vorliegt, ist ein schon sehr überlegter Versuch, die Garantie der Übereinstimmung von Erkenntnis und Gegenstand (unter Verzicht, nach Locke, auf die Möglichkeit der Wesenserkenntnis) mit der Übereinstimmung unter den Menschen in einem einzigen Begriff zu erfassen und dadurch zu begründen.

101 Selbst durch den Verfasser der »Thérèse philosophe«! Siehe Marquis d'Argens, La Philosophie du bon-sens, ou réflexions philosophiques sur l'incertitude des connoissances humaines, zit. nach der Aufl. Den Haag 1768.

102 Siehe den gegen Reid und Konsorten und alle Bisherigen und die, die sich mit den Bisherigen beschäftigen, gerichteten Angriff in der Vorrede zu Kants Prolegomena zu einer jeden künftigen Metaphysik.

Begriff des Subjekts ist das Verhältnis von Inklusion und Exklusion auf den Punkt gebracht. Aber dabei bleibt es dann auch.

Während das Subjekt als Symbol der Inklusion fungiert, kommt im Erfordernis der Intersubjektivität das Diabol zum Vorschein. Hier ist Subjektheit nicht mehr als Einheit, sondern als Vielheit gemeint, und zugleich sind Prüfverfahren mitgemeint, die Dissens validieren. Als Subjekt hat jeder Anspruch, mit seinem Zweifel gehört zu werden. Im Kontext der Intersubjektivität werden Zweifel gewichtet und in Grenzfällen aus der Kommunikation ausgeschlossen. Dem Zweifler wird dann nicht seine Subjektheit bestritten, aber, was er äußert, wird als eine bloß subjektive Meinung genommen und, wenn die Abweichung hinreichend drastisch ist, der Psychiatrie überantwortet. Auch kommt es auf dieser Grundlage zur Absonderung von »Para«-Wissenschaften, die, wenn hinreichend erfolgreich, gleichwohl Erkenntnisse an die offiziell anerkannte Wissenschaft abgeben können.[103]

Zur Pointierung des Erlebnisbezugs gehört schließlich, daß man sich die Beurteiler von Wahrheitsbeurteilungen nicht aussuchen kann. Die Feststellung von Wahrheit bzw. Unwahrheit darf nicht, so jedenfalls die offizielle Version des Systems, auf einer Partnerselektion beruhen. Im Bereich von Reputationsmanagement setzen sich Mechanismen stärker protektionistischer Art durch. Auch reziprokes Bindungsverhalten ist hier – sagen wir: menschlich. Es fällt schwer, den zu tadeln, der einen gelobt hatte. Man kann sich auf diese Weise hineinloben. Das alles zugestanden, ist es trotzdem »unmöglich«, Kritiker damit abzuweisen, daß sie nicht zum auserwählten Kreis derjenigen gehören, denen ein Urteil zugestanden wird. Man muß »Fehler« in ihren Argumenten finden, und da das im allgemeinen nicht

---

103 Vgl. aus einer inzwischen umfangreichen Beobachtung zweiter Ordnung Harry M. Collins/Trevor J. Pinch, Frames of Meaning: The Social Construction of Extraordinary Science, London 1982; Michael D. Gordon, How Socially Distinctive is Cognitive Deviance as an Emergent Science: The Case of Parapsychology, Social Studies of Science 12 (1982), S. 151-165; Eberhard Bauer/Klaus Kornwachs, Randzonen im System der Wissenschaft: Bemerkungen zur Rezeptionsdynamik unorthodoxer Forschungsthemen, in: Klaus Kornwachs (Hrsg.), Offenheit-Zeitlichkeit-Komplexität: Zur Theorie der Offenen Systeme, Frankfurt 1984, S. 322-364.

schwierig ist, ist man auf personbezogene Formen der Exklusion auch kaum angewiesen.

Die Symbolik/Diabolik der (Inter-)Subjektivität verdeckt, daß in die Prozesse der Inklusion Rollenfilter eingeschaltet sind, und daß sozial regulierbares und kontrollierbares Rollenverhalten erforderlich ist, wenn man Inklusion erreichen will. Die Offenheit des Systems ist durch eine Vielzahl von Möglichkeiten, sich unmöglich zu machen, gewährleistet. Zusätzlich gibt es einen Mechanismus, der diese Negativauslese durch eine Positivauslese ergänzt. Er heißt Reputation. Er stattet das System mit einer zweiten selektiven Codierung aus: mit der Differenz von größerer und geringerer Reputation.[104] Und in all den Fällen, in denen die Komplexität der Sachverhalte oder die Unabgeschlossenheit der Forschungen den Durchblick auf Wahrheit bzw. Unwahrheit verstellt, kann man sich statt dessen an Reputation halten.[105]

Auf dieser Ebene der Reputationsausteilung gewinnt das Wissenschaftssystem bedeutende kombinatorische Vorteile: Das System kann, bei immensem Reichtum an Information, jeweils mit relativ geringen Informationslasten arbeiten, weil nur durch Reputation ausgezeichnete Kommunikationen beachtet werden. Reputation ermöglicht in ihrem Ausschließungseffekt Übersehen und Vergessen.[106] Sie ist, mit anderen Worten, im

---

104 Dazu ausführlicher oben Kap. 4, XIII.
105 Hierzu umfangreiche soziologische Forschung, die im englischen Sprachraum bezeichnenderweise auch unter dem Stichwort »recognition« zu finden ist. Und in der Tat geht es ja um eine rekursive (im Unterschied zu: repetitive) Operation: um ein Erkennen des Erkennens anderer. Vgl. z. B. Robert K. Merton, Priorities in Scientific Discovery, American Sociological Review 22 (1957), S. 635-659; Warren O. Hagstrom, The Scientific Community, New York 1965; Norman W. Storer, The Social System of Science, New York 1966. Vgl. zum Reputationsmechanismus ferner Gérard Lemaine/Benjamine Matalon/Bernard Provansal, La lutte pour la vie dans la cité scientifique, Revue Française de Sociologie 10 (1969), S. 139-165; Niklas Luhmann, Selbststeuerung der Wissenschaft, in ders., Soziologische Aufklärung, Bd. 1, Opladen 1970, S. 232-252; Stefan Jensen/Jens Neumann, Methodologische Probleme der Bildungsökonomie, Zeitschrift für Pädagogik 18 (1972), S. 45-61; Richard Whitley, The Intellectual and Social Organization of the Sciences, Oxford 1984, insb. S. 48 ff., 220 ff.; Barry Barnes, About Science, Oxford 1985, S. 44 ff., 49 ff.
106 So, sich bis zu Formulierungen wie Autorität und Dogmatismus steigernd, Barnes, a. a. O., etwa S. 50: »Science must have a low sensitivity to the environment and a poor memory: most of the information impinging on it, even good, reliable,

Verhältnis zum Primärcode wahr/unwahr, auf Nichtidentität, auf Distanz angewiesen. Dabei werden Autonomie und Geschlossenheit bewahrt, denn nur die Wissenschaft selbst verleiht die in ihr geltende Reputation und wertet nicht (oder allenfalls ironisch) mit, wenn ein Wissenschaftler auch als Langstreckenläufer oder als Staatspräsident Reputation erwirbt.[107] Selbst die Distanz zum Erziehungssystem ist, und dies trotz institutioneller Kopplung in den Universitäten, deutlich sichtbar: Starkes Engagement in der Lehre auf Kosten von Publikationstätigkeit wirkt reputationsschädlich. Ineins damit wird Inklusion geregelt, und zwar differenzierend, so daß zugleich Exklusion miterzeugt wird, ohne auf Prinzipien angewiesen zu sein; es ist einfach so, daß viele Bemühungen nicht anerkannt und viele Mitstreiter nicht mit Reputation belohnt werden.[108] Ferner wirkt Reputation selbstverstärkend: einmal vorhanden, hat sie die bessere Chance zu wachsen. Reputationszuschreibung läßt sich mit dem Grundmedium Wahrheit verbinden, urteilt verhältnismäßig sachgerecht, oder jedenfalls kohärent und konsensfähig,[109] wenngleich sie dazu tendiert, in einer Art von

information, must either fail to register or else be rapidly forgotten. Scientist must operate an information filtering system with a large rejection rate«.

107 Ambivalent bleibt in dieser Hinsicht der Status des »Intellektuellen«, der dank seines wissenschaftlichen Renommés auch außerhalb der Wissenschaft bekannt wird und Einfluß auf die öffentliche Meinung gewinnt. Vgl. hierzu Edward Shils, The Intellectuals and the Powers: Some Perspectives for Comparative Analysis, Comparative Studies in Society and Culture 1 (1958), S. 5-23, neu gedruckt in ders., »The Intellectuals and the Powers« and Other Essays, Chicago 1972, und, unter dem Gesichtspunkt der Institutionalisierung von Rollen für Situationsdefinitionen in säkularisierten Gesellschaften, Talcott Parsons/Gerald M. Platt, The American University, Cambridge 1973, S. 267 ff. Davon wiederum zu unterscheiden ist die eigenmächtig in Anspruch genommene Rolle des Zeitungsanzeigenintellektuellen, dem, wenn er, wie er meint, daß es ihm zukommt, in die Öffentlichkeit hineinwirken will, nur das Unterschreiben von Manifesten und die Mitfinanzierung von Zeitungsanzeigen zur Verfügung steht.

108 Immerhin gibt es, um dem entgegenzuwirken, einen Ausweg, den man als Verkleinerung des Radius der Reputation beschreiben könnte: Man wird bekannt als Kenner von ..., als Fachmann für ... und hat damit eine gewisse Garantie dafür, daß der eigene Name nicht übersehen wird, wenn es auf ... ankommt. Insofern wachsen die Ressourcen für die Austeilung der Reputation mit der Komplexität und der Differenziertheit des Systems. Siehe hierzu G. Nigel Gilbert, Competition, Differentiation and Careers in Science, Social Science Information 16 (1977), S. 103-123, am Beispiel radar meteor research.

109 Vielfach empirisch bestätigt. Vgl. z. B. Stephen Cole, Professional Standing

positivem Feedback geringe Unterschiede zu verstärken. Vor allem aber dient sie, durch Reduktion der Komplexität, der Selbststeuerung des Systems. Reputationsaussichten beeinflussen viel mehr als externe Umstände die Themenwahl des Systems[110] und die Bedingungen, unter denen Publikationen rasch Aufmerksamkeit finden. Schnellere und langsamere Verbreitungszyklen überlagern sich. Oft hat das zu Langsame überhaupt keine Chance, in seiner Zeit zu wirken, und muß auf Wiederentdeckung durch Wissenschaftshistoriker warten. Das zeigt: der Reputationsmechanismus arrangiert sich auch mit der Zeit und mit den Beschleunigungszwängen der modernen Welt.

Daß all dies nicht ohne Nachteile zu haben ist, versteht sich von selbst. Die Teilnahme wird mit einem Widerspruch zwischen darstellbarer und wirklicher Motivation belastet. Die Themenwahl wird modenabhängig. Das Gedächtnis des Systems wird mehr über Namen als über Sachinhalte organisiert. Auch kommt es zu wertbezogenen Widersprüchen, die durch komplizierte Verhaltensregeln abgeschwächt werden müssen. Der Reputationsmechanismus widerspricht der Norm kollegialer Gleichheit. Man darf also loben, man darf unerwähnt lassen, man darf nicht vergleichen, wenn es um Personen geht. Aber schließlich ist auch die beste der möglichen Welten kein Paradies, und die eigentümliche Kopplung von Inklusion und Selbststeuerung, die durch den Reputationsmechanismus erreicht wird, dürfte schwer zu ersetzen sein, sollte sie einmal infolge systeminternen Mißbrauchs oder infolge zu starker Außeneingriffe zusammenbrechen. Und dies ist nicht ganz unwahrscheinlich; denn Reputation setzt Vertrauen in eine erheblich verkürzte Kommunikation voraus und bleibt in dieser Hinsicht empfindlich.

---

and the Reception of Scientific Discoveries, American Journal of Sociology 76 (1970), S. 286-306; oder, als neueste Untersuchung mit umfassender Würdigung der Forschung, Jürgen Baumert/Jens Naumann/Peter Martin Roeder/Luitgard Trommer, Zur institutionellen Stratifizierung im Hochschulsystem der Bundesrepublik Deutschland, Beitrag Nr. 16/SuU des Max Planck Instituts für Bildungsforschung, Berlin 1987.
110 Speziell hierzu Lemaine et al., a.a.O.

XIII

Mit all den bisher genannten Merkmalen, mit Autonomie und operativer Geschlossenheit, binärer Codierung und selektiver Inklusion, und mitsamt der Folge einer immensen Steigerung des Auflöse- und Rekombinationsvermögens bleibt die Wissenschaft ein Teilsystem der Gesellschaft. Das heißt nicht nur, daß die Wissenschaft von ihrer gesellschaftlichen Umwelt abhängig bleibt im Sinne von gesichertem Frieden und Rechtsschutz und Zufuhr von Finanzmittel und Erziehungsleistungen; es heißt in einem viel tiefergreifenden Sinne, daß jede wissenschaftliche Operation immer auch eine gesellschaftliche Operation ist, nämlich Kommunikation. Vollzug der Autopoiesis von Wissenschaft ist zugleich Vollzug der Autopoiesis von Gesellschaft. Ein Wissenschaftssystem (und das gilt, mutatis mutandis, für jedes Funktionssystem) kann nur *in* der Gesellschaft ausdifferenziert werden. Es kann nie eine Position außerhalb der Gesellschaft gewinnen, um dann die Gesellschaft von außen beobachten zu können. Die Ausdifferenzierung von Wissenschaft führt, mit anderen Worten, zu einem Doppelzugriff der Gesellschaft auf Wissenschaft – nämlich von außen und von innen, über andere Funktionssysteme und über die Sonderautopoiesis des Wissenschaftssystems selber. Nichts anderes ist gesagt, wenn man feststellt, daß gesellschaftliche Differenzierung die Teilsysteme zugleich abhängiger und unabhängiger macht und daß funktionale Differenzierung diese Steigerung von Abhängigkeit und Unabhängigkeit auf die Spitze treibt.

Entsprechend gedoppelt muß man vom System der Wissenschaft aus die Beziehungen zur Gesellschaft sehen. Einerseits erfüllt die Wissenschaft für die Gesellschaft eine spezifische *Funktion*, die nur sie, nur sie als Wissenschaft, erfüllen kann. Wir haben diese Funktion als Gewinnen neuer Erkenntnisse ausgemacht.[111] Andererseits gibt die Wissenschaft solche Erkenntnisse als *Leistung* an andere Funktionssysteme oder auch

---

111 Aber wenn man hier zu anderen Formulierungen oder auch zu anderen Auffassungen käme, würde das am Argument oben im Text nichts ändern; denn das Argument gilt für funktionale Differenzierung schlechthin, was immer die Funktion ist, um die es sich im Einzelfall handelt.

an das Alltagsleben ihrer gesellschaftlichen Umwelt ab.[112] Während man den Funktionsbezug mit dem Modell eines selbstreferentiell geschlossenen Systems beschreiben muß, würde es, wenn man nur auf Leistungsbeziehungen abstellen will, genügen, ein Input/Output-Modell zugrunde legen. Denn wie immer die Geschlossenheit operativ hergestellt wird: die Wissenschaft bleibt auf Leistungen der Gesellschaft angewiesen und gibt Leistungen an die Gesellschaft ab. Welche Beschreibungsform immer man aber wählt: Funktion und Leistung setzen einander wechselseitig voraus so wie Geschlossenheit und Offenheit; denn die Leistungen werden ja gerade dadurch möglich, daß eine spezifische Funktion nur in dem Funktionssystem und nirgendwo sonst bedient werden kann.

Gleichwohl handelt es sich keineswegs nur um zwei Seiten derselben Münze. Durch Leistungsverflechtungen sind die Funktionssysteme auf eigentümliche (und von Fall zu Fall sehr verschiedene) Weise in die Gesellschaft eingebunden. Ihre Funktionserfüllung hat dadurch Konsequenzen für andere Funktionssysteme. Deren Autopoiesis läßt oft nicht die Freiheit, Leistungen anzunehmen oder abzulehnen, und deren strukturelles »drift« (Maturana) ist oft auf erhebliche Zuleistungen eingestellt. So kann es die Wirtschaft von ihrer Eigenlogik her kaum vermeiden, Forschungsleistungen in Produktion umzusetzen, wenn sich dies wirtschaftlich machen läßt; die Konkurrenz zwingt dazu. Ebensowenig wird die Medizin wissenschaftlich angebotene Möglichkeiten abweisen können, wenn ihre Gesamteffekte sich medizinisch vertreten lassen. Und auch die Politik hängt mit ihren Wirtschaftsförderungsprogrammen und vor allem in der Waffentechnik von der Wissenschaft so ab, daß sie nolens volens mitgezogen wird, wenn sich neue technologische Möglichkeiten abzeichnen. Nicht zuletzt ist die

---

112 Zu dieser Unterscheidung von Funktion und Leistung vgl. auch Niklas Luhmann, Theoretische und praktische Probleme der anwendungsbezogenen Sozialwissenschaften, in: ders., Soziologische Aufklärung, Bd. 3, Opladen 1981, S. 321-334; und für andere Fälle: ders., Funktion der Religion, Frankfurt 1977, S. 54 ff.; Niklas Luhmann/Karl Eberhard Schorr, Reflexionsprobleme im Erziehungssystem, Stuttgart 1979, S. 34 ff.; Niklas Luhmann, Politische Theorie im Wohlfahrtsstaat, München 1981, S. 81 ff. In diesen Darstellungen ist immer auch eine dritte Systemreferenz erwähnt: die auf sich selbst (Reflexion). Darauf komme ich in Kap. 9, III zurück.

Religion gut beraten, wenn sie die Implikationen des Weltbildes der Wissenschaft nicht einfach als gottloses Hirngespinst nach dem Sündenfall abtut, sondern ihre eigenen Texte so re-interpretiert, daß sie mit Wissenschaft leben kann.[113]

Es wäre zu kurz gegriffen, solche Verflechtungen und ihre Folgen schlicht als Auswirkungen der modernen Wissenschaften zu erklären. Sie sind mindestens ebensosehr Auswirkungen der Autopoiesis derjenigen Funktionssysteme, die sich durch eigene Spezifikation gezwungen sehen, wissenschaftliche Erkenntnisse aufzunehmen und mit strukturellen Konsequenzen (über die sie nur selbst disponieren können) in das eigene System einzubauen. In diesem Sinne läßt sich die Dynamik der modernen Gesellschaft nur polykontextural, das heißt: nur aus der Sicht verschiedener System/Umwelt-Differenzierungen begreifen. All das läßt die Wissenschaft frei, nach dem eigenen Code und den eigenen Programmen zu verfahren, soweit ihre Umwelt das nicht verhindert. Aber es ist der Wissenschaft nicht freigestellt, die Gesellschaft zu wählen, in der sie ihre eigene Selbstreferenz realisiert; und es steht ihr auch nicht frei, die Gesellschaft, die sie mitvollzieht, wie von außen als ein Objekt zu betrachten, das nach Maßgabe fortschreitender Erkenntnisse zu verbessern sei.

Die faktische Bindung der Wissenschaft an den faktischen Vollzug ihrer eigenen Kommunikation setzt sie in der Gesellschaft der Gesellschaft aus. So wie die Wahrnehmung im Moment ihres Vollzugs nicht zwischen Realität und Täuschung unterscheiden kann, so ist auch die Operation des Wissenschaftssystems immer gesellschaftliche Kommunikation vor aller Unterscheidung zwischen wahr und unwahr, est actus entis in potentia prout in potentia, um es in der Sprache der Lateinschulen zu sagen.[114]

Das heißt nicht: Zwang zur Anpassung an die Umwelt, denn der Vollzug selbst vollzieht ja das, was einem Beobachter dann als Anpassung erscheinen mag. Die Wissenschaft braucht sich der

---

113 Vgl. als eine unter den zahllosen laufenden Abgleichungen Rupert J. Riedl/Franz Kreuzer (Hrsg.), Evolution und Menschenbild, Hamburg 1983.
114 Descartes hatte daraus auf lumière naturelle geschlossen (Brief an Mersenne vom 16. Oktober 1639, zit. Œuvres et Lettres, éd. de la Pléiade, Paris 1952, S. 1038 ff.). Wir schließen daraus auf Abhängigkeit von der Autopoiesis der Gesellschaft.

Gesellschaft nicht anzupassen, sie ist immer schon angepaßt, auch wenn sie abstrahierend, kritisch, negierend verfährt. Sie benutzt Sprache, um sich verständlich zu machen. Sie schreibt Schrift und unterliegt den entsprechenden Explikationsnotwendigkeiten.[115] Sie kennt zahlreiche Konvenienzen, moralische Obertöne, Nebenhinweise in der Kommunikation, die sie praktiziert und mit denen sie ihr Reden oder Schreiben semantisch adjustieren – oder genau dies verfehlen kann. Sie ist vor allem an den sequentiellen Duktus der Kommunikation gebunden, der alles, was im Moment gesagt werden kann, abhängig sein läßt von früher Gesagtem oder später zu Sagendem; sie kann also nur kenntnisreich praktiziert werden und nur mit einer Einschätzung des Ausmaßes, in welchen Zusammenhängen welche Unterspezifikation des Moments erträglich ist.

Mit all dem ist indes die wichtigste gesellschaftliche Vorbedingung von Wissenschaft noch gar nicht benannt, nämlich die Gewährleistung der Möglichkeit, nein zu sagen – und trotzdem verstanden zu werden. Schon auf der Ebene der Sprache schlechthin ist die gesellschaftliche Kommunikation codiert. In bezug auf alle vorausgehende Kommunikation kann jederzeit zustimmend oder ablehnend weiterkommuniziert werden. Die Sprache stellt für all ihre Aussagemöglichkeiten Ja-Fassungen und Nein-Fassungen zur Wahl, und entsprechend kann man, normalerweise ohne Verlust von Verstehensmöglichkeiten, im laufenden Kommunikationsprozeß Sinnzumutungen übernehmen oder dies ablehnen. Mit anderen Worten: der Sprache-Code dupliziert zunächst die Kommunikationsmöglichkeiten und gibt damit einen laufend mitgeführten Anlaß zur Bifurkation. Dabei ist jede Normalkommunikation so sinnreich, daß sie im weiteren Verlauf nicht komplett negiert werden kann. Es muß hinreichend präzise angegeben werden, worauf die Ableh-

---

[115] Wie der Vergleich von oralen und schriftlichen Kommunikationsweisen deutlich macht (wodurch zugleich mitverständlich wird, daß viele Wissenschaftler fatalen Schreibhemmungen unterliegen, weil sie nicht in Betracht ziehen können, wieviel und wie wenig ein Leser im Moment seines Lesens wissen muß, um dem Text folgen zu können). Vgl. hierzu Michael Giesecke, »Volkssprache« und »Verschriftlichung des Lebens« im Spätmittelalter – am Beispiel der Genese der gedruckten Fachprosa in Deutschland, in: Hans Ulrich Gumbrecht (Hrsg.), Literatur in der Gesellschaft des Spätmittelalters, Heidelberg 1980, S. 39-70.

nung sich bezieht, und der Rest gilt als (vorläufig) akzeptiert. Offensichtlich laufen bei einer strukturell so angelegten Kommunikation zahllose ungeprüfte Sinnverweisungen mit; und auch das, was man sinnvoll per Negation bestreiten kann, wird unter zahllosen unkontrollierten Voraussetzungen ausgewählt. In all diesen Hinsichten liefert sich die Kommunikation gesellschaftlichen Prämissen aus – schon dadurch, daß sie überhaupt durchgeführt wird. Das verhindert natürlich nicht, daß man alles bestreiten kann, was man bestreiten will; aber man kann eben nicht alles bestreiten wollen. Keine Ausdifferenzierung von Wissenschaft kann derartige Grundsachverhalte der Autopoiesis von Kommunikation beseitigen. Nur die Bedingungen können präzisiert und ins Nichtselbstverständliche gesteigert werden, unter denen der Sprachcode und seine Implikationen bei spezifisch wissenschaftlicher Kommunikation zu handhaben sind.

Dies alles läßt sich ausmachen, bevor man näherhin nachschaut, wie die Reflexion auf diese Sachlage in Erkenntnistheorie und Wissenschaftstheorie bisher gehandhabt worden ist und welche Unterscheidungen dabei eine Rolle gespielt haben: etwa die von Sprachebenen und von Kunstsprachen im Verhältnis zur letztlich unumgänglichen natürlichen Sprache; oder die von Wissenschaft und Lebenswelt; oder die von Wissenschaft und Alltag.[116] Wir ersetzen diese Unterscheidungen durch einen theoretischen Apparat, der auf die Unterscheidungen von System und Umwelt und von Operation und Beobachtung zurückgeführt werden kann; und wir behalten uns vor, im Kapitel über die Reflexionstheorien des Wissenschaftssystems näher darzulegen, wie diese Substitution vollzogen wird und mit welchen Folgen.

---

116 Diese zuletzt genannte Unterscheidung wird schon dadurch gesprengt, daß wissenschaftssoziologische Forschungen wissenschaftliches Handeln *als Alltagshandeln* thematisieren. Siehe hierzu Jürgen Klüver, Die Konstruktion der sozialen Realität Wissenschaft: Alltag und System, Braunschweig 1988. Allerdings zieht Klüver selbst nicht die Konsequenz, die Unterscheidung von Alltag und System ganz aufzugeben, sondern verwendet die Unterscheidung weiter zur Kritik von vermeintlich unzureichenden systemtheoretischen Konzeptualisierungen.

XIV

Es bedarf nur noch weniger Zeilen, um zum Abschluß dieses Kapitels den Weg anzuzeigen, der zur Erkenntnistheorie zurückführt, und um damit zugleich den erkenntnistheoretischen Status der Systemtheorie erkennbar zu machen. Alle Erkenntnistheorien mit universellem Geltungsanspruch erkennen sich selbst als Teil ihres Gegenstandes, sie heben damit die Unterscheidung von Subjekt und Objekt der Erkenntnis (und alle funktional äquivalenten Asymmetrisierungen) auf und gründen sich auf einen Zirkel. Alle Erkenntnistheorien dieses Typs müssen deshalb eine Form der Selbstreferenzunterbrechung einführen und sich auf sie verlassen können.

So paradox es auf den ersten Blick erscheinen mag: genau hierfür bietet die Theorie selbstreferentieller Systeme eine elegante Lösung an. Sie erkennt die Unausweichlichkeit des Problems der Selbstreferenz an, zeigt als Systemtheorie aber zugleich, wie es gelöst wird. Eine Systembildung kommt nur dadurch zustande, daß das System sich mit Hilfe der Verknüpfung selbstreferentieller Operationen schließt, das heißt: gegen eine Umwelt abschließt. Jeder Beobachter kann dann das Resultat eines solchen Vorgangs mit Hilfe der Unterscheidung von System und Umwelt beschreiben, und auch das System selbst kann, wenn hinreichend ausgerüstet, ein solcher Beobachter sein.

Wenn dies für Systeme schlechthin gilt, kann und muß ein erkennendes System daraus den Schluß auf sich selber ziehen. Das heißt nicht, daß das Beobachtungsschema der Unterscheidung von System und Umwelt sich aufzwingt oder gar die einzig zutreffende Möglichkeit der Beobachtung anbietet. Aber wenn man Selbstreferenz, sei es als Paradoxie, sei es als Tautologie, mit herkömmlicher logischer Genauigkeit als ein Problem ansieht und dafür eine Lösung sucht, kann man sie in der Theorie selbstreferentieller Systeme finden. Üblicherweise wird dieser Platz einer logischen Theorie zugewiesen, die mehrere Ebenen unterscheidet und für jede in sich selbst nicht schließbare Ebene eine weitere postuliert. Man weiß, daß dies nicht bzw. nur als Willkürakt funktioniert und daß die Metapher der Ebene ohne Referenz auf andere Ebenen überhaupt nicht explizierbar ist. Die Theorie selbstreferentieller Systeme bietet dafür eine – nicht logisch einwandfreiere, aber empirisch überzeugendere – Alternative an. Und aus diesem Grunde spricht viel dafür, trotz Kombination zahlreicher Theoriemittel über Begriffe wie Kommunikation, Medien, Codes usw. der Systemtheorie den organisierenden Primat zuzuerkennen.

Kapitel 6

Richtige Reduktionen

I

Einer der Trends, der die neuere Forschung über Forschung, die neuere Wissenschaftsforschung auszeichnet, kann als Umstellung von Begründungsinteressen auf Wachstumsinteressen charakterisiert werden. Das hat Sympathisanten wie auch Gegner mobilisiert.[1] Die Verfechter von Begründungsinteressen nehmen ihren Ausgangspunkt (ob sie es so sagen oder nicht) in der Unterscheidung von begründeten und nichtbegründeten Aussagen und interessieren sich ihrerseits für Möglichkeiten und Verfahren der Begründung. Wer sich für Wachstum interessiert, wählt eine andere Leitunterscheidung, etwa groß/klein, mehr oder weniger komplex, schneller oder langsamer wachsend.

Möglicherweise ist diese Form der Kontroverse aus den 60er Jahren nicht sehr ergiebig gewesen; denn wie wir noch sehen werden (unter II), ist die Wahl einer Ausgangsunterscheidung kontingent, und man kann daher von der eigenen Unterscheidung aus schlecht das Recht zu einer anderen bestreiten. Wir enthalten uns daher vorerst einer Stellungnahme in diesem Streit und wählen statt dessen einen Standpunkt, der eine andersartige Unterscheidung impliziert: die Unterscheidung von System und Umwelt. (Die Rechtfertigung dafür wird, ohne jeden Anspruch auf Exklusivität, unter II nachgeholt werden; sie liegt in der »Wiedereintrittfähigkeit« dieser Unterscheidung.)

Diese Entscheidung bringt uns auf die Position der »second order cybernetics« (Heinz von Foerster). Wir beobachten Systeme, die ihrerseits ihre Umwelt beobachten und zu diesem

---

[1] Vgl. etwa Karl R. Popper, Truth, Rationality and the Growth of Knowledge, in ders., Conjectures and Refutations: The Growth of Scientific Knowledge, London 1963; Helmut F. Spinner, Theoretischer Pluralismus: Prolegomena zu einer kritizistischen Methodologie und einer Theorie des Erkenntnisfortschritts, in: Festschrift Eduard Baumgarten, Meisenheim am Glan 1971, S. 17-41; Albrecht Wellmer, Methodologie als Erkenntnistheorie: Zur Wissenschaftslehre Karl R. Poppers, Frankfurt 1967; Imre Lakatos/Alan Musgrave (Hrsg.), Criticism and the Growth of Knowledge, Cambridge, Engl. 1970.

Zwecke unter anderem Selbstbeobachtungen mobilisieren müssen, denn sonst wüßten sie nicht, was im Unterschied zu ihnen selbst die Umwelt ist. Es ist dann leicht zu sehen, daß solche Systeme, wenn es sich um Wissenschaft handeln soll, Begründungsinteressen verfolgen. Sie argumentieren. Das kann man, wenn man sie beobachtet, weder übersehen noch vernachlässigen. Die Frage ist aber, ob und wie der Beobachter dieser Beobachter in deren Begründungsverhalten eingreifen, es also besser wissen sollte oder nicht. Er kann natürlich eingreifen wie eine höhere Instanz, die die Verfahren wiederholt und die Ergebnisse überprüft. Dann ist die Frage, ob eine so beobachtete Wissenschaft dies überhaupt zur Kenntnis nimmt, es für relevant hält oder es als »Philosophie« (um nicht zu sagen »Metaphysik«) abtut. Zu einer hierarchischen Überordnung gehört Macht, und sei es: Überzeugungsmacht. Der Beobachter des Beobachters kann sich aber auch distanzierter verhalten. Er kann sich amüsieren, wenn er sieht, wie schwer die Leute sich tun, wie sie gelehrt auftreten (selbst wenn sie gelehrt sind) und wie wichtig sie ihre Aufgabe, also sich selber nehmen. Argumentieren erscheint ihm als selbstgefälliges Verhalten. Er kann aber auch eigene theoretische Interessen verfolgen und sein Beobachten des Beobachtens so einrichten, daß es nach den Standards des beobachtenden Beobachters selbst als Wissenschaft qualifiziert werden kann. Auf der Ebene der Beobachtung zweiter Ordnung entsteht dann eine Paradoxie. Der Beobachter des beobachtenden Systems operiert von außen und von innen zugleich. Er wechselt ständig die Position.[2] Er beobachtet es von innen so, als ob es von außen wäre; und er spezialisiert sich darauf, eine Perspektive zu finden, von der aus er sehen kann, was das beobachtete System nicht sehen kann (etwa: das Fehlschlagen aller(!) Begründungen), aber er legt zugleich Wert darauf, im beobachteten System anschlußfähig zu operieren und sich deshalb der Autopoiesis eben dieses Systems einzufügen. Er will, wenn nicht begründbar, so doch jedenfalls wissenschaftlich vorgehen. Er wird dann an sich selbst feststellen, was

---

[2] Vgl. Stein Bråten, The Third Position: Beyond Artificial and Autopoietic Reduction, in: Felix Geyer/Johannes van der Zouwen (Hrsg.), Sociocybernetic Paradoxes: Observation, Control and Evolution of Self-Steering Systems, London 1986, S. 193-205.

er an der Wissenschaft feststellen muß: daß man Paradoxien auflösen muß, um im Kontext des autopoietischen Systems operieren zu können.

Wir beginnen nach diesen einleitenden Bemerkungen die Analyse der sachorientierten Strukturen und Verfahren des Wissenschaftssystems damit, das Problem der Komplexität vorzustellen. Denn einerseits steht dies Problem im Zentrum der erörterten Diskussion: es ist Begründungsschwierigkeit und Wachstumsindikator in einem und tritt somit wie von selbst zu Tage, wenn Begründungstheoretiker und Wachstumstheoretiker sich über den Sinn von Wissenschaft streiten. Komplexität ist außerdem ein gut verkapseltes Paradox; denn der Begriff bezeichnet als Einheit, was er als Vielheit meint. Wenn es um richtige Reduktionen geht, ist Komplexität das Problem der Probleme.

Während im Mittelalter von Komplexität auf der Grundlage der Unterscheidung von Ganzem und Teil die Rede war und Komplexität folglich als Zusammengesetztsein definiert war, rekurrieren die heutigen Definitionen auf die Unterscheidung von Element und Relation. Komplexität wird zum Thema, wenn man mit Hilfe dieser Unterscheidung beobachtet. Wenn nicht, dann nicht. Man hat es also nicht ständig mit Komplexität zu tun; aber ein Beobachter kann jederzeit Komplexität thematisieren, und die Zeichen dafür stehen heute günstig. Das bedeutet auch, daß man die in der älteren Literatur ständig unterlaufene Verwechslung (oder Fusion) der Begriffe »Teil« und »Element« vermeiden muß. »Teil« ist, systemtheoretisch redefiniert, immer System im System. Ein Element ist dagegen die für ein System nicht weiter dekomponierbare Operation. Daher stehen auch die Unterscheidungen System/Umwelt und Element/Relation quer zueinander und erst ihre Verknüpfung führt zu Aussagen wie: autopoietische Reproduktion von Elementen führt zu einer System/Umwelt-Differenzierung und damit zum Aufbau von Komplexität in Systemen.

In diesem Sinne hat die Ausdifferenzierung eines funktionsspezifischen, operativ geschlossenen und insofern autonomen Systems für wissenschaftliche Forschung eine wichtige und auch in analogen Fällen unvermeidliche Folge: Es entsteht Komplexität auf der Basis einer systemeigenen Differenz von System und Umwelt. Das System wird komplexer, und folglich wird auch das, was das System als Umwelt beobachten und behandeln kann, komplexer. Aber das heißt nur: ein Beobachter kann, wenn er die Unterscheidung Element/Relation zu Grunde legt und dann feststellt, daß nicht jedes Element zu jedem anderen in Beziehung treten kann, Systeme komplexitätsthematisch beobachten. Er wählt damit einen folgenreichen, gut anschlußfähigen Zugriff; aber er könnte immer auch anders beobachten.

Wichtige Einrichtungen des Wissenschaftssystems sind darauf eingestellt, den Aufbau von Komplexität wahrscheinlicher zu machen und damit zu beschleunigen. Dazu gehören: Institutionalisierung individueller Freiheit der Themenwahl und der Meinungsäußerung,[3] Fehlen von Entscheidungszentralisierungen, also »heterarchische« (nicht: hierarchische) Form der rekursiven Entscheidungsverknüpfung,[4] hohe institutionalisierte Toleranz für Meinungsverschiedenheiten und -konflikte sowie Fehlen eines terminierten Entscheidungsdrucks, also viel Zeit. All dies erhöht zunächst die Variationsfähigkeit des Systems und gibt breite Chancen, aber wenig Sicherheitsgarantien, für theoretische Integration und konsistente Begriffsentwicklungen. Damit ist zugleich garantiert, daß eine Komplexität reduzierende Theoriestruktur, wenn sie zustandekommt, auch als Selektion sichtbar wird und daß Beobachter auftreten, die sich in Kritik üben.[5]

---

3 Der hier eingebaute »Individualismus« wird im allgemeinen damit gerechtfertigt, daß auf diese Weise der individuellen Kreativität eine Chance gegeben werde. Vermutlich ist es realistischer, auf das hohe Maß an Zufälligkeit von Information und Kommunikation hinzuweisen, das auf diese Weise in das System eingebaut wird; denn individuelle Aufmerksamkeit ist zu begrenzt, als daß nicht Zufall eine große Rolle spielen müßte. Vgl. hierzu Herbert Menzel, Planned and Unplanned Scientific Communication, in: Bernard Barber/Walter Hirsch (Hrsg.), The Sociology of Science, New York 1962, S. 417-441.

4 Der Begriff Heterarchie stammt aus der Gehirnforschung. Siehe Warren S. McCulloch, The Embodiments of Mind, Cambridge, Mass. 1965, S. 40 ff. Vgl. auch Gerhard Roth, Biological Systems Theory and the Problem of Reductionism, in: Gerhard Roth/Helmut Schwegler (Hrsg.), Self-Organizing Systems: An Interdisciplinary Approach, Frankfurt 1981, S. 106-120.

5 Auf die bedenklichen Seiten einer solchen Unterorganisation und Instabilität wird gelegentlich hingewiesen. Siehe z. B. Norman W. Storer, The Social System of Science, New York 1966, S. 144 ff. Vgl. aber auch unten Kap. 8.

Angepaßt an die bisher entwickelten Theorievorstellungen soll der Begriff der Komplexität eine Einheit bezeichnen, die ihrerseits verschiedene Einheiten (Elemente) umfaßt. Von »größerer Komplexität« kann man dann sprechen, wenn die Zahl und/oder die Verschiedenartigkeit der Elemente zunimmt, die der umfassenden Einheit (die als komplex bezeichnet wird) zugeordnet werden. Schon der Begriff der Komplexität und erst recht jeder Vergleich von Komplexitäten unter dem Gesichtspunkt von mehr oder weniger ist Sache eines Beobachters. Ein System ist für sich selbst daher nur komplex, wenn es sich unter diesem Gesichtspunkt, also mit Hilfe der Unterscheidung von umfassender Einheit und elementaren Einheiten beobachtet. Mit anderen Worten: es kann seine Operationen auch dann fortsetzen, wenn es dabei nicht beachtet, daß es damit »Komplexität reduziert«. Aber zugleich mag man vermuten, daß bestimmte strukturelle Errungenschaften (und wir denken vorgreifend schon an Theorien und Methoden) die Beobachtbarkeit von Komplexität voraussetzen, wenngleich das nicht eo ipso heißen muß, daß man die Begriffe Theorie und Methode im Hinblick auf die Funktion der Steigerung und Reduktion von Komplexität definiert. Insofern ist Komplexität kein praktisches Problem, wohl aber die Bezeichnung der Funktion, die ein Theorieprogramm oder ein Methodenprogramm im Vergleich zu anderen Möglichkeiten als Einheit erscheinen läßt.

Auch der Begriff der Komplexität hat eine alte, über die neuzeitliche Wissenschaft weit zurückreichende Tradition und muß deshalb historisch situationsgerecht verwendet werden. Ganz selbstverständlich war er zunächst, auch in den Erkenntnistheorien, interpretiert worden anhand des Schemas eines Ganzen, das aus Teilen (Elementen) besteht, die zueinander in Beziehungen stehen. Auch hierbei war man schon auf das Problem der Reduktion von Komplexität gestoßen in der Einsicht, daß komplexe Ideen normalerweise nur an Teilaspekten erfaßt werden.[6] Eine zutreffende Erkenntnis einer komplexen Idee war danach als möglich, wenn auch als schwierig gedacht. Sie erforderte

---

6 Siehe dazu und zum Folgenden den Traité des véritez de consequence; ou les principes du raisonnement, in: Claude Buffier, Cours de sciences sur des principes nouveaux et simples, Paris 1732, Nachdruck Genf 1971, Sp. 745-892 (810ff.= §§ 198ff.).

nämlich eine vollständige Zerlegung der komplexen Idee über mehrere Stufen von ihrerseits komplexen Teilideen in letztlich einfache Ideen – »en sorte qu'on les réduise à des idées primitives, si claires & si nettes, qu'elles puissent être admises de tous ceux avec qui l'on peut raisonner«.[7] Erst bei diesen einfachen, klar zu unterscheidenden und zu bezeichnenden Ideen erreicht die Erkenntnis ihr natürliches Ziel, ihr Ende – und zugleich den Konsens der Vernünftigen. Da dies jedoch bei sehr komplexen Ideen praktisch ausgeschlossen ist und insbesondere durch die Worte der Sprache nicht geleistet werden kann, gehörte die Lehre vom Umgang mit komplexen Ideen und von deren Reduktion in die Lehre von den Ursachen der Irrtümer.

Erst in den letzten Jahrzehnten hat sich der Begriff der Komplexität deutlich von diesen Prämissen gelöst. Man bemerkt zum Beispiel, daß die Einheit von etwas Komplexem die Vorstellung einer Beobachtung ist, daß sie eine letztlich paradoxe Vorstellung ist und daß sie eine Mehrheit von Beschreibungen zuläßt.[8] Dann kann man aber Reduktionen auch nicht mehr als Verzerrungen oder als Irrtümer behandeln, sondern eben als selektive Beobachtungen und Beschreibungen, die im Verhältnis zueinander inkonsistent sein mögen, aber trotzdem funktionieren können, weil ihr Kriterium nicht in der logischen Konsistenz liegt, sondern in der Anschlußfähigkeit für Operationen.[9] Und erst dann kann man »Steigerung der Komplexität« als etwas auffassen, was nicht unbedingt in genauer Proportion die Wahrscheinlichkeit des Irrtums erhöht.

Ferner muß der Begriff des schlechthin Einfachen aufgegeben

---

7 Buffier, a.a.O., Sp. 814.

8 So z. B. Robert Rosen, Complexity as a System Property, International Journal of General Systems 3 (1977), S. 227-232; ders., Anticipatory Systems: Philosophical, Mathematical & Methodological Foundations, Oxford 1985, S. 322.

9 Man sieht die Tragweite dieser Uminterpretation noch besser, wenn man den Vergleich auf andere Aspekte der Erkenntnistheorie von Buffier ausdehnt. Bei Buffier (a.a.O. Sp. 800ff.) steht für Beobachten (unterscheidendes Bezeichnen) discerner (im Unterschied zu sentir) und die Doppelstruktur dieses Vorgangs, der Unterscheidungen und Bezeichnungen erfordert, ist mit der Unterscheidung discernement direct und discernement réfléxif wiedergegeben. Dies Arrangement hat die Tendenz, den discernement direct im Sinne des alltäglichen Herausgreifens von Beobachtungsgegenständen zwar als normal anzusehen, aber die Mitreflexion des Unterscheidens für die bessere Erkenntnisleistung zu halten und sie zu fordern.

werden auf Grund des fortschreitenden Auflösevermögens der Physik. Damit fällt auch die ontologische Unterscheidung des Einfachen und des Komplexen. An ihre Stelle tritt die komplexitätsinterne Unterscheidung von Größenordnungen, in denen noch jedes Element mit jedem anderen jederzeit in Verbindung stehen kann, und solchen, bei denen das nicht mehr der Fall ist. Damit wird aus einem Perfektionsmerkmal der Welt ein Problem; denn jene Differenz markiert die Schwelle, von der ab nur noch selektive (kontingente) Verknüpfungen von Elementen möglich sind und Strukturen sich ändern können, also sich bewähren müssen. Mit dem Begriff der Komplexität ist demnach die Einsicht in Selektionszwang gesetzt.[10] Wir hatten bereits verschiedentlich von Problemen der »Anschlußfähigkeit« gesprochen. Nichts anderes ist hier gemeint. Aber unter dem Gesichtspunkt der Komplexität und des Selektionszwanges wird deutlich, daß Anschlußfähigkeit durch Begrenzung des Anschlußfähigen, durch strukturelle Selektion konstituiert wird.

Die Kehrseite der notwendigen Selektion besteht in der Ungleichheit der ausgewählten Strukturen im Verhältnis zu anderen, ebenfalls wählbaren Möglichkeiten. Die Auswahl erfordert eine Festlegung der Eigenart, also eine Festlegung des Andersseins. Entsprechend wird in der Wissenschaftstheorie seit Kuhn die Inkommensurabilität der Paradigmata betont.

Es handelt sich aber um ein grundsätzlicheres, bis in alle Details reichendes Problem. Letztlich führt jede Reduktion der Komplexität ins Unvergleichbare, und die Wissenschaft muß dann methodische Anstrengungen zum Wiedergewinn der Vergleichbarkeit unternehmen. Die »funktionale Methode« und eine entsprechende Theorieformierung sind der vielleicht zugkräftigste Versuch dieser Art. Wir kommen darauf zurück.

Da durch Ausdifferenzierung eine Grenze gezogen wird zwischen System und Umwelt, erscheint das Problem der Komplexität als ein Doppelproblem: in bezug auf das System selbst und in bezug auf seine Umwelt. Zugleich operiert das System aber, wie wir wissen, als rekursiv-geschlossenes System ohne unmittelbaren operativen Kontakt mit seiner Umwelt, wenn auch

10 Vgl. Niklas Luhmann, Soziale Systeme, a.a.O., S. 47; ders., Complexity and Meaning, in ders., Essays on Self-Reference, New York 1990, S. 80-85.

unter der Beschränkung struktureller Kopplungen. Nur Beobachter könnten die Komplexität der Umwelt mit derjenigen des Systems vergleichen. Für den Fall der Wissenschaft gibt es aber keine hinreichend kompetenten externen Beobachter. Jeder Komplexitätsvergleich muß daher systemintern durchgeführt werden. Das heißt: er ist auf Selbstbeobachtung und auf einen Wiedereintritt der Differenz von System und Umwelt in das System angewiesen. Das Wissenschaftssystem kommuniziert dann unter den Bedingungen von Eigenkomplexität über eine komplexe Umwelt und kann, wenn es diese Komplexitäten vergleicht, feststellen, daß die Umwelt komplexer ist als das System.

Dies führt dazu, daß das Wissenschaftssystem sich selbst mit Komplexität und Selektionszwang konfrontiert: mit der Komplexität der Umwelt, mit der eigenen Komplexität und mit dem Problem, die eine auf die andere zu reduzieren.[11] Nur so gibt es für das System ein Problem der »requisite variety« (Ashby) und damit ein Problem des Unzureichens der eigenen Erkenntnismittel im Verhältnis zu den Gegenständen mit ihrem unausschöpflichen Horizont anderer Möglichkeiten. Und das ist dann auch die Form, in der das System den Widerstand der Realität erfährt.[12]

Ein geradezu klassisches Beispiel hierfür bietet die empirische Sozialforschung. Sie löst durch ihre Erhebungsinstrumente die gesellschaftlich geläufige Welt in Daten auf (zum Beispiel: Antworten in Fragebogen oder Interviews) und sucht dann nach Beziehungen zwischen den Daten. Theoretisch sollten diese Beziehungen durch eine Theorie prognostiziert werden und diese dann verifizieren oder falsifizieren. Praktisch treten oft kompli-

---

11 Zu unterschiedlichen Reduktionstechniken, die an die Differenz extern/intern anknüpfen, vgl. Helmut Klages/Jürgen Nowak, The Mastering of Complexity as a Problem of the Social Sciences, Theory and Decision 2 (1971), S. 193-212.

12 Ein anderes Argument mit dem gleichen Ziel ist der Hinweis auf die »Beharrlichkeit der Dinge« - so Kant in der »Widerlegung des Idealismus« (Kritik der reinen Vernunft B 274 ff.). Das ist ein auf der Grundlage des transzendentalen Idealismus nicht ganz unproblematischer Gedanke; aber man könnte ihn transformieren in die These, daß in jedem Moment das weitere Schicksal des Denkens ein anderes sein kann als das weitere Schicksal der Gegenstände (laufende Entkopplung). Das leitet dann über zu der These, daß das Bewußtsein im Verhältnis zu den Gegenständen kein komplexitätsadäquates Vermögen besitzt.

zierte Auswertungsverfahren an die Stelle einer solchen Theorie, und man sucht dann nachträglich anhand der Ergebnisse heraus, welche Zusammenhänge sinnvoll interpretierbar sind und wie hoch die Schwelle statistischer Signifikanz ist, die man als noch bemerkenswert beachtet. In gewisser Weise gleicht dieses Verfahren einem Spiel mit dem Zufall, und mit einem Gemisch von Geschick und Glück führt die Forschung dann zu Resultaten, die weitere Forschung anregen oder entmutigen können.[13] Die Komplexität der Welt erscheint in dem Überraschungswert selbstproduzierter Daten; aber dann muß mehr Lebenserfahrung als Theorie herangezogen werden, um präsentierbare Ergebnisse herauszuziehen. Die entsprechende Methodologie lehrt also zunächst, die Komplexitätsunterlegenheit des Systems durch selbsterzeugte Komplexität zu kompensieren und dann in der Welt der selbstgemachten Daten unter Ausscheiden zahlloser kombinatorischer Möglichkeiten nach Ergebnissen zu suchen.

Das Eingeständnis der Komplexitätsunterlegenheit läßt sich auch durch Zugeständnis der Hypothetik allen Wissens, also durch Änderungsvorbehalt auffangen. Das führt auf ein besonderes Interesse an der Frage, ob man Wissen ändern muß oder nicht, also auf die systematische Suche nach Falsifikationsmöglichkeiten. Eine funktionsnähere Version ist: daß auf diese Weise die Welt als ein unendliches Reservoir für Innovationsmöglichkeiten erscheint. Jede Innovation, jede Konstruktion neuen Wissens erscheint im Kontext der System/ Umwelt-Differenz, also im Kontext des Komplexitätsgefälles. Die Grenze ist das, was Beobachtung und Reflexion der Beobachtung erst ermöglicht. Man kann daher das Auflöse- und Rekombinationsvermögen immer weiter treiben, mit jedem Erkenntnisfortschritt wird die Komplexitätsunterlegenheit des Wissens deutlicher. Je feinkörniger die Umwelt angesetzt wird, desto

---

13 Auffällige Parallelen ergeben sich auch zur politischen Benutzung des Orakels von Delphi durch griechische Städte. Denn auch hier ging es nicht mehr um Divination im kulturell weit verbreiteten Sinne, sondern um Absicherung politischer Entscheidungen im Seitenblick auf eine unbekannt bleibende Realität mit politisch ausgehandelten Fragestellungen und politischen Beratungen im Anschluß an eine bekanntermaßen dunkel bleibende Antwort. Siehe hierzu Jean-Pierre Vernant, Parole et signes muets, in: Jean-Pierre Vernant et al., Divination et Rationalité, Paris 1974, S. 9-25.

mehr Rekombinationsmöglichkeiten werden vorstellbar, und desto unübersichtlicher werden sie; desto deutlicher erscheint die Kontingenz der Welt, wie sie nun einmal geworden ist; desto deutlicher wird die Welt ein mediales Substrat für das Ausprobieren von Rigidität; desto unwahrscheinlicher die Natur; desto risikoreicher jede Variation.

Mit Systemdifferenzierung verankert demnach die Wissenschaft ihre Funktion, neues Wissen zu ermitteln, in der Welt, wie sie sie sieht. Das bedeutet aber auch, daß die Distanz von Wissen und Wissenswertem sich laufend vergrößert und daß die Wissenschaft kein Wissensziel mehr ausfindig machen kann, in dem sie, wenn sie es erreichte, zur Ruhe käme. Das System kann sich selbst dann schließlich nicht mehr teleologisch begreifen, sondern nur noch autopoietisch: als sich selbst fortsetzende Unruhe. Wissenschaft wird so zu dem Mittel, durch das die Gesellschaft die Welt unkontrollierbar macht.[14]

Um so zwingender stößt man bei jeder Selbstbeobachtung des Systems auf die Frage der Eignung der Instrumente. Wenn schon Komplexitätsgefälle zur Umwelt und Komplexitätsunterlegenheit des Systems, dann macht es einen Unterschied, wie man damit umgeht. Der hier liegende Selektionsdruck erzeugt diejenige Problemlage, in der die Wissenschaft an sich selbst arbeitet. Umgang mit Komplexität wird dann zu dem Leitproblem für die Entwicklung von Strukturen, die unter diesen Bedingungen standhalten. Dies kann verstanden werden als Aufforderung, *die Zahl und Verschiedenartigkeit der internen Beschränkungen zu vermehren, unter denen das System operiert*. Auch dabei handelt es sich nicht um Arbeit an einem immer genaueren Abbild der Umwelt, wohl aber um eine Vermehrung der Hinsichten, in denen das System intern auf (wie immer ausgelöste) Irritationen durch die Welt reagieren kann. Auch der Prozeß des »de-randomization« von zufälligen Anstößen ist ein interner Prozeß. Die interne Komplexität kompensiert das Fehlen eines operativen Kontakts mit der Umwelt, und sie bildet auf diese Weise Systeme, die gar nicht entstehen könnten, wenn die operative Kopplung an Ereignisse der Um-

---

14 »The means through which we are making the world uncontrollable«, heißt es bei F. E. Emery/E. L. Trist, Towards a Social Ecology: Contextual Application of the Future in the Present, London 1973, S. 83.

welt nicht unterbunden wäre. Wer Zweifel hat, daß dies funktionieren kann, mag sich mit einem Blick auf das komplexeste aller bisher entstandenen Systeme davon überzeugen: mit einem Blick auf das menschliche Gehirn.[15]

Wir gelangen damit in die Nähe einer verbreiteten Auffassung, die in der *Kohärenz* der Erkenntnisse, also in einem system*internen* Indikator, das einzig mögliche Wahrheitskriterium sieht. Die Kohärenztheorie ist aufgrund der Ablehnung aller »absoluten« (fremdreferentiellen) Wahrheitskriterien entwickelt worden.[16] Sie geht davon aus, daß ein zirkuläres Argumentieren unvermeidlich ist und daß nur das System selbst Kriterium der Wahrheitsansprüche sein könne – System hier freilich in kognitivem Sinne genommen und mit Einschluß des (letztlich ausschlaggebenden) Zusatzkriteriums: so umfassend und so konsistent wie möglich.[17] Ferner reagiert sie, wenn nicht explizit, so doch implizit, auf ein Zeitproblem: Es geht um das Verkraften von Innovationen, um die Kohärenz neuen und alten Wissens. Man hat beim Entwurf dieses Konzepts an das Wissen menschlicher Subjekte gedacht (modifiziert durch einen posthegelianischen Theoriekontext) und nicht an kommunikative Systeme. Hebt man diese Beschränkungen des historischen Entstehungskontextes auf, könnte man das Kohärenzkriterium in die Theorie autopoietischer Systeme überführen. Dann sieht man aber sogleich, daß diese Auffassung nicht weiter führt als bis zu der Einsicht, gerade Stimmigkeit mit ihren je spezifischen

---

15 Eben deshalb gewinnen auch neurophysiologische Forschungen paradigmatische Bedeutung für eine Revolutionierung der Erkenntnistheorie. Siehe vor allem Heinz von Foerster, Sicht und Einsicht: Versuche zu einer operativen Erkenntnistheorie, Braunschweig 1985.
16 Siehe etwa F. H. Bradley, On Truth and Coherence (1909), zit. nach ders., Essays on Truth and Reality, Oxford 1914, S. 202-218. Vgl. ferner Nicholas Rescher, The Coherence Theory of Truth, Oxford 1973, und ders., Cognitive Systematization: A Systems-Theoretic Approach to a Coherentist Theory of Knowledge, Oxford 1979.
17 »The idea of a whole«, postuliert Bradley, a.a.O., S. 202, »as wide and as consistent as may be«. Oder mit einer neueren Formulierung: »We are fully justified in preferring our theory because its internal coherence can be maintained over a wide range of theoretically interpreted experiments and experiences«. (David Bloor, Knowledge and Social Imagery, London 1976, S. 34). Hier wird im übrigen schon die Möglichkeit sichtbar, das Kohärenzkriterium auszuwechseln gegen: steigende Komplexität unter noch zu erhaltender Kohärenz.

und modifizierbaren Anforderungen sei eine systeminterne Konstruktion; denn unabhängig vom Wissen kann man ja nicht wissen, ob die Außenwelt selbst kohärent ist und ob sie es bleibt, wenn die Wissenschaft ihr Auflösevermögen immer weiter steigert. Auch wäre die Folgerung kaum akzeptabel, gut durchkonstruierte (etwa mathematisierte) Theorien hätten eine bessere Wahrheitschance als solche mit inhärenten Widersprüchen und ungelösten Problemen. Deshalb ersetzen wir (ohne die Verwandtschaft zu leugnen) das Kohärenzkriterium durch das Komplexitätskriterium.

Hochkomplexe Wissenskonstruktionen sind leichter störbar, irritierbar, sind empfindlicher für Wahrnehmungen und für Bedenken, die im Bewußtsein aufsteigen mögen und in Kommunikation gegeben werden. Sie sind, im Sinne von Ashby, allenfalls ultrastabil mit der Hilfe von Stufenfunktionen.[18] Wenn aber ein solcher Wissenskomplex unter derart erschwerten, zunehmend unwahrscheinlichen Bedingungen gleichwohl fortgeschrieben werden kann, kann man daraus Schlüsse ziehen. Hohe Komplexität ist zwar keinerlei Zeichen dafür, daß die Umwelt einigermaßen adäquat repräsentiert oder gar modelliert ist; aber belegt wird doch ganz unmittelbar, daß auch eine so hochgetriebene, so weit von Wahrnehmungen und Alltagserfahrungen distanzierte Unwahrscheinlichkeit immer noch geht – also offenbar umweltangepaßt operiert, wie immer die Außenwelt beschaffen sein mag.

Von Kohärenz kann dann immer noch die Rede sein; aber wir werden diesen Begriff später durch den Begriff der informationellen Redundanz ersetzen[19] und ihn im Kontext einer Theorie der Evolution des Wissens auf eine der evolutionären Funktionen, auf die Funktion der Stabilisierung, relativieren.[20]

---

18 Vgl. W. Ross Ashby, Design for a Brain, 2. Aufl., London 1954, S. 90ff.; ders., An Introduction to Cybernetics, New York 1956, S. 82ff.
19 Der ganz beiläufig auch bei Rescher auftaucht; siehe a.a.O., 1979, S. 19.
20 Siehe Kap. 8.

II

Die erste Reduktion von Komplexität, die noch nichts reduziert, liegt in der Wahl einer Unterscheidung. Eine Reduktion, die nichts reduziert? Eine Paradoxie? Wie geht das vor sich? Wie ist das zu denken?
Eine Unterscheidung ist – so wie der Begriff hier gemeint ist – eine Unentschiedenheit zwischen »und« und »oder«, die aber als Unentschiedenheit nur um der Entscheidung willen gesetzt wird. Die Unterscheidung »Mann und Frau« besagt, daß es beides gibt, daß man sich aber entscheiden muß, ob das eine oder das andere vorliegt. In diesem Sinne reformuliert das Setzen einer Unterscheidung zunächst eine Paradoxie – in Richtung auf Auflösungszwang. Die Unterscheidung setzt die Einheit einer Differenz. Sie setzt sie aber so, daß sie als Unterscheidung noch keine vollständige Operation ist, sondern nur gesetzt wird, um Bezeichnungen der einen oder der anderen Seite zu ermöglichen, ja zu erzwingen. Insofern ist Unterscheiden und Bezeichnen eine einzige Operation, die aus zwei Komponenten besteht, die nicht isoliert, sondern nur in der Autopoiesis dieser Operation vorkommen können.
»Draw a distinction« – so lautet die in einen »unmarked state« gesetzte Erstanweisung des Formenkalküls von George Spencer Brown.[21] Das Ausführen dieser Anweisung macht deutlich, daß man kontingent anfängt und auch anders anfangen könnte. (Die Logik selbst beschränkt sich auf das Notwendige und schweigt, wenn man sie fragt, mit welcher Unterscheidung man anfangen soll!). Man kann die Wahl einer Unterscheidung also als Willkür ansehen; aber das heißt nichts anderes als daß derjenige, der dies Unterscheiden nun seinerseits unterscheidet, eine Information darüber braucht, wer unterscheidet. Das Unterscheiden ist, mit anderen Worten, nie als eine beobachterunabhängige Realität gegeben. Es ist die Operation eines Beobachters und ist ihrerseits nur beobachtbar, wenn der Beobachter beobachtet wird.[22]

---

21 Laws of Form, Neudruck New York 1979, S. 3.
22 Vgl. hierzu in einer Interpretation der Unterscheidung Saussures zwischen Zeichen und Bezeichnetem Ranulph Glanville, Distinguished and Exact Lies, in: Robert Trappl (Hrsg.), Cybernetics and Systems Research 2, Amsterdam 1984, S. 655-662; dt. Übers. in ders., Objekte, Berlin 1988.

Zwar kann man (wie alles) auch dies unterlassen und von einer Beobachtung des Beobachters absehen (etwa in der zweiwertigen Logik, die den Beobachter als ausgeschlossenes Drittes ausklammert); aber dann hat es auch keinen Sinn, von Willkür zu sprechen.

Für sich genommen ist das Unterscheiden zunächst das Offenhalten einer Differenz, und zwar das Offenhalten von mehr als einer Möglichkeit der Bezeichnung, nämlich der Möglichkeit, die eine oder die andere Seite zu bezeichnen. Die Unterscheidung selbst ordnet also Bezeichnungen noch nicht definitiv zu, sondern bereitet die Zuordnung nur vor. Sie ist notwendige Bedingung ihrer Möglichkeit. Wir haben das am Beispiel des Wahrheitscodes bereits studiert.[23] Die Unterscheidung eröffnet (auf Kosten anderer, ebenfalls möglicher Unterscheidungen) eine Möglichkeit der Bezeichnung, die man in einem unterscheidungslos (entropisch) gegebenen Raum nicht hätte. Sie beginnt einen Prozeß des Aufbaus von Komplexität mit einer Reduktion von Komplexität, die als bloße Unterscheidung noch nichts reduziert.

Anders als in der Logik stiftet in der wirklichen Welt der gesellschaftlichen Autopoiesis die Wiederholung einer Bezeichnung nicht einfach Identität, sondern zusätzlich einen Überschuß an Verwendungsmöglichkeiten – einfach deshalb, weil die Wiederholung in immer anderen Situationen erfolgen muß und von daher andere Konnotationen mitbekommt. Wir nennen das, was da geschieht, im Anschluß an Spencer Brown[24] *Konfirmierung*. Die wiederholte Bezeichnung gewinnt Vertrautheitsqualität und den Anschein des Bewährten und weiter Bewährbaren. Sie gewinnt die seit Sokrates diskutierte Eigenschaft der Allgemeinheit, der relativen Invarianz gegenüber den konkreten Besonderheiten der Einzelsituationen. Sie wird lógos, idéa, terminus genannt – um traditionelle Bezeichnungen für dieses Resultat wiederholten Bezeichnens zu zitieren. Aber

---

23 Dem aufmerksamen Leser sei bestätigt, daß wir uns hier, da wir an einer Theorie der Theorien bildenden Wissenschaft interessiert sind, in einem Zirkel befinden: Der Code ist eine Unterscheidung. Der Begriff der Unterscheidung ist ein Begriff. Begriffe sind Satzfunktionen, die der Zuordnung der Werte des Code dienen. Man könnte uns ermahnen, hier Ebenen zu unterscheiden! Zu unterscheiden!

24 A. a. O. S. 10. Dazu ausführlicher Kap. 2, V.

in welchen Grenzen? Und was bewirkt, daß man mit »Teller« nur Teller bezeichnen kann und nicht Gläser? Oder wie kommt es, daß die Idee des Tellers nicht ins Glashafte expandiert, sondern eine Differenz von Tellern und Gläsern aufgebaut und reproduziert wird? Man hat dies mit Unterschieden des Wesens der Dinge erklärt und mit der Verfügung über Gattungsbegriffe (»Geschirr«) wieder unter Kontrolle gebracht. Wenn aber diese Auskunft nicht mehr überzeugt: wie anders erklärt sich dann die Emergenz solcher Differenzen?

Strukturalisten geben im Anschluß an Saussure die Auskunft, daß die Sprache selbst differentiell funktioniere.[25] Entsprechendes gilt für die sogenannten »Tatsachen«, die sich ebenfalls nur in Differenz zu anderem als Einheiten präsentieren.[26] Ob man daraus nun auf Sprachabhängigkeit aller Tatsachen schließen muß und was hier genau unter »Abhängigkeit« verstanden wird, können wir offen lassen. Jedenfalls wird die Differenz als Auswahl unter vielen möglichen durch das beobachtende System fixiert, ist also nur in dessen Autopoiesis gegeben und damit abhängig von dem Entwurf von Möglichkeiten, in den hinein eine Unterscheidung und eine Bezeichnung projiziert wird. Mit allem, was man bezeichnet, ist also immer ein »und nicht« mitgemeint. Man kann sich die Genese eines solchen »und nicht« vielleicht aus der Notwendigkeit einer laufenden Korrektur von Erwartungen erklären, denen man sich in Situationen mit doppelter Kontingenz gegenüber sieht. Wie immer, das »und nicht« ist ein mächtiger Hebel der Präzisierung und Abstraktion. Mehr und mehr macht es dann einen Unterschied, im Rahmen welcher Unterscheidungen eine Bezeichnung kondensiert und konfirmiert wird. Im Prozeß der Gattungsabstraktion klärt sich, in

25 Termini seien, lautet die oft zitierte Stelle, »purement différentiels, définis non pas positivement par leur contenu, mais négativement par leurs rapports avec les autres termes du système. Leur plus exacte charactéristique est d'être ce que les autres ne sont pas«. (Ferdinand de Saussure, Cours de linguistique générale, Paris 1973, S. 162).

26 Vgl. Alfred Korzybski, Science and Sanity: An Introduction to Non-aristotelian Systems und General Semantics (1933), Neudruck Lakeville, Conn. 1949. Vgl. auch mit ähnlicher Tendenz (aber weniger prägnant vom Differenzbegriff abhängig) Ludwik Fleck, Entstehung und Entwicklung einer wissenschaftlichen Tatsache: Einführung in die Lehre vom Denkstil und Denkkollektiv (1935), Neudruck Frankfurt 1980; ders., Erfahrung und Tatsache: Gesammelte Aufsätze, Frankfurt 1983.

gewissem Umfange zumindest, auch das Unterscheidungspotential der Termini. »Dies und nichts anderes« läßt noch alles andere offen und ist deshalb im »Dies« auf Konkretheit (fast: Zeigbarkeit) angewiesen. Wovon Teller zu unterscheiden sind, ist ebenfalls weithin offen: von den Gläsern? Von den Speisen? Vom Tisch? Je weiter man abstrahiert, um so deutlicher kann der Unterscheidungsbereich sich einschränken. Man probiere es mit Hausrat oder gar: Artefakten. Zumindest kann die Evolution einer Terminologie, wenn die Sterne günstig stehen, sich an eindeutigen Unterscheidungen führen lassen. Das Bezeichnen provoziert dann ein Bezeichnen der Unterscheidungen, von denen es profitiert.

Ist der Unterscheidungsbereich von Worten und Begriffen (auf diesen Unterschied kommen wir gleich zurück) einmal festgelegt, kann man Bezeichnungen auch festhalten und die Gegenbegriffe, also die Unterscheidungen, austauschen, innerhalb derer sie die eine und nicht die andere Seite bezeichnen. Eine Art Scheinidentität der festgehaltenen Bezeichnung übernimmt dann Scharnierfunktionen im Rahmen weitreichender semantischer Revirements. Das Subjekt war gegen das Objekt gesetzt worden. Was geschieht, wenn es um 1800 individualisiert, das heißt in seiner Einzigartigkeit gegen alle anderen Subjekte gesetzt wird? Natur hatte man von Gnade unterschieden. Was geschieht, wenn sie im 18. Jahrhundert von Zivilisation, im 19. und frühen 20. Jahrhundert von Geist, in der Gesamtkonzeption dieses Buches dagegen von Unwahrscheinlichkeit unterschieden wird?

Davon zu unterscheiden sind konzeptionelle Strategien, wie sie zuerst in der ramistischen Logik entwickelt worden sind. Bezeichnungen im Rahmen einer Erstunterscheidung werden ihrerseits in Unterscheidungen aufgelöst, die Bezeichnungen ermöglichen, auf die das gleiche Verfahren wiederangewandt werden kann.[27] Auf diese Weise kann man Bifurkationshier-

---

27 Vgl. als frühe Fassungen Petrus Ramus, Dialecticae Institutiones (1543); ders., Aristotelicae Animadversiones (1543). Beide Ausgaben neu gedruckt Stuttgart 1964. In einer solchen Dialectica naturalis, einem solchen schrittweise vorgehenden Ordnen von Sachverhalten sieht Ramus nicht eine Anwendung, sondern eine Fundierung von Logik. Vielleicht der früheste Fall von Wissenschaftswissenschaft (»scientia scientiarum«). Er trägt damit einem neuartigen, durch den Buchdruck evident gewordenen, mit mündlicher Diskusionstechnik nicht mehr zu befriedi-

archien (»Entscheidungsbäume«) erzeugen, die dann häufig nur noch in ihren abgeleiteten Bezeichnungspfaden interessieren, so daß die Ausgangsunterscheidung vergessen und das Risiko der Gesamthierarchie nicht mehr wahrgenommen wird. So mag die Welt über der Unterscheidung von öffentlichem und privatem Eigentum in Brand geraten, ohne daß man noch kontrolliert, wovon man eigentlich Eigentum unterschieden hatte.

Um gleich ramistisch fortzufahren, unterscheiden wir inkludierende und exkludierende Unterscheidungen. Im Falle von inkludierenden Unterscheidungen umfaßt die eine Seite die andere; aber das Umgekehrte gilt nicht. Ein Beispiel dafür ist die Unterscheidung von Worten und Begriffen. Bei solchen Unterscheidungen entsteht der Wunsch, den Charakter der umfassenden Seite als eines Gattungsbegriffs auszuarbeiten. Bei exkludierenden Unterscheidungen, Beispiel: System und Umwelt, gilt wechselseitige Exklusion. Man könnte auch von Opposition sprechen. Hier ist die nächstliegende Frage die nach der Einheit der Differenz. Man kommt also nicht auf eine Logik der Arten und Gattungen als umfassender Wesen und nicht auf eine Hierarchie, sondern, wenn man Hegel glauben darf, auf eine dialektische Theorie. Im Verhältnis zum alteuropäischen Denken ändert sich dadurch auch das Verhältnis zur Zeit; denn die Gattungsbegriffe galten, im Unterschied zu Handlungen und Ereignissen, als stabil, während die Dialektik alles in Bewegung setzt und die Zeit selbst als Prozeß begreift.

Die Unterscheidung der beiden Arten von Unterscheidungen soll jedoch verhindern, daß wir uns sofort dem Unterschied von Gattungslogik und dialektischer Logik fügen. Wir müssen uns vorbehalten, beide Arten von Unterscheidungen in ein und demselben Theorierahmen zu benutzen; denn schon die Theorie der Systemdifferenzierung und also auch die Theorie der Wissenschaft als Teilsystem der Gesellschaft erfordern beide Unterscheidungen. Sie setzt einerseits die Differenz von System und Umwelt auf allen Systemebenen voraus und konzediert mit

genden Ordnungsbedarf Rechnung. Speziell hierzu: Walter J. Ong, Ramus: Method, and the Decay of Dialogue: From the Art of Discourse to the Art of Reason, Cambridge, Mass. 1958. Nur: was rechtfertigt das Vertrauen, daß man mit solch einem rekursiven splitting der Natur näher kommt, statt sich von ihr zu entfernen?

Unterscheidungen wie Wissenschaft und Gesellschaft andererseits ein Inklusionsverhältnis, da Vollzug von Wissenschaft immer auch Vollzug von Gesellschaft ist. Eine Systemtheorie, die so argumentiert, ist jedoch weder dialektisch noch gattungslogisch gebaut – und eben deshalb müssen wir uns vorbehaltlich weiterer Klärungen mit der Unterscheidung dieser beiden Unterscheidungen begnügen.

Mit all dem ist die Frage noch nicht angepackt, *mit welchen Unterscheidungen man einen Theorieaufbau beginnen soll.* Sicher ist die einfachste Auskunft eine rein historische: Man arbeitet mit den Unterscheidungen, die sich schon bewährt haben und deren Kondensate die Formulierung von Theorien ermöglichen, die ihrerseits Erkenntnisse festhalten, die man für wahr hält. Die Forschung wird selten Anlaß geben, die Resultate auf der Ebene der Ausgangsunterscheidung zu reproblematisieren und hier nach anderen Möglichkeiten Ausschau zu halten, die den gewonnenen Erkenntnisstand nicht gefährden, sondern ihm neue Aspekte abgewinnen. Aber wenn man nach einem solchen Austausch sucht – sei es aus gegebenem Anlaß,[28] sei es rein spekulativ: welche Auswahlgesichtspunkte mag es dann geben?

Eine Direktive gewinnen wir, wenn wir uns daran erinnern, daß das Einführen einer Unterscheidung – und dies auf jedem Niveau des Theorieaufbaus – das Einführen und Auflösen einer Paradoxie bewirkt. Wo bleibt die Paradoxie, und wie kann man sie wiederentdecken? Einen Hinweis zu dieser Frage gibt der Begriff eines »re-entry« bei Spencer Brown:[29] Eine Unterscheidung markiert einen Bereich und wird dann in das durch sie Unterschiedene wiedereingeführt. Sie kommt dann doppelt vor: als Ausgangsunterscheidung und als Unterscheidung in dem durch sie Unterschiedenen. Sie ist dieselbe und nicht dieselbe. Sie ist dieselbe, weil der Witz des re-entry gerade darin besteht, dieselbe Unterscheidung rekursiv auf sich selbst anzuwenden; sie ist eine andere, weil sie in einen anderen, in einen

---

28 Etwa aus Anlaß derjenigen Gründe, die nach Thomas Kuhn, The Structure of Scientific Revolutions, Chicago 1962, eine »wissenschaftliche Revolution« auslösen, und als Beispiel: der Verzicht auf die aristotelische Unterscheidung der vier Kausalitäten und damit: der Verzicht auf teleologische Kausalität.
29 A. a. O. (1979) S. 56f., 69ff.

bereits unterschiedenen Bereich eingesetzt wird. Während es bei den soeben behandelten Bifurkationshierarchien um Anschließen immer neuer Unterscheidungen geht, also um Komplexitätszuwachs, geht es beim re-entry um eine Transformation der Paradoxie, nämlich durch rekursives Zurückkommen und Wiederverwenden Desselben in neuen »settings«.

Die Direktive kann nun formuliert werden. Sie lautet: bevorzuge wiedereintrittfähige Unterscheidungen. Befolgt man diese Maxime, trifft man zwangsläufig eine scharfe Auswahl. Die bloßen Oppositionen reichen nicht aus, ganz zu schweigen von empirischen Dualen wie Männer und Frauen. Man erkennt aber sehr rasch erfolgreiche »paradigmatische« Fälle, an denen abzulesen ist, daß offenbar eine Präferenz dieser Auswahlrichtung bereits folgt. So ist die Unterscheidung von System und Umwelt, wie wir bereits gesehen haben, wiedereintrittfähig. Sie kann in die durch sie unterschiedenen Systeme wiedereingeführt werden. Dasselbe gilt von der Unterscheidung Variation/Selektion, die die Evolutionstheorie konstituiert; denn Variation ist ihrerseits erklärbar mit Hilfe einer Unterscheidung von Variation und Selektion (siehe: Mutation). Die alteuropäische Unterscheidung von häuslicher und politischer Gesellschaft war als Analogie konzipiert gewesen. Die moderne Unterscheidung von Staat und Gesellschaft, die sich im 19. Jahrhundert durchsetzt, ist wiedereintrittfähig gedacht; denn die Unterscheidung von Staat und Gesellschaft ist zugleich das Verfassungsprinzip des Staates.[30] Ersetzt man diese Unterscheidung durch die Theorie funktionaler Differenzierung, wird das Prinzip des re-entry nur abstrahiert. Es wiederholt sich jetzt als allgemeines Prinzip der System/Umwelt-Differenzierung für jedes Funktionssystem, und das Staat genannte politische System ist nur einer der Fälle.

Erkennt man einmal die Dynamik dieses Vorgangs und seine Vorteilhaftigkeit, kann man ihn in vielen weiteren Theorieumformungen wiederentdecken. Eine der bekanntesten ist die Ersetzung des Newtonschen durch den Einsteinschen Zeitbegriff. Die Unterscheidung von Möglichkeit und Wirklichkeit kann interpretiert werden als Bereitstellen des Möglichen für

30 Vgl. Niklas Luhmann, Die Unterscheidung von Staat und Gesellschaft, in ders., Soziologische Aufklärung Bd. 4, Opladen 1987, S. 67-73.

einen Wiedereintritt der Unterscheidung wirklich/möglich in das Mögliche; die Unterscheidung bezeichnet insoweit dann eine modallogische Differenz. Innerhalb der Unterscheidung von Ganzem und Teilen spricht man heute von »Hologramm«.[31] Dieser Fall ist interessant, weil er zeigt, wie man in die traditionelle, analogisierende Betrachtungsweise zurückgleitet, wenn man nur darauf besteht, daß das Ganze in die Teile eingeschrieben, in ihnen repräsentiert werden müsse – das *Ganze*, und nicht die *Unterscheidung* von Ganzem und Teilen.[32]

Wir gehen, um zusammenzufassen, davon aus, daß jedes Beobachten ein unterscheidendes Bezeichnen ist. Das ist noch nichts spezifisch Wissenschaftliches. Man kann sich, im täglichen Leben wie in der Wissenschaft, mit dem Hervorheben von etwas begnügen und offen lassen, wovon (wenngleich nicht: daß!) es unterschieden wird. Das ist dann der Ausgangspunkt für eine Präzisierung des »wovon«, und kann (nicht muß!) eine Richtung auf wissenschaftlich einleuchtende Klarstellungen einschlagen. Die klassische Vorstellung von Definition als Benennung des nächstliegenden genus und der differentia specifica hat eine solche Entwicklung begünstigt, ist aber für ihre methodologische Offenlegung eher hinderlich gewesen; denn diese Definitionslehre blieb an das ontologische Schema von Arten und Gattungen gebunden, hat also nicht dazu geführt, daß man die Kontingenz des Unterscheidens, mit dem man beginnt, hervorgehoben hätte. Das Resultat dieser Begrifflichkeit war vielmehr die Einsicht in die nur instrumentelle, nicht schon Sachkenntnis vermittelnde Bedeutung von Definitionen.[33] Ein methodologi-

[31] Siehe etwa Ken Wilber (Hrsg.), Das holographische Weltbild: Wissenschaft und Forschung auf dem Weg zu einem ganzheitlichen Weltverständnis – Erkenntnisse der Avantgarde der Naturwissenschaftler, Bern 1986 (der englische Originaltitel besser: The Holographic Paradigm and Other Paradoxes).

[32] Daß im Kontext der Unterscheidung von Ganzem und Teilen bisher keine Lösung gefunden worden zu sein scheint, bestärkt mich in der Annahme, daß die Unterscheidung von Ganzem und Teilen als Leitunterscheidung ersetzt werden muß durch die wiedereintrittfähige Unterscheidung von System und Umwelt, wobei »Ersetzen« heißt: Aufnehmen und Rekonstruieren als Theorie der Systemdifferenzierung. Hierzu Niklas Luhmann, Soziale Systeme, a.a.O., insb. S. 15 ff.

[33] Dies zunächst festgehalten durch die Unterscheidung Realdefinitionen/Nominaldefinitionen. Belege dazu s. v. Definition im Historischen Wörterbuch der Philosophie, Bd. 2, Stuttgart 1972, Sp. 31-42.

sches Programm der Klärung von Unterscheidungen (Gegenbegrifflichkeiten) könnte deshalb mehr, als bisher gesehen, dazu dienen, die Technik wissenschaftlichen Beobachtens zu klären mit dem Desiderat, Beobachtungen beobachten und Unterscheidungen unterscheiden zu können. Es ist dieser Zusammenhang, der es sinnvoll macht, wiedereintrittfähige Unterscheidungen zu bevorzugen.

Wendet man diese Überlegungen auf die Wissenschaft selbst an, löst das die überlieferte erkenntnistheoretische Unterscheidung von Subjekt und Objekt auf[34] und ersetzt sie durch ein komplizierteres Theoriedesign.[35] Durch das bloße Operieren der Wissenschaft entsteht für einen Beobachter eine Differenz von System und Umwelt. Wird diese Differenz als Unterscheidung in das System wiedereingeführt, entsteht das, was man »Gegenstand« nennt: die Einzelheiten der Umwelt als (intern konzipierte) Gegenstände der Forschung und die Wissenschaft selbst als ein ebenfalls möglicher Forschungsgegenstand. Vergegenständlichung ist also die Konsequenz eines »re-entry«, mit dem bewirkt wird, daß das System sich selbst von etwas anderem unterscheiden kann. Aber dies »re-entry« ist selbst immer auch und zunächst eine Operation im autopoietischen System der Wissenschaft und bewirkt folglich selbst, daß die Differenz entsteht, die sie als Unterscheidung in das System wiedereinführt. Auf diese Weise kann das System es sich leisten, die Hinsichten von Fremdreferenz und Selbstreferenz zu objektivieren und abwechselnd zu beobachten, weil es die eigene Autopoiesis in der Operation dieser Unterscheidung immer schon gesichert hat.[36]

---

34 Es fehlt nicht an Versuchen, diese Unterscheidung festzuhalten und die Wissenssoziologie auch darauf noch anzuwenden. Siehe z. B. Norbert Elias, Sociology of Knowledge: New Perspectives, Sociology 5 (1971), S. 149-168, 355-370. Dem liegt jedoch ein Mißverständnis bzw. eine untechnische Verwendung des Subjektbegriffs zugrunde. Was als Subjekt bezeichnet wird, stellt sich bei näherem Zusehen als eine Einstellungsvariable heraus, die von Engagement bis Distanzierung reicht. Dazu ausführlicher Norbert Elias, Engagement und Distanzierung: Arbeiten zur Wissenssoziologie 1, Frankfurt 1983.

35 Es sei daran erinnert: Ohne Ersatzvorschlag kann im autopoietischen System der Wissenschaft nichts aufgelöst oder abgeschafft werden.

36 Daß man auch von klassisch-repräsentationalem Denken aus zu einem sehr ähnlichen Resultat kommen kann (so daß der Sprung in eine andersartige Erkenntnistheorie gar keine so weite Kluft zu überwinden hat), läßt sich mit

Nur weil dies so ist, vermag das, was ist, wie es ist, was immer es sei, als kontingent und als informationsträchtig erscheinen. Nur weil dies so ist, erscheinen Gegenstände in einem Horizont anderer Möglichkeiten. Nur weil dies so ist, lassen sich die intern konstituierten, durch Bedingungen der Autopoiesis festliegenden Modalitäten, Negativitäten mitsamt den sie wieder negierenden Notwendigkeiten als Eigenschaften der Welt ausgeben – der Welt, die nichts weiter ist als die Einheit der Differenz von System und Umwelt. Die Kontingenz der Welt ist nichts anderes als der Vorbehalt der Autopoiesis.

III

Das Wissenschaftssystem konstruiert, so wie die Sprache mit Wörtern, seine für es selbst nicht weiter auflösbaren strukturellen Einheiten mit Begriffen. Strukturelle Einheiten, im Unterschied zu operativen Einheiten (Elementen), sind festgelegte Anweisungen für die Bildung von Erwartungen in Situationen. Die Aktivierung von Strukturen in Situationen erfolgt nach Maßgabe eines »structural drift« (Maturana) außerordentlich fluid und von Moment zu Moment sich verändernd. Eben deshalb braucht die Autopoiesis der Operationen auch generalisierte Anhaltspunkte dafür, was in Betracht kommt. Sie muß, wenn man so sagen darf, zitieren können. In der laufenden Benutzung kondensieren Erwartungen, variieren Erwartungen, zeichnen sich häufiger benutzte Aspekte gegenüber weniger benutzten Aspekten aus, so daß schließlich Mißverständnisse erzeugt werden, wenn man unversehens auf den ursprünglichen Sinn eines Begriffs zurückgreift. So meine Erfahrungen mit »Subjekt«.

Im Unterschied zum linguistischen Begriff des Begriffs, der den Wortsinn bezeichnet, der sich in unterschiedlichen lautlichen oder optischen Gestalten konstant halten läßt (also zum Beispiel

folgendem Zitat belegen: »Doublure de la chose, la pensée reproduisait tous les détails de l'étoffe quelle doublait; voici maintenant qu'elle reproduit, pour ne pas dire plus, jusqu'au caractère même qui permettait à l'étoffe de se distinguer d'elle. La doublure dévore l'étoffe«. (Octave Hamelin, Le système de Descartes, Paris 1911, S. 173).

Übersetzungen ermöglicht), sind hier nur wissenschaftliche Begriffe gemeint. Insofern wird der Begriff des Begriffs zirkulär definiert. Die Vorstellung ist: jedes autopoietische System benötigt und erzeugt für die Fortsetzung seiner Operationen strukturelle Einheiten, die rekursive Vorgriffe und Rückgriffe sowie Wiederholungen ermöglichen. Wenn ein Wissenschaftssystem nach Funktion und Codierung als Teilsystem der Gesellschaft in Gang gebracht ist, bilden sich entsprechende Sondereinheiten – oder die Ausdifferenzierung mißlingt oder bleibt in Ansätzen stecken. Dabei geht es nicht einfach um neue Worte, sondern um eine Präzisierung von Unterscheidungen, mit deren Hilfe Sachverhalte bezeichnet werden.[37] Wissenschaftsentwicklung findet deshalb weitgehend auf der *anderen* Seite der Unterscheidung, also im *Unsichtbaren* statt, nämlich durch Klärung dessen, *wovon* etwas Bezeichnetes unterschieden wird, und der gattungstheoretische Aufbau des traditionellen Wissens, also die Technik des Klassifizierens, ist der erste erfolgreiche Versuch in dieser Richtung. Dies ist schon ein Effekt, ja ein gewaltiger Erfolg des Wahrheitscodes, denn es verdeutlicht, was, falls die Bezeichnung unwahr wäre, anderenfalls in Betracht käme. Man erkennt ein sehr sprachökonomisches Vorgehen, eine Technik des Umgangs mit Komplexität; denn es braucht nicht für jedes neue Objekt ein neues Wort gebildet zu werden.

Wenn und soweit Begriffsbildungen dieser Art gelingen, ist eine interne Verständlichkeit garantiert. Abweichungen vom üblichen Sprachgebrauch können, zum Beispiel für Innovationsversuche, toleriert werden. Man hat kein magisches Verhältnis zu Worten, ohne daß dies hieße, daß dabei auf Wörter, auf Sprache, auf Kommunikation verzichtet werden könnte. Begriffe sind, mit anderen Worten, Kondensate von und Kondensatoren für Erwartungen, die dem laufenden autopoietischen Prozeß wissenschaftlicher Kommunikation Struktur geben. Ein geläufiges Wort, eine (zunächst als solche eingeführte) Metapher, eine Definition kann als Startmechanismus dienen und behält über den »anchoring effect« (auch ein Begriff-im-Werden) einen Dauereinfluß auf die Erfahrungen, die der Begriff

---

[37] Vgl. zur Unterscheidung von Objekten und Begriffen Kapitel 3, I.

ermöglicht und anzieht. Aufgrund der dann folgenden Arbeitserfahrungen bekommt der Begriff aber durch Absorption situativer Unterschiede und leichter Anomalien einen nicht mehr definitorisch beschreibbaren Sinn, den nur Kenner richtig und grenzbewußt handhaben können.[38] Die Wiederholung der Anwendung konfirmiert den Begriff. Das erfordert Generalisierungen, die als Unterscheidungen sich bewähren müssen. Die Erweiterung auf der einen Seite, die der Begriff bezeichnet, wird durch Einschränkungen auf der anderen Seite, von der er das Bezeichnete unterscheidet, kompensiert und gehalten. Die Operation der Begriffsbildung behält das, was der Begriff nicht bezeichnet, mit im Griff.

Begriffe werden demnach im autopoietischen Prozeß erzeugt, sind also nicht etwa »Ideen«, die angeboren sind oder von außen eingegeben werden. Sie bilden nicht mehr unterschreitbare, nicht weiter auflösbare strukturelle Einheiten. Gewiß, die Wissenschaft kann ihre Begriffe analysieren und dekomponieren, aber nur, sofern sie Begriffe findet, die genau dies leisten. Sie muß zur Behandlung von Begriffen wiederum Begriffe entwickeln – sonst würde sie die für sie spezifische Möglichkeit verlieren, Einheit zu beobachten, und würde desintegrieren. Die Kommunikation kann auch mit anderen Wörtern fortgesetzt werden – aber nur als normale gesellschaftliche Kommunikation.

Das Wissenschaftssystem kann nur beobachten, was es begreifen kann. Es hat, wie bereits mehrfach gesagt, keinen operativen Zugang zur Außenwelt. Es strukturiert nur die Fortschreibung der eigenen Kommunikation unter Beschränkungen, die die Umwelt auferlegt. Dabei ist der Begriff die Form, mit der das System jede Art von Einheit konstruiert, die es in seiner Reproduktion verwendet – die Einheit von Dingen ebenso wie die Einheit von Prozessen, die Einheit des Systems selbst ebenso wie im Begriff des Begriffs die Einheit des Begriffs. Es gibt keine andere Form der Feststellung und Wiederverwendung von Einheit. Gewiß, es gibt die allgemein benutzte Sprache; aber soweit diese verwendet wird, vollzieht das System nicht seine eigene Autopoiesis, sondern operiert schlicht als Gesellschaft.

38 Vgl. Barry Barnes, Scientific Knowledge and Sociological Theory, London 1974, S. 65f.

Seit Kant ist eine funktionale Definition des Begriffs geläufig. Begriffe bilden danach eine Regel für die Herstellung von Einheit angesichts einer Mannigfaltigkeit.[39] Begriffe leisten Reduktion von Komplexität. Sie formieren eine Selektionsleistung – sei es durch Hervorheben, sei es durch Weglassen. Üblicherweise wird dieses Reduktionsverhältnis als ein Verhältnis zur Außenwelt aufgefaßt, das für Zwecke einer wissenschaftlichen Behandlung vereinfacht dargestellt (repräsentiert) werden muß. Im Anschluß an die Ausführungen im ersten Abschnitt dieses Kapitels ersetzen wir diese Annahme durch die These, daß Begriffe der Reduktion einer selbstgeschaffenen Komplexität dienen. Sie reduzieren die Eigenkomplexität des Wissenschaftssystems – so wie die Worte die Eigenkomplexität des Gesellschaftssystems reduzieren: so wie etwa das Wort »Teller« für alles, was so bezeichnet werden kann, als ein und dasselbe Wort zur Verfügung steht. In beiden Fällen handelt es sich weder um Ähnlichkeiten noch um Repräsentationen, sondern um Strukturen, die als Resultate rekursiver Operationen die Weiterführung und die Komplexifikation des autopoietischen Systems ermöglichen, für das sie dann Reduktionsmöglichkeiten zur Verfügung stellen. Sie dienen der laufenden Komplexifikation durch Simplifikation durch Komplexifikation durch Simplifikation ...[40]

Also ist es wichtig, Wörter und Begriffe zu unterscheiden – bei allen Schwierigkeiten, die sich daraus ergeben, daß Begriffe als Wörter gebildet werden, als Wörter in Kommunikation treten. Das gerade zwingt zu terminologischen und begrifflichen Klarstellungen.[41] Wir erreichen dies durch Zuordnung zu verschie-

---

[39] Kants Einteilung der Begriffe in empirische Begriffe (Erfahrungsbegriffe), reine Verstandesbegriffe (Kategorien) und Vernunftbegriffe (Ideen) beruht auf dieser Gemeinsamkeit. Sie kann als Theorieeigentümlichkeit Kants gesondert behandelt werden. Die funktionale Definition des Begriffs hängt davon nicht ab. Siehe etwa Emile Boutroux, De la contingence des lois de la nature, 1874, 8. Aufl., Paris 1915, S. 29 ff.

[40] Oder mit Morin, a.a.O., Bd. 3.1, S. 63: simplifier → complexifier.

[41] So verständlich es ist, daß gerade diese Abgrenzung Schwierigkeiten bereitet. Siehe zum Beispiel, es bei diffuser Verwendung von »term« and »concept« belassend, Barry Barnes, The Conventional Component in Knowledge and Cognition, in: Nico Stehr/ Volker Meja (Hrsg.), Society and Knowledge: Contemporary Perspectives on the Sociology of Knowledge, New Brunswick 1984, S. 185-208,

denen Systemreferenzen: Wörter dienen der Autopoiesis von Gesellschaft, Begriffe dienen der Autopoiesis von Wissenschaft. Wörter sind deshalb stärker als Begriffe auf den Kontext der gerade aktuellen Kommunikation angewiesen, wenn sie voll verstanden werden sollen, und die Rede von »der Baum« hat infolgedessen wenig Sinn, wenn nicht durch diesen Kontext verstehbar ist, welcher Baum gemeint ist. Auch die Umgangssprache kann zwar abstrahieren und mit Wörtern das Allgemeine und Übereinstimmende an unzähligen Exemplaren bezeichnen; aber sie stützt sich dann auf die Möglichkeit situationsgebundenen Zeigens und nicht auf einen begrifflich elaborierten Kontext. Begriffe sollten also durch den Kontext begrenzender Unterscheidungen und durch fixierten Bezug auf andere Begriffe so weit geklärt sein, daß ihre Bedeutung auch relativ kontextfrei (das heißt: nur im Eigenkontext der Begriffe) verstanden und als Problem für sich erörtert werden kann.[42] Begriffe sind dabei nicht notwendig eindeutiger als Wörter. Auch das Umgekehrte kann der Fall sein. Entscheidend ist der Verwendungskontext, der zur Reduktion von sinnvoller Vieldeutigkeit benutzt werden muß, und in diesem Zusammenhang die Unterscheidung von gesellschaftlich allgemeiner und spezifisch wissenschaftlicher Kommunikation.

Wir behelfen uns bei der Klärung der Begriffsfrage also mit dem Hinweis auf eine sozialstrukturelle Differenzierung. Bevor diese Differenzierung erreicht war, war das Problem der Abgrenzung von Wort und Begriff mit erheblichen Schwierigkeiten verbunden. Üblich war es vor allem, im Anschluß an Aristoteles Begriffe durch Definierbarkeit zu bestimmen; aber damit waren nur die Bezeichnungen von Einzeldingen ausgeschlossen. Von diesem Sonderproblem abgesehen galten Begriffe bzw. »Ideen« als Zeichen für, oder Repräsentationen von, Gegenständen der Außenwelt und in diesem Sinne als Erfordernisse des Denkens. Erst die Ausdifferenzierung von Wissen-

---

Anm. 4 (dt. Übers. in: dies. (Hrsg.), Wissenssoziologie, Sonderheft 22/1980 der Kölner Zeitschrift für Soziologie und Sozialpsychologie, Opladen 1981, S. 163-190).

42 Vgl. auch die Unterscheidung von situativer Instruktion und kanonischer Instruktion bei Siegfried J. Schmidt, Texttheorie: Probleme einer Linguistik der sprachlichen Kommunikation, München 1973, S. 85 f.

schaft und deren Reflexion setzt das Problem auf neuartige Grundlagen.

Da die Wissenschaft ein Funktionssystem der Gesellschaft ist, also in allem, was sie tut, immer auch Gesellschaft vollzieht und folglich nicht anders operieren kann als durch Kommunikation, ist und bleibt sie durch Sprache in die Gesellschaft eingebettet. Sie muß daher ihre Begriffsbildungen der Sprache abgewinnen und bleibt damit sprachlich verführbar, irritierbar, mißverstehbar. Man kann kaum überschätzen, welcher Glücksfall es gewesen sein muß, daß hierfür über einige Jahrhunderte ein nicht mehr allgemein gesprochenes, aber noch verständliches Latein zur Verfügung stand; und das Wort »Autopoiesis« wiederholt diesen Verfremdungseffekt, um eine präzise Begriffsbildung gegen den Duktus der Alltagssprache zu stabilisieren und einem neuen Begriff Unverwechselbarkeit zu sichern.[43]

Die Verbegrifflichung von Wörtern ist mithin ein Moment der Ausdifferenzierung von Wissenschaft in der Gesellschaft. Sie vollzieht sich durch Aufbau eines inneren Unterscheidungs- und Verweisungsnetzes, das strengeren Regeln unterliegt, durch »Definitionen« geschützt wird, mit Kunstworten durchsetzt wird und folglich nicht mehr als allgemeinverständlich praktiziert werden kann. Begriffe bilden so, um einen scholastischen Begriff zu verwenden, eine »complexio contingens«,[44] deren

---

43 Daß dies Absicht war, hat mir Humberto Maturana (mündlich) versichert. Ob es gelungen ist, kann angesichts der Eigendynamik gerade dieses Wortes und seiner Kondensationsleistungen bezweifelt werden. So wiederholt sich an diesem Wort ein Problem, das mit Hilfe dieses Begriffs dargestellt werden kann.

44 Das meint: eine zusammengesetzte Einheit, deren Verständnis sich nicht schon aus der Kenntnis ihrer Elemente, ihrer termini ergibt. Siehe Johannes Duns Scotus, Ordinatio I dist. 38 qu.1-5 Nr. 7, zit. nach Opera omnia, Bd. VI, Civitas Vaticana 1963, S. 406. Dies Begriffszitat ist zugleich ein kleines Experiment zu der im Text behandelten These; denn natürlich kann der Begriff der complexio contingens nicht unverändert in eine Theorie autopoietischer Systeme überführt werden. Man kann aber erkennen, was geändert werden muß, um den Begriff einzupassen, nämlich die Voraussetzung einfacher und der Erkenntnis unmittelbar gegebener termini. Solche termini sind jetzt nicht länger als Bausteine denkbar. Sie gewinnen ihre Einheit zirkulär aus der complexio contingens, die mit ihrer Hilfe gebildet und variiert werden kann. Trotzdem bleibt es dabei, daß die Kenntnis dieser termini nicht ausreicht zur Kenntnis der complexio contingens; denn in den termini ist gleichsam ein Überschußpotential für die Änderung der complexio contingens gespeichert, das reduziert werden muß, wenn die complexio contingens als Selektion von Verknüpfungsmöglichkeiten zustandekommen soll. Ein anderes, aktuel-

Zusammensetzung variiert werden kann, und zwar so, daß sich die Konsequenzen der Variation eines Begriffs für betroffene andere abschätzen lassen.

Wenn es zur Begriffsbildung kommt, kann die Wissenschaft schließlich versuchen, diesen Vorgang durch einen Begriff des Begriffs oder durch Regeln der Begriffsbildung zu kontrollieren. Es gibt zeichentheoretische (semiotische) Begriffslehren, funktionale Begriffslehren, operative (meßtechnische) Begriffslehren, es gibt eine umfangreiche Diskussion über die Unvermeidlichkeit metaphorischer Komponenten in der Begriffsbildung usw. Es geht uns aber nicht darum, hier eine Entscheidung über das richtige Verfahren zu treffen. Der Befund interessiert nur als Beleg für die (wie immer organisierte) Zirkularität, die sich als Folge von Ausdifferenzierungen einstellt und die operative Geschlossenheit des Systems trägt.

Fragen der begrifflichen Passung müssen auf einer supertheoretischen Ebene geklärt werden, obwohl Theorieentwicklungen oft nötig sind, um die zu treffenden Entscheidungen vor Augen zu führen und neuartige Begriffswahlen zu konfirmieren. Es geht auch bei Supertheorien schon um Theoriearbeit – jedenfalls wenn man diesen Begriff in einem weiten Sinne nimmt. Aber es geht noch nicht um die Aufstellung von Sätzen, die wahr oder unwahr sein zu können beanspruchen, sondern um Vorbereitung der Begriffe für ihre Rolle als »Satzfunktionen«, die den Bereich wahrheitsfähiger Sätze regeln, die mit Hilfe der Verwendung des Begriffs als Prädikat gebildet werden können.[45]

Die Arbeit an einer supertheoretischen Begriffsabstimmung

leres Beispiel wäre die Anpassung des Evolutionsbegriffs, zunächst an die sich entwickelnde Genetik, sodann an Veränderungen in der Systemtheorie, eingeschlossen den Begriff der Autopoiesis, und an neue spieltheoretische Überlegungen.

45 Siehe hierzu einflußreich: Gottlob Frege, Funktion und Begriff, neu gedruckt in ders., Funktion, Begriff, Bedeutung: Fünf logische Studien (hrsg. von Günther Patzig), Göttingen 1962, S. 16-37. Angemerkt sei, daß mit der prädikativen Definition des Begriffs wiederum auf Sprache, also auf Gesellschaft, verwiesen wird, und daß das Wissenschaftsspezifische dann über die Limitierung der Verwendung von Wahrheitswerten, also durch den Hinweis auf den Code des Wissenschaftssystems eingeführt werden muß. Hier wie auch sonst bereitet die Klärung des Begriffs des Begriffs neue Einsichten in die Differenzierung der Gesellschaft vor, ohne diese Einsichten zunächst als Argument verwenden zu müssen.

wird häufig unterschätzt. Das gilt nicht zuletzt bei einem »pluralistischen« Verständnis von Wissenschaft, das es jedem erlaubt, seine Begriffe auf seine Theorieintentionen abzustimmen, sofern er nur anderen die Freiheit zugesteht, dies auf ihre Weise ebenfalls zu tun. Wenn damit jedem Prediger seine eigene Kanzel gebaut wird, werden jedoch die Entscheidungen, die in der Begriffswahl stecken, kaum mehr kontrolliert; und daraus entsteht sehr leicht ein »inflationärer« Trend, da das Wissenschaftssystem dann zu viele Möglichkeiten bereitstellt, Einheiten zu konstruieren, mit denen die eigenen Operationen fortgesetzt werden können. Pluralismus macht geschwätzig. Aber Totalitarismus macht stumm.[46]

Unbestritten ist heute, daß Begriffe weder wahr noch richtig sein können, sondern daß sie nur Instrumente sind, die sich als mehr oder weniger geeignet erweisen, wenn es um die richtige Feststellung von Wahrheiten bzw. Unwahrheiten geht. Diese Beurteilung wird verstärkt und erst recht unausweichlich, wenn man den Begriffen auch ihre Funktion als Zeichen für Sachverhalte der Außenwelt abspricht und ihre Funktion in die Organisation der autopoietischen Reproduktion spezifisch wissenschaftlicher Kommunikation verlagert. Damit stehen wir aber vor der Frage, wie denn sonst, wenn nicht durch »treffende« Verwendung von Zeichen, die Wissenschaft zur richtigen Feststellung von Wahrheiten bzw. Unwahrheiten kommt.

Um den Weg zu finden, müssen wir zunächst an den Ausgangspunkt erinnern: Er liegt in der Paradoxie des geschlossenen und dadurch offenen Systems, in der Paradoxie der Einheit der Vielheit (Komplexität), in der Paradoxie der Unwahrheitsabhängigkeit von Wahrheit – in der Paradoxie also, wie immer ein Beobachter sie formulieren will. Es gibt keinen anderen »Grund« für Erkenntnisse – oder jedenfalls kann ein Beobachter nur »Gründe« sehen, die das System wählt, um begründen

---

46 Es soll also nicht bestritten sein, daß auch Theorieimperialismus und insbesondere Alleingeltungsansprüche von »totalisierenden« Theorien eine Gefahr darstellen, und zwar die Gegengefahr einer Deflationierung des Wahrheitsmediums. Oft entsteht denn auch die Forderung eines wissenschaftlichen Pluralismus im Schoße von Theoriedynastien, die einen Alleingeltungsanspruch vertreten. Ein typischer Fall im Bereich des »kritischen Rationalismus« ist Helmut F. Spinner, Pluralismus als Erkenntnismodell, Frankfurt 1974; ders., Ist der Kritische Rationalismus am Ende? Weinheim 1982.

zu können. So gesehen begründet das Begründen den Grund – und nicht umgekehrt.[47] Das Interesse des Beobachters (der auch das Wissenschaftssystem selbst sein kann) richtet sich damit auf die Frage, wie man einem grundlosen Grund Feststellungen abgewinnen kann, die im System als richtige Feststellungen praktiziert werden können.

Wer sein Beobachten hier schon durch Logik führen läßt, wird rasch zu dem Ergebnis kommen, dies könne durch beliebige Setzungen geschehen. Hat man jedoch die Probleme der Konstitution eines autopoietischen Systems vor Augen, dessen Operationen unter den Bedingungen struktureller und operativer Kopplung durchführbar sein müssen, verschwindet diese Beliebigkeit. Nur die Kontingenz bleibt. Aber zugleich wird erkennbar, daß mit Kontingenz keineswegs beliebig umgegangen werden kann. Denn die Beliebigkeit – oder, anders formuliert, die Paradoxie und ihr Korrelat: die nichts ausschließende Welt – ist das Problem und, eben deshalb, gerade nicht die Problemlösung. Wie immer, wenn von »Beliebigkeit« die Rede ist, heißt das nur, daß ein Beobachter nach dem Beobachter fragen muß und gegebenenfalls nach sich selbst. Alles folgt aus dem Ausgangsproblem der paradoxen Frage nach dem Adressaten der Anweisung: treffe eine Unterscheidung, die voraussetzen muß, daß der Adressat unterschieden werden kann.

Will man Operationen in Gang setzen, muß man eine Selektion durchführen. Dies geschieht immer durch das pure Faktum der Operationen. Will man die Operation durch eine Beobachtung kontrollieren (bzw. von außen durch eine Beobachtung charakterisieren), muß die Selektion als Bezeichnung innerhalb einer Unterscheidung verstanden werden – als dies und nichts anderes. Damit wird etwas Bestimmtes gewählt, aber nichts Bestimmtes ausgeschlossen. Weitere Bestimmtheitsgewinne lassen sich erreichen, wenn man die Unterscheidung, innerhalb derer die Operation sich als Selektion bestimmt, bestimmter bezeichnet – etwa als dies und nicht das, hier und nicht dort, jetzt und nicht später. Auf diese Weise wird *Limitationalität* gewonnen.

---

47 Siehe auch, etwas weniger nüchtern formulierend, Martin Heidegger, Der Satz vom Grund, Pfullingen 1957.

IV

Von Limitationalität spricht man in sehr verschiedenem Sinne, immer aber liegt dem Begriff der Begriff einer Unterscheidung zugrunde. Die Philosophen denken dabei eher an einen Gegensatz, die Ökonomen eher an ein Verhältnis der Alternativität und der Substituierbarkeit, das in stets eingeschränkter Form gegeben ist. In der Wissenschaftstheorie spricht man von Limitationalität oft im Hinblick auf Unmöglichkeitsprinzipien oder physisch unüberschreitbare Grenzwerte, etwa das Prinzip der Erhaltung der Masse oder der Energie oder die Unmöglichkeit eines perpetuum mobile als Voraussetzung mathematischer Rechnungen. Wie immer, entscheidend ist eine funktionale Beziehung, in der die Einschränkung der einen Seite einer Unterscheidung den Variationsbereich der anderen limitiert. Limitationalität ist zum Beispiel daran zu erkennen, daß die Negation eines Prädikats (x ist nicht rot) erkennen läßt, welche Optionen dann noch offen sind.[48] Nur unter der Bedingung von Limitationalität kann man Erträge sicherstellen, kann man erreichen, daß die Wissenschaft nicht in jedem Moment wieder ganz von vorne anfangen muß (ohne doch gehindert zu sein, Erworbenes in Frage zu stellen). Nur unter der Bedingung von Limitationalität kann man einen Code in rekursiven Operationen praktizieren, denn nur dann bedeuten Negationen der einen Seite etwas für die andere. Negationen gewinnen auf diese Weise mehr als nur punktuelle, nur Bestimmtes auslöschende Relevanz. Sie werden durch ein Verhältnis der Limitationalität ergiebig in dem Sinne, daß sie einschränken, was dann noch möglich ist.

Etwas mehr oder weniger Bestimmtes wird ausgeschlossen. Wenn dieser Ausschluß das Ausgeschlossene nicht nur verschwinden läßt, sondern zugleich limitiert, was dann noch möglich ist, kann er im Gedächtnis festgehalten werden, so daß er in die laufenden Konsistenzprüfungen des Systems einbezogen wird. Nur wenn das erreichbar ist, kann das System für seine Operationen *Anschlußfähigkeit* gewinnen und gegebe-

---

48 Vgl., allerdings ohne Bezug auf die Limitationalitätsproblematik, Bernard Harrison, An Introduction to the Philosophy of Language, New York 1979, S. 116f.

nenfalls Anschlußfähigkeit als Kriterium der Wahl von Operationen einsetzen, also Präferenzen ausbilden für die größere Zahl von Operationen, die man durch eine Operation gewinnen oder kontrollieren kann. Und das ist dann schon ein Kriterium der Richtigkeit, etwa ein Kriterium, das für das Ausnutzen von Abstraktionsmöglichkeiten spricht.

Wir kommen, als Beobachter, auf diese Weise nicht zu einer Deduktion von Bedingungen der Richtigkeit aus letztgewissen oder praktisch unbestreitbaren Grundlagen. Wir bemühen weder Gott noch die Vernunft. Die philosophische Theologie hatte dasselbe Problem unter dem Begriff »contractio« behandelt und als Schöpfung einer bestimmten Ordnung aus dem Unterschiedslosen begriffen.[49] Die Philosophie lehrt, Limitationalität müsse »spekulativ« eingeführt werden, bleibe also relativ auf die Absicht des Bestimmtheitsgewinns.[50] Die Ausgrenzung des Unbestimmbaren ist im Begriff also mitgedacht. Aber Unbegründbarkeit in dieser Richtung (und ebenso: Spekulation) heißt nicht: daß es beliebig geschehen könne. Der Begriff der Limitationalität zeichnet nur in einer stark abstrahierenden Weise nach, wie ein autopoietisches System der Wahrheitsproduktion für seine Operationen Ergiebigkeit gewinnen kann, und wir bilden die empirische Hypothese, daß ein System, dem dies nicht auf die eine oder andere Weise gelingt, aufhören wird zu operieren, weil es weder Rekursivität noch Anschlußfähigkeit zustandebringt und daher nicht die Möglichkeit gewinnt, sich auszudifferenzieren. Man kann mithin davon ausgehen, daß alle vorgefundenen Wissenschaftssysteme unter der Bedingung von Limitationalität operieren; oder anders gesagt: daß sie sich Rechenschaft darüber zu geben versuchen, was sie ausschließen, wenn sie etwas akzeptieren. Für die Erkenntnistheorie, für die Reflexion eines Beobachters, stellt sich damit das Problem, zu begreifen, wie dies geschieht.

Wahrscheinlich ist es die nächstliegende, jedenfalls die einfach-

---

49 Siehe vor allem Nikolaus von Kues, De docta ignorantia, zit. nach Philosophisch-Theologische Schriften (Hrsg. Leo Gabriel) Bd. 1, Wien 1964.
50 »Man muß den limitativen Gegensatz nicht akzeptieren, wenn man keine Begründung von Bestimmtheit möchte; er ist ein spekulativer. Insofern ist er und bleibt er Funktion des Zwecks der Theorie«, schreibt Klaus Hartmann, Zur neuesten Dialektik-Kritik, Archiv für Geschichte der Philosophie 55 (1973), S. 220-242 (229).

ste Lösung, eine endliche Welt des Möglichen zu unterstellen,[51] so daß man mit der Feststellung von Wahrheiten bzw. Unwahrheiten einen begrenzten (und sei es riesigen, praktisch unüberblickbaren) Bestand abarbeiten kann. Das Ziel der Wahrheitssuche mag dann in weite Ferne rücken, aber man kann wenigstens wissen, daß man auf dem richtigen Wege ist, wenn man Wahrheits- und Unwahrheitsfeststellungen sammelt. Dies gilt selbst dann noch, wenn man mit Popper nur Falsifikationen für möglich hält, denn gerade das verlöre ja seinen Sinn, wenn etwa jede Falsifikation die Zahl der noch zu leistenden Falsifikate vergrößern statt verringern würde. Die Wahrheit bleibt dann eine regulative Idee mit Vorgabe einer Approximationsrichtung, wenngleich kein praktisch erreichbares und das System beendendes Ziel. Das erfordert zwingend, Limitationalität als Welthypothese einzuführen, das heißt: sie als schon eingeführt zu behandeln. (Hier liegt denn auch der Grund, weshalb man Popper mit Recht nachsagen konnte, eine Methodologie, aber keine Erkenntnistheorie geliefert zu haben).

Wir gehen umgekehrt vor. Wir gehen davon aus, daß gerade das Einführen von Limitationalität eine unendliche Welt konstituiert, die nichts ausschließt, sondern sich mit jedem Zugewinn von Themen der Kommunikation entsprechend erweitert. Denn gerade die Eigenleistung der Limitierung setzt ja Grenzen, jenseits derer sich etwas befinden muß, das auf Weltzugehörigkeit Anspruch erheben kann – und sei es nur leerer Raum und leere Zeit oder etwas, was der Fall wäre, wenn die Welt nicht so wie historisch entstanden, entstanden wäre. Wie immer man unterscheidet und wie immer man Grenzen zieht: die Operation rehabilitiert die durch sie verletzte Welt, indem sie eine Einheit des Unterschiedenen postuliert, die nicht im Unterschiedenen selbst liegt, oder eine Grenze, die weder auf der einen noch auf der anderen Seite der Grenze existieren kann.

---

51 Um Skeptizismus zu vermeiden, meint zum Beispiel Parsons, »it is necessary to postulate that ... the possible points of view are of a limited number« (Talcott Parsons: The Structure of Social Action, New York 1937, S. 756). Die Idealvorstellung eines Newtonian Universe, die darauf bezogenen Limitierungen der strukturell-funktionalen Theorie, die Limitierung der Gesichtspunkte der Dekomposition des unit act, das AGIL-Schema also – all das baut auf dieser Prämisse auf. Auf methodologischer Ebene liegt die Konsequenz dann in der Technik der Kreuztabellierung als einer Form der Einführung von Limitationalität.

Nur mit einem solchen Weltbegriff kann Kontingenz als notwendig und Notwendigkeit als kontingent gedacht werden.[52] Tatsächlich ist dieser moderne Weltbegriff ja auch als Korrelat von erkenntnistheoretischen Reflexionen entstanden, die ihrerseits nicht mehr auf schöpfungstheologische Dispute, sondern auf die Ausdifferenzierung der modernen Wissenschaft und ihre Forschungsdispositionen zurückzuführen sind. Das hat dazu geführt, daß man Limitation als operative Bedingung auf das Erkennen selbst zurechnen mußte.[53] Die Unterscheidung von Welt und operativem System (oder: Horizont und Identität) ihrerseits entsteht durch die Reflexion auf Limitationalität; sie entsteht durch die Reflexion auf die Kontingenz der Wahl einer Unterscheidung, die etwas ausschließt und dadurch das limitiert, was innerhalb dieser Unterscheidung bezeichnet werden kann. Auch Limitationalität kann sich selbst nur als Moment einer Unterscheidung bezeichnen – und die Gegenseite heißt dann: Welt. Entweder kommt es also zu einer Reflexion auf Limitationalität oder nicht; aber wenn es dazu kommt, ist als Korrelat dazu der Begriff eines unendlich expandierbaren Welthorizontes erforderlich. Nur wenn es nicht dazu kommt, kann man sich Limitationalität als durch Eigenschaften der Welt selbst vorgegeben und garantiert denken.

Dies kann natürlich nicht heißen, daß man, bevor man etwas erkennen kann, immer schon wissen muß, wie man »Limitationalität einführt«. Insofern befinden wir uns mit der Hypothese einer immer schon limitierten Welt auf gleichem Fuß: das wird vorausgesetzt. Die Frage ist nur, wie man diese Voraussetzung beobachtet und ob man die Referenz dieser Beobachtung als Einheit begreift, nämlich als limitierte Welt, oder ob man sie als

---

[52] Vgl. dazu auch die 33. Vorlesung in: Edmund Husserl, Erste Philosophie II, Husserliana, Bd. VIII, Den Haag 1959, S. 44ff.
[53] Die Diskussion über das Problem der endlichen bzw. unendlichen (grenzenlosen) Welt läßt sich weiter zurückverfolgen und ist sicher nicht nur durch wissenschaftliche Forschung motiviert gewesen. Siehe z. B. Anneliese Maier, Diskussionen über das aktuell Unendliche in der ersten Hälfte des 14. Jahrhunderts, Divus Thomas 25 (1947), S. 147-166, 317-337; Hiram Haydn, The Counter-Renaissance, New York 1950, insb. S. 293ff.; Alexandre Koyré, Von der geschlossenen Welt zum unendlichen Universum, dt. Übers., Frankfurt 1969. Hierbei ging es aber nicht um eine Korrelatbegrifflichkeit, sondern um die richtige Beschreibung des als Welt bezeichneten Sachverhalts.

Unterscheidung von (unlimitierter) Welt und (limitiert-) operierendem System auffaßt. Und aus dieser Grundunterscheidung: ob man mit Einheit oder mit Differenz anfängt und aufhört, mögen sich zahllose Konsequenzen für den Aufbau einer Theorie der wissenschaftlichen Erkenntnis ergeben.

Die Form, mit der seit Kant Limitationalität eingeführt wird, besteht in der Frage nach »Bedingungen der Möglichkeit«. Es geht dabei nicht darum, zu ermitteln, was alles möglich ist. Vielmehr richtet die Frage den Blick auf Einschränkungen (constraints) in einem offenen Horizont, der unter anderen Bedingungen andere Möglichkeiten zulassen würde. Im Stile der Kybernetik kann man auch sagen, alles ist möglich, aber Zusammenhänge stellen sich nur unter bestimmten Bedingungen her.[54] Oder im Stile der Komplexitätstheorie: die Herstellung von Relationen zwischen Elementen erfordert Selektion.[55] Damit wird deutlich, daß es nicht mehr nur um eine transzendental-theoretische Begründung der Möglichkeit geht, sondern um die Konstruktion dessen, was Erkenntnis, sich selbst miteinbeziehend, für Realität halten darf.

Limitationalität läßt sich also weder begründen noch legitimieren durch Rückgriff auf ein höheres Prinzip, einen letzten Wert, einen höchsten Willen. Limitationalität ist Limitationalität – und zwar deshalb, weil erst an der Form der Limitationalität die Unterscheidung des Limitierten und des Nichtlimitierten, des Ergiebigen und des Unergiebigen beobachtbar wird. Limitationalität ist insofern eine der vielen Derivate der Paradoxie des Unterscheidens, hier: der unbegründeten Begründung der Unterscheidung von unbegründet und begründet.

Fragt man mit nochmaliger Abstraktion und in vergleichender Absicht nach der Funktion der Limitationalitätsprämisse, so kann man sie, wenn formuliert, auch als *Kontingenzformel* des Wissenschaftssystems bezeichnen. Im Vergleich kommen dann der Gottesbegriff der Religion, die Knappheitsprämisse des Wirtschaftssystems oder das Gemeinwohlprinzip (als Limitie-

---

54 Vgl. W. Ross Ashby, Principles of the Self-Organizing System, in: Heinz von Foerster/George W. Zopf (Hrsg.). Principles of Self-Organization, New York 1962, S. 255-278; neu gedruckt in: Walter Buckley (Hrsg.), Modern Systems Research for the Behavioral Scientist: A Sourcebook, Chicago 1968, S. 108-118.
55 Vgl. in diesem Kapitel Abschnitt I.

rung der Souveränität) des politischen Systems in den Blick. In all diesen Fällen geht es um die Transformation unbestimmbarer in bestimmbare Komplexität und damit um eine Funktion, die letztlich in den Funktionsbereich der Religion fällt.[56] Stets wird durch solche Kontingenzformeln eine ausarbeitungsfähige Semantik bereitgestellt, mit der man »etwas anfangen kann«. Zugleich wird dadurch die Relevanz der entsprechenden Semantik auf bestimmte symbolisch generalisierte Kommunikationsmedien und bestimmte Funktionssysteme zugeschnitten. Die Wissenschaft, zum Beispiel, hat es nicht mit Knappheit zu tun – allein schon deshalb nicht, weil sie in der Weitergabe von Information diese nicht irgendwo wegnimmt, sondern sie vermehrt, ohne daß dies die Funktion des Systems beeinträchtigen würde. Kontingenzformeln grenzen ein System gegen das gänzlich Unbestimmbare ab. Sie bewähren und stabilisieren sich dadurch, daß sie in einem rekursiven Verhältnis in den Strukturen und Operationen des Systems verwendet und wiederverwendet werden, so daß plausibel ist (und nicht begründet werden muß), daß sie nötig sind, weil sonst nichts mehr liefe. Sie sind deshalb für das System selbst nur zirkulär (oder, wenn man so will: »pragmatisch«) begründbar. Auf diese Weise kann der Eindruck, kann das Zugeständnis einer dogmatischen Setzung vermieden werden. Kontingenzformeln invisibilisieren dadurch zugleich ihre Funktion so wie die Tatsache, daß sie dazu dienen, eine Paradoxie aufzulösen oder eine Tautologie (Wissenschaft ist, was die Wissenschaft tut) zu entfalten. Sie verdecken den Durchblick. All dies gilt auch, und gilt auch wieder nicht, für die Kontingenzformel Gott. Sie kann, in die Fülle des mit ihr Möglichen gebracht, auch noch die Einsicht verkraften, daß gerade dies ihr Sinn und ihre Funktion ist; denn eben das bezeichnet die Funktion der Religion.

V

Die Einführung von Limitationalität ist nichts anderes als die Einführung von Unterscheidungen in einen »unmarked state«. Das kann, wenn der Aufbau eines hochkomplexen kognitiven

---

56 So jedenfalls meine These in: Die Funktion der Religion, Frankfurt 1977.

Systems daraus folgen soll, nicht beliebig geschehen. In der kantischen Version des Problems waren die Formen, die sich hierbei bewähren, durch Reflexion des Bewußtseins auf die Bedingungen möglicher Erkenntnis zu ermitteln. Im systemtheoretischen Kontext müßte man nach Formen für Formen fragen, die sich in dieser Funktion evolutionär bewähren. Ohne eine Gesamtkonstruktion aller Möglichkeiten zu versuchen und ohne im Widerspruch zum evolutionstheoretischen Paradigma eine Abschlußformel anzustreben, beschränken wir uns im folgenden auf die Darstellung zweier Möglichkeiten, der Unterscheidung von Medium und Form (V.) und der Unterscheidung von Theorien und Methoden (VI.).

Für die in unseren Untersuchungen schon mehrfach benutzte Unterscheidung von Medium und Form ist die Unterscheidung von loser und strikter Kopplung ausschlaggebend, bezogen auf Elemente, die in beiden Kopplungsweisen dieselben sind (also im Falle der Sprache zum Beispiel die Wörter). Limitiert man den Bereich des Möglichen durch die Unterscheidung Medium/Form, müssen also die Elemente genau bezeichnet werden, die für lose und für strikte Kopplung massenhaft zur Verfügung stehen. Die traditionellen philosophischen Unterscheidungen von Materie und Form oder von Unbestimmtheit und Bestimmtheit sind hierfür nicht ausreichend spezifiziert. Sie wurden als Formgegebenheiten des Weltaufbaus entweder kosmologisch oder transzendental vorausgesetzt. Im Unterschied dazu gehen wir im Folgenden davon aus, daß Medium/ Form-Unterscheidungen erst durch Systemevolution (durch Evolution von Unterscheidern) entstehen und daß es speziell im Falle von Wissenschaft darauf ankommt, herauszufinden, welche Unterscheidungen dieses Typs es gibt und wie sie erzeugt und verwendet werden.

Die allgemeine Tendenz der Wissenschaft zur Steigerung des Auflöse- und Rekombinationsvermögens führt wie von selbst zu einer Vorstellung von irgendwie »körniger« Materie, also zur Vorstellung eines Realitätssubstrats, das aus massenhaft vorhandenen, selektiv kombinierbaren und rekombinierbaren Elementen besteht – also aus Atomen oder deren Partikeln, also aus chemischen Molekülen, aus Erbinformationsträgern, aus Wörtern, aus Handlungen oder in der hier verwendeten Version der

Theorie autopoietischer Systeme: aus Operationen. Eine weitere Auflösbarkeit dieser Elemente kann nicht und muß auch nicht ausgeschlossen werden; aber für den jeweiligen Medium/Form-Kontext müssen sie als genau darauf bezogene Letzteinheiten vorausgesetzt werden – etwa in der Theorie der Sprache als Wörter und nicht als Atome. Ohne diese Voraussetzung kommt es nicht zur Selbigkeit der Elemente in dem Medium/Form-Kontext, um den es jeweils geht. Es müssen, mit anderen Worten, verschiedene Verwendungen der Medium/Form-Unterscheidung unterschieden werden, wobei die Form dieser Unterscheidung stets dieselbe ist und nur ihr Material ausgewechselt wird.

Diese je verschiedene Rekonstruktion des Realitätsbezugs der Wissenschaft durch entsprechende Medium/ Form-Unterscheidungen ist jedoch nur der eine, und zwar der nach außen gerichtete Anwendungsfall. Der andere, der für rein interne Zwecke entwickelt worden ist, heißt Quantität. Die Quantifikation stellt ein Medium für Rechenoperationen zur Verfügung. Wir halten uns für Zwecke der Illustration an den einfachsten Fall des Rechnens mit natürlichen Zahlen. Die Zahlen stehen für unübersehbar viele (aber gleichwohl nicht ungeregelte) Kombinationen bereit. Je nach Mathematik und je nach der Bereitschaft, Resultate (zum Beispiel solche, die in der Form von negativen Zahlen oder von Bruchteilen ganzer Zahlen ausgedrückt sind) zu akzeptieren, kann die Kombinatorik unterschiedlich komplex sein. Das ändert aber nichts am Prinzip, daß keine Rechnung die Zahlen verbraucht oder vernichtet, sondern sie nur für Formbildungen mit der Möglichkeit anschließender Formbildungen verwendet. Man kann Rechnungen fortsetzen, indem man als Resultate gewonnene Formen weiterverwendet; man kann aber auch dieselben Zahlen für andere Rechnungen verwenden, ohne damit rechnen zu müssen, daß etwa eine Dreizehn in der nächsten Rechnung einen anderen Zählwert annimmt als in der vorigen; sie geht eben nur in eine andere Formqualität ein. Zahlen (und dasselbe gilt für Quanten jeder Art) sind mit anderen Worten indifferent gegen die konkrete Verwendungskonstellation;[57] aber sie sind nicht indifferent ge-

---

57 Darauf beruht vermutlich die Tatsache, daß das »Rechnen« in konkreten, kontextmäßig vertrauten Situationen oft leichter fällt als das Durchführen der mathe-

gen den spezifischen Medium/Form-Kontext, das heißt gegen diejenige Unterscheidung von loser und strikter Kopplung, die durch die Elementform Zahl definiert und zusammengehalten wird.

Wir müssen uns die Erörterung weiterer Details an dieser Stelle versagen. Es kommt hier nur darauf an, mit gewissen Vorwurfsbegriffen einer verbreiteten Wissenschaftskritik aufzuräumen. Man hat, vom Gegenbegriff »Geist« aus, über den »Materialismus« der modernen Wissenschaften geklagt und hat den neuzeitlichen Wissenschaften »quantitative Idealisierungen« vorgeworfen, die den für Menschen wichtigen »qualitativen Sinn« außer acht lassen.[58] Das läßt jedoch nicht erkennen, weshalb und in welchem Kontext nun gerade diese Unterscheidungen Materie/Geist und Quantität/Qualität Beachtung verdienen. Entsprechend fragwürdig bleibt die Unterscheidung von Natur- und Geisteswissenschaften.[59] Über diesen unergiebigen, sich in einer »kulturellen« Wissenschaftskritik festfahrenden Diskussionsstand kommt man hinaus, wenn man sieht, daß die Präferenzen für Materie und Quantität nichts weiter sind als Präferenzen für spezifische Verwendungen der Unterscheidung von Medium und Form. Es ist also nicht der kategoriale Wesenssinn, gleichsam das Materielle an der Materie oder das Quantitative an der Quantität, was die Wissenschaft (zu Unrecht, wie man dann meinen könnte) fasziniert, sondern es sind

matisch genau gleichen abstrakten Kalkulation. Vgl. dazu Jean Lave, The Values of Quantification, in: John Law (Hrsg.), Power, Action and Belief: A New Sociology of Knowledge?, London 1986, S. 88-111; dies., Cognition and Practice, Cambridge 1988; Terezinha N. Carraher/David W. Carraher/Analúcia D. Schliemann, Mathematics in the Streets and in Schools, British Journal of Developmental Psychology 3 (1985), S. 21-29; dies., Written and Oral Mathematics, Journal for Research in Mathematics Education 18 (1987), S. 83-97; Terezinha N. Carraher/Analúcia D. Schliemann/David W. Carraher, Mathematical Concepts in Everyday Life, in: G. B. Saxe/M. Gearhart (Hrsg.), Childrens Mathematics, San Francisco 1988, S. 71-87.

58 Siehe als eine der bekanntesten Fassungen dieser Kritik Edmund Husserl, Die Krisis der europäischen Wissenschaften und die transzendentale Phänomenologie, Husserliana Bd. VI, Den Haag 1954. Noch heute findet man in der Soziologie eine theoretisch unreflektierte Kontrastierung quantitativer und qualitativer Methoden, die sich an dieser Unterscheidung wie an einem kategorial vorgegebenen Unterschied orientiert.

59 Schon deshalb, weil sie die Möglichkeit nicht zuläßt, daß der Umgang mit Quantitäten viel geistvoller sein könnte als der Umgang mit Qualitäten.

Möglichkeiten der Konstruktion von Limitationalität, die über die Form der Unterscheidung Medium/Form vermittelt sind und sich in der wissenschaftlichen Evolution ausgebildet und bewährt haben.

VI

Mit dieser Unterscheidungstypik Medium/Form sind die Möglichkeiten der Einführung von Limitationalität nicht erschöpft, ja nicht einmal zureichend zu realisieren. Die medienspezifische Formbildung läßt, auf Materie oder auf Quantität bezogen, viel zu viel Möglichkeiten zu und hat auch noch gar keinen deutlichen Bezug auf die spezifischen Strukturen des Wissenschaftssystems oder auf dessen Operationen, auf die als wissenschaftlich qualifizierbaren Aussagen. Limitationalität muß, wie gesagt, die Voraussetzung dafür beschaffen können, daß bestimmte Operationen als richtig und andere als falsch behandelt werden können. Das kann nicht allein schon durch die Codierung des Systems gewährleistet werden. Die Codewerte wahr/unwahr sind als solche noch keine Kriterien ihrer richtigen Zuteilung. Um solche Kriterien anwenden zu können, muß das System sich programmieren.

Zunächst sei nochmals daran erinnert: Wahrheit ist kein oberster Wert des Systems und auch in sich selbst kein instruktives Wahrheitskriterium, sondern nur die eine Seite eines binären Codes. Daher braucht das System zusätzlich Programme, die bestimmen, welche Erkenntnisse welchem der beiden Wahrheitswerte richtig zugeordnet werden. Zwischen Codierung und Programmierung herrscht daher keine hierarchische, sondern eine komplementäre Beziehung. Die Wahrheit hat keinen höheren Wert als die Richtigkeit des Urteils über wahr und unwahr. Aber der Code definiert die Einheit des Systems, er macht erkennbar, welche Operationen das System reproduzieren und welche nicht. Programme sind dagegen Strukturen, die in den Operationen des Systems mal verwendet, mal nicht verwendet werden. Programme können auch, anders als der Code, durch Operationen des Systems geändert werden. Man kann die Beziehung Code/Programm daher mit den Begriffen konstant/variabel formulieren, kann daraus aber nicht auf ein Rangverhältnis schließen; denn das hieße, dem metaphysischen Vorurteil folgen, daß das Konstante wichtiger oder doch wesentlicher sei als das Variable, während in Wahrheit das eine nur die andere Seite des anderen ist und die Differenz die Einheit einer Form markiert, auf die es ankommt.

Der Begriff des Programms ist über die Maschinentheorie in die allgemeine Wissenschaftssprache eingedrungen, das sollte nicht vergessen werden. Oft wird er auf datenverarbeitende Maschinen bezogen; oft wird auch der Begriff der Maschine und zuweilen sogar der Begriff des Lebens als Ausführung eines Programms definiert. In diesem Sinne könnte man auch das Wissenschaftssystem als eine Maschine ansehen oder die lebende Zelle, die ihr genetisches Programm ausführt. Das ist ein relativ harmloser Sprachgebrauch, man muß nur darauf achten, daß es sich nicht um eine Trivialmaschine handelt, die auf immergleiche Weise Input mit Hilfe einer Transformationsfunktion in Outputs umformt, sondern um eine nicht triviale Maschine, die rekursive Operationen ausführt.[60] Programme dieser Art von Maschinen setzen bei ihrer Durchführung Ergebnisse ihrer Durchführung voraus, und die Programmierung selbst ist dann immer schon abhängig von Operationen, die ein Beobachter als Ausführung des Programmes beschreiben könnte.

Während die ältere Kybernetik (und, ihr folgend, die biologische Genetik) Systemautonomie auf der Ebene der genetischen Programme (oder noch abstrakter gesagt: auf der Ebene der Konditionierungen) angesetzt hatte, hat die hier zu Grunde gelegte Theorie selbstreferentieller autopoietischer Systeme das Problem auf die Ebene der Operationen verlagert. Das hat Konsequenzen für den Status wissenschaftlicher Theorien und Methoden. Die Ausdifferenzierung der Wissenschaft ist danach nicht nur durch die Eigenständigkeit und gesellschaftliche Unabhängigkeit der Konstruktionen gesichert, die sie als Programme verwendet; sie ist vielmehr schon auf der Ebene der codierten Operationen erreicht, und die Differenz von Alltags-

---

60 Eine Unterscheidung von Heinz von Foerster, siehe: Entdecken oder Erfinden: Wie läßt sich Verstehen verstehen? in: Heinz Gumin/Armin Mohler (Hrsg.), Einführung in den Konstruktivismus, München 1985, S. 27-68.

wissen und theoretisch und methodisch abgesichertem Wissen ist nur eine Folge der damit gewonnenen Autonomie. Auf diese Weise kann auch erklärt werden, daß schon die Operationen, mit denen Programme geändert werden, an der Autonomie teilhaben – eben weil sie nur in rekursiver Vernetzung mit anderen Operationen des Systems durchgeführt werden können.

Inhaltlich ist Programmierung nichts anderes als die Implementation von Limitationalität. Programme müssen die Bedingungen der Richtigkeit, welchen Inhalts immer, so formulieren, daß die Operationen ergiebig und anschlußfähig ablaufen können. Aber Limitationalität ist wiederum kein Prinzip, aus dem deduziert werden könnte, wie diese Programme auszusehen haben, denn auch umgekehrt wird Limitationalität erst an Programmen und ihren Begriffen erkennbar und formulierbar. Das Verhältnis ist also zirkulär und Bedingung ist nur: daß die Autopoiesis stattfindet, also rekursive Geschlossenheit gesichert sein muß. Dies soll, das jedenfalls ist die Idee der Wissenschaft, mit größtmöglicher Offenheit kompatibel sein, darf also gerade nicht durch Limitierung auf einen Weltausschnitt erreicht werden. Aber wenn nicht so, wie dann?

Was man statt dessen beobachten kann, ist eine Binarisierung der Programme, eine erneute Unterscheidung also, und zwar die *Unterscheidung von Theorien und Methoden*. Die Regeln richtigen Entscheidens über wissenschaftliche Kommunikation sind entweder theoretischer oder methodischer Art. Der Vorteil dieser Doppelung liegt auf der Hand: Beide Arten von Programmen können unter wie immer willkürlichen und vorläufigen Limitierungen in Operation gesetzt werden, da jede Limitation von der anderen Seite der Unterscheidung her infrage gestellt und gegebenenfalls ausgewechselt werden kann. Limitationen ohne Limitation also! Die Theorien können ausgewechselt werden, je nach dem, was ihre methodische Überprüfung ergibt. Und die Methoden werden gewählt, korrigiert und gegebenenfalls weiterentwickelt je nach dem, was man zur Überprüfung von Theorien braucht, und je nach dem, welche Theorien den Voraussetzungen der Methoden (zum Beispiel: Kausalität) Plausibilität verleihen. Das System findet in jeder praktischen Situation Anhalt in Limitierungen und fällt nie ins Leere. Aber es ist trotzdem nicht an dogmatische Setzungen oder ein für allemal akzeptierte limitative Bedingungen gebunden, sondern kann von den Methoden her Theorien und von den Theorien her Methoden auswechseln. Es operiert auch in dieser Hinsicht unter der Bedingung doppelter Kontingenz. Theorien und Methoden können als ganz und gar kontingent angesetzt werden, und strikt erforderlich ist nur, daß in jeder Situation eine Verknüpfung von Theorien und Methoden hergestellt wird. Die Notwendigkeit der Relationierung der Kontingenzen ersetzt deren sachliche Limitation. Man muß nur bei der Wahl der Methoden wissen, was das theoretische Forschungsprogramm ist, und umgekehrt auf die Methode, die man benutzt, Bezug nehmen, wenn es um die Feststellung geht, ob die Theorie sich bewährt hat oder nicht.

Auch insofern tritt also an die Stelle eines »Prinzips«, das das System ontologisch und teleologisch richtig ausrichtet, eine Unterscheidung, an die Stelle von Einheit also eine Differenz. Wir haben diese Unterscheidung Theorie/Methode zunächst aber nur mit implizitem Hinweis auf Vertrautes eingeführt. Das genügt nicht. Man wird wissen wollen, worin der Unterschied besteht.

In beiden Fällen handelt es sich, extrem allgemein gesprochen, um Konditonierungen,[61] also um Vorkehrungen, die sicherstellen, daß eine Operation nur stattfindet (bzw. eine Unterscheidung nur verwendbar ist), wenn etwas anderes auch stattfindet. Das hat nur Sinn, wenn es auch Situationen gibt, in denen sie *nicht* vorliegen. Konditionierungen wirken also als Kriterien, die es ermöglichen, zu unterscheiden, ob die Bedingungen für eine Operation gegeben sind oder nicht. In diesem Sinne fungieren sie zugleich als Bedingungen der Richtigkeit, also als Programme.

Nur über Konditionierungen lassen sich Komponenten einer komplexen Ordnung selektiv koppeln. Konditionierungen sind deshalb unentbehrlich für das Entstehen komplexer Systeme,

---

61 Konditionierungen im Sinne der allgemeinen Systemtheorie, also im Sinne einer unerläßlichen Bedingung für Selbstorganisation. Vgl. W. Ross Ashby, Principles of the Self-Organizing System, in: Heinz von Foerster/George W. Zopf (Hrsg.), Principles of Self-Organization, New York 1962, S. 255-278; neu gedruckt in: Walter Buckley (Hrsg.), Modern Systems Research for the Behavioral Scientist: A Sourcebook, Chicago 1968, S. 108-118.

die (seitens eines Beobachters) durch mehr als nur eine Variable beschrieben werden müssen. Andererseits ermöglicht eben dieses Erfordernis auch Dekonditionierungen in dem Sinne, daß ein System sich von bestimmten (zum Beispiel: vorher üblichen) Bedingungen unabhängig machen kann.[62] Konditionierungen können zwar nie bis auf Null abgeschrieben werden, denn das würde das System zum Stillstand bringen; aber die Wahl der Konditionierungen kann ihrerseits konditioniert und dadurch temporalisiert werden. Wenn das ermöglicht wird, kann das System die Bedingungen, an denen es sich orientiert, an den Bedingungen orientieren, an denen es sich orientiert, und damit zirkuläre »heterarchische« Geschlossenheit erreichen. Mit dem Übergang von Hierarchie zu Heterarchie kann das System auf alle unkonditionierten Konditionierungen verzichten. Die methodische Konditionierbarkeit der theoretischen Konditionierungen und umgekehrt ist ein solcher Fall. Aber wodurch unterscheiden sich diese beiden Formen der Konditionierung?

Unser Antwortvorschlag wird in der notwendigen Abstraktionslage liegen und lauten: Theorien leisten eine *asymmetrische* und Methoden eine *symmetrische* Konditionierung.[63] Theorien leisten eine (stets natürlich interne) Externalisierung der Referenz der Operationen des Systems. Methoden haben es mit dem Code des Systems, also mit der zirkulären Bestimmtheit von Wahrheit und Unwahrheit zu tun. Beide Formen der Konditionierung müssen sich Limitationalität beschaffen, denn in sich selbst ist das Externum ja ebenso unbestimmt gegeben wie der Zirkel. Wir müssen also genauer angeben können, wie Theorien und wie Methoden Limitationalität einführen, und zwar in der unterschiedlichen Weise der Asymmetrisierung (Externalisierung, Öffnung) und der Symmetrisierung (Code-Referenz, Schließung) der Operationen des Systems. In beiden Fällen geht es also auch, aber in je unterschiedlicher Weise, um die Entpa-

62 In diesem Sinne kann man zum Beispiel im Anschluß an Suzanne Bachelard, La Conscience de Rationalité: Etude phénoménologique sur la physique mathématique, Paris 1958, S. 11 von einem »deconditionnement psychologique« der modernen Wissenschaft sprechen. Sie wird von bis dahin zwingenden Bedingungen der Anschaulichkeit und der Einsichtigkeit abgelöst.

63 Wissenschaftstheoriegeschichtlich ist die Absicht dieses Vorschlags natürlich: die Unterscheidung von Theorie und Praxis zu Fall zu bringen.

radoxierung des Systems, nämlich um die Frage, wie man Unbestimmtes als bestimmt behandeln und Selbstreferenz enttautologisieren kann.

VII

Theorien stehen schon ihrer Form nach unter Limitationszwang. Sie bestehen aus Aussagen (Kommunikationen) in der Form von Sätzen. Ihre Leistung besteht daher in der (auf Begriffe angewiesenen) Prädikation. Es ist die Begrifflichkeit der Prädikate, die es erlaubt, theoretische Sätze von anderen Sätzen zu unterscheiden (was natürlich nicht ausschließt, daß Begriffe auch als Satzsubjekte fungieren können). Begriffe für sich genommen sind daher noch keine Theorien. Theorien sind begrifflich formulierte Aussagen, eingeschlossen Aussagen über Begriffe, und dies auch dann, wenn sie keine empirische Referenz aufweisen.

Schließt man selbstreferentielle Sätze (auch solche harmloser Art wie: dieser Satz ist wahr) aus dem Bereich möglicher Theorien aus, kann man den Begriff der Theorie mit Fremdreferenz assoziieren. Ein theoretischer Satz meint etwas anderes als sich selbst, und dies, wenn er sich auf die Umwelt, aber auch wenn er sich auf das System bezieht, das die Aussage kommuniziert. Theoretische Sätze stehen also in einem nicht-umkehrbaren Verhältnis zu dem, was sie meinen. Sie operieren mit eingebauter Asymmetrie. Nicht schon der Begriff, wohl aber der theoretische Satz hat diese Eigenschaft. Sie bedeutet aber zugleich, daß Begriffe (die nicht als »Zeichen für die Außenwelt« interpretiert werden sollten[64]) gleichwohl an der Asymmetrisierung partizipieren, wenn sie als Satzfunktionen aufgefaßt werden. Aber nochmals: dies hat mit der Unterscheidung von Fremdreferenz und Selbstreferenz auf der Ebene des autopoietischen Systems nichts zu tun, sondern kann sich, nach Wiedereintritt der System/Umwelt-Differenz in das System, auf beide Fälle beziehen: auf das System, das Aussagen über sich selbst formuliert, und auf das, was es als seine Umwelt ansieht. Es kann also auch »Wissenschaftstheorie« und »Methodologie« geben.

[64] Siehe oben Abschnitt III.

Die Asymmetrisierungsfunktion der Theorie ergibt sich mithin aus der Nichtberücksichtigung selbstreferentieller Sätze. Die Funktion des Einführens von Limitationalität wird durch die Trennung von Satzsubjekt und Prädikat erfüllt: genauer, durch die Distinktheit und Unterschiedenheit von Satzsubjekt und Prädikat. Was immer sie aussagen: die Sätze simulieren ein Verhältnis der wechselseitigen Einschränkung von Satzsubjekt und Prädikat unter Ausschluß von Weltmöglichkeiten, die außerhalb der Beziehbarkeit dieses Prädikats auf dieses Subjekt liegen. Die Aussage, die Gesellschaft (die selbst operiert, indem diese Aussage formuliert wird) ist ein soziales System, kann nicht beliebig modifiziert werden – zum Beispiel nicht durch das Prädikat »... ist erst reif, wenn sie rot ist«, das man eventuell auf Kirschen oder einige Beerensorten anwenden könnte. Der satzförmige Duktus der Autopoiesis wissenschaftlicher Kommunikation führt also Asymmetrisierungen und Limitationalität mit sich. Es handelt sich um in dieser Form festliegende Invarianten, um Beiträge zur Autopoiesis des Systems – aber gewiß nicht um Notwendigkeiten, nicht einmal um Notwendigkeiten der gesellschaftlichen Kommunikation. So kann man durchaus sagen: »Die Gesellschaft ist erst reif, wenn sie rot ist«; aber verständlich ist ein solcher Satz nur, wenn man bei »reif« an Revolution und bei »rot« an die bevorzugte Farbe einer sozialen Bewegung denkt – also wiederum innerhalb von Limitationen operiert.

Theorien gewinnen ihre eigene Einheit und Unterschiedenheit nicht etwa aufgrund eines entsprechenden Eingeteiltseins der Außenwelt. Nicht der Gegenstand garantiert die Einheit der Theorie, sondern die Theorie die Einheit des Gegenstandes gemäß dem Diktum, daß alles, was für ein autopoietisches System Einheit ist, durch das autopoietische System Einheit ist. Es gibt natürlich Außenwelt, aber schon die Form der Einheit und Unterschiedenheit, in der sie gegeben ist, verdankt sich systemeigener Konstruktion. Eben das zwingt uns zum Verzicht auf den Begriff der Natur. Wenn das für Einheit gilt, so gilt es erst recht für all die semantischen Hilfsmittel, die dazu beitragen, Einheit zu konstruieren: Entwurf und Limitierung des Möglichen, Negation, Unterscheidungen und Bezeichnungen, Zurechnungen. All das gäbe es nicht, gäbe es keinen Beobachter. All das sind mögliche Formen der Referenz auf eine Außenwelt, nicht Eigenschaften der Außenwelt. Das ändert aber nichts daran, *daß* die Theorie auf die Außenwelt referiert; nur bleibt die Referenz dadurch bestimmt und dadurch an die systemeigene Autopoiesis angeschlossen, *wie* sie (systemintern) auf die Außenwelt referiert. Dies »wie« kann sich im »structural drift« des Systems ändern, ohne daß deswegen die Außenwelt sich ändern müßte. Deshalb kann man im unmittelbaren Sinnbereich der Theorie zwar »Was«-Fragen stellen; aber auf der Ebene der second order cybernetics, beim Beobachten der Beobachtungen der Theorie, muß man von »Was«-Fragen auf »Wie«-Fragen umstellen. Anders als im von Kant entwickelten Theorietypus liegt die Lösung des Problems nicht in einem transzendentalen Bereich ohne empirische Referenz, sondern gerade darin, daß empirische Systeme beobachten können, wie empirische Systeme beobachten; also nicht im transzendentalen Apriori, sondern in der Rekursivität des Beobachtens.

Die Bestimmung der Theoriefunktion durch Beiträge zur Entparadoxierung, durch Asymmetrisierung und durch Oktroyierung von Limitationalität, durch Konstruktion von Einheit läßt geläufige Angaben über die Funktion von Theorien zunächst beiseite – etwa die Funktionen der Reduktion von (selbsterzeugter) Weltkomplexität, die Funktion der Generalisierung, die Funktion der Entlastung von unnötigen Details.[65] Diese Funktionsangaben sollen damit keineswegs ausgeschlossen oder trivialisiert werden. Sie lassen sich zwanglos nachträglich einfügen als Bedingungen der Qualität von Theorien.

Analysiert man die Aussageform von Theorien genauer, so zeigt sich, daß ihre Besonderheit darin besteht, *Vergleiche zu ermöglichen*. Vergleiche erfordern das Festhalten eines willkürlich[66] gewählten *Vergleichsgesichtspunktes*, und an dem Vergleichsgesichtspunkt hängt dann die Asymmetrisierung. Damit ist auch gesagt, daß es sich nicht einfach um die Asymmetrie im Verhältnis von Begriff und Gegenstand handelt.

Auch normale, alltagssprachliche Sätze implizieren einen Vergleich und damit eine verdeckte Suchanweisung. Theoretisch

---

65 Vgl. etwa William van O. Quine, On Simple Theories of a Complex World, in ders., The Ways of Paradox and Other Essays, New York 1966, S. 242 ff.
66 Wie immer besagt »willkürlich« auch hier: beobachte den Beobachter!

inspirierte Vergleiche sind nur gewagter, unwahrscheinlicher, verblüffender. Sie beziehen auf den ersten Blick Unvergleichbares ein, oder sie lösen normale Vergleichsstopps auf – etwa die Erklärung von Unterschieden der Fallgeschwindigkeit eines Apfels und einer Feder durch die Verschiedenartigkeit dieser Dinge. Theoriearbeit im Sinne einer Verwissenschaftlichung von Aussagen bemüht sich mithin auf einem Kontinuum des Vergleichsinteresses um zunehmend unwahrscheinliche Vergleiche, also um Feststellung von Gleichheiten an etwas, was zunächst als ungleich erscheint. Es geht um eine *Distanzierung der Vergleichsgesichtspunkte* und damit nicht zuletzt um eine Erweiterung des Bereichs praktischer Substitutionsmöglichkeiten. Flugzeuge müssen nicht, wenn man einmal die Flugphysik beherrscht, als Copie von Vögeln gebaut werden.

Vergleiche werden, auch wenn sie als wissenschaftlich qualifiziert vorgetragen werden, häufig an normative Prämissen oder Wertungen angehängt, etwa: mehr oder weniger gleicher Zugang aller Schichten zur Rechtsprechung; Vermehrung oder Verringerung von Arbeitslosenquoten; gleiche oder ungleiche Bezahlung von Männern und Frauen für gleiche Arbeit; Gleichheit der Bildungschancen etc. Dies ist möglich, wenn und soweit Gleichheit als solche einen Wert darstellt. Es kommt dann zu einer leichten und festen Allianz von Ideologie und Empirie, indem ein Ungleichheitsfeststellungs- und -beklagungsbedarf mit relativ simplen empirischen Methoden befriedigt werden kann. Solche Untersuchungen sind massenhaft und mit enormem Aufwand betrieben worden, obwohl ihre Ergebnisse kaum über das hinausführen, was man ohnehin weiß. Auch politisch erweisen sich diese Art Resultate als opportun, weil sie typisch doppelt interpretiert werden können: als Lob des schon Erreichten und als Einforderung dessen, was noch nicht erreicht ist. Konservative und progressive Interessen können sich so weithin der gleichen Daten bedienen, nur die Wissenschaft selbst kommt zu kurz, weil hierbei kaum Theorieleistungen gefordert und daher Theorien auch nicht kritisch weiterentwickelt werden.

Spezifisch wissenschaftliche Theorieleistungen liegen nur dann vor, wenn die Abstraktion der Vergleichsgesichtspunkte so vorangetrieben wird, daß auch evident Ungleiches verglichen werden kann (und nicht nur der Erfüllungsgrad von Wünschen gemessen wird). Solche Leistungen des Gewinns von Vergleichsmöglichkeiten über heterogen erscheinenden Sachverhalten müssen nicht als linear steigerbar angesehen werden. Sie hängen vorgängig ab von dem erreichten Stand des Auflöse- und Rekombinationsvermögens der Wissenschaft. Je weiter dieses Vermögen getrieben ist, desto schwieriger wird der Wiedergewinn adäquater Theorieleistungen, desto heterogener aber auch, wenn es gelingt, der kontrollierbare Vergleichsbereich. Man sieht dies besonders an dem Theoriedesaster, das die Soziologie als Folge der Einführung der sogenannten empirischen Methoden erlebt hat. Auflösung in Daten und Rekombination mit Hilfe neu entwickelter Methoden der Datenanalyse haben hier das in der soziologischen Klassik erreichte Theorieniveau zerstört, ohne adäquaten Ersatz zu schaffen. Auch die Auflösungsleistung der sogenannten Handlungstheorie hat dazu geführt, daß eine Mikro/Makro-Differenz mit unlösbaren Folgeproblemen entstanden ist. Ähnliches hat die analytische Philosophie erlebt. Die Sorge der Theorie mag in solchen Fällen darin bestehen, auf einem derart ausgeweiteten Niveau der Auflösung und Rekombination überhaupt noch existieren zu können; und die üblichen Theorieziele des Generalisierens und Systematisierens von Vergleichen gelten dann als »spekulativ«, weil sie, so scheint es, nur unter Verzicht auf Analyse und Empirie erreichbar sind.

Man kann die Qualitätsanforderungen an Theorien, die sich unter derart wechselnden Bedingungen zu bewähren haben, in der Forderung zusammenfassen, die Theorie solle etwas »erklären«. Das kann im hier vorgeführten Kontext aber nicht heißen, daß die Theorie die Kausalverhältnisse der wirklichen Welt zu entdecken und die vorgefundenen bzw. noch zu erwartenden Tatsachen darauf zurückzuführen habe. Erklärung soll zunächst nichts weiter heißen als: Reformulierung mit dem Zugewinn besserer Anschlußfähigkeit und höherer Eigenkomplexität des Wissenschaftssystems. Kausalerklärungen und Prognosefähigkeit sind damit nicht ausgeschlossen, sondern einbegriffen. Aber auch das Kausalschema ist nur limitational verwendbar, steht unter dem Vorbehalt ceteris paribus, setzt die Differenz von Ursachen und Wirkungen als Konstruktion eines Beobachters voraus und kann so allenfalls zu Technologien führen, die auf einer konstruktionsisomorphen Isolierung von Ursachen und Wirkungen beruhen. Es mag gute Gründe für die Annahme geben, daß die Gesellschaft gerade dies von der Wissenschaft erwartet, wenn es gilt, Fabrikationsverfahren einzurichten, Impfstoffe zu entwickeln oder heute in immer stärkerem Maße: Umweltschäden zu neutralisieren. Im letztgenannten Falle kann die Wissenschaft auch in Anspruch genommen werden, um es der Gesellschaft zu ermöglichen, auf Schäden zu reagieren, die durch die Wissenschaft selbst mitausgelöst worden sind (was nicht verwechselt werden sollte mit der Rekursivität in den Wissenschaftsprogrammen selbst). Was immer aber die Gründe für solche gesellschaftlichen Zumutungen sein mögen: die Möglichkeiten theoretischer Erklärung reichen weit darüber hinaus. Sie werden immer dann genutzt, wenn die Wissenschaft sich selbst komplexer strukturiert und in ihren Operationen Zusammenhänge herstellt, die sich im rekursiven Kontext der eigenen Operationen bewähren. Es geht dabei letztlich um Strukturierung der eigenen Komplexität, um Vermehrung und Diversifikation der Punkte, in denen die Wissenschaft auf sich selbst empfindlich reagiert; und auf diesem Wege dann indirekt auch um Systematisierung der Folgen, die es im System haben kann, wenn sich Irritationen einstellen, wenn Wahrnehmungen unerwartete Kommunikationen auslösen, die zu den vorhandenen Erklärungsmustern nicht passen, oder wenn infolge Abstraktion Widersprüche in den Theorien erkennbar werden, die man vorher übersehen hatte.

Erklärungen kombinieren theoretische Sätze zu komplexeren Theorieprogrammen. Auf diese Weise wird durch Organisierung der rekursiven Geschlossenheit des Systems dessen Reizbarkeit, also dessen Offenheit erhöht. Das kann nicht zu mehr und mehr Adäquität in Punkt-zu-Punkt-Übereinstimmungen zwischen System und Umwelt führen – so als ob der Planet Venus nach Newton eine besser erkannte Venus sei als vor ihm. Vielmehr macht sich die Wissenschaft mit einer gewaltigen Anstrengung vermehrt von sich selber abhängig; und nur so wird es möglich, kleinen Abweichungen von dem, was sie erwartet, eine gelegentlich weitreichende Bedeutung für eine Änderung ihrer Theorien und Erklärungen zu geben.

Theorien bilden, mit anderen Worten, die Form, in der Erklärungen kommuniziert und reformuliert werden können. Sie bauen abstrahierte interne Interdependenzen auf und stellen dadurch Zusammenhänge her, die die Fortsetzung der wissenschaftlichen Kommunikation ermöglichen und selektiv steuern. Sie operationalisieren damit zugleich die Bedingungen, unter denen der Prozeß der Selbstsubstitution im Wissenschaftssystem ablaufen kann, indem sie die Möglichkeiten einschränken, innerhalb deren eine Theorie als Ersatz für eine andere behandelt werden kann. Auch auf dieser Ebene kommt es nicht, und zwar erst recht nicht, zu einer Repräsentation der Umwelt im System. Dennoch beziehen die Theorien sich auf Realität – Realität aber begriffen nicht als »Außenwelt«, sondern als Differenz von System und Umwelt.[67] Die Fortsetzung der wissenschaftlichen Kommunikation heißt ja: daß diese Differenz im selektiven Vollzug der Operationen reproduziert wird, und Theorien beobachten diesen Vollzug, indem sie jeweils vorgeben, was sie selbst als Aussagen bzw. Sätze sind und auf was sie sich damit beziehen.

Keine Wissenschaft ohne Theorie; theoretische Orientierung ist mithin ein universelles Merkmal der Zugehörigkeit zum Wissenschaftssystem. Davon zu unterscheiden sind *Theorien mit Universalitätsanspruch*. Dies ist ein Sonderphänomen. Solche Theorien beschreiben die Welt insgesamt mit Hilfe einer spezifischen Unterscheidung, etwa der von System und Umwelt. Es handelt sich, in der Sprache der Parsonsschen pattern variables ausgedrückt (die ihrerseits eine Universaltheorie für den Bereich der Handlungsorientierung zu sein beansprucht, sich also selbst referiert), um eine Kombination von universality and specificity.[68] Ob man nun mit Parsons annimmt, daß diese Kombination eine besondere Eigentümlichkeit moderner Gesellschaft ist oder nicht: sie stellt jedenfalls hohe Ansprüche an das Theorie-design, die ihrerseits scharf selektiv wirken. Vor allem muß die Theorie, anders wäre sie nicht universal anwendbar, auch sich selber konstruieren können. Nur wenige Theorien-

---

67 Vgl. oben Kap. 4, insb. VI.
68 Vgl. Talcott Parsons, Pattern Variables Revisited, American Sociological Review 25 (1960), S. 467-483; neu gedruckt in ders., Sociological Theory and Modern Society, New York 1967, S. 192-219.

gebote genügen diesen Anforderungen, und die Anforderungen lassen sich steigern, wenn man außerdem noch hohe Ansprüche an die Anschlußfähigkeit der Theorie stellt. Selbstverständlich ist nicht gemeint, daß alle Theorien der Wissenschaft oder auch nur alle Theorien einer bestimmten Disziplin aus einer Universaltheorie abgeleitet werden können; und ebensowenig setzt das Konzept voraus, daß es nur eine (oder in jeweils einer Disziplin nur eine) Universaltheorie geben könne. Es kann, muß aber nicht so sein, daß eine ganze Disziplin (oder gar: Wissenschaft überhaupt) unter ein einziges Paradigma gezwungen wird. Man muß, mit anderen Worten, Universalitätsanspruch und Ausschließlichkeitsanspruch unterscheiden. Es geht schlicht darum, nicht nur auf der Ebene der Codierung, sondern auch auf der Ebene der Programmierung die Einheit des Systems durch eine spezifische Unterscheidung zum Ausdruck zu bringen. In der Wahl wissenschaftlicher Thematiken und Forschungsprogramme kann man dies tun – oder lassen. Zu beklagen wäre nur, wenn Versuche dieser Art überhaupt nicht mehr unternommen würden.

VIII

Theorien sind komplexe Programme, die aus einer Vielzahl von Sätzen bestehen können unter einer Bedingung, die wir in einem späteren Abschnitt (X) als Redundanz bezeichnen werden. Die Arbeit an Theorien erfordert von sich her keine Zweiwertigkeit. Sie zielt auf Anfertigung einer komplexen Beschreibung. Um den binären Code, die Unterscheidung von wahr und unwahr, zur Geltung zu bringen, benötigt man daher Programme eines anderen Typs. Wir nennen sie *Methoden*.

Methoden lösen auf der Ebene der Programme das ein, was dem System durch binäre Codierung aufgegeben ist. Sie erzwingen eine Verlagerung des Beobachtens auf die Ebene einer Selbstbeobachtung zweiter Ordnung, auf die Ebene des Beobachtens eigener Beobachtungen.[69] Sie ermitteln Bedingungen, die angenommen werden müssen, um eine Entscheidung zwischen den

---

69 Vgl. Yehuda Elkana, Das Experiment als Begriff zweiter Ordnung, Rechtshistorisches Journal 7 (1988), S. 245-271.

beiden Werten zu ermöglichen. Vorausgesetzt ist dabei, daß man das »Zugleich« beider Werte, also die Paradoxie, vermeiden muß. Das heißt in der Konsequenz auch, daß die Forschung Zeit und zeitliche Ordnung braucht, um zur Entscheidung für den einen statt für den anderen Wahrheitswert zu kommen; was in der weiteren Konsequenz auch bedeutet, daß es nicht länger als opportun erscheinen kann, immer wieder ganz von vorne anzufangen. Die Methodologie formuliert Programme für eine historische Maschine.

Da eine Ebene zweiter Ordnung nur möglich, da das Beobachten auf dieser Ebene nur haltbar ist, wenn es weiterhin ein Beobachten erster Ordnung gibt, und da dies alles sich in ein und demselben System abspielen muß, kann man die Aufgabe der Methodologie auch in der Verwaltung der Differenz von zweiter und erster Ordnung sehen. Diese Unterscheidung konstituiert aber die Autonomie des Wissenschaftssystems. Es kann also nicht nur darum gehen, sich auf der Ebene zweiter Ordnung einzurichten, um von dort aus dasselbe besser zu sehen als beim Beobachten erster Ordnung. Die Beobachtung zweiter Ordnung ist nichts anderes als das Beobachten der Beobachtungen des Systems. Die Notwendigkeit von unmittelbarer kognitiver Operation wird typisch als Notwendigkeit empirischer Forschung zum Ausdruck gebracht. Dies Postulat hat mit »Erfahrung« ebenso wenig zu tun wie mit »Realität«. Es bezeichnet den erforderlichen Mix von erster und zweiter Ordnung, nämlich die methodisch kontrollierte Direktbeobachtung. Freilich wäre es paradox, zugleich auf beiden Ebenen beobachten zu wollen, und im Zweifel muß man sich denn auch oft entscheiden, ob man lieber die Regeln der Methodologie verletzt oder lieber auf Resultate verzichtet und nur sieht, daß man sieht, daß man nichts sieht.

Zum Glück sind Methoden nicht die allein determinierenden Faktoren des Systems. Daß wir Methoden, analog zu Theorien, als Programme charakterisieren, bedeutet auch, daß sie nicht (oder nur im Grenzfalle) wie Rezepte angewandt werden können. Normalerweise erfordert ihre Anwendung weitere, durch das Programm selbst nicht spezifizierte Entscheidungen. Zunächst muß man entscheiden, welche Methode zu welchem Forschungsvorhaben überhaupt paßt, das heißt: welche Methode die Aussicht rechtfertigt, bestimmte Ergebnisse zu erreichen. Außerdem müssen die Methoden, oft unter Verzicht auf Strenge der Anwendung, den konkreten Gegebenheiten der Projekte angepaßt werden. Ebensowenig wie im Falle der Theorie hat die Anwendung eine deduktive Form. Das hat nicht zuletzt die Folge, daß zur methodisch orientierten Forschung Erfahrung erforderlich ist und daß die Spezies der bekennenden Empiriker, die sich mit Problemen der Methodologie befassen, oft gar nicht dazu kommt, empirisch zu forschen.

Methoden haben kein anderes Ziel als: eine Entscheidung zwischen wahr und unwahr herbeizuführen. Sie sind, im Unterschied zu Theorien, also zunächst auf ein extrem reduziertes Problem angesetzt. Sie operieren unter den Bedingungen der Logik, das heißt unter den Bedingungen (1) der Konstitution von Einheiten, die identisch gehalten werden müssen (Satz der Identität), (2) des Gebots der Vermeidung von Widersprüchen (Satz des Widerspruchs) und (3) der Ausschließung dritter Werte der Ebene des Code (Satz vom ausgeschlossenen Dritten).[70] Dazu kommt die bereits erwähnte Regel der Paradoxievermeidung, die zuweilen auch als Satz vom Grunde formuliert wird. Für die Ausarbeitung dieser Bedingungen ist eine eigene wissenschaftliche Disziplin entstanden; aber seit dem Beginn der modernen Methodendiskussion im 16. Jahrhundert weiß man auch, daß das nicht ausreicht. Die Strukturarmut der zweiwertigen Logik verlangt nach einer Ergänzung, die man, was Methoden angeht, in der Zeit suchen und als temporale Komplexität beschreiben muß. Methoden sind Prozeßstrukturen. Sie sind entweder starre Programme für eine Abfolge von Schritten oder Strategien, die je nach den (unvorhersehbaren) Resultaten früherer Schritte zu modifizieren sind.

Auf der Ebene der Methoden wird das logische Postulat des ausgeschlossenen Dritten in die Annahme »ceteris paribus« transformiert. Einmal muß das System sich also zu einer Lüge entschließen,[71] einmal eine Unwahrheit als Wahrheit nehmen,

---

70 Die Diskussion über »mehrwertige Logik« oder generell über strukturreichere Logiken lassen wir also hier beiseite.
71 Im Sinne von Ranulph Glanville, Distinguished and Exact Lies, in: Robert Trappl (Hrsg.), Cybernetics and Systems Research 2, Amsterdam 1984, S. 655-662.

dann geht es. Die Reformulierung von Ausschluß als Indifferenz (und im Anschluß daran oft: als kausale Unabhängigkeit) ermöglicht es, die Prämissen als variabel zu handhaben, wie es auf der Ebene der Programmierung erforderlich ist. Je nach dem Forschungsdesign klammert die Klausel ceteris paribus etwas anderes aus.

Auch damit folgt das System der Notwendigkeit der Entparadoxierung, der Enttautologisierung, der Entfaltung durch Konditionierungen. Die Methoden benutzen aber, weil sie an die symmetrische Struktur des Code gebunden sind und ihn implementieren sollen, nicht die sachlichen Asymmetrien (Referenzen), sondern transformieren die wechselseitige Implikation der Code-Werte (Wahrheit ist nicht Unwahrheit, Unwahrheit ist nicht Wahrheit) in eine Disjunktion: entweder wahr oder unwahr. Ausgangspunkt aller Methodik ist zunächst die Gleichwahrscheinlichkeit von Wahrheit und Unwahrheit oder, anders formuliert, die Unwahrscheinlichkeit, daß etwas nur wahr oder nur unwahr sei. Man erkennt darin die Unwahrscheinlichkeit, daß ein geschlossenes System die Welt erkennt. Methoden dienen dann als interne Programme, die sicherstellen, daß trotzdem Aussagen produziert werden, deren Sinn einem der beiden Werte zugeordnet, also entweder als wahr oder als unwahr behandelt werden kann.

Auch hierfür sind Reformulierungen erforderlich, analog zu dem, was im Falle der Theorien Erklärungen sind. Die mit Recht berühmtesten Reformulierungen bestehen in Messungen, das heißt in der Transformation von Primärerfahrungen in quantitative Daten. Deren Letztziel ist jedoch nicht die quantitative Feststellung als solche, wie schwierig sie immer sei, sondern die Integration mit theoretischen Erklärungen, das heißt der Vergleich. Denn Theorien versuchen im allgemeinen ja nicht, ein quantitatives Datum zu erklären, sondern eine vergleichende Relation; zum Beispiel nicht die konkrete Temperatur am Südpol zu einem bestimmten Zeitpunkt, sondern die Zunahme oder Abnahme der Durchschnittstemperatur im Laufe der Zeit. Der Vergleich kann sich auf einen Vergleich aggregierter Meßgrößen beschränken (obwohl es auch interessant sein könnte, festzustellen, daß bei einer gegebenen Durchschnittstemperatur Mandelbäume nicht zur Blüte kommen).

Quantifikation ist mithin nicht etwa ein zu bevorzugender Zugang zu den primären Qualitäten des Seins, zur »eigentlichen« Wirklichkeit, sondern nichts anderes als eine Parallelformulierung zur Einführung von Limitationalität.

Will man über diese Funktionszuweisung nochmals hinausgehen mit der Frage, wie denn Methoden Symmetrie in Asymmetrie transformieren, kann man feststellen, daß auch hierbei Zeit eine Rolle spielt. Schon für den rein rechnerischen Umgang mit Quantitäten gilt, daß einzelne Schritte im Nacheinander vollzogen werden müssen, jeweils auf die Ergebnisse vorangehender Messungen bzw. Rechnungen aufbauend. Methoden benutzen als Symmetriebrecher mithin Zeit, nicht Referenz. Die Zulassung von Schritten hängt von der Entscheidbarkeit der Wahrheitsfrage ab. Es muß nicht unbedingt nur eine einzige richtige Reihenfolge geben. Vorausgesetzt ist aber immer und zugleich mit der Wahrheitsentscheidung garantiert, daß die Ergebnisse vorheriger Operationen nicht zerfallen, wenn sie als Prämisse weiterer Operationen verwendet werden (also daß 2 + 2 = 4 nicht falsch wird, wenn das Ergebnis mit 4 multipliziert wird). Die Methodologie skizziert, so gesehen, Programme (bzw. Strategien) für die Abfolge der Autopoiesis des Systems;[72] und nur in der Methodologie (in der Methoden*theorie* also) entsteht daraus wiederum ein Satzbau, der es ermöglicht, über Methoden theoretisch zu forschen, ihre Leistungen zu vergleichen und zu erklären.

Die methodologische Beschreibung läßt Methoden oft wie Prinzipien erscheinen – so wenn man von vergleichender Methode oder von qunktionalistischer Methode spricht.[73] Eine Nachfrage fällt dann oft enttäuschend aus, weil man mit der Formulierung eines Prinzips die diskriminierende Leistung der Methode nicht angemessen bezeichnen kann. Auch hier müssen also Prinzipien durch Unterscheidungen ersetzt werden, und

---

[72] Das schließt selbstverständlich nicht aus, daß man für die Beschleunigung der Rechenvorgänge Maschinen einsetzt, sofern diese denselben Bedingungen der Zeitbindung genügen.

[73] Deshalb vermissen Kritiker einer solchen Beschreibung dann auch die Besonderheit des Methodischen im Verhältnis zur allgemeinen Theorieabhängigkeit wissenschaftlicher Forschung. Siehe nur Kingsley Davis, The Myth of Functional Analysis as a Special Method in Sociology and Anthropology, American Sociological Review 24 (1959), S. 757-772.

zwar durch Unterscheidungen, die eine temporale Interpretation erlauben.

Betrachtet man Methoden als Programme für operative Schritte mit dem Ziele der Bezeichnung von Kommunikationen als wahr bzw. unwahr (Zuteilung der Wahrheitswerte), dann lassen sich zwei verschiedene Methodenformen denken. Wir wollen sie deduktive bzw. kybernetische Methodik nennen. Im Falle der deduktiven Methodik wird jeder Schritt davon abhängig gemacht, daß die Startposition bzw. die gerade erreichte Position unbezweifelbar gesichert ist[74] – so wie man beim Klettern erst Halt sucht, bevor man weiterklettert, weil man anderenfalls das Risiko eingeht, abzustürzen. Der Halt kann nach dieser Methodenvorstellung in evidenten Axiomen bestehen, aber auch in unbezweifelbar gegebenen empirischen »Daten« oder in Zwischenpositionen, die mit eben dieser Methodik aufgrund solcher Inputs erreicht sind. Die kybernetische Methodenvorstellung geht genau umgekehrt davon aus, daß es solche garantiert sicheren Positionen nicht gibt (weil eine externe Validierbarkeit fehlt) und daß die Sicherheit nur im Prozeß selbst liegen kann, das heißt nur darin, daß man sich vorbehält, die Ausgangspositionen aller Schritte (auch der »ersten«!) jederzeit revidieren zu können, wenn der Prozeß dazu Anlaß gibt. Der Prozeß dient dann zugleich dem Voranschreiten und der laufenden Retrovalidierung der bereits erreichten Positionen. Wenn es weitergeht und solange es weitergeht, spricht das für die Annahmen, von denen man ausgegangen ist – seien dies Axiome oder Daten. Ähnlich wie im Falle des positiven Rechts liegt die »Geltung« dann gerade im Kritik- und Revisionsvorbehalt sowie darin, daß im Augenblick kein Anlaß besteht, davon Gebrauch zu machen.

---

74 Eine geradezu klassische Anweisung für solche »règles de méthode« gibt Père Buffier, nämlich

(1) Commencer toujours à raisoner par les propositions les plus simples, & qui énoncent la verité la plus évidente.

(2) Continuer par les propositions les plus immédiates.

(3) N'admettre aucun mot, auquel on n'attrache une idée bien nette & bien determiné.

(4) Suspendre toujours son jugement, si l'on n'a pas observé les trois régles précédentes,

in: Claude Buffier, Cours des Sciences sur des Principes Nouveaux et Simples, Paris 1732, Nachdruck Genf 1971, Sp. 840.

Beide Methodenvorstellungen sind auf Sequenzen bezogen. Die deduktive sieht die Methode als Entfaltung von gegebenen Sicherheiten, die kybernetische sieht die Methode als ständiges Praktizieren von Vorgriffen und Rückgriffen. Beide Verfahren sind rekursiv insofern, als sie es erfordern, daß man an Resultate anschließt. Aber der Anschluß ist verschieden geregelt. Bei deduktiven Methoden beruht er auf einer Sicherheitsprüfung, bei kybernetischen Methoden beruht er auf mehr oder weniger gewagten Annahmen mit Kontrollvorbehalten. Die deduktiven Methoden können auch als Grenzfall der kybernetischen Methoden angesehen werden, so wie Logik schlechthin als Regulativ für die Placierung von Zweifeln.

Im erkenntnistheoretischen Kontext hat diese Unterscheidung eine wichtige Konsequenz. Sie erlaubt es, das Problem des »circulus vitiosus« zu entschärfen.[75] Man kann jetzt schädliche und unschädliche Zirkel unterscheiden. Nur im Falle eines deduktiven Methodenverständnisses ist der Zirkel schädlich; denn er würde dazu führen, daß man die Voraussetzungen als unkritisierbar einführt und kritisiert. Im Falle des kybernetischen Methodenverständnisses entfällt jedoch dieses Problem. Der Zirkel führt weder in die petitio principii (man bestätigt, was ohnehin als gewiß angenommen war) noch in den Widerspruch. Er ist vielmehr gerade das Instrument der Methode. Er kondensiert und konfirmiert den Implikationsbereich der Erkenntnisse, an denen man arbeitet, wenn und soweit und solange er dies tut.

Es dürfte kaum zu weit gehen, wenn man behauptet, daß das kybernetische Methodenverständnis heute (wenngleich nicht immer unter dieser Bezeichnung) weithin akzeptiert ist. Die Semantik, unter der man Einschlägiges findet, benutzt, mathematische Methoden einbeziehend, die Unterscheidung von *Problem und Problemlösung*.[76]

Es wird nicht weiter verwundern: auch diese Unterscheidung ist nur ein reformuliertes Paradox. Das Paradox steckt im Pro-

---

75 Siehe auch Nicholas Rescher, Cognitive Systematization, a.a.O., S. 99.
76 Formuliert hier, wohl gemerkt, im Kontext der Methodologie. Damit ist noch nichts darüber ausgemacht, ob man die Erkenntnistheorie selbst als Problemlösungsmethodologie darstellen kann – etwa im Sinne von Larry Laudan, Progress and its Problems: Towards a Theory of Scientific Growth, London 1977.

blembegriff. Man fragt sich seit Platons Menon: wie kann man etwas wissen, was man nicht weiß? Wie kann man ein Problem erkennen? In evolutionstheoretischer Perpektive fällt die Antwort leicht. Es sind zunächst die Irritationen des täglichen Lebens (nicht genug zu essen, Ärger mit den Leuten), die eine Wissensproduktion in Gang setzen, welche dann ein eigenes, aber noch unbefriedigendes Corpus von Wissen erzeugt, an dem Diskrepanzen, Inkohärenzen, Lücken, Unbestimmtheiten etc. erkennbar sind. Das verschiebt aber nur das Problem (wieso Problem?); denn dann hat man die Frage, wieso die Differenz von Problem und Problemlösung erkennbar ist, also wie diese Unterscheidung im Modus des Nochnichtwissens funktionieren kann.

Platon hat bekanntlich auf Wiedererinnerung zurückggegriffen: Wir haben früher einmal schon gesehen, was wir suchen.[77] Das Problem des Problems wird also über eine Zeitdifferenz gelöst. Eine andere Antwort versucht Michael Polanyi über die Unterscheidung von implizitem und explizitem Wissen.[78] Abgesehen von anderen Einwänden[79] bleibt dann aber offen, wie das implizite Wissen als Problem, das heißt als Moment einer Methode, gesteuert werden kann. Eine wieder andere Form, die auf dasselbe Problem des Problems zielt, unterscheidet schlechtdefinierte und gut-definierte Probleme.[80] Hierbei wird berücksichtigt, daß der Übergang von schlecht-definierten zu gut-definierten Problemen eine Reduktion von Komplexität erfor-

---

[77] So jedenfalls die durch Tradition stabilisierte Lesart. Man könnte aber auch auf ganz andere Gleise geraten, wenn man liest: Auch ich spreche als jemand, der nicht weiß, sondern nur vermutet, der aber genau diesen Unterschied weiß (Menon 98 B). Denn das ist die Formulierung des Problems, die der Lösung des Problems vorausgeht. Und die letzte Auskunft lautet dann doch nur: Theia Moira.
[78] Siehe: Implizites Wissen, dt. Übers. Frankfurt 1985, S. 28ff.
[79] Vgl. oben Kap. 1, III.
[80] Vgl. (im Theoriezusammenhang, der sich mit dem Namen von Herbert Simon verbinden läßt) Walter R. Reitman, Cognition and Thought: An Information-Processing Approach, New York 1965, insb. S. 148ff.; Herbert A. Simon, The Structure of Ill-Structured Problems, Artificial Intelligence 4 (1973), S. 181-201 und zur Anwendung auf wissenschaftliche Forschung Susan Leigh Star, Simplification in Scientific Work: An Example from Neuroscience Research. Social Studies of Science 13 (1983), S. 205-228. Die Forschungen dieses Typs zielen auf eine maschinell ausführbare »Heuristik« unter Verzicht auf das Ziel, einzig-richtige Ergebnisse zu gewinnen.

dert und daß, wenn man deshalb auf die Idee einzig richtiger Lösungen verzichten muß, dann auch gleich andere Rücksichten eingeschmuggelt werden können, etwa die Rücksicht auf Machbarkeit im Rahmen begrenzter Ressourcen, Zeit, Geld und methodisch legitimierbare Möglichkeiten.

All diese Versuche, mit Hilfe weiterer Unterscheidungen ans Ziel zu kommen, zeigen, daß die Paradoxie nicht im Problembegriff selbst liegt, sondern in der Meinung, daß man hinreichend genau wisse, was man nicht weiß. Es ist diese Paradoxie, die mit der Unterscheidung Problem/Problemlösung kuriert wird. Bei dieser Version wird ein Doppeltes deutlich: daß das Problem des Problems sich selbst impliziert, daß es letztlich immer um die (Auf-)Lösung eines unlösbaren Problems geht und daß die Unterscheidung, die an die Stelle der Paradoxie gesetzt wird, sprunghaft gesetzt wird, willkürlich gesetzt wird, also einen Beobachter zu der Frage führt: wer arbeitet wo und was wird damit gewonnen?

Mit Hilfe dieser Fragestellung (also: mit Hilfe dieses Problems) wird eine Unentschiedenheit in den binären Code eingebaut – gleichsam anstelle eines nichtzulässigen dritten Werts. Damit wird die Weiche gestellt in Richtung auf Methodik (im Unterschied zu: Theorie). Es geht um die Operationalisierung der Entscheidung zwischen den beiden Werten, die der Code zuläßt. Die Unterscheidung Problem/Problemlösung respezifiziert den Code durch die Möglichkeit, die Wahrheitsfrage im (vorläufig) Unentschiedenen zu belassen; denn ein Problem wird mit Sätzen formuliert, die eine in Hinsicht auf Wahrheit/Unwahrheit unentschiedene Meinung kommunizieren, während die Problemlösung die Zuteilung der Werte wahr bzw. unwahr kommuniziert. Aus dieser Paradoxie kommt man jedoch hinaus, und das will die Unterscheidung suggerieren, wenn man Zeit einbaut: Erst das Problem, dann die Lösung. Das Problem mag subjektiv formuliert sein als Unkenntnis der Lösung. Man kann aber auch in Gegenrichtung vorgehen und zu einem bekannten Sachverhalt das Problem suchen, das diesen Sachverhalt als Lösung erscheinen läßt und eventuell die Suche nach anderen Problemlösungen stimulieren kann.[81]

81 Diese Umkehrbarkeit der Suchrichtung (die aber ebenfalls Zeitdifferenzen impliziert) ist heute jedenfalls in der Entscheidungstheorie anerkannt. Siehe vor allem

Weil das gelöste Problem keines ist, kann auch die Problemlösung selbst nicht als unproblematisch postuliert werden. Sie bringt das Problem nur in eine weniger irritierende, besser anschlußfähige Form. »Rational calculation«, heißt es bei Barry Barnes,[82] »... needs to be seen as part of the problem as well as the means of solving it«. Das zeigt: die Unterscheidung von Problem und Problemlösung hat eine gewisse Willkürlichkeit. Sie wird einem unklaren Sachverhalt oktroyiert. Aber das gilt ja, wie wir wissen, für jede Unterscheidung, die Beobachtungen orientiert.

Mit Hilfe der Unterscheidung von Problem und Problemlösung wird sachliche Komplexität temporalisiert. Die Unterscheidung Problem/Problemlösung stellt sich quer zu den sachlichen Unterscheidungen, mit denen sie das Problem formuliert. Bei methodenbewußten Vorgehen wird man daher zunächst immer fragen müssen: auf welches Problem hin wird eine Sachunterscheidung – zum Beispiel die von Handlung und Struktur oder die von Mikro-und Makro-... – formuliert.[83] Die (paradoxe) Einheit der Unterscheidung, das Verbindende des Unterschiedenen, wird dabei zu dem Problem, für das man eine Problemlösung sucht, indem man sich Zeit nimmt.

Vor welchem Theoriehintergrund immer: das Schema Problem/Problemlösung knüpft an die soziale (dialogische) Unterscheidung von Frage und Antwort an, wird aber (wie auch die »Dialektik« im Laufe der Zeit von Ramus über Kant und Hegel

---

Michael D. Cohen/James G. March/Johan P. Olsen, A Garbage Can Model of Organizational Choice, Administrative Science Quarterly 17 (1972), S. 1-25.

82 About Science, Oxford 1985, S. 133.

83 Die zunehmende Problematisierung bei Aufrechterhaltung der Unterscheidung von Mikro- und Makro- versteht sich heute als Kombination von Theorie- und Methodenproblemen. Siehe z. B. Karin Knorr-Cetina/Aaron V. Cicourel (Hrsg.), Advances in Social Theory and Methodology: Toward an Integration of Micro- and Macro-Sociologies, Boston 1981; Jeffrey C. Alexander et al. (Hrsg.), The Micro-Macro Link, Berkeley Cal. 1987; Nigel G. Fielding (Hrsg.), Actions and Structure: Research Methods and Social Theory, London 1988. Bemerkenswert, daß es sich bei den letzten beiden Titeln um Konferenzprodukte handelt, in jedem Falle also um eine breit interessierende Thematik. Auch Anthony Giddens Begriff des »structuration« ist als Auflösung und Beibehaltung eben dieser Unterscheidung zu verstehen.

bis Bachelard und Popper) de-sozialisiert.[84] Was bleibt, ist ein in die Sachwelt projizierbares (= theoretisch interpretierbares) Nacheinander von Selektionen. In der Normalform hat man zunächst ein bestimmtes Problem, für das man sodann eine Lösung sucht. Sobald die »Dialektik« und der Selbstsubstitutionsprozeß der Wissenschaft in den Blick kommen, gewinnt aber auch die Gegenform an Bedeutung. Man hat eine Lösung und sucht das Problem – vor allem, wenn man der Lösung »widersprechen« will (Dialektik!) und nach einer anderen, funktional äquivalenten Lösung suchen möchte. Die Gegenform hebt die Normalform nicht auf, sie führt nur zu einer Verlängerung des Prozesses, in dem die gelösten Probleme reproblematisiert, vermeintlich gelöste Probleme abstrakter begriffen und dafür dann neue Lösungen entwickelt werden können, an denen man im gleichen Duktus weiterarbeiten kann. In der Praxis der Forschung ist das kein Zirkel, sondern eine Sequenz.[85] Nur für die Theorie dieser Praxis, nur für die Methodologie und nur für den Fall der Beobachtung ihrer Einheit erscheint das Vorgehen als zirkulär: Die Problemlösung entdeckt das Problem, das sie löst, und kann sich deshalb als Problemlösung behaupten. In der Praxis der Forschung, in der Sequenz ihrer Operationen ist dieser Zirkel von Problem und Problemlösung gerade die Garantie dafür, daß es immer weitergeht. Hierin liegt, anders gesagt, die Absicherung einer Restliquidität gegenüber allen theoretischen Festlegungen. Sie erscheinen als Problemlösungen, die jederzeit reproblematisiert werden können. Zugleich kontrolliert sich die Methode auf diese Weise selbst. Man kann eine zeitlang an falsch gestellten

---

84 Man vergleiche hier die für Kant typische Einlagerung der Temporalität, die sich daraus ergibt, daß »eine nach Erfahrungsgrundsätzen gegebene Antwort immer eine neue Frage gebiert, die eben sowohl beantwortet sein will«, zwischen die Annahme eines Ding an sich auf der einen und sicheren Grundsätzen der Vernunft auf der anderen Seite – das Zitat aus: Prolegomena zu einer jeden künftigen Metaphysik § 57. Wir lesen das so: daß die Paradoxie der Einheit von Fremdreferenz (Ding an sich) und Selbstreferenz (Vernunft) durch Temporalisierung des problemerzeugenden Problemlösungsprozesses aufgelöst wird – natürlich eine ganz unkantische Lesart.
85 Karin Knorr-Cetina, Die Fabrikation von Erkenntnis: Zur Anthropologie der Naturwissenschaft, Frankfurt 1984, S. 110, charakterisiert deshalb Problemlösungen als *Problemübersetzungen*.

Problemen arbeiten[86] – nur um dann feststellen zu müssen, daß man nur mit einer anderen Problemstellung zu Lösungen kommen kann.

Ein Problem funktioniert nur, wenn es die Zahl möglicher Problemlösungen limitieren kann, und es funktioniert schlecht (Beispiel: das berüchtigte Problem der Bestandserhaltung), wenn die Zahl der Problemlösungen zu groß ist. Ein Problem, kann man daher auch sagen, erscheint nur, wenn es zugleich Beiträge zu einem Plan für die Lösung des Problems mitführt, also Beschränkungen für das enthält, was als »Lösung« zugeordnet und akzeptiert werden kann.[87] In der Formulierung des Problems werden Bedingungen der Erkennbarkeit von Lösungen vorgegeben, und das steigert, je nach der Hintergrundsdramatik der Problemstellung, die Spannung, mit der man nach Lösungen sucht, und den Aha-Effekt, der das Finden der Lösung begleitet. Je nach der Art und der Abgrenzungsschärfe dieser Beschränkungen wird damit zugleich zwischen wahrscheinlichem und unwahrscheinlichem Forschungsverhalten differenziert und auf eine schwer (es sei denn: über abstraktere Problemstellungen) kontrollierbare Weise ausgeblendet, was von anderen Ausgangspunkten her geschehen könnte.[88]

Auch hier haben wir es also mit eingebauter Limitationalität zu tun, aber auch hier nicht mit dem »Prinzip« der Limitationalität. Man kann, aus welchen Anlässen immer, Situationen problematisieren und wird dann in der Abstraktion der Problemstellung nur so weit gehen, wie es erforderlich ist, um Lösungsvarianten zu finden. Auch in der Wissenschaft ist das nicht viel anders. Hier dienen vorgefundene Theorien als Problementdeckungs-

---

[86] Vgl. Ian J. Mitroff/Tom R. Featheringham, On Systemic Problem Solving and the Error of the Third Kind, Behavioral Science 19 (1974), S. 383-393.

[87] Wohl unbestritten. Siehe z. B. Reitman a.a.O., insb. S. 291 ff.

[88] Siehe auch die »topologische« Modellierung dieses Vorgehens bei Reitman, a.a.O., S. 305 ff.: »The current sequence of problem transformations may be thought of as a chain or path through a hypothetical problem space, with an initial problem as origin and the current problem as temporary terminus. Each node in the path is itself a problem vector, and every problem vector satisfies the constraints implied by the attributes of the vectors preceeding it in the chain. Conversely, each problem also defines a set of constraints that must be met by subsequent transforms if they are to lead to a solution of the problem« (305). In dieser Darstellung ist dann kaum noch erkennbar, daß es sich um die Entfaltung einer Paradoxie handelt.

hilfen.[89] Man führt dann in theoretische Aussagen die Differenz von Problem und Problemlösung ein, geht aber auch hier in der Abstraktion der Problemstellung nur so weit, wie es nötig ist, um funktional äquivalente Problemlösungen zu finden, und manche würden sagen, daß man erst durch das Erkennbarwerden funktional äquivalenter Problemlösungen motiviert ist, nach dem auf diese Weise gelösten Problem zu fragen. Das schließt es nicht aus, Problemformeln auch als Abschlußformeln für riesige Forschungsbereiche zu verwenden, und es liegt eine bezeichnende Wende des Wissenschaftsstils darin, wenn man von Fragen des Typs »Was ist ...?« zu Problemformeln des Typs »Bestandserhaltung«, »Reduktion von Komplexität«, »Symmetriebrechung« etc. übergeht. Aber solche Formeln geben kaum eine Methodenanleitung, sondern symbolisieren nur die Einheit der Differenz von Theorie und Methode, oder, wenn man so will, das Problem der Limitationalität. Das Hauptproblem, wie man über lange Ketten von Problemtransformationen die Konsistenz der Problemformeln kontrollieren könne (also: Gedächtnis einrichten könne), ist damit allein nicht zu lösen. Es verweist an dieser Stelle erneut auf Theorie.

Limitationalität kann, muß aber nicht die Form einer Problemstufenordnung, einer Hierarchie, einer Bifurkation annehmen. Oft ist es so, daß bestimmte Probleme sich nur als Folgeprobleme ergeben und davon abhängen, daß man vorausgehende Problemlösungen akzeptiert.[90] Aber nicht immer kann eine so

---

89 Das gilt selbst für »esoterische« Probleme. Dazu Thomas S. Kuhn, Die Entstehung des Neuen: Studien zur Struktur der Wissenschaftsgeschichte, Frankfurt 1977, S. 319: »Derartige Probleme werden nur von Leuten angepackt, die sicher sind, daß es eine Lösung gibt, die man mit Scharfsinn finden kann, und nur die vorhandene Theorie kann überhaupt eine solche Sicherheit schaffen. Nur diese Theorie verleiht den meisten Problemen der normalen Forschung einen Sinn«.

90 Typisch werden solche Stufenordnungen in die Sachwelt hinübercopiert und dann z. B. als Ordnung der Bedürfnisse formuliert – so etwa Malinowskis Unterscheidung von basic, instrumental, symbolic und integrative needs. Siehe u. a. Bronislaw Malinowski, The Group and the Individual in Functional Analysis, The American Journal of Sociology 44 (1939), S. 938-964. Vgl. auch Helmut Schelsky, Über die Stabilität von Institutionen, besonders Verfassungen: Kulturanthropologische Gedanken zu einem rechtssoziologischen Thema, Jahrbuch für Sozialwissenschaften 3 (1952), S. 1-21, neu gedruckt in ders., Auf der Suche nach Wirklichkeit: Gesammelte Aufsätze, Düsseldorf 1965, S. 33-35. Ein ähnliches Vorgehen hat zur Annahme von »Bestandsvoraussetzungen« von Gesellschafts-

gut strukturierte Ordnung vorausgesetzt werden, und in den meisten Wissenschaftsbereichen bilden sich die Problemzusammenhänge eher zirkulär als linear, eher heterarchisch als hierarchisch. Auch das genügt, um in jedem Forschungsfall über eingeschränkte Möglichkeiten zu verfügen.

Auch Kausalität ist kein unerläßliches Schema der Problematisierung. Zwar spielt die Unterscheidung von Ursachen und Wirkungen eine kaum zu überschätzende Rolle, wenn es um die Differenzierung von Problemen und Problemlösungen geht – sei es, daß man die Wirkungen kennt und nach den Ursachen fragt, sei es umgekehrt. Ohne Kausalschema hätte empirische Forschung kaum in Gang gebracht werden können und ohne dieses Schema wären auch technologische Umsetzungen der Forschungsresultate nicht denkbar (und zwar nicht wegen der erkannten »Wirksamkeit« der Ursachen, sondern wegen ihrer Isolierbarkeit). Aber auch die Mathematik hat ihre Probleme, und die Hermeneutik desgleichen. Eine allgemeine Methodologie kann daher nur nach der Art und Weise fragen, in der Probleme konstituiert werden, so daß sie mehr als eine Lösung haben können, und doch nirgendwo anders zu finden sind als in den Problemlösungen selbst.

Kausalwissenschaften, Formalwissenschaften und Textwissenschaften sind also gleichermaßen berechtigt und unterscheiden sich vor allem durch ihre Methode. Gerade das darf aber nicht dazu führen, daß man Kausalprobleme in Textprobleme transformiert und, statt die Ursachenforschung weiterzutreiben, sich nur noch darum bemüht, herauszubekommen, was jemand gemeint haben könnte, als er meinte, etwas von ihm Bezeichnetes sei die Ursache für etwas von ihm Bezeichnetes. Theorielücken können nicht durch Klassikerexegese aufgefüllt werden, was nicht ausschließt, daß die Beschäftigung mit brillanten Texten

systemen geführt. Siehe hierfür etwa D. F. Aberle et al., The Functional Prerequisites of a Society, Ethics 60 (1950), S. 100-111 oder Marion J. Levy, The Structure of Society, Princeton 1952. In der Re-interpretation muß beachtet werden, daß solche Versuche nicht von der (analytischen) Innenwelt der Wissenschaft zur (konkreten) Außenwelt zu gelangen versuchen, wie es oft dargestellt wird, sondern von eher methodologischen zu eher theoretischen Interpretationen; und bei *dieser* Verschiebung muß dann die Zeit der Problemlösungssequenzen, in der die Wissenschaft arbeitet, neutralisiert werden in einer Theorie, die dadurch zwangsläufig zirkulär wird.

zufällig zu Einfällen führt, die auch die Kausalforschung weiterbringen.
Eine Methodologie, die die Unterscheidung Problem/Problemlösung entparadoxiert, hat zugleich eine hohe Affinität zu Bedingungen der Organisation im Wissenschaftssystem. Organisation fordert ja, daß alles, was sie anfängt, auch ein Ende haben muß. Im Zeitschnitt gesehen bildet die Organisation Perioden. Genau dies kann aber gut mit Ausschnitten aus Problem/Problemlösungszusammenhängen erreicht werden. Im Organisationsjargon heißt ein solcher Ausschnitt »Projekt«.[91] Projekte werden identifiziert durch Angabe eines Problems (und die billigste Art, dies zu formulieren, ist der Hinweis auf Unkenntnis, zum Beispiel: warum die Kinder von zuhause weglaufen). Das Projekt wird dann »beantragt« und »bewilligt« oder nicht bewilligt als Komplex von Operationen, der zur Lösung des Problems beitragen soll. Ebenso gut wäre es natürlich möglich (aber es wird im System der Organisationen wenig Aussichten haben), ein Projekt zu beantragen, um für bekannte Lösungen das Problem zu finden (zum Beispiel: welches Problem wurde eigentlich durch die Einführung von Geld gelöst?) Wenn diese Vermutung zutrifft, daß die Organisation der Forschung die Normalrichtung des Problems/Problemlösungszusammenhanges gegenüber der Gegenrichtung begünstigt, wäre es relativ leicht, daraus auf ein strukturell bedingtes, chronisches Theoriedefizit zu schließen in der Annahme, daß die Gegenrichtung theoretisch ergiebiger ist als die Normalrichtung.
All das sind jedoch nur Korrolarien zu einem Begriff von Methodologie, der, um es noch einmal anders zu formulieren, auf eine Transformation von Evidenzen und Erfahrungen in Probleme abstellt. An dieser Formulierung wird denn auch deutlich, daß eine methodische Orientierung etwas zu tun hat mit der Ausdifferenzierung von Wissenschaft aus dem Bereich des Bekannten, immer schon Gewußten, durch Alter und Erfahrung bestätigten Weltwissens. Die Theorie allein würde nur eine mehr oder weniger seltsame, abweichende Weltsicht erzeugen können, eine inkongruente und dadurch vielleicht anregende Perspektive, die aber rasch wieder einmünden würde in ein vertraut gewordenes oder abgelehntes Wissen. Erst der Doppelzu-

91 Vgl. auch oben Kap. 5, X.

griff von Theorie und Methode scheint die Ausdifferenzierung von Wissenschaft abzusichern (so wie er sie rekursiv auch voraussetzt).

Dabei ist es der Sinn von Methode, dem System eine Eigenzeit für Forschungsoperationen zu sichern, die nicht darauf angewiesen ist, daß die Welt inzwischen stillhält oder gleichschnell mitläuft. Die Methodik garantiert den je aktuellen Operationen eine sinnvolle Nachfolge und macht damit die Zeit in der Gegenwart präsent. Andererseits deformiert deshalb ein extern bedingter Zeitdruck die Methodik des Vorgehens. Man hat zum Beispiel nicht die Zeit, die Skalen zu entwickeln und zu testen, die man eigentlich brauchte, um das angestrebte Ergebnis zu verifizieren oder zu falsifizieren, und man muß sich, weil die Zeit nicht reicht und die Umwelt die Eigenzeit des Systems nicht gelten läßt, mit Behelfen begnügen.

IX

Theorien und Methoden sind, so fassen wir diese Überlegungen zusammen, zwei verschiedene Arten von Programmen, die getrennt und kombiniert werden müssen. Ihre Unterscheidbarkeit ist ein unerläßliches Moment für die Dynamik des Wissenschaftssystems, für die Möglichkeit der Wahl und des Auswechselns jedes Programms des Systems (im Unterschied zu einer hierarchischen Architektur, bei der das System sich durch oberste Invarianten definiert). Trotz dieses Aufeinanderangewiesenseins können Theorien und Methoden in weitem Umfange wechselseitig füreinander einspringen. Wenn zum Beispiel für divergierende Forschungsresultate keine ausreichende theoretische Erklärung gegeben werden kann, wird die Differenz schlicht durch Unterschiede in den verwendeten Methoden erklärt. Aber auch das Umgekehrte gilt: Man kann allseits bekannten, unbestrittenen Sachverhalten durch Veränderung der theoretischen Interpretation neue Seiten abgewinnen, ohne daß dies eines großen Methodenaufwandes bedürfte.[92] Diese Mög-

---

[92] Eine Nebenbemerkung: die derzeit geltenden Standards empirischer Forschung in der Soziologie, die (merkwürdigerweise) auf selbsterzeugte Daten abstellen, tragen dieser Möglichkeit nicht hinreichend Rechnung.

lichkeit der Schwerpunktverlagerung zwischen Theorie und Methode widerspricht jedoch der These nicht, daß das Wissenschaftssystem beide Programmformen benutzen muß. Denn erst durch die weder auf eine letzte Theorie noch auf eine verbindliche (zum Beispiel hypothetisch-deduktive) Methode reduzierbare Differenz von Theorie und Methode gewinnt das System jenen Spielraum, in dem es Eigenwerte suchen und gegebenenfalls finden kann.[93]

In einer solchen, auf der Ebene der Programme nochmals dualisierten Ordnung muß es deshalb Verbindungspostulate geben, die sicherstellen, daß in *jeder* Operation, die dem System zugerechnet wird, *beide* Programmsorten berücksichtigt werden. Außerdem läßt das System weder einen dritten Programmtyp zu noch ein übergeordnetes, metaprogrammatisches Prinzip (denn diese Stelle wird durch den »Code« besetzt). Wie also kommt die Verbindung unter diesen harten Beschränkungen zustande?

Wir meinen, daß das moderne Postulat der *Überprüfbarkeit* aller Aussagen, die Anspruch auf Wissenschaftlichkeit erheben, genau diese Funktion erfüllt. Das erklärt die »Härte« und Unabdingbarkeit des Postulats und das bis ins Moralische gehende Engagement, mit dem etwa Vertreter des »Kritischen Rationalismus« sich hier festbeißen. Das erklärt ferner, weshalb eine Analyse des genauen Sinnes von »Überprüfbarkeit«[94] (testability) wie eine Wissenschaftstheorie auftreten kann, wenn nicht gar wie eine Erkenntnistheorie; also den Anspruch erhebt, eine Reflexionstheorie des Systems zu sein und dessen Identität zu definieren. Mario Bunge beispielsweise betont explizit, daß hier

93 So Wolfgang Krohn/Günter Küppers, Die Selbstorganisation von Wissenschaft, Frankfurt 1989, S. 46 ff. Krohn und Küppers zeigen auch, daß dieser Trennung von Theorie und Methode eine konstruktivistische (nicht: aprioristische) Wissenschaftstheorie entspricht, die die Selbstbindung an die Resultate der Forschung nicht auf vorab gültige Prinzipien gründet, sondern dem Forschungsprozeß selbst überläßt.

94 Siehe auf der seit langem erreichten Ebene der für Unterrichtsgebrauch bestimmten Texte etwa Bernard Giesen/Michael Schmid, Basale Soziologie: Wissenschaftstheorie, München 1976, S. 85 ff. Daß die Reflexion dieses Postulats auf einen allgemeinen Pluralismus und Possibilismus hinausläuft, der jede erreichte Position als Selektion darstellen muß, zeigt Arne Naess, The Pluralist and Possibilist Aspect of the Scientific Enterprise, Oslo-London 1972. »Konstruktivismus« ist nur eine andere Formulierung für diese Einsicht.

das Kriterium zu finden sei, an dem sich Wissenschaft und Nichtwissenschaft unterscheiden lassen, und er spricht damit nur die Meinung vieler aus.[95] Eine soziologische Beobachtung des Verhaltens kritischer Rationalisten kann hier, wenn irgendwo, ihre Hypothese überprüfen (das heißt: der Falsifikation aussetzen), daß die Beschreibung der Identität des Systems, wenn sie in das System eingeführt wird, zur Erzeugung einer Differenz führt. Die Kritischen Rationalisten ziehen Grenzen, unterscheiden rechtgläubige und andere Wissenschaftler, die sich nur einbilden, es zu sein; sie versuchen, Reputationskanäle zu kontrollieren wie Publikationsreihen oder Karrieren und erzeugen im Interesse von Offenheit eine quasi sektenhafte Geschlossenheit, was dann selbst ihre Gegner ins Engagement zieht.[96]

Ungeachtet dieser Effekte, die dadurch entstehen, daß eine Beschreibung sich der Beschreibung ausgesetzt sieht und darauf mit closed shop-Strategien und Bekenntnisattitüden reagiert, ist der Anlaß zu solchen Entwicklungen präzise zu lokalisieren. Das Postulat der Überprüfbarkeit hat im Kontext der »richtigen Reduktionen« eine Zentralstellung. Es definiert zwar nicht die paradoxe Einheit von Wahrheit und Unwahrheit, um die es auf der Ebene des Code gehen müßte (und um die es zum Beispiel in Platons Theaetet ging), wohl aber die Verbindbarkeit von Theorien und Methoden, also die Einheit des Systems auf der Ebene der Dualität seiner Programmtypen. Und man kann auch sehr gut zeigen, daß Wahrheitsprobleme hier dann ausgeklammert werden müssen. Die Diskussion um Verifikation und Falsifikation betrifft genau diesen Punkt. Sie hat das Problem zwar auf eigentümliche Weise für den eigenen Gebrauch zurechtgemacht, nämlich an der unbestreitbaren Unerreichbarkeit endgültiger Wahrheit. Aber diese erkenntnistheoretische Einsicht dient zugleich zur Vermeidung der Paradoxien des Codes, zur Ausklammerung der Wahrheit als Definitionskriterium der

---

95 Siehe Epistemologie: Aktuelle Fragen der Wissenschaftstheorie, Mannheim 1983, S. 28 ff.
96 Siehe nur die Publikationen von Helmut F. Spinner, insb.: Ist der kritische Rationalismus am Ende? Auf der Suche nach den verlorenen Maßstäben des Kritischen Rationalismus für eine offene Sozialwissenschaft und kritische Sozialphilosophie, Weinheim 1982.

Wissenschaft und zur Verlagerung des Einheitsproblems auf die Ebene der Kopplung der Programmtypen – auf die Ebene, die wir hier als »richtige Reduktionen« bezeichnen. Und man landet mit all dem dann bei einem (wiederum völlig berechtigten) Postulat, nämlich bei der These, daß jede wissenschaftliche Operation theoretisch *und* methodisch ausgewiesen sein müsse.

Ein Sonderfall des Postulats der Überprüfbarkeit ist das Postulat der *Replizierbarkeit* von Wahrnehmungen und Experimenten. Auch hier ist darauf zu achten, daß das Postulat modallogisch im Bereich der gesicherten Möglichkeit bleibt. Wahrheit kann nicht von faktisch durchgeführten Replikationen abhängen, denn diese kommen zu selten vor. Auch würde es gegen die Autopoiesis der Kommunikation verstoßen, die zu ihrer Fortsetzung immer *andere* Kommunikationen verlangt, wollte man eine Wahrheit nicht anerkennen, solange nicht hinreichend oft repliziert worden ist. »It's both boring, uninteresting and unpublishable, *just* to repeat«, meint dazu der typische Wissenschaftler.[97] Was zur Autopoiesis nötig ist, kann durch Programme nicht sabotiert werden – ganz zu schweigen von dem weiteren Moment, daß auch die Reputation des Wissenschaftlers von der Publikation *neuer* Resultate abhängt. Die Forschung muß mithin unter dem Damoklesschwert der Replikation vollzogen werden, gleichsam mit dem Restrisiko, daß doch einmal überprüft und repliziert werden könnte. Und sie ist damit gehalten, nicht allzu rasch ins Unwahrscheinliche vorzustoßen, weil das Aufsehen erregen und Replikationen auslösen könnte.

Überprüfbarkeit ist dabei kein theoretisches, sondern ein methodologisches Postulat (und wie gesagt: eine dritte Möglichkeit gibt es nicht). Aber sie ist keine Regel und erst recht kein Rezept. Sie spezifiziert die Methoden nicht, die angewandt werden müssen, und daran ändert es nichts, wenn in ebenfalls

97 zitiert bei Michael Mulkay, Don Quixote's Double: A Self-exemplifying Text, in: Steve Woolgar (Hrsg.), Reflexivity and Knowledge, London 1988, S. 81-100 (92). Die übliche wissenschaftssoziologische Erörterung des Problems konzentriert sich mehr auf die (erkenntnistheoretisch *für uns* selbstverständliche) These, daß jede Replikation eine *Konstruktion* von Ähnlichkeit und Differenz voraussetzt. Siehe neben Mulkay a.a.O. auch Harry M. Collins, Changing Order: Replications and Induction in Scientific Practice, London 1985.

pauschalierender Weise von »empirischer« Überprüfbarkeit die Rede ist. Es geht also tatsächlich um nichts anderes als um das Postulat der notwendigen Kopplung von Theorien und Methoden, und es ist nur Ausdruck einer theoretischen Verlegenheit, wenn man dies nicht als Aussage über die Einheit der Welt, sondern als Methodenpostulat formuliert.

X

Erst in der Form von Publikationen erreicht die moderne Wissenschaft autopoietische Anschlußfähigkeit.[98] Publikationen sind gleichsam das Zahlungsmittel der Wissenschaft, das operative Medium ihrer Autopoiesis.[99] Publikationsmöglichkeit ist eine der wichtigsten und einschneidendsten Beschränkungen dessen, was erfolgreich mitgeteilt und dadurch wissenschaftlich Existenz gewinnen kann. Nur mit Hilfe von Publikationen werden wissenschaftliche Resultate zitierfähig und so mit durch sie selbst limitierten Anschlußmöglichkeiten versorgt. Die Herstellung von Publikationen ist jedoch kein Vorgang, der durch die wissenschaftlichen Methoden geregelt wäre oder auch nur geregelt werden könnte. Es bedarf dazu einer zusätzlichen Anstrengung, einer in der Methodologie nicht vorgesehenen Re-

---

98 Diese Feststellung sollte sorgfältig unterschieden werden von einer anderen, die das »publish or perish« als eine Art Zwangsgesetz des Wissenschaftssystems behauptet, an dem sich die Motivation der Teilnehmer zu ihrem Glück oder Unglück ausrichten müsse. Davor warnen mit Recht Bernard H. Gustin, Charisma, Recognition, and Motivation of Scientists, American Journal of Sociology 78 (1973), S. 1119-1134; Anthony Skiff, Toward a Theory of Publishing or Perishing, The American Sociologist 15 (1980), S. 175-193 mit einer »wissenssoziologischen« Verschiebung der Fragestellung: wer pflegt eine solche Doktrin? Im übrigen ist bei diesen mehr oder weniger professionspolitischen Auseinandersetzungen nicht außer acht zu lassen, wie stark in den USA die Bedingungen für »tenure« in den 6oer Jahren ausgeweitet und in den frühen 7oer Jahren dann abrupt wieder eingeschränkt wurden.

99 Vgl. hierzu Rudolf Stichweh, Die Autopoiesis der Wissenschaft, in: Dirk Baecker et al. (Hrsg.), Theorie als Passion, Frankfurt 1987, S. 447-481. Einen Überblick über damit zusammenhängende Forschungen findet man bei Mary Frank Fox, Publication Productivity among Scientists: A Critical Review, Social Studies of Science 13 (1983), S. 285-305. Seitdem vor allem Charles Bazerman, Shaping Written Knowledge, Madison, Wisc. 1988.

flexion auf Kommunikation, also einer Ausdifferenzierung besonderer Operationen mit eigenen Bedingungen der Selektion.
Um diese Differenz handhaben zu können, müssen wir ihr die Form einer zusätzlichen Unterscheidung geben, die Bezeichnungen ermöglicht. Wir unterscheiden deshalb die methodisch kontrollierte *Herstellung* von der *Darstellung* des Wisens (die natürlich ihrerseits ebenfalls hergestellt werden muß). Methoden regeln nur die Herstellung neuen Wissens, einen Prozeß also, der in seinem Verlauf mehr oder weniger mündliche Kommunikation, Lesen und Schreiben, aber auch Zufuhr von Wahrnehmen und Nachdenken erfordert. Ein zusätzliches Problem ist die Darstellung des Wissens, seine laufende Produktion und Reproduktion als Kommunikation. Darstellung ist selektive Rekonstruktion kommunikativer Materialien für kommunikative Zwecke. Sie beruht auf Kommunikation über Kommunikation und läßt sich von Herstellung praktisch nur unterscheiden, wenn Schrift zur Verfügung steht. Dabei ist das Abfassen schriftlicher Notizen oder Berichte schon der Übergang von Herstellung zu einer nochmals überlegten Darstellung, die jedoch weiteren Prüfungen unterworfen werden kann, bevor sie als vorläufig-endgültig, als publikationsfähig akzeptiert wird.
Beide Arten des Umgangs mit Wissen: Herstellung und Darstellung, müssen unterschieden werden, und sie werden in der Praxis unterschieden, sobald man sich mit Problemen der adäquaten, verständlichen, eventuell erfolgreichen Präsentation von Forschungsresultaten befaßt.[100] Die Darstellung (im Unterschied zur Herstellung) bemüht sich vor allem um Sicherheit der Resultate, was punktuell konzedierte Unsicherheit einschließt, ja oft ratsam erscheinen läßt; ferner um Antezipation von Kritik und Glätten ihrer Angriffspunkte, wobei blamable und nichtblamable Kritik unterschieden werden müssen; und nicht zu-

---

100 Vgl. speziell hierzu Karin Knorr-Cetina, Die Fabrikation von Erkenntnis: Zur Anthropologie der Naturwissenschaft, Frankfurt 1984. Siehe ferner die methodisch von Interviews unabhängige, auf Beobachtung des Verhaltens von Wissenschaftlern in Konferenzen beruhende Untersuchung von Andrew McKinlay/Jonathan Potter, Model Discourse: Interpretative Repertoire in Scientists' Conference Talk, Social Studies of Science 17 (1987), S. 443-463. Vgl. auch Kap. 9, Anm. 40.

letzt: um Überzeichnung von Kohärenz.[101] In wissenschaftlichen Kontroversen, in Behauptung von Forschungsergebnissen und Kritik geht es im wesentlichen um den Grad, in dem Ergebnisse als gesichert akzeptiert werden müssen, und überzogene Präsentation mit entsprechender Zurückweisung sind das Vehikel, das dieses Problem in fortzusetzende soziale Kommunikation überführt.[102] Nicht zuletzt beruht die Autopoiesis des Systems mithin darauf, daß jede Kommunikation zur Fortsetzung anregt dadurch, daß sie ein bißchen über das hinausgeht, was sich letztlich halten läßt; und theoretische und methodologische Aspekte werden so zugespitzt, daß dies immer möglich bleibt und mit dem Erwerb von Verdiensten im System kompatibel ist.

Daß Herstellung und Darstellung unterschieden werden und daß ihr Unterschied dieses Spiel garantiert (ohne dafür eine »Regel« abzugeben), ist durch die Publikation der Forschungsresultate bedingt, ist also, wie der Buchdruck selbst, ein Resultat der Evolution.[103] Über dieses Medium des Drucks bedingen Herstellung und Darstellung einander wechselseitig, sie hängen eng miteinander zusammen so wie altes Wissen und neues Wissen. Sie würden sich nicht trennen lassen, ohne daß die wissenschaftliche Forschung als soziales Unternehmen zum Erliegen käme. Deren Gedächtnis funktioniert nur als Kommunikation, nur als Konsistenzprüfung in der Kommunikation, und dafür müssen die Ergebnisse aufbereitet werden. Bei der Darstellung des Wissens wird auf Theorien und oft auch auf die verwendeten Methoden Bezug genommen. Es wird an den dadurch definier-

---

101 Siehe Susan Leigh Star, Scientific Work and Uncertainty, Social Studies of Science 15 (1985), S. 391-427; Brian L. Campbell, Uncertainty as Symbolic Action in Disputes Among Experts, Social Studies of Science 15 (1985), S. 429-453.
102 Ray Kemp, Controversy in Scientific Research and Tactics of Communication, Sociological Review 25 (1977), S. 515-534, unterscheidet entsprechend zwei verschiedene Kommunikationsstrategien: persuasion und criticism. Um so fraglicher allerdings, wie man dann noch das Ergebnis mit einem Modebegriff als Resultat von »negotiation« bezeichnen kann. Zur sozialen Seite dieses Sachverhalts, der sich aus einer verfeinerten »sensitivity to mistakes« ergibt, siehe Michael Mulkay/G. Nigel Gilbert, Accounting for Error: How Scientists Construct Their Social World When They Account for Correct and Incorrect Belief, Sociology 16 (1982), S. 165-183. Vgl. auch dies., Warranting Scientific Belief, Social Studies of Science 12 (1982), S. 383-408.
103 Vgl. ausführlicher unten Kap. 8.

ten Stellen über Wahrnehmung berichtet. Die Präsentation hat ein Doppelproblem zu lösen: die Erleichterung der Kommunikation und die Steuerung von Kritik. Beides läßt sich zusammenfassen unter dem Begriff der Reproduktion von Gedächtnis, bei dessen Verwendung sowohl Akzeptieren als auch Verwerfen der präsentierten Auffassungen herauskommen kann. In dieser Funktion des Gedächtnisses konvergieren Herstellung und Darstellung. Durch sie werden daher die Forschungsprogramme der Theorien und Methoden über ihre Resultate wieder in den Kommunikationsprozeß zurückgeführt.

Solange und so weit man die Hoffnung hegt, Wissen auf Gründe zurückführen zu können, die selbst nicht mehr begründungsbedürftig sind, kann man den Prozeß der Darstellung *Begründung* nennen. Diese Idee der Begründung hat die Skepsis überlebt. Man konnte die Skepsis in bezug auf Prinzipien als selbst nicht begründungsfähig zurückweisen, und man konnte im eigenen Gedankengut auf zwingende Letztgewißheit verzichten und auf Evidenzen hinweisen, die so überzeugend sind, daß alle weitere Begründungsversuche nur wieder auf problematischeres Wissen zurückgreifen müßten.[104] Dies ändert sich nicht, wenn man heute von einer »Grundlagenkrise« der Wissenschaften spricht. Das Wort »Krise« stellt ja (wie immer unreflektiert es heute gebraucht wird) eine andere Lösung desselben Problems in Aussicht. Wenn man aber die Frage nach der Bedeutung von Wissenschaften für die heutige Gesellschaft nicht mehr als Frage nach dem Grund der Wahrheit ihrer Erkenntnis stellt, verschwindet mit den Grundlagen auch die Krise, und man wird frei, sich unbefangen nach den Sachverhalten umzusehen.

Wer auf Begründbarkeit insistiert, muß eine trichterförmige Vorstellung der Ordnung des Wissens haben, also mehr oder weniger hierarchisch denken. Es darf nur relativ wenige Gründe von hinreichender Evidenz geben. Wenn man dagegen eher »heterarchisch« und eher zirkulär denkt und davon ausgeht, daß jedes Wissensmoment einen Anhalt für jedes andere bieten

---

104 So z. B. Claude Buffier, Traité des premières véritéz et de la source de nos jugemens, Paris 1724.

könnte,[105] sollte man lieber nicht von Begründung sprechen, sondern von *Argumentation*.[106] Argumentation ist der weitere Begriff. Soweit es eine Engführung auf wenige oberste Prinzipien hin gibt, nimmt die Argumentation begründende Formen an. Aber viele Wissensdisziplinen müssen ohne diese Vorgabe auskommen – und argumentieren trotzdem. Aber was geschieht und was ist das Resultat, wenn argumentiert wird?

Auch in dieser Frage ersetzen wir eine Einheit durch eine Unterscheidung. An die Stelle der Zielvorstellung, man müsse den Grund des zu Begründenden entdecken, tritt die Unterscheidung von *Redundanz* und *Varietät*.

Der Begriff der Redundanz bezeichnet in seinem weitesten Sinn eine Überflüssigkeit oder Entbehrlichkeit, sicherheitstechnisch zum Beispiel eine doppelte und dreifache Absicherung. Jede Kommunikation erzeugt Redundanz insofern, als, wenn A dem B eine Information gibt, C sowohl A als auch B fragen kann, wenn er sich selbst informieren will. In diesem Falle handelt es sich um die Erzeugung überschießender Möglichkeiten mit der Funktion, gegen Informationsverlust abzusichern.[107] Mit einer leichten Variation dieses Prinzips könnte man auch sagen: Kommunikation spart Zeit, weil sie es erübrigt, den Selektionsprozeß zu wiederholen. Sie ersetzt Wiederholung durch Anschluß, und das wird, wo nötig, durch die Mediensymbole symbolisiert. Eine weitere Verwendung dieses Begriffs stammt aus der Infor-

---

105 Siehe hierzu Nicholas Rescher, Cognitive Systematization, Oxford 1979.
106 Diese Wortwahl impliziert natürlich, daß man Argumentation nicht ihrerseits als Begründung (im Sinne einer das Wortelement »Grund« ernstnehmenden Suche nach Letztbegründungen) versteht. Üblich ist dagegen eine Verquickung dieser Begriffe und ein verwaschener Gebrauch von »Begründung«. Vgl. etwa Paul L. Völzing, Begründen, Erklären, Argumentieren: Modelle und Materialien zu einer Theorie der Metakommunikation, Heidelberg 1979. Relativ streng hält demgegenüber die »Transzendentalpragmatik« an der Vorstellung des Argumentierens im Hinblick auf Letztbegründungen fest, aber dann verschwimmen die Begriffe Argumentieren und Begründen, und einer von ihnen wird entbehrlich. Siehe z. B. Dietrich Böhler, Rekonstruktive Pragmatik: Von der Bewußtseinsphilosophie zur Kommunikationsreflexion: Neubegründung der praktischen Wissenschaften und Philosophie, Frankfurt 1985.
107 Siehe die Verwendung dieses Gedankens für den Fall der redundanten Kontaktmöglichkeiten von Akteuren bei Elisabeth Colson, A Redundancy of Actors, in: Fredrik Barth (Hrsg.), Scale and Social Organization, Oslo 1978, S. 150-162.

mationstheorie,[108] und auf diese kommt es im Folgenden an. In einem Zusammenhang, der über Redundanz verfügt, gibt jede Information nicht nur sich selbst, sondern zugleich auch eine gewisse Möglichkeit, zu erraten, was im Zusammenhang damit sonst noch der Fall ist.[109] Man kann sich komplettes Überraschtwerden ersparen – auch ein Sicherheitsdesiderat! – und sich in seinen weiteren Ermittlungen auf die noch offenen Punkte konzentrieren. In diesem Sinne kann man Kunstwerke begreifen als willkürliche Erzeugung von – nicht etwa Willkür sondern (überraschenderweise!) hoher Redundanz.[110] Auch ein Rechtssystem ist auf hohe Redundanzen angewiesen, wenn es gilt, vom konkreten Fall ausgehend die darauf zutreffenden Paragraphen zu finden.[111] Auch das, was Philosophen heute unter dem Stichwort »Holismus« diskutieren, ist, recht verstanden, nichts weiter als Redundanz und hat mit den Problemen des Schemas von Ganzem und Teil nichts mehr zu tun.[112]

Der Begriff der Redundanz bezieht sich auf das Beobachten und Beschreiben und auf deren Gegenstände nur, soweit diese ihrerseits wieder als Beobachtungen und Beschreibungen konzipiert sind. Er liegt also im Bereich der Kybernetik zweiter

---

108 Vgl. F. Attneave, Applications of Information Theory to Psychology, New York 1959; Gregory Bateson, Ökologie des Geistes: Anthropologische, psychologische, biologische und epistemologische Perspektiven, dt. Übers., Frankfurt 1981, insb. S. 185 ff., 523 ff., 530 ff.

109 Vgl. auch die Definition bei Henri Atlan, Disorder, Complexity and Meaning, in: Paisley Livingston (Hrsg.), Disorder and Order, Proceedings of the Stanford International Symposium (14.-16. Sept. 1981), Saratoga, Cal. 1984, S. 109-128 (111). »Redundancy, in its most general sense, is the existence of constraints between elements so that knowledge about one of them provides automatically some knowledge about another«.

110 Vgl. etwa Frank Rotter, Musik als Kommunikationsmedium: Soziologische Medientheorien und Musiksoziologie, Berlin 1985, S. 83 mit weiteren Hinweisen auf musiktheoretische Literatur.

111 Vgl. Giorgio Lazzaro, Entropia della Legge, Torino 1985; Niklas Luhmann, Die soziologische Beobachtung des Rechts, Frankfurt 1986, S. 35 ff.

112 »A model of the fixation of belief ... is »holistic« if it allows that beliefs on any topic may become relevant to the fixation of beliefs on any other topic«, liest man bei Hilary Putnam, Meaning Holism and Epistemic Holism, in: Konrad Cramer et al. (Hrsg.), Theorie der Subjektivität, Frankfurt 1987, S. 251-277 (251). Damit ist dann freilich die Theorieentscheidung fast zwangsläufig und, terminologisch irreführend, für »Holismus« gefallen.

Ordnung. Ordnung ist, von hier aus gesehen, nichts anderes als »die Kürze der Beschreibung einer Mannigfaltigkeit«,[113] was immer sich hinter der Bezeichnung »Mannigfaltigkeit« verbirgt; und wenn es im Begründen um das Aufweisen einer Ordnung geht, der das zu Begründende angehört oder nicht angehört, ist die Anfertigung einer Kurzbeschreibung für alles Begründen unerläßlich. Von diesem Begriff einer redundanzhaltigen Ordnung ausgehend können wir Logik begreifen als eine Spezialeinrichtung zur Überwachung der Redundanz in den Wissenschaften. Logiker stellen sich vor, Redundanz sei die Idealform der Präsentation wissenschaftlicher Resultate. Ein Merkmal eines Erkenntnissystems ließe es, wenn bekannt, zu, alle anderen zu erschließen, und es käme nur darauf an, die dafür geeigneten Verfahren zu entwickeln. Das axiomatisch geschlossene, hypothetisch deduktive System, nach dem David Hilbert gesucht hat, garantiere die Zugänglichkeit des Wissens ohne Neuproduktion von Information, und Überraschung trete dann allenfalls als subjektives Phänomen in den Köpfen der Individuen auf, die nicht alles wissen und erinnern können. Fehlschlüsse könne man erkennen – und folglich vermeiden. Aber damit wird nur ein Grenzzustand bezeichnet, der, wie man heute zu wissen meint, nicht einmal durch die Logik für sich selbst garantiert werden kann.

Der Begriff Varietät soll dagegen die Zahl und Verschiedenartigkeit der Ereignisse bezeichnen, die ein System als eigene produziert und somit strukturell zu verkraften hat. Mit Erhöhung der Varietät kann ein System seine Offenheit gegenüber seiner Umwelt steigern. So sind die Sozialwissenschaften viel stärker als die Naturwissenschaften laufenden Veränderungen in ihrem Gegenstandsbereich ausgesetzt, da ihr Gegenstand die Gesellschaft ist, die sozialwissenschaftliche Kommunikation erst ermöglicht und sie Kopplungen aussetzt. Das ändert, wie wir wissen, nichts an der Geschlossenheit der Autopoiesis des Systems, wohl aber an den Möglichkeiten struktureller und operativer Kopplung. Es können dann mehr Ereignisse zugleich Ereignisse in der Umwelt und im System sein. Je turbulenter die

---

113 So Heinz von Foerster, Entdecken oder Erfinden: Wie läßt sich Verstehen verstehen? in: Heinz Gumin/Armin Mohler (Hrsg.), Einführung in den Konstruktivismus, München 1985, S. 27-68 (66).

Umwelt für das System ist und je stärker das System eigene Ereignisse koinzidentell mit der Umwelt vorkommen läßt, desto größer kann die Varietät sein. Das wird nichts daran ändern, daß das System weit überwiegend auf Innenkontakte und nicht auf Außenkontakte reagiert und folglich zeitlich im Verhältnis zur Umwelt desintegriert operieren muß. Aber das Resultat einer solchen Öffnung erscheint in der Arbeitssprache des Systems als Notwendigkeit, viele und verschiedenartige Ereignisse zu prozessieren. Wir nennen das Varietät.

Anders als in mathematischen Theorien über das Verhältnis von Entropie und Negentropie[114] soll das Verhältnis von Varietät und Redundanz hier nicht als ein strikt gegenläufiges begriffen sein. Es ist also eine empirische Hypothese, wenn wir annehmen, daß mit einer Erhöhung der Varietät des Systems die Überraschung in den Ereignisverkettungen zunimmt, also die Redundanz abnimmt, und im Gegenfall umgekehrt. Bei einer rasch aufeinanderfolgenden Vielzahl neuer Erkenntnisse wird es schwieriger werden, Konnektivität herzustellen und von einer Erkenntnis auf eine andere zu schließen. Es wird schwieriger werden, zu argumentieren. »Empirie« dominiert. In dem Maße, als die Quellenkenntnisse zunehmen, treten die Großtheorien der Geschichtswissenschaft zurück. Umgekehrt reduziert ein stark durchsystematisierter Erkenntniszusammenhang, etwa der des dialektischen Materialismus, die »Daten«, die er verarbeiten kann, und damit die Varietät des Systems. Diese empirische Gegenläufigkeit schließt jedoch nicht aus, daß sich theoretische Lösungen finden lassen, die im Vergleich zu anderen sowohl mehr Varietät als auch mehr Redundanz zulassen. Und es gibt nicht selten Theorieprojektionen, die Redundanzen so reorganisieren, daß das System seine Varietät vergrößern und nach mehr Gegenständen suchen kann.

In einer engen Welt wird die Unterscheidung von Varietät und Redundanz kaum Bedeutung gewinnen. Im Essenzenkosmos der Tradition ist die Zahl der Wesen begrenzt. Nur die Vorfälle in der Zeit können neu und überraschend ausfallen, und im darauf geeichten Denken steht folglich die Unterscheidung von Handlungen (Ereignissen) und Arten bzw. Wesenheiten an der

---

114 Vgl. insb. Henri Atlan, Entre le cristal et la fumée, Paris 1979.

Stelle, an der wir von Varietät und Redundanz sprechen.[115] Erst im Soge der Steigerung des Auflöse- und Rekombinationsvermögens werden Varietät und Redundanz auseinandergeführt. Die Unterscheidung kann dann nicht mehr am einen und bestehenden Kosmos erfahren, sie muß in das Wissenschaftssystem selbst verlagert und methodisiert werden. Die Unterscheidung Varietät/Redundanz ist also relativ zu sehen auf den Prozeß der Ausdifferenzierung des Wissenschaftssystems (und im allgemeinen Sinne natürlich: auf den Prozeß der Systemdifferenzierung schlechthin). Sie hat eine nur historische Aktualität. Sie beschreibt ein autopoietisches System, das es nicht immer schon gegeben hat.

Diejenigen operativen Verfahren, die Redundanz und Varietät ausbalancieren, wollen wir Argumentation nennen. Die Argumentation nutzt dabei eine Gemengelage von schon Bekanntem und Überraschendem. Sie kann, zum Beispiel als Anwendung einer Regel auf einen Fall, sowohl dem Fall als auch der Regel neue Seiten abgewinnen. Insofern sind Analogien und Induktionen weder Seinsweisen noch logische Schlüsse, sondern Formen von Argumentation. Sie transportieren Vertrautheit – und sind doch interessant, weil sie mit jedem Schritt auch ein gewisses Maß an Überraschung, also Information produzieren.[116] Der Einsichtsgewinn durch Argumentation ist durch Redundanz bedingt, er liegt gerade in der relativ geringen Informativität des Neuen, das die Konsistenzprüfungen des Gedächtnisses nicht außer Kraft setzt. Würde das System eine Totalüberraschung nach der anderen produzieren, wäre das ebenso trivial wie eine stete Wiederholung derselben Aussage. Die Einschränkung ermöglicht eine Focussierung, ermöglicht eine ständige Reaktivierung und Konfirmierung des schon Gewußten an etwas anderen Sachverhalten. Im selben Zuge werden Fehlermöglichkeiten und Korrekturnotwendigkeiten präzisiert; und man gewinnt die Fähigkeit, Argumentationsketten

---

115 »Les actions & evenemens sont nouveaux en leur individu, mais les especes ont tousiours esté comme à present«, heißt es noch zu Beginn der Wissenschaftsbewegung am Anfang des 17. Jahrhunderts bei Emeric Crucé, Le nouveau Cynée ou Discours d'Estat (1623), zit. nach der Ausgabe Philadelphia 1909, S. 285.

116 Und dies nicht nur im Bewußtsein der beteiligten Individuen, wie der Logiker meinen würde, sondern unabhängig von der Gedächtniskapazität und dem Wissensstand der Individuen, insofern also »objektiv«.

über mehrere Glieder und Generalisierungsstufen hinweg zu kontrollieren. Man kann in dieser Hinsicht dann besonders leistungsstarke Argumente von anderen unterscheiden, weil man wissen kann, was sie eröffnen und was sie verbauen.

Argumentation ist demnach nicht einfach Herstellung von Redundanz,[117] sondern laufende Vermittlung von Redundanz und Varietät auf der Suche nach besseren kombinatorischen Lösungen. Die Argumente reaktivieren und erzeugen Redundanzen, aber nur im Zusammenhang mit einem Vorgang, den man Rekognoszieren von Varietät nennen könnte. Ihr Problem liegt letztlich, und das unterscheidet sie von der Topik klassischen Stils, nicht im Bewahren und zur Verfügung halten von Redundanz, sondern im Gewinnen besserer kombinatorischer Lösungen. Und wenn Argumentation auf Regeln gebracht und topisch, rhetorisch, dialektisch oder diskurstheoretisch methodisiert werden kann, dann im Hinblick auf dieses Problem.

Im Unterschied zu den sogenannten hermeneutischen Verfahren steht alle Argumentation unter dem Gesetz der Kommunikabilität, das heißt vor allem: der Notwendigkeit der Sequentialisierung. Sie muß Zeit in Anspruch nehmen, und dies unter der stark einschränkenden Bedingung, daß nur wenig auf einmal gesagt werden kann, und weiteres dann nur nachher oder überhaupt nicht. Das hat weittragende Folgen. Das, was nicht eigens thematisiert werden kann, muß Mitwirkungsmöglichkeiten erhalten; und je komplexer die Sachverhalte, desto stärker macht sich diese Notwendigkeit geltend. Teils geschieht dies unter Inanspruchnahme von schon vorhandenem Wissen. In der Diskurstheorie von Jürgen Habermas fungiert dieser Aspekt unter der Bezeichnung Lebenswelt.[118] Je komplexer jedoch die Weltlage, desto weniger reicht dies aus. Man kann sich mit Kompartmentalisierung des unterstellten Wissens helfen, also durch Spezialisierung der Kontexte der Argumentation,

---

117 In dieser Hinsicht bedürfen meine Ausführungen in: Die soziologische Beobachtung des Rechts, a.a.O., S. 35 ff. der Korrektur.

118 Vgl. jetzt Jürgen Habermas, Nachmetaphysisches Denken: Philosophische Aufsätze, Frankfurt 1988, insb. S. 63 ff. Daß dies nicht mehr der Begriff Husserls ist, ist auch Habermas klar. Daß der Lebenswelt pauschal Konsentiertheit unterstellt wird, ist dagegen nicht zu rechtfertigen. Die oben im Text skizzierten Bedenken kommen noch hinzu.

etwa auf wissenschaftliche Disziplinen oder Fächer oder Theoriekontexte. Ein ganz anderer Ausweg läuft über die Inanspruchnahme von Autorität im Sinne einer unterstellten »capacity for reasoned elaboration«.[119] Aus der schmalspurigen Sequentialität aller Kommunikation folgt, daß Autorität sie wie ein notwendiger Schatten begleitet. Jede Aussage prätendiert, daß sie notfalls erläutert werden könnte. In der mündlichen Kommunikation geschieht das aus Anlaß von (und wird laufend getestet durch) Fragen.[120] Bei schriftlichen Darlegungen muß die in Anspruch genommene Autorität dagegen anders suggeriert werden, vor allem durch den Sprachstil und durch die Darstellung von Umsicht in der Wahl von Themen und Beiträgen, mit der zugleich angedeutet wird, daß man noch mehr sagen könnte als nur dies. Auf diese Weise schafft Schrift Reputation, Namen, Berühmtheiten – bis hin zu »klassischen« Autoren. Und auch dieses Verfahren ist offen für Spezialisierungen – etwa im Sinne einer spezifisch wissenschaftlichen Reputation. Die Ausdifferenzierung eines Wissenschaftssystems macht mithin Autorität keineswegs entbehrlich, sondern, im Gegenteil, verstärkt notwendig. Nur kann diese Autorität jetzt nicht mehr wissenschaftsextern bezogen, sie muß wissenschaftsintern über die wissenschaftsspezifische Autopoiesis konstituiert werden.

Auch die Einschätzung der Funktion von Logik in Argumentationszusammenhängen ändert sich, wenn man, wozu gerade die Logik zwingt, die Idee einer stichhaltigen Begründung aufgeben muß. Nach Gödel muß die Logik einen neuen Job suchen, und dieser könnte in der Aufgabe liegen, den semantischen Raum für eine Wahrheitsprüfung zu erweitern. Die Logik transportiert Irritationen, sie dient der Wissenschaft (wie in ähnlicher Weise auch dem Recht) als Knochengerüst für schwa-

---

[119] Der Begriff stammt von Carl J. Friedrich. Siehe: Authority, Reason, and Discretion, in: Carl J. Friedrich (Hrsg.), Authority (Nomos I), Cambridge, Mass. 1958, S. 28-48.

[120] Dies Autoritätstesten ist eine wichtige Funktion der Mündlichkeit – auch im Wissenschaftsbetrieb; etwa aus Anlaß von wissenschaftlichen Konferenzen, Vorträgen mit Diskussion usw. In Alltagskontexten außerhalb der Wissenschaft kann dies als aufdringlich, wenn nicht gar – mit Aron Ronald Bodenheimer, Warum? Von der Obszönität des Fragens, 2. Aufl. Stuttgart 1985 – als »obszön« aufgefaßt werden.

che Nerven. Korrekturnotwendigkeiten treten nicht nur dort auf, wo sie zunächst anfallen, sondern werden über Logik auch an andere Systemstellen geleitet; und zugleich dient die Form der Logik dazu, viele Stellen des Systems von solchen Zumutungen zu entlasten, weil sie dort nicht logisch erzwungen werden können. Logik, so verstanden, garantiert die »Ultrastabilität« (Ashby) des Systems, indem sie sicherstellt, daß nicht etwa bei einer Änderung gleich alles geändert werden muß. Man sieht auf diese Weise auch, daß und warum die Logik kein widerspruchsfrei geschlossenes »logisches System« sein darf. Selbst wenn sie dies leisten könnte, würde man es nicht zulassen dürfen – und zwar aus Gründen[121], die an Hand systemtheoretischer Analysen verdeutlicht werden können.

Ein besonderer Fall der Argumentation schließlich verdient besondere Erwähnung. Man nennt ihn »Erklärung«.[122] Eine Erklärung zu geben, gilt oft als das Ziel wissenschaftlicher Bemühungen. Auch Erklärungen sind aber nur Formulierungen, oder besser vielleicht: Reformulierungen. Das gilt auch und gerade für Erklärungen, die als »Entdeckung« eines »Naturgesetzes« gearbeitet sind. Auch hierbei handelt es sich um eine Formulierung, die zugleich angibt, welche Beobachtungen mit ihr inkonsistent sein und sie zur Reformulierung verpflichten würden. Naturgesetze sind, mit anderen Worten, Selbstverpflichtungen der Wissenschaft zur Reformulierung »für den Fall, daß ...«. Sie gelten, ebenso wie Rechtsgesetze, nur bis auf weiteres, also nur durch Einbau eines Zeitmomentes in die Validität. Sie gelten, weil bisher noch kein Anlaß vorliegt, sie zu ändern. Und bis auf weiteres kann man sie dann auch in weiteren Argumentationen als geltend behandeln und zur Begründung verwenden.

Insgesamt machen diese Überlegungen deutlich, daß die Argumentation immer etwas verschweigt; zugleich aber auch: daß es wenig Sinn hat, ganz undifferenziert nach dem zu fragen, was durch Verschweigen der Kommunikation entzogen, mindest

---

121 Erneut eine absichtlich paradoxe Formulierung. Die »Gründe« liegen im Offenhalten der »Unbegründbarkeit« als Bedingung der Schließung des Systems.
122 Wir setzen hier die in Abschnitt VII dieses Kapitels begonnene Erörterung fort.

versuchsweise entzogen wird. Es mag sich um die Möglichkeit handeln, den Schlußstein der Theorie herauszubrechen;[123] oder um die jeweils andere Seite der Unterscheidung, die man benutzt, um etwas Bestimmtes zu bezeichnen (zumeist: weil es als problematisch und dissensfähig angesehen wird).[124] Zur anderen Seite der Wahl eines Themas gehören alle anderen Themen, über die man auch hätte kommunizieren können:[125] aber natürlich im engeren Sinne auch die anderen Seiten der Unterscheidungen, die das gewählte Thema spezifizieren. Immer zwingt das Unterscheiden dazu, von der einen (und nicht von der anderen) Seite der Unterscheidung auszugehen; aber dabei bleibt nicht nur die andere Seite unbezeichnet, sondern auch die Unterscheidung selbst, also der Beobachter selbst, also die Welt. Diese Bedingung kann keine Argumentation aufheben. Deshalb hat es keinen Sinn, zu versuchen, sie »kritisch« in die Argumentation einzubeziehen. Aber damit ist es nicht ausgeschlossen, auf die andere Seite der jeweils benutzten Unterscheidung überzuwechseln oder eine andere Unterscheidung als diejenige zu bezeichnen, die einer Argumentation zu Grunde gelegt werden sollte – zum Beispiel nicht Subjekt und Objekt, sondern System und Umwelt.

Kehren wir nun nach dieser Rede über das Schweigen zu unserer Argumentation zurück. In den 60er und frühen 70er Jahren hatte man diskutiert, ob die Wissenschaftstheorie als Begründungstheorie oder als Wachstumstheorie, nach Vorstellungen von Apel und Habermas oder nach Vorstellungen von Popper aufzubauen sei.[126] Der Gegensatz war, offen oder verdeckt, normativ konzipiert. Die Unterscheidung von Varietät und Redundanz (mit dem Verständnis, das der eine Begriff nur in bezug auf den anderen Sinn hat, also nur als Moment einer Unterscheidung benutzt werden kann) setzt sich an die Stelle dieser

---

123 Mit Jacques Derrida, De l'esprit: Heidegger et la question, Paris 1987; dt. Übers. Frankfurt 1988, um das, was zum Beispiel Heidegger zu sagen vermeiden muß.
124 Vgl. dazu das Kapitel über The Inscrutability of Silence bei Steve Fuller, Social Epistemology, Bloomington Ind. 1988, S. 139ff.
125 Hier ist an den vor zwanzig Jahren üblichen marxistischen Einwand zu erinnern, der auf jedes Thema paßt: Warum verschweigen Sie, daß Sie im Interesse der kapitalistischen Gesellschaft argumentieren?
126 Literaturhinweise oben Anm. 1.

Kontroverse. Man kann dann rekonstruieren, daß den Begründungstheoretikern wahrscheinlich eher an Redundanz, den Wachstumstheoretikern wahrscheinlich eher an Varietät gelegen war, aber beides mit nochmals einschränkenden Konditionierungen, die dann in die Kontroverse führten. Ersetzt man diese Kontroverse durch die Unterscheidung von Varietät und Redundanz und durch den darauf bezogenen Begriff der Argumentation, dann wird das corpus mysticum der vernünftigen Wesen[127] in der Theorie ebenso entbehrlich wie die Annahme einer historisch gegebenen Fortschrittsdynamik, und an die Stelle tritt die Annahme einer gesellschaftlichen Evolution, die Strukturen aufbaut und variiert und damit gelegentlich, aber nicht zwangsläufig, die im System organisierbare Komplexität vergrößert. Das Wissenschaftssystem ist ein ausdifferenzierter Teil dieser Evolution, der unter eigenen Strukturen eine eigene Autopoiesis erreicht hat. Will man diesen Sachverhalt beobachten, kann man immer noch Verständnis dafür aufbringen, daß Wissenschaftler meinen, dem Fortschritt der Wissenschaft zu dienen, und der Vernunft, wenn nicht mit Referenz, so doch mit Reverenz zu begegnen. Sobald aber die Wissenschaft selbst zum Gegenstand der Beobachtung wird, müssen auch diese Arbeitsmethoden der Wissenschaft beobachtet werden können, und das kann nicht mit deren eigenen Begriffen geschehen, wenn ein weiterer Erkenntnisgewinn dabei herausspringen soll.

Was die Wissenschaftstheorie für die Wissenschaft ausmacht, gilt ausschließlich auch für sie selbst. Auch für sie gibt es, zumindest bei hohen Ansprüchen an Komplexität, keine Begründung in fraglos-sicheren Gründen. Auch die Wissenschaftstheorie ist zirkulär gebaut, sie benutzt den »Diallelus«, das kreisende Argument, kommt damit aber nicht zur Skepsis, sondern zu einer neuen Art Funktionstransparenz für deduktiv nicht zu begründende Schritte: für das Einsetzen von Formen der Entparadoxierung, Enttautologisierung, Asymmetrisierung, Interdependenzunterbrechung. Im hier vorgestellten Theoriearrangement dient die Unterscheidung von Code und Programm, also die Unterscheidung der Wahrheitswerte (die die Autopoiesis des Systems definieren) von den richtigen Reduktionen, die als auswechselbare Programme fungieren, dieser

---

127 So Immanuel Kant, Kritik der reinen Vernunft B 836.

Funktion. Als Ersatz für Begründungen dient uns mithin eine Unterscheidung. Und Wissenschaftstheorie wäre dann Selbstbeobachtung des Wissenschaftssystems mit Hilfe dieser Unterscheidung – oder mit Hilfe einer anderen Unterscheidung, die aber dann in bezug auf genau dieses Problem funktional äquivalent sein müßte.

XI

Erst nachdem wir an dieser Stelle angelangt sind, können wir ein Thema aufgreifen, das in das Kapitel »Wissenschaft als System« gehört: das Thema der wissenschaftlichen Disziplinen. Bei den Disziplinen handelt es sich um Teilsysteme des Wissenschaftssystems, es geht also um Systemdifferenzierung. Alle Disziplinen bemühen sich um Beiträge zum Wissenschaftssystem. Sie alle richten ihre Autopoiesis daher am binären Code der Wahrheit aus. Die Wahrheit ist also für alle Disziplinen dieselbe. Auch arbeiten sie alle mit wissenschaftlichen Programmen, mit Theorien und Methoden. Diese Voraussetzungen der Zugehörigkeit zum Wissenschaftssystem schränken das ein, was man durch den zusätzlichen Faktor der Binnendifferenzierung dann noch erklären kann. Aber die Theorien und Methoden der Disziplinen können sich unterscheiden, und auf dieser Ebene der richtigen Reduktionen wird denn auch der Differenzierungsprozeß ausgelöst.

Aus allgemeinen systemtheoretischen Überlegungen folgt, daß Systemdifferenzierung auf der Möglichkeit beruht, die Differenz von System und Umwelt innerhalb des Gesamtsystems zu wiederholen.[128] Disziplinen wie Physik, Chemie, Biologie, Psychologie, Soziologie können also diejenigen Wissenschaftsbereiche, die nicht zur eigenen Disziplin zählen, als Umwelt behandeln, das heißt: als nicht automatisch anschlußfähig. Es geht zwar operativ um Wissenschaft und insofern um Verwandtes, und nicht zum Beispiel um Natur; aber die Disziplin zieht innerhalb der Wissenschaft eigene Grenzen, die es erlauben, Relevanz zu filtern. Die Ausdifferenzierung einer Disziplin kommt häufig über Theorieentscheidungen zustande, aber es ist

[128] Vgl. Niklas Luhmann, Soziale Systeme, a.a.O., S. 37ff.

gleichwohl fraglich, ob man Disziplinen durch ein Niveau theoretischer Integration definieren kann.[129] In manchen Fällen scheint ein bestimmter Gegenstand oder ein Phänomenbereich vorzuliegen, der einer Disziplin Abgrenzbarkeit und erhöhte interne Anschlußfähigkeit suggeriert. Hierfür wäre Sprachwissenschaft (wenn es das überhaupt im Singular gibt)[130] ein gutes Beispiel. Oft entsteht schließlich das, was sich dann Disziplin nennt, im engen Anschluß an die Reflexionstheorien einzelner Funktionssysteme.[131] Das gilt zum Beispiel für die Theologie, für das, was sich seit Jellinek als »Staatslehre« gebildet hat mit verwandten Bereichen der politischen Wissenschaft (soweit diese nicht Soziologie ist) und natürlich für die Pädagogik. Offenbar ist mithin die vorzufindende Differenzierung des Wissenschaftssystems nicht in einem Akt der Selbsterkenntnis und der Selbsteinteilung zustandegekommen, sondern durch Ausdifferenzierungsbewegungen innerhalb des Systems, die sich verschiedener Impulse bedienen können, sofern nur suggeriert wird, daß eine Indifferenz nach außen und eine Schließung der rekursiven Relevanz der Forschungen innerhalb der Disziplin Erfolge verspricht.

Das reicht aber völlig aus, um der Disziplin ihren Charakter als System im System zu sichern. Die Grenzen einer Disziplin gelten nur für die jeweilige Disziplin, nicht für deren Umwelt. Kein Biologe sieht sich gehindert, einen Soziologen, der forscht, als biologisches Lebewesen zu behandeln, und die biologische Theorie der Kognition hat mittlerweile einige Berühmtheit erreicht. Das zeigt auch, daß die Unterschiede der Disziplinen keineswegs durch eine Dekomposition des Gesamtsystems der Wissenschaft entstanden sind, wobei das Gesamtsystem hätte festlegen müssen, welche Grenzen zu respektieren sind. Viel-

---

129 So unterscheidet z. B. Heinz Heckhausen, »Interdisziplinäre Forschung« zwischen Intra-, Multi- und Chimären-Disziplinarität, Jahresbericht des Zentrum für Interdisziplinäre Forschung Bielefeld 1985/86, S. 18-29. Von theoretischer Vereinheitlichung kann in vielen Disziplinen keine Rede sein, aber vielleicht kann man sagen, daß innerhalb einer Disziplin Theorieentscheidungen (und nicht bloß: Faktenfeststellungen) die Vermutung der Relevanz für andere Bereiche der Disziplin für sich haben.
130 Im Singular als »Linguistik« und hier dann auf Grund der höchst folgenreichen *theoretischen* Dispositionen Saussures.
131 Wir kommen darauf im Kapitel über Reflexion zurück.

mehr bilden sich Disziplinen durch Ausdifferenzierung innerhalb der Wissenschaft, die von da ab für die Disziplin eine Umwelt darstellt, in der es möglicherweise andere Disziplinen und deren Umwelten gibt. In der Tat geht es nicht nur um Insulierung von Forschungsbereichen, sondern um Differenzierung von Differenzen, um verschiedene Weisen, die Wissenschaft in Form von System/Umwelt-Differenzen zu rekonstruieren. Die Klarstellung dieses Punktes wird für das Konzept der interdisziplinären Forschung wichtig werden, auf das wir zurückkommen werden.

Die Ausdifferenzierung von wissenschaftlichen Disziplinen setzt einerseits Wissenschaft voraus als Domäne, in der sich die Disziplin etabliert. Rückläufig verstärkt sie dann aber auch die Ausdifferenzierung der Wissenschaft selbst. Teils kontinuieren zwar, jetzt in der Form von akademischen Disziplinen, Erkenntnisbemühungen, die unmittelbar an schon eingerichtete gesellschaftliche Subsysteme anschließen und mit ihnen wachsen – so die professionsbezogenen Disziplinen der Theologie, der Jurisprudenz, der Medizin und seit dem 17./18. Jahrhundert auch der Pädagogik. Dies allein hätte das Konzept wissenschaftlicher Disziplinen, wie es sich im 19. Jahrhundert durchsetzt, jedoch nicht tragen können. Es kommen nun Disziplinen hinzu, die das alte Konzept der Naturphilosophie ersetzen und sich mit Hilfe von nur wissenschaftsinternen Unterscheidungen gegeneinander abgrenzen, vor allem Physik, Chemie, Biologie, Psychologie und Soziologie. Ein Indikator der Unwahrscheinlichkeit dieser Aufteilung ist, daß der Mensch ein Forschungsobjekt aller dieser Disziplinen ist, also von keiner dieser Disziplinen als Einheit beobachtet werden kann.[132]

---

[132] Gerade deshalb bildet sich dann auch eine philosophische »Anthropologie«, die sich den Disziplinen gegenüber zwar nicht mit vorrangigen Erkenntnissen durchsetzen kann, aber ihre Besonderheit an dem Problem gewinnt, wie der Mensch für sich selbst eine Einheit sein könne. Vgl. zu diesem problematischen Disziplincharakter der Anthropologie und zu ihrer philosophischen Relevanz, die *darauf* beruht, Odo Marquard, Zur Geschichte des philosophischen Begriffs »Anthropologie« seit dem Ende des 18. Jahrhunderts, in: Collegium Philosophicum: Studien Joachim Ritter zum 60. Geburtstag, Basel 1965, S. 209-239, neu gedruckt in ders., Schwierigkeiten mit der Geschichtsphilosophie, Frankfurt 1973, S. 122-144. Eine »empirische Anthropologie« sowie den Begriff selbst hatte es jedoch längst vorher gegeben, und auch heute kontinuieren Bemühungen unter diesem

In dem Maße, als Disziplinen sich nicht mehr auf Arten von Dingen, auf Wesen oder auf sonstige Phänomenvorgaben spezialisieren, sondern aus theoretisch erzwungenen Unterscheidungen entstehen, trägt die Disziplinentwicklung ihrerseits zur Ausdifferenzierung von Wissenschaft bei. Sie unterbindet damit Punkt-für-Punkt-Zuordnungen von Umweltteilen und eigenen Teilen und sieht statt dessen die Welt in derjenigen Ordnung, die sich aus den systeminternen Strukturen ergibt. Sie entspricht so dem auch in der allgemeinen Systemtheorie beobachteten Steigerungsverhältnis von Ausdifferenzierung und Innendifferenzierung.[133]

Trotzdem bleibt auf der Ebene der Disziplinenbildung der Ausdifferenzierungseffekt beschränkt, und zwar dadurch, daß Disziplinen zugleich Einheiten der Ausbildung sind und damit ein Spektrum der Verwendbarkeit auf dem Arbeitsmarkt und in beruflichen Positionen definieren. Sie sichern eine hinreichende Breite der Ausbildung und der beruflichen Verwendungsmöglichkeiten. Die Primärdifferenzierung des Wissenschaftssystems unterliegt also noch gesellschaftlichen Anforderungen, die nicht spezifisch wissenschaftlich legitimiert sind. Und erst auf der Ebene der weiteren Differenzierung nach Forschungsgebieten koppelt die Wissenschaft sich völlig von Erfordernissen struktureller Kompatibilität ab. In dem Maße also, wie es zu Differenzierungen in Differenzierungen in Differenzierungen kommt und Systembildungen nach innen wiederholt werden, gewinnt das System Unabhängigkeit von Strukturvorgaben; und erst die Forschungsgebiete des Wissenschaftssystems erlauben eine flexible, eigendynamische Forschung – aber eben im

---

Namen mit dem Interesse an Fragestellungen, die sich in keiner der führenden Disziplinen unterbringen lassen. Vgl. etwa Margaret T. Hodgen, Early Anthropology in the 16th and 17th Centuries, Philadelphia 1964; Michèle Duchet, Anthropologie et Histoire au siècle des lumières: Buffon, Voltaire, Rousseau, Helvétius, Diderot, Paris 1971; Sergio Moravia, Beobachtende Vernunft: Philosophie und Anthropologie in der Aufklärung, dt. Übers. München 1973; Werner Krauss, Zur Anthropologie des 18. Jahrhunderts: Die Frühgeschichte der Menschheit im Blickpunkt der Aufklärung, Berlin 1978.

133 Vgl. Niklas Luhmann, Soziale Systeme, a.a.O., S. 261 ff., und speziell zur Disziplinendifferenzierung Rudolf Stichweh, Zur Entstehung des modernen Systems wissenschaftlicher Disziplinen: Physik in Deutschland 1740-1890, Frankfurt 1984, S. 39 ff.

Schutz von Disziplinen, die garantieren, daß das, was hier geschieht, gesellschaftlich als Wissenschaft anerkannt wird. Disziplinen zollen einander den kollegialen Respekt, den man schuldet, wenn man nicht zureichend versteht, womit der andere sich befaßt. Damit ist jedoch über die Form des Verhältnisses der Disziplinen zueinander noch wenig ausgemacht. Orientiert man sich vergleichsweise an den Formen gesellschaftlicher Differenzierung, so kann Disziplindifferenzierung weder als hierarchische (stratifikatorische) noch als funktionale Differenzierung charakterisiert werden.[134] Die alte Hierarchie der universitären Lehrgegenstände (die für die Dozenten zugleich eine Karrierestruktur bedeutete) wird gegen Ende des 18. Jahrhunderts durch die sich anbahnende Differenzierung in Disziplinen gerade aufgelöst – und abgelöst.[135] Die paradigmatische Repräsentativität der modernen Physik beruht auf ihrer Auflösungsstärke und Rekombinationsleistung, nicht auf der Möglichkeit einer hierarchischen Kontrolle anderer Disziplinen. Die Disziplinen betrachten einander als gleichrangig, sie differenzieren sich horizontal, und wenn sich Rangurteile bilden, dann auf Grund disziplinspezifischer Einschätzungen (so wie die Nationalökonomie die Achtung der Naturwissenschaften gewinnt und die Achtung der Sozialwissenschaften verliert in dem Maße, als sie die Form eines mathematischen Kalküls annimmt). Ebensowenig trifft aber die Charakterisierung als funktionale Differenzierung zu, denn die Disziplinen spezialisieren sich ja nicht auf Sonderprobleme, die das Gesamtsystem Wissenschaft zu lösen hat (etwa: Inklusion der Forscher, Methodenentwicklung, Reflexion, Mittelbeschaffung). Sie beruhen zwar auf der funktionalen Differenzierung des Wissenschaftssystems, realisieren selbst dann aber Differenzierung in anderer Form. Aber in welcher?

134 Selten diskutiert. Vgl. aber Rudolf Stichweh, Differenzierung der Wissenschaft, Zeitschrift für Soziologie 8 (1979), S. 82-101 (85 ff.) zu funktionaler vs. segmentärer Differenzierung, beides ablehnend, und Warren O. Hagstrom, The Scientific Community, New York 1965, S. 159 ff. mit Option für segmentäre Differenzierung. Siehe ferner die Erörterung verschiedener, einander kreuzender Differenzierungsformen bei Rudolf Stichweh, Differenzierung des Wissenschaftssystems, in: Renate Mayntz et al., Differenzierung und Verselbständigung: Zur Entwicklung gesellschaftlicher Teilsysteme, Frankfurt 1988, S. 45-115 (86 ff.).
135 Vgl. Stichweh, a.a.O. (1984), S. 14 ff.

Am ehesten kann man von segmentärer Differenzierung sprechen, denn das abstrakte Problem, das die Bildung von Disziplinen anregt und schließlich erzwingt, ist immer dasselbe. Es ist das Problem der Kombination von Varietät und Redundanz, von Reichtum an Gegenstandserfahrungen und Überraschungen auf der einen und Konstruktionsmöglichkeiten auf der anderen Seite. Eine generell in Gang gebrachte Steigerung des Auflöse- und Rekombinationsvermögens führt schließlich, ähnlich wie das demographische Wachstum, zur Notwendigkeit, kleinere Einheiten zu bilden, die den Organisationsproblemen gewachsen sind, Redundanzen ordnen und daraufhin wieder mehr Varietät zulassen können. Die Disziplinbildung orientiert sich an diesem wissenschafts*internen* Problem, sie orientiert sich nicht an unterschiedlichen Gegenstandsfeldern, die vorher schon vorhanden wären und wie Kolonien nach und nach okkupiert werden. Sie führt deshalb auch nicht zu gegeneinander abgeschlossenen Regionalontologien, sondern bildet ihre Gegenstände nach Maßgabe ihrer Theorien. Das heißt zwar, daß die einzelnen Disziplinen unterschiedliche Phänomenbereiche erfassen, nicht aber, daß die gesellschaftlich konstituierten Dinge wie Länder oder Wolken, Menschen oder Tiere für jeweils nur eine Disziplin konzipiert werden müßten. Und wenn eine Disziplin das versucht (hierfür ist erneut Sprachwissenschaft und besonders Linguistik ein Beispiel), wird sie kontinuierlich darunter zu leiden haben.

Je nachdem, wie das Problem von Varietät und Redundanz gelöst wird, entstehen sehr unterschiedliche Disziplinen. In diesem Sinne (aber das gilt eigentlich auch für die Familien und Siedlungen tribaler Gesellschaften) kann man dann nicht mehr von »gleichen« Einheiten sprechen. Ob Gleichheit oder Ungleichheit gesehen wird, ist eine Frage, über die das Schema des Beobachters entscheidet. Jedenfalls unterscheiden sich die Disziplinen erheblich, vor allem nach dem Grade der Mathematisierbarkeit und nach der Komplexität ihrer Gegenstandsauffassung, aber zum Beispiel auch in der Frage, ob sie (wie die Physik) mehr in Relationen denken oder (wie die Biologie) mehr in Einheiten, die sich selbst im Raum begrenzen. Das schließt es jedoch nicht aus, von segmentärer Differenzierung zu sprechen, denn solche Ungleichheiten ergeben sich zwar, werden aber nicht zum Prinzip der Abgrenzung der Disziplinen gemacht, was zum Beispiel die Folge hätte, daß eine hochgradig mathematisierte Physik es verbieten müßte oder ihre Identität verlöre, wenn mathematische Methoden auch in anderen Disziplinen mehr oder weniger erfolgreich angewandt werden.

Je genauer man die Beschreibungen justiert und je mehr Unterscheidungen man benutzt, desto mehr Unterschiede zwischen den Disziplinen wird man entdecken. Man denke etwa an die Zeithorizonte und das Umschlagtempo des jeweils forschungsrelevanten Wissens und im Zusammenhang damit an die relative Bedeutung von Büchern bzw. Zeitschriften bzw. zirkulierenden, aber noch nicht publizierten Schriften für die Forschung. Das wiederum beeinflußt die Stellung von »Klassikern« und die Unsicherheit in der Frage, welche Autoren einer vergangenen Generation noch aktuelle bzw. nur historische Bedeutung haben. Klassiker mögen wegen ihrer Blickweite als ein heute nicht mehr erreichtes Ideal gerühmt werden, sie finden aber, vor allem in der Soziologie, ihren Weg auch in die Theorieliteratur und in die Fußnoten – ganz zu schweigen von der Anomalie, daß ein Autor der Flegeljahre des Fachs, Karl Marx, immer noch Argumente liefert.[136]

Ferner differieren die Disziplinen in ihren Leistungsbeziehungen zur gesellschaftlichen Umwelt. Manche haben es leichter als andere, ihre Konstrukte und deren technische Realisationen in den normativ-institutionellen Kontext anderer Funktionssysteme einzuordnen oder, wie die Medizin, im allgemeinen

---

136 Sorgfältige Untersuchungen über die Funktion von Klassikern fehlen. Um so bemerkenswerter ist die Schärfe der Polemik, mit der die fortdauernde Relevanz der Klassiker als Bedingung kumulativer Theoriebildung angemahnt wird (so von Richard Münch in: Soziologische Revue 10 (1987), S. 138f.). Man könnte fast meinen, Klassiker seien nach wie vor für Herz und Geist unentbehrlich (so Louis de Bonald, Sur les ouvrages classiques, zit. nach Œuvres complètes, Bd. XI, Paris 1858, S. 227-243), oder jedenfalls für die Identität einer Disziplin (So Jeffrey Alexander, On the Centrality of the Classics, in: Anthony Giddens/Jonathan Turner (Hrsg.), Social Theory Today, Cambridge 1987). Eine mögliche Interpretation ist: daß Klassiker, wie in Literaturgebieten, ein Korrelat von Ausbildungserfordernissen sind. Eine andere Hypothese wäre, daß es darum geht, Redundanzen zu ordnen und mit dem Bezug auf einen Namen zu suggerieren, daß der Name einen Zusammenhang von Meinungen repräsentiert. Drittens könnte man auch an die Vorteile denken, die es bietet, von Sachproblemen auf Textprobleme umzuschalten. Vermutlich ist der Klassiker also eine multifunktionale Erfindung.

gesellschaftlichen Leben Wertschätzung und Akzeptanz zu finden. Damit variiert auch das Prestige eines Faches, das sich mit gesellschaftlichen Erfolgen einstellt, heute aber auch durch eben diese Erfolge gefährdet zu sein scheint. Ferner ist an die viel diskutierte Reifefrage zu denken, daran gemessen, ob eine Disziplin sich unter einem einzigen »Paradigma« organisiert oder in einem »vorparadigmatischen« Zustande vieler konkurrierender Schulen und Theorien verharrt.[137] Nicht zuletzt unterscheiden sich die Disziplinen erheblich in der Frage, ob und wie weit ihre Gegenstände direkt oder indirekt mit Veränderungen der Gesellschaft variieren.

Schließlich wirkt die durch die Welteinheitlichkeit des Gesellschaftssystems bedingte Einheit der Wissenschaft und, damit zusammenhängend, ihre Empfindlichkeit für regionale Unterschiede sich auf die einzelnen Disziplinen unterschiedlich aus. In diesem Kontext kommt den Sozialwissenschaften, anders als etwa der Physik oder der Chemie, heute die Aufgabe zu, die im raschen Wandel befindliche Auflösung und Rekonstruktion regionaler Kulturen und Lebensformen zu beobachten, aber dies zu tun auf der Grundlage einer welteinheitlich diskutierbaren Theorie und Methodologie. Zugleich liegen hier Ansatzpunkte für unterschiedliche Aufgabenstellungen für politische Förderung.

Ein weiterer Fragenkomplex betrifft die Unterdifferenzierung der Disziplinen. Jede etablierte Disziplin ist in weitere Einheiten unterteilt, wobei schwer auszumachen ist, wie weit diese Unterteilungen noch den Charakter eigener System/Umweltdifferenzen annehmen. Wir wollen diese Untereinheiten »Fächer« nennen oder »Forschungsgebiete«, wenn es sich um zeitlich instabile Schwerpunkte handelt.[138] In den großen natio-

---

137 Ein Ärgernis bleibt hierbei die Unklarheit des Paradigmabegriffs sowie die wohl ungerechtfertigte Unterstellung, paradigmatische Integration sei ein Zeichen von Reife und erstrebenswert für jede Disziplin.
138 Terminologisch haben sich bisher keine klaren Konturen gebildet. Häufig werden auch Fächer als Disziplinen bezeichnet. Zum Beispiel behandeln Gerard Lemaine/Roy MacCleod/Michael Mulkay/Peter Weingart (Hrsg.), Perspectives on the Emergence of Scientific Disciplines, Den Haag 1976, nicht Disziplinen, sondern Fächer wie Radioastronomie oder Tropenmedizin. Andererseits hat sich auch die Bezeichnung Spezialgebiete (specialties), Forschungsgebiete u. ä. eingebürgert, die auch relativ kurzfristig blühende Schwerpunktthemen einschließt.

nalen und internationalen Gesellschaften der Disziplinen findet man Sektionen, die am ehesten noch diesen Anforderungen genügen, weil sie sich zugleich auf Organisation und reguläre Mitgliedschaften sowie auf verdichtete Kontaktnetze stützen können – so Rechtssoziologie, Familiensoziologie, Religionssoziologie, Methodologie ..., um nur Beispiele aus der eigenen Disziplin zu bringen. Davon zu unterscheiden sind Programmcluster, mit denen bestimmte Forschungsideen ausprobiert werden (etwa Forschungen über Kausalattribution oder über self-awareness in der Psychologie) und, wiederum anders, Interessengruppierungen, die sich im Zusammenhang mit interdisziplinären Importen bilden (Beispiel Soziokybernetik). Untereinheiten können, vor allem im Zusammenhang mit Modalitäten der Finanzierung, auch einen von vornherein zeitlich limitierten Charakter annehmen, also als befristete Projektverbunde auftreten (etwa die »Sonderforschungsbereiche« der Deutschen Forschungsgemeinschaft).[139] Sie haben oft Schwierigkeiten, ihre Disziplinzugehörigkeit eindeutig festzulegen.[140] Mit ihren Feingliederungen nehmen Personabhängigkeit und Modeabhängigkeit zu, und zugleich ergeben sich Forscherschicksale daraus, daß solche Gebilde oft nicht ein Forscherleben lang halten. Die hier vorliegenden empirischen Studien belegen einmal mehr, daß Differenzierung nicht als Dekomposition eines vorgegebenen Ganzen in Teile begriffen werden kann, sondern sich über Abspaltungen und Neubildungen vollzieht, also als Abweichungsverstärkung in einem schon geordneten Bereich und als ein Vorgang, der von sich aus Rekursivität organisiert, Grenzen zieht und damit unter den Druck von Systemordnungsnotwendigkeiten gerät.

Vgl. etwa Daryl E. Chubin, The Conceptualization of Scientific Specialties, The Sociological Quarterly 17 (1976), S. 448-476.
139 Siehe etwa den Bericht über Implementationsforschung von Renate Mayntz, Sozialforschung im Verbund – Ein Beispiel erfolgreicher Forschungsorganisation, in: Christoph Schneider (Hrsg.), Forschung in der Bundesrepublik Deutschland: Beispiele, Kritik, Vorschläge, Bonn 1983, S. 161-165 – einem Band übrigens, der auch sonst eine Fundgrube für sehr unterschiedliche Erscheinungen erfolgreicher Kleindifferenzierung abgibt.
140 Eine Fallstudie zu den daraus sich ergebenden Problemen der Institutionalisierung ist Alberto Cambrosio/Peter Keating, The Disciplinary Stake: The Case of Chronobiology, Social Studies of Science 13 (1983), S. 323-353.

Für weitere evolutionstheoretische Studien wird zu bedenken sein, daß bei diesem Vorgang der Bildung immer weiterer Spezialisierungen neben allgemeinen Problemen der Reduktion von Komplexität das Reputationsmanagement eine Rolle spielen dürfte.[141] Die Spezialisierung verringert die Konkurrenz mit bereits etablierter Reputation, sie gibt dem sozialen Abweichen einen sachlichen Anstrich, und sie erleichtert, wenn etabliert, die Reputationskontrolle. Erst sekundär tritt dann das Problem auf, sich ins Netzwerk der bereits vorhandenen Subsysteme einzufädeln oder sich mutig als »interdisziplinär« zu behaupten.

All dies läßt sich nur sehr lose unter den Leitgesichtspunkten der Kombination von Varietät und Redundanz bringen, trägt aber durchgehend dazu bei, daß sich Sonderredundanzen verdichten und ein sehr limitiertes Entdeckerverhalten in Gang gebracht werden kann, das in Spezialfragen, ähnlich wie eine Bürokratie, hohe Empfindlichkeit für Unterschiede aufbringt. Auf allen Ebenen der Tiefengliederung der Differenzierung müssen dabei Interdependenzunterbrechungen in Kauf genommen werden, für die es sehr oft keine theoretische Begründung gibt. Das behindert die Ausbreitung generalisierbaren Wissens. Ein gutes Beispiel ist die Unbedarftheit und das allenfalls methodische Raffinement im Umgang mit Kausalzurechnungen trotz nunmehr bald dreißigjähriger Attributionsforschung.[142]

Andererseits begünstigt die Tatsache, daß es kein vorab festgelegtes Dekompositionsschema und auch keinen Primat einer bestimmten Differenzierungsform gibt, die funktionsnotwendige Beweglichkeit der Forschung. Die faktisch erfolgreiche Forschung orientiert sich mehr und mehr nur noch an Forschungsgebieten und Themenschwerpunkten, und damit treten wissenschafts*interne* Abhängigkeiten an die Stelle des Appells an die Anerkennungs- und Unterstützungsbereitschaft des Laienpublikums.

---

141 Diese Anregung gibt Richard Whitley, The Intellectual and Social Organization of the Sciences, Oxford 1984, insb. S. 28 ff.

142 Speziell hierzu Niklas Luhmann, Die Voraussetzung der Kausalität, in: Niklas Luhmann/Karl Eberhard Schorr (Hrsg.), Zwischen Technologie und Selbstreferenz: Fragen an die Pädagogik, Frankfurt 1982, S. 41-50.

Offenbar haben die Unterschiede des Komplexitätsmanagements im Verhältnis von Varietät und Redundanz die Abfolge der Ausdifferenzierung von Disziplinen beeinflußt.[143] Die Argumentationslast und das Steigerungsverhältnis von Varietät und Redundanz variieren mit den Gegenstandskonzepten und mit dem Zugang über sinnliche Wahrnehmung und Sprache. Ähnlich wie in der soziokulturellen Evolution werden die leichter zu kultivierenden Gebiete zuerst entwickelt. Später kann man sich an schon bestehende Errungenschaften anlehnen und mit Diffusion rechnen. So gibt es in der Gründungsphase der Soziologie schon so viele andere Disziplinen, daß die Vorstellung leicht fällt, auch die Soziologie könnte eine Disziplin sein.

Wie immer das Disziplinenschema mitsamt seinen Untergliederungen theoriebedingt zustandegekommen ist: es kann nicht als perfekte Ordnung des Wissens begriffen werden. Positive Funktionen haben Disziplinen vor allem in der Verdichtung und Abgrenzung von Innovationschancen. Schon der Dualismus von Theorie und Methode hat, wie gezeigt, den Vorteil des Standbeinwechsels. Die Innovation kann entweder von der Theorie gegenüber der Methode oder von der Methode gegenüber der Theorie getragen werden. Darüber hinaus ermöglicht es das soziale System einer Disziplin, Neuerungsvorschlägen eine vorläufige Unterkunft zu bieten, wenn sie nicht sogleich Akzeptanz erreichen, sich aber auf hinreichende Reputation des vorschlagenden Forschers oder des Publikationsortes stützen können.[144] Auch wenn ein Theoriewandel sich nicht auf eine höherrangige Theorie gründen oder methodisch erzwungen werden kann, kann die Disziplin ihn vollziehen aufgrund ihrer »tribal rules«, ihres Bedürfnisses nach Neuerung und Kritik im Zusammenhang mit den Karrierechancen des Nachwuchses oder aufgrund ihrer besonderen Verflechtungen mit besonderen gesellschaftlichen Umwelten.

Andererseits hat diese Reduktion und Verdichtung der Auf-

---

143 Eine ähnliche Auffassung für die Reihenfolge Mathematik, Mechanik, Physik, Chemie, Biologie, Psychologie, Soziologie im Anschluß an Comte bei René Worms, Organisme et société, Paris 1895, S. 5 ff., allerdings bezogen auf die Eigenkomplexität der Systeme, mit denen die Wissenschaften sich befassen.
144 Ein Gesichtspunkt, auf den vor allem Stephen Tulmin, a.a.O. (1978), S. 161 ff., seine Thesen zur Innovation gründet.

merksamkeit auch ihre Nachteile. Sobald die Disziplinen wie Eisschollen auseinanderbersten und, wenn auch im Wasser, ihre eigenen Wege dümpeln: was wird dann aus dem »dazwischen«? Was wird aus »übergreifenden Fragestellungen«, die nur bearbeitet werden können, wenn das Fachwissen mehrerer Disziplinen zusammenkommt? Man spricht folglich von »interdisziplinärer« Forschung, und an wissenschaftspolitischen Appellen und organisatorischen Anstrengungen entsprechender Art fehlt es nicht.[145] Aber was kann man beobachten?

Jedenfalls keine Hierarchiebildung. Interdisziplinäre Forschungen erheben nicht den Anspruch darauf, sich den Disziplinen überzuordnen und zu kontrollieren oder zu regulieren, was in den Disziplinen geschieht. Ganz ausgeschlossen vor allem: daß die Philosophie einen Anspruch auf eine entsprechende Spitzenposition erheben könnte.[146] Das führt auf die weitere Frage, ob es überhaupt sinnvoll ist, unter dem Stichwort »Interdisziplinarität« einen einheitlichen Tatbestand zu erwarten. Mindestens drei völlig verschiedene Reaktionen auf die Ausdifferenzierung der Disziplinen und ihre Abgrenzung gegeneinander lassen sich beobachten:

(1) In gewissem Umfange können Disziplinen aus Kontakten mit anderen Disziplinen lernen. Von der Einzeldisziplin her gesehen haben solche Anstöße den Charakter des Zufalls. Zum Teil handelt es sich um Terminologieübernahmen mit unerwarteten Auswirkungen (Beispiel: Autopoiesis), zum Teil um verständliche Mißverständnisse. In jedem Falle hängt das Ausmaß, in dem solche Anregungen aufgenommen werden, ab von der Fähigkeit der Disziplin, Zufälle in Strukturen umzuwandeln. (Wir kommen auf dieses Problem im nächsten Abschnitt zurück). Wir können hier von *okkasioneller Interdisziplinarität* sprechen, und man kann auf zahllose organisatorische Vorkehrungen (wie: wissenschaftliche Konferenzen, interdisziplinär ausgerichtete

---

[145] Vgl. nur Wilhelm Voßkamp, Von der wissenschaftlichen Spezialisierung zum Gespräch zwischen den Disziplinen, in: Kindlers Enzyklopädie Der Mensch, Bd. VII, München 1984, S. 445-462.

[146] Es wäre zwar denkbar, die Philosophie durch Philoszientie zu ersetzen. Aber auch dann bliebe die hierarchische Vorstellung angesichts des vorherrschenden Differenzierungsmusters befremdlich, und vor allem wäre es unrealistisch, für diese Spitzenposition so etwas wie Einheit zu erwarten.

Zeitschriften, Institute usw.) hinweisen, die das Auftreten solcher Effekte begünstigen, aber das Resultat dann zumeist nicht als eigenes Forschungsergebnis verbuchen können. Aber auch, wenn die Disziplin aus theoriekonstruktiven Gründen ein interdisziplinär nahegelegtes Lernen verweigert – so wie die Wirtschaftswissenschaften trotz psychologischer Attributionsforschung und trotz Soziologie an einem individualistischen Ausgangspunkt festhalten –, entstehen daraus Begründungsprobleme, die zumeist in »nur analytische« Geltungsannahmen aufgelöst werden.

(2) Stärker verdichtet tritt Interdisziplinarität auf, wenn es zu zeitlich begrenzten interdisziplinären Projekten kommt, an denen verschiedene Disziplinen kooperieren. Hier wird interdisziplinäre Forschung problembezogen veranstaltet, ergänzend zu den Forschungen, die in den Disziplinen geschehen. Man geht davon aus, daß die Aufgabe in begrenzter Zeit so weit gefördert werden kann, daß die Zusammenarbeit wiedereingestellt werden kann, wenn sie ihr Ziel erreicht hat.[147] Wenn es anspruchsvoll und mehr literarisch zugeht, heißen solche Projekte »Diskurse«, und damit verbindet sich die Hoffnung, daß sie nach Abschluß des Projekts irgendwie weiterleben.[148] Die Leitidee bei diesem Konzept *temporärer Interdisziplinarität* ist: daß Verkrustungen vermieden werden müssen, die sich zugleich auch

---

147 Dies war im übrigen eine der Gründungsideen des Zentrums für Interdisziplinäre Forschung an der Universität Bielefeld und implizierte auf der Ebene der Universitätsplanung die Ablehnung von Dauerinstituten mit bestimmten Aufgaben interdisziplinärer Forschung. Siehe die Denkschrift von Helmut Schelsky, Das Zentrum für Interdisziplinäre Forschung, in: Paul Mikat/Helmut Schelsky, Grundzüge einer neuen Universität: Zur Planung einer Hochschulgründung in Ostwestfalen, Gütersloh 1966, S. 71-87. Die Entscheidung hatte einen gewissen, durchaus fruchtbaren Kleinzuschnitt der Themen dieses Instituts zur Folge und führte zur Ablehnung von zwangsläufig langfristigen Kooperationsplanungen (etwa: Verwaltungsforschung, Konfliktforschung, Umweltforschung), für die dann bald darauf das Wissenschaftszentrum Berlin eingerichtet wurde.

148 So hatte das Projekt »Utopieforschung« des Zentrums für Interdisziplinäre Forschung in Bielefeld die Hoffnung, einen interdisziplinären wissenschaftlichen Diskurs »Utopieforschung« zu konstituieren, der dann als eigenständiger Diskurs fortgesetzt werden könne. Siehe die Einleitung von Wilhelm Voßkamp in: ders. (Hrsg.), Utopieforschung: Interdisziplinäre Studien zur neuzeitlichen Utopie, 3 Bde, Stuttgart 1982, Bd 1, S. 1-10 (3). Man wird sich fragen dürfen, wie weit diese Hoffnung ihrerseits utopisch gewesen ist.

gegen die dann wieder heterogenen Entwicklungen in den Einzeldisziplinen abkapseln würden aufgrund der jeweiligen interdisziplinären Errungenschaften, Mischsprachen und Kooperationserfolge.

(3) Einen dritten Weg beschreiten Unternehmungen, die man als *transdisziplinäre* bezeichnen könnte. Das vielleicht berühmteste Beispiel ist die Kybernetik. Auch die Allgemeine Systemtheorie hat diesen Versuch unternommen. Norbert Wiener bzw. Ludwig von Bertalanffy werden als die Gründungsväter verehrt. Das, was man heute Informatik nennt, scheint auf ähnlichem Wege zu sein. Das Gleiche gilt für »Selbstorganisation«.[149] In all diesen Fällen geht es zunächst um ein distinktes Paradigma (feedback, thermodynamisch offene Systeme, Information als Selektion), das für mehr als eine Disziplin relevant ist. Anders als normale Disziplinen werden solche transdisziplinären Fächer von vornherein von einem Paradigma aus gegründet. Das gibt ihnen ihre Eigenart, ihre Unverwechselbarkeit und ihre Limitationalität. Offen bleibt dabei vorerst, was mit einem solchen Fach geschieht, wenn es zu einem Paradigmawechsel kommt. Gegenwärtig kann man einen solchen Vorgang am Eindringen von Selbstreferenzkonzepten sowohl in die Kybernetik als auch in die Allgemeine Systemtheorie beobachten, und es scheint, daß damit die Unterschiede zwischen diesen beiden Fächern zurücktreten.

Wenn man Interdisziplinarität als Problem der Wissenschaftsforschung und der Wissenschaftsplanung betrachtet, könnte man stärker als bisher auf die Unterschiede dessen achten, was sich bereits faktisch bewährt hat. Es ist nicht schwierig, sich vorzustellen, daß in allen drei Hinsichten mehr als bisher erreicht werden könnte. Zugleich werden mit einer solchen Typenbildung aber auch die Grenzen des Erreichbaren sichtbar. Wie bei jeder Systemdifferenzierung liegen auch bei der Diffe-

---

149 Zum in Disziplinen beginnenden, dann Disziplingrenzen überschreitenden Entstehungskontext dieses Paradigmas siehe Wolfgang Krohn/Günther Küppers/Rainer Paslack, Selbstorganisation: Zur Genese und Entwicklung einer wissenschaftlichen Revolution, in: Siegfried J. Schmidt (Hrsg.), Der Diskurs des Radikalen Konstruktivismus, Frankfurt 1987, S. 441-465. Inzwischen erscheinen in jedem Jahr mehrere Bände mit dem Titel »Selbstorganisation«.

renzierung wissenschaftlicher Disziplinen schon im Schema der Differenzierung Nachteile, die nicht wieder ausgeglichen werden können. Die Disziplinendifferenzierung zwingt zum Verzicht auf eine *theoretische* Einheit *der* Wissenschaft (einer der Gründe, die es nahelegen, Wissenschaft als autopoietisches System zu begreifen). Es kommt zu Interdependenzunterbrechungen und damit zu Möglichkeitsverlusten, die als Bedingungen der Entwicklung in den Disziplinen festgeschrieben sind. Jede Bifurkation hat diesen Effekt und letztlich jede Unterscheidung, von der man statt von einer anderen ausgeht. Insofern ist und bleibt die Entwicklung der Wissenschaft historisch gebunden an die Optionen, die ihr erfolgreiche Forschung ermöglicht haben, und interdisziplinäre Forschung kann nur heißen, daß man die damit gegebenen Sichtbehinderungen, so weit möglich, thematisiert und in die Forschung wiedereinbringt.

Zu den einschneidendsten Konsequenzen der Disziplinendifferenzierung gehört ihre Rückwirkung auf die Erkenntnistheorie. Vor der Disziplinendifferenzierung konnte man unbefangen Wissen aller Art anzapfen – von der Kosmologie bis zur Wahrnehmungspsychologie, von der Geometrie bis zur Sündenlehre der Theologie –, um eine Darstellung des menschlichen Erkenntnisvermögens zu geben. Die Philosophie bot eine Unterkunft für alles. Das hat sich seit der zweiten Hälfte des 18. Jahrhunderts geändert. Einerseits spezialisiert sich die Erkenntnistheorie und wird schließlich zu einer Reflexion der Wahrheitserfolge der Wissenschaften und der Bedingungen ihrer Möglichkeit. Zugleich wird die Philosophie selbst zur akademischen Disziplin. Andererseits differenzieren sich jetzt die wissenschaftlichen Disziplinen, so daß die Nachfrage nach den empirischen Fundamenten des Erkenntnisvorgangs verschiedene Antworten erhält je nachdem, wen man fragt: die Physik oder die Biologie, die Neurophysiologie oder die Psychologie oder die Soziologie. Einerseits kommt es dadurch zu einer bedauerlichen Selbstisolierung der philosophischen Erkenntnistheorie, die den Wissenschaften nicht mehr viel zu bieten hat. Andererseits ist diese Isolierung aber auch aufgezwungen, weil es an einem konkurrenzfreien Adressaten fehlt, an den man sich in Fragen der Empirie des Erkennens wenden könnte. Ein richtiger Weg, der aus diesem Dilemma herausführt, ist kaum zu erkennen. Man kann allenfalls mehr oder weniger problembewußt verfahren. Charakteristischerweise spricht man von »cognitive sciences« im Plural. Die derzeit beste Möglichkeit dürfte es sein, den Ausgangspunkt in transdisziplinären Fächern zu suchen und von dort aus für eine der Disziplinen zu optieren, ohne damit andere Möglichkeiten auszuschließen. Wir haben die Soziologie gewählt.

Eine Alternative zur üblichen erkenntnistheoretischen Begründung (aber vielleicht ist es gar keine Alternative, sondern nur eine etwas ungewöhnliche Art der Frage nach den Bedingungen der Möglichkeit) wäre die Fundierung der Disziplindifferenzierung in der Quantenphysik. Auch dies würde der Notwendigkeit Rechnung tragen, vorab sicherzustellen, daß alle Erkenntnis und damit alle Disziplindifferenzierung in ein und derselben Welt stattfindet, für deren Beobachtung die Quantenphysik letzte Bedingungen angibt. Man könnte dann sagen, daß jede Disziplin Tatbestände erforscht, die mit diesen Bedingungen kompatibel sein müssen; daß aber andererseits die Grundgleichungen der Quantenphysik, selbst wenn man sie empirisch auffüllen und ausrechnen könnte, nicht ausreichen, um die Autopoiesis der lebenden, denkenden, kommunizierenden Systeme zu erklären.

Abschließend eine Bemerkung zur Unterscheidung von Natur- und Geisteswissenschaften. Diese Unterscheidung hat mit der Disziplinendifferenzierung nichts zu tun. Man sieht dies schon daran, daß manche Disziplinen, etwa die Soziologie, aber auch die Wirtschaftswissenschaften oder die Sozialpsychologie, sich ihr nicht zuordnen lassen. Auch ist die Disziplinendifferenzierung allmählich gewachsen durch Aufnahme und Konsolidierung von Hinzukömmlingen, und sie wird aller Voraussicht nach als Struktur des Wissenschaftssystems erhalten bleiben, was man von der Unterscheidung von Natur- und Geisteswissenschaften kaum mit gleicher Sicherheit wird behaupten wollen. Wozu also diese Unterscheidung?

Offenbar ist sie entstanden unter dem Eindruck eines Ungenügens des Wissenschaftskonzepts der klassischen Naturwissenschaften. Die Wurzeln der Abspaltung eines besonderen Komplexes der Geisteswissenschaften liegen teils in der romantischen Kritik der Naturwissenschaften, teils in den Besonderheiten von Reflexionstheorien für Disziplinen wie Theologie oder Jurisprudenz, die auf Textexegese angewiesen sind und seit dem ausgehenden 18. Jahrhundert mit dem Titel »Hermeneutik« zeichnen. Erst im ausgehenden 19. Jahrhundert, besonders auf Anregungen von Dilthey und einiger Neukantianer, aber auch aufgrund des Erfolges »historischer Schulen« hat sich die Unterscheidung von Natur- und Geisteswissenschaften verfestigt und dann ihrerseits Methodenkontroversen ausgelöst.

Auch wenn Geisteswissenschaften gegenwärtig, sozusagen turnusmäßig, wieder »in« sind, hat die Unterscheidung ihre historische Aufgabe erfüllt und ist damit obsolet geworden. Auf der negativen Seite ihrer Bilanz kann man festhalten, daß sie die Begriffe Natur und Geist ruiniert hat, weil sie die Frage nach der dieser Unterscheidung zugrundeliegenden Einheit nicht stellen, geschweige denn beantworten konnte. Die Unterscheidung blieb so an die Primitivform eines bloßen Duals gebunden, das sich nicht als Unterscheidung rechtfertigen kann, sondern mit dem Hinweis sich begnügt, daß es so etwas wie Natur und Geist eben gibt. Positiv ist dagegen zu verzeichnen, daß die Wissenschaftskonzeption der Geisteswissenschaften sich mit entsprechenden Abstraktionen im heutigen »Konstruktivismus« praktisch durchgesetzt hat, nicht nur durch das Verdienst ihrer Offenheit für zirkuläre Vernetzungen und selbstreferentielle Verhältnisse, sondern unterstützt auch durch die immer weitere Auflösung naturaler Einheiten durch die Naturwissenschaften selber und nicht zuletzt durch die Gödel-Katastrophe der Logik. Weder kann man von sich selbst evidenzierenden Wahrnehmungen, noch von intuitiv sicheren Axiomen ausgehen. Es gibt diese Art von Input von Wahrheit in das Wissenschaftssystem nicht. Damit haben die Naturwissenschaften ihre von Euklid bis Hilbert und Carnap gesuchte Form aufgegeben. Wenn aber die Opposition von Natur und Geist damit ihren Sinn verliert, muß die Begrifflichkeit insgesamt revidiert werden. Man kann das, was dabei herauskommt, dann wieder als Natur oder auch als Geist bezeichnen unter Kappen der für diese Begriffe wichtigen Traditionsbezüge.[150] Wenn aber nun in dieser Frage nur noch

---

150 Vgl. hierzu nur Gregory Bateson, Natur und Geist: Eine notwendige Einheit, dt. Übers., Frankfurt 1982. So für deutsche Leser. Im englischen Original heißt es »mind«.

eine willkürliche Option oder nur noch die Konfusionen des »new age« gegeben sind, empfiehlt es sich vielleicht, die Begriffe ganz aufzugeben und auch darauf zu verzichten, die Aufhebung ihres Gegensatzes mit einer besonderen Emphase als Einheit zu bezeichnen.

XII

So wie die Wahrheit kein Wahrheitskriterium sein kann, so gibt es auch kein Kriterium für »richtige Reduktionen«. Die bisher angestellten Überlegungen sind denn auch ohne ein solches Kriterium ausgekommen. Das gilt für Formen der Differenzierung, nach denen sich Disziplinen bilden; aber auch für Theorien und Methoden und für Argumentation. Natürlich soll damit nicht gesagt sein, daß die Wissenschaft ohne Urteilsmaßstäbe auskäme und nicht »kritisch« vorgehen könne. Nur sind alle Kriterien selbst ein Produkt der Operationen, die mit Hilfe dieser Kriterien beurteilt werden. Alle Kriterien schließen (und das sagen ja Begriffe wie kritérion, kánon, regula seit alten Zeiten) an eine vorgegebene Zweiwertigkeit an, in unserem Falle also an den Code wahr/unwahr. Aber das heißt nicht, daß sie ab extra gegeben sein müßten. Was als Richtigkeit in einer Wissenschaft Anerkennung findet, ergibt sich in einer gewissen *Distanz* zu der Frage: wahr *oder* unwahr? – es ergibt sich daraus, daß die Unterscheidung des Code als Einheit gesehen und als noch zu entscheidende Frage behandelt werden kann.[151] Eine Theorie hat ihre Einheit darin, wahr oder unwahr sein zu können, und die Richtigkeit der Richtigkeit ist letztlich nichts anderes als die Richtung der Operationen auf die binär codierte Einheit des Systems.

Ist dies einmal gesagt und akzeptiert, dann lassen sich aber doch Unterscheidungen präzisieren, die im Vergleichsfalle eine Beurteilung von Disziplinen, Methodologien, Theorien und eventuell sogar Argumenten ermöglichen. Unterscheidet man Reduktion und Steigerung von Komplexität, Auflöse- und Rekombinationsvermögen, Varietät und Redundanz, dann kann man auch zu diesen Unterscheidungen wiederum Distanz ge-

---

151 Zum Problem der Distanz von einer Unterscheidung, die man gleichwohl verwendet, vgl. auch Niklas Luhmann, Soziale Systeme, a.a.O., S. 597.

winnen und die Einheit der Unterscheidung als ein kombinatorisches Problem behandeln, im Hinblick auf welches sich unterschiedliche Lösungen denken und vergleichen lassen. Die Mathematisierung der Physik und eventuell anderer Disziplinen bietet dafür ein eindrucksvolles Beispiel. Andere Beispiele findet man in Forschungsbereichen, die im vorangehenden Abschnitt als transdisziplinär charakterisiert worden sind. Auch die Methode der funktionalen Analyse wäre hier zu nennen, sofern sie sich das Ziel setzt, möglichst Heterogenes als noch vergleichbar auszuweisen. Diese Fragen ließen sich jedoch nur im disziplin- und theorieabhängigen Detail weiterverfolgen. Wir müssen uns daher mit dem Hinweis begnügen.

In anderer Richtung sind jedoch noch einige weitere Schritte möglich. Seit Reichenbach ersetzt man den Bezug auf ein Kriterium der Wahrheit oder der Richtigkeit gern durch die Unterscheidung von context of discovery und context of justification.[152] Bemerkenswert ist daran zunächst die Strategie, eine Einheit durch eine Unterscheidung, also Identität durch Differenz zu ersetzen. Achtet man auf die Paradoxie eines sich selbst rechtfertigenden Kriteriums, kann man auch ein Verfahren der Entparadoxierung vermuten. Das bestätigt sich durch einen Blick auf Parallelfälle – etwa auf die Auflösung der Paradoxie des Rechtscodes (Recht und Unrecht als Recht) durch die Unterscheidung von Gesetzgebung und Rechtsprechung oder auf die Auflösung der Knappheitsparadoxie (Alles Haben ist im System zugleich weniger Knappheit für den, der hat, und mehr Knappheit für die anderen) durch die Unterscheidung von Mengenbestimmungen und Verteilungsentscheidungen. Man erkennt an diesen Parallelen die Struktur des Vorgangs: die Paradoxie wird entfaltet durch eine Unterscheidung, in der beide Seiten einander wechselseitig voraussetzen. Diese zirkuläre Implikation verstellt dann den Durchblick auf die Parado-

---

152 Siehe Hans Reichenbach, Experience and Prediction, Chicago 1938. Auch die »Wissenssoziologie« hat im übrigen die entsprechende Unterscheidung von »Genesis« und »Geltung« immer wieder benutzt, um sich gegen den Vorwurf des Relativismus, also gegen die Paradoxie einer nicht relativierten Behauptung der Relativität allen Wissens, zu verteidigen. Siehe aber auch die Einwände dagegen in Mannheims Wörterbuchartikel Wissenssoziologie, zit. nach dem Abdruck in: Karl Mannheim, Ideologie und Utopie, 3. Aufl., Frankfurt 1952, S. 222-267 (243).

xie und läßt sich asymmetrisieren: erst Entdeckung, dann Rechtfertigung; erst Gesetzgebung, dann Rechtsprechung, erst Mengenbestimmungen, dann Verteilungsentscheidungen. Die Selbstreferenz wird, mit anderen Worten, in rekursive Operationen übersetzt, deren Resultate als Ausgangspunkt für das Gewinnen weiterer Resultate dienen, wobei dann der Zirkel nachvollzogen werden kann, wenn es zu Operationen in Gegenrichtung kommt, etwa die Strukturierung des rechtfertigungsfähigen Wissens Entdeckungen anregt.

Ein Beobachter wird diesen Trick durchschauen – und sich ihm trotzdem nicht entziehen können.[153] Er, und nur er, beobachtet die Paradoxie, die auf diese Weise entfaltet wird. Er gewinnt dadurch Distanz zu der Unterscheidung, mit deren Hilfe das geschieht – hier also zu der Unterscheidung von context of discovery/context of justification. Er wird sich deshalb auch nicht damit begnügen, der geläufigen Interpretation dieses Schemas mit Hilfe der Unterscheidung irrational/rational zu folgen, sondern wird die Asymmetrisierung des Zirkels genauer begreifen wollen. Zu diesem Zwecke muß er besser anschlußfähige Unterscheidungen substituieren. Wir wollen dies mit Hilfe der Unterscheidung Zufall/Struktur versuchen.

Man kann autopoietische Systeme ganz allgemein unter dem Gesichtspunkt betrachten, wie weit sie in der Lage sind, *Zufälle in Strukturen zu transformieren*.[154] Ungefähr dasselbe ist gemeint, wenn man davon spricht, daß *Gelegenheiten genutzt werden*. Für alle autopoietischen Systeme ist die Gegenwart durch eine momentane Synchronisation mit der Umwelt definiert, die sich teils durch Eigenbewegung, teils durch Umweltereignisse sofort wieder auflöst. Dies gilt unabhängig von der

---

[153] Analysen, die dies zeigen, sind z.B. Walter Benjamin, Zur Kritik der Gewalt, zit. nach ders., Gesammelte Schriften, Bd. II.1, Frankfurt 1977, S. 179-203, und Guido Calabresi/Philip Bobbitt, Tragic Choices, New York 1978, für Recht und Wirtschaft respective.

[154] Ein ähnliches Konzept für die situative Genese instrumentell brauchbarer politischer Begriffe ist Quentin Skinner zu danken und hat inzwischen weitläufige historische Forschungen angeregt. Siehe Quentin Skinner, The Foundations of Modern Political Thought, 2 Bde., Cambridge Engl. 1978; ferner: Terence Ball/John G. A. Pocock (Hrsg.), Conceptual Change and the Constitution, Lawrence Kansas 1988; Terence Ball/James Farr/Russell L. Hanson (Hrsg.), Political Innovation and Conceptual Change, Cambridge Engl. 1989.

Frage, ob das System über ein Zeitschema der Selbstbeobachtung verfügt, sich also zusätzlich die Gegenwart als Differenz von Vergangenheit und Zukunft vorstellen kann. Die momenthafte, ereignismäßige Synchronisation von System und Umwelt kann im System Spuren hinterlassen – oder auch nicht. Sie kann zu einer Änderung von Erwartungen führen oder nur als Ad-hoc-Ereignis gesehen – und vergessen werden.

Von Gelegenheit sprechen wir im Hinblick auf eine nur momentan gegebene Möglichkeit, etwa die, die sich aus einer Wahrnehmung oder einem Einfall ergibt, also aus Bewußtseinszuständen, die sehr rasch wieder versinken, wenn sie nicht in die Kommunikation eingegeben und so mit Redundanz, und dadurch mit Möglichkeiten des wahlfreien Zugriffs ausgestattet werden. Als Zufall können solche Gelegenheiten bezeichnet werden, wenn sie in den strukturellen Dispositionen des Systems nicht vorgesehen sind, also nicht systematisch erzeugt werden und mit den Systemzuständen vor und nach dem Ereignis keinen Zusammenhang aufweisen.

Da Zufälle auf der Stelle genutzt werden müssen, ist ein Schnellerkennungsverfahren erforderlich. Man muß gleichsam in einem Blick sehen können, was mit einer Idee, einer überraschenden Erfahrung, einem Mißverständnis anderes anzufangen ist. Man hat dies als Sache persönlicher Begabung angesehen und, vor allem im 19. Jahrhundert, Genialität entsprechend definiert.[155] Entsprechend wird dann die Evolution der Wissenschaft in ihrem Mechanismus der Variation auf Individuen zugerechnet. Es wird ja auch niemand bestreiten wollen, daß menschliches (körperlich-mentales) Wahrnehmen und Imaginieren hierzu unentbehrlich ist. Letztlich leistet diese Erklärung aber nur eine Verschiebung der Systemreferenz, sie wiederholt nur das Problem, gibt der Unbegreiflichkeit[156] nur einen anderen Namen.[157] Man sollte daher zunächst

---

155 Genie sei, wer ... »etwas *Ungemeines* leistet, das Alte neu gestaltet oder ganz neues erfindet und überhaupt in seinen Hervorbringungen *Original* ist ...«. »Die Genialität gehört zu der Individualität, und da diese unbegreiflich ist, so ist auch Genialität etwas Unbegreifliches«, sagt der Brockhaus (Real-Encyclopedie oder Conversations-Lexicon, 5. Ausg., Leipzig 1820, S. 130).
156 Siehe das Zitat in der vorigen Anmerkung.
157 Vgl. zu dieser Kritik auch Peter Caws, The Structure of Discovery: Scientific discovery is no less logical than deduction, Science 166 (1969), S. 1375-1380.

einmal fragen, was überhaupt erklärt werden soll. Der Zufall?

Mit einer leichten Verschiebung der Problemstellung kann man, statt sich um eine De-randomisierung des Zufalls zu bemühen, fragen, wovon es abhängt, daß Zufälle *hinreichend häufig genutzt* werden. Oder mit einem Märchenbegriff: wie die Serendipität eines Systems gesteigert werden könne.[158] Man sieht dann sehr rasch, daß die Antwort im Bereich von Theoriekomplexität, von Redundanz, von Anschlußfähigkeit gesucht werden muß. Komplexere Suchnetze werden leichter auf Gelegenheiten reagieren als weniger komplexe. Gerade wenn das System seine eigenen Entdeckungen nicht planen und nicht prognostizieren kann, muß es ein hochredundantes Netzwerk von Erwartungen ausbilden, in denen sich das eine oder andere Ereignis verfangen wird. Das Unbekanntsein der Außenwelt und die Unvorhersehbarkeit der eigenen Wissenserwerbe werden dadurch kompensiert, daß das System, wenn es Erwartungen ausgebildet und vernetzt hat, sowohl auf Bestätigung als auch auf Enttäuschungen reagieren kann. Was immer ad hoc mit einer Erwartung geschieht, hat im System dann nicht nur diesen Effekt, sondern noch andere Konsequenzen. Auch in diesem Sinne bewährt sich unsere Theorie: daß Offenheit nur durch Geschlossenheit erreicht werden kann und daß die Zahl der Außenkontaktstellen sehr viel geringer sein muß als die Zahl der Innenkontaktstellen, so daß ein Ereignis viele Veränderungen zur Folge haben kann und kleine Ursachen, wenn das System in Resonanz versetzt wird, weitreichende Wirkungen auslösen können.

Dies führt zu der weiteren Annahme, daß, wenn ein operativ geschlossenes, intern kontaktreiches System einmal eingerichtet ist, der Außenkontakt von da aus stimuliert wird und, wie bei Tieren, ein Verhalten die Folge ist, das ein Beobachter als Suchverhalten, als Exploration, als Provozieren von Stimulation beschreiben wird. Das System tut aber nur, was es tut. Es beschäftigt sich. Es operiert als ein strukturell determiniertes System im Rahmen der Möglichkeiten, die es sich durch dieses Operieren erschließt. Die so erreichbare Dynamik kann immer

---

158 Bezogen auf die Prinzen von Serendip, die auszogen, um etwas noch Unbestimmtes zu erleben.

nur zu umweltangepaßten Zuständen führen. Der Gegenfall wäre: Beendung der Operation. Aber das Tempo der Variation der Strukturen und damit das, was einem Beobachter (inclusive: dem System selbst) als Fortschritt erscheinen kann, variiert mit der Komplexität des Systems und mit Eigenarten seiner Strukturen, in unserem Falle: seiner Theorien. Die weitere Forschung müßte sich deshalb mit der Frage befassen, welche Faktoren hier einen Unterschied machen.

Kapitel 7

Reflexion

I

Operativ geschlossene autopoietische Systeme haben zwei auffällige Eigenarten, die für jeden Beobachter und Beschreiber und insofern auch für sie selbst zum Problem werden können. Sie gründen sich auf eine fundamentale Zirkularität, und sie können die Einheit des Systems nur erzeugen, aber nicht im System noch einmal vorsehen. Aus dem erstgenannten Grund führt jeder Versuch der Beobachtung und Beschreibung letztlich auf eine Tautologie oder, wenn Negationen zugelassen sind, auf eine Paradoxie. Aus dem zweiten Grund gibt es keine vollständige Selbstbeschreibung des Systems. Ein System kann sich selbst nur über intern gezogene Grenzen hinweg beobachten. Die vielleicht folgenreichste, jedenfalls auffälligste Lösung dieses Problems findet man im Nervensystem eines Organismus. Der Organismus beobachtet sich selbst – und nichts anderes als sich selbst – mit Hilfe seines Nervensystems, das für diese Funktion ausdifferenziert ist und Zustände des Organismus unter im Nervensystem anschlußfähigen Gesichtspunkten diskriminieren kann. Diese Form kann in den Bereichen der sinnhaft prozessierenden Systeme nicht übernommen werden.[1] Hier kommt es zu einer in allen systemeigenen Operationen mitlaufenden Beobachtung – sei es als Vorstellung des soeben Gedachten; sei es als Orientierung einer Kommunikation an der Möglichkeit der Kommunikation über sie selbst. Und außerdem können besondere Gedanken bzw. Kommunikationen ausdifferenziert werden, die das System an seiner eigenen Einheit orientieren. Das System kann sich in sich selbst zwar repräsentieren, indem es Repräsentanten für diese Funktion auszeichnet, und es kann mit irgendwelchen Unterscheidungen

---

[1] Deshalb hat es einen zunächst nur metaphorischen Sinn, wenn man Geld, Wissen, Recht usw. als das Nervensystem der Gesellschaft bezeichnet. Immerhin ist diese Metaphorik nicht oberflächlich angesetzt; denn sie führt vor das Problem, wie denn sonst, wenn nicht in dieser Weise von Nerven, die Gesellschaft eigene Zustände diskriminiert.

(zum Beispiel der von System und Umwelt) die Identität des Systems bezeichnen. Auf der Ebene der systemeigenen Operationen ist dies aber immer nur selektives Verhalten zu sich selbst. Das heißt: ein solches Verhalten kann seinerseits im System beobachtet und beschrieben werden. Es realisiert nur eine unter mehreren Möglichkeiten. Es aktualisiert sich in einem letztlich pluralen (oder polykontexturalen) Möglichkeitsbereich. Es kann behaupten, die beste oder einzig richtige Lösung der bezeichneten Probleme zu sein, aber es kann diese Behauptung nicht begründen, sondern nur der Beobachtung und Beschreibung aussetzen.

Jedes operativ geschlossene System erzeugt mithin das Zwillingsproblem der Zirkularität und der reduktiven Selbstbeschreibung. Die Zirkularität muß unterbrochen, muß asymmetrisiert werden. Die Selbstbeschreibung muß, obwohl auf Selektion angewiesen, riskiert und ihrerseits der Beobachtung und Beschreibung ausgesetzt werden. Es liegt nahe, beide Operationen der alogischen Selektion (Franzosen würden vielleicht sagen: der violence) in einem Schritt zu vollziehen. Im Rechtssystem zum Beispiel wird dieser Schritt mit dem Erlaß einer Verfassung vollzogen. Im Wissenschaftssystem, das ja nicht ein Handeln, sondern ein Erleben organisieren muß, ist die Sache nicht so einfach. In der Praxis wissenschaftlicher Forschung geht man mit hinreichender Sicherheit vom Stand der Forschung aus, verläßt sich also auf die historisch vorgegebene Asymmetrie. Man erspart sich außerdem einen Begriff der Einheit des Systems, in dem man operiert, durch eine Art Kontextorientierung. Man braucht nie *alles* (einschließlich Theorien und Methoden) zu problematisieren, sondern findet genügend Anhaltspunkte dafür, daß die jeweils anstehenden Operationen sich als wissenschaftliche Forschung (und nicht als irgendetwas anderes) ausweisen können. Aber es mag Grenzfälle geben wie zum Beispiel das mengentheoretische Paradox oder auch Notwendigkeiten, im Gesellschaftssystem plausibel zu machen, daß die Wissenschaft Wissenschaft treibt. Und reichen dann zirkuläre Argumente aus?

Auch die Wissenschaft stößt mithin auf das Zwillingsproblem der Zirkularität und der Mehrheit möglicher Selbstreferenzunterbrechungen im Vollzuge einer Mehrheit möglicher Selbstbeschreibungen. Irgendwie muß auch das Wissenschaftssystem über die Tautologie (es weiß, was es weiß) oder über die Paradoxie (es weiß, daß es noch nicht weiß, was es noch nicht weiß) hinausgelangen. Es stößt selbst auf Probleme, die sich intern als Vollständigkeitsprobleme oder als Begründungsprobleme darstellen. Aber da es zugleich ein Funktionssystem der Gesellschaft ist, findet es sich auch mit externen Anfragen nach der Letztvalidität wissenschaftlichen Wissens konfrontiert, etwa von Seiten der Religion und heute in erheblichem Maße auch von Seiten der ökologisch bedrängten Politik.

So entstehen Reflexionstheorien, Erkenntnistheorien, Wissenschaftstheorien. Sie übernehmen die Aufgabe, die Selbstreferenz des Systems zu entfalten, die Zirkularität zu asymmetrieren, das im System kursierende Symbol Wahrheit durch einen feststehenden Ausdruck (eben: Wahrheit!) zu bezeichnen und dessen Verwendung zu konditionieren. Die Anschlußfähigkeit im System bringt dann ersatzweise zum Ausdruck, was anders nicht gegeben werden kann: die Einheit des Systems im System. All dies wird durch eine Semantik geleistet, die mit dem Problem zu ringen hat, daß sie ihre Aufgabe »alogisch« erfüllen muß; daß sie nicht einfach das System im System duplizieren kann, sondern auswählen, verkürzen, simplifizieren muß; und daß sie im System nur unter der limitierenden Bedingung der Autopoiesis, das heißt: nur als Operation aktualisiert werden kann mit der Folge, daß sie als Kommunikation beobachtbar, beschreibbar, kritisierbar und ablehnbar auftreten muß.[2] Jede Reflexionstheorie ist an die Form einer historischen Semantik gebunden.

Wir halten uns mit dieser Charakterisierung von Reflexionstheorien die Frage noch offen, welchen praktischen Verwendungswert diese Theorien des Systems im System haben. Ihr Anspruch auf forschungspraktische Verwendbarkeit kann unterschiedlich weit getrieben werden. Es mag sich um nichts

---

[2] Oft wird dies heute als »konventionelle« Geltung bezeichnet; so zum Beispiel im Anschluß an Wittgenstein, David Bloor, Wittgenstein: A Social Theory of Knowledge, London 1983, passim, insb. 119 ff. Damit wird jedoch nur erneut ein Einheitsterm vorgeschlagen, während die entscheidende Einsicht gerade in der Unausweichlichkeit von Differenz liegt – eben in der Beobachtbarkeit der Spezifik jeder Beobachtung.

weiter als abstrakte methodologische Regeln handeln, die sich als Bedingungen der Rationalität des Forschungsverhaltens vorstellen; oder um Explikate des Begriffs der Vernunft mit dem Nebensinn, daß jeder, der sich diesen Anweisungen nicht fügt, eben unvernünftig handelt. Durchweg nehmen die Reflexionstheorien der Tradition einen normativen Gehalt in Anspruch (das heißt: man kann zwar, sollte aber um der Rationalität willen nicht gegen sie verstoßen). In diesem Sinne spricht man von Erkenntnistheorie oder Epistemologie.[3] Ob es nach dem Gödel-Schock und bei dem wachsenden Interesse an rein deskriptiven »cognitive sciences« bei dieser Festlegung auf Normen gebende oder Normen explizierende Reflexion bleiben kann, ist derzeit nicht sicher auszumachen. Aus diesem Grund bilden wir den abstrakteren Begriff der Reflexionstheorie und halten mit diesem Begriff nur fest, daß es sich um eine Beschreibung des Systems im System handeln muß, also um eine Beschreibung, von der ein Beitrag zur Fortsetzung der spezifischen Autopoiesis des Systems erwartet wird.

II

Es ist ein historisch und empirisch gut belegbarer Sachverhalt: Im 17. und vor allem im 18. Jahrhundert entstehen in den wichtigsten Funktionsbereichen der modernen Gesellschaft neuartige Beschreibungen der jeweiligen Funktionen und der mit ihnen verbundenen Probleme. Wie immer umstritten es bleiben mag und wie leicht es sein wird, Kontinuitäten mit älterem Gedankengut und Vorläufersemantiken aufzudecken: man kann die Mitte des 17. Jahrhunderts als eine Art Schwelle ansehen, nach der neuartige Konsolidierungen möglich werden – wenngleich nicht in allen Funktionssystemen zugleich.[4]

[3] Ausnahmen, wie zum Beispiel »Evolutionäre Erkenntnistheorie«, sind neueren Datums.
[4] Eine ganz andere Frage ist, ob man die politischen Konsolidierungen, die um diese Zeit erreicht werden, als die ausschlaggebende Ursache bezeichnen kann. So Theodore K. Rabb, The Struggle for Stability in Early Modern Europe, Oxford 1975. Man könnte auch auf das stärkere Unabhängigwerden der Personalrekrutierung und der Erfolgschancen in spezifischen Funktionssystemen von der stratifikatorischen Ordnung der »Qualitäten« hinweisen (was nicht leugnen soll,

Die Annahme einer natürlichen Perfektion der von Gott geschaffenen Welt tritt zurück. Diese Kosmologie hatte zwar Argumente erforderlich gemacht, daß Bemühungen um Wissen, Politik, Erziehung, Recht usw. trotzdem noch erforderlich seien (was heute als ebenso selbstverständlich wie überflüssig erscheinen mag); aber sie hatte sich mit Zusatzargumenten begnügen können, deren Ausgangspunkt das Zugeständnis möglicher Privationen, Korruptionen, der Sündenfall usw. gewesen war.[5] In dem Maße, als Funktionssysteme ausdifferenziert werden, löst sich die Voraussetzung naturaler Perfektion/Korruption der Welt auf. Daß ein Bedarf für Funktionssysteme besteht, braucht dann gar nicht mehr begründet zu werden; aber um so mehr wird die Frage zum Problem, um was es dabei geht.

Die Ausdifferenzierung von Funktionssystemen schließt für ihren Bereich und damit letztlich auch für die Gesamtgesellschaft Selbstbeschreibungen aus, die sich mit der Angabe eines Gattungsbegriffs begnügen. Über die Angabe der Gattung »Mensch«, »Grieche« erreicht man die Möglichkeit eines Vergleichs mit anderen Gattungen und damit auch den Anschluß an allgemeinere Normierungen. Auch wenn in der alten Welt Selbstbeschreibungen nach außen abgrenzend wirkten (etwa: Griechen, Christen), gab es doch innerhalb der so beschriebenen Einheit eine Mehrheit von Systemen (Städten, Fürstentümern etc.), die sich an die Norm des gemeinsamen Etiketts halten konnten. Zur Individualität des Einzelsystems kam man dann nicht über die Frage nach seinem Wesen, sondern über einen Prozeß konkreter, vor allem regionaler Spezifikation. Die Gesellschaften mußten Namen haben, um sich innerhalb der Gattung Mensch unterscheiden zu können. Nicht zuletzt folgte daraus, daß die konkreten Systeme nicht als autonom und selbstregulativ begriffen werden konnten.

Auf diese Form von Selbstbeschreibung durch Einordnung in

daß Oberschichten immer überdurchschnittliche Chancen haben, denn sonst wären sie keine).

[5] Noch Locke argumentiert, daß die (individualistisch begriffene) Natur des Menschen an sich das Leben in einer einzigen Gesellschaft nahelege – were it not for the corruption and viciousness of degenerate men, die kleinere Einheiten, und man hat hier an Staaten zu denken, erforderlich mache. Siehe John Locke, Two Treatises of Civil Government, II § 128, zit. nach der Ausgabe der Everyman's Library, London 1953, S. 181.

den Essenzenkosmos der Natur muß man verzichten in dem Maße, als Funktionssysteme ausdifferenziert werden; denn diese Systeme finden keine »ähnliche« Exemplare außerhalb ihrer Grenzen, an denen ein Vergleich sich orientieren könnte, sie nehmen eine spezifische Funktion exklusiv wahr und sind für alles, was in den Bereich dieser Funktion fällt, alleinzuständig. Vergleiche bleiben möglich, aber sie müssen begrifflich, müssen wissenschaftlich, müssen durch einen Beobachter erzeugt werden. Damit fallen Differenzen zwischen System und Umwelt stärker ins Gewicht. Mit der aristotelischen Theorie wird auch die Vorstellung einer natürlichen Teleologie und einer in der Perfektion zur Ruhe kommenden Bewegung aufgegeben. Man verzichtet auf die alte Lehre, über Ziele sei nicht zu diskutieren; sie verstünden sich von selbst. Man braucht jetzt Motive, fragt nach Motiven, durchschaut vorgetäuschte Motive und zweifelt an so etwas wie natürlich-guter Motivation. In allen Funktionsbereichen bleibt die Vorstellung von Aufgaben zunächst erhalten; sie profiliert sich nur schärfer, zieht stärkeres Könnensbewußtsein an und löst damit auch eine anspruchsvollere Methodendiskussion aus (und wie die Breite der ramistischen Mode zeigt: keineswegs nur in der Wissenschaft). Erst im Laufe mehrerer Jahrhunderte einer relativ kontinuierlichen Entwicklung macht sich schließlich bemerkbar, und erst im 19. Jahrhundert setzt sich in zahllosen terminologischen Neuerungen durch, daß es entscheidend auf *Differenz* ankommt. Die Einheit, auf die reflektiert wird, muß im Unterschied gefunden werden und nicht im Endziel – im Unterschied etwa der rechtsförmig artikulierten politischen Macht zum monetär kalkulierten Eigentum oder im Unterschied der theologisch betreuten Religion zu den Naturvorstellungen, die die Wissenschaft als die ihren pflegt; oder im Unterschied der pädagogisch ambitionierten Bildung zu dem, was die Politik des Vormärz von ruhigen Untertanen erwartet. So ist die Staatsidee Hegels schon im Moment ihrer Formulierung obsolet und das, was für ihn Geist ist, kann allenfalls noch ein Grenzbegriff sein. Gegen alles, was von alters her plausibel sein kann, zeigt sich, daß die Einheit in den Reflexionstheorien von der Differenz her gedacht wird. Die noch verborgene Motorik des Umbaus der alteuropäischen Zivilsemantik geht von der funktionalen Differenzierung des Gesellschaftssystems aus.

Gerade das heißt nun, daß Autonomie und Selbstregulation nahezu aufgezwungen werden. Das Religionssystem ist das erste, das diesen Sachverhalt zu spüren bekommt mit der Folge, daß die Reflexionslast und die Inkommensurabilität theologischer Problemlösungen ins Schisma führen. Entsprechend werden zunächst Methodik und Systematik des individuellen Seelenheilsstrebens verstärkt – und dies im Gesamtsystem, also auf protestantischer wie auf katholischer Seite. Nach und nach geraten aber auch die anderen, sich herausbildenden Funktionssysteme unter diese neuartigen Anforderungen. Sie müssen ihre Reflexion individualisieren, im eigenen System durchführen und selbst verantworten, ohne sich an anderen Fällen orientieren zu können. Sie können nicht mehr zugleich als Selbstbeobachter und als Fremdbeobachter fungieren, sondern sind auf eine Anfertigung einer Selbstbeschreibung verwiesen, die zwar mit gängigen semantischen Materialien (Beispiel: Systembegriff) gearbeitet sein können, aber in ihrem Gegenstand nur noch auf einen einzigen Fall, auf das beschreibende System selbst zutreffen. Will man jetzt noch Vergleiche durchführen, erfordert das eine theoretische Distanz. Die Funktionssysteme beschreiben sich mit Hilfe von Reflexions*theorien*, für die mehr oder weniger wissenschaftliche Deckung gesucht wird.

Für das politische System schiebt sich das Souveränitätsproblem in den Vordergrund und an die Stelle alter Lehren über politische Klugheit (inclusive ihrer Spätform »Staatsräson«). Alles weitere Theoretisieren muß sich dem Paradox stellen, daß oberste Gewalt zugleich ungebunden und gebunden operieren muß. Dem halten ethisch-naturrechtliche Limitierungen schließlich nicht mehr stand. Man versucht es in einer Übergangszeit, von Hobbes bis Rousseau, mit einer Wiederbelebung von Vertragstheorien, verfängt sich damit aber im Zirkel der Frage nach der Herkunft der Bindungswirkung des Vertrags.[6] An die Stelle die-

---

[6] Und die schreckliche Antwort kann dann nur sein: physische Gewalt. Vgl. etwa Simon-Nicolas-Henri Linguet, Théorie des loix civiles, ou Principes fondamentaux de la société, 2 Bde., London 1767. Siehe insb. Bd. 1 S. 284 ff. und zur Kritik der Vertragstheorie S. 230 ff. Andere Autoren, der Marquis de Mirabeau z. B. oder Kant, werden auf den historischen Prozeß der allmählichen Zivilisierung der Ge-

ser Diskussion treten aus Anlaß aktueller Vorkommnisse im letzten Drittel des 18. Jahrhunderts Verfassungstheorien, schließlich das Zukunftskonzept der »Demokratie«.

Auch die ökonomische Theorie beginnt bereits im 17. Jahrhundert mit neuartigen Überlegungen über strukturelle Bedingungen und Effekte, die sich beschreiben lassen ohne Bezug auf so etwas wie die Qualität der Waren oder die Ehrlichkeit der Kaufleute, also unabhängig von Fragen, die in der konkreten Interaktion interessieren.[7] Hier fällt nicht zuletzt das Gleichgewichtskonzept auf, das eine Distanz zu moralischen Fragen zum Ausdruck bringt, ferner die Frage nach den strukturellen Folgen der Geldwirtschaft (zum Beispiel Locke) und seit Adam Smith dann die Frage nach den strukturellen Effekten der Arbeitsteilung. Es ist klar, daß bei solchen Entwicklungen sich politische und wirtschaftliche Semantiken nicht mehr zur Einheit bringen lassen (schon gar nicht auf der Grundlage der alten Unterscheidung von oîkos und pólis) und daß man schließlich eine (ihrerseits vorübergehende) Lösung im Theorem der Differenzierung von Staat und Gesellschaft finden wird.

Wenn dies die prominenten Theorieentwicklungen sind, die Sozialwissenschaftler vor allem beachten, so doch keineswegs die einzigen. Seit der Mitte des 17. Jahrhunderts entsteht eine, wenn nicht seriöse, so doch anspruchsvolle Semantik für Intimbeziehungen, zunächst außerhäuslicher Art.[8] Im Laufe des 18. Jahrhunderts entwickelt sich dann eine immer stärkere Opposition gegen die elterliche Auswahl der Ehepartner, weil die Gründe dafür infolge der funktionalen Differenzierung an Plausibilität

walt verweisen und das Problem damit in die Zeitdimension verschieben. Das wiederum schließt an eine alte Lehre an, daß Gewalt aus sich heraus keine stabilen Zustände schaffen könne – es sei denn, daß sie zusätzlichen Bedingungen genüge, und zwar solchen des Rechts.

7 Vgl. hierzu speziell für das 17. Jahrhundert Joyce O. Appleby, Economic Thought and Ideology in Seventeenth-Century England, Princeton 1978. Anfangs des 18. Jahrhunderts gibt es kaum eine Weiterentwicklung, außer in den Diskussionen über »public credit«, dann aber die Physiokratie und der unvermeidliche Adam Smith!

8 Außerhäuslich deshalb, weil die Familienbildung selbst noch ganz durch das Stratifikationssystem geregelt ist. Hier habe, lautet das halbmoderne Argument, die Astrologie nichts zu suchen, weil es um Interessen gehe und nicht um Inklination. (Virgilio Malvezzi, Ritratto del Privato politico, zit. nach: Opere del Marchese Malvezzi, Mediolanum 1635, S. 92).

verlieren, und die Semantik der Liebe wird nun aufgeboten, um funktionsautonome Kriterien für die Bildung des Intimsystems Familie bereitzustellen.[9]

Ein anderer Bereich ist Erziehung. Zunächst wird deren Objekt, das Kind, reformuliert.[10] Daraus ergeben sich dann Einsichten in die Grenzen häuslicher Erziehung, die über die alte Diskussion der Entscheidungsmöglichkeiten des Vaters hinausgreifen und schließlich in das Postulat der allgemeinen öffentlichen Erziehung für die Gesamtbevölkerung münden. Von der Pädagogik wird jetzt verlangt, eine dafür geeignete Theorie zu liefern, und diese formiert sich (jedenfalls in Deutschland) nach einer »philanthropischen« Übergangsphase als Theorie der Bildung.[11]

Im Rechtssystem verläuft ein analoger Prozeß in der Form einer langwierigen und schmerzlichen Ablösung des Naturrechts. Da es hier um Normen geht, das heißt um Erwartungen, die den Widerstand der Tatsachen aushalten sollen, ist eine Selbstbegründung des Systems besonders schwierig, und zwar bis heute. Immerhin stellt das 18. Jahrhundert sich vom älteren Naturrecht auf ein modernes Vernunftrecht um (mit Hilfe des Arguments, daß die Vernunft die Natur des Menschen sei) und fordert nach einem kurzen Flirt mit der Transzendentalphilosophie am Ausgang des Jahrhunderts eine »Philosophie des positiven Rechts« (Feuerbach). Das ist ein verdecktes Autonomiepostulat, das dann seinerseits Kontroversen über mehr begriffliche oder mehr historische Invarianzvorgaben auslöst. Auf alle Fälle muß der Eindruck vermieden werden, es könne beliebig entschieden werden. Es zeigt sich aber, daß beliebiges Entscheiden (das Schreckgespenst des sogenannten »Dezisionismus«) ohnehin nicht vorkommt, und daß man sinnvoll nur

---

9 Diese Entwicklung habe ich nachgezeichnet in: Niklas Luhmann, Liebe als Passion: Zur Codierung von Intimität, Frankfurt 1982.

10 Siehe Philippe Ariès, L'enfant et la vie familiale sous l'ancien régime, Paris 1960. Vgl. hinsichtlich des Zeitpunktes aber auch Georges Snyders, La Pédagogie en France aux XVIIe et XVIIIe siècles, Paris 1965. Zur Umstellung von »Nachkommen« auf »Kinder« in der pädagogischen Bewegung vgl. auch Konrad Wünsche, Die Endlichkeit der pädagogischen Bewegung, Neue Sammlung 25 (1985), S. 433-449.

11 Siehe dazu Niklas Luhmann/Karl Eberhard Schorr, Reflexionsprobleme im Erziehungssystem, 2. Aufl. Frankfurt 1988.

streiten kann, ob das Recht seine »Legitimation« nachweisen muß oder ob seine Komplexität und seine rekursive Operationsweise allein schon ausreichen, um das Entscheiden »juristisch« zu disziplinieren.

Schließlich gerät auch das Religionssystem in eine Art Zugzwang – sozusagen als Folge von Entzugserscheinungen, die auf die Verselbständigung anderer Funktionssysteme zurückgeführt werden müssen. Bezeichnend ist, daß Neuentwicklungen zunächst außerhalb der Theologie anlaufen – so etwa die neue Schärfe, mit der seit Leibniz das Problem der Theodizee gestellt wird. Die Welt ist nicht länger ein Intermezzo der Heilsgeschichte, ein auf Zeit zu ertragendes Jammertal, sondern sie ist die Wirklichkeit schlechthin. Überall sieht man bessere Möglichkeiten, selbst Gott kann offenbar erst nach und nach eine befriedigende Welt schaffen, und die Frage spitzt sich daher zu, wie dies jetzt verfügbare Wissen mit dem traditionellen Begriff des guten und allmächtigen Gottes zu vereinen ist. Außerdem werden biblische Details, wie immer stilistisch »sublim« dargeboten, inhaltlich unglaubwürdig. Hölle und Teufel – die notwendigen Diskriminierungen – werden als Metaphern funktionalisiert; sie sind nur noch psychologisch notwendig, weil man sich Schmerzen (hier: der verlorenen Seele laut Matthäus XVI,26) nicht wirklich vorstellen kann, bevor sie eintreten.[12] Im Laufe des 18. Jahrhunderts müssen ältere kosmologische Traditionen in biblisch-exegetische Fragen umgewandelt werden. Zwar ist auch die Welt eine Offenbarung Gottes, aber hier bleibt er unsichtbar (wie man schon immer wußte: unsichtbar für die Lebenden). Der eigentliche Glaubensinhalt ist den Texten zu entnehmen, die speziell darüber berichten. Man muß deshalb auf jede Art von naturalen Beweisen verzichten. Deshalb wird »Hermeneutik« nun belastet mit all den Anforderungen der Selbstvergewisserung des rechten Glaubens, und auch dies schließlich zirkulär: unter der Voraussetzung dessen, was man aus den Texten zu gewinnen hofft.

Diese vielen Beispiele für neuartige Anforderungen an Reflexionsleistungen, die sich auf einen relativ kurzen historischen Zeitraum von nicht einmal zweihundert Jahren vom 17. bis zum

12 So Bischoff Paley (1734-1805) im Sermon XXXI »The Terrors of the Lord« zit. nach William Paley, The Works, London-Edinburgh 1897, S. 700-702.

19. Jahrhundert zusammendrängen und sich jeweils auf unterschiedliche Funktionssysteme beziehen, legen die Hypothese nahe, daß es einen *Zusammenhang* gibt zwischen der *Umstellung des Gesellschaftssystems auf primär funktionale Differenzierung* und einem dadurch *gesteigerten und dirigierten Reflexionsbedarf*. Funktionale Differenzierung heißt ja, daß sich in der Orientierung an der jeweils eigenen Funktion autonome Teilsysteme der Gesellschaft bilden, die sich selbstreferentiell reproduzieren, sich rekursiv an den jeweils selbstproduzierten Kommunikationen orientieren und damit die Merkmale von strukturdeterminierten autopoietischen Systemen realisieren. Der gesellschaftlichen Differenzierung folgt eine Differenzierung der Semantiken, der Theorien, die die Funktionssysteme über sich selbst aufstellen, um die eigene Autopoiesis zu interpretieren, um den neu gewonnenen Kombinationsspielraum zu ordnen und um die Paradoxie der selbstreferentiellen Konstitution in handhabbare Beschreibungen zu überführen. Dies kann nun nicht mehr unter gesellschaftlichen Gesamtformeln – wie zum Beispiel »gutes Leben« – geschehen, die praktisch nur für die Oberschicht gegolten und deren Funktion der Repräsentation der Gesellschaft in der Gesellschaft zum Ausdruck gebracht hatten. Eine solche Repräsentation gibt es nun nicht mehr. Kein Funktionssystem kann auf Kosten anderer beanspruchen, mehr als andere die Gesellschaft in der Gesellschaft zu repräsentieren.[13] Das aber heißt: daß eine theoretische Integration jener systemspezifischen Selbstbeschreibungen ausgeschlossen ist, da jede die Gesellschaft nur aus dem Gesichtswinkel ihrer eigenen Funktion beschreibt.

Wir haben das Funktionssystem Wissenschaft ausgeklammert – nur um jetzt sagen zu können, daß der festgestellte Sachverhalt auch am Funktionssystem Wissenschaft zu beobachten ist. Gegen eine Tradition philosophischer Epistemologie, die Erkenntnisfragen für fundamentaler gehalten und auf das Subjekt bezogen hatte, ergibt sich in soziologischer Perspektive ein genau gleicher Sachverhalt.[14] Auch die Wissenschaftstheorie ist

---

[13] Siehe Niklas Luhmann, La rappresentazione della società nella società, in: Roberto Cipriani (Hrsg.), Legittimazione e società, Roma 1986, S. 127-137.
[14] Sieht man von der Figur des Subjekts einmal ab, dann hat die Behauptung einer Vorrangstellung der Epistemologie auch darin einen Anhaltspunkt, daß andere

nur eine funktionsspezifische Reflexionstheorie unter anderen. Sie entfernt sich zwar immer wieder, vor allem als »Philosophie« unter Titeln wie Erkenntnistheorie oder Epistemologie, von ihrem Gegenstand und betrachtet ihn dann im Lichte von forschungsmäßig wenig relevanten Prinzipien oder logischen Postulaten. Aber wenn nun wiederum das beobachtet wird, findet man auch die berechtigte Forderung: zurück zur Wissenschaft.[15] Daß Wissenschaftstheorie überhaupt ausgearbeitet wird und daß sie im Zeitraum, den wir hier betrachten, ihr spezifisches Problem findet und nach dafür geeigneten Lösungen zu suchen beginnt, ist allem voran zunächst einmal gesellschaftstheoretisch zu erklären – so sehr man zugleich mitsehen muß, daß eine solche Erklärung nur durch eine Gesellschaftstheorie geleistet werden kann, die ihrerseits Wissenschaft zu sein beansprucht.

Ein geläufiger Einwand gegen dieses Argument wäre: daß man historische Genesis und wissenschaftliche Geltung unterscheiden müsse und in Geltungsfragen deshalb nicht soziologisch-historisch argumentieren könne. Aber die Unterscheidung von Genesis und Geltung ist ja, wie wir wissen, selbst ein wissenschaftstheoriespezifischer Entparadoxierungstrick und führt uns aus dem Zirkel nicht hinaus, sondern nur auf andere Weise wieder in ihn hinein. Es geht bei unserer Darstellung auch nicht um eine Begründung der Geltung bestimmter wissenschaftstheoretischer Positionen, sondern nur um die Vorfrage: wie überhaupt zu erklären ist, daß Wissenschaftstheorie (einschließlich Erkenntnistheorie im weitesten, seit dem 19. Jahrhundert üblichen Sinne) der Wissenschaft selbst überlassen bleibt. Das heißt dann nicht zuletzt: daß der Wechsel der Wissenschaftstheorien der Wissenschaft selbst überlassen bleibt und daß dieser Wechsel schon dadurch normal und erwartbar wird, daß

Reflexionstheorien (man denke an die Wirtschaftswissenschaften, aber im deutschen Sprachraum auch an die Rechtswissenschaft oder an die Pädagogik) sich als Wissenschaften zu legitimieren versucht haben. Darin liegt, vom jeweiligen Funktionssystem her gesehen, eine Flucht aus dem Zirkel der Selbstreferenz, zugleich aber auch ein Grund für die Reflexionstheorie des Wissenschaftssystems, sich selbst für besonders wichtig, wenn nicht für das Fundament aller anderen Reflexionsbemühungen zu halten.

15 So z. B. bei Mario Bunge, Epistemologie: Aktuelle Fragen der Wissenschaftstheorie, Wien 1983, S. 13 ff.

dieses System beobachten kann, wie sich die eine oder andere Form der Selbstbeschreibung im System auswirkt.

III

Die gesellschaftstheoretische, soziologisch-historische Analyse befreit uns natürlich nicht von der Frage: um was geht es in der Sache? Was ist und was leistet eine Reflexion des Systems, die im System selbst erbracht wird?
Da Selbstreferenz ein allgemeines Merkmal jeder Operation des Systems ist, da jede Operation rekursiv auf andere Operationen des Systems voraus- und zurückgreift, also jede Operation in der Lage ist, das System von etwas anderem zu unterscheiden, muß es sich bei Reflexion um einen engeren Tatbestand, um eine besondere Art von Operation handeln.[16] Die laufende autopoietische Produktion der Einheit des Systems durch Operationen des Systems ist nicht als solche schon Reflexion der Einheit des Systems. Um seine Operationen vollziehen zu können, in unserem Falle also: um forschen zu können, ist das System nicht darauf angewiesen, jede Operation an der Identität des Systems zu orientieren. Nur eine solche Orientierung an der Identität des Systems im Unterschied zu anderem wollen wir Reflexion nennen.
Nochmals und genauer: Die Einzeloperationen erzeugen das System. Sie diskriminieren das, was als System im rekursiven Netzwerk der erkennbar eigenen Operationen reproduziert wird. Sie unterscheiden zum Beispiel forschungsfördernde Kommunikationen von der Bitte um eine Zigarette, die in der gleichen Situation zwischen denselben Beteiligten aus Anlaß von kollegialer Bekanntschaft geäußert wird, also von außen gesehen in der »informalen Organisation« des Systems vorkommt, *aber nicht zur Autopoiesis des Systems beiträgt* (so wie nicht alle Moleküle, die sich im räumlichen Verbund einer Zelle finden lassen, zur Autopoiesis des Lebens beitragen). Das System diskriminiert sich selbst (wie immer ein Beobachter von

---

16 Zur Unterscheidung von Selbstreferenz und Reflexion vgl. auch Niklas Luhmann, Soziale Systeme, a.a.O., S. 599ff., 617ff.

außen aufgrund eigener Interessen und Wahrnehmungsfähigkeiten das System sehen und abgrenzen mag). Zum Vollzug solcher diskriminierender Operationen, die die Einheit des Selbstreproduktionszusammenhanges des Systems *erzeugen*, ist es nicht notwendig, die Einheit des Systems auch zu *bezeichnen*, das heißt: im Kontext einer Unterscheidung als dies (und nicht das) zu identifizieren.

Diese Bezeichnung (Beobachtung, Beschreibung) des Systems durch das System selbst wollen wir Reflexion nennen, und um den Unterschied zu einer bloßen Erzeugung der Einheit des Systems (gesehen durch einen externen Beobachter) festzuhalten, sprechen wir im Falle von Reflexion nicht von Einheit, sondern von Identität. Solche Reflexionen sind zunächst keine anspruchsvollen Operationen, sie kommen aus vielerlei Anlässen vor. Die Griechen bezeichnen sich als Griechen, um sich von Barbaren unterscheiden zu können. Oft sind solche Bezeichnungen auch einfach Adressen, »Firmen«, Absenderangaben – so vor allem dann, wenn eine kollektive Handlungsfähigkeit organisiert ist.[17] Oft verrät die Semantik, die zur Selbstbezeichnung benutzt wird, einiges über historische Bedingungen und Nebensinn – so etwa, wenn das politische System der Gesellschaft sich seit der Frühmoderne mit wandelnder Bedeutung und zunehmender Distinktheit als »Staat« bezeichnet.[18] Auf dieser Ebene kann man diskutieren, was mit der weiten deutschen Fassung des Begriffs »Wissenschaft« identifiziert wird im Vergleich zur angelsächsischen Unterscheidung von sciences und humanities und welche Formen Abgrenzungskontroversen unter der einen bzw. anderen Leitformel annehmen.

Auch wenn Reflexion in der einen oder anderen Weise kognitiv stilisiert wird, kann von Selbsterkenntnis im Vollsinne keine Rede sein. Wenn ein System sich überhaupt Reflexion leistet

---

17 Dem werden heute im Bereich der Großorganisationen dekorative Zugaben hinzugefügt, und dies ist inzwischen unter Stichworten wie corporate identity oder organizational culture auch Gegenstand einer externen wissenschaftlichen Beobachtung und Beratung geworden.
18 Hierzu Niklas Luhmann, Staat und Politik: Zur Semantik der Selbstbeschreibung politischer Systeme, in: Soziologische Aufklärung Bd. 4, Opladen 1987, S. 74-103.

und seine Identität formuliert, ist es schon viel zu komplex, als daß es sich selbst im Wissen über sich selbst duplizieren könnte. Das System bleibt für sich selbst weitestgehend intransparent. Durch Reflexion erzeugt das System daher nicht eine Erkenntnis, eine Berechnung, eine kontrollierte Steuerung des eigenen Verhaltens, sondern nur ein Zusatzmoment zur Dynamik des Systems; nicht realitätsgerechtes Wissen, sondern Veränderung. Entsprechend ist die Reflexion auf Selbstsimplifikation angewiesen. Sie modelliert das System im System mit dem Effekt, daß die Selektion des Modells weitere Operationen und weitere Beobachtungen auf sich zieht. Auf diese Weise wird die Selektivität der Operationen, die Reflexion leisten, durch ein rekursives Beobachten des Beobachtens und Beschreiben des Beschreibens kompensiert. Und auch dadurch verstärkt sich, während Wahrheit beruhigend wirken müßte, die Dynamik des Systems. Systeme mit einer eingebauten Reflexion ihrer eigenen Identität setzen sich selbst einem rascheren strukturellen Wandel aus.

Mit all dem sind noch keine spezifisch *theoretischen* Leistungen in Anspruch genommen, und es scheint, daß die Ausbildung besonderer Reflexions*theorien* – unter anderem, aber nicht nur: für die Wissenschaft selbst – erst durch die Umstellung der Gesellschaft auf funktionale Differenzierung ausgelöst wird. Reflexionstheorien unterscheiden sich von bloßen Identitätsbezeichnungen dadurch, daß sie die Identität des Systems, das sich selbst bezeichnet, als *Problem* ansehen und sie damit – *obwohl es sich um die Identität desjenigen Systems handelt, in dem gerade dies stattfindet* – einem *Vergleich* verschiedener Problemlösungen aussetzen. Scharf gesehen ist die Identität eines Systems letztlich eine Paradoxie: Sie ist, was sie ist, nur dadurch, daß sie nicht ist, was sie nicht ist. Sie ist die Einheit einer Differenz, in der sie selbst als Einheit wiedervorkommt. Die Identitätsreflexion bekommt es also letztlich mit einer Paradoxieauflösung zu tun. Sie beobachtet eine Paradoxie und beobachtet zugleich, daß es dem System gar nicht schadet, wenn es auf eine Paradoxie gegründet ist. Logisch gesehen, müßte das auf ein Blockieren aller Operationen hinauslaufen, auf ein kurzschlüssiges Oszillieren zwischen Identität und Differenz. Aber selbst darüber kann ja faktisch noch kommuniziert werden. Wie immer paradox konstituiert: die Autopoiesis des Systems läuft weiter und nimmt sogar die Kommunikation des Paradoxes auf. Epimenides hat die Entwicklung der Wissenschaft nicht stoppen können. Er hat ein Warnzeichen gesetzt, und seitdem sucht man bestimmte schädliche Selbstreferenzen zu vermeiden. Daß Selbstreferenz nicht als solche schon schädlich ist, wird dabei zugestanden.[19] Offensichtliche Paradoxien werden in Isolationshaft gesetzt. Das zeigt zumindest an, daß man darüber kommunizieren kann, verdeckt aber zugleich durch die Art und Weise, in der das geschieht, die fundierende Bedeutung des Problems. Auch das kann man jedoch nochmals »hinterfragen«, denn die Isolierung des Paradoxes als ein Problem bestimmter Sätze und die darauf bezogenen Satzverbotssätze sind vielleicht nur eine von vielen möglichen Lösungen des Problems. Formuliert man das Problem generell, das heißt nicht nur auf der Ebene einzelner Sätze, sondern auf der Ebene der Identität des Systems, hält man sich den Blick auf andere mögliche Lösungen des Problems offen. Und dann kann man zu sehen anfangen, daß dies das heimliche Problem aller Reflexionstheorien gewesen ist.

Im Verfolgen der Frage, was Reflexion sei, ist schließlich zu beachten, daß es sich bei den Funktionssystemen um binär codierte Systeme handelt, die ihre Einheit durch einen Code zum Ausdruck bringen, im Falle des Wissenschaftssystems also die Einheit der Differenz von wahren und unwahren Aussagen. Da der negative Wert des Code seinerseits bereits ein Reflexionswert (im Unterschied zu: Designationswert) ist, muß die Identität des Systems als Einheit der Differenz von wahr und unwahr auf einer höheren Reflexionsstufe problematisiert werden. Während der negative Wert nur formulierbar macht, daß es sich nicht von selbst (oder qua Tradition, oder qua Autorität) versteht, daß etwas wahr ist, sondern man nach Bedingungen für Wahrheit bzw. Unwahrheit fragen muß, erfordert die Identitätsreflexion zusätzlich eine Auflösung der Paradoxie, die darin liegt, daß diese Differenz von wahr/unwahr die Einheit des Systems konstituiert (und nicht einfach nur: im Laufe der Zeit immer mehr wahres Wissen erzeugt). Während der Code

19 Siehe nur C. P. Wormell, On the Paradoxes of Self-Reference, Mind 67 (1958), S. 267-271.

selbst eine Beobachtung zweiter Ordnung, eine Beobachtung der Bedingungen von Beobachtungen ermöglicht, geht es bei der Identitätsreflexion um eine Beobachtung dritter Ordnung, die einschließt, wie der Beobachter zweiter Ordnung das Problem des autologischen Schlußes, das Problem der Selbstreferenz löst.

Reflexionstheorien unterstellen sich ihrerseits dem Code des Systems, das sie beschreiben, und operieren insofern in dem System. Das ist keineswegs eine Notwendigkeit angemessener Beschreibung. Man kann zum Beispiel Erkenntnisprozesse auch anders beschreiben. Ein Neurobiologe wird wenig Anlaß dazu finden, die von ihm untersuchten Prozesse daraufhin zu unterscheiden, ob sie zu wahren oder zu unwahren Ergebnissen führen. Für ihn ist das ungefähr dasselbe. Ähnliches wird für einen strikt kommunikationstheoretisch orientierten Soziologen gelten, der sich etwa für die Verbreitung und Veränderung wissenschaftlicher Themen und Meinungen im Laufe der Gesellschaftsgeschichte interessiert. Externe Beobachtungen und Beschreibungen (was für die genannten Beispiele freilich nur auf der Objektstufe der Analyse gilt) halten Distanz zu ihrem Objekt und bagatellisieren damit dessen Code. Sie können sich dem Code des unterstellten Systems nicht unterstellen, *sie können es nicht, weil sie sich eben dadurch dem System einordnen und die Distanz zu ihm aufgeben würden.* Wer den Code seines Gegenstandes akzeptiert, gibt eben damit die Absicht auf, von außen zu beschreiben. Das Problem aller Wissenschaftstheorie (einschließlich aller Bemühungen um cognitive sciences im heutigen Sinne) ist: daß die Attitude der externen (und doch wahren!) Beschreibung zum Selbstwiderspruch führt. Eine Wissenschaftstheorie, die dies reflektiert (und wir arbeiten im Moment an einer solchen), muß sich diesem Paradox des internen externen Beobachters stellen. Sie kann ihrerseits nur nach Wahrheit suchen, wenn sie im untersuchten System operiert – und sei es in dem fiktiven Modus »so, als ob es von außen wäre«. Sie muß deshalb alles, was sie erkennt, »autologisch« reflektieren.

Das hat zahlreiche Konsequenzen, durch die die wissenschaftstheoretische Reflexion sich von den Reflexionstheorien anderer Funktionssysteme unterscheidet. Auch fällt das Verhältnis von wissenschaftlichen Theorien (normalerweise: externen Beschreibungen) zu Reflexionstheorien der Funktionssysteme[20] hier anders aus. Die wissenschaftliche Beschreibung der Wissenschaft kann sich nicht externalisieren; sie kann nur in dem System, das sie beschreibt, eine besondere Beobachterposition aufbauen. Das ändert aber nichts daran, daß der Unterschied von Reflexionstheorien und Normaltheorien auch hier auftritt. Verglichen mit den Normaltheorien etwa der Quantenphysik oder der Biochemie weisen alle Reflexionstheorien, auch die der Wissenschaft, *deutlich höhere Unsicherheiten* auf. Steve Woolgar spricht von »injection of instability« als Folge von Reflexivität.[21] Wissenschaftstheorie läßt sich daher keine »Begründung« der Wissenschaft erwarten; sie stellt nur Zentraldifferenzen zur Verfügung, mit deren Verwendung die Forschung sich als »wissenschaftlich« ausweist – etwa Differenzen wie wahr/unwahr, Erkenntnis/Gegenstand, Theorie/Methode, Genesis/Geltung.

IV

Mit einer Paradoxie setzt bereits eine frühe Reflexion der Frage nach dem wahren Wissen ein: Platons Theaetet, und ein Soziologe wird kaum ignorieren können, daß am Anfang einer Traditionslinie, die zu einer immer stärkeren Individualisierung und Subjektivierung des Wissens führt, die Auslöseparadoxie in der *Sozialdimension* gesehen wird. Wie kann, fragt sich Platon, die Frage, »was ist Wissen?«, gestellt und beantwortet werden, wenn man mit den Sophisten davon auszugehen hat, daß jeder Einzelmensch für sich selbst bestimmt, was wahres Wissen ist. Denn dann müßte im Falle von Meinungsverschiedenheiten jeder Beteiligte, der voraussetzt, daß die Meinungen aller Menschen wahr sind, seine eigene Meinung für falsch halten und Entsprechendes dann auch für die Meinungen der anderen gel-

---

20 Hierzu auch Niklas Luhmann/Karl Eberhard Schorr, Reflexionsprobleme im Erziehungssystem, Nachwort 1988, Frankfurt 1988, für das Verhältnis von Erziehungswissenschaft und Pädagogik.
21 So Steve Woolgar, Reflexivity is the Ethnography of the Text, in ders. (Hrsg.), Knowledge and Reflexivity: New Frontiers in the Sociology of Knowledge, London 1988, S. 14-34 (30).

ten lassen; also wären wahre Meinungen falsche Meinungen, und nur übereinstimmend anerkannte Irrtümer (die aber durch die Anerkennung als Irrtum eliminiert würden) könnten diese Paradoxie auflösen.[22] Der Dialog stellt daraufhin die Frage, was wahres Wissen sei, entdeckt mit Hilfe dieser Frage weitere Paradoxien und begnügt sich schließlich mit der Einsicht, einige Irrtümer aufgedeckt und unschädlich gemacht zu haben.

Deutlich und folgenreich ist die De-Sozialisierung der Fragestellung anhand der Frage nach einer richtigen Vorstellung von wahrem Wissen, die beachten muß, daß es wahre und falsche Meinungen gibt. Auf diesem Wege begegnen jedoch nur erneut Paradoxien; so vor allem die Einsicht, daß man die Antwort bei der Verfolgung der Frage schon voraussetzen muß[23] oder daß der Versuch, eine Antwort mit Hilfe der Differenz von Ganzem und Teil zu explizieren, den Suchenden in die Paradoxie eben dieses Schemas verwickelt, nämlich ihn zu dem Zugeständnis zwingt, daß das Ganze die Menge der Teile ist und dies zugleich nicht ist.[24] Der Dialog tendiert gewiß dazu, die Auflösung dieser Paradoxie durch Referenz auf das zu suchen, was er lógos nennt.[25] Aber was damit gemeint sein könnte, wird über mehrere Erklärungsversuche (Sprache, Ganzes/Teil-Schema, Differenzbestimmungen) expliziert, die jeder für sich unzureichend bleiben und sich auch nicht zusammenfassen lassen, es sei denn unter dem unbestimmt bleibenden Namen des Namens lógos. Immerhin etwas, stellt Sokrates am Ende befriedigt fest und stellt zugleich weitere Überlegungen in Aussicht.

Spätere Bemühungen, über Wissen und Wahrheit zur Klarheit zu kommen, sind hier in einer Weise präsent, daß man schon hier, und nicht erst in der europäischen Neuzeit, den Beginn funktionsspezifischer Reflexionstheorien sehen kann, wenn man den Begriff entsprechend weit faßt. Dies gilt in besonderem Maße für die Problematik selbstreferentieller Zirkel und für aporetische Sackgassen, aus denen die Argumentation wiederherausgeführt werden muß; es gilt für die Technik der Paradoxieauflösung durch Unterscheidungen (Wahrnehmungswis-

---

22 Theaetet 171.
23 Theaetet 196 E.
24 Theaetet 203 ff.
25 Theaetet 201 C ff.

sen/ideenbezogenes Wissen; Wissen besitzen/Wissen haben,[26] Teil/Ganzes etc.), die allesamt einiges leisten, aber nicht voll befriedigen. Und dies gilt, geradezu supermodern, für die Einsicht in das logisch Unzulängliche des Vorgehens. Die Ärmlichkeit und Dürftigkeit unserer Ausstattung läßt es aber, meint Platon, ratsam erscheinen, etwas zu wagen; nur so kann einiger Nutzen erwartet werden.[27]

Dennoch handelt es sich, streng genommen, nicht um das, was wir in diesem Kapitel als Reflexionstheorie des Wissenschaftssystems bezeichnen. Es geht nicht um die Reflexion der Identität eines in seinen faktischen Operationen fraglos funktionierenden Systems. Und deshalb ist die Leitfrage denn auch, *was* Wissen *ist*;[28] und nicht: *wie* es *möglich* ist.

V

Bis weit in die frühe Neuzeit wurde das Problem der Paradoxie, das sich einem Beobachter stellt, der mit Hilfe von Gegensätzen oder mit Hilfe binärer Schematismen beobachtet, in einer Form gelöst, die wir »Emanationshierarchie« nennen wollen. Die Leitidee war: das Eine erzeugt den Gegensatz, läßt ihn aus sich heraus entstehen. So erzeugt der Ungeschaffene den Gegensatz von Geschaffenem und Ungeschaffenem, der unbewegte Beweger den Gegensatz von Bewegtem und Unbewegtem. Aus der Wahrheit entsteht die Differenz von Wahrheit und Unwahrheit, aus dem Chaos die Differenz von Ordnung und Unordnung. Die mythologische Darstellungsweise ermöglicht eine Verschlüsselung dieses Vorgangs durch zeitbezogene Kategorien – etwa die, die wir wechselweise gebraucht hatten: Entstehen, Erzeugen, Emanation. Es kann damit plausibel gemacht werden, daß es vor der jetzigen Zeit eine andere gegeben hat – möglicherweise auch eine, die jetzt immer noch andauert und sich am Ende der Zeiten wiederum durchsetzt. Die semantische Ausstattung dieser Form von Entparadoxierung kann variieren. Immer zeigt sie aber das Eine als Grund oder als Vorausliegen-

---

26 Im Griechischen deutlicher: kektêsthai/échein, Theaetet 197 B-D.
27 Theaetet 197 A 4-6 (sehr frei übersetzt).
28 »Tí pot' estín« (bezogen auf epistéme) in: Theaetet 196 D.

des – und nicht etwa als Konstruktion eines Beobachters, der Gegensätze vorfindet oder sie als Schema seiner Beobachtung selbst konstruiert.
Die Erfindung dieser Form geht auf frühe Hochkulturen und vielleicht (das läßt sich historisch nicht kontrollieren) auf noch ältere Gesellschaften zurück. Bereits die Kosmologie der altägyptischen Religion hat sich ihrer bedient. Mit dem, was Jan Assmann Maat Verwirklichung nennt, entsteht die Differenz von Menschenwelt und Götterwelt und damit die Differenz von Zuständigkeiten, die wir als Politik (Verwaltung, Rechtsprechung) und Religion bezeichnen würden.[29] Vielleicht kann man sagen, daß dieses Schema überhaupt erst eine narrativ-kohärente Mythenbildung stimuliert, denn, einmal auf diesen Gedanken gebracht, möchte man natürlich wissen, wie man sich diesen Vorgang der Emanation vorzustellen hat. Unter dem (nicht als solchem erfaßten) Bedarf für Paradoxieentfaltung schließen sich situativ erfaßte Deutungen (in Kontexten wie Geburt oder Tod, Unglück, Wechsel der Jahreszeiten etc.) zu größeren Kontexten zusammen, und man findet in solchen Zusammenhängen dann die evolutionäre Errungenschaft des Symbolisierens, das die Ausgangseinheit im Diversen und Gegensätzlichen wiederfindet, darstellt – oder auch vermißt.
Wir überspringen die Zwischenzeit, sowohl die biblische als auch die griechische Kosmologie, weil wir hier nur Varianten dieses großen Themas vorführen könnten. Es mag genügen festzustellen, daß noch das frühe 17. Jahrhundert mit dieser Semantik arbeitet. So heißt es bei Laelius Zechius (um ein Beispiel willkürlich herauszugreifen) aus Anlaß der Diskussion der Fürstenherrschaft (de potestate principum): »Omnis multitudo ab uno procedit et per unum mensuratur«.[30] Es handelt sich jetzt um einen schulmäßig gelehrten topos. Für Wahrheit und menschliche Einsichtsfähigkeit gilt nichts anderes. »Della verità divina, ch'è una, risulta la verità multiplicata nel creato intelletto« – eine Formulierung aus dem Jahre 1641 von Torquato

---

29 Vgl. Jan Assmann, Ägypten: Theologie und Frömmigkeit einer frühen Hochkultur, Stuttgart 1984, S. 13.
30 Politicorum sive de principatus administratione libri III, Köln 1607, S. 62-63. Entsprechend wird weiter dekliniert: das ens creatum kommt aus dem ens increatum, das omne quod movetur aus dem movens immobile usw.

Accetto.[31] An einer nicht spezifisch metaphysischen, kosmologischen oder theologischen Literatur erkennt man am besten die Gängigkeit und Verbreitung dieser Semantik und ihre Benutzung als Einleitungsfloskel bei der Behandlung konkreterer Themen.

Legt man eine solche Emanationshierarchie zugrunde, erscheint ihr Grund als ein differenzloses Etwas, das alle Gegensätze in sich vereint und aus sich entläßt. Spezifische Gegensätze können dann aufeinander bezogen und aneinander erläutert werden, da sie ob der gemeinsamen Herkunft zusammenhängen. Man kann dann das Hin und Her zwischen wahren und falschen Meinungen dem menschlichen Intellekt zuschreiben, weil er geschaffen und nicht ungeschaffen ist, oder weil er beweglich und nicht unbeweglich ist, oder weil er endlich und nicht unendlich ist. Die Frage nach der Einheit einer dieser Unterscheidungen verschafft sich Entlastung durch Verweisung auf andere, die Differenz von Ganzem und Teil kann an der Differenz von oben und unten oder von Zweck und Mittel erläutert werden und vice versa, weil jede Differenz letztlich auf das Prinzip zurückgeht, das sie alle ermöglicht und das an allen aufgezeigt werden kann. Die Emanationshierarchie orientiert an einem »Prinzip« und stiftet dadurch einen Verbund aller Unterscheidungen, die sich wechselseitig erläutern können, weil sie die Einheit des Einen entfalten und in dieser Hinsicht füreinander substituierbar sind.

So deutliche Verschmelzungsfiguren werden sich nicht mehr halten lassen, wenn die Gesellschaft bemerkt, daß sie zu funktionaler Differenzierung übergegangen ist. Emanationshierarchien sind in ihrer Plausibilität an stratifizierte Gesellschaften mit fraglos akzeptierter Differenz von oben und unten gebunden. Nur in Anlehnung an eine solche Verteilung der Qualitäten wird man die Paradoxie ins Prinzip verlagern und dort aufbewahren, verdecken, invisibilisieren können. Jede Hierarchie

---

31 Della dissimulazione onesta (1641), zit. nach der Ausgabe in: Benedetto Croce/Santino Caramella (Hrsg.), Politici e moralisti del seicento, Bari 1930, S. 143-173 (148), und weiter geht es: »« come in Dio è immutabile perchè il suo intelletto non è variabile e non cava altronde la verità ma il tutto conosce in se stesso, così nella mente creata è mutabile potendo questa passar dal vero al falso secondo il corso dell'opinione«.

erfordert eine Spitze mit unerklärbaren Eigenschaften, eine oberste Position, die zugleich das Ganze und sich selber repräsentiert. Der Wegfall der Hierarchie wird unter solchen Bedingungen vorstellbar nur als Entfallen der Ordnung überhaupt. Jede Beobachtung und Beschreibung, die die Hierarchie nochmals transzendieren will, muß auf ein ihr übergeordnetes Prinzip rekurrieren, das ihr letzte Einheit, Wahrheit und Gutheit garantiert. Und wer dann noch beobachten will auf ein nochmals Überbietendes hin – wird zum Teufel; denn einem solchen Beobachter bleibt keine andere Wahl als die Beobachtung im Schema von gut und böse und damit die Selbstbezeichnung als böse.

Die Auflösung dieser Ordnung des Diskurses beginnt mit dem, was wir Reflexionstheorien der Funktionssysteme genannt haben. Die emphatische Aufwertung der Moral um 1700 kann dem nicht entgegenwirken, sondern führt nur zur Entdeckung der moralspezifischen Paradoxien – etwa der wohltätigen Folgen des verwerflichen Luxuskonsums oder, spätestens mit der französischen Revolution, der Gefährlichkeit guter politischer Absichten. Die Romantik wird noch einmal versuchen, Emanationshierarchien wiederzugewinnen. Novalis beispielsweise spricht sehr treffend von »Selbstheterogenisierung«.[32] Man fordert dann, paradoxiebetroffen, »neue Mythologien«. All das gewinnt aber allenfalls noch kompensatorischen Anschluß an die reale Evolution des Gesellschaftssystems. Will man nun lesen, was an Selbstbeschreibungen der Gesellschaft und ihrer Welt produziert wird, muß man sich an die Problemstellungen und Selbstaussagen der Funktionssysteme halten.

Im Kontext der Reflexion binär codierter Funktionssysteme läßt sich schließlich nur eine Emanationshierarchie noch halten. Sie beruht auf der Einsicht, daß die Tautologie letztlich nichts anderes ist als eine verdeckte Paradoxie; denn sie behauptet einen Unterschied, von dem sie zugleich behauptet, daß er keiner ist. Es ist sicher kein Zufall, daß diese Tautologieparadoxie nicht am Problem der Einheit, sondern am Problem der Differenz ansetzt. Eine Emanationshierarchie, die sich diese Einsicht

---

32 Fragment 1927 nach der Zählung der Edition Wasmuth, Fragmente, Bd. II, Heidelberg 1957, S. 55.

zunutze macht, könnte lauten: Die Paradoxie erzeugt die Unterscheidung von Paradoxien und Tautologien.

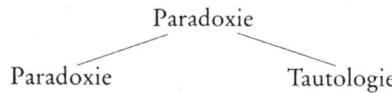

Prozessual gesehen ist damit aber nur ein erster notwendiger Schritt zur Entparadoxierung formuliert, die dann über Bifurkation den Weg der Entparadoxierung oder den Weg der Enttautologisierung nehmen kann.[33]

Am Ende einer mehr als zweitausendjährigen Paradoxiereflexion wird das Problem normalisiert – oder das wäre jedenfalls zu wünschen. Es bleibt dabei: es ist das alte Problem des Teufels, der die Einheit in der Einheit, in der er sich selbst findet, beobachten wollte, und deshalb eine Grenze ziehen mußte, die ihn, sofern sich das Gute auf der anderen Seite befand, ins Böse verwies; und sofern sich das Vollendete auf der anderen Seite befand, in die Zeit und die Arbeit, die Mühe und den Schmerz und die ewige Unruhe. Ob Lichtbringer oder Teiler, ob Luzifer oder Diabol, ob Vertreter der Gerechtigkeit in einer sündigen Welt[34] oder Großinquisitor, ob Staat oder Kapital – es gelang ihm nicht, die Differenz zu reflektieren. Aber alles Beobachten prozessiert differentiell und sogar doppeldifferentiell: es produziert eine Differenz, indem es eine Unterscheidung verwendet. Also gerät die Bemühung um Erkenntnis der Letzteinheit in Widerspruch zu sich selbst, sie oszilliert zwischen dem, was sie will, und dem, was sie tut. Eine Einheit, die sich selbst einschließt, ist dann nur paradox vorstellbar.

Gerade für die Kommunikation heißt dies nun jedoch nicht, daß es unmöglich wäre, darüber zu kommunizieren. Nur das »wie« ist ein Problem. Damit hatten sich, wie mit einer Praxis, die Weisheitslehren beschäftigt.[35] Entsprechend der Logik von

---

33 Vgl. auch Niklas Luhmann, Tautologie und Paradoxie in den Selbstbeschreibungen der modernen Gesellschaft, Zeitschrift für Soziologie, 16 (1987), S. 161-174.

34 Speziell hierzu Peter-Michael Spangenberg, Maria ist immer und überall: Die Alltagswelten des spätmittelalterlichen Mirakels, Frankfurt 1987, passim, insb. S. 233 ff.

35 Siehe z. B. Henri Atlan, A tort et à raison: Intercritique de la science et du mythe, Paris 1986, S. 99 ff.

George Spencer Browns heißt dies aber nur: fange mit einer Unterscheidung an; und nach den Anweisungen der Kybernetik zweiter Ordnung: beobachte den, der das tut.

VI

Die alteuropäische Semantik des Erkennens hatte Erkenntnis passiv verstanden als Erleiden eines Eindrucks. Erkenntnis wird danach von Erkannten bewirkt, und zwar so, wie Gleiches Gleiches bewirkt. Das war eine plausible Version für die Reduktion auf Erleben und konnte erklären, daß die Erkennenden, wenn sie derselben Realität ausgesetzt waren, auch gleichsinnig erleben, sofern nicht Irrtum, Korruption, Sünde, Neugier oder irgendwelche anderen Defekte des Erkennenden ihn auf Abwege bringen. Erkenntnis war keine Angelegenheit des Willens. Diese Auffassung wird jedoch in dem Maße inadäquat, wie die moderne Wissenschaftsbewegung sich aktiv bemüht, neue Erkenntnisse zu gewinnen oder auch bewährte Überlieferungen in Frage zu stellen. Erst damit wird die Differenz und Einheit von Erkenntnis und Gegenstand zum Problem. Die schärfere Unterscheidung und methodische (nicht mehr nur passive) Ausarbeitung des Erkenntnisvorgangs und seiner Kontrollen zwingt zu der Frage: wie kommen Erkenntnis und Gegenstand zusammen? Wie kann die Erkenntnis, die nur weiß, was sie weiß, wissen, daß dies Wissen in Übereinstimmung ist mit den Dingen der Außenwelt? Wenn alles wissenschaftliche Beobachten sich der Unterscheidung von Erkenntnis und Gegenstand bedient und es dabei nie zu einer Verwechslung der beiden Seiten dieser Unterscheidung kommen lassen darf, entzieht sich die Unterscheidung selbst offenbar der Beobachtung.[36] Sie muß vorausgesetzt werden. Sie kann sich, jedenfalls in der Wissenschaft, nicht von sich selbst unterscheiden, denn das hieße ja: sie in der Anwendung auf sich selbst wieder vorauszusetzen. Mit welchem Recht wird dann aber diese Unterscheidung benutzt? Wie läßt sie sich »begründen«?
In der alten Welt hatten Fragen dieser Art ihre Antwort gefun-

36 Siehe z. B. David Bloor, Knowledge and Social Imagery, London 1976, S. 32 ff. (34).

den in der Annahme eines Rationalitätskontinuums, das Denken und Sein verbindet – ausgelegt etwa als geschaffene Welt. Es wäre dann unsinnig und auch eine Gotteslästerung gewesen, wenn man eine Übereinstimmung von Denken und Sein geleugnet hätte, denn das hätte bedeutet, daß Gott die Welt und darin dann einen kontaktunfähigen Menschen geschaffen hätte. Die Unterscheidung von Denken und Sein (mit der Unterstellung wechselseitiger Übereinstimmung und Nichtübereinstimmung) dient diesem Denken als der blinde Fleck, der die Vollsicht auf die zugrundeliegende Paradoxie erspart. Man geht gut ontologisch davon aus, daß es beides gibt. Im Zuge der Ausdifferenzierung von Wissenschaft und, als Konsequenz, ihrer Autonomie und ihrer universalen, sich selbst einschließenden Erkenntnisansprüche werden jedoch kosmologische Geltungsansprüche dieser Art in Zweifel gezogen. Alle Wahrheit, auch diese, muß an möglicher Unwahrheit geprüft werden, und wenn überhaupt Irrtum möglich ist, warum nicht auch in dieser Hinsicht?

Offensichtlich wäre es zuviel verlangt gewesen, hätte man mit dem unterstellten Rationalitätskontinuum zugleich die Vorstellung der Erkenntnis als Zustand des Bewußtseins des Menschen aufgeben sollen. Von ihren Anfängen her hatte die ontologische Metaphysik als Metaphysik für Leser gewirkt und daher mit der Terminologie des Wissens, Denkens, Überlegens die Vorstellung der Individualität der menschlichen Seele verknüpft.[37] Auch psychologisch mußte diese Version des je individuellen Beobachtens zunächst einmal hochplausibel sein, da jeder (Leser) sie an sich selbst erfahren kann. So wird denn der Entfall des Rationalitätskontinuums durch eine Radikalisierung der Bewußtseinsphilosophie kompensiert, die bis heute nachwirkt und uns die Vorstellung des Menschen als Subjekt seiner Erkenntnis beschert hat. Die Frage spitzt sich daher zu auf das Problem: wie kommt das Bewußtsein aus sich heraus zu den Dingen? Wie stelle ich mich allen Ernstes der Gefahr des Solipsismus – und wie vermeide ich sie dann doch? Wie kann ich davon ausgehen und dann doch darüber hinausgehen, daß das Bewußtsein nur weiß, was es weiß, und nur in seinen eigenen

---

37 Zur Rückführung auf die Alphabetisierung der Schrift vgl. Eric A. Havelock, Preface to Plato, Cambridge, Mass. 1963, insb. S. 199 f., 222 f.

Operationen über die Möglichkeit des Irrtums, also in der Reflexion über Möglichkeiten des Zweifels verfügt? Modern formuliert, handelt es sich um ein Paradoxieproblem, das sich aus der Kombination von Selbstreferenz mit Negationsmöglichkeiten ergibt. Für uns ist daher klar, daß man aus diesem Problem nur auf eine logisch unehrliche Weise wiederherauskommt. Von Descartes über Berkeley, Buffier und Hume bis Kant wird jedoch ernstlich nach Lösungen dieses Problems gesucht, und das, was man später Erkenntnistheorie nennen wird,[38] ist in seiner Fassung durch diese Problemstellung geprägt. Sowohl common sense als auch die spektakulären Erfolge der modernen Naturwissenschaften verbieten es, die Existenz der Welt außerhalb des Subjekts zu bestreiten, aber zugleich gerät das Subjekt damit in Beweisnot.

Der neue Begriff »Erkenntnistheorie« hatte in der Tat ein neuartiges Erkenntnisanliegen bezeichnet. Vor Kant hatte man immer noch an der traditionsbestimmten (und fast selbstverständlichen) Erwartung festgehalten, daß man mit Forschungen über den Erkenntnisvorgang etwas über die Realität erfahren würde, die die Erkenntnis erkennt. Gerade mit diesem Argument hatte die Wissenschaftsbewegung die theologische Betreuung abgehängt. Der Ausdruck »Erkenntnistheorie« wird nötig, wenn man diese Erwartung aufgibt und trotzdem Forschungen über Bedingungen der Erkenntnis fortsetzen will. Der Bruch zwischen Sein und Denken wird dann unheilbar. Noch heute leben die vor allem im angelsächsischen Raum endlosen Kontroversen zwischen »epistemology« und »social constructivism« von diesem Bruch.[39] Und erst das Auftauchen der neuen

---

38 Der Ausdruck selbst läßt sich erst seit der Mitte des 19. Jahrhunderts nachweisen. Siehe Klaus Christian Köhnke, Über den Ursprung des Wortes Erkenntnistheorie – und seine vermeintlichen Synonyme, Archiv für Begriffsgeschichte 25 (1981), S. 185-210; ders., Entstehung und Aufstieg des Neukantianismus: Die deutsche Universitätsphilosophie zwischen Idealismus und Positivismus, Frankfurt 1986, S. 58 ff. Geläufig geworden ist der Ausdruck erst im Kontext des sogenannten Neukantianismus. Auch »epistemology« gibt es erst seit der Mitte des 19. Jahrhunderts. Man wird annehmen dürfen, daß diese Neologismen mit dem Wunsch zusammenhängen, wissenschaftliche Fächer bzw. Forschungsgebiete genauer bezeichnen zu können und entsprechende Spezialisierungen zu ermöglichen.

39 Vgl., Versöhnungsmöglichkeiten suchend, Steve Fuller, Social Epistemology, Bloomington Ind. 1988.

»cognitive sciences« führt zu wiederum veränderten Ausgangsbedingungen – nämlich zu der Annahme, daß man mit Forschungen über reale Systeme etwas über Erkenntnis erfahren könne.

Im 16. und 17. Jahrhundert hatte man zunächst nach unveränderlichen natürlichen Gesetzen der Erkenntnis der Natur gesucht, wie um die neuen Bemühungen um Wissenschaft zu legitimieren.[40] Noch die mit dem Begriff der Ideen arbeitende Erkenntnistheorie des 17. und des frühen 18. Jahrhunderts (John Locke zum Beispiel) ging davon aus, daß ein entsprechendes Wissen über die Natur des Menschen zur Verfügung stehe.[41] Gegen Ende des 17. Jahrhunderts findet man sich nun aber in einer Situation, die das Faktum erfolgreicher und fortschreitend besserer wissenschaftlicher Forschung schlicht voraussetzen kann. John Locke ist vielleicht der erste Autor, der in engem persönlichen Kontakt mit Forschergruppen (Boyle, Hooke, Sydenham u. a.) dafür eine Theorie sucht und somit den Empirismus der neuen Wissenschaftsbewegung mitsamt seiner nüchternen und doch idealistischen Perspektive zu akzeptieren hat.[42] Damit treten alte, kriterienorientierte Kontroversen, vor allem die zwischen Dogmatismus und Skeptizismus zurück, und der Erkenntnisvorgang wird als naturales und empirisches Phänomen zum Thema. Es wird kein Zufall sein, wenn in dieser Situation Formulierungen auftauchen, die in der heutigen Terminologie als »konstruktivistisch« zu bezeichnen wären – etwa die Definition des Wissens als Beziehung zwischen Ideen oder die Vorstellung, daß für einen Realitätsbezug des Wissens der

40 Vgl. vor allem Benjamin Nelson, The Quest for Certitude and the Books of Scripture, Nature, and Conscience, in: Owen Gingerich (Hrsg.), The Nature of Scientific Discovery, Washington 1975, S. 355-372. Weitere Beiträge in: Benjamin Nelson, Der Ursprung der Moderne: Vergleichende Studien zum Zivilisationsprozeß, Frankfurt 1977. Siehe ferner Stephen Toulmin, Kritik der kollektiven Vernunft, dt. Übers. Frankfurt 1978, S. 26 ff.
41 Zu dieser Voraussetzung und ihrer allmählichen Ablösung durch eine Sprachtheorie, die zur modernen analytischen Philosophie überleitet, vgl. Ian Hacking, Why Does Language Matter to Philosophy, Cambridge Engl. 1975.
42 Vgl. zur unmittelbaren Vorgeschichte Richard F. Jones, Ancients and Moderns: A Study of the Rise of the Scientific Movement in Seventeenth-Century England, Neudruck der 2. Aufl., Berkeley, Cal. 1965. Ferner die sehr textnah gearbeitete Darstellung von John W. Yolton, Locke and the Compass of Human Understanding: A Selective Commentary on the »Essay«, Cambridge, Engl. 1970.

Bezug von Ideen auf »Archetypes« (Modelle, Idealtypen oder auch Muster und Artefakte) genüge. Die Referenz solcher Aussagen bleibt anthropologisch und psychologisch und insofern traditionsbestimmt; aber der Erfolg des Sozialsystems Wissenschaft macht es möglich, dem kombinatorischen Vermögen des Erkennens mehr Vertrauen zu schenken und mehr Realitätsbezug zuzubilligen als zuvor – und zwar gerade auch dort, wo es nicht strikt syllogistisch verfährt und keine mathematische Form gewinnt.[43]

Natürlich liefert das Faktum Wissenschaft noch keine Antwort auf die Frage, wie sie mit ihren Erkenntnissen – und zumal: mit sich im Fortschritt immer wieder ändernden Erkenntnissen – sich auf die Realität bezieht. Je nachdem, welcher Ausweg angeboten wird, unterscheiden sich verschiedene Varianten von Erkenntnistheorie. Man kann von der unbestreitbaren Faktizität des (wahren oder unwahren) Denkens auf Existenz schließen (Descartes) oder, wenn man Gott wegläßt, auf Lebensgenuß.[44] Oder man schließt vom faktischen Gebrauch von Unterscheidungen, ohne die das Bewußtsein nicht operieren könnte, auf ein entsprechendes Realitätskorrelat und insbesondere auf die darin sich bestätigende Differenz von Bewußtsein und etwas nichtbewußtem Anderen (Buffier).[45] Man kann auf die bewährte Gewohnheit (habit) von Induktionsschlüssen setzen (Hume) oder schließlich auf die Bedingungen der Möglichkeit von Bewußtseinsoperationen (mag das Bewußtsein als Anschauung, als Verstand oder als Vernunft tätig sein), die als a priori geltend angenommen werden müssen, weil ohne sie das Bewußtsein nicht tätig und sich selbst nicht verständlich werden

---

43 Daß Locke den in diese Richtung der Mathematisierung zielenden Argumenten Newtons nur zögernd folgt, zeigt, daß seine Intention eher darauf gerichtet war, dem unmittelbar empirischen Wissenschaftsbetrieb eine Theorie zu liefern und sich nicht auf eine formale Argumentation zu verlassen. Vgl. Yolton, a.a.O., S. 86ff.

44 »Que les connaissances humaines sont réelles ou fausses, peu importe au bonheur de la vie«, heißt es beim Marquis de Sade, Histoire de Juliette, ou les prospérités du vie, zit. nach der Ausgabe Paris 1976, Bd. 1, S. 62.

45 Rückblickend gesehen erscheint diese Version von Erkenntnistheorie als einer der attraktivsten Versuche der Lösung des Problems, während geschichtlich andere, insbesondere die von Kant angebotene, mehr Erfolg hatten. Vgl. Claude Buffier, Traité des premières véritéz et de la source de nos jugemens, Paris 1724.

könne (Kant). Kant geht davon aus, daß die Bedingungen der Möglichkeit von Erfahrung nicht in der Erfahrung selbst gegeben sein könnten. Die Absicht der Selbstreferenzunterbrechung wird als theoriearchitektonische Notwendigkeit deklariert. Die Notwendigkeit eines Apriori erscheint als Notwendigkeit a priori. Das erzwingt dann den vorgängigen Einsatz einer Unterscheidung, die eine solche Aussage ermöglicht: der Unterscheidung von empirisch und transzendental.

Wenn man die Zugänglichkeit der Außenwelt als des Dings an sich (oder zumindest: die voraussetzungsfreie Zugänglichkeit) negiert, sind Realitätstests nur noch als Selbsttests des erkennenden Systems möglich. Mit Kant konnte man das Problem nun als *interne Unterbrechung der Selbstreferenz* definieren. Dann geht es um das Auffinden von a priori gewissen Bedingungen der Möglichkeit von Erkenntnis, von denen anderes abhängt, während das Umgekehrte nicht gilt. Wenn das nicht mehr überzeugt, kann man den Zirkel zulassen, indem man Negation einbezieht und ihn auf seine schärfste Form bringt: den Widerspruch. Dies heißt seit Kant und Hegel in einem neuen Sinne Dialektik. Hier geht es darum, daß die Erkenntnis das Härteste, was ihr zur Ablehnung zur Verfügung steht, den *Widerspruch, herausfordert* – und *aufhebt*. Man denkt ja: Schlimmeres als ihr genaues Gegenteil kann der Wahrheit nicht passieren; und wenn sie dann noch eine Lösung findet, zeigt eben das, daß die Erkenntnis sich selbst mit der Wirklichkeit, die keine Widersprüche kennt, versöhnt hat (oder, wie man auch meinen könnte: daß es gar kein Widerspruch war).[46]

Auch wenn die Antwort, die Kant mit dem Theorieziel der

[46] Dies ist, wie leicht ersichtlich, die Versachlichung und Verzeitlichung eines ursprünglich sozialen Verfahrens. In der dialogischen Dialektik der Antike war es darum gegangen, gerade dem, der eine andere Meinung vertrat, zu widersprechen und ihn zu überzeugen – statt nur auf die Außenwelt zu verweisen, von der man bereits wußte, daß sie Wahrheitskonflikte nicht beilegen kann. Gerade den Gegner überzeugen zu können, galt als der beste Indikator für Wahrheit. Bereits im frühen Mittelalter wurde jedoch Dialektik schon anders, nämlich sachunterscheidungsbezogen verstanden. (Bei Johannes Scottus Eriugena, Periphyseon (de divisione naturae) liest man zum Beispiel:»... artes dialecticae cuius proprietas est rerum omnium quae intelligi possunt naturas dividere coniungere discernere propriosque locos distribuere...« – zit. nach der Ausgabe von I. P. Sheldon-Williams Bd. 1, Dublin 1968, Neudruck 1978, S. 136. Deswegen(?) Dialektik als ars, die im Akzidentellen stecken bleibt und nicht auf das Wesen der Dinge kommt.)

Selbstreferenzunterbrechung, mit einer Bewußtseinsanalyse und mit der Unterscheidung empirisch/transzendental zu geben versuchte, heute nicht mehr überzeugt, kann die Form der Problemstellung, auf die diese Antwort sich bezieht, weiterhin interessieren. Sie liegt in der erkenntnistheoretischen Modalisierung, nämlich in der Technik, die Frage zu stellen: wie ist dies oder jenes möglich?; und zwar im Hinblick auf Sachverhalte, die unbezweifelbar möglich sind und tatsächlich vorkommen, zum Beispiel Erkenntnis. Unterhalb der Sichtschwelle jener Zeit macht sich hier schon der Beobachter dritter Ordnung bemerkbar. Wer stellt diese Frage? Er stellt diese Frage! Da das faktische Vorkommen empirischer Erfahrung und verstandesmäßig-begrifflicher Verarbeitung von Erfahrungsmaterial nicht bezweifelt und einem Beobachter zugeschrieben wird, der seinerseits in der Lage ist, andere Beobachter zu beobachten, um sich mit ihnen zu akkordieren, muß es einen weiteren Beobachter geben, der sich fragt, wie dies möglich ist. Der Übergang von der »daß«-Ebene zur »wie«-Ebene und die damit verbundene Modalisierung setzt die Distanz des Beobachtens von Beobachtungen voraus. Erst im Beobachten dritter Ordnung läßt sich denn auch jene Einheit gewinnen, die eigenes und fremdes Erkennen zusammenschließt. Der Beobachter zweiter Ordnung beobachtet sich selbst und andere. Der Beobachter dritter Ordnung fragt, wie dies möglich ist. Oder präziser: wie sich auf Grund der Beobachtung von Beobachtungen Systeme bilden.

Dies würde, voll begriffen, allerdings bedeuten, daß man Zeitdifferenz und Sozialdifferenz, Zeitverbrauch und soziale Distanz schon in die Bedingungen der Möglichkeit von Erkenntnis einbaut und sie nicht nur als Gegenstände der Erkenntnis behandelt. Was Zeit betrifft, hat Kant diese Einsicht bereits gestreift, ohne von da aus zu einer strikt operativen Logik der Erkenntnis zu gelangen. Was Sozialität betrifft, fehlt die entsprechende Lösung; sie wird durch die (auf der Basis von Ontologie und von vorgegebener logisch einwertiger Realität plausible) Annahme verdrängt, das eigene Bewußtsein sei, wenn es richtig funktioniere, Maßstab für alle anderen.

Im ganzen zeigt diese Analyse, die vom inzwischen erreichten Stand der second order cybernetics ausgeht, die Reichweite der

Kantischen Reflexion und ihre Grenzen. Ein komplexes Bündel von Unterscheidungen, das notwendig wäre, um Beobachtungen zu differenzieren, wird auf die Opposition von empirisch/transzendental reduziert. Die Temporalisierung und die Sozialisierung des Erkennens wird nicht bis an den Punkt vorangetrieben, an dem es für das Erkennen keine Einheit mehr gibt, sondern nur noch operative Differenz, nur noch Unterscheidung. Und deshalb ist es nie zu der in den Prolegomena in Aussicht gestellten »künftigen Metaphysik« gekommen.

Es ist hier nicht der Ort, über die philosophische Qualität dieser verschiedenen, mit Kant zum Abschluß kommenden Versuche zu urteilen. Eher interessieren gewisse durch die Form der Problemstellung bedingte Gemeinsamkeiten. Es handelt sich immer um Versuche, die Unterbrechung von zirkulärer Selbstreferenz zu begründen, also immer um Flucht aus der Tautologie. Am Bewußtsein werden schon Zeitprobleme entdeckt, aber nur in der Form einer Sukzession von Vorstellungen (Locke) und nicht als epigenetisch verlaufender Aufbau von Komplexität. Sitz des Problems ist immer das Bewußtsein des einzelnen Menschen mit der Folge, daß die Existenz anderer Menschen in der gleichen Weise problematisiert wird wie die Existenz von Gegenständen. Dann bleiben als Ausweg nur Supersingulare vom Typ »der Mensch«, »die Vernunft«, »das Bewußtsein«. Es handelt sich zwar um Reflexionstheorien, die sich mit wissensspezifischen Paradoxien befassen, also um Reflexionstheorien für einen Funktionsbereich der modernen Gesellschaft, aber im Unterschied zu Parallelfällen für Wirtschaft, Recht, Politik, Erziehung geht diese Gesellschaftlichkeit nicht in die Problemstellung ein. Die Form der Distanznahme, die mit der Figur des Subjekts gegeben ist, schließt dies aus. Das bedeutet nicht zuletzt, daß die Reflexion auf Bedingungen der Möglichkeit von Erkenntnis zugleich den Anspruch erhebt, auch für andere Reflexionstheorien, ja für gesellschaftliches Wissen schlechthin, das Fundament zu liefern. Auch deshalb empfiehlt sich für diese Bemühung ein »philosophischer« Standort und schließlich die terminologische Selbstbezeichnung als »Erkenntnistheorie« im Unterschied zu einer bloßen »Vorwissenschaft«, die Wissenschaftstheorie heißen könnte.

Erst im 20. Jahrhundert beginnt man ernstlich, diese Art Erkenntnistheorie mit ihrem Sozialdefizit zu konfrontieren. Anstöße dazu gibt die Tieferlegung der Sozialdimension in den Analysen von Marx und von Freud. Man hat nun zu akzeptieren, daß soziale Beziehungen das Denken selbst tiefreichend beeinflussen – und nicht zuletzt in einer Weise, zu der das Bewußtsein keinen Zugang findet, weil hier Reflexionssperren eingebaut sind. Die Bewußtseinssysteme beobachten nicht mehr nur gemeinsam (und sich wechselseitig kontrollierend und ergänzend) die Realität; sie beobachten auch einander, und dies unter Gesichtspunkten, die dem jeweils anderen unzugänglich sind. Man kann sich auch fragen: Weshalb ließ Descartes sein »cogito ergo sum« drucken? und müßte es dann nicht heißen: »cogito ergo sumus«? Mit all dem wird erkennbar, daß die Heuristik der Selbstanalyse des Bewußtseins nicht ausreicht, um eine Erkenntnistheorie zu begründen. Aber wenn nicht das, was dann?

Es ist ein relativ plumper Ausweg, das Soziale einfach hinzuzupostulieren als ein weiteres Apriori.[47] Das Apriori hat hier die Funktion, die eine andere Reflexionstheorie dem Gold in den Tresoren der Zentralbank zuweist, und man glaubt an das eine offenbar so lange, wie man an das andere glaubt. Nicht besser geht es denen, die das Wort »Intersubjektivität« einsetzen, um die Lösbarkeit des Problems zu signalisieren. Nachdem Husserls transzendentale Phänomenologie an dieser Frage gescheitert ist,[48] gehört eine beträchtliche Portion an Optimismus dazu, diese Firma weiterzuführen.[49] Das kann, wenn überhaupt, nur

---

47 So im Kontext neukantianischer Inflationierungen dieser Figur des Apriori (Georg Simmel, Max Scheler, Rudolf Otto; Kulturapriori, Werteapriori, Religion als Apriori etc.) vor allem die Figur des Sozialapriori, mit der Max Adler Kant und Marx zu kombinieren versucht. Siehe etwa: Das Soziologische in Kants Erkenntnistheorie: Ein Beitrag zur Auseinandersetzung zwischen Naturalismus und Kritizismus, Wien 1924; ders., Kant und der Marxismus: Gesammelte Aufsätze zur Erkenntnistheorie und Theorie des Sozialen, Berlin 1925; ders., Das Rätsel der Gesellschaft: Zur erkenntniskritischen Grundlegung der Sozialwissenschaften, Wien 1936.
48 Siehe insbesondere die V. Meditation der Cartesianischen Meditationen, Husserliana, Bd. 1, Haag 1950, S. 121 ff. und dazu Alfred Schütz, Das Problem der transzendentalen Intersubjektivität bei Husserl, Philosophische Rundschau 5 (1957), S. 81-107.
49 Siehe für die neuere Diskussion etwa Richard Grathoff/Bernhard Waldenfels (Hrsg.), Sozialität und Intersubjektivität: Phänomenologische Perspektiven der

auf Kosten des Subjekts geschehen mit der Konsequenz, daß das »Inter« seine Referenz verliert.

Ein anderer Ausweg ist: das Problem des Solipsismus gegen das Problem des Relativismus auszutauschen. Wie einst der Solipsismus erscheint den Denkern des 20. Jahrhunderts der Relativismus als unvermeidlich und unerträglich. Für diese Variante ist in der Soziologie Karl Mannheim der Autor, den man zitiert.[50] Andere Varianten werden als »Historismus« angeboten und kritisiert. Man kann, das ist nunmehr unbestreitbar, alles Erkennen in seiner historisch-sozialen Bedingtheit erkennen. Begriffe wie Relativismus oder Historismus überzeugen, weil ihnen die Gegenbegriffe fehlen oder abhandengekommen sind. Man kann nicht mehr anders denken. Concedo. Die Frage ist nur, wie unter diesen Umständen die Einheit des Kommunikationsmediums Wahrheit gewahrt bleiben kann und damit die Einheit des Systems Wissenschaft, das sich durch intern anschlußfähige Operationen selbst reproduziert. Denn wenn nun ein Beobachter beobachten kann, was ein anderer nicht beobachten kann, ist damit eine Kommunikationsschranke errichtet, die man nicht durchbrechen kann, ohne daß die Beobachtung des einen oder des anderen, des primären oder des sekundären Beobachters dadurch zerstört wird.

In diesen Fragen stagniert die Entwicklung seit einem halben Jahrhundert, und das scheint auch die Ursache dafür zu sein, daß man nach wie vor anhand von inzwischen klassischen Texten darüber diskutieren kann. Es werden mehrere Erkenntnistheorien nebeneinander gefördert und, vom jeweils eigenen

---

Sozialwissenschaften im Umkreis von Aron Gurwirtsch und Alfred Schütz, München 1983, oder den Band Intersoggettività, Socialità, Religione des Archivio di Filosofia 54 (1986).

50 Siehe (noch im Banne des Apriori) Karl Mannheim, Die Strukturanalyse der Erkenntnistheorie, Kant-Studien Nr. 57, Berlin 1922, nicht zuletzt interessant wegen der damals üblichen Anerkennung von Kulturprovinzen (Religion, Wirtschaft, Erziehung etc.) mit jeweils geistiger Autonomie (S. 6: »Daß jedes geistige Gebiet seine eigene Struktur hat ...«). Wirkungsgeschichtlich wichtiger die Studien zu Sonderproblemen wie Konservativismus, Konkurrenz, Ideologie und Utopie sowie der Artikel »Wissenssoziologie« im Handwörterbuch der Soziologie. Zur Anschlußdiskussion umfassend: Volker Meja/Nico Stehr (Hrsg.), Der Streit um die Wissenssoziologie, 2 Bde., Frankfurt 1982. Erst spät editiert, aber für die theoretische Gefühlslage und Unentschlossenheit bezeichnend: Karl Mannheim, Strukturen des Denkens, Frankfurt 1980.

Standpunkt aus, verglichen.[51] Zu dieser Reflexionslage paßt der Begriff des »Paradigmas«. Was immer er besagen mag: in jedem Falle bezeichnet er eine Unterbrechung von Selbstreferenz.[52] In einer stark abstrahierten Fassung ist ein Paradigma vielleicht nichts anderes als die »erste Unterscheidung«, die man zur Bezeichnung des Gegenstandes einer Theorie verwendet.[53] Das würde auf die Logik von Spencer Brown[54] zurückführen, die mit der Anweisung »draw a distinction« beginnt und eben deshalb auf die Reflexion der Wahl der Erstunterscheidung, auf das Unterscheiden dieser Unterscheidung, verzichten muß.

Ein Einfluß solcher Überlegungen zu Reflexion und Reflexionsverzicht, zu Paradoxie und Entparadoxierung auf die wissenschaftliche Forschung selbst ist, wenn man von den an der Relativierung direkt beteiligten Wissenschaften wie Geschichtswissenschaft und Soziologie einmal absieht, kaum zu spüren. Erst in jüngster Zeit verdichten sich Anzeichen dafür, daß eine neuartige Erkenntniswissenschaft (cognitive science) sich zu konsolidieren beginnt. Deren Quellen sind jedoch äußerst heterogen. Neben der Physik und der Biologie der Kognition spielt die Forschung über »artificial intelligence« eine Rolle, neben der Gehirnphysiologie und der kognitiven Psychologie die Forschung über logische Fragen, die auftreten, wenn man von einer Mehrheit von Subjekten ausgeht, die einander beim Beobachten beobachten.[55] In der Wissenschaftssoziologie selbst

[51] So z. B. Materialismus, Pragmatismus und Idealismus im Rahmen eines eher als konstruktivistisch zu bezeichnenden Ansatzes (»reality is a relational concept«) bei Arnold Cornelis, Epistemological Indicators of Scientific Identity, in: Robert Trappl (Hrsg.), Cybernetics and Systems Research 2, Amsterdam 1984, S. 683-690.

[52] »This *lack of self-reference* is just what ... we should expect from those who share a paradigm«, schreibt auch Arne Naess, The Pluralist and Possibilist Aspect of the Scientific Enterprise, Oslo-London 1972, S. 116.

[53] Dazu Niklas Luhmann, Soziale Systeme, a.a.O., S. 18 f. Vgl. auch ders., Paradigmawechsel in der Systemtheorie – ein Paradigma für Fortschritt? In: Reinhart Herzog/Reinhart Koselleck (Hrsg.), Epochenschwelle und Epochenbewußtsein, München 1987, S. 305-322.

[54] Laws of Form, a.a.O.

[55] Siehe hierzu die Ansätze zu einer mehrwertigen Logik und zu einer polykontexturalen Erkenntnistheorie, denen Gotthard Günther, Beiträge zur Grundlegung einer operationsfähigen Dialektik, 3 Bde., Hamburg 1976-1980, nachgegangen ist und die sich noch am ehesten als Bemühungen um eine Nachfolge der klassischen Reflexionsphilosophien interpretieren lassen.

konzipiert man Reflexivität einstweilen noch ohne Beachtung der logischen Probleme und tendiert statt dessen auf der Ebene der Textgestaltung zu »new literary forms«.[56] Manches deutet also darauf hin, daß eine allgemeine Theorie erkennender Systeme im Entstehen begriffen ist, aber es wäre voreilig, wenn man behaupten wollte, daß sie bereits existiert und in der Lage wäre, die Rolle einer Reflexionstheorie des Wissenschaftssystems zu übernehmen.

Einstweilen haben statt dessen Wissenschaftstheorien Einfluß, die entweder methodologischen Überlegungen entstammen oder auf evolutionstheoretische bzw. pragmatische Ansätze zurückgreifen, um zu erklären, wie die Wissenschaft zu dem kommt, was sie selbst für erfolgreiche Forschung hält.[57] Man hätte hier an Namen wie Ernst Mach, Henri Poincaré oder James Mark Baldwin zu denken[58] und heute natürlich an Karl Popper und Thomas Kuhn,[59] oder an den interaktionistischen (ethnomethodologischen) Konstruktivismus.[60] Diese Theorien haben den Vorteil der Forschungsnähe, sie beruhen auf Erfahrungen mit Forschung und eignen sich deshalb auch zu einer Orientierung des Forschungsprozesses selbst. Man fühlt sich durch sie gedeckt, wenn man im Schema Problem/Problemlösung denkt, wenn man nach den praktischen Ergebnissen der

---

56 Beispiele dafür bieten Michael Mulkay, The Word and the World: Explorations in the Form of Sociological Analysis, London 1985; ferner einige Beiträge in: Steve Woolgar (Hrsg.), Knowledge and Reflexivity: New Frontiers in the Sociology of Knowledge, London 1988.

57 Repräsentativ hierfür: Nicholas Rescher, Methodological Pragmatism: A Systems-Theoretic Approach to the Theory of Knowledge, Oxford 1977.

58 Siehe als Auswahl: Ernst Mach, Erkenntnis und Irrtum: Skizzen zur Psychologie der Forschung, Leipzig 1905; Henri Poincaré, La science et l'hypothèse, Paris 1902; ders., La valeur de la science, Paris 1905; ders., Science et méthode, Paris 1909; James Mark Baldwin, Thought and Things: A Study of the Development and Meaning of Thought, or Genetic Logic, 3 Bde., London 1906-1911. Ferner etwa John Dewey, Logic: The Theory of Inquiry, New York 1938.

59 Karl R. Popper, Logik der Forschung, Wien 1935; Thomas S. Kuhn, The Structure of Scientific Revolutions, Chicago 1962.

60 Erprobt vor allem in der Form empirischer Fallstudien. Wichtigstes Organ die Zeitschrift Social Studies of Science. Vgl. für eine gute Zusammenfassung auch Kenneth J. Gergen, Correspondence versus Autonomy in the Language of Understanding Human Action, in: Donald W. Fiske/Richard A. Shweder (Hrsg.), Metatheory in Social Science: Pluralisms and Subjectivities, Chicago 1986, S. 136-162.

Bemühungen fragt oder wenn man auf Möglichkeiten der »Falsifikation« achtet. Nur: Reflexionstheorien in dem hier vorgestellten anspruchsvollen Sinne sind damit noch nicht geleistet. Das konstitutive Paradox speziell der Wissenschaft kommt nicht in den Blick. Die Frageform, die »Bedingungen der Möglichkeit« aufruft, wird nicht beibehalten und findet auch keine Nachfolge. Instrumentalistische und pragmatische Ansätze werden als selbstgenügsam vorgeführt und empirisch validiert. Darin liegt ein unbestreitbares Verdienst, und solange die Wissenschaftstheorie sich nicht in der Lage sieht, die einstmals erkenntnistheoretischen Interessen mitzuversorgen, wird man sich damit begnügen müssen.

Die wohl vorherrschenden Strömungen in der heutigen Wissenschaftstheorie sehen deshalb das Problem in der unbestreitbaren historischen Relativierung, die die Wissenschaftstheorie, unzufrieden mit sich selbst, zurückläßt. Man kann darauf mit einer Abschwächung der Kriterien antworten, also dafür eine Form suchen, die alle möglichen Revolutionen übersteht.[61] Man kann auch mit Rückgriffen auf Gedankengut der alteuropäischen Tradition zu helfen suchen in der Annahme, daß im take off der modernen Wissenschft etwas (vor allem etwas »Soziales«) verloren gegangen sei, das zu erhalten sich lohne.[62] Dabei wird jedoch vernachlässigt, daß gerade die wissenschaftlichen Fortschritte dieses Jahrhunderts einen Schlüssel liefern könnten. Ich meine die Konsolidierung der Physik als Quantenphysik und die Unentscheidbarkeitstheoreme der Logik.

Die Quantenphysik hat mit ihrer These der Indeterminiertheit der Materie und der nur probabilistischen Grundlagen aller Alltagssicherheiten Aufsehen erregt. Aber Physiker argumentieren nicht selten so, als ob mit Indeterminiertheit oder Unbestimmtheit eine Eigenschaft der Materie bezeichnet sei, und geben sich damit zufrieden. Da es aber Negativitäten (wie *In*determiniertheit) und Probabilitäten nur als Zustände eines Beobachters gibt, muß die Quantenphysik als Theorie des Beobachtens in-

---

61 Vgl. nur Mary Hesse, Revolutions and Reconstructions in the Philosophy of Science, Brighton, Sussex, 1980.
62 So tendenziell Stephen Toulmin, Kritik der kollektiven Vernunft, dt. Übers. Frankfurt 1978, ferner in seinen noch nicht publizierten Frankfurter Vorlesungen 1987.

terpretiert werden; und in der Tat ermöglichen ihre Gleichungen es nur, auf Grund von Beobachtungen andere Beobachtungen vorauszusagen. Nichts anderes ist der Inhalt ihrer physikalischen Gesetze. Sie beschreiben den Beobachter als physikalisches Phänomen. Die Grenzen der Bestimmbarkeit sind Bestandteile der physikalischen Gesetze selbst; es bedarf zu ihrer Ermittlung keiner zusätzlichen Annahmen.

Entsprechend besagen die logischen Entdeckungen Gödels sowie alle späteren Einsichten über quantitative Beschränkungen von Berechnungen, daß es für einen Beobachter Unentscheidbarkeiten gibt, die nur ab extra behoben werden könnten, wofür aber keine hinreichend komplexen Maschinen gebaut werden können. Aus logischen Gründen und bei finiten Rechenkapazitäten kann ein einigermaßen komplexes System nicht beweisen, daß es widerspruchsfrei ist. Man kann dies generalisieren zu der Aussage, daß das Prädikat »widerspruchsfrei« nicht als Selbstbeschreibung eines Systems verwendet werden kann.

Allein diese beiden Entdeckungen haben revolutionierende erkenntnistheoretische Konsequenzen. Sie führen zu der Einsicht, daß es bei aller Erkenntnis nur um ein rekursives System von beobachtenden Operationen gehen kann, das seine eigene Einheit zwar vollziehen, aber nicht beobachten und beschreiben kann. In der Produktion von Erkenntnis geschieht, was geschieht. Sobald eine daran teilnehmende Operation aber dazu ansetzt, die Einheit des Systems, an dem sie durch ihren Vollzug teilnimmt, zu beschreiben, muß sie das System in Unterscheidung von etwas anderem als Identität bestimmen – und eben diese Operation des Unterscheidens und Bezeichnens schließt den, der sie vollzieht, aus der Beobachtung aus.

Dies allerdings kann in der Operation selbst weder gesehen noch beschrieben werden.[63] Das ändert nichts an dem Befund. Eine Erkenntnistheorie, die Schließung als *empirische* Notwendigkeit behauptet, muß auf *logische* Schließung verzichten. Die

---

63 Das traditionale Exerzierfeld für diese Art Argumentation findet sich allerdings nicht in der Systemtheorie, sondern in der Gotteslehre der Theologie, mit hoher Präzision zum Beispiel bei Johannes Scottus Eriugena und bei Nikolaus von Kues. Nur kann gerade eine Theologie sich mit diesem Befund schwerlich zufriedengeben, sondern muß Emanationstheorien, Schöpfungstheorien etc. anmontieren, so als ob man wenigstens das, was dabei geschieht, wie von außen beobachten könne.

einzig-mögliche Schließung, die auf der Ebene der Selbstbeobachtung erreicht werden kann, benötigt den Schlußstein der Tautologie/Paradoxie. Sie muß, ob nun vitios oder virtuos, zirkulär argumentieren. Die Frage ist dann, *ob eine Reflexionstheorie sich das leisten kann, wenn sie zugleich als Theorie des Systems im System instruktiv operieren will.* Dies Problem ist in den letzten Jahren am Anspruch der »evolutionären Erkenntnistheorie« akut geworden. Philosophen weisen penetrant darauf hin, daß eine solche Theorie sich zirkulär begründe.[64] Biologen ziehen sich daraufhin in die Fachgrenzen der Biologie zurück.[65] In dieser Weise wird jedoch das Problem nicht wirklich ausgenutzt. Die Frage ist, um dies zu wiederholen, ob eine Reflexionstheorie des Wissenschaftssystems sich darauf versteifen muß, der Methodologie des Systems bindende Anweisungen oder doch Rationalitätsgarantien zu geben oder ob sie es sich leisten kann, den Begründungszirkel anzuerkennen und ihn selbst mit darauf abzielenden Unterscheidungen zu brechen.

Diese Überlegung läßt vermuten, daß in künftigen Erkenntnistheorien Konzeptionen Bedeutung gewinnen könnten, nach denen jeder Beobachter seine eigene Unterscheidung als seinen blinden Fleck akzeptieren und zugleich andere Beobachter beobachten kann mit Hilfe der Unterscheidung ihrer Unterscheidung. Erkennen wäre dann ein ständiges Prozessieren der Unterscheidung von Unterscheidungen und letztlich, fast im Sinne der alten Weisheitslehren, ein Unterscheiden dessen, was

---

[64] Siehe nur Hans-Michael Baumgartner, Über die Widerspenstigkeit der Vernunft, sich aus Geschichte erklären zu lassen: Zur Kritik des Selbstverständnisses der evolutionären Erkenntnistheorie, in: Hans Poser (Hrsg.), Wandel des Vernunftbegriffs, München 1981, S. 39-64; ders., Die innere Unmöglichkeit einer evolutionären Erklärung der menschlichen Vernunft, in: Robert Spaemann/Peter Koslowski/Reinhard Löw (Hrsg.), Evolutionstheorie und menschliches Selbstverständnis: Zur philosophischen Kritik eines Paradigmas moderner Wissenschaft, Weinheim 1984, S. 55-71. Aber damit verteidigt die Vernunft nur ein altes Privileg: sich selbst zirkulär begründen zu dürfen, während empirisch orientierte Erkenntnistheorien heute eine viel differenziertere Behandlung des Problems der Zirkularität vorlegen können. Siehe nur Gerhard Vollmer, Über vermeintliche Zirkel in einer empirisch orientierten Erkenntnistheorie, in ders., Was können wir wissen? Bd. 1, Stuttgart 1985, S. 217-267.

[65] Siehe Eve-Marie Engels, Erkenntnis als Anpassung? Eine Studie zur Evolutionären Erkenntnistheorie, Frankfurt 1989.

man mit einer Unterscheidung beobachten kann, von dem, was man damit nicht beobachten kann. Das Konzept der Beobachtung zweiter Ordnung ist mit den Gödel-Ergebnissen kompatibel, denn es löst das Unvollständigkeitsproblem durch eine Beobachtung *von außen*. Es antwortet außerdem auf das Problem der Zirkularität, indem es den Beobachter anweist, zu beobachten, wie *andere* Beobachter ihre Zirkel entfalten, und ihn dann zu dem autologischen Schluß zwingt, daß *auch er* Selbstreferenzprobleme durch Unterscheidungen auflösen muß. Die second order cybernetics weist einen Ausweg aus denjenigen Problemen der Erkenntnistheorie, die sich in der Diskussion unseres Jahrhunderts als Zentralprobleme epistemologischer Kontroversen herausgeschält hatten. Nur ist damit noch nicht entschieden, wie weit daraufhin die Erwartungen abgeschwächt werden müssen, die die Tradition mit den Reflexionstheorien des Wissenschaftssystems verknüpft hatte.

VII

In all ihren Bemühungen, den Code wahr/unwahr zur Geltung zu bringen, ist Wissenschaft immer schon auf der Ebene der Beobachtung zweiter Ordnung angesiedelt gewesen. Sie beobachtet Beobachter, die vermeintlich wissen, was sie wissen. Seitdem es Methodologie gibt, mußte daher der Gesamtbereich wissenschaftlich akzeptierten oder abgelehnten Wissens und damit: das »wissenschaftliche Weltbild« auf dieser Ebene rekonstruiert werden. Das offene Problem war dabei jedoch, wie diese Zweitebene in ihrem Verhältnis zur gleichzeitig praktizierten Erstebene des unmittelbaren Beobachtens zu verstehen ist.

Im Rahmen der ontologischen Tradition konnte dieses Verhältnis nur hierarchisch aufgefaßt werden, nämlich als Ordnung der Belehrung, der Korrektur, des Besserwissens; als Verhältnis des geprüften Wissens zum bloßen Herkommen, zum bloßen Meinungswissen. Es gab zwar schon das Beobachten von Beobachtern, es gab schon einen Wissensdiskurs, aber solches Verhalten wurde begriffen als Operieren in einer gemeinsamen Welt. Ontologie heißt ja, daß für die Bezeichnung von Weltsachverhalten für alle Beobachter nur ein Wert, ein Designationswert (Gotthard Günther) zur Verfügung steht, während der zweite Wert nur zur wechselseitigen Korrektur, zur Beseitigung von Irrtümern benutzt werden kann.[66] Neben dieser hierarchiebildenden Konsequenz hatte diese Beobachtungsstruktur auch zur Folge, daß die Wissenden mit einem quasi philosophischen Anspruch auf »Anwendung« ihres Wissens ausgestattet waren. Wenn genügend Vorsorge gegen Irrtümer getroffen war, gab es keinen Grund, dem Wissen in seinem Anspruch auf Orientierung der Praxis Widerstand entgegenzusetzen.

Immer schon hatte das Hierarchie-Denken der Tradition ein Verhältnis zum Schema von Zweck und Mittel. Mit der Ordnung der Ebenen hatte man sich auf ein instrumentalistisches Verständnis dessen eingelassen, was auf unteren Ebenen zu beobachten war. So konnte man in epistemologischen Fragen die lernbereite Kognition denn auch auf das Erkenntnisverhalten selbst erstrecken. Aber erst allmählich wird deutlich, daß dies zu Rückschlüssen auf den Beobachter zweiter Ordnung zwingt. Der »methodologische Pragmatismus«, und das ist die Erkenntnistheorie dieses Jahrhundert, zieht diese Konsequenz. Eben damit rückt dann aber auch das »Realitätsproblem« ins Zentrum der Diskussion. Und das löst schließlich Zweifel an den Prämissen der Ontologie aus.

Obwohl es deutliche Symptome der Verunsicherung gegeben hat – von der cartesischen Unterscheidung res extensa/res cogitans, über Humes Induktionsproblem, über Kants transzendentaltheoretische Fragestellung bis zur Reformulierung des Theorie/Praxis-Verhältnisses als eines Duals mit zwei selbständigen Operationsweisen – blieb die ontologische Prämisse bis ins 20. Jahrhundert erhalten, und selbst heute noch fällt es nicht leicht, zu akzeptieren, daß die Unterscheidung von Sein und Nichtsein nichts weiter ist als die Unterscheidung (und damit: der blinde Fleck) eines Beobachters. Wissenschaftstheorien bekannten Zuschnitts sind deshalb weithin nur Methodologien hochgeneralisierter Form, also Programme für das Beobachten zweiter Ordnung. Erst wenn man dies formuliert und erst wenn man die eigentümlich selbstreferentiellen (»autologischen«) Verhältnisse dieser Ebene studiert, faßt man auf einer dritten und wohl letzten Beobachtungsebene Fuß. Hier sieht man die

---

[66] Vgl. oben Kap. 2, IV., 4, I.

Unterscheidungsabhängigkeit allen Wissens und damit auch die notwendige Latenz, auf die man sich im operativen Gebrauch von Unterscheidungen einlassen muß. Hier dekonstruiert man dann, auf ihren blinden Fleck hinweisend, die Ontologie und mit ihr jede Hierarchisierung des Besserwissens. Hier wird dann auch die in der Wissenschaftssoziologie heute verbreitete nichtssagende Abschlußformel »negotiation«[67] ersetzt durch die Weisung: beobachte den Beobachter! Hier kann die Wissenschaft sich selbst beschreiben als ein ausdifferenziertes Funktionssystem, das bestimmte Weltzugänge eröffnet und verschließt – als nicht mehr und als nicht weniger. Das Reflexionsproblem ist dann nicht länger die Einheit der Differenz von Erkenntnis und Gegenstand; sondern es geht bei der Einheit des Systems um die Vernetzung der Beobachtungsverhältnisse und die damit laufend reproduzierten Systemgrenzen, also um Autopoiesis. Das Ergebnis dieser Reflexion läßt sich als Konstruktivismus bezeichnen.

In der aktuellen Diskussion bieten sich vor allem Wissenschaftstheorien an, die unter dem Sammelbegriff des »Konstruktivismus« vertreten werden.[68] Der Konstruktivismus vollendet, so scheint es im Augenblick, eine lange Geschichte der Reaktion von Wissenschaft auf ihr eigenes Auflösevermögen. Sie beginnt, was intakte textliche Überlieferung angeht, mit Plato, mit der Suche nach einer Realität jenseits der als bloße Meinung durchschauten Alltagserfahrung, und sie endet mit der neuzeitlichen Entdeckung, daß diese Realität die Erkenntnis selbst ist. Erst in diesem Jahrhundert wechseln diese Bemühungen jedoch ihren Namen von Idealismus zu Konstruktivismus.

Darunter versteht man jedoch sehr Verschiedenes. Wir wollen

67 Vgl. z. B. Ray Kemp, Controversy in Scientific Research und Tactics of Communication, Sociological Review 25 (1977), S. 515-534; Michael Mulkay, Science and the Sociology of Knowledge, London 1979, S. 95. Trevor Pinch, Towards an Analysis of Scientific Observation: The Externality and Evidential Significance of Observational Reports in Physics, Social Studies of Science 15 (1985), S. 3-36. Unter allgemeineren Gesichtspunkten siehe vor allem Anselm L. Strauss, Negotiation: Varieties, Contexts, Processes, and Social Order, San Francisco 1978.

68 Die Diskussion läuft unter dieser Markenbezeichnung bereits auf der Ebene von eigens dafür veranstalteten Tagungen, Sammelveröffentlichungen, Lehrtexten. Vgl. etwa Heinz Gumin/Armin Mohler (Hrsg.), Einführung in den Konstruktivismus, München 1985, Siegfried J. Schmidt (Hrsg.), Der Diskurs des Radikalen Konstruktivismus, Frankfurt 1987.

deshalb gar nicht erst versuchen, die konstruktivistischen Theorien von Hugo Dingler über Paul Lorenzen bis Ernst von Glasersfeld oder von Paul Watzlawick bis Humberto Maturana auf einen gemeinsamen Nenner zu bringen. Unser Ausgangspunkt ist statt dessen eine Kritik an einer verbreiteten Begründung konstruktivistischer Ansätze. Es genügt nicht, von der (unbestreitbaren) Mitwirkung bestimmter (sprachlicher, psychologischer, sozialer) *Ursachen* am Zustandekommen von Erkenntnis auszugehen und daraus zu schließen, daß das *Resultat* Erkenntnis nichts anderes ist als eine (entsprechend: sprachliche oder psychische oder soziale) Konstruktion. Der Schluß ist schon rein logisch nicht stichhaltig.[69] Wer von bestimmten Ursachen auf »Erkenntnis ist Konstruktion« schließt, kann sich nicht gegen den Einwand wehren, daß auch andere Ursachen mitwirken (zum Beispiel Realitätskontakt) und daß die angegebenen Ursachen nicht alles erklären können (zum Beispiel nicht die Übereinstimmung der Beobachter).[70] Erkenntnistheoretische Thesen müssen auf der Ebene der Beobachtung zweiter bzw. dritter Ordnung und hier: als Programme für die Selbstbeobachtung und Selbstbeschreibung des Wissenschaftssystems formuliert werden. Auf dieser Ebene sind, wie

69 Logische Fehler in der wissenschaftlichen Argumentation sind zwar häufig und vielleicht nicht so schädlich, wie man meinen könnte (vgl. Leslie H. Kern/Herbert L. Mirels/Virgil G. Hinshaw, Scientists' Understanding of Propositional Logic: An Experimental Investigation, Social Studies of Science 13 (1983), S. 131-146); Stephen P. Stich/Richard E. Nisbett, Expertise, Justification, and the Psychology of Inductive Inference, in: Thomas L. Haskell (Hrsg.), The Authority of Experts, Bloomington Ind. 1984, S. 226-241, aber im Bereich von Erkenntnistheorie dürfte man überdurchschnittliche Sorgfalt verlangen; und jedenfalls eröffnet eine logische Kritik den Zugang zu anspruchsvolleren Fragestellungen.
70 Zu derartigen Einwänden vgl. Mary Hesse, Revolutions and Reconstructions in the Philosophy of Science, Brighton 1980; Thomas F. Gieryn, Relativist/Constructivist Programmes in the Sociology of Science: Redundance and Retreat, Social Studies of Science 12 (1982), S. 279-297 (mit anschließender Diskussion); Nils Roll-Hansen, The Death of Spontaneous Generation and the Birth of the Gene: Two Case Studies of Relativism, Social Studies of Science 13 (1983), S. 481-519. Gad Freudenthal, The Role of Shared Knowledge in Science: The Failure of the Constructivist Programme in the Sociology of Science, Social Studies of Science 14 (1984), S. 285-295; Donald T. Campbell, Science's Social System of Validity-Enhancing Collective Belief Change and the Problems of Social Sciences, in: Donald W. Fiske/Richard A. Shweder (Hrsg.), Metatheory in Social Science: Pluralisms and Subjectivities, Chicago 1986, S. 108-135.

bereits mehrfach notiert, autologische Theoriekomponenten unvermeidlich. Denn wenn Erkenntnis nichts anderes ist als eine Konstruktion, dann gilt dies natürlich auch für eben diesen Satz; und es gilt erst recht für die übliche Kausalbegründung selbst. Ein Argument für Konstruktivismus kann deshalb nur aus einer Explikation der Probleme der Selbstbeobachtung und Selbstbeschreibung beobachtender Systeme gewonnen werden; und in einem derart »heißen« selbstreferentiellen Kontext lösen die Prämissen üblicher wissenschaftlicher Beobachtung erster Ordnung, denen gerade eine empirische Wissenschaftssoziologie sich verpflichtet weiß, sich auf.

Schon der bisherigen Diskussion kann man zwei Hinweise entnehmen, Kausalaussagen und Existenzaussagen betreffend. Entgegen einer langen Tradition ist der Begriff der *Kausalität* kein beobachtungsfrei handhabbarer Begriff; oder genauer: er bezeichnet keine Realität, die man ohne Mitthematisierung des Beobachters beschreiben könnte. Das gilt nicht nur für die geläufigen attributionstheoretischen Forschungen, sondern auch für die Selbstanalyse von Erkennen, Wissen, Wissenschaft. Das führt zur der Folgerung, daß jede Kausalaussage über Seinsverhältnisse, die Wissen »bewirken«, oder über Erkenntnisse, die Seiendes »bewirken«, eine wissenschafts*interne Konstruktion* ist. Die Wissenschaft ist nicht durch vorgegebene Kausalitäten mit ihrer Umwelt verknüpft, weder im Input-Sinne, noch im Output-Sinne. Sie kann solche Kausalitäten zwar beobachten und beschreiben, aber sie ist dann schon bei der Wahl und der Spezifikation des Kausalschemas selbst im Spiel – und nicht erst als eine der Ursachen bzw. Wirkungen. Dasselbe gilt, a fortiori, wenn von »Kausalgesetzen« die Rede sein soll.

Was für Kausalität gilt, gilt auch für den zweiten Letztbegriff üblicher Wissenschaft, für die Verwendung des Begriffs der »Existenz«. Es ist schon geläufig, diesen Begriff nur noch als Existenzquantor $\exists$ aufzufassen.[71] Das gleiche gilt aber auch außerhalb der formalen Verwendungsmöglichkeiten gerade dieser

---

71 Vgl. Willard van O. Quine, Designation and Existence, The Journal of Philosophy 36 (1939), zit. nach dem Abdruck in: Herbert Feigl/Wilfried Sellars (Hrsg.), Readings in Philosophical Analysis, New York 1949, S. 44-51. Inzwischen weithin anerkannt. Dazu kritisch und mit Abänderungsvorschlägen Mario Bunge, Epistemologie: Aktuelle Fragen der Wissenschaftstheorie, Mannheim 1983, S. 50ff.

Konstruktion. Da das Prädikat »existiert«, dem Beschriebenen keine weitere Eigenschaft hinzufügt, kann man es weglassen – außer zur Bezeichnung einer referentiellen Operation[72] des Systems, das diese Operation so bezeichnet – etwa mit der Funktion, sich seiner Selbstvergewisserung zu vergewissern.

Sowohl Kausalaussagen als auch Existenzaussagen entfallen mithin als Formen, in denen man feststellen könnte, daß die Wissenschaft durch etwas anderes als durch sich selbst spezifiziert wird.[73] Daraufhin kann man die üblichen Formen, mit denen Wissenschaft zu beweisen sucht, daß sie es mit Realität zu tun hat, ins konstruktivistische Design überführen, und ein erheblicher Teil der Konstruktivismus empfehlenden Literatur ist genau damit beschäftigt – fast überflüssigerweise.[74] Wir schließen daraus, daß jede Reflexionstheorie der Wissenschaft, die heutigem Wissensstand genügen will, dies zur Kenntnis nehmen (oder auf neuartige Weise widerlegen) muß. Der Bereich möglicher Reflexionstheorien ist dadurch scharf limitiert. Andererseits ist damit das Problem noch nicht gelöst, zu erklären, wie es denn kommt, daß es funktioniert; und schlimmer noch: es ist noch nicht einmal klar, wie das Problem überhaupt formuliert werden soll.

Diese sprachlogische Begründung des Konstruktivismus findet heute von ganz anderer Seite her Bestätigung, nämlich durch die Kybernetik und ihren Begriff des black box. Innerhalb der Kybernetik gibt es für die Unerkennbarkeit solcher black boxes zwei verschiedene Begründungen. Die ältere (Ashby) geht davon aus, daß ein black box intern so komplex ist, daß einem Beobachter die für Erkenntnis und Kontrolle erforderliche Eigenkomplexität (requisite variety) fehle. Er muß sich mit Rekonstruktionen, Simulationen usw. zufriedengeben; er kann zwar gewisse externe Regelmäßigkeiten erkennen und sich dar-

---

72 Über die »ontische« Interpretation dieser Referenz kann dann immer noch gestritten werden, und die im Text versuchte Interpretation der Referenz als Selbstreferenz geht eigene Wege.

73 Falls andere Vorschläge auftauchen, mag man zunächst prüfen, ob es sich nicht ebenfalls nur um »Konstrukte« handelt.

74 Siehe z. B. Harry M. Collins, Changing Order: Replication and Induction in Scientific Practice, London 1985, für das Kriterium der Wiederholbarkeit von Experimenten. Ganz überflüssig ist dies freilich nicht, wenn man sieht, daß selbst dies in der darauf reagierenden Literatur kritisiert wird.

aufhin ein Modell machen, nicht aber wirklich wissen, was in dem black box vor sich geht. Die Unerkennbarkeit hängt hier noch von den Kapazitätsschranken des Beobachters ab. Die neuere Version, die der »second order cybernetics«, sieht das Problem in der Selbstreferenz dieser black boxes (Heinz von Foerster, Ranulph Glanville).[75] Nach wie vor bleibt es möglich, solche black boxes im Kontext von Input- und Outputvariablen zu beobachten, die aber für das black box nicht existieren, soweit es nicht selber beobachtet, unterscheidet, konstruiert. Input-Transformation-Output-Beziehungen bleiben das Konstrukt eines Beobachters. Und wenn nun die Welt selbst als black box angenommen werden muß, dann gibt es keine Inputs und Outputs, dann gibt es nur Beobachtungsverhältnisse in der Welt, nur Unterscheidungen, die den »unmarked state« verletzen, und nur das Beobachten von Beobachtern in der Welt. Die Erhellung der Welt ist dadurch bedingt, daß (mindestens) zwei black boxes einander wechselseitig nicht kontrollieren, sondern nur beobachten, das heißt: nur unterscheiden, bezeichnen, konstruieren können.

Sowohl die sprachlogische als auch die kybernetische Reflexion des Erkenntnisproblems lehrt im Verhältnis zur Tradition der Erkenntnistheorie, daß zunächst einmal die Unterscheidungen ausgewechselt werden müssen, die den Kontext bilden für die Formulierung des Problems. Wir ersetzen zu diesem Zwecke die Unterscheidung Denken/Sein sowie die Nachfolgeunterscheidung transzendental/empirisch durch die Unterscheidung Beobachtung/Operation.[76] Diese Unterscheidung ist »wiedereintrittfähig« gebildet insofern, als sie selbst eines von vielen möglichen Beobachtungsschemata abgibt. Eine Operation ist immer ein empirisches Ereignis, in den uns interessierenden Fällen ein Ereignis, das die Autopoiesis eines Systems vollzieht,

---

75 Siehe die Unterscheidung von trivialen und nichttrivialen (selbstreferentiellen) Maschinen in verschiedenen neueren Aufsätzen Heinz von Foersters, z. B. in Sicht und Einsicht: Versuche zu einer operativen Erkenntnistheorie, Braunschweig 1985, S. 12 f. Ranulph Glanville verfolgt einen nochmals radikalisierten Ansatz, nämlich die Idee, Objekte schlechthin durch Selbstreferenz zu definieren. Siehe: Ranulph Glanville, Objekte, Berlin 1988. Das müßte dann aber heißen: Objekte sind bei schon geringer Komplexität qua Selbstreferenz unerkennbar; anderes ist es sowieso.

76 Vgl. oben Kapitel 2.

das heißt: im Netzwerk gleichartiger Ereignisse ein neues Ereignis bildet und damit die Autopoiesis des Systems kontinuiert. Beobachtungen sind solche Operationen, wenn und soweit sie darin bestehen, eine Unterscheidung zu verwenden, um die eine und nicht die andere Seite zu bezeichnen. Da es sich um Operationen handelt und Beobachtungen anders gar nicht möglich sind, sind sie ihrerseits beobachtbar; und zwar mit Hilfe anderer Unterscheidungen (zum Beispiel der von wahr und unwahr). Das Problem, um das es dann geht, ist die Erklärung der Autopoiesis eines Systems, das seine Operationen in einem ganz spezifischen Unterscheidungskontext als Beobachtungen vollzieht; und zwar in einem Unterscheidungskontext, der dazu anhält, die Beobachtungen mit Hilfe des Code wahr/unwahr zu beobachten. Das Problem ist, um es zu wiederholen, die Erklärung einer solchen Autopoiesis; denn nur das kann wissenschaftsintern geleistet werden. Es geht nicht (man mag hier Traditionsverluste vermuten und bedauern) um die Erklärung der Herstellung einer hinreichenden Übereinstimmung von Denken und Sein.

Den Begriff des *Konstrukts* führen wir nunmehr speziell auf dieser Ebene der Reflexionstheorie ein, also nicht nur als ein Wort, das eine Formulierungsalternative für den Begriff des Begriffs bietet und weiter nichts. Ein Konstrukt ist das strukturelle Resultat der Autopoiesis des Wissenschaftssystems, sofern es als Struktur für die Autopoiesis des Systems eingesetzt wird.[77] Ein Konstrukt ist, und dies unterscheidet den Begriff, kein Instrukt. Es ergibt sich nicht aus der Einwirkung von Seiten der Umwelt, sondern aus der Anschlußfähigkeit der Operationen, die mit Hilfe des Konstrukts transformiert werden. Auch hat ein Konstrukt nicht die Aufgabe, Umwelt zu repräsentieren,[78]

---

77 Vermutlich ließe sich hier die seit langem von Philosophen geführte Diskussion über »abstrakte Gegenstände« (begriffliche Gegenstände u. ä.) und über ihre Existenzweise anschließen. Ich kann darauf nicht näher eingehen. Siehe für eine neuere Erörterung Wolfgang Künne, Abstrakte Gegenstände: Semantik und Ontologie, Frankfurt 1983.

78 Der in ähnlichem Sinne verwendete Begriff des Schemas wird gerade in diesem wichtigen Punkte oft entgegengesetzt oder mehrdeutig definiert (ohne die von Kant her kommende Begriffstradition »Schematismus« fortzusetzen). Michael A. Arbib/Mary B. Hesse, The Construction of Reality, Cambridge England 1986, S. 13, 50 f. definieren z. B. Schema als »unit of representation«. Allerdings kon-

wenngleich es sehr wohl Konstrukte gibt, die zwischen Selbstreferenz und Fremdreferenz vermitteln und auf diese Weise die Autopoiesis des Systems fortsetzen. Von »Konstruktivismus« kann man dann sprechen, wenn man eine Selbstbeschreibung des Wissenschaftssystems bezeichnen will, die das Problem darin sieht, wie man von Operation zu Operation kommt und damit die Autopoiesis des Systems fortsetzt in einer Umwelt, die man nicht erkennen, sondern eben nur »konstruieren« kann. Die Wissenschaftstheorie kann mithin die Bezeichnung Konstrukt/Konstruktivismus benutzen, um sich selbst im Vergleich zu anderen Reflexionstheorien des Wissenschaftssystems im Hinblick auf besondere, auszeichnende Merkmale zu bezeichnen. Selbstverständlich ist das, wie jede Reflexion, eine Selbstsimplifikation, die bestimmte Merkmale hervorhebt und andere marginalisiert. Und ebenso selbstverständlich sollte sein, daß es sich nicht um eine »Begründung« handelt; denn was immer die Wissenschaftstheorie dann Spezifisches über die Möglichkeiten von Begründungen und über die Bedingungen ihrer Anerkennung ausmachen wird: auf der Ebene der Reflexionstheorie (also: auf der Ebene der Beobachtung begründender Operationen) stößt man nur auf die Letztprobleme des Zirkels, des unendlichen Regresses, der Tautologie, der Paradoxie.

Was hieran neu und aufregend ist, bleibt freilich unerkannt, solange man sich mit Formulierungen begnügt, die den Konstruktivismus in die Ahnengalerie des erkenntnistheoretischen Idealismus oder des Transzendentalismus einordnen. Es wird ja weder im Sinne eines Solipsismus die Realität der Außenwelt geleugnet, noch lassen die systemtheoretischen Grundlagen es zu, Kontakte zwischen System und Umwelt zu bestreiten. Im Gegenteil: die Annahme ist, daß diese Kontakte reichhaltiger ausfallen, wenn das System infolge seiner Ausdifferenzierung als operational geschlossenes System eigene Komplexität auf-

zediert die Schema-Theorie eine Mehrzahl möglicher Repräsentationen (so wie die Evolutionstheorie eine Mehrzahl möglicher Adaptationen) und kommt dem Konstruktivismus damit weit entgegen. Vgl. a. a. O. S. 59. Damit stößt man aber auf ein graduelles Problem: wie verschiedene Repräsentationen, wie viele Repräsentationen, beliebig viele? Und wer ist der Beobachter, der entscheidet, was noch zulässig ist? Vgl. auch die kompromißbereite Rezension des Buches von H. M. Collins, Changing Order, 1985, durch Mary Hesse, Changing Concepts and Stable Order, Social Studies of Science 16 (1985), S. 714-726.

bauen kann. Konstrukte werden in den Operationen des geschlossenen Systems auf- und abgebaut, aber diese Operationen sind empirische Operationen in einer realen Welt, was nichts anderes heißt, als daß es sich um ihrerseits beobachtbare Operationen handelt.[79] Für jeden Beobachter, auch für das Wissenschaftssystem selbst, liegt aber die Realitätsgarantie der Referenzen seines Beobachters allein darin, daß *verschiedene interne* Operationen auf Grund *interner* Identitätskriterien zum *selben* Resultat führen, also kondensiert und konfirmiert werden können.

Ebensowenig ist der Konstruktivismus genötigt zu behaupten, daß Wissenschaft »nichts anderes ist« als ein Fall von mythischsymbolisch-ideologischen Entwürfen des Universums.[80] Zum Begriff der Operation ist nochmals klarzustellen, daß die Operation das durchführt, was sie durchführt, und nichts ist, was sie nicht ist. Diese Aussage muß jedoch mit Vorsicht gehandhabt werden, will man nicht von hier aus in die Gräben der klassischen Reflexionslogik abgleiten. Sie besagt zwar, daß die Operation ist, was sie ist, und zwar auch dann, wenn sie dies negiert. Daraus kann gerade nicht auf ein Anderssein, auch nicht auf ein Nichtanderssein geschlossen werden. Denn das »nicht« ist selber nur in Operation das, was es positiv leistet. Negationen werden immer nur positiv anschlußfähig verwendet, und man findet sie immer bedingt durch eine Vorgeschichte im selben System.[81]

Mit George Spencer Brown[82] kann man nun zeigen, daß die Operation des Negierens den Gebrauch einer Unterscheidung voraussetzt (und nicht, wie Logiker denken müßten, der Gebrauch einer Unterscheidung die Negation). Das Unterscheiden ist primärer Bestandteil der Operation, die wir Beobachten nen-

---

79 In ähnlicher Auffassung der Ausgangslage fragt auch Varela nach einem »mittleren Weg« zwischen Solipsismus und Repräsentationalismus. Siehe Francisco J. Varela, Living Ways of Sense-Making: A Middle Path for Neuroscience, in: Paisley Livingston (Hrsg.), Disorder and Order: Proceedings of the Stanford International Symposium (14.-16. Sept. 1981), Saratoga, Cal. 1984, S. 208-223.
80 So, und dann natürlich kritisch-abschwächend, Mary Hesse, Socializzare l'epistemologia, Rassegna Italiana di Sociologia 28 (1987), S. 331-356 (351).
81 Siehe zur Neurophysiologie dieser Feststellung Karl H. Pribram, Languages of the Brain, Englewood Cliffs, N. J. 1971, S. 288.
82 Laws of Form, a.a.O.

nen, und Negationen kommen erst durch ein »crossing«, durch ein bestimmtes Behandeln der Unterscheidung zustande. Das ist eine Entdeckung von immenser Tragweite, weil sie dazu führt, die Paradoxien des Unterscheidens (das sich selbst unterscheiden muß und nicht unterscheiden kann), von den Paradoxien zu unterscheiden, die durch den Gebrauch von Negationen zustandekommen. Spencer Brown führt daher das Unterscheiden, dessen Paradoxie souverän ignorierend, in der Form einer Operationsanweisung ein und kommt auf die Paradoxie erst zurück, nachdem ein hinreichend komplexer Kalkül entwickelt ist, der ein »re-entry«, einen Wiedereintritt der Unterscheidung in das durch sie Unterschiedene erlaubt.

Die üblichen Formulierungen konstruktivistischer Provenienz lassen nicht erkennen, daß die Tragweite dieses Manövers eingesehen und ausgenutzt wird. Man findet nur die wiederholte Feststellung, daß die Realität eine Konstruktion sei, die nicht (aber was heißt hier »nicht«?) auf einer Übereinstimmung mit der Außenwelt beruhe. Das bleibt sicher richtig, aber auch für das Unbekanntsein der Außenwelt, sowie für eine etwaige Negation dieses Unbekanntseins gilt noch dasselbe. Worin besteht dann aber die Differenz?

Die Abkopplung des Unterscheidens vom Negieren ermöglicht hier eine Antwort. Das beobachtende System operiert mit Hilfe von Unterscheidungen, die als Unterscheidungen in der Außenwelt keine Entsprechung haben. Zum realen Operieren in einer realen Welt wird, als Bedingung der Möglichkeit des Beobachtens, ein Unterscheiden hinzugefügt, das eine immense Kombinationsvielfalt eröffnet je nachdem, was man von was unterscheidet. Von einfachen Unterscheidungen, etwa distinkten Focussierungen auf etwas Bestimmtem im Unterschied zu allem anderen, kann dies bis zur Unterscheidung wahrer und unwahrer Sätze führen, von negationsfreien Kontrasten über qualitative Duale bis zu negationstechnisch abstrahierten binären Codierungen. All dies bleibt Konstruktion. Die Umwelt kann in dieser Weise, weil sie keine Unterscheidungen enthält, nie »instruieren«. Anderseits ist ein beobachtendes System, wenn es Beobachtungen als Operation durchführt, auf die Verwendung von Unterscheidungen angewiesen, denn das zeichnet ein solches System als ein geschlossenes, reizunspezifisch codiertes

System aus. Deshalb ist ein unterscheidungsloses Beobachten undenkbar. *Und nur deshalb ist alles, was für einen Beobachter Realität ist, Realität dank der Einheit der Unterscheidung, die er verwendet, also Konstruktion.*

Ein besonders treffendes Beispiel hierfür findet man in den Erfordernissen der Beobachtung und Beschreibung dynamischer Systeme. Wenn eine solche Beobachtung zu einer Beschreibung kondensiert werden soll, muß sie Sätze bilden, die an der Dynamik des Gegenstandes, den sie beschreiben, *nicht teilnehmen* und sie auch *nicht repräsentieren können*. Sie muß durch die Form feststehender Sätze, mit der sie ihren Gegenstand beschreibt, nicht nur diesem Gegenstand, sondern auch ihrer eigenen Beschreibung dieses Gegenstandes widersprechen. Der Widerspruch muß dann in der Beschreibung selbst durch Interpretation, Sinngebung für Begriffe usw. aufgelöst werden.[83] Anders gesagt: es können in beschreibenden Systemen keine internen Korrelate der Dynamik ihrer Umwelt hergestellt werden, sobald man über das hinausgehen will, was Platon an der Kunst kritisiert: das bloß rhapsodische Mitschwingen mit dem Rhythmus des Gegenstandes, den man erlebt. *Statt dessen* muß das beschreibende System mit *Unterscheidungen* arbeiten (etwa: fest/beweglich, vorher/nachher), die nur als Eigenstrukturen des beschreibenden Systems realisiert werden können. Auch das folgende Kapitel über Evolution wird nicht anders als so vorgehen können.

Solange der Konstruktivismus freilich einheitstheoretisch formuliert wird, also davon ausgeht, daß der Einheit eines Konstruktes irgendeine unbekannte Einheit oder Vielheit in der Außenwelt entsprechen müsse, hat er das ihm mögliche Reflexionsniveau nicht erreicht. Die Lösung liegt in der Kombination von konstruktivistischer mit differenztheoretischer Wissenschaftstheorie. Hierfür brauchen wir nur wiederaufgreifen, was oben bereits notiert war. Die Differenz von Erkenntnis und

---

[83] Siehe Lars Löfgren, Knowledge of Evolution and Evolution of Knowledge, in: Erich Jantsch (Hrsg.), The Evolutionary Vision. Toward a Unifying Paradigm of Physical, Biological and Sociocultural Evolution, Boulder, Col. 1981, S. 129-151 (130): »... when described, the variability is represented by constancy, namely by the time-independent describing sentences. It is when we interpret the sentences that we add the reality, the described variability«. Das hier behandelte Problem wird umgangen mit den dunklen Worten »add the reality«.

Gegenstand kann in der operativen Handhabung dieser Unterscheidung nicht selbst beobachtet werden. Sie ist ihr eigener blinder Fleck. Der Konstruktivismus ersetzt diese Unterscheidung Erkenntnis/Gegenstand durch den Code wahr/unwahr, der alle wissenschaftlichen Operationen leitet, und das System erzeugt, das sich in der Gesellschaft als Wissenschaft ausdifferenziert. Was Unterscheidung angeht, hat man dann aber das gleiche Problem. Die Unterscheidung wahr/unwahr kann nicht selber nur entweder wahr oder unwahr sein; sie kann sich nicht selbst beobachten; sie ist ihr eigener blinder Fleck. Das heißt nun aber nichts anderes, als daß die Unterscheidung in der Selbstanwendung sich operativ blockiert und für einen Beobachter Paradoxien und Tautologien erzeugt.[84] Ohne Unterscheidung kann man überhaupt nicht beobachten, ohne die Unterscheidung des Codes wahr/unwahr kann man nicht wissenschaftlich beobachten. Die Einheit dieser Unterscheidung ist nur als Paradox – oder nur mit Hilfe irgend einer anderen Unterscheidung beobachtbar. Will man die Reflexion im Wissenschaftssystem selbst durchführen und nicht etwa ins new age abdriften, muß man das Paradox als Letztformel akzeptieren. Das heißt keineswegs – und das wissen wir gleichsam aus soziologischer Erfahrung –, daß nun Beliebiges oder nichts mehr möglich wäre. Die Reflexionstheorie bekommt es vielmehr mit der Frage zu tun, welche Formen der Entparadoxierung angeboten werden können mit Rücksicht darauf, daß und wie das Wissenschaftssystem faktisch arbeitet.

Dies ist zunächst nur eine etwas raffiniertere Formulierung für einen Sachverhalt, den wir bei der Analyse des Beobachtens (Kapitel 2) bereits angetroffen hatten. Ein Beobachter ist konstitutiv unsicher, da er zwischen eigenen und fremden, selbstreferentiellen und fremdreferentiellen Quellen der Unsicherheit nicht (oder nur unter Implikation der jeweils anderen Seite) unterscheiden kann. Auf einer vordergründigen Ebene können

---

84 Daß sie in einer funktional differenzierten Gesellschaft *von außen*, etwa durch das politische, das wirtschaftliche, das religiöse System beobachtet und eventuell rejiziert werden kann, sei nur vorsorglich noch einmal angemerkt. Die gesamte Analyse steht, wie hieran deutlicher werden kann, unter dem Vorzeichen einer Selbstanalyse der funktional differenzierten Gesellschaft und erträgt nur in diesem historischen und strukturellen Kontext die angebotenen Radikalisierungen.

zwar relativ sichere Urteile gebildet werden, die das Resultat von erkennenden Operationen als wiederverwendbar erscheinen lassen. Aber die Position, in der sich ein Beobachter als Beobachter installiert, ist eine Position der Unsicherheit. Eben daraus ergibt sich der Anlaß zum Aufbau eines eigenen strukturdeterminierten autopoietischen Systems, das nicht etwa die Beseitigung der Unsicherheit und damit das eigene Ende zum Ziel hat, sondern mit der Strukturierung von Unsicherheit arbeitet. Beobachtet man das Beobachten, so erkennt man, daß der Beobachter die Welt mit Unsicherheit infiziert und damit ein Moment der Unordnung hinzufügt. Durch Beobachten des Beobachtens läßt sich dies steigern, aber nicht ändern. »Our real world is that of a universe in which the observer will never be able to eliminate disorder and from which he shall never be able to eliminate himself«.[85]

Eine konstruktivistische Erkenntnistheorie ersetzt demnach einerseits Einheit durch Unterscheidung und in ihren Produkten: Identität durch Differenz. Sie ersetzt andererseits Zielorientierung durch Problemorientierung. Sie orientiert das System nicht an einem guten Ende wie an einem nützlichen Erwerb, sondern an der eigenen Autokatalyse, also an sich selbst.

Diese Überlegungen leiten über zu einer konstruktiven Kritik des sog. »radikalen Konstruktivismus«, der seine Hausaufgaben noch nicht zureichend erfüllt hat. In Anbetracht einer langen und traditionsreichen philosophischen Diskussion erkenntnistheoretischer Fragen genügt es nicht, sich gleichsam naiv zu stellen und einmal mehr nachzuweisen, daß sich keine Übereinstimmung von Erkenntnis und Wirklichkeit nachweisen läßt. Ebenso wenig reicht es aus, sich mit einem Pauschalzugeständnis, daß es eine Außenwelt gibt, zu begnügen und sich dann in Hinsicht auf das, was diese Außenwelt ist, agnostisch zu geben. Es müßte vielmehr genau herausgearbeitet werden, *in welchen Hinsichten* es, wenn man schon von einer Art »Passen«, von Weltkompatibilität oder von »Viabilität« der erkennenden Operationen ausgeht, es *keine* Übereinstimmung, nämlich keine Entsprechungen in der Außenwelt geben kann. Und dies

---

85 Edgar Morin, The Fourth Vision: On the Place of the Observer, in: Paisley Livingston (Hrsg.), Disorder and Order: Proceedings of the Stanford International Symposium (14.-16. Sept., 1981), Saratoga, Cal. 1984, S. 98-107 (106).

müßte in einer genaueren Analyse des Erkenntnisvorgangs selbst gezeigt werden.[86]

Vor allem müßte jedoch die Leitparadoxie ausgewechselt werden; denn nur auf diese Weise kann man das Problem der Latenz, das Problem des blinden Flecks, das Problem der konstitutiven Unfähigkeit des Beobachtens, sich selber zu beobachten, in die Erkenntnistheorie einarbeiten.[87] An die Stelle der alten Thematik der Einheit der Unterscheidung von Erkenntnis und Gegentand, die sich auflöst in die Frage, wer denn diese Unterscheidung verwendet und für welche Beobachtungen, tritt das Problem des Beobachtens des Unbeobachtbaren, also die Frage, was daraus folgt, daß man sehen kann, was man nicht sehen kann, sofern man nur zeitliche und/oder soziale Differenzen (also Gesellschaft!) in Anspruch nimmt. Auf diese Frage müßte eine konstruktivistische Erkenntnistheorie antworten, diese Paradoxie müßte sie auflösen können, und dies kann vermutlich nur dadurch geschehen dadurch, daß sie sich als Gesellschaftstheorie, nämlich in den zeitlichen und sozialen Bedingungen reflektiert, die das Beobachten des Unbeobachtbaren in Anspruch nimmt.

Fragt man nicht mehr in klassischer Weise nach der Übereinstimmung, um sie alsdann zu negieren (weshalb fragt man dann überhaupt, es sei denn in polemischer Absicht?), sondern setzt man an die Stelle dieser Problemstellung eine Untersuchung der Eigenbedingungen des Erkenntnisvorgangs, dann kommen rasch zahlreiche Momente zusammen, die auf eine konstrukti-

---

86 Auch in den wichtigen neurophysiologischen Vorarbeiten, die den radikalen Konstruktivismus inspiriert haben, ist genau dies nicht geleistet. Es werden in sehr eindrucksvoller Weise quantitative Relationen von Außenkontakten und internen Verarbeitungsprozessen herausgearbeitet oder es wird klargestellt, daß die Berührungsfläche des Nervensystems mit der Außenwelt ganz reizunspezifisch operiert bzw. in der Ausdrucksweise von Heinz von Foerster »undifferenziert codiert ist«. (Vgl. Heinz von Foerster, Entdecken oder Erfinden: Wie läßt sich Verstehen verstehen? In: Heinz Gumin/Armin Mohler (Hrsg.), Einführung in den Konstruktivismus, München 1985, S. 27-68 (41)). Damit wird die klassische Epistemologie zwar erfolgreich torpediert. Allein damit ist jedoch noch nicht verständlich gemacht, daß und weshalb die interne Operationsweise des Erkenntnissystems selbst mit Strukturen und Operationsweisen arbeitet, die gar nicht darauf angelegt sind, Entsprechungen zur Umwelt wiederzugewinnen, sondern erfolgreich anders organisiert sind.
87 Siehe oben Kap. 2, Abschnitt II.

vistische Erkenntnistheorie zurückführen. Wir nennen nur die folgenden:

(1) Es gibt mehrere empirische Grundlagen für Kognitionsprozesse, die jeweils eine operative Schließung ihres eigenen Systems voraussetzen, insbesondere Leben, Bewußtsein und Kommunikation.[88] Das Erfordernis der Schließung macht die entsprechenden Kognitionen inkompatibel (was nicht ausschließt, daß sie einander wechselseitig beeinflussen).[89]

(2) Alle Kognition ist Beobachtung, das heißt: Unterscheidung und Bezeichnung. Diese grundlegende Operation funktioniert autonom, das heißt auch dann, wenn es für sie in der Umwelt keine Entsprechungen gibt. Es mag gleichartige Operationen in der Umwelt kognitiv operierender Systeme geben. Deren Resultate ermöglichen dann Lernbeschleunigungen. Ein erreichter Erkenntnisstand läßt sich dann schließlich nicht mehr erklären, ohne daß man mit einer Art Evolutionstheorie eine Vielzahl von welterschließenden kognitiven Systemen (auf biologischer, psychologischer und soziologischer Ebene) annimmt.[90] Aber das ändert nichts daran, daß jede Kognition autonom anfängt, das heißt: mit einer selbstgesetzten Unterscheidung anfangen kann, für die sie keine Umweltkorrelate voraussetzen muß.[91]

(3) Folglich sind auch alle evolutionären Nachfolgeerrungenschaften des Unterscheidenkönnens kognitionsrelativ zu verstehen. Das gilt insbesondere im Bereich sprachabhängiger Kognition für:

---

88 Das schließt es, wie mir scheint, aus, Gesellschaft als eine »Konstruktion« von Lebewesen zu konstruieren. So aber Peter M. Hejl, Konstruktion der sozialen Konstruktion: Grundlinien einer konstruktivistischen Sozialtheorie, in: Heinz Gumin/Armin Mohler (Hrsg.), Einführung in den Konstruktivismus, München 1985, S. 85-115. Es fehlt hier jedenfalls eine zureichende Rekonstruktion des spezifisch biologischen (zellinternen) Prozesses, die eine solche Konstruktion operativ tragen könnte. Es gilt vielmehr, mutatis mutandis, das, was in Kap. 1 über das Verhältnis von Bewußtsein und Kommunikation gesagt ist.
89 Für Bewußtsein und Kommunikation siehe Kap. 1.
90 Vgl., diese Unterschiede in einem allgemeinen Theoriebegriff zusammenziehend, Olaf Diettrich, Kognitive, organische und gesellschaftliche Evolution, Berlin 1989.
91 Erinnert sei hier nochmals an Spencer Browns Weisung: draw a distinction!

a) die explizite Negation zur Kontrolle der Erwartungen des strukturdeterminierten (erwartungsabhängigen) Kognitionssystems und zur Stimulierung (Selbststimulierung!) lernender Strukturänderungen; und
b) für den Entwurf von Möglichkeiten, die nicht aktualisiert werden müssen, sondern der Einbildung eines Selektionsbereichs dienen, der aber nur im systemeigenen Verhalten in Operationen umgesetzt werden kann.

(4) Die elementaren Einheiten, schon des Gehirns und erst recht des Bewußtseins und der Kommunikation, sind auf Ereignisse von sehr kurzer Dauer reduziert, so daß *im Verhältnis dazu* sehr viel Außenwelt als »beständig« erscheinen kann. (Würde ein Erlebnis ein Jahr dauern, würden ganz andere Dinge als fest bzw. als beweglich erscheinen). Diese Verzeitlichung wird auch durch Schrift nicht aufgehoben, wenngleich durch sehr einschneidende weitere Bedingungen modifiziert, denn Schrift zieht nur die Komponenten des Mitteilens und Verstehens zeitlich auseinander, indem sie es durch besondere Vorkehrungen möglich macht, das Gemeinte irgendwann später zu verstehen.

(5) Erst wenn man einen weiteren Gesichtspunkt hinzunimmt, kommt aber die entscheidende Neuerung heraus. Man geht heute allgemein davon aus, daß Negationen systeminterne Operatoren sind, denen kein Umweltkorrelat entspricht. Das heißt: auch Aussagen wie: es bestehe kein instruktiver Kontakt zur Umwelt, bleiben systeminterne Aussagen. Die Konstruktion der Realität kann selbstreferentiell gehandhabt werden, sie kann ihren eigenen Außenweltbezug negieren. Sie bleibt auch dann eine für das System selbst stabile Konstruktion.

(6) Eine »Ontologie« entsteht, wenn ein erkennendes System als erstes die Unterscheidung von Sein und Nichtsein benutzt, also die Welt mit genau dieser Unterscheidung dekomponiert und alle anderen Unterscheidungen über Bedingungen der Anschlußfähigkeit an das Sein einführt.[92]

---

[92] Es gibt verschiedene Auffassungen, die dieser Ansicht sehr nahe kommen. Maurice Merleau-Ponty, Le visible et l'invisible, Paris 1964, S. 120 f., faßt sie mit dem Husserlschen Begriff der Idealisierung (»la formule *l'être est, le néant n'est pas*

Dann hat man in der Tat die Sicherheit (und kann sie ausbauen), daß das Sein nicht Nichtsein ist. Der Konstruktivismus fragt jedoch: warum sollte man gerade so und nicht anders anfangen? Warum nicht mit der Unterscheidung von System und Umwelt (oder Medium und Form, oder Operation und Beobachtung), wenn man einmal davon auszugehen hat, daß Systeme nur das erkennen können, wozu sie keinen Zugang haben, und wenn man weiter akzeptieren muß, daß *alle* Unterscheidungen (inclusive die von Sein und Nichtsein) systeminterne Operationen sind?

(7) In der zur Ontologie passenden idealistischen Erkenntnistheorie ging es immer noch um einen (letzten) Grund, also um Einheit. Der Konstruktivismus begreift Erkenntnis dagegen als einen Prozeß, der von Unterscheidung zu Unterscheidung führt. Wenn er auf Einheit reflektiert, dann auf die Einheit der Unterscheidungen, auf die Zusammengehörigkeit des Getrennten. In diesem genauen Sinne ist Einheit für ihn Symbol, das Symbol seines Prozessierens, und Wahrheit ein symbolisches Medium.[93] Zugleich ist damit aber zugestanden: wir leben in der Welt nach dem Sündenfall, wir haben vom Baum der Erkenntnis gegessen, »distinctions« können nur als »indications« benutzt, das Symbol kann nur diabolisch gehandhabt werden.

---

est une idéalisation«). Gotthard Günther, Life as Poly-Contexturality, in ders., Beiträge zur Grundlegung einer operationsfähigen Dialektik Bd. II. Hamburg 1979, S. 286, sieht darin, auf der Suche nach anderen Logiken, eine logisch strikt zweiwertige Formulierung der Realität: »Nothingness and Being are related to each other in such a way that their mutual ontological position is defined by the principle of the Tertium Non Datur (TND). Something is or it is not; that is all there is to it in ontology«. Im Verhältnis zu Husserl/Merleau-Ponty ersetzen wir den Begriff der Idealisierung durch den Begriff der Unterscheidung. Im Verhältnis zu Günther gehen wir davon aus, daß es viele Unterscheidungen gibt, die als binärer Schematismus zur Erstdekomposition der Welt verwendet werden können und daß die übliche Mathematik, wie Spencer Brown anhand der Booleschen Algebra zeigt, rekonstruiert werden kann, wenn man nur mit irgendeiner Unterscheidung anfängt.

[93] Hier wäre denn auch die Stelle, wo man die Anregung Varelas aufgreifen und prüfen könnte, ob es einen »dritten Wert«, eine Operation des self-indication gibt, die in einen über Spencer Brown hinausgehenden Kalkül übernommen werden könnte. Siehe Francisco Varela, A Calculus for Self-reference, International Journal of General Systems 2 (1975), S. 5-24.

(8) Das Prozessieren von Beobachtung zu Beobachtung, also von Unterscheidung zu Unterscheidung, ermöglicht es, das zu unterscheiden und zu bezeichnen, was mit einer anderen Unterscheidung *nicht* erfaßt werden kann, *für sie* also latent bleiben muß. Jede Unterscheidung setzt sich selbst voraus und schließt sich selbst damit aus dem aus, was sie unterscheiden kann; aber dies geschieht nicht (oder nur im Unglücksfalle des Konsenses) endgültig, sondern in einer Weise, die für Beobachtung mit Hilfe anderer Unterscheidungen durch denselben oder einen anderen Beobachter zugänglich ist. Erkenntnis stabilisiert sich mithin in der laufenden rekursiven Vernetzung des Beobachtens von Beobachtungen, und der Ertrag dieses Unternehmens dürfte deshalb davon abhängen, ob und wie es gesellschaftlich gedeckt, also schließlich als »Wissenschaft« ausdifferenziert wird.

(9) Dies ermöglicht schließlich eine auch erkenntnistheoretisch befriedigende Wiederaufnahme des alten theologischen Problems der »Kontingenz« der Welt. Es kann nun mit Hilfe der System/Umwelt-Unterscheidung (statt mit Annahmen über Änderungs- oder Erhaltungsmacht) konstruiert werden. »Draußen« ist alles, wie es ist. »Draußen« gibt es keine Kontingenz. Aber selbst diese Aussage kann nur »drinnen« formuliert werden. Und »drinnen« taucht die Konstruktion der Welt alles in das Licht anderer Möglichkeiten, um sich mit deren Limitation, mit deren »Bedingungen der Möglichkeit« (auch der Erkenntnis als Weltsachverhalt) befassen zu können. So jedenfalls sieht es ein erkenntnistheoretisch inspirierter Beobachter des Erkenntnis suchenden Beobachters, und dieser Beobachter des Beobachters kann sich auch noch (und sogar für sich selber) erklären, worauf diese Kontingenz zurückzuführen ist – nämlich auf die Ausdifferenzierung des Systems.

Diese und vielleicht weitere operative Instrumentierungen von Verhaltensweisen, die man Beobachtung oder Kognition nennen könnte, funktionieren auch und gerade, wenn sie als Gesellschaft funktionieren, ohne Umweltkorrelat. Insofern gibt es keine Übereinstimmung zwischen Erkenntnis und Wirklichkeit. Es gibt daher in dem, was die Erkenntnis operativ als ihre

Umwelt und reflexiv dann auch als ihre eigene Welthaftigkeit voraussetzen muß, keine Identität und keine Differenz, keine abgegrenzten Einheiten, für deren »Sein« mitgedacht (unterschieden!) werden müßte, daß es noch etwas anderes gibt. Es gibt nichts Negatives in der Welt und nichts nur Mögliches, also auch nichts Notwendiges, nichts Unmögliches, nichts Kontingentes. Es gibt keine Zeit im Sinne einer Implikation von nicht mehr oder noch nicht Aktuellem in den aktuellen Operationen. Es gibt also auch keine Selektion. All dies sind beobachterabhängige Konstrukte mit Einschluß des Begriffs einer beobachterunabhängigen (»objektiven«), seinsmäßigen Welt, wie die Ontologie sie vorausgesetzt hatte. Wenn man all dies aber abziehen muß: was »gibt« es dann?

Es gibt die Bewährung der Kognitionen selbst. Und für einen gut ausgerüsteten Beobachter mag es dann plausibel erscheinen, daß die Welt (so wie die Kognitionen selber) rekursiv durch passende Anschlüsse gleicher Operationen an vorherige Operationen aufgebaut worden ist. Rekursivität mag dann als eine Art Formel für die Übereinstimmung von Erkenntnis und Wirklichkeit dienen;[94] aber ohne Zweifel ist auch das eine Konstruktion. Die Welt ist, wie sie ist. Der Konstruktivismus hat recht. Aber er kann sich selbst nur via negationis begründen.

Eine der wichtigsten Konsequenzen betrifft den Status von selbstreferentiellen Zirkeln und von Paradoxien. Solange man fremdreferentielle Wahrheitstheorien vertritt, läßt sich immer noch auf den Ausweg verweisen, daß Aussagen unentscheidbarer oder sich selbst widersprechender Art, auch wenn sie sinnvoll (zum Beispiel sprachlich korrekt und verständlich) gebildet werden können, keinen Gegenstand hätten, auf den sie sich beziehen könnten.[95] Eine konstruktivistische Erkenntnistheorie entzieht diesem Ausweg seine Grundlage, da sie überhaupt

---

94 Für eine leichtgängige Darstellung siehe z. B. William Poundstone, The Recursive Universe: Cosmic Complexity and the Limits of Scientific Knowledge, Chicago 1985. Diettrich a.a.O. (1989), S. 25 spricht in einem vergleichbaren Sinne von »Transformation« als Voraussetzung für Invariantenbildung.

95 So J. L. MacKie, Truth, Probability and Paradox: Studies in Philosophical Logic, Oxford 1973, S. 237ff. MacKie empfiehlt diesen »philosophischen« Ausweg denen, denen die bloße ad hoc Ausschließung von Paradoxien, wie sie bei der Konstruktion formaler Systeme üblich ist, nicht genügt.

keine unmittelbare Korrespondenz mit Gegenständen der Außenwelt mehr vorsieht. Daher muß diese Theorie die Last der Paradoxie übernehmen und auf andere Weise für Entparadoxierung sorgen. Die Invisibilisierung von Paradoxien wird dann zum Moment des Erkenntnisverfahrens selbst. Die Lösung, die sich abzuzeichnen scheint, läuft über den Begriff der Unterscheidung. In der Beobachtungsoperation kann die Unterscheidung nur paradox verwendet werden, das heißt: als eine Unterscheidung, die sich selbst unterscheidet und nicht unterscheidet. Aber ein Beobachter des Beobachtens kann diese Paradoxie sehen, wenngleich er sich dabei auf die Paradoxie der eigenen Unterscheidung einlassen muß.

Eine weitere, und die vielleicht wichtigste, Konsequenz betrifft die Formulierung des *Reflexionsproblems*, also die Frage, für welches Problem in der Reflexionstheorie eine Lösung gesucht wird. Nach inzwischen klassischen Vorstellungen ist dies die Frage nach der Einheit der Differenz von Erkenntnis und Gegenstand, und die Antwort kann dann zum Beispiel als Behauptung von »Dialektik« gegeben werden. Der Konstruktivismus scheint diese Problemstellung zu verschieben und eine neue Formulierung zu suchen. Das sieht man daran, daß die Differenz von Erkenntnis und Gegenstand als Realität des so unterscheidenden (erkennenden, konstruierenden) Systems in einer unbestritten realen Umwelt verstanden wird. Und das Problem scheint jetzt zu sein, wie man systemtheoretisch erklären kann, daß *Beschränkungen* eines Systems in *Bedingungen der Steigerbarkeit* umgeformt werden können, wobei das, was dabei herauskommt, jeweils als Erkenntnis behandelt wird. Dann wäre aber die *Nichtbeliebigkeit* von Erkenntnis nichts anderes als die durch Evolution kontrollierte *Selektivität* dieser Umformung.

Erst der Konstruktivismus ermöglicht es schließlich, Reflexion als Systemreflexion zu reflektieren, das heißt: Wissenschaft im Wissenschaftssystem als System zu beschreiben. Das sich so reflektierende System hat dann nicht mehr das Problem, wie es nach draußen kommt. Es kann zugeben: das ist mit eigenen Operationen unmöglich. Das Problem ist nur noch, wie Unterscheidungen und Bezeichnungen angesetzt werden können, um systeminterne Anschlußfähigkeiten zu organisieren. Das System kann reflektieren, daß es durch diese Operationsweise eine Differenz zur Umwelt erzeugt; daß es, wenn man so will, Spuren hinterläßt. Aber um dies zu reflektieren, braucht es nicht aus sich herauszutreten. Es kann mit der Operation des re-entry die Unterscheidung von System und Umwelt in das System wiedereinführen und sie als einen der für das System wichtigen Schematismen benutzen. Es unterscheidet dann Selbstreferenz und Fremdreferenz.

Im Rückblick lösen sich somit vertraute Konzepte auf und erscheinen als (vorübergehend plausible) Figuren der Paradoxiereflexion. Zunächst beginnt man zu sehen, daß die Suche nach Vorgängern und überliefertem Gedankengut nicht in die Erkenntnistheorie zurückführt, sondern in die Theologie. (Das ist nur eine andere Version der These, daß es eine autonom reflektierende Erkenntnistheorie erst seit dem 18. Jahrhundert gibt). Die Frage nach der Herkunft des Unterscheidens aus dem Ununterschiedenen ist für unsere Tradition die Frage nach Gott gewesen. Er geht allem Unterscheiden, selbst dem von Unterschiedensein und Nichtunterschiedensein voraus und kann daher durch uns, die wir unterscheiden müssen, nur als Paradox formuliert und in Kommunikation gegeben werden.[96] In der späteren Erkenntnistheorie hat man diesen Ausgangspunkt durch eine bereichspezifische Unterscheidung ersetzt,[97] näm-

---

96 Eine These nicht nur der Mystik, sondern auch mancher (kirchlich dann aber eher randständiger) philosophischer Theologien. Ich zitiere, um nur ein Beispiel zu geben, aus de venatione sapientiae des Nikolaus von Kues (Philosophisch-theologische Schriften, Hrsg. Leo Gabriel, Wien 1964), Bd. 1, S. 59) in der deutschen Übersetzung. »Er ist vor jedem Unterschied, vor dem Unterschied von Tatsächlichkeit (actus) und Möglichkeit (potentia), vor dem Unterschied des Werden-Könnens und des Machen-Könnens, vor dem Unterschied von Licht und Finsternis, auch vor dem Unterschied von Sein und Nichtsein, Etwas und Nichts, und vor dem Unterschied von Unterschiedslosigkeit (indifferentia) und Unterschiedenheit (differentia), Gleichheit und Ungleichheit usw.« Nikolaus bevorzugt bekanntlich die mathematische Metaphorik, um auf der Basis der Unterscheidung des Größten und des Kleinsten die coincidentia oppositorum aufzuzeigen – coincidentia in dem, was das Größte und Kleinste noch transzendiert und sich deshalb mit dieser mathematischen Unterscheidung nicht mehr unterscheiden läßt. Aber das ist nur ein um der Deutlichkeit willen gewähltes exemplum für den auf jede Unterscheidung anwendbaren Gedanken der Transzendenz.
97 Das gilt im Übergang zur Neuzeit auch für andere Funktionssysteme, etwa für die Unterscheidung von Regierenden und Regierten in der Politiktheorie oder für die Unterscheidung von Produzent und Konsument in der Wirtschaftstheorie.

lich die von Subjekt und Objekt. Das ermöglichte schließlich die Bifurkation von subjektivistischen und objektivistischen Erkenntnistheorien, von der sich die Reflexion der Erkenntnis bis heute noch nicht erholt hat. Beide Varianten müssen die Entscheidung für ihren Weg bezahlen. Die subjektivistischen Erkenntnistheorien müssen mit einer Mehrheit von Perspektiven arbeiten, ohne deren Konvergenz, ja auch nur deren füreinander-Gegebensein erklären zu können. Die objektivistischen Erkenntnistheorien setzen statt dessen – aber mit welcher Begründung? – eine vielseitig vorhandene Welt voraus, die von keiner Seite aus komplett zu erfassen ist. Die subjektivistischen Erkenntnistheorien haben das Problem, erklären zu müssen, wie man durch reine Introspektion (Rückgang auf die Tatsache des je eigenen Bewußtseins) dazu kommt, zu erkennen, was die Welt *für andere* bedeutet, und man hat dafür bisher nichts anderes gefunden als ein Wort: Intersubjektivität. Die objektivistischen Erkenntnistheorien haben das Problem, zu erklären, wie man bei Konzentration der Beschreibung auf ein Objekt ohne Annahmen über dessen Umwelt erklären könne, wie dieses Objekt erkennt.[98] In *beiden* Fällen löst die Unterscheidung von System und Umwelt (als Unterscheidung eines Beobachters) das Dilemma auf. Aber sie hebt eben damit auch die paradoxielösende Unterscheidung von Subjekt und Objekt auf (denn beides sind nur unterschiedliche Bezeichnungen für erkennende Systeme) und konfrontiert daher erneut die Erkenntnis mit ihrem Paradox.

All diese Erläuterungen zum weitläufigen Thema »Konstruktivismus« führen auf einen Punkt: Der Konstruktivismus reflektiert Erkenntnis als geschlossenes System ohne Zugang zur Außenwelt. Er reduziert den Außenkontakt auf eine nur für Beobachter sichtbare strukturelle Kopplung, die im System (und nur dort) Irritationen erzeugen kann, die sich an dessen Strukturen zeigen und zu Neuspezifikationen dieser Strukturen mit Mitteln der systemeigenen Operationen führen können. Damit ist ein System beschrieben, das genau dem entspricht, was eine Theorie funktionaler Gesellschaftsdifferenzierung erwarten ließe: ein durch Ausdifferenzierung geschlossenes,

---

98 Ein Extremfall dieser Position (und damit: dieser Problematik) ist Arne Ness (Naess), Erkenntnis und wissenschaftliches Verhalten, Oslo 1936.

funktionsspezifisch codiertes Teilsystem. Der Konstruktivismus bietet mithin der Wissenschaft eine für die moderne Gesellschaft adäquate Reflexionstheorie. Das ist natürlich ein zirkuläres Argument, keine Begründung der »Wahrheit« der konstruktivistischen Theorie. Eine solche Begründung könnte – mit oder ohne Umweg über Gesellschaftstheorie – immer nur eine Konstruktion sein, und es muß dann genügen, zu wissen, daß Geschlossenheit des Systems immer nur Eingeschlossensein in eine Welt besagt, also nur differenztheoretisch begründet werden kann.

VIII

Die bloße Aufzählung verschiedener Ausgangspunkte für eine Reflexion der Wissenschaft in der Wissenschaft (VI.) und die Darstellung ihrer Konvergenz in »konstruktivistischen« Erkenntnistheorien (VII.) mag mehr Verwirrung als Klarheit gebracht haben. Offensichtlich gibt es derzeit in dieser Frage kein durchgesetztes Paradigma. Das wird nicht zuletzt daran liegen, daß philosophische Epistemologien fortgeschrieben und verfeinert werden, während zugleich mehr und mehr Resultate der empirischen Wissenschaften ihre erkenntnistheoretische Relevanz anmelden. Die Philosophie hatte zeitweise in der Erkenntnistheorie, in der Frage nach der Selbstbegründung des Wissens, sogar ihre eigentliche Aufgabe gesehen. Sie wirkt aber innerhalb der akademischen Welt wie eine Enklave, in der gleichsam zollfrei geforscht werden kann und Sonderrechte in Anspruch genommen werden können. Stellt man jedoch die Frage, wie das Wissenschaftssystem sich durch eigene Operationen beobachten, beschreiben, bestimmen, erklären kann, dann ist kein Zweifel, daß dies nur *wissenschaftlich* geschehen kann – oder andernfalls eben nicht im System geschieht. Das mag ein offenes Angebot an Philosophen bleiben, die bestimmten Texttraditionen verpflichtet sind, in deren Verwaltung ihre Kompetenz haben und daher ein gutes Urteil in bezug auf längst Bekanntes und schon Durchdachtes beizusteuern vermögen. Es wäre leichtfertig, diese Hilfe auf Grund ihres Namens »Philosophie« abzuweisen. Andererseits entbindet dieser Name nicht von den

programmatischen Bedingungen, den theoretischen und methodischen Einschränkungen, an denen die Wissenschaft Kommunikation als wissenschaftlich erkennt.
Dies ist aber nur die eine Seite der gegenwärtigen Problematik. Die andere besteht darin, daß selbstreferentielle Argumentationsformen in den Wissenschaften bisher nicht üblich gewesen, ja durchweg abgelehnt worden sind. Man mochte das als Philosophie, als Metaphysik, als Spekulation, als Literatur abtun – alles Bezeichnungen, mit denen Wissenschaftler nicht ein spezifisches Verständnis, sondern nur die Konnotationen des Unseriösen zu verbinden vermochten. Entsprechend marginal, und oft in Albernheiten ausartend, werden Figuren der Reflexivität behandelt, wenn sie sich aufdrängen.[99] Die Philosophie hat dann leichtes Spiel, diese Art »Literatur« gar nicht erst zu berücksichtigen.
Nicht zuletzt liegt dies daran, daß unklar ist, ob und welche methodischen und theoretischen Freiheiten erlaubt oder sogar geboten sind, wenn es zu Forschung über Forschung oder zum Beobachten und Beschreiben von Beobachtungen und Beschreibungen der Wissenschaften kommt. Oder anders gesagt: Die Reflexion der Wissenschaft als Operationsweise und als System muß sich von dem, was sie beobachtet und beschreibt, unterscheiden – oder anders wäre sie selbst keine Beobachtung bzw. Beschreibung. Sie hat Wissenschaft zum Gegentand. Aber andererseits hat sie selbst Wissenschaft zu sein, sie bliebe sonst wissenschaftlich belanglose externe Beobachtung. Ihr Vorgehen muß alle logischen, theoretischen und methodischen Merkmale von Wissenschaftlichkeit aufweisen und muß trotzdem Wissenschaft über Grenzen hinweg beobachten können – und zwar nicht nur einzelne Forschungen, sondern Wissenschaft überhaupt.[100] Sie ist mithin Dasselbe und nicht Dasselbe, Dasselbe und etwas anderes als normale Wissenschaft.

99 Siehe die im großen und ganzen unergiebigen Beiträge in Steve Woolgar a. a. O. (1988).
100 Die gegenwärtig viel beachtete, ihrerseits schon wieder in Theoriekontroversen gespaltene Forschung über das Laborverhalten von Wissenschaftlern (phänomenologisch, ethnomethodologisch, linguistisch, konversationstheoretisch oder mit welchen Revierabgrenzungen immer) erleichtert sich ihre Aufgabe durch Herausgreifen von Teilbereichen. Sie verzichtet eben damit auf die Reflexion des Systems im System. Man könnte auch sagen: die Laboruntersuchungen finden in

Eine Paradoxie also! Dasselbe kann nur als etwas Verschiedenes praktiziert werden. Man darf vermuten, daß sich Reflexionstheorien im heutigen Wissenschaftssystem nur bewähren können, wenn sie in der Lage sind, den damit vorgegebenen Bedingungen Rechnung zu tragen. Auf den ersten Blick scheint die Lösung einfach zu sein. Die Wissenschaft wird, bei Wahrung theoretischer und methodischer Erfordernisse von Wissenschaftlichkeit, ein Thema der Wissenschaft unter anderen. Die paradoxielösende Unterscheidung liegt im Unterschied von *Programmierung* (was Theorien und Methoden betrifft) und *Thematisierung*. Das führt aber nur auf das Folgeproblem, daß im Bereich des Themas die Thematisierung, ja die Programmierung, ja die Codierung wiederauftauchen. Das wissenschaftliche Thema Wissenschaft schließt die Thematisierung dieses Themas ein. Man kann dies Problem überspielen mit der vergleichenden Funktion von Theorien, die nicht nur dieses Thema betreffen, und mit Methoden, die sich auch außerhalb der Wissenschaftsforschung bewähren. Das heißt: man kann eine Ghettoisierung der Wissenschaftsforschung oder auch eine Hierarchisierung vermeiden. Das mag für viele praktische Zwecke genügen. Aber wenn es um Reflexion der *Einheit* des Wissenschaftssystems geht, also auch um Reflexion der Einschließung der Wissenschaftsforschung in das Wissenschaftssystem, ist es nicht zu vermeiden, auch diese Lösung noch als »kontingent« zu beobachten – sei es im historischen Vergleich zur Vorgeschichte älterer Reflexionstheorien (etwa solcher transzendentaltheoretischer Art), sei es im Vergleich zu den andersartigen Lagen der Reflexionstheorien anderer Funktionssysteme. Beides läuft dann auf Anforderungen an eine Gesellschaftstheorie hinaus, die folglich nur noch als Theorie eines selbstreferentiellen Systems ausgearbeitet werden kann.

Es bleibt dabei: das Wahre meint das Ganze. Aber das Ganze ist, wenn Selbstbeobachtung impliziert ist, eine Paradoxie. Wie immer das heute formuliert wird – ob mit Tarski oder mit Gödel, ob als Unvollständigkeit der Selbsterklärung oder als Einschluß

---

den Labors *der anderen* statt und können daher gar nicht auf sich selber angewandt werden. Siehe nur Karin Knorr-Cetina, Das naturwissenschaftliche Labor als Ort der »Verdichtung« von Gesellschaft, Zeitschrift für Soziologie 17 (1988), S. 85-101.

unentscheidbarer Sätze, ob als Paradox der unitas multiplex oder als Paradox der evolutionären Emergenz oder als Paradox der Wahrscheinlichkeit des Unwahrscheinlichen oder als Paradox der operativ verwendeten Unterscheidung –, die Wahrheit kann sich selbst nur paradox begründen, nämlich mit der Aussage, daß sie dies nicht kann. Sie muß sich laufen lassen und bekommt es dann mit dem Problem zu tun, wie eine Erkenntnis, die nicht erkennt, wieso sie Erkenntnis ist, trotzdem arbeitsfähig bleibt.

Man kann nach einer Metatheorie verlangen.[101] Dabei ist aber kaum zu übersehen, daß sich auf der Ebene der Erkenntnis der Erkenntnis das Problem wiederholt. Gerade in den Bemühungen um Selbstreflexion wird, da hier auf Beobachten des Erkennens abzustellen ist, das Problem umso schärfer auftreten. Es erscheint dann geradezu als das Resultat eben dieser Bemühungen um Erkennen des Erkennens. Paradoxien ergeben sich für die Beobachtung der Selbstbeobachtung von Systemen. Die Folgerung einer solchen Metatheorie kann dann nur sein, daß der Grund kein Grund ist und daß jede Wissenschaft, auch die von der Wissenschaft, selbstkonstruktiv gebaut sein muß. Sie muß deshalb mit der für sie charakteristischen Paradoxie rechnen und muß ausweisen können, wie sie mit ihr umgeht. Sie muß sich als Wissenschaft entparadoxieren, und eine Metatheorie kann nichts anderes tun als zu fragen, wie dies geschieht.

Als Ausgangspunkt dient uns, wie immer wieder zu betonen ist, die Annahme, daß eine wissenschaftliche Beobachtung des Wissenschaftssystems nur als Vollzug einer Operation des Wissenschaftssystems, also nur als Autopoiesis des Wissenschaftssystems möglich ist, also nicht als Beobachtung von außen.[102] Hier liegt ein wichtiger Unterschied zu den Reflexionstheorien anderer Funktionssysteme, die auf Wissenschaft zurückgreifen

---

101 So in vollem Bewußtsein der Ausgangsparadoxie Edgar Morin, La Méthode, Bd. 3.1, Paris 1986, S. 16ff. Zur Kritik vgl. etwa Bruno Latour, The Politics of Explanation: an Alternative, in Woolgar a.a.O. (1988), S. 155-176.
102 Soweit unter dem Titel »Philosophie« eine externe Position in Anspruch genommen wird, braucht uns das hier nicht zu kümmern. Dann mögen die Philosophen darüber Auskunft geben, wie sie es machen.

können, um sich von außen beobachten lassen zu können.[103] Diese Sonderstellung der Wissenschaftsreflexion darf nicht als Privilegierung verstanden werden und auch nicht als Markierung einer Position, von der aus man einen bestmöglichen Überblick hätte. Eine systemtheoretische Analyse führt eher zu gegenteiligen Ergebnissen.

Zunächst: auch die Wissenschaftsreflexion kann immer nur konkrete, also spezifisch bestimmte Operationen vollziehen. Sie ist nichts, wenn sie nicht kommuniziert; und sie ist im Wissenschaftssystem nichts, wenn sie nicht ihrem Kommunizieren die Unterscheidung von wahr und unwahr zugrundelegt. Insofern kann man das Programm einer »naturalen Epistemologie« nur bestätigen.[104] Sie produziert einen von zahllosen Texten. Sie wirkt an der Reproduktion des Systems in der Zeit mit, veraltet oder ist schon beim Erscheinen veraltet und sie wirkt nur insoweit, als sie als Kommunikation zustandekommt, also mindestens eines erreicht: verstanden zu werden.

Das schließt es aus, jemals zu einem Überblick über das zu kommen, was im System geschieht. Da das System nicht hierarchisch, sondern heterarchisch geordnet ist, kann auch keine übergeordnete Position, sei es beobachtet, sei es eingenommen werden, von der aus Leitgedanken formuliert werden könnten. Natürlich kann man Generalisierungsunterschiede und Unterschiede der Anschlußfähigkeit beobachten. Auch Theorievergleiche sind, jedenfalls in relativ einfachen Fällen, möglich. Das alles läßt sich jedoch nicht zu einer Repräsentation des Systems im System zusammenfassen. Es ist und bleibt möglich, das System im Unterschied zur Umwelt als distinkte Identität zu bezeichnen (was nur heißt: Wissenschaft zu thematisieren), aber es ist nicht möglich, das Ganze in das Ganze wiedereinzuführen.

Jede Beobachtung der Identität des Systems erzeugt im System als Operation Einheit, als Beobachtung Differenz. Sie vollzieht

103 Dann hat man freilich ein Vermittlungsproblem, das zuweilen durch die Unterscheidung von empirischen und normativen (rationalen, »politischen«) Fächern (z. B. Wirtschaftspolitik), zuweilen auch durch die Unterscheidung von Theorie und Praxis gelöst bzw. in solche Unterscheidungen verlagert wird.
104 Siehe Willard van O. Quine, Epistemology Naturalized, in: ders., Ontological Relativity and Other Essays, New York 1969, S. 69-90 – allerdings als »a chapter of psychology« (S. 82) und nicht mit Bezug auf Soziologie.

die Reproduktion des strukturdeterminierten Systems, indem sie geschieht, und sie muß, um das System beobachten zu können, eine Unterscheidung benutzen, von der andere Beobachtungen sich unterscheiden können. Sie wird als beobachtende Operation beobachtbar. Man kann zum Beispiel feststellen, daß logisch-mathematische Idealisierungen in der Nachfolge von Frege und Russell, die »reine« Strukturen des Wissenschaftssystems beschreiben wollen, wenig praktische Relevanz haben und nicht einmal Aussagen über ihre eigene Relevanz formulieren können. Dazu ist keine Metareflexion, keine höherrangige Theorie erforderlich. Jedes Beobachtungsschema, das sich im System vertreten läßt (das Beispiel eben: praktische Relevanz), genügt. Mit anderen Worten: nicht nur die Reflexion beobachtet das System, sondern wenn es zu Reflexionstheorien kommt, werden auch diese beobachtbar. Was beobachten kann, kann auch beobachtet werden. Das Gesamtsystem stellt sich auf ein Beobachten des Beobachtens um – was nicht heißt: daß jede Forschungsoperation diese Möglichkeit benutzen muß. Es gibt somit im System keine Beobachtung aus dem Unbeobachtbaren heraus, keine Beobachtungsasymmetrien, keine Operationen, die zwar beobachten können, aber sich ihrerseits der Beobachtung entziehen, keine Geheimnisse, keinen Gott.
Anstelle solcher Beobachtungsasymmetrien, wie sie noch in der frühmodernen Theorie der Staatsräson gepflegt wurden, bevorzugt die Wissenschaftsreflexion temporale Asymmetrisierungen. Sie übersetzt Zirkel in Sequenzen. Eine Publikation erscheint nach der anderen. Man kann nur beobachten (aber das kann dann auch verlangt werden), was schon erschienen ist. Das Geheimnis – das ist jetzt die Zukunft, aus der heraus niemand beobachten kann, weil zum Beobachten Gleichzeitigkeit erforderlich ist. Reflexionstheorien nehmen mit aller Wissenschaft am Aktualitätsdruck und am Tempozwang teil, und damit versucht man, die Unkenntnis der Zukunft zu kompensieren.
Als Forschung ist die Reflexion des Systems im System schließlich gehalten, ein Problem zu fixieren und Problemlösungsvorstellungen zu unterbreiten. Dies Problem kann heute nicht mehr mit Wesensbegriffen umschrieben werden, denn das würde einer Beobachtung des Beobachtens nicht standhalten.

An die Stelle der Wesensbeschreibung tritt als Letztantwort auf die Frage nach der Identität des Systems die Doppelstruktur von Tautologie und Paradoxie, die sich (da Tautologie einen Unterschied behauptet, von dem sie zugleich behauptet, daß er keiner sei) in eine Paradoxie auflösen läßt. Systemreflexion ist Paradoxiereflexion. Das System ist, was es ist. Es ist die Autopoiesis der Operationen, die es reproduzieren. Es ist die Wahrheit der Wahrheit und Unwahrheit. Es ist das, was man beobachtet, wenn man den Code wahr/unwahr mit eben diesem Code beobachtet.

Wie von selbst ergibt sich auch bei dieser Anwendung der Wissenschaft auf sich selber der Ertrag, der für Wissenschaft typisch ist: eine immense Steigerung des Auflöse- und Rekombinationsvermögens. Alle Wesenskonstanten und alle naturalen Abstützungen stehen im System zur Disposition. Alle Wahrheit bleibt hypothetisch, alle Unwahrheit auch. Und zugleich ist es, paradoxerweise, nicht sehr wahrscheinlich, daß sich unser wissenschaftliches Weltbild grundlegend ändern wird. Man baut nur ein, daß das, was wissenschaftlich wahrscheinlich ist, an sich unwahrscheinlich ist und sich einer – man kann geradezu sagen: überstürzten Evolution verdankt. Aber das ist wiederum: Theorie.

Einerseits beobachtet man mit Hilfe des Paradoxietheorems, daß nichts und alles geht. Andererseits beobachtet man, daß die Wissenschaft selbst sich dieser Einsicht entzieht. Man kann diesen Befund als Invisibilisierung des Paradoxes beschreiben und dann zu beobachten versuchen, wie die Wissenschaft genau diese Invisibilisierung vollzieht.[105] Die bereits genannte Verlagerung der Unwahrscheinlichkeit nach außen, in den Gegenstandsbereich der Wissenschaft, scheint eine solche Möglichkeit zu bieten.

Was aber könnte die Funktion einer solchen Identitätsreflexion sein, die sich des Schemas Paradoxie/Entparadoxierung be-

---

105 Vgl. dazu Yves Barel, De la fermeture à l'ouverture en passant par l'autonomie, in: Paul Dumouchel/Jean-Pierre Dupuy (Hrsg.), L'Auto-organisation: De la physique au politique, Paris 1983, S. 466-475. Ferner für den Parallelfall der ökonomischen Reflexion Paul Dumouchel, L'ambivalence de la rareté, in: Paul Dumouchel/Jean-Pierre Dupuy, L'enfer des choses: René Girard et la logique de l'économie, Paris 1979, S. 135-254.

dient? Leicht auszumachen ist eine negative Angabe: die Vermeidung von Invarianzvorgaben – sei es als unbestreitbare Wahrheiten, sei es als Methodenrechtfertigungen –, die, mit der Identität des Systems verknüpft, die Charakterisierung als wissenschaftlich/nichtwissenschaftlich nach sich ziehen würden. Im Vergleich zur Anspruchshaltung der klassischen Reflexionstheorien wird die Funktion der Reflexion damit dezentriert und verkleinert. Zugleich wird die oberste Regel der klassischen Reflexionstheorien, selbstreferentielle Zirkel zu vermeiden, durch ihr Gegenteil ersetzt.[106] Dies heißt nicht einfach, daß scheinbar harmlose Selbstreferenzen (zum Beispiel »dieser Satz ist wahr«) zugelassen und nur circuli vitiosi vermieden werden müssen. Das Problem liegt in der Selbstabhängigkeit, und dies in beiden Fällen: ob sie nun zu Unentscheidbarkeiten führen oder zu Antinomien.[107] Und gerade darin kommt die Autopoiesis des Systems zum Ausdruck: daß nämlich jede Operation immer noch andere Operationen ermöglicht, also kein Schluß erreicht werden und das System sich nie in einem einzigen Allsatz total erfassen und diesen Satz als wahr bzw. als unwahr behaupten kann. Genau das wird dann im Versuch logisch bestraft – und erscheint als Paradoxie.

Die Paradoxiereflexion verzichtet auf alle Normierungs- und Garantiefunktionen, die nur durch das System selbst und nicht in einzelnen Ergebnissen einzelner Operationen erbracht werden können. Sie spezialisiert sich auf eine Verunsicherung des Systems.[108] Das entspricht, evolutionstheoretisch gesehen, einer

---

106 Siehe dazu in aller wünschenswerten Deutlichkeit Donald T. Campbell, Unjustified Variation and Selective Retention in Scientific Discovery, a. a. O., S. 140. Bemerkenswert auch C. West Churchman, The Design of Inquiring Systems: Basic Concepts of Systems and Organization, New York 1971, S. 169: »It is interesting to note that the regress is merely called infinite while circle is called vicious, even though the circle appears to be more innocuous of the two. From now on, these two characters will play their role in the design of inquiring systems; the problem is either to design a regress of inquirers that will somehow collectively approximate objectivity, or to create a circle that is not vicious«.

107 Vgl. hierzu J. L. MacKie, Truth, Probability and Paradox: Studies in Philosophical Logic, Oxford 1973, S. 237ff.

108 Ein Gedanke, der übrigens schon, wenngleich unausgewertet, in der Frühphase der Reflexionstheorie auftaucht. Das Wissen kenne zwar die Wahrheit, meint Pierre Daniel Huet, Traité Philosophique de la Foiblesse de l'esprit humain, Amsterdam 1723, Nachdruck Hildesheim 1974, S. 180 f., aber es könne aus sich

Trennung von Selektionsfunktion und Stabilisierungsfunktion.[109] Die Paradoxiereflexion vermeidet damit jeden Dogmatismus. Das Abstellen auf notwendige Invisibilisierungen und Entparadoxierungen vermeidet zugleich aber auch die Skepsis. Rückblickend gesehen ist es denn auch kein Zufall, daß das Auftreten von Reflexionstheorien im Wissenschaftssystem einhergeht mit der Ablehnung der traditionellen Entgegensetzung von Dogmatismus und Skeptizismus.[110] Für diese Ablehnung wird jetzt nur noch die Begründung nachgeliefert.

Positiv wird man auch in dieser Frage auf *Rekursivität* setzen müssen. Mit der Paradoxiereflexion durchbricht die Wissenschaft eine selbst errichtete Beobachtungssperre. Sie beobachtet sich selbst mit der Fragestellung: was sie beobachten und was sie nicht beobachten kann. Paradoxien bleiben unzulässig – und kreativ. Das schließt eine historische Selbstrelativierung ein (denn beobachtbar ist ein Beobachten des Beobachtens nur als ein empirischer Prozeß – also mit historischer Lokalisierung). Auch in der Wissenschaftstheorie ist also die Historisierung auf sich selbst anzuwenden.[111] Die historische Dynamik des Wis-

---

heraus nicht wissen, daß es sie kennt »de sorte qu'encore qu'il connoisse la verité, il ne sçait pas qu'il la connaît, et il ne peut être assuré de l'avoir connu«. Bischof Huet verweist damit auf Religion als einzig mögliche Letztgarantie für Wahrheit. Reflexionstheorien können bei dieser Sachlage dann nur eines leisten: mit der Frage nach der Erkenntnis der Erkenntnis die Unsicherheit zu vergrößern und zur Religion hinzuführen. Unter Ausklammerung dieser theologischen Referenz (oder Reverenz) heißt es heute: »Even were a belief to be correct, we could not know this for certain« (Donald T. Campbell, Descriptive Epistemology: Psychological, Sociological, and Evolutionary. William James Lecture der Harvard University 1977, zit. nach dem unpublizierten Ms., S. 14).

109 Vgl. unten, Kap. 8.

110 Auch damals waren es übrigens naturale (anthropologische) Erkenntnistheorien, die zur Überwindung dieses Gegensatzes verhalfen: Mersenne, Herbert of Cherbury, de Silhon, Sorel, Gassendi, Glanvill – um nur einige Namen aus dem 17. Jahrhundert zu nennen. Das 18. Jahrhundert braucht diese Diskussion dann schon gar nicht mehr, weil man sich jetzt auf das *Faktum* der erfolgreichen Wissenschaft verlassen kann.

111 Siehe das Kapitel »The New Historiography Applied to Itself: General Possibilism« in: Naess, a.a.O. (1972). In der Soziologie selbst hat sich die These der Selbstreflexivität inzwischen wohl durchgesetzt. Siehe neben zahllosen Einzeluntersuchungen z. B. Alan Dawe, Experience in the Construction of Social Theory: An Essay in Reflexive Sociology, The Sociological Review 21 (1973), S. 25-55; David Bloor, Knowledge and Social Imagery, London 1976, S. 5, 38 f. u. ö. Auch

senschaftssystems (und ebenso: des Gesellschaftssystems) bedient sich ihrer eigenen Reflexion, ohne daß man deswegen von »Steuerung« sprechen könnte.
Ein solches Konzept kann sich gegenwärtig nicht als schon wirksam bezeichnen. Es greift seiner eigenen Realisierung voraus. Immerhin kann man schon Berührungspunkte erkennen, an denen eine Paradoxiereflexion die wissenschaftliche Forschung beeinflussen könnte, um nicht zu sagen: begründen könnte. Sie könnte zu ihr passende Theorie- und Methodenwahlen nahelegen und andere Möglichkeiten der Selbstvergewisserung fernhalten.
Auf der Ebene der Theoriewahl ergeben sich Übereinstimmungen mit Theorien, die von der Unwahrscheinlichkeit des Wahrscheinlichgewordenen ausgehen, also etwa mit dem berühmten Paar Entropie/Negentropie oder mit der Evolutionstheorie. Generell würde die Paradoxiereflexion empfehlen, den Begriff der Natur und alle ähnlichen Ontizitäten durch den Begriff der Unwahrscheinlichkeit zu ersetzen. Sie empfiehlt dies deshalb, weil sie so auch sich selbst beobachten kann.
Auf Methodenebene hatten wir eine entsprechende Empfehlung schon vorgestellt: nicht von Einheit, sondern von Differenz auszugehen, also auch nicht Leitbegriffe, sondern Leitunterscheidungen als kontextstiftend, als frame, als Quelle von Systematisierungen anzusehen[112] (wobei ein Begriff wie zum Beispiel »Trägheit« als Unterscheidung von seinem Gegenbegriff gehandhabt werden kann). Daraus folgt die Regel, wiedereintrittfähige Unterscheidungen zu bevorzugen. Das erweist sich bei genauerem Hinsehen als Vorschlag einer bestimmten

---

dem hier noch vertretenen Halt an Zurechnung auf Interessen wird durch Zurechnung des Interesses an Zurechnung auf Interessen zu widersprechen sein. Vgl. Steve Woolgar, Interests and Explanation in the Social Study of Science, Social Studies of Science 11 (1981), S. 365-394. Die letzte Empfehlung kann dann nur lauten: Hit the bottom! Oder: »it is only by resisting any attempt at resolution that one can get out of the double bind« – so Chris Doran, Jumping Frames: Reflexivity and Recursion in the Sociology of Science, Social Studies of Science 19 (1989), S. 515-531 (523). Das Schlüsselrezept liefern die Anonymen Alkoholiker.

112 Dies richtet sich z. B. gegen Robin George Collingwood, An Essay on Metaphysics, Oxford 1940 und gegen die These, daß mit der Wahl letzter Begriffe die Einheit und Unvergleichbarkeit bestimmter Theoriezusammenhänge gesichert sei.

Form der Paradoxieauflösung; denn wenn eine Unterscheidung in das durch sie Unterschiedene eintritt, ist sie noch dieselbe Unterscheidung und ist es auch nicht mehr – so wenn zum Beispiel die Theorie über das Verhältnis von Theorie und Praxis nachsinnt und sich dadurch von der Praxis unterscheidet, die dieses Problem gerade nicht hat.

Die Paradoxiereflexion beobachtet zwar die Wissenschaft mit Hilfe des Schemas manifest/latent, wenn sie annimmt, Paradoxien müßten invisibilisiert werden, weil sie anderenfalls die Forschung in ein ergebnisloses Oszillieren zwischen einander widersprechenden Positionen versetzen würden. Zugleich ist damit klargestellt, daß die Entparadoxierung kein logisches Verfahren sein kann. Sie erfordert, um nochmals auf den Theaetet zurückzugreifen, Kompensation von Schwäche durch Mut und durch Ergiebigkeitsvertrauen.[113] Trotzdem kann eine solche Beobachtung aber Limitationalität und Redundanz erzeugen. Einerseits sieht die Reflexion, daß die Forschung nicht sieht, was sie nicht sieht, nämlich die Paradoxie. Andererseits kann auch die Forschung beobachten, daß sie so beobachtet wird, denn die Reflexion findet nicht im Geheimen statt. Es lassen sich auf diese Weise rekursive Verfahren des Beobachtens der Beobachtung von Beobachtungen herstellen, die zu nichtbeliebigen Anschlüssen führen. Ob das System, wie die Mathematik, aus einer solchen Rekursivität stabile »Eigenzustände« gewinnen kann,[114] läßt sich nicht voraussehen. Das muß man halt ausprobieren.

IX

Gegen Ende dieses Kapitels soll, zurückblickend, noch einmal verdeutlicht werden, wie und wodurch sich eine Theorie des sich selbst reflektierenden Wissenschaftssystems von einer »Wissenschaftswissenschaft« unterscheidet, wie sie vor allem in den staatssozialistischen Ländern des Ostblocks vertreten wurde.[115]

---

113 Platon, Theaetet 197 A. Siehe oben IV.
114 Siehe dazu Heinz von Foerster, Sicht und Einsicht, a.a.O., insb. S. 210ff.
115 Zu den eher politischen, planerischen, organisatorischen Ambitionen vgl. E. M. Mirski, Wissenschaftswissenschaft in der UdSSR (Geschichte, Probleme,

Wissenschaftswissenschaft im üblichen Sinne sollte nicht vorschnell als »technokratisch« verurteilt werden. Besonders wenn sie in den gesellschaftstheoretischen Zusammenhang des historisch-dialektischen Materialismus eingebaut ist, hat sie es nicht nötig, ihre eigenen Prinzipien dogmatisch vorauszusetzen. Sie kann (auch wenn dies theoretisch eher unterbelichtete Fragen sind) sehr wohl zu der Vorstellung gelangen, daß auch ihre eigenen Prinzipien, Theorien und Methoden dem historischen Wandel unterliegen.[116] Sie wird sich dabei hauptsächlich von einem gesellschaftlichen Wandel abhängig wissen; aber es spricht nichts dagegen, daß man zusätzlich auch dem Wiedereinspeisen von Resultaten der wissenschaftlichen Forschung Rechnung trägt und die Leitvorstellungen der Wissenschaftswissenschaft entsprechend modifiziert. Aber letztlich wird doch eine Gesellschaftstheorie, die ihrerseits rasch veraltet, verbindlich vorausgesetzt. Der Dogmatizismus hat also bestenfalls die Wahl, sich auf wissenschaftstheoretische oder auf gesellschaftstheoretische Prämissen festzulegen. In einem dieser beiden Sinne muß ein archimedischer Punkt postuliert werden; und wenn dies nicht mehr ein unbeobachtbarer Beobachter oder ein »invisible hand« sein darf, dann ist es eben ein Beobachter, dessen Beobachtungen durch ein Beobachten seines Beobachtens nicht mehr modifiziert werden können. Mit unseren Worten: die Eigenwerte des Systems werden als bekannt vorausgesetzt, und die Frage, welche Variationen des Systems zur Variation seiner Eigenwerte führen könnten, wird nicht gestellt.

Es ist sicher unzureichend, dieser Position im Sinne alter Streitgewohnheiten ihr Gegenteil entgegenzusetzen, zum Beispiel auf undogmatische, pragmatistische, offene, pluralistische Wissenschaftsforschung zu setzen. Man mag eine solche Gegenposition mit Luhmann und vielen anderen vorziehen, aber dies bringt noch nicht die erforderliche theoretische Klärung. Diese

Perspektiven), Zeitschrift für allgemeine Wissenschaftstheorie 3 (1972), S. 127-144.

116 Andererseits gibt es von der »Wissenschaftswissenschaft« aus auch gleichsam technischen Widerspruch gegen den Historismus der westlichen Wissenschaftsforschung, – siehe z. B. E. M. Mirski, Philosophy of Science, History of Science and Science of Science, in: J. Hintikka/D. Gruender/E. Agazzi (Hrsg.), Pisa Conference Proceedings, Dordrecht 1980, S. 295-299.

ergibt sich erst, wenn man die Wissenschaftswissenschaft konsequent auf die Ebene des rekursiven Beobachtens überführt und sowohl die Theorie der (gesellschaftlichen) Wissenschaft als auch die Theorie der (Wissenschaft ausdifferenzierenden) Gesellschaft auf diese Optik einstellt.

Ein solcher Übergang auf die Ebene der »second order cybernetics« hat eine Reihe von Konsequenzen, die das Forschungsprogramm einer Wissenschaftswissenschaft berühren. Wir haben sie bereits mehrfach behandelt und wiederholen jetzt nur:

Es gibt keine privilegierten, konkurrenzfrei operierenden (extramundanen oder intramundanen) Positionen, von denen allein aus die Welt richtig beobachtet werden könnte. Alles Beobachten ist seinerseits gesellschaftliche Operation, ist also seinerseits beobachtbar. Es gibt kein »Subjekt«. Außerhalb der Gesellschaft gibt es Bewußtsein, gibt es psychische Systeme – aber davon so viele, daß wir unmöglich deren Beobachtungsweisen in Betracht ziehen können. Wissenschaft ist Kommunikation, und Kommunikation ist gesellschaftsinterne beobachtbare Operation. Ein Wissenschaftskonzept, das diesen Sachverhalt übergeht oder sich selbst ihm entzieht, verzichtet darauf, Realitäten zu konstruieren.

Alles Beobachten (also auch: alles Beobachten von Beobachtungen) ist eine Operation, die eine Grenze zieht zwischen sich selber und dem, was es beobachtet. Diese Grenze haben wir (aber das ist eine hinzugesetzte theoretische Entscheidung) interpretiert als Differenz zwischen der Operation des Unterscheidens und dem, was unterschieden und im Kontext der Unterscheidung bezeichnet wird.

Keine beobachtende (unterscheidende und bezeichnende) Operation kann sich selber unterscheiden und bezeichnen. Zur Unterscheidung von Beobachtungen bedarf es einer weiteren Operation, die ihrerseits in der gleichen Weise blind operiert. So wenig wie das Moment der Grenze kann das Moment der Eigenblindheit aus dem Beobachten eliminiert werden. Beide Phänomene sind konstitutive Bedingungen der Operation des Beobachtens. Alles Beobachten erzeugt daher Transparenz und Intransparenz. Auch im rekursiven Beobachten des Beobachtens wird dieser Effekt nicht vermieden, sondern im Gegenteil:

gerade benutzt, wenn man sich vornehmlich für das interessiert, was andere Beobachter nicht beobachten können.

Sobald Beobachtungen unter Sonderkonditionen (etwa denen der Wissenschaft) anschlußfähig operieren, entstehen Systeme, die sich über ein Beobachten ihres Beobachtens rekursiv strukturieren können. Rekursivität heißt Schließung. Schließung ist, wie jeder Beobachter, der Grenzen sieht, sehen kann, Einschließung.

Reflexion ist nur als Selbstbeobachtung in Systemen möglich, hat sich also den skizzierten Bedingungen zu fügen. Sie kann für sich selbst als Erkenntnis gelten, wenn sie in einer Weise unterscheidet und bezeichnet, die den im System jeweils geltenden Ansprüchen genügt. Für einen Beobachter der Reflexion ist sie aber vor allem ein dynamisches Moment: eine Beobachtung des Systems im System, die sich ihrerseits der Beobachtung aussetzt und darauf bezogene Reaktionen auslösen kann. Eine Stabilitätsgarantie liegt unter diesen Umständen nicht in einer fixierbaren Identität und erst recht nicht in a priori geltenden Prinzipien, sondern allein in der Autopoiesis des Systems: in der rekursiven Anschlußfähigkeit des Beobachtens von Beobachtungen.

All diese Überlegungen gelten für das Gesellschaftssystem und für dessen Wissenschaftssystem gleichermaßen. Eine Wissenschaftswissenschaft, die dies berücksichtigt, kann sich weder technokratisch begreifen noch als ausführendes Organ einer (bereits erkannten) historischen Gesetzlichkeit. Sie wird, auf ein Beobachten von Beobachtungen umgestellt, sich als ein Moment gesellschaftlicher Unruhe beobachten müssen und folglich Beschreibungen der Gesellschaft und (in ihr) der Wissenschaft zu liefern haben, die Kürze (Ordnung, Redundanz) durch Revidierbarkeit (Beobachtbarkeit) kompensieren.

Diese Einsichten schließen, und das ist der entscheidende Punkt, Beliebigkeit im Theoriearrangement gerade aus. Die Vorstellungen über Zeitlichkeit und Sachlichkeit, die Vorstellungen über Evolutionstheorie und Gesellschaftstheorie müssen *dazu passend* gewählt werden. Auch insofern heißt Schließung Einschließung.

X

Selbst mit einer Reflexion ihrer Reflexionstheorien kommt die Wissenschaftstheorie nicht ans Ende. Ob nun in der Paradoxiereflexion, in der konstruktivistischen Kognitionstheorie oder in der Wissenschaftswissenschaft: die Reflexion der Erkenntnis erkennt sich selbst als ein Moment ihres Gegenstandes – so wie der Beobachter sich selber im Beobachteten wiederbegegnet, sofern er seinem Beobachtungsschema universale Bedeutung verleiht.

Auch wenn die Wissenschaft in den Gleichungen der Quantenphysik oder in der Physiologie des Gehirns, in der psychologischen Attributionsforschung oder in der wissenssoziologischen Bezugnahme auf Interesse oder andere gesellschaftliche Gegebenheiten sich objektiver Bedingungen des Erkennens versichert und all das zu einer naturalen Epistemologie, einer cognitive science zusammenfügt – es handelt sich immer um eine wissenschaftsinterne Selbstvergewisserung. Es ist nur eine andere Version dieser Aussage, wenn man festhält: Jede Reflexion artikuliert (kondensiert, elaboriert) die Selbstreferenz des Systems, das die Reflexion vollzieht. Das System kann intern zwischen Selbstreferenz und Fremdreferenz unterscheiden, aber diese Unterscheidung ist nur intern möglich. (Was hieße sonst »selbst« und was hieße sonst »fremd«?) Die Unterscheidung Selbst/Fremdreferenz ist ihrerseits Vollzug eines Schemas der Beobachtung, das die Differenz zwischen dem System, das diese Unterscheidung zu Grunde legt, und seiner Umwelt zu Grunde legt. Wie in aller Beobachtung ist also auch hier eine doppelte Differenz in Funktion, nämlich die zur Beobachtung verwendete Unterscheidung und die Differenz, die es macht, daß diese und keine andere Unterscheidung verwendet wird. Es ist undenkbar, jemals zur unverletzten Einheit der Welt zurückzukehren oder sie auch nur als Beobachter zu erfassen. Die Wissenschaft substituiert dafür das »re-entry« – die Wiedereinführung der Unterscheidung in das durch sie Unterschiedene, in das System. Und nur in diesem Sinne kann sie sich selbst in ihren physikalischen, chemischen, biologischen, psychologischen, soziologischen Forschungsresultaten als cognitive science wiederbegegnen.

Die auf systeminterne Operationen bezogene Unterscheidung von Selbstreferenz und Fremdreferenz ersetzt nicht nur die Unterscheidung von transzendental und empirisch; sie ersetzt auch die Unterscheidung von analytisch und synthetisch. Die Kritik dieser Unterscheidung durch Quine[117] wird als eine der großen philosophischen Leistungen dieses Jahrhunderts gewürdigt. Sie hat trotzdem nicht ausgereicht, weil das Problem der Referenz und mit ihm Begriffe wie Sinn und Wahrheit damit offen blieben bzw. in endlose Kontroversen zwischen Anti-Realisten und Realisten übergeleitet wurden. Fast alle Diskussionen der sogenannten analytischen Philosophie (aber wie kann die dann so noch heißen?) hängen damit zusammen.[118] Erst wenn man beachtet, daß jeder Konstruktivismus von Systemtheorie ausgehen muß (wobei zunächst offen bleiben kann, ob man eine biologische, eine psychologische oder eine soziologische Systemreferenz im Auge hat), zeigt sich ein Weg, der darüber hinausführt. Man kann dann »analytisch« als selbstreferentiell und »synthetisch« als fremdreferentiell interpretieren. »Das« Problem der Referenz wird damit in eine systemtheoretisch spezifizierbare Unterscheidung aufgelöst. Zugleich koppelt diese Überlegung »das« Problem der Wahrheit und »das« Problem des Sinnes von Sinn ab und überführt diese Probleme ebenfalls in spezifizierbare (aber andere!) Unterscheidungen – nämlich die des binären Code wahr/unwahr und die der Differenz von Aktualität und Virtualität. Eine derart auflösungsstarke Begrifflichkeit wird dann nur noch durch den Systembegriff als Form der Unterscheidung von System und Umwelt zusammengehalten. Das wiederum wird möglich, wenn man Systeme als ihre Einheit selbst produzierende, autopoietische, operativ geschlossene Einheiten begreift und auch Reflexion als

---

117 in: The Two Dogmas of Empiricism (1951), zit. nach dem Neudruck in: From a Logical Point of View, 2. Aufl. Cambridge Mass. 1961, S. 20-46.
118 Wir können diese Diskussionen hier nicht ausbreiten, sondern begnügen uns mit einigen Hinweisen. Siehe etwa Willard van O. Quine, The Roots of Reference, La Salle Ill. 1974; Michael Dummett, Truth and Other Enigmas, Cambridge Mass. 1978; Bernard Harrison, An Introduction to the Philosophy of Language, New York 1979, S. 49-162; Bas van Fraassen, The Scientific Image, London 1980; Michael A. Arbib/Mary B. Hesse, The Construction of Reality, Cambridge, Engl. 1986; Gerald Vision, Modern Anti-Realism and Manufactured Truth, London 1988.

Operation solcher Systeme auffaßt, nämlich als Selbstbeschreibung. Reflexion führt dann nicht mehr ohne weiteres zu Rationalitätsgarantien, geschweige denn zu Anweisungen an logisch oder methodologisch richtiges Verhalten. An die Stelle einer normierenden Reflexion, die unmittelbar praktisch zu wirken hoffte, tritt die These der Auswechselbarkeit aller Konditionierungen (aller Programme, aller Theorien, aller Methodologien) im Rahmen dessen, was die Autopoiesis des Systems fortzusetzen erlaubt. Will man wissen, wie dies jeweils geschieht, muß man Beobachter beobachten. Dem entspricht ein Doppelbefund: die Wissenschaft entdeckt sich als Teil ihrer eigenen Gegenstände – als etwas, das auch ist, auch operiert, auch beobachtet usw. Zugleich entdeckt sie, daß sie dadurch, daß sie sich in eigenen Grenzen einschließt, höhere Komplexität aufbauen kann; und schließlich: daß sie als Teil der Welt (der Gesellschaft usw.) eine höhere reflektive Kapazität gewinnen kann als das Ganze, dem sie angehört. »It leads to the surprising conclusion that parts of the Universe have a higher reflective power than the whole of it«[119] – und dies, ohne daß man dies als Sonderstellung ausweisen und Gott vorbehalten müßte.

Anders als im großen Roman der Philosophie, anders als in der Phänomenologie des Geistes, gibt es deshalb kein Ende, in dem die Erkenntnis mit ihrem Gegenstand, die Vernunft mit der Wirklichkeit eins wird. Auch wird die alte Differenz von Erkenntnis und Gegenstand, die alte ontologische Negativität der Erkenntnis als Operation außerhalb des zu Erkennenden, nicht vorgeführt, um zu zeigen, wie die Erkenntnis in der Geschichte dialektisch zu sich selbst kommt. Es gibt keine Einheit als Ende. Was sich als Erkenntnis beobachten läßt, ist und bleibt die Erzeugung einer Differenz im Ausgang von einer Differenz. Schon die Operation der Beobachtung ist, wenn man sie beobachtet, in einem Doppelsinne differentiell organisiert: sie vollzieht eine *Differenz*, indem sie eine *Unterscheidung* zu Grunde legt, um etwas zu bezeichnen. Und keine Beobachtung der Beobachtung kann für sich selbst reklamieren, etwas anderes zu tun. Jeder Anfang verletzt daher die Welt durch die eine oder die

---

119 So Gotthard Günther, Beiträge zur Grundlegung einer operationsfähigen Dialektik Bd. 1, Hamburg 1976, S. 319.

andere Unterscheidung, um dies (und nicht sonst etwas) bezeichnen zu können. Das nimmt der Reflexion, will sie selbst denn Erkenntnis sein, um sich auf Erkenntnis beziehen zu können, die Möglichkeit, ein in der Logik ihrer Vollendung liegendes Ende zu denken. Ihr Ende wird eine (ob technisch oder nicht technisch ausgelöste) Naturkatastrophe sein. Bis dahin kann sie mit immer anderen Unterscheidungen weitermachen.

Die selbstverschuldete Unmündigkeit war nur inszeniert, damit die Aufklärung ihren Triumph feiern konnte. Der Erzähler war aus der Erzählung des Romans herausgenommen worden, um durch seine Rückkehr Verwirrung, Unheil, Formdestruktion anrichten zu können.[120] Die Philosophie war dann nihilistisch geworden, um wenigstens dies noch als Einheit behaupten und ihre eigene Ermüdung (Nietzsche) reflektieren zu können. All dies könnte aber seinerseits Episode gewesen sein, die auf kein selbstvollzogenes Ende hindeutet, mit dem alles zu Ende wäre.

Um dies zu unterstreichen, steht das Kapitel über Reflexion nicht am Ende dieses Buches. Es gibt noch weitere und vielleicht wichtigere Unterscheidungen zu berichten. Es folgen die eigentlich soziologischen Kapitel über Evolution und über Gesellschaft und der Leser kann nur gebeten werden, weiterzulesen oder nicht weiterzulesen.

---

120 Hierzu Dietrich Schwanitz, Zeit und Geschichte im Roman – Interaktion und Gesellschaft im Drama: zur wechselseitigen Erhellung von Systemtheorie und Literatur, in: Dirk Baecker et al. (Hrsg.), Theorie als Passion, Frankfurt 1987, S. 181-231. Siehe auch ders., Systemtheorie und Literatur, Opladen 1990.

Kapitel 8

Evolution

I

Wissen und erst recht wissenschaftlich gesichertes Wissen ist ein Produkt der Gesellschaftsgeschichte. Es gehört zu denjenigen Errungenschaften, die sich nur mit Hilfe einer Theorie der Evolution erklären lassen. Seit etwa hundert Jahren findet diese Auffassung Beifall. Sie hat zunächst von Anregungen profitiert, die von Darwin und Spencer ausgegangen waren, hat damit aber auch einen wenig ausgearbeiteten Begriff der Evolution rezipiert und ist mit diesem Begriff schließlich steckengeblieben. Erst in den letzten drei Dekaden ist die Diskussion dieser Frage erneut in Gang gekommen, vor allem dadurch, daß die Frage nach der Begründung wissenschaftlichen Wissens durch Interessen an Erklärung des Wachstums und des Strukturwechsels (Theoriewechsels) ergänzt, wenn nicht ersetzt worden ist. Karl Popper und Thomas Kuhn sind hier die prominenten Anreger gewesen. Gleichzeitig ist es zu einer Wiederaufnahme darwinistischen oder neodarwinistischen Gedankenguts gekommen mit Betonung des Zufallscharakters der Variation, die zu evolutionärer Selektion anregt.[1] Nachdem sich Evolutionstheorie in der Biologie unentbehrlich gemacht hat, sind es heute vor allem Biologen, die an evolutionären Erkenntnistheorien interessiert sind und die Diskussion fördern.[2] Trotz all dieser Bemühungen fehlt es

1 Siehe hierzu besonders Donald T. Campbell, Blind Variation and Selective Retention in Creative Thought as in Other Knowledge Processes, Psychological Review 67 (1960), S. 380-400; ders., Unjustified Variation and Selective Retention in Scientific Discovery, in: Francisco Jose Ayala/Theodosius Dobzhansky (Hrsg.), Studies in the Philosophy of Biology: Reduction and Related Problems, London 1974, S. 139-161; ders., Evolutionary Epistemology, in: Paul A. Schilpp (Hrsg.), The Philosophy of Karl Popper, La Salle, Ill. 1974, Bd. I, S. 412-463.
2 Vgl. z. B. Rupert Riedl, Biologie der Erkenntnis: Die stammesgeschichtlichen Grundlagen der Vernunft, 3. Aufl., Berlin 1981; Konrad Lorenz/Franz M. Wuketits (Hrsg.), Die Evolution des Denkens, München 1983. Gerhard Vollmer, Evolutionäre Erkenntnistheorie: Angeborene Erkenntnisstrukturen im Kontext von Biologie, Psychologie, Linguistik, Philosophie und Wissenschaftstheorie (1975), 4. Aufl. Stuttgart 1987; ders., Was können wir wissen? 2 Bde., Stuttgart

zur Zeit jedoch noch an einer zureichenden evolutionstheoretischen Erklärung des Wissens, die zugleich auch den erkenntnistheoretischen Problemen und der immanenten Historizität der semantischen Wissenstraditionen gerecht werden könnte. Es mag sein, daß die bisherigen ausreichen. Aber auch die Wissenschaftstheorie selbst ist notwendige Vorarbeiten schuldig geblieben; denn sie müßte ja erklären, was es überhaupt ist, von dem man sagt, es sei nur evolutionstheoretisch zu erklären.
Nicht zufällig fällt der Beginn evolutionstheoretischer Epistemologien am Ende des vorigen Jahrhunderts zusammen mit allgemeinen Rationalitäts- und Konsenskrisen. Die Umstellung der Erkenntnistheorie auf ein evolutionäres Paradigma hat daher mehrere Differenzen zugleich im Auge: Es geht um Verzicht auf Rationalität und es geht um Verzicht auf Konsens als Erklärungen für die Morphogenese (um nicht zu sagen: den Fortschritt) der Wissenschaft. Ausserdem geht es, und das wird oft mit dem Alarmierbegriff »Zufall« zum Ausdruck gebracht, um eine Theorie, die nicht an die unmittelbaren Intentionen der Forscher und deren Wahrheitsglauben anknüpft, sondern diese nur als ein Vehikel der Evolution betrachtet. Das sind jedoch nur, wenn man so will, durch die Evolution des Wissens selbst aufgezwungene Ausgrenzungen. Und es ist weithin unklar, welche Möglichkeiten bleiben, wenn man sie mitvollzieht.
Die Überlegungen, die in den vorstehenden Kapiteln angestellt sind, machen diese Aufgabe nicht leichter. Im Gegenteil: sie erschweren sie, sie zwingen sie zumindest auf einen (dann vielleicht aber fruchtbaren) Umweg. Dies gilt in zwei Hinsichten. Die »naturalisierte« Epistemologie (Quine & Co.) hatte den Zugang zur Evolutionstheorie über Psychologie oder Biologie gesucht, und auch die neueren »cognitive sciences« ziehen ihre Einsichten unter anderem aus der Gehirnforschung. Das mochte die Hoffnung auf eine einheitliche evolutionäre Erkenntnistheorie wecken, die sich gleichsam in Verlängerung

---

1985 und 1986; Eve-Marie Engels, Erkenntnis als Anpassung? Eine Studie zur Evolutionären Erkenntnistheorie, Frankfurt 1989. Zur Kritik dieses ganz vorherrschenden biologischen Trends der evolutionären Epistemologie im Interesse höherer Abstraktion siehe Donald T. Campbell, Selection Theory and the Sociology of Scientific Validity, in: Werner Callebaut/Rik Pinxten (Hrsg.), Evolutionary Epistemology: A Multiparadigm Approach, Dordrecht 1987, S. 139-158.

biologischer Forschungen zu bilden schien. Dem widersprechen wir mit der These einer Mehrzahl von in sich operational geschlossenen autopoietischen Systemen, die jeweils Kognition im eigenen Stil treiben und unvermittelbar für andere Arten von Systemen. Es müßte daher erst einmal eine allgemeine Evolutionstheorie (so wie eine allgemeine Systemtheorie) geschaffen werden, die biologische Spezifika, zum Beispiel solche der genetischen Rigidität, wegläßt. Eine solche Theorie steht jedoch noch aus, obwohl Anregungen genug vorliegen. Die allgemeine Evolutionstheorie hat zwar eine Entwicklung erfolgreich zum Abschluß gebracht, die vom Erfordernis übernatürlicher Eingriffe in Elemente bzw. Wesenskonstanten über ein Zwischentheorem der »unsichtbaren Hand« als Garant der Perfektion von Ordnung zu einer Theorie unterschwelliger Strukturänderungen lief, wobei nur das Resultat, nicht auch der Änderungsprozeß selbst, phänotypisch erscheint. Aber damit war die Frage nach der »Materialbasis« der Evolution noch nicht beantwortet. Man kann sie nun rein physikalisch (order from noise, Synergieeffekte, dissipative Strukturen) oder biologisch oder auch soziologisch beantworten. In jedem Falle läuft dies auf eine enge Kooperation von Systemtheorie und Evolutionstheorie hinaus, und dies auf der Ebene allgemeiner Theorien ebenso wie auf der Ebene physischer, biologischer oder sozialer Systeme.
Zweitens hat man die evolutionäre Erkenntnistheorie bisher vor allem in Anspruch genommen, um das Problem der Referenz zu lösen. Das Argument lautet typisch: Wenn das Auge nicht irgend etwas in der Wirklichkeit Vorhandenes sehen würde, hätte es sich als evolutionäre Errungenschaft kaum durchsetzen und halten können.[3] Dieses Argument setzt die Evolutionstheorie an die Stelle einer providentialistischen Theologie, mit der beispielsweise Descartes das Problem der Referenz gelöst hatte. Der radikale Konstruktivismus behauptet nun: das Problem sei nicht richtig gestellt. Referenz könne nur Selbstreferenz sein und allenfalls sekundär eine dadurch vermittelte Unterscheidung von Selbstreferenz und Fremdreferenz. Die kognitiven Apparate überlebten nicht deshalb, weil sie wegen ausreichender und zunehmender repräsentationaler Leistungen zur An-

3 Zur Kritik dieses Arguments siehe Campbell a.a.O. (1987).

passung des Systems an die Umwelt beitragen. Sie überleben, weil sie sich selbst reproduzieren können. Und das geschehe auf der Ebene der Zellen, der Gehirne, der Bewußtseinssysteme und der Kommunikationssysteme durch eine jeweils eigene Autopoiesis, die vermutlich immer unwahrscheinlichere, immer stärker sich ausdifferenzierende Systeme produziere. Die Letztrealität, die man provisorisch immer noch als physikalische Welt bezeichnen kann, ist dann nur das »Medium«, das die Prägung durch solche Formen akzeptiert.

Auf das gleiche Problem der Selbstreferenz stößt man, wenn man die üblicherweise unterstellte Asymmetrie im Verhältnis von System und Umwelt auflöst. Für die Evolutionstheorie ist das eine seit langem bekannte Einsicht: Das System paßt sich nicht nur seiner Umwelt an, sondern wählt oder ändert die Umwelt, um sich dem, was es selbst bevorzugt, anpassen zu können. Auf die Ebene der Epistemologie transponiert,[4] heißt dies: das Wissen wählt das, was es wissen kann, aufgrund dessen, was es schon weiß. Und genau diese Evolution des Wissens bevorzugt schließlich, um Selbstkonsistenz zu erreichen, eine Theorie der Evolution.

In gewisser Weise machen diese Einsichten den Widerstand der »philosophischen« Erkenntnistheorie gegen die aus der biologischen Evolutionstheorie kommenden Zumutungen verständlich. Andererseits sind die als Philosophie vorgetragenen Theorietraditionen von der soeben zusammenfassend noch einmal skizzierten Kritik ebenso betroffen wie die biologischen. Sie müssen zwar Widerstand leisten. Sie können es aber nicht. In dieser Situation wird es attraktiv, Systemtheorie und Evolutionstheorie durch Freigabe selbstreferentieller Theoriemuster soweit zu abstrahieren, daß sie eine Klammerfunktion erfüllen können. Erst über diesen Umweg wird man zu einer brauchbaren Theorie der gesellschaftlichen Evolution von kommunizierbarem Wissen und Wissenschaft kommen.

Ferner erschwert es gerade die Theorie autopoietischer Systeme, sich eine allmähliche Evolution aus andersartigen Anfängen

---

4 Vgl. dazu auch Lars Löfgren, Knowledge of Evolution and Evolution of Knowledge, in: Erich Jantsch (Hrsg.), The Evolutionary Vision: Toward a Unifying Paradigm of Physical, Biological, and Sociocultural Evolution, Boulder, Col. 1981, S. 129-151, insb. 136 ff.

heraus vorzustellen. Wie soll man Emergenz von Autopoiesis denken, wenn die harte Entweder/Oder-Regel gilt: daß Systeme autopoietisch geschlossen operieren oder eben nicht? Hier hilft nur eine sehr sorgfältige Analyse historischer Entwicklungen, die speziell darauf achtet, wie ein stets gegenwärtiges Operieren – in unserem Fall also eine stets gegenwärtige Erkenntnissuche – seine eigene Vergangenheit in die rekursive autopoietische Reproduktion einbezieht, das heißt: so verwendet, *als ob* sie damals schon *im selben System* abgelaufen wäre. Kein Zweifel, daß schriftliche Kommunikation dies begünstigt, ja überhaupt erst ermöglicht.[5]

Es ist kein Zufall, daß in dieser Genese von Wissenschaft der Zweifel an der Zuverlässigkeit von Sinneswahrnehmungen, kombiniert mit der Gewißheit der Realität der über die Sinne gegebenen Welt eine ausschlaggebende Rolle spielt.[6] Das ermöglichte es, Anschluß an und Kritik von Wissen zugleich zu realisieren und der sich ausdifferenzierenden Wissenschaft die Richterrolle zuzuweisen. Noch die Philosophie der frühneuzeitlichen Wissenschaft hat sich an diesem Problem zu bewähren.[7] Sofern man nur auf die Strukturbedingungen der Selbstorganisation operativer Geschlossenheit autopoietischer Systeme achtet, kann man mithin sehr genau angeben, wie das emergierende System Vorgaben in Freiheiten zur Selbstdetermination umarbeitet.

---

5 Ein instruktives Beispiel bieten die Analysen der Ausdifferenzierung eines spezifisch wissenschaftlichen (»philosophischen«, aber auch medizinischen und mathematischen) Erkenntnisstrebens aus einem magisch-religiös orientierten Wissenszusammenhang, der dabei nicht etwa aufgegeben wird, sondern erhalten bleibt, bei G. E. R. Lloyd, Magic, Reason and Experience: Studies in the Origin and Developement of Greek Science, Cambridge, Engl. 1979; ders., Science, Folklore and Ideology, Cambridge, Engl. 1983. An diesem Fall ist deutlich zu sehen, daß und wie eine Beobachtung zweiter Ordnung, die Wissen prüft unter dem Gesichtspunkt, ob es wahr ist oder unwahr, auch auf Wissen angewandt wird, das gar nicht unter dieser Fragestellung angesammelt worden war. So erklärt sich zugleich die kritische Radikalität der Innovation (zweiter Ordnung) und die Allmählichkeit der Durchsetzung strengerer Ansprüche an Prüfung und Beweisführung. Die Erklärung, die Lloyd selbst (a. a. O., 1979, S. 246 ff.) gibt, beschränkt sich auf das besondere Politikverständnis in den griechischen Städten, insbesondere auf ihre Debattenkultur, die dann in die beginnende Wissenschaft übernommen werden konnte.

6 Für altgriechische Quellen siehe Lloyd a.a.O. (1979) S. 126 ff.

7 Etwa mit der Unterscheidung primärer und sekundärer Qualitäten.

Eine solche Kombination von Systemtheorie und Evolutionstheorie erfordert es schließlich, gewisse (vor allem in der Soziologie übliche) Annahmen über Evolutionstheorie aufzugeben. Evolutionstheorien konstruieren keine Phasenmodelle und sind auch keine Prozeßtheorien; das muß zur Vermeidung von Verwechslungen und Überinterpretationen immer wieder deutlich gesagt werden.[8] Wir sehen die Aufgabe einer Evolutionstheorie jedenfalls nicht in einer Periodisierung der Geschichte und auch nicht in der Darstellung von typischen Phasen einer Sequenz von Innovation, Theorieaufbau und Verfall, sondern in der Erklärung von Strukturänderungen mit Hilfe der Unterscheidung von Variation, Selektion und Stabilisierung.[9] Dabei setzt der Begriff der Variation den der Stabilisierung voraus, denn Variation kann sich nur an schon stabilisierten Mustern zeigen. Wenn die »Erzählung der Evolution« mit Variation beginnt, ist das also ein willkürlicher Einschnitt, bedingt durch das Interesse an Neuem. Die Begriffsverhältnisse müssen zirkulär gedacht werden, aber eine Darstellung kann (und muß) irgendwo anfangen.

Legt man der Beschreibung dessen, was evolutionstheoretisch erklärt werden soll, die Theorie selbstreferentieller autopoietischer Systeme zugrunde,[10] dann ändert sich schon dadurch die Form der Problemstellung und mit ihr die Art des Mechanismus, den die Erklärung konstruiert, also der Begriff von Evolution. Traditionell konnte und mußte Evolution des Wissens begriffen werden als laufend bessere Anpassung des Wissens an die Welt, wie sie wirklich ist; und dann galt die Anpassung selbst als der Mechanismus evolutionärer Selektion. Wenn es aber

8 Gerade die Wissenschaftstheorie hat sich zwar sehr früh an ein präzises Verständnis von Evolution gehalten und sich besonders für die Erklärung von Variation und von Selektion interessiert; aber auch hier ist es immer wieder zur Konstruktion von Phasenmodellen gekommen, nicht zuletzt aufgrund der Anregungen durch Thomas Kuhn. Zur Kritik vgl. etwa Walter L. Bühl, Einführung in die Wissenschaftssoziologie, München 1974, S. 128 ff.

9 Daß eine entsprechende Theorie der gesellschaftlichen Evolution noch völlig fehlt und durch die Darstellung von Entwicklungsperioden auch nicht ersetzt werden kann, beginnt man erst seit kurzem deutlicher zu sehen. Siehe etwa Marion Blute, Sociocultural Evolutionism: An Untried Theory, Behavioral Science 24 (1979), S. 46-59.

10 Womit nicht ausgeschlossen sein soll, daß die Evolutionstheorie auch zur Erklärung anderer Arten von Tatbeständen beitragen kann.

darum geht, die Evolution eines Wissens zu erklären, das gar nicht wissen kann, was das ist, wovon es weiß, was es weiß, entfällt diese Vorstellung von Anpassung. Oder anders gesagt: wenn die repräsentationale Theorie des Wissens aufgegeben werden muß, muß auch die adaptionale Theorie der Evolution des Wissens aufgegeben werden.[11] Wie evoluieren, mit anderen Worten, autopoietische Systeme, die ihre eigene Autopoiesis erhalten und dafür mit internen Operationen Strukturen auswählen, ohne durch die Umwelt unter Überlebensdruck gezwungen zu sein, auf »fitness« zu achten?

Es könnte sein, daß jene Theorie des adaptiven und deshalb erfolgreichen Wissensgewinns das Haupthindernis für eine Synthese von Evolutionstheorie, Erkenntnistheorie und Theoriegeschichte (im Sinne von Ideengeschichte) gewesen ist. Es ist ja kaum plausibel zu machen, daß zum Beispiel die für die Wissenschaftsentwicklung so bedeutsame euklidische Geometrie deshalb Erfolg gehabt habe, weil sie der Welt, wie sie nun einmal ist, besonders gut angepaßt ist; und daß entsprechend die Selektion nichteuklidischer Geometrien im 19. Jahrhundert damit zu erklären ist, daß sie der Welt noch besser angepaßt sind. Man sieht: diese Evolutionstheorie erfordert die Auffassung von Anpassung als einer Variablen, die mehr oder weniger gute Werte annehmen kann,[12] so daß in dieser Hinsicht ein Spielraum für Selektion besteht. Dann aber müßte, wenn diese Theorie empirisch funktionieren soll, die mehr oder weniger gute Anpassung des Wissens an die Realität unabhängig von den Geltungsansprüchen eben dieses Wissens feststellbar sein. Und außerdem müßte man angeben können, wieso ein Anpassungsniveau, einmal erreicht, überboten werden kann; denn im Falle der Wissensevolution kann man ja nicht davon ausgehen, daß die Welt

---

11 So Francisco J. Varela, Living Ways of Sense-Making: A Middle Path for Neuro-Science, in: Paisley Livingston (Hrsg.), Disorder and Order: Proceedings of the Stanford International Symposium (Sept. 14.-16. 1981), Saratoga, Cal. 1984, S. 208-224.

12 Das ist im übrigen auch vorausgesetzt, wenn Talcott Parsons von »adaptive upgrading« spricht. Vgl. z. B. Societies: Evolutionary and Comparative Perspectives, Englewood Cliffs, N. J. 1966, S. 22; ders., The System of Modern Societies, Englewood Cliffs, N. J. 1971, S. 11, 26 f.; ders., Comparative Studies and Evolutionary Change, in: ders., Social Systems and the Evolution of Action Theory, New York 1977, S. 279-320 (297 ff.).

sich so rasch ändert, daß dies Anpassungszwänge auslöst, denen das Wissen durch Verschwinden bzw. durch Selektion von erneut angepaßtem Wissen folgt.[13]

Einwände dieser Art lassen sich auch für die Theorie der organischen Evolution formulieren.[14] Sie sind erst recht zwingend, wenn eine Theorie der Evolution gefordert ist, die sowohl die unveränderte Bewahrung von Wissen über lange Zeiträume als auch plötzliche, tiefgreifende Veränderungen in relativ kurzer Zeit erklären soll, ohne daß man dafür auf auslösende Veränderungen in der evolutionären »Nische« zurückgreifen kann, in die hinein das Wissen formuliert ist.[15]

Ein wichtiger Fortschritt ist bereits erreicht, wenn man Anpassung (gegen den eigentlichen Sinn dieses Wortes) als positiven feedback, also als Abweichungsverstärkung auffaßt.[16] Dann ist es freilich richtiger, von Abweichungsverstärkung unter Bewahrung einer erreichten Anpassung oder deutlicher: von umweltmöglicher Abweichungsverstärkung zu sprechen, und nichts anderes soll mit »Ausdifferenzierung« bezeichnet sein. Entscheidend ist: nicht das Sich-anpassen-Können, sondern das Sich-abkoppeln-Können erklärt die ungeheure Stabilität und Durchhaltefähigkeit des Lebens und aller darauf aufbauenden Systeme.[17]

---

13 Eine besondere Sensibilität für dieses Problem und eine Reaktion darauf findet man bei Nicholas Rescher, Methodological Pragmatism: A System-Theoretic Approach to the Theory of Knowledge, Oxford 1977. Auch Rescher ist durch die Vorstellung irritiert, daß die Wahrheit (= adaequatio) einer Theorie durch Evolution verbessert werden könne. Rescher zieht aber eine andersartige Konsequenz. Statt die Theorie der Evolution zu korrigieren und die Auffassung des Selektionsmechanismus als Adaptation aufzugeben, beschränkt er das evolutionäre Konzept auf die Selektion von wirksameren (weil besser angepaßten) Methoden.

14 Siehe Humberto R. Maturana, Evolution: Phylogenetic Drift Through the Conservation of Adaptation, Ms. 1986.

15 Das *Problem*, wie eine Evolutionstheorie sowohl allmähliche als auch abrupte Veränderungen in einem *einheitlichen* theoretischen Rahmen erklären könne, ist inzwischen geläufig. Siehe z. B. Stephen Toulmin, Kritik der kollektiven Vernunft, dt. Übers. Frankfurt 1978, S. 148 f. Wie aber die *Lösung* aussehen könnte, ist bei weitem noch nicht geklärt.

16 Siehe z. B. F. T. Cloak, Jr., Is a Cultural Ethology Possible? Human Ecology 3 (1975), S. 161-182.

17 Vgl. Francisco Varela, Principles of Biological Autonomy, New York 1979; Gerhard Roth, Selbstorganisation – Selbsterhaltung – Selbstreferentialität: Prinzipien der Organisation der Lebewesen und ihre Folgen für die Beziehungen

Wir reagieren auf diese Bedenken gegen das klassische design der Evolutionstheorie zunächst durch eine gezielte Restriktion des evolutionstheoretischen Instrumentariums. Als entscheidend für diese Art Theorie (im Unterschied zu Schöpfungstheorien oder Entwicklungstheorien) sehen wir an die Verwendung einer spezifischen Differenz als Mittel der Erklärung von Strukturänderungen. Strukturänderungen werden evolutionstheoretisch erklärt durch die *Differenz von Variation und Selektion*.[18] Das heißt, in umgekehrter Blickrichtung, auch: daß diese Differenz nur Strukturänderungen erklärt und nichts weiter als das – also weder langfristige Richtungen historischer Veränderungen noch bessere Anpassung an die Umwelt. Es geht um die Frage, wie ein System, das seine eigenen Operationen durch seine eigenen Strukturen steuert, diese Strukturen mit eben diesen Operationen ändern kann, und zwar auch dann, wenn das System, an die gegebenen Strukturen gebunden, diese nicht planmäßig durch neue ersetzen kann.

Es läge verführerisch nahe, es bei einer solchen Unterscheidung zu belassen und die Evolutionstheorie auf eine Zweierdifferenz von Variation und selektiver Retention zu reduzieren. Dies ist jedoch nicht möglich, und zwar deshalb nicht, weil die Selektion einen doppelten Weg nehmen kann und in beiden Fällen zusätzlich Stabilitätsprobleme aufwirft. Wenn die mutierte Variante sich durchsetzt, muß sie in den bereits stabilen Wissensbestand eingepaßt werden; aber auch wenn sie abgelehnt wird,

---

zwischen Organismus und Umwelt, in: Andreas Dress et al. (Hrsg.), Selbstorganisation: Die Entstehung von Ordnung in Natur und Gesellschaft, München 1986, S. 149-180.

18 Dies impliziert die Ablehnung von Versuchen, Evolution allein aus der Differenz von System und Umwelt zu erklären (obwohl diese, wie zu zeigen sein wird, vorausgesetzt bleibt). Und damit können wir auch Karin Knorr nicht folgen, die von »only one working context of inquiry« ausgeht und nur mehrere Stufen der Selektion berücksichtigt. Zwar ist es richtig, daß letztlich alles Geschehen auf Operationen zurückgeführt werden kann, die sich als Selektionen beobachten lassen, aber innerhalb dieses allgemeinen Begriffs muß man evolutionstypische Differenzen unterscheiden, sonst verliert man die Möglichkeit, den ins extrem Unwahrscheinliche laufenden Komplexitätsaufbau des Wissens gesellschaftstheoretisch (makrosoziologisch) zu erklären. Dies zu Karin Knorr Cetina, Evolutionary Epistemology and Sociology of Science, in: Werner Callebaut/Rik Pinxten (Hrsg.), Evolutionary Epistemology: A Multiparadigm Approach, Dordrecht 1987, S. 179-201 (Zitat S. 194).

erfordert das eine Re-Stabilisierung, weil das, was bisher alternativenlos tradiert wurde, nunmehr als bevorzugte Problemlösung abgesichert werden muß.[19] Beide Optionen verändern mithin das System, in dem sie stattfinden; und nur die Form des Problems, auf das das System zu reagieren hat, ist durch die Selektion für bzw. gegen die Neuerung bedingt. Dies erklärt auch, daß gerade die Wissenschaft lange Zeit mit noch unentschiedenen Selektionen (oder mit kontroversen Meinungen in dieser Frage) zurechtkommen muß und auch in solcher Lage stabile Eigenzustände reproduziert. Wir müssen mithin Funktionen und Mechanismen für Variation, Selektion und Stabilisierung unterscheiden und deshalb auch mit drei Differenzen rechnen, nämlich Variation/Selektion, Selektion/Stabilisierung und Stabilisierung/Variation. Erst deren Zusammenwirken ergibt Evolution.

Mit der Betonung der *Differenz* (bzw. im Theoriekontext: der begrifflichen *Unterscheidung*) von Variation, Selektion und Stabilisierung ist eine weitere einschneidende Uminterpretation älterer Evolutionstheorien vollzogen. Mit Differenz ist zugleich behauptet, daß es »Zufall« wäre, wenn eine Variation zugleich eine erfolgreiche Selektion vollzieht. Die ältere Evolutionstheorie hatte, zumindest in ihren Anwendungen auf erkenntnistheoretische Fragen, das Auftreten der Variation selbst als Zufall erklärt.[20] Davon rückt man heute mehr und mehr ab.[21] In der Tat sind Variationen, im organischen wie im gesellschaftlichen Bereich, feingeregelte, wenn nicht determinierte Vorgänge, die nicht gut als »zufällig« beschrieben werden können. Der »Zufall« besteht lediglich darin, daß Variation und Selektion

19 Im Bereich der organischen Evolution ließe sich so das auffällige (aber wiederum: seinerseits selektive) Fortbestehen nichtmutierter Lebewesen bei gleichzeitiger Evolution anderer Lebewesen begreifen. Nur so, und nicht über ein Überleben nur der höherentwickelten Formen, läßt sich die Artenvielfalt erklären.

20 Auf Darwin selbst kann man sich dafür nicht berufen, der in bezug auf die Variationsursachen von Unkenntnis beim gegebenen Stand der Forschung, nicht aber von Zufall gesprochen hatte.

21 Siehe z. B. das bemerkenswerte Auswechseln von »blind variation« gegen »unjustified variation« in den Aufsatztiteln von Campbell, a. a. O., 1960 und 1974. Zur Kritik der Vorstellung, evolutionäre Variation sei reiner Zufall, vgl. James A. Blachowitz, Systems Theory and Evolutionary Models of the Development of Science, Philosophy of Science 38 (1971), S. 178-199.

nicht vorweg koordiniert sind, sondern die Variation die Selektion sozusagen freistellt. Variation setzt neben die vorhandene Struktur ein weiteres Strukturangebot, und Sache der Selektion ist es dann, zu entscheiden. Und genau darin, wie in einem strukturdeterminierten System solche Interdependenzunterbrechungen möglich sind, besteht die Schwierigkeit, die es zu begreifen gilt. Von Evolutionstheorie kann man sprechen, wenn dieses Problem als Forschungsprogramm akzeptiert wird. Aber eine ausgearbeitete Evolutionstheorie setzt natürlich voraus, daß man erklären kann, wie es möglich ist und wovon es abhängt, daß es faktisch so geschieht. Wenn man überhaupt von Evolution des Wissens sprechen will, muß man also angeben können, wie im Falle des Wissens (oder eventuell nur: des wissenschaftlichen Wissens) die Funktionen der Variation und der Selektion besetzt sind und wie ihre Trennung, gleichsam hinter dem Rücken der zielstrebigen Wahrheitssuche, bewerkstelligt wird.

Wie bereits angedeutet, sollte man darauf verzichten, Evolution schlicht im Sinne eines Phasenmodells zu verstehen: Erst Variation, dann Selektion, dann Stabilisierung. Entscheidend ist vielmehr, daß diese Mechanismen systemisch nicht integriert sind und simultan zusammenwirken. Daß heißt auch, daß ständige Rückkoppelungen stattfinden und rekursive Vorgriffe und Rückgriffe möglich sind. So kann Variation nur an stabilen Zuständen stattfinden und muß mit Stabilität verträglich sein. Variation kann auch auf Selektion vorausblicken, so wie Selektion nur stattfinden kann, indem sie auf die Variation zugreift und sie dadurch erneut variiert. Und nicht zuletzt können Stabilisierungsaussichten als Selektionsmotiv dienen, während das bereits stabilisierte Wissen vorausgesetzt werden muß, wenn man verdeutlichen will, um was es bei der Selektion überhaupt geht. Wir beschreiben diesen komplexen Sachverhalt mit der folgenden Skizze:

Stabilisierung → Variation → Selektion → Stabilisierung

Entscheidend ist und bleibt bei all diesen Verschleifungen, daß die Differenzen erhalten bleiben und daß es nicht zu einem teleologischen Durchgriff kommt. Eine Methodologie wird sich dies zwar so vorstellen und Evolution auf Bemühungen um die

Lösung eines Problems reduzieren wollen. Aber in der Wirklichkeit des Wissenschaftssystems sind Methoden selbst nur ein Moment der Evolution.

Wenn Evolution nur möglich ist auf Grund der evolutionären Differenzen von Variation, Selektion und Stabilisierung, muß man nach den Bedingungen der Möglichkeit dieser Differenzen fragen. Das erfordert eine systemtheoretische Erklärung, die wir hier auf den Fall des Gesellschaftssystems und seiner Teilsysteme beschränken wollen. Diese Systeme bieten unterschiedliche Ansatzpunkte für evolutionäre Mechanismen je nachdem, ob es um die einzelnen Operationen (Kommunikationen), um die dadurch produzierten und reproduzierten Strukturen (Erwartungen) oder um das evoluierende System in Differenz zu seiner Umwelt geht. Diese Unterscheidungen definieren zugleich unterschiedliche Ansatzpunkte für Evolution und setzen daher bei ausreichender Systemkomplexität Evolution in Gang – zunächst auf gesamtgesellschaftlicher Ebene, dann aber bei ausreichender Ausdifferenzierung von Teilsystemen auch hier.

Der *Variationsmechanismus* betrifft nur die einzelnen *Operationen*, also kommunikative Ereignisse. Es wird etwas Neuartiges (Unerwartetes, Abweichendes) gesagt, vorgeschlagen, geschrieben, eventuell gedruckt. Die Eigenstabilität einer solchen Variation liegt nur in ihrer Verständlichkeit und in ihrer Aufzeichnungsfähigkeit. Sie bleibt ein Ereignis, an das man sich erinnern kann. Und schon das pure Vergessen sortiert zahllose Variationen aus.

Die *Selektion* bezieht sich immer auf *Strukturen*, das heißt auf die Erwartung der Wiederverwendbarkeit von Sinnfestlegungen.[22] Nur Strukturen (aber dazu gehört natürlich auch die wiederholbare Referenz auf ein Ereignis, das einmal stattgefunden hat) können symbolisch ausgezeichnet und dadurch seligiert werden. Sie werden in den Bestand der brauchbaren Erwartungen eingereiht oder nicht. Im Falle von Wissenschaft heißt dies: sie werden als wahr oder als unwahr markiert.

Die *Stabilisierung* schließlich liegt in der Kontinuität der Au-

---

[22] Mit einer sinnvollen Einschränkung kann man deshalb auch von *struktureller Selektion* sprechen. So z. B. Michael Schmid, Theorie sozialen Wandels, Opladen 1982, S. 176 ff.

topoiesis des *Systems*. Es kann auch als mutiertes System noch arbeiten und über Auslösung interner Prozesse der Anpassung an, sei es das vorgekommene Ereignis, sei es die geänderte oder die trotzdem nicht geänderte Struktur, die eigene Autopoiesis fortsetzen, eventuell mit höherer Varietät oder auch mit höherer Redundanz.

Die Möglichkeit von Evolution findet damit letztlich eine systemtheoretische Erklärung. Sie ist dadurch bedingt, daß Ereignisse nicht schon Strukturen und Strukturen nicht schon Systeme sind; aber daß es sich gleichwohl immer um strukturdeterminierte Systeme handelt, die ihre eigenen Strukturen nur durch eigene Operationen variieren können und die durch strukturierte Operationen ein rekursives Netzwerk der Reproduktion ebensolcher Operationen herstellen, das sich durch das pure Sichereignen als System gegen eine Umwelt abgrenzt.

II

Sprechen wir zunächst von Variation. Die Frage, wie Evolution in Gang kommt, muß nicht von »Anfängen«, sondern von Differenzen her, nicht von Ursachen her, sondern aus der Evolution selbst heraus beantwortet werden. Dafür ist entscheidend, wie man Variation interpretiert. Dies war denn auch in den Frühphasen der evolutionstheoretischen Epistemologie, in den letzten Dekaden des 19. Jahrhunderts, die entscheidende, alles andere in den Schatten stellende Frage.

Zuvor hatte man gut hundert Jahre lang den entscheidenden Anstoß in den großen Entdeckern und Erfindern gesehen und gefeiert. In dieser semantischen Form der Personenzurechnung hatte die neuzeitliche Wissenschaft ihre eigene Ausdifferenzierung betreuen und begleiten können.[23] Daß es auf Individuen ankommt, hieß eben: daß weder Stand noch Religion, weder Herkunft noch Nation den Ausschlag geben. Die traditionalen sozialen Determinanten wurden abgeräumt, ohne daß man die Vorstellung eines gesellschaftlichen Geschehens hätte aufgeben müssen; denn die Gesellschaft wurde als Gruppe, als aus Indi-

23 Vgl. hierzu Simon Schaffer, Scientific Discoveries and the End of Natural Philosophy, Social Studies of Science 16 (1986), S. 387-420.

viduen bestehend gedacht. Erst gegen Ende des 19. Jahrhunderts beginnt man, sich von dieser Semantik zu lösen, und man benötigt dafür eine ebenso kräftige Gegensemantik: die des Zufalls.

Folgt man dem klassischen Aufriß der Evolutionstheorie, dann ließe sich vermuten, daß der Variationsmechanismus im Inneren des Systems zu lokalisieren sei (so wie eine Mutation in der lebenden Zelle oder der geniale Einfall eines Menschen in der Gesellschaft), daß dagegen Selektion als natural selection von außen auf das System einwirke, den Mechanismus der Bevorzugung des besser Angepaßten benutzend. Die Differenz von Variation und Selektion wäre demnach durch die systemtheoretische Differenz von Innen und Außen, durch die Grenzen der Systeme gesichert; und um die Evolution in Gang zu bringen, bedürfte es nur noch des Blubberns interner Zufälle.

Diese Vorstellung ist jedoch durch systemtheoretische Entwicklungen überholt, jedenfalls für den Bereich der soziokulturellen Evolution. Ein Vermittlungsversuch, der an die klassische Figur des »marginal man« anschließt und Innovation vor allem Randfiguren des Wissenschaftsbetriebs zuschreibt, scheint sich empirisch nicht zu bewähren.[24] Für unsere Zwecke und im Kontext von Systemtheorie ist die Zurechnung auf Personen (eine pure Nachahmung von Erfordernissen des Alltagslebens) ohnehin ein zu grobes Unterscheidungsmittel. Auch wenn man davon ausgeht, daß das Individuum die Quelle der Impulse zu Variation ist, kann man die dazu nötige körperlich-mentale Existenz nicht als eine gesellschaftsinterne Gegebenheit ansehen. Man kann zwar gute Gründe dafür anführen, daß Variation in der Wissenschaft auf gezielte Intentionen der Forscher zurückzuführen sei; aber eben das heißt nichts anderes als: sie auf Zufälle zurückzuführen.[25] Die Gesellschaft besteht nicht aus Menschen, sondern aus Kommunikationen. Alle bewußtseinsmäßige Gedankenführung, Wahrnehmung und Imagination ist für sie Umwelt und daher zunächst irrelevant – es sei denn, daß sie Anlaß gibt zu einer verständlichen Kommunikation. Zu-

---

24 Vgl. dazu Thomas F. Gieryn/Richard F. Hirsch, Marginality and Innovation in Science, Social Studies of Science 13 (1983), S. 87-106.
25 Aus anderen Gründen ablehnend auch Knorr Cetina a.a.O. (1987) S. 183ff., 197f.

gleich wird mit dem Konzept des selbstreferentiell-geschlossenen Systems jedoch die Vorstellung abgelehnt, daß es überhaupt externe Faktoren geben könne, die die Strukturen eines solchen Systems spezifizieren. Wie kann nach diesen Theorierevisionen der Mechanismus evolutionärer Variation des Wissens begriffen werden?

Im Prinzip wird man die klassische Disposition zunächst umkehren müssen: Gerade die Variation ist auf Außenanstöße angewiesen, während die Selektion des geeigneten Theoriematerials durch interne Prozesse erfolgt.[26] Der »Zufall« der Variation besteht nicht in ihrer prinzipiell unerklärlichen Spontaneität, sondern darin, daß das evoluierende System (hier: Gesellschaft bzw. Wissenschaft) mit Systemen in seiner Umwelt nicht (oder nur sehr beschränkt) koordiniert ist. Theoretisch kann hierbei die Unterscheidung der Umwelt eines Systems von den Systemen in der Umwelt eines Systems zu weiterer Klärung verhelfen. Jedes System ist mit Notwendigkeit einer Umwelt ausgesetzt und ist insofern, wie nochmals zu unterstreichen ist, seiner Umwelt immer schon angepaßt – oder es existiert nicht. Aber die Systeme in der Umwelt des Systems sind ihrerseits eigendynamische Einheiten, und ob Ereignisse, die diese Systeme produzieren, einem anderen System konvenieren, ist Zufall (es sei denn, daß ein umfassendes System für ein gewisses Maß an Integration sorgt). Die These der Notwendigkeit des Angepaßtseins an das, was korrelativ zur Einheit *des* Systems *die* Umwelt ist, widerspricht also nicht der anderen These, daß Intersystembeziehungen Zufallscharakter haben. Zugleich läßt die Unterscheidung von »Umwelt« und »Systemen in der Umwelt« deutlich werden, daß und weshalb die Erhaltung der Anpassung ein Problem ist.

Wie Untersuchungen über die Bedeutung des Zufallsbegriffs bei der statistischen Beweisführung zeigen,[27] ist Zufall immer eine Fiktion, eine Realität zwar, aber nur eine real funktionierende

---

26 Siehe zu dieser Umkehrung auch Stephen Toulmin, Die evolutionäre Entwicklung der Naturwissenschaft, in: Werner Diederich (Hrsg.), Theorien der Wissenschaftsgeschichte: Beiträge zur diachronen Wissenschaftstheorie, Frankfurt 1974, S. 249-275; vgl. auch ausführlicher ders., Kritik der kollektiven Vernunft, a.a.O.

27 Vgl. besonders George Spencer Brown, Probability and Scientific Inference, London 1957.

Unterstellung. Der Begriff bezeichnet also nicht etwas, was »in der Natur vorkommt«, sondern ist nur im Kontext einer Systemreferenz benutzbar. Jemand, der Zufall beobachten oder herstellen will, muß wissen: für welches System. Deshalb kann dieser Beobachter (zweiter Ordnung) durchaus Aussagen über Kausalität und über Strukturdeterminiertheit von Systemen mit Aussagen über Zufall kombinieren. Etwas, was für ein bestimmtes strukturdeterminiertes System zufällig auftritt, kann durchaus kausal verursacht sein. Und das gilt nicht nur für die wissenschaftliche Methodologie (für die das Bezugssystem ein bestimmtes Untersuchungsvorhaben mit Signifikanztests etc. ist), sondern ebenso auch für die Evolutionstheorie.

Der Begriff »Zufall« bezeichnet deshalb nicht Indeterminiertheit, sondern Interdependenzunterbrechungen.[28] Vom System her gesehen ist Zufall dann die Fähigkeit, Ereignisse zu benutzen, die im System weder vorhergesehen noch produziert werden können. Dieser Zufallsbegriff harmoniert mit dem Begriff eines strukturdeterminierten Systems. Ein solches System kann seine eigenen Operationen nur durch die eigenen Strukturen spezifizieren und die eigenen Strukturen nur durch die eigenen Operationen; aber es ist zugleich fähig, auf Anreize, Irritationen, Perturbationen, die es seiner Umwelt zurechnet, zu reagieren, sofern eine solche Reaktion kompatibel ist mit der Fortsetzung der eigenen Autopoiesis.[29] Ebenso spezifiziert das System (und nicht etwa die Umwelt als solche) das, was als irritierendes, Strukturänderungen auslösendes Ereignis in Betracht kommen kann. Das heißt nicht zuletzt, daß der Begriff des Zufalls ein Differenzbegriff ist, der etwas bezeichnet, das ohne das wohlgeordnete System gar nicht möglich wäre. Oder

28 So wie Henri Atlan, Entre le cristal et la fumée, Paris 1979, S. 167 formuliert: »ces impulsions étant aléatoires, sans relation causale avec l'organisation passée ou future du système«. Diese Festlegung impliziert zugleich, daß Zufall nicht ausschließlich die Differenz von Variation und Selektion bezeichnen soll, also nicht nur die Abkoppelung eines besonderen Selektionsmechanismus von den Variationsvorgängen. Aber wenn der Begriff in dem hier vorgeschlagenen Sinne die Geschlossenheit des Systems im Verhältnis zu seiner Umwelt bezeichnet, ist darin auch impliziert, daß die Beobachtung von Irritationen, Abweichungen, Neuerungen nicht schon festlegt, was weiterhin geschieht, sondern dies, also die Selektion, weiteren Systemprozessen überlassen bleibt. Aber diese sind für das System selbst dann keine Zufallsprozesse.

29 Vgl. die Ausführungen oben Kap. 5, II und III.

mit einem Wort von Pasteur:[30] »Der Zufall begünstigt nur den vorbereiteten Geist.«

Will man diese allgemeine Überlegung genauer auf unser Problem zuschneiden, muß man zunächst präziser bestimmen, inwiefern das Bewußtsein an Wissenschaft mitarbeitet. Schon diese Fragestellung mag seltsam klingen für eine Tradition, die das Wissen dem Bewußtsein als seinem Subjekt zurechnet. Für eine Theorie autopoietischer Systeme sieht der Sachverhalt anders aus. In Kapitel 1 sind die aus dieser Theorie sich ergebenden Konsequenzen skizziert worden. Wir bringen sie noch einmal kurz in Erinnerung.

Selbstverständlich hat jede Kommunikation korrespondierende Bewußtseinsprozesse zur Voraussetzung, so wie das Bewußtsein seinerseits Leben voraussetzt (und weitaus mehr Leben seines eigenen Organismus, als es je wissen kann), und so wie das Leben seinerseits eine molekulare Ordnung der Materie voraussetzt. Sinnhafte Kommunikation entsteht als emergente, autopoietische Ordnung nur unter vorgegebenen Bedingungen. In diesem Sinne sind psychische Systeme an allen wissenschaftlichen Operationen beteiligt. Das heißt aber nicht, daß Bewußtseinssysteme spezifizieren könnten, wie und in welcher Richtung ein Kommunikationssystem seine eigenen Strukturen ändert und durch eigene Operationen sich von einem Zustand in einen anderen bringt. Im Gegenteil: ein an Kommunikation beteiligtes Bewußtsein läßt sich selbst durch das Verstandene und das daraufhin Sagbare, durch das Gelesene und das daraufhin Denkbare faszinieren. Es ist, zumindest im Moment der aktuellen Beteiligung an Kommunikation, durch das kommunikative Geschehen und dessen Reproduktion eingenommen und findet sich selbst durch rasch wechselnde, aktive und passive Inanspruchnahme dirigiert – sofern nur die eigene Autopoiesis, der Fortgang von Gedanke zu Gedanke dabei aufrechterhalten werden kann. Es wäre daher kaum angemessen zu sagen, daß das Bewußtsein aus sich selbst heraus bestimmt, was es in die Kommunikation eingibt. Die Kommunikation spezifiziert sich selbst in der Beschränkung durch das, was jeweils bewußtseinsmöglich ist. Eben deshalb geht es an den Realitäten

30 Zitiert ohne Quellenangabe bei François Jacob, Die Logik des Lebenden: Von der Urzeugung zum genetischen Code, dt. Übers. Frankfurt 1972, S. 24.

vorbei, wenn man das Bewußtsein (wessen Bewußtsein?) zum Subjekt der Kommunikation und des Wissens erklärt.

Bewußtsein ist im übrigen diejenige Umweltdimension, die unentbehrlich ist, um der Kommunikation Anregungen zu vermitteln. Bewußtsein und Kommunikation sind zwar, wie schon oft gesagt, gänzlich getrennte autopoietische Systeme ohne jede Überschneidung in ihren Operationen; sie sind zugleich aber strukturell komplementäre Systeme, indem sie die Fähigkeit besitzen, gegenseitig strukturelle Veränderungen auszulösen, was in den Realverhältnissen der Welt (wie sie wissenschaftlich beschrieben werden) keineswegs die Regel, sondern eine Ausnahme darstellt. Aller Umweltkontakt der Kommunikation muß daher über Bewußtsein laufen, also über einen sehr schmalen Realitätsausschnitt (so wie das Bewußtsein seinerseits nur über sehr scharf reduzierte Frequenzen des Sehens und Hörens mit der Umwelt verknüpft ist). Obwohl die Kommunikation alle Realitätsebenen involviert, von physischen bis zu mentalen Voraussetzungen ihres Funktionierens, ist sie nur sehr begrenzt (und dadurch sehr komplex) umweltsensibel. Sie reagiert nicht direkt auf physikalische, chemische oder biologische Tatsachen, sondern setzt die Vorbearbeitung solcher Tatsachen, ja die Konstitution solcher Tatsachen als sinnhafte Einheiten im Bewußtsein voraus.[31] Kommunikation ist, anders gesagt, darauf angewiesen, daß das Bewußtsein Wahrnehmungen detrivialisiert.[32] Erst die heutige wissenschaftliche Weltkonzeption läßt deutlich erkennen, wie scharf diese Limitation wirkt. Fast nichts, was real passiert, findet Eingang in die Kommunikation – und eben deshalb ist die Kommunikation in der Lage, mit Eigenmitteln sehr hohe Komplexität aufzubauen, die die Bedingungen erweitert, nach denen sie umweltempfindlich reagiert.

Wenn dies einmal akzeptiert ist, kann man erkennen, daß das Bewußtsein beim Ingangbringen von evolutionärer Variation und beim Durchbrechen der normalen Selbstspezifikation des Kommunikationssystems eine besondere Rolle spielt, die es

---

31 Einem Bewußtsein, das die eigene Kapazität (aber nicht den eigenen Operationsmodus!) sehr weitgehend der Beteiligung an Kommunikation, vor allem der Sprache verdankt.
32 »Detrivialiser la perception« – eine Formulierung von Edgar Morin, La Methode 3/1, a.a.O., S. 188.

rechtfertigt, hier mehr als bei der evolutionären Selektion auf externe Anstöße abzustellen. Das Bewußtsein kann wahrnehmen, was ihm das neurophysiologische System vermittelt. Es produziert gedankliche Wahrnehmungscopien, es verfügt über Phantasie und Imagination (wie immer ungeklärt die Tatbestände sind, die wir mit diesen Begriffen bezeichnen). Es findet in der eigenen Autopoiesis des Fortgangs von Gedanke zu Gedanke[33] eine Art Sicherheit, die es zu sprunghaften Assoziationen befähigt. Es kann Gedanken nonverbal prozessieren oder auch bei verbaler Gedankenarbeit vage Assoziationen und Reflexionen mitführen. Das Bewußtsein spürt sich denken,[34] kontrolliert sich an einem nur ihm selbst verfügbaren Gedächtnis und kann daher mit all dem, was auf diese Weise geschieht, überraschend in die Kommunikation eingreifen. Es ist mit all dem einerseits quasi-materielle Voraussetzung der Möglichkeit von Kommunikation und andererseits irritierende, verwirrende, Unordnung einführende Potenz – nicht in der Lage, die in der Kommunikation aktualisierten Strukturen zu spezifizieren; wohl aber in der Lage, die Kommunikation angesichts von Irritationen zur Selbstrespezifikation zu veranlassen (was in der Kommunikation dann gelingen oder auch scheitern kann).

Diese Analysen mögen die Bedeutung des je individuellen Bewußtseins für den Anstoß zu wissenschaftlichen Innovationen hoch veranschlagen und lassen es durchaus zu, die wachsende Bedeutung von Variation, und damit von Bewußtsein, für die neuzeitliche Wissenschaft herauszustellen. Sie ändern aber nichts daran, daß Bewußtseinsprozesse dann und nur dann zu Variationen des Wissens führen können, wenn sie in Kommunikation umgesetzt und als Kommunikation verstanden oder mißverstanden werden. So wie in der organischen Evolution eine Mutation jedenfalls genetisch stabil sein muß, ob sie nun das Überleben des Organismus begünstigt oder nicht, so muß in der wissenschaftlichen Evolution eine Variation zumindest als

---

[33] Hierzu Niklas Luhmann, Die Autopoiesis des Bewußtseins, in: Alois Hahn/Volker Kapp (Hrsg.), Selbstthematisierung und Selbstzeugnis: Bekenntnis und Geständnis, Frankfurt 1987, S. 25-94.
[34] Zu »Spüren« in diesem Sinne Ulrich Pothast, Etwas über »Bewußtsein«, in: Konrad Cramer et al. (Hrsg.), Theorie der Subjektivität, Frankfurt 1987, S. 15-43.

Kommunikation gelingen – was immer dann daraus folgt. Dieser Filter aber scheidet schon fast alles, was ein Bewußtsein spürt, wahrnimmt, phantasiert oder sich bildhaft veranschaulicht, wieder aus, und dies vor aller evolutionären Selektion im Wissenschaftssystem selbst. Darüber hinaus muß die Anregung, bevor ihr als Kommunikation Einlaß gewährt wird, ein erhebliches Maß an psychischer Dekonditionierung durchlaufen. Man kann nicht gut sagen: »Beim Einschlafen ist mir plötzlich der Gedanke gekommen, daß ...« Das Ausfiltern offensichtlicher Idiosynkrasien hat eine ähnliche (wenn auch weit weniger wirksame) Funktion wie entsprechende Vorkehrungen bei Divinationsritualen oder Gottesurteilen: eine gewisse Neutralität und Unvoreingenommenheit, um dadurch eine mindestens zufällige Chance zu sichern.[35] Die Kommunikation muß, mit anderen Worten, die für sie zufälligen Bewußtseinsereignisse (die für das Bewußtsein selbst in keiner Weise zufällig sind!) annehmen und auswerten können. In diesem Sinne bleibt auch die Produktion von Zufällen (oder besser vielleicht: die Co-produktion von Zufällen) Sache des Systems, das die Zufälle zur Variation eigener Strukturen verwendet. Der Begriff des Zufalls stellt eine Möglichkeit zur Verfügung, diesen Vorgang systemintern zu beobachten und zu beschreiben, ganz unabhängig davon, ob dem Wissenschaftler, dem etwas einfällt, die Charakterisierung seines Einfalls als Zufall adäquat erscheint oder nicht.

Unsere Überlegungen machen ferner deutlich, daß die Kopplung von Bewußtsein und Kommunikation nur für die Ebene der Operationen gilt und keineswegs die Strukturen der beiden Systeme koordiniert. Die Kopplung bleibt an Ereignisse gebunden, verschwindet mit ihnen und erneuert sich mit ihnen. Nur in dieser Form kann eine Außeneinwirkung auf das selbstreferentiell-geschlossene System der Gesellschaft bzw. der Wissenschaft zugelassen sein. Der Variationsmechanismus kann nur auf Operationen, nicht auf Strukturen einwirken; und eben deshalb ist hier ein koinzidenteller Umweltkontakt kompatibel mit

---

35 Vgl. etwa Vilhelm Aubert, The Hidden Society, Totowa, N. J. 1965, S. 137ff.; Salim Alafenish, Der Stellenwert der Feuerprobe im Gewohnheitsrecht der Beduinen des Negev, in: Fred Scholz/Jörg Janzen (Hrsg.), Nomadismus – ein Entwicklungsproblem, Berlin 1982, S. 143-158.

der Autopoiesis des durch eigene Strukturen determinierten Systems. Diese Theorie zufälliger Anregungen zu variierender Kommunikation führt aber nur bis zu dem in der neodarwinistischen Theorie wohlbekannten Problem: wie denn mit diesem Konzept des Zufalls das Tempo des Aufbaus hochkomplexer Systeme erklärt werden könne. Ein bloßes Warten auf Zufall wäre zu langsam, besonders angesichts der Notwendigkeit des Ineinandergreifens einer Vielzahl solcher Zufälle.[36] Das gilt erst recht für die moderne Gesellschaft. Mit deren Erlaubnis und unter Titeln wie Individuum oder Subjekt ist das Bewußtsein heute überspezialisiert: Es darf sagen, was es denkt. So wie aber die biologische Theorie der Evolution mit Mutation allein nicht auskommt, sondern zusätzlich auf bisexuelle Reproduktion zurückgreift, um die regelmäßige Häufung von passenden Zufallsvariationen zu erklären, braucht auch die Theorie der soziokulturellen Evolution im allgemeinen und der Wissensevolution im besonderen einen Beschleunigungsfaktor, der erklärt, daß die morphogenetisch benötigten Zufälle sich häufen und, gleichsam vorsortiert, das Kommunikationssystem Wissenschaft zu Strukturänderungen reizen. Hierfür bieten sich zwei Möglichkeiten an, die ineinandergreifen.

Man kann im Anschluß an den Begriff der Interpenetration von psychischen und sozialen Systemen[37] eine Verstärkung oder Verdichtung der Interpenetration annehmen. Diese Verdichtung wirkt in zwei Richtungen. Einerseits werden Wissenschaftler spezifisch sozialisiert, so daß es ihnen leichter fällt, zu bemerken, was man mit bestimmten Gedanken in der Wissenschaft anfangen kann. Damit kann ein hochspezialisiertes Unterscheidenkönnen habitualisiert und vorausgesetzt werden. Andererseits ist die wissenschaftliche Kommunikation von vornherein psychisch dekonditioniert, nimmt also nicht auf die Sonderereignisse im Bewußtsein einzelner Bezug, sondern sortiert das heraus, was auch anderen zugänglich ist, auch wenn der Autor sich selbst als Garant der Faktizität seiner Wahrnehmungen einsetzt.

---

36 Ein bekanntes Argument. Speziell für die wissenschaftliche Evolution siehe z. B. Nicholas Rescher, Methodological Pragmatism, a.a.O., S. 162 f.
37 Vgl. Niklas Luhmann, Soziale Systeme, a.a.O., S. 286ff.

Interpenetration ist die nicht über die Operationen des Systems laufende (also auch nicht: instruktive!) Vermittlung des Systems mit seiner Umwelt. Es handelt sich also weder um ein Prozessieren von Gedanken im psychischen System noch um Kommunikation im Wissenschaftssystem oder zwischen Individuum und Gesellschaft.[38] Interpenetration ist nichts anderes als die Bereitstellung der Komplexität eines Systems für den Aufbau eines anderen, und es ist in genau diesem Sinne, daß das geschulte Wahrnehmungs- und Denkvermögen des Wissenschaftlers eigene Komplexität zur Verfügung stellt, um im Kommunikationssystem der Wissenschaft hinreichend häufige (aber von dort her gesehen: nicht programmierte, zufällige) Irritationen auszulösen. Das heißt, daß das Bewußtsein des Wissenschaftlers im Hinblick auf wissenschaftliche Kommunikation wie eine Zufallssortiermaschine funktioniert, viele Einfälle gar nicht erst voll bewußt werden läßt, sondern schon im Entstehen unterdrückt; andere nicht notiert und wieder vergißt; wieder andere aufgibt, weil eine klare Formulierung mißlingt; und wieder andere zwar notiert, aber nicht kommuniziert, weil ein dafür geeigneter Kontext, zum Beispiel eine Publikation, sich nicht herstellen läßt.[39] Eine solche Verdichtung von vorsortierten Zufällen funktioniert ihrerseits ohne Gewähr für Rationalität, ohne systemintern gesteuerte Selektion, ja ohne Ziel-

38 Da wir Kommunikation immer als sozialsysteminterne Operation auffassen, ist damit jede Kommunikation »zwischen« Individuum und Gesellschaft (oder abstrakter: psychischem System und sozialem System) ausgeschlossen. Eben dies macht den besonderen Begriff der Interpenetration erforderlich.
39 Soweit das psychische System beteiligt ist, kann man diesen Vorgang auch als *Inhibierung* und *Desinhibierung* darstellen. Normalerweise wird die Äußerung spontaner Einfälle inhibiert, und die Blockierung wird nur unter spezifischen Bedingungen wiederaufgehoben. Dies brauchen nicht wissenschaftlich anerkannte Standards methodischer Kontrolle zu sein. Es kann sich auch um ein höchst persönliches Anspruchsniveau in bezug auf Solidität der Äußerungen, um Angst vor Fehlern, um Angst vor Kritik, die man einstecken muß, oder um besondere Sorgfalt in der Prüfung der Konsistenz mit früheren eigenen Äußerungen handeln. Die Unfruchtbarkeit von Wissenschaftlern kann daher zwei verschiedene Ursachen haben: Entweder fällt ihnen nichts ein, und sie müssen sich darauf beschränken, anderen mitzuteilen, was sie gerade gelesen haben; oder sie können nicht desinhibieren, das heißt: Einfälle freigeben. Der Unterschied dieser beiden Probleme ist eine der Hauptschwierigkeiten bei der Förderung und Selektion des wissenschaftlichen Nachwuchses und führt zu einem hohen Maß an verfehlten Personalentscheidungen.

orientierung. Sie passiert einfach und bleibt eben deshalb im Zusammenhang mit der Evolution von Wissen bloße Variation, wobei entscheidend ist, daß sie hinreichend häufig Kommunikationen anregt, die schon einigermaßen plausibel sind.[40] Die ohne Zweifel unerläßliche Beteiligung organischer und psychischer Systeme an der soziokulturellen Evolution wird, und darin liegt ein wissenschaftsinterner Beschleunigungsfaktor, selektiv überschätzt. Es kommt im Zuge der Ausdifferenzierung von innovationsgerichteter wissenschaftlicher Forschung zur Konstruktion von Geistesheroen und wissenschaftlichen Genies, zur Rekonstruktion der Geschichte eines Faches als Sequenz individueller Leistungen.[41] Die Wissenschaft gibt sich damit gleichsam selbst das Recht, ihre Neuerungssucht zu feiern. Sie stellt mit ihren Kultfiguren Prototypen des Reputationserwerbs zur Verfügung. Man nutzt die Chancen biographischer Plausibilisierungen, um Zurechnungen (die ja immer artifiziell sind) zu übersteigern. Zufälle werden in Verdienste umgerechnet. So wird vor allem das 19. Jahrhundert zum Jahrhundert der Erfindung von Entdeckern und Erfindern; und die heutige Wissenschaftssoziologie hat immer noch Mühe, zu zeigen und zu legitimieren, daß gelegentlich auch die Bewahrung des Alten erfolgreich ist.[42]

---

40 Toulmin, a.a.O. (1974), S. 260 spricht in bezug hierauf von »anfänglicher Plausibilität«, die erforderlich sei, aber auch genüge, um einen Selektionsprozeß durch Vorschlag einer Theorievariation in Gang zu setzen.

41 Wie Schaffer a.a.O. (1986) zeigt, entstehen solche Kultfiguren nicht zufällig mit dem Übergang von einer Naturphilosophie, die ein allgemeines Publikum interessierte oder die dies jedenfalls voraussetzte, in wissenschaftsspezifische Forschung. Siehe auch ders., Natural Philosophy and Public Spectacle in the Eighteenth Century, History of Science 21 (1983), S. 1-43.

42 Siehe dazu die fragwürdige Konstruktion eines »Interesses« an der Erhaltung derjenigen Theorien, für die man sich zunächst eingesetzt hatte. So in Fallstudien Donald MacKenzie, Statistics in Britain 1865-1930: The Social Construction of Scientific Knowledge, Edinburgh 1981; John A. Stewart, Drifting Continents and Colliding Interests: A Quantitative Application of the Interest Perspective, Social Studies of Science 16 (1986), S. 261-279. Auch dies bleibt jedoch, wie Ethnomethologen immer wieder betonen, ein semantisches Artefakt – wenngleich auf einer Ebene zweiter Ordnung, nämlich der Beobachtung der Beobachtungen des Wissenschaftssystems. Vgl. Steve Woolgar, Interests and Explanation in the Social Study of Science, Social Studies of Science 11 (1981), S. 265-394; Barry Hindess, Power, Interests, and the Outcome of Struggles, Sociology 16 (1982), S. 498-511; Knorr Cetina a.a.O. (1987), S. 196.

Ein zweiter Mechanismus der Steigerung von Zufallsfrequenzen liegt ebenfalls im Wissenschaftssystem selbst, und zwar in seiner Methodik. Soweit es methodische Norm ist, im Schema von Problem und Problemlösung zu kommunizieren, wird durch die Kommunikation selbst die Suche nach Variationen am vorhandenen Gedankengut angeregt. Einerseits erfordert eine Kommunikation, zu klären, welches Problem man eigentlich gelöst hat. Selbst faszinierende Einfälle müssen in diese Zwangsjacke von Problem und Problemlösung gebracht werden. Andererseits ist genau dann, wenn zu der Lösung, die man vorschlagen will, das Problem gefunden ist, angedeutet, daß es auch andere Problemlösungen geben könnte. Das Schema wirkt in beiden Richtungen als institutionalisierte Kontingenz, als verdeckte Aufforderung zur Variation; und selbst wenn die Gründe für die Selektion einer bestimmten Problemlösung noch so stark gemacht werden können und noch so durchschlagend wirken, enthält die Form ihrer Kommunikation den heimlichen Vorbehalt: es könnte auch anders sein.

In dem Maße, als Probleme spezifiziert werden und dadurch Limitationalität eingeführt ist, kann es zu Verhältnissen kommen, die in der allgemeinen Systemtheorie unter dem Titel »Äquifinalität« bekannt sind[43] und in der Wissenschaftsforschung am Phänomen der unabhängigen Doppelerfindungen oder -entdeckungen studiert worden sind.[44] Unter solchen Bedingungen kann man fast von einem organisierbaren Zufall sprechen oder muß sich jedenfalls nicht wundern, wenn ein Problem das System in verschiedenen Lagen zu äquifinalen Be-

---

43 Vgl. Ludwig von Bertalanffy, Zu einer allgemeinen Systemlehre, Biologia Generalis 19 (1949), S. 114-129 (123 ff.). Der Gedanke findet sich, ohne den Namen, bereits bei Emile Boutroux, De la contingence des lois de nature (1874), 8. Aufl., Paris 1915, S. 13.

44 Vgl. W. K. Ogburn/D. Thomas, Are Inventions Inevitable? Political Science Quarterly 37 (1922), S. 83-93; Robert K. Merton, Priorities in Scientific Discovery: A Chapter in the Sociology of Science, American Sociological Review 22 (1957), S. 654-659; ders., Singletons and Multiples in Scientific Discovery: A Chapter in the Sociology of Science, Proceedings of the American Philosophical Society 105 (1961), S. 470-486; ders., Resistance to the Systematic Study of Multiple Discoveries in Science, Europäisches Archiv für Soziologie 4 (1963), S. 237-282; Yehuda Elkana, The Conservation of Energy: A Case of Simultaneous Discovery? Archives internationales d'histoire des sciences 23 (1970), S. 31-60.

mühungen stimuliert. Von Ferne gesehen sieht es dann so aus, als ob ein Fortschritt nahezu unausweichlich stattfindet und daß Probleme, wenn sie überhaupt lösbar sind, über kurz oder lang gelöst werden – auch ohne Galilei, Newton, Darwin.[45] Ein dritter Verdichtungsmechanismus schließlich liegt in den parawissenschaftlichen oder pseudowissenschaftlichen Denkbemühungen. Sie bilden sich an den Rändern des Wissenschaftssystems, treten mit Wissenschaftsanspruch auf, befassen sich mit Phänomenen, die die Wissenschaft ignoriert oder verdrängt, werden aber, eben deshalb, von der etablierten Wissenschaft nicht anerkannt. Man denke an Parapsychologie oder Psychoanalyse, an die Farbenlehre Goethes oder an manche überschießende philosophische Phantasien von Naturwissenschaftlern.[46] Man findet in diesem Kommunikationsbereich mithin etwas, was durch den »Kampf um Anerkennung« schon mehr Struktur hat als beliebige Wahrnehmungs- und Denkvorgänge im Einzelbewußtsein. Und die in solchen Randzonen gepflegte Aufmerksamkeit für Anomalien und für Phänomene, die aus strukturellen Gründen in der Wissenschaft unbeachtet bleiben, enthält bereits eine Vorselektion für eine entsprechend scharfe Ja/Nein-Entscheidung im Wissenschaftsbetrieb. Daß solche Anregungen die Chance haben, ernst genommen zu werden, setzt allerdings ihre Etablierung als eine wie immer unkonven-

45 David Lamb/Susan M. Easton, Multiple Discovery: The Pattern of Scientific Progress, Trowbridge UK 1984, benutzen die Tatsache der Mehrfachentdeckungen denn auch als Argument dafür, daß wissenschaftlicher Fortschritt weder auf Zufall noch auf individuelle Kreativität zurückgeführt werden kann.
46 Eberhard Bauer/Klaus Kornwachs, Randzonen im System der Wissenschaft: Bemerkungen zur Rezeptionsdynamik unorthodoxer Wissenschaft, in: Klaus Kornwachs (Hrsg.), Offenheit – Zeitlichkeit – Komplexität: Zur Theorie der Offenen Systeme, Frankfurt 1984, S. 322-364 (346), rechnen auch die »soziologische Systemtheorie« zu diesem Phänomenbereich. Da Bauer und Kornwachs ihrerseits jedoch mit viel weniger entwickelten soziologischen Begriffen arbeiten (zum Beispiel: Wissenschaft als Institution), müßten sie auch ihrer eigenen Analyse einen nur parawissenschaftlichen Status zuerkennen. Dieses Argument zeigt, daß man nicht umhinkommt, bei wissenschaftlichen Analysen der Differenz von Wissenschaft/Nichtwissenschaft Selbstreferenz in Betracht zu ziehen; und es belegt zugleich, daß es dann nicht ausreicht, sich auf methodologische Mindeststandards zu berufen. Dieser Sachverhalt ist im übrigen in der Logik wie auch in der Linguistik wohlbekannt. Siehe z. B. Lars Löfgren, Life as an Autolinguistic Phenomenon, in Milan Zeleny (Hrsg.), Autopoiesis: A Theory of Living Organization, New York 1981, S. 236-249.

tionelle Seitenlinie *innerhalb* der Wissenschaft voraus,[47] gleichsam als eine undichte Stelle für die Rekrutierung ungewöhnlicher Forschungsinteressen.

Betrachtet man nun diese drei Variationsbeschleuniger, nämlich Interpenetration, Problemorientierung und Parawissenschaft genauer, dann sieht man, daß in all diesen Fällen die Ausdifferenzierung eines Funktionssystems für Wissenschaft vorausgesetzt ist. Die verdichtete Interpenetration setzt Sozialisation als Wissenschaftler voraus. Die psychischen Mechanismen der Selbstkontrolle entwickeln sich, wenn nicht als »Internalisierung« von wissenschaftlichen Standards, so doch parasitär in der Teilnahme an wissenschaftlicher Kommunikation. Ohne Wissenschaft keine Wissenschaftler. Erst recht gilt diese Voraussetzung von Wissenschaft für die Institutionalisierung eines Problemschemas mit seiner impliziten Aufforderung zur Variation, und dasselbe läßt sich sagen für die Überwachung der Wissenschaft aus der Position des Nichtanerkanntseins heraus. Dieser Befund legt die Hypothese nahe, daß die wissenschaftliche Evolution sich der Wissenschaft selbst verdankt. Die Häufung von Variationen und das Tempo der Innovationen, die die moderne Wissenschaft auszeichnen, sind nur unter der Voraussetzung des Systems möglich, das sich selbst der Evolution verdankt.

In der abstrakten Formulierung liegt mithin auch hier ein Zirkel vor – wie im übrigen ganz generell beim Problem der Evolution der Bedingungen für Evolution.[48] Dieser Zirkel löst sich jedoch auf, wenn man den Zeitablauf mit in Betracht zieht und die Rekursivität der Evolution berücksichtigt. Evolution ist, so gesehen, ein Prozeß der Abweichungsverstärkung, der auf seinen eigenen Resultaten aufbaut und sich dadurch beschleunigt, sofern die Ergebnisse der Evolution zur Separierung der Mecha-

---

47 Vgl. Michael D. Gordon, How Socially Distinctive is Cognitive Deviance in an Emergent Science: The Case of Parapsychology, Social Studies of Science 12 (1982), S. 151-165.
48 Hier wohl allgemein anerkannt. Siehe z. B. Erich Jantsch, Die Selbstorganisation des Universums: Vom Urknall zum menschlichen Geist, München 1979, S. 217ff.; Michael U. Ben-Eli, Self-Organization, Autopoiesis, and Evolution, in: Milan Zeleny (Hrsg.), Autopoiesis: A Theory of Living Organization, New York 1981, S. 169-182 (175 f.); Alfred Gierer, Die Physik, das Leben und die Seele, München 1985, S. 108, 111f.

nismen für Variation und für Selektion beitragen. Dies erklärt auch ganz gut, daß die Evolution vorwissenschaftlichen Wissens wenig Zufallsspielraum zur Verfügung hat und folglich langsam läuft. Die Verschriftlichung von anspruchsvoller Wissenskommunikation trägt dann bereits zur Ausdifferenzierung und damit zu steigender Zufallssensibilität bei. Das moderne Tempo struktureller Änderung wird jedoch erst erreicht, seitdem es Buchdruck gibt und im Anschluß daran ein System funktionsspezifischer Kommunikation für wissenschaftliche Forschung ausdifferenziert wird. Erst dieses ausdifferenzierte System legitimiert die Kommunikation jeder Negation akzeptierter Wahrheiten, sofern sie nur mit Problembezug und Anfangsplausibilität ausgestattet wird. Etwa gleichzeitig beginnt, in der Religion wie in der Wissenschaft, die Ablehnung »fanatischer«, »enthusiastischer« Kommunikationen, die private Intuition und Überzeugungsstärke für ausreichend halten, um Aufmerksamkeit und Folgebereitschaft beanspruchen zu können.[49] Freilich haben Religion und Wissenschaft für die Ablehnung verschiedene, ja entgegengesetzte Gründe. Die Religion schützt damit ihre Dogmatik, die Wissenschaft die Freigabe der Negation mit Rückbindung an die eigene Funktion.

III

Die evolutionäre Variation des Wissens erfolgt durch Reizung mit undurchschaubarer Komplexität – dadurch, daß dem Bewußtsein eines Beteiligten etwas einfällt und dieser für das Wissenschaftssystem zufällige Einfall in passabler Form kommuniziert wird. Die Kommunikation kann gesprächsweise erfolgen und schon dabei erstickt werden. Sie wird normalerweise aber einen »editorial process«[50] durchlaufen, in dem erste Selektionen bereits zugreifen. In der Vorbereitung einer Publikation muß die Ausgangsirritation in das rekursive Netzwerk der wissenschaftlichen Kommunikation eingefügt und dadurch dis-

---

49 Siehe zur Begriffsgeschichte von Fanatismus und Enthusiasmus speziell im 17./18. Jahrhundert die Artikel von R. Spaemann und A. Müller im Historischen Wörterbuch der Philosophie, Bd. 2, Basel 1972, Sp. 526-528 und 904-908.
50 So Knorr Cetina a.a.O. (1987), S. 184ff.

zipliniert werden. Es entsteht ein »paper«, ein Aufsatz, ein Diskussionsbeitrag zu Kongreßakten. Die Variation muß, um sich der Selektion auszusetzen, publiziert werden, denn erst dadurch wird sie sozial existent. Und erst dadurch entsteht eine Selektionschance. Das System kann beim alten Wissen bleiben (und das ist zunächst wohl immer wahrscheinlich) oder die neue Idee aufgreifen.

Nicht selten wird das hier anstehende Thema mit Hilfe der Unterscheidung von Kreativität und Widerstand behandelt.[51] Das ist jedoch unangemessen, denn so bringt man schon durch die Terminologie zum Ausdruck, daß Kreativität gut und Widerstand schlecht sei, auch wenn man dann zugestehen muß, daß das Gegenteil gelegentlich ebenfalls zutrifft. Demgegenüber bezeichnet der Terminus evolutionäre Selektion keine Präferenz für oder gegen die Selektion des Neuen, sondern nur die Tatsache, daß die eine bzw. andere Präferenz praktiziert wird. Es geht dabei also nur um den bewertungsneutral erfaßten Vorgang der Bewertung. Selektion ist eine Beobachtung der strukturellen Relevanz einer Variation unter dem Gesichtspunkt ihres Vorzugswertes. Sie vergleicht (unter methodischer und theoretischer Anleitung) das vorhandene Wissen mit einer neuen Möglichkeit. Nur aus einem solchen Anlaß stellt sich überhaupt die Wahrheitsfrage als ein unterscheidbares Problem, denn ohne den Anstoß der Variation würde es ja genügen, beim bewährten Wissen zu bleiben, ohne dessen Wahrheit oder Unwahrheit zu problematisieren. Die Differenzierung von Variation und Selektion generiert überhaupt erst das, was wir in Kapitel 4 als binären Code des symbolisch generalisierten Mediums Wahrheit beschrieben haben, so wie auch umgekehrt (wir argumentieren wiederum zirkulär!) ein solcher Code erforderlich ist, um die Evolution der Differenz von Variation und Selektion speziell im Bereich des Wissens zu ermöglichen.

Im Unterschied zur bisher vorherrschenden Theorie evolutionärer Selektion sehen wir, und das ist eine Konsequenz der Theorie autopoietischer Systeme, die Funktion der Selektion nicht in der Herstellung eines »fit« zwischen System und Umwelt. Die bisherige Diskussion hat sich zwar von externer

---

[51] Siehe z. B. Bühl, a.a.O., S. 169 ff. mit weiteren Hinweisen.

Selektion auf interne Selektion verlagert,[52] hat dabei aber immer noch unterstellt, daß die Selektionsleistung in einer besseren Anpassung des Systems an seine Umwelt liegt – wie immer dies aus dem System heraus erahnt, ertastet und indirekt kontrolliert wird. Statt dessen soll hier die Auffassung vertreten werden, daß die evolutionäre Selektion es nur mit der Herstellung und Kontrolle der weiteren Verwendbarkeit in der autopoietischen Reproduktion des Systems zu tun hat.

Zunächst einmal wird es notwendig sein, kontrollierte und nichtkontrollierte Selektion zu unterscheiden (oder, wenn man so will: manifeste und latente Selektion). In weitem Umfange erfolgt Selektion einfach dadurch, daß Wissensofferten im System diskutiert oder nicht diskutiert werden. Viele Neuvorschläge verschwinden unbemerkt – sei es, daß sie zu ungewöhnlich sind, sei es, daß sie von Außenseitern oder aus nichtreputierten Quellen stammen, sei es auch, daß sie wegen geringfügiger Formulierungsdefekte oder irreführender Zuordnung zu Begriffen nicht als solche erkannt werden. Die erste Schwelle der Selektion liegt mithin in der Wiederholung bzw. Nichtwiederholung der Sinnofferte in der Autopoiesis weiterer Kommunikation. Rein quantitativ ist dieser Grobmechanismus kaum zu überschätzen. Das meiste wird auf diese Weise ausgefiltert – und nicht etwa durch explizite Widerlegung. Das hat zunächst Nachteile, aber vielleicht auch Vorteile für die Unbefangenheit bei späteren Wiederentdeckungen. Auf jeden Fall wird damit derjenige Prüfbereich erheblich eingeschränkt, in dem dann der zweiwertige Prüfmechanismus die Frage des Akzeptierens oder Verwerfens aktuell werden läßt.

In diesem Bereich erfolgt explizite oder kontrollierte Selektion. Sie obliegt den Symbolen wahr und unwahr, weil diese die Anschlußfähigkeit und deren Kontrolle bezeichnen. Das Resultat ist der Aufbau von Komplexität, die es immer schwieriger macht, das System angesichts der gesteigerten Irritierbarkeit

---

52 Man vergleiche etwa die völlig unhaltbare Vorstellung externer Selektion bei William James, Great Man, Great Thought and the Environment, The Atlantic Monthly 46 (1880), S. 441-459, mit den bereits mehrfach zitierten Arbeiten von Donald Campbell, in denen nur noch von »vicarous selection«, später auch von »structural selection« die Rede ist – aber immer noch unter der Voraussetzung, daß interne Faktoren stellvertretend für die Umwelt seligieren und dies können, weil sie sich in der Evolution für diese Funktion ausgebildet und bewährt haben.

durch Umweltereignisse zu reproduzieren, es sei denn mit Hilfe eines immer rascheren Strukturwandels und mit immer weiter gesteigertem Auflöse- und Rekombinationsvermögens, also mit immer kühneren Abstraktionen und mit immer stärker systemabhängigen Bestimmungen von Einheit und Differenz, also mit immer größerer Distanz zur Umwelt. Daß es geht, zeigt, daß es geht, und damit ist alles gewährleistet, was man als »Anpassung« an die Umwelt braucht.

Die evolutionäre Selektion wird also dadurch vollzogen, daß *dem alten oder dem neuen Wissen die Symbole wahr bzw. unwahr attachiert werden.* Die Fixierung dieser Symbole bezeichnet nicht etwa, so die traditionelle Auffassung, das Resultat eines im Bewußtsein der Wissenschaftler abgelaufenen Selektionsprozesses; *sie ist selbst die Selektion.* Denn ungeachtet dessen, was einzelne Beteiligte sich dabei denken und wie unsicher sie persönlich sein und bleiben mögen: die Selektion wird durch Kommunikation der »scientific community« vollzogen und ihr Instrument ist das binär codierte, symbolisch generalisierte Medium Wahrheit. Insofern ist es problematisch, Wahrheit/Unwahrheit bzw. evolutionäre Selektion als »Konsens« der Wissenschaftler zu bezeichnen. Wenn damit ein Mentalzustand aller Beteiligten gemeint sein soll (und nicht nur ein Medium)[53], wäre ein solcher Konsens unfeststellbar und daher nicht anschlußfähig. Er könnte im System nicht zirkulieren und keine Folgen haben. Er ließe sich zwar in der Kommunikation behaupten, aber das wäre dann wiederum nur Kommunikation und, wenn diese Theorie stimmt, nur Kommunikation eines Ersatzsymbols für Wahrheit.

Die Verteilung der Werte wahr und unwahr erfolgt, das haben wir in Kapitel 6 ausführlich gezeigt, keineswegs willkürlich, sondern, wie das System meint, »richtig«. Sie richtet sich nach den verfügbaren Programmen, das heißt nach Theorien und Methoden. Jetzt wird auch der Sinn dieser Doppelprogrammierung einsichtig: Gäbe es als Selektionskriterium nur die vorhandenen Theorien, liefe das auf eine Abweisung aller Variation hinaus. Die bereits stabilisierten Theorien wären das Kriterium für ihren eigenen Fortbestand. Das richtige Wissen könnte zwar Abweichungen erkennen, könnte sich selbst aber nicht in Frage

---

53 Vgl. Kap. 1, V.

stellen. Erst in dem Maße, als zusätzlich zu Theorien auch Methoden Programme für richtige Selektion werden (und zwar spezialisiert nicht auf die Weltbeschreibung, sondern auf die Probleme der binären Codierung), erhält die Selektion sozusagen ein zweites Bein, mit dem sie einen anderen Standplatz suchen kann. Das heißt durchaus nicht: Präferenz für das Neue, wie es der frühneuzeitlichen Wissenschaftsbewegung in der ersten Begeisterung schien; wohl aber eine gewisse Freisetzung der Konkurrenz zwischen altem und neuem Ideengut, also eine echte Chance für Alternativen. Die wissenschaftsgeschichtliche Empirie müßte, wenn diese Hypothese stimmt, bestätigen können, daß die Beschleunigung des wissenschaftlichen Fortschritts mit der Verselbständigung methodischer Kriterien zusammenhängt, und zumindest die verstärkte Aufmerksamkeit für Methodenfragen, zunächst in der durch Petrus Ramus gegebenen dialektischen (binären) Form, deutet in diese Richtung.

Methoden sind Anweisungen an eine Beobachtung zweiter Ordnung, an eine Beobachtung von Beobachtern. Sie funktionieren als solche im Normalbetrieb. Wenn es dagegen um evolutionäre Selektion geht, kommen zusätzliche Anforderungen ins Spiel. Sowohl das Alte als auch das Neue, sowohl externe Anregungen, die intern als Irritation aufgenommen werden, als auch interne Vorteile des Weitermachens wie bisher stehen zur Wahl. Man darf daher vermuten, daß sich in solchen Situationen, wenn sie häufig auftreten, Reflexionsimpulse bilden, die nach einem Systemsinn für das Annehmen bzw. Abweisen suchen. Man braucht dann Metaregeln der Methodologie oder muß zumindest jenen »harten Kern« der Anforderungen an Wissenschaftlichkeit definieren, dem die Variation, und stamme sie aus persönlicher Imaginationskraft oder aus parawissenschaftlichem Phänomeninteresse, gerecht werden muß. Man muß, um es mit Douglas Hofstadter zu formulieren, »inviolate levels« in das System einziehen.[54] Oder in der Sprache der second order cybernetics: der Beobachter der Beobachter muß sich seiner eigenen Rejektions/Akzeptionswerte vergewissern; und das kann nicht allein nach Feyerabend geschehen mit der

---

[54] »Supertangling creates a new inviolate level«, heißt es in Douglas R. Hofstadter, Gödel, Escher, Bach: An Eternal Golden Braid, Hassocks, Sussex 1979, S. 688.

Metaregel des »anything goes«. Man kann heute wissen, daß diese Ebene nicht ohne Einschluß von Selbstreferenz zu gewinnen ist; und man kann ebenso wissen, daß sie, eben deshalb, auf logische Geschlossenheit verzichten und auf Eigenwerte rekurrieren muß.

In der weniger reflektierten Praxis wissenschaftlicher Kommunikation wird negative Selektion zumeist verbunden mit dem Ausdruck der Verachtung für pseudowissenschaftliche Hirngespinste oder für persönliche Marotten Einzelner; und wenn man akzeptieren muß, dann geschieht das mit Hilfe einer kompletten Rekonstruktion des Problems und wissenschaftlich »sauberen« Lösungsvorschlägen. Die dogmatische Wissenschaftstheorie tut im wesentlichen dasselbe, wenngleich in einer verfeinerten Sprache und mit Hilfe einer methodologischen Definition der Essenz von Wissenschaft, die deren soziale Realisationsbedingungen souverän ignoriert. Im Kontext einer Theorie wissenschaftlicher Evolution kann man sich damit jedoch nicht begnügen. Es liegt dann nahe, die Notwendigkeit von »inviolate levels« oder von Metaregeln der Methodologie systemtheoretisch zu begründen, also als Bedingung der Fortsetzung realer Autopoiesis unter Bedingungen hoher Systemkomplexität. Das heißt, daß die evolutionäre Selektion an dieser Stelle auf einen Vorgriff (oder Rückgriff) auf Bedingungen der evolutionären Restabilisierung angewiesen ist (so wie auch die evolutionäre Variation nicht mit »reinem Zufall« arbeiten kann, sondern auf Vorselektionen angewiesen ist).[55] Auch hier zeigt sich: Die unterschiedlichen evolutionären Funktionen werden von einem rekursiven Netzwerk faktischer Operationen erfüllt und können nur unter dieser Bedingung differenziert werden.

Soweit die wissenschaftstheoretische Literatur sich mit evolutionärer Selektion befaßt, wird durchweg angenommen, daß es sich um einen zielorientierten (und insofern: wissenschaftsinternen) Prozeß der Wahrheitssuche handelt.[56] Das mag durch-

---

55 Vgl. dazu die Skizze oben Seite 559.
56 Siehe ausführlich Nicholas Rescher, Methodological Pragmatism, a. a. O., insb. S. 8 f., 133 f. Insofern »rational selection«, nicht »natural selection«. Wer das »natural selection« für evolutionstheoretisch unerläßlich hält, muß deshalb darauf verzichten, aus biologischen Evolutionstheorien zu lernen. Siehe dazu Kurt Bayertz, Wissenschaftsentwicklung als Evolution? Evolutionäre Konzeptionen wissenschaftlichen Wandels bei Ernst Mach, Karl Popper und Stephen Toulmin,

aus zutreffen, wenn man auf die Struktur der einzelnen Operationen oder Operationskomplexe (Prozesse), also auf ihre kommunizierte »Handlungsrationalität« abstellt, und es harmoniert auch mit den Richtigkeitsvorstellungen, die das System selbst mit seinen Theorien und Methoden verbindet. In dieser Beschreibungssprache erscheint die Evolution des Wissens dann durchsetzt mit unbeabsichtigten Nebenfolgen und, in langfristiger Perspektive, als nur noch unbeabsichtigte Nebenfolge.[57] Wenn man aber solche Nebenfolgen schon zugestehen muß, zeigt das, daß die rationale Intention zur Erklärung nicht ausreicht, sondern ihrerseits nur als ein Moment begriffen werden kann, das Strukturänderungen bzw. -erhaltungen auslöst. Die Selektion erfolgt vermeintlich rational, aber der geschichtliche Aufbau des Wissens hängt nicht von der Richtigkeit der Einzelintentionen ab, die er ja ständig überholt, sondern nur von dem Faktum der rekursiven Abfolge von Strukturänderungen, die auch dann und auch insoweit Evolution bewirken, als sie nichtintendierte Effekte haben oder nichtrationale Nebenmotive benutzen. Ein handlungstheoretisch orientierter Beobachter kann daher durchaus fortfahren, das selektive Verhalten der Wissenschaftler mit Hilfe von Unterscheidungen wie Zielerreichen/Zielverfehlen, Nutzen/Kosten, beabsichtigte/unbeabsichtigte Folgen zu beobachten und es in seiner Rationalität zu beurteilen. Aber die evolutionäre Selektion kümmert sich nicht um diese Unterscheidungen und findet trotzdem statt.

Die Zielorientierung von Operationskomplexen hat hier wie auch in anderen Systemen eine wichtige Funktion: Sie ermöglicht *Episodenbildung*. Gewisse Suchvorgänge können mit einem Finden zum Abschluß gebracht, Arbeiten können mit der Fertigstellung des Werkes beendet werden. Auf diese Weise kann das System zeitliche Diskontinuitäten bilden und kann auch nebeneinander verschiedene Tätigkeitssequenzen ablaufen

Zeitschrift für allgemeine Wissenschaftstheorie 18 (1987), S. 61-91, mit dem Vorschlag, auf »Entwicklung« zurückzugehen. Im übrigen wird jede historische Darstellung zu beachten haben, daß für Darwin nicht external/internal, sondern natural/artificial der maßgebliche Unterscheidung war.

57 Es ist eine Eigentümlichkeit von »Handlungstheorien« und des sog. »methodologischen Individualismus«, daß man sich mit einer solchen Beschreibung begnügt.

lassen, die zu verschiedenen Zeitpunkten enden. Dabei kann die Beendung im Erreichen des Zieles, aber auch in der Feststellung der Unerreichbarkeit des Zieles liegen. Beendbarkeit (Periodizität) ist also auf jeden Fall garantiert und nicht erfolgsabhängig. Entscheidend ist, daß das Ende der Episode nicht das Ende des Systems bedeutet. Die Autopoiesis geht weiter und springt nur auf eine neue Sequenz von Operationen über. Sobald Kriterien der Terminierung zur Verfügung stehen, kann man etwas anfangen, ohne damit Kräfte auf Dauer zu binden. Man kann viel mehr unternehmen, wenn man weiß, daß und wie man es beenden kann. Episodenbildungsfähigkeit ist mit alldem ein wichtiges Moment im Aufbau von Systemkomplexität. Aber Handlungsrationalität ist und bleibt Episodenrationalität und läßt sich nicht zur Systemrationalität aggregieren; und selbst wenn die Selektion der Symbolisierung als wahr bzw. unwahr durch Intentionen geführt wird, die ein erreichbares Resultat vor Augen haben, läßt sich die evolutionäre Selektion nicht ausschließlich auf dieser Basis begreifen.

Beschreibt man die evolutionäre Selektion mit einer transintentionalen Begrifflichkeit, kann man sie auch als Eliminierung überschüssiger Wahrheitsmöglichkeiten bezeichnen, also als laufende Eliminierung derjenigen Überschüsse, die durch Variation immer wieder geschaffen werden.[58] Eliminieren heißt aber nicht Annullieren. Die (einstweilen) ausgeschiedenen Varianten werden nur potentialisiert, das heißt in den Status einer geprüften aber ausgeschiedenen Möglichkeit versetzt. Sie werden, da ja schließlich das Ereignis der Variation Wissenschaftsgeschichte gemacht hat, erinnert – nicht immer, aber wenn es Buchdruck gibt doch häufig. Und daher kommt es nicht selten zu einer Wiederentdeckung oder Neuprüfung unter veränderten Umständen; und nicht selten entdeckt die Wissenschaftsgeschichtsschreibung, daß Ansätze zu einer erfolgreichen Theorie schon viel früher vorhanden gewesen waren, damals aber nicht durchgesetzt werden konnten.

---

58 In der Theorie der Wissenschaftsevolution verknüpft Blachowitz, a.a.O. (1971), S. 179 diesen Gedanken des Eliminierens (negative Selektion) mit dem von Popper empfohlenen Prinzip der Falsifikation. Auch Popper selbst hat sich in diesem Zusammenhang auf »natural selection«, ja sogar auf »survival of the fittest« (theory) berufen.

Das System reagiert durch ständiges Aussortieren, dem gelegentlich auch hergebrachtes Wissen bzw. erfolgreiche Begriffe und Theorien zum Opfer fallen können, auf selbstproduzierte Überschüsse, also auf einen selbsterzeugten Selektionsdruck. Es orientiert sich dabei an der Prämisse, daß von zwei widersprechenden Auffassungen nur eine wahr sein kann. Wie immer ein solches Widerspruchsverbot epistemologisch begründet bzw. logisch systematisiert wird, es hat seine funktionale Rechtfertigung in der evolutionären Selektion, die gar nicht zustandekommen könnte, wenn man jeden neuen Einfall mit gleicher Freundlichkeit aufnehmen würde – à tort et à raison.[59]

Diese Funktion des Widerspruchsverbots ist für sich allein jedoch noch keine ausreichende Erklärung der evolutionären Selektion. Zugleich kann man es als einen Glücksfall ansehen, das sehr oft gar nicht feststellbar ist, ob Theorien einander widersprechen oder nicht, und wenn: in genau welchen Hinsichten. Keine wissenschaftliche Disziplin ist ein logisch durchkonstruiertes System. So bleiben Theorievarianten, die einander möglicherweise widersprechen, gemeinsam erhalten, und die Eliminierung wird nicht unbedingt über Logik entschieden. Theorievarianten können daher überleben, auch wenn sie wenig brauchbar erscheinen, bis andere Modifikationen am Corpus der Theorien ihnen plötzlich Anschlußchancen eröffnen. Das Widerspruchsverbot gibt also nur die Möglichkeit, Selektionskonkurrenz auf eine Entscheidungsfrage zuzuspitzen, und wenn dies geschieht, kann niemand kommen und sagen: beide haben Recht. Oder vielleicht doch? Aber dann entsteht, wie in der Quantentheorie, ein neues Theorieproblem.

Eine auf diese Weise durchgeführte Selektion steht in komplexen Beziehungen sowohl zur Variation als auch zur Stabilisierung. Sie regt ihrerseits Variationen an, ja sie ist vermutlich einer der wichtigen Beschleuniger bzw. Frequenzverstärker der Variation; denn die theoretische und methodische Prüfung der Mutante mag weitere Veränderungen am überlieferten Corpus eingeben. Die Selektion endet mit der Vergabe der Werte wahr

---

[59] Siehe die unter diesem Titel publizierte Theorie einer Pluralität von Rationalitäten: Henri Atlan, A Tort et à Raison: Intercritique de la science et du mythe, Paris 1986.

bzw. unwahr; aber das muß nicht schon Stabilität der Resultate bedeuten. Wie in der Biologie gibt es die so genannten Neutralmutanten. Sie werden aufgenommen und reproduziert, ohne daß dies in Fragen der Stabilität des Systems einen Unterschied ausmacht. Auch in der Wissenschaft können Neuerungen akzeptiert werden, ohne daß ihre Konsistenz mit vorhandenem Wissen geklärt wäre. Sie werden als isoliertes Wissen reproduziert – einfach weil auch das geht. Die empirische Wende der Wissenschaft des 17. Jahrhunderts hat dies geradezu als Normalfall erscheinen lassen. Allein die methodisch abgesicherte empirische Feststellbarkeit genügt seitdem zur Vergabe des Symbols »wahr«. Seitdem kommt man nicht umhin, zwischen Selektion und Stabilisierung zu unterscheiden. In diesem Sinne ist die Legitimation von (im früheren Denken untergeordneter, nur »sinnlicher«, quasi tierischer) Wahrnehmung als Wahrheitsindikator der vielleicht wichtigste Einzelschritt in der Evolution der evolutionären Mechanismen moderner Wissenschaft, nämlich der Schritt zur Entteleologisierung des Wissenserwerbs und zur Differenzierung von Selektion und Stabilisierung.

IV

In der Handlungsperspektive verschmilzt die Intention, wahre Erkenntnisse zu gewinnen, mit der Vorstellung der Abschließbarkeit eines Forschungsprozesses. Man sucht Resultate, die haltbar sind – einstweilen jedenfalls. Das gilt auch dann, wenn die Publikation als solche und mit ihr der Reputationsgewinn das Ziel sind; und es gilt auch dann, wenn Wissenschaftstheorien so weit eingesickert sind, daß jeder Forscher weiß, daß alles Wissen nur hypothetisch ist und niemand prätendieren kann, die endgültige Wahrheit erreicht zu haben. In der Handlungsperspektive gibt es, mit anderen Worten, keine deutliche Unterscheidung von Funktionen der Selektion und der Stabilisierung.
Die Evolutionstheorie lehrt es anders. Das Attachieren der Symbole wahr bzw. unwahr erfolgt zwar unter der Annahme oder in der Hoffnung, daß sie haften bleiben; aber wovon hängt

es ab, ob sie haften bleiben? Die Wissenschaft würde offensichtlich sehr rasch zum Stillstand kommen, wenn jede Zuordnung der Werte wahr und unwahr unwiderruflich wäre; oder man würde gar nicht erst anfangen können, wenn man dies befürchten müßte, weil dann die Sicherheitsvorkehrungen zu hoch geschraubt werden müßten. Die Wissenschaft muß also mit Wahrheit und Unwahrheit leichtfertig umgehen können. Auch wenn die Symbole des Mediums »investiert« werden müssen (eine andere Verwendung gibt es nicht), müssen sie re-liquidierbar sein. Wir brauchen uns nicht zu scheuen, in dieser Hinsicht auf die Analogie mit dem Geld, aber auch mit anderen Medien wie Liebe oder Macht hinzuweisen.

Die Leitunterscheidung der Evolutionstheorie muß aufgrund dieser Überlegungen erweitert werden. Zur Unterscheidung von Variation und Selektion kommt eine dritte Funktion hinzu, oft Retention oder auch Stabilisierung (oder, wenn es um neue Merkmale geht, Restabilisierung) genannt.[60] Wie die Differenz von Variation und Selektion ist auch die Differenz von Selektion und Stabilisierung ihrerseits ein Produkt von Evolution, aber zugleich auch Bedingung von Evolution, zumindest Bedingung einer Beschleunigung von Evolution, die die Wahrscheinlichkeit des Unwahrscheinlichen so verstärkt, daß komplexe Systeme entstehen können. Aber wie ist diese Funktion im Bereich der Wissensevolution besetzt? Worin besteht der Mechanismus, der Stabilisierung bewirkt?

Auch hier kann man sich zunächst an der klassischen Theorie orientieren. Sie war, wie schon mehrfach gesagt, vom wissenden Individuum (Subjekt) ausgegangen und hatte Stabilisierung folglich als ein Problem der Transmission von Wissen von Kopf zu Kopf und vor allem von Generation zu Generation aufgefaßt.[61] Geht man nicht länger vom Individuum als Wissensträger

---

60 Donald Campbell spricht meistens, den Unterschied verwischend, von »selective retention«, manchmal auch von variation-selection-retention. Siehe zusätzlich zu den bereits zitierten Arbeiten: Variation und Selective Retention in Socio-Cultural Evolution, in: Herbert R. Barringer/George I. Blanksten/Raymond W. Mack (Hrsg.), Social Change in Developing Areas: A Reinterpretation of Evolutionary Theory, Cambridge, Mass. 1965, S. 19-49; auch in: General Systems 14 (1969), S. 69-85.
61 Siehe z. B. Albert G. Keller, Societal Evolution: A Study of the Evolutionary Basis of the Science of Society (1915), 2. Aufl., New Haven 1931, S. 287ff.

aus, muß man auch dieses Theoriestück modifizieren (was nicht heißt: daß die für jeden zugängliche Fixierung von Wissen kein Problem mehr wäre). Wir ersetzen es durch die Annahme, daß die neuen oder die wiederum bestätigten Strukturmerkmale an anderen Merkmalen Halt finden. Richard Levins hat dies als »progressive binding« bezeichnet.[62] Man kann auch von »Integration« sprechen, wenn man unter Integration versteht die Einschränkung des Freiheitsspielraums, den ein einzelnes Item für sich genommen hätte,[63] oder von »de-randomization of noise«. Wir bevorzugen den oben bereits eingeführten Ausdruck »Redundanz«. Die Annahme einer neuen Variante (oder der zu ihrer Ablehnung erforderlichen Variationen) erhöht zunächst die Varietät des Systems. Wenn das die Autopoiesis nicht stört, kann es dabei bleiben; aber zumeist lösen solche Selektionen Irritationen aus, und dann bemüht man sich darum, die Redundanz des Systems neu einzurichten.

Die Funktion der Stabilisierung wird mithin durch Minderung des Überraschungswertes des Neuen oder durch Bevorzugung des vergleichsweise geringen Überraschungswertes des Alten erfüllt. Eine umfangreiche Wissenschaftsgeschichtsforschung hat die verbreitete Tendenz, Überraschungsniveaus gering zu halten, Konsistenz leichter zu erkennen als Inkonsistenz und Redundanzen zu pflegen, auf vielfältige Weise bestätigt, und man kommt kaum umhin, ein strukturkonservatives Vorgehen wie nach der Regel in dubio pro reo zunächst für rational zu halten.[64] Es kommt dann aber darauf an, die Grenzen dieser Einstellung und die dadurch bedingten Fehlerquellen in den Daten vor Augen zu führen.

Selbst wenn man unerwartete Daten akzeptiert und sie zu einer Theorievariante hochstilisiert, muß noch geprüft werden, ob und wie diese Variante sich in schon vorhandene Theoriezusammenhänge einbauen läßt oder ob sie einstweilen als Anomalie

62 Evolution and Changing Environments: Some Theoretical Explorations, Princeton 1968, S. 108f.
63 So Robert Anderson, Reduction of Variants as a Measure of Cultural Integration, in: Gertrude E. Dole/Robert L. Carneiro (Hrsg.), Essays in the Science of Culture in Honor of Leslie A. White, New York 1960, S. 50-62.
64 Dies wird mit Hinweis auf ein »Interesse« an Erhaltung von bewährten Theoriemustern, in die man investiert hatte, nur unzureichend ausgedrückt. Siehe dazu bereits oben Anmerkung 42.

geführt werden muß. Sie wird in dieser Prüfung modifiziert oder sie modifiziert selbst die vorhandenen Kenntnisse, Begriffe und Theorien, um für sich selbst Anschlußfähigkeit zu gewinnen. Dabei werden Neuerungen zunächst mit den »naheliegenden«, unmittelbar betroffenen Alternativen konfrontiert.[65] Nicht jede Variation bringt also, wie Carnap angenommen hatte, das systematisierte Gesamtwissen auf den Prüfstand. Eine Limitierung und Spezifikation der Prüfkontexte ist unentbehrlich, wenn eine Prüfung überhaupt durchgeführt werden soll. Merkmale, die gemeinsam oder alternativ geeignet sind, bestimmte Probleme zu lösen, sind auf diese Weise funktional gekoppelt und liegen dadurch überdurchschnittlich nahe beisammen (ihre Co-Variation wäre kein Zufall), während andere Merkmale bei dieser Art der Ordnung durch Veränderung wahrscheinlich nicht berührt werden und deshalb zunächst unberücksichtigt bleiben können. Donald Campbell spricht von einer doubt-trust ratio in conceptual change als Voraussetzung einer unumgänglichen Beschränkung der Prüfung von Neuerungen.[66] Trotzdem, und gerade deshalb, mag die Aufnahme der Neuerung zunächst unkontrollierte Fernwirkung im System auslösen, und insofern ist Restabilisierung ein gradueller Prozeß, der Zeit braucht und in seinem Vollzug selbst wieder Variationen auslösen kann. Bewährte Theoriekomplexe werden erst aufgegeben, wenn ihre Reparatur nicht mehr lohnt; oder weniger metaphorisch formuliert: wenn die zu ihrer Erhaltung notwendigen Variationen die Redundanz mehr gefährden als die Übernahme einer neuen Theorie.

Gut entwickelte wissenschaftliche Disziplinen copieren diese Differenz von Selektion und Stabilisierung im Medium der Publikation, indem sie dafür unterschiedliche Publikationsformen bereitstellen. Die Selektion gelingt in der Form eines Papers,

---

65 Die Unterscheidung von »neighbouring alternatives« und »more remote ones« findet sich bei Philippe Van Parijs, Evolutionary Explanation in the Social Sciences: An Emerging Paradigm, London 1981, S. 50. Siehe auch S. 63, 188. Zur Herkunft der Metapher vgl. auch Michael Polanyi, The Republic of Science: Its Political and Economic Theory, Minerva 1 (1962), S. 54-73 (59); ders., Implizites Wissen, dt. Übers. Frankfurt 1985, S. 67f.
66 In: Descriptive Epistemology: Psychological, Sociological, and Evolutionary, William James Lecture 1977 der Harvard University, zitiert nach dem nichtveröffentlichten Manuskript. S. 95 ff.

eines Kongreßbeitrags, eines Zeitschriftenartikels. Publikationen dieser Art bleiben normalerweise aber unbeachtet. Sie werden vielleicht nicht einmal gelesen, jedenfalls nur in wenigen Fällen zitiert und deshalb vergessen. Das gilt insbesondere unter der Voraussetzung raschlebiger Disziplinen, wenn überhaupt nur Publikationen aus den letzten zwei/drei Jahren relevant sein können. Nur Selektionen, die diese Hürde überwinden, die hinreichend auffallen und wiederverwendet werden, können im Gedächtnis des Systems festgehalten werden. Für diese Auswahl sind dann Lehrbücher und Handbücher zuständig, die zugleich dazu dienen, den Stand des Wissens dem Nachwuchs oder interessierten Außenseitern zugänglich zu machen. Die Differenz von Aufsatz und Lehrbuch/Handbuch spiegelt, mit anderen Worten, die Differenz von Selektion und Restabilisierung; und man kann zugleich den Reifegrad einer Disziplin daran erkennen, ob und wie weit diese Differenz für diese Funktion etabliert ist.[67]

In dem Maße, wie sich neue Vorschläge in größere Theoriekontexte einarbeiten lassen und in Überblicken über den Stand der Forschung berücksichtigt werden, in dem Maße auch, als ihre Auswirkungen auf weiterabliegende Forschungen registriert und beachtet werden, gewinnt (oder behält) das dem Vergleich ausgesetzte Wissen Stabilität. Eine erneute Prüfung und eventuelle Widerlegung ist damit nicht ausgeschlossen; aber jeder Angriff steht dann unter der Zumutung, einen Ersatzvorschlag zu machen. Erhalten wird auf diese Weise nicht ein invariant fixierter Sinn, sondern nur die selbstsubstitutive Ordnung des Wissens.

Das hierzu nötige Vertrauen in früher erworbenes Wissen ist, wohlgemerkt, nicht Vertrauen in die Zeit, sondern soziales Vertrauen. Es ist nicht Vertrauen in die Vergangenheit, sondern Vertrauen in die Gegenwart der gleichzeitig Forschenden. Es geht also nicht darum, der Tradition als solcher besonderes Gewicht zu verleihen oder gar in der querelle des anciens et des

---

67 So Louis Boon, Variation and Selection: Scientific Progress Without Rationality, in: Werner Callebaut/Rik Pinxten (Hrsg.), Evolutionary Epistemology: A Multiparadigm Approach, Dordrecht 1987, S. 159-177 (175), der dies auf die Dichte des »cognitive grid« einer Disziplin (also auf Innendifferenzierung) zurückführt.

modernes den Alten den Vorrang zurückzugeben. Der Stabilisierungsmechanismus beruht gerade auf der ständigen Bereitschaft, ein in der Vergangenheit für gültig gehaltenes Wissen zu verwerfen und zu ersetzen. Man geht davon aus, daß das vorhandene Wissen einem ständig laufenden Prozeß der Überprüfung unterzogen wird und daß es gar nicht mehr vorhanden wäre, wenn es sich nicht in der jeweiligen Gegenwart halten könnte. Das Sozialsystem Wissenschaft beurteilt damit also nicht seine eigene Vergangenheit, sondern sich selber. Es rechnet damit, daß Wissenschaftler ehrlich sind, daß sie Zweifel nicht unterdrücken, sondern melden und überprüfen. Es rechnet damit, ein System zu sein, das sich selbst nicht betrügt.[68]

Die Ausdifferenzierung eines besonderen Mechanismus für evolutionäre Stabilisierung hängt, so wie in den anderen Fällen auch, mit der Ausdifferenzierung eines Funktionssystems für Wissenschaft zusammen. Sie beginnt erst im 17. Jahrhundert, nimmt dann aber rasch wirksam werdende Konturen an. Man kann dies in zwei Richtungen verfolgen. Einerseits werden Selektion und Stabilisierung schärfer getrennt, jedenfalls stärker als zuvor entkoppelt. Dies geschieht, wie bereits gesagt, vor allem durch Insistieren auf punktuell ansetzender Empirie bis hin zum »logischen Positivismus« der Wiener Schule. Normalerweise wird dies gesehen als ein Vorgang der Erschwerung der Validierung von Wissen. Die empirischen Methoden führen aber auch zu einem Differenzierungsvorgang. Sie ermöglichen es, die Kommunikation von Tatsachen und Tatsachenzusammenhängen als wahr bzw. unwahr zu bewerten auch dann, wenn die theoretischen Konsequenzen noch keineswegs geklärt sind. Die Wertsymbole wahr und unwahr werden auf Grund methodisch-restriktiver Bedingungen *leichter* verfügbar. Sie können evolutionäre Selektion auch dann vollziehen, wenn noch keineswegs klar ist, welche theoretischen Konsequenzen zu ziehen sind – zum Beispiel: in welchem Umfange man akzeptiertes Wissen revidieren muß allein deshalb, weil unbe-

---

68 Vgl. zu dieser oft notierten sozialen Seite des Stabilisierungsmechanismus und zu seiner Kompatibilität mit einer anti-traditionalistischen »Ideologie« etwa Donald T. Campbell, Selection Theory and the Sociology of Scientific Validity, in: Callebaut/Pinxten a.a.O.

streitbar festgestellt ist, daß eine Flamme erlischt, wenn die Sauerstoffzufuhr abgeschnitten wird.

Bei diesem Stande der Evolution muß man auf die Normierbarkeit der Selektion im Hinblick auf Stabilitäten und damit auch auf eine Garantiefunktion der Selektionskriterien verzichten. Das bringt, wie wir im vorigen Kapitel gesehen haben, Reflexionstheorien in Schwierigkeiten, die trotzdem daran festhalten und Selektionsregeln mit Garantiefunktion vorschlagen zu können meinen. Solche Normen versteifen sich dann als Normen. Sie können nicht länger als Natur behandelt werden. Ihr mangelnder Kontakt mit den Realitäten der Forschung wird erkennbar, wird im System selbst beobachtbar, und das zündet laufend Impulse für einen Wechsel der Reflexionstheorien, die deren normative Geltungsansprüche nur noch mehr ruinieren.

Die Selektion kann jetzt in den für sie vorgesehenen Perioden (oder: »Projekten«) wie immer zielstrebig ablaufen und auf gesicherte Resultate zustreben; die Stabilisierung wird davon unabhängig. Sie ist nicht teleologisch und nicht linear, sondern zirkulär gebaut. Sie kennt weder Input (gesicherten Forschungsstand) noch Output (Ergebnisse), sondern setzt Wissen als zirkulär reproblematisierbar voraus. Für sie gibt es weder einen Anfang noch ein Ende, gibt es überhaupt keine fraglos akzeptierten Positionen, sondern nur mehr oder weniger weit gezogene Prüfkontexte, die aktiviert werden, sobald neue Wahrheitsvorschläge avisiert werden. Anders als man zunächst meinen könnte, wird Stabilität also nur über Verzicht auf unbedingte Sicherheiten erreicht.

Zweitens, und damit zusammenhängend, beginnt man den Bereich derjenigen Wissensmomente, der Redundanz stabilisiert, auf wissenschaftlich geprüftes Wissen einzuschränken. Nicht alles tradierte Wissen, nicht jede Lebenserfahrung und schon gar nicht die aus den Büchern gezogene Weisheiten zählen. Damit wird der Kontext limitiert, indem man sich mit Substitutionsproblemen auseinanderzusetzen hat. Wenn Feuer als Oxydation erkannt ist, muß das nicht heißen, daß man sich über die Ventilatoren Gedanken machen muß, die zum Betrieb der Hölle notwendig sind; und die fortschreitende Klärung natürlicher Vorgänge führt schließlich dazu, daß der Teufel aus dem natür-

lichen Ursachenkontext herausgenommen und als eine rein biblische Figur erhalten bleibt, die mit naturwissenschaftlichen Methoden weder bewiesen noch widerlegt werden kann.[69]
Ein ausdifferenziertes Gefüge hochredundanter Theoriekomplexe muß nicht als statisch aufgefaßt werden. Im Gegenteil: Das System gewinnt dadurch eine dynamische Stabilität, daß es dank seiner theoretischen Fixierung die Tragweite von Änderungsvorschlägen abschätzen kann und nirgendwo auf unwiderleglichen Evidenzen oder auf unbestreitbaren Apriorismen festsitzt. Der Bezug aller Stabilisierungen ist letztlich die Autopoiesis des Systems: die Fortsetzung der systemspezifisch codierten Operationen der Disposition über die Werte wahr und unwahr zur Symbolisierung des systeminternen Umgangs mit Wissen. Würde diese Bedingung aufgegeben werden – aber wie ist das denkbar in einer funktional differenzierten Gesellschaft? –, würde es keine Wissenschaft mehr geben. Im übrigen ist alles, was jeweils zu Strukturen geronnen ist, Resultat rekursiver Operationen des Systems selbst. »At all levels, knowledge is indirectly, inferentially, and fallibly achieved.«[70] Insoweit bestätigt die Evolutionstheorie nur eine Einsicht, auf die die Wissenschaftstheorie auch von sich aus gekommen ist.

Wenn die Evolution zur Differenzierung der Mechanismen für Selektion und für Stabilisierung führt, wird die Evolution des Wissens zur Evolution von Wissenschaft. Die Autopoiesis des Funktionssystems wird die einzige unerläßliche Bedingung für die Akzeptanz des Wissens. Sie ist als solche aber kein denkbares Kriterium, da sie auch alle Kriterien noch der Evolution aussetzen kann. Die Autopoiesis des Systems kann sich selber nicht beobachten, und eben deshalb kann das Erreichen dynamischer Stabilität auch kein Forschungsziel sein. Als Resultat von Evolution hat man nur mit der immensen Komplexität zu rechnen, die entstanden ist, und in dieser Form ist die Stabilität

---

69 Siehe Johannes Godofredus Mayer, Historia Diaboli, Commentatio de Diaboli, malorumque spirituum existentia, statibus, iudiciis, consiliis, potestate, 2. Aufl., Tübingen 1780.
70 Donald T. Campbell, Natural Selection as an Epistemological Model, in: Raoul Naroll/Ronald Cohen (Hrsg.), A Handbook of Method in Cultural Anthropology, Garden City, N. Y. 1970, S. 51-85 (53).

des Systems die wichtigste Bedingung seiner Variation durch wie immer zustandekommende Zufallsanstöße.

V

Im Lichte dieser evolutionstheoretischen Unterscheidungen sieht man, daß der Streit über externe bzw. interne Determination von Theorieinnovationen der Wissenschaft mit viel zu groben Waffen ausgefochten worden ist. Die so umstrittenen Thesen über die soziale und kulturelle Bedingtheit des Verzichts auf Kausalerklärungen (Unbestimmbarkeit) in der Quantenphysik von Forman, zum Beispiel, lassen sich evolutionstheoretisch reformulieren.[71] Das kulturelle Milieu, das auf die Forscher einwirkt, kann allenfalls als verstärkt auftretender Anlaß für aussichtsreiche Variation aufgefaßt werden. Für die Selektion dagegen und erst recht für die Stabilisierung muß die Problemlage des Faches selbst als ausschlaggebend angesehen werden (wobei selbstverständlich vorausgesetzt ist, daß auch die dazu notwendigen Operationen auf strukturelle Kopplungen mit Umwelt angewiesen wird).

Aufgrund dieser Skizze der Evolution von Wissen und unter Rückgriff auf die Theorie autopoietischer Systeme ist es ferner möglich, ein eigentümliches Phänomen zu erklären – den Prometheus-Effekt, wenn man so will. Die Evolution des Wissens macht sich, indem sie ein besonderes autopoietisches System bildet, von den konkreten Ursachen des Erkenntnisgewinns unabhängig. Die Ursachen können entfallen. Daß sie Ursachen waren, erklärt sich auch gar nicht aus ihrer Eigenqualität, sondern nur daraus, daß die Autopoiesis des Wissens auf sie zurückgreift. Die Entstehung des Wissens ist selbst schon eine

---

71 Siehe Paul Forman, Weimar Culture, Causality and Quantum Theory 1918-1927: Adaptation by German Physicists and Mathematicians to a Hostile Intellectual Environment, Historical Studies in the Physical Sciences 3 (1971), S. 1-115. Siehe auch die im Zusammenhang damit vorgeschlagene Unterscheidung von occasioning/determining von Andrew Lugg, Two Historiographical Strategies: Ideas and Social Conditions in the History of Science, in: James Robert Brown (Hrsg.), Scientific Rationality: The Sociological Turn, Dordrecht 1984, S. 183-208, die als Variation/Selektion gelesen werden könnte.

Konstruktion, eine Beschreibung des entstandenen Wissens.

Am Anfang mag es Sünde gewesen sein – etwa der Biß in die verbotene Frucht oder der Diebstahl des Feuers. Und es gibt in der Gesellschaft Beobachtungskontexte oder sogar Systeme, etwa Religion, die das nicht, oder nur schwer, verzeihen können. Wissen ist und bleibt für sie hýbris. Der Beobachter des Systems im System ist und bleibt der Teufel. Im autopoietischen System des Wissens gibt es jedoch keinen Anfang; und schon gar nicht einen Anfang, der als Argument in das System selbst eingeführt werden könnte.[72] Entsprechend hat das als wahr bezeichnete Wissen eine selbstreinigende Kraft – so wie das Geld. Deshalb sind auch alle Forschungsverbote – vom Verbot anatomischer Sezierung bis zum Verbot gewisser genetischer Forschungen – in den Sand gesetzt, wenn sie nicht strikt ausnahmslos Forschung unterbinden können. Die moralische Verurteilung ist im Wissenschaftssystem fehlplaciert und eine Forschungsethik deshalb auch. Wissen hat die Eigenart, sich aus solchen Fesseln zu befreien, wie immer die einzelnen Forscher ihre Skrupel pflegen oder darunter leiden mögen.

Eine religiöse, moralische, rechtliche Beschreibung von Forschungen bleibt selbstverständlich möglich und mag diese oder jene Effekte auslösen. Aber sie steht gleichsam orthogonal zur Evolution der Autopoiesis des Wissens. Einzelne Kommunikationen können daher zugleich Rechtsverstoß und Erkenntnisgewinn sein. Aber die Konsequenzen im Rechtssystem und im Wissenschaftssystem sind zwangsläufig verschiedene. Im Rechtssystem hat ein solcher Sachverhalt juristische Folgen – von Strafen oder Schadensersatzregelungen bis zu Folgeverboten, etwa Publikationen betreffend. Man könnte an eine Wiedereinführung der Zensur oder auch an das kontrollierbare Verbot technischer Realisationen denken. Im Wissenschaftssy-

---

[72] Und das gilt für Menschenwissen schlechthin – so wie Adam konstatieren mußte:
For man to tell how human life began
Is hard; for who himself beginning knew
John Milton, Paradise Lost, zit. nach der Ausgabe Poems of John Milton (ed. Sir Henry Newbolt), London o. J. (1924), S. 177f.

stem hat derselbe Tatbestand andere Folgen, nämlich solche der Validierung oder Devalidierung der gewonnenen Erkenntnisse, Entwicklung von Anschlußforschungen usw. Keine Macht der Welt könnte eine diachrone Dauersynchronisation des Prozessierens beider Systeme erreichen, etwa derart, daß nach dem Rechtsverstoß jeder Bezug auf das gewonnene Wissen wiederum zugleich im Rechtssystem prozessiert werden müßte. Die Koinzidenz bleibt Ereignis, weil die beteiligten Systeme jeweils ihre eigene Autopoiesis vollziehen und deshalb das, was für einen Beobachter als ein identisches Ereignis erscheint, für sie im eigenen autopoietischen Kontext jeweils unterschiedliche Anschlußwerte hat, also auch eine jeweils unterschiedliche Einheit ist.

Dasselbe gilt für die viel erörterte Infizierung des Wissens durch Interessen außerwissenschaftlicher Provenienz. Daß es ökonomische Interessen, militärische Interessen, aber auch politisch-ideologische und viele weitere Arten von Interessen gibt, die den Prozeß des Erkenntnisgewinns beeinflussen, kann natürlich nicht bestritten werden. Das führt aber nicht zu einer Kontamination des Wissens selbst, zu einer Art schlechtem Geruch oder einer Art Krankhaftigkeit. Die Lehre von einer partiellen genetischen Fundierung, also Erblichkeit, von Intelligenz ist nicht deshalb unwahr, weil sie im Interesse von Interessen aufgestellt und in Forschung überführt worden ist. Wer behauptet, sie sei *deshalb* unwahr, konstatiert damit nur ein eigenes Interesse an dieser Unwahrheit. Ob sie wahr oder unwahr sind, kann nur in der Wissenschaft selbst entschieden werden.[73] Dies schließt selbstverständlich ein, daß man wissenssoziologisch forschen und Theorien über Korrelationen zwischen Interessen und Wissensentwicklungen aufstellen und prüfen kann. Aber

---

[73] Typisch läuft der Interessennachweis denn auch andersherum: Weil eine These unwahr (oder mindestens: widerspruchsvoll) ist und trotzdem für wahr ausgegeben wird, muß es für dieses merkwürdige Manöver Gründe geben – eben Interessen. Daraus ergibt sich dann eine besondere Forschung über die Interessenbedingtheit von Forschung, die ihrerseits wieder normale Forschung, etwa über die Erblichkeit von Intelligenz, stimulieren kann. Aber selbst bei einem so komplizierten Spiel reinigt das Wissen sich selbst nach Maßgabe des eigenen Codes. Die Hypothese ist entweder wahr oder unwahr, ist in zu modifizierender Form entweder wahr oder unwahr. Interessenbedingtheit ist auf der Ebene des Code kein »dritter Wert«.

wenn so geforscht wird,⁷⁴ geschieht das unter dem Schutz einer Disziplindifferenzierung *innerhalb* des Wissenschaftssystems, nämlich als Soziologie – oder es bleibt bei bloßen Behauptungen. Und die Reflexionstheorie der Wissenschaft ist, wie oben gezeigt, in der Lage, die Tatsache solcher Forschung über Forschung zu berücksichtigen.

Die These der Selbstreinigungskraft des Wissens ergibt sich aus einem Zusammenspiel von Theorien der Autopoiesis und der Evolution. Sie konvergiert ferner mit der Theorie symbolisch generalisierter, binär codierter Kommunikationsmedien. Sie wird in der Reflexionstheorie des Wissenschaftssystems durch ein Schema wie das der Trennung von Genesis und Geltung dargestellt. Sie hängt, anders formuliert, davon ab, daß man autopoietische Systeme für nicht durch Inputs spezifizierbar hält und Evolution für nicht finalisierbar. Bei so guter Absicherung muß jedoch um so mehr darauf geachtet werden, daß nicht zu viel behauptet wird. Mindestens zwei Klarstellungen sollten deshalb nachgeliefert werden:

(1) Es wird nicht behauptet, daß das sich selbst reinigende Wissen für die Gesellschaft und ihre Umwelt unschädlich sei. Im Gegenteil: Gerade aus der evolutiven und autopoietischen Selbstreinigungskraft des Wissens folgt, daß die Gesellschaft den Schäden, die aufgrund von Wissen verursacht werden können, einigermaßen hilflos ausgesetzt ist. Wissen bleibt Wissen, auch wenn es zur Schädigung (oder, wie zumeist, zur Erzeugung eines rationalen Gemischs von nützlichen und schädlichen Folgen) verwendet wird. Die These von der Selbstreinigungskraft des Wissens sagt nur, daß es, längerfristig gesehen, wenig Aussichten hat, dem Prometheus zu verbieten, das Feuer zu holen.

(2) Es wird nicht bestritten, daß das Wissen abhängig ist und abhängig bleibt von seiner *eigenen* Geschichte. Evolution beruht auf Evolution. Die Autopoiesis des Systems setzt voraus, daß sie immer schon in Gang ist, und daß es Strukturen gibt, an denen sie sich auch in innovativen Schritten

---

74 So mit viel Erfolg in Edinburgh. Vgl. programmatisch David Bloor, Knowledge and Social Imagery London 1976; Barry Barnes, Interests and the Growth of Knowledge, London 1977. Ferner u. a. die oben Anm. 42 erwähnten Fallstudien.

orientieren kann. Der differenztheoretische Ansatz besagt ebenfalls, daß alle Bezeichnungen nur im Rahmen von Unterscheidungen eingesetzt werden können, wobei die Operation in ihrem eigenen Vollzug die Unterscheidung nicht unterscheiden kann, sondern voraussetzen muß. Das alles sind starke theoretische Argumente für eine unvermeidliche Geschichtsabhängigkeit der Wissenschaft. Aber damit ist zugleich auch gesagt, daß die operativen Ereignisse, aus denen (für einen Beobachter) diese Geschichte besteht, ständig sich wieder auflösen, ständig verschwinden und daß das operative Gedächtnis des Systems seine eigene Leistung ist.

Daß eine solche Lagebeurteilung nicht gerade beruhigend wirkt, liegt auf der Hand. Die vom bloßen Faktum der Wissenschaft ausgehende Beunruhigung ist denn auch unübersehbar – vor allem, nachdem die ökologischen Auswirkungen mehr und mehr in den Blick kommen. Es wäre aber ein falscher Trost, wenn man sich von einer Wissenschaftsethik Abhilfe erhoffen würde. Das liefe auf eine leichtfertige Selbststillusionierung hinaus. Das, was wir gegenwärtig als Ethik bezeichnen, ist ein traditionales Instrument der Reflexion moralischen Urteilens, und überdies ein Instrument, das in den letzten beiden Jahrhunderten höchst einseitig in Richtung auf eine Begründung von Regeln, also als eine Parallelunternehmung zum Recht entfaltet worden ist. Es fehlt völlig an einer Reflexion der Binarität des moralischen Code, also der ständigen Mitproduktion des Schlechten und Bösen durch die Moral, und es fehlt an einer soziologischen Analyse der Reichweite und der Folgen moralischer Kommunikation.[75] Kurz: die als Hoffnung in Anspruch genommene Ethik gibt es gar nicht. Und es nützt dann auch nichts, wenn man Kommissionen damit beauftragt, Formulierungen zu entwerfen. Das hat Sinn als Umwegmanöver einer Politik, die sich nicht direkt auf das Problem einlassen kann; aber es ändert nicht das Geringste daran, daß die Wissenschaft sich autopoietisch reproduziert.

---

[75] Siehe hierzu auch Niklas Luhmann, Ethik als Reflexionstheorie der Moral, in: ders., Gesellschaftsstruktur und Semantik Bd. 3, Frankfurt 1989, S. 358-447; ders., Paradigm lost: Über die ethische Reflexion der Moral, Frankfurt 1990.

VI

Die Differenzierung der evolutionären Mechanismen wird, so haben wir mehrfach gesehen, durch die Ausdifferenzierung besonderer Wissensbemühungen befördert, so wie diese Ausdifferenzierung ihrerseits erst durch Evolution, also durch eine jeweils schon ausreichende Differenzierung der evolutionären Mechanismen zustandekommt. In einer von Geschichte absehenden Beschreibung kann dieser Sachverhalt nur zirkulär formuliert werden. Stellt man Zeit in Rechnung, so ergibt sich eine Theorie des rekursiven, epigenetischen, schon Erreichtes benutzenden Aufbaus von Komplexität.

In der Begriffskombination von Evolution, Rekursivität und epigenetischem Aufbau unwahrscheinlicher Komplexität liegt die Ablehnung zweier älterer Theoriekonzepte, nämlich der Idee des einfachen Kumulierens von Wissenserwerb und der Idee der dialektischen »Aufhebung« widerspruchsvoller Beschreibungen in einem Endganzen. Diese beiden Konzepte erscheinen heute wohl vor allem deshalb als überholt, weil sie zu viel Zukunft festlegen; oder anders gesagt: weil sie dem Zeitgefühl einer höchst unsicheren Zukunft nicht mehr entsprechen.

Das Konzept rekursiver Evolution legt es nahe, an eine allmähliche, eventuell an eine allmählich sich beschleunigende Evolution zu denken. Die historischen Tatsachen zeigen jedoch deutliche Schübe, etwa Zeiten, die die Historiker als Glanzzeiten und die Schulen als »klassische« Zeiten betrachten, und dann wieder Zeiten der Stagnation und des Rückgangs. Dieser Tatbestand sollte nicht im Widerspruch zu einer Theorie der Evolution durch eine andere Theorie erklärt werden; aber er bedarf einer zusätzlichen, evolutionstheoretisch kompatiblen Erklärung. Wir setzen bei der Einführung und Verbreitung von phonetischen Schriften und von Buchdruck an.

Wenn die Gesellschaft nichts anderes ist als das umfassende System aller anschlußfähigen Kommunikationen, dann ist zu erwarten, daß Veränderungen in den Kommunikationsmitteln die Gesellschaft wie ein Schlag treffen und transformieren. Geht man von einem systemtheoretischen Konzept aus, kann man freilich solche Veränderungen nicht als Ursachen behandeln, die einen weitreichenden Wandel bewirken, sondern nur als Momente, die in der Eigendynamik des Gesellschaftssystems aufgegriffen und zur Strukturänderung benutzt werden, wobei es immer das System selbst ist (und nicht: »die Ursache«), das diese Transformation durchführt.

Erste Schriften sind sicherlich nicht zu Kommunikationszwecken erfunden worden, sondern zu Zwecken der Registrierung, Kontrolle und Überwachung – sei es in haushaltsförmigen Herrschaftssystemen, sei es bei einer zunehmenden Differenzierung von Zentrum und Peripherie (Stadt und Land).[76] Ein kommunikativer Gebrauch, insbesondere ein Gebrauch für noch unbestimmte Adressaten, kann sich erst entwickeln, wenn man eine weite Verbreitung von Schreib- und Lesefähigkeit voraussetzen kann. Erst mit der Phonetisierung, insbesondere der Alphabetisierung der Schrift setzt diese Entwicklung zum Kommunikationsmedium sich irreversibel durch.

Schrift bietet die Möglichkeit, in den Kommunikationsprozeß räumliche und zeitliche Distanzen einzubauen und die Kommunikation inzwischen zu unterbrechen, ohne ihre Fortsetzbarkeit entscheidend zu gefährden. Die Beteiligung an der Kommunikation kann de-synchronisiert werden – sowohl was die Zeitplanung der Beteiligten selbst angeht als auch im Hinblick auf ihren Zeitzusammenhang mit sonst gerade laufenden Ereignissen. Man gewinnt in der Kommunikation Zeit für die Prüfung der Kommunikation im Hinblick auf Annahme und Ablehnung, und dies unabhängig von Anspruch und Ungeduld der gerade Anwesenden. Dadurch wird ein Überschuß an Verstehensmöglichkeiten geschaffen, der dann durch neuartige

---

[76] Eine andere Entstehungsweise wird für die chinesische Schrift angenommen. In China hatten sich hochkomplexe Divinationstechniken entwickelt, die unter anderem auf Muster in Knochen (von Opfertieren) bzw. Schildkröten zurückgingen. Die Benutzung dieser Muster für divinatorische Sinngebung, das wiederholte Erkennen von Ähnlichkeiten und Unterschieden hat dann zu einem Vorrat von Ideogrammen geführt, der in einem plötzlichen Evolutionsschub als Schrift vom Substrat gelöst und verselbständigt werden konnte. Man hatte in Divinationsverfahren, könnte man sagen, Zeichen lesen gelernt, bevor die Schrift erfunden wurde; und dies war dann nur noch ein kleiner Schritt. Vgl. dazu Léon Vandermeersch, De la tortue à l'achillée, in: Jean-Pierre Vernant et al., Divination et Rationalité, Paris 1974, S. 29-51. Der Erfolg dieser bereits vorhandenen Schrift blockiert dann die Evolution von phonetischen Schriften, wie sie in Mesopotamien gerade durch die Verwendung zur Aufzeichnung von Divinationsregeln (Weissagungen) in Gang gesetzt wurde.

Semantiken – oder eben auch: durch neuartige Wahrheitsansprüche – reduziert werden kann.[77] Allmählich verliert der menschliche Körper seine Bedeutung als Ort der Wahrnehmung von Sinn und Kultur[78] – und wird ersetzt durch das Buch. Das mag dann, wie jede Funktionsentflechtung, sowohl dem Körper als auch dem Buch auf je verschiedene Weise zu Gute kommen. Der Körper zum Beispiel wird jetzt beobachtbar (und damit disziplinierbar) als Ort der problematischen, verräterischen, oder auch schönen, überzeugenden Einheit der Differenz von internem und gezeigtem Erleben.[79] Beim Lesen und Schreiben ist man von diesen Problemen entlastet und braucht den eigenen Körper nur minimal zu beachten. Mit alldem wird die Ablehnungswahrscheinlichkeit und erst recht die Wahrscheinlichkeit des Nichtzurkenntnisnehmens erhöht und ein Bedarf für die Entwicklung besonderer symbolisch generalisierter Kommunikationsmedien ausgelöst, auf den man dann unter anderem mit der Konditionierung von »Wahrheit« im Verhältnis zu »Unwahrheit« reagiert.[80] Es wird auch kein Zufall sein, daß mit der Schrift die Reflexion auf Sprache einsetzt und daß lógos jetzt einen Zusatzsinn erhält, der über die ursprüngliche Bedeutung »Wort« weit hinausgeht, indem er sie einschränkt.

Wie man weiß, ist dieser Gewinn nicht ohne Kosten zu haben. Er setzt zum Beispiel Bemühungen um situationsunabhängige Verständlichkeit der Mitteilungen voraus und nimmt entsprechend Einfluß auf die sprachliche Gestalt von (schriftlichen) Sätzen. Andererseits gewinnt die Sprache aber unter dem Einfluß von Schrift auch neue, komplexere, artifiziellere terminologische Möglichkeiten, insbesondere (wie im Griechischen,

---

77 Einen Ausgangspunkt dieser Art für evolutionstheoretische Analysen wählt auch M. L. Samuels, Linguistic Evolution: With Special Reference to English, Cambridge, Engl. 1972. Vgl. insb. S. 9.

78 Speziell hierzu: Hans Ulrich Gumbrecht, The Body Versus the Printing Press: Media in the Early Modern Period, Mentalities in the Reign of Castile, and Another History of Literary Forms, Poetics 14 (1985), S. 209-227. Weitere Beiträge in: Hans Ulrich Gumbrecht/K. Ludwig Pfeiffer (Hrsg.), Materialität der Kommunikation, Frankfurt 1988.

79 Nur eine so komplexe Formulierung wird auch den historischen Phänomenen gerecht. Hierzu im übrigen Gerhard Vowinckel, Zivilisationsformen der Affekte und ihres körperlichen Ausdrucks, Zeitschrift für Soziologie 18 (1989), S. 362-377.

80 Darauf war oben (Kap. 4) bereits hingewiesen worden.

aber auch an den Aktensprachen der Bürokratien vielfach zu belegen) Chancen zu Nominalabstraktionen und zur Formulierung von Relationen (Beispiel: statt entscheiden: Entscheidungen treffen), die in der mündlichen Kommunikation gestelzt und bezuglos wirken würden. Die semantisch anspruchsvolle, bewahrenswerte Kommunikation wird von mnemotechnischen Anforderungen (Rhythmik, Redundanzen, Formularhaftigkeit) entlastet und kann sich neuen Inhalten freier anpassen. Vor allem aber setzt die Schrift einen im Moment der Kommunikation nicht reagierenden Leser voraus, der nicht in eine Interaktion unter Anwesenden eingebunden werden kann (selbst wenn Leute zuschauen, wie er liest) und daher durch eine solche Interaktion auch nicht kontrolliert werden kann. Das bedeutet einerseits eine besondere Freiheit des Annehmens oder Ablehnens, die in der Interaktion, wenn zugelassen, zu Schwierigkeiten führen würde; andererseits aber auch eine besondere Bemühung um Überzeugung des nichtanwesenden Lesers allein durch den Text.

Die Welt der Schrift wird deshalb zur Welt der Ontologie.[81] Der Autor bemüht sich, den Leser durch Darstellung »der Sache selbst« zu überzeugen. Man schreibt und man liest nicht verstrickt in natürliche Situationen, sondern aus einer unbeobachtbaren Situation heraus. Man blickt (gemeinsam, wie man hofft) auf ein Gegenüber, in dem Phänomenbereiche sich überschneiden, wenn nicht zur Deckung kommen. Die Schrift suggeriert eine Differenz von Denken und Sein, aber eine Übereinstimmung im Sein, und der Buchdruck bezieht ein (im einzelnen nicht übersehbares) Publikum in diese Mitwisserschaft ein.[82]

Es dauert jeweils etwa 200 oder mehr Jahre, bis die Gesellschaft sich auf das Alphabet bzw. den Buchdruck eingestellt hat.[83] Das

81 Vgl. hierzu die nicht unumstrittenen Thesen von Eric Havelock, Preface to Plato, Cambridge, Mass. 1963.
82 Siehe als eine Fallstudie hierzu Steven Shapin, Pump and Circumstance: Robert Boyle's Literary Technology, Social Studies of Science 14 (1984), S. 481-520.
83 Walter J. Ong meint sogar, erst die Romantik produziere eine Literatur, die voll auf den Buchdruck eingestellt sei. Vgl.: Rhetoric, Romance and Technology: Studies in the Interaction of Expression and Culture, Ithaca 1971. Für die Wirkungsverzögerungen im Falle des Alphabets vgl. Eric A. Havelock, The Literate Revolution in Greece and its Cultural Consequences, Princeton 1982.

ist unter modernen Ansprüchen an Tempo natürlich langsam, in evolutionstheoretischer Perspektive und in Rücksicht auf das Ausmaß an Veränderungen dagegen ungeheuer schnell. In jedem Falle muß man beachten, daß die Schrift allein das Kommunizieren noch keineswegs von mündlich auf schriftlich umgeleitet hat; ja daß man sich fragen muß, ob schriftliche Kommunikation vor der Verbreitung des Buchdrucks überhaupt als Kommunikation gesehen worden ist oder nicht nur (wie sicher überwiegend) als eine Hilfseinrichtung zur technischen Fixierung von Sinn. Man mag Bücher, gerade wegen ihrer Seltenheit, hoch schätzen und der darin belegten Tradition mit Verehrung begegnen, aber das zeigt nur, daß sie noch nicht als Routinemittel der Kommunikation betrachtet werden. Sie statten die mündliche Kommunikation nur zusätzlich mit der Möglichkeit der Bezugnahme auf Texte aus. Vor allem das Erziehungssystem bedient sich, auch wo Lernstoffe wie alte Sprachen und darin gebuchte Semantiken über Schrift tradiert werden, für den Lernvorgang selbst mündlicher Formen. Obwohl aufgeschrieben, wird das Traditionsgut für Rezitation gelernt, um für mündliche Kommunikation (an die allein denkt man) verfügbar zu sein.[84] Gerade darin liegt dann die Esoterik einer sonst nicht mehr gesprochenen Sprache – des Lateins der Gelehrten, des Chinesisch der Mandarine, des Sanskrit. Das schriftlich fixierte Wissen ist so ein nebenherlaufender Aspekt des mündlichen Aufsagens in rituellen,[85] ja sogar in technisch-praktischen[86] Zusammenhängen. In Indien wird das Schreiben-

---

84 Siehe Paul Zumthor, La lettre et la voix, Paris 1987; ferner für die noch nicht hundert Jahre zurückliegende indische Erziehungsweise eindrucksvoll Ananda E. Wood, Knowledge before Printing and After: The Indian Tradition in Changing Kerala, Delhi 1985.
85 Für die indische Kultur zahlreiche Belege bei Wood, a.a.O. mit der bemerkenswerten These, daß die Ritualisierung in der nachklassischen Zeit zunimmt als Korrelat eines politischen Verfalls. Für den katholischen Kontext (demgegenüber die Reformation dann »die Schrift« betonen wird) siehe Walter J. Ong, Communications Media and the State of Theology, Cross Currents 19 (1969), S. 462-480.
86 Speziell hierzu Michael Giesecke, Überlegungen zur sozialen Funktion und zur Struktur handschriftlicher Rezepte im Mittelalter, Zeitschrift für Literaturwissenschaft und Linguistik 51/52 (1983), S. 167-184. Wie nahe dies noch zum Textgebrauch rein oraler Kulturen steht, die ebenfalls Handlungen durch Aufsagen und Singen begleiten, läßt sich heute dank eines rasch intensivierten Forschungsinter-

lernen durch einen Ritus eingeleitet, in dem man mit goldener Münze die Buchstaben auf die Zunge malt und den Schüler veranlaßt, die Buchstaben auf einer Unterlage aus Reis nachzuziehen, den er daraufhin verzehren muß.[87] Die Wertschätzung der Schrift wird durch die Bedeutung der Rede vermittelt. Entsprechend wird das Auswendiglernen zum zeitraubenden Inhalt der Erziehung, und das Verstehen ehrwürdiger Texte gleichsam ihr später Lohn. Man kann sich vorstellen, daß diese Art der Sozialisation des Verhaltens zu Geschriebenem nicht gerade zu Kritik und Innovation ermuntert. Es mag dann sehr wohl schon Spezialisierungen geben, aber die Lernkapazität, die in jeder Generation aktiviert werden muß (und natürlich nur in Oberschichten aktiviert werden kann), zieht der Komplexität des Wissens doch unüberschreitbare Grenzen. Es geht, nach der Sinngebung dieser Gesellschaften, nicht eigentlich um kommunikatives Prozessieren sozialer Selektionen, sondern darum, das prekäre Gedächtnis der Schrift durch das wirkliche Gedächtnis der Lebenden abzusichern.

Die entscheidende Schwelle für das Entstehen der neuzeitlichen Wissenschaften wird durch die Erfindung der Druckpresse genommen – wie immer man die sicher bedeutsamen Leistungen und Innovationen der großen spätmittelalterlichen Schreibwerkstätten (Papiergebrauch, Pagination, Register usw.) einschätzen mag.[88] Die Enstehung von großräumigen, reglemen-

---

esses gut belegen. Siehe für ein Beispiel Hangson Msiska, Oral Literatur in Malawi, Delfin VII (1986), S. 34-43.
87 Siehe Wood, a.a.O., S. 6 f., 35 f., 58 f.
88 Vgl. vor allem Elisabeth L. Eisenstein, The Printing Press as an Agent of Social Change: Communications and Cultural Transformations in Early-Modern Europe, Cambridge 1979. Seitdem etwa: Michael Giesecke, Schriftsprache als Entwicklungsfaktor in Sprach- und Begriffsgeschichte, in: Reinhart Koselleck (Hrsg.), Historische Semantik und Begriffsgeschichte, Stuttgart 1979, S. 262-302; ders., Schriftspracherwerb und Erstlesedidaktik in der Zeit des »gemein teutsch« – eine sprachhistorische Interpretation der Lehrbücher Valentin Ickelsamers, Osnabrücker Beiträge zur Sprachtheorie 11 (1979), S. 48-72; ders., »Volkssprache« und »Verschriftlichung des Lebens« im Spätmittelalter – am Beispiel der Genese der gedruckten Fachprosa in Deutschland, in: Hans Ulrich Gumbrecht (Hrsg.), Literatur in der Gesellschaft des Spätmittelalters, Heidelberg 1980, S. 39-70; ders., Der Buchdruck in der frühen Neuzeit, Habilitationsschrift Bielefeld 1988; Christopher Small, The Printed Word: An Instrument of Popularity, Aberdeen, Scotland 1982.

tierten Nationalsprachen als »Medium« für die Prägung durch den Buchdruck ist eine der bekanntesten Folgen, die Ermöglichung der Publikation zu neuartigen Themen (vor allem technologischer, handwerklicher Art etc.) eine andere.[89] Die raschere und gleichmäßige Verbreitung von Texten macht die Entwicklung unabhängig von dem Zufall, welches Manuskript in welcher Bibliothek vorhanden ist.[90] Die neuen Bücher ermöglichen ferner (oder sie versprechen das zumindest in ihren Vorworten) ein schnelles Selbstlernen ohne Lehrer.[91] Gedruckte Meinungen sind außerdem schwerer zu widerrufen oder umzuinterpretieren als nur mündlich geäußerte oder nur wenigen zugängliche (etwa Briefe), denn man muß unterstellen, daß sie jedermann zugänglich sind. Der Buchdruck schafft bisher ungekannte Möglichkeiten des Textvergleichs und des Vergleichs von Äußerungen und Meinungen einer Vielzahl von Autoren und Zeiten. Er macht erstmals die Komplexität des bereits vorhandenen Wissens sichtbar – und läßt zugleich vieles davon als entbehrlich erscheinen. Die Adressaten werden jetzt zu Lesern. Leser können nicht, wie Partner in der mündlichen Kommunikation, beobachtet werden; und sie selbst können nichts anderes beobachten als die Texte. Alle Verstehensgrundlagen, die für das Akzeptieren und Weiterverwenden der Information notwendig sind, müssen jetzt im Text selbst geschaffen werden.[92] Und nicht

---

89 Daß der Innovationsschub des Buchdrucks sich gerade hier sowie in »neuen« Wissenschaften wie Alchemie, Metallurgie, Magnetismusforschung, nicht aber in den seit der Antike überlieferten Wissenszweigen auswirkt, zeigt William Eamon, Arcana Disclosed: The Advent of the Printing Press, The Books of Secrets Tradition and the Development of Experimental Science in the Sixteenth Century, History of Science 22 (1984), S. 111-150.
90 Man mag sich zum Beispiel fragen, welchen Weg die mittelalterlichen Naturwissenschaften genommen hätten, wenn die Übersetzung des Archimedes-Textes ins Lateinische im 13. und 14. Jahrhundert nicht nur in Italien, sondern auch in Oxford und Paris vorhanden gewesen wäre, wo bereits Interessen an experimenteller Naturwissenschaft zu keimen begannen.
91 Speziell hierzu Louis B. Wright, Middle Class Culture in Elisabethan England (1935), Neudruck London 1964, insb. S. 121 ff.
92 Darauf führt Shapin a.a.O. (1984) die Form und den Explikationsgrad, auch die Offenlegung der Methoden der Produktion des Wissens (Experimente) in der experimentellen Philosophie Robert Boyle's zurück. In gewissen Hinsichten gilt dasselbe aber auch schon für die Geometrie Euklids, und natürlich für Dürer.

zuletzt kann niemand mehr wissen, wer was gelesen hat und es deshalb weiß – es sei denn aufgrund weiterer Kommunikation. Man muß deshalb mit einem generalisierten Bekanntsein, mit Publikum, schließlich mit »öffentlicher Meinung« rechnen.

Für die spezifisch wissenschaftliche Textproduktion ist ein weiterer, bisher kaum beachteter Nebeneffekt des Buchdrucks von Bedeutung: die Möglichkeit einer projektförmigen Arbeitseinteilung mit dem Ziele der Publikation eines Buches oder eines Aufsatzes, also die Periodenbildung in einem komplexen, nie abschließbaren Arbeitsprozeß.[93] Die Vorbereitung eines Textes für die Drucklegung bietet die Chance einer Ersatzteleologie ohne Bindung an ein télos der Wissenschaften, eine für beliebige Inhalte offene Zweckprogrammierung, die es erlaubt, Werke fertigzustellen, die dann nicht mehr (oder nur bei weiteren Auflagen im gleichen Verfahren) geändert werden können, und aus der dadurch erreichten Zäsur im Arbeitsprozeß Befriedigung und Freiheit für andere Werke zu ziehen. Ferner kann die Arbeit am Text benutzt werden, um die oben[94] bereits erörterte Differenz von Herstellung und Darstellung unter Kontrolle zu bringen, das heißt: ihrerseits herzustellen. In der wissenschaftssoziologischen Forschung wird dies auch als »uncertainty management«, Transformation von Unsicherheit in einen als sicher formulierten Erkenntnisstand beschrieben.[95]

Kaum zu überschätzen ist ferner, daß der schriftliche Sprachgebrauch mehr und mehr dazu übergeht, gar nicht gestellte Fragen zu beantworten, also von der »Obszönität des Fra-

---

[93] Erst mit neueren deskriptiven Methoden ist man diesem Phänomen der Produktion von Gedrucktem (oder auch nur eines »Papiers«) auf die Spur gekommen, sieht dies aber kaum als einen Nebeneffekt der Einführung der Druckpresse. Siehe vor allem Karin Knorr-Cetina, Die Fabrikation von Erkenntnis: Zur Anthropologie der Naturwissenschaft, Frankfurt 1984, insb. S. 175 ff. Vgl. ferner Charles Bazerman, Shaping Written Knowledge: The Genre and Activity of the Experimental Article in Science, Madison, Wisc. 1988.
[94] Kap. 6, X.
[95] Vgl. Trevor J. Pinch, The Sun-Set: The Presentation of Certainty in Scientific Life, Social Science Studies 11 (1981), S. 131-158; Susan Leigh Star, Scientific Work and Uncertainty, Social Studies of Science 15 (1985), S. 391-427, und mit berechtigten Abschwächungen – hinreichend spezifisch eingestandene Unsicherheit kann als eine Art Sicherheitsäquivalent dienen –; Brian L. Campbell, Uncertainty

gens«[96] (Bodenheimer) zu entlasten. Dies geschieht, sobald man die Form des Dialogs aufgibt, durch Gebrauch von komplexeren Satzverschachtelungen kausaler oder konditionaler Art.[97] Man lernt dann, Problemstellungen zu abstrahieren. Der Fortgang der Diskussion von Themen kann auf den Antrieb von Nachfragen und in diesem Sinne auch auf Neugier (curiositas) verzichten. Die Begriffsgeschichte von »curiositas« nach der Einführung des Buchdrucks sollte unter diesem Gesichtspunkt neu durchgesehen werden. Sicherlich geht es einerseits um die Aufhebung von Innovationssperren, um die Legitimierung des Fragens. Aber zugleich nimmt die moderne Textstruktur dem Fragen auch die soziale Peinlichkeit und die Aufdringlichkeit der Richtungsvorgabe für Antworten. Die Texte gewinnen, wenngleich immer noch, ja sogar verstärkt auf Autoren angewiesen, an Selbststeuerungsfähigkeit; aber zugleich verschwindet damit zunächst auch das Problem, um das es geht, und muß im Text (oder durch den Leser) rekonstruiert werden. Probleme werden zu etwas, was man angesichts der Problemlösungen erst noch entdecken muß.

Solange der Buchdruck sich nicht voll auswirkt, lassen sich auch bei reichen, schriftlich fixierten Traditionen Wissen, Wissensvermittlung, Wissenserwerb und lebenspraktische Verwendung nicht trennen. Selbst wenn Wissen entdeckt wird, das wir heute als wissenschaftlich qualifizieren würden (etwa in Bereichen wie Mathematik oder Astronomie), ist vor der Ausbreitung des Buchdrucks die Re-Magifizierung oder auch eine Beschränkung des Wissens auf den Kontext rituellen Handelns wahrscheinlich.[98] Auch der Buchdruck selbst erfaßt noch die letzten Ausläufer dieser Tendenz zur (gedruckt dann merkwürdig wirken-

---

as Symbolic Action in Disputes Among Experts, Social Studies of Science 15 (1985), S. 429-453.
96 So Aron Ronald Bodenheimer, Warum? Von der Obszönität des Fragens, 2. Aufl., Stuttgart 1985. Vgl. auch oben Kap. 6, X.
97 Vgl. Georg Elwert, Die gesellschaftliche Einbettung von Schriftgebrauch, in: Dirk Baecker et al. (Hrsg.), Theorie als Passion, Frankfurt 1987, S. 238-268 (254).
98 Vgl. Josef Ben-David, The Scientist's Role in Society: A Comparative Study, Englewood Cliffs, N. J. 1971, S. 22 ff. Ben-David geht allerdings vom Theorem der Rollendifferenzierung aus und geht nicht auf die Bedeutung des Buchdrucks ein.

den) Mystifikation des Wissens.[99] Daneben bewahren und steigern jedoch die Erfordernisse des schulmäßigen Unterrichts rationale Formen der Klassifikation und der Systematisierung, die sich, besonders in der zivilrechtlichen Jurisprudenz römischer Abkunft und in der mittelalterlichen Theologie, dann auch in Richtung auf Eigenprobleme und Konsistenzinteressen verselbständigen können. Erst die Wissenschaftsbewegung des 17. Jahrhunderts wird auf der gesicherten Grundlage des Buchdrucks diese *beiden* Tendenzen ablehnen: die zur magischen Okkultistik und den komplizierten Apparat des verselbständigten Schulwissens mit seinen Spitzfindigkeiten; und sie wird statt dessen auf Auge, Hand und common sense setzen – und natürlich auf Kenntnis der laufend publizierten Forschungsberichte. Wenn es jetzt noch Sinn hat, auf Geschick im Umgang mit mündlicher Kommunikation zu setzen, dann in der Form der von Vico propagierten klassisch-rhetorischen Erziehung, die auf den Sicherheitswert des nur Wahrscheinlichen, auf prompte Reaktionsfähigkeit, auf Gemeinsinn, auf die alten Prudentien setzt, aber nun mit der eigentümlichen Unterscheidung von epistemologischem und phronetischem *Wissen*, einer Unterscheidung, die ihrerseits den Buchdruck voraussetzt.[100] Entsprechend verliert das persönliche Gedächtnis einschließlich des künstlich antrainierten Gedächtnisses seine Stellung am Engpaß der Transmission von Kultur, und Mnemosyne wird aus der Genealogie der Musen gestrichen.[101]

Wie immer sich der Wissenschaftler nun in der Lehre oder im Laboratorium verhalten mag, auf der Ebene der gedruckten Kommunikation sind der Ausdifferenzierung von Wissenschaft und in der Wissenschaft kaum noch Schranken gezogen. Es

---

99 Siehe nur Heinrich Cornelius Agrippa von Nettesheim, De occulta philosophia libri tres, (1531), zit. nach Opera, Lyon o. J., Bd. I, S. 1-499, Nachdruck Hildesheim 1970.

100 Siehe besonders: Giambattista Vico, De nostri temporis studiorum ratione, zuerst 1709.

101 »Unter dem Namensverzeichnis der Göttinnen streichen wir darum immer die Mnemosyne aus, die nur das schriftlose Altertum zur Mutter der Musen erheben konnte«, heißt es in einem pädagogischen(!) Kontext bei Johann Jakob Wagner, Philosophie der Erziehungskunst, Leipzig 1803, S. 77. Die Romantik kann sich daraufhin frei fühlen, die Vergangenheit auf ihre Weise auszugestalten – mit Mythen, Erzählungen, Märchen oder auch nach Maßgabe der historischen Forschung, immer aber gedruckt.

wird für den Druck geforscht. Was nicht gedruckt wird, hat kaum Chancen, die Entwicklung des Faches zu beeinflussen. Die erreichbare Komplexität und die Veraltensgeschwindigkeit werden durch die Druckpresse geregelt, jedenfalls bis heute. Ob der Computer in dieser Hinsicht einen entscheidenden Wandel auslösen wird, bleibt abzuwarten.

VII

Betrachtet man die Evolution des Wissens für sich allein – sei es in ihrer kontinuierlichen Allmählichkeit, sei es in den abrupten Veränderungen, die die Phonetisierung der Schrift und der Buchdruck ausgelöst haben – dann sieht es so aus, als ob sie durch bloße Evolution der Evolution aus sich selbst heraus entstanden sei. Wir haben jedoch immer wieder auf einen Faktor hingewiesen, der damit nicht erklärt ist, nämlich auf die Ausdifferenzierung eines besonderen Funktionssystems für Wissenschaft, und speziell auf die gesellschaftliche Durchsetzung dieser Ausdifferenzierung im 17. und 18. Jahrhundert. In dieser Hinsicht ist und bleibt die Evolution von Wissen auf gesellschaftliche Evolution angewiesen. Wissenschaftliche Kommunikation ist, wie immer besonders und selbstreferentiell-geschlossen sie sich etabliert und aus sich selbst speist, immer auch Kommunikation, das heißt Vollzug von Gesellschaft. Offensichtlich ist und bleibt die Wissenschaft, bei allen Trends zur Mathematisierung und Computerisierung, auf die gesellschaftliche Vorgabe von Sprache angewiesen – und zwar nicht deshalb, weil sie gelegentlich so etwas wie »ordinary language« anwenden muß, sondern weil sie selbst aus Kommunikationen besteht. Ihre Besonderung liegt in der *inner*gesellschaftlichen Ausdifferenzierung eines Kommunikationssystems, was nie in eine Position *gegenüber* der Gesellschaft führen kann. Auch Wissenschaftler sind nur Ratten, die andere Ratten im Labyrinth beobachten – aus irgendeiner gut gewählten Ecke heraus. Alle Evolution von Wissenschaft muß sich unter diesen Bedingungen vollziehen, ist also immer auch Evolution der Gesellschaft selbst, und wie immer man die Frage der Ursachen beurteilen mag, ob wissenschaftsendogen oder wissenschaftsexogen oder beides: die Ausdifferenzierung von Wissenschaft ist immer auch Differenzierung der Gesellschaft. Die Wissenschaft differenziert sich selbst innerhalb der Gesellschaft aus, und sie selbst findet die Ursachen dafür in sich selbst. Aber sie könnte dies nicht oder würde in dieser Tendenz gestoppt werden, wenn es gesellschaftsstrukturell gar nicht möglich wäre, entsprechende Unterscheidungen im Kommunikationsprozeß zu vollziehen.

Die damit angeschnittene Frage des Verhältnisses von Wissenschaft und Gesellschaft müssen wir aufschieben, um sie im folgenden Kapitel unter nicht nur evolutionstheoretischen Gesichtspunkten zu diskutieren. An dieser Stelle sei nur festgehalten, daß wir es vermutlich mit zwei Evolutionen zu tun haben: mit der Evolution des Gesellschaftssystems und mit der Evolution des Wissenschaftssystems im Gesellschaftssystem. Der Zusammenhang ließe sich als Co-Evolution bezeichnen. Die Gesellschaft evoluiert als dasjenige System, das alle füreinander zugänglichen Kommunikationen einschließt. Sie differenziert dadurch Kommunikation gegen Nichtkommunikation. Welche Strukturen und vor allem: welche Differenzierungsformen dabei ermöglicht werden, hängt nicht zuletzt davon ab, welche sozialen Systeme in der Gesellschaft evoluieren. Dabei ändert das Entstehen von Subsystemen zugleich die Bedingungen für das Entstehen anderer Subsysteme. So legt das Entstehen von Familien und Siedlungen segmentäre Differenzierung nahe und das Entstehen von rangüberlegenen Familien eine soziale Stratifikation der gesamten Gesellschaft, das Entstehen von Städten oder sonstigen Zentren eine Differenzierung der Gesamtgesellschaft nach dem Schema Zentrum/ Peripherie und schließlich die Ausdifferenzierung einzelner Funktionssysteme (etwa für Religion oder für Politik) komplementäre Ausdifferenzierung anderer Funktionsbereiche bis hin zu einer Umstellung des Gesellschaftssystems auf einen Primat funktionaler Differenzierung.

Diese Überlegungen zwingen nicht zu dem Schluß, daß jede Gesellschaft einen und nur einen dominanten Differenzierungstyp wählt. Die Limitierung der übrigen Möglichkeiten durch vorpreschende Ausdifferenzierungen mag noch Spielraum für verschiedenartige Kombinationen lassen – in vielen Hochkulturen (den sog. peasant societies zum Beispiel) Stratifikation im Zentrum und segmentäre Differenzierung in der Peripherie. Die eindeutige Vorherrschaft einer Differenzierungsform ermöglicht jedoch eine konsequentere Ausformung ihrer Möglichkeiten. Was Stratifikation betrifft, kann man dies am Kastensystem Indiens oder an der spätmittelalterlich-frühneuzeitlichen Ständeordnung Europas erkennen. Für einen Primat funktionaler Differenzierung bietet die moderne Gesellschaft ein eindrucksvolles Beispiel.

VIII

Die Theorie wissenschaftlicher Evolution wird heute vielfach so präsentiert, als ob sie die Stelle überholter Erkenntnistheorien einnehmen könnte. Ähnlich wie der Pragmatismus und der Neo-Utilitarismus bietet die Evolutionstheorie sich an als Ersatz für die Begründung der Wahrheit aus ihrer Adäquität im Verhältnis zur Außenwelt und auch als Ersatz für Theorien, die aus den Schwierigkeiten dieses Konzepts entstanden sind, insbesondere Theorien transzendentaltheoretischer oder wenigstens sprachlich-argumentativer Begründung. Über Evolutionstheorie kann, so scheint es, sichergestellt oder wenigstens plausibel gemacht werden, daß die Erkenntnis sich in Übereinstimmung mit einer ihr unbekannt bleibenden Umwelt befindet, weil sie sonst wohl kaum sich über beträchtliche Zeiträume hinweg hätte ausbilden und bewähren können. Und wenn dies so ist, läßt Evolutionstheorie sich als Wissenschaftstheorie anbieten – wie immer blind die Wissenschaft operiert und wie sehr sie ihre Argumente und Begründungen in der ständigen Reparatur ihres Schiffs auf See auswechselt.[102]

Diese Verwendung von Evolutionstheorie ist, besonders in der gegenwärtigen Situation gesellschaftlicher Reflexion, ernst zu nehmen.[103] Ein wichtiger Beitrag der Evolutionstheorie besteht

---

102 Die bekannte Metapher Otto Neuraths.
103 Siehe besonders Michael Wehrspaun, Konstruktive Argumentation und interpretative Erfahrung: Bausteine zur Neuorientierung der Soziologie, Opladen 1985, insb. S. 195 ff. Die Position, die Wehrspaun bezieht, ähnelt der hier vorgelegten, ist aber in bezug auf die wissenschaftstheoretische Verwendbarkeit der

darin, bisherige »Wahrheitstheorien« zu relativieren und zu integrieren. Sie repräsentieren nämlich, im Kontext der Evolutionstheorie neu gelesen, jeweils einen und nur einen Mechanismus der Evolution so, als ob es auf ihn allein ankäme. Die Vorstellung des *»logischen Positivismus«*, Wahrheit sei letztlich auf eine Interpretation von Wahrnehmungsberichten (Protokollsätzen) zurückzuführen, betont den *Variationsmechanismus*, nimmt ihm zugleich aber den funktionsspezifischen Charakter, wenn sie ihn allein für wahrheitsrelevant hält. Die *Konsenstheorien*[104] wenden sich mit Recht gegen Selbstvergewisserungsmöglichkeiten des je individuellen Bewußtseins, ersetzen sie aber nur durch eine andere Form von Selektivität. Sie betonen den *Selektionsmechanismus*, sehen also Wahrheit als Produkt der Rationalität einer Selektion, die sich in vernünftigem Konsens manifestiert. Die *Kohärenztheorien*[105] wenden sich mit Recht gegen Wissenschaftstheorien, die nur axiomatisch deduktive Formen als wahrheitsbringend gelten lassen. Die Umstellung von Deduktion auf Redundanz ist ihre Botschaft. Sie tauschen damit aber nur eine Form der Stabilisierung gegen eine andere aus, halten also das schließlich für allein entscheidend, was eine *Stabilisierung* von Erkenntnisgewinnen zustandebringt: die Sicherung von relativ überraschungsfreier Redundanz. Alle diese Theorien haben eine bestimmte polemische Aufgabe gesehen und wahrgenommen. Sie behalten darin ihr Recht, sie müssen nur ihre Ambition aufgeben, allein zu bestimmen, was Wahrheit ist. Man kann dann auch darauf verzichten, sie ihrerseits kontrovers gegeneinander auszuspielen wie in dem berühmt-berüchtigten »Positivismusstreit«. Die Theorie der Wissensevolution, wie sie im Vorstehenden skizziert ist, kann solche Theorien placieren. Sie zeigt, daß es sich um Reflexionstheorien des Wissenschaftssystems handelt, die Einzelaspekte der Evolution, die nur separiert und kombiniert

Evolutionstheorie im Sinne einer normativen Argumentationsstrategie optimistischer eingestellt.
104 Siehe nur: Jürgen Habermas, Wahrheitstheorien, in ders., Vorstudien und Ergänzungen zur Theorie kommunikativen Handelns, Frankfurt 1984, S. 127-183.
105 Vgl. Nicolas Rescher, The Coherence Theory of Truth, Oxford 1973; ders., Cognitive Systematization: A System-Theoretic Approach to a Coherentist Theory of Knowledge, Oxford 1979.

wirken können, verabsolutieren, während umgekehrt erst die Evolutionstheorie eigentlich verständlich machen kann, wie es zu solchen (notwendig simplifizierenden) Reflexionen des Systems im System kommt.

Wenn man jene Kontroversen in Evolutionstheorien »aufhebt«, erfordert das freilich Verzichte, zu denen ambitionierte Wahrheitstheorien sich schwerlich bereitfinden werden. Evolutionstheorie impliziert einen Verzicht auf jede Zukunftssicherheit. Bisher ist es gut gegangen. Daraus folgt noch nicht, daß es weiterhin gut gehen wird. Man gibt auch die Sicherheit auf, die man an der Voraussetzung einer systemunabhängig vorgegebenen Einheit der Welt gefunden hatte. Gerade die Einheit verdankt sich, wie oben (Kap. 5) bereits notiert, dem Systementwurf, und das gilt dann erst recht für Konzepte wie: Zusammenhang der Dinge, richtig erkannte Naturgesetze etc. Zusammen mit dem kognitiven Konstruktivismus bietet die Evolutionstheorie nur Erkenntnisse darüber, *wie* erkannt wird, nicht darüber, *was* erkannt wird. Der spezielle Beitrag der Evolutionstheorie widerspricht denn auch dem klassischen Axiom der Einheit von Erklärung und Prognose (das seinerseits darauf beruhte, daß die historische Situation des Wissens unberücksichtigt blieb). Die Evolutionstheorie leistet, wenn gut gemacht, gerade die *Erklärung* von *Unprognostizierbarkeit*. Bewährt haben sich, bisher jedenfalls, gewisse Verfahren der Berechnung von Berechnungen – sei es in den komplexen Nervensystemen, die dem Bewußtsein zugrunde liegen, sei es im System der gesellschaftlichen Kommunikation. Diese Bewährungen unbekannter Herkunft mögen andauern, die Welt wird sich nach unseren Berechnungen so rasch nicht ändern. Aber was mag geschehen, wenn wir sie ändern?

Evolutionstheorie und Konstruktivismus antworten genau auf die Situation des Gesellschaftssystems an der Schwelle gewaltiger technologischer Ausgriffe in das, was als Realität angenommen wird. In dieser Hinsicht formulieren sie einen viel radikaleren Wandel der Weltorientierung der modernen Gesellschaft, als man bisher annimmt. Sie setzen nicht nur an die Stelle überholter Reflexionstheorien des Gesellschaftssystems eine neue. Sie beziehen auch die Selbstreflexion des Wissenschaftssystems ein und erklären die Reflexion des Systems auf sich selbst, die dadurch erzeugte Unsicherheit, das dadurch auf das System selbst angewandte Auflöse- und Rekombinationsvermögen als Ergebnis evolutionärer Systemdifferenzierung.

Die Favorisierung der Evolutionstheorie hängt, wenn man sie ihrerseits beobachtet, anscheinend zusammen mit der Unfähigkeit, die durch das Gesellschaftssystem ausgelösten ökologischen Probleme auf der Ebene eben dieses Systems (und nicht nur auf der Ebene einzelner Funktionssysteme) zu reflektieren.[106] Derselbe Sachverhalt tritt zutage, wenn man auf die Vorstellungen von Zeit achtet, an denen die heutige Gesellschaft sich orientiert. Ältere Gesellschaftsformationen waren in Europa von der Beobachtung durch einen unbeobachtbaren Beobachter ausgegangen. Dieser sah und wußte alles und mußte sich eben deshalb der Beobachtung entziehen. In der Sachwelt entsprach dem die Vorstellung eines Essenzenkosmos; in sozialer Hinsicht die Versuchung zu einer darüberhinausgehenden Beobachtung, die Versuchung durch den Teufel; in zeitlicher Hinsicht die Leitdifferenz von Ewigkeit und Zeit.[107] Die Ewigkeit wurde als dauernde Gegenwart gedacht, für die alle Zeiten gleichzeitig, also alle Zeiten beobachtbar sind. Die Zeit dagegen war die Zeit des menschlichen, der Sünde ausgesetzten Lebens mit einer ins Unbekannte entschwindenden, im Vergessen entfliehenden Vergangenheit und mit einer unzugänglichen Zukunft, die immerhin die Fortdauer der Wesen, aber auch die Unbekanntheit der künftigen Ereignisse in Aussicht stellte. Die Probleme der Zeit lagen mithin auf der Ebene der Handlungen und Ereignisse, nicht auf der Ebene der Strukturen, auf der Ebene von Glück und Unglück und damit in einem Bereich, der als Schicksal aufsummiert werden konnte. Dem konnte man mit sehr verschiedenen Versionen von Ethik (als der Lehre von menschlichen Haltungen) begegnen, aber immerhin mit Ethik.

Diese Zeitbegrifflichkeit war durchhaltbar, solange die Diffe-

---

106 Speziell dazu: Niklas Luhmann, Ökologische Kommunikation: Kann die moderne Gesellschaft sich auf ökologische Gefährdungen einstellen? Opladen 1986.

107 Die ihrerseits eine scharfe Vereinfachung einer Vieldeutigkeit ist und sich keineswegs in allen Hochkulturen wiederfindet. Siehe hierzu Jan Assmann, Das Doppelgesicht der Zeit im altägyptischen Denken, in: Anton Peisl/Armin Mohler (Hrsg.), Die Zeit, München 1983, S. 189-223.

renzen zwischen Vergangenheit und Zukunft, die in einer Lebenszeit erfahrbar waren mit Einschluß dessen, was man lesen konnte, nicht zu groß wurden.[108] Wenn dagegen erfahrbar wird, daß schon in der Spanne eines Lebens, vor allem aber in der im Lesen erfaßbaren Weltzeit, sich fast alles Wesentliche ändert, tritt die (auch vorher natürlich bekannte) Differenz von Vergangenheit und Zukunft in die Position einer Leitdifferenz des Zeitverständnisses und verdrängt hier die Unterscheidung von allgegenwärtiger Ewigkeit und Zeit. Das hat zur Folge, daß die Gegenwart durch die Differenz von Vergangenheit und Zukunft definiert wird, also (wie vorher lediglich auf der Ebene der Temporalität von Ereignissen) zu einem Jetztzeitpunkt wird, der »zwischen« Vergangenheit und Zukunft das ständige Umschalten vom einen in den anderen Zeithorizont ermöglicht, aber selbst keine Zeit ist. »Wir sind aus der Zeit der allgemein geltenden Formen heraus«, stellt Novalis fest, und folglich wird die Gegenwart zum bloßen »Differential« von Vergangenheit und Zukunft.[109] Damit wird die Gegenwart selbst zur Paradoxie der Zeit: zur Einheit der Differenz von Vergangenheit und Zukunft, zum durch sie ausgeschlossenen, in sie eingeschlossenen Dritten, zur Zeit, in der man keine Zeit hat.

Auf der Ebene der Großorganisationen entspricht dem eine deutliche Präferenz für temporale Gliederungen. Die Organisation gibt eine Rahmensicherheit für immer neue Projekte. Sie gliedert sich damit in Perioden. Man muß immer wieder Neues anfangen können; was aber anfangen kann, muß auch aufhören können. Die Projekte werden auf Zeit gebildet. Ihre Ziele werden so definiert, daß man zu gegebener Zeit feststellen kann, ob sie erreicht worden sind oder nicht, und beides (also eigentlich: die Zeit) beendet das Projekt. Das setzt, im Gegenzug, die Unerschöpflichkeit der Themen und die Unprognostizierbarkeit der Zukunft voraus. Zwar erfordern Projektanträge, daß man die Ziele als erreichbar darstellt, nicht aber, daß man das Wissen als schon bekannt präsentiert. Es ist also ganz organisationsadäquat, wenn man dann, sofern überhaupt, eine Wissenschafts-

---

108 Vgl. dazu Hans Blumenberg, Lebenszeit und Weltzeit, Frankfurt 1986.
109 Vgl. Fragmente, Bd. II, Nr. 2167, und Bd. I Nr. 417, hrsg. von Ewald Wasmuth, Heidelberg 1957.

theorie mit einem Gemisch instrumenteller, pragmatischer und evolutionärer Komponenten favorisiert.

Die Evolutionstheorie scheint eine der semantischen Reaktionen auf dieses unausweichlich gewordene Verständnis von Zeit zu sein. Sie formuliert die Differenz von Vergangenheit und Zukunft mit der notwendigen Schärfe: Vergangene evolutionäre Errungenschaften bieten keine Sicherheit für die Zukunft. Die Evolutionstheorie ist kompatibel mit der Einsicht, daß künftige Wissensgewinne unprognostizierbar sind. Sie entspricht der »Historisierung« der Zeit selbst, das heißt der Einsicht, daß auch die Auffassungen von Zeit mit der Zeit variieren. Sie entspricht dem Reflexivwerden der Zeit, das heißt der Erfahrung, daß innerhalb der gegenwärtigen Vergangenheit bzw. Zukunft vergangene Gegenwarten bzw. zukünftige Gegenwarten vorstellbar werden, die mit der gegenwärtigen Gegenwart nicht die gleichen Zeitperspektiven teilen, obwohl es nur eine Zeit gibt.

Wenn diese Überlegungen zutreffen,[110] zeigen sie an, daß über Evolutionstheorie nicht einfach auf der Ebene von Begründungsbemühungen im Wissenschaftssystem disponiert werden kann. Reflexionstheorien des Wissenschaftssystems unterliegen zusätzlich Bedingungen der gesellschaftlichen Kompatibilität. Sie müssen Vorstellungen anbieten können, die im Gesamtkontext der Selbstbeschreibung des Gesellschaftssystems Plausibilität erreichen können. Reflexionstheorien, auch Reflexionstheorien des Wissenschaftssystems, benötigen eine Plausibilitätszufuhr im Hinblick auf die gesellschaftlichen Umstände, unter denen sie sich zu entfalten haben. Das erklärt das starke Insistieren auf »natürliche« (nicht auf besondere Gnade angewiesene) Erkenntnis der »Natur« in der Durchbruchzeit des 16. und 17. Jahrhunderts. Das erklärt das Sichabstützen auf die

---

110 Gründliche Untersuchungen zur Semantik, mit der die heutige Gesellschaft über Zeit kommuniziert, sind trotz mancher Bemühungen noch sehr zu wünschen. Siehe aber: Giacomo Marramao. Potere e secolarizzazione: Le categorie del tempo, Roma 1983 (dt. Übers. Frankfurt 1989); Ingrid Oesterle, Der »Führungswechsel der Zeithorizonte« in der deutschen Literatur, in: Dirk Grathoff (Hrsg.), Studien zur Ästhetik und Literaturgeschichte der Kunstperiode, Frankfurt 1985, S. 11-75; Helga Nowotny, Mind, Technologies and Collective Time-Consciousness: From the Future to the Extended Present, in: J. F. Fraser/J. Michon (Hrsg.), Time and Mind: The Study of Time VI, Amherst, Mass. (im Druck).

individuell-genialen Forscher qua »Subjekt« im 18. und 19. Jahrhundert, und das erklärt im Zeitalter der organisierten Intensivforschung, deren Zukunft nicht durch Organisation gewährleistet sein kann, sondern nur durch immer neue Aufträge und Projekte, das Betonen der Evolution des Wissens.
Selbst wenn man der Wissenschaft die Oberaufsicht über das gesellschaftlich benutzte Wissen und die Funktion einer letzten Kontrollinstanz zuweist: sie kann gerade diese Aufgabe nur als Teilsystems des Gesellschaftssystems wahrnehmen und nicht als ein »über« der Gesellschaft frei schwebender Intellekt. Im zirkulären Denken der Kybernetik heißt es: nur was kontrolliert werden kann, kann kontrollieren. Der eigentliche Schlüssel für erkenntnistheoretische und wissenschaftstheoretische Fragen liegt im Verhältnis von Wissenschaft und Gesellschaft.

Kapitel 9

Wissenschaft und Gesellschaft

I

Es ist nunmehr an der Zeit, einige Konsequenzen aus dem gesellschaftstheoretischen Ausgangspunkt der Wissenschaftstheorie zu ziehen, den wir im vorstehenden ausgearbeitet haben. Üblicherweise macht die Wissenschaftssoziologie keinen Unterschied zwischen der Frage nach den gesellschaftlichen Bedingungen von und der viel allgemeineren Frage nach sozialen Einflüssen auf Wissenschaft.[1] Das kann nicht wundern, wenn man bedenkt, daß keine weithin anerkannte Gesellschaftstheorie zur Verfügung steht. Dieser Mangel an Gesellschaftstheorie könnte aber der Grund dafür sein, daß die Wissenschaftssoziologie, wie ihr oft vorgeworfen wird,[2] epistemologische Fragen nicht zureichend behandeln kann, sondern sich mit dem trivialen Nachweis sozialer Einflüsse und der Ablehnung strikter Gegenstandsdetermination des Wissens begnügen muß. Die hier vorgelegten Untersuchungen versuchen dagegen, diesen Forschungsstand zu korrigieren und damit gesellschaftstheoretische und erkenntnistheoretische Fragen zirkulär zu verknüpfen.

Die Absicht ist eine doppelte. Einerseits müssen einige Vorurteile gegen eine soziologische (oder gar: nur »wissenssoziologische«) Behandlung erkenntnistheoretischer Fragen abgebaut werden. Zum anderen geht es darum, zu überlegen, was mit der Gesellschaftstheorie passiert, wenn sie die Erkenntnistheorie schlucken muß. Wohlgemerkt: es geht nicht einfach um eine Umkehrung des Fundierungsverhältnisses, also nicht darum, Erkenntnistheorie auf Gesellschaftstheorie zu gründen statt, wie vorher, Gesellschaftstheorie auf Erkenntnistheorie. Die Neuerung liegt in der Umstellung von asymmetrischen Begrün-

---

[1] Vgl. nur Michael Mulkay, Science and the Sociology of Knowledge, London 1979, S. 96ff. im Kapitel »Science and the Wider Society«.
[2] Z. B. von Alan Chalmers, The Sociology Of Knowledge And The Epistemological Status Of Science, Thesis Eleven 21 (1988), S. 82-102. Siehe aber auch Steve Fuller, Social Epistemology, Bloomington Ind. 1988.

dungsannahmen (in der einen oder der anderen Richtung) auf Zirkularität. Beides zusammengenommen soll den verbreiteten Verdacht gegen eine »Soziologisierung« der Erkenntnistheorie – wenn nicht entkräften, so doch zum Umdenken zwingen.

Was Wissen im allgemeinen betrifft, dürfen wir mit Ludwig Wittgenstein, Gotthard Günther, George Spencer Brown und vielen anderen davon ausgehen, daß es keinen weltexternen Beobachter gibt und daß die Welt nur beobachtet werden kann, wenn in der Welt Grenzen gezogen, Distanzen geschaffen werden, über die hinweg der Beobachter etwas beobachten kann (statt nur mit sich selbst beschäftigt zu sein). Voraussetzung für alle Steigerung der Beobachtungsfähigkeit ist, wenn man so sagen darf, eine De-Holisierung, Entganzung, Einschränkung, Konzentration, Reduktion der Komplexität. In diesem Sinne ist gesellschaftliche Kommunikation infolge der Differenz, die sie produziert im Verhältnis zu dem, was nicht Kommunikation ist, Beobachtung der Welt. Die Tatsache, daß jede Kommunikation Information und Mitteilung trennt und verbindet, indem sie als Mitteilung einer Information verstanden wird, bestätigt uns diese Annahme.[3] Fremdreferenz und Selbstreferenz werden in der laufenden Operation unterschieden und synthetisiert. Daß gerade diese und keine andere Unterscheidung in Operation gesetzt wird, begründet die Evolution einer sprachlich kommunizierenden Gesellschaft, die mit dieser Operation sich selbst und ihre Umwelt, also die Welt beobachtet, indem sie das Ganze jeweils als Einheit einer Differenz zugrunde legt.

Dieser Vorgang wiederholt sich nur und steigert sich dadurch, wenn in der Gesellschaft ein besonderes Funktionssystem für Wissensentwicklung ausdifferenziert wird. Auch hier werden, und diesmal in der Gesellschaft, Grenzen gezogen, Distanzen geschaffen, Freistellungen erreicht, Einschränkungen ermöglicht mit der Folge hoher Spezifikation der Themenwahl und erheblicher Entlastung von den Komplexitäten des Alltagslebens als Voraussetzung für das Gewinnen von Eigenkomplexität. Wir wiederholen die Formeln: Schließung durch Einschließung, Offenheit durch Geschlossenheit, selbstreferentielle Reproduktion, Autonomie, binär codierte Autopoiesis des

---

[3] Ausführlicher: Niklas Luhmann, Soziale Systeme: Grundriß einer allgemeinen Theorie, Frankfurt 1984, S. 191 ff.

Wissenschaftssystems als Resultat gesellschaftlicher Evolution. Aber wie läßt sich dieser Vorgang erklären? Wie kann man hier nach den »Bedingungen der Möglichkeit« fragen? Wir müssen, wenn wir so ansetzen, die Antwort in der Gesellschaftstheorie suchen (obwohl wir wissen, daß dies auf eine zirkuläre Erklärung hinausläuft) und spezieller in der Theorie funktionaler Differenzierung des Gesellschaftssystems.

Wir »gödelisieren« damit die Wissenschaftstheorie, indem wir den Verweis auf Gesellschaft zulassen.[4] Dabei wird dieser Verweis doppelt gewürdigt: wissenschaftsintern und damit autologisch insofern, als die Wissenschaft selbst eine Theorie der Gesellschaft produzieren kann; aber auch operativ insofern, als die Wissenschaft solche Beobachtungen in der Gesellschaft als gesellschaftliche Kommunikation durchführen muß und dabei auf strukturelle Kopplungen angewiesen ist. Auch diese Dopplung ist nochmals Gegenstand wissenschaftlicher Aussagen. (Wir zeigen das, indem wir es tun.) Aber damit wiederholen wir nur das Problem und nisten uns ein in der Paradoxie, ein unlösbares Problem als ein lösbares Problem zu behandeln mit Hilfe der hier wiederum autologischen Unterscheidung von Beobachtung und Operation.

Die konstruktivistische Erkenntnistheorie erklärt sich mithin selbst als Gesellschaftstheorie, als »Dekonstruktion« aller Aprioris (bzw.: der Unterscheidung Apriori/Aposteriori) und als Realisation einer Beschreibung, die nur in der Gesellschaft und nur durch deren funktionale Differenzierung zustandegebracht werden kann. Es wird deshalb nützlich sein, sich zur Einführung nochmals den Gesellschaftsbegriff und die Theorie der gesellschaftlichen Funktionssysteme vor Augen zu führen, die wir im Vorstehenden zugrundegelegt haben. Gesellschaft wird hier verstanden als Gesamtheit der Kommunikationen als Selektionen aus der Gesamtheit der Kommunikationsmöglich-

---

4 Das tritt an die Stelle des Vorschlags von Barry Gruenberg, The Problem of Reflexivity in the Sociology of Science, Philosophy of the Social Science 8 (1978), S. 321-343 (337ff.), den Ausweg zu suchen in einem wissenschaftsunabhängigen »model of man that specifies central human interests and purposes«. Und an die Stelle des Vorschlags von Michael Mulkay, The Scientist Talks Back: A One-Act Play, With a Moral, About Replication in Science and Reflexivity in Sociology, Social Studies of Science 14 (1984), S. 265-286, to get out of the frame in Richtung Theaterspielen.

keiten. Gesellschaft ist Weltgesellschaft. Sie ist das, was sich ergibt, wenn die Welt durch Kommunikation verletzt wird und über Differenzen rekonstruiert werden muß. Im Unterschied zur üblichen Vorstellung territorialer Gesellschaftssysteme toleriert diese Vorstellung keine Mehrheit von Gesellschaften, aber es geht nicht nur darum, daß sie heute das größtmögliche Gebiet, nämlich den gesamten Erdball umspannt. Territorialgesellschaften benötigen Namen, sie können anders räumlich und zeitlich nicht lokalisiert werden. Das System der Weltgesellschaft hat und braucht keinen Eigennamen. Es kann theoretisch beschrieben werden.

Der Begriff der Gesellschaft, den wir verwenden, schließt den Begriff der Intersubjektivität aus.[5] Er schließt außerdem aus, daß wir Wissen als gesammelt und vorhanden in den Köpfen der Individuen begreifen. Selbstverständlich soll nicht bestritten werden, daß jeder Einzelne etwas weiß, der eine mehr, der andere weniger. Aber mit gesellschaftlicher Kommunikation wird eine andere Systemreferenz anvisiert, von der aus gesehen das Wissen der Individuen Umwelt ist. Die gesellschaftliche Erzeugung und Verwendung von Wissen im Zuge der Reproduktion von Kommunikation aus Kommunikation kann daher nicht auf Individuen zugerechnet werden, weder auf einzelne, noch auf die Wissenschaftler, noch auf alle. Deshalb kann die Wissenschaft auch nicht angemessen begriffen werden, wenn man sie als Abstützfunktion oder als »vicarious learning« der anderen Individuen an den Resultaten mißt, die sie für einzelne Individuen oder für die Population der menschlichen Individuen abwirft.[6] Es ist eine empirisch undurchführbare Vorstellung, Wahrheit als Konsensus der Individuen aufzufassen. Das kommt als Übereinstimmung ihrer Mentalzustände einfach nicht vor und wäre im übrigen alles andere als erstrebenswert. Nur ein Beobachter kann sinnvoll von Konsens sprechen und

---

[5] Vgl. speziell hierzu: Niklas Luhmann, Intersubjektivität oder Kommunikation: Unterschiedliche Ausgangspunkte soziologischer Theoriebildung, Archivio di Filosofia 54 (1986), S. 41-60. Siehe auch die treffenden Bemerkungen zur Paradoxie des »entre« bei Yves Barel, Le paradoxe et le système: Essai sur le fantastique social, 2. Aufl. Grenoble 1989, S. 312 f.
[6] So z. B. Donald T. Campbell, Descriptive Epistemology: Psychological, Sociological, and Evolutionary, William James Lecture 1977 der Harvard University, zit. nach dem unpublizierten Ms., insb. S. 104 ff.

nur dann, wenn er unterstellt, daß er wissen kann, was alle sagen würden, wenn man ihre Aufmerksamkeit auf bestimmte Thesen lenken würde. Der Begriff gibt also nur im Konjunktiv und nur mit Hilfe extravaganter Zusatzhypothesen Sinn.

Was direkt zu beobachten ist, ist die Kommunikation von Konsenserwartungen oder, um mit Habermas zu sprechen, von Geltungsansprüchen.[7] Die Wissenschaft konditioniert die Beschränkungen, unter denen solche Kommunikation in sinnvoller Weise möglich, erwartbar, mehr oder weniger erfolgreich durchführbar ist. Dies regelt aber immer nur der Kommunikationsprozeß selbst, bleibt also ein gesellschaftsinternes Geschehen, eine Operation des Gesellschaftssystems, durchgeführt durch die Wissenschaft. Gesellschaft etabliert sich im Medium Sinn und erreicht über dieses Medium eine operative Kopplung mit Bewußtseinssystemen. Aber Sinn ist nicht schon gleich wahrer Sinn (sonst gäbe es keine Unwahrheiten). Deshalb können Spezialbemühungen um (mehr oder weniger unwahrscheinliche) Wahrheiten in der Gesellschaft ausdifferenziert werden, ohne daß dies schon das allgemeine Gebot sinnhafter Kommunikation verletzen würde. Als Medium bietet Sinn Chancen für wahre und für unwahre Sätze (Formen).

Ebenso wichtig ist es, in Erinnerung zu halten, daß das Konzept der Ausdifferenzierung von Wissenschaft mit all seinen Erläuterungsbegriffen (Selbstreferenz, Autonomie, Geschlossenheit usw.) nicht ein Ausscheren aus der Gesellschaft meint, sondern einen (evolutionär hoch unwahrscheinlichen) Vorgang innerhalb der Gesellschaft. Die Kapitelüberschrift »Wissenschaft und Gesellschaft« bezeichnet also kein Verhältnis wechselseitiger Exklusivität.[8] Sie ist nach dem Muster von »Frauen und Menschen« zu lesen. Wie alle Funktionssysteme ist das Funktionssystem Wissenschaft ein Teilsystem des Gesellschaftssy-

---

[7] Siehe für den hier relevanten Zusammenhang: Jürgen Habermas, Wahrheitstheorien, in ders., Vorstudien und Ergänzungen zur Theorie des Kommunikativen Handelns, Frankfurt 1984, S. 127-183.

[8] Dies bleibt häufig unklar, wenn ohne weitere Präzisierungen von »Wissenschaft und Gesellschaft« gesprochen wird (z. B. bei Walter L. Bühl, Einführung in die Wissenschaftssoziologie, München 1974). Man kann dann sowohl an ein Gegensatzverhältnis als auch an ein Inklusionsverhältnis denken. Unzutreffend ist es auf alle Fälle, ein »Interaktionsverhältnis« (Bühl S. 233 ff.) anzunehmen, was einander gegenüberstehende (und dann »verflochtene«?) Systeme voraussetzt.

stems. Es vollzieht durch die eigenen Operationen gesellschaftliche Kommunikation in einer Umwelt, die eine gesellschaftsinterne Umwelt ist und gegen eine äußere, gesellschaftsexterne Umwelt dadurch abgegrenzt wird, daß die Gesellschaft selbst ein autopoietisches System ist, das sich selbst per Vollzug von Kommunikation ausdifferenziert. Dies Konzept schließt es aus, Wissenschaft (oder gar Soziologie) in der Position eines externen Beobachters zu denken, der die Gesellschaft in einer für sie selbst unzugänglichen Weise beobachten und beschreiben könnte. Das modifiziert alle Vorstellungen, die man mit »soziologischer Aufklärung« verbinden könnte einschließlich aller Autoritätsansprüche, die sich aus einem privilegierten Zugang zur Realität herleiten ließen.

Ferner ist ein Funktionssystem nicht angemessen begriffen, wenn man es mit Hilfe des Input/ Output-Modells als eine Art Maschine begreift, die Inputs in Outputs transformiert – zum Beispiel auf eine Frage, die man an die Wissenschaft stellt, eine Antwort gibt. Man mag sich die interne Ordnung einer solchen kybernetischen Maschine so komplex vorstellen, wie man will; man mag sie mit internen Feedback-Schaltungen versehen oder als Hierarchie begreifen, die Informationen auf mehreren, voneinander getrennten Ebenen prozessieren kann – die Vorstellung einer Transformation bleibt trotz all dieser Komplexierungen unangemessen. Insofern war auch die Diskussion über eine gesellschaftliche »Finalisierung« der Wissenschaft schon vom Konzept her verfehlt.[9] An die Stelle dieses Konzepts haben wir die Vorstellung der rekursiv geschlossenen, autopoietischen Autonomie gesetzt. Sie besagt, daß die Teilsystemqualität der Funktionssysteme nicht auf einer Spezifikation gesellschaftlicher Kopplungen im Hinblick auf bestimmte Leistungserwartungen beruht, sondern gerade umgekehrt auf einer Abkopplung der Eigendynamik dieser Systeme von Bedingungen und Interessen ihrer gesellschaftlichen Umwelt. Dies läuft aber, wie gesagt, nicht auf einen Austritt aus der Gesellschaft hinaus. Die

---

9 Siehe als Ausgangspunkt Gernot Böhme/Wolfgang van den Daele/Wolfgang Krohn, Die Finalisierung der Wissenschaft, Zeitschrift für Soziologie 2 (1973), S. 128-144. Von »unangemessen« ist im Text die Rede ganz unabhängig von der damals diskutierten Frage, ob es überhaupt ergiebig ist, Wissenschaft unter dem Schema Herrschaftskonformität vs. Emanzipation zu beschreiben.

Teilsystemoperationen sind und bleiben gesellschaftliche Kommunikation. Sie sind, solange sie als Kommunikation durchgeführt werden können, immer auch gesellschaftlich angepaßt. Sie setzen auf vielfältige, direkte und indirekte (und oft sehr indirekte) Weise Gesellschaft auf einem Evolutionsniveau voraus, das funktionale Differenzierung ermöglicht. Wichtige Voraussetzungen sind zum Beispiel: die verbreitete Beherrschung von Sprache und Schrift und die Möglichkeit des Übersetzens von einer Sprache in andere; hinreichendes Vertrauen (bzw. eher exzeptionelles Mißtrauen) in die Tatsache, daß Berichte über Wahrnehmungen den tatsächlichen Wahrnehmungen entsprechen; zahllose Sonderannahmen für typisches Verhalten von Wissenschaftlern, etwa über deren Bereitschaft zum Bericht von Wahrnehmungen, die theoretischen Voreingenommenheiten widersprechen. Diese und ähnliche Prämissen sind keineswegs nur Eigentümlichkeiten der tribalen Sonderkultur der Wissenschaftler. Sie sind dies auch, aber sie können sich nur erhalten und reproduzieren, wenn sie gesamtgesellschaftlich gedeckt sind.[10] Sie müssen sich zum Beispiel darauf verlassen können, daß wissenschaftlich adäquates Verhalten gesellschaftlich auch dann nicht sanktioniert wird, wenn es den im Gesellschaftssystem üblichen Vorstellungen über Alltagsverhalten widerspricht, auf die das Wissenschaftsytem sich in vielen anderen Hinsichten dann doch muß verlassen können. Dies gilt zum Beispiel für die Bereitschaft zu offener Kritik und zur Hinnahme von Kritik sowie für das positive Interesse an Unwahrheiten und die Anrechnung ihrer Entdeckung als Verdienst. Und für die Unabhängigkeit der erworbenen Rentenansprüche von Erfolgen oder Mißerfolgen in der Forschung.

Die selbstreferentielle Geschlossenheit des Wissenschaftssystems besagt vor allem, daß die Strukturen dieses Systems nicht im Durchgriff von außen bestimmt werden können; oder genauer: daß die Verteilung der Werte »wahr« und »unwahr« auf Sätze nur im Wissenschaftssystem entschieden werden kann und folglich auch die dazu nötigen Konditionierungen ausschließlich Sache des Wissenschaftssystems sind. Damit ist nicht geleugnet, daß es externe Interventionen geben kann bis hin zu

[10] Vgl. Donald T. Campbell, A Tribal Model of the Social System Vehicle Carrying Scientific Knowledge, Knowledge 2 (1979), S. 181-201.

massivem Druck, sich mit bestimmten Themen zu befassen. Die Wissenschaft kann darauf intern aber nur in der Form von Irritation reagieren. Hält eine solche Situation an, kommt es zu einer Inflationierung des Wahrheitsmediums im entsprechenden Themenbereich.[11] Das heißt: Wahrheitsversprechen (analog zu: Zahlungsversprechen) werden hoch gehandelt, ohne daß die Einlösbarkeit ausreichend garantiert ist. Die systeminterne Anschlußfähigkeit, die empirische Verifikation, die Genauigkeit der Begriffe werden vernachlässigt, um dem verbreiteten Interesse an Forschungsresultaten entgegenzukommen. Inflationäre Erscheinungen dieser Art sind, wie Fieber, ein deutliches Symptom dafür, daß das System sich gegen Außeneinflüsse wehrt, indem es ihnen Rechnung trägt.[12]

Zu den vielleicht unwahrscheinlichsten Toleranzen, die als Folge einer solchen Ausdifferenzierung erwartet werden müssen und funktionieren müssen, gehört die verdachtfreie Toleranz für eine dem allgemeinen Publikum unverständliche Sprache. Das betrifft nicht nur Begriffsbezeichnungen, Terminologien, Fremdwörter, sondern zusätzlich und belastender noch den Duktus der Argumentation, der in jedem Gedankenschritt auf ein Vorwissen angewiesen ist, das wegen der schmalen Themenbreite jeder Kommunikation nicht immer dort, wo

11 Dazu im Kontext der Darstellung des Wahrheitsmediums oben Kap. 4, XI.
12 Da das gesamte Konzept neu ist, gibt es hierzu kaum Forschung. Als Fallstudien siehe etwa Niklas Luhmann, Theoriesubstitution in der Erziehungswissenschaft: Von der Philanthropie zum Neuhumanismus, in: ders., Gesellschaftsstruktur und Semantik Bd. 2, Frankfurt 1981, S. 105-194; Wolfgang Walter, Vererbung und Gesellschaft: Zur Wissenssoziologie des hereditären Diskurses, Diss. Bielefeld 1989, Ms. S. 105ff. Außer diesen Bereichen der Pädagogik und der Humanbiologie wird vermutlich die gesamte »Anthropologie« im späten 18. und 19. Jahrhundert für den Bedarf eines Verständlichwerdens des gesellschaftsstrukturell emanzipierten Individuums in Anspruch genommen und dadurch zur »Philosophischen Anthropologie« inflationiert. Themenbereiche aus den Sozialwissenschaften unseres Jahrhunderts, die für entsprechende Untersuchungen in Betracht kämen, wären etwa: Friedensforschung, Planungstheorie – der erstere angesichts von Konflikten, der letztere angesichts von Komplexität. Ein besonders spektakulärer Fall ist die durch keinen Mißerfolg zu entmutigende Prognosetätigkeit der Wirtschaftswissenschaften. Im Bereich von Naturwissenschaften und Technik könnte man die SDI-Initiative unter diesem Gesichtspunkt diskutieren. Dazu mit weiteren Hinweisen Helmut Willke, SDI: Die strategische Verteidigungsinitiative – 5 Jahre danach, Zeitschrift für Politik 35 (1988), S. 353-364.

man anknüpft, expliziert werden kann. Die Kommunikation, auf Linearität angewiesen, kann nicht wie in einem mehrdimensionalen Raum nach allen Richtungen auseinanderfließen, um sich zu erläutern, und das macht eine drastische Reduktion von verstehensfähigen Adressaten unvermeidlich. So verständlich die Besorgnisse der Deutschen Akademie für Sprache und Dichtung sind[13] und so sehr es im Prinzip unausgenutzte Möglichkeiten gibt, am sprachlichen Ausdruck zu feilen, um das Verständnis zu erleichtern: realistischerweise wird man sehr enge Schranken der Verständlichkeit akzeptieren müssen und für Popularisierung, didaktische Aufbereitung, lexikalische Präsentation eine andere Sorte von Literatur schaffen müssen.

Dieses Tolerieren einer unverständlichen Eigensprache fällt umso mehr auf, als zugleich eine andere, gegenläufige Errungenschaft etabliert wird, nämlich die Erwartung, daß alles erklärt werden kann. »Explanation tyrannizes modernity.«[14] Unverständliches und Unerklärbares ist nicht länger Moment einer Wesenseigenschaft der Welt, »okkulte« Kräfte und Bindungen sind nicht mehr Symbole für Bedeutung, sondern gehören in den Bereich der Irrtümer und des Aberglaubens.[15] Wenn etwas nicht erklärt werden kann, dann nur *»noch nicht«*, und nicht nur ihre vorweisbaren Leistungen, sondern gerade auch dieses »noch nicht« legitimieren die Funktion der Wissenschaft. Die Erklärbarkeitszumutung ist somit derjenige Horizont, gegen den Wissenschaft sich profiliert und sich als Funktionssystem unentbehrlich macht.

In vielen Hinsichten ist die Ausdifferenzierung des Wissenschaftssystems mit der Ausdifferenzierung anderer Funktionssysteme zu vergleichen. In mindestens einer Hinsicht gibt es

---

13 Einige Beiträge zu diesem Thema (kennzeichnenderweise ohne Beteiligung der Naturwissenschaften, denen man offenbar eher eine Eigensprache konzediert) im Jahrbuch der Deutschen Akademie für Sprache und Dichtung 1979, Heidelberg.
14 Sagt Teri Walker, Whose Discourse?, in: Steve Woolgar (Hrsg.), Knowledge and Reflexivity: New Frontiers in the Sociology of Knowledge, London 1988, S. 55-79 (76).
15 Diese Wende gilt vielen als Beginn der modernen Wissenschaft. Siehe etwa Carlo Ginzburg, High and Low: The Theme of Forbidden Knowledge in the Sixteenth and Seventeenth Centuries, Past and Present 73 (1976), S. 28-41; William Eamon, From the Secrets of Nature to Public Knowledge: The Origins of the Concept of Openness in Science, Minerva 23 (1985), S. 321-347.

jedoch auch eine bemerkenswerte Besonderheit. Normalerweise etablieren Funktionssysteme im Zuge ihrer Ausdifferenzierung neue Asymmetrien, die an die Stelle der alten Schichtungsstrukturen treten und quer zu ihnen liegen, zum Beispiel die Asymmetrie von Produktion und Konsum in der Wirtschaft oder die Asymmetrie von Regierenden und Regierten im politischen System. Das Erziehungssystem knüpft an die Unterscheidung Erzieher/Zögling (Lehrer/Schüler) an, im Medizinsystem gibt es Ärzte und Patienten. Das Religionssystem kennt Kleriker und Laien – wie immer seit der Reformation diese Unterscheidung im Blick auf Gott relativiert werden mag; und auch das Rechtssystem stellt die Profession der Juristen und ihre Organisationen, vor allem Gerichte und kautelarische Beratungsorganisationen, dem allgemeinen an Rechtsfragen interessierten und durch sie betroffenen Publikum gegenüber. Nur das Wissenschaftssystem scheint eine Ausnahme zu machen. Es stellt die eigene Arbeitsleistung nicht asymmetrisch einem dadurch bedienten Publikum gegenüber. »Das Publikum der Wissenschaftler sind die Wissenschaftler«.[16] Bei historischem Rückblick wird man nicht übersehen können, daß die Wissenschaft zunächst parasitär an der Asymmetrie des Erziehungssystem partizipiert.[17] Gerade dies zeigt aber e contrario, daß ihr keine eigene Asymmetrisierung gelingt. Bis weit ins 19. Jahrhundert hinein gibt es nicht einmal ein Wort (wie z. B. Wissenschaftler, scientist), das die Rolle des Wissenschaftlers bezeichnen könnte. Warum diese Anomalie?

Man kann plausibel vermuten, daß dies mit der Eigenart des Mediums der Wissenschaft zusammenhängt. Wahrheit darf sich nicht als handlungsabhängig geben. Sie seligiert übertragungsfähiges Erleben und dies unabhängig von den Interessen und Handlungen, die zu ihrer Entdeckung geführt haben. Die Entdeckung mag Arbeit und Organisation erfordern, sie mag Pre-

---

16 So Walter Bühl, Einführung in die Wissenschaftssoziologie, München 1974, S. 242.
17 Und dies schon im Mittelalter und dann vor allem im 19. Jahrhundert. Vgl. dazu Joseph Ben-David, The Scientist's Role in Society: A Comparative Study, Englewood Cliffs, N. J. 1971; Rudolf Stichweh, Zur Entstehung des modernen Systems wissenschaftlicher Disziplinen: Physik in Deutschland 1740-1890, Frankfurt 1984.

stige einbringen, aber es ist nicht dies Handeln, das die Annahme der Kommunikation nahelegt. In der Wahrheitskommunikation geben alle Beteiligten sich als Erlebende, sie rechnen die Annahme der Kommunikation nicht sich selber, sondern eben ihrer Wahrheit zu. Das schließt, um es nochmals zu unterstreichen, organisiertes und professionell anspruchsvolles, »schwieriges« Handeln nicht aus, aber dieses Handeln kann nicht zum Aufbau einer das System strukturierenden Differenz von Leistungsrollen und Publikumsrollen benutzt werden. In der kollegialen Gleichheit liegt im übrigen eine Prämisse, die das gleichmütige Hinnehmen von Meinungsverschiedenheiten erleichtert.[18] Man geht bei Kontroversen davon aus, daß letztlich die Wahrheit entscheidet, und die vermutet man natürlich auf der eigenen Seite.

Der Effekt zeigt sich an den Grenzen des Systems. Sie sind nach außen in hohem Maße informationsdurchlässig. Das Publikum gehört nicht zum System. Es muß nur vor »falschen Propheten« gewarnt werden, und insofern gibt es dann Ausschließungsregeln, die allzu inkompatible Wissensansprüche ausgrenzen.[19] Und auch systemintern gibt es keine Primärasymmetrie von aktiven und passiven Teilnehmern, sondern nur jene »invisible colleges«, jene Einheiten von Kollegen, die aufgrund eigener Forschungsteilnahme in der Lage sind, einander in etwa zu verstehen. Es ist nur die Schwierigkeit der Teilnahme und des Verständnisses, die faktisch zur Grenzziehung führt.

Mehr als andere Funktionssysteme ist die Wissenschaft daher ausdifferenziert durch die selbstgeschaffenen Probleme ihrer eigenen Kommunikation. Es gibt keine (oder nur extrem sekundäre) Gründe für das »Fernhalten« anderer. Um so berechtigter ist der immer wieder zu hörende Appell, sich doch verständlicher auszudrücken und Wissen mehr zu verbreiten – nur daß eben niemand zu sagen weiß, wie das ohne Verlust an Sinngenauigkeit und Komplexität zu machen wäre.

---

18 Auch hierzu Bühl a.a.O. S. 153.
19 Zur Ausgrenzung von nicht verhandlungsfähigen »Para«-Wissenschaften oben Kap. 5, XII.

II

Die Umstellung des Wissenschaftssystems von einem ontologischen auf ein konstruktivistisches und von einem einheitstheoretischen (prinzipientheoretischen) auf ein differenztheoretisches Selbstverständnis, wie sie in den zweihundert Jahren seit Kant zu beobachten ist, berührt in sehr tiefgreifender Weise das Verhältnis von Wissenschaft und Gesellschaft. Man könnte sehr summarisch von einem Autoritätsverlust, ja von einem Autoritätsverzicht der Wissenschaft sprechen. Es handelt sich jedoch nicht um einen bloßen Wandel der Ideen und Reflexionstheorien, durch die das Wissenschaftssystem sich selber verunsichert. Vielmehr ist diese Umstellung ihrerseits eine Folge der funktionalen Differenzierung des Gesellschaftssystems, nämlich der Ausdifferenzierung eines autonomen Funktionssystems für Wissenschaft. Semantischer Wandel und struktureller Wandel greifen ineinander, und mit einem konstruktivistischen Selbstverständnis paßt die Wissenschaft sich letztlich einer Lage an, die durch die Evolution der modernen Gesellschaft eingetreten ist und nicht allein wissenschaftsendogen erklärt werden kann.

Die Tradition war von einer beobachtungsunabhängig gegebenen Welt ausgegangen – allein schon deshalb, weil jeder Mensch für sich selbst die Erfahrung machen kann, daß die Dinge nicht verschwinden, wenn er wegblickt oder weggeht. Die Kosmologie der vorneuzeitlichen Gesellschaft war entsprechend ontologisch formuliert worden. Auch das seit der Mitte des 16. Jahrhunderts zunehmende Interesse an einer Skepsis in bezug auf Kriterien und an Wahrnehmungstäuschungen hat daran nicht viel ändern können, sondern nur Bemühungen um Methodisierung und um Sicherung der Gewißheit des Wissens ausgelöst. Unter dieser Voraussetzung gibt es nur eine Wirklichkeit (die These der Mehrheit der Welten hatte das nicht in Frage gestellt, sondern durch Multiplikation nur bestätigt) und also nur eine richtige Erkenntnis der Wirklichkeit – wenngleich viele mögliche Täuschungen und Irrtümer.

Der Wissende ist unter diesen Voraussetzungen der Wächter des Zugangs zur Wirklichkeit. Er sieht von dem, was zu sehen ist, mehr als andere; er sieht besser, sieht weiter als andere. Eine so gestellte Wissenschaft kann *Autorität* in Anspruch nehmen. Sie kann denen, die es nicht sehen, mitteilen, was sie sieht. Es kann noch Zweifel geben, ob sie die Wahrheit sieht, aber wenn sie die Wahrheit sieht, sieht sie die Wahrheit. Überall, wo Wahrheit eine Rolle spielt, kann die Wissenschaft Auskunft erteilen. Wenn sie einen Zusammenhang von Erkenntnissen feststellen kann, beweist das den Zusammenhang der Welt und findet zugleich seine Begründung darin, daß die Wirklichkeit nur eine einzige Wirklichkeit ist. Wenn sie etwas Neues entdeckt, muß man die Mitteilung hinnehmen, wie immer irritierend und störend die Folgen sind.

Ein das umfassende Ganze repräsentierender Autoritätsstil war in der Tradition immer mit der Aura des Geheimen und Undurchsichtigen vorgestellt worden. Das »Wie« war als nicht voll kommunikationsfähig gedacht worden – eine Behelfsversion der Auflösung der Paradoxie des Ganzen, das im Ganzen wieder vorkommt und nicht wiedervorkommen kann. Noch die frühneuzeitlichen Versuche, dieses Modell angesichts der Religionswirren aus der Religion in die Politik zu überführen, tragen diesen Zug der Kulmination im Unverständlichen und der Natur nach Geheimen – so wenn aus der Sicht des französischen Staatsrates die »science Royale« dargestellt wird als Wissenschaft von den geheimen und unverständlichen Entschlüssen des Monarchen, die nur für ihn selbst (und allenfalls noch für andere Monarchen) zu entschlüsseln seien.[20] Und der heutige Leser gewinnt fast den Eindruck, als ob hier aus der Perspektive von unten der Punkt anvisiert werde, an dem Weisheit und Torheit nicht mehr zu unterscheiden seien. Es ist klar, daß sehr bald darauf eine Ausdifferenzierung spezifischer Bemühungen um Wissensgewinn eine solche Lösung des Ab-

---

20 Vgl. François de Lalouette (l'Alouete), Des Affaires d'Estat, des Finances du Prince et de sa Noblesse, Metz 1597, S. 45ff. Am Text beeindruckt besonders die Klarheit der juristischen und finanztechnischen Exposition im Vergleich zur Mystifikation der Spitze. Auch die frühen Anläufe zu einer Wissenschaftsorganisation respektieren das. Fragen der Theologie seien an die Sorbonne, Staatsgeheimnisse an den Conseil du Roi abzugeben, aber sonst dürfe jedes Thema behandelt werden, konstatieren die Regeln des »Bureau d'adresse« von Théophraste Renaudot, einer 1633 gegründeten wissenschaftlichen Clearing-Stelle. Siehe Howard M. Solomon, Public Welfare, Science, and Propaganda: Innovations of Théophraste Renaudot, Princeton 1972, S. 65.

schlußproblems nicht mehr akzeptieren wird. Damit wird die Autorität (nicht nur: ihre »Legitimation«) zum Problem. Autorität – der Begriff ist mithin für Sprecherrollen in einer monokontextural definierten Welt reserviert und bezeichnet den ihnen zugeschriebenen Kommunikationserfolg. Auf die Eigentümlichkeit einer solchen ontologischen Weltkonstruktion mit ihrem einfachen eins-zu-eins-Verhältnis von Sein und Denken (mit dem Vorbehalt einer unbekannten oder sogar unerkennbaren Restgröße) hatten wir schon öfter hingewiesen. Hier interessieren die gesellschaftlichen Auswirkungen, mit denen man rechnen muß, wenn diese Weltkonstruktion aufgegeben und ersetzt wird durch eine polykontexturale Welt mit eingeschlossenem Beobachter, der seinerseits beobachtet werden kann.[21]

Eine recht naive Annahme wäre, daß die Autorität des Wissens immer noch steige und mehr und mehr auf Kosten anderer Autoritätsquellen sich ausweite – zunächst auf Kosten der Religion und heute auch der Politik. In diesem Sinne hat man die moderne Gesellschaft als »Technokratie« charakterisiert.[22] Bei dieser Auffassung fungiert die ontologische Konstruktion als Summenkonstanzprämisse, derzufolge Autoritätsgewinn auf der einen Seite mit Autoritätsverlust auf der anderen bezahlt werden müsse. Diese These ist schon mit Arbeitsteilung und erst recht mit funktionaler Differenzierung der Gesellschaft inkompatibel. Sie unterschätzt aber vor allem die Entlastungswirkung der wissenschaftlichen Autorität für andere Funktionsbereiche und kann deshalb die Folgen nicht beobachten, die eintreten, wenn diese Entlastung allmählich korrodiert.

Die Religion kann sich schon seit längerem nicht mehr auf eine auch wissenschaftlich gesicherte Kosmologie stützen; und daß

---

21 Vgl. erneut: Gotthard Günther, Life as Poly-Contexturality, in ders., Beiträge zur Grundlegung einer operationsfähigen Dialektik, Bd. II, Hamburg 1979, S. 283-306.
22 Siehe nur Helmut Schelsky, Der Mensch in der wissenschaftlichen Zivilisation, Köln-Opladen 1961; neu gedruckt in ders., Auf der Suche nach Wirklichkeit: Gesammelte Aufsätze, Düsseldorf 1965, S. 439-480; Daniel Bell, The Coming of Post-Industrial Society: A Venture in Social Forecasting, New York 1973, insb. S. 349ff. Wenn die Kritik demgegenüber lediglich darlegen kann, wie ungemütlich eine solche »Herrschaft« der Technokraten wäre, bleibt sie auf derselben Ebene theoretischer Naivität.

sie gegen wissenschaftliche Aufklärung empfindlich war, betraf eben jenen Bereich, in dem Religion und Kosmologie überlappten – die Welt Mircea Eliades. Für die Politik sind dies relativ neue Erfahrungen – etwa die, daß es ratsam ist, in Parteiprogrammen nicht zu stark auf inspirierende Theorien zu setzen oder sich von der sozialwissenschaftlichen Forschung nur Daten geben zu lassen (die ohnehin rasch veralten) und nicht Entscheidungsvorschläge.[23] Besonders auffällig ist das gleiche Phänomen im Bereich des Erziehungssystems, das um 1800, besonders in Deutschland, noch einmal ganz entschieden auf Wissenschaft gesetzt hatte, um sich aus der Bevormundung durch Religion und Politik zu lösen. Bald darauf wird aber das Risiko auch dieser Anlehnung deutlich: Nach über zweitausend Jahren Schulgeometrie plötzlich Zweifel an Euklid – und ohne pädagogisch brauchbaren Ersatzvorschlag! Die Figuren haben kein Wirklichkeitskorrelat, die Beweise stimmen nicht oder arbeiten mit unakzeptablen Annahmen, nur noch in der Schule »gilt« diese Geometrie.[24] Ein Lehrer, der versuchen würde, die monokontexturale Welt durch eine polykontexturale zu ersetzen, dem »jeux de raison multiple«[25] nachzugeben oder gar die eigenen Vorstellungen ironisch und bezweifelt anzubieten, wird als Lehrer wenig Erfolg haben und allenfalls seinen »Stil« vermitteln können.[26] Offenbar ist die Autorität des Wissenden für

23 Wir kommen darauf zurück.
24 Vgl. dazu Barry Barnes, Interests and the Growth of Knowledge, London 1977, S. 42 f. unter dem Gesichtspunkt des »Interesses« der Schule an wissenschaftlicher Autorität. Barnes zitiert H. G. Forder, Eucledian Geometry, Cambridge 1927, S. VII: »Teachers of elementary Geometrie and writers of elementary text-books can learn from (my book) how far short of logical perfection are the proofs usually received; and this should result in an improvement of Geometrical teaching, unless it be contended that an unsound proof has an educational value not possessed by a sound one«, und Barnes fügt trocken hinzu: »it would seem that this contention did have something in it.«
25 So Gaston Bachelard, La formation de l'esprit scientifique: Contribution à une Psychanalyse de la connaissance objective (1938), zit. nach der Ausgabe Paris 1947, S. 41, im Unterschied zu der Annahme, daß es für eine Tatsache nur einen Grund geben könne. Im übrigen: die Werke von Bachelard sind eine Fundgrube für die im Text vertretene These eines Auseinanderdriftens von Erziehung und Wissenschaft.
26 Hierzu gibt es einen bemerkenswerten Vergleich des Erfolgs in Lehre und Schulbildung zweier amerikanischer Psychologen aus den 30er Jahren: Tolman und Spence, der auf genau diesen Punkt abstellt bei annähernder Gleichheit der

den Lehrer unentbehrlich, sie wird gleichsam durch Nachfrage konstituiert, wie immer er sich verhält und wie immer er schmerzlich erfahren muß, daß die Wissenschaft diese Autorität gar nicht deckt. Er muß so tun als ob.

Wenn und soweit funktionale Differenzierung sich durchsetzt, verlieren nicht nur autoritative Sprecherrollen ihre Position. Sie werden außerdem der Beobachtung durch jeweils andere Funktionssysteme ausgesetzt – sei es im Hinblick auf hinter dem Rücken wirkende Interessen und Motive, sei es im Hinblick auf manifeste und latente Bedingungen ihrer Beobachtungsweise. Der Wissenschaftler mag Wahrheiten bzw. Unwahrheiten anbieten – aber was hilft es, wenn dies vorgängig als rechtmäßig oder unrechtmäßig, als politisch förderungswürdig oder als nur »privat«, als ökonomisch auswertbar bzw. nichtauswertbar beurteilt wird; oder wenn die Religion ihm sagt, daß er auf diese Weise die Welt Gottes nie zu sehen bekommt. In einer funktional differenzierten Gesellschaft ist diese Möglichkeit des Unterscheidens und der Beobachtung von Beobachtern im Hinblick auf das, was sie nicht beobachten können, strukturell angelegt. Das löst alle Autorität auf und läßt nur noch Zuständigkeit für den je eigenen Code zurück. Immer noch sieht sich die Wissenschaft zwar mit der Erwartung konfrontiert, sie könne sicheres Wissen liefern, und als Modell dafür dient die funktionierende Technik.[27] Um so schmerzlicher sind dann aber für beide Seiten die Enttäuschungen, die sich ergeben, wenn Wissenschaftler Zukunftsprognosen, Sicherheitsbewertungen oder auch einfach Expertenurteile in rechtlich relevanten Fragen abgeben sollen.

persönlichen Ausstrahlungskraft und gleicher Prominenz der wissenschaftlichen Leistung. Tolman, der dem im Text genannten Typus entsprach, hat nie schulbildend gewirkt im Unterschied zu Spence, der Wissen und Lehrautorität zu verschmelzen wußte. Siehe Donald T. Campbell, Descriptive Epistemology: Psychological, Sociological, and Evolutionary, William James Lecture 1977 der Harvard University, zit. nach dem unpublizierten Ms., S. 114ff. Publiziert ist m. W. nur: D. L. Krantz/L. Wiggins, Personal and Impersonal Channels of Recruitment in the Growth of Theory, Human Development 16 (1973), S. 133-156, und Campbell, A Tribal Model, a.a.O.

27 Siehe Dorothy Nelkin, Selling Science: How the Press Covers Science and Technology, New York 1987; Harry M. Collins, Certainty and the Public Understanding of Science: Science on Television, Social Studies of Science 17 (1987), S. 689-713.

Allen wissenschaftlichen und vor allem wissenschaftstheoretischen Entwicklungen zum Trotz ist das Wirklichkeitsbild des gesellschaftlichen Alltags ungebrochen monokontextural geblieben. Offenbar läßt es sich nur so mit der Wahrnehmungswelt jedes Einzelnen integrieren, und umgekehrt hält die Wahrnehmung und die dadurch laufend re-inspirierte Kommunikation an Monokontexturen und damit an (wie immer theoretisch gedeuteten) Ontologien fest. Andererseits sind die avancierten Unwahrscheinlichkeiten in den Strukturen und Operationen der Funktionssysteme so nicht mehr zu erfassen. Dieser Zwiespalt macht sich bemerkbar als laufende Kritik der Gesellschaft an sich selbst und an immer wieder reproduzierten Semantiken, sei es der Natur, sei es der Lebenswelt, sei es heute wieder der Natur, mit denen diese Kritik kommuniziert werden kann. Das alles ändert aber nichts an der faktisch zunehmenden Erosion der Autorität des Wissens; und es ändert auch nichts an der Tatsache, daß andere Funktionssysteme sich mehr und mehr darauf einstellen und ihre eigene Autopoiesis prozessieren müssen.

Gibt es Wissen, das von diesem Autoritätsverfall nicht betroffen und doch gesellschaftlich verwendbar ist? Man geht nicht fehl, wenn man diese Frage im Hinblick auf Technologien mit Ja beantwortet. Technologien funktionieren auch in einer unbekannt bleibenden Welt, sei diese nun monokontextural oder polykontextural beschrieben. Sie funktionieren ohne jeden Abschlußgedanken, ohne métarécit (Lyotard). Vielleicht gibt es aus diesem Grunde also eine sich heraussortierende Präferenz für technologisches Wissen, das sich auch dann noch bewährt, wenn die Gesellschaft in ihren Spitzenleistungen polykontextural beschrieben werden muß und wenn es immer neue Beobachter gibt, die beobachten, wie Beobachter beobachten. Aber auch wenn dies so wäre, hätte es mit Technokratie nichts zu tun. Es käme nicht zu einer »Herrschaft« der Technik oder der Techniker, sondern nur zur Stabilisierung von »Eigenzuständen« des Gesellschaftssystems, die mit Polykontexturalität und rekursivem Beobachten kompatibel sind und sich geschichtlich gerade daraus ergeben.

Die Umsetzung von Weltwissen und Sachkenntnis in Kommunikationserfolg und die entsprechende Konzentrierung von

Aufmerksamkeit, von Anreizen, von Belohnungen nehmen damit im Vergleich zu allen früheren Gesellschaften neuartige Formen an. Der Übergang von sachlich zu sozial wird anders konditioniert und damit auch anders seligiert. Es ist daher wenig sinnvoll, »men of knowledge« über die Zeiten hinweg zu vergleichen[28] und zu fragen, ob ihre Bedeutung gestiegen oder gesunken sei. Man kann Wissenschaft und Wissenschaftler als Quelle von Erkenntnisgewinnen ausmachen und auszeichnen. Die technologischen Erfolge der Wissenschaft erklären, soweit sie reichen, ihr Ansehen. Das rechtfertigt es aber nicht mehr, von Autorität zu sprechen.[29] Sicher: funktionierende Technologien funktionieren. Ein dies garantierendes Wissen der Wissenschaft versichert aber nicht, es verunsichert die Welt, um sich dann dagegen mit trotzdem funktionierenden Technologien (also mit Kontingenz- und Selektionserfahrungen) zu behaupten. Diese Selektionsweise gewinnt in dem Maße mehr an Bedeutung, als Welt und Gesellschaft sich durch technologisch erfolgreiche Eingriffe verändern. Fast scheint es dann so, als ob gegen die damit verbundenen Probleme wiederum nur Technologien aufgeboten werden könnten. Aber selbst hier kann die Wissenschaft keineswegs auf alle damit praktisch verbundenen Fragen im voraus eine Antwort geben. Auch wird es schwer fallen, eine Gegenautorität zu reklamieren, wenn die Wissenschaft bestimmte Auffassungen widerlegt hat. Aber in der älteren Gesellschaft ging es um mehr: um Autorität, die auch politisch, auch erzieherisch nutzbar war; und davon kann heute immer weniger die Rede sein.

Im Vergleich zu jeder Wissenskonzeption, die priviligierten Zugang zu Welt und damit soziale Autorität im Wissen und Können in Anspruch nimmt, macht der Konstruktivismus es sich leicht. Er läßt davon ab. In einer Gesellschaft, die dafür geeignete Positionen nicht mehr ausweisen kann (weder für den

---

28 So Florian Znaniecki, The Social Role of the Man of Knowledge, New York 1940.

29 So aber Barry Barnes/David Edge (Hrsg.), Science in Context: Readings in the Sociology of Science, Cambridge, Mass. 1982, General Introduction, S. 2: »Indeed, in modern societies, science is near to being *the* source of cognitive authority: anyone who would be widely believed and trusted as an interpreter of nature needs a licence from the scientific community.« Aber heißt das mehr als: daß nur Wissenschaftler als Sprecher der Wissenschaft auftreten können?

Adel, noch für den Monarchen, weder für die Städter, noch für die Männer), gewinnt der Konstruktivismus als dann noch mögliche Reflexion des Wissens an Plausibilität. Es ist unter den jetzt gegebenen Bedingungen eben sehr viel leichter, Konstruktionen zu entwerfen und nachzuvollziehen, als richtige Realitätswahrnehmungen zu behaupten und durchzusetzen. Selbst die Religion, selbst die Politik muß das erfahren. Und selbst Habermas![30] Parallel zum evolutionären Aufbau sozialer Systemkomplexität reduziert das Wissen seinen sozialen Zumutungsgehalt, und der Konstruktivismus ist die Endposition, die das reflektiert und darin nicht mehr überboten werden kann.

All das führt zu der Schlußfolgerung, daß die Wissenschaft zwar heute mehr denn je ein Monopol auf ihre Funktion geltend machen kann. Sie ist durch kein anderes Funktionssystem ersetzbar. Es gibt keine anderen Adressen für gesichertes Wissen. Aber eben das muß die Wissenschaft mit erhöhter (aber reflektierter und weder skeptizistischer noch subjektivistischer) Unsicherheit, mit Polykontexturalität, mit komplexen und dezentrierten Beobachtungsverhältnissen bezahlen. Sie kann auf Anfragen nicht mehr antworten: so ist es, so macht es! Sie kann sich daher auch nicht mehr schlicht als Vertreterin des Fortschritts präsentieren. Sie kann nicht im Namen des Richtigen und Vernünftigen verlangen, daß ihr Wissen übernommen und angewandt wird. Und sie hält trotzdem ihr Funktionsmonopol.[31]

---

30 Gerade hier ist aber eine faszinierende Grenzposition zu beobachten. Die richtige Meinung wird als Ergebnis von vernünftig argumentierender Kommunikation erwartet, also in eine unbekannte Zukunft ausgelagert. Es werden nur noch die Bedingungen angegeben, denen man sich zu unterwerfen hat, um diese Zukunft zu ermöglichen. Die transzendentalen Aprioris, die letzten antikonstruktivistischen Fluchtpunkte, werden wegfuturisiert. Aber die Zukunft bleibt für alle Gegenwart Zukunft und die faktisch geübte eigene Kommunikationspraxis besteht gegenwärtig im Beschreiben von Beschreibungen. Nur in einem Punkte ist diese Position noch bedenklich, nämlich politisch: Sie kann nicht ausschließen, daß am Ende einer noch behält.

31 Siehe auch Michael Mulkay, Science and the Sociology of Knowledge, London 1979, S. 112f.

III

Die Differenzierung des Gesellschaftssystems schafft für jedes Teilsystem eine Dreifalt von Beziehungsmöglichkeiten: (1) die Beziehung zum Gesamtsystem Gesellschaft, dem es angehört und das es mitvollzieht, (2) die Beziehung zu den anderen Teilsystemen und (3) die Beziehung zu sich selbst. In älteren Gesellschaftsformationen ist diese Dreifalt jedoch überformt durch die Art, wie die Gesellschaft in der Gesellschaft dargestellt wird, zum Beispiel durch die Differenz von Zentrum und Peripherie oder durch Stratifikation. In diesen Gesellschaften erscheint die soziale Ordnung selbst als Form gesellschaftlicher Differenzierung mit einem repräsentativen Teilsystem, dem Zentrum und/oder der Spitze.[32] Dies wird erst anders, wenn infolge der Durchsetzung des Primats funktionaler Differenzierung repräsentative Zentren und Spitzen entfallen und die Gesellschaft selbst zum Resultat des Nebeneinanders ausdifferenzierter Funktionssysteme verblaßt und in jedem Funktionssystem unter anderen Primatgesichtspunkten repräsentiert wird. Dann wird die Differenz von Gesellschaftsbezug, Bezug auf die gesellschaftsinterne Umwelt und Selbstbezug zur Form, in der die Funktionssysteme sich *an und in* der Gesellschaft orientieren. Die Paradoxie, daß die Gesellschaft zugleich eine Einheit und eine Vielfalt ist, wird auf diese Weise entfaltet. Sich an und sich in der Gesellschaft zu orientieren, erfordert für jedes Funktionssystem unterschiedliche Perspektiven, und eben deshalb wird zum Ausgleich, zu deren Vermittlung, der Selbstbezug der Funktionssysteme zum Problem. Die Paradoxie der Welt, die Paradoxie der Gesellschaft verlagert sich in die systemeigene Paradoxie von Einheit und Differenz.

Um diese Erkenntnis in eine Terminologie umzusetzen, nennen wir die Beziehung eines Funktionssystems auf die Gesellschaft als Einheit, also die Orientierung *an* der Gesellschaft *Funktion*,

---

32 Immerhin kann man auch in älteren Parallelen zu unserer Dreiteilung entdecken – etwa die schöpfungshierarchische Integration von Selbstdienlichkeit und Fremddienlichkeit in der Scholastik. Weitere Parallelen: Gott/Welt/Seele oder, im Naturrecht des 17./18. Jahrhunderts: Pflichten gegen Gott, gegen andere, gegen uns selbst, oder im Tugendkatalog: piété, justice, sobrieté. Immer ist hierbei der Ausgangspunkt der einzelne Mensch, und nicht das Funktionssystem.

die Beziehung auf die innergesellschaftliche Umwelt, besonders auf die anderen Funktionssysteme, also die Orientierung *in* der Gesellschaft *Leistung* und die Beziehung auf sich selbst, wie wir schon wissen, *Reflexion*. Jedes Funktionssystem findet, so ist zu vermuten, verschiedene Formen und verschiedene Terminologien, um diese Beziehungen auseinanderzuhalten und zu verknüpfen.[33] Und wenn es nicht ohnehin damit vorbei wäre: diese Differenzierung der Systembeziehungen sprengt jede Möglichkeit einer teleologischen Interpretation der Wissenschaft wie auch anderer Funktionssysteme.

Die Orientierung an der Gesellschaft wird als Funktion spezifiziert und wird damit für jedes Funktionssystem eine andere. Das ist zugleich die Basis, auf der das Funktionssystem für die *eigene* Funktion *Universalkompetenz* in Anspruch nehmen und den eigenen Code als Prinzip der Differenz (indifferente Codierung) verwenden kann. Die gesellschaftliche Relevanz erscheint als Monopol für einen Aspekt und als Autonomie des Funktionssystems. Es operiert in der Wahrnehmung seiner eigenen Funktion ohne Konkurrenz, zum Beispiel die Wissenschaft ohne Konkurrenz durch Religion oder durch Kunst; und erst innerhalb des Funktionssystems lassen sich auf organisatorischer Basis Konkurrenzverhältnisse etablieren: mehrere Firmen am selben Markt, mehrere politische Parteien, mehrere Forschungsinstitute. Was immer unter dem Code wahr/unwahr im Hinblick auf Wissensgewinnung operiert, ist Wissenschaft – auch wenn es im Klostergarten oder im Industrielabor geschieht. Es gibt in dieser Hinsicht keine Abhängigkeit des Systems. Was geschieht, geschieht in Selbstauswahl der Operationen, geschieht in Fortsetzung der Autopoiesis des Systems – oder es geschieht nicht.

Unter Leistungsgesichtspunkten tritt das System dagegen in ein komplexes Geflecht von Input- und Outputbeziehungen. Jedes Funktionssystem hängt davon ab, daß andere ihre Funktion

---

33 Siehe für das Religionssystem Niklas Luhmann, Funktion der Religion, Frankfurt 1977, S. 54 ff.; für das Erziehungssystem Niklas Luhmann/Karl Eberhard Schorr, Reflexionsprobleme im Erziehungssystem, Stuttgart 1979, S. 34 ff.; für das politische System Niklas Luhmann, Politische Theorie im Wohlfahrtsstaat, München 1981, S. 81 ff. für das Wirtschaftssystem Niklas Luhmann, Die Wirtschaft der Gesellschaft, Frankfurt 1988, S. 63 ff.

erfüllen, und dies auf entwicklungsadäquatem Niveau. Das ist nur das Spiegelbild der eigenen Autonomie. So ist die Wissenschaft darauf angewiesen, daß das politische System Frieden (oder zumindest: relativ gewaltfreie Territorien) garantieren kann, daß Rechtsstreitigkeiten entschieden werden können, daß die Wirtschaft funktioniert und die notwendigen Zahlungen tätigt und daß das Erziehungssystem Nachwuchs ausbildet. Die Wissenschaft ihrerseits gibt Leistungen ab; sie arbeitet an Technologieentwicklungen, die eventuell wirtschaftlich brauchbar sind; sie liefert »Stoff« für das Erziehungssystem; sie beobachtet und interpretiert die öffentliche Meinung, die wirtschaftliche Entwicklung, die demographischen Daten zur Information der Politik; sie dringt in der Form von Mutterschafts-, Ehe- und Familienberatung in den Familienalltag ein; sie redet dem Religionssystem die Festlegung auf offensichtliche Unwahrheiten aus; sie stellt Gutachten für Gerichtsverfahren zur Verfügung; sie beliefert vor allem, und hier besonders effektiv, die Heilung von Krankheiten mit dem nötigen Wissen, sei es direkt, sei über die Arzneimittelindustrie.

Greift man diesen Aspekt heraus, dann kann man in der Form eines Input/Output-Modelles herausarbeiten, wie die Funktionssysteme durch Kommunikation miteinander verknüpft sind, und man kann in der Form von »Szenarien« sich ausdenken, was (und wie schnell was) passieren würde, wenn eines der Systeme seine Leistungen mindern oder ausfallen lassen würde. Daß überhaupt solche Intersystemkommunikation in jeweils dem Medium des abgebenden Systems möglich ist und im Prinzip (wenngleich nicht selten: mit Schwierigkeiten) verstanden werden kann, dokumentiert die Existenz von Gesellschaft und trägt mit bei zur ständigen Reproduktion der Gesellschaft in Differenz zu ihrer Umwelt. Sich auf ein solches Input/Output-Modell zu beschränken, bliebe gleichwohl eine Karikatur des Gesellschaftssystems, die einseitig auf Abhängigkeit abstellte und gänzlich absähe von der Eigendynamik der Systeme, die voneinander abhängig sind – ein bloßes Tauschmodell. Die Realität erschließt sich nur, wenn man diese Input/Output-Beschreibung an die Beschreibung der selbstreferentiellen, operativ-geschlossenen Autopoiesis der Funktionssysteme anpaßt.

Man gewinnt dann eine Erklärung dafür, daß Leistungsabgaben (Outputs) immer in der Sprache des abgebenden Systems formuliert, also als dessen interne Operation vollzogen werden. So bleibt eine Geldzahlung auch dann eine wirtschaftsinterne Operation (also: limitiert auf die Weiterverwendung von Geld als Geld), wenn sie zur Bezahlung von Forschungsleistungen benutzt wird. Das Wissenschaftssystem kann kein Geld annehmen, weil es nicht durch die Entscheidung zwischen Zahlung und Nichtzahlung zur Feststellung von Wahrheiten bzw. Unwahrheiten kommen kann. Das schließt die triviale Einsicht nicht aus, daß viele Forschungen nicht stattfinden würden, wenn dafür nicht gezahlt würde. Aber es liegt nur eine operative Kopplung vor, die im übrigen keine genaue Abstimmung verträgt (eine Mark für eine Wahrheit!), und selbst wenn ein Beobachter im Kopplungsvorgang nur eine einzige Kommunikation erkennen kann – etwa Wahlprognosen als wissenschaftliche und politische Kommunikation –, muß er, um dies erkennen zu können, zwei Systeme unterscheiden und differentielle Anschlüsse und Folgen in beiden Systemen je für sich beobachten zu können.

Aus demselben Grunde ist die Aufnahme eines Input immer an die Anschlußfähigkeit im aufnehmenden System gebunden. Um Zahlungen für Forschungen verwenden zu können (sie also im Wirtschaftssystem ausgeben zu können), muß das Wissenschaftssystem die Forschungen als Forschungen vorstellen können. Der Auftraggeber mag sich vorstellen, daß dabei profitabel verwendbare Ergebnisse herauskommen, so wie auch der Wissenschaftler sich vorstellen kann, daß seine Resultate in anderen Systemen nach deren Selektionskriterien, Normen und institutionellen Gepflogenheiten verwendbar sind.[34] Aber ob diese Einschätzung zutrifft oder nicht, entscheidet sich im anderen System. Von dort her gesehen ist wissenschaftliches Wissen eine Konstruktion des Verwenders.[35]

34 Etwas stark formuliert klingt unter diesen Umständen die These von Shaul Katz/Joseph Ben-David, Scientific Research and Agricultural Innovation in Israel, Minerva 13 (1975), S. 152-182, es sei Voraussetzung anwendungsbezogener Forschung (aber damit auch Aufgabe der Wissenschaft?), daß der Abnehmer zu rationaler Verwendung der Forschungsergebnisse erzogen werde.
35 So für soziologisches Wissen, aber es ist keineswegs eine Besonderheit dieser Wissensquelle, Matthias Wingens/Stephan Fuchs, Ist die Soziologie gesellschaft-

Wie groß immer der Einfluß und ob mit glücklicher Hand ausgewählt oder nicht: Forschungspolitik bleibt Politik.[36] Sie ist Politik allein schon als Darstellung von Politik.[37] Sie kann sich nicht selbst für Forschung substituieren, und sie hat ihren eigenen Sinn nur als Politik. Sie kann durch Vorschlag von Forschungsthemen und durch finanzielle Anreize oder auch durch Personalentscheidungen die Wissenschaft irritieren. Sie kann bevorzugte Nomenklaturen vorgeben (Frieden, Frauen, Umwelt, Technikfolgen, Kultur) und die Wissenschaft anregen, in Anträgen oder Darstellungen entsprechende Terminologien zu übernehmen. Aber damit sind noch keine Begriffe gebildet, geschweige denn Forschungsresultate an die Hand gegeben. Unbestritten bleibt, daß es grenzüberschreitende Perspektiven und Kalkulationen gibt. Schließlich hört die Orientierung eines Systems nicht an seinen Grenzen auf, und Intersystemkommunikation ist gesellschaftlich möglich, ja völlig normal. Erfolgreiche Forschungsförderungsprogramme der Politik gehen denn auch oft auf Anregungen zurück, die aus der Wissenschaft selbst kommen, oft von Außenseitern, oft von Reputationsträgern mit politischem Einfluß. Nur ändert all das nichts daran, daß ein System nur unter der Bedingung der Fortsetzung seiner eigenen Autopoiesis operieren kann und alle operativen und strukturellen Kopplungen allenfalls beeinflußen können, welche konkreteren Strukturen, Erwartungen, Themen das System dafür aktiviert.

In der Innendarstellung der Systeme wirft die Input/Output-Konstellation je nach Funktionsbereich und Systemgeschichte

lich irrelevant? Perspektiven einer konstruktivistisch ansetzenden Verwendungsforschung, Zeitschrift für Soziologie 18 (1989), S. 208-219.

36 Und dies auch dann, wenn die »Politisierung« von Forschungsthemen zunimmt, der Einfluß der Politik auf Mittelbewilligungen oder Planstellendefinitionen nach finanziellem Volumen und Themenspektrum zunimmt, – solange nur die politische Kommunikation sich nicht darauf kapriziert, vorzuzeichnen, welche Ergebnisse wahr und welche unwahr sein werden.

37 Vgl. hierzu Volker Ronge, Forschungspolitik als Strukturpolitik, München 1977, insb. S. 137ff. Der Darstellungsaspekt wird primär unter »legitimatorischen« Gesichtspunkten behandelt. Er hat aber auch einen Zeitvorteil und überbrückt damit die Differenzen zwischen den Zeithorizonten der Systeme. Der Politiker, der für Forschungen Geld bewilligt, neue Universitäten gründet, Institute einrichtet, kann sich dessen sofort rühmen, ohne warten zu müssen, ob etwas und was dabei herauskommt.

sehr verschiedene Probleme auf. Das Wissenschaftssystem bedient sich typisch der Unterscheidung von Grundlagenforschung und anwendungsbezogener Forschung,[38] um sich zur Differenz von Funktionserwartungen und Leistungserwartungen in ein Verhältnis zu setzen. Das wiederholt sich in den einzelnen Disziplinen.[39] Die Differenz von Grundlagenforschung und anwendungsbezogener Forschung ist also selbst keine Disziplindifferenzierung, sondern steht quer dazu. Als Interpretation der Differenz von Funktion und Leistung kann die Unterscheidung von Grundlagenforschung und anwendungsbezogener Forschung nicht hierarchisch verstanden werden (obgleich der Reputationsmarkt sie nicht selten so behandelt, als ob Grundlagenforschung höherwertiger oder »wissenschaftlicher« wäre als anwendungsbezogene Forschung). Die Gesellschaft ist als Einheit nicht wichtiger als das, was sich in der Form unterschiedlicher Funktionssysteme auffaltet. Auch die Unterscheidung von Grundlagenforschung und anwendungsbezogener Forschung ist letztlich wieder eine Reformulierung der Ausgangsparadoxie als ein Problem kleineren Formats, nämlich als die Frage, wie weit anwendungsbezogene Forschung sich noch grundlagentheoretisch steuern läßt und für die Theorie gegebenenfalls Erträge abwirft.

Im Bereich der anwendungsbezogenen Forschung muß man verschiedene Probleme unterscheiden. Es versteht sich von selbst, daß auf die Werte, Normen und Interessen des Anwendungsbereichs Rücksicht genommen werden muß; sonst verfehlt man den Sektor »anwendungsbezogene Forschung« und »produziert man am Markt vorbei«. Hinzu kommt, daß das

---

[38] Ich vermeide den mißverständlichen Ausdruck »angewandte« Forschung und spreche von anwendungsbezogener Forschung, denn es handelt sich ja nicht um Anwendung von Resultaten des Wissenschaftssystems außerhalb seiner Grenzen, sondern um Forschung im Wissenschaftssystem selbst, die Anwendungsmöglichkeiten nur durchdenkt und eventuell simuliert.

[39] Talcott Parsons meint z. B., von Soziologie als Profession (und damit wohl auch: als Disziplin) könne man erst sprechen aufgrund einer Differenzierung gegen »applied interests«. Siehe: Some Problems Confronting Sociology as a Profession, American Sociological Review 24 (1959), S. 547-599; auch in: Edward A. Tiryakian (Hrsg.), The Phenomenon of Sociology: Reader in the Sociology of Sociology, New York 1971, S. 325-347.

Angebot nach außen sich kommunikativ von den für interne Zwecke entwickelten Formen ablösen muß. Es muß vereinfachen, muß oft auch die Sicherheit des Erkenntnisstandes betonen und mögliche Kritik unterdrücken, einmal ganz abgesehen von der Frage, ob Wissenschaftler persönlich an der Anwendung ihres Wissens interessiert sind und persuasive Techniken benutzen, die wissenschaftlich nicht zu vertreten sind.[40] Wichtiger als solche Probleme kommunikativer Stilisierung ist jedoch die Einsicht, daß der Kontakt mit anderen Funktionssssystemen typisch die Außenfassade der Sicherheit wissenschaftlichen Wissens lädiert[41] und mit an die Wissenschaft gerichteten Fragen tief in die internen Unsicherheiten und in all das, was im Normalgang der Forschung weder gefragt noch beantwortet wird, hineinstößt. Das ist kein unbedingt neues Phänomen[42]; aber die Bedeutung hat in den Bereichen der gezielten Technologieentwicklung, in Fragen der Risikobeurteilung und bei Problemen der Prognose ökologischer Konsequenzen als Grundlage politischer Entscheidungen so zugenommen, daß die Autorität der Wissenschaft selbst mehr und mehr in Frage gestellt wird.[43] Um diesen wichtigen Punkt zu wiederholen: die allgemeine Außendarstellung der Wissenschaft und die unspezifischen Erwartungen an sie mögen die Sicherheit des Wissens, den fast täglichen Zuwachs, die bedeutenden Innovationen (und Innovatoren) betonen – gleichsam auf Nobelpreisniveau; aber in den spezifischen Kontakten zwischen den Funktionssystemen entwickeln sich völlig andere Eindrücke, die mehr mit der systeminternen Kommunikation und dem Nochnichtwissen übereinstimmen. Es ist wie bei einem vorweihnachtlich geschmückten Warenhaus: Reichhaltigkeit und Glanz der Auslage beeindrucken, aber wenn man etwas Bestimmtes sucht, findet man es nicht, und man stößt bei hartnäckigen Nachfragen auf

---

40 Zu solcher »rhetoric of application« vgl. Michael Mulkay/Trevor Pinch/Malcolm Ashmore, Colonizing the Mind: Dilemmas in the Application of Social Science, Social Studies of Science 17 (1987), S. 231-256.
41 Vgl. oben S. 627ff.
42 Das zeigt Christopher Hamlin, Scientific Method and Expert Witnessing: Victorian Perspective on a Modern Problem, Social Studies of Science 16 (1986), S. 485-513.
43 Vgl. bereits oben S. 611f.

die Kalkulation, die entscheidet: solche Artikel führen wir nicht.[44]

Zu all dem kommt hinzu, daß die Umwelt, der gesellschaftliche Alltag, die anderen Funktionssysteme, ihre Probleme und Anfragen normalerweise nicht im Zuschnitt auf einzelne Disziplinen präzisieren. Die Umwelt der Wissenschaft entspricht nicht vorab schon der internen Differenzierung des Wissenschaftssystems. Daher müssen die Leistungen der Wissenschaft typisch interdisziplinär erbracht werden, und anwendungsbezogene Forschung ist in der Tat auch einer der Anlässe zur Zusammenarbeit der jeweils angesprochenen Disziplinen. Da es aber, von den transdisziplinären Fächern einmal abgesehen, keine theoretische Integration der Disziplinen gibt, ist diese Form der Zusammenarbeit auf ein niedriges Theorieniveau gezwungen und bleibt in der Form von Projekten Episode, jedenfalls für die Weiterentwicklung der Forschung.

Sucht man etwas Abstand von diesem Darstellungsschema und zieht man neuartige Probleme, zum Beispiel solche des Risikos und der Sicherheit in Betracht, dann zeigt sich ein Überhandnehmen rein technischer Probleme, die durch wissenschaftliche Forschung nicht prognostisch gelöst werden können, sondern den Bau und Betrieb entsprechender Apparate erfordern. Schon beim Bauen der ersten Eisenbahn konnte man die für Investoren wichtige Frage nicht beantworten, ob eiserne Räder auf eisernen Schienen nicht einfach durchdrehen würden, wenn der Zug mehr Lasten als ein Pferdewagen befördern und eventuell die gleiche Geschwindigkeit erreichen würde. Das mußte man ausprobieren. Heute ist das nicht viel anders. Auch Abgasreinigungsanlagen können zum Beispiel nicht als einfache Anwendung wissenschaftlicher Gesetze gebaut werden.[45] Erst recht

---

44 Mit einer anderen, ebenfalls systemtheoretischen Version wird dies heute viel diskutierte Phänomen auch als Verschiebung (bzw. Umstrittensein) der Außengrenzen des Systems beschrieben – Außengrenzen im Sinne der wissenschaftlich noch zumutbaren und noch verantwortbaren Aussagen. Vgl. Sheila S. Jasanof, Contested Boundaries in Policy-Relevant Science, Social Studies of Science 17 (1987), S. 195-230.

45 Ich hatte im Jahre 1988 Gelegenheit, eine solche Anlage der Voest AG Linz nach mehrjährigen Versuchen im Stadium der vierten Nachbesserung zu besichtigen. Man orientiert sich hierbei weniger an wissenschaftlich geprüften Texten als an den Erfahrungen anderer Stahlwerke mit ähnlichen Versuchen.

macht diese Grenze sich bei den Risikoproblemen der Großtechnologien bemerkbar und limitiert dadurch die politische Aussagefähigkeit wissenschaftlicher Expertisen, so daß sie leicht in den Verdacht politischer Voreingenommenheit geraten, wenn sie »Einschätzungen« formulieren.

Die damit auftretenden Unsicherheiten müßten im Kontext von Selbstreflexionstheorien des Wissenschaftssystems wiederauftauchen. In der Reflexion des Systems in Beziehung auf sich selbst sind jedoch die Funktionsbeziehungen, weil sie die Einheit des Funktionssystems auf die Einheit der Gesellschaft projizieren, offenbar leichter zu handhaben als die Leistungsbeziehungen mit ihren vielseitig-diffusen Abhängigkeiten. Jedenfalls hatten die Reflexionstheorien klassischen Stils (siehe Kapitel 7) es zunächst damit zu tun gehabt, in der Epoche der Durchsetzung funktionaler Differenzierung die neu entstehenden Funktionsautonomien zu interpretieren und der Funktion einen gesellschaftlichen Richtungssinn zu geben – zum Beispiel als Fortschritt, gesellschaftlicher Nutzen, Wohlstand. Dabei konnte die Differenz von grundlagentheoretischer und anwendungsbezogener Forschung vornehm »dialektisch« aufgefaßt werden als ein Zusammenhang des Verschiedenen, und heimlich gab man dabei der Grundlagenforschung in Sachen wissenschaftlicher Dignität einen im System eigentlich nicht zu rechtfertigenden Vorrang. Dies hing, jedenfalls in Deutschland (die Universität Tokyo hat auf Grund ihrer besonderen Gründungsgeschichte schon seit dem Jahre 1886 eine technische Fakultät) auch mit der größeren Bildungsnähe der Grundlagenforschung zusammen. Entsprechend favorisierte man eine Trennung der institutionellen Einrichtungen.

Diese Auffassung erscheint heute als überholt.[46] Das liegt teils an den vielen wissenschaftlich nicht behebbaren Risiken, die über immer neue Forschungsresultate auf die Gesellschaft und ihre Umwelt zukommen. Teils liegt es auch daran, daß wissenschaftliches Wissen weithin nicht in einer technischen (das heißt: ohne Kenntnis der Theoriezusammenhänge) handhabba-

---

46 Vgl. dazu das Drei-Phasen-Modell von Peter Weingart, The Relation between Science and Technology – A Sociological Explanation, in: Wolfgang Krohn et al. (Hrsg.), The Dynamics of Science and Technology, Dordrecht 1978, S. 251-286.

ren Form zur Verfügung gestellt werden kann. Nicht zuletzt sperrt sich die Komplexität der Leistungszusammenhänge einer Einordnung in die auf Einheit gerichtete Reflexion, obwohl es auf diese Leistungen zunehmend ankommt.

Während einerseits die Technikprobleme mehr Aufmerksamkeit finden, wird andererseits auch stärker beachtet, daß das Wissen aufnehmende System ein soziales System ist – das heißt unter Bedingungen der Strukturdetermination, der Selbstorganisation, der Autopoiesis operiert.[47] Das führt zu neuartigen Theorien der Intervention bis hin zu Theorieentwicklungen, die es fraglich werden lassen, ob man weiterhin von »Anwendung« von Forschungsresultaten sprechen sollte. Wichtige Vorreiterfunktionen hat hier die systemorientierte Familientherapie wahrgenommen. Inzwischen werden auch Organisationen einbezogen. Außerdem gibt es Entwicklungen zu einer allgemeinen Interventionstheorie, die, wenn voll durchgeführt, die Intervention der Wissenschaft in andere gesellschaftliche Teilsysteme nach dem gleichen Muster behandeln müßten wie die Interventionen des Rechtssystems, des politischen Systems, des Erziehungssystems usw.[48] Dabei geht es nicht nur um die Berücksichtigung zusätzlicher Merkmale (wie Selbstreferenz, Selbstorganisation, Autonomie) der Systeme, in die interveniert wird; und es geht auch nicht nur um die Einsicht, daß es kein

---

[47] Dasselbe gilt, entsprechend, für Wissensaufnahme durch ein psychisches System. *Aber es gibt keine weiteren Möglichkeiten*, insbesondere keine Übertragung des Wissens in die »Natur«. *Deshalb* haben die im Text folgenden Überlegungen eine sehr allgemeine wissenschaftstheoretische Relevanz.

[48] Siehe auf diesem Wege Helmut Willke, Zum Problem der Intervention in selbstreferentielle Systeme, Zeitschrift für systemische Therapie 2 (1984), S. 191-200; ders., Strategien der Intervention in autonome Systeme, in: Dirk Baecker et al. (Hrsg.), Theorie als Passion, Frankfurt 1987, S. 333-361. Für Familientherapie siehe etwa Maria Selvini-Palazzoli et al., Paradoxon und Gegenparadoxon, Stuttgart 1977 und die diesem Ansatz gewidmete, ihn ausweitende Zeitschrift für systemische Therapie; ferner Fritz B. Simon/Helm Stierlin, Die Sprache der Familientherapie: Ein Vokabular, Stuttgart 1984; Fritz B. Simon (Hrsg.), Lebende Systeme: Wirklichkeitskonstruktionen in der systemischen Therapie, Berlin 1987; Fritz B., Simon, Unterschiede, die Unterschiede machen: Klinische Epistemologie: Grundlagen einer systemischen Psychiatrie und Psychosomatik, Berlin 1988. Für Organisationsberatung vgl. Alexander Exner/Roswita Königswieser/Stefan Titscher, Unternehmensberatung – systemisch: Theoretische Annahmen und Interventionen im Vergleich zu anderen Ansätzen, Die Betriebswirtschaft 47 (1987), S. 265-284.

kontextfrei festgestelltes Wissen gibt, das sich von einem System in andere übertragen ließe, sondern daß alles Wissen Strukturierung des Beobachtens, also immer beobachterabhängiges Wissen ist. In diese Erkenntnisrichtung weisen auch Analysen, die zeigen, daß Wissenschaft und Technologieentwicklungen in ähnlicher, aber verschiedener Weise, auf sozialkonstruktivistischen Grundlagen beruhen.[49] Man nennt den Verknüpfungsprozess dann, alles offen lassend, »negotiation«, kann aber auch zeigen, daß der Anwendungserfolg von Interaktion abhängt und nicht davon, wer die Initiative ergriffen hat, also wo das Problem zuerst erkannt wurde: in der Wissenschaft oder im Anwendungsbereich.[50] Für die Zwecke der Wissenschaftstheorie kommt als eine Art Überraschung hinzu, daß die theoretische Ausstattung des Wissenschaftssystems als ein Mittel gesehen werden muß, Distanz zum Gegenstand zu gewinnen und sich der Verstrickung in dessen Strukturen und Operationen zu entziehen. Die Wissenschaft darf ihrem Gegenstand nicht auf den Leim gehen, sie darf sich durch ihn nicht mißbrauchen lassen. Sie muß hinreichende Fremdheit dazwischenlegen, und das eigensinnige Unterscheidungsvermögen ihrer Theorie gibt ihr diese Möglichkeit. »Praxisnahe« Theorie darf dann nicht verstanden werden als eine Art Modellierung oder Simulation des »besseren Selbst« des Gegenstandes, geschweige denn als Instrument der Fertigung anwendbaren Wissens. Sie ist und bleibt ein differenzerzeugendes Programm, das aber reichhaltig genug sein muß, um in Beratungssituationen mehr als zufällige Inspirationen zu erzeugen. »Theoriegeleitete Annahmen ermöglichen es den Beratern, die Beobachterrolle beizubehalten und auch in Krisensituationen nicht in die Rolle eines Mitakteurs zu verschwinden.«[51]

Weiter haben die in unseren Untersuchungen sichtbar gewordenen Veränderungen in der Erkenntnistheorie Konsequenzen

---

49 Siehe z. B. Michael Mulkay, Knowledge and Utility: Implications for the Sociology of Knowledge, Social Studies of Science 9 (1979), S. 63-80; Trevor J. Pinch/Wiebe E. Bijker, The Social of Science and the Sociology of Technology Might Benefit Each Other, Social Studies of Science 14 (1984), S. 399-441.
50 Siehe Carmel Magiure/Robin Kench, Sources of Ideas for Applied Research and their Effect on the Application of Findings in Australian Industry, Social Studies of Science 14 (1984), S. 371-397.
51 Exner et al. a.a.O. S. 266f.

für das Konzept der »Wissensanwendung«. Die per Autologie zu einer Selbstreflexion gebrachte Wissenschaft weiß jetzt (oder kann es wissen), daß auch sie selbst nur ein beobachtendes System ist, das das, was es beobachtet, im Prozeß des Beobachtens und abhängig von dessen Formen (Unterscheidungen) konstruiert. Damit verabschiedet sie die Prämisse einer beobachtungsunabhängigen Realität, von der die klassische Wissenschaftsanwendungslogik ausgegangen war.[52] Das aber führt auf die nächste Frage, wie ein Beobachter beobachtet und was von seiner theoretischen und methodischen Instrumentierung abhängt. Zumeist wird heute die Wissenschaftsanwendung deshalb mit Theorien der Interaktion oder des »negotiation« reformuliert. Aber damit täuscht sich die Theorie nur einmal mehr, indem sie Einheitsbegriffe setzt, wo unüberbrückbare Differenzen die Situation beherrschen. Die Konsequenz ist vielmehr, daß die Systeme, die an Wissenschaftsanwendung interessiert sind, ihrerseits die Position eines Beobachters zweiter Ordnung einnehmen müssen, das heißt: lernen müssen, zu beobachten, was die Wissenschaft (und dann: die einzelnen Disziplinen, Fächer, Forschungsrichtungen, Problemstellungen) an Realitätskonstruktionen ermöglichen *und was nicht*.

Die Konsequenzen dieser Überlegungen zu Technik und zu Therapie müßte eigentlich sein, die Trias von Funktionsautonomie, Leistungsbeziehungen und Reflexion in der Reflexion neu zu interpretieren. Dazu sind einstweilen nicht einmal Ansätze zu erkennen, wenn man einmal davon absieht, daß die soeben angeführten Sachverhalte (Unsicherheit, Politisierung der Experten, Grenzen der Technisierbarkeit von Anwendungen, Distanz des Therapeuten, Leistungskomplexität) natürlich bekannt sind und diskutiert werden.[53] Die empirischen Untersu-

---

52 Hierzu und zu Konsequenzen für die Theorie der Intervention Giovanni B. Sgritta, Conoscenza e intervento: Verso un approccio interattivo, Rassegna Italiana di Sociologia 29 (1988), S. 537-562.
53 Neuere Darstellungen, speziell aus der Sicht der Soziologie und ihres Verhältnisses zur »Praxis«, sind z. B. Carol H. Weiss/Michael J. Bucuvalas, Social and Science Research and Decision-Making, New York 1980; Martin Bulmer, The Uses of Social Research: Social Investigation in Public Policy-Making, London 1982; Ulrich Beck (Hrsg.), Soziologie und Praxis: Erfahrungen, Konflikte, Per-

chungen in diesem Themenbereich zeigen eine deutliche Unabhängigkeit der (politischen) Entscheidungsinstanzen von den Ergebnissen der durch sie veranlaßten Untersuchungen. Sie sind zum Beispiel mehr an Daten interessiert als an Entscheidungsvorschlägen.[54] Offenbar ist die Schwelle vom Daten-und-Statistiken-Kennen zum Entscheiden das, was Wissenschaft und Politik trennt (aber schon im Verhältnis von Eheberatung, Familientherapie etc. wird man ganz andere Verhältnisse zu vermuten haben). Die Wissenschaft selbst kann solche Sachverhalte untersuchen und zur Kenntnis nehmen, aber das heißt noch nicht: ihnen eine wissenschaftstheoretische Formulierung zu geben.

Man könnte meinen, daß hier nur eine Umorientierung der Reflexionstheorie in Richtung auf die Leistungsbeziehungen in der Gesellschaft helfen könnte, also in Richtung auf das, was klassisch (aber vielleicht: voreingenommen) anwendungsbezogene Forschung heißt. Das könnte die Frage einschließen, ob die Wissenschaft nach wie vor ihre Anwendung in anderen Funktionssystemen als Erfolg begrüßen, ja geradezu suchen und fördern sollte, oder ob nicht stärker beachtet werden müßte, welche Risiken die Gesellschaft damit läuft. Dies gilt nicht zuletzt für die zahllosen Bereiche, in denen die Wissenschaft den

---

spektiven, Soziale Welt, Sonderband 1, Göttingen 1982. Frank Heller (Hrsg.), The Use and Abuse of Social Science, London 1986 (mit einem Überblick über den Stand der Forschung S. 236ff.) sowie, als Beleg über zunehmendes Distanzbewußtsein, Rationalitätsbrüche und Nichtidenitäten, Ulrich Beck/Wolfgang Bonß (Hrsg.), Weder Sozialtechnologie noch Aufklärung? Analysen zur Verwendung sozialwissenschaftlichen Wissens, Frankfurt 1989. Daß die soziologische Forschung sich primär für die Anwendung eigener Forschungsergebnisse interessiert, ist verständlich, wird aber gleichwohl der Aufgabenbreite des Faches nicht gerecht. Als Beispiel für eine breitere Orientierung siehe Klaus Eichner (Hrsg.), Perspektiven und Probleme anwendungsorientierter Sozialwissenschaften, Braunschweig 1988. Verglichen mit dem berühmten »Methodenstreit« um die Jahrhundertwende und selbst noch mit dem »Positivismusstreit« der 60er Jahre fällt im übrigen der fast vollständige Verzicht auf wissenschaftstheoretische Reflexion auf – so als ob die Probleme im Leistungsbereich dafür inzwischen zu groß, zu diffus, zu unhandlich geworden seien. Für eine Ausnahme (auf konstruktivistischer Grundlage) vgl. Arbeitsgruppe NIKOL, Angewandte Literaturwissenschaft, Braunschweig 1986.
54 Siehe die Ergebnisse bei Karin D. Knorr, Policymakers' Use of Social Science Knowledge: Symbolic or Instrumental, in: Carol H. Weiss (Hrsg.), Using Social Research in Public Policy Making, Lexington, Mass. 1977, S. 165-182.

Anwendungsbedarf erst schafft, den sie dann befriedigt.[55] Auch das ist schon kein neuer Gedanke mehr, aber die vorherrschende Placierung im Kontext einer »Wissenschaftsethik« ist weder sehr hilfreich noch eine reflexionstheoretisch befriedigende Lösung.

Das, was man zur Zeit als Soziologe beobachten kann, erlaubt keine deutlicheren Aussagen, von Prognosen ganz zu schweigen. Immerhin läßt sich zeigen, daß dies Problem nicht das Wissenschaftssystem allein betrifft. Für jedes Funktionssystem entfaltet sich die Paradoxie der unitas multiplex des Gesellschaftssystems in die Dreiheit von Funktion, Leistung und Reflexion. Die Antworten darauf werden nur dann plausibel sein können, wenn sie der historischen Lage des Gesellschaftssystems entsprechen; und dies ist heute die Situation, in der man die Folgeprobleme der funktionalen Differenzierung nicht länger ignorieren oder auf einige Aspekte (Stichwort: Kapitalismuskritik) beschränken kann. Dieser gesamtgesellschaftliche Kontext schließt indes nicht aus, daß die Perspektiven der einzelnen Funktionssysteme verschieden sind und daß ihre Reflexionstheorien nur als Selbstbeschreibungen des Systems (im Unterschied zu anderen) formuliert werden können.

IV

Wenn die Wissenschaft sich selbst und andere soziale Systeme einschließlich des alles einschließenden Gesellschaftssystems als autopoietische Systeme beschreibt, hat das gewichtige Konsequenzen für die im vorigen Abschnitt erörterte Thematik, vor allem für anwendungsbezogene Forschungen. Das derzeit beste Modell dafür scheint das Modell der *Therapie* zu sein, wenngleich damit natürlich nicht alles gemeint sein kann, was unter diesem Begriff praktiziert wird.

Im ersten Moment wird dieser Vorschlag, von einem generalisierten Begriff der Therapie auszugehen, wenig überzeugen. Bei

---

[55] Vehikel dafür ist nicht zuletzt das Ausbildungspostulat der Einheit von Forschung und Lehre, das dazu führt, daß wissenschaftlich ausgebildete Professionen sich dazu angehalten fühlen, in ihrer Praxis wissenschaftliche Probleme zu sehen.

Wissenschaft denkt man an das Erkennen von Regularitäten, bei Therapie dagegen an das Beseitigen von Störungen. Es handelt sich hierbei aber nur um zwei Seiten – vielleicht nicht derselben Sache, aber derselben Erkenntnis. Irritation oder, in stärkerer Form, Störung ist eine interne Konstruktion autopoietischer Systeme, mit der diese auf die ihnen nicht zugängliche Umwelt reagieren. Es handelt sich um Formen, die sich an intern gewohnten Regularitäten abbilden. Das Angebot neuen Wissens kann nur Irritation auslösen in Bezug auf die bereits regulierten Irritationen. Ein autopoietisches System ist diesen Umgang mit Störungen gewohnt.[56] Ein therapeutisches Verhältnis entsteht nur, wenn diese Gewohnheit durch eine Gegenirritation und durch andere Routinisierungen geändert werden soll. Genau das ist aber der Sinn des Aneignens neuen (als neu ausgezeichneten) Wissens.

Jedenfalls ist das klassische Modell des *logisch* gesicherten *Wissenstransfers* überholt. An dessen Stelle treten Theorien, die die *sozialen* Bedingungen der Ausbreitung und die damit verbundene Veränderung von Information stärker beachten. Ähnlich wie bei den Optimierungsrechnungen der Ökonomen spricht nichts dagegen, die Vorstellung eines Wissenstransfers in stark limitierten Kontexten weiterhin zu benutzen. Als Beschreibung der Beziehung der Wissenschaft zu ihren Leistungsempfängern und erst recht als Beschreibung des Gesellschaftsverhältnisses der Wissenschaft reicht es nicht aus. Man sieht seit langem die Komplexitätsprobleme und die black-box-Form des Bereichs, der Wissen verlangt und aufnehmen soll. Seit einiger Zeit kommt die Beobachtung von Autoritätsverlusten der Wissenschaft hinzu, die sich genau dann einstellen, wenn die Wissenschaft zu Themen sprechen soll, die andere interessieren. Die Theorie autopoietischer Systeme geht über diese Beobachtungen und Beschreibungen hinaus. Sie präsentiert die Situation als letztlich paradox.

Als autopoietisches System kann die Wissenschaft nur ihre eigene Autopoiesis betreiben. Jede Außendarstellung ist entweder Täuschung (zum Beispiel im Hinblick auf den Grad an

---

56 Sonderformen dieser Gewohnheit sind unter Namen wie Rückkopplung oder Homöostase bekannt geworden und eingehend analysiert worden. Sie haben bekanntlich der Kybernetik die Startimpulse gegeben.

Sicherheit des Wissens) oder sie muß den Blick ins Innere der Werkstatt freigeben und damit verwirren. Sie muß dann auch zu erkennen geben, daß Wissen nur zur Ermöglichung weiteren Wissens produziert wird und daß jedes Ende zugleich Anfang ist. Das ist eine strikt logische Konsequenz der operativen Geschlossenheit des Systems.[57] Die Theorie autopoietischer Systeme motiviert aber nicht nur die Selbstreflexion, sie präjudiziert auch und vor allem die Beschreibung von Systemen in der Umwelt des Systems. Wenn (nur wenn!) es sich um autopoietische Systeme handelt, sind auch diese Systeme existentiell auf die Fortsetzung ihrer Autopoiesis angewiesen, und die Frage, ob sie dazu Wissen und ob sie wissenschaftliches Wissen brauchen oder nicht, tritt in den zweiten Rang zurück. Die alte Einsicht, daß Wissensanwendungsvorschläge auf die lokalen Institutionen, Normen, Interessen und Empfindlichkeiten Rücksicht nehmen müssen, wird dadurch bestätigt und radikalisiert. Ändern und dem Zugriff neuen Wissens aussetzen lassen sich allenfalls die Strukturen eines Systems, die ihrerseits aber als stets gegenwärtig aktualisierte Erwartungen auch und vorrangig der Autopoiesis des Systems dienen.

In den mittlerweile klassischen Formen der Therapie psychischer bzw. sozialer Systeme (vorwiegend Familien, heute zunehmend auch Unternehmen) waren die strukturellen Beschränkungen auf Seiten des zu therapierenden Systems in Rechnung gestellt worden, nicht aber (oder jedenfalls nicht mit der gleichen Objektivität und Zugänglichkeit für die jeweils andere Seite) die strukturellen Beschränkungen des therapierenden Systems. Diese Asymmetrie mag auf interaktionellen Ebenen im Verkehr zwischen Personen und Organisationen sinnvoll sein, vor allem wenn die Beziehung nicht, wie zum Beispiel eine Intimbeziehung, der wechselseitigen Therapierung dienen soll. Wenn man dagegen die Beziehung der Wissenschaft zu der sie enthaltenden und umgebenden Gesellschaft mit einem Therapiemodell darstellen will, müssen diese Beschränkungen fallen. Therapie heißt dann einfach eine Beschränkung der gesell-

---

57 Siehe etwa Heinz von Foerster, Principles of Self-Organization – In a Socio-Managerial Context, in: Hans Ulrich/Gilbert J. B. Probst (Hrsg.), Self-Organization and Management of Social Systems: Insights, Promises, Doubts, and Questions, Berlin 1984, S. 2-24.

schaftlich ermöglichten Kommunikation über Wissen, und zwar eine Beschränkung, die ihrerseits in Entscheidungen reflektiert wird. Therapie ist Erzeugung von Information durch Information, und dies in einer kontextgebundenen und dadurch (!) innovativen Weise; und ferner: ein Anstoß-durch-Anstoß Prozeß, der die Systeme, die ihm als Medium dienen, verändert und dies reflektiert.

Die vielleicht wichtigste Konsequenz dieser Generalisierung des Therapiebegriffs dürfte sein, daß er von jedem spezifischen Unterscheidungsgebrauch abstrahiert und *statt dessen* die Generalthese betont, daß jede Beobachtung, Beschreibung, Intervention usw. sich auf eine beobachterabhängige Realität bezieht. Die Fälle, an die man vorwiegend denkt, werden dann zu Sonderfällen eines viel allgemeineren Prinzips, das bisher durch die Prämisse einer beobachtungsunabhängigen Realität verstellt war. Das gilt für die verbreitete Verwendung des Medizin-Codes krank/gesund mit Beschränkung der Therapie auf die als »krank« definierten Fälle; und das gilt für alle Versuche, mit Hilfe von Systemvergleichen Normaltypen (etwa: die normale Familie) herauszufinden und den zu behandelnden Fall dagegen zu konstrastieren. Solches Vorgehen soll weder ausgeschlossen noch diskreditiert werden; aber es realisiert nur einen begrenzten Ausschnitt aus dem Bereich des Möglichen. Man könnte weiter an den Vergleich mit Idealtypen denken oder an die Idee eines herrschaftsfreien Diskurses mit normativ vorgegebenen Rationalitätszielen, die Habermas zum Ausgangspunkt seiner Gesellschaftsbeschreibung (darf man sagen: Gesellschaftstherapie?) macht. Die Relativierung jeder spezifischen Unterscheidungsform mag vielen Engagierten mißfallen; aber sie ist Voraussetzung für die Einsicht, daß immer eine (oder auch: eine Mehrheit von ihnen) gewählt werden muß, und daß es deshalb darauf ankommt, die Beobachter zu beobachten.

Die Beschränkung dieser Generalisierung liegt in Bedingungen autopoietischer Kompatibilität. Es muß sich um wissenschaftsförderliches Wissen handeln, das im Forschungsprozeß benutzt wird und hier der laufenden Erodierung und Verbesserung unterliegt. Es geht, sofern es sich um eine dies reflektierende Kommunikation handeln soll, nicht einfach um distinguierte

Lagen/Lügen⁵⁸. (Aber: wer unterscheidet dies?). Jede »rhetoric of application« entfällt.⁵⁹ Das Wissenschaftssystem exponiert sich in seinem Wissen und in den damit gegebenen Unsicherheiten. Dem »Empfänger« wird nichts zugemutet. Er operiert unter der Drohung vermeidbarer Fehler, nicht unter Vorgabe von Zielen und/oder Mitteln. Er seligiert zwangsläufig auf Grund der Notwendigkeit, seine eigene Autopoiesis fortzusetzen. Er kann sich nicht wegseligieren. Zur Autopoiesis gehört auch die Verfügbarkeit von Strukturen, die von Moment zu Moment hinreichende Sicherheit im Anschluß von Operation an Operation gewährleisten. Nur wenn dies reflektiert wird, kann eine Therapie autopoietischer Systeme entworfen werden, die aus der Sicht eines Beobachters andere Strukturen anbietet als die, die bisher benutzt worden sind, und sie in den Normalkontext des präfentiellen Benutzens bzw. Vergessens von Strukturen hineinsuggeriert. Dabei handelt es sich jedoch nicht um »Steuerung« im Sinne eines kontrollierten Erzeugens beabsichtigter Gesamtzustände. Schon aus Sicherheitsgründen verträgt kein autopoietisches System eine Steuerung, kein Gehirn eine Zentralverknüpfung, kein Bewußtsein ein Ich im Sinne einer willkürlichen Oberinstanz.⁶⁰ Das schließt es keineswegs aus, daß das System Selbstbeschreibungen anfertigt, mit denen es für Zwecke interner Operationen symbolisiert, daß es nicht einfach als Konsequenz externer Gegebenheiten operiert. In relativ seltenen Fällen kann Therapie irresistible Möglichkeiten aufdecken, die man, wenn man sie sieht, nicht wieder vergißt – etwa eine biographisch plausible Erklärung geben oder in sozialen Systemen auf neue Produktionsverfahren, neue Technologien, neue Märkte, neue Möglichkeiten der Umgehung rechtlicher Verbote, neue oder bisher nicht gesehene Risiken, neue Wortprägungen (»Autopoiesis«) hinweisen. Abgesehen von solchen eher spektakulären Fällen unterliegt eine Gesellschaft, die sich Wissenschaft leistet, der Dauertherapie im Prozeß der Ausbrei-

---

58 Ranulph Glanville, Distinguished and Exact Lies, in: Robert Trappl (Hrsg.), Cybernetics and Systems Research 2, New York 1984, S. 655-662; dt. Übers. in Glanville, Objekte, Berlin 1988.
59 Im Sinne von Mulkay/Pinch/Ashmore a.a.O.
60 Hierzu Gerhard Roth, Erkenntnis und Realität: Das reale Gehirn und seine Wirklichkeit, in: Siegfried J. Schmidt (Hrsg.), Der Diskurs des Radikalen Konstruktivismus, Frankfurt 1987, S. 229-255 (248ff.).

tung wissenschaftlichen Wissens in außerwissenschaftliche Kontexte, des Akzeptierens und Rejizierens nach Maßgabe einer jeweils systemeigenen Autopoiesis und der für sie (einstweilen) unentbehrlichen Strukturen.

Die Frage: wer therapiert?, muß demnach beantwortet werden mit: die Gesellschaft; die Frage: wen therapiert sie?, mit: sich selbst; und die Frage: was therapiert?, mit: die Evolution. Damit ist keine evolutionäre Automatik behauptet. Der Begriff Therapie soll vielmehr auf überlegte, durchdachte, kommunikativ vorgeprüfte (beratende) Selektionsmöglichkeiten hinweisen. Nur der Gesamteffekt entzieht sich der Steuerbarkeit. Er kann bestenfalls laufend nachrationalisiert werden.

V

In den beiden vorangegangenen Abschnitten haben wir über Leistungen der Wissenschaft für ihre gesellschaftliche Umwelt und speziell über anwendungsbezogene Forschung und über Therapie gesprochen, so als ob es sich um Resultate handelte, die mit oder ohne Auftrag erarbeitet und über Systemgrenzen hinweg an Interessenten kommuniziert werden. Damit werden jedoch bei weitem nicht alle Auswirkungen der Wissenschaft auf ihre gesellschaftliche Umwelt erfaßt. Es gibt Auswirkungen, die nicht über explizite Befriedigung einer Nachfrage laufen, sondern sich einfach aus der Tatsache wissenschaftlich erarbeiteten Wissens ergeben.

Daß es solches Wissen gibt, kann im Alltag nicht ignoriert werden, ob man es nun »anwenden« will oder nicht. Die wissenschaftliche Forschung führt, so können wir im ersten Anlauf formulieren, in beträchtlichem Umfange zur Delegitimation von Alltagswissen. Man mag streiten, ob dies durch den Buchdruck oder durch die Ausdifferenzierung eines Forschungssystems Wissenschaft zu erklären ist – jedenfalls wird im 17. Jahrhundert eine gut zweitausendjährige Symbiose von Wissenschaft und Magie aufgelöst. Die zeitlichen und räumlichen Horizonte der Welt erfahren im 18. Jahrhundert eine revolutionierende Ausdehnung – unter anderem mit der Folge, daß ein etwa bevorstehendes Ende menschlichen Lebens auf Erden als selbstverschuldete Katastrophe erscheint. Die Wissenschaft macht auf unsichtbare Bedrohungen aufmerksam, auf Radioaktivität, auf sagenhafte Ozonlöcher, auf das Unbewußte im Menschen. Sie zerstört den Halt, den man vordem an der Welt zu haben glaubte. Sie reduziert das Normale auf einen extrem unwahrscheinlichen Zufall. Sie relativiert, historisiert, exzeptionalisiert die vertrauten Bedingungen des Menschenlebens, ohne deren Vertrautheit durch ein funktionales Äquivalent ersetzen zu können. Sie verunsichert – ohne daß man andere Möglichkeiten wirklich zur Kenntnis nehmen oder gar daraus Schlüsse ziehen könnte. Und das alles nicht als Antwort auf einen Wissensbedarf der Gesellschaft, sondern als Nebeneffekt ihrer eigenen Autopoiesis, als Folge ihrer Eigendynamik.

Das wissenschaftliche Wissen ist im Alltag immer das bessere Wissen. Trotzdem, und auch das ist ein Moment der Selbstgefährdung der Gesellschaft durch Wissenschaft, gewinnt es kaum Relevanz. Die Wahrnehmungsdichte der Orientierung in alltäglichen Situationen läßt für Wissenschaft keinen Platz, allenfalls für die nur auf Grund von Wissenschaft möglichen technischen Artefakte, Geräte, Medizinen, Materialien. Man sieht Menschen, nicht strukturelle Kopplungen autopoietischer Systeme. Und es hilft auch nicht, wenn man nebenher weiß, worum es sich »eigentlich« handelt: um praktisch leeren, mit Energie aufgeladenen Raum. Auch die Verständigung läuft nicht über Wissenschaft, nicht einmal über Argumentation, sondern weitestgehend über Dinge, denen ein Sinn unterstellt wird, der nur, allerdings jederzeit, durch extrem zeitaufwendige explizite Kommunikation in Frage gestellt werden kann. Die Auflöse- und Rekombinationsleistungen der Wissenschaft sind auf Produktion neuen wissenschaftlichen Wissens spezialisiert; und daran besteht nur in sehr wenigen, dann freilich auch alltäglichen, gesellschaftlichen Situationen ein Interesse.

Diese Überlegungen erklären die semantische Karriere der Phänomenologie des »Alltags« in der neueren Literatur, ausgelöst durch die Paradoxie von Dominanz und Irrelevanz der Wissenschaft.[61] Eine andere, wichtigere Konsequenz könnte in der

---

[61] Überwiegend registriert man dies eher unter dem Gesichtspunkt von Problemen mit der modernen Rationalität. Siehe etwa Agnes Heller, The Power of Shame: A Rational Perspective, London 1985, S. 71 ff. Vgl. auch Jochen Hörisch,

zunehmenden Neigung zur Orientierung an andersartigen Wissensquellen liegen, vor allem solchen der Esoterik. Die Wissenschaft hat zwar mit Hilfe des Buchdrucks die Voraussetzung dieses Wissens zerstört, nämlich die Annahme einer im Prinzip unzugänglichen Welt hinter der Welt. Und sie hat im Zusammenhang mit der funktionalen Differenzierung des Gesellschaftssystems auch die ontologische Metaphysik aufgelöst, die soziale Verständigungsschwierigkeiten in Richtung auf Komplexität und Tiefe einer gleichwohl gemeinsamen Welt weginterpretiert hatte. Statt dessen beobachten wir Beobachter mit der schon gewohnten Annahme, daß sie anders beobachten als wir selbst. Aber das führt, wie man an deutlichen Symptomen des Überlebens von religiösen oder sonstigen esoterischen Wissensformen ablesen kann, nur zu einer Umkontextierung solchen Wissens. Es geht jetzt nicht mehr um eine für alle gemeinsame Art, die Welt im Hinblick auf Transzendenz hinzunehmen, sondern um eine mehr oder weniger absonderliche Art des Beobachtens, die sich dort einnisten kann, wo die Wissenschaft keine Auskunft gibt – und das heißt: fast überall.

Die Gesellschaft fördert Wissenschaft – und immunisiert sich gegen die Folgen. Das freilich ist ein Ausweg nur, solange die Wissenschaft die Verhältnisse nicht allzu eingreifend ändert. Für ökologische Probleme weiß auch das esoterische Wissen keinen Rat.

VI

Welche Gesellschaft leistet sich Wissenschaft – und mit welchen Folgen?

Es liegt nahe, diese Frage nach Maßgabe des »holographischen« Theorieprogramms zu stellen und zu beantworten.[62] Das hieße:

Die alltägliche Wiederkehr des Einhorns in der 'unendlichen Geschichte', Akten des VII. Internationalen Germanisten-Kongresses Göttingen 1985, Tübingen 1986, Bd. 10, S. 234-240.

62 Ich denke vor allem an die Arbeiten von Karl Pribram und David Bohm, nicht so sehr an einen neoaltindischen »Transpersonalismus«, eine Philosophie des new age etc. Siehe zur Einführung David Bohm et al., Das holographische Weltbild, München 1986.

Als Erklärung dienen Ähnlichkeiten (Isomorphien) zwischen dem Ganzen und den Teilen, und zwar Ähnlichkeiten, die in die Teile eingraviert sind. Wir lassen diese Vorstellung, wie überhaupt jede Art von Repräsentationalismus, beiseite und beschränken uns auf die These, daß die Wissenschaft aus Kommunikation besteht, die, was immer ihre Wissenschaftseigentümlichkeiten sein mögen, jedenfalls auch Gesellschaft vollziehen. Dies allein heißt aber gerade nicht, daß die Gesellschaft in der Wissenschaft mit ihren Wesensstrukturen zur Darstellung kommt. Soll dies geschehen, muß die Wissenschaft eine besondere Gesellschaftswissenschaft ausdifferenzieren und einen besonderen Gegenstand neben vielen anderen thematisieren; und selbst dann handelt es sich (wenn man die im vorstehenden ausgeführten Analysen akzeptiert) nicht um Repräsentation, sondern um Konstruktion. Wir nehmen also kein »Hologramm« in irgendeinem empirisch fixierten Sinne an, das die Zugehörigkeit der Wissenschaft zur Gesellschaft markiert; wohl aber einen Typus von Operation, nämlich Kommunikation, der nur unter hochkomplexen Voraussetzungen möglich ist und dann bewirkt, daß die Wissenschaft, was immer sie tut, die Autopoiesis der Gesellschaft mitvollzieht. Der Grund für diese Ablehnung, das holographische Forschungsprogramm auf unseren spezifischen Fall anzuwenden (und ich weiß nicht, ob Pribram und Bohm das tun würden), liegt darin, daß es keinen externen Beobachtungsstandpunkt gibt, von dem aus Ähnlichkeiten von Gesellschaftssystem und Wissenschaftssystem beschrieben werden können. Der Beobachter kann nur die Wissenschaft selber sein, wenn es sich um eine wissenschaftlich qualifizierte Beschreibung handeln soll, und anderenfalls natürlich eine Ökobewegung, eine christliche oder buddhistische Religion etc.

Wir müssen infolgedessen die Frage, mit der wir diesen Abschnitt eingeleitet hatten, komplexer formulieren. Die Frage ist: wie die Wissenschaft beschreiben kann, welche Gesellschaft sich Wissenschaft leisten kann, also unter heutigen Bedingungen: wie man einen Verleger findet, wie man vermeidet, daß der Computer den Text nicht aus Versehen löscht, daß nicht zu viele sinnentstellende Druckfehler passieren etc.

Zu den Kommunikationszwängen gehört auch das Buchdeckelproblem. Man kann in bestimmten Büchern nicht alles unterbringen, nicht einmal alles, was man selbst weiß. In eine Wissenschaftstheorie kann keine komplette Gesellschaftstheorie hineingearbeitet werden – nicht weil die (meinetwegen kapitalistische) Gesellschaft das nicht zuließe und auch nicht, weil der Stand der Forschung es noch nicht zuließe, sondern schlicht: weil nicht genug Platz ist.

Besonders an dieser Stelle sind wir also zu einer Auswahl gezwungen und überdies zu einem nur skizzenhaften Hinweis auf einige strukturelle Merkmale der modernen Gesellschaft, die in diesem Zusammenhang besonders wichtig erscheinen. Vor allem soll es uns dabei auf ein Folgenauffangproblem ankommen, das heißt auf die weithin ungeklärte Frage, ob die Gesellschaft die Folgen absorbieren kann, die sie selbst in ihrem eigenen System und in der Umwelt auslöst, und ob dies in einer Richtung von Evolution geschehen kann, die, auch wenn sie sich nicht im Rahmen des Wünschenswerten hält, zumindest in der Lage ist, Katastrophen zu vermeiden.

(1) Die moderne Gesellschaft ermöglicht es der Wissenschaft, das zu realisieren, was wir Schließung durch Einschließung (oder als Folge davon: Offenheit durch Geschlossenheit) genannt hatten. Sie ermöglicht die Ausdifferenzierung von Wissenschaft in der Gesellschaft. Das hat viele soziologisch wohlbekannte Seiten, etwa die Unabhängigkeit der wissenschaftlichen Reputation von Herkunft und Stratifikation und als Voraussetzung dafür: die statusunabhängige, selbstproduzierte Glaubwürdigkeit bzw. Unglaubwürdigkeit wissenschaftlicher Kommunikationen.[63] Mit der Unabhängigkeit von Herkunft ergibt sich auch die Unabhängigkeit von Zukunft, das heißt genereller: die Eigenzeit des Systems. Wissenschaftliche Reputation ist nicht vererbbar und für die Kinder des Reputierten bestenfalls ein gemischter Segen. Das heißt auch, daß Motivation zu einer oft entsagungsvollen und risikoreichen Forschungstätigkeit sich nicht aus Familieninteressen ergibt, sondern durch Organisation und Bezahlung sichergestellt werden muß. Diese

---

63 Dies hat sich erst im 19. Jahrhundert irreversibel durchgesetzt und wird unter dem Stichwort der »Professionalisierung« der Wissenschaft abgehandelt. Siehe nur Barry Barnes, About Science, Oxford 1985, S. 51 ff.

bekannten, hier nicht weiter auszuführenden Aspekte von Ausdifferenzierung erfassen das Phänomen der Schließung (der Wissenschaft) durch Einschließung (in die Gesellschaft) jedoch nur zum Teil. Man muß außerdem beachten, daß eine solche Systemdifferenzierung *Diskontinuierung von Kommunikation* ermöglicht. Die Fortsetzbarkeit von Kommunikation ist gesamtgesellschaftlich garantiert bei noch so abruptem Wechsel der Kontexte und Teilsysteme, nach deren Strukturen man sich jeweils richtet. Die Übergänge müssen natürlich geschafft werden, also für Partner plausibel sein oder mit Partnerwechsel vollzogen werden, aber dafür genügen situative Plausibilitäten. Die Gesellschaft läßt weithin offen, in welchen Sequenzen der Einzelne familial, wissenschaftlich, politisch, religiös oder auch außerhalb aller Funktionssysteme kommuniziert, sofern nur Kontextverwechslungen hinreichend wirksam unterbunden werden können. Für den Einzelnen mag sich daraus ein Problem der »Identität« ergeben, über das man gerade in dieser Gesellschaft dann viel redet und schreibt. Für die Gesellschaft selbst genügen jedoch fiktive, gemogelte, präsentierte Identitäten oder auch die Konvention, daß man das Identischsein getrost als Privatproblem dahingestellt sein lassen und gegebenenfalls mit Therapie nachhelfen könne. Das Problem der Gesellschaft liegt in den Kurzsignalen, die bei hoher Diskontinuierung von Kommunikationen (also an der Zeitgrenze der Systeme) ausreichende Verständigung über den Kontextwechsel ermöglichen. Man mag sich wundern, aber: wir können es.

(2) Es ist inzwischen selbstverständlich, aber, da konstitutiv für Wissenschaft, immer noch erwähnenswert: wir verfügen über Drucktechnik als Mittel der Bewahrung und Verbreitung von Wissen. Wie oben (Kap. 3, VI) bereits ausgeführt, ist die Form, in der Wissen zur Verfügung gehalten wird, dadurch abgekoppelt von persönlichen Lernleistungen und Gedächtnis, ja selbst von kommunikativem Erfolg. Sie kann eine immense Menge von Details aufnehmen und bereithalten – allerdings mit zum Teil anspruchsvollen Voraussetzungen in bezug auf den Abfragekontext und das Verständnis von nicht explizit mitkommunizierten Verweisungen. So

gibt es inzwischen viel Wissen, das nur von wenigen Fachleuten genutzt werden kann; aber der Differenzierung und Spezifikation dieses Fachwissens sind im Prinzip keine Grenzen gezogen.

Kaum abzusehen sind einstweilen die Veränderungen, die sich aus der maschinellen Speicherung von Wissen ergeben werden.[64] Auch die Folgen, die sich ergeben könnten, wenn das Erziehungssystem Computer benutzt und ein (nur noch) darauf eingestelltes Problembewußtsein erzeugt, lassen sich kaum voraussehen. Deutlich ist, daß viele Forschungsbereiche inzwischen auf maschinelle Datenverarbeitung angewiesen sind; darunter auch und besonders das, was unter der Bezeichnung »cognitive sciences« die Erkenntnistheorie selbst zu beeinflussen beginnt. Man mag all dies, vom Buchdruck bis zur Computertechnik, als eine evolutionäre Errungenschaft ansehen, die die Gesellschaft der Wissenschaft ohne Auflagen zur Verfügung stellt. Auf eine fast unsichtbare Weise wird dadurch aber auch in die Kommunikation eingegriffen, die wissenschaftsintern möglich und wahrscheinlich wird. Immer ist zu bedenken: wir können unser Wissen von der Welt nicht mit der Welt vergleichen, denn das wäre nichts anderes als: unsere Daten duplizieren und die Duplikate mit den Originalen zu vergleichen. Die einzige Realitätsgarantie liegt in der Komplexität der Kommunikation. Gebunden an Kommunikation und an die Formen, in denen sie möglich ist, können wir daher nur ahnen (und eventuell im historischen Vergleich nachvollziehen), was dadurch ermöglicht und was dadurch ausgeschlossen oder mit Nachteilen und Folgeproblemen, mit Überkomplexitäten und mit Verständnisschwierigkeiten belastet wird.

(3) Ferner ist die Reproduktion von Wissenschaft, wie wir sie kennen, davon abhängig, daß funktionale Differenzierung sich gesellschaftsweit durchgesetzt hat als vorrangiges Prin-

---

64 Von einer »secondary (electronic) orality« spricht Walter J. Ong, Interfaces of the Word: Studies in the Evolution of Consciousness and Culture, Ithaca, N. Y. 1977, S. 305. In weiterem Rahmen siehe Literatur zum Stichwort »Informationsgesellschaft«, z.B. David Lyon, The Information Society: Issues and Illusions, Cambridge, England 1988.

zip der Bildung von Teilsystemen. Nicht nur, daß das Wissenschaftssystem selbst in dem oben (Kap. 5) erörterten Sinne als autonomes, operativ geschlossenes Funktionssystem ausdifferenziert ist, denn dies allein wäre in einer noch hierarchisch und/oder nach Zentrum/Peripherie geordneten Gesellschaft gar nicht möglich. Auch alle anderen Funktionsbereiche sind in diesem Sinne als autonome Systeme ausdifferenziert mit genau entsprechenden Effekten: vorrangige Befassung mit der eigenen Autopoiesis; Offenheit durch Geschlossenheit; Schließung durch Einschließung; Spezifikation von universeller Kompetenz für die je eigene Funktion; gesamtgesellschaftlicher Redundanzverzicht; Auflösung traditioneller Formen von welteinheitlicher Moral und Rationalität auf der Basis der Gesellschaftsstruktur; Steigerung des Auflöse- und Rekombinationsvermögens; immenser Komplexitätszuwachs, sowohl für die Gesellschaft im ganzen als auch für die einzelnen Funktionssysteme verglichen mit dem, was in traditionalen Gesellschaftsformationen möglich gewesen war; entsprechende Steigerung der psychischen Reizbarkeit des Systems, das heißt: der Informationen, die kommuniziert werden können, wenn dies jemandem einfällt, und, damit zusammengehend: Aufwertung des Einzelmenschen (unter Titeln wie Individuum oder Subjekt) zu einem aller Ordnung vorgegebenen Wert; Einebnung der Zeitstrukturen auf eine einzige Dimension der Weltzeit, in der die Gegenwart zu einem bloßen »Zwischen« zusammenschrumpft, das durch die Differenz von Vergangenheit und Zukunft bestimmt ist und sich auf keine »andere Zeit« stützen kann; und mit all dem: Erosion aller Vorstellungen von unbestreitbarer, weil gesamtgesellschaftlicher Rationalität und von sie verwaltenden Instanzen, Autoritäten, Wissenszentren, Aufklärern.[65]

[65] Das Problem erscheint geradezu exemplarisch in den Diskussionen der »Kritischen Theorie« Frankfurter Provenienz. Hierzu jüngst Hauke Brunkhorst, Die Idee einer rationalen Gesellschaft: Kritische Theorie und Wissenschaft, Aus Politik und Zeitgeschichte, B 28 (1987), S. 15-22. Hier wird trotzig und fast wider besseres Wissen ein Begriff der Vernunft festgehalten, der dem Einzelmenschen und ebenso der Gesellschaft gerecht werden soll – ungeachtet der Tatsache, daß es jetzt 5 Milliarden Menschen gibt, die, soweit sie nicht schlafen, gleichzeitig, also unkoordiniert handeln. Statt an der Unterscheidung von Individuum und Gesell-

Wenn wir diese (so wie viele andere) Erscheinungen der modernen Gesellschaft auf ihre Differenzierungsform zurückführen, so heißt das vor allem: daß sie nicht einem einzelnen Funktionssystem angelastet werden können, da jedes ja nur zusammen mit anderen möglich ist. Es handelt sich also weder um Effekte der kapitalistischen Wirtschaftsordnung noch um Effekte der wissenschaftlichen Weltkonstruktion allein, wenngleich auch diese Funktionssysteme ihren Teil dazu beitragen. Die Wissenschaft muß deshalb heute mit einer entsprechenden gesellschaftlichen Umwelt rechnen – mit einer Gesellschaft, in der all dies vorkommt, ohne allein durch die Wissenschaft veranlaßt und kontrollierbar zu sein. Diese Voraussetzungen können jedoch nicht thematisch eingeholt werden. Vielmehr handelt es sich um strukturelle Kopplungen des Wissenschaftssystems mit seiner Umwelt in der Gesellschaft, die forschungsthemenunabhängig (»orthogonal«) gegeben sein müssen, wenn eine Autopoiesis des Wissenschaftssystems überhaupt möglich sein soll. Damit ist Forschung in diesem Themenbereich natürlich nicht ausgeschlossen. Auch mag die Wissenschaft sich versucht sehen, dagegen zu rebellieren, darüber aufzuklären, Opposition anzumelden oder Einverständnis aufzukündigen, und dies ist gerade in der Soziologie eine deutlich hervortretende Tendenz. Aber auch dies kann natürlich nur als eine kommunikative Operation geschehen, die immer zugleich in Anspruch nimmt, was sie ablehnt.[66]

(4) Als Folge dieser Struktur moderner Gesellschaft hat sich das Verhältnis zu möglichen künftigen Schäden geändert, und auch dies ist ein Sachverhalt, der die Wissenschaft (und zwar heute stärker als je zuvor) betrifft, ohne von ihr allein veranlaßt zu sein. Um eine griffige Terminologie verwenden zu können, wollen wir die Veränderung als *Umstellung von Gefahr auf Risiko* charakterisieren. Von Gefahr kann man

---

schaft müßte der Begriff der Rationalität an der Unterscheidung von System und Umwelt orientiert werden. In jedem Falle bezeichnet er jedoch die Einheit der Differenz, also eine auflösungsbedürftige Paradoxie.

66 Diese Beobachtung ist keineswegs neu. Vgl. etwa Simon-Henri-Nicolas Linguet, Le Fanatisme des philosophes, London-Abbeville 1764, über die Philosophen der Aufklärung.

sprechen, wenn der etwaige Schaden durch die Umwelt verursacht werden wird, zum Beispiel als Naturkatastrophe oder als Angriff böser Feinde; von Risiko dagegen, wenn er auf eigenes vorheriges Verhalten (einschließlich: Unterlassen) zurückgeführt werden kann. Je stärker ein System seine Umwelt beeinflussen kann, und hier ist in erster Linie an technische Möglichkeiten, aber auch an die Möglichkeiten ihrer wirtschaftlichen Realisierung zu denken, desto stärker wird die Zukunftsorientierung von Gefahr auf Risiko umgestellt. Das gilt nicht nur für direkt ausgelöste Ereignisse wie den Bruch eines falsch berechneten Staudamms, sondern auch für eine Vielzahl von Schäden, denen man durch entsprechende Vorkehrungen hätte ausweichen können. Die Unterscheidung von Gefahr und Risiko ist mithin lediglich ein Unterschied der Zurechnungsweise, aber in dem Maße, als Kausalitäten zur Disposition stehen, ist man nicht mehr frei, die Zurechnung zu wählen, sondern die Verantwortung nimmt quasi automatisch zu[67] ohne Rücksicht auf die Frage, wie sie im Entscheidungsverhalten gehandhabt werden kann. Da jede Entscheidung im Horizont ungewisser, aber möglicher künftiger Nachteile getroffen werden muß, ist alles Entscheiden riskant. Entscheidung ist Risikoabsorption,[68] ob man möchte oder nicht, wie immer man damit fertig wird und was immer ein Beobachter früher oder später von der Entscheidung halten mag. Oder noch dramatischer: Entscheidung ist eine Transformation von Risiken des Entscheiders in Gefahren für andere, und auch das ist ein strukturell erzwungener Sachverhalt, dem man nicht durch »besseres« Entscheiden ausweichen kann, obwohl es in Anbetracht dieses Sachverhalts natürlich bessere und schlechtere Entscheidungen, zu viel Leichtfertigkeit und zu viel Vorsorge gibt.

Dieser hier nur knapp skizzierte Sachverhalt betrifft die

---

[67] Sie braucht also gar nicht erst postuliert und angemahnt zu werden, wie Hans Jonas, Das Prinzip Verantwortung: Versuch einer Ethik für die technologische Zivilisation, Frankfurt 1979, so wirksam gefordert hat; allerdings mit Einbau eines ethischen Sinnes in den Begriff, wogegen wir oben im Text Einwände haben.
[68] Uncertainty absorption im Sinne von James G. March/Herbert A. Simon, Organizations, New York 1958, S. 165.

wissenschaftliche Forschung in besonderer Weise, und zwar gerade dann, wenn sie ihre Funktion erfüllt und Wahrheiten feststellt und in Umlauf setzt. Auch das ältere Denken hatte natürlich von lieben Unwahrheiten und peinlichen Entdeckungen gewußt. »Truth, like fire, can burn as well as illuminate«.[69] Dies waren jedoch Risiken einer voreiligen Festlegung *innerhalb* des Wahrheitscodes. Dies Problem verliert durch die Hypothetisierung der Wahrheit und das Tempo der Paradigmawechsel an Gewicht. (Es mag für Philosophen, wie das Zitat zeigt, Bedeutung behalten). Für die Gesellschaft wird statt dessen das ganz andere Problem der *Wahrheitsschäden* brisant. Gerade wenn die Wahrheit als Wahrheit funktioniert, ergeben sich aus ihrem Gebrauch Folgeprobleme. Genau deshalb, weil die Gesellschaft keine Vorwegintegration der Operationen ihrer Funktionssysteme mehr gewährleisten kann, entsteht überall die Gefahr, daß die einen, ohne dies als Risiko würdigen zu können, Probleme erzeugen, die die anderen oder die Gesellschaft im ganzen nicht mehr verkraften können.

Unterscheidungen wie Nutzen/Schaden, gegenwärtig/künftig, sicher/unsicher stehen quer zum Code der Wissenschaft. Sie können natürlich selbst zum Forschungsthema werden; aber hier geht es um die Frage, an welcher Unterscheidung sich ein Beobachter primär orientiert. Es ist die Kombination denkbar, daß Wahrheiten zu gegenwärtig unsicheren, ja unwahrscheinlichen, dann aber hohen künftigen Schäden führen können. Wer sich am Code wahr/unwahr orientiert, wird zu diesem Problem keine rationale Einstellung gewinnen können, handelt es sich doch gerade um Wahrheitsschäden. Die Unterscheidung nützlich/schädlich verlangt dann, so die Meinung vieler, Vorrang. Aber das heißt logisch, daß der mögliche Schaden als Rejektionswert für die Unterscheidung wahr/unwahr reklamiert wird, und daß heißt praktisch: eine Präferenz für Nichtwissenwollen, und dies angesichts eines nur möglichen, im gegebenen Falle vielleicht doch vermeidbaren Schadens. Gegenwärtig werden ethische oder gar juristische

---

69 John Lange, The Cognitivity Paradox: An Inquiry Concerning the Claims of Philosophy, Princeton, N. J. 1970, S. 84.

Forschungsverbote diskutiert. Was immer man von ihrer ethischen Begründung halten mag, rechtstechnisch sind sie möglich, denn auch das Recht ist ein für seine Funktion allzuständiges, durch externe Einflüsse nicht spezifizierbares Funktionssystems.[70] Nur hat die Sachlage hier die Eigentümlichkeit, daß (anders als zum Beispiel beim Tötungsverbot) das Forschungsverbot nur Sinn hat, wenn es ausnahmslos durchgesetzt werden kann. Nur ein einziger Rechtsbruch: und die Wahrheit ist irreversibel bekannt. Praktisch hat dies zur Folge, daß das Rechtssystem sich mit dem Verbot technologischer Realisationen begnügen muß und auch dabei angesichts der nur territorialen Geltung der einzelnen Rechtsordnungen mit geringen Effektivitätschancen zu rechnen hat.

Dadurch, daß künftige Schäden nicht mehr external, sondern internal zugerechnet werden, treten sie in die Gegenwart ein. Gewiß, die Zukunft war immer schon intransparent, aber das betraf nur ferne künftige Gegenwarten. Jetzt wird die Intransparenz der Zukunft ein Problem der gegenwärtigen Gegenwart, des aktuell laufenden Entscheidungsprozesses, und dies in allen Funktionsbereichen. Die Ministerialbürokratie beispielsweise sieht ein Risiko darin, ein Verfahren der Gesetzesänderung in Gang zu setzen, denn man kann nicht voraussehen, ob das Paket so, wie geplant, durchkommt oder ins Unwiedererkennbare deformiert wird. Jede größere wirtschaftliche Investition wird als Risiko kalkuliert. Selbst das Behalten von Eigentum ist riskant geworden: Wer hat, der hatte. Man weiß nicht, ob eine langwierige Ausbildung, wenn erfolgreich abgeschlossen, zu einer entsprechenden Berufstätigkeit führt. Nicht zuletzt ist eine Heirat ein Risiko, seitdem man selbst darüber entscheiden muß. Nicht nur die Wissenschaft, die Gesamtgesellschaft beeindruckt sich mit einer intransparenten Zukunft,

---

70 Immerhin fällt auf, daß auch im Rechtssystem eine prophylaktische Regulierung sich auf ein problematisches Verhältnis zum Code des Systems einlassen muß: Man verbietet ein Verhalten, obwohl (und weil!) man noch gar nicht weiß, ob es rechtswidrig oder rechtmäßig sein wird, weil man noch gar nicht weiß, ob es Schaden stiften wird oder nicht. Vgl. dazu Christopher H. Schroeder, Rights against Risks, Columbia Law Review 86 (1986), S. 495-562 (insb. 522ff.).

von der nur eines sicher zu sein scheint: daß sie anders sein wird als das, was man aus der Vergangenheit kennt.

Die Wissenschaft ist solchem Risikozuwachs in doppelter Weise ausgesetzt. Einerseits sind ihre Forschungen selbst riskant, weil man nicht wissen kann, ob der Gebrauch der damit entdeckten Wahrheiten zu nicht als Kosten vertretbaren Schäden führen wird. Andererseits wird die Wissenschaft in Fragen der Risikokalkulation und der Risikominderung um Rat angegangen und muß dann ihre eigene Unsicherheit bzw. die Inkohärenz der als Wissenschaft vertretenen Meinungen offenbaren. Auf so viel Präsenz von Zukunft in der Gegenwart kann die Wissenschaft sich mit denjenigen Selbstdarstellungen, die sie im Zuge der Ausdifferenzierung seit dem 17. Jahrhundert entwickelt hat, nicht einstellen, und es bleibt ihr nur die Möglichkeit, sich auf ihre eigene Autopoiesis, ihre eigene Funktion, ihre eigene Codierung und Programmierung zurückzuziehen, also sich als funktionsspezifisches System zu legitimieren.

Diese Sachlage macht die geradezu verzweifelte Hoffnung verständlich, die man gegenwärtig auf eine Ethik setzt, die es gar nicht gibt; oder auf ethische Appelle, es müßte etwas geschehen angesichts der Risiken und Gefahren. Im gesellschaftlichen Kontext ist die Wissenschaft die Betroffene solcher Kommunikationen. Man sieht zwar noch nicht, welche Wirkungen sie auslösen können, aber Irritationen zeichnen sich bereits ab. Der Wissenschaft wird damit zugemutet, Wahrheitssuche als riskant zu begreifen, obwohl Wahrheit für sie der positive Leitwert ist, und sich selbst für mitverantwortlich zu halten, wenn aufgrund von Wissen Kausalreihen in Gang gesetzt werden, die zu Schäden führen. Aber es fehlt an einer gesamtgesellschaftlich repräsentativen Instanz, die sagen könnte, welches Verhalten in dieser Situation ethisch richtig und rational ist. Und es kann diese Instanz auch nicht geben, weil die Gesellschaft keine Repräsentation der Gesellschaft in der Gesellschaft vorsehen kann, sondern jede Anmaßung in dieser Richtung der Beobachtung und der Kritik aussetzt.

(5) Zusammen mit der unterschiedlichen Codierung der Funktionssysteme führt die vordringliche Aufmerksamkeit für

Risiken, für die es keine eindeutig-rationalen Entscheidungskriterien gibt, zu einer Auflösung des Rationalitätskontinuums, das in älteren Gesellschaften (nicht nur Alteuropas) Sein, Denken, Wollen und Werten in Kosmos und Gesellschaft im Sinne des Wahren und Guten zusammenhielt. Statt dessen ist eine polykontexturale Gesellschaft entstanden,[71] die eine entsprechende Welt konstruiert. Das ist unter anderem eine Voraussetzung der Erfahrbarkeit des historisch Neuen.[72] In unserem Kontext soll Polykontexturalität heißen: daß die Gesellschaft zahlreiche binäre Codes und von ihnen abhängige Programme bildet und überdies Kontextbildungen mit sehr verschiedenen Unterscheidungen (neuestens sogar wieder: Männer und Frauen) anfängt. Auch die Logik bildet keine Ausnahme, sie kann aber ihren spezifischen Kontext in der Vereinfachung der Polykontexturalität sehen. Wenn dies unumgänglich ist, dann fungiert der eine Kontext als Rejektionsgesichtspunkt für die Unterscheidungen anderer, so zum Beispiel der politische Kontext Regierung/Opposition zur Rejektion der Unterscheidung wahr/unwahr. Das heißt nicht (bitte sorgfältig lesen!), daß die Werte bzw. Bezeichnungen anderer Kontexte nicht anerkannt werden, wohl aber, daß die eigene Operation sich nicht um deren Unterscheidung bemüht – so wie die Politik natürlich hinnimmt (und sie wäre *politisch* schlecht beraten, täte sie es nicht), was die Wissenschaft als wahr bzw. unwahr herausfindet, aber nicht selbst zwischen diesen beiden Werten wählt.

(6) Alle Beobachtungen und Beschreibungen sind mithin abhängig von einer vorgängigen Kontextwahl, die in unserer Gesellschaft nur als kontingent präsentiert werden kann. Nichts anderes behauptet die radikale Hermeneutik. Nichts anderes behauptet der radikale Konstruktivismus. Nichts

---

71 Ich formuliere erneut im Anschluß an Gotthard Günther. Siehe insb. Life as Poly-Contexturality, in ders., Beiträge zur Grundlegung einer operationsfähigen Dialektik, Bd. II, Hamburg 1979, S. 283-306. Vgl. auch die (begrifflich noch nicht sehr durchgearbeitete) Vorstellung der multiple realities bei Alfred Schütz, On Multiple Realities, in: Collected Papers, Bd. I, Den Haag 1962, S. 207-259; ferner ders., Symbol, Reality and Society, a.a.O., S. 287-356 (340ff.).

72 Siehe Gotthard Günther, Die historische Kategorie des Neuen, in ders., a.a.O., Bd. III, Hamburg 1980, S. 183-210.

anderes behauptet auch Foucault (obwohl hier eine Prämisse hinzukommt, die wir nicht teilen: daß mit der Wahl eines Kontextes Macht ausgeübt werde, so als ob Macht selbst als eine kontextfreie verfügbare Möglichkeit zugänglich sei). Zuweilen spricht man, die wechselseitige Isolierung der Diskurse übertreibend, auch von »Postmoderne«, während es in Wahrheit gerade um die in der modernen Gesellschaft sich durchsetzende Reflexion ihrer selbst geht. Das entspricht der Prämisse, von der auch wir ausgegangen sind: daß die Welt nur in der Welt beobachtet werden kann, daß dazu Distanzierungen, Grenzziehungen, Komplexitätsreduktionen erforderlich sind, die sich selbst nur beobachten können, wenn sie ihre eigene Kontingenz kontextieren können. Es gibt daher auch nicht »die« richtige Beschreibung »der« Komplexität, oder jedenfalls ergibt sich die moderne Komplexität aus einer Vielzahl von Beschreibungsmöglichkeiten ihrer selbst unter Einschluß der Beschreibung in die Beschreibung der Komplexität.[73]

In einer Gesellschaft, die nach Maßgabe ihrer wissenschaftlichen Beschreibung in dieser Weise zu sich selbst kommt, muß die Wissenschaft die Konsequenzen für sich selbst ziehen. Sie kann nicht für sich selbst eine Ausnahmestellung beanspruchen und sich selbst in der Rolle eines externen Beobachters sehen, der die Wirklichkeit (auf wie immer unvollkommene Weise) so beschreibt, wie sie ist. Das ist zunächst nur ein Gebot der Konsistenz in der eigenen Weltbeschreibung. Es ist zugleich aber auch ein faktisches Operieren in der modernen Gesellschaft, das sich als gesellschaftlich angepaßt erweist oder mangels Plausibilität nicht fortgesetzt werden kann.

Es gibt demnach auch keine kontextunabhängige Entscheidung zwischen unterschiedlichen Geltungsansprüchen, also auch keine kontextunabhängige Bewertung wissenschaftlichen Fortschritts. Diese Einsicht hat den Arbeiten von Thomas Kuhn so hohen Aufmerksamkeitswert verschafft. Weder die empirische Wissenschaftsgeschichtsforschung noch die epistemologische Reflexion gibt etwas anderes her.

---

73 Vgl. Robert Rosen, Complexity as a System Property, International Journal of General Systems 3 (1977), S. 227-232.

Was *statt dessen* angeboten werden kann, ist eine rekursiv arrangierte Beobachtung des Beobachtens, ein Kontextieren von Kontexten, ein Unterscheiden von Unterscheidungen, also eine Kybernetik des Beobachtens zweiter Ordnung. Darauf kann eine erkenntnistheoretische Reflexion sich einlassen – zum Beispiel: indem sie sich von Was-Fragen auf Wie-Fragen umstellt. Damit stellt die Wissenschaft sich auf ihre eigene Analyse der modernen Gesellschaft ein. Sie muß aber dann konsequent darauf verzichten, der Gesellschaft deren eigene Fortschrittlichkeit zu versichern. Ob nun die Gesellschaft diesen Glauben an die eigene Fortschrittlichkeit weiterhin pflegt oder nicht: sie wird sich dabei jedenfalls nicht auf Wissenschaft berufen können.

(7) Seit der Aufklärung, seit dem Beginn der Thematisierung der Moderne, verstärkt sich eine Art von öffentlicher Kommunikation, die man als rekursives Beobachten und Beschreiben bezeichnen kann. Man beginnt, die Beobachtungen anderer zu beobachten und zwar mit besonderem Interesse für das, was der beobachtete Beobachter *nicht* beobachten kann. Der Buchdruck setzt das sich jetzt formierende Publikum, und im besonderen Romanleser und -leserinnen, instand, daran teilzunehmen, so daß es sich um eine nicht nur auf Wissenschaft beschränkte Möglichkeit handelt. Nur dies erklärt die Erfolge der Entlarvungssophisten des 19. Jahrhunderts bis hin zu Freud. Sie beobachten mit Hilfe von »inkongruenten Perspektiven«[74] und schließlich mit Schemata wie manifest/latent oder bewußt/unbewußt, die miterklären, daß und weshalb der beobachtete Beobachter nicht sehen kann, was er nicht sehen kann. Inzwischen kann man wissen, daß alles Beobachten so beobachtbar ist, auch das Beobachten des Beobachtens; und weder eine freischwebende Intellektualität, noch eine Metaebene, noch der Traum von einem letztlich doch vernünftigen Konsens kann davor retten. Denn niemand kann

---

74 So Kenneth Burke, Permanence and Change, New York, New York 1935. Sein eigenes Beobachten solcher Beobachtung von Beobachtungen bezeichnet Burke später als »Logologie«, mit einem Ausdruck also, den bereits Novalis benutzt. (Fragmente II, Nr. 1902 ff. zit. nach der Edition Wasmuth, Heidelberg 1957).

behaupten, daß er sieht, was er nicht sieht, und in jedem Falle entzieht sich die Operation des Beobachtens (des Bezeichnens im Kontext einer dafür maßgeblichen Unterscheidung) der Beobachtung durch sich selbst.

Betrachtet man allein die *Rekursivität* dieses Beobachtens von Beobachtungen, scheint das Problem in einem infinitiven Regreß zu liegen und daran zu scheitern. Dies ist aber nur ein logisches bzw. reflexionstheoretisches Problem.[75] Faktisch hat das Beobachten von Beobachtungen und das Beschreiben von Beschreibungen Resultate, die in der Fortsetzung der Autopoiesis des Gesellschaftssystems weiterverwendet oder nicht weiterverwendet werden. Das Beobachten des Beobachtens und das Beschreiben des Beschreibens ist Kommunikation und ist als autopoietische Operation *rekursiv*. Es fordert sich selber auf, es greift auf Resultate eben dieser Kommunikation vor und zurück. Es schränkt sich ein, um neue Wahlmöglichkeiten zu finden. Alle Evolution zeigt, daß auf diese Weise relativ stabile (*repetitiv* verwendbare) Sinnformen entstehen. Das wird (wir haben keinen Anlaß, anderes zu vermuten) auch dann gelten, wenn das Beobachten und Beschreiben polykontextural angelegt ist und wenn es Spezialisten gibt, die mit großem Erfolg genau das beobachten, was die beobachteten Beobachter nicht beobachten können. Und es wird auch dann gelten, wenn das Beobachten des Beobachtens von der Frage »Was« (mit Hoffnung auf eine gemeinsam akzeptable Realität oder gar auf intersubjektiven Konsens) auf die Frage »Wie« umgestellt wird.

Für die wissenschaftstheoretische Reflexion empfiehlt sich für die Beobachtung solcher Sachverhalte ein evolutionstheoretischer Kontext. So wie die Theorie rekursiver Operationen muß auch die Evolutionstheorie auf Prognosen verzichten. Das heißt nicht zuletzt, daß alle Forschung immer nur Episoden organiseren kann. Sie kann daher auch um das gesellschaftliche Risiko, das in ihren Forschungen

---

75 Vgl. hierzu die bereits mehrfach zitierten Exposées von Heinz von Foerster, etwa: Erkenntnistheorien und Selbstorganisation, in: Siegfried J. Schmidt (Hrsg.), Der Diskurs des Radikalen Konstruktivismus, Frankfurt 1987, S. 138-153 (147ff.).

liegt, wissen und unter Umständen (was politischen Druck, öffentliche Meinung, Recht usw. einschließt) Projektpräferenzen entsprechend wählen. Sie kann angesichts dieses Risikos aber keine Eigenrationalität entwickeln, denn das Unterlassen von Forschungen angesichts von gesellschaftlich suggerierten Risiken ist ebenfalls riskant.[76] Relativ stabile »Eigenzustände«, und das heißt im Falle der Wissenschaft: anschlußfähige Wahrheiten bzw. Unwahrheiten ergeben sich (oder ergeben sich nicht) in der Evolution rekursiver Operationen, und dabei zählt letztlich nicht das, was man beobachtet und beschreibt, wünscht, hofft oder befürchtet, sondern nur das, was tatsächlich im »structural drift« (Maturana) des strukturdeterminierten Systems geschieht.

Mit all diesen Überlegungen zur Ausdifferenzierung von Wissenschaft ist nicht in Frage gestellt, daß die Wissenschaft abhängig bleibt von gesellschaftlichen Vorgaben der Bedingung der Möglichkeit von Kommunikation. Die Abhängigkeit von Sprache, Schrift, Buchdruck und eventuell neueren Techniken der Intensivierung von Kommunikation war bereits mehrfach erwähnt worden. Es kommt hinzu, daß auf diese Weise zugleich ein semantischer Plausibilitätsrahmen vermittelt wird. Selbstverständlich setzt die Wissenschaft zahlreiche in der gesamtgesellschaftlichen Kommunikation bereits konstruierte Vorstellungsformen voraus, man denke nur an die Raumvorstellungen oder an die vom Menschen aus bestimmten Normalgrößen, in bezug auf die etwas groß oder klein, leicht oder schwer, nah oder fern ist. Dieser Plausibilitätsrahmen wird zwar infolge der Evolution von Wissenschaft ständig verändert, indem bisher Plausibles seine Plausibilität verlieren kann, aber auch umgekehrt neue, kühnere Plausibilitäten (etwa das Wissen über natürliche und künstlich erzeugte, sinnlich nicht wahrnehmbare Strahlungen) eingeführt werden; er läßt sich heute also schon gar nicht mehr unabhängig von Wissenschaft denken. Er bleibt aber gleichwohl eine gesamtgesellschaftliche Bedingung auch

---

76 Man muß hier nur mitsehen, daß die Projekte nur Episoden sind und daß die Forschungsresultate darüber hinausweisende, durch Theoriekontexte vermittelte Folgen haben, solange die Autopoiesis der Wissenschaft überhaupt weiterläuft.

für wissenschaftliche Kommunikation. Die Wissenschaft kann sich auf diese Weise zwar eigentätig in gesellschaftlichen Kommunikationsmöglichkeiten verankern, indem sie Unsichtbares (Strahlungen, Viren, genetische Codierungen, riesige zeitliche/räumliche Dimensionen und ihre Relativitäten etc.) als existentielle Unbestreitbarkeiten etabliert und anderen Unsichtbarkeiten (Engeln, Teufeln, geheimnisvollen Kräften und Intelligenzen etc.) diese Qualität entzieht. Sie kann auch intellektuelle Moden, die wie zufällig bereitliegen, aufgreifen, um wissenschaftliche Innovationen zu formulieren, die anders kaum die nötige Startplausibilität gewinnen würden.[77] Oft sind es Annahmen über mögliche/unmögliche Kausalzusammenhänge, die den Aufbau von Theorien dirigieren.[78] Aber auch dann muß die Kommunikation gesamtgesellschaftlich funktionieren können – und dies nicht nur wegen des Erfordernisses, sich nach außen verständlich zu machen, sondern auch als Bedingung der wissenschaftsinternen Kommunikation selbst. Ein Wissenschaftler kann wissenschaftsintern zwar Schwerverständliches anbieten, aber nicht Unverständliches. Auch die Erlaubnis zum Gebrauch von Metaphern (Gleichgewicht ja, Geheimnis nein, Kraft, Bewegung, oben/unten, mehrere »Ebenen« etc.) hat hier ihre Wurzeln. Nicht zuletzt gehört hierher das Ausmaß, in dem der gesellschaftliche Erfolg der Wissenschaft es unnötig macht, auf unbedingter Gewißheit ihrer Grundlagen zu bestehen. Auch wissenschaftsintern ist man insofern auf eine »Kultur« angewiesen, wenn das heißen darf: daß man sich auf nicht mitkommunizierte Verständlichkeitsvoraussetzungen muß verlassen können. Wie einschneidend diese Bedingungen wirken, wird erst in einem breiteren Kulturvergleich erkennbar. Gewiß: die Wissenschaft kann zwar die Esoterik ihres Sprachgebrauchs recht weit treiben, und sie kann

---

[77] Vgl. dazu Paul Forman, Weimar Culture, Causality and Quantum Theory, 1918-1927: Adaptation by German Physicians and Mathematicians to a Hostile Intellectual Environment, Historical Studies in the Physical Sciences 3 (1971), S. 1-115, und die Auswertung dieser und anderer Studien bei Barry Barnes, Scientific Knowledge and Sociological Theory, London 1974, S. 99ff.

[78] So z. B. die Ablehnung von Fernwirkungskausalität, die Suche nach neurophysiologisch faßbaren »Spuren« (traces) als Bedingung eines funktionierenden Gedächtnisses. Siehe hierzu Norman Malcolm, Memory and Mind, Ithaca, N. Y. 1977, S. 167ff., 180ff.

sogar mit der Verständlichkeit von absichtsvoll herbeigeführten Mißverständnissen spekulieren.[79] Aber zugleich verrät dieses Bemühen um Abwehr von unbemerkten Einflüssen, die über den Normalsinn der Worte sich einschmuggeln könnten, daß dem eine gewisse Normalität und Unvermeidlichkeit zugrundeliegt.

Die entsprechenden Sachverhalte wird niemand bestreiten; nur ihre theoretische Relevanz ist umstritten. Daran ist die recht unglückliche Diskussion über die relative Bedeutung externer und interner Faktoren schuld.[80] Wir haben sie durch die These der gesellschafts*internen* Ausdifferenzierung ersetzt; oder mit anderen Worten: durch die These der Schließung durch Einschließung. Die Autonomie der Wissenschaft ist in keiner Weise in Frage gestellt, dadurch daß die Wissenschaft gesamtgesellschaftliche Plausiblitätszusammenhänge benutzt. Auch wenn man das in Rechnung stellt (und wenn ein Beobachter entsprechende Kausalhypothesen formulieren kann), ändert das nichts daran, daß nur wissenschaftliche Aussagen wissenschaftliche Aussagen produzieren können.

VII

In fast allen Funktionssystemen der modernen Gesellschaft, ausgenommen eigentlich nur die Familie, spielt Organisation eine bedeutende Rolle. Organisationen sind die einzigen sozialen Systeme, die in der Lage sind, intern erarbeitete Resultate nach außen zu kommunizieren. Oder anders gesagt: wenn man ein soziales System in Kommunikationsprozessen repräsentieren (vertreten) will, muß man es organisieren. Praktiker, die mit den Zuständen und Leistungen nicht zufrieden sind, suchen Verbesserungen auf der Ebene der Organisation zu erreichen. Andere Möglichkeiten eines externen Zugriffs auf Funktionssysteme sind kaum denkbar, und auch intern scheint Organisation die Form zu sein, durch die unwahrscheinliches, hochspezialisiertes Verhalten erwartbar gemacht und koordiniert

---

79 Ein Beispiel hierfür bietet die strikt mathematische Verwendung von Begriffen wie Chaos oder Katastrophe.
80 Siehe nur Barnes a.a.O. (1974), S. 99ff.

wird. Organisation greift über die Ordnungsebene einfacher Interaktionen und über die Zufallsstreuung der Lektüre hinaus und sucht sicherzustellen, daß vieles, was zugleich geschieht, dennoch synchronisiert und in Sequenzen von Folgehandlungen zu einem guten Ende zusammengefügt werden kann. Früher oder später setzt sich in den großen Funktionssystemen Organisation als Form der Funktionserfüllung und Leistungserbringung unwegdenkbar und irreversibel durch. Kein Wunder, daß man »reife« Wissenschaft als organisierte Wissensproduktion charakterisiert hat.[81]

Unter Organisation soll hier eine besondere Art der Bildung sozialer Systeme verstanden werden, also eine besondere Art der Ausdifferenzierung und Grenzerhaltung.[82] Von Organisation soll dann gesprochen werden, wenn Systeme sich selbst über die Unterscheidung von Mitgliedern und Nichtmitgliedern ausdifferenzieren und entsprechend die Mitgliedschaft selektiv konditionieren.[83] Auf ihre besondere Weise können Organisationen sich im Hinblick auf spezifische Aufgaben (Programme) von Umständen psychischer und sozialer Art weitgehend abkoppeln, sofern sie nur die Fortsetzung der Mitgliedschaft sicherstellen und dafür konditionierbare Motive beschaffen können.[84] Organisationen bilden sich also weder durch bloße Interaktion unter Anwesenden; noch sind sie Gesellschaften oder gesellschaftliche Subsysteme, also Systeme, die

[81] So Stephan Fuchs/Jonathan H. Turner, What Makes a Science »Mature«? Patterns of Organizational Control in Scientific Production, Sociological Theory 4 (1986), S. 143-150. Als eine wissenschaftssoziologische Theorie, die Wissenschaft als eine Organisation professioneller Arbeit ansieht, vgl. Richard Whitney, The Intellectual and Social Organization of the Sciences, Oxford 1984.

[82] Das unterscheidet sich von dem Sprachgebrauch Maturanas, der schon die Realisation der Autopoiesis selbst (im Unterschied zu den konkreten Strukturen, über die das geschieht) als Organisation bezeichnet. Und es unterscheidet sich auch von einer verbreiteten Gleichsetzung von Organisation und Struktur. In diesen beiden Fällen könnte man den Begriff der Organisation als Begriff (nicht immer: formulierungstechnisch) eigentlich einsparen.

[83] Vgl. Niklas Luhmann, Funktionen und Folgen formaler Organisation, Berlin 1964; ders., Organisation, in: Willi Küpper/Günther Ortmann (Hrsg.), Mikropolitik: Rationalität, Macht und Spiele in Organisationen, Opladen 1988, S. 165-185.

[84] Hierzu etwa James G. March/Herbert A. Simon, Organizations, New York 1958, S. 84ff.; Albert O. Hirschman, Exit, Voice and Loyalty: Responses to Decline in Firms, Organizations and States, Cambridge, Mass. 1970.

die gesamte Kommunikation oder Aspekte dieser Kommunikation ausdifferenzieren. Es handelt sich um eine evolutionäre Errungenschaft besonderer Art, die als solche allerdings einen hohen Stand gesellschaftlicher Evolution voraussetzt.

Die Vorteile formal organisierter Systeme lassen sich in vielen Hinsichten genauer präzisieren. Organisationen stellen Motivation bereit. Sie setzen das interaktionelle Aushandeln von Ergebnissen und Publikationen, das die neuere Wissenschaftsforschung stark betont,[85] unter interaktionell nicht verfügbaren Beschränkungen und neutralisieren so gewisse Zufälligkeiten rein situativer Arrangements. Sie garantieren das Weitermachen auch für den Fall des Nichtweiterwissens. Vor allem ermöglichen Organisationen Periodenbildung, also Einrichtung von zeitlimitierten Projekten, mit der Gewißheit, daß der Betrieb (aber nicht notwendig die individuelle Anstellung und Karriere) nach der Beendung weiterläuft.[86] Forschung ist, in diese Form gebracht, ein vom individuellen Leben abgekoppeltes, zugleich beendbares und unbeendbares Unternehmen. In manchen Bereichen nimmt diese projektförmige Forschungsorganisation bereits derart überhand, daß Forschungen (vor allem offener, theoretischer Art), die sich dem nicht fügen, kaum noch Chancen haben, während unbestreitbar ist, daß man noch schlechter dran wäre, wenn individuelle Forscher, sich selbst überlassen, nur das immer neu auswerten, womit sie einmal Erfolg gehabt haben und bekannt geworden sind. Die Organisation kann, wenn man es so abstrakt sehen darf, das vertrackte logische Problem des Endes lösen – das Problem der Möglichkeit, ein Ende der Operation des beobachtenden Unterscheidens zu unterscheiden, also die Operationsweise, die man beenden will, durch die Beendung fortzusetzen.[87] Man muß hier das Beenden im Unterschied zum Nichtbeenden natürlich unterscheiden

---

85 Siehe nur Karin Knorr-Cetina, Die Fabrikation von Erkenntnis: Zur Anthropologie der Naturwissenschaft, Frankfurt 1984.

86 Dem Thema der Projekthaftigkeit als zeitlicher Differenzierung der organisierten Wissenschaft wird verhältnismäßig wenig Aufmerksamkeit gewidmet – was sich nicht zuletzt daran ablesen läßt, daß die Zeitschrift für Soziologie einen entsprechenden Beitrag als »Essay« bringt. Siehe Joachim Matthes, Projekte – nein danke? – Eine (un)zeitgemäße Betrachtung, Zeitschrift für Soziologie 17 (1988), S. 465-473.

87 Siehe dazu ausführlicher oben Kap. 5, X.

vom bloßen Aufhören der Operationen, das jederzeit passieren kann. Die Organisation kann, einfacher gesagt, das Beenden von Projekten unterscheiden und auf diese Weise beobachten und in dieser Beobachtung gewährleisten, daß das Ende des Projekts nicht das Ende der Forschung ist.

Eine konstruktivistische Ausgangsthese schließt es aus, die Möglichkeit bzw. die Schwierigkeit einer Projektorganisation der Forschung auf die Art der Gegenstände oder gar auf den Weltausschnitt zurückzuführen, mit dem eine Disziplin sich beschäftigt. Es gibt keine harten bzw. weichen Fächer. Naturwissenschaftliche Forschung ist nicht von der Sache her besser zu organisieren als geistes- bzw. textwissenschaftliche Forschung. In allen Fällen ist die Frage, ob eine Aufgabenstellung genau oder ungenau, im Ergebnis kontrollierbar oder unkontrollierbar, mit hohen oder mit geringen Unsicherheiten in bezug auf Erfolge bzw. Mißerfolge formuliert wird[88], eine systemintern zu entscheidende Frage, und dabei spielt die Organisation des Forschungsbetriebs eine bedeutende, Fuchs und Turner meinen sogar: die ausschlaggebende Rolle.[89] Es kann also durchaus sein, daß erfolgreiche Disziplinen, wie etwa die Biologie, überwiegend in organisatorisch streng kontrollierten zwei/drei-Jahres-Projekten forschen und wenig Blick freigeben auf die Grundsatzfragen ihres Faches. Theoretisch an Grundsatzfragen interessierte Forscher werden dann marginalisiert und in der Disziplin selbst kaum noch verstanden. In der Soziologie ist das typisch anders, ohne daß man sagen könnte, daß der Gegenstand dazu zwänge.

Wissenschaft, wie andere Funktionssysteme auch, ist heute auf Organisation angewiesen, ohne je als Einheit eine einzige Organisation sein zu können. Das kann nicht genug unterstrichen werden. Die Einheit eines Mediums (Wahrheit, Macht, Geld usw.) ist nie und nirgends die Einheit einer Organisation. Während das Medium lose gekoppelte Möglichkeiten der Symboli-

---

88 »Task uncertainty« kann dabei als Unsicherheit des Wahrheitserfolges der Forschung und vielleicht mehr noch als Unsicherheit des Reputationserwerbs durch Forschung verstanden werden. Zu den Auswirkungen dieser Variable auf die Arbeitsorganisation in verschiedenen wissenschaftlichen Fächern Whitley a.a.O. (1984).
89 A. a. O. (1986).

sierung von unwahrscheinlichen und doch akzeptanzfähigen Kommunikationen bereitstellt, gehören Organisationen (wie in anderer Weise die medienspezifischen Programme, also hier: Theorien und Methoden) zu den Formen rigider Kopplung, die das Medium binden und verbrauchen, sofern nicht für Wiederherstellung der Offenheit gesorgt ist. Dieser Bindungs- und Verbrauchsaspekt schließt es aus, daß ein Medium insgesamt einheitlich organisiert wird, denn das würde die Zirkulation des Mediums unterbinden und die Offenheit des Mediums auf organisationsinterne Elastizität reduzieren.[90] Um dem vorzubeugen, läßt man in Funktionssystemen stets eine Mehrzahl von Organisationen zu – im ökonomischen System konkurrierende Betriebe, im politischen System eine Mehrzahl von Parteien, in der Wissenschaft eine Mehrzahl von Universitäten und sonstigen Forschungsorganisationen.

Auch wenn auf diese Weise Vorsorge getroffen ist (was oft etwas unglücklich mit einem Glauben an die Anregungswirkung von Konkurrenz begründet wird), darf man die Auswirkungen von Organisation nicht unterschätzen. Organisation bringt zusätzlich zur Festlegung auf Theorien und Methoden und nicht selten im Zusammenhang mit ihnen weitere Rigidisierungen ins Spiel. Das ist ein unter dem Stichwort »Bürokratie« viel erörtertes Thema, das uns nicht weiter beschäftigen muß.[91] Weitere, erst durch Organisation eröffnete Möglichkeiten kommen hinzu und reduzieren, wenn man so formulieren darf, den Einfluß der Wissenschaft auf die Forschung. Vor allem ermöglicht Organisation selektive Förderung, also auch selektive Nichtförderung und macht die dafür maßgeblichen Entscheidungen greifbar für systemexterne, zum Beispiel politische Einflüsse.[92] Die strikte

---

90 Der Umfang, in dem dies trotzdem geschieht, läßt sich leicht feststellen, etwa anhand der Festlegung von Forschungsperspektiven durch schwer revidierbare Personalentscheidungen.

91 Gute Einblicke, auch in sachbedingte Grenzen der Bürokratisierbarkeit, vermittelt die Fallstudie von Bernd Marin, Politische Organisation sozialwissenschaftlicher Forschungsarbeit: Fallstudie zum Institut für Höhere Studien Wien, Wien 1978.

92 Eine gezielte, zum Beispiel durch Politik vermittelte Förderung bestimmter wissenschaftlicher Forschungen (im Unterschied zu anderen) wird man kaum als Einfluß »der Gesellschaft« auf ihre Wissenschaft und auch kaum als Beleg für »Entdifferenzierung« ansehen können; aber man darf als Hypothese für genauere

Trennung operational-geschlossener, selbstreferentieller Funktionssysteme, die jeweils nur ihrem eigenen Code folgen und anders gar keine erkennbare Eigenleistung erbringen können, wird also auf der Ebene der Organisation und vor allem im Netz der Interorganisationsbeziehungen konterkariert – was noch gar nichts darüber sagt, ob und wie sich diese Einflüsse auf die Erfüllung der Funktionen auswirken.[93] Es kommt hinzu, daß Organisationen Motive beschaffen dadurch, daß sie die Erhaltung der Mitgliedschaft unter Bedingungen stellen. Das hat zur Folge, daß die Codewerte wahr/unwahr als Motive weitgehend ausgeschaltet werden. Es kommt darauf an, daß man durch die Ergebnisse, die man vorlegt, die Bedingungen für eine Vertragsverlängerung erfüllt bzw. eine Entlassung vermeidet. Es kommt darauf an, daß man Reputation erwirbt und dadurch auf dem Arbeitsmarkt für Wissenschaftler bessere, vom augenblicklichen Beschäftigungsverhältnis unabhängige Chancen gewinnt. Diese Art Disziplinierung wird offensichtlich verschärft, wenn Anstellungen nur kurzfristig gesichert sind, sei es aus Rechtsgründen, sei es als Folge der projektförmigen Organisation des Forschungsprozesses. Wie das Kaninchen vor der Schlange erstarrt der Forscher dann nicht selten angesichts des Fristablaufs und konzentriert sich auf die Kontakte, die für eine Fortsetzung der Mitgliedschaft oder für den Zugang zu anderen Anstellungen wichtig sind. Um so wahrscheinlicher ist dann, daß bei gesicherter Mitgliedschaft weitere Aktivität als unnötig erscheint, die Ruder eingezogen werden und man sich nur noch schaukeln läßt.

Außerdem zweigt die Organisation viele Verhaltensanforderungen zu ihrer eigenen Erhaltung ab. Das gilt besonders, wenn

Untersuchungen vermuten, daß dadurch die Organisationsabhängigkeit von Forschung zunimmt mit all den Folgen, die wir in diesem Abschnitt behandeln.
93 Die Schwierigkeiten meiner Fachkollegen, die These einer strikten Geschlossenheit und Getrenntheit der Funktionssysteme zu akzeptieren, hängt nach m. E. auch damit zusammen, daß das Problem von vornherein auf die Organisationsebene bezogen wird – so als ob die Funktionssysteme nichts anderes seien als große Organisationen oder Organisationsverbände. Mit einer solchen Einebnung der Differenz von Gesellschaft und Organisation geht dann natürlich auch die Möglichkeit verloren, wahrzunehmen, wie stark die Operationsweise gesellschaftlicher Funktionssysteme durch Bedingungen der Organisierbarkeit gefördert und deformiert wird.

Selbstverwaltung, Partizipationsdemokratie und ähnliches so aufgewertet werden, daß ihr Selbstwert mit dem der Forschungsergebnisse konkurriert. Man kann dann, statt zu forschen, sich im Bereich der Organisation Verdienste erwerben, Geschäftsführerinstinkte entwickeln, Beschaffungsfunktionen erfüllen, zeremonielle Repräsentanz zelebrieren und auch damit auf eine Weise etwas für die Gesamtheit tun, von der niemand bestreiten kann, daß auch er davon profitiert.[94] Gerade das Führungspersonal und gerade erfolgreiche Forscher werden so allmählich aus der Forschung entfernt. In der Industrieforschung führt dieser Weg nicht selten in Managementkarrieren. Die Universitäten und Großinstitute produzieren Wissenschaftsfunktionäre, die nur scheinbar Leitungsfunktionen erfüllen, faktisch aber jeden Einfluß auf die Weiterentwicklung der Forschung verlieren.

Bei all dem ist jedoch nicht zu verkennen, daß viele Merkmale von Organisation, mit denen andere Funktionssysteme (vor allem: Politik und Wirtschaft) keine besonderen Schwierigkeiten haben, im Wissenschaftssystem nur sehr schwach spürbar sind. Das gilt vor allem für die, wie man grob sagen könnte: »Organisationstechnologie«; das heißt: für die organisationsspezifische Programmierung und für die Auflösung des Geschehens in verantwortbare, synchronisierbare, koordinierbare Einzelentscheidungen. Diese Möglichkeiten kann die Wissenschaft nicht wirklich nutzen. Der Grund dafür liegt in der programmatischen Bewertung der Neuheit und der Innovationsförderlichkeit von Forschungsergebnissen sowie darin, daß genau dieser Faktor mit Reputation belohnt wird, mit einem Motivationsmedium also, über das die Einzelorganisation nicht verfügen kann.

Die meisten Organisationen der modernen Gesellschaft sind spezifischen Funktionssystemen zugeordnet. Daß Universitäten zugleich zur Forschung und zur Erziehung beitragen sollen, ist eher eine Anomalie.[95] Die unmittelbare Kopplung von Lehre

---

94 Vgl. die positive Einschätzung und die Argumente gegen das »publish or perish« bei Bernard H. Gustin, Charisma, Recognition, and Motivation of Scientists, American Journal of Sociology 78 (1973), S. 1119-1134.
95 Vgl. Jürgen Klüver, Universität und Wissenschaftssystem: Die Entstehung einer Institution durch gesellschaftliche Differenzierung, Frankfurt 1983.

und Forschung würde, wenn ernst genommen, erhebliche Leistungsminderungen in beiden Bereichen verursachen. Vor allem aber ist zu beachten, daß die Phase des exponentiellen Wachstums der Wissenschaft, was Personal und Finanzmittel angeht, irgendwann einmal (wenn nicht heute schon) abgeschlossen ist. Das heißt dann, daß in diesen Hinsichten (nicht deshalb auch: im Wissen selber) ein annähernd stationärer Zustand erreicht werden muß. Und das heißt ganz praktisch: daß ein Wissenschaftler während seines ganzes Lebens nur einen einzigen Nachfolger ausbilden kann. Dann müssen die Universitäten zu Schulen werden, in denen anspruchsvolle Qualifikationen erworben werden, und die Selektion des akademischen Nachwuchses wird man nur noch situativ handhaben können. Es hat dann keinen Sinn mehr, speziell dafür auszubilden. Die Differenzierung von Erziehung und wissenschaftlicher Forschung wird sich auf diese Weise auch hier durchsetzen.

Erst aufgrund dieser Differenzierung läßt sich Forschung als Forschung organisieren mit schwer absehbaren Folgen. Denn auch wenn eine gesellschaftlich-funktionsspezifische Ausrichtung der Organisation durchgesetzt ist, wenn also in unserem Falle in einer Organisation nur Forschung betrieben wird, dominiert zunächst die Eigenart eines formal organisierten Systems mit formal kontingenter Mitgliedschaft, mit Entscheidungskompetenzen, Verfahren der Personalselektion etc., und jeder, der dort arbeitet, wird gut beraten sein, die daraus folgenden Beschränkungen, Rücksichten und Positionsbewertungen zu beachten. Gewiß: bei forschungsspezifischer Organisation kommt immer noch mehr Forschung zustande, als wenn es sie nicht gäbe; aber dem Insider fällt gleichwohl ein geradezu erschreckender Aufwand an Überflüssigkeiten und eine sehr geringe Ausnutzung der Möglichkeiten auf – so als ob auch hier das Gesetz der Evolution gälte, nämlich verschwenderische Produktion von Möglichkeiten und scharfe Selektion dessen, was wirklich zustandekommt.

Will man das Ausmaß beurteilen, in dem Eigenarten formaler Organisation wissenschaftliche Kommunikation seligieren und eventuell deformieren, muß man an die Vielzahl der Organisationen und an die Möglichkeiten des Überwechselns von der einen zur anderen denken. Vor allem fällt ins Gewicht, daß die

Organisationen, bei denen der Wissenschaftler angestellt ist, nicht allein über seine Reputationschancen entscheiden. Hierfür sind, wenn einmal die eigene Organisation Ressourcen für Zeit und Arbeitsmittel, Hilfspersonal und Briefbogen beigesteuert hat, andere Organisationen entscheidend – vor allem solche, die über die Annahme und Ablehnung von Manuskripten zur Publikation entscheiden. Der Forscher kann also nicht wirksam daran gehindert werden, Reputation zu erwerben, und vor allem kann deren Zuteilung nicht als organisationsinterne Sanktion benutzt werden. Im Gegenteil: der Forscher kann extern anerkannte Reputation intern einbringen, um hier seine Stellung und seinen Zugang zu Ressourcen zu verbessern (es sei denn, daß die eigene Organisation in extremem Maße mit sich selbst beschäftigt und dadurch unempfindlich ist dagegen, wie ihre wissenschaftliche Leistung extern beurteilt wird). Die Verzahnung von organisationsintern verfügbaren Ressourcen, Reputationsmarkt und organisationsinternem, hierarchiedurchbrechendem Einfluß bindet die Organisation in gewissem Umfange an die »tribal norms« des Wissenschaftssystems zurück und verhindert im Normalfalle eine allzu idiosynkratische Beschäftigung mit selbstgeschaffenen Problemen.

Vielleicht operiert die moderne Gesellschaft auch in der Organisation ihrer Funktionsbereiche unter dem Gesetz des abnehmenden Ertragszuwachses. Die Möglichkeiten, Wissenschaft durch Organisation zu fördern, scheinen, bei vielen noch denkbaren Verbesserungen im einzelnen, ausgereizt zu sein. Unausgenutzte Möglichkeiten dürften eher in der Verbesserung der Kommunikation selber liegen: vielleicht im Gebrauch wissenschaftlicher Maschinen, vielleicht auch in der weiteren Entwicklung transdisziplinärer Fächer, die es besser als bisher ermöglichen könnten, innovative Konstruktionen rasch zu verteilen. Selbst das bleibt aber im Rahmen der Funktionen, die die Wissenschaft ohnehin erfüllt, und im Rahmen ihrer code- und programmspezifischen Beobachtungsweise. Weder in Verbesserungen der Organisation noch in Verbesserung der funktionsspezifischen Kommunikation zeichnen sich Entwicklungen ab, die man als Antworten auf die überlebenskritischen Strukturprobleme der modernen Gesellschaft auffassen könnte.

VIII

Die bisherigen Überlegungen zu Wissenschaft und Gesellschaft haben sich auf Besonderheiten der modernen Gesellschaft mit operativer Absonderung eines ausdifferenzierten Wissenschaftssystems konzentriert. Dieser Bezug auf die Gesellschaft, die wir heute praktizieren, soll auch im folgenden Abschnitt dieses Kapitels erhalten bleiben. Die bisherigen Analysen reichen jedoch nicht aus, um das voll einzufangen, was seit einigen Jahrzehnten als »Krisis« der Wissenschaft und sogar als »Krise« der modernen Gesellschaft traktiert wird. Und sie schöpfen die analytischen Möglichkeiten des systemtheoretischen Ansatzes nicht aus, den wir im Vollzug von Wissenschaft und zugleich in der Beobachtung von Wissenschaft hier ausprobieren. Dies gilt sowohl für die Leistungsfähigkeit der System/Umwelt-Unterscheidung als auch für die Radikalität einer konstruktivistisch angesetzten Erkenntnistheorie. Wir reflektieren daher nochmals den Ausgangspunkt und kommen von da aus dann auf das Verhältnis von Wissenschaft und Gesellschaft zurück.

Der Ausgangspunkt ist ganz einfach: es geschieht, was geschieht. Die Realität reproduziert sich selbst in einem weltweiten Zugleich. Das kann man zugleich wissen und nicht wissen. Man kann wissen, daß es so ist, aber man kann nicht beobachten, daß es so ist, weil dazu eine Komplettsicht auf alles und zugleich Distanz und Mitvollzug eben dieser Reproduktion erforderlich wäre.[96] Es mag sein, daß man sich in dieses Alles-Zugleich durch Aufgabe jeder Unterscheidung hineinmeditieren kann. Sobald man aber beobachtet, benutzt man Unterscheidungen, zieht man Grenzen zwischen dem, was man beobachtet, und der Beobachtung selbst. Man taucht nicht ein, man taucht auf. Und während immer nur das geschieht, was geschieht, und auch der Beobachter nur beobachtet, wenn er beobachtet, gewinnt die Beobachtung mit Hilfe je ihrer praktizierten Unterscheidung eine Perspektive auf Möglichkeiten. Sie versetzt das, was geschieht (und jetzt kann sie sehen: auch das,

---

96 Husserls glückliche Metapher des »Horizontes« als Grenze allen Beobachtens formuliert dieses Problem – und verdeckt zugleich die ihm innewohnende Paradoxie einer Grenze, die keine ist, und einer Unbestimmtheit als Bedingung aller Bestimmbarkeiten.

was geschehen könnte), in den Modus der Kontingenz. Sie konstituiert die Welt neu als eine Gesamtheit von Möglichkeiten, wobei die Unterscheidung, eben weil sie Durchsicht ermöglicht, unsichtbar wird. Der Beobachter kann diese oder jene Unterscheidung benutzen und mit der Wahl seiner Leitunterscheidung seinen Beobachtungsbereich ausweiten, während immer nur ist, was ist, und nur geschieht, was geschieht. Nur weitere Beobachtungen könnten, ihrerseits denselben Bedingungen unterworfen, beobachten, wie der Beobachter beobachtet. Aber das kann nur dem Aufbau von Eigenkomplexität des Erkenntnis produzierenden Systems dienen, nicht der Verbesserung seiner Anpassung an die Umwelt.

Die Selbstbeschreibung der modernen Gesellschaft hat diesen Aufbau von kognitiver Eigenkomplexität als eine Art Erfolgsstory erzählt, sowohl im Sinne einer zunehmenden Naturbeherrschung als auch im Sinne einer zunehmenden Selbsterkenntnis des Mediums der Erkenntnis, des »Geistes«. Zweifel daran sind heute unübersehbar. Aber wie können sie formuliert werden? Zu sagen, daß die Intention auf Beherrschung der Natur auf einen Mißbrauch der Natur hinauslief, ist ebenso banal wie unergiebig. Und ebenso unergiebig scheint es zu sein, den Geistesoptimismus in Zweifel zu ziehen und zur Aufklärung über die Aufklärer aufzurufen. Damit soll nichts gegen solche Beobachtungen und Beschreibungen gesagt sein. Aber die Frage ist doch, ob die ihnen zugrundeliegende Diagnose des Problems ausreicht, oder ob es sich nicht wieder einmal nur um ein Vorspiel zur Dialektik handelt: um die bloße Behauptung des Gegenteils von dem, was man vorher behauptet hatte. Die »Krisen«-Semantik hat sicherlich symptomatischen Wert, aber wie können wir sie beobachten, ohne sogleich verführt zu werden, an sie zu glauben und es dabei zu belassen?

Je mehr sich die Wissenschaft auf »neue« Erkenntnisse kapriziert und je mehr sie mit der Hypothetik all ihres Wissens auf Zukunft setzt, desto weniger kann sie eine den Alltagsbedarf befriedigende Selbstbeschreibung der Gesellschaft liefern. Das heißt keineswegs, daß nicht bessere Leistungen auf dem Gebiet der Gesellschaftstheorie möglich wären als bisher. Aber sie werden, wenn sie gelingen, die Intransparenz der Gesellschaft für sich selbst nicht verringern, sondern steigern. Das heißt auch nicht, daß nicht bessere technische Leistungen (»wissensbasierte Systeme«, wie Optimisten sagen) möglich werden. Aber sie werden nur um so mehr darauf aufmerksam machen, wie sehr die Zukunft der Gesellschaft von Entscheidungen abhängt, die in der Gegenwart getroffen werden müssen, in der die Zukunft nicht bekannt sein kann. Aber nochmals: all das ist keine Krise, die etwas zur Entscheidung bringen könnte. Es ist die Realität der modernen Gesellschaft, mit der man, protestierend oder nicht, zurechtkommen muß.

Es geschieht, was geschieht, hatten wir gesagt, und das heißt: Jede Vorstellung von Möglichkeiten ist Zutat eines Beobachters. Wie kommt der Beobachter aber dazu, etwas, was nicht ist, für möglich zu halten? Woher nimmt er die Kühnheit, sich an Nichtvorhandenem, an Zielen, an Zukünftigem, an Gefahren, an Eventualitäten, an Kontingenzen zu orientieren? Wieso »modifiziert« er? Wir wissen, wie er es macht, nämlich durch Unterscheiden und Bezeichnen. Aber das beantwortet uns die Frage nicht, was geschieht, wenn er es macht. Und natürlich ist immer gemeint: *wenn* er es *faktisch* (also auch: beobachtbar) *tut*.

Was auf diese Weise geschieht, ist nichts anderes als die Konstitution von Sinn. Ob nun Leichtsinn oder Tiefsinn – immer beruht Sinn auf der Differenz von aktual vollzogenem Inhalt und Verweisung auf (letztlich unendlich viele) weitere Möglichkeiten.[97] Ins Medium Sinn ist daher das Angewiesensein auf beobachtendes Unterscheiden und Bezeichnen immer schon eingebaut. Systeme, die sich sinnhaft orientieren, die also die damit bezeichnete Form des Umgangs mit Komplexität entwickelt haben,[98] können gar nicht anders als beobachtungsgeleitet operieren. Wenn Sinn evoluiert, evoluiert damit die Möglichkeit, sich an bloßen Möglichkeiten zu orientieren: sei es an der Möglichkeit des Todes; sei es an der Möglichkeit, ungebeichtet in der Hölle zu enden; sei es an der Möglichkeit des Bankrotts; sei es an der Möglichkeit einer atomaren Verwüstung des Erdballs.

97 Vgl. Niklas Luhmann, Soziale Systeme, a. a. O. (1984), S. 92 ff.
98 Vgl. Niklas Luhmann, Complexity and Meaning, in: ders., Essays on Self-Reference, New York 1990, S. 80-85.

Vielleicht wird ein supramodal ausgestatteter Beobachter[99] hier lauter Neurosen erkennen oder auch Artifizialitäten, die als Notwendigkeiten in Gang gesetzt werden. Unzureichend sind jedenfalls die traditionellen Formulierungen des Problems mit Hilfe der Unterscheidung von Wille und Intellekt oder von Praxis und Theorie. Auch das sind ja wieder Unterscheidungen, also Möglichkeitsentwürfe, die sich von anderen Unterscheidungen unterscheiden lassen. Wie immer, eine Evolution von Sinn kann nur als Komplexifikation des Unterscheidens laufen, und das heißt: das faktische Operieren an Möglichkeiten orientieren. Treibt man die konstruktivistische Erkenntnistheorie in ihre heute diskutierte Extremform, dann heißt dies, daß die Erkenntnis sich eine möglichkeitsorientierte Eigenwelt aufbaut, die ihr zwar kein Realitätsbild vermittelt, aber gleichwohl real prozessiert wird – wenn dies geschieht und solange es geschieht.

Die moderne Wissenschaft steckt keineswegs in einer Krise. Sie ist nichts anderes als ein Vollzug dieser spezifischen Evolution mit Hilfe von zunehmend extravaganten Möglichkeitsentwürfen. Sie entdeckt heute dank einer weitreichenden Auflösung von Elementen Kombinationsräume, die es unerklärbar erscheinen lassen, daß die Welt innerhalb von nur wenigen Sekunden (man nimmt an: etwa 10^{18}) überhaupt zu einer Ordnung gefunden hat.[100] Das macht es schwierig, Pfade zu finden, die hinreichend rasch zu gewünschten Ordnungen führen. Man kann Gegebenes variieren, aber alle Ordnung erscheint eingehängt in einen ins fast Sinnlose reichenden Kombinationsraum anderer Möglichkeiten. Durch die Form, die Wissenschaft ihr heute oktroyieren kann, wird die Welt zum Medium kombinatorischer Möglichkeiten; und die Frage ist dann: für welche Formen? Aber um es nochmals zu betonen: Dies ist keine Krise,

---

99 Nach Henry Deku, Possible Logicum, Philosophisches Jahrbuch der Görresgesellschaft 64 (1956), S. 1-21.

100 Vgl. anhand der Möglichkeitskalkulkation der modernen Genetik Manfred Eigen, Homunkulus im Zeitalter der Biotechnologie – Physiochemische Grundlagen der Lebensvorgänge, in: R. Groß (Hrsg.), Geistige Grundlagen der Medizin, Berlin 1985, S. 9-41. Die kombinatorischen Möglichkeiten, die die mutmaßliche Dauer der Welt als vergleichsweise kurz erscheinen lassen, belaufen sich nach Eigen im Falle der Genetik auf 10^{600}. Vgl. auch Alfred Gierer, Die Physik, das Leben und die Seele, München 1985, S. 53ff.

denn Krise müßte ja ihrerseits bedeuten: Unterscheidung einer von anderen Möglichkeiten.[101] Ein solches Unterscheiden von Unterscheidungen mit Hilfe anderer Unterscheidungen bleibt immer möglich. Ein Beobachter kann beobachten, mit Hilfe welcher Unterscheidungen ein anderer Beobachter beobachtet. Der Effekt einer derart rekursiven Praxis ist jedoch eine Vergrößerung der Unbestimmtheit im Beobachtungsbereich; denn man kann schließlich das, *was* ein anderer beobachtet, nur noch dadurch feststellen, daß man beobachtet, *wie* er beobachtet, das heißt: mit Hilfe welcher Unterscheidungen er beobachtet. Der Möglichkeitsraum erweitert sich, indem man die Methoden, die Theorien, die Konditionierungen (Zeitgeist etc.) und schließlich sogar die Latenzen des anderen Beobachters zu unterscheiden lernt. Das, was vordem als gemeinsam angeschaute Welt erschien, muß dann in die Rekursivität der Beobachtungsverhältnisse verlagert werden. Auch die »dritte Welt« Poppers löst sich noch auf.

Die moderne Wissenschaft verfährt so. Jedenfalls schreibt ihre Erkenntnistheorie es ihr so vor. Ihr Können ist ihre Krise, ihre Krise ist ihr Können, ihr Unterscheidenkönnen. Die Frage ist dann aber: wie kann eine Gesellschaft aussehen, die dies als Eigenverhalten auszuhalten hat. Die Wissenschaft selbst kann, ähnlich übrigens wie die Wirtschaft,[102] ihre im Beobachten des Beobachtens erzeugten Unterbestimmtheiten ausnutzen, um Eigenkomplexität aufzubauen, die dann zahlreiche Reizpunkte für folgenreiche Irritationen des Systems durch seine Umwelt bereithält. Sie treibt durch die funktionale Methodik der Problemorientierung ihre Intention, andere Möglichkeiten zu finden, in die »ultimate reality« hinein. Das mag, rein kognitiv gesehen, gut gehen, das heißt zur Vermehrung des Wissens führen. Aber damit ist die Frage noch nicht beantwortet, was die Ausdifferenzierung eines solchen Systems in der Gesellschaft für die Gesellschaft bedeutet.

---

101 So in der Tat Husserls Begriff der Krisis neuzeitlicher Wissenschaften (in Unterscheidung von subjektiv sinnstiftenden Erkenntnisleistungen) und so auch die »Finalisierung«-Theoretiker, die von Erkenntnis eigentlich Emanzipationsleistungen erwarten.
102 Vgl. Dirk Baecker, Information und Risiko in der Marktwirtschaft, Frankfurt 1988.

Die übliche Vorstellung einer hilfreichen Wissenschaft, die anderen Funktionssystemen das Wissen beschafft, damit diese ihre Ziele verfolgen und erreichen können, ist nicht falsch, kommt aber nicht auf den entscheidenden Punkt. Systemtheoretisch formuliert, erzeugt die Wissenschaft in *anderen* Systemen *Ungleichgewichte*. Sie wirkt also »dämonisch« im Sinne der Descartes/Laplace/Maxwell-Metaphorik. Neues Wissen erzeugt, wenn es auf komplexe Systeme auftrifft, Ungleichheiten. Es verändert Produktions- und Absatzchancen, Chancen im Krieg und in der Medizin, verlängert mit entsprechenden Ungleichheitsfolgen Ausbildungszeiten und betrifft natürlich auch die wissenschaftliche Forschung selbst in ungleicher Weise. Der Dämon Wissenschaft verwandelt, und zwar gerade dadurch, daß er *Mittel* für *Ziele* bereitstellt, Entropie in *Negentropie*; und erst diese Unterscheidung macht deutlich, weshalb der Handelnde zu seiner Überraschung soviel unbeabsichtigte Nebenfolgen auslöst.

Als Gesamtunternehmen Sinn ist die Gesellschaft ihren eigenen Bemühungen um Erkenntnis wehrlos ausgesetzt. Wenn demgegenüber heute »ethische« Bedenken diskutiert werden, ist das in einer fast lächerlichen Weise inadäquat.[103] Nüchtern gesehen: der Ethik-Tank ist, wenn es so etwas überhaupt noch gibt, nicht groß genug, um ethische Gesinnung an all die moralischen Schwachstellen unserer Gesellschaft zu leiten.[104] Es geht letztlich um die Frage, *ob und wie ein realitätsabhängiges System sich überhaupt dem Risiko aussetzen kann, sich an Möglichkeiten zu orientieren*. Diese Frage enthüllt ein Problem nur, wenn man erkennt, daß ausgerechnet Erkenntnis keine Operation ist, mit der man Kontakt zur Realität gewinnen kann. Die Paradoxie auch dieser Erkenntnis liegt darin, daß auch sie es nicht besser machen kann, obwohl sie sich real kommunizieren läßt. Auch die Beobachtung dieser Beobachtung, auch die Beobachtung der konstruktivistischen Erkenntnistheorie in der Bemühung um Selbstreflexion bleibt Erkenntnis. Ob sie erfolgreich mit

---

103 Oder um abzuschwächen: man sieht zum Glück nicht die geringsten Ansätze zu einer kognitionsfreien (und damit in gewisser Weise faschistoiden) Ethik.
104 So im Hinblick auf »Geisteswissenschaften« Dieter Simon, Zukunft und Selbstverständnis der Geisteswissenschaften, Rechtshistorisches Journal 8 (1989), S. 209-230 (229).

dem Symbol »wahr« kommuniziert werden kann, ist eine weitere Frage. Aber auch wenn dies geschieht, ist damit keine bessere Anpassung des Wissens bzw. der gesellschaftlichen Kommunikation an die durch Kognition nicht vermittelbare Realität erreicht. Die Erkenntnis kann selbst nur sich selbst rekonstruieren.

Mit diesem Wissen geht es nicht, ohne Wissen geht es aber auch nicht. In die gesamtgesellschaftliche Reflexion kann diese Paradoxie nur mit dem Begriff des Risikos überführt werden. Sie erscheint dann als das Risiko, sich an Wahrheiten zu orientieren; ja letztlich als das Risiko, die eigene Kommunikationen in ihrem faktischen Prozessieren der Orientierung an Möglichkeiten auszusetzen. Mit dem Begriff des Risikos liegt bereits die Frage seiner Kontrolle oder doch des relativ rationalen Umgangs mit Risiken auf dem Tisch. Aber es handelt sich hierbei, wie man jetzt leicht sehen wird, um eine hochinfektiöse Angelegenheit, da auch die Wahl der Formen des Umgangs mit Risiken sich an Möglichkeiten orientieren muß, also riskant ist. Sinn ist als Gesamt der Verweisung auf Möglichkeiten in einer Weise Medium der Kommunikation, daß jeder Versuch, sinnfrei zu kommunizieren, als sinnlos erscheinen muß. Daher kann die Gesellschaft, auch nachdem sie Wissenschaft ausdifferenziert hat, nicht aus dem, was sie weiß und kommuniziert, herausschlüpfen, um es von außen zu …, man könnte nicht einmal sagen: beobachten. Es bleibt nur die Möglichkeit, die selbstproduzierten Einrichtungen intern zu kontrollieren mit einem Wissen, was sie leisten und was sie nicht leisten. Es bleibt nur die Möglichkeit (!) des rekursiven Prozessierens. Und hierbei wird es einen Unterschied machen, wenn man von der traditionellen sophrosýne, dem Wissen des Wissens und des Nichtwissens, übersetzt zur konstruktivistischen Reflexion, die sich eingesteht, daß die Evolution der Erkenntnis von ihren eigenen Realitätsbedingungen weg- und nicht zu ihnen hinführt.

IX

Die in den vorangehenden Abschnitten angedeuteten Themen soziologischer Forschung über Wissen und Wissenschaft können hier nicht weiter ausgeführt werden. Ihr Kontext sollte jedoch genügen, um einige der verbreiteten Bedenken gegen einen »Soziologismus« im Bereich von Erkenntnistheorie zu besänftigen.[105]

Unser Ausgangspunkt war, daß man bei der Gründung von Erkenntnistheorie auf biologische, neurophysiologische oder bewußtseinsmäßige Operationen zwar nichts falsch macht, denn ohne diese Operationen kommt kein Wissen zustande, aber auch nicht sehr weit kommt, wenn man diese Systemreferenz empirisch ernst nimmt. Denn davon gilt es Milliarden von gleichzeitig (und schon insofern kausal unabhängig) lebenden Exemplaren, so daß diese Systemreferenzen nie zureichend erklären könnten, wie Wissen in bezug auf das, was für das Wissen dann als übereinstimmend erfaßbare Realität gilt, überhaupt zustandekommt. Will man dies erklären, muß man von Kommunikation ausgehen, das heißt: die Systemreferenz Gesellschaft wählen. Die Erkenntnistheorie gerät damit in Abhängigkeit von Theorieentscheidungen, die in der Soziologie zu treffen sind und (wir argumentieren wieder zirkulär!) nach Maßgabe der Erkenntnistheorie auch anders getroffen werden könnten, als es hier geschehen ist.

Für die vorangehenden Analysen war entscheidend, daß die Gesellschaft nicht als eine kausal wirkende Oberinstanz angesehen wurde, die auf die Wissenschaft steuernd und dirigierend einwirkt – sei es von oben, sei es von außen. Ebenso wenig ist sie das Soziale in Individuen, die »Sprachspiele« (Wittgenstein) veranstalten oder »Konventionen« aushandeln (Bloor u. a.) – nur um dann in Abhängigkeit von dem zu geraten, worauf sie sich eingelassen hatten. Die Gesellschaft ist nur das sich autopoietisch reproduzierende System aller anschlußfähigen Kommunikationen. Die Wissenschaft kann daher nur in Teilnahme an Gesellschaft kommunizieren, nur in Teilnahme an Gesellschaft ihre eigene Funktion erfüllen. Was immer sie tut, ist

---

[105] Siehe, besonders hart urteilend, Walter L. Bühl, Für eine Revision der Wissenssoziologie, Annali di Sociologia 2, II (1986), S. 119-138.

Vollzug von Gesellschaft. Das gilt auch dann, wenn sie innerhalb von selbstgezogenen Grenzen ihre eigene Autopoiesis konstituiert, das heißt: selbst festlegt, was für sie Elemente, Einheiten, Unterscheidungen sind. Es bedarf dazu einer indifferenten Codierung, einer rekursiven Schließung des Systems. Aber Schließung ist auf allen Ebenen der Konstitution autopoietischer Systeme immer zugleich Einschließung.

Damit verlagert sich das Problem der *Abhängigkeit* der wissenschaftlichen Erkenntnis von Gesellschaft in die Frage, wie die Gesellschaft die entsprechenden *Diskontinuitäten* ermöglichen und verkraften kann. Das gleiche Problem tritt in der Zeitdimension auf, und hier hebt es jede teleologische Argumentation aus den Angeln. Die Forschung organisiert sich in zeitlimitierten Einheiten, in Perioden. Das setzt aber voraus, daß mit deren Ende nicht alles zu Ende ist oder nicht alles am guten Ende feststeht, sondern daß es irgendwie weitergeht. Entsprechend hat die Wissenschaft sich selbst als unendliches Streben nach Erkenntnis gefeiert und hat auf ein nicht ausschöpfbares Themenreservoir gesetzt. Gesellschaftstheoretisch liegt aber das Problem viel näher an den empirischen Operationen selbst, nämlich auch hier in der Ermöglichung von (diesmal *zeitlichen*) *Diskontinuitäten*. Jede Operation kann und muß irgendwann aufhören, entweder als Ereignis sogleich oder als Prozeß nach dessen Ablauf, mag er nun sein Ziel erreichen oder nicht. Nur für einen Beobachter stellt sich die Frage: was dann. Und nur für einen Beobachter des Beobachters stellt sich das Problem einer unendlichen Kontinuität, nämlich das Problem der Unterscheidung, die benutzt werden kann, um das Ende zu unterscheiden. Man weiß heute, daß dies eine nichtstationäre, Paradoxie involvierende und sie temporalisierende Logik voraussetzt.[106] Es ist jedenfalls nicht nur ein Problem des irrationalen Entschlusses zur apodiktischen Bewertung des angestrebten Endes.

Gesellschaft kann infolgedessen nicht in Anspruch genommen

---

106 Siehe hierzu im Anschluß an Spencer Brown Ranulph Glanville/Francisco Varela, »Your Inside is Out and Your Outside is In« (Beatles 1968), in: George E. Lasker (Hrsg.), Applied Systems and Cybernetics, Bd. II, New York 1981, S. 638-641; Ranulph Glanville, Distinguished and Exact Lies, in: Robert Trappl (Hrsg.), Cybernetics and Systems Research 2, Amsterdam 1984, S. 655-662; beides übersetzt in: Ranulph Glanville, Objekte, Berlin 1988.

werden als letztinstanzliche Steuerung (die sich dann ja selber schließen = einschließen müßte), noch als Repertoire von letzten Werten, die man, ungetroffen von Kritik, zitieren und zugrundelegen könnte, weil sie als unbestreitbar gehandelt werden. Apriorismen dieser Art lösen sich auf in Fixpunkte, die in der Kommunikation (also a posteriori) zugrunde gelegt werden können.

Ebenso wenig kann die Gesellschaft als Oberinstanz der Erkenntnis ihrer selbst gedacht werden – so als ob es um eine Nachfolgeposition für Gott oder für die Vernunft gehe, die alles und auch sich selber beurteilen zu können meinte. Auch Erkenntnis der Gesellschaft ist eine Operation in der Gesellschaft. Als Operation des Beobachtens und Beschreibens hat sie, wenn sie stattfindet, eine Wirkung, ein Resultat. Gleichzeitig ist aber, wenn sie stattfindet, auch beobachtbar, daß sie stattfindet. Jede Operation hat damit eine Doppelwirkung: Sie erzielt eine Wirkung, die ihrer Funktion entspricht (oder sie verfehlt), und setzt sich dadurch der Beobachtung aus. Da dies im Zuge der autopoietischen Reproduktion des Kommunikationssystems Gesellschaft *zugleich* geschieht, ist eine sequentielle Koordination dadurch unterlaufen. Man kann nachher erneut über Diskrepanzen zwischen den Erkenntnisbemühungen und der Beobachtung dieser Bemühungen kommunizieren; aber nicht ohne daß auch dies sich nun wieder der Beobachtung aussetzt. Die Realität der Gesellschaft verbirgt sich in der Gleichzeitigkeit von Operation und Beobachtung. Sie ist, was geschieht. Sie ist nichts anderes als die autopoietische Reproduktion des Kommunikationssystems Gesellschaft. Sie läßt sich durchaus beobachten, aber nur dadurch, daß dies geschieht; also nur dadurch, daß eben dies sich der Beobachtung aussetzt. Und nichts anderes gilt für das, was soeben gesagt wurde.

Als nicht weiter auflösbares Problem bleibt dann das rekursive Beobachten des Beobachtens. Kein Beobachten kann, so lautet die These, sich der Beobachtung entziehen. Es mag unbeobachtbare Beobachter geben, aber die können getrost ignoriert werden.[107] Erkenntnistheoretisch gesehen tritt mithin die An-

---

107 Daß das Religionssystem in dieser Frage anders entscheiden muß, versteht sich von selbst. An dieser Letztfrage kommt es in der modernen Gesellschaft dann eben zwangsläufig zu einer Differenzierung von Wissenschaft und Religion. Siehe

nahme eines rekursiv operierenden, eigene Beobachtungen prozessierenden Systems an die Stelle, wo früher das Subjekt die Funktion hatte, sich selbst über a priori geltende Bedingungen des Erkennens zu vergewissern.

Damit werden die Bedingungen der Möglichkeit einer solchen Rekursivität erkenntnistheoretisch relevant, und dies nicht nur auf der strikt operativen Ebene des »structural drift« der Kommunikationen, sondern auch auf der Ebene des Beobachtens von Beobachtungen. In der geläufigen Wissenschaftssoziologie verstecken diese Voraussetzungen sich unter einer Art Normalitätsprämisse, die dem Soziologen die Möglichkeit bietet, normale und abweichende Wissensproduktion zu unterscheiden. Die Normalität wird dann möglicherweise sozialisationstheoretisch (also durch Übergang in eine andere Systemreferenz!) erklärt.[108] Durch die hier vorgeschlagene Abstraktion der Gesellschaftstheorie kommt man zu auflösungsstärkeren Problemstellungen, die sich besser eignen, klassische Probleme der Erkenntnistheorie aufzugreifen und zu reformulieren.

Voraussetzung alles rekursiven Beobachtens von Beobachtungen ist, daß sich ein hinreichendes Überlappen von Gegenständen, von beobachtbaren Einheiten herstellen läßt. In der Erkenntnistheorie wird Objektivität oft durch Reproduzierbarkeit der entsprechenden Wahrnehmungen definiert.[109] Reproduzierbarkeit setzt aber Abstraktion, setzt ein Absehenkönnen von Verschiedenheit voraus. Dies wiederum ist nur möglich, wenn und soweit Identitäten gebildet werden können, die gegen Verschiedenheiten hinreichend indifferent sind.

Schon diese Formulierung mag genügen, um zu belegen, daß solche Einheiten nicht als ontisch-vorgegeben angesehen werden können. Sie sind offenbar ein Artefakt, eine Konstruktion, die sich im faktischen Operieren des rekursiven Beobachtens

---

auch Niklas Luhmann, Society, Meaning, Religion – Based on Self-Reference, Sociological Analysis 46 (1985), S. 5-20; ders., Läßt unsere Gesellschaft Kommunikation mit Gott zu? Soziologische Aufklärung Bd. 4, Opladen 1987, S. 227-235.

108 So z. B. Barry Barnes, Scientific Knowledge and Sociological Theory, London 1974, S. 42.

109 Daß dies eine paradoxe Definition, nämlich eine subjektive Definition von Objektivität ist, braucht *uns* nicht zu stören.

von Beobachtungen herstellt oder, wenn dies nicht geschieht, den Prozeß selbst beendet. Nur so läßt sich denn auch postulieren, daß die Art der Einheitsbildung mit Strukturen des Wissenschaftssystems und mit deren Evolution in beschreibbarer Weise variiert – sei es im Sinne einer größeren Distanz zu den Identitäten, die sich schon aufgrund der Neurophysiologie des menschlichen Wahrnehmungsapparates annähernd übereinstimmend bilden,[110] sei es im Sinne einer Steigerung des Auflöse- und Rekombinationsvermögens.

Die Art, wie der Erkenntnisprozeß sich Identitäten beschafft und als Wissen kondensiert, hat sicher vorsprachliche Wurzeln in einer »Biologie der Kognition«. Für das, was sich im Laufe der sozio-kulturellen Evolution als Wissen ausbildet, ist jedoch das Kommunikationssystem Gesellschaft die entscheidende Systemreferenz. Die Besonderheit dessen, was wir als wissenschaftlich erarbeitetes Wissen kennen, ergibt sich schließlich aus einem besonderen Tatbestand, nämlich aus der funktionalen Differenzierung des Gesellschaftssystems, und hier speziell: der Ausdifferenzierung eines Funktionssystems Wissenschaft in der Gesellschaft. Die Gesellschaft selbst ist in dieser Phase ihrer Evolution dann die Einschließung der Schließung dieses Systems. Mithin ist funktionale Differenzierung derjenige »Eigenzustand« des Gesellschaftssystems, der sich im rekursiven Beobachten des Beobachtens des Beobachtens ... als stabil herausgebildet hat. Die Beobachtung dieser Gesellschaft beobachtet zunächst die Differenz der indifferenten Codierungen. Sie unterscheidet zunächst etwa Wissenschaft und Recht, kognitive und normative Codierungen, oder auch: Wissenschaft und Religion, Wissenschaft und Wirtschaft, Wissenschaft und Politik, ja sogar Wissenschaft und Erziehung. So diskriminieren zu können, ist inzwischen ein Erfordernis der Teilnahme an der modernen Gesellschaft. Gewiß: wer es nicht schafft, schafft es nicht. Für die Fortsetzung der Operationsweise der Gesellschaft, die wir als die unserer Zeit kennen, ist jedoch das

---

110 In diesem Sinne spricht Campbell im Anschluß an Egon Brunswick von »distal knowledge« als Resultat der Evolution – siehe z. B. Donald T. Campbell, Natural Selection as an Epistemological Model, in: Raoul Naroll/Ronald Cohen (Hrsg.), A Handbook of Method in Cultural Anthropology, Garden City, N. Y. 1970, S. 51-85 (66).

Mitziehen entsprechender Bewußtseinslagen unerläßlich. In diesem Sinne operiert die Gesellschaft, wenn überhaupt, immer schon bewußtseinsangepaßt.

Ein Beobachter, der diese Sachlage beschreiben will, muß eine doppelte Systemreferenz zugrunde legen, muß ein autopoietisches System in einem autopietischen System, muß Wissenschaft in der Gesellschaft erkennen können. Das macht die Theorie kompliziert. Aber nur so kann man hoffen, bei einer weiteren Ausarbeitung dieser Theorie das Raffinement zu erreichen, das klassische Epistemologien mit Recht als Maßstab für jede mögliche Nachfolge etabliert haben.

Wenn ein Gesellschaftssystem sich in der beschriebenen Weise Wissenschaft leistet, gerät das, was dann noch als Rationalität behauptet oder als Ethik postuliert werden kann, unter besondere Anforderungen, die zu Traditionsbrüchen führen. Der Glaube an die eine Rationalität zerbricht und wird im Zerbrechen als Korrelat vergangener Gesellschaftsinformationen sichtbar. Rationalität kann nur noch als Systemleistung begriffen werden und divergiert dann je nach Systemreferenz.[111] Es hilft nicht, sich das Ausmaß dieser semantischen Katastrophe zu verhehlen und sich mit Reparaturen oder mit Reprisen zu helfen, etwa nach wie vor auf so etwas wie Vernunft als eine menschliche Fähigkeit zu setzen, die nur in alter Weise gegen Korruption oder in neuer Weise gegen Beherrschung durch andere gesichert werden müßte. Wenn man davon ausgeht, daß Rationalitätskonzepte ebenso wie eine ethische Reflexion auf Bedingungen menschlicher Achtung bzw. Mißachtung sich nur in der Gesellschaft entwickeln können, spricht viel dafür, daß evolutionäre Strukturbrüche sich auch hier abzeichnen müssen, ja daß keine wie immer hochgehaltene Semantik davon verschont bleibt.

---

111 Das Phänomen selbst ist auch in nichtsystemtheoretischen Formulierungen zugänglich. Siehe nur Richard A. Shweder, Divergent Rationalities, in: Donald W. Fiske/Richard A. Shweder (Hrsg.), Metatheory in Social Science: Pluralisms and Subjectivities, Chicago 1986, S. 163-196. Die systemtheoretische Formulierung bietet zusätzlich den Hinweis, daß System nicht gleich System zu nehmen ist, sondern daß dem Gesellschaftssystem besondere Beachtung gebührt als dem System, das zu beobachten ist, wenn man nach Erklärungen für den Zusammenbruch des traditionellen Rationalitätskontinuums und nach einer Antwort sucht auf die Frage: was nun?

Die alteuropäische und speziell die mittelalterliche Auffassung, Tugend sei die naturale Perfektion der Rationalität läßt sich weder fortsetzen noch wiederherstellen. Sie beruhte auf einer Kosmologie, in der das Eine, das Wahre und das Gute als konvergent gedacht werden konnte und in der man Restprobleme dann als Wirken des Teufels begreifen konnte. Für eine verbindliche Vorstellung dieser Art fehlen heute alle gesellschaftsstrukturellen Grundlagen. Das schließt aber nicht aus, daß neue Formen gefunden werden können, die gewisse Problemlasten übernehmen.

Soweit die Gesellschaft sich selbst und ihre Funktionssysteme sich ihrerseits im System/Umwelt-Konzept reflektieren, kann Rationalität nur noch in einer Weise formuliert werden, die mit diesem Ausgangspunkt kompatibel ist. Man kann dann nicht mehr mit Kant zwar unterscheidungstheoretisch ansetzen, aber die Vernunft auf der einen Seite der Unterscheidung voraussetzen als Bedingung a priori (im Unterschied zu: a posteriori); noch kann man den von Hegel und anderen dagegen erhobenen Einwänden folgen, wenn das dazu führt, auf das Identische im Unterschiedenen zurückzugehen, also etwa auf »Geist« oder auf ein Materialitätskontinuum, das heute etwa nach den Grundgleichungen der Quantenphysik vorgestellt werden müßte. Man könnte aber im Anschluß an Spencer Brown überlegen, ob man die Ausgangsparadoxie der (operativen) Einheit des Unterschiedenen überführt in die Sekundarparadoxie eines Wiedereintritts der Unterscheidung in das durch sie Unterschiedene. Das hieße für unseren Fall, jedem System Rationalität insoweit zuzusprechen, als es in der Lage ist, die Differenz von System und Umwelt in sich zu reflektieren.

Damit bliebe allerdings noch fast alles offen, insbesondere das, was daraufhin als Programmatik des Systems (und damit als Sitz der traditionalen Rationalitätserwartungen) entwickelt werden kann. Auch müßte man Steigerungsbegriffe mit hinzunehmen, vor allem Systemkomplexität als Bedingung für und Folge von re-entry. Systemrationalität hieße unter anderem: sich den Folgen der evolutionären Unwahrscheinlichkeit und Riskanz eigener Strukturentwicklungen in einer daran nicht partizipierenden Umwelt auszusetzen und gleichwohl die Autopoiesis des jeweiligen Systems fortzusetzen.[112] Schließlich wäre zu bedenken, daß damit allein noch kein (diskriminierendes) Kriterium der Rationalität, noch keine (eventuell dann »ethische«) Norm der Rationalität formuliert ist. Alle Kriterien müssen in einem solchen Steigerungskontext gewonnen werden. Alle Kritik wäre ein Hinweis auf ein Nichtausschöpfen des Möglichen. Alle Normierung wäre ebenso wie Kriterien Vorgeben oder Kritisieren eine Operation, die im System selbst beobachtet werden kann und damit zu Zustandsänderungen führt, die in der beobachteten Projektion nicht berücksichtigt waren.

Welche Formen immer damit gewonnen werden mögen – anders als in der Logik Hegels benutzt ein solches Taktieren in Richtung auf Rationalität von vornherein eine in das Unterscheiden eingebaute Asymmetrie und wählt die Unterscheidungen (zum Beispiel: System und Umwelt) entsprechend aus. Als Auswahl bleiben Anfang und Ende mit der Paradoxie des Unterscheidens einer Unterscheidung, also mit einem Selbstwiderspruch belastet. Der Argumentationsstil ist denn auch dezidiert nicht »geisteswissenschaftlich«. Es geht nicht um das Herausfinden dessen, was sich letztlich als Einheit noch denken läßt, wenn mit Unterscheidungen gearbeitet wird. Wie die Entwicklung nach Hegel zeigt, führt dies in der Gesellschaft ja nur dazu, daß nun diese vermeintlich letzte Einheit ihrerseits beobachtet, ihrerseits unterschieden, daß also Theorie mit Recht als Literatur behandelt wird. Der Prozeß geht weiter, solange die Autopoiesis weitergeht.

Die Vernunft muß wieder auf die eine Seite, nur kann diese Seite sich nicht mehr als Apriori ausweisen. Rationalität ist (*wenn* man so unterscheidet) nur als Systemrationalität möglich in einer Umwelt, die dies zu tolerieren scheint. Und nur durch Wiedereinführung der Unterscheidung in das System kann dieses versuchen, sich danach zu richten, ob und wie lange noch und unter welchen Bedingungen dies der Fall sein wird.

Es mag auf den ersten Blick so scheinen, als ob all dies Philosophie sei und keine gesellschaftstheoretische Relevanz besäße;

---

112 Es sollte sich nach allem von selbst verstehen, daß der Begriff der Autopoiesis nicht selbst schon die Rationalität bezeichnet und auch nicht als Kriterium dafür fungiert; nur wenn das System seine Operationen einstellt, verschwindet auch das, was man eventuell als rational bezeichnen könnte.

und daß die Hegelsche Logik immer noch auf den zu warten hätte, der sie kompetent zu analysieren und damit zu überbieten hätte. Daß dies nicht geschieht, sondern allenfalls inkompetent in der Verabschiedung durch eine weitere Unterscheidung geschieht, sollte jedoch dem Soziologen zu denken geben. Den anschließenden Geist/Materie-Disput kann man dann leicht unterbinden mit der Frage: warum wird so unterschieden? Diese Frage führt zur Beobachtung des Beobachters, also zur Ideologiediskussion und damit zu dem, wogegen die Soziologie ihren Anfang nimmt. Nachdem all dies vor nunmehr hundert Jahren geschehen ist, mag man sich fragen, ob dies Instrumentarium sich überhaupt zur Beobachtung unserer Gesellschaft eignet.

Die Soziologie hat schon in ihren Anfängen diese Bemühung abgebrochen und durch ein Differenzierungstheorem ersetzt. Die Reformulierung dieses Theorems durch die Systemtheorie führt dann vor die Frage, ob die Gesellschaft auf der Ebene dieses Gesamtsystems, das heißt auf der Ebene der sozialen Autopoiesis überhaupt, einen Wiedereintritt der Unterscheidung in das Unterschiedene vollziehen kann, ob sie also als System überhaupt rationalitätsfähig ist. Gegenwärtig bleibt dieses Problem noch in der Form einer latenten Stimulation, die sich unter Namen wie Kritik oder Emanzipation oder in Reprisen alteuropäischen Gedankenguts oder als Motiv sozialer Bewegungen zur Geltung zu bringen versucht. Wirklich beobachten kann man in der Tat nur Rationalitätsbemühungen auf der Ebene der Teilsysteme, die, jedes für sich, die Rationalität eines Funktionsbereiches über ein funktionssystemspezifisches re-entry durchführen und auf dieser Grundlage eine gesamtgesellschaftliche Rationalität rekonstruieren. Es kann sein, daß es gar nicht anders möglich ist (Philosophen sollten hier aber spekulieren dürfen) und daß wir gut daran täten, uns mit den Möglichkeiten dieser Vorgehensweise vertraut zu machen.

Wenn man einen alten Denkzusammenhang bewahren will, muß dies Konsequenzen haben für die Art und Weise, in der man über »Ethik« disponieren kann. Daß keine für diese Situation adäquate Ethik vorliegt, ist rasch gesagt. Wer es bestreitet, greift vermutlich mit den an eine Ethik zu stellenden Erwartungen zu kurz. Das gilt für die Ebene der gesamtgesellschaftlichen Reflexion, ebenso aber auch für das, was man heute gern »Wissenschaftsethik« nennt. Die alteuropäische Ethik war bekanntlich eine Naturwissenschaft gewesen – eine Lehre vom natürlichen Streben nach einem Gut und von der darin erreichbaren Perfektion. Diese Lehre ist am 17. Jahrhundert angesichts moderner Ausdifferenzierungen durch die Frage nach der Selektion dieses Gutes, nach Interessen, Motiven, später Kontexten usw. aus den Angeln gehoben worden, und alle Versuche, heute daran wieder anzuknüpfen, sind bisher nicht sehr überzeugend ausgefallen, wenn man sie mit den Erwartungen konfrontiert, die aus den Strukturbedingungen der modernen Gesellschaft resultieren und an sie herangetragen werden. Die Ethik selbst hat sich daraufhin der Begründung des moralischen Urteils angenommen, hat Moral also in ihren Gründen, nicht in ihrer Faktizität reflektiert. Nur so konnte die Ethik sich selbst der Moral wieder unterstellen, sich als Begründungsbemühungen für gut halten, so daß man noch heute anscheinend nichts falsch macht, wenn man nach Ethik verlangt.

Man macht nichts falsch, vielleicht versäumt man aber etwas. Die auf transzendentaler oder utilitaristischer Grundlage gewonnenen Regeln oder Prinzipien haben sich in Abstraktionslagen zurückgezogen, die es nicht mehr erlauben, wirkliches Verhalten zu beurteilen. Auch darauf wird bereits reagiert.[113] Was auf diese Weise im Wege der Nachbesserung nicht erreicht werden kann, ist jedoch eine Reflexion dessen, was ein System auszuhalten hat, wenn es moralische Kommunikation erlaubt, favorisiert oder gar dort ansetzt, wo es um die Folgen der Strukturen des Sytems selbst geht. Es könnte unter diesen Vorbedingungen sehr wohl sein, daß die Gesellschaft sich unter dem Namen Ethik ein Beruhigungsmittel verschreibt, während die Moralisten bereits Amok laufen oder sich jedenfalls überstimuliert nicht mehr auf den Linien bewegen, auf denen Verhalten zur Problemlösung beitragen könnte.

Ob man nun diesem harten Urteil folgen will oder nicht: jedenfalls ein Vorbehalt drängt sich auf bei aller Suche nach Kriterien, seien sie auf Rationalität oder auf Moralität bezogen. Die Kommunikation eines Kriteriums ist immer ein neues Er-

---

113 Vgl. etwa Wolfgang Kluxen, Moralische Aspekte der Energie- und Umweltfrage, in: Handbuch der christlichen Ethik Bd. 3, Freiburg 1982, S. 379-424.

eignis in dem System, das sich auf diese Weise reproduziert. Sie ist daher zwangsläufig etwas anderes als die vorherige Kommunikation. Und sie ist etwas, was im rekursiven Netz der Autopoiesis von Kommunikation auslöst, daß nun darüber kommuniziert wird. Dies geschieht und erzeugt damit eine Differenz zu dem, was nicht geschieht oder was anders hätte geschehen können. Keine Operation kann die durch sie produzierte Einheit und Differenz selbst beobachten oder beschreiben. Das gilt erst recht, wenn man eine solche Selbstbeschreibung (als eine Operation unter anderen) mit Erwartungen der Systemänderung, der Kontrolle, der Steuerung verknüpft. Kein System kann seine Geschichte am Endpunkt Geist resümieren und beurteilen, geschweige denn sie und damit sich selber für gut und vernünftig halten. Mit jedem Zug wird wieder die Alternative von Annehmen und Ablehnen eröffnet. Und deshalb wäre, wenn es jemals gelänge, ein zutreffendes Gesamturteil über das System in rationaler oder moralischer Hinsicht zu bilden, dessen Kommunikation viel zu riskant.

X

Die Überlegungen zu Rationalität und Moralität gesellschaftlich produzierten Wissens haben uns erneut mit den Reflexionsproblemen des ausdifferenzierten Wissenschaftssystems konfrontiert. Wie im 7. Kapitel gezeigt, vermag diese Reflexion heute nur noch als Reflexion auf die »Konstruktion« von Erkenntnis zu überzeugen. Damit ist eine Periode der Abkehr vom sei es mathematischen, sei es subjektiven Idealismus, aber auch eine Periode des erkenntnistheoretisch unentschlossenen methodologischen Pragmatismus abgeschlossen. Weder kann Erkenntnis als Reduktion auf reine Formen, noch als Reduktion auf subjektive Gewißheit begriffen werden, noch ist sie das Resultat der Anwendung von bloß methodologischen Regeln oder bloße Nützlichkeit ihrer selbst. Sie ist Konstruktion eines Unterschiedes, wobei das, was den Unterschied ausmacht, in der Realität keine Entsprechung hat. Realität als solche (das heißt ohne Beziehung auf Erkenntnis) ist unerkennbar. Realität kann nur sein, wie sie ist – unterscheidungslos und dunkel. Und diese

Feststellung gilt auch für die Realität der Operationen, die als Unterscheiden, Bezeichnen, Beobachten, Beschreiben durchgeführt werden.

Ist eine derart extravagante Erkenntnistheorie alles, was einem nach Durchprobieren vieler anderer Möglichkeiten bleibt? Und wenn ja, gibt es dafür einen Grund?

Für die Soziologie fällt die Antwort auf diese Frage relativ leicht. Wenn man Erkenntnistheorie als Reflexionstheorie eines für Wissenschaft ausdifferenzierten Funktionssystems ansieht, liegt es auf der Hand, daß diese Wissenschaftstheorie mit der Evolution des Wissens selbst kompatibel bleiben muß. Diese Evolution aber führt zu immer anspruchsvolleren, immer unwahrscheinlicheren Unterscheidungen. Zum Beispiel nimmt die Distanz zwischen Wissendem und Wissen (gesehen durch einen Beobachter, also auch eine Unterscheidung!) zu.[114] Die Bezugsprobleme von Vergleichen werden abstrahiert und sehen von Eigenschaften und Interessen dessen ab, der den Vergleich durchführt. Das Auflöse- und Rekombinationsvermögen steigt. Die Wissensgarantie wird ins formale Kalkül, in die Logik, die Mathematik, die quantitative Relation verlagert von der man weiß, daß sie nur »ideale« Geltung hat. All das hat die Erkenntnistheorie seit langem in die Abstraktion getrieben. All das konnte aber noch durch Varianten eines erkenntnistheoretischen Idealismus abgefangen werden – sei es mit Hinweis auf die Unbezweifelbarkeit der Formen selbst, sei es mit Reduktion auf subjektive Gewißheiten. Die Wissenschaften dieses Jahrhunderts haben jedoch Theorien konstruiert, die diesen Ausweg nicht mehr erlauben. Das gilt für den weiten Forschungsbereich, der unter der Bezeichnung »cognitive sciences« läuft, aber natürlich auch für die Quantenphysik, die Zellbiologie, die Neurophysiologie, die Linguistik oder den historisch-sozialen Relativismus der Wissenschaftssoziologie im besonderen. Nur der Konstruktivismus bieten diesem immensen und gut gesicherten Forschungskomplex eine Form der Reflexion, die mit den wissenschaftlichen Theorien selbst kompatibel ist. Vor allem die Theorie selbstreferentieller, operativ-geschlossener Sy-

---

114 Vgl. zu »distal knowledge« erneut Donald T. Campbell, Natural Selection as an Epistemological Model, in: Raoul Naroll/Ronald Cohen (Hrsg.), A Handbook of Method in Cultural Anthropology, Garden City, N. Y. 1970, S. 51-85.

steme verlangt den erkenntnistheoretischen Konstruktivismus, soll es nicht zur Selbstsabotage der Wissenschaftstheorie durch die Wissenschaft kommen.

Der Konstruktivismus übertreibt in der Reflexion das, was die Wissenschaft ohnehin konstruiert. Er nimmt dabei typische Züge der Reflexionstheorien von Funktionssystemen an, vor allem höhere Unsicherheit im Verhältnis zu den basalen Operationen. So wie keine Wirtschaftstheorie (verglichen mit wirtschaftlich kalkulierten Investitionen) Gewinn versprechen kann oder solche Hoffnungen jedenfalls abschwächen muß, so kann auch keine Erkenntnistheorie das Gewißheitsniveau erreichen, das in der Quantenphysik oder in der Zellbiologie, in der Neurophysiologie oder in der historischen Wissenschaftsforschung vorliegt oder erreichbar zu sein scheint. Reflexionstheorien sind stets unsicherer als die Sachtheorien, die als Forschungsprogramme akzeptiert sind. Das heißt auch, daß das wissenschaftlich konstruierte Wissen sich nicht auf Wissenschaftstheorie »gründen« läßt. Eine lange Reihe von Bemühungen hat in der falschen Richtung gesucht und deshalb, gleichsam kontraintentional, nicht Notwendigkeiten, sondern Kontingenzen produziert. In seinen Reflexionstheorien reflektiert das Wissenschaftssytem nicht die Sicherheit, sondern die Unsicherheit der Erkenntnis; und deshalb gibt es hier auch keine »Prinzipien« oder »Grundlagen« zu entdecken, sondern nur weitere Unterscheidungen. Der Konstruktivismus ist die Formel für genau diesen Sachverhalt.

Diese Einsicht hat weittragende Konsequenzen, wenn man sie in den Kontext einer Gesellschaftstheorie überführt. Selbstverständlich bietet die konstruktivistische Erkennnistheorie keine alltagsweltlich brauchbare Orientierung. Kein Politiker kann mit der Einsicht, das Oppositionsschema sei eine Konstruktion und der Staat sei eine Formel für die Selbstbeschreibung des politischen Systems, Politik machen. Kein Liebender wird reflektieren, wie es kommt, daß er die Krümmungsmuster der Oberfläche eines Organismus so feinsinnig und in minimalen Unterschieden unterscheiden kann. Der Konstruktivismus informiert weder die Gesellschaft im Ganzen noch den Einzelmenschen über die Welt (auch wenn er recht hat, auch deren Orientierungen als Konstruktion zu beschreiben).

Und doch ist der Konstruktivismus nichts, was der Gesellschaft von außen zugemutet wird und an ihrer Lethargie dann abprallt. Wie bei jeder Reflexionstheorie handelt es sich auch hier um ein Produkt der Gesellschaft selbst. Jede Funktionssystemreflexion trägt auf ihre Weise zu einer Selbstbeschreibung der modernen Gesellschaft bei. Die Konstruktion der Erkenntnis als Konstruktion macht die Gesellschaft darauf aufmerksam, was ihr geschehen ist und weiterhin geschieht, wenn sie sich ein für Wissenschaft ausdifferenziertes Funktionssystem leistet. Und dieser Hinweis könnte viel irritierender und folgenreicher sein als all das, was man unter dem Gesichtspunkt von Rationalitätskriterien oder ethischen Regulativen gegenwärtig im Blick hat.

Kapitel 10

Die Modernität der Wissenschaft

I

Soweit man sieht, hat die Wissenschaft nie Mühe, ja es nicht einmal nötig gehabt, sich als »modern« darzustellen. Die modernen Staaten – das ist ein Thema gewesen. Die Modernität der modernen Gesellschaft wird in der Soziologie weitläufig diskutiert.[1] Was moderne Kunst ist, fragt man noch heute. Für den Bereich der Wissenschaft scheint sich nicht einmal die Frage, geschweige denn ein Argument zu lohnen.[2] Ihre Modernität scheint sich von selbst zu verstehen.

Max Weber hatte bekanntlich versucht, die Besonderheit der europäischen Moderne durch einen Kulturvergleich immensen Ausmaßes zu bestimmen. Da das nie überboten, sondern allenfalls mit neuen Daten wiederholt worden ist, steht die Soziologie noch heute unter dem Zauber dieses Gedankenexperiments. Von allen Schwächen der theoretischen Grundlagen eines solchen Vergleichs abgesehen, die sich im Vergleich selbst nicht zureichend klären lassen, sondern vorausgesetzt werden müssen, ist das bleibende Verdienst dieser Unternehmung, auf die regionale und historische Kontingenz hingewiesen zu haben. Zugleich wird jedoch der »regionale« Vergleich dem *historisch*

---

[1] Und zwar nicht ohne konvergierende Beurteilungen. Siehe dazu Johannes Berger, Modernitätsbegriffe und Modernitätskritik in der Soziologie, Soziale Welt 3 (1988), S. 224-236.

[2] Richard Münch, Die Struktur der Moderne: Grundmuster und differentielle Gestaltung des institutionellen Aufbaus der modernen Gesellschaften, Frankfurt 1984, geht auf die Modernität der »okzidentalen« Wissenschaft zwar explizit ein (insb. S. 200ff.), aber einerseits unter dem Oberbegriff Kultur und andererseits ohne jeden Bezug auf die Modernität des Gesellschaftssystems. Gleichwohl bleibt zitierenswert, was hier festgehalten ist: »Was die moderne Wissenschaft des Okzidents gegenüber allen anderen Formen des Denkens, des Beweisens, des Experimentierens und der Lösung technischer Probleme auszeichnet, ist die nur ihr eigene Vereinigung von abstrakten Begriffs- und Theoriekonstruktionen, deduktiv-logischem Beweis, rational-empirischem Experiment und praktischer Technologie« (S. 200). Allerdings: von deduktiv-logisch wird man allenfalls im Hinblick auf Postulate der Wissenschaftstheorie sprechen können, nicht in Anbetracht der Praxis der wissenschaftlichen Forschung selbst.

Neuen nicht gerecht; denn die Neuheit liegt ja, wie Max Weber durchaus gesehen hat, nicht zuletzt im Verhältnis zur eigenen Geschichte Europas. Otto Brunners Begriff der »alteuropäischen« Strukturen und Semantiken wird diesem Aspekt besser gerecht, läßt aber seinerseits jede theoretische Analyse vermissen.

Immerhin kann man im Kontext dieser Vorgaben bereits erkennen, daß die moderne Gesellschaft ihre eigene Neuheit (wieso muß sie »neu« sein?) durch Abstempelung des Alten produziert. Unerläßliches Moment aller Selbstbeschreibungen der Moderne scheint die Verabschiedung der Herkunftswelt zu sein, ihre Abwertung zu bloßer Geschichte. Das führt zu gesteigerten Ansprüchen an die Überzeugungskraft von Selbstdeutungen[3] und damit zu unüberbrückbaren Kontroversen. Die Wissenschaft hat sich davon zunächst erfolgreich distanzieren können, und sie bekommt heute die Problematisierungen der Semantik der Moderne wie von außen zu spüren – als ein unverdientes Schicksal gewißermaßen, als irrationaler Angriff, als Sachunverstand. Ihre Modernität lag im Fortschritt des Wissens selbst; sie war gleichsam laufende Modernität. Zäsuren kamen durch methodische oder theoretische Entdeckungen zustande, die neue Forschungsfelder erschlossen, die das Auflösevermögen steigerten oder die weitläufig-komplexe Wissenssammlungen in ihre abschließende klassische Form brachten: Euklid, Newton. Ein solches Konzept macht es jedoch schwierig, einen Zusammenhang von moderner Wissenschaft und moderner Gesellschaft zu erkennen. Der Sachgehalt des Wissens widerstrebt einer historischen und ebenso (und aus demselben Grunde) einer sozialstrukturellen Zuordnung. Und die zweiwertige Logik mitsamt der auf sie aufgebauten Epistemologie lassen dazu keine Alternativen erkennen. Wenn Wissen wahr ist, ist es immer wahr (was natürlich nicht die Behauptung einschließt, der Gegenstand dieses Wissens müsse immer existiert haben).

Bis hin zu Thomas Kuhn waren alle früheren Weltbeschreibungen, die nicht mehr dem aktuellen Stand der Forschung ent-

---

3 Siehe Horst Folkers, Verabschiedete Vergangenheit: Ein Beitrag zur unaufhörlichen Selbstdeutung der Moderne, in: Dirk Baecker et al. (Hrsg.), Theorie als Passion, Frankfurt 1987, S. 46-83.

sprachen, als mehr oder weniger mißglückte Versuche wissenschaftlicher Erkenntnis angesehen worden – gleichsam als Gegenbuchung in der Buchführung des wissenschaftlichen Fortschritts unter der Direktive einer einheitlichen Wahrheit in ein und derselben Welt. Erst mit der Inkommensurabilitätsthese Kuhns werden Vorläufertheorien, sofern ihnen ein anderes »Paradigma« zu Grunde liegt, aus der aktuellen Wahrheitswelt entlassen und historisiert. Damit gingen aber zugleich alle festen Grundlagen für die Bestimmung der spezifischen Modernität heutiger Wissenschaft über Bord. Man konnte nur sagen: ein anderes Paradigma, dessen Überlegenheitsanspruch nur mit seinen eigenen Mitteln formuliert werden kann. Der Konstruktivismus der modernen Epistemologie ist nur in sich selbst begründet.

Die hier vorgelegten Analysen widersprechen dieser Sichtweise. Ihr Grundgedanke ist der eines Zusammenhanges von funktionaler Differenzierung des Gesellschaftssystems und konstruktivistischem Selbstverständnis der Wissenschaft. Die Differenzierungsform der modernen Gesellschaft ermöglicht, ja erzwingt die Autonomie der einzelnen Funktionsbereiche, erreicht durch Ausdifferenzierung entsprechender, operativ geschlossener, autopoietischer Systeme. Sie erlegt diesen Systemen damit Reflexionsleistungen auf, die ihre eigene Einzigartigkeit und Unersetzbarkeit betreffen, aber auch dem Umstand Rechnung tragen müssen, daß es in der Gesellschaft noch weitere Funktionssysteme dieser Art gibt. Wissen, und zwar gerade anspruchsvolles, avanciertes Wissen, ist dann nur eine gesellschaftliche Potenz unter anderen. Ob es wirtschaftlich nutzbar, ob es politisch zu fördern, ob es für Erziehungszwecke geeignet ist, wird woanders entschieden. Zwar bleibt es dabei, daß schon sprachliche Kommunikation Wissen voraussetzt und daß die Gesellschaft ohne jedes Wissen nicht kommunizieren, also nicht existieren kann. Gerade für das Hochleistungswissen der modernen Wissenschaft gilt dies jedoch nicht. Die Gesellschaft ist von diesem Wissen nur in sehr spezifischem Sinne abhängig, nicht in der Autopoiesis ihrer Kommunikation schlechthin.

Auf eigentümliche Weise muß das wissenschaftliche Wissen sich behaupten und sich zurücknehmen, muß immer neue Leistungen erbringen und zugleich darauf verzichten, für die Gesellschaft die Welt zu definieren. Zwar zweifelt niemand ernsthaft an den Weltbeschreibungen, die die Wissenschaft anfertigt, sofern diese selbst ihnen traut. Aber der Effekt ist gleichwohl quasi unverbindlich, wenn es um andere Kommunikationssysteme geht.

Die Bezeichnungen, die diesen Sachstand üblicherweise registrieren, lauten: Relativismus, Konventionalismus, Konstruktivismus. Man kann den Sinn dieser Begriffe in der These eines Referenzverlustes zusammenfassen. Das markiert ihren negativen Gehalt. Dessen Negativität ergibt sich jedoch nur im historischen Vergleich mit den Prämissen der ontologischen Metaphysik, mit ihren religiösen Sicherungen, mit ihrem Essenzenkosmos und mit einem normativen, richtige Ordnung vorschreibenden Naturbegriff. Auch wenn man den unwiderbringlichen Verlust dieser Einstellungen zur Welt akzeptiert und sich gezwungen sieht, sich in der Relativität und der Kontingenz, dem hypothetischen und nur vorläufigen Charakter allen Wissens einzurichten, bleibt eine Art »Unbehagen« mit der modernen Wissenskultur zurück. Und vielleicht ist auch dies ein Grund dafür, daß jede Bemühung um eine Reflexion der spezifischen Modernität von heutiger Wissenschaft fehlt. Sie würde nur dieses Unbehagen bestätigen – oder so scheint es jedenfalls bei dieser noch recht vordergründigen Betrachtung.

Die Formel »Referenzverlust« – manche sagen »Erfahrungsverlust« oder noch drastischer »Sinnverlust«, und einige glauben sogar, daß andere nicht mehr an ihren Körper glauben – die Formel Referenzverlust faßt wie in einem Brennspiegel das zusammen, was die Distanz zur alteuropäischen Tradition ausmacht. Die Formel ist jedoch zu kompakt und zu negativ, um Zukunftsperspektiven zu erschließen. Was heißt, das diskutieren Philosophen, überhaupt »Referenz«, und was ist der Fall, wenn sie verloren geht? Was ist der »andere Fall«, der durch die Form der Formel »Referenzverlust« mitgemeint sein muß? Um diesen Fragen nachgehen zu können, müssen wir das Problem durch weitere Unterscheidungen auflösen.

Die stillschweigende Unterstellung, ohne Referenz auf eine Außenwelt sei keine Wahrheit möglich (weil mit »Wahrheit« genau dies gemeint sei), hat zu endlosen und unergiebigen Diskussionen des Realismus-Problems geführt.[4] Wenn aber die Operation des Referierens – wir haben von Bezeichnen gesprochen – selbst als eine reale Operation aufgefaßt werden muß, kann man nicht mehr ernsthaft meinen, real sei nur das, was sie bezeichnet (referiert). Allerdings genügt es nicht, dann bloß auf die Gegenposition überzuwechseln und sich an die Realität der referierenden Operation zu halten. Denn diese ist für sich selbst unzugänglich, und sie wäre für einen Beobachter wiederum nur als etwas referierbar, was er bezeichnet. So kommt man nur zu der bereits laufenden Kontroverse zwischen Realismus und Konstruktivismus – so als ob es sich um inkompatible Positionen handelte.

Uns gilt die Unlösbarkeit eines so gestellten Problems als Indikator dafür, daß die moderne Gesellschaft ihr Erkenntnisproblem anders formulieren muß.

Zunächst müssen Referenzprobleme und Wahrheitsprobleme deutlich unterschieden werden. Die zweiwertige Logik hatte dazu verführt (genötigt?), beide Perspektiven ineinszusetzen. Ihr einziger positiver Wert »Wahrheit« designierte »Sein«, artikulierte also Referenz. Der Gegenwert »Unwahrheit« diente nur zur Kontrolle des Referierens (Bezeichnens, Behauptens, Erkennens). Unter diesen Voraussetzungen mußte Referenzverlust als Wahrheitsverlust erscheinen bis hin zu der Paradoxie des »Nihilismus«, daß dann nur das Unwahre das Wahre sein könne. Die Logik war nicht strukturreich genug, um komplexere Verhältnisse darzustellen, und unter gesellschaftlichen Verhältnissen, die mit einer monokontextural beschriebenen Welt auskamen, hatte das ausgereicht. Die Rede vom Referenzverlust (oder semantischen Äquivalenten) ist aber ein deutlicher Indikator dafür, daß diese Bedingungen sich geändert haben.

Ein erster Schritt zum Begreifen der Moderne besteht daher in der Unterscheidung von Referenzproblemen und Wahrheitsproblemen.

Die Anschlußüberlegungen ergeben sich aus dem differenztheoretischen Ausgangspunkt unserer Untersuchungen. Oder anders gesagt: aus der Auffassung von Referenz und von Wahrheit als *Form* im Sinne von Spencer Brown – als Zwei-Seiten-

[4] Einen neueren Überblick findet man bei Steve Fuller, Social Epistemology, Bloomington Ind. 1988, S. 65 ff.

Form, als Differenz, als Markierung einer Grenze, deren Überschreiten Zeit kostet.

Für Wahrheit ist die Sache klar. Wir haben sie als Code interpretiert, das heißt als in sich selbstreferentielle Differenz von *Wahrheit und Unwahrheit*. Im Falle Referenz muß zwischen *Selbstreferenz und Fremdreferenz* unterschieden werden. Beide Seiten dieser Unterscheidung sind nur mit der jeweils anderen gegeben. Ein Rückzug in die reine Selbstreferenz angesichts der beklagenswerten Weltverhältnisse wäre ein vergebliches Bemühen. Auch die exquisiten Formen des l'art pour l'art, und gerade sie, bleiben immer noch Form.

Läßt man sich auf diese Unterscheidung der Referenz in Selbstreferenz und Fremdreferenz ein, fällt das Referenzproblem zweistufig an. Referenz selbst ist nichts anderes als die Bezeichnungsleistung einer Beobachtung. Jede Beobachtung bezeichnet etwas (traditionell gesprochen: hat ein Objekt). Der Gegenbegriff ist hier: einfaches Operieren.[5] Operieren ist im Unterschied zu Referieren objektloser Vollzug. Die Differenz von Beobachtung und Operation kann dann aber in der Beobachtung innovativ reformuliert werden als Unterscheidung von Selbstreferenz und Fremdreferenz. Selbstreferenz referiert das, was die Operation Beobachtung vollzieht. Fremdreferenz referiert das, was dadurch ausgegrenzt wird.

Nach diesen Theorierevisionen kann das Prädikat »real« nicht mehr einfach dem, was bezeichnet wird, zu- oder (im Irrtumsfalle) abgesprochen werden. Der Realitätswert verlagert sich von der *Bezeichnung* (Referenz) auf die in aller Bezeichnung mitaktualisierte *Unterscheidung*. Real ist das, was als Unterscheidung praktiziert, durch sie zerlegt, durch sie sichtbar und unsichtbar gemacht wird: die Welt. Und das gilt für jede Unterscheidung – sowohl für die Unterscheidung von Selbstreferenz und Fremdreferenz als auch für die Unterscheidung von wahr und unwahr.

Die Unterscheidung von Wahrheitsproblemen und Referenz-

---

[5] Wir lassen im Text die Komplikation beiseite und notieren sie nur in der Anmerkung: daß auch das Beobachten selbst eine Operation ist, also immer auch etwas vollzieht, was sie nicht unterscheiden und bezeichnen, nicht »objektivieren« kann, nämlich sich selber. Wir erinnern an die These vom »blinden Fleck« aller Beobachtung.

problemen führt mithin zu einer Unterscheidung von Unterscheidungen: zur Unterscheidung der Unterscheidung wahr/unwahr von der Unterscheidung Selbstreferenz/Fremdreferenz. Beide Unterscheidungen stehen orthogonal zueinander. Sie haben keine wechselseitig disbalancierenden Effekte. Das heißt: sowohl selbstreferentielle als auch fremdreferentielle Beobachtungen und Beschreibungen können sowohl wahr als auch unwahr sein. Damit fällt das cartesische Subjektprivileg. Es gibt keine Wahrheitspräferenz für Introspektion. Zwar bleibt die Einsicht erhalten, daß Selbstbeobachtungen und Selbstbeschreibungen in kriterienloser Gewißheit vollzogen werden, wenn sie vollzogen werden. Damit ist aber nur die Operation des Beobachtens (also ihr Nicht-Sehen-Können) außer Zweifel gesetzt. Das, was sie referiert (bezeichnet, objektiviert, erkennt), kann gleichwohl sowohl wahr als auch unwahr bezeichnet werden – je nach den Programmen, die für eine richtige Zuordnung dieser Werte als Kriterien dienen. Es bleibt dabei: jedes System hat zu sich selbst einen anderen Zugang als zu seiner Umwelt, die es nur intern konstruieren kann. Aber dieser Vorteil kann – und nach Freud müßten dem eigentlich auch Bewußtseinstheoretiker zustimmen – nicht so interpretiert werden, daß Selbsterkenntnis leichter fällt, bessere Resultate liefert, größere Wahrheitswahrscheinlichkeit besitzt als Fremderkenntnis.

Für psychische Systeme ist dieser Sachverhalt vor allem in der modernen Literatur durchgespielt und offengelegt worden.[6] Unser Thema ist jedoch das Gesellschaftssystem, und hier ist der gleiche Sachverhalt erst recht evident. Die beobachtende Operation ist stets Kommunikation, die sich schon in ihrem Vollzug und nicht erst in ihren Effekten der weiteren Beobachtung aussetzt. Die Frage, ob sie das kommunizierende System selbst (die Gesellschaft selbst) oder anderes thematisiert, ist mit der »Form« des Systems gestellt und für beide Optionen offen. Nur die Unterscheidung als solche wird erzwungen – einfach dadurch, daß das System operiert. Sowohl Selbstreferenz als auch Fremdreferenz lassen sich in ein und demselben Code

6 Siehe nur Peter Bürger, Prosa der Moderne, Frankfurt 1988; ferner Alois Hahn, Das andere Ich: Selbstthematisierung bei Proust, in: Volker Kapp (Hrsg.), Marcel Proust: Geschmack und Neigung, Tübingen 1989, S. 127-141.

codieren – und dies in je unterschiedlicher Weise je nach dem, welchen Funktionssystems sich die Gesellschaft bedient. Das gleiche Problem wiederholt sich auf der Ebene der Funktionssysteme, die ihrerseits in ihren Operationen Selbstreferenz und Fremdreferenz unterscheiden. Das Modernitätsmuster des Gesellschaftssystems wird in den einzelnen Funktionssystemen durchdekliniert. In dieser Weise partizipieren die Funktionssysteme am Strukturreichtum der modernen Gesellschaft, die sie ihrerseits erst in diese Form bringen.

Die Differenzierungsform der modernen Gesellschaft, die Differenzierung an Hand von Funktionen, ist mithin der Grund für den Bedarf an strukturreicheren Beschreibungen, und dieser Bedarf erfordert die Unterscheidung von Referenzproblemen und Codierproblemen als Unterscheidung von Unterscheidungen. Die semantischen Formen, die diesen Erfordernissen Rechnung tragen, sind spezifisch modern. Sie sind sowohl in ihrer sozialstrukturellen Veranlassung als auch in ihrer semantischen Ausprägung historisch bedingt. Nur dem alten Denken muß ein solcher »Relativismus« verdächtig erscheinen. Die moderne Form der Selbstbeschreibung der Gesellschaft und jeweils ihrer Funktionssysteme kann dies Moment aufnehmen; ja sie kann sich gar nicht anders artikulieren; denn im Rückblick muß ihr die Prämoderne erscheinen als ontologisch fixiert und als unfähig, Referenzprobleme und Codierprobleme zu unterscheiden.

Die moderne Wissenschaft hat in der konstruktivistischen Erkenntnistheorie die Form gefunden, in der sie diese Sachlage für sich selbt reflektieren kann. Man kann dies als Theorieleistung beschreiben, die in der Kontinuität von Platon, Descartes, Locke, Hume, Kant Erkenntnis in zunehmend radikaler Weise als selbstgefertigte Distanz beschreibt. Damit gewinnt man den Eindruck, als ob ein Erkenntnisfortschritt vorliege, mit dem man allmählich ein immer besseres Erkennen des Erkennens erreicht hat. Diese Darstellung ist nicht falsch. Sie ist aber unvollständig, und sie läßt es nicht zu, den Bruch zwischen Transzendentalem Idealismus und Radikalem Konstruktivismus zu begreifen. Kontinuität ist unerläßliche Voraussetzung jeder Evolution, und jede Emergenz neuer Formen setzt Vorleistungen, preadaptive advances, setzt Material voraus, in dem sie sich etablieren kann. Ebenso wichtig ist jedoch die Erkenntnis abrupter Diskontinuitäten. In einer bloßen Ideengeschichtsschreibung wird diese Seite unterbelichtet. Eine gesellschaftstheoretische Analyse erklärt Diskontinuitäten über den Umbau der Differenzierungsform der Gesellschaft. Der Grund für die Erfahrung von Modernität (im Unterschied zu allen älteren Gesellschaftsformationen) liegt damit in der funktionalen Differenzierung des derzeit realisierten Gesellschaftssystems. Diese Form zwingt zur Trennung von Referenzproblemen und Codierproblemen. Und aus dieser Trennung ergeben sich dann jene semantischen Experimente, die mit Modernität assoziiert werden.

Die erste Ausführung dieses Programms in Zukunftsidealen, transzendentalphilosophischen Reflexionen, Fortschrittshoffnungen und Selbstverwirklichungsideen war, wie Kunst und Literatur bereits im 19. Jahrhundert mit Enttäuschung registriert haben, unzulänglich. Auf diesem Niveau eines zu geringen Strukturreichtums kann man heute nur noch eine Theorie der Postmoderne formulieren oder Aversionen gegen die eigentlich tragenden Strukturen unseres Gesellschaftssystems ausleben.[7] Da aber die moderne Gesellschaft faktisch alternativenlos besteht und sich fortsetzt, hat es wenig Sinn, sich semantisch derart ins Abseits zu begeben. Wenn man die moderne Gesellschaft dagegen strukturell durch funktionale Differenzierung definiert und die semantischen Erfordernisse mit Begriffen wie Polykontexturalität, Beobachtung zweiter Ordnung, Unterscheidung von Unterscheidungen, insbesondere der Unterscheidung von Codeproblemen (zum Beispiel wahr/unwahr) und Referenzproblemen (Selbstreferenz/Fremdreferenz) daraus ableitet, liegt jedenfalls ein strukturreicheres Angebot für Beobachtungen und Beschreibungen vor.

Daß auch dies nur eine Kommunikation, nur eine Beschreibung, nur eine Theorie ist, die sich hiermit der Beobachtung aussetzt, ergibt sich aus ihr selbst.

---

7 Vgl. zu Beginn der neuen Aufgeregtheit Gotthard Günther, Kritische Bemerkungen zur gegenwärtigen Wissenschaftstheorie: Aus Anlaß von Jürgen Habermas: »Zur Logik der Sozialwissenschaften«, Soziale Welt 19 (1968), S. 328-341; wiederabgedruckt in ders., Beiträge zur Grundlegung einer operationsfähigen Dialektik Bd. 2, Hamburg 1979, S. 157-170.

II

Auch auf einem zweiten Wege gelangen wir zu der Einsicht, daß die Spezifik der Modernität in den Differenzen zu suchen ist, die erzeugt werden, wenn ein Beobachter etwas bezeichnet und damit unterscheidet. Wir entnehmen das der Beobachtung, daß wichtige Aussagen über die moderne Wissenschaft die Form einer Kritik annehmen, die nicht wissenschaftsimmanent ansetzt im Blick auf mögliche Verbesserungen, sondern prinzipiell beanstandet, daß die moderne Wissenschaft, als Wissenschaft, etwas Wesentliches außer acht läßt.

In einer solchen Kritik geht es um die Form der modernen Wissenschaft, das heißt: um die Differenz, die es macht, daß es sie gibt. Wir lassen die oft zu hörende Klage, daß die Wissenschaft dem Kapitalismus diene (und lieber dem Sozialismus dienen solle) beiseite, weil sie gesellschaftstheoretisch nur unzureichend artikuliert ist. Es gibt jedoch noch eine andere, ins Zentrum zielende modernitätskritische Beschreibung der Wissenschaft. Sie zielt auf eine einseitige Neigung zur Formalisierung, Idealisierung, Technisierung, Rechenhaftigkeit etc. In diesem Sinne hat Edmund Husserl, wie oben bereits erörtert[8], von einer Krisis der modernen Wissenschaften gesprochen.[9] Hier geht es nicht um die Wissenschaftsabhängigkeit der Technik, sondern um die Technikabhängigkeit der Wissenschaft; und dies nicht im Sinne der etwas simplen »Finalisierungsdebatte«, die nur auf Ziele abstellt, sondern darum, daß Wissenschaft Technik als eigene Form akzeptiert. Wir lassen ganz offen, ob etwas zu tadeln, zu verbessern oder abzuwenden ist, und fragen nur: Inwiefern ist Technisierung (wir bleiben bei diesem Wort) eine Form? Und wenn, was ist die andere Seite dieser Form?

Husserl zufolge vergißt, und manche haben das wiederholt, die Technisierung die »Lebenswelt«, die immer schon praktizierte konkrete Sinnstiftung subjektiver Intentionen, sei es in naiver »Geradehineinstellung«, sei es in reflexiver Einstellung. Demgegenüber wird das besondere télos der europäischen Ge-

---

[8] Vgl. Kap. 4, XV.
[9] Die Krisis der Europäischen Wissenschaften und die transzendentale Phänomenologie, Husserliana Bd. VI, Den Haag 1954.

schichte angemahnt: die volle Selbstverwirklichung der Vernunft unter Leitung durch die Philosophie. Die andere Seite, das ist demnach die konkrete Aktualisierung des menschlich-sinnhaften Lebens unter Leitung durch die Vernunft. In einer anderen Version, die heute durch Hans-Georg Gadamer repräsentiert wird,[10] liegt das Problem im Außerachtlassen von Sprache (Dialog) und Textlichkeit (Hermeneutik) als Voraussetzungen allen Verstehens.

Nun ist aber die technisierende Abstraktion ihrerseits ein Mittel der Gewinnung und Sicherung von Konsens unter Weglassen all dessen, was auf verschiedene Wege leiten könnte; und dazu gehört insbesondere die Konkretausstattung des Einzelmenschen mit Einstellungen, Interessen, Motiven, Präferenzen – kurz: mit einem lebenden Gedächtnis. Wie in der Theorie des modernen Staates die konfessionellen, rechtlichen und moralischen Eigenurteile der Menschen als Willkür aufgefaßt werden mußten, um die Notwendigkeit der Konzentration solcher Willkür an der Spitze des Staates einsichtig zu machen,[11] so waren auch im Bereich des erkennenden Erleben die konkreten Sinnesqualitäten und der ganze Bereich von »Erfahrung« und »Meinung« als unzuverläßig aufzufassen, um dagegen den mathematischen Kalkül und die ihm entsprechende überprüfbare Messung zu setzen. Noch an der Radikalität der »Laws of Form« Spencer Browns ist dies ablesbar: Wenn man einmal eine Unterscheidung macht – und ohne sie zu machen, kann man nichts anfangen – und danach weitermacht, gibt es eine für alle einsichtige Ordnung des Komplexitätsgewinns, die nur noch die Option Zustimmen oder Nichtmitmachen offen läßt.

Konsens ist nur durch Reduktion zu gewinnen; oder um es paradox zu formulieren: durch Verzicht auf Konsens. Schon die Römer hatten das auf ihre Weise entdeckt: daß man im Streitfalle die »quaestio iuris« stellen, das Rechtsproblem definieren und von da aus nach Ähnlichkeiten im gegebenen Recht suchen

---

10 Siehe speziell Text und Interpretation, in: Gesammelte Werke Bd. 2, Tübingen 1986, S. 330-360, insb. S. 337f. Oder auch Theorie, Technik, Praxis, in: Kleine Schriften Bd. 4, Tübingen 1977, S. 173-195.

11 Hierzu Niklas Luhmann, Staat und Staatsraison im Übergang von traditionaler Herrschaft zu moderner Politik, in ders., Gesellschaftsstruktur und Semantik Bd. 3, Frankfurt 1989, S. 65-148 (70f.).

müsse, um den Streit aus dem Netzwerk verwandtschaftlicher Bindungen und politischer Freundschaften zu lösen. Nichts anderes ist gemeint, wenn wir in systemtheoretischer Terminologie von Ausdifferenzierung sprechen. In genau diesem Sinne läßt sich Technisierung (Formalisierung, Idealisierung etc., um an all das erneut zu erinnern) als Specificum der modernen Wissenschaft angeben. Und wenn man das kritisieren will, dann in einem erkennbaren Sinne erfolglos.

Das heißt keineswegs, daß die Wissenschaft sich auf das technisch Realisierbare beschränken müsse; auch nicht, daß sie ihr Letztziel in der Technik zu sehen hätte und einen Freiraum des Gedankenexperimentes nur zu entsprechenden Vorüberlegungen konzediert bekäme; und erst recht nicht, daß die Technologien nun ihrerseits sich als angewandte Wissenschaften zu begreifen und entsprechend zu warten hätten, bis die Wissenschaft erklären kann, weshalb etwas funktioniert. Solche Auffassungen lassen sich durch einen Blick in die wirklichen Verhältnisse widerlegen. Wissenschaftliche Theorien und Technologien kommen jedoch darin überein, daß sie Simplifikationen vollziehen; und zwar Simplifikationen im Sinne eines Absehens von anderem, dessen Realität unbestritten bleibt.

Dieses Verständnis von Technik als funktionierender Simplifikation erlaubt es, auch die Geldtechnik und die Buchführung (im weitesten, betrieblichen und nationalen Sinne) einzubeziehen. Damit werden Arbeitskosten und Materialkosten verrechnungsfähig. Unbestreitbar funktioniert das im Sinne des Herausfindens wirtschaftlich rentabler bzw. unrentabler Produktionsweisen mit Einschluß der Frage, ob wissenschaftliche Entdeckungen wirtschaftlich umsetzbar sind oder nicht. Ebenso unbestreitbar abstrahiert man dabei von der evidenten Tatsache, daß Menschen in einem anderen Sinne arbeiten als Material. Wir parallelisieren, mit anderen Worten, die Marxsche und die Husserlsche Kritik des Absehens von dem, was ein Mensch für sich selbst ist. Offensichtlich hat sich die moderne Gesellschaft von dieser Abstraktion abhängig gemacht, es eben damit aber auch dem Individuum überlassen, sich davon zu distanzieren und sein Eigenstes, wenn man so sagen darf, »technikfrei« als Mittelpunkt der Welt vorzustellen.

Gegen die zu Beginn der Neuzeit vielleicht unentbehrlichen Illusionen gesetzt, heißt dies Verständnis von Technik als Simplifikation gerade nicht, daß die Welt selbst in ihren Grundstrukturen einfach sei und daß dies zu entdecken wäre. Wissenschaft ist nicht Entdeckung, sondern Konstruktion. Es heißt auch nicht, daß man die Phänomenologie der erscheinenden Welt durchstoßen und als bloßen Schein entlarven müsse, um das die Welt tragende mathematische oder kategoriale Gerüst zu erkennen. Das sind Theorien der vormodernen Welt. Vielmehr probiert die Wissenschaft (ebenso wie auf ihre Weise die Technologie) Simplifikationen aus, läßt sie in eine gegebene Welt ein und sucht festzustellen, ob die dazu notwendigen Isolierungen gelingen. Die moderne Wissenschaft kann ihre Modernität nur begreifen, wenn sie diesen Sachverhalt reflektiert.

Dies kann auf verschiedene Weise geschehen, immer aber mit Doppelformulierungen. Die Systemtheorie spricht von Ausdifferenzierung durch operative Schließung eines Systems, die zugleich *einschließt* und *ausschließt*. In der Sprache der Parsonsschen pattern variables kann man sagen, daß *Universalisierung* nur durch *Spezifikation* erreichbar ist. Das läuft auf eine Vermeidung von Partikularismen, etwa konkreten Loyalitäten, und von diffusen Generalisierungen in Richtung auf allumfassende Unbestimmtheit hinaus. Eine nochmals andere Formulierung gelingt, wenn man auf Komplexität abstellt. Dann heißt es, daß Aufbau von Komplexität nur durch *Reduktion von Komplexität* eingeleitet werden kann.

Die Modernität aller Funktionssysteme und auch der Wissenschaft liegt in den Auswirkungen dieser Bedingungszusammenhänge. Das blockiert die Beschreibung der Welt im Sinne eines dem Beobachter vorliegenden (oder »entgegenstehenden«) Objekts. Damit verliert auch das Problem der Einheit der Differenz von Erkenntnis und Gegenstand seine klassische, reflexionsleitende Bedeutung. Wissenschaft kann sich nicht länger als Repräsentation der Welt, wie sie ist, begreifen und muß daher auch den Anspruch, andere über die Welt belehren zu können, zurücknehmen. Sie leistet eine Exploration möglicher Konstruktionen, die sich in die Welt einschreiben lassen und dabei als Form wirken, das heißt: eine Differenz erzeugen.

Versteht man die Krisis der modernen Wissenschaft als Sichtbarwerden ihrer Simplifikationen, ihrer Technizität, ihres Funktionierens ohne Weltkenntnis, läßt sich denken, daß diese Einsicht stärker als bisher wieder in die Wissenschaft zurückgeleitet und zum Gegenstand normaler Forschung werden könnte. Das war weder der Kritik der politischen Ökonomie noch der Phänomenologie »als strenger Wissenschaft« gelungen; und auch die Thematisierung von »Technik und Wissenschaft als Ideologie« blieb der Anschluß an normale Forschung versagt.[12] Erst in jüngster Zeit mehren sich Anzeichen dafür, daß die Kosten jener doch unvermeidlichen Simplifikationen Gegenstand wissenschaftlicher Forschung werden. Das gilt zum Beispiel für die Technologiefolgeneinschätzung, vor allem aber für die Risikoforschung. Dabei scheint es sich zunächst um sehr begrenzte Fachgebiete zu handeln, die aus aktuellem Interesse veranlaßt und mitgeführt werden. Aber es handelt sich zugleich auch um Modelle für »autologische« Forschung der Wissenschaft über Wissenschaft, die sich ganz am Rande dessen entwickelt haben, was an Reflexionstheorien des Wissenschaftssystems vorliegt. Wenn es gelingt, diese Reflexionstheorien stärker auf eine konstruktivistische Basis umzugründen und sie mit Hilfe von Anregungen aus den sehr heterogenen »cognitive sciences« wissenschaftlich zu sanieren, könnten auch Themen der traditionell eher externen Wissenschaftskritik zu Forschungsthemen werden. Dann würde die Wissenschaft sich selbst zwar nach wie vor im Schema ihres eigenen Codes wahr/unwahr beobachten; und sie käme nach wie vor nicht darauf, die Paradoxie dieses Codes zu thematisieren, also zu fragen, ob die Unterscheidung dieses Code selbst eine wahre oder eine unwahre Unterscheidung ist. Aber sie würde erkennen können, wie sehr sie ihre Eigenart und ihre Riskanz mit all den Merkmalen, die wir behandelt haben, mit anderen Funktionssystemen teilt und sie letztlich den Strukturen der modernen Gesellschaft verdankt.

---

12 Siehe Jürgen Habermas, Technik und Wissenschaft als »Ideologie«, Frankfurt 1968.

III

Eine Gesellschaftstheorie, die solche Sachverhalte aufnehmen will, bekommt es mit einem eigentümlichen Paradox zu tun, und das Paradox ergibt sich für eine Beschreibung der Gesellschaft und eine Beschreibung der Welt gleichermaßen. Einerseits kann kaum bestritten werden, daß sich als Resultat einer langen Evolution ein umfassendes Weltgesellschaftssystem gebildet hat, und auch unser Weltbegriff ist nicht geeignet, die alte Lehre von einer Mehrheit der Welten fortzusetzen: sie ist denkunmöglich geworden. Alles, was kommuniziert wird, wird in der Gesellschaft kommuniziert. Alles, was sich ereignet, ereignet sich in der Welt. Das gilt auch für Beobachtungen und Beschreibungen, mit welcher Autorschaft immer (Subjekt, Wissenschaft usw.) diese sich ausstatten mögen. Eben deshalb kann aber die Einheit der Gesellschaft (der Welt) nicht in die Gesellschaft (Welt) wiedereingeführt werden. Sie kann nicht als Einheit beobachtet, nicht beschrieben werden, und schon gar nicht auf der Grundlage von konkurrenzloser Repräsentation oder von belehrender Autorität. Denn jede Beobachtung und Beschreibung erfordert für ihre eigene Operation eine Unterscheidung. Die Beobachtung des Einen im Einen müßte aber das, was sie ausschließt (das, wovon sie das Bezeichnete unterscheidet), einschließen. Sie müßte im System (in der Welt) vollzogen werden, so wie die Unterscheidung von Selbstreferenz und Fremdreferenz im System (in der Welt) vollzogen wird. Das ist möglich und gibt dem Paradox die Form des »re-entry«; aber die Auflösung erfordert einen imaginären Raum (so wie man von imaginären Zahlen spricht), und dieser imaginäre Raum tritt an die Stelle des klassischen Apriori der Transzendentalphilosophie.[13]

Dieses Ergebnis läßt sich weiter klären, wenn man bedenkt, daß jede Paradoxie auf eine nichtlogische (kreative) Weise entfaltet werden kann, wenn man sie durch eine Unterscheidung ersetzt. In unserem Falle wäre das die Unterscheidung von *Operation* und *Beobachtung* (wobei die Unterscheidung zu berücksichti-

---

[13] Siehe erneut George Spencer Brown, Laws of Form, Neudruck New York 1979, S. 56f., 69ff. Vgl. auch Jacques Miermont, Les conditions formelles de l'état autonome, Revue internationale de systémique 3 (1989), S. 295-314.

gen hat, daß alle Operationen, wenn Kommunikationen, selbstbeobachtende Operationen sind, und alle Beobachtungen als Operationen vollzogen werden müssen oder anderenfalls nicht zustandekommen). Wir können dann sagen: Die Einheit des Systems (der Welt) wird *operativ* produziert und reproduziert. Dabei beobachtet die Operation sich selbst – aber eben nicht die sie einschließende Einheit, die in ihrem Vollzug entsteht und geändert wird. Die *Beobachtung* der Einheit ist dagegen eine besondere Operation im System (in der Welt), die eine besondere Unterscheidung benutzen muß (zum Beispiel die von System und Umwelt oder die von Welt/in der Welt) und in ihrem Unterscheiden und Bezeichnen ihrerseits beobachtet werden kann. Die Beobachtung und Beschreibung der Einheit in der Einheit ist also möglich; aber nur als Vollzug eben dieser Operation, nur auf Grund der Wahl einer Unterscheidung, deren eigene Einheit imaginär bleibt, und nur in der Weise, daß sich die Operation Beobachtung ihrerseits der Beobachtung aussetzt.

Damit sind wir an dem Punkte angelangt, an dem die Bedeutung des Beobachtens zweiter Ordnung deutlich wird. Sie tritt in der Architektur der Theorie, aber auch im Selbstverständnis der Moderne, an die Stelle, die vordem naturale oder transzendentale Prämissen besetzt hielten. Statt auf letzte Einheiten zu rekurrieren, beobachtet man Beobachtungen, beschreibt man Beschreibungen. Auf der Ebene zweiter Ordnung kommt es erneut zu rekursiven Vernetzungen und zum Suchen von »Eigenwerten«, die sich in den weiteren Operationen des Systems nicht mehr verändern. Vielleicht sind diese Eigenwerte nur »Plätze«, die man temporär mit Werten besetzt mit der Folge, daß jede Änderung der Werte die Plätze umbesetzen muß, weil sie nicht leer bleiben können, und dafür nur eine sehr begrenzte (oder gar keine) Auswahl anderer Möglichkeiten zur Verfügung hat. Oder anders formuliert: es sind vielleicht nur Funktionen, die erfüllt werden müssen mit einer sehr begrenzten Auswahl funktionaler Äquivalente. So kann man sagen, daß Forschung und damit Wissenschaft eine Funktion erfüllt und damit einen stabilen Eigenwert der modernen Gesellschaft reproduziert. Man kann Forschung nicht einfach unterlassen, ohne katastrophale Folgen auszulösen – Katastrophe hier begriffen als Umstellung auf andere Eigenwerte. Und eben deshalb liegt es nahe, die Kritik der Forschung selbst forschungsmäßig durchzuführen, wenn man nicht in den imaginären Raum einer »anderen Gesellschaft« flüchten will.

Ein Beobachten von Beobachtungen kann darauf besonders achten, welche Unterscheidungen der beobachtete Beobachter benutzt. Es kann sich fragen, was er mit seinen Unterscheidungen sehen und was er damit nicht sehen kann. Es kann sich für den blinden Fleck seines Unterscheidungsgebrauchs interessieren, für die Einheit seiner Unterscheidung als Bedingung der Möglichkeit seines Beobachtens. Hier lassen sich traditionelle ideologiekritische oder therapeutische Interessen fortführen, aber nur als zweitrangige Varianten, die sich ihrerseits der Beobachtung aussetzen mit der Frage, warum der Beobachter zweiter Ordnung nun gerade diese Sichtweise pflegt und nicht andere Möglichkeiten der Beobachtung von latenten Bedingungen nutzt. Auf der Ebene der Beobachtung zweiter Ordnung kann die moderne Gesellschaft in einem sehr allgemeinen Sinne mit der Unterscheidung manifest/latent operieren, und zwar in einem Sinne, der autologisch auch den Beobachter zweiter Ordnung einschließt. Niemand kann alles sehen, und man gewinnt Beobachtungsmöglichkeiten nur dadurch, daß man sich auf Unterscheidungen einläßt, die im Moment der Beobachtung blind fungieren, weil sie die unbeobachtbare Einheit der Welt vertreten und verdecken müssen. Unterscheidungen dienen als Zwei-Seiten-Form der Dirigierung des Bezeichnens, Referierens, Anknüpfens. Sie dienen als Einheit der Repräsentanz von Bedingungen ihrer eigenen Möglichkeit, die unsichtbar bleiben müssen. Und auch daran kann man erkennen, daß die so erreichbaren Eigenwerte die Form von Plätzen oder Funktionen annehmen müssen, die nichts weiter »sind« als Limitationen für Substitutionsmöglichkeiten.

In der modernen Welt sind daher Unterscheidungen nicht gleichsam vorletzte Instrumente, die sich im Blick auf Einheit, sei es der Welt, sei es nur des absoluten Geistes, transzendieren lassen. Vielmehr macht jeder Versuch, eine Einheit zu bezeichnen, neue Unterscheidungen nötig und das Letztziel wiederum unsichtbar. Erkenntnis dient, wie in anderer Weise auch Kunst[14], der Invisibilisierung der Welt als des »unmarked state«, den Formen nur verletzen, aber nicht repräsentieren können. Jeder andere Versuch muß sich (was ebenfalls sinnvoll ist) mit paradoxen bzw. tautologischen Beschreibungen abfinden.

Eine Reflexion dieses Sachverhaltes muß nicht auf »Nihilismus« hinauslaufen; denn das hätte nur in einem ontologischen Bezugsschema Sinn, das seinerseits die Unterscheidung von Sein und Nichtsein voraussetzt. Es geht auch nicht um eine Variation der religiösen Tradition, am Unsichtbaren Halt zu suchen, um heute den Verlust dieser Möglichkeit wiederum mit der Semantik des Unsichtbaren zu beklagen. Das Mitführen eines Letztsymbols wie Unbeschreibbarkeit, Unsichtbarkeit, Latenz reflektiert nur die Kontingenz des Einsatzes aller Unterscheidungen. Die Tragfähigkeit dieser Reflexion aber ergibt sich, und das kann sie selbst noch einholen, aus einer Form gesellschaftlicher Differenzierung, die keine bindende, Autorität gebende Repräsentation der Welt in der Welt, der Gesellschaft in der Gesellschaft mehr zuläßt.

---

14 Wir haben hier ein Unterscheidungsproblem Wissenschaft/Kunst, mit dem auch Hegel sich in seinen Vorlesungen über die Ästhetik auseinandersetzen mußte. Hegels Lösung lag bekanntlich in der Selbstreflexion der Unterscheidung von Allgemeinem und Besonderem. In unserem Theorierahmen müßte man auf unterschiedliche Weisen der Realisierung (Materialisierung, Imaginierung) von Formen abstellen.

Register

Abbildtheorie der Erkenntnis 52f., 328; s. Repräsentation
Abhängigkeit/Unabhängigkeit 292, 298f., 318, 355
Abweichungsverstärkung 313, 454, 556, 574f.; s. Wissen, Unwahrscheinlichkeit von
adaequatio 285; s. Korrespondenztheorie; Repräsentation
Äquifinalität 572f.
Allsätze 283
alter Ego 18f.
alt; s. Neuheit
Amateur 348f.
Ambiguität 214f.
Analogie 440
analytisch/synthetisch 8, 14, 546
Anfang 561; s. Ursprung; Perioden
Anpassung 29, 136, 165, 281, 344, 357f., 554ff., 576f., 686f.
Anschlußfähigkeit 200f., 320, 367f., 392f., 413, 471, 515, 528, 544; s. Rekursivität
– innerhalb von Disziplinen 446f.
Anthropologie 448 Anm. 132, 623 Anm. 12
Argumentation 363, 436, 440ff.
– vernünftige 634 Anm. 30
Auflösung/Rekombination 184, 185, 215, 266, 267, 313, 318, 326ff., 370, 398, 410, 440, 537, 578, 612, 654, 684
ausgeschlossenes Drittes 195, 208, 415
Außenwelt 307f., 317, 518f., 521f.; s. Geschlossenheit; Realität
Autologie 9f., 112, 170 Anm. 11, 328, 360, 485, 508, 509, 512, 545, 618, 646, 715, 718
Autonomie 289ff., 402f., 414, 475, 621
Autopoiesis 28ff., 128, 131f., 134f., 191f., 207f., 328, 329, 471, 514f., 546f., 695 Anm. 112
– der Wissenschaft 282ff., 371, 385, 431, 460, 515, 591, 621, 649f., 693
– und Kognition 307 Anm. 54
Autoren 248, 319; s. Personen
Autorität 442
– des Wissens, der Wissenschaft 102, 149, 221, 319, 346, 508f., 621, 627ff., 716

Bedingungen der Möglichkeit 396, 398, 498f., 505, 526, 618, 691; s. Konditionierung
Begriff 124f., 383ff.
Begründung 294ff., 390f., 435f., 486, 516, 700; s. zirkuläre Argumentation; Redundanz
– /Wachstum 362, 364, 444f., 549
bekannt/unbekannt 217, 300, 316; s. Vertrautheit
Beliebigkeit 272; s. Willkür; Zufall
Beobachten, Beobachter 8, 14f., 60f., 73ff., 131, 245, 268ff., 374f., 506, 523, 543f., 617, 646, 681f., 707

721

- als Operation 76ff., 114ff., 514f., 535f., 690, 716f.
- zweiter Ordnung 76f., 83, 85ff., 95, 97ff., 101f., 110f., 113f., 123, 146f., 167, 175f., 270, 287, 297f., 302, 313, 318ff., 362ff., 391, 408, 413f., 437f., 493, 499, 506, 507f., 508f., 541, 543f., 579, 655, 668f., 685, 717f.; s. Latenz

Beratung 96, 149
Bewußtsein 19f.
- und Kommunikation 23ff., 34ff., 44ff., 56ff., 225f., 281f., 565ff.
Bezeichnen 79, 81f., 92f., 94f., 305f., 374, 376f., 391, 707; s. Referenz
Bifurkation 205f., 233f., 235f., 358, 377f., 425f., 460
Bildung 477
Bindung 214
black box 513f.
blinder Fleck 85f., 115, 133, 494, 507, 509f., 520, 718; s. Latenz; Verschweigen
- Paradoxie als 174
Buchdruck 156f., 235, 248, 296, 434, 575, 600ff., 655, 658f.; s. Publikation

ceteris paribus 410, 415f.
Code, binärer 173, 174, 184, 191f., 194ff., 243, 401f., 413, 445, 484, 707; s. ausgeschlossenes Drittes
- als evolutionärer Selektor 576ff.
- als Systembildung 271ff., 309f.
- Asymmetrie 199f.

- Differenzierung 221, 223f., 273f., 285f., 292ff.
- Nebencode 247
Codierung, indifferente 208, 518f., 522 Anm. 86, 692
common sense 349, 606
complexio contingens 388
Computer 659
crossing 80f., 197
curiositas 149, 341, 605

Darstellung 319, 324, 354, 433ff.
Definition 381, 388
Dekonditionierung 405, 569
Dekonstruktion 93, 111, 113
Denken/Sein 494, 514, 600
Dialektik 378, 422f., 498, 528, 547, 597
Differenz 376, 474, 540, 547, 558; s. Unterscheidung
Differenzierung 696
- des Gesellschaftssystems 608f., 635
- des Wissenschaftssystems 446ff., 642
- funktionale 479, 608, 609, 618, 622, 627, 631f., 648, 659ff., 692, 704, 710
Ding an sich 300, 498
Disziplinen 446ff., 642, 675
Divination 167f., 598 Anm. 76; s. Weisheit
Doppelentdeckungen 572f.

Eigenwerte, Eigenzustände 95, 99, 113f., 311f., 320f., 429, 541, 542, 580, 632, 670, 692, 717f.
einfach/komplex 367f.
Einheit 482, 506, 716f.; s. Autopoiesis

Elemente 327f., 398f.
- /Relationen 364
Emanation 488ff.
empirische Forschung 369f., 410, 414, 589f.; s. Wahrnehmung; Wissen, empirisches
empirisch/transzendental 12f., 76, 99, 127f., 498ff., 514
Endlichkeit/Unendlichkeit möglichen Wissens 299f.
Entdeckung/Geltung 223, 464f., 480
Enttäuschungen s. Erwartungen
Episoden 581f.; s. Perioden
Epistemologie s. Erkenntnistheorie
Ereignis 37f., 88f., 104f., 284, 438f., 524
Erfahrung 129, 414, 427
Erkennen; s. Kognition; Erkenntnistheorie
- passiv/aktiv 493
Erkenntnistheorie 68, 71, 88ff., 128, 359, 360f., 429f., 460f., 471, 493ff.; s. Reflexion
- evolutionäre 507, 609ff.
Erklärung 280, 410f., 443, 624
Erleben/Handeln 140ff., 221ff., 493, 625f.
Erwartungen 136ff., 260f., 263, 285, 376, 384f., 467
- normative/kognitive 138f., 150f., 171, 322f.
Erwartungsebenen 239
Erziehung
- und Wissenschaft 630f., 678f.
Ethik 293, 593, 596, 612, 648, 663f., 665, 686, 693f., 696ff.
Evidenz 328, 427, 435, 591
Evolution 159, 265, 272, 313, 326, 398, 420, 445, 528, 549ff., 669f.
- autopoietischer Systeme 552f., 554f., 591f.
- Beschleunigung der 597
- der Evolution 574, 585
- des Gesellschaftssystems 607f.
- interne/externe Determination 562, 592
Existenzquantor 512f.
Experiment 263
Externalisierung 405; s. Selbstreferenz/Fremdreferenz

Fächer s. Forschungsgebiete
Falsifikationsmöglichkeit 370, 394, 430, 505
Finanzierung 292, 294
Form 79f., 195f.
Forschung
- anwendungsbezogene 638ff.
- empirische 369f., 410, 414, 589f.
- interdisziplinäre 240, 457ff.
- über Forschung 333ff., 532, 595
- und Lehre 678f.
Forschungsgebiete 449f., 453ff.
Forschungspolitik 639, 676
Fortschritt 667f., 703f.; s. Evolution
Fragen 604f.; s. Problem
Freiheit 120f.
funktionale Methode 368, 417, 685; s. Vergleich
Funktion, funktionale Spezifikation 209, 272f., 341f., 356f., 717f.
- /Leistung 264, 355f., 635ff.

Ganzes/Teil 209f., 316, 364, 366f., 381, 487, 490, 656
Gattungsbegriffe 376f., 378, 381, 384, 473
Gedächtnis 62, 129, 154ff., 392, 434f.; s. Konsistenzprüfung
Gegenbegriffsaustausch 236f., 377
Gegenstand der Erkenntnis 310f., 315f., 382f., 407, 493, 519f., 527, 547; s. Objekt
Gegenwart 104, 106, 465f., 612f., 664; s. Zeit
Geist 44 Anm. 47, 400, 474, 682, 694, 698, 718
Geisteswissenschaften/Naturwissenschaften 212, 330, 400, 461ff.
Gelegenheit nutzen 465ff.
Genesis/Geltung s. Entdeckung
Genie 218f., 466, 571
Geschichte 158, 244
Geschichtlichkeit 235f., 277, 326, 471, 539f., 595f.; s. Bifurkation, Rekursivität
Geschlossenheit, operative 28ff., 36f., 81f., 87, 97, 208, 265f., 275ff., 302ff., 506f., 516f., 523, 622f., 657f.
Gesellschaft 343ff., 544, 607f., 618ff., 688ff.
– /Interaktion 241ff.
– moderne 298, 340ff., 657ff., 702ff.
Gesellschaftstheorie 339, 340f., 542, 616f.
Gewißheit 204f., 325, 627
Gleichgewicht 476
Gleichheit; s. Vergleich
– als Wert 409

– der Wissenschaftler 319, 324, 347, 625f.
Gleichzeitigkeit 39, 43f., 56ff., 80, 103f., 107, 164, 231ff., 305, 681, 690; s. Synchronisation; Zeit
Gott 118ff., 268, 269, 290, 301, 350, 393, 397, 494, 529
Grenzen 299f.
Grundlagenkrise 435; s. Wissenschaftskritik

Handeln/Erleben 140ff., 221ff.
Handlungstheorie 581f.
Hermeneutik 462, 478, 666, 712
Hierarchie/Heterarchie 320, 365, 405, 425f., 435f., 535
Historismus s. Geschichtlichkeit; Relativismus
Holismus 64ff., 437
Hologramm 381, 655
Hypothese, Hypothetik 137, 174, 254f., 370, 584f., 663, 682

Idealismus 61, 92, 100, 305, 510, 516, 525, 698, 699, 709
Idee 385, 387, 496f.
Identität 99, 108, 311f., 375, 482, 506, 535f., 658, 691f.
Ideologiekritik 223 Anm. 82
implizites Wissen 42ff., 420
Individuum 365, 561f., 619, 658, 660, 713; s. Mensch; Subjekt
Induktion 283f., 440
Inflation/Deflation 238ff., 390, 623
Information 321, 332, 440
– /Mitteilung 24f., 38, 47, 51, 115f., 617

Inhibierung/Desinhibierung 570 Anm. 39; s. Überschußproduktion
Inklusion 346 ff.
Inkommensurabilität 368, 704
Innovation 370, 372, 456; s. Neuheit
– Prüfung von 586 ff.
Input/Output-Modell 277, 286, 302 f., 356, 402, 512, 514, 590, 621, 636 ff.
Integration s. Redundanz
Intellektuelle 353 Anm. 107
Intention 60 f., 113, 580 ff.
Interaktion/Gesellschaft 241 ff.
Interdependenzunterbrechung s. Zufall
Interdisziplinarität 240, 457 ff., 642, 680
Interessen, Erklärung durch 72, 100 f., 335, 539 Anm. 111, 571 Anm. 42, 594 f.
Interpenetration 569 f., 574
Intersubjektivität 19, 21, 113, 126, 145, 341, 501 f., 530, 619
Intervention 644 f.
Intransparenz des Systems für sich selbst 483, 682
Irren, Irrtum 16, 21, 68 f., 88, 89, 148, 170, 171, 202, 219, 224, 242, 367
Irritation 36, 40 f., 58 f., 93, 138 f., 166, 206, 252, 284 f., 288, 307, 317, 371, 373, 411, 420, 442, 530, 564, 567, 623, 649

Kategorien 326
Kausalattribution 58 f., 61, 140 f., 244 f., 280 f., 291 f., 297, 410 f., 426 f., 512, 662
Klassiker 452

Körper, menschlicher 599
Kognition 307 f., 523, 526 f.
Kohärenz 204, 234, 261, 285, 372 f., 434, 610; s. Konsistenzprüfung
Kommunikation 21 ff., 23 ff.
– Annehmen/Ablehnen von 178 f., 190, 358 f., 435, 598, 600, 698; s. Bifurkation
– mündliche 442, 601 f., 606
– und Bewußtsein 23 ff., 34 ff., 44 ff., 56 ff., 225 f., 281 f., 565 ff.
Kommunikationsmedien, symbolisch generalisierte 172, 178, 179, 191, 196, 244, 273, 306, 331, 578, 599, 675 f.; s. Code, binärer; Inflation; Wahrheit
– Zirkulation von 192, 213 f.
Komplexität 277 f., 303 f., 317, 325 f., 364 ff., 386, 591 f., 597, 667, 685, 714
– Temporalisierung s. Sequenzierung
Kondensierung 108 f., 205, 311 ff., 320, 384, 692
Konditionierung 197, 300, 404 f.
Konfirmierung 108 f., 312 f., 375 f., 385
Konsens 55 f., 244, 550, 578, 619 f., 712; s. Intersubjektivität; Sozialdimension
– /Dissens 284 f.
Konsenserwartungen 620
Konsenstheorie der Wahrheit 610
Konsistenzprüfung 330, 440; s. Gedächtnis
konstant/variabel 401 f.
Konstrukt 515 f.

Konstruktivismus 61, 70f., 92, 150, 208, 259f., 305, 510ff., 611f., 627, 633f., 684, 687, 698, 699ff., 704, 709
– »radikaler« 521f., 666
Kontingenz 332f., 371, 383, 395, 404, 526, 666f., 682
Kontingenzformel 396f.
Kontroversen, wissenschaftliche 242f., 433f., 626; s. Kritik
Kopplung, strukturelle 29ff., 36, 38ff., 163ff., 276, 281f., 288, 530, 661
Korrespondenztheorie der Wahrheit 177, 188, 203, 316f., 609
Kosmologie, religiöse 153, 209f., 244, 439f., 473, 489, 612, 694, 705; s. Welt
Kredit 237f., 245
Kreuztabellierung 394 Anm. 51
Kriterien 463, 695; s. Programme
Kritik 297 Anm. 40, 347f., 365, 433f., 622, 632; s. Wissenschaftskritik
Kritischer Rationalismus 429f.
Kunst 233, 437, 702, 719

Latenz 89ff., 502, 510, 522, 526, 541, 631, 668f., 718; s. blinder Fleck; Verschweigen
Leben 131
Lebenswelt 101 Anm. 49, 161f., 441, 711
Liebe 476f., 585, 700
Limitationalität 392ff., 401ff., 572
Logik 438, 442f., 506
– zweiwertige 88, 112f., 148f., 172, 179f., 326, 375, 415f., 703, 706
lógos 599

markiert/unmarkiert 134, 247
Maschine 402
Mathematik, Mathematisierung 73f., 153, 201f., 275, 399f.
Medium 181ff.
– und Form 53ff., 182ff., 238, 244, 331f., 347, 371, 398ff.
Mensch 275 Anm. 5, 346, 448, 473, 494, 500, 618 Anm. 4, 712f.; s. Subjekt
Messungen 416
Metapher 384, 389
Methode, Methodologie 171, 197, 199, 365, 403ff., 413ff., 493, 508, 578f., 589f.
Mitteilung/Information 24f., 38, 47, 51, 115f., 617
Möglichkeit 524, 686f.; s. Bedingungen
Moral 120, 269, 341, 491; s. Ethik

Naivität, operative 85f.
Namen 246, 247f.
Natur 236, 288, 330f., 377, 462, 632, 682, 705
natural selection 562, 580 Anm. 56; s. Evolution
Naturgesetze 443
Negation 306, 321, 358f., 392, 517f., 524, 527
negotiation 510, 645, 646
Nervensystem 19f., 35, 43, 469, 567
Neuheit 216ff., 250, 296ff., 571, 579, 666, 678, 682; s. Innovation

Normen 322 ff.; s. Erwartungen

Objekt 124; s. Gegenstand; Subjekt
Objektivität 78
Objektpermanenz 105, 107
Öffentlichkeit 319
Ökologie 596, 612, 641, 655
Ontologie 88 f., 179 f., 207, 279 f., 310, 494, 508 f., 524 f., 600, 627, 655, 705, 719
Operation 37 f., 62, 271, 391, 514 f.
– Beobachten als 76 ff., 114 ff., 305 f.
– Einwertigkeit der 278 ff.
– /Struktur 78 f.
Orale Tradition 155 ff.
Organisation 337 f., 339 f., 427, 613 f., 657, 672 ff.

Paradoxie 93 ff., 98, 323, 363 f., 483 f., 486 ff., 527 f., 533 f.
– als Reflexion der Einheit 207 f., 213, 270, 290, 469, 483, 537 f., 716
– der Autonomie des Wissens 291
– der Beobachtung des Unbeobachtbaren 92, 118 ff., 522; s. Latenz
– der Ganzheit 628
– der Komplexität 364, 367, 390
– der Moral 491
– der Problemlösung 419 f., 421, 618
– der Unwahrscheinlichkeit des Wahrscheinlichen 331
– der Zeit 80 f., 106, 613
– des Unterscheidens 84, 374, 396, 518, 520, 528, 694, 695
– des Wahrheitscodes 172 ff., 192, 207 f., 268, 390, 484, 520, 715
– /Entparadoxierung 98, 172, 193, 312, 314 f., 405 f., 416, 464 f., 528, 635, 716 f.; s. Emanation; re-entry
– Invisibilisierung der 174, 189, 312, 397, 528, 537
Para-Wissenschaften 351, 573 f.
Perfektion 209 ff., 473
Perioden 336 ff., 427, 581 f., 590, 604, 613, 674 f., 689
Personen 33 f., 239, 245 ff., 561 ff.
Perspektive 90
Philosophie 7 f., 63, 122 Anm. 2, 159, 327, 457, 460, 480, 500, 531 f., 547 f., 552, 712
– analytische 7, 14, 546
Plausibilität, gesellschaftliche 670 ff.
Pluralismus 390; s. Relativismus
Polemik 242 f.
Politik und Wissenschaft 630; s. Forschungspolitik
Polykontexturalität 666 f.; s. Welt
Positivismus, logischer 327, 589, 610
Potentialisierung 202 f., 255, 331, 582
Pragmatismus 260, 504, 509, 609, 698
Prinzip 490 f., 700; s. Ursprung
Problem/Problemlösung 419 ff., 504 f., 536 f., 572, 605
Prognose 611, 614, 669

Programme 184f., 195, 197, 239, 401ff., 428ff., 445f., 547, 578f.
Projekte 338ff., 427, 590, 604, 613, 669f., 674f.
Prozeß 330, 418
Publikation 296, 313, 319, 349, 432, 452, 575f., 587f., 604, 680; s. Buchdruck
Publikum 604, 626

Quantenphysik 505f., 694, 699f.
Quantität 399f., 416f.

Ratgeben s. Beratung
rational/irrational 160f.
Rationalität 173, 188, 211, 219, 472, 547, 550, 581f., 654 Anm. 61, 670, 693ff.
Rationalitätskontinuum 494, 666
Rauschen s. Irritation
Realität, Realismus 78, 92f., 224, 231, 268, 271, 305, 315, 317f., 412, 497f., 513, 517, 519, 698f., 706, 707
Recht 138, 139f., 437, 477f., 593f., 663f.
Reduktionismus 38f., 64ff.
Redundanz 130, 201, 207, 373, 436ff., 451, 455, 467, 586, 610
Redundanzverzicht 341f.
re-entry 74, 83f., 94, 189f., 192, 203, 223, 314, 369, 379f., 483, 514, 518, 529, 540f., 545, 694f., 716
Referenz 76, 183, 546, 551, 705f.; s. Bezeichnen; Korrespondenztheorie
– Externalisierung von 313, 405f.; s. Selbstreferenz/Fremdreferenz
Reflexion, Reflexionstheorien 84, 199, 204, 274, 324, 430, 469ff., 528f., 533ff., 590, 610f., 643, 646f., 699ff., 715
– gesellschaftliche Plausibilität 614f.
Reflexionswert 200, 202ff., 268, 484
Reflexivität 333ff.
Regress, infiniter 208 Anm. 66, 669
Rejektionswert 94, 301f., 579, 663, 666
Rekursivität 271f., 273, 275ff., 320ff., 392, 527, 539f., 544, 580, 669f.; s. Geschlossenheit
Relativismus 73, 82, 99, 100, 177, 502, 505, 651, 705, 709; s. Willkür
Religion 153, 161f., 210, 256, 259, 295, 341, 397, 475, 478, 538 Anm. 108, 575, 593, 629f., 690 Anm. 107; s. Gott; Kosmologie; Teufel
Replikation 431
Repräsentation 136, 210, 234 Anm. 101, 316f., 344, 386, 479, 491, 515, 519, 535, 555, 656, 665, 716
Reputation 245ff., 297, 351ff., 431, 442, 455, 657, 677, 678, 680
requisite variety 369, 513
Re-Stabilisierung s. Stabilisierung
Retention s. Stabilisierung
richtig/falsch 197
Risiko 252ff., 258, 343, 345, 642f., 661ff., 669, 687, 715
Rolle als Wissenschaftler 625f.

Rollendifferenzierung 347

Schema 515 Anm. 78
Schließung s. Geschlossenheit
Schrift 154ff., 167f., 178ff., 211, 235, 241, 358, 442, 494, 524, 553, 575, 597ff., 622; s. Buchdruck
Sein/Nichtsein 509; s. Ontologie
Selbstbeobachtung 83, 303, 314, 362f., 413; s. Beobachten
Selbstbeschreibung 278, 469f., 512, 532, 667, 682, 703; s. Reflexion
Selbstkonditionierung 300; s. Konditionierung
Selbstplacierung in Unterscheidungen 74f.
Selbstreferenz 72, 360, 481, 527, 532, 552; s. Autologie; Verstehen
– /Fremdreferenz 78, 80, 102, 177, 290, 314f., 318, 382, 516, 520, 529, 545f., 617, 707ff.; s. re-entry
Selbstreferenzunterbrechung 498ff., 503
Selbstsimplifikation 483, 516
Selbstsubstitution 342f., 412, 588
Selektion 368
– evolutionäre 554, 557ff., 560, 575ff., 610
– intentionale 580ff.
Semantik 107f.
Semiotik 52, 99
Sequenzierung 232ff., 336, 358, 423, 441, 536
Sicherheit, Darstellung von 433f., 604, 631, 641; s. Gewißheit; Unsicherheit

Simulation 317
Sinn 109f., 306, 321, 546, 620, 683, 687
Sinnverlust 705
Skepsis, Skeptizismus 269f., 325, 330, 435, 445, 496, 539, 627
Solipsismus-Vorwurf 61, 100, 305, 494
Souveränität 475f.
Sozialapriori 501
Sozialdimension 111ff., 284f., 486, 499
Sozialisation als Wissenschaftler 569
Spezifikation 300
spezifisch/universal 301f., 412
Spiegel 96f.
Sprache 14, 47ff., 114, 182, 183, 187f., 358, 599f., 607, 622
– der Wissenschaft 623f.
Stabilisierung, evolutionäre 554, 557ff., 560f., 584ff., 610
Steuerung 652, 653
Störung 307, 649; s. Irritation
Stratifikation 346, 490f., 608f., 635, 657
Strukturdeterminiertheit 278f., 326, 467f., 561, 564
strukturelle Kopplung s. Kopplung
strukturell-funktionale Theorie 286f., 323f.
Struktur 78f., 129f., 279, 304f., 383f.
Subjekt 11ff., 61f., 112f., 127, 145, 268, 349ff., 377, 494f., 500, 691
– /Objekt 17, 78, 317, 382, 530
Supertheorien 389f.

729

symbiotische Mechanismen 230f.
Symbole, symbolische Generalisierung 188, 189ff., 436, 489; s. Kommunikationsmedien
Symbolik/Diabolik 351f., 525
symbolische/diabolische Generalisierung 193f., 196f.
Synchronisation 255
System 271
- Einheit des 469f., 471; s. Autopoiesis
- /Element 65f.
- offene 287, 303f., 403, 438f., 467; s. Geschlossenheit
  - strukturdeterminiertes 278f., 326, 467f., 561, 564
- /Umwelt 64f., 83, 185, 211, 276, 287f., 289, 310f., 314f., 360, 362, 364f., 368f., 530, 545, 552, 563

Tatsachen 288, 290, 315, 376
Tautologie 491f.
Technik, Technisierung 184, 197, 254, 256ff., 259f., 261ff., 266f., 611, 631, 711ff.
Technokratie 629, 632
Technologie 263ff., 267, 411, 632f.
Teleologie 285, 302, 334, 371, 474, 521, 559, 636
Teufel 118ff., 193f., 268f., 478, 491, 492, 590f., 593, 612, 694
Thematisierung 533
Theologie 88, 120f., 332f., 529
Theorie 185, 193, 197, 205, 206, 273, 365, 389f., 403ff., 406ff., 578f.
- und Praxis 264, 684

Therapie 648ff.; s. Intervention
Topik 441
Transparenz/Intransparenz 25f.
Transzendentalphilosophie 76, 127, 300, 305, 396, 408, 609

Überprüfbarkeit 429f.
Überraschung 260, 370; s. Erwartung; Irritation
Überschreiten der Formgrenze s. crossing
Überschußproduktion und Selektion 81, 279, 296, 570 Anm. 39
Ultrastabilität 322f., 373, 443
Ungleichheiten, Erzeugung von 686
Universalismus (sozial) 145
Universalitätsanspruch 412f.
universal/spezifisch 301f., 412
Unsicherheit 103, 520f., 538, 604, 611, 612, 633, 641, 654, 700; s. Sicherheit
Unterscheidung 62, 65f., 79f., 93ff., 236, 290, 304, 305f., 332, 374ff., 404, 417, 443f., 507f., 524f., 547f., 663, 681f., 684, 707f.; s. Beobachten; Form; Limitationalität
Unwahrscheinlichkeit s. Wissen; Wahrscheinlichkeit
Ursprung 224f., 592f.; s. Anfang; Emanation; Prinzip

Variation, evolutionäre 554, 557ff., 560, 561ff., 610; s. Evolution
Varietät 436, 438ff., 451, 455, 586
Vergessen 130

Vergleich, Vergleichbarkeit 368, 408 ff., 416, 474, 483, 533, 699, 702
Vernunft 35 f., 173, 472, 660 Anm. 65, 693, 712
Verschweigen 443 f.
Verstehen 25 f.
- bei schriftlicher Kommunikation 178 f.
Vertrauen 227, 238, 588 f., 622
Vertrautheit 109, 136, 168, 189, 217, 375, 440, 654; s. Lebenswelt

Wahrhaftigkeit 167
Wahrheit 167 ff., 175 ff., 215 ff., 273, 274, 292 f., 322, 331, 471
- als Idee 212, 394
Wahrheitsschäden 663 f.
Wahrnehmung 19 ff., 35, 63 f., 224 ff., 231, 233, 566 f., 599, 632
Wahrscheinlichkeit/Unwahrscheinlichkeit 330, 331, 537, 540
wahr/unwahr 85, 87, 123, 134, 169 f., 174, 192, 243, 268, 282, 416, 515, 520, 577 ff., 677, 707; s. Code
Weisheit 162, 167 f., 628
Welt 27 f., 64 f., 75, 87, 93, 102, 205, 208 f., 212, 268 f., 310, 315 f., 331, 383, 394 f., 547, 617, 667, 684 f., 707, 714
- als Ganzes 209 f., 316; s. Repräsentation
- als Schöpfung 120
- Geheimnis der 152
- monokontextural/polykontextural 627 ff.
Weltgesellschaft 619, 716
Werte 239 f., 690, 717

Wesen 376, 439, 536 f.
Widerspruch 207, 498, 583
Wiedereintritt s. re-entry
Wiederholung 107 f., 204, 311 f., 384, 385, 577, 691
Wie-Fragen 63, 95, 98, 107, 127, 265, 313, 408, 488, 499, 611, 668, 669, 685; s. Bedingungen der Möglichkeit
Wille/Verstand 112, 141, 684
Willkür 100, 175, 374, 391, 712
Wissen 62, 106 f., 122 ff., 216, 346, 605 f.
- alltägliches 147 f., 325, 328 f., 333, 342, 653 ff.
- Anonymität von 143; s. Erleben
- empirisches 224; s. empirische Forschung; Wahrnehmung
- geheimes 145, 149, 151, 161 f., 217, 341, 605 f., 624, 628 f.
- Grenzen der Möglichkeit von 299 f.
- neues, überraschendes 216 ff., 296 ff.
- Selbstreinigung von 593 ff.
- Transmission von 585 f.
- Universalität von 145
- Unwahrscheinlichkeit von 150 ff., 206 f., 209, 216, 256, 313, 373, 416, 537
Wissenschaft 101 ff., 124 f.
- als Alltagsverhalten 125 f., 359 Anm. 116
- als Funktionssystem 9, 133 f., 154, 166, 176, 224, 252, 271 ff., 341 f., 355 ff., 530 f., 615

- als geschlossenes System 308 ff.; s. Geschlossenheit
- als Profession 324
- Ausdifferenzierung von 287, 292 ff., 323, 384, 387 ff., 427 f., 440, 448, 590 f., 607 f., 617, 620 ff., 657 f., 672
- Autorität der 102, 149, 221, 319, 346, 508 f., 621
- Differenzierung der 446 ff.
- Krise der 681, 682 ff.; s. Grundlagenkrise
- Normen der 322 ff.
- Spezialsprache der 623 f.
- und andere Funktionssysteme 339 f., 636 ff., 692

Wissenschaftskritik 345, 349, 400, 711 ff.

Wissenschaftssoziologie 69 f., 616, 691

Wissenschaftstheorie 274, 445, 479 f., 504 ff., 509; s. Reflexion; Erkenntnistheorie

Wissenschaftswissenschaft 541 ff.; s. Forschung über Forschung

Wissenssoziologie 68 f., 503 f.

Wörter/Begriffe 383 ff.

Zeit, Zeitsemantik 56 f., 80, 103 ff., 115, 117, 128 ff., 231 ff., 255 f., 259 f., 378, 417, 428, 499 f., 536, 598, 612 ff., 659, 664 f.; s. Emanation; Gleichzeitigkeit; Sequenzierung; Zeitlimitierte Ordnungen; s. Perioden

Ziele; s. Teleologie

Zirkelschluß, Verbot des 71 f., 91, 538; s. Selbstreferenzunterbrechung

Zirkuläre Begründung 279, 280, 294 ff., 360, 372, 375 Anm. 23, 389, 397, 405, 419, 423, 446, 469 ff., 480, 507 f., 516, 590, 616 f.

Zirkulation 192, 213 f.

Zitieren 247, 296, 432, 588

Zufall 261, 272, 365 Anm. 3, 370, 371, 457, 465 ff., 549, 550, 558 f., 562 ff.

Zurechnung s. Kausalattribution

Zweifel 234

Niklas Luhmann
im Suhrkamp Verlag

Ausdifferenzierung des Rechts. Beiträge zur Rechtssoziologie und Rechtstheorie. stw 1418. 459 Seiten

Das Erziehungssystem der Gesellschaft. Herausgegeben von Dieter Lenzen. Mit zahlreichen Faksimiles des Manuskripts. stw 1593. 236 Seiten

Funktion der Religion. stw 407. 324 Seiten

Die Gesellschaft der Gesellschaft. Zwei Bände. stw 1360. 1164 Seiten

Gesellschaftsstruktur und Semantik. Studien zur Wissenssoziologie der modernen Gesellschaft.
- Band 1. stw 1091. 319 Seiten
- Band 2. stw 1092. 294 Seiten
- Band 3. stw 1093. 458 Seiten
- Band 4. stw 1438. 185 Seiten

Ideenevolution. Beiträge zur Wissenssoziologie. Herausgegeben von André Kieserling. stw 1870. 258 Seiten

Die Kunst der Gesellschaft. stw 1303. 517 Seiten

Legitimation durch Verfahren. stw 443. 261 Seiten

Liebe. Eine Übung. Herausgegeben von André Kieserling. 94 Seiten. Gebunden

Liebe als Passion. Zur Codierung von Intimität. stw 1124. 231 Seiten

Macht im System. Herausgegeben von André Kieserling. Gebunden. 156 Seiten

Die Moral der Gesellschaft. Herausgegeben von Detlef Horster. stw 1871. 402 Seiten

Paradigm lost: Über die ethische Reflexion der Moral. Rede von Niklas Luhmann anläßlich der Verleihung des Hegel-Preises 1989. Laudatio von Robert Spaemann: Niklas Luhmanns Herausforderung der Philosophie. stw 797. 73 Seiten

Die Politik der Gesellschaft. Herausgegeben von André Kieserling. stw 1582. 444 Seiten

Politische Soziologie. Herausgegeben von André Kieserling. Gebunden. 499 Seiten

Protest. Systemtheorie und soziale Bewegungen. Herausgegeben von Kai-Uwe Hellmann. stw 1256. 216 Seiten

Das Recht der Gesellschaft. stw 1183. 598 Seiten

Die Religion der Gesellschaft. Herausgegeben von André Kieserling. stw 1581. 368 Seiten

Schriften zu Kunst und Literatur. Herausgegeben von Niels Werber. stw 1872. 490 Seiten

Schriften zur Pädagogik. Herausgegeben und mit einem Vorwort von Dieter Lenzen. stw 1697. 278 Seiten

Soziale Systeme. Grundriß einer allgemeinen Theorie. stw 666. 675 Seiten